2025

법원직·변호사 시험 대비

the Code of Civil Procedure

이종훈

민사소송법

✓ 2024년 6월까지 대법원 판례 반영
✓ 비교 정리가 필요한 부분에 대한 도표화
✓ 북인북 형태의 민사소송법전과 판례색인
✓ 법원 관련 기출지문 본문 내 밑줄로 강조

2025 대비 이종훈 민사소송법

머리말

현재 법원서기보 시험은 최근 판례가 반영된 지문이 다수 출제되고 있고, 특히 사례형 문제도 출제되고 있습니다. 따라서 단순히 기출지문과 조문을 암기하거나 이해 없는 판례의 결론만 암기하는 것으로는 소기의 목적을 달성할 수 없는 상황에 있습니다. 강의를 통해 느낀 아쉬운 점은 이해만 하면 될 일을 암기의 고통을 감내하시는 수험생이 있는데, 바람직하지도 않고 목적을 달성할 수도 없습니다. 반드시 기본교재를 통해 이해하시고, 기출지문 ox를 통해 어떤 형태로 출제되는지 확인, 기출문제 해설서를 통한 최종 점검을 하는 방식으로 공부를 진행하셔야 목적하시는 시험에 합격할 수 있습니다.

본서는 출제경향에 맞추어 2024년 4월까지의 대법원 판례를 반영하였고, 사례형 객관식 문제에 대비하여 판례에 대한 충실한 해설을 하였습니다. 또한 혼동되고 암기가 필요한 부분에 대해서는 도표화를 통하여 정확한 구분과 암기가 가능하도록 하였습니다.

수험생께서는

1. 단편적인 암기에 목적을 두지 마시고 전체적인 흐름을 잡는 공부를 하셔야 하겠고, 혼자서 공부하는 것이 불가능한 것은 아니지만, 강의를 수강하시는 것이 시간과 노력을 줄이는 길이 됨은 자명한 것입니다.

2. 여전히 기출지문은 반복되어서 출제되는 경향이므로 진한 서체로 강조한 부분은 철저한 이해와 암기가 필요합니다.

3. 나아가 판례를 단순히 암기하실 것이 아니라 이해에 바탕을 두어 사례형 문제도 대비하셔야 합니다.

본서는 이러한 목적에 충실하게 기술되었으며, 많은 내용이 담겨 있는 교재가 아니라, 수험생으로 마땅히 알아야 하는 내용이 수록되어 있다는 것을 유념해 주시기 바랍니다.

본 교재가 출간되기까지 이인규 박사님의 많은 격려가 있었고, 난잡한 자료를 보기 좋게 편집해 주신 전희주 편집실장님과 에디터 이승은님께 감사의 말씀 드립니다.

위의 소중한 분들에 더해 가장 감사드려야 할 분들은 모든 수험생 분들이라는 것을 잘 알고 있으며, 단 한분의 수험생께라도 실망을 드리지 않는 교재가 되도록 노력하였습니다.

2024. 7.

편저자 이 종훈

제1관 총 설 ··· 152
- I. 소송요건의 의의 ··· 152
- II. 소송요건의 종류 ··· 153
- III. 소송요건의 모습 ··· 154
- IV. 소송요건의 조사 ··· 154
- V. 소송요건의 조사결과 ··· 156

제2관 소의 이익 ··· 157
- I. 서 설 ··· 157
- II. 권리보호의 자격(공통적인 소의 이익) ··· 157
- III. 권리보호의 이익 내지 필요 ··· 162
- IV. 소송상의 취급 ··· 184

제3절 소송물 ··· 184
- I. 서 설 ··· 184
- II. 소송물에 관한 견해 ··· 185
- III. 判例의 입장 : 구소송물이론 ··· 185

제4절 소의 제기 ··· 193
- I. 서 설 ··· 193
- II. 소제기의 방식 ··· 194
- III. 소장의 기재사항 ··· 196

제5절 재판장의 소장심사와 소제기후의 조치 ··· 200
- I. 재판장의 소장심사 ··· 200
- II. 소장부본의 송달 및 답변서제출의무의 고지 ··· 204
- III. 피고의 답변서제출의무 ··· 205
- IV. 바로 제1회 변론기일의 지정 ··· 207

제6절 소송구조 ··· 208
- I. 서 설 ··· 208
- II. 소송구조의 요건 ··· 208
- III. 소송구조의 절차 ··· 210
- IV. 소송구조의 효과와 추심 ··· 212

제7절 소제기의 효과 ··· 213
제1관 소송계속 ··· 213
제2관 중복 소제기의 금지 ··· 214
- I. 서 설 ··· 214
- II. 중복제소에 해당요건 ··· 215
- III. 효 과 ··· 219

제3관 실체법상의 효과 ··· 219
- I. 시효중단 및 법률상의 기간준수 ··· 219
- II. 지연손해금의 법정이율의 인상(소송이자의 발생) ··· 225
- III. 소의 제기가 불법행위가 되는 경우 ··· 226

제3관 소송능력 ··· 112
 Ⅰ. 서 설 ··· 112
 Ⅱ. 소송능력의 기준 ··· 113
 Ⅲ. 소송능력의 조사와 흠결의 효과 ····································· 115
제4관 변론능력 ··· 117
 Ⅰ. 서 설 ··· 117
 Ⅱ. 변론능력이 없는 자 ··· 118
 Ⅲ. 변론능력 흠결의 효과 ··· 120

제4절 소송상의 대리인

제1관 총 설 ··· 121
 Ⅰ. 소송상 대리인의 의의 ··· 121
 Ⅱ. 대리인의 구분 ··· 121
제2관 소송상 대리인의 종류 ··· 122
 Ⅰ. 법정대리인의 종류 ··· 122
 Ⅱ. 임의대리인의 종류 ··· 126
제3관 소송상대리인의 권한 ··· 130
 Ⅰ. 법정대리인의 권한 ··· 130
 Ⅱ. 임의대리인의 권한 ··· 133
제4관 소송상대리인의 지위 ··· 135
 Ⅰ. 법정대리인의 지위 ··· 135
 Ⅱ. 임의대리인의 지위 ··· 136
제5관 대리권의 소멸 ··· 137
 Ⅰ. 법정대리권의 소멸 ··· 137
 Ⅱ. 임의대리권의 소멸 ··· 137
제6관 무권대리인 ··· 139
 Ⅰ. 의 의 ··· 139
 Ⅱ. 소송상 취급 ··· 139
 Ⅲ. 쌍방대리의 금지 ··· 141
 Ⅳ. 표현대리의 법리 적용여부 ··· 142
 Ⅴ. 비변호사의 대리행위에 대한 취급 ······························· 142

제3편 제1심의 소송절차

제1장 소송의 개시

제1절 소의 의의와 종류
 Ⅰ. 서 설 ··· 145
 Ⅱ. 소의 종류 ··· 146

제2절 소송요건 ··· 152

  Ⅰ. 민사법원의 종류 ·· 31
  Ⅱ. 법원의 구성 ·· 32
  Ⅲ. 기타의 사법기관 ·· 33
 제3절 법관의 제척·기피·회피 ·· 38
  Ⅰ. 법관의 제척 ·· 39
  Ⅱ. 법관의 기피 ·· 41
  Ⅲ. 법관의 회피 ·· 45
  Ⅳ. 법원사무관 등에 대한 제척·기피·회피 ·· 45
 제4절 관 할 ·· 46
  Ⅰ. 총 설 ·· 46
  Ⅱ. 직분관할 ·· 48
  Ⅲ. 사물관할 ·· 49
  Ⅳ. 토지관할 ·· 55
  Ⅴ. 지정(재정)관할 ·· 64
  Ⅵ. 합의관할 ·· 66
  Ⅶ. 변론관할 ·· 70
  Ⅷ. 관할권의 조사 ·· 71
  Ⅸ. 소송의 이송 ·· 73

제2장 당사자 ·· 81

 제1절 총 설 ·· 81
  Ⅰ. 당사자의 의의 ·· 81
  Ⅱ. 당사자대립주의 ·· 81
 제2절 당사자의 확정 ·· 82
  Ⅰ. 서 설 ·· 82
  Ⅱ. 당사자확정의 기준 ·· 83
  Ⅲ. 당사자확정 후 당사자의 표시를 바로잡는 방법 ······················ 84
  Ⅳ. 성명모용소송 ·· 87
  Ⅴ. 법인격 부인론 ·· 88
  Ⅵ. 제소전 피고가 사망한 경우 ·· 90
 제3절 당사자의 자격 ·· 93
  제1관 당사자능력 ·· 93
   Ⅰ. 서 설 ·· 93
   Ⅱ. 당사자능력자 ·· 93
   Ⅲ. 당사자능력의 조사와 흠결의 효과 ·· 98
  제2관 당사자적격 ·· 100
   Ⅰ. 서 설 ·· 100
   Ⅱ. 당사자적격을 갖는 자 ·· 101
   Ⅲ. 당사자적격 흠결의 효과 ·· 112

2025 대비 이종훈 민사소송법

목 차

제1편 총론

제1장 민사소송 ··· 3
- 제1절 민사소송의 목적과 개념 ··· 3
- 제2절 민사소송과 다른 소송제도와의 관계 ··· 6
- 제3절 소송에 갈음하는 분쟁해결제도 ··· 10
- 제4절 민사소송의 이상과 신의칙 ··· 10
  - Ⅰ. 민사소송의 4대 이상 ··· 10
  - Ⅱ. 민사소송과 신의칙 ··· 11
- 제5절 민사소송절차의 분류 ··· 15

제2장 민사소송법 ··· 17
- 제1절 민사소송법의 의의와 성격 ··· 17
- 제2절 민사소송법규의 종류 ··· 17
- 제3절 민사소송법의 적용범위 ··· 19
- 제4절 개정민사소송법의 주요내용 ··· 19

제2편 소송의 주체

제1장 법 원 ··· 25
- 제1절 민사재판권 ··· 25
  - Ⅰ. 재판권일반 ··· 25
  - Ⅱ. 민사재판권의 범위 ··· 25
- 제2절 민사법원의 종류와 구성 ··· 31

제8절 소제기의 특수한 방식 – 배상명령신청 ·· 226

제2장 변 론 ·· 227

제1절 변론의 의의와 종류 ·· 227
  I. 총 설 ·· 227
  II. 변론의 종류 ·· 227

제2절 審理에 관한 제원칙 ··· 230
  제1관 공개심리주의 ·· 230
  제2관 쌍방심리주의 ·· 231
  제3관 구술심리주의 ·· 231
  제4관 직접심리주의 ·· 232
  제5관 처분권주의 ·· 234
    I. 서 설 ·· 234
    II. 절차의 개시 ·· 234
    III. 심판의 대상과 범위 ·· 234
    IV. 절차의 종결 ·· 239
    V. 처분권주의 위배의 효과 ··· 240
  제6관 변론주의 ·· 240
    I. 서 설 ·· 240
    II. 변론주의의 내용 ··· 241
    III. 변론주의의 한계 ··· 248
    IV. 변론주의의 보완·수정 ··· 249
    V. 변론주의의 예외(제한) ·· 250
    VI. 석명권 ··· 255
  제7관 적시제출주의 ·· 267
    I. 서 설 ·· 267
    II. 적시제출주의의 실효성 확보를 위한 제도 ·· 268
    III. 적시제출주의의 예외 ·· 272
  제8관 집중심리주의 ·· 272
    I. 서 설 ·· 272
    II. 집중심리주의의 목적과 전제조건 ·· 273
    III. 집중심리를 위한 현행법규의 내용 ··· 273
    IV. 결 어 : 2008년 개정법률하의 집중심리 ·· 274
  제9관 직권진행주의와 소송지휘권 ··· 275
    I. 직권진행주의 ··· 275
    II. 소송지휘권 ··· 275
    III. 소송절차에 관한 이의권 ··· 277

제3절 변론의 준비(기일전의 절차) ··· 280
  제1관 준비서면 ·· 280

Ⅰ. 서 설 ··· 280
　　　Ⅱ. 준비서면의 기재사항 ······································· 281
　　　Ⅲ. 준비서면의 제출(교환) ································· 282
　　　Ⅳ. 준비서면 제출·부제출의 효과 ····················· 282
　제2관 변론준비절차 ·· 285
　　　Ⅰ. 서 설 ··· 285
　　　Ⅱ. 변론준비절차의 대상과 회부 ······················· 286
　　　Ⅲ. 변론준비절차의 진행 ····································· 287
　　　Ⅳ. 변론준비절차의 종결 ····································· 290
　　　Ⅴ. 변론준비절차 뒤의 변론의 운영 ················· 291
　　　Ⅵ. 예외적인 조기변론기일제의 폐지 ··············· 292

제4절 변론의 내용 ·· 293
　　Ⅰ. 변론에서의 당사자의 소송행위 ······················· 293
　　Ⅱ. 소송행위 일반 ··· 300
　　Ⅲ. 단독소송행위의 특질 ··· 303

제5절 변론의 실시 ·· 306
　　Ⅰ. 변론의 경과 ··· 306
　　Ⅱ. 변론의 정리 - 변론의 제한·분리·병합 ······· 308
　　Ⅲ. 변론의 재개 ··· 310
　　Ⅳ. 변론의 일체성 ··· 311
　　Ⅴ. 변론조서 ··· 311

제6절 변론기일에 있어서 당사자의 결석 ···················· 320
　　Ⅰ. 총 설 ··· 320
　　Ⅱ. 기일의 해태의 요건 ··· 321
　　Ⅲ. 양쪽 당사자의 불출석에 따른 효과(취하간주) ····· 322
　　Ⅳ. 한쪽 당사자의 불출석에 따른 효과(진술간주, 자백간주 등) ····· 324

제7절 기일·기간 및 송달 ·· 326
　제1관 기 일 ·· 326
　　　Ⅰ. 의 의 ··· 326
　　　Ⅱ. 기일의 지정 ··· 326
　　　Ⅲ. 기일지정신청 ··· 327
　　　Ⅳ. 기일의 변경 ··· 327
　　　Ⅴ. 기일의 통지와 실시 ······································· 329
　제2관 기 간 ·· 330
　　　Ⅰ. 기간의 종류 ··· 330
　　　Ⅱ. 기간의 계산·진행·신축 ····························· 331
　　　Ⅲ. 기간의 부준수 ··· 332
　제3관 송 달 ·· 339
　　　Ⅰ. 서 설 ··· 339
　　　Ⅱ. 송달기관 ··· 339

Ⅲ. 송달서류	341
Ⅳ. 송달받을 사람	342
Ⅴ. 송달일시와 장소	344
Ⅵ. 송달실시의 방법	347
Ⅶ. 송달의 하자	357

제8절 소송절차의 정지 ········ 358

- Ⅰ. 총 설 ········ 358
- Ⅱ. 소송절차의 중단 ········ 359
- Ⅲ. 소송절차의 중지 ········ 368
- Ⅳ. 소송절차 정지의 효과 ········ 369
- Ⅴ. 관련문제 ········ 371

제3장 증 거 ········ 372

제1절 총 설 ········ 372

- Ⅰ. 증거의 필요성과 의의 ········ 372
- Ⅱ. 증거능력과 증거력 ········ 372
- Ⅲ. 증거의 종류 ········ 373
- Ⅳ. 증명과 소명 ········ 374

제2절 증명의 대상 ········ 375

- Ⅰ. 사 실 ········ 375
- Ⅱ. 경험법칙 ········ 375
- Ⅲ. 법 규 ········ 376

제3절 불요증사실 ········ 377

- Ⅰ. 서 설 ········ 377
- Ⅱ. 재판상 자백 ········ 377
- Ⅲ. 자백간주 ········ 382
- Ⅳ. 현저한 사실 ········ 384

제4절 증거조사의 개시와 실시 ········ 386

제1관 증거조사의 개시 ········ 386
- Ⅰ. 증거신청 ········ 386
- Ⅱ. 증거의 채부결정 ········ 388
- Ⅲ. 직권증거조사 ········ 390

제2관 증거조사의 실시 ········ 391
- Ⅰ. 서 설 ········ 391
- Ⅱ. 증인신문 ········ 393
- Ⅲ. 감 정 ········ 406
- Ⅳ. 서 증 ········ 412
- Ⅴ. 검 증 ········ 428
- Ⅵ. 당사자신문 ········ 429
- Ⅶ. 그 밖의 증거조사 ········ 432

    Ⅷ. 조사·송부의 촉탁 ··· 434
    Ⅸ. 증거보전 ·· 435

제5절 자유심증주의 ··· 437
    Ⅰ. 서 설 ·· 437
    Ⅱ. 증거원인 ·· 438
    Ⅲ. 자유심증의 내용 ·· 439
    Ⅳ. 사실인정의 위법과 상고 ·· 442
    Ⅴ. 자유심증주의의 예외 ·· 443

제6절 증명책임 ··· 445
    Ⅰ. 서 설 ·· 445
    Ⅱ. 증명책임의 분배 ·· 446
    Ⅲ. 현대형 소송에서의 증거의 구조적 편재 극복방안 ························· 447
    Ⅳ. 증명책임의 전환 ·· 447
    Ⅴ. 증명책임의 완화 ·· 448
    Ⅵ. 주장책임 ·· 453

제4편 소송의 종료

제1장 총 설 ··· 457
    Ⅰ. 소송종료사유 ·· 457
    Ⅱ. 소송종료선언 ·· 458

제2장 당사자의 행위에 의한 소송의 종료 ·· 461

제1절 소의 취하 ··· 462
    Ⅰ. 서 설 ·· 462
    Ⅱ. 소취하의 요건 ·· 463
    Ⅲ. 소취하의 효과 ·· 465
    Ⅳ. 소의 취하간주 ·· 469
    Ⅴ. 소취하의 효력에 관한 다툼(하자를 다투는 방법) ························· 469

제2절 청구의 포기·인낙 ··· 470
    Ⅰ. 서 설 ·· 470
    Ⅱ. 요 건 ·· 471
    Ⅲ. 절 차 ·· 472
    Ⅳ. 효 과 ·· 473

제3절 재판상 화해 ··· 474
    Ⅰ. 서 설 ·· 474
    Ⅱ. 소송상 화해 ··· 475
    Ⅲ. 제소전 화해 ··· 479

Ⅳ. 재판상 화해와 동일하게 보는 경우 ·· 482
　　　Ⅴ. 화해권고결정 ·· 482

제3장 종국판결에 의한 소송의 종료 ·· 487

제1절 총 설 ·· 487
　　　Ⅰ. 재판의 의의 ·· 487
　　　Ⅱ. 재판의 종류 ·· 487

제2절 판 결 ·· 488
　제1관 판결의 종류 ·· 488
　　　Ⅰ. 중간판결 ·· 488
　　　Ⅱ. 종국판결 ·· 490
　제2관 판결의 성립 ·· 493
　　　Ⅰ. 판결내용의 확정 ·· 493
　　　Ⅱ. 판결서(판결원본) ··· 494
　　　Ⅲ. 판결의 선고 ·· 497
　　　Ⅳ. 판결의 송달 ·· 498
　제3관 판결의 효력 ·· 499
　　　Ⅰ. 기속력 ·· 499
　　　Ⅱ. 형식적 확정력 ·· 503
　　　Ⅲ. 기판력 일반 ·· 505
　　　Ⅳ. 기판력의 작용 ·· 510
　　　Ⅴ. 기판력의 범위 ·· 513
　　　Ⅵ. 기판력에 저촉하는 경우 법원의 조치 ··· 537
　　　Ⅶ. 기타 판결의 효력 ··· 538
　제4관 판결의 하자 ·· 541
　　　Ⅰ. 판결의 부존재(비판결) ·· 541
　　　Ⅱ. 당연무효의 판결 ·· 541
　　　Ⅲ. 판결의 편취(사위판결) ·· 542

제5편 병합소송

제1장 병합청구소송 ·· 547
제1절 소의 객관적 병합 ··· 548
　　　Ⅰ. 서 설 ·· 548
　　　Ⅱ. 병합요건 ·· 549
　　　Ⅲ. 병합의 모습 ·· 550
　　　Ⅳ. 병합청구의 심리 ·· 555
　　　Ⅴ. 종국판결 ·· 556

제2절 청구의 변경 · 562
- Ⅰ. 총 설 · 562
- Ⅱ. 청구변경의 형식 · 562
- Ⅲ. 청구변경의 모습 · 564
- Ⅳ. 청구변경의 요건 · 565
- Ⅴ. 청구변경의 절차 · 568
- Ⅵ. 청구변경을 간과한 경우 · 570

제3절 중간확인의 소 · 571
- Ⅰ. 서 설 · 571
- Ⅱ. 요 건 · 571
- Ⅲ. 절차와 심판 · 573

제4절 반 소 · 573
- Ⅰ. 서 설 · 573
- Ⅱ. 반소의 모습 · 575
- Ⅲ. 반소의 요건 · 577
- Ⅳ. 반소의 제기 · 579
- Ⅴ. 반소에 대한 심판 · 580

제2장 다수당사자소송 (당사자의 복수) · 581

제1절 공동소송(소의 주관적 병합) · 582
제1항 총 설 · 582
- Ⅰ. 서 설 · 582
- Ⅱ. 발생원인과 소멸원인 · 582
제2항 공동소송의 요건 · 582
- Ⅰ. 주관적 요건 : 항변사항 · 582
- Ⅱ. 객관적 요건 : 직권조사사항 · 583
제3항 공동소송의 유형 · 583
- Ⅰ. 통상공동소송(단순공동소송) · 583
- Ⅱ. 필수적 공동소송(합일확정공동소송) · 585
제4항 특수한 형태의 공동소송 · 593
- Ⅰ. 예비적·선택적 공동소송(소의 주관적 예비적·선택적 병합) · 593
- Ⅱ. 추가적 공동소송(주관적·추가적 병합) · 600

제2절 선정당사자 · 601
- Ⅰ. 서 설 · 601
- Ⅱ. 요 건 · 601
- Ⅲ. 선정의 성질 및 방법 · 602
- Ⅳ. 선정의 효과 · 603
- Ⅴ. 선정당사자의 자격흠결의 효과 · 606

제3절 소송참가 · 607

제1항 총 설 ·· 607
　　제2항 (단순)보조참가 ·· 607
　　　　Ⅰ. 서 설 ·· 607
　　　　Ⅱ. 보조참가 요건 ·· 608
　　　　Ⅲ. 참가절차 ·· 611
　　　　Ⅳ. 보조참가인의 소송상 지위 ·· 613
　　　　Ⅴ. 참가인에 대한 재판의 효력(참가적 효력) ·································· 615
　　제3항 공동소송적 보조참가 ·· 617
　　　　Ⅰ. 서 설 ·· 617
　　　　Ⅱ. 공동소송적 보조참가가 성립되는 경우 ······································ 618
　　　　Ⅲ. 참가인의 소송상 지위 ··· 619
　　　　Ⅳ. 참가인에 미치는 판결의 효력 ··· 620
　　제4항 소송고지 ·· 620
　　　　Ⅰ. 서 설 ·· 620
　　　　Ⅱ. 소송고지의 요건 ·· 621
　　　　Ⅲ. 소송고지의 방식 ·· 621
　　　　Ⅳ. 소송고지의 효과 ·· 622
　　제5항 독립당사자참가 ··· 623
　　　　Ⅰ. 서 설 ·· 623
　　　　Ⅱ. 독립당사자참가의 요건 ·· 624
　　　　Ⅲ. 참가신청 ·· 629
　　　　Ⅳ. 독립당사자참가소송의 심판 ·· 630
　　　　Ⅴ. 3면소송의 붕괴(2면소송으로의 환원) ······································ 633
　　제6항 공동소송참가 ·· 634
　　　　Ⅰ. 의 의 ·· 635
　　　　Ⅱ. 요 건 ·· 635
　　　　Ⅲ. 참가절차와 효과 ·· 636

제4절 당사자의 변경 ··· 637

　　제1항 총 설 ·· 637
　　　　Ⅰ. 의 의 ·· 637
　　　　Ⅱ. 유 형 ·· 637
　　제2항 임의적 당사자변경 ··· 638
　　　　Ⅰ. 의 의 ·· 638
　　　　Ⅱ. 임의적 당사자변경의 허용여부 및 개정입법의 태도 ···················· 638
　　　　Ⅲ. 민사소송법상의 임의적 당사자변경 ·· 639
　　제3항 소송승계 ·· 644
　　　　Ⅰ. 서 설 ·· 644
　　　　Ⅱ. 당연승계 ·· 645
　　　　Ⅲ. 소송물의 양도(특정승계) ··· 647
　　　　Ⅳ. 참가승계 ·· 648

Ⅴ. 인수승계 ·· 650
　　Ⅵ. 前主의 지위와 소송탈퇴 ·· 652

제6편 상소심절차

제1장 총 설 ··· 657
　Ⅰ. 서 설 ·· 657
　Ⅱ. 상소의 종류 ·· 657
　Ⅲ. 상소요건 ·· 658
　Ⅳ. 상소의 효력 ·· 666
　Ⅴ. 상소의 제한 ·· 668

제2장 항 소 ··· 669
제1절 총 설 ··· 669
　Ⅰ. 항소의 의의 ·· 669
　Ⅱ. 항소요건 ·· 669
제2절 항소의 제기 ··· 670
　Ⅰ. 항소제기의 방식 ··· 670
　Ⅱ. 재판장의 항소장심사권 ··· 673
　Ⅲ. 항소제기의 효력 ··· 675
　Ⅳ. 항소의 취하 ·· 675
　Ⅴ. 부대항소 ·· 678
제3절 항소심의 심리 ··· 680
　Ⅰ. 항소의 적법성의 심리 ··· 680
　Ⅱ. 본안심리 ·· 681
제4절 항소심의 종국판결 ··· 683
　Ⅰ. 총 설 ·· 683
　Ⅱ. 항소장 각하명령 ··· 684
　Ⅲ. 항소각하판결 ··· 684
　Ⅳ. 항소기각판결 ··· 684
　Ⅴ. 항소인용판결 ··· 685
　Ⅵ. 항소심판결의 주문 ··· 690

제3장 상 고 ··· 692
제1절 서 설 ··· 692
제2절 상고이유 ··· 693
　Ⅰ. 민사소송법상의 상고이유 ··· 693
　Ⅱ. 소액사건심판법상의 상고이유 ··· 696

제3절 상고심의 절차 · 696
- I. 상고의 제기 · 696
- II. 심리불속행제도 : 심리속행사유의 심사 · 698
- III. 상고심의 본안심리 · 700
- IV. 상고심의 종료 · 702

제4장 항 고 · 705
- I. 서 설 · 705
- II. 항고의 종류 · 705
- III. 항고의 적용범위 · 706
- IV. 항고절차 · 707
- V. 재항고 · 710
- VI. 특별항고 · 711

제7편 재심 및 간이소송절차

제1장 재심절차 · 717
- I. 재심의 개념 · 717
- II. 재심의 소의 적법요건 · 718
- III. 재심사유 · 720
- IV. 재심절차 · 726
- V. 준재심 · 730

제2장 간이소송절차 · 731

제1절 소액사건심판절차 · 731
- I. 총 설 · 731
- II. 이행권고제도 · 732
- III. 소액사건심판에 있어서 절차상의 특례 · 735

제2절 독촉절차 · 737
- I. 서 설 · 737
- II. 지급명령의 신청 및 재판 · 738
- III. 지급명령에 대한 채무자의 이의신청 · 741

제3절 공시최고절차 · 742
- I. 서 설 · 742
- II. 공시최고의 절차 · 743
- III. 제권판결 · 745
- IV. 증권의 무효선고를 위한 공시최고 · 747

제8편 종국판결에 부수되는 재판

제1절 가집행선고 ··· 751
   Ⅰ. 서 설 ··· 751
   Ⅱ. 가집행선고의 요건 ··· 751
   Ⅲ. 절차 및 방식 ··· 752
   Ⅳ. 가집행선고의 효력 ··· 753
   Ⅴ. 가집행선고의 실효와 원상복원 및 손해배상의무 ··· 755

제2절 소송비용의 재판 ··· 757
   Ⅰ. 소송비용 ··· 757
   Ⅱ. 소송비용의 부담자 ··· 760
   Ⅲ. 소송비용의 재판 ··· 763
   Ⅳ. 소송비용확정절차 ··· 764
   Ⅴ. 소송비용의 담보 ··· 768

부록 조문색인 / 판례색인 ··· 773

민사소송법전 ··· 813

2025 대비 이종훈 민사소송법

제1편
총론

제1장 민사소송
제2장 민사소송법

2025 대비 이종훈 민사소송법

제1장 민사소송

제1절 민사소송의 목적과 개념

1. 민사소송의 목적

민사소송의 목적에 대해 많은 견해대립이 있지만, 개인의 입장에서는 사권의 보호이고, 국가제도라는 차원에서는 사법질서를 유지하는 데 그 목적이 있다.

2. 민사소송의 개념

(1) 민사소송은 사법상의 권리관계를 그 대상으로 한다.

권리관계가 아닌 사실관계는 민사소송의 대상이 되지 않는다(법조 제2조 1항). 사실관계는 특별한 규정(예 : 제250조)이 있는 경우에 한하여 그 대상이 된다. 법률상의 문제라 하여도 구체적 권리의무에 관한 분쟁이 아닌 추상적 법률·명령·규칙 등의 효력을 다투는 것은 민사소송의 대상이 아니다(법조 제2조 1항).

(2) 민사소송은 널리 권리관계의 보전·확정·실현 등 세 가지를 과제로 하는 절차이다.

① 보전절차 : 권리실현에 대비한 가압류·가처분
② 확정절차 : 권리 존부를 확정하는 판결절차
③ 실현절차 : 확정된 권리의 강제적 실현절차인 강제집행절차

(3) 민사소송은 재판상의 절차이다.

1) 관할법원에 소장의 제출(인터넷 제출가능)

① 청구권의 실현을 위한 이행의 소나, 불안한 권리·법률관계의 존부확정을 위한 확인의 소, 형성소권의 실현을 위한 형성의 소의 3자 중에 선택하여 제기한다.
② 소장에는 당사자·법정대리인을 특정하고, 원고가 구하는 판결의 결론부분인 청구취지와 청구의 특정에 필요한 사실을 기재하는 청구원인을 기재한다.
③ 소장에는 소정의 인지를 첩부하여야 하고, 송달료와 기타 첨부서류를 제출한다.

2) 재판장등의 소장심사

① 소장심사 대상은 소장의 필요적 기재사항과 소정의 인지첩부 여부이다.
② 소장기재에 흠을 보정하지 않으면 소장각하명령을 내린다(제254조 제2항).

3) 소장부본의 송달 및 답변서 제출의무의 고지

① 소장부본의 송달로 소송계속의 효과 발생한다.

② 소장부본 송달은 받은 후 피고가 30일 내에 답변서를 제출하지 않으면 무변론 원고승소판결을 내린다.

4) 필요에 따라 변론준비절차 회부

① 피고가 청구취지와 청구원인에 대한 답변서를 제출하면 임의절차로 변론준비절차에 회부된다.

② 변론준비절차는 서면에 의한 변론준비절차와 변론준비기일로 이루어져 있다.

5) 변론기일

① 변론준비절차로 회부된 사건이 아닌 경우 답변서 제출 후 최단기간 내에 변론기일을 지정한다.

② 변론은 원고의 본안신청 → 피고의 반대신청 → 원고의 공격적 방법 → 피고의 방어방법 → 증거신청의 순으로 진행된다.

6) 판결선고

① 판결하기에 성숙한 경우 변론을 종결하고 원칙적으로 2주일 내에 선고한다.

② 이러한 판결에 불복이 있으면 판결정본 송달을 받은 날부터 2주일 내에 상소를 제기하고, 확정된 경우에 비상구제절차인 재심을 제기할 수 있다.

7) 강제집행

① 패소자 측이 판결내용대로 임의이행을 하지 않으면 강제집행절차에 들어가게 되는데, 크게 금전집행과 비금전집행으로 나뉜다. 구체적인 것은 민사집행법에 의한다.

② 금전채권집행에 있어서 집행할 재산이 쉽게 발견되지 않으면 재산명시절차, 채무불이행자명부등재제도, 재산조회제도를 이용할 수 있다. 재산이 발견되면 부동산에 대해서는 집행법원에 경매신청, 유체동산에 대하여는 집행관에 경매신청, 채권등에 대해서는 압류 및 추심·전부명령 등으로 현금화하여 만족한다.

민사소송절차도

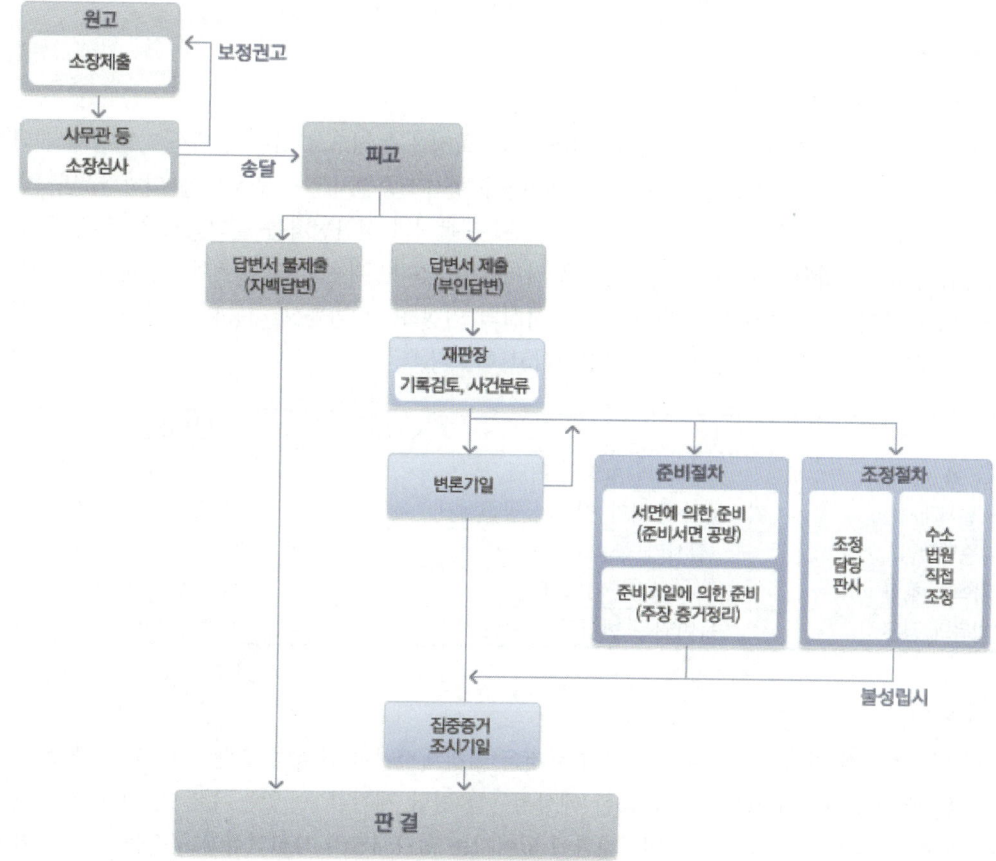

3. 민사소송의 특징

(1) 일반적 분쟁해결절차
민사소송은 국민이 사법상의 권리가 침해되었을 때면 어떠한 경우라도 이에 의한 구제를 구할 수 있다는 의미에서 일반적이다.

(2) 강제적 분쟁해결절차
소송은 상대방의 의사에 불구하고 강행적으로 분쟁을 해결시키는 제도인 점에서 강제적이다.

(3) 공권적 분쟁해결절차
국가의 재판권에 기하여 강제적으로 행하는 분쟁해결제도이다.

(4) 최종적인 분쟁해결방식
당사자의 합의에 기초하는 자율적인 분쟁해결방식인 중재·조정 등에서 분쟁이 해결되지 아니한 경우라도 최종적으로 민사소송을 이용하여 그 해결을 시도할 수 있다. 그런 의미에서 민사소송은 최종적인 분쟁해결방식이다.

제2절 민사소송과 다른 소송제도와의 관계

1. 형사소송

(1) 민사소송과 형사소송의 관계

형사소송은 사인에 대한 국가의 형벌권의 존재여부의 확정을 목적으로 하는 점에서 사법상의 권리관계의 확정을 목적으로 하는 민사소송과 구별된다. 나아가 형사소송절차는 직권주의에 의하나, 민사소송절차는 변론주의를 심리원칙으로 한다. 이처럼 양자는 서로 목적과 심판절차를 달리하므로, 같은 증거에 관하여 형사법원과 민사법원 사이에 그 가치판단을 달리할 수 있다. 判例도 확정된 형사법원의 관련사건 판결의 이유와 더불어 다른 증거를 종합하여 다른 사실의 인정 또한 법률상 허용되는 것이며, 이유설시에 합리성이 인정되면 그것은 사실심의 전권사항이라고 하였다.[1]

	형사소송	민사소송
목 적	국가의 형벌권 확인	사권보호·사법질서 유지
절차개시	기소독점에 따라 검사의 공소제기	피해자이면 누구나 소제기
증명책임	검사가 공소사실 증명	원고가 권리발생사실 증명
자백의 효과	보강증거 필요	사실판단권 배제
침묵의 경우	묵비권은 헌법상 기본권	자백간주 성립

(2) 구별의 완화

그러나 민사소송과 형사소송을 완전 분화하는 것은 비경제적이며 판결의 모순·저촉을 초래할 수 있으므로, ① 형사소송절차에서 불법행위에 의한 배상청구를 병합 제기할 수 있는 길을 열었고(소송촉진 등에 관한 특례법 제25조의 배상명령제도), ② **민사재판에 있어서는 형사재판의 사실인정에 구속을 받는 것이 아니라고 하더라도 동일한 사실관계에 관하여 이미 확정된 형사판결이 유죄로 인정한 사실은 유력한 증거자료가 되므로 민사재판에서 제출된 다른 증거들에 비추어 형사재판의 사실판단을 채용하기 어렵다고 인정되는 특별한 사정이 없는 한 이와 반대되는 사실을 인정할 수 없다.**[2] 반면, 무죄판결은 그러한 증명이 없다는 의미일 뿐이지 공소사실의 부존재가 증명되었다는 의미는 아니다.[3]

2. 행정소송

(1) 민사소송과의 관계

행정소송은 공법상의 권리관계에 관한 쟁송을 대상으로 한다는 점에서 민사소송과 구별된다. **민사소송사항을 행정소송사항으로 혼동하여 소제기하거나 그 역의 경우에 관할법원으로 이송하는 것이 원칙**이다(행소 제7조). 다만 수소법원이 항고소송에 대한 관할도 동시에 가지고 있다면, 원고로 하여금 항고소송으로 소 변경을 하도록 석명권을 행사하여 행정소송법이 정하는 절차에 따라 심리·판단하여야 한다.[4]

---

1) 대법 2012.11.29, 2012다44471
2) 대법 2021.10.14, 2021다243430; 대법 1995.01.12, 94다39215
3) 대법 2022.07.28, 2019다202146
4) 대법 2020.01.16, 2019다246700

(2) 특별민사소송절차

행정소송에서는 임의적 행정심판전치주의(행정소송법 제18조)·직권탐지주의(동법 제26조)·관련청구의 병합(동법 제10조)·피고적격의 처분청으로 한정(동법 제13조)·제척기간의 제한(동법 제20조)·집행정지제도(동법 제23조)·사정판결(동법 제28조)·취소판결의 기속력(동법 제30조) 등의 몇 가지 특례를 제외하고는 민사소송법을 준용하고 있다(동법 제8조). 따라서 특별한 사정이 없는 한 민사사건을 행정소송 절차로 진행한 것 자체가 위법하다고 볼 수 없다.[5]

(3) 민사소송사항과의 한계

이는 공사법의 구별문제로서, 행정주체가 공권력의 주체 또는 단순한 경제활동의 주체로서 활동한 경우에도 공공복지와 밀접한 관계가 있는 때에는 공법이 적용된다.

민사소송사항	구 농지개혁법실시에 관한 사항 일반 행정관청이 관리하는 건물의 임대차계약이나 공설시장점포에 관한 분쟁 국공유재산의 처분에 관한 분쟁 구 국가유공자 예우 등에 관한 법률 제42조의 가료대상자확인청구 농협총회결의무효·부존재확인청구 토지개량사업으로 인한 소유권 침해에 대한 방해배제청구 국가배상법에 의한 손해배상청구 서울시 지하철공사 직원에 대한 징계처분불복 사립학교 교직원의 근로관계 재개발조합장 등 임원의 선·해임을 둘러싼 법률관계 국가·공공단체에 대한 급여청구
행정소송사항	공익사업을 위한 토지 등의 취득 및 보상에 관한 법률 제85조에 따른 보상청구 공유수면매립사업으로 인한 어업권자의 손실보상청구 중앙관서장의 보조금반환청구의 소송 부가가치세 환급세액 지급청구[6]

(4) 민사소송의 선결문제로서 행정처분에 대한 심판

민사소송절차에서 청구를 판단하는 데 행정처분이 선결문제가 되는 때에는 그 행정처분의 유·무효나 존부에 대해서도 민사법원이 심사할 수 있다(행소 제11조 참조). 즉 ① 민사소송에 의하여 조세부과처분이 당연무효임을 전제로 과오납금의 부당이득반환청구를 할 수 있으며,[7] ② 특허침해소송에 있어서도 특허발명에 대한 무효심결 확정 전이라도 진보성이 부정되어 특허가 무효가 될 것이 명백한 경우, 특허침해소송에서 특허무효의 항변이 허용된다.[8] 마찬가지로 ③ 등록상표가 무효심판절차에서 등록무효로 확정되기 전이라 하더라도 침해소송담당 법원은 그 등록에 무효사유가 있다는 이유로 상표권침해금지 및 손해

---

5) 대법 2018.02.13, 2014두11328
6) 대법(전) 2013.03.21, 2011다95564는 부가가치세 환급세액 지급청구를 민사소송의 대상으로 보던 것을 변경하여 행정소송법상 당사자소송으로 보았다.
7) 대법 2015.08.27, 2013다212639
8) 대법(전) 2012.01.19, 2010다95390

배상청구를 기각할 수 있다.[9]

3. 가사소송과의 구별

　가사소송사건의 경우에는 가정법원의 전속관할(가소 제2조 1항), 나류 다류 사건의 경우 조정전치주의(가소 제50조), 대리인을 출석시키려면 재판장의 허가를 요하는 본인출석주의(가소 제7조), 보도금지(가소 제10조), 직권탐지주의의 적용(가소 제17조 단, 가류 및 나류 사건만 적용되고, 다류 사건에는 변론주의가 적용), 사정에 의한 항소기각의 판결(가소 제19조 3항), 확정판결의 대세효(가소 제21조, 단 가류·나류 사건에 한하며, 청구배척의 경우는 제한적 대세효만 인정), 사실심의 변론종결시까지 필수적 공동소송인의 추가 또는 피고경정의 허용(가소 제15조), 가사소송과 가사비송사건의 병합허용(가소 제14조), 등 일반민사소송과 구별되는 특징이 있다. 가사소송법 제2조에서는 가사소송사건에 해당하는 사항을 제한적으로 열거하고 있으므로, 그 나머지 사건은 일반민사사건에 해당한다.

가사소송법 제2조 가정법원의 관장사항

가류사건(직권탐지주의)	나류사건(직권탐지주의)	다류사건(변론주의 적용)
1. 혼인의 무효 2. 이혼의 무효 3. 인지의 무효 4. 친생자관계 존부 확인 5. 입양의 무효 6. 파양의 무효	1. 사실상 혼인관계 존부 확인 2. 혼인의 취소 3. 이혼의 취소 4. 재판상 이혼 5. 아버지의 결정 6. 친생부인 7. 인지의 취소 8. 인지에 대한 이의 9. 인지청구 10. 입양의 취소 11. 파양의 취소 12. 재판상 파양 13. 친양자 입양의 취소 14. 친양자의 파양	1. 약혼 해제 또는 <u>사실혼관계 부당 파기로 인한 손해배상청구</u>(제3자에 대한 청구를 포함한다) 및 원상회복의 청구 2. 혼인의 무효·취소, 이혼의 무효·취소 또는 <u>이혼을 원인으로 하는 손해배상청구</u>(제3자에 대한 청구를 포함한다) 및 원상회복의 청구 3. 입양의 무효·취소, 파양의 무효·취소 또는 파양을 원인으로 하는 손해배상청구(제3자에 대한 청구를 포함한다) 및 원상회복의 청구 4. 「민법」 제839조의3에 따른 재산분할청구권 보전을 위한 사해행위 취소 및 원상회복의 청구 〈민사소송 사건인 것〉 • 재산상속·유언무효사건, • 배우자의 부정행위를 원인으로 자녀 등 친족이 그 부정행위의 상대방인 제3자를 상대로 한 손해배상청구, • 유류분반환청구사건, • 약정에 의한 재산분할청구사건, • <u>상속의 순위 및 상속분에 관한 청구사건</u> • <u>부부간 명의신탁해지를 원인으로 한 소유권이전등기 청구</u>

---

9) 대법(전) 2012.10.18. 2010다103000

4. 비송사건

(1) 서 설

1) 비송사건의 의의 : **법원의 관할에 속하는 민사사건 중 소송절차로 처리하지 않는 사건을 비송사건이라 하며 형식적으로는 비송사건절차법에 정해진 사건과 그 총칙규정의 적용·준용을 받는 사건**을 말한다(비송 제1조). **사인간의 생활관계이나 법원의 후견적·감독적 개입이 필요한 사항**으로서 여기에는 ① **법인, 신탁, 재판상대위, 공탁**, 감정에 관한 사건 등 민사비송사건과(비송 제32조 이하), ② **회사의 경매, 사채, 회사의 청산, 상업등기 등의 상사비송사건**(비송 제72조 이하), ③ 비송사건절차법 제247조 이하의 과태료 사건, ④ **가사비송사건**(가소 제2조 1항 2호), ⑤ **형식적 형성의 소는 민사소송의 형식으로 처리되나 실질은 비송사건이며, 민사조정도 본질적으로 비송사건에 속한다.**

2) 소송사건과 비송사건의 구별기준 : 목적설·대상설·실체법설 등의 대립이 있는데, 判例는 ① 회사정리절차의 개시신청에 대한 결정과 관련하여 법원의 합목적적 재량을 필요로 하고 또 절차의 간이 신속성이 요청되는 경우에는 비송사건으로 보는 것이 상당하다고 판시하여 대상설적 입장을 보이고 있다.[10] 나아가 大法院은 ② 이혼한 부부 각자가 분담하여야 할 과거의 양육비의 비율이나 금액을 장래에 대한 것과 함께 정하는 것도 민법 제837조 제2항에서 규정된 자의 양육에 관한 처분으로 보아 가정법원이 子의 연령 및 부모의 재산상황 등 기타 사정을 참작하여 심판으로 정하여야 할 것이지 지방법원이 민사소송절차에 따라 판정할 것은 아니라고 해석함이 상당하다고 판시하여 **과거의 양육비청구를 비송사건으로 처리하였으며**,[11] ③ 재산분할사건은 가사비송사건에 해당하므로 법원으로서는 당사자의 주장에 구애되지 아니하고 재산분할의 대상이 무엇인지 직권으로 사실조사를 하여 포함시키거나 제외시킬 수 있다고 하였다.[12] ④ 상법 제391조의3 제4항의 규정에 의한 이사회 의사록의 열람 등 허가사건은 비송사건절차법 제72조 제1항에 규정된 비송사건이므로 민사소송의 방법으로 이사회 회의록의 열람 및 등사를 청구하는 것은 허용되지 않는다.[13]

(2) 비송사건의 특징[14]

	소 송	비 송
당사자	양당사자 대립구조	편면적 구조
절차원칙	처분권주의(제203조) 변론주의 공개주의 구술주의	처분권주의 배제 직권탐지주의(비송 제11조) 비공개주의(제13조) 서면주의

---

10) 대법 1984.10.05, 84마카42
11) 대법(전) 1994.05.13, 92스21
12) 대법 1999.11.26, 99므1596
13) 대법 2013.03.28, 2012다42604
14) 강현중 교수님

	소 송	비 송
절차방식	소의 제기에 의하여 개시(제248조) 필수적 변론(제134조) 대리인자격의 제한(제87조) 기일마다 조서작성(제152, 제160조) 엄격한 증명	신청 없이 개시되는 경우도 있다. 임의적 심문(제13조) 대리인자격에 제한 없다(제6조) 재량적 조서작성(제14조) 자유로운 증명
재 판	판결에 의한 종료 원칙(제198조) 구속력을 갖는다.	결정(제17조 제1항) 사정변경에 의한 취소변경 가능(제19조)
상 소	항소, 상고 (3심제)	항고(제20조) (사실상 2심제)

(3) 비송사건의 관할문제

비송사건절차법에 의해 비송으로 처리할 민사사건임에도 통상의 민사소송절차에 의하여 소를 제기한 경우나 그 반대의 경우에 법원은 어떠한 조치를 취하여야 하는지가 문제되는데 判例는 비송사건인 법인의 임시이사의 해임을 민사소송으로 청구한 사안에서 부적법 각하하여야 한다고 판시하였다.[15]

제3절 소송에 갈음하는 분쟁해결제도

민사소송 이외의 조정·중재·주선·화해 등의 재판 외 분쟁처리에 의하여 해결되는 경우가 많다. 이들 재판 외 분쟁해결처리는 민사소송과 비교하여 간이신속한 분쟁해결을 해 주는 것으로, 분쟁의 성격상 민사소송을 제기하는 것이 선뜻 내키지 않는 사건에 있어서 유용하다.

제4절 민사소송의 이상과 신의칙

> 제1조(민사소송의 이상과 신의성실의 원칙) ① 법원은 소송절차가 공정하고 신속하며 경제적으로 진행되도록 노력하여야 한다.
> ② 당사자와 소송관계인은 신의에 따라 성실하게 소송을 수행하여야 한다.

Ⅰ. 민사소송의 4대 이상

적 정	의 의	객관적 진실에 맞는 올바른 재판을 하여야 한다는 것
	구현제도	변호사대리 원칙(제87조), 구술주의(제134조), 직접주의(제204조), 석명권(제136조), 직권증거조사(제292조), 교호신문제도(제327조), 3심제도, 재심제도, 법관의 자격제한과 신분보장제도
공 평	의 의	당사자 일방에 치우치지 말고 공평하게 취급하여야 한다는 원칙
	구현제도	심리의 공개, 법관의 제척·기피·회피제도(제41조 이하), 소송절차의 중단제도(제233조), 쌍방심문주의, 대리인제도, 준비서면에 예고하지 않은 사실주장금지제도(제276조)

---

15) 대법 1976.10.26, 76다1771

신 속	의 의	헌법 제27조 제3항에 따라 신속하게 재판하여야 한다는 원칙
	구현제도	독촉절차(제462조) 등 특수절차, 변론준비절차(제258조), 적시제출주의(제146조), 재정기간제도(제147조), 실기한 공격방어방법의 각하(제149조), 불출석의 경우 자백간주(제150조)나 취하간주(제268조), 선고기간의 법정(제207조), 집중심리제도(제272조 · 제287조), 계속심리주의(규칙 제72조)
경 제	의 의	소송수행에 들이는 비용과 노력은 최소한으로 그쳐야 한다는 원칙
	구현제도	소액사건에의 구술제소(소액사건심판법 제4조), 소의 병합, 소송의 이송, 추인이나 이의권의 상실(제151조)에 의한 하자치유, 변호사비용의 소송비용산입(제109조), 답변서제출의무와 무변론판결제도

Ⅱ. 민사소송과 신의칙

1. 의 의

신의성실의 원칙이란 모든 사람은 공동생활의 일원으로서 서로 상대방의 신뢰를 헛되이 하지 않도록 성실하게 행동하여야 한다는 것으로, **민사소송의 이상의 실현을 위한 행동원리로서 1990년에 도입되었다.**

2. 적용범위

(1) 주관적 적용범위

원고 · 피고 외에 보조참가인, 소송상대리인, 증인, 감정인 나아가 조사 · 송부촉탁을 받은 자 등에도 미친다.

(2) 객관적 적용범위

일반조항으로 도피나 남용은 바람직하지 않기에 다른 법규나 법해석에 의해서도 해결할 수 없는 경우에만 예외적 · 보충적으로 적용하자는 견해와, 다른 법규나 법해석에 의해 가능하더라도 신의칙에 의하는 것이 보다 직접적이고 용이하다고 생각되는 경우에는 선택적으로 신의칙을 적용해야 한다는 견해의 대립이 있는데, 判例는 부제소특약에 위반하여 제기한 소는 권리보호의 이익이 없고, 또한 신의칙에도 반한다고 하여 선택적 적용설의 입장에 있다.[16]

3. 신의칙의 발현형태

(1) 소송상태의 부당형성금지

1) 의 의 : 당사자 한쪽이 잔꾀를 써서 자기에게 유리한 소송상태나 상대방에게 불리한 상태를 만들어 놓고 이를 이용하는 행위는 신의칙에 위배되므로 허용될 수 없다.

2) 구체적 예
① 국내에 주소도 없는 자를 상대로 소제기를 위한 재판적의 도취
② 소액사건심판법의 적용을 받기 위하여 채권을 분할한 일부 청구(소심법 제5조의 2)

---

16) 대법 2013.11.28, 2011다80449; 대법 1993.05.14, 92다21760

③ 주소 있는 자를 행방불명자인 것처럼 해 놓고 공시송달을 이용한 판결의 편취
　④ 권리자가 소송에서 증인으로 나서기 위해 다른 사람에게 권리양도[17]
　⑤ 주권교부의무를 이행하지 아니한 자가 주주총회결의 부존재확인의 청구를 하는 등 권리주장을 하는 것[18]
　⑥ 선박을 편의치적시켜 운영할 목적으로 만들어 놓은 또 하나의 형식상의 선박소유회사가 나서서 현재 가압류된 선박의 소유권은 가압류채무자가 아니라 자기에게 있다고 주장하며 제3자 이의의 소를 제기하는 것은 제3자도 아닌 자가 나서 불법목적을 달하려는 것이므로 신의칙상 허용될 수 없다.[19]
　⑦ 전속적 합의관할이 정해져 있는 피고 A에 대하여 관련재판적을 이용하여 다른 법원에 제소하기 위하여 본래 제소할 의사가 없는 피고 B에 대한 청구를 병합시킨 경우[20]
　⑧ 유치권을 고의적으로 작출함으로써 경매절차에 그 유치권이 최우선순위 담보권자로서의 지위가 되도록 부당하게 이용하는 행위[21]
　⑨ **변호사의 소송위임사무에 관한 약정 보수액이 부당하게 과다하여 신의성실의 원칙에 반한다고 볼 만한 특별한 사정이 있는 경우에는 예외적으로 적당하다고 인정되는 범위 내의 보수액만을 청구할 수 있다.**[22]

(2) 선행행위와 모순되는 거동금지

1) 의 의 : 한쪽 당사자가 <u>과거에 일정방향의 태도를 취하여 상대방으로 하여금 이를 신뢰하게 만들어 놓고 이제와서 신뢰를 저버리고 종전의 태도와는 모순되는 거동으로 나오는 경우</u>에 뒤의 거동은 신의칙상 허용되지 않는다.

2) 구체적 예
　① 부제소특약에 반하는 소의 제기,[23] 단 신의칙 위배가 아니라 단순히 계약의 구속력 위반일 뿐이라는 견해가 있다.[24]
　② 일부청구임을 명시하지 않은 사건에서 확정판결이 나온 뒤에 나머지 잔부청구, 그러나 기판력의 확장으로 보는 것이 判例이다.[25]
　③ 준소비대차가 가압류의 효력에 반하여 무효임을 전제로 구채무에 대해 추심을 마친 채권자가 다시 당사자 사이에서는 그 효력이 유효함을 전제로 신채무의 추심을 주장하는 것[26]
　④ **추후보완항소를 받아들여 심리결과 항소가 기각되자, 추후보완항소의 당사자 자신이 상고이유에서 그 부적법을 스스로 주장하는 경우**[27]
　⑤ 부적법한 당사자 표시정정·추가신청인데도 동의한 피고가 본안판결선고 후 위 신청의 부적법을 문

---

17) 대법 1983.05.24, 82다카1919
18) 대법 1991.12.13, 90다카1158
19) 대법 1988.11.22, 87다카1671; 대법 1989.09.12, 89다카678
20) 대법 2011.09.29, 2011마62
21) 대법 2011.12.22, 2011다84298
22) 대법 2018.05.17, 2016다35833
23) 대법 1993.05.14, 92다21760
24) 호문혁 50면
25) 대법 1971.04.30, 71다430
26) 대법 2007.01.11, 2005다47175
27) 대법 1995.01.24, 93다25875

제삼는 경우[28]

⑥ **무효인 공정증서상 집행채무자로 표시된 자가 그 공정증서를 채무명의로 한 경매절차가 진행되는 동안 이를 방치하고, 오히려 변제를 주장하여 경락허가결정에 대한 항고절차를 취하였고 경락허가결정확정 후에 경락대금까지 배당받은 후 경락인에 대하여 공정증서의 무효를 이유로 이에 기한 강제경매도 무효라고 주장하는 경우**[29]

3) 적용의 제한 : 다만, 후행행위가 진실이고 모순의 정도나 상대방의 불이익의 정도가 그다지 크지 않을 경우에는 신의칙위반으로 볼 수 없다 할 것이며, 또 가사소송과 같이 객관적 진실을 우선 시켜야 할 경우에는 그 적용을 제한해야 할 것이다.

(3) 소송상 권능의 실효

1) 의 의 : 당사자 일방이 소송상의 권능을 장기간에 걸쳐 행사하지 않은 채 방치하였기 때문에 행사하지 않으리라는 정당한 기대가 상대방에게 생기고, 상대방이 그에 기하여 행동한 때에는 신의칙상 소송상의 권능은 실효된 것으로 보아야 한다.

2) 구체적인 예

① **채무자가 소멸시효 완성 후 시효를 원용하지 아니할 것 같은 태도를 보여 권리자로 하여금 이를 신뢰하게 하였고, 이후 권리행사를 기대할 수 있는 상당한 기간 내에 권리행사가 있었다면 소멸시효 완성을 주장하는 것은 신의성실 원칙에 반하는 권리남용으로 허용될 수 없다.**[30]

② 해고당한 후 퇴직금을 수령하고 동종업체에 취업해 3년이 지난 후 해고무효확인청구[31]

③ **기간의 정함이 없는 각종의 신청(보통항고나 이의)에 관해서도 실효의 원칙이 적용**된다.[32] 大法院은 허위주소로 송달되어 자백간주 되고 판결정본도 허위주소로 송달된 사건에서, 판결정본의 송달이 무효이므로 판결이 확정되지 않아서 항소할 수 있다고 하였는데, 이러한 기간의 정함이 없는 항소권과 같은 소송법상 권리에도 실효의 원칙이 적용될 수 있다고 판시한바 있고,[33] 근로자들이 면직 후 바로 아무런 이의 없이 퇴직금을 수령하였으며 그로부터 9년 후 1980년 해직공무원의 보상 등에 관한 특별조치법 소정의 보상금까지 수령하였다면 면직일로부터 10년이 다 되어 면직처분무효확인의 소를 제기함은 신의성실의 원칙에 반하거나 실효의 원칙에 따라 권리의 행사가 허용되지 않는다고 하였고,[34] 甲은 乙이 장래 설립·운영할 丙 주식회사에 토지를 현물로 출자하거나 매도하기로 약정하였고, 丙 회사 설립 후 소유권이전등기를 마쳐 준 다음 회장 등 직함으로 장기간 丙 회사의 경영에 관여해 오다가, 丙 회사가 설립된 때부터 약 15년이 지난 후에 토지 양도의 무효를 주장하면서 소유권이전등기의 말소를 구한 사안에서, 위 약정은 상

---

28) 대법 2008.06.12. 2008다11276
29) 대법 1992.07.28. 92다7726
30) 대법 2013.08.22. 2013다200568
31) 대법 1990.11.23. 90다카25512
32) 대법 1996.07.30. 94다51840
33) 대법(전) 1978.05.09. 75다634
34) 대법 1992.12.11. 92다23285은 이른바 실효의 원칙이 적용되기 위하여 필요한 요건으로서의 실효기간(권리를 행사하지 아니한 기간)의 길이와 의무자인 상대방이 권리가 행사되지 아니하리라고 신뢰할 만한 정당한 사유가 있었는지의 여부는 일률적으로 판단할 수 있는 것이 아니라 구체적인 경우마다 권리를 행사하지 아니한 기간의 장단과 함께 권리자 측과 상대방 측 쌍방의 사정 및 객관적으로 존재한 사정 등을 모두 고려하여 사회통념에 따라 합리적으로 판단하여야 한다고 하였다.

법 제290조 제3호에서 정한 재산인수로서 정관에 기재가 없어 무효이나, 甲이 토지 양도의 무효를 주장하는 것은 신의성실의 원칙에 반하여 허용될 수 없다고 보았다.[35] 이 경우 **법원은 구체적으로 권리불행사 기간의 장단·당사자 쌍방의 사정·객관적으로 존재한 사정 등을 모두 고려하여 사회통념에 따라 위 원칙의 적용 여부를 합리적으로 판단하여야** 한다.[36]

④ 그러나 **인지청구권은 본인의 일신전속적인 신분관계상의 권리로서 포기할 수도 없으며 포기하였더라도 그 효력이 발생할 수 없는 것이고, 이와 같이 인지청구권의 포기가 허용되지 않는 이상 거기에 실효의 법리가 적용될 여지도 없다**.[37]

(4) 소권의 남용금지

1) 의 의 : 소송외적 목적의 추구를 위한 소송상의 권능 행사는 소권의 남용으로서 보호할 가치가 없는 것으로 평가된다.

2) 구체적인 예

① 소 아닌 보다 간편한 권리구제 수단이 있거나, 통상의 소 이외의 특별절차를 마련해 놓고 있는 경우인데 소를 제기하는 경우.

② 소권의 행사가 법의 목적에 반할 때 : 예를 들어 3인의 공동상속인 중에서 1인만이 무자력자인데, 그 무자력자를 내세워 상속재산의 보존을 위한 소송을 시키면서 그로 하여금 소송구조신청(제128조)을 내게 하는 때이다.

③ 무익한 소권의 행사 : 완승한 당사자가 판결이유의 불만으로 제기하는 상소, 원고가 피고에게 반환할 것을 원고가 청구하는 순환소송[38]

④ 소송지연이나 사법기능의 혼란·마비를 조성하는 소권의 행사 : 대법원에 같은 이유로 계속 되풀이하는 재심청구,[39] 강제집행의 지연을 목적으로 한 기피권 행사[40]

⑤ 재산상의 이득·탈법 따위를 목적으로 하는 소권의 행사 : ⅰ) 이사로서 직무집행 의사 없이 학교로부터 금품을 받을 목적으로 이사회결의 부존재확인의 소를 제기한 경우,[41] ⅱ) **변호사의 소송위임사무에 관한 약정 보수액이 부당하게 과다하여 신의성실의 원칙에 반한다고 볼 만한 특별한 사정이 있는 경우에는 예외적으로 적당하다고 인정되는 범위 내의 보수액만을 청구할 수 있다**.[42]

⑥ 기판력 제도의 남용 : 기각당한 원고가 기판력 때문에 신소를 제기할 수 없자, 사무원을 충동하여 같은 소를 제기하게 하는 것, 완전히 형해화된 법인명의로 판결을 받게 한 경우이면 그 배후자인 개인이 자기는 그 판결의 기판력·집행력을 받지 아니하는 제3자라는 주장은 항변의 남용이 될 것이다. 이와 같은 경우 배후개인에게 행위책임을 물을 수 있다는 것이 判例이다.[43]

---

35) 대법 2015.03.20, 2013다88829.
36) 대법 1992.12.11, 92다23285
37) 대법 2001.11.27, 2001므1353
38) 대법 2017.02.15, 2014다19776·19783
39) 대법 1997.12.23, 96재다226
40) 대법 1981.02.26, 81마14
41) 대법 1974.09.24, 74다767
42) 대법 2018.05.17, 2016다35833
43) 대법 2008.09.11, 2007다90982

4. 신의칙위반의 효과

(1) 직권조사사항

신의칙위반 여부에 관하여 법원은 당사자의 주장이 없어도 직권으로 조사하여 판단하여야 한다.[44] 大法院도 부제소합의에 위배되어 제기된 소는 권리보호의 이익이 없고, 또한 당사자와 소송관계인은 신의에 따라 성실하게 소송을 수행하여야 한다는 신의성실의 원칙에도 어긋나는 것이므로, 소가 부제소 합의에 위배되어 제기된 경우 법원은 직권으로 소의 적법 여부를 판단할 수 있다고 하였다.[45]

(2) 신의칙위반의 소송행위의 효력

1) 소의 제기가 신의칙에 위반된 경우 : 신의칙은 소송요건이므로 소각하 하여야 한다. 원고가 소권(항소권을 포함한다)을 남용하여 청구가 이유 없음이 명백한 소를 반복적으로 제기한 경우에는 법원은 결정으로 500만원 이하의 과태료에 처한다(제219조의2).

2) 개개의 소송행위가 신의칙에 위반한 경우 : 그 소송행위는 무효가 된다.

3) 피고의 응소가 신의칙에 위반한 경우 : 피고 주장이 배척되고 자백간주가 성립한다.

(3) 신의칙위반을 간과한 판결의 효력

① 확정 전에는 상소로 취소할 수 있으나, 확정 후에는 당연무효의 판결이라 할 수 없고 판결편취에 이르는 정도이면 재심이나 추완 상소가 가능하며, 실체법상 부당이득이나 불법행위를 이유로 손해배상의 문제가 생긴다.[46] 또한 ② 신의칙에 위반하여 확정된 판결에 기한 강제집행을 하는 경우에는 변론종결 후의 이의사유로 보아 청구이의의 소(민집 제44조)를 제기할 수 있다. 나아가 ③ 신의칙에 반하는 소송행위에 대하여는 승소한 당사자에게도 소송비용의 전부 또는 일부를 부담하게 할 수 있다(제100조).

제5절 민사소송절차의 분류

1. 통상소송절차

(1) 판결절차

사권의 존재 및 사법상의 법률관계를 재판에 의해 확정하는 절차로서 제1심·항소심·상고심 절차로 구분된다. 제1심 절차라도 지방법원 합의부의 절차와 단독판사의 절차 사이에는 차이가 있다. ① 비변호사의 소송대리(제88조 1항), ② 준비서면의 불필요(제272조 2항), ③ 사정변경에 의한 관할의 변동(제269조 2항), ④ 지방법원항소부가 항소심이 되는 등 특례에 의하는 이외에, 그 중 소송목적의 값이 3,000만 원 이하인 소액사건의 심판에 있어서는 소액사건심판법이 적용된다.

---

[44] 대법 2013.11.28, 2011다80449
[45] 대법 2013.11.28, 2011다80449
[46] 대법 2013.03.14, 2011다91876

(2) 민사집행절차

판결절차에 의해 확정된 사법상의 법률관계에 의한 의무가 임의로 이행되지 않은 경우에 국가의 강제력에 의해 그 이행을 강제하는 절차로서 판결절차와는 독립된 별개의 절차이며 민사집행법이 이를 규율한다. **이전등기청구는 의사표시에 갈음하는 판결(민집 제263조)을 구하는 것으로 판결문을 첨부하여 등기소에 소유권 이전등기를 신청하면 되므로 강제집행 신청의 필요가 없다.**

(3) 부수절차

① 증거보전절차(제375조), ② 보전처분절차(가압류·가처분절차), **가압류는 금전채권 또는 금전으로 환산할 수 있는 채권에 기초하여 동산·부동산·채권에 대한 강제집행을 보전하기 위한 절차**이다(민집 제276조). 가처분에는 다툼의 대상에 관한 가처분(민집 제300조 1항)과 임시지위를 정하기 위한 가처분(제300조 2항)이 있다. 전자는 **비금전채권의 보전을 목적으로 하는 것**임에 대하여, 후자는 본안판결이 날 때까지의 법률관계의 불안정을 배제하고 급박한 위험을 방지하기 위하여 잠정적으로 법적 지위를 정하는 절차이다. ③ 위헌법률심판절차

2. 특별소송절차

(1) 간이소송절차

소액사건심판절차와 독촉절차(제462조)가 이에 속한다.

(2) 가사소송절차

(3) 도산절차

채무자가 경제적 파탄에 이르러 다수채권자의 채권을 만족시킬 수 없게 된 경우에 그 총재산에 의하여 총채권자에게 공평한 금전적 만족을 시키거나, 채무자의 재건책을 도모하는 절차를 널리 도산절차라 한다. 이러한 절차에 대해 "채무자회생및파산에관한법률"이 있고 파산절차, 개인회생절차, 회생절차로 구분하여 규율하고 있다.

2025 대비 이종훈 민사소송법

제2장 민사소송법

제1절 민사소송법의 의의와 성격

1. 민사소송법의 의의

형식적으로는 민사소송법(1960년 제정되어 몇 차례의 개정을 거쳐, 2002년 전면 개정)이라 불리우는 법전을 말한다. 실질적으로는 민사소송제도를 규율하는 법규의 총체로서 민사소송을 처리하는 법원의 조직·권한, 소송에 관여하는 자의 능력·자격, 재판이나 강제집행을 하기 위한 요건·절차·효과 따위에 관한 일체의 법규가 포함된다.

2. 민사소송법의 성격

민사소송법은 ① 국가기관으로서 법원의 소송절차를 규율하는 公法이며, ② 개인 상호간의 분쟁 해결을 위한 民事法이고, ③ 개인간의 권리·의무를 실현하는 절차를 다루는 節次法이다.

제2절 민사소송법규의 종류

1. 소송법규의 종류

(1) 훈시규정과 효력규정

위반시 소송법상 위반의 효력이 발생하지 않는 훈시규정과 위반의 효력이 발생하는 효력규정이 있다. 훈시규정의 예로 소송고지의 방식(제85조 제2항), **종국판결 선고기간**(제199조), 선고기일(제207조 제1항),[1] 판결서의 송달(제210조 제1항), 항소기록의 송부(제400조), 상고이유서에 대한 답변서(제428조 제2항), 환송이나 이송시 소송기록의 송부(제438조)에 관한 규정을 들 수 있다. **효력규정은 다시 강행규정과 임의규정으로 구분**된다.

(2) 강행규정과 임의규정

1) **강행규정**: 엄격히 준수될 것이 요구되고, 법원이나 당사자의 의사·태도에 의하여 그 구속을 배제할 수 없으며, 이에 위배된 행위·절차는 무효로 되는 규정이다. 이는 재판의 공정을 유지하기 위한 공익성에 근거를 둔 것으로 법원의 구성, 법관의 제척, 전속관할, 당사자능력, 재판의 공개, 상소제기의 기간 등이 해당된다.

---

1) 대법 2008.02.01, 2007다9009

2) **임의규정** : 임의규정은 당사자의 의사·태도에 의하여 그 적용이 어느 한도까지 배척·완화될 수 있는 규정이다. 이는 주로 당사자의 소송수행상의 편의를 돌보고 그 이익을 보호할 목적으로 정해진 것으로서, 임의관할과 소송행위방식에 관한 규정들이 이에 해당된다.

2. 훈시규정 위배의 효과

훈시규정은 이를 준수하지 않아도 그 행위나 절차의 효력에 영향이 없는 규정으로서, 이에 위배되는 소송행위의 효력에는 아무런 영향이 없다.

3. 강행규정 위배의 효과

(1) 효 과

법원은 강행법규의 위배여부를 당사자의 주장과 상관없이 직권으로 조사해야 한다.

1) **판결 전** : 강행법규 위배의 행위는 무효로 보아 배척할 것이다.

2) **판결 후 확정 전** : 판결이전의 강행법규위배의 행위는 상소이유로써 공격할 수 있는데 그친다. 판결은 상소에 의하지 아니하고는 당연무효로 되지 않기 때문이다.

3) **확정 후** : 재심사유에 해당하는 때 한하여 재심을 통해 취소할 수 있다.

(2) 무효인 소송행위의 전환

강행법규 위배로 일응 무효로 평가되는 소송행위라고 하더라도 그 소송행위가 당사자가 의도하는 목적과 동일한 다른 소송행위의 요건을 갖춘 경우에는 민법 제138조의 법리를 소송행위에 유추하여 다른 소송행위의 효력을 갖게 되는 경우가 있다.

4. 임의규정 위배의 효과

(1) 효 과

임의규정의 위배는 법원이 직권으로 조사할 필요가 없고, 당사자의 이의권의 행사를 기다려 고려하면 된다. 당사자가 소송법규와 다른 약정을 함으로써 그 적용을 배제할 수는 없으나, 법규위배에 의해 불이익을 받을 자의 이의권의 포기 또는 상실이 있는 경우에는 임의규정의 위반을 간과한 판결의 위법을 주장할 수 없다(제151조).

(2) 소송에 관한 합의의 허용여부

1) **원 칙** : <u>사법상의 임의규정은 당사자의 의사에 의해 그 적용을 배제할 수 있으나, 소송법규의 경우에는 소송절차의 안정과 획일성의 관점에서 당사자의 의사에 기한 소송절차의 변경은 허용되지 않는다.</u>

2) **예 외** : 다만 관할의 합의(제29조)나 불항소의 합의(제390조 제1항 단서)와 같이 명문의 규정이 있는 경우에는 허용되며, 명문의 규정이 없어도 당사자가 소송의 목적이 되는 권리관계를 자유롭게 처분할 수 있는 경우에는 그 합의가 공서양속에 반하지 않는 한 허용된다.

제3절 민사소송법의 적용범위

1. 시간적 적용범위

> 부 칙 〈법률 제14103호, 2016.3.29.〉
> 제1조(시행일) 이 법은 공포 후 6개월이 경과한 날부터 시행한다.
> 제2조(계속사건에 관한 경과조치) 이 법은 이 법 시행 당시 법원에 계속 중인 사건에 대하여도 적용한다.

소송법의 영역에서는 기술법임에 비추어 구법시의 사건에 대해서도 되도록 획일적으로 신법을 적용하는 것이 합리적이어서 **소송이 계속 중에 민사소송법의 규정이 개정된 경우에도 특별한 사유가 없는 한 개정된 법의 규정에 의하여야** 한다.

2. 장소적 적용범위

(1) 우리나라 법원이 심리하는 경우

우리나라의 법원에서 심리되는 사건은 당사자가 외국인이든, 소송물의 내용이 무엇이든, 준거법이 외국법이든 막론하고 우리나라의 민사소송법의 규율을 받게 된다. **외국사법기관의 촉탁을 받아 송달·증거조사 등의 소송행위를 하는 경우라도 그 절차는 촉탁국의 소송법에 의하지 않고 우리나라의 민사소송법**에 의한다.

(2) 외국의 사법기관이 심리하는 경우

> 제296조(외국에서 시행하는 증거조사) ① 외국에서 시행할 증거조사는 그 나라에 주재하는 대한민국 대사·공사·영사 또는 그 나라의 관할 공공기관에 촉탁한다.
> ② 외국에서 시행한 증거조사는 그 나라의 법률에 어긋나더라도 이 법에 어긋나지 아니하면 효력을 가진다.

외국의 사법기관이 우리나라 법원의 촉탁을 받아 송달이나 증거조사를 할 때에는 그 외국의 민사소송법에 의하지만, **그 소송행위가 그 법정지법에 어긋나더라도 우리나라 소송법에 의하면 적법한 것인 한 유효한 것**으로 본다(제296조 2항).

제4절 개정민사소송법의 주요내용

1. 변론의 효율과 집중을 위한 개정사항

변론준비절차의 강화, 적시제출주의 채택, 재정기간제도의 신설, 1회적 변론기일실시의 노력과 증인 등에 대해 변론기일에 집중신문제의 채택, 피고의 답변서제출의무와 무변론판결제도의 신설

2. 증거조사의 충실화를 위한 개정

문서제출의무확대, 문서정보공개제도 등 문서제출명령제도의 보완, 증인불출석의 경우 감치제도, 교호신문제도의 보완, 당사자신문의 보충성 폐지, 준문서 및 신종증거를 그 밖의 증거방법으로 독립화

3. 송달제도의 현대화

송달함송달제, 간이기일통지방식, 근무지송달 및 근무지의 보충송달제 등의 채택, 공시송달제의 현대화, 송달보고서의 전산화

4. 변론조서작성의 개량과 현대화

조서기재생략의 적절화, 조서에 갈음하는 녹음·속기의 활성화, 법원사무관 등의 기일참여 배제, 소송기록의 열람제한제의 신설

5. 대리인제도와 다수당사자소송제도의 개선

변호사대리원칙의 조정·정비, 예비적·선택적 공동소송제와 그 공동소송인의 추가제, 공동소송적보조참가, 편면적 독립당사자참가, 보조참가제도의 남용방지책의 신설

6. 소송종료절차의 개선

서면에 의한 청구의 포기·인낙, 서면화해제도의 채택과 화해권고결정제도, 판결이유의 간이화, 외국판결승인요건의 개선, 판결서 부기제도의 폐지, 정기금판결에 대한 변경의 소 신설

7. 상소심 절차개선

가집행선고에 대한 상소불허, 상고심에서의 참고인 진술제, 특별항고이유의 축소, 재심사유에 대한 중간판결제

8. 기 타

지적재산권 등에 관한 특별재판적 신설, 소송구조제도의 개선, 지급명령신청에서 인지의 인하와 정비 등 제도개선, 2001년 초에 개정한 소액사건심판법에서의 이행권고제의 신설

9. 2005년 사법개혁관련법률 : 사법보좌관

2005년 3월 24일 법원조직법 제54조가 개정됨에 따라 2005년 7월 1일부터 사법보좌관제도가 본격적으로 시행되었다. 사법보좌관제도는 사법 인력을 보다 효율적으로 활용하기 위하여 법관은 실질적 쟁송인 고유의미의 재판사무에 집중하고, 그 밖의 부수적인 업무와 공증적 성격의 사법업무는 상당한 경력과 능력을 갖춘 사법보좌관으로 하여금 처리하도록 함으로써 국민경제적으로 예산을 절감하고 사법자원을 효율적으로 배분하기 위하여 도입되었다.

10. 2007년 일부개정법률

확정된 재판기록에 대한 일반인 열람제도의 개정과, 전문심리위원제의 도입

11. 2008년 변론기일중심제로의 회귀입법

2002년도 신민사소송법의 대표적인 변론준비절차중심제도의 채택이 시행 7년도 채우지 못한 채 2008.12.26 개정법률에 의하여 변론기일중심제로 회귀입법을 하였다.

12. 2010년 개정내용

2010.7.23 개정법률에서 소송기록상 청구가 이유없음이 명백한 경우에 원고에 대한 소송비용담보제공제도를 신설하였다. 나아가 2010년 "민사소송 등에서의 전자문서 이용 등에 관한 법률", 이른바 전자소송법이 새로 제정되었다.

13. 2014년 개정내용

외국판결의 승인제도, 공시송달명령과 소장심사에서 법원사무관 등의 권한을 강화하였다. 그러나 민법상의 성년후견인 제도에 따른 민사소송법에 반영입법은 아직 진행중이다.

14. 2015년 이후 개정내용

2015년 11월 특허침해소송의 관할집중을 위하여 법원조직법과 함께 소송법도 바뀌었다. 이에 나아가 민법의 성년후견제도의 신설에 따른 소송법의 후속입법이 2016. 2. 3.에 이루어지고 2017. 2. 4.부터 시행되게 되었다. 나아가 최근 손해액의 재량산정제, 원거리 증인·감정인에 영상신문제, 소액사건의 상한을 3,000만 원으로 인상과 함께 이행권고를 사법보좌관으로 이관하였다.

2025 대비 이종훈 민사소송법

제2편
소송의 주체

제1장 법원

제2장 당사자

2025 대비 이종훈 민사소송법

제1장 법원

제1절 민사재판권

Ⅰ. 재판권일반

1. 의 의

재판권(사법권)은 법질서실현을 위하여 구체적 사건을 재판에 의하여 처리하는 국가의 권능을 말한다.

2. 재판권의 구분

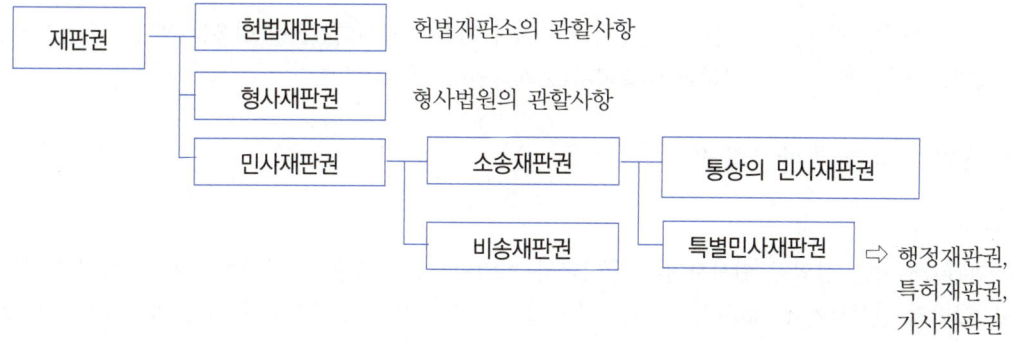

3. 민사소송재판권

통상의 민사소송재판권은 민사분쟁을 처리하기 위하여 판결, 강제집행, 가압류·가처분 등을 행하는 국가권력을 말한다.

Ⅱ. 민사재판권의 범위

1. 인적범위

(1) 원 칙

국가의 영토고권 때문에 국적을 불문하고 국내에 있는 모든 사람에게 미치므로 **대통령이라고 해서 예외가 아니다**.

(2) 예 외

1) 치외법권자 : 치외법권자에게는 재판권이 제한되는데, 이러한 치외법권자로 ① 외교사절단의 구성원과 그 가족, ② 영사관원과 그 사무직원, ③ 외국의 원수·수행원 및 그 가족, ④ 국제연합기구 및 산하 특별기구, 그 기구의 대표자·직원을 들 수 있고, ⑤ 주한미군의 공무집행 중의 불법행위에 대해서는 한국법원의 민사재판권이 면제된다.

2) 외국국가 : 외국국가에 대해서 大法院은 **우리나라의 영토 내에서 행하여진 외국의 사법적 행위가 주권적 활동에 속하는 것이거나, 이와 밀접한 관련이 있어서 이에 대한 재판권의 행사가 외국의 주권적 활동에 대한 부당한 간섭이 될 우려가 있다는 등의 특별한 사정이 없는 한, 외국의 사법적 행위에 대하여는 당해 국가를 피고로 하여 우리나라의 법원이 재판권을 행사할 수 있다**고 판시하여 상대적 면제주의로 변경하였다.[1]

① 제3채무자를 외국으로 하는 채권압류 및 추심명령에 대한 재판권행사는 그 특성상 외국을 피고로 하는 판결절차에서의 재판권 행사보다 신중한 행사가 요구되며, **우리나라 법원에 외국을 제3채무자로 하는 추심명령에 대한 재판권이 인정되지 않는 경우에는 추심금 소송에 대한 재판권도 인정되지 않는다**.[2]

② 외국이 부동산을 공관지역으로 점유하는 것과 관련하여 해당 국가를 피고로 하여 제기된 소송이 외교공관의 직무 수행을 방해할 우려가 있는 때에는 그에 대한 우리나라 법원의 재판권 행사가 제한되므로, 대사관 건물이 원고 소유 토지 일부를 침범하여 점유하고 있음을 이유로 철거 및 토지인도를 구하는 소를 제기한 경우 각하한다.[3]

③ 외국의 공관지역 점유로 부동산에 관한 사적 권리나 이익이 침해되었음을 이유로 해당 국가를 상대로 차임 상당의 부당이득반환을 구하는 소송에서는 재판권이 인정된다.[4]

2. 물적범위 : 국제재판관할권

(1) 서 설

국제재판관할권이란 섭외적 민사사건이 우리나라 법원의 재판관할이냐 외국법원의 재판관할이냐의 문제로서, 섭외적 민사사건에 대하여 ① 어느 나라 소송법을 적용할 것인지의 문제인 법정지법의 문제, 또는 ② 어느 나라 실체법을 적용할 것인지의 문제인 준거법의 문제와는 구별된다.[5]

(2) 국제재판관할권 결정의 기준

1) 실질적관련성의 도입 : 국제사법 제2조 제1항은 "법원은 당사자 또는 분쟁이 된 사안이 대한민국과 실질적 관련이 있는 경우에 국제재판관할권을 가진다. 이 경우 법원은 실질적 관련의 유무를 판단함에 있어 국제재판관할 배분의 이념에 부합하는 합리적인 원칙에 따라야 한다."고 규정하고 있으며, 제2항에서 "법원은 국내법의 관할 규정을 참작하여 국제재판관할권의 유무를 판단하되, 제1항의 규정의 취지에 비추어 국제재판관할의 특수성을 충분히 고려하여야 한다."라고 규정하고 있다.

---

[1] 대법 1998.12.17, 97다39216
[2] 대법 2011.12.13, 2009다16766
[3] 대법 2023.04.27, 2019다247903
[4] 대법 2023.04.27, 2019다247903
[5] 대법 2010.07.15, 2010다18355

2) 判例의 입장 : 국제재판관할을 결정함에 있어서는 당사자 간의 공평, 재판의 적정, 신속 및 경제를 기한다는 기본이념에 따라야 할 것이고, 구체적으로는 소송당사자들의 공평, 편의 그리고 예측가능성과 같은 개인적인 이익뿐만 아니라 재판의 적정, 신속, 효율 및 판결의 실효성 등과 같은 법원 내지 국가의 이익도 함께 고려하여야 할 것이며, 이러한 다양한 이익 중 어떠한 이익을 보호할 필요가 있을지 여부는 **개별 사건에서 법정지와 당사자와의 실질적 관련성 및 법정지와 분쟁이 된 사안과의 실질적 관련성을 객관적인 기준으로 삼아 합리적으로 판단**하여야 할 것이다.[6] **물품을 제조·판매하는 제조업자에 대한 제조물책임소송에서 손해발생지 법원에 국제재판관할권이 있는지를 판단하는 경우에는 제조업자가 손해발생지에서 사고가 발생하여 그 지역의 법원에 제소될 것임을 합리적으로 예견할 수 있을 정도로 제조업자와 손해발생지 사이에 실질적 관련성이 있는지를 고려**하여야 한다.[7]

판례연구 : 국제재판관할권 존부판단

중국 항공사(이하 乙이라 하고, 서울과 부산에 영업소를 두고 있다) 소속의 항공기가 중국 베이징을 출발하여 대한민국 김해공항으로 착륙을 시도하다가 공항 부근 돗대산 중턱에 추락하였고, 중국인 승무원 A를 비롯한 129명이 사망하였다. 사망자중 한국국적의 유가족들은 서울과 부산지방법원에서 손해배상을 구하고 있었다. 이에 중국인 승무원 A의 유족인 甲이 부산지방법원에 乙항공사를 상대로 불법행위 또는 근로계약상 채무불이행으로 인한 손해배상을 구하는 소를 제기하였다면 부산지방법원은 재판권이 있는가?[8]

1. **국내법의 관할에 관한 규정 참작**

    이 사건 소송의 청구원인은 피고 회사의 불법행위 또는 근로계약상 채무불이행으로 인한 손해배상청구이므로, 불법행위지가(이 사건 사고의 행위지 및 결과발생지 또는 이 사건 항공기의 도착지) 속한 대한민국 법원에 민사소송법상 토지관할권이 존재한다고 봄이 상당하다(제18조).

2. **국제관할의 특수성 고려**

(1) **원고의 제소편의** : 같은 항공기에 탑승하여 같은 사고를 당한 사람의 손해배상청구에 있어서 단지 탑승객의 국적과 탑승 근거가 다르다는 이유만으로 국제재판관할권을 달리하게 된다면 형평성에 있어서도 납득하기 어려운 결과가 될 것이다.

(2) **피고의 응소편의** : 乙의 영업소가 대한민국에 존재하고 乙회사 항공기가 대한민국에 취항하며 영리를 취득하고 있는 이상, 영업 활동을 전개하는 과정에서 대한민국 영토에서 항공기가 추락하여 인신사고가 발생한 경우 대한민국 법원의 재판관할권에 복속함이 상당하고, 乙도 충분히 예측할 수 있다고 보아야 한다.

(3) **법원의 심판편의** : 증거조사가 편리하다는 재판관할의 이익상 불법행위지에 관할권이 인정된다고 할 것인데, 관련 사건에서 이미 증거조사가 마쳐졌다든지 관련 사건에서 당사자가 책임 자체를 인정하고 있다든지 하는 사정은 소송 제기 시점에 따라 좌우되는 우연적인 사정에 불과하고 이 사건에 적용될 준거법이 중국법이라고 하더라도 그러한 사정만으로 이 사건 소와 대한민국 법원과의 실질적 관련성을 부정하는 근거로 삼기에 부족하다. 또한, 피고 회사의 영업소가 대한민국에 있음에 비추어 乙의 재산이 소재하고 있거나 장차 재산이 형성될 가능성이 있고, 따라서 원고들은 대한민국에서 판결을 받아 이를 집행할 수도 있을 것이다.

---

[6] 대법 2019.06.13, 2016다33752; 대법 2005.01.27, 2002다59788
[7] 대법 2013.07.12, 2006다17539
[8] 대법 2010.07.15, 2010다18355

(3) 구체적 기준

1) 국제재판관할권 인정여부

① **외국에 있는 부동산은 외국의 영토를 구성하기 때문에 그 귀속국가가 전속적인 관할권을 행사**하게 된다.

② **외국의 권리 내지 이해에만 관계있는 소송** : 예를 들어 미국의 국적확인의 소, 내국에는 없는 권리에 관한 소송, 외국의 특허권·상표권에 관한 소송을 말한다. 특허권의 성립·유효성에 관한 소송은 등록국 또는 등록청구된 국가 법원의 전속관할이다. 그러나 이와 관계없는 특허권의 양도계약이행을 구하는 소송은 그의 전속관할이라 할 수 없다.[9]

③ 외국인 상호간의 이혼사건에서 피고의 주소가 국내에 없는 경우는 재판권이 없다. 그러나 미국국적의 남자와 한국국적이었으나 혼인 후에 미국국적을 취득한 여자 사이의 이혼사건에서 남자·여자의 상거지가 모두 한국이고 혼인생활의 대부분이 한국에서 형성된 때에는 우리나라와 실질적 관련성이 있다 하여 재판관할권을 인정하였다.[10] 또한 재판상 이혼과 같은 혼인관계를 다루는 사건에서 대한민국에 당사자들의 국적이나 주소가 없어 대한민국 법원에 국내법의 관할 규정에 따른 관할이 인정되기 어려운 경우라도 이혼청구의 주요 원인이 된 사실관계가 대한민국에서 형성되었고(부부의 국적이나 주소가 해외에 있더라도 부부의 한쪽이 대한민국에 상당 기간 체류함으로써 부부의 별거상태가 형성되는 경우 등) 이혼과 함께 청구된 재산분할사건에서 대한민국에 있는 재산이 재산분할대상인지 여부가 첨예하게 다투어지고 있다면, 피고의 예측가능성, 당사자의 권리구제, 해당 쟁점의 심리 편의와 판결의 실효성 차원에서 대한민국과 해당 사안 간의 실질적 관련성을 인정할 여지가 크다.[11]

④ 법인인 피고가 대한민국에 주된 사무소나 영업소를 두고 영업활동을 할 때에는 대한민국 법원에 피고를 상대로 재산에 관한 소가 제기되리라는 점을 쉽게 예측할 수 있다.[12]

⑤ 일제강점기에 국민징용령에 의하여 강제징용되어 일본국 회사인 미쓰비시중공업 주식회사(이하 '구 미쓰비시'라고 한다)에서 강제노동에 종사한 대한민국 국민 甲 등이 구 미쓰비시가 해산된 후 새로이 설립된 미쓰비시중공업 주식회사(이하 '미쓰비시'라고 한다)를 상대로 국제법 위반 및 불법행위를 이유로 한 손해배상과 미지급 임금의 지급을 구한 사안에서, 미쓰비시가 일본법에 의하여 설립된 일본 법인으로서 주된 사무소를 일본국 내에 두고 있으나 대한민국 내 업무 진행을 위한 연락사무소가 소 제기 당시 대한민국 내에 존재하고 있었던 점, 대한민국은 구 미쓰비시가 일본국과 함께 甲 등을 강제징용한 후 강제노동을 시킨 일련의 불법행위 중 일부가 이루어진 불법행위지인 점, 피해자인 甲 등이 모두 대한민국에 거주하고 있고 사안의 내용이 대한민국의 역사 및 정치적 변동 상황 등과 밀접한 관계가 있는 점, 甲 등의 불법행위로 인한 손해배상청구와 미지급임금 지급청구 사이에는 객관적 관련성이 인정되는 점 등에 비추어 대한민국은 사건 당사자 및 분쟁이 된 사안과 실질적 관련성이 있다.[13]

⑥ 대한민국 법원은 개성공업지구 현지기업 사이의 민사분쟁에 대하여 당연히 재판관할권을 가진다고 할 것이고, 이는 소송의 목적물이 개성공업지구 내에 있는 건물 등이라고 하여 달리 볼 것이 아니다.[14]

---

9) 대법 2011.04.28, 2009다19093
10) 대법 2006.05.26, 2005므884
11) 대법 2021.02.04, 2017므12552
12) 대법 2021.03.25, 2018다230588
13) 대법 2012.05.24, 2009다22549
14) 대법 2016.08.30, 2015다255265

⑦ 국제재판관할에서도 피고의 주소지는 생활관계의 중심적 장소로서 중요한 고려요소이다. 한편 원고의 청구가 피고의 재산과 직접적인 관련이 없는 경우에는 그 재산이 대한민국에 있게 된 경위, 재산의 가액, 원고의 권리구제 필요성과 판결의 실효성 등을 고려하여 국제재판관할권을 판단해야 한다. 피고가 대한민국에서 생활 기반을 가지고 있거나 재산을 취득하여 경제활동을 할 때에는 대한민국 법원에 피고를 상대로 재산에 관한 소가 제기되리라는 점을 쉽게 예측할 수 있다. 따라서 중국인 원고가 중국에서 중국인 피고들에게 금전을 대여하였는데 피고들이 이를 변제하지 아니하고 중국에서 제기된 소송에도 응하지 아니한 채 대한민국에 입국하여 부동산과 차량을 구입하는 등으로 생활의 근거를 마련하고 영주권 취득의 전제가 되는 비자를 취득한 후, 원고도 영업을 하기 위하여 대한민국에 입국하여 피고들을 상대로 대한민국 법원에 소를 제기한 경우 국제재판관할권이 존재한다.15)

2) 국제사법의 특칙

① 소비자계약에 관한 소 : 동법 제27조 4항과 5항에 의하면 소비자가 원고일 때는 그의 상거지 국가도 재판관할권을 갖게 하였고, 그를 피고로 할 때에는 그의 상거지 국가만이 관할권을 갖게 하였다.

② 근로계약에 관한 소 : 동법 제28조 3항과 4항에서는 근로자가 원고일 때에는 그의 일상적인 노무제공국가도 재판관할권을 갖게 하고, 피고로 할 때에는 근로자의 상거지 또는 일상적인 노무제공국가만이 관할권을 갖도록 규정하였다.

3) 긴급 또는 보충관할 : 국내에 토지관할권이 없는 등 실질적 관련성이 없어도 예외적으로 국내법원에 국제재판관할을 인정하여야 할 경우로서, 判例는 사안과 가장 실질적 관련성이 있는 중국법원이 당사자 간의 소를 각하하였고, 이제 와서 우리나라 법원의 국제재판관할을 부인한다면 당사자의 권리구제를 도외시 하는 결과가 야기될 수 있다는 점 등을 고려하여 우리나라 법원에 국제재판관할권을 인정한 사례가 있다.16)

4) 변론관할 : 외국인이 우리나라 재판권에 복종할 의사가 인정될 경우에는 국제관할에 있어서도 변론관할이 성립될 수 있다. ① 피고가 소장 부본을 적법하게 송달받고 관할위반의 항변을 하지 아니한 채 실제 본안에 관한 주장과 증거를 제출하는 등 적극적으로 응소하였다면 이러한 사정은 대한민국 법원에 관할권을 인정하는데 긍정적인 요소의 하나로 고려할 수 있다.17) ② 피고는 제1심법원에서 국제재판관할권의 존부에 관한 관할위반 항변을 하지 아니한 채 본안에 관한 변론만을 하였고, 그 결과 본안에 관한 사항만을 쟁점으로 한 제1심판결이 선고되었으며, 피고는 원심에 이르러서야 국제재판관할권에 관한 관할위반 주장을 하였는바, 국제재판관할에서 민사소송법 제30조에 규정된 바와 같은 변론관할을 인정하더라도 당사자 사이의 공평을 해칠 우려가 없는 점, 오히려 같은 당사자 사이의 분쟁을 일거에 해결할 수 있

---

15) 대법 2019.06.13, 2016다33752
16) 대법 2008.05.29, 2006다71908
17) 대법 2021.10.28, 2019므15425은 대만 국적과 미국 시민권을 가진 원고와 대한민국 국적을 가진 피고는 부부로 중국에서 거주하는데, 원고가 피고를 상대로 이혼 및 양육자 지정 소를 제기한 사안에서, 1심법원은 본안 심리 후 원고의 청구를 기각하였는데 반해 원심은 이 사건의 당사자나 분쟁이 된 사안이 대한민국과 실질적 관련이 없다고 보아 대한민국 법원의 국제재판관할을 부정하였다. 그러나 대법원은, 피고가 대한민국에 수시로 입국·체류하면서 변론에 출석하였고 주민등록을 두고 있는 곳에서 소송서류를 송달받기도 한 점, 피고가 관할 위반의 항변을 하지 않은 채 적극적으로 변론 활동을 한 점 등을 이유로 대한민국 법원과 해당 소송의 당사자 또는 그 분쟁이 된 사안 사이에 실질적인 관련성이 있다고 보아, 이와 달리 판단한 원심판결을 파기하고 환송하였다.

고 효과적인 절차의 진행 및 소송경제에도 적합한 점 등에 비추어 보면, 이 부분 4천만 엔 청구에 관하여 비록 당사자 또는 분쟁이 된 사안과 법정지인 대한민국 사이에 실질적 관련성이 없다 하더라도 이에 관하여 제1심법원에 국제재판관할권이 생겼다고 봄이 상당하다고 하였다.[18]

(4) 국제재판관할권 유무의 심리 및 법원의 조치

국제재판관할권은 소송요건으로서 절차의 어느 단계에서도 직권조사 하여야 하며, 이는 외국판결의 승인요건도 된다(제217조). 국제재판관할권의 흠이 있으면 소를 각하할 것으로, 이송에 의하는 토지관할과 법리를 달리한다. 국제재판관할권은 배타적인 것이 아니라 병존할 수 있다.[19] 지리, 언어, 통신의 편의 측면에서 다른 나라 법원이 대한민국 법원보다 더 편리하다는 것만으로 대한민국 법원의 재판관할권을 쉽게 부정할 수는 없다.[20]

3. 장소적 범위(장소적 제약)

(1) 원 칙

우리나라 법원의 민사재판권은 영토주권의 원칙에 의하여 우리나라 영토 내에만 미치고 외국에까지 미치지 않는다.

(2) 예 외

외국과의 사법공조협정이 있을 경우에는 외국 주재 대사·공사 또는 영사 혹은 외국법원에 송달을 촉탁하거나 증거조사를 촉탁할 수 있다.

4. 재판권 흠결의 효과

(1) 소송요건으로서 직권조사사항

사건에 인적·물적 **재판권이 있어야 하는 것은 소송요건으로서 직권조사사항**이다. 따라서 재판권이 없으면 소는 부적법하게 된다.

(2) 재판권 흠결시 법원의 조치

1) **재판권의 결여가 명백한 경우** : 大法院은 제1심 법원에 제기한 법률적용확인 청구사건의 소장에 기재된 피고의 표시를 주한 일본국대사 개인이 아닌 일본국을 피고로 하여 제기한 소로 보고, 일본국과의 사이에는 위 국제관례상의 예외를 인정한 조약이 없을 뿐만 아니라 기록상 일본국이 스스로 외교상의 특권을 포기하고 있는 것으로 볼 만한 근거가 없어 본건은 소장을 송달할 수 없는 경우에 해당한다 하여 이 사건 **제1심 재판장이 명령으로 소장을 각하한 조처를 옳은 것**이라 하여 소장각하설의 입장이다.[21]

2) **재판권의 결여가 명백하지 않은 경우** : <u>재판권면제를 포기할 여지가 있을 경우에는 소장을 바로 각하할 것은 아니고 소장을 송달하는 등의 방법으로 소제기 사실을 알린 다음 재판권의 존부를 판단하여야 하</u>

---

18) 대법 2014.04.10. 2012다7571
19) 대법 2010.07.15. 2010다18355
20) 대법 2019.06.13. 2016다33752; 대법 2021.03.25. 2018다230588
21) 대법 1975.05.23. 74마281

고, 변론결과 재판권이 없다고 판단되면 판결로 소를 각하하여야 할 것이다.[22]

3) 재판권의 흠결을 간과한 본안판결의 경우
① 확정 전 : 상소를 통하여 취소하는 것이 가능하다.
② 확정 후 : 당해판결은 무효로서 기판력이 발생하지 않으므로 재심으로 취소할 필요가 없다.

제2절 민사법원의 종류와 구성

Ⅰ. 민사법원의 종류

1. 민사법원의 종류

(1) 통상재판기관

대법원·고등법원·지방법원은 민사사건을 다루는 통상의 민사법원이고, 특허법원·행정법원·가정법원은 각각 특허심결·행정처분·가사사건 등을 전속관할하는 전문법원이다.

(2) 특별재판기관

헌법재판소·군사법원이 있다.

2. 심급제도

▪ 현행 심급제도

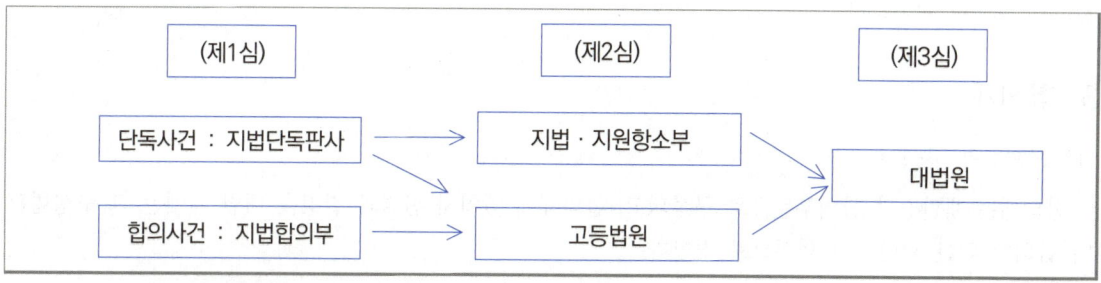

2022년 3월 1일부터 고등법원은 소송목적의 값이 소제기 당시 또는 청구취지 확장(변론의 병합 포함) 당시 2억원을 초과하는 민사소송의 항소사건을 담당한다(민사 및 가사소송의 사물관할에 관한 규칙 제4조). 소가 2억원을 초과하는 고액 단독사건은 부장판사가 담당하게 된다(법관등의사무분담및사건배당에관한예규 제3조 4항 1호). 다만 부장판사 수가 2인 이하인 법원에서는 인력사정 등을 고려해 단독판사가 처리할 수도 있다(법관등의사무분담및사건배당에관한예규 제3조 5항). 나아가 당사자 간 합의로 첫 변론기일 전에 합의부에서 심판받기를 신청하는 경우에는 재정결정부에 회부된다(법관등의사무분담및사건배당에관한예규 제13조 4항 3호).

---
[22] 법원실무제요 Ⅰ 15면

II. 법원의 구성

1. 법원의 의의

넓은 의미에서는 복합적 국가 관서를 뜻하고, 좁은 의미에서는 사법권의 작용 중 가장 중요한 재판사무를 처리하기 위한 1인 또는 수인의 법관으로 구성된 재판기관을 말한다.

2. 재판기관 : 좁은 의미의 법원

(1) 좁은 의미의 법원인 재판기관은 다음 두 가지 기능을 수행한다.

1) **수소법원의 기능** : 소송사건을 수리·심리·판단하는 기능을 한다.

2) **집행법원의 기능** : 집행관의 강제집행을 감독하거나 스스로 집행기관으로서 일정한 강제집행을 수행하는 기능을 한다.

(2) 단독제와 합의제

재판기관은 1인의 법관으로 구성하는 때(단독제)와 수인의 법관으로 구성하는 때(합의제)가 있다. **대법원과 고등법원의 경우는 어느 때나 합의제**를 채택하고 있으나, 지방법원은 단독제를 원칙으로 하면서(법조 제7조 제4항) 합의제를 병용하고 있다(법조 제32조). **대법원에 있어서는 대법관 전원의 3분의2 이상으로 구성되는 전원합의체와, 대법관 3인 이상으로 구성되는 부(현재 4인으로 구성)를 병치하여 심판기관을 2원화**하고 있다. 전원합의체는 ① 명령·규칙이 헌법에 위반함을 인정하는 경우, ② 명령·규칙이 법률에 위반함을 인정하는 경우, ③ 종전의 판례를 변경할 필요가 있는 경우, ④ 部에서 재판함이 부적당한 경우, ⑤ 部구성 법관 사이에 의견대립이 있는 경우를 소관사항으로 하며, 그 밖의 대법원에 접수 계류되는 사건의 심판은 部에서 관장한다.

3. 합의체

(1) 합의체의 구성

합의체는 재판장과 합의부원으로 구성되고, 합의체에 있어서 판결과 결정을 내릴 때에는 그 구성법관의 합의에 의한 과반수의 의견으로 정한다.

(2) 재판장

① 합의체의 대표기관으로서 합의부를 주재하나, 합의시는 다른 합의부원과 동등한 표결권을 가진다.
② 소송지휘권, 법정경찰권, 판결의 선고 및 석명권, 수명법관의 지정, 기일지정, 공시송달명령, 소장심사 및 소장각하명령, 변론준비절차회부 등은 단독으로 그 권한을 행사한다.

(3) 수명법관과 수탁판사

> 제139조(수명법관의 지정 및 촉탁) ① 수명법관으로 하여금 그 직무를 수행하게 하고자 할 경우에는 재판장이 그 판사를 지정한다.
> ② 법원이 하는 촉탁은 특별한 규정이 없으면 재판장이 한다.

1) **수명법관** : 합의체는 그 활동을 원활·신속하게 처리하기 위하여 구성법관 중에서 1인을 수명법관으로 정하여 일정한 사항의 처리를 위임할 수 있는데(제139조 1항), 화해의 권고, 법원 외에서의 증거조사, 당사자의 이의 없는 경우의 증인신문, 변론준비절차의 진행 등이다(직접주의원칙상 수명법관에게 모든 사항의 처리를 포괄위임하는 것은 불가능하다).

2) **수탁판사** : 합의체의 기관은 아니나 수소법원이 같은 급의 다른 법원에 일정한 재판사항의 처리를 부탁한 경우에 그 처리를 맡은 다른 법원의 단독판사(제139조 제2항)를 말한다. 그 권한은 수명법관과 동일하다.

(4) 주심법관

합의부사건의 경우에는 사건배당과정에서 합의부 구성원 중 1인을 주심으로 정하고 있다. 주심법관은 기록의 철저한 검토, 합의의 준비 그리고 합의결과에 따른 판결문의 작성을 책임진다.

III. 기타의 사법기관

1. 법원사무관

(1) 의 의

대법원과 각급법원에 배치되어 재판의 부수사무를 처리하는 단독제의 기관으로, 법원서기관·법원사무관·법원주사·법원주사보 등의 직에 있는 자를 말한다.

(2) 권 한

법원사무관 등의 권한은 법관이라도 대행할 수 없는 고유의 권한이다.

1) 심판에 참여하여 변론조서의 작성(제152조)

① **심판에 참여하여 변론조서를 비롯하여 증거조서를 작성**하는데(제152조, 제160조), 신법은 법원사무관등의 기일참여 없는 절차진행의 특례를 인정하였다(제152조). 2015년부터 조서의 작성을 녹음으로 대체하고 녹취서를 붙이게 하면서 녹취조서의 작성이 필요하게 되었다.

② 소액사건의 구술제소의 경우 제소조서를 작성한다(소심법 제4조 3항).

2) 소장 및 답변서의 적식에 관한 보조적 심사 : 접수거부는 허용되지 않는다.

3) 송달사무 : 각종의 **송달사무를 원칙적으로 담당·처리**하며(제175조), 당해사건에 관하여 출석한 사람에 대한 송달(제177조), **우편송달(187조), 송달함 송달(제188조)**, 공시송달(제194조, 2015.07.부터 그 명령은 사무관의 권한), 간이통지방식에 의한 송달(제167조 2항. 변호사에 대한 전화나 팩스송달), 전화 등에 의한 송달(규 제46조), 전자송달(전자소송법 제11조, 제12조) 등은 직접 실시한다.

4) 소송기록의 보관과 송부(제400조, 제438조)

5) 소송상 사항의 증명서의 작성·교부업무 : 소송기록의 열람과 **증명서의 교부**(제162조), **판결확정증명서의 부여**(제499조) 등은 법원사무관 등이 행한다.

6) 집행문 부여 : **집행문은 신청에 따라 제1심 법원의 법원사무관 등이 내어주며 소송기록이 상급심에 있는 때에는 그 상급심법원의 법원사무관 등이 내어 준다**(민사집행법 제28조). 다만, 판결을 집행하는 데에

조건을 붙인 경우와 승계집행문 부여의 경우(동법 제32조) 채권자가 여러 통의 집행문을 신청하거나 전에 내어 준 집행문을 돌려주지 아니하고 다시 집행문을 신청할 때(동법 제35조)에는 재판장이나 사법보좌관의 명령이 있어야 집행문을 부여할 수 있다(사보규칙 제2조 1항 4호).

(3) 기 타

> 제223조(법원사무관등의 처분에 대한 이의) 법원사무관등의 처분에 관한 이의신청에 대하여는 그 법원사무관등이 속한 법원이 결정으로 재판한다.

법원사무관등의 소송기록열람·집행문부여의 거부처분에 대해서는 소속법원에 이의신청을 할 수 있다(제223조, 민집 제34조 1항).[23] 조서의 기재에 관하여 관계인의 이의가 있을 때에는 조서에 그 취지를 기재하여야 한다(제164조). **법관에 준하여 제척·기피·회피에 관한 규정이 준용**된다(제50조).

2. 사법보좌관

(1) 사법보좌관의 자격

사법보좌관은 법원사무관·등기사무관 이상의 직급으로 5년 이상 또는 법원주사보·등기주사보 이상의 직급으로 10년 이상 근무한 사람 중 사법보좌관규칙이 정하는 바에 따라 보직이 되는 법원공무원이며, 법복도 입는다. 사법보좌관의 직제 및 인원 그 밖에 필요한 사항은 대법원규칙으로 정한다(법원조직법 제54조 제4항, 제5항).

(2) 직무와 불복

1) 사법보좌관의 직무

① 민사소송법상의 소송비용액·집행비용액 확정결정절차, **독촉절차**, 공시최고절차, 소액사건심판법에 따른 이행권고결정절차에서의 법원의 사무를 담당한다.

② 민사집행법상의 집행문 부여명령절차, 채무불이행자명부 등재절차, 재산조회절차, 부동산에 대한 강제경매절차, 자동차·건설기계에 대한 강제경매절차, 동산에 대한 강제경매절차, 금전채권 외의 채권에 기초한 강제집행절차, 담보권실행 등을 위한 경매절차, 제소명령절차, 가압류·가처분의 집행취소신청절차에서의 법원의 사무를 담당한다.

③ 주택임대차보호법 및 상가건물 임대차보호법상의 임차권등기명령절차에서의 법원의 사무 중 대법원규칙이 정하는 업무를 수행한다.

④ 가사소송법에 따른 상속의 한정승인·포기 신고의 수리와 한정승인취소·포기취소 신고의 수리절차에서의 가정법원의 사무

⑤ 미성년 자녀가 없는 당사자 사이의 「가족관계의 등록 등에 관한 법률」에 따른 협의이혼절차에서의 가정법원의 사무

2) 사법보좌관의 처분에 대한 불복 : 사법보좌관의 처분에 대하여는 대법원규칙이 정하는 바에 따라

---

[23] 대법 2012.04.13, 2012마249는 법원사무관의 확인서발급거부에 대하여 이에 의하여 다툴 수 있다고 하였다.

소속법원의 법관에 대하여 이의신청을 할 수 있다(법원조직법 제54조 제3항, 사법보좌관규칙 제3조 내지 제5조). 사법보좌관에는 법관에 준하여 제척·기피·회피제도가 있다(사법보좌관규칙 제9조).

3. 기술심리관

특허법원에는 기술심리관을 두어 법원이 필요하다고 인정하는 경우 결정으로 기술심리관을 특허법 등에 의한 소송의 심리에 참여하게 할 수 있는데, 대법원장은 특허청 등 관련 국가기관에 대하여 그 소속 공무원을 기술심리관으로 근무하게 하기 위하여 파견 근무를 요청 할 수 있다(법조 제54조의 2 제4항). 소송의 심리에 참여하는 기술심리관은 재판장의 허가를 얻어 기술적인 사항에 관하여 소송관계인에게 질문을 할 수 있고, 재판의 합의에서 의견을 진술할 수 있으나(법조 제54조의 2), **재판기관의 구성원이 되는 것은 아니다**.

4. 집행관

(1) 의 의

각 지방법원에 배치되어 강제집행과 소송서류의 송달 등을 행하는 단독제의 국가기관(법조 제55조)이다.

(2) 자 격

법원·등기·검찰주사보 또는 마약수사주사보 이상의 직에 10년 이상 있던 자 중에서 지방법원장이 임명하며 그 임기는 4년으로 하고 연임할 수 없다(집행관법 제3조, 제4조).

(3) 지 위

집행관은 국고로부터 봉급을 받지 않고 취급하는 사건의 수수료를 그 수입원으로 하지만 공무원의 지위에는 변함이 없으며, 집행관의 처분에 대해서는 집행법원에 집행에 관한 이의를 신청할 수 있다(민사집행법 제16조). 따라서 집행관의 집행을 방해하면 형법상의 공무집행방해죄(형법 제136조)가 성립하며, 判例는 집행관의 위법집행으로 손해를 입은 경우 국가의 배상책임을 인정하고 있다.[24]

5. 전문심리위원

(1) 의 의

> 제164조의2(전문심리위원의 참여) ① 법원은 소송관계를 분명하게 하거나 소송절차(증거조사·화해 등을 포함한다. 이하 이 절에서 같다)를 원활하게 진행하기 위하여 직권 또는 당사자의 신청에 따른 결정으로 제164조의4제1항에 따라 전문심리위원을 지정하여 소송절차에 참여하게 할 수 있다.

전문심리위원제도는 첨단산업분야, 지적소유권, 건축공사관계, 국제금융분야 등 **전문적 지식을 요구하는 사건에서 소송관계를 분명히 하거나 소송절차를 원활하게 진행하기 위하여 법원 외부의 관계전문가를 전문심리위원으로 지정하여 재판부가 재판진행 중에 조언을 구할 수 있는 제도**이다. 당사자의 신청 또는 법원의 직권에 의하여 채택된다(제164조의2 1항). 전문심리위원은 **쟁점정리기일, 증인신문기일, 현장검증기**

---

[24] 대법 1966.07.26, 66다854

일, **감정인 신문기일**, 화해기일 등에 참여할 수 있으며, 민사소송절차뿐만 아니라 **민사소송법이 준용되는 가사, 행정, 특허소송절차에도 참여할 수 있고, 심급의 제한도 없다**. 그러나 **조정절차에는 참여할 수 없다**.

(2) 전문심리위원의 지정

> **제164조의4(전문심리위원의 지정 등)** ① 법원은 제164조의2제1항에 따라 전문심리위원을 소송절차에 참여시키는 경우 당사자의 의견을 들어 각 사건마다 1인 이상의 전문심리위원을 지정하여야 한다.
> ② 전문심리위원에게는 대법원규칙으로 정하는 바에 따라 수당을 지급하고, 필요한 경우에는 그 밖의 여비, 일당 및 숙박료를 지급할 수 있다.
> ③ 전문심리위원의 지정에 관하여 그 밖에 필요한 사항은 대법원규칙으로 정한다.
>
> **민사소송규칙**
> **제38조의2(전문심리위원의 지정 등)** 법원은 별도의 대법원규칙에 따라 정해진 전문심리위원 후보자 중에서 전문심리위원을 지정하여야 한다.

재판부는 전문심리위원을 법원행정처장이 작성한 전문심리위원 후보자 명단에서 지정하여야 한다. 지정된 전문심리위원은 **원칙적으로 그 소송이 종료할 때까지 참여**하게 된다.

(3) 전문심리위원의 참여결정의 취소

> **제164조의3(전문심리위원 참여결정의 취소)** ① 법원은 상당하다고 인정하는 때에는 직권이나 당사자의 신청으로 제164조의2제1항에 따른 결정을 취소할 수 있다.
> ② 제1항에도 불구하고 당사자가 합의로 제164조의2제1항에 따른 결정을 취소할 것을 신청하는 때에는 법원은 그 결정을 취소하여야 한다.

(4) 전문심리위원의 권한

> **제164조의2(전문심리위원의 참여)** ② 전문심리위원은 전문적인 지식을 필요로 하는 소송절차에서 설명 또는 의견을 기재한 서면을 제출하거나 기일에 출석하여 설명이나 의견을 진술할 수 있다. 다만, 재판의 합의에는 참여할 수 없다.
> ③ 전문심리위원은 기일에 재판장의 허가를 받아 당사자, 증인 또는 감정인 등 소송관계인에게 직접 질문할 수 있다.
>
> **제164조의6(수명법관 등의 권한)** 수명법관 또는 수탁판사가 소송절차를 진행하는 경우에는 제164조의2제2항부터 제4항까지의 규정에 따른 법원 및 재판장의 직무는 그 수명법관이나 수탁판사가 행한다.

> **민사소송규칙**
>
> 제38조의5(전문심리위원에 대한 준비지시) ① 재판장은 전문심리위원을 소송절차에 참여시키기 위하여 필요하다고 인정한 때에는 전문심리위원에게 소송목적물의 확인 등 적절한 준비를 지시할 수 있다.
> ② 재판장이 제1항의 준비를 지시한 때에는 법원사무관등은 양쪽 당사자에게 그 취지를 통지하여야 한다.
>
> 제38조의6(증인신문기일에서의 재판장의 조치) 재판장은 전문심리위원의 말이 증인의 증언에 영향을 미치지 않게 하기 위하여 필요하다고 인정할 때에는 직권 또는 당사자의 신청에 따라 증인의 퇴정 등 적절한 조치를 취할 수 있다.
>
> 제38조의7(조서의 기재) ① 전문심리위원이 소송절차의 기일에 참여한 때에는 조서에 그 성명을 기재하여야 한다.
> ② 전문심리위원이 재판장, 수명법관 또는 수탁판사의 허가를 받아 소송관계인에게 질문을 한 때에는 조서에 그 취지를 기재하여야 한다.

재판장은 전문심리위원을 소송절차에 참여시키기 위하여 필요하다고 인정한 때에는 전문심리위원에게 소송목적물의 확인 등 적절한 준비를 지시할 수 있다(규칙 제38조의 5). **전문심리위원은 소송절차에서 설명 또는 의견을 기재한 서면을 제출하거나 기일에 출석하여 설명이나 의견을 진술할 수 있고, 재판장의 허가를 받아 당사자, 증인 또는 감정인 등 소송관계인에게 직접 질문할 수도 있다.** 다만 **감정과 달리 증거자료가 되는 것은 아니며, 재판의 합의에는 참여할 수 없다.**

(5) 당사자의 절차보장

> 제164조의2(전문심리위원의 참여)
> ④ 법원은 제2항에 따라 전문심리위원이 제출한 서면이나 전문심리위원의 설명 또는 의견의 진술에 관하여 당사자에게 구술 또는 서면에 의한 의견진술의 기회를 주어야 한다.

> **민사소송규칙**
>
> 제38조의3(기일 외의 전문심리위원에 대한 설명 등의 요구와 조치) 재판장이 기일 외에서 전문심리위원에 대하여 설명 또는 의견을 요구한 사항이 소송관계를 분명하게 하는 데 중요한 사항일 때에는 법원사무관등은 양쪽 당사자에게 그 사항을 통지하여야 한다.
>
> 제38조의4(서면의 사본 송부) 전문심리위원이 설명이나 의견을 기재 한 서면을 제출한 경우에는 법원사무관등은 양 쪽 당사자에게 그 사본을 보내야 한다.

법원은 제164조의 2 제2항에 따라 전문심리위원이 제출한 서면이나 전문심리위원의 설명 또는 의견의 진술에 관하여 **당사자에게 구술 또는 서면에 의한 의견진술의 기회를 주어야** 한다(제164조의 2 제4항). 재판장이 **기일 외에서 전문심리위원에 대하여 설명 또는 의견을 요구한 사항이 소송관계를 분명하게 하는 데 중요한 사항일 때에는 법원사무관등은 양쪽 당사자에게 그 사항을 통지하여야** 한다(규칙 제38조의 3).

(6) 전문심리위원의 제척·기피 등

> **제164조의5(전문심리위원의 제척 및 기피)** ① 전문심리위원에게 제41조부터 제45조까지 및 제47조를 준용한다.
> ② 제척 또는 기피 신청을 받은 전문심리위원은 그 신청에 관한 결정이 확정될 때까지 그 신청이 있는 사건의 소송절차에 참여할 수 없다. 이 경우 전문심리위원은 당해 제척 또는 기피 신청에 대하여 의견을 진술할 수 있다.
> **제164조의7(비밀누설죄)** 전문심리위원 또는 전문심리위원이었던 자가 그 직무수행 중에 알게 된 다른 사람의 비밀을 누설하는 경우에는 2년 이하의 징역이나 금고 또는 1천만원 이하의 벌금에 처한다.
> **제164조의8(벌칙 적용에서의 공무원 의제)** 전문심리위원은 「형법」 제129조부터 제132조까지의 규정에 따른 벌칙의 적용에서는 공무원으로 본다.

전문심리위원	기술심리관
민사·가사·행정·특허사건에 참여 / 조정절차 불가	특허법원
당사자의 신청 또는 법원의 직권으로 채택	법원이 필요하다고 인정하는 경우
법원행정처장이 명단 작성	대법원장이 공무원의 파견근무 요청
설명이나 의견을 기재한 서면을 제출하거나 출석진술	심리에 참여
재판장의 허가를 받아 소송관계인에 질문	재판장의 허가를 받아 소송관계인에 질문
합의에는 참여 못함	합의에서 의견진술 가능. 재판의 구성원은 아님
제척·기피	제척·기피·회피

제3절 법관의 제척·기피·회피

	제 척	기 피	회 피
의 의	법률에 의하여 당연히 직무에서 배제되는 것	당사자의 신청에 의한 재판을 통해 직무에서 배제되는 것	법관 스스로 직무를 회피하는 것
요 건	제41조	공정한 재판을 기대하기 어려운 객관적 사정	제척이나 기피사유가 있을 것
절 차	직권조사사항, 불명확시 신청 또는 직권으로 재판(제42조)	제43조 이하	감독권 있는 법원의 허가(제49조)
효 과	1. 법률에 의하여 당연히 직무집행에서 배제되므로, 확인적 성질의 재판 2. 제척원인 있는 법관은 일체의 소송행위에 관여할 수 없다.	1. 기피재판에 의하여 비로소 직무집행에서 배제되므로 형성적 성질의 재판 2. 기피의 재판을 받은 법관은 일체의 소송행위에 관여할 수 없다.	1. 허가는 재판이 아니다. 2. 허가 후에 그 사건에 관여하더라도 효력에 영향이 없다.
간과시	제424조 1항 2호 상고 제451조 1항 2호 재심	제424조 1항 2호 상고 제451조 1항 2호 재심	상고나 재심사유가 아님

Ⅰ. 법관의 제척

1. 의 의

법관의 제척이라 함은 **법관이 구체적인 사건과 법률에서 정한 특수한 관계가 있는 때에 당연히 그 사건에 관한 직무집행에서 제치는 것**을 말한다.

2. 제척의 이유

> **제41조(제척의 이유)** 법관은 다음 각호 가운데 어느 하나에 해당하면 직무집행에서 제척된다.
> 1. 법관 또는 그 배우자나 배우자이었던 사람이 사건의 당사자가 되거나, 사건의 당사자와 공동권리자·공동의무자 또는 상환의무자의 관계에 있는 때
> 2. 법관이 당사자와 친족의 관계에 있거나 그러한 관계에 있었을 때
> 3. 법관이 사건에 관하여 증언이나 감정을 하였을 때
> 4. 법관이 사건당사자의 대리인이었거나 대리인이 된 때
> 5. 법관이 불복사건의 이전심급의 재판에 관여하였을 때. 다만, 다른 법원의 촉탁에 따라 그 직무를 수행한 경우에는 그러하지 아니하다.

(1) 법관 또는 그 배우자나 배우자이었던 사람이 사건의 당사자가 되거나, 사건의 당사자와 공동권리자·공동의무자 또는 상환의무자의 관계에 있는 때

① 여기의 배우자에 사실혼 관계나 약혼관계는 포함되지 않는다.

② 당사자란 넓은 의미로 생각하여 원·피고 뿐 아니라 보조참가인 그리고 기판력·집행력이 미칠 모든 소송관계인을 포함한다. 그러나 **당사자의 소송대리인은 포함되지 않는다**.

③ 공동권리자·공동의무자의 관계라 함은 소송의 목적이 된 권리관계에 법률상 이해관계가 있는 경우를 말한다. **채권자가 주채무자를 상대로 제기한 소송을 담당한 법관이 주채무자의 연대보증인인 경우** 등이다. 최근 判例는 **종중 규약을 개정한 종중 총회 결의에 대한 무효확인을 구하는 소가 제기되었는데 원심 재판부를 구성한 판사 중 1인이 당해 종중의 구성원인 사안에서, 그 판사는 민사소송법 제41조 제1호에 정한 당사자와 공동권리자·공동의무자의 관계에 있는 자에 해당한다**고 했다.[25] 다만 당사자가 주식회사일 때 법관이 그 회사의 주주나 회사채권자인 경우는 여기에 해당하지 않는다.[26]

(2) 법관이 당사자와 친족의 관계가 있거나 그러한 관계가 있었을 때

친족의 범위는 민법 제777조의 친족의 테두리에 국한된다.

(3) 법관이 사건에 관하여 증언이나 감정을 하였을 때

여기서 사건이란 현재 계속 중인 당해사건을 가리킨다.[27]

---

25) 대법 2010.05.13, 2009다102254
26) 기피사유에 해당한다는 것에, 이시윤 13판 84면
27) 대법 1965.08.31, 65다1102

(4) 법관이 사건당사자의 대리인이었거나 대리인이 된 때

동일 분쟁사건의 조정절차·제소전화해절차·독촉절차에 관여한 경우도 포함하며, 소송대리인이든 법정대리인이든 불문한다.

(5) 법관이 불복사건의 이전심급의 재판에 관여한 때

1) 제도의 취지 : 전심에 관여한 법관을 상소심에서 배제하여 **예단을 방지함**으로써 재판의 공정성을 유지하는 한편, 새로운 법관으로 하여금 재심사시키는 **심급제도의 실효성을 확보**하기 위함이다.

2) 적용요건

① '이전심급'의 의미

  ㉠ 의 의 : 불복사건의 '이전심급'의 재판이라 함은 **그 불복사건의 하급심 재판으로서 상고심에서 간접적으로 불복대상이 된 제1심판결 등도 포함**된다.

  ㉡ 불해당사유 : 그러나 파기환송이나 이송되기 전의 원심판결[28], **재심소송에 있어서 재심의 대상이 된 확정판결**[29], **청구이의의 소에 있어서 그 대상이 된 확정판결**, 본안소송에 대한 관계에서 가압류·가처분에 관한 재판, 집행정지신청사건에 대하여 집행권원을 성립시킨 본안재판 등은 이전심급의 재판에 해당하지 않는다.

② '재판'의 의미 : **재판에는 직접 불복의 대상이 되어 있는 종국판결뿐 아니라 이와 더불어 상급심의 판단을 받을 중간적 재판도 포함**된다. 그러나 **본안소송의 재판장에 대한 기피신청사건의 재판은 이전심급의 재판에 해당되지 않는다**.[30] 나아가 소송상화해에 관여한 법관이 그 화해내용에 따른 목적물의 인도소송에 관여하는 것은 전심관여라 볼 수 없다.[31]

③ '관여'의 의미 : 전심에 관여란 재판의 내부적 성립에 관여한 것을 말하는데, 예를 들어 판결의 기본이 되는 **최종변론, 실질적으로 사건에 관한 판단을 하는 판결의 합의나 판결의 작성 등에 깊이 있게 관여한 경우**를 말한다. 따라서 단지 **최종변론전의 변론·증거조사**,[32] **기일지정과 같은 소송지휘** 또는 **판결의 선고에만 관여하는 것은 이전심급관여의 제척사유가 되지 않는다. 다른 법원으로부터 촉탁을 받고 전심에 관여한 때에도 제척이유가 되지 아니한다**(5호 단서).

④ 전심에 관여한 사건과 동일한 사건 : 동일한 전역처분의 취소청구소송과 무효확인소송의 재판에 동일인이 재판장으로 관여하였다 하더라도 양자는 별개의 사건으로서 취소청구사건의 재판을 무효확인청구사건의 전심재판과 같이 볼 수 없으므로, 민사소송법 제451조 제1항 제2호에 규정된 법률상 그 재판에 관여하지 못할 법관이 재판에 관여한 때에 해당하지 않는다.[33] 또한 당해 사건의 사실관계와 관련이 있는 다른 형사사건에 관여한 경우도 이에 해당하지 아니한다.[34]

---

28) 이 경우는 제436조 3항에 의하여 관여할 수 없다.
29) 대법 1994.08.09, 94재누94 등
30) 대법 1991.12.27, 91마631
31) 대법 1969.12.09, 69다1232
32) 대법 1994.08.12, 92다23537는 최종변론 전에 증거조사에만 관여한 것은 제41조 5호 제척사유인 전심재판관여에 해당하지 않는다고 하였다.
33) 대법 1983.01.18, 82누473
34) 대법 1985.05.06, 85두1

3. 제척의 절차

> 제42조(제척의 재판) 법원은 제척의 이유가 있는 때에는 직권으로 또는 당사자의 신청에 따라 제척의 재판을 한다.

(1) 직권조사사항

제척이유의 유무는 그 문제된 법관 자신과 그 소속 합의부의 직권조사사항이다.

(2) 조사결과

조사결과 제척이유가 있음이 명백하면 당해법관이 스스로 직무집행에서 물러나고 이를 조서에 기재하면 된다. **제척이유의 유무에 관하여 의문이 있으면 당사자의 신청 또는 직권으로 제척의 재판을 한다**. 그러나 제척의 효과는 법률규정에 의해 당연히 발생하므로 이는 확인적 성질을 가질 뿐이다. 제척재판에 관한 절차는 기피의 재판에 준한다.

4. 제척의 효과

(1) 직무집행에서 배제

당해법관은 법률규정상 당연히 그 사건의 모든 직무집행에서 배제되며, 재판의 심리는 물론 기타 변론준비절차, 증거조사, 기일지정 등 일체의 소송행위에 관여 할 수 없다. 다만, **제척신청이 각하된 경우** 또는 종국판결의 선고와 긴급을 요하는 행위(제48조 단서) 등은 할 수 있다.

(2) 제척이유 있는 법관이 관여한 재판·소송행위

소송행위는 본질적인 절차상 하자로서 무효이며, **판결의 경우 확정 전에는 절대적 상고이유**(제424조 제1항 제2호), 확정 후에는 재심사유(제451조 제1항 제2호)가 된다.

Ⅱ. 법관의 기피

1. 의 의

법률상 정해진 제척이유 이외의 재판의 공정을 기대하기 어려운 사정이 있는 경우에 당사자의 신청을 기다려 재판에 의하여 법관이 직무집행에서 배제되는 것을 말한다.

2. 기피사유

(1) 법관에게 공정한 재판을 기대하기 어려운 사정이 있는 때

① 우리 사회의 평균적인 일반인의 관점에서 볼 때, 법관과 사건과의 관계, 즉 법관과 당사자 사이의 특수한 사적 관계 또는 법관과 해당 사건 사이의 특별한 이해관계 등으로 인하여 **법관이 불공정한 재판을 할 수 있다는 의심을 할 만한 객관적인 사정**이 있고, 그러한 의심이 단순한 주관적 우려나 추측을 넘어 합리적인 것이라고 인정될 만한 때를 말한다. 그러므로 **실제로 법관에게 편파성이 존재하지 아니하거나 헌법과 법률이 정한 바에 따라 공정한 재판을 할 수 있는 경우에도 기피가 인정될 수 있다**.[35] 다만 ② 재판장의

소송지휘에 대한 불만으로는 기피사유에 해당하지 않는다. 소송지휘에 대한 조치에 대해서는 별도로 소송법이 구제절차(제138조)를 마련해 놓고 있기 때문이다.

(2) 주관적 범위

① 당사자와의 관계에서 법관이 친소관계에 있을 때 기피사유에 해당함은 당연한데, 문제는 ② 소송대리인과 관계에서 법관이 기피될 수 있는지에 있다. 일본 판례는 재판장이 한 쪽 당사자 소송대리인의 사위인 경우 기피사유가 되지 않는다고 하였으나, 전관예우가 문제되는 우리 법조실무에서 기피사유가 된다고 봄이 타당하다.

판례정리 : 기피사유

1. 부정한 예
- 소송대리인과 당사자의 친동생이 판사실에 임의로 드나드는 한편 상대방이 없는 자리에서 소송대리인과 주심 판사 사이에서 사건핵심에 관한 말이 있었다는 사정[36]
- 절차를 밟지 않은 증인신청을 철회할 것을 종용하고 결심할 뜻의 표시[37]
- 채택한 증거를 일부 취소한 사정[38]
- 당사자가 재판장의 변경에 뒤따라 소송대리인을 바꾼 사정[39]
- 재판장이 상기된 어조로 당사자에 대해 '이 사람아'라고 호칭[40]
- 이송신청에 대한 가부 판단 없이 소송의 진행[41]

2. 긍정한 예
- 기피신청 대상자인 위 법관은 지방법원장으로 재직하던 때인 2015. 8.부터 2016. 7.까지 사이에 ○○그룹의 신청 외 1 사장에게 10여 건의 문자메시지를 보냈는데, 여기에는 법관의 신상이나 동생의 인사와 관련한 사적인 내용들이 포함되어 있고, 위와 같은 사실은 여러 언론매체에서 보도되어 사회 일반에 알려진 바 있다. 원고는 ○○그룹 신청 외 2 회장의 장녀이다. 신청 외 1은 ○○그룹의 각 계열사를 통할하면서 그 운영을 지원·조정하는 동시에 대주주의 경영지배권 행사를 지원하고 ○○그룹의 대관업무를 담당하는 부서인 △△△△실 차장(사장급)으로 근무하였다. 신청 외 1은 2015. 5.경 원고에게 원고가 운영하는 호텔의 면세점 사업자 선정을 위하여 최선을 다하겠다는 문자메시지를 보낸 바 있고, 원고는 2016. 3.경 신청 외 1에게 한옥호텔 건축사업 승인이 잘 마무리되어 감사하다는 취지의 문자메시지를 보내기도 하였다. 이러한 사실관계로부터 알 수 있는 이 사건 기피신청 대상 법관과 신청 외 1의 관계, 원고와 신청 외 1의 ○○그룹에서의 지위 및 두 사람 사이의 밀접한 협력관계 등을 앞서 본 법리에 비추어 보면, 우리 사회의 평균적인 일반인의 관점에서 볼 때, 법관과 사건과의 관계로 인하여 법관이 불공정한 재판을 할 수 있다는 의심을 할 만한 객관적인 사정이 있고, 그러한 의심이 단순한 주관적 우려나 추측을 넘어 합리적인 것이라고 볼 여지가 있다.[42]

---

35) 대법 2019.01.04, 2018스563
36) 대법 1968.09.03, 68마951; 다만 이 판례에 대해 규칙 제17조의2에 비추어 반대하는 견해로, 이시윤 13판 88면
37) 대법 1966.04.26, 66마167
38) 대법 1993.08.19, 93주21
39) 대법 1992.12.30, 92마783
40) 대법 1987.10.21, 87두10; 늙으면 죽어야 한다 등 막말도 같이 볼 것이라는 견해로, 이시윤 13판 88면
41) 대법 1982.11.05, 82마637
42) 대법 2019.01.04, 2018스563

3. 기피절차

(1) 기피신청

> 제43조(당사자의 기피권) ① 당사자는 법관에게 공정한 재판을 기대하기 어려운 사정이 있는 때에는 기피신청을 할 수 있다.
> ② 당사자가 법관을 기피할 이유가 있다는 것을 알면서도 본안에 관하여 변론하거나 변론준비기일에서 진술을 한 경우에는 기피신청을 하지 못한다.
> 제44조(제척과 기피신청의 방식)
> ① 합의부의 법관에 대한 제척 또는 기피는 그 합의부에, 수명법관·수탁판사 또는 단독판사에 대한 제척 또는 기피는 그 법관에게 이유를 밝혀 신청하여야 한다.
> ② 제척 또는 기피하는 이유와 소명방법은 신청한 날부터 3일 이내에 서면으로 제출하여야 한다.

1) **기피신청의 방식** : 기피신청은 당사자만이 할 수 있고 소송대리인은 그 고유의 권한으로 기피권이 없다. **기피는 서면이든 말로든**(제161조) 그 이유를 밝혀 **합의부 법관에 대한 기피는 그 합의부에**, 단독판사에 대한 기피는 당해 법관에 신청하며, **신청한 날로부터 3일 이내에 기피의 이유와 소명방법을 서면으로 제출한다**(제44조 2항). 소명방법을 서면에 한정하였으므로 서증을 제출하여야 하며, 보증금의 공탁이나 선서로써 소명에 갈음할 수 없다(제299조 참조).

2) **기피신청권의 행사시기와 상실** : **당사자가 법관을 기피할 이유가 있다는 것을 알면서도 본안에 관하여 변론하거나 변론준비기일에서 진술을 한 경우에는 기피신청을 하지 못한다**(제43조 제2항). 이점 절차의 어느 단계에서나 직권조사를 요하는 제척이유와 다르다.

3) **기피신청의 효과**

> 제48조(소송절차의 정지) 법원은 제척 또는 기피신청이 있는 경우에는 그 재판이 확정될 때까지 소송절차를 정지하여야 한다. 다만, 제척 또는 기피신청이 각하된 경우 또는 종국판결을 선고하거나 긴급을 요하는 행위를 하는 경우에는 그러하지 아니하다.

① 본안소송절차의 정지 : **기피신청이 있는 때에는 그 신청이 이유 있는지에 관한 재판이 확정될 때까지 소송절차를 정지하지 않으면 안 된다. 소송절차가 정지 중임에도 판결을 비롯하여 소송행위를 한 경우에는 기피재판의 이익이 있으며**, 뒤에 ⅰ) 기피결정이 있으면 그 행위가 위법하게 되어 절대적 상고이유 내지 재심사유가 된다. 즉 **소송절차의 정지 없이 판결선고까지 된 경우라면 위법하지만 독립하여 항고할 수 없고, 그 종국판결에 대한 불복절차로 다투어야** 하며,[43] 그와 같은 판결에 항소한 경우 그 뒤의 소송절차를 정지시키지 아니하여도 위법이 아니라는 것이 判例이다.[44] ⅱ) 그런데 기피신청이 각하되거나 기각되는 결정이 확정된 경우, 判例는 유효하여 위법성이 치유된다고 적극적으로 본 예도 있었으나,[45] **절차를 진행시켜 쌍방불출석의 효과를 발생시킨 절차위반의 흠결은 치유될 수 없다**는 최근의 判例가 있다.[46]

---

[43] 대법 2000.04.15, 2000그20
[44] 대법 1966.05.24, 66다517
[45] 대법 1978.10.31, 78다1242는 사안이 긴급을 요하는 것으로 판단을 하면서 가사 그렇지 아니하다고 하여도 나중에 기피신청이 기각되면 적법하다는 취지로 판시하였다.
[46] 대법 2010.02.11, 2009다78467·78474

② 정지의 예외 : 그러나 ⅰ) **기피신청이 각하된 경우** 정지되지 않고, ⅱ) **긴급을 요하는 행위는 예외적으로 허용**된다. 나아가 ⅲ) **변론종결 후 기피신청이 있는 경우 종국판결의 선고는 가능하다**. 종국판결 선고가 가능토록 한 제48조 단서가 법관기피제도의 본질적인 내용을 침해하여 위헌인지 여부에 대해 대법원은 소극적으로 보아 위헌법률심판제청신청을 기각하였고,[47] 기피신청에 불구하고 제48조 단서의 규정에 의하여 본안사건에 관하여 종국판결을 선고한 경우에는 기피신청에 대한 재판이익이 없다.[48]

(2) 기피신청에 대한 재판

1) 간이각하

> 제45조(제척 또는 기피신청의 각하 등) ① 제척 또는 기피신청이 제44조의 규정에 어긋나거나 소송의 지연을 목적으로 하는 것이 분명한 경우에는 신청을 받은 법원 또는 법관은 결정으로 이를 각하한다.
> ② 제척 또는 기피를 당한 법관은 제1항의 경우를 제외하고는 바로 제척 또는 기피신청에 대한 의견서를 제출하여야 한다.

기피권의 남용에 대한 대책으로 ⅰ) **기피신청이 그 신청방식을 준수하지 않은 때**, ⅱ) **기피신청이 소송지연을 목적으로 함이 분명한 때**에는 다른 합의부로 돌리지 않고 기피당한 법원이나 법관 스스로가 기피신청을 각하하여야 한다(제45조 제1항). 간이각하의 경우 소송절차 정지의 효력이 배제된다(제48조 단서).

2) 다른 합의부의 재판

> 제46조(제척 또는 기피신청에 대한 재판) ① 제척 또는 기피신청에 대한 재판은 그 신청을 받은 법관의 소속 법원 합의부에서 결정으로 하여야 한다.
> ② 제척 또는 기피신청을 받은 법관은 제1항의 재판에 관여하지 못한다. 다만, 의견을 진술할 수 있다.
> ③ 제척 또는 기피신청을 받은 법관의 소속 법원이 합의부를 구성하지 못하는 경우에는 바로 위의 상급법원이 결정하여야 한다.

신청방식에 위배됨이 없거나 소송지연의 목적이 아닌 경우에는 **기피신청의 당부에 관한 재판은 기피당한 법관의 소속법원의 다른 합의부에서 결정으로 재판**한다(제46조 1항). 이 경우에 기피신청을 받은 법관은 절차에 관여할 수 없으며, 다만 **그에 관한 의견서를 제출할 수 있을 뿐**이다(제46조 2항). 다만 법관기피신청 사건에 있어 민사소송법 제45조 제2항 규정에 의하여 기피신청을 당한 법관이 제출한 의견서에 대하여 판단하지 아니하고, 같은 법 제46조 제2항 단서의 규정에 따른 기피신청을 당한 법관의 의견진술절차를 거치지 아니하였다 하여도 심리미진의 위법은 아니다.[49] **제척 또는 기피신청을 받은 법관의 소속 법원이 합의부를 구성하지 못하는 경우에는 바로 위의 상급법원이 결정하여야 한다**(제46조 3항).

(3) 불복방법

> 제47조(불복신청) ① 제척 또는 기피신청에 정당한 이유가 있다는 결정에 대하여는 불복할 수 없다.
> ② 제45조제1항의 각하결정 또는 제척이나 기피신청이 이유 없다는 결정에 대하여는 즉시항고를 할 수 있다.
> ③ 제45조제1항의 각하결정에 대한 즉시항고는 집행정지의 효력을 가지지 아니한다.

---

47) 대법 2007.06.18, 2007아9
48) 대법 2008.05.02, 2008마427
49) 대법 1992.12.30, 92마783

<u>기피신청이 이유 있다는 결정에 대하여는 불복하지 못하지만</u>, 이유 없다는 기각결정, 신청방식 위배 등이라 하여 한 <u>각하결정에 대해서는 즉시 항고할 수 있다</u>. 다만 각하결정에 대한 즉시항고에는 집행정지의 효력이 없다(제47조).

4. 기피재판의 효과 및 간과한 판결의 경우

(1) 기피재판의 효과

기피재판이 있으면 비로소 법관은 직무집행이 배제된다. 따라서 기피재판은 제척재판과 달리 형성적 성질을 가진다.

(2) 기피재판을 받은 법관이 절차에 관여시 효과

기피결정을 받은 법관이 이를 간과하고 종국판결에 이른 경우 판결이 확정 전이면 절대적 상고이유(제424조 제1항 2호)가 되고, 판결이 확정된 후에는 재심사유(제451조 제1항 2호)가 된다.

III. 법관의 회피

> 제49조(법관의 회피) 법관은 제41조 또는 제43조의 사유가 있는 경우에는 감독권이 있는 법원의 허가를 받아 회피할 수 있다.

1. 의 의

<u>법관이 스스로 제척 또는 기피이유가 있다고 인정하여 자발적으로 직무집행을 피하는 것</u>을 말한다.

2. 사 유

제척이나 기피사유가 존재하여야 한다.

3. 절 차

<u>이 경우에는 따로 재판을 요하지 않으며, 감독권 있는 법원(법원장)의 허가를 얻으면 된다</u>. 실무에 있어서는 감독권자의 허가에 의한 회피의 절차가 사건배당 절차와 관련된 재배당 절차에 흡수되어 한꺼번에 행하여지는 경우가 대부분이며, 재배당으로부터 분리된 순수한 회피절차는 거의 이루어지지 않고 있다.

4. 효 과

회피의 허가는 재판이 아니므로, 허가를 받은 뒤에 그대로 그 사건에 관여하였다 하여도 그 행위의 효력에는 영향이 없다.

IV. 법원사무관 등에 대한 제척·기피·회피

> 제50조(법원사무관등에 대한 제척·기피·회피) ① <u>법원사무관등에 대하여는 이 절의 규정을 준용한다</u>.
> ② 제1항의 법원사무관등에 대한 제척 또는 기피의 재판은 그가 속한 법원이 결정으로 하여야 한다.

제4절 관 할

Ⅰ. 총 설

1. 관할의 의의

(1) 관할의 의의

관할이란 재판권을 행사하는 여러 법원 사이에서 재판권의 분담관계를 정해 놓은 것을 말한다.

(2) 구별개념

1) **재판권과의 구별** : 재판권이란 법원으로서 심리·재판할 수 있느냐의 문제로서, 재판권의 흠결시 법원은 소를 각하하나, 관할위반시 이송으로 처리한다.

2) **사무분담과의 구별** : 동일법원 내의 여러 재판부 사이의 직무범위를 정해 놓은 것으로 관할위반의 경우와 달리 사무분담을 어긴 경우 소송법상 효과에 영향이 없다.

2. 관할의 종류

(1) 관할결정의 근거에 따른 분류

1) **법정관할** : 법률에 의해 직접 정해진 관할
① 직분관할 : 담당직분의 차이에 따른 관할(수소법원·집행법원, 단독·합의부, 심급관할)
② 사물관할 : 사건의 경중에 따른 관할(합의부와 단독판사의 관할)
③ 토지관할(재판적) : 소재지를 달리하는 지방법원 사이의 관할
  ㉠ 보통재판적 : 모든 사건에 공통적으로 적용되는 재판적(제2조~제6조)
  ㉡ 특별재판적 : 특별한 종류·내용의 사건에 대해서만 적용되는 독립 재판적(제7조~제24조)과, 하나의 소로써 여러 개의 청구가 병합된 경우에 적용되는 관련 재판적(제25조)으로 나눌 수 있다.

2) **재정(지정) 관할** : 상급법원의 결정에 의해 정해지는 관할(제28조)

3) **거동관할** : 당사자의 거동(합의나 응소)에 의한 관할
① 합의관할 : 당사자 사이의 합의에 의한 관할(제29조)
② 변론(응소)관할 : 피고의 이의 없는 응소(변론)에 의한 관할(제30조)

(2) 소송법상 효과에 따른 분류(전속관할과 임의관할)

> 제31조(전속관할에 따른 제외) 전속관할이 정하여진 소에는 제2조, 제7조 내지 제25조, 제29조 및 제30조의 규정을 적용하지 아니한다.

	전속관할	임의관할
의 의	법정관할 가운데 재판의 적정·공평 등 고도의 공익적 견지에서 정해진 것으로, 오로지 특정법원만이 배타적으로 관할권을 갖게 한 것	주로 당사자의 편의와 공평을 위한 사익적 견지에서 정하여진 것으로 경합하는 경우 임의로 그 중의 하나를 선택할 수 있다.
종 류	1. 법정관할 중 직분관할은 전속관할이다. 특허권·상표권 침해를 원인으로 한 손해배상청구사건의 항소사건은 특허법원의 전속관할에 속한다.50) 행정소송사건을 민사소송으로 잘못 제기하고 단독판사가 제1심판결을 선고한 경우에도 그에 대한 항소사건은 고등법원의 전속관할이다.51) 2. 사물·토지관할은 전속관할로 법정해 놓은 경우에만 포함 ① 특정의 직분과 관련 : 재심(제453조), 정기금판결에 대한 변경의 소(제252조), 담보취소신청,52) 독촉절차(제463조), 공시최고절차(제476조), 민사집행사건(민사집행법 제21조),53) 특허권 등 지식재산권에 관한 소(제24조 2항, 3항) ② 다수인에게 이해가 미침을 고려 : 가사소송, 회사관계소송,54) 파산, 화의, 회사정리사건, 증권관련집단소송, 소비자·개인정보 단체소송 ③ 부당한 관할합의 방지 : 할부거래에 관한 소송에서의 매수인 주소지,55) 방문판매자의 계약에 관한 소송은 소비자 주소지, 통신판매업자와의 거래에 관련된 소송은 소제기 당시 소비자의 주소지	1. 사물관할·토지관할은 임의관할이다. 2. 직분관할 중 심급관할은 비약상고의 경우에 한하여 임의관할이다.
효 과	직권조사사항 보통재판적·특별재판적 적용 없음 합의관할·변론관할 적용 없음 관할위반이외에 이송불가(단, 제36조 3항은 예외) 간과판결시 상소 可, 재심 不可	항변사항 보통재판적·특별재판적 적용 합의관할·변론관할 적용 심판편의에 의한 이송도 가능 간과판결시 상소·재심 不可(제411조 참조)

---

50) 특허권과 관련하여 대법 2017.12.22, 2017다259988, 상표권과 관련하여 대법 2020.02.27, 2019다284186
51) 행정사건 제1심판결에 대한 항소사건은 고등법원이 심판해야 하는 법원조직법 제28조 제1호에 의해 고등법원의 전속관할이라는 것에, 대법 2022.01.27, 2021다219161
52) 민사집행법 제19조 제3항에 따라 집행법상 담보 취소에 준용되는 민사소송법 제125조, 민사소송규칙 제23조에 의하면, 담보취소 신청사건은 담보제공결정을 한 법원 또는 그 기록을 보관하고 있는 법원이 관할하도록 되어 있고, 여기서 '담보제공결정을 한 법원 또는 그 기록을 보관하고 있는 법원'은 수소법원을 가리키고, 이는 직분관할로서 성질상 전속관할에 속한다는 것에, 대법 2011.06.30, 2010마1001.
53) 청구이의의 소에서 집행권원이 집행증서인 경우 토지관할은 채무자인 원고의 보통재판적이 있는 곳의 법원관할이고, 채무자가 판결에 따라 확정된 청구에 관하여 이의하려면 제1심 판결법원이다(민집 제44조 1항). 배당이의의 소는 배당을 실시한 집행법원이 속한 지방법원의 관할에 전속한다는 것에, 대법 2021.02.16, 2019마6102. 수소법원인 지방법원 합의부가 한 조정을 대상으로 한 집행문부여에 대한 이의의 소는 이를 처리한 지방법원 합의부의 전속

II. 직분관할

1. 수소법원과 집행법원의 직분관할

	수소법원	집행법원
의의	특정한 사건이 판결절차로서 과거에 계속되었거나, 현재 계속 중이거나, 장래에 계속될 법원	수소법원이 행한 확정판결에 기해 강제집행을 하는 직분을 가진 법원으로 집행법원은 원칙으로 지방법원 단독판사이다.
담당 직분	판결절차를 담당처리하며 증거보전절차, <u>가압류·가처분절차</u>도 수소법원의 직무에 속한다.	강제집행절차를 담당처리하며, 집행감독 및 집행정지명령 등도 할 수 있는 권한이 있다.

2. 지방법원 단독판사와 지방법원 합의부의 직분관할

	단독부	합의부
의의	간이한 사항, 급속을 요하는 사항에 대해서는 지법 단독판사의 직분으로 하였다.	중요성과 신중한 판단을 요하는 사항에 대하여는 지방법원 합의부의 직분으로 하였다.
담당 직분	독촉절차(제462조), 제소 전 화해절차(제385조), 공시최고절차(제476조)	<u>제척이나 기피사건</u>, 반론보도청구, 파산이나 화의 및 회사정리사건, 증권관련 집단소송 등

3. 심급관할

(1) 전속관할로서의 심급관할

3심제도의 채택으로 인해 각 심급법원 사이에 그 직분을 정해 놓은 것으로서 비약상고를 제외하고는 원칙적으로 전속관할이다.
  ① 제1심 : 지방법원(지원)의 단독판사나 합의부가 담당한다.
  ② 제2심 : 지방법원 항소부나 고등법원, 다만 특허권이나 상표권 침해를 청구원인으로 하는 손해배상 청구 사건의 항소사건은 지법단독판사가 담당하였다고 해도 특허법원의 전속관할에 속한다.[56]
  ③ 제3심 : 대법원

(2) 각 심급의 개시 및 종료

제1심은 소의 제기에 의하여 상소심은 상소의 제기에 의하여 개시되며, 종국판결정본의 송달로써 각

관할에 속한다는 것에, 대법 2022.12.15, 2022그768
54) 회사설립무효·취소의 소(상법 제186조), 주주총회결의취소의 소(상법 제376조 2항), 주주총회결의 무효 및 부존재 확인의 소(상법 제380조)
55) 다만, 제소 당시 소비자의 주소 및 거소가 분명하지 아니한 경우에는 민사소송법의 관련규정을 준용하여 토지관할 법원을 정한다(할부거래에 관한 법률 제44조).
56) 대법 2017.12.22, 2017다259988; 대법 2020.02.27, 2019다284186. 2015. 12. 1. 법률 제13522호로 개정된 법원조직법 제28조의4 제2호는 특허법원이 특허권 등의 지식재산권에 관한 민사사건의 항소사건을 심판한다고 규정하고 있고, 제28조 및 제32조 제2항은 이러한 특허법원의 권한에 속하는 사건을 고등법원 및 지방법원 합의부의 심판대상에서 제외한다고 규정하고 있다.

심급은 종료된다. 다만, 판결정본 송달 후라도 상소의 제기 전까지는 원심법원(당해심급)에 가압류·가처분, 소취하, 화해 등의 소송행위를 하여야 한다.

Ⅲ. 사물관할

1. 의 의

사물관할이라 함은 제1심 소송사건을 다루는 지방법원 단독판사와 지방법원 합의부 사이에서 사건의 경중을 표준으로 재판권의 분담관계를 정해 놓은 것을 말한다. **지방법원 단독판사와 합의부는 조직상 별개의 법원은 아니나 소송상으로 별개의 법원으로 보기 때문에 양자의 분담관계는 사무분담이 아닌 관할의 문제이다. 그러나 같은 지방법원 안에서 착오에 의하여 합의사건이 단독사건으로, 또는 단독사건이 합의사건으로 배당된 때에는 재배당을 실시**한다(법관등의 사무분담 및 사건배당에 관한 예규 제14조 8호).

2. 사물관할의 구별

(1) 합의부의 관할(민사및가사소송의 사물관할에 관한 규칙 제2조)

1) 소가가 5억 원을 초과하는 사건

2) 민사소송 등 인지법 제2조 제4항 소정의 민사사건

① **비재산권상의 소** : 경제적 이익을 목적으로 하지 않는 권리관계에 관한 소로서, 성명권·초상권의 침해 중지, 개인정보개시금지, 인터넷에서 잊혀질 권리나 기억될 권리 등 인격권에 관한 소송, 기사삭제 청구, 비영리법인의 사원권확인, **해고무효확인**, 공공기관의 정보공개소송 등을 말한다.

② **재산권상의 소로서 소가를 산출할 수 없는 경우** : 구거지와 같은 기준시가가 없는 토지에 관한 소, 상호사용금지의 소, 주주의 대표소송 또는 이사위법행위유지청구의 소·신주발행유지청구의 소, 지식재산권에 관한 소, **낙찰자 지위확인의 소**,[57] 등을 말한다.

3) 재정합의사건 : **단독판사의 법정관할에 속하는 사건이라도 그 내용이 복잡하거나 신중한 판단이 필요한 경우**(판례가 없거나 변경의 필요, 집단소송, 위헌제청) 재정합의부의 결정으로 합의재판에 돌릴 수 있다(법조 제32조 1호).

4) 관련청구 : 합의부관할에 속하는 본소에 병합하여 제기하는 반소, 중간확인의 소, 독립당사자참가 등의 관련청구는 단독부관할이더라도 본소와 함께 합의부 관할에 속한다.

(2) 단독판사의 관할

1) 소가가 5억 원 이하인 사건 : 다만 2억 원을 초과하는 사건의 항소심은 지방법원 항소부가 아니라 고등법원이 담당한다. 소가 2억 원을 초과하는 고액 단독사건은 부장판사가 담당하게 된다(법관등의사무분담및사건배당에관한예규 제3조 4항 1호). 다만 부장판사 수가 2인 이하인 법원에서는 인력사정 등을 고려해 단독판사가 처리할 수도 있다(법관등의사무분담및사건배당에관한예규 제3조 5항). 나아가 당사자 간 합의로 첫 변론기일 전에 합의부에서 심판받기를 신청하는 경우에는 재정결정부에 회부된다(법관등의사무분담및사건배당에관한예규 제13조 4항 3호).

---

[57] 대법 1994.12.02, 94다41454

2) 민사 및 가사소송의 사물관할에 관한 규칙 제2조 단서 사건

① 수표금·약속어음금 청구사건 : <u>유통증권인 점, 신속한 권리실현이 요청된다는 점에서 소가가 5억 원을 초과하더라도 단독부관할</u>이다. 다만 어음채권자의 청구사건이 아니고, <u>어음채무자의 채무부존재확인은 적용이 없다.</u>

② 은행·농업협동조합·수산업협동조합·축산업협동조합·산림조합·신용협동조합·신용보증기금·기술신용보증기금·지역신용보증재단·새마을금고·상호저축은행·종합금융회사·시설대여회사·보험회사·신탁회사·증권회사·신용카드회사·할부금융회사 또는 신기술사업금융회사가 <u>원고인 대여금·구상금·보증금 청구사건</u>. 다만 <u>금융기관이 피고가 된 사건은 적용이 없다.</u>

③ <u>자동차손해배상보장법에서 정한 자동차·원동기장치자전거·철도차량의 운행 및 근로자의 업무상재해로 인한 손해배상 청구사건</u>과 이에 관한 <u>채무부존재확인사건</u>

3) 재정단독사건 : 합의부의 법정관할에 속하여도 사건이 단순하면 합의부의 결정으로 단독부로 돌릴 수 있다(동 규칙 제2조 단서 4호).

4) 관련청구 : 본소가 단독판사 관할일 때 이에 병합하여 제기하는 반소, 중간확인의 소, 독립당사자참가 등의 관련청구.

3. 소송목적의 값(訴價)

> 제26조(소송목적의 값의 산정) ① 법원조직법에서 소송목적의 값에 따라 관할을 정하는 경우 그 값은 소로 주장하는 이익을 기준으로 계산하여 정한다.
> ② 제1항의 값을 계산할 수 없는 경우 그 값은 민사소송등인지법의 규정에 따른다.

(1) 소가의 개념

1) 의 의 : 원고가 소로써 달성하고자 하는 목적이 갖는 경제적 이익을 화폐단위, 즉 금전으로 평가한 금액이다. <u>제26조 제1항에 규정되어 있는 '소로 주장하는 이익'이 바로 소송목적의 값(소가)의</u> 의미이다.

2) 제도적 취지 : 사물관할과 납부할 인지액을 정하는데 표준이 된다.

(2) 소가의 산정방법

1) 원 칙 : 소가의 산정은 <u>원고가 전부 승소할 경우에 직접적으로 받을 경제적 이익을 객관적으로 평가·산정</u>하여야 한다(민인규 제6조).[58] 따라서 <u>심판의 난이도·피고의 응소태도 등은 고려하지 않으며</u>, 상환이행청구의 경우에는 반대급부를 공제하지 않는다. 소가산정이 어려운 소송의 소장에는 그 산출에 필요한 자료를 첨부할 것을 요한다(민인규 제8조). 만일 <u>소가의 산정을 위한 자료의 미비, 그 밖의 사유로 인하여 소가를 산정하기 어려운 때에는 재판장이 소가인정을 한다</u>(민인규 제3조).

2) 특수한 경우 : 재산권상의 소로서 그 소송목적의 값을 산출할 수 없는 것과 비재산권을 목적으로 하는 소송의 소송목적의 값은 <u>5,000만 원</u>으로 한다. <u>회사관계소송</u>(해고무효확인의 소는 5,000만 원), <u>특허소송, 무체재산권에 관한 소에서 소송목적의 값은 1억 원</u>으로 한다(민인규 제18조 2).

---

58) 대법 2023.07.13, 2019마449

참고 : 소가산정의 표준(민사소송등 인지규칙)

제9조(물건 등의 가액) ① 토지의 가액은「부동산 가격공시 및 감정평가에 관한 법률」에 의한 개별공시지가(개별공시지가가 없는 경우에는 시장·군수 또는 구청장이 같은 법 제9조에 따라 국토해양부장관이 제공한 토지가격비준표를 사용하여 산정한 가액)에 100분의 30을 곱하여 산정한 금액으로 한다. 〈개정 2011.7.28〉
② 건물의 가액은「지방세법 시행령」제4조제1항제1호의 방식에 의하여 산정한 시가표준액(이 경우 같은 법 시행령 제4조제1항제1호의 건축물은 건물로 한다)에 100분의 30을 곱한 금액으로 한다. 〈개정 2011.7.28〉
③ 선박·차량·기계장비·입목·항공기·광업권·어업권·골프회원권·승마회원권·콘도미니엄 회원권·종합체육시설 이용회원권 그 밖에「지방세법」제10조제2항 단서, 같은 법 시행령 제4조에 따른 시가표준액의 정함이 있는 것의 가액은 그 시가표준액으로 한다. 〈개정 2011.7.28〉
④ 유가증권의 가액은 액면금액 또는 표창하는 권리의 가액으로 하되, 증권거래소에 상장된 증권의 가액은 소 제기 전날의 최종거래가격으로 한다.
⑤ 유가증권 이외의 증서의 가액은 200,000원으로 한다.

제10조(물건에 대한 권리의 가액) ① 물건에 대한 소유권의 가액은 그 물건가액으로 한다.
② 물건에 대한 점유권의 가액은 그 물건가액의 3분의 1로 한다.
③ 지상권 또는 임차권의 가액은 목적물건 가액의 2분의 1로 한다.
④ 지역권의 가액은 승역지 가액의 3분의 1로 한다.
⑤ 담보물권의 가액은 목적물건 가액을 한도로 한 피담보채권의 원본액(근저당권의 경우에는 채권최고액)으로 한다.
⑥ 전세권(채권적전세권을 포함한다)의 가액은 목적물건 가액을 한도로 한 전세금액으로 한다.

제11조(기타의 물건등의 가액) 제9조 및 제10조에 규정되지 아니한 물건 또는 권리(이하 이 조에서는 "물건등"이라 한다)의 가액은 소를 제기할 당시의 시가로 하고, 시가를 알기 어려운 때에는 그 물건등의 취득가격 또는 유사한 물건등의 시가로 한다.

참고 : 각종의 소의 소가산정(민사소송등 인지규칙)

제12조(통상의 소) 통상의 소의 소가는 다음 각호에 규정된 가액 또는 기준에 의하여 산정한다. 〈개정 2001.4.26, 2002.6.28, 2006.3.23〉
1. 확인의 소(소극적확인의 소를 포함한다)에 있어서는 권리의 종류에 따라 제10조 및 제11조의 규정에 의한 가액
2. 증서진부확인의 소에 있어서는 그 증서가 유가증권인 경우에는 제9조제4항의 규정에 의한 가액의 2분의 1, 기타의 증서인 경우에는 제9조제5항의 규정에 의한 가액
3. 금전지급청구의 소에 있어서는 청구금액
4. 기간이 확정되지 아니한 정기금청구의 소에 있어서는 기발생분 및 1년분의 정기금 합산액
5. 물건의 인도·명도 또는 방해배제를 구하는 소에 있어서는 다음의 구별에 의한다.
    가. 소유권에 기한 경우에는 목적물건 가액의 2분의 1
    나. 지상권·전세권·임차권 또는 담보물권에 기한 경우 또는 그 계약의 해지·해제·계약기간의 만료를 원인으로 하는 경우에는 목적물건 가액의 2분의 1
    다. 점유권에 기한 경우에는 목적물건 가액의 3분의 1
    라. 소유권의 이전을 목적으로 하는 계약에 기한 동산인도청구의 경우에는 목적물건의 가액
6. 상린관계상의 청구에 있어서는 부담을 받는 이웃 토지 부분의 가액의 3분의 1

7. 공유물분할 청구의 소에 있어서는 목적물건의 가액에 원고의 공유지분 비율을 곱하여 산출한 가액의 3분의 1
8. 경계확정의 소에 있어서는 다툼이 있는 범위의 토지부분의 가액
9. 사해행위취소의 소에 있어서는 취소되는 법률행위의 목적의 가액을 한도로 한 원고의 채권액
10. 기간이 확정되지 아니한 정기금의 지급을 명한 판결을 대상으로 한 「민사소송법」 제252조에 규정된 소에 있어서는 그 소로써 증액 또는 감액을 구하는 부분의 1년간 합산액

제13조(등기·등록 등 절차에 관한 소) ①등기 또는 등록 등(이하 이 조에서는 "등기"라고만 한다) 절차의 이행을 구하는 소의 소가는 다음 각호에 규정된 가액 또는 기준에 의한다.
1. 소유권이전등기의 경우에는 목적물건의 가액
2. 제한물권의 설정등기 또는 이전등기의 경우에는 다음의 구별에 의한다.
   가. 지상권 또는 임차권인 경우에는 목적물건가액의 2분의 1
   나. <u>담보물권 또는 전세권인 경우에는 목적물건가액을 한도로 한 피담보채권액(근저당권의 경우에는 채권최고액)</u>
   다. 지역권인 경우에는 승역지 가액의 3분의 1
3. 가등기 또는 그에 기한 본등기의 경우에는 권리의 종류에 따라 제1호 또는 제2호의 규정에 의한 가액의 2분의 1
4. 말소등기 또는 말소회복등기의 경우에는 다음의 구별에 의한다.
   가. 설정계약 또는 양도계약의 해지나 해제에 기한 경우에는 제1호 내지 제3호의 규정에 의한 가액
   나. 등기원인의 무효 또는 취소에 기한 경우에는 제1호 내지 제3호의 규정에 의한 가액의 2분의 1
② 등기의 인수를 구하는 소의 소가는 목적물건 가액의 10분의 1
[전문개정 2004.10.18.]

제14조(명예회복을 위한 처분 청구의 소) 「민법」 제764조의 규정에 의한 명예회복을 위한 적당한 처분을 구하는 소는, 그 처분에 통상 소요되는 비용을 산출할 수 있는 경우에는 그 비용을 소가로 하고, 그 비용을 산출하기 어려운 경우에는 비재산권상의 소로 본다. 〈개정 2006.3.23.〉

제15조(회사등 관계소송등) ① 주주의 대표소송, 이사의 위법행위유지(留止)청구의 소 및 회사에 대한 신주발행유지(留止)청구의 소는 소가를 산출할 수 없는 소송으로 본다.
② 제1항에 규정된 것을 제외하고 상법의 규정에 의한 회사관계 소송은 비재산권을 목적으로 하는 소송으로 본다.
③ 회사 이외의 단체에 관한 것으로서 제2항에 규정된 소에 준하는 소송은 비재산권을 목적으로 하는 소송으로 본다.
④ <u>해고무효확인의 소는 비재산권을 목적으로 하는 소송으로 본다.</u>

제15조의2(단체소송) 다음 각 호의 단체소송은 비재산권을 목적으로 하는 소송으로 본다.
1. 「소비자기본법」 제70조에 따른 금지·중지 청구에 관한 소송
2. 「개인정보 보호법」 제51조에 따른 금지·중지청구에 관한 소송

제16조(집행법상의 소) 「민사집행법」에 규정된 각종 소의 소가는 다음 각호에 규정된 가액 또는 기준에 의한다. 〈개정 2002.6.28., 2004.10.18., 2006.3.23.〉
1. 가. 집행판결을 구하는 소에 있어서는 외국판결 또는 중재판정에서 인정된 권리의 가액의 2분의 1
   나. 중재판정취소의 소에 있어서는 중재판정에서 인정된 권리의 가액
2. 집행문부여 또는 집행문부여에 대한 이의의 소에 있어서는 그 대상인 집행권원에서 인정된 권리

의 가액의 10분의 1
  3. 청구이의의 소에 있어서는 집행력 배제의 대상인 집행권원에서 인정된 권리의 가액
  4. 제3자이의의 소에 있어서는 집행권원에서 인정된 권리의 가액을 한도로 한 원고의 권리의 가액
  5. 삭제 〈2002.6.28.〉
  6. 배당이의의 소에 있어서는 배당증가액
  7. 공유관계부인의 소에 있어서는 원고의 채권액을 한도로 한 목적물건 가액의 2분의 1

제17조(행정소송) 행정소송의 소가는 다음 각호에 규정된 가액 또는 기준에 의한다.
  1. 조세 기타 공법상의 금전·유가증권 또는 물건의 납부를 명한 처분의 무효확인 또는 취소를 구하는 소송에 있어서는, 그 청구가 인용됨으로써 원고가 납부의무를 면하게 되거나 환급받게 될 금전, 유가증권 또는 물건의 가액의 3분의 1. 다만, 그 금전·유가증권 또는 물건의 가액이 30억원을 초과하는 경우에는 이를 30억원으로 본다.
  2. 체납처분취소의 소에 있어서는 체납처분의 근거가 된 세액을 한도로 한 목적물건의 가액의 3분의 1. 다만, 그 세액 또는 목적물건의 가액이 30억원을 초과하는 경우에는 이를 30억원으로 본다.
  3. 금전지급청구의 소에 있어서는 청구금액
  4. 제1호 내지 제3호에 규정된 것 이외의 소송은 비재산권을 목적으로 하는 소송으로 본다.

제17조의2(특허소송) 특허법원의 전속관할에 속하는 소송의 소가는 재산권상의 소로서 그 소가를 산출할 수 없는 것으로 본다.
[본조신설 1998.2.17.]

제18조(무체재산권에 관한 소) 무체재산권에 관한 소중 금전의 지급이나 물건의 인도를 목적으로 하지 아니하는 소는 소가를 산출할 수 없는 소송으로 본다.

제18조의2(소가를 산출할 수 없는 재산권상의 소 등) 재산권상의 소로서 그 소가를 산출할 수 없는 것과 비재산권을 목적으로 하는 소송의 소가는 5천만 원으로 한다. 다만, 제15조제1항 내지 제3항, 제15조의2, 제17조의2, 제18조에 정한 소송의 소가는 1억 원으로 한다.

제18조의3(시효중단을 위한 재판상 청구 확인소송) 판결로 확정된 채권의 소멸시효 중단을 위한 재판상의 청구가 있다는 점에 대하여만 확인을 구하는 소송을 제기한 경우 그 소가는 그 대상인 전소 판결에서 인정된 권리의 가액(이행소송으로 제기할 경우에 해당하는 소가)의 10분의 1로 한다. 다만, 그 권리의 가액이 3억원을 초과하는 경우에는 이를 3억원으로 본다. [본조신설 2019. 1. 29.]

(3) 소가산정의 표준시기

  1) **소제기시를 기준으로 하여 산정** : **소제기시를 표준으로 하여 그 사물관할이 정해지며**(민인규 제7조), **소제기 후에 목적물의 훼손, 가격의 변동 등 사정변경이 있어도 관할에 영향을 미치지 않는다**(제33조). 判例는 소액사건이 제소 후에 <u>그 목적물의 시가가 상승하였다고 하여도 소액사건으로 취급하는 데 지장이 없다</u>고 하였다.[59]

  2) **청구취지 확장의 경우** : 단독사건의 계속 중 청구취지 확장에 의하여 그 소송목적의 값이 5억 원을 초과하게 되는 경우에는 **변론관할이 생기지 않는 한 합의부로 이송**하여야 한다. 다만 단독사건의 항소심에서 합의부관할의 반소가 제기된 경우 심급관할은 전속관할로서 이미 정해진 관할에 영향이 없다.[60]

---

59) 대법 1979.11.13, 79다1404

3) **청구취지 감축의 경우** : **합의부에 계속 중 청구취지 감축에 의하여 그 소송목적의 값이 5억 원 이하로 되는 경우에는 단독판사에게 이송할 필요가 없다.** 합의부에서 계속 심리하더라도 당사자에게 불리하지 않기 때문이다.

4) **변론병합의 경우** : 같은 법원에 계속 중인 여러 개의 소송을 법원이 병합하여 심판하는 경우 그 관할유무는 원고가 청구확장을 한 경우나 청구추가한 경우와는 달리 제소당시를 표준으로 하여야 한다.[61] 判例도 소액사건심판법의 적용대상인 소액사건에 해당하는지 여부는 제소 당시를 기준으로 정하여지는 것이므로, 병합심리로 그 소가의 합산액이 소액사건의 소가를 초과하였다고 하여도 소액사건임에는 변함이 없다고 하였다.[62]

(4) 청구병합의 경우의 소가

> 제27조(청구를 병합한 경우의 소송목적의 값) ① 하나의 소로 여러 개의 청구를 하는 경우에는 그 여러 청구의 값을 모두 합하여 소송목적의 값을 정한다.
> ② 과실·손해배상·위약금 또는 비용의 청구가 소송의 부대목적이 되는 경우에는 그 값은 소송목적의 값에 넣지 아니한다.
>
> **민사소송등 인지규칙**
> 제19조(합산의 원칙) 1개의 소로써 수개의 청구를 하는 경우에 그 수개의 청구의 경제적 이익이 독립한 별개의 것인 때에는 합산하여 소가를 산정한다.
> 제20조(중복청구의 흡수) 1개의 소로써 주장하는 수개의 청구의 경제적 이익이 동일하거나 중복되는 때에는 중복되는 범위 내에서 흡수되고, 그중 가장 다액인 청구의 가액을 소가로 한다.
> 제21조(수단인 청구의 흡수) 1개의 청구가 다른 청구의 수단에 지나지 않을 때에는, 특별한 규정이 있는 경우를 제외하고, 그 가액은 소가에 산입하지 아니한다. 다만, 수단인 청구의 가액이 주된 청구의 가액보다 다액인 경우에는 그 다액을 소가로 한다.
> 제22조(비재산권상의 청구의 병합) 1개의 소로써 수개의 비재산권을 목적으로 하는 청구를 병합한 때에는 각 청구의 소가를 합산한다. 다만, 청구의 목적이 1개의 법률관계인 때에는 1개의 소로 본다.
> 제23조(재산권상의 청구와 비재산권상의 청구의 병합) ① 법 제2조제5항에 규정된 경우를 제외하고, 1개의 소로써 비재산권을 목적으로 하는 청구와 재산권을 목적으로 하는 청구를 병합한 때에는 각 청구의 소가를 합산한다.
> ② 수개의 비재산권을 목적으로 하는 청구와 그 원인된 사실로부터 생기는 재산권을 목적으로 하는 청구를 1개의 소로써 제기하는 때에는 제22조의 규정에 의한 소가와 재산권을 목적으로 하는 청구의 소가중 다액을 소가로 한다.
> 제24조(수개의 소장에 의한 소) 1개의 소로써 병합제기할 수 있는 청구를 수개의 소장으로 나누어 소를 제기하는 경우에는 각각 별도로 소가를 산정한다.

1) **합산의 원칙(제27조 제1항)** : **원고가 제기한 여러 청구가 경제적 이익이 독립한 경우 그 가액을 합산하여 사물관할을 정한다.** 따라서 **피고가 제기한 반소는 합산하지 않는다.** 1개의 소로써 수개의 비재산권을

---

60) 대법 2011.07.14, 2011그65
61) 대법 1966.09.28, 66마322; 대법 1997.12.26, 97마1706
62) 대법 1992.07.24, 91다43176

목적으로 하는 청구를 병합한 때에는 각 청구의 소가를 합산한다. 다만, 청구의 목적이 1개의 법률관계인 때에는 1개의 소로 본다(민인규 제22조). **1개의 소로써 비재산권을 목적으로 하는 청구와 재산권을 목적으로 하는 청구를 병합한 때에는 각 청구의 소가를 합산**한다(민인규 제23조 1항). 1개의 부동산에 경료된 수 개의 저당권에 대하여 등기원인의 무효를 이유로 각 저당권의 말소를 구하는 청구를 병합한 경우 말소원인이 동일하더라도 경제적 이익이 다르므로 합산의 원칙에 의하되 목적물건의 가액을 한도로 한다.

2) 예 외

① 중복청구의 흡수(민인규 제20조) : **청구의 선택적·예비적 병합, 여러 명의 연대채무자에 대한 청구, 주채무자와 보증인을 상대로 한 청구**, 본래의 **목적물인도청구와 집행불능을 대비한 대상청구의 병합, 소유권확인 및 그에 기한 인도청구**, 동일 토지에 대한 경계확정청구와 인도청구, **소유권 보존등기명의자와 이전등기명의자를 각 피고로 한 각 말소등기청구**,[63] 매매계약 무효확인청구와 목적물반환청구, **해고무효확인청구와 그 해고의 무효를 전제로 하는 임금지급청구처럼 비재산권상의 소와 관련 재산권상의 소가 병합된 경우**[64] 등은 그 중 다액인 청구가액을 소가로 한다.

② 수단인 청구의 흡수(민인규 제21조) : **건물철거청구와 함께 대지인도를 청구하는 경우에는 대지인도청구만이 소송목적의 값의 대상**이 된다. 다만 **1개의 청구가 다른 청구의 수단인 때에 그 수단인 청구의 가액이 주된 청구의 가액보다 다액인 경우에는 그 다액을 소송목적의 값으로 한다**(민인규 제21조). 따라서 **수익자에 대한 사해행위취소 및 원상회복청구와 채무자에 대한 금전지급청구가 병합된 경우에 수익자에 대한 청구의 소송목적의 값이 채무자에 대한 청구의 소송목적의 값 보다 다액인 경우에는 수익자에 대한 청구의 소송목적의 값으로 한다**.

③ 부대청구의 불산입 : 계산의 번잡을 피하기 위해 **과실·손해배상·위약금 또는 비용의 청구가 소송의 부대목적이 되는 경우에는 그 값은 소송목적의 값에 넣지 아니한다**(제27조 제2항). 다만 이를 독립하여 별소로 청구하는 경우에는 그 가액에 의하여 소가를 정하여야 한다.[65] 한편 이때의 손해배상은 지연배상을 말하는 것으로 전보배상청구는 부대청구가 아니며, 원고들이 손실보상금청구의 청구금액에 대한 지연손해금의 지급을 구한 외에 위약벌 청구를 따로 하면서 그 지연손해금의 지급도 구하고 있다면, 손실보상금청구의 부대목적이 되는 위약금 청구라고 볼 수 없으므로, 위약금청구에 대한 인지가 부대청구임에도 과오납되었음을 전제로 한 원고들의 인지반환청구는 이유 없다.[66]

Ⅳ. 토지관할

1. 토지관할의 의의

(1) 의 의

소재지를 달리하는 같은 종류의 법원 사이에 재판권의 분담관계를 정해 놓은 것으로서 제1심 사건을 어느 지방법원이 담당처리하느냐의 문제를 토지관할이라 한다. **토지관할의 발생 원인이 되는 관련지점을 재판적**이라고 한다.

---

63) 대법 1998.07.27, 98마938
64) 대법 1994.08.31, 94마1390
65) 대법 1962.10.18, 62라11
66) 대법 2014.04.24, 2012다47494

(2) 재판적의 종류

1) 보통재판적 (제2조~제6조) : 사건의 종류와 내용에 관계없이 모든 소송사건에 공통적으로 적용되는 재판적으로, 피고와 관계있는 곳을 기준으로 해서 정해 놓았다.

2) 특별재판적 (제7조~제25조) : 특별재판적은 특별한 종류·내용의 사건에 대해서 한정적으로 적용되는 재판적인데, 다른 사건과 관계없이 인정되는 독립재판적과 다른 사건과 관련하여 인정되는 관련재판적이 있다.

(3) 재판적의 경합

하나의 사건인 경우에도 여러 곳의 법원이 관할권을 가지게 되어 재판적이 경합되는 수가 있으며(보통재판적과 수개의 특별재판적이 공존), 이 경우에 **원고는 경합하는 관할법원 중 아무데나 임의로 선택하여 소제기할 수 있다**. 즉, 특별재판적이라고 하여 보통재판적에 우선하는 것이 아니다. 또한 하나의 법원에 소제기하였다고 하여 다른 법원의 관할권이 소멸되는 것은 아니며, 다만 중복소제기금지(제259조)의 효과만 생길 뿐이다.

2. 보통재판적

(1) 보통재판적 일반

> 제2조(보통재판적) 소는 피고의 보통재판적이 있는 곳의 법원이 관할한다.

소제기 당시에는 원고의 청구가 이유 있는지 여부를 알 수 없으며 피고 응소의 편의를 고려하여 **피고와 관계있는 곳을 기준으로 하여 보통재판적을 정**하고 있다(제2조).

(2) 자연인의 보통재판적

> 제3조(사람의 보통재판적) 사람의 보통재판적은 그의 주소에 따라 정한다. 다만, 대한민국에 주소가 없거나 주소를 알 수 없는 경우에는 거소에 따라 정하고, 거소가 일정하지 아니하거나 거소도 알 수 없으면 마지막 주소에 따라 정한다.
>
> 제4조(대사·공사 등의 보통재판적) 대사·공사, 그 밖에 외국의 재판권 행사대상에서 제외되는 대한민국 국민이 제3조의 규정에 따른 보통재판적이 없는 경우에는 이들의 보통재판적은 대법원이 있는 곳으로 한다.

사람의 보통재판적은 주소 → 거소 → 마지막 주소의 순으로 정한다(제3조). 대사·공사, 그 밖에 외국의 재판권행사 대상에서 제외되는 대한민국 국민이 주소 등 보통재판적이 없는 경우에는 이들의 보통재판적은 대법원이 있는 곳으로 한다(제4조).

(3) 법인 등의 보통재판적

> **제5조(법인 등의 보통재판적)** ① 법인, 그 밖의 사단 또는 재단의 보통재판적은 이들의 주된 사무소 또는 영업소가 있는 곳에 따라 정하고, 사무소와 영업소가 없는 경우에는 주된 업무담당자의 주소에 따라 정한다.
> ② 제1항의 규정을 외국법인, 그 밖의 사단 또는 재단에 적용하는 경우 보통재판적은 대한민국에 있는 이들의 사무소·영업소 또는 업무담당자의 주소에 따라 정한다.

법인, 그 밖의 사단 또는 재단의 보통재판적은 주된 사무소 또는 영업소가 있는 곳 → 주된 업무담당자의 주소의 순으로 정한다. **외국법인의 보통재판적은 대한민국에 있는 이들의 사무소 또는 영업소에 의하고 사무소와 영업소가 없는 때에는 그 주된 업무담당자의 주소**에 의한다.

(4) 국가의 보통재판적

> **제6조(국가의 보통재판적)** 국가의 보통재판적은 그 소송에서 국가를 대표하는 관청 또는 대법원이 있는 곳으로 한다.

국가의 보통재판적은 그 소송에서 **국가를 대표하는 관청 또는 대법원이 있는 곳**으로 하는데(제6조), 여기서 국가를 대표하는 관청이란 법무부 장관을 말하며, 법무부 소재지인 수원(수원지법 안양지원) 또는 대법원 소재지인 서울(서울중앙지법)에 있다.

(5) 보통재판적을 정할 수 없는 경우

> **민사소송규칙**
> **제6조(보통재판적)** 법 제3조 내지 법 제6조의 규정에 따라 보통재판적을 정할 수 없는 때에는 대법원이 있는 곳을 보통재판적으로 한다.

대한민국에 마지막 주소도 없었던 재외동포·외국인·외국법인 등을 피고로 하는 때에는 대법원 소재지를 보통재판적으로 한다. 이에 의하여 보통재판적이 없는 자가 있을 수 없다.

3. 특별재판적

(1) 근무지

> **제7조(근무지의 특별재판적)** 사무소 또는 영업소에 계속하여 근무하는 사람에 대하여 소를 제기하는 경우에는 그 사무소 또는 영업소가 있는 곳을 관할하는 법원에 제기할 수 있다.

(2) 거소지 또는 의무이행지

> **제8조(거소지 또는 의무이행지의 특별재판적)** 재산권에 관한 소를 제기하는 경우에는 거소지 또는 의무이행지의 법원에 제기할 수 있다.

1) 거소지 : 거소지는 주소가 없거나 알 수 없는 때 보통재판적이 되지만, 본조항에 의하여 직접 독립한 재판적이 된다. 거소지는 주소에 비하여 쉽게 찾을 수 있어 원고의 제소에 편의가 도모된다고 할 것이다.

2) 의무이행지

① 의무이행의 발생범위 : 계약상의 의무이행지 뿐만 아니라 법률 규정에 의하여 발생하는 불법행위·부당이득·사무관리상의 의무를 전제로 한 청구도 포함한다.

② 계약에 의한 의무이행지가 존재하면 계약관계나 채권관계의 확인청구는 물론, 계약불이행으로 인한 손해배상, 계약해제로 인한 원상회복의 소도 그 의무이행지 법원에 제기할 수 있으나, 부동산 등기의무의 이행지는 제21조에 의하여 등기소의 소재지이지 등기청구권자의 주소지가 의무이행지가 되는 것은 아니다.[67]

③ **계약으로 이행지를 정하지 않았으면 특정물 인도청구 이외의 채무에 대해서는 민법 제467조 2항의 지참채무를 원칙에 따라 채권자인 원고의 주소지, 영업에 관한 채무의 변제는 채권자의 현영업소가 의무이행지가 된다.** 이때 **현영업소는 주된 영업소(본점)에 한정되는 것이 아니라 그 채권의 추심 관련 업무를 실제로 담당하는 영업소까지 포함된다.**[68]

(3) 어음·수표 지급지

> **제9조(어음·수표 지급지의 특별재판적)** 어음·수표에 관한 소를 제기하는 경우에는 지급지의 법원에 제기할 수 있다.

약속어음은 그 어음에 표시된 지급지가 의무이행지이고, 채권자의 주소지를 관할하는 법원에 있는 것이 아니다.[69] 어음의 채권자가 어음의 주채무자와 배서인 등 여러 어음상의 채무자를 상대로 소를 제기하려고 할 때 지급지 한 군데에 집중할 수 있어 어음관계 분쟁의 1회적 해결을 도모할 수 있다.

(4) 선적이 있는 곳

> **제10조(선원·군인·군무원에 대한 특별재판적)** ① 선원에 대하여 재산권에 관한 소를 제기하는 경우에는 선적(船籍)이 있는 곳의 법원에 제기할 수 있다.
> ② 군인·군무원에 대하여 재산권에 관한 소를 제기하는 경우에는 군사용 청사가 있는 곳 또는 군용선박의 선적이 있는 곳의 법원에 제기할 수 있다.

---

[67] 대법 2002.05.10, 2002마1156
[68] 민법 제467조 제2항의 '영업에 관한 채무'는 영업과 관련성이 인정되는 채무를 의미하고, '현영업소'는 변제 당시를 기준으로 그 채무와 관련된 채권자의 영업소로서 주된 영업소(본점)에 한정되는 것이 아니라 제소 당시 채권 추심 관련 업무를 실제로 담당하는 채권자의 영업소 소재지 법원에 제기할 수 있다는 것에, 대법 2022.05.03, 2021마6868
[69] 대법 1980.07.22, 80마208

(5) 재산이 있는 곳

> 제11조(재산이 있는 곳의 특별재판적) 대한민국에 주소가 없는 사람 또는 주소를 알 수 없는 사람에 대하여 재산권에 관한 소를 제기하는 경우에는 청구의 목적 또는 담보의 목적이나 압류할 수 있는 피고의 재산이 있는 곳의 법원에 제기할 수 있다.

피고가 국내에 주소가 없는 경우에만 적용되는 것으로, 원고 승소시에 쉽게 강제집행할 수 있기 때문에 인정되는 재판적이다. 재산소재지란 피고의 재산이 유체물일 경우에는 그 소재지, 일반채권일 경우에는 채무자의 주소·영업소 또는 그 채권에 대한 책임재산이 있는 곳, 어음·수표·주식 등의 유가증권일 때에는 그 증권이 있는 곳을 말한다.

(6) 사무소·영업소가 있는 곳

> 제12조(사무소·영업소가 있는 곳의 특별재판적) 사무소 또는 영업소가 있는 사람에 대하여 그 사무소 또는 영업소의 업무와 관련이 있는 소를 제기하는 경우에는 그 사무소 또는 영업소가 있는 곳의 법원에 제기할 수 있다.

이때의 사무소·영업소는 주된 사무소나 영업소일 필요가 없고, 지점이라도 무방하다. 지점망을 거느리는 대기업회사나 외국회사를 피고로 그 사무소·영업소와 관련된 소를 제기할 때 본점 소재지에 갈 필요가 없이 가까운 지점소재지에 재판적이 인정되어 소제기가 용이하게 된다. 제12조의 특별재판적은 영업소가 있는 자가 원고인 때에는 적용되지 않는다.[70]

(7) 선적·선박이 있는 곳

> 제13조(선적이 있는 곳의 특별재판적) 선박 또는 항해에 관한 일로 선박소유자, 그 밖의 선박이용자에 대하여 소를 제기하는 경우에는 선적이 있는 곳의 법원에 제기할 수 있다.
>
> 제14조(선박이 있는 곳의 특별재판적) 선박채권, 그 밖에 선박을 담보로 한 채권에 관한 소를 제기하는 경우에는 선박이 있는 곳의 법원에 제기할 수 있다.

(8) 사원 등의 특별재판적

> 제15조(사원 등에 대한 특별재판적) ① 회사, 그 밖의 사단이 사원에 대하여 소를 제기하거나 사원이 다른 사원에 대하여 소를 제기하는 경우에는 그 소가 사원의 자격으로 말미암은 것이면 회사, 그 밖의 사단의 보통재판적이 있는 곳의 법원에 소를 제기할 수 있다.
> ② 사단 또는 재단이 그 임원에 대하여 소를 제기하거나 회사가 그 발기인 또는 검사인에 대하여 소를 제기하는 경우에는 제1항의 규정을 준용한다.
>
> 제16조(사원 등에 대한 특별재판적) 회사, 그 밖의 사단의 채권자가 그 사원에 대하여 소를 제기하는 경우에는 그 소가 사원의 자격으로 말미암은 것이면 제15조에 규정된 법원에 제기할 수 있다.

---

[70] 대법 1980.06.12, 80마158

> 제17조(사원 등에 대한 특별재판적) 회사, 그 밖의 사단, 재단, 사원 또는 사단의 채권자가 그 사원·임원·발기인 또는 검사인이었던 사람에 대하여 소를 제기하는 경우와 사원이었던 사람이 그 사원에 대하여 소를 제기하는 경우에는 제15조 및 제16조의 규정을 준용한다.

(9) 불법행위지

> 제18조(불법행위지의 특별재판적) ① 불법행위에 관한 소를 제기하는 경우에는 행위지의 법원에 제기할 수 있다.
> ② 선박 또는 항공기의 충돌이나 그 밖의 사고로 말미암은 손해배상에 관한 소를 제기하는 경우에는 사고선박 또는 항공기가 맨 처음 도착한 곳의 법원에 제기할 수 있다.

1) **불법행위에 관한 소** : 통상의 불법행위 뿐만 아니라 무과실책임을 지는 특수불법행위도 포함되고, 국가배상법이나 자동차손해배상보장법 등 특별법에 의한 손해배상책임도 해당한다. 나아가 불법행위로 인한 손해배상과 관련한 손해배상책임의 채무부존재확인소송의 경우에도 토지관할이 인정된다. 또한 직접 행위한 자 뿐 아니라 그에 가담한 자, 방조자에 대한 소송은 물론, 민법 제756조에 의한 사용자에 대한 손해배상청구에도 적용된다.

2) **행위지** : 불법행위의 구성요건 가운데 어느 한 가지 요건사실의 발생지라도 불법행위지로 되어 재판적이 생기므로 불법행위에서 그 원인이 된 사실이 발생한 곳에는 **불법행위를 한 행동지뿐만 아니라 손해의 결과발생지도 포함**된다.[71] 判例는 항공기 사고의 경우에 불법행위지를 사고의 행위지 및 결과발생지 또는 항공기의 도착지로 보았다.[72]

3) **채무불이행의 경우** : 채무불이행은 광의의 위법행위이고, 불법행위와 연계되어 주장되는 경우가 대부분인 점에 비추어 이 규정에 의한 특별재판적이 인정된다고 보는 것이 다수설이나,[73] 원칙적으로 해당하지 아니하나 불법행위와 관련하여 채무불이행이 문제된다면 관련재판적으로 해결하는 소수설도 있다.[74]

(10) 해난구조지 등

> 제19조(해난구조에 관한 특별재판적) 해난구조에 관한 소를 제기하는 경우에는 구제된 곳 또는 구제된 선박이 맨 처음 도착한 곳의 법원에 제기할 수 있다.

(11) 부동산이 있는 곳

> 제20조(부동산이 있는 곳의 특별재판적) 부동산에 관한 소를 제기하는 경우에는 부동산이 있는 곳의 법원에 제기할 수 있다.

---

71) 대법 2013.07.12, 2006다17539
72) 대법 2010.07.15, 2010다18335
73) 김영환 167면, 강현중 93면, 정동윤/유병현 129면, 송상현/박익환 97면
74) 이시윤 13판 107면

1) **부동산의 의미** : 여기의 부동산 개념은 민법 기타 법률에 의하므로 토지와 건물외에 공장재단·광업재단, 나아가 광업권·어업권 따위의 부동산이나 토지에 관한 규정이 준용되는 것도 이에 속한다. 그러나 선박·자동차·건설기계·항공기 등 이동성이 있는 것은 적용되지 않는다.

2) **부동산에 관한 소** : 부동산에 관한 소란 크게 부동산상의 물권에 관한 소와 부동산에 관한 채권의 소로 나누어진다. ① 물권에 관한 소는 부동산의 소유권·점유권의 존부확인의 소, 소유권·점유권에 기한 인도청구 혹은 방해배제청구, 지상권, 전세권, 저당권 등에 관한 소를 말하고, ② 채권의 소는 계약에 기한 부동산 자체의 인도를 구하는 소등이다. 부동산 자체에 관한 소이기 때문에 그 매매대금, 임대료 등의 지급을 구하는 소는 여기에 속하지 않는다.

(12) 등기·등록할 공공기관이 있는 곳

> **제21조(등기·등록에 관한 특별재판적)** 등기·등록에 관한 소를 제기하는 경우에는 등기 또는 등록할 공공기관이 있는 곳의 법원에 제기할 수 있다.

判例는 사해행위취소의 소에 있어서의 의무이행지는 '취소의 대상인 법률행위의 의무이행지'가 아니라 '취소로 인하여 형성되는 법률관계에 있어서의 의무이행지'라고 보아야 할 것이므로, **원고가 사해행위취소의 소의 채권자라고 하더라도 사해행위취소에 따른 원상회복으로서의 소유권이전등기 말소등기의무의 이행지는 그 등기관서 소재지라고 볼 것이지, 원고의 주소지를 그 의무이행지로 볼 수는 없다**고 한다.[75]

(13) 상속·유증 등

> **제22조(상속·유증 등의 특별재판적)** 상속에 관한 소 또는 유증, 그 밖에 사망으로 효력이 생기는 행위에 관한 소를 제기하는 경우에는 상속이 시작된 당시 피상속인의 보통재판적이 있는 곳의 법원에 제기할 수 있다.
>
> **제23조(상속·유증 등의 특별재판적)** 상속채권, 그 밖의 상속재산에 대한 부담에 관한 것으로 제22조의 규정에 해당되지 아니하는 소를 제기하는 경우에는 상속재산의 전부 또는 일부가 제22조의 법원관할 구역안에 있으면 그 법원에 제기할 수 있다.

(14) 고등법원이 있는 곳의 특별재판적

> **제24조(지식재산권 등에 관한 특별재판적)** ① 특허권, 실용신안권, 디자인권, 상표권, 품종보호권(이하 "특허권등"이라 한다)을 제외한 지식재산권과 국제거래에 관한 소를 제기하는 경우에는 제2조 내지 제23조의 규정에 따른 관할법원 소재지를 관할하는 고등법원이 있는 곳의 지방법원에 제기할 수 있다. 다만, 서울고등법원이 있는 곳의 지방법원은 서울중앙지방법원으로 한정한다. 〈개정 2011.5.19, 2015.12.1.〉
> ② 특허권등의 지식재산권에 관한 소를 제기하는 경우에는 제2조부터 제23조까지의 규정에 따른 관할법원 소재지를 관할하는 고등법원이 있는 곳의 지방법원의 전속관할로 한다. 다만, 서울고등법원이 있는 곳의 지방법원은 서울중앙지방법원으로 한정한다. 〈신설 2015.12.1.〉
> ③ 제2항에도 불구하고 당사자는 서울중앙지방법원에 특허권등의 지식재산권에 관한 소를 제기할 수 있다. 〈신설 2015.12.1.〉

---

[75] 대법 2002.05.10, 2002마1156

지식재산권 분쟁해결에 관한 전문성 제고를 위하여 2015년 개정을 통해 지식재산권 분쟁에 관한 소를 '특허권, 실용신안권, 디자인권, 상표권, 품종보호권(이하 특허권 등이라 함)'과 '특허권 등을 제외한 지식재산권(저작권과 신지식재산권인 부정경쟁·영업비밀·데이터베이스)'으로 구분하여 규정하고 있다. 특허권 등에 관한 지식재산권에 관한 소의 관할에 대하여 별도의 규정을 둔 이유는 통상적으로 그 심리·판단에 전문적인 지식이나 기술 등에 대한 이해가 필요하므로, 심리에 적합한 체계와 숙련된 경험을 갖춘 전문 재판부에 사건을 집중시킴으로써 충실한 심리와 신속한 재판뿐만 아니라 지식재산권의 적정한 보호에 이바지 할 수 있기 때문이다.[76]

1) **'특허권 등을 제외한 지식재산권'과 국제거래에 관한 소를 제기하는 경우** : 제2조부터 제23조까지의 규정에 따른 재판적이 있는 곳의 지방법원에 소제기를 할 수 있지만, 그 관할법원 소재지를 관할하는 고등법원이 있는 곳의 지방법원에 제기할 수 있도록 규정하고, 특히 서울고등법원이 있는 곳의 지방법원에 제기하는 경우에는 서울중앙지방법원에 한정하여 제기할 수 있도록 하였다(제24조 1항). 국제거래에 관한 소란 국제간의 인적·물적 거래로 인한 사건으로서 최소한 당사자 일방이 외국법인 또는 외국인인 사건을 말한다.

2) **'특허권 등의 지식재산권'에 관한 소를 제기하는 경우** : 제2조부터 제23조까지의 규정에 따른 관할법원 소재지를 관할하는 고등법원이 있는 곳의 지방법원의 전속관할로 하는 규정을 신설하여 특허권 등에 관한 소송의 전문성 및 효율성을 제고하였으며(제24조 2항), 전속관할의 경우에도 당사자의 선택으로 특허권 등의 지식재산권에 관한 소를 서울중앙지방법원에도 제기할 수 있도록 중복관할에 관한 규정을 신설하였다(제24조 3항). 소송당사자가 서울중앙지방법원이 축적해 온 특허권 등의 지식재산권 소송의 전문성을 활용하고자 하는 경우 전속관할법원 외에 서울중앙지방법원에 소송을 제기할 수 있도록 한 것이다. 다만 전속관할이라 하여도 원래의 재판적이 있는 지방법원으로 재량이송의 길을 열어 놓고 있다(제36조 3항). 한편 특허권 등의 지식재산권에 관한 민사사건의 항소사건은 특허법원의 전속관할로 고등법원 및 지방법원 합의부의 심판대상에서 제외된다(법조 제28조의4 제2호).[77] 따라서 특허권 지분의 귀속의무 불이행을 원인으로 한 손해배상청구의 항소사건은 특허법원의 전속관할이다.[78]

4. 관련재판적

> **제25조(관련재판적)** ① 하나의 소로 여러 개의 청구를 하는 경우에는 제2조 내지 제24조의 규정에 따라 그 여러 개 가운데 하나의 청구에 대한 관할권이 있는 법원에 소를 제기할 수 있다.
> ② 소송목적이 되는 권리나 의무가 여러 사람에게 공통되거나 사실상 또는 법률상 같은 원인으로 말미암아 그 여러 사람이 공동소송인으로서 당사자가 되는 경우에는 제1항의 규정을 준용한다.

(1) 서 설

1) **의 의** : 원고가 하나의 소로써 여러 개의 청구를 하는 경우에 그 여러 개의 청구 가운데 하나의 청구

---

76) 대법 2019.04.10, 2017마6337
77) 대법 2017.12.22, 2017다259988
78) 대법 2019.04.10, 2017마6337

에 관하여 제2조 내지 제24조 또는 제29조, 제30조의 규정에 따라 토지관할권이 있으면 원래 그 법원에 토지관할권이 없는 나머지 청구에 대해서도 그 법원에 토지관할권이 생기게 되는데(제25조), 이를 관련재판적 또는 병합청구의 재판적이라 한다.

  2) **인정취지** : 원고로서는 여러 청구의 병합 제기가 쉬워져서 그 편의에 이바지할 수 있게 되고, 피고로서도 여러 청구에 대하여 한 법원에서 재판을 받을 수 있다는 장점이 있게 되며, 법원으로서는 분쟁의 통일적 해결을 통한 소송경제라는 장점이 있게 된다.

(2) 요 건

  1) 한 개의 소로써 여러 개의 청구를 하는 경우일 것

  2) 수소법원이 여러 개의 청구 중 적어도 한 청구에 관하여 관할권을 가질 것 : 제25조의 명문의 규정에는 제2조 내지 제24조의 규정에 의하여 하나의 청구에 관하여 관할권을 갖는 법원에 다른 청구를 병합할 수 있다고 되어 있으나, <u>제29조의 합의관할 내지 제30조의 변론관할에 의하여 관할을 갖게 된 경우에도 관련재판적이 인정</u>된다.

  3) 다른 법원의 전속관할에 속하는 청구가 아닐 것(제31조 참조)

  4) 토지관할에 한할 것 : 청구병합시 사물관할은 합산의 원칙에 의하여 결정되므로 적용이 없다.

(3) 국제재판관할과 관련재판적

  大法院은 국제재판관할에 있어서 관련재판적 인정기준에 관하여, 피고의 입장에서 부당하게 응소를 강요당하지 않도록 청구의 관련성, 분쟁의 1회적 해결가능성, 피고의 현실적 응소가능성 등을 종합적으로 고려하여 신중하게 인정되어야 하며, 불법행위에 있어서 불법행위의 결과발생지로서의 재판관할의 인정에는 피해자의 보호, 피해의 경중, 증거수집의 편의, 가해자의 의도와 예측가능성 등이 고려되어야 한다는 입장이다.[79]

(4) 공동소송과 관련재판적

  1) **문제점** : 관련재판적이 소의 객관적 병합의 경우에 적용됨은 별 문제가 없으나, 공동소송의 경우에도 적용될 수 있는지에 대하여 문제된다.

  2) **종래의 견해대립** : 제25조가 ⅰ) 공동소송에 전면적으로 적용된다는 적극설과, ⅱ) 다른 피고들의 관할규정상의 이익을 해치게 되므로 공동소송에 적용할 수 없다는 소극설, ⅲ) 공동소송 가운데 제65조 전문의 공동소송에만 적용된다는 절충설 등의 대립이 있었고, 判例는 소극설의 입장이었다.[80]

  3) **입법에 의한 해결** : 1990년 개정민소법은 제25조 제2항에서 "<u>소송목적이 되는 권리나 의무가 여러 사람에게 공통되거나 사실상 또는 법률상 같은 원인으로 말미암아 그 여러 사람이 공동소송인으로서 당사자가 되는 경우에는 제1항의 규정을 준용한다</u>"고 규정하여 절충설을 입법화하였다.[81]

---

79) 대법 2003.09.26, 2003다29555
80) 대법 1980.09.26, 80마403
81) 필수적 공동소송에서 제25조가 적용된다는 것에, 대법 1994.01.25, 93누18655.

4) 신의칙상 한계 : 甲의 乙에 대한 청구의 관할법원은 전주인데, 丙을 넣어 乙과 공동피고로 한 것은 실제로 丙을 상대로 청구할 의사도 없으면서 단지 丙의 주소지를 관할하는 서울 법원에 관할권을 생기게 하기 위한 것이라면, 관련재판적에 관한 제25조의 규정이 배제된다.[82]

(5) 효 과

1) 관할의 창설 : 병합된 청구 중 하나에 대하여 관할권이 인정되면 원래 관할권이 없던 다른 청구에 대해서도 관할권이 생기게 된다.

2) 관할의 항정 : **일단 관련재판적에 의하여 관할권이 창설된 이상, 관할의 근거가 된 청구가 취하·각하 되거나 변론의 분리가 있어도 관할권에 영향이 없다.**

(6) 기타의 관련재판적(특별관련재판적)

독립당사자참가(제79조), 반소(제269조), 중간확인의 소(제264조)의 경우에도 관련재판적이 생기는 경우가 있다.

V. 지정(재정)관할

1. 의 의

지정관할은 관할법원이 재판권을 법률상 또는 사실상 행사할 수 없을 때 또는 법원의 관할구역이 분명하지 아니한 때에 상급법원이 관할법원이 어디인가를 재판으로 지정해 주어 생기는 관할이다.

2. 관할지정의 원인

> 제28조(관할의 지정) ① 다음 각호 가운데 어느 하나에 해당하면 관계된 법원과 공통되는 바로 위의 상급법원이 그 관계된 법원 또는 당사자의 신청에 따라 결정으로 관할법원을 정한다.
> 1. 관할법원이 재판권을 법률상 또는 사실상 행사할 수 없는 때
> 2. 법원의 관할구역이 분명하지 아니한 때

(1) 관할법원이 재판권을 법률상 또는 사실상 행사할 수 없는 때(제28조 제1항 1호)

관할법원의 법관 전부가 제척·기피·회피에 의하여 직무를 행할 수 없는 경우나, 관할법원의 법관 전원이 질병이나, 천재지변 등의 사고로 직무를 행할 수 없는 때를 말한다.

(2) 법원의 관할구역이 분명하지 아니한 때(제28조 제1항 2호)

장소는 특정되나 그 지역이 어느 법원의 관할에 속하는지 분명하지 아니한 때와 사고발생지 자체가 불분명한 경우를 말한다.

(3) 가정법원과 지방법원 사이에 관할이 분명하지 아니한 때(가소 제3조)

---

82) 대법 2011.09.29, 2011마62

3. 관할지정의 절차

(1) 관할의 지정은 관계법원 또는 당사자의 신청에 의한다.

> **민사소송규칙**
> 제7조(관할지정의 신청 등) ① 법 제28조제1항의 규정에 따라 관계된 법원 또는 당사자가 관할지정을 신청하는 때에는 그 사유를 적은 신청서를 바로 위의 상급법원에 제출하여야 한다.
> ② 소 제기 후의 사건에 관하여 제1항의 신청을 한 경우, 신청인이 관계된 법원인 때에는 그 법원이 당사자 모두에게, 신청인이 당사자인 때에는 신청을 받은 법원이 소송이 계속된 법원과 상대방에게 그 취지를 통지하여야 한다.
>
> 제9조(소송절차의 정지) 소 제기 후의 사건에 관하여 법 제28조제1항의 규정에 따른 관할지정신청이 있는 때에는 그 신청에 대한 결정이 있을 때까지 소송절차를 정지하여야 한다. 다만, 긴급한 필요가 있는 행위를 하는 경우에는 그러하지 아니하다.

관할의 지정은 관계법원 또는 당사자의 신청에 의한다. 신청을 함에는 그 사유를 적은 신청서를 바로 위의 상급법원에 제출하는데(규칙 제7조 1항), 서울지방법원과 춘천지방법원 중 어디 관할인지 문제되는 경우 관계된 법원의 공통된 상급법원인 서울고등법원이 지정하고, **광주지법 관할인지 춘천지법 관할인지 관할이 분명하지 않은 경우 그 관할을 지정할 수 있는 공통된 상급법원은 대법원**이다. 소제기 후 지정신청이 있는 경우 그 결정이 있을 때까지 소송절차를 정지한다(규칙 제9조).

(2) 관할지정신청에 대한 법원의 재판

> **민사소송규칙**
> 제8조(관할지정신청에 대한 처리) ① 법 제28조제1항의 규정에 따른 신청을 받은 법원은 그 신청에 정당한 이유가 있다고 인정하는 때에는 관할법원을 지정하는 결정을, 이유가 없다고 인정하는 때에는 신청을 기각하는 결정을 하여야 한다.
> ② 소 제기 전의 사건에 관하여 제1항의 결정을 한 경우에는 신청인에게, 소 제기 후의 사건에 관하여 제1항의 결정을 한 경우에는 소송이 계속된 법원과 당사자 모두에게 그 결정정본을 송달하여야 한다.

(3) 불복방법

> 제28조(관할의 지정) ② 제1항의 결정에 대하여는 불복할 수 없다.

관할지정결정에 대하여는 불복하지 못한다. 그러나 관할지정신청기각결정에 대해서는 항고할 수 있다(제439조).

3. 관할지정의 효력

> **민사소송규칙**
> **제8조(관할지정신청에 대한 처리)** ③ 소송이 계속된 법원이 바로 위의 상급법원으로부터 다른 법원을 관할법원으로 지정하는 결정정본을 송달받은 때에는, 그 법원의 법원사무관등은 바로 그 결정정본과 소송기록을 지정된 법원에 보내야 한다.

관할지정결정으로 지정된 법원의 관할권이 창설되며, 이러한 **관할지정결정은 관계법원 및 당사자를 구속**한다. 소송이 계속된 법원이 바로 위의 상급법원으로부터 다른 법원을 관할법원으로 지정하는 결정정본을 송달받은 때에는, 그 법원의 법원사무관 등은 바로 그 결정정본과 소송기록을 지정된 법원에 보내야 한다(규칙 제8조 3항).

VI. 합의관할

> **제29조(합의관할)** ① 당사자는 합의로 제1심 관할법원을 정할 수 있다.
> ② 제1항의 합의는 일정한 법률관계로 말미암은 소에 관하여 서면으로 하여야 한다.

1. 서 설

(1) 의 의

합의관할이라 함은 당사자 사이의 소송상 합의에 의하여 법정관할법원과 다른 법원에 관할을 정하는 것을 말한다(제29조). 원래 관할이란 법원 간 재판사무의 공평한 분담 외에 당사자의 편의를 고려한 것으로 이러한 당사자의 편의에 이바지할 수 있어 전속관할이 아닌 임의관할의 경우에 인정하게 된 것이다.

(2) 관할합의의 성질

1) 소송행위 : 관할의 합의는 관할의 발생이라는 소송법상의 효과를 발생시키는 소송행위로서 소송계약의 일종이므로 소송능력이 필요하게 된다(제55조). 나아가 사법상의 계약과 동시에 성립하는 경우가 있으나, 사법상의 계약과 법률적 운명을 같이하는 것은 아니다.

2) 합의의 하자문제 : 관할의 합의는 소송행위이기는 하지만 법원에 대한 직접적인 행위가 아니라 주로 소송 전 또는 소송 외에서 당사자 간에 체결되는 것이므로, 그 합의과정에 사기·강박 등이 있는 경우에는 민법의 의사표시의 하자규정을 유추적용할 수 있다.

2. 요 건

(1) 제1심 임의관할에 한하여 할 것

제1심 토지관할·사물관할과 같은 임의관할에 한하여 합의할 수 있고, 전속관할이 정하여져 있는 경우에는 합의할 수 없다(제31조). 따라서 **대법원이나 고등법원을 합의의 대상으로 할 수는 없고**, 법원의 특정 재판부나 법관에게 재판을 받기로 하는 합의는 사무분담에 관한 것이므로 무효이다.

(2) 합의의 대상이 되는 법률관계가 특정되었을 것

당사자간에 앞으로 발생할 모든 법률관계에 관한 소송에 대한 포괄적 합의는 합의의 대상이 되는 법률관계가 특정되었다고 할 수 없으므로 무효이다.

(3) 합의의 방식이 서면일 것

관할의 합의는 당사자에게 중대한 영향을 미치므로 당사자의 의사를 명확히 하기 위해 서면으로 하여야 한다. 다만 별개의 서면으로 하여도 되고, 때를 달리하여도 된다. 예를 들면 어음발행인이 어음의 표면에 장래의 어음소지인에 대하여 관할에 관한 합의를 청약한 경우, 어음의 최후소지인이 이에 승낙하면 관할합의는 성립된다. 나아가 관할합의의 문구가 부동문자로 인쇄되어 있어도 예문이 아니라는 것이 判例이다.[83]

(4) 합의의 시기에는 제한이 없다.

소제기후의 합의도 허용되나 그 때문에 관할변동이 생기지는 않고, 제35조 이송의 전제로서 의미가 있을 뿐이다.

(5) 관할법원이 특정되었을 것

전국의 모든 법원을 관할법원으로 하는 합의는 피고로 될 사람에게 뜻밖의 불이익을 주어 **무효**라고 할 것이다. 判例도 "본 계약은 원고가 지정하는 법원을 관할법원으로 한다."고 규정하고 있음은 결국 전국법원 중 원고가 선택하는 어느 법원에나 관할권을 인정한다는 내용의 합의라고밖에 볼 수 없어 관할법원을 특정할 수 있는 정도로 표시한 것이라 볼 수 없을 뿐 아니라, 이와 같은 관할에 관한 합의는 피소자의 권리를 부당하게 침해하고 공평원칙에 어긋나는 결과가 되어 무효라 하였다.[84]

3. 합의의 모습

(1) 부가적 합의와 전속적 합의

1) 의 의 : 법정관할 외에 1개 또는 수개의 법원을 부가하는 합의를 부가적 합의라 하며, 특정법원에만 관할권을 인정하고 나머지 법원의 관할권을 배제하는 합의를 전속적 합의라고 한다.

2) **관할의 합의가 전속적 합의인지 부가적 합의인지가 불분명한 경우** : 통설과 判例는 경합하는 법정관할법원 중 어느 하나를 특정하거나 또는 그 가운데 어떤 것을 배제하는 합의는 전속적이고, 그렇지 않으면 부가적이라고 해석한다.[85]

3) **전속적 합의가 다른 나라의 재판권을 배제하는지 여부** : 判例는 "당사자들이 법정 관할법원에 속하는 여러 관할법원 중 어느 하나의 법원을 관할법원으로 하기로 약정한 경우에, 그와 같은 약정은 그 약정이 이루어진 국가 내에서 재판이 이루어질 경우를 예상하여 그 국가 내에서의 전속적 관할법원을 정하는 취지의 합의라고 해석될 수 있지만, 특별한 사정이 없는 한 다른 국가의 재판관할권을 완전히 배제하

---

83) 대법 2008.03.13, 2006다68209
84) 대법 1977.11.09, 77마284
85) 대법 1963.05.15, 63다111

거나 다른 국가에서의 전속적인 관할법원까지 정하는 합의를 한 것으로 볼 수는 없다. 따라서 채권양도 등의 사유로 외국적 요소가 있는 법률관계에 해당하게 된 때에는 다른 국가의 재판관할권이 성립될 수 있고, 이 경우에는 위 약정의 효력이 미치지 아니하므로 관할법원은 그 국가의 소송법에 따라 정하여진다고 봄이 상당하다."고 판시하여 부정하는 입장이다.[86]

(2) 국제재판관할의 합의

1) **부가적 합의의 경우** : 국내법원 외에 외국법원을 관할법원으로 부가하는 이른바 부가적 합의는 유효하다는 데 별 문제가 없다.

2) **전속적 합의의 경우** : 외국법원만을 배타적으로 관할법원으로 하기로 하는 이른바 전속적 합의는 국내의 재판권을 배제하는 것이기 때문에 신중하게 판단하여야 한다. 이에 대해 判例는 당해사건이 i) 국내재판권에 전속하지 않고, ii) 합의한 외국법원이 당해 외국법상 그 사건에 대해 관할권을 갖는 경우일 것, iii) 당해사건이 합의한 외국법원에 대하여 합리적 관련성을 가질 것, iv) 공서양속에 반하지 않을 것 등을 유효요건으로 하고 있다.[87] 외국법원을 전속관할법원으로 한 합의가 유효할 경우 우리나라 법원에 소제기 되면 법원으로서는 피고의 항변을 기다려 소각하판결을 하게 된다. 반대로 외국법원의 관할을 배제하고 대한민국법원을 관할법원으로 하는 전속적 합의의 경우에도 외국법원 관할의 전속적 합의와 같은 요건을 갖추어야 한다.[88]

4. 합의의 효력

(1) 관할의 변동

당사자가 부가적 합의를 하면 관할권 없는 법원에 관할권이 발생되며, 전속적 합의인 경우에는 다른 법정관할법원의 관할권이 소멸된다. 그러나 **전속적 합의관할의 경우에도 그 성질은 임의관할이므로, 원고가 합의에 위반하여 다른 법정관할법원에 소를 제기한 경우 피고가 이의 없이 본안에 대해 응소하면 변론관할이 발생할 수 있다**(제30조).

(2) 심판편의를 위한 이송(제35조)의 가능여부

1) **부가적 합의일 경우** : 지연 및 손해방지 모두가 이송의 사유로서 가능하다.

2) **전속적 합의일 경우** : **손해방지라는 사익적 요소로는 이송이 불가능하고, 소송지연방지라는 공익적 요소를 위해서는 이송이 가능**하다.

(3) 효력의 주관적 범위

1) **당사자와 일반승계인** : 소송상의 합의이므로 계약의 당사자 및 포괄승계인간에는 효력이 당연히 미치게 된다.

2) **특정승계인일 경우**

① **소송물을 이루는 권리관계가 물권인 경우**에는 당사자가 그 내용을 자유롭게 대세적으로 변경할 수

---

[86] 대법 2008.03.13, 2006다68209
[87] 대법 1997.09.09, 96다20093
[88] 대법 2011.04.28, 2009다19093

없고(민법 제185조), 그 합의된 바를 등기부상 공시할 수 없는 것이기 때문에 **합의에 구속되지 않는다**. 判例도 **근저당권 부담부의 부동산의 취득자가 그 근저당권의 채무자 또는 근저당권설정자의 지위를 당연히 승계한다고 볼 수는 없으므로, 근저당권설정자와 근저당권자 사이에 이루어진 관할합의의 효력이 부동산 양수인에게 미치지 않는다**고 하였다.[89]

② **채권의 경우**에 判例는 "관할의 합의는 소송법상의 행위로서 합의 당사자 및 그 일반승계인을 제외한 제3자에게 그 효력이 미치지 않는 것이 원칙이지만, 관할에 관한 당사자의 합의로 관할이 변경된다는 것을 실체법적으로 보면, 권리행사의 조건으로서 그 권리관계에 불가분적으로 부착된 실체적 이해의 변경이라 할 수 있으므로, 지명채권과 같이 그 권리관계의 내용을 당사자가 자유롭게 정할 수 있는 경우에는, 당해 권리관계의 특정승계인은 그와 같이 변경된 권리관계를 승계한 것이라고 할 것이어서, **관할합의의 효력은 특정승계인에게도 미친다**."고 한다.[90]

3) 일반 제3자의 경우 : 당사자 이외의 제3자를 구속할 수는 없다. 예컨대 채권자와 보증채무자간의 관할의 합의, 채권자와 연대채무자 중 1인간의 합의는 주채무자나 다른 연대채무자에게는 미치지 않는다.[91]

(4) 약관에 의한 관할의 합의

1) 약관상의 관할합의조항의 문제점 : 본래 관할합의를 허용하는 것은 당사자의 편의를 고려한 것인데 약관에 의해 이러한 합의가 이루어진다면 먼 거리에 거주하는 고객에게는 소제기 및 응소에 큰 불편을 줄 수 있고, 특히 고객이 제대로 모르게 이루어짐에 비추어 문제가 있다.

2) 약관의규제에관한법률상의 약관에 의한 관할합의 규제

① 입법의 태도 : 약관의 규제에 관한 법률 제14조는 "고객에 대하여 부당하게 불리한 소제기 금지조항 또는 재판관할의 합의조항은 무효로 한다"고 규정하고 있다.

② 判例의 입장

㉠ 大法院은 "대전에 주소를 둔 계약자와 서울에 주영업소를 둔 건설회사 사이에 체결된 아파트 공급계약서상의 「본 계약에 관한 소송은 서울민사지방법원을 관할법원으로 한다.」라는 관할합의 조항은 약관의규제에관한법률 제2조 소정의 약관으로서 민사소송법상의 관할법원 규정보다 고객에게 불리한 관할법원을 규정한 것이어서 사업자에게는 유리할지언정 원거리에 사는 경제적 약자인 고객에게는 제소 및 응소에 큰 불편을 초래할 우려가 있으므로 약관의규제에관한법률 제14조 소정의 「고객에 대하여 부당하게 불리한 재판관할의 합의조항」에 해당하여 무효"라고 판시한바 있다.[92]

㉡ 가맹점주들은 부산에 거주하면서 부산에 소재하는 각 화장품 가게의 운영을 위하여 사업자의 부산 소재 지점에서 사업자와 각 가맹점계약을 체결하였고, 사업자의 부산 소재 지점이 가맹점주들 운영의 각 화장품 가게 관련 계약 관리를 담당하여 왔다면, 가맹점주의 주소지에서 원거리에 위치한 사업자의 본점 소재지 관할법원을 전속적 합의관할로 정한 것으로 무효이다.[93]

㉢ 大法院은 "주택분양보증약관에서 '대한주택보증주식회사의 관할영업점 소재지 법원'을 전속적 합의

---

89) 대법 1994.05.26, 94마536
90) 대법 2006.03.02, 2005마902
91) 그러나 제25조 2항에 의해 합의관할법원에 공동피고로 제소하는 것은 가능하다.
92) 대법 1998.06.29, 98마863
93) 대법 2019.02.15, 2018다6258

관할법원으로 정한 사안에서, 위 회사의 내부적인 업무조정에 따라 위 약관조항에 의한 전속적 합의관할이 변경된다고 볼 경우에는 당사자 중 일방이 지정하는 법원에 관할권을 인정한다는 관할 합의조항과 다를 바가 없는 등 고객에게 부당하게 불이익을 주는 것으로서 무효인 약관조항이라고 볼 수밖에 없으므로 위 약관조항의 '위 회사의 관할영업점 소재지 법원'은 주택분양계약이 체결된 당시 이를 관할하던 위 회사의 영업점 소재지 법원을 의미한다고 볼 것"이라 했다.[94]

Ⅶ. 변론관할

1. 의 의

원고가 관할권이 없는 법원에 제소하였는데, **피고가 관할위반의 항변을 제출하지 아니하고 본안에 관하여 변론하거나 변론준비기일에서 진술하는 경우에 그 법원에 생기는 관할**을 말한다(제30조). 원고가 관할권 없는 법원에 소제기하여도 피고가 말없이 응소한 때에는 구태여 관할법원에 이송할 필요까지는 없다 할 것이고, 차라리 관할의 합의에 준하여 그 법원에 관할을 인정하는 것이 당사자의 이익·소송촉진에 도움이 되기 때문이다.

2. 변론관할의 요건

> 제30조(변론관할) 피고가 제1심 법원에서 관할위반이라고 항변하지 아니하고 본안에 대하여 변론하거나 변론준비기일에서 진술하면 그 법원은 관할권을 가진다.

(1) 소가 관할권 없는 제1심 법원에 제기되었을 것

관할권을 어긴 경우라도 토지관할과 사물관할 등 임의관할을 어긴 경우에 인정되는 것이지, **전속관할 위반의 경우에는 변론관할이 생기지 않는다**(제31조). 소제기시에는 관할권이 있었으나 청구취지의 확장·반소 등의 제기에 의하여 관할위반이 된 경우에도 상대방이 이의 없이 본안변론을 하면 변론관할이 생긴다(제269조 제2항 참조).

(2) 피고가 관할위반의 항변을 제출하지 아니하였을 것

관할위반의 항변은 반드시 명시적이어야 하는 것은 아니고, 묵시적이라도 무방하다. 피고가 그 법원에 일응 관할권이 있는 것을 조건으로 본안에 관한 변론을 하는 때에는 관할위반의 항변이 있는 것으로 보아야 할 것이다.[95]

(3) 피고가 본안에 관하여 변론하거나 변론준비기일에서 진술할 것

1) 본안에 대한 진술

① "본안"에 관한 변론 또는 진술이라 함은 피고가 원고의 청구의 당부에 관하여 사실상·법률상의 진술을 하는 것을 말한다. 따라서 **실체사항이 아닌 소송에 관한 절차사항인 기피신청, 기일변경신청, 소각하 판결의 신청 등은 본안에 관한 진술이 아니다.**

---

94) 대법 2009.11.13, 2009마1482
95) 이시윤 13판 120면

② 문제는 피고가 단지 청구기각의 판결만을 구하고 청구의 원인에 관한 답변을 다음기일로 미루는 경우에 변론관할이 생기는지에 관하여 통설은 청구기각의 신청만으로도 원고의 청구가 이유 없다하여 그 청구를 배척하여 달라는 취지인 것이므로 이 경우에도 본안에 관한 변론에 들어간 것으로 보아 변론관할이 생긴다고 본다.[96]

2) 구술에 의한 변론

① 본안에 관한 변론은 관할위반임을 알고 할 필요는 없으나, 변론기일에 출석하여 구술로 적극적·현실적으로 하여야 한다.

② 判例도 "**변론관할이 생기려면 피고의 본안에 관한 변론이나 변론준비기일에서의 진술은 현실적인 것이어야 하므로 피고의 불출석에 의하여 답변서 등이 법률상 진술 간주되는 경우는 이에 포함되지 아니한다**"고 하였다.[97]

3. 변론관할의 효과

(1) 관할의 창설

관할위반의 항변을 하지 않고 본안 변론하는 때에는 그 시점에서 관할없던 법원에 관할권이 생기게 된다.

(2) 취소불가

변론관할은 피고의 의사의 진정여부에 관계 없이 발생하므로 피고가 당해 사건에 대해서 관할위반이 있음을 알았느냐 또는 몰랐느냐는 불문한다. 따라서 **관할이 창설된 후에는 피고가 이의 없이 본안에 관하여 변론한 것을 의사의 흠결이라는 이유로 취소할 수 없다**.

(3) 효력의 범위

변론관할은 당해 사건에 한하여 발생하기 때문에 소의 취하 또는 각하 후에 제기하는 재소까지는 그 효력이 미치지 않는다.

Ⅷ. 관할권의 조사

1. 직권조사

(1) 관할권의 유무는 직권조사사항이다.

> 제32조(관할에 관한 직권조사) 법원은 관할에 관한 사항을 직권으로 조사할 수 있다.

법원은 피고의 관할위반의 항변이 없어도 이를 조사할 수 있다. 다만, 직권으로 조사하여 임의관할 위반임을 안 경우에도 변론관할이 생길 여지가 있으므로 바로 이송할 것이 아니며, 변론기일에서 당사자가 이의하지 않는 한 그 관할위반의 하자는 치유되어 절차가 속행된다는 점에서 임의관할만은 항변사항이 된다.

---

[96] 방순원 83면; 송상현/박익환 106면; 정동윤/유병현 137면; 강현중 105면
[97] 대법 1980.09.26, 80마403

(2) 조사의 시기

> 제411조(관할위반 주장의 금지) 당사자는 항소심에서 제1심 법원의 관할위반을 주장하지 못한다. 다만, 전속관할에 대하여는 그러하지 아니하다.
>
> 제424조(절대적 상고이유) ①판결에 다음 각호 가운데 어느 하나의 사유가 있는 때에는 상고에 정당한 이유가 있는 것으로 한다.
> 3. 전속관할에 관한 규정에 어긋난 때

임의관할의 경우에는 이를 위반하여 본안판결을 하였을 때에 그 흠을 상소심에서는 다툴 수 없기 때문에 제1심에 한하여 조사할 것이나(제411조), 전속관할에 대해서는 관할위반의 본안판결을 한 경우라도 그 흠이 치유되지 않기 때문에(제411조 단서, 제424조 1항 3호), 상소심에서도 조사하여야 한다.

2. 조사의 정도 · 자료

(1) 관할이 청구의 종류나 법적 성질에 의하여 정해지는 때

사물관할의 기준이 되는 비재산권상의 청구인가, 특별재판적의 원인인 불법행위에 관한 청구인가, 부동산에 관한 청구인가 등은 청구취지와 청구원인에서 원고가 주장하는 사실 자체를 기초로 하여 조사 · 판단하면 된다.

(2) 청구의 법적 성질과 관계없이 법원과 특수관계 때문에 관할이 발생한 경우

관할의 원인이 되는 사실에 대하여 증거조사를 하여야 한다.

(3) 증명책임

관할권의 존재는 원고에서 이익되므로 원고가 관할 원인사실에 대하여 증명책임을 지며, 법원도 직권 증거조사를 할 수 있다(제32조).

3. 관할결정의 표준시기

(1) 소제기시 기준

> 제33조(관할의 표준이 되는 시기) 법원의 관할은 소를 제기한 때를 표준으로 정한다.

법원의 관할은 소를 제기한 때를 표준으로 하여 정하며 소를 제기한 때라 함은 소장을 법원에 제출한 때를 말한다.

(2) 관할의 항정

제33조에 의해 소 제기시에 관할이 인정되는 한 그 뒤 사정변경이 있어도 소 제기시에 생긴 관할에는 아무런 영향이 없는데, 이를 관할의 항정이라 한다. 다만, 단독사건 계속 중 ① 합의부사건이 반소로 제기된 경우와, ② 청구취지확장으로 합의부관할이 된 경우에는 예외로서 합의부로 이송한다.

(3) 관할위반의 하자치유

소 제기시에 관할이 없는 경우에도 사실심의 변론종결시까지 관할원인이 생기게 되면 관할위반의 하자는 치유된다.

4. 관할권 조사의 결과

(1) 관할권이 존재하는 경우

법원은 심리를 그대로 진행하는 것으로, 즉 절차를 속행하면 된다. 당사자간에 다툼이 있으면 중간판결(제201조)이나 종국판결의 이유에서 이에 관한 판단을 하면 된다.

(2) 관할권이 존재하지 않은 경우

1) 이 송 : 관할권의 존재는 소송요건이므로 그 흠결시 각하함이 원칙이지만, 소송경제를 위하여 이송으로 처리한다(제34조 제1항). 전속관할 위반의 경우에는 바로 이송하여야 할 것이지만 임의관할 위반의 경우에는 당사자의 이의를 기다려 이송한다(변론관할 참조).

2) 관할위반을 간과한 본안판결 : 임의관할 위반의 경우에는 그 하자가 치유(제411조)되어 상소가 불가능하지만, 전속관할위반의 경우에는 상소로써 이를 다툴 수 있다.

IX. 소송의 이송

1. 서 설

(1) 의 의

소송의 이송이란 어느 법원에 소가 제기되어 일단 그 법원에 계속된 소송을 그 법원의 재판(이송결정)에 의하여 다른 법원으로 이전하는 것을 말한다.

(2) 구별개념

1) 이 부 : 같은 법원 내의 단독판사끼리나 합의부끼리의 사건의 송부로 사무분담의 재조정에 불과하다.

2) 소송기록 송부 : 이송결정이라는 재판이 아닌 기록송부라는 사실행위만 있는 경우로서, ⅰ) 상소장원심제출주의를 어긴 경우와,98) ⅱ) 상소·항고를 잘못한 경우로서, **특별항고만 허용되는 재판의 불복에 대하여는 당사자가 특히 특별항고라는 표시와 항고법원을 대법원으로 표시하지 아니하였더라도 항고장을 접수한 법원으로서는 이를 특별항고로 보아 소송기록을 대법원에 송부**하여야 하고, 항고법원이 항고심으로서 재판하였더라도 이는 결국 권한 없는 법원의 재판에 귀착된다.99)

(3) 취 지

관할위반의 경우 소를 각하하기보다 관할권이 있는 법원으로 이송함으로써 다시 소를 제기하는데 들이는 시간·노력·비용을 절감케 하며, 나아가 관할위반이 아닌 경우라도 소송촉진과 소송경제의 견지에서

---

98) 대법 1987.12.30, 87다1028; 대법 1992.04.15, 92마146
99) 대법 2011.02.21, 2010마1689; 대법 2016.06.21, 2016마5082.

보다 편리한 법원으로 옮겨 심판케 하려는 데 그 제도적 의의가 있다.

	소각하판결	소송기록 송부	이 송
소제기의 효과	소멸	송부된 때 발생	유지
인지의 효력	소멸	유지	유지

2. 이송의 원인

(1) 관할위반에 의한 이송

> 제34조(관할위반 또는 재량에 따른 이송) ① 법원은 소송의 전부 또는 일부에 대하여 관할권이 없다고 인정하는 경우에는 결정으로 이를 관할법원에 이송한다.
> ③ 지방법원 합의부는 소송에 대하여 관할권이 없는 경우라도 상당하다고 인정하면 직권으로 또는 당사자의 신청에 따라 소송의 전부 또는 일부를 스스로 심리·재판할 수 있다.

1) **적용범위** : 제1심에서 전속관할을 위반한 경우뿐만 아니라 사물관할·토지관할 같은 임의관할을 위반한 경우에 이송함이 원칙이며(수평이송), **법률이 특별히 관할위반의 신청을 각하하도록 규정하고 있는 경우(제465조)를 제외하고는 소 이외의 신청(증거보전, 강제집행, 비송사건 등)에 있어서도 관할법원에 이송**하여야 한다. 이를 넘어 그 밖의 법원 사이에서도 유추적용할 것인지(수직이송) 문제된다.

① 심급관할위반의 소제기 경우 : **제1심 법원에 제기할 소를 상급심 법원에 제기한 경우**나 상급심 법원에 제기할 소를 제1심 법원에 제기한 경우 해당 심급 관할법원으로 이송하여야 한다. 判例도 재심의 소가 재심제기기간내에 제1심법원에 제기되었으나 재심사유 등에 비추어 항소심판결을 대상으로 한 것이라 인정되어 위 소를 항소심법원에 이송한 경우에 있어서 재심제기기간의 준수여부는 민사소송법 제36조(현 제40조) 제1항의 규정에 비추어 제1심법원에 제기된 때를 기준으로 할 것이지 항소법원에 이송된 때를 기준으로 할 것은 아니라고 하였다.[100]

② 상소의 제기가 잘못된 경우
  ㉠ 상소장을 원심법원에 제출하여야 함에도 상소심 법원에 제출한 경우에 判例는 소송기록송부로 처리하면서 상소장이 원법원에 접수된 때를 기준으로 상소기간 준수 여부를 따지고 있다.[101]
  ㉡ 상소장을 원심법원에 접수하였으나 상소장에 상소할 법원을 잘못 표시하여 상소한 경우에는 접수한 원심법원은 항소장에 표시된 것과 관계없이 적법한 관할법원으로 소송기록을 송부하면 되기 때문에 특별히 문제될 것이 없으나, **접수한 원심법원이 잘못 기재된 대로 상소장에 표시된 법원에 소송기록을 송부한 경우에는 송부 받은 법원은 적법한 관할법원으로 사건을 이송**하여야 한다.[102]

---

100) 대법(전) 1984.02.28, 83다카1981
101) 대법 1992.04.15, 90마146 등
102) 대법 2002.12.09, 2001재마14; 피고경정신청을 기각하는 결정에 불복이 있는 경우에는 통상항고를 제기하여야 하는 것이고, 따라서 비록 원심법원에 제출한 서면의 제목이 '특별항고장'이고, 그 끝부분에 '대법원 귀중'이라고 기재되어 있다고 하더라도, 이는 통상항고를 제기한 것으로 보아야 할 것이므로, 그 관할법원은 서울가정법원 합의부라고 할 것이다. 그러므로 이 사건을 관할법원에 이송하기로 하여 관여 법관의 일치된 의견으로 주문과 같이 결정한다는 것에, 대법 1997.03.03, 97으1.

③ 일반법원과 전문법원간의 이송
　㉠ **가사소송사건을 일반민사법원에 제소한 경우이나 그 역의 경우 通說과 判例는 이송을 긍정한다.**[103]
　㉡ **행정소송사건을 일반민사법원에 제소한 경우 수소법원이 그 행정소송에 관한 관할도 동시에 가지고 있다면 이를 행정소송으로 심판하여야 하고**,[104] **관할이 없다면** 행정소송으로서 소송요건을 결하고 있음이 명백하여 행정소송으로 제기되었더라도 어차피 부적법하게 되는 경우가 아닌 이상 이를 **관할법원에 이송한다.**[105]
　㉢ 비송사건절차법에 규정된 비송사건을 민사소송의 방법으로 청구한 경우 이송을 불허하고 각하한다.[106] 그러나 소송사건과 비송사건의 구별이 항상 명확한 것은 아니고, 비송사건절차법이나 다른 법령에 비송사건임이 명확히 규정되어 있지 않은 경우 당사자로서는 비송사건임을 알기 어렵다. 이러한 경우 수소법원은 당사자에게 석명을 구하여 당사자의 소제기에 사건을 소송절차로만 처리해 달라는 것이 아니라 비송사건으로 처리해 주기를 바라는 의사도 포함되어 있음이 확인된다면, 당사자의 소제기를 비송사건 신청으로 보아 재배당 등을 거쳐 비송사건으로 심리·판단하여야 하고 그 비송사건에 대한 토지관할을 가지고 있지 않을 때에는 관할법원에 이송하는 것이 타당하다.[107]

④ 법원과 행정기관간의 이송 : 이송규정은 법원간의 이송을 전제하므로, 특허법원이 행정기관의 일종인 특허심판원에 이송하는 것 등은 허용되지 않는다.[108]

2) 전부 또는 일부이송 : **병합된 청구의 일부가 다른 법원의 전속관할에 속하는 경우에는 일부만을 이송**한다.

3) 관할의 경합과 소송의 이송 : 관할권 있는 법원이 경합할 때에는 희망하는 법원으로 이송함이 타당하다. 예외적으로 **지방법원 합의부의 관할에 속하지 아니한 단독판사의 관할사건이라도 상당하다고 인정되는 경우 직권 또는 당사자의 신청에 의하여 이송하지 아니하고 합의부에서 처리**할 수 있다(제34조 3항).

(2) 심판편의에 의한 이송(재량이송)

1) 손해나 지연을 피하기 위한 이송

> **제35조**(손해나 지연을 피하기 위한 이송) 법원은 소송에 대하여 관할권이 있는 경우라도 현저한 손해 또는 지연을 피하기 위하여 필요하면 직권 또는 당사자의 신청에 따른 결정으로 소송의 전부 또는 일부를 다른 관할법원에 이송할 수 있다. 다만, 전속관할이 정하여진 소의 경우에는 그러하지 아니하다.

---

103) 대법 1980.11.25, 80마445
104) 대법 2020.01.16, 2019다264700; 대법 2020.04.09, 2015다34444; 대법 2021.02.04, 2019다277133; 대법 2023.06.29, 2021다2500225
105) 대법 2018.07.26, 2015다221569; 고용·산재보험료 납부의무부존재확인의 소와 같은 행정소송법상의 당사자소송이 일반법원에 제기된 경우에 이송이 필요하다는 것에, 대법 2016.10.13, 2016다221658.
106) 대법 1956.01.12, 4288민상126
107) 대법 2023.09.14, 2020다238622
108) 대법 1994.10.21, 94재후57

① 의 의 : 소송에 대하여 관할권이 있는 경우라도 현저한 손해 또는 지연을 피하기 위하여 필요하면 직권 또는 당사자의 신청에 따른 결정으로 소송의 전부 또는 일부를 다른 관할법원에 이송할 수 있다(제35조).

② 요 건 : 여기서 현저한 손해란 사익적 사유로서 피고에게 소송수행상의 부담이 생기는 것을 말하며, 지연이란 공익적 사유로서 소송촉진이 저해되는 것을 말한다. 判例는 이러한 현저한 손해 또는 지연을 피하기 위한 필요가 있는 때에 해당하는가에 대한 판단은 자유재량으로 판단할 것이라고 하면서도 이러한 이송신청의 기각결정이 부당하다고 본 사례는 없으며,109) i) 수형자의 민사소송을 위한 장거리호송에 소요되는 상당한 인적·물적 비용은 행정적인 부담이지 소송 상대방으로서 부담하는 것이 아니므로 여기에 해당하지 않으며,110) ii) 지방법원 합의부가 지방법원 단독판사의 판결에 대한 항소사건을 제2심으로 심판하는 도중에 지방법원 합의부의 관할에 속하는 반소가 제기되었더라도 이미 정하여진 항소심 관할에는 영향이 없고, **민사소송법 제35조는 전속관할인 심급관할에는 적용되지 않아 손해나 지연을 피하기 위한 이송의 여지도 없다**는 이유로 원심결정을 파기하였다.111) 마찬가지로 iii) **지방법원 본원 합의부가 지방법원 단독판사의 판결에 대한 항소사건을 심판하는 도중에 지방법원 합의부의 관할에 속하는 소송이 새로 추가되거나 그러한 소송으로 청구가 변경되었다고 하더라도, 추가되거나 변경된 청구에 대하여도 지방법원 본원 합의부가 그대로 심판할 수 있다.**112)

③ 합의관할의 경우에 제35조에 의한 이송의 가부
  ㉠ 부가적 합의일 경우에는 지연 및 손해방지 모두가 이송의 사유로서 가능하다.
  ㉡ 전속적 합의일 경우에는 손해방지라는 사익적 요소로는 이송이 불가능하고, 소송지연방지라는 공익적 요소를 위해서는 이송이 가능하다. 왜냐하면 당사자의 합의로 포기할 수 있는 것은 사익뿐이며, 지연방지라는 공익적 요소를 소멸시킬 수는 없기 때문이다.

2) 지법단독판사로부터 지법합의부로 이송

> 제34조(관할위반 또는 재량에 따른 이송) ② 지방법원 단독판사는 소송에 대하여 관할권이 있는 경우라도 상당하다고 인정하면 직권 또는 당사자의 신청에 따른 결정으로 소송의 전부 또는 일부를 같은 지방법원 합의부에 이송할 수 있다.
> ④ 전속관할이 정하여진 소에 대하여는 제2항 및 제3항의 규정을 적용하지 아니한다.

소액사건심판법에 따라 처리되는 사건은 고유의 사물관할이 있는 것이 아니고 민사단독사건 중에서 소가에 따라 특례로 처리하는 것뿐이므로 사안의 성질로 보아 간이한 절차로 빠르게 처리될 수 없는 사건은 통상절차에 따라 처리하여도 무방하며 따라서 단독판사가 그 사건을 제34조 2항에 의해 지방법원 및 지원의 합의부에 이송할 수 있다.113)

3) 지식재산권 등에 관한 소송의 이송

---

109) 대법 1998.08.14, 98마1301 등
110) 대법 2010.03.22, 2010마215
111) 대법 2011.07.14, 2011그65
112) 대법 1992.05.12, 92다2066
113) 대법 1974.07.23, 74마71

> 제36조(지식재산권 등에 관한 소송의 이송) ① 법원은 특허권등을 제외한 지식재산권과 국제거래에 관한 소가 제기된 경우 직권 또는 당사자의 신청에 따른 결정으로 그 소송의 전부 또는 일부를 제24조제1항에 따른 관할법원에 이송할 수 있다. 다만, 이로 인하여 소송절차를 현저하게 지연시키는 경우에는 그러하지 아니하다. 〈개정 2011.5.19, 2015.12.1.〉
> ② 제1항은 전속관할이 정하여져 있는 소의 경우에는 적용하지 아니한다. 〈개정 2015.12.1.〉
> ③ 제24조제2항 또는 제3항에 따라 특허권등의 지식재산권에 관한 소를 관할하는 법원은 현저한 손해 또는 지연을 피하기 위하여 필요한 때에는 직권 또는 당사자의 신청에 따른 결정으로 소송의 전부 또는 일부를 제2조부터 제23조까지의 규정에 따른 지방법원으로 이송할 수 있다. 〈신설 2015.12.1.〉

① 특허권 등을 제외한 지식재산권과 국제거래에 관한 소를 고등법원이 있지 아니한 곳의 지방법원에 제기한 경우, 직권 또는 신청에 의하여 제24조에 의한 특별재판적이 있는 곳인 고등법원이 있는 곳의 지방법원으로 이송할 수 있도록 하였다(제36조 1항). 전문재판부에 의한 지식재산권사건과 국제거래사건의 효율적 처리를 위해서이다. 그러나 일반재량이송의 요건과 달리 현저한 손해나 지연을 피하기 위한 필요를 요구하지 않고 현저하게 지연되는 문제점이 없으면 제24조의 특별재판적이 있는 고등법원소재지의 지방법원으로 쉽게 이송할 수 있도록 하였다.

② 특허권 등에 관한 소의 경우 2016. 1. 1. 시행의 개정법률 제36조 3항에서는 특허권 등에 관한 소에서는 개정 제24조 2항·3항에 의한 특별재판적이 있는 곳의 고등법원 있는 곳의 지방법원의 전속관할로 하면서도, 한편 제2조 내지 제23조 규정에 따른 원래의 지방법원으로 이송할 수 있도록 하였다. 직권 또는 당사자의 신청에 의한 이송이다. 일반재량이송은 전속관할에 적용하지 않는데, 여기에서 예외취급을 하였으며, 현저한 지연을 피하기 위한 경우만이 아니라, 현저한 손해를 피하기 위한 경우까지도 이송가능하도록 하여 일반재량이송의 요건에 맞추었다.

(3) 반소제기에 의한 이송

> 제269조(반소) ② 본소가 단독사건인 경우에 피고가 반소로 합의사건에 속하는 청구를 한 때에는 법원은 직권 또는 당사자의 신청에 따른 결정으로 본소와 반소를 합의부에 이송하여야 한다. 다만, 반소에 관하여 제30조의 규정에 따른 관할권이 있는 경우에는 그러하지 아니하다.

본소가 단독사건인 경우에 피고가 합의부에 속하는 반소를 제기한 경우에 원고가 반소청구에 의하여 합의부의 심리를 받을 수 있는 이익을 박탈하지 않기 위해 직권 또는 당사자의 신청으로 본소와 반소를 합의부로 이송하여야 한다. 다만, 원고가 관할위반의 항변을 하지 않고서 본안에 관하여 변론을 함으로써 **변론관할(제30조)이 생긴 경우에는 이송할 필요가 없다**(제269조 제2항).

(4) 상소심에서 환송에 갈음하여 하는 이송

> 제419조(관할위반으로 말미암은 이송) 관할위반을 이유로 제1심 판결을 취소한 때에는 항소법원은 판결로 사건을 관할법원에 이송하여야 한다.
> 제436조(파기환송, 이송) ① 상고법원은 상고에 정당한 이유가 있다고 인정할 때에는 원심판결을 파기하고 사건을 원심법원에 환송하거나, 동등한 다른 법원에 이송하여야 한다.

항소심에서 관할위반을 이유로 제1심 판결을 취소한 경우에는 판결로 사건을 관할법원에 이송하여야 한다(제419조). 상고법원에 의한 파기환송의 경우에도 이에 갈음하여 이송할 수 있다(제436조). 원고가 고의나 중대한 과실 없이 행정소송으로 제기하여야 할 사건을 민사소송으로 잘못 제기하고 단독판사가 제1심판결을 선고한 경우에도 그에 대한 항소사건은 고등법원의 전속관할이므로 지방법원 항소부가 선고한 판결은 파기되고 고등법원으로 이송한다.[114]

3. 이송의 절차

(1) 개 시

> **민사소송규칙**
> 제10조(이송신청의 방식) ① 소송의 이송신청을 하는 때에는 신청의 이유를 밝혀야 한다.
> ② 이송신청은 기일에 출석하여 하는 경우가 아니면 서면으로 하여야 한다.

직권 또는 당사자의 신청에 의하여 하며, **신청은 기일에 출석하여 하면 구두로도 가능**하나, 그렇지 아니하면 서면으로 신청이유를 밝혀야 한다. 다만 관할위반의 경우 당사자의 이송신청권을 인정하지 않는 것이 判例의 태도이다. **재량에 따른 이송과 손해나 지연을 피하기 위한 이송의 신청서에는 1,000원의 인지를 붙여야** 하고(인지법 제9조 5항 4호), **신청사건(사건부호 '카기')으로 접수하여 별책으로 기록을 만든다.** 이에 비해 **관할위반에 따른 이송신청서에는 인지를 붙일 필요가 없고**(민인법 제10조 단서) **사건부호를 따로 부여하지 아니하며** 그 신청서는 본안기록에 가철한다.

(2) 이송의 재판형식

1) 결정의 형식 : **이송의 재판은 결정**으로 하나, 상급심에서는 판결의 형식으로 한다. 이송신청 각하결정은 불복기회의 보장을 위해 본안판결전에 해야 한다.

2) 의견진술기회 : 이송재판은 결정의 형식으로 하는 이상 반드시 변론을 거칠 필요는 없다고 할 것이나,[115] 민사소송법 규칙 제11조는 당사자의 이송신청이 있는 경우에는 그 결정에 앞서 상대방에게 의견진술의 기회를 제공하여야 하고, 법원의 직권으로 이송결정을 하는 때에는 당사자의 의견을 들을 수 있다고 규정하였다.

> **민사소송규칙**
> 제11조(이송결정에 관한 의견진술) ① 법 제34조제2항·제3항, 법 제35조 또는 법 제36조제1항의 규정에 따른 신청이 있는 때에는 법원은 결정에 앞서 상대방에게 의견을 진술할 기회를 주어야 한다.
> ② 법원이 직권으로 법 제34조제2항, 법 제35조 또는 법 제36조의 규정에 따른 이송결정을 하는 때에는 당사자의 의견을 들을 수 있다.

(3) 불복방법

> 제39조(즉시항고) 이송결정과 이송신청의 기각결정에 대하여는 즉시항고를 할 수 있다.

---

114) 대법 2022.01.27. 2021다219161
115) 반대하는 견해로 김홍규/강태원 124면; 송상현/박익환 115면

1) **즉시항고** : **이송결정과 이송신청의 기각결정에 대하여는 즉시항고**를 할 수 있다(제39조).

2) **관할위반의 이송신청 기각결정에 대해서 불복이 가능한지 여부** : 判例는 소송당사자에게 관할위반을 이유로 하는 이송신청권이 있는 것이 아니므로 당사자가 **관할위반을 이유로 한 이송신청을 한 경우에도 법원은 이 이송신청에 대해서는 재판을 할 필요가 없고, 설사 법원이 이송신청을 거부하는 재판을 했어도 항고가 허용될 수 없다**고 하면서,[116] 나아가 **특별항고(제449조)조차 안 된다**고 한다.[117] 따라서 **법원이 당사자의 신청에 따른 직권발동으로 이송결정을 한 경우에는 즉시항고가 허용되지만, 위와 같이 당사자에게 이송신청권이 인정되지 않는 이상 항고심에서 당초의 이송결정이 취소되었다 하더라도 이에 대한 신청인의 재항고는 허용되지 않는다**.[118]

4. 이송의 효과

(1) 이송결정의 구속력

> 제38조(이송결정의 효력) ① 소송을 이송받은 법원은 이송결정에 따라야 한다.
> ② 소송을 이송받은 법원은 사건을 다시 다른 법원에 이송하지 못한다.

1) **의 의** : **이송결정은 이송 받은 법원을 구속하고 잘못된 이송이라도 반송·전송할 수 없는데**, 이는 조사의 반복을 피하여 본안의 심리지연을 방지하기 위함이다. 그러나 **이송 받은 후 원고의 소변경 등 새로운 사유에 의한 재이송은 가능**하다.

2) **전속관할위반의 경우** : **判例는 전속관할위반의 이송의 경우에도 원칙적으로 구속력이 있다**고 하면서, 다만 **심급관할위반의 이송의 경우는 당사자의 심급의 이익박탈 등을 이유로 그 구속력이 상급심법원까지는 미치지 아니한다**고 하였다.[119]

(2) 소송계속의 이전

> 제40조(이송의 효과) ① 이송결정이 확정된 때에는 소송은 처음부터 이송받은 법원에 계속된 것으로 본다.

1) **소송계속의 소급적 이전** : **이송결정이 확정된 때에는 소송은 처음부터 이송을 받은 법원에 계속된 것으로 본다**(제40조 1항). 이것은 **소제기에 의한 시효중단, 기간준수의 효과를 유지하기 위함**이다. 원고가 행정소송법상 항고소송으로 제기해야 할 사건을 민사소송으로 잘못 제기한 경우에 수소법원이 관할법원에 이송하는 결정을 하였고, 그 이송결정이 확정된 후 원고가 항고소송으로 소 변경을 하였다면, 그 항고소송에 대한 제소기간의 준수 여부는 원칙적으로 처음에 소를 제기한 때를 기준으로 판단한다.[120]

---

116) 대법(전) 1993.12.06, 93마524
117) 대법 1996.01.12, 95그59
118) 대법 2018.01.19, 2017마1332
119) 대법 1995.05.15, 94마1059
120) 대법 2022.11.17, 2021두44425

2) **이송전 소송행위의 효력** : 이송 후에도 소송계속의 일체성이 인정되는 이상 변론의 일체성이 있고, 법 제37조가 이송법원이 기록을 송부하기 전에는 긴급처분을 할 수 있도록 한 점에 비추어 관할위반의 경우를 포함한 모든 이송의 경우, 이송 전 소송행위의 효력은 이송 후에도 효력이 지속된다고 보는 것이 통설이다. 다만 소송의 이송의 경우에는 법원이 변경된 경우이므로 법관의 경질에 준하여 변론갱신절차(제204조 2항)를 밟아야 한다.

(3) 소송기록 송부와 긴급처분

> 제37조(이송결정이 확정된 뒤의 긴급처분) 법원은 소송의 이송결정이 확정된 뒤라도 급박한 사정이 있는 때에는 직권으로 또는 당사자의 신청에 따라 필요한 처분을 할 수 있다. 다만, 기록을 보낸 뒤에는 그러하지 아니하다.
>
> 제40조(이송의 효과) ② 제1항의 경우에는 이송결정을 한 법원의 법원서기관·법원사무관·법원주사 또는 법원주사보(이하 "법원사무관등"이라 한다)는 그 결정의 정본을 소송기록에 붙여 이송받을 법원에 보내야 한다.

이송결정이 확정되면 이에 따르는 사실상의 조치로서 그 결정의 '정본'을 소송기록에 붙여 이송받을 법원 등에게 보내야 한다(제40조 2항). 다만 **소송기록이 이송법원에 있는 동안만은 급박한 사정이 있을 때에는 직권·당사자의 신청에 의하여 증거조사나 가압류·가처분 등의 필요한 처분을 할 수 있다**(제37조).

2025 대비 이종훈 민사소송법

제2장 당사자

제1절 총 설

Ⅰ. 당사자의 의의

1. 의 의

민사소송에 있어서 당사자란 자기의 이름으로 국가의 권리보호(특히 재판이나 강제집행)를 요구하는 사람과 그 상대방을 말한다. ① 대리인은 다른 사람의 이름으로 판결을 요구하거나 요구받는 자이므로 당사자와 구별되며, ② 보조참가인은 비록 자기의 이름으로 소송에 관여하나 자기의 이름으로 판결을 요구하거나 요구받는 사람이 아니므로 당사자는 아니지만, 당사자의 승소보조를 위해 자기의 이름으로 소송을 수행한다는 점에서 從된 당사자로 불린다.

2. 소송법상의 형식적 개념

당사자는 무슨 판결이든 자기의 이름으로 판결을 요구하는 사람과 그 상대방이면 되기 때문에 실체법과 관계없는 소송법상의 형식적 개념이다. 19세기 말까지 실질적 당사자개념이 지배적 경향이었으나, 제3자가 다른 사람의 권리의무에 대해 소송수행권을 갖고 당사자로서 소송에 나서는 경우가 있기 때문에 실질적 당사자 개념은 옳지 않다.

Ⅱ. 당사자대립주의

1. 의 의

법정투쟁인 소송에서는 그 기본구조로 두 당사자가 반드시 맞서 대립해 있어야 한다. 소송의 적정과 공평을 기하기 위한 것으로 편면적 구조인 비송과 구별되는 점이다.

2. 내 용

(1) 지위의 대립

소송에 있어서 두 당사자의 대립을 필요로 하기 때문에 당사자 한쪽이면서 상대방의 대리인이나 그의 공동소송인 또는 보조참가인이 될 수 없다. 그러나 당사자의 대립은 당사자 양쪽이 모두 변론을 하지 않으면 재판할 수 없다는 의미는 아니며, 당사자 양쪽에 변론의 기회를 제공하면 된다는 것이다.

(2) 공동소송과 다면소송

두 당사자대립주의라 하여 반드시 1인 대 1인의 대립을 뜻하는 것은 아니며 당사자 일방 또는 쌍방에 다수의 당사자가 관여하는 경우도 있는데 이를 공동소송이라 한다. 이당사자의 예외로 독립당사자참가 등의 다면소송이 있다.

3. 성질 및 흠결시의 효과

(1) 당사자대립의 성질

대립당사자가 존재하여야 한다는 것은 소송요건으로서 법원은 직권으로 고려하여야 한다.

(2) 흠결시 효과

1) 소제기 시 흠결

① 사유 : 당사자 일방이 이미 사망, 같은 회사의 지점 상호간의 소송, 교육감이 道를 대표하여 도지사가 대표하는 道 상대의 소송[1]

② 효과 : 소를 부적법 각하한다.

2) 소송계속 중 흠결

① 사유 : **소송계속중 당사자 한쪽의 지위를 상대방 당사자가 승계, 소송물인 권리관계의 성질상 승계할 자가 없는 때**

② 효과 : 소송은 당연종료되며, 소송종료의 효과를 다투는 기일지정신청이 있으면 소송종료선언을 한다.

3) 흠결을 간과한 판결

① 사유 : 제소 전 사망한 자를 피고로 제기된 소임을 간과한 판결

② 효과 : **이러한 판결은 무효**로서 判例는 상소나 재심으로 취소할 필요가 없다고 한다.[2]

제2절 당사자의 확정

I. 서 설

1. 의 의

현실적으로 계속되어 있는 소송에서 소장에 특정된 자와 소송을 수행하는 자가 다를 때 누가 원고이고 누가 피고인가를 명확히 하는 것을 말한다. 즉 누가 당사자인가의 판단작업으로서, 단순히 소장상 누가 당사자로 표시되어 있는지 식별작업인 당사자특정의 문제와 다르다. 이러한 당사자확정은 당사자능력이나 당사자적격이 있는지 여부를 판단하기에 앞서 선행되어야 하는 문제로서 사건을 심리 판단하는 법원으로서는 직권으로 소송당사자가 누구인가를 확정하여 심리를 진행하여야 한다.[3]

---

1) 대법 2001.05.08, 99다69341
2) 대법 1994.01.11, 93누9606

2. 논의 필요

당사자로 확정되는 자가 절차에 관여할 자이고, 판결의 명의인과 소장부본의 송달명의인이 되며, 또 확정된 당사자를 기준으로 인적 재판적·제척이유·소송절차의 수계·송달·소송물의 동일성·기판력과 집행력의 주관적 범위·증인능력 등이 결정된다.

II. 당사자확정의 기준

1. 견해의 대립

① 원고나 법원이 당사자로 삼으려는 사람이 당사자가 된다는 의사설, ② 소송상 당사자로 취급되거나 또는 당사자로 행동하는 사람이 당사자라고 하는 행동설, ③ 소장에 나타난 당사자의 표시를 기준으로 하여 객관적으로 당사자를 확정하여야 한다는 표시설, ④ 소송이 개시되는 때에는 표시설에 의하되, 소송진행 뒤에는 누가 당사자로서 행동하였는가, 누가 분쟁주체로서 절차보장을 받았는가를 기준으로 정하는 규범분류설 등의 대립이 있다.

2. 判例의 입장

大法院은 <u>원고가 당사자능력이나 당사자적격이 없는 자를 당사자로 잘못 표시한 경우에, 법원은 소장의 표시만이 아니라 청구의 내용과 원인사실을 종합하여 당사자를 확정하여야 한다. 이에 따라 확정된 당사자가 소장의 표시와 다르거나 소장의 표시만으로 분명하지 않다면 당사자의 표시를 정정·보충시키는 조치를 취한 다음 원고에게 당사자능력이 있는지를 가려보아야 한다고 하여 실질적 표시설의 입장</u>이다.[4] 다만 예외적으로 ① 제소 전에 피고가 사망한 것을 알지 못하고 사망자를 피고로 하여 제소한 사건에서 의사설을 부분적으로 따르고 있고,[5] ② 제소 전 원고사망의 경우에 행동설에 따른 것이 있다.

> **판례연구 : 제소전 원고사망시 행동설에 따른 듯한 판시**
> - 피상속인이 양도소득세부과처분에 대하여 이의신청, 심사청구를 거쳐 국세심판소장에게 심판청구를 한 후 사망하였고 그 사망 사실을 모르는 국세심판소장은 심판청구를 기각하는 결정을 하면서 그 결정문에 사망한 피상속인을 청구인으로 표시하였으며 그 상속인들이 기각결정에 승복하지 아니하고 망인 명의로 양도소득세부과처분 취소청구소송을 제기한 후 상속인들 명의로 소송수계신청을 하였다면, 비록 전치절차 중에 사망한 피상속인의 명의로 소가 제기되었다고 하더라도 실제 그 소를 제기한 사람들은 망인의 상속인들이고 다만 그 표시를 그릇한 것에 불과하다고 보아야 할 것이므로, <u>법원으로서는 그 소송수계신청을 당사자표시정정신청으로 보아 이를 받아들여 그 청구를 심리판단하여야 한다.</u>[6]
> - 경락부동산의 소유자가 이미 사망한 경우 그 상속인들이 사망한 자의 명의로 경락허가결정에 대한 항고를 제기하였다면 항고심으로서는 이 점을 밝혀 항고인 표시의 기재를 고치게 하여 그것을 적법한 항고로 다루어야 한다.[7]

---

3) 대법 2011.03.10, 2010다99040; 대법 2016.12.27, 2016두50440
4) 대법 2021.06.24, 2019다278433; 대법 2019.11.15, 2019다247712; 대법 2013.08.22, 2012다68279; 대법 2011.07.28, 2010다97044; 대법 2017.12.13, 2015다61507
5) 대법 1970.03.24, 69다929; 대법 1983.12.27, 82다146; 대법 2006.07.04, 2005마425 등
6) 대법 1994.11.02, 93누12206
7) 대법 1964.04.10, 63마189

III. 당사자확정 후 당사자의 표시를 바로잡는 방법

1. 당사자의 동일성이 유지되는 경우

(1) 보정방법

1) **표시정정** : 명문의 규정은 없으나 당사자의 동일성을 해치지 않는 범위 내에서 당사자표시를 바로잡는 것을 표시정정이라 한다. 이 경우 소장상의 당사자를 '형식적 당사자'로, 확정된 당사자를 '실질적 당사자', '사실상의 당사자', 내지 '진정한 당사자'라고 부른다.

2) **표시정정의 시기** : 당사자표시정정은 소송의 모든 단계, 즉 **항소심 또는 상고심에서도 가능**하다.[8] 判例도 "**당사자표시를 정정하는 것은 당사자를 변경하는 것은 아니므로 항소심에서 그러한 정정이 있었다 한들 당사자에게 심급의 이익을 박탈하는 현상이 일어난다고는 할 수 없고, 따라서 상대편의 동의가 있어야 표시정정이 가능한 것이라고 말할 수도 없다**"고 한다.[9]

(2) 당사자표시정정이 허용되는 경우

1) **당사자의 이름에 오기 내지 누락이 명백한 경우** : 가족관계등록부, 주민등록표, 법인등기부·부동산 등기부 등 공부상의 기재에 비추어 **당사자의 이름에 잘못 기재나 누락이 있음이 명백한 경우에 표시정정을 허용**할 것이다. 判例는 **종중의 경우 공동선조의 변경 여부에 따라 표시정정인지 여부를 결정**한다. 즉 **甲을 공동선조로 하는 종중을 甲의 후손인 乙을 공동선조로 하는 종중으로 표시정정하는 것은 불허**하나,[10] **공동선조가 동일하고 실질적으로 동일한 단체를 가리키는 종중의 명칭을 변경 또는 정정하는 것은 허용**한다(예: 파평윤씨 이조참판공파 용정종중→파평윤씨 판서공파종중).[11] 또한 소송당사자인 종중의 법적 성격에 관한 당사자의 법적 주장이 무엇이든 그 실체에 관하여 당사자가 주장하는 사실관계의 기본적 동일성이 유지되고 있다면 그 법적 주장의 추이를 가지고 당사자변경에 해당한다고 할 것은 아니다.[12]

2) **명백한 당사자무능력자의 표시** : **점포주인 대신 점포 자체**로, 대한민국 대신 관계행정청으로,[13] 본점 대신 지점으로, **학교법인 대신 학교**로,[14] 내부기관에 불과하고 당사자능력이 없는 순천향교수습위원회를 피고로 잘못 표시한 경우처럼[15] **당사자능력 없는 사람을 당사자로 잘못 표시하였음이 명백한 경우에 바로 소를 각하할 것이 아니라 제59조를 유추하여 그 표시정정의 형태로 당사자능력자로의 보정을 시켜야 한다.**

3) **당사자적격이 없는 자를 당사자로 잘못 표시한 경우** : 甲에 대하여 회생절차를 개시하면서 관리인을 선임하지 아니하고 甲을 관리인으로 본다는 내용의 회생절차개시결정이 있은 후 乙 주식회사가 甲을 상대로 사해행위 취소의 소를 제기한 사안에서, 大法院은 관리인으로서 甲의 지위를 표시하라는 취지로

---

[8] 항소심에서도 당사자의 표시정정을 허용하여야 한다는 것에, 대법 2021.06.24, 2019다278433. 이시윤 13판 141면은 상고심에서는 불허한다고 기술되어 있으나 잘못된 것으로 보인다.
[9] 대법 1978.08.22, 78다1205
[10] 대법 2002.08.23, 2001다58870
[11] 대법 1999.04.13, 98다50722
[12] 대법 2016.07.07, 2013다76871
[13] 대법 1953.02.19, 4285민상27
[14] 대법 2017.03.15, 2014다208255; 대법 1978.08.22, 78다1205
[15] 대법 1996.10.11, 96다3852

당사자 표시정정의 보정명령을 내리지 않고 단지 원고에게 막연히 보정명령만을 명한 후 소를 각하하는 것은 위법하다고 하였다.16) 다만 이에 대해 표시정정제도를 비대화시켜 실질적인 피고의 경정과 같아지는 것은 경계할 것이라는 비판이 있다.17)

> **판례연구 : 동일성이 없어 표시정정을 불허한 例**
> - 당사자표시정정의 형태로 甲이 원고로서 소제기한 후 <u>원고의 명의를 그의 아버지인 乙로 변경하는 것은 동일성이 없어 불허</u>.18)
> - 법인과 대표자 개인은 동일성이 인정되지 않는다.19) 종회의 대표자로서 소송을 제기한 자가 그 종회 자체로 당사자표시 변경신청을 한 경우, 그 소의 원고는 자연인인 대표자 개인이고 그와 종회 사이에 동일성이 인정된다고 할 수 없어 표시정정신청이 허용될 수 없다.20)
> - 새로운 당사자를 상고인으로 추가하는 당사자표시정정은 불허.21)
> - 피고 A주식회사의 표시를 분할된 회사인 B주식회사로 변경하기 위한 표시정정은 불허.22)
> - 정보공개거부처분을 받은 개인이 자신의 명의로 취소소송을 제기하였다가 항소심에서 원고의 표시를 개인에서 시민단체로 정정하면서 그 단체의 대표자로 자신의 이름을 기재한 당사자표시정정신청이 임의적 당사자변경신청에 해당하여 허용될 수 없다.23)

(3) 절 차

1) 표시정정을 허용할 경우 : **별도의 명시적인 결정을 할 필요 없이 이후의 소송절차**(기일통지, 조서작성, 판결서 작성 등)**에서 정정 신청된 바에 따라 당사자의 표시를 해 줌으로써 족하다**. 그러나 당사자표시정정은 당사자의 신청이 있을 때에 한하여 허용되고, 이는 **소장의 필요적 기재사항의 하나인 당사자 표시를 정정하는 것이므로 소변경신청서에 준하여 당사자에게 송달하고 변론기일에 이를 진술하는 것이 실무례**이다. **소장에 표시된 당사자가 잘못된 경우에 당사자표시를 정정케 하는 조치를 취함이 없이 바로 소를 각하할 수는 없다**.24)

2) 표시정정을 불허하는 경우 : **당사자표시정정신청을 불허할 경우에는 반드시 불허의 결정**을 하여야 한다. 정정신청이 불허될 경우는 주로 당사자가 변경되는 결과가 생기는 경우일 터인데, 만약 즉시 불허의 결정을 하지 아니한 채 만연히 새로운 당사자를 대상으로 하여 이후의 절차를 진행하였다가 종국판결 단계에서 정정신청을 불허하게 된다면 판결절차가 위법하게 되는 결과가 될 수 있어 부당하기 때문이다.

(4) 효 과

1) 시효중단·기간준수의 효력 : 표시정정은 종전 소송상태의 승계를 전제로 하기 때문에 **당초의 소제기시에 발생한 것**으로 된다.

---

16) 대법 2013.08.22, 2012다68279
17) 이시윤 13판 140면
18) 대법 1970.03.10, 69다2161
19) 대법 2008.06.12, 2008다11276
20) 대법 1996.03.22, 94다61243
21) 대법 1991.06.14, 91다8333
22) 대법 2012.07.26, 2010다37813
23) 대법 2003.03.11, 2002두8459
24) 대법 2001.11.13, 99두2017

2) 당사자 표시정정 없이 행한 판결의 효력 : 최근 判例는 당사자 표시정정이 이루어지지 않아 잘못 기재된 당사자를 표시한 본안판결이 확정되어도 그 확정판결은 당연무효로 볼 수 없을 뿐더러, **그 확정판결의 효력은 잘못 기재된 당사자와 동일성이 인정된 범위 내에서는 적법하게 확정된 당사자에게 미친다**고 한다.[25]

2. 당사자의 동일성이 없는 경우

(1) 보정방법

당사자의 동일성이 없는 상태에서 당사자를 변경하는 경우로서, ① 소송계속 중에 소송의 목적인 권리관계의 변동으로 새 사람이 종전 당사자가 하던 소송을 인계인수 받게 되는 소송승계와, ② 당사자적격의 혼동·누락의 경우에 허용되는 임의적 당사자변경의 방법 두 가지가 있다.

(2) 임의적 당사자변경의 범위

判例는 명문에 규정된 경우(제68조, 제70조, 제260조)를 제외하고는 일체의 당사자변경을 불허하고, 이 경우 부적법한 제소라 하여 소를 각하한다.

(3) 효 과

피고경정은 제1심 변론종결시까지 허용되고, **시효중단·기간준수의 효과도 제265조에 의해 경정신청시부터 발생한다**는 점에서 표시정정과 구별된다.

> **판례연구 : 표시정정을 임의적 당사자 변경으로 잘못 판단한 경우의 사후처리**
>
> ### 1. 사실관계
>
> #### (1) 1심의 입장
>
> 이 사건 소장의 원고표시란에는 『A교회 대표자 담임목사 B』라고 기재되어 있고, 『A교회당회의인』이라는 날인이 되어 있기는 하나, 그 청구의 내용은 『원고 B 목사와 그의 가족들 및 A교회의 교인』들이 피고의 가처분으로 인하여 B 목사가 6개월 동안 교회에 출입하지 못함으로써 정신적 고통을 입었으므로 그 손해배상을 구한다는 것이고, 소장의 첨부서류로서 『A교회 담임목사 B에게 소송선정당사자로 위임하고 본 소송에 관한 모든 권한을 위임합니다』라는 내용으로 위임자 83명이 기명날인한 소송위임장을 제출하였으며, 그 후 B 등 83명의 이름으로 『B를 소송수행자(원고)로 선정한다』는 내용의 선정당사자(원고) 선정서를 제출하고, 제1심 제7차 변론기일에 이르러 원고(선정당사자)는 A교회의 대표자로 이 사건 소송을 수행하는 것이 아니고, 위 교회 교인들의 선정당사자로 소송을 수행하고 있다고 진술하자, 제1심은 이 사건 원고를 A교회가 아니라 원고를 비롯한 교인 83명이 원고를 당사자로 선정하여 진행하는 손해배상청구소송으로 보고 소송을 진행하여 원고 일부승소판결을 선고하였다.
>
> #### (2) 항소심의 입장
>
> 항소심은 이 사건의 원고를 A교회로 보고 선정당사자 B로 변경하는 것은 임의적 당사자 변경에 해당하여 허용될 수 없다는 전제 아래 A교회에게 항소장부본을 송달한 후 그를 원고로 취급하여 변론을 진행하여 원판결을 취소하고 청구기각판결을 선고하였다.
>
> ### 2. 大法院의 입장[26]
>
> 당사자는 소장에 기재된 표시 및 청구의 내용과 원인사실 등 소장의 전취지를 합리적으로 해석하여 확정하여야

---

25) 대법 2011.01.27, 2008다27615
26) 대법 1996.12.20, 95다26773

하는 것이다. 이 법리와 위에서 확정한 사실관계를 종합하여 검토하여 보면, 이 사건 소는 B 등 83명이 B를 선정당사자로 선정하여 제기한 것으로 보아야 할 것이고, 제1심이 이 사건 원고의 표시를 『A교회 대표자 담임목사 B』에서 『원고(선정당사자) B』로 변경한 것은 당사자의 동일성이 인정되는 범위 내에서의 당사자 표시정정에 지나지 않는다고 할 것임에도 불구하고 원심이 이 사건의 원고를 A교회로 보고 선정당사자 B로 변경하는 것은 임의적 당사자 변경에 해당하여 허용될 수 없다는 전제 아래 A교회에게 항소장부본을 송달한 후 그를 원고로 취급하여 변론을 진행하여 판결을 선고한 것은 소송당사자 아닌 자를 소송당사자로 보고 소송을 진행하여 판결을 한 것이므로 이 사건 원고에 대하여는 항소심 판결이 아직 선고되지 않았다고 할 것이고, <u>원고와 사이의 이 사건은 아직 원심에서 변론도 진행되지 않은 채 계속중이라고 할 것이므로 원고는 상고를 제기할 것이 아니라 원심에 이 사건에 대한 변론기일지정신청을 하여 소송을 다시 진행함이 상당하다고 할 것이며, 원심이 선고한 판결은 원고에 대한 관계에 있어서는 적법한 상고대상이 되지 아니한다.</u> 따라서 이 사건 상고는 부적법하다고 할 것이다.

Ⅳ. 성명모용소송

1. 의 의

차명·도명의 가짜 당사자소송으로, A가 무단히 甲명의로 소를 제기하는 원고측 모용과(진정한 성명모용소송), 乙에 대한 소송에 A가 무단히 乙명의를 참칭하여 소송을 수행하는 피고측 모용이(위장출석) 있다.

2. 당사자의 확정

(1) 학 설

	원고측 모용	피고측 모용
의 사 설	불명확	乙
행 동 설	A	A
표 시 설	甲	乙

(2) 判例의 입장

判例는『민사소송에 있어서 피고의 지위는 피고의 의사와는 아무런 관계없이 원고의 소에 의하여 특정되는 것이므로 설령 제3자가 원고의 소에 의하여 특정된 피고를 참칭하였다고 하더라도 그 소송의 피고가 모용자로 변경되는 것이 아니』라고 하여 표시설적 입장에서 판시하고 있다.[27]

3. 소송 중 성명모용 사실이 밝혀진 경우 법원의 조치

(1) 원고측 모용의 경우

<u>모용자를 무권대리인으로 평가하여 피모용자가 그 소를 추인하지 않는 한 소송요건에 흠결이 있는 것으로 소각하판결</u>을 하고, 소송비용은 모용자가 부담하게 된다(제108조).

(2) 피고측 모용의 경우

<u>모용자의 소송관여를 배척하고 진정한 피고에게 기일통지</u>를 하여야 한다.

---

27) 대법 1964.11.17, 64다328

4. 성명모용 사실을 간과한 판결의 효력

(1) 판결의 효력이 미치는 자
피모용자가 당사자이므로 판결의 효력은 피모용자에게 미친다.

(2) 피모용자의 구제책
1) 피모용자에게 불리한 판결일 경우 : 판결의 효력을 받는 **피모용자는 무권대리인이 대리권을 행사한 경우처럼 확정 전이면 상소(제424조 제1항 제4호), 확정 후이면 재심의 소(제451조 제1항 제3호)를 제기하여 판결의 효력을 배제**할 수 있다.[28]

2) 피모용자에게 유리한 판결일 경우 : 이 경우에는 피모용자의 원용의 자유를 인정하여도 무방하다.

5. 송달과정에서 피고모용

원고가 피고의 주소를 허위로 표시하여 피고에 대한 변론기일 소환장 등의 소송서류가 그 허위주소로 보내지고, 피고 아닌 다른 사람이 그 소송서류를 받아 자백간주의 형식으로 원고 승소의 판결이 선고되어, 그 판결정본 또한 위와 같은 방법으로 피고에게 송달되어 형식적으로 확정된 경우, 大法院은 "본건 사위 판결은 형식적으로 확정된 확정판결이 아니어서 기판력이 없는 것이라고 할 것이고 민사소송법 제451조 제1항 제11호에 '당사자가 상대방의 주소 또는 거소를 알고 있었음에도 불구하고 허위의 주소나 거소로 하여 소를 제기한 때'를 재심사유로 규정하고 있으나 이는 공시송달의 방법에 의하여 상대방에게 판결정본을 송달한 경우를 말하는 것이고 본건 사위 판결에 있어서와 같이 공시송달의 방법에 의하여 송달된 것이 아닌 경우까지 재심사유가 되는 것으로 규정한 취지는 아니라고 할 것이며 따라서 항소설에 따른 본원 판결은 정당하다."고 판시하여 항소에 의하여 구제받아야 한다는 입장이다.[29]

V. 법인격 부인론

1. 법인격이 부인되는 경우 당사자자격

(1) 당사자확정의 문제
당사자확정의 기준은 법인격부인론이 적용되는 경우라 하여 다르지 않다. 따라서 법인격이 부인되는 법인에 대해서 이행청구를 한 경우 당사자확정의 기준에 관한 通說·判例인 실질적 표시설에 의하면 피고는 그 법인으로 확정되는 것이고, 배후자가 피고로 되는 것은 아니다.

(2) 당사자능력과 당사자적격의 문제
법인격부인론의 취지는 법인의 법인격을 특정 사안과 관련하여 부인함으로써 배후자에게도 책임을 추궁하기 위한 것으로 법인의 법인격을 일반적으로 부인하는 것이 아니며, 이 목적을 위하여 필요한 범위에서 법인격독립의 원칙을 수정하는 이론이지, 부인되는 법인의 책임을 경감 또는 면제시켜주기 위함이 아니다. 따라서 법인격부인을 당하는 회사에 대해서도 당사자능력과 당사자적격을 인정하여야 할 것이다.

---

28) 대법 1964.03.31, 63다656; 대법 1964.11.17, 64다328
29) 대법(전) 1978.05.09, 75다634

2. 기판력의 확장여부

大法院은 <u>권리관계의 공권적인 확정 및 그 신속, 확실한 실현을 도모하기 위하여 절차의 명확·안정을 중시하는 소송절차 및 강제집행절차에 있어서는 그 절차의 성격상 소외 회사에 대한 판결의 기판력 및 집행력의 범위를 피고 회사에까지 확장하는 것은 허용되지 아니한다</u>고 하여 부정설을 취하고 있다.[30]

3. 피고 변경여부와 그 방법

소송 중 법인격이 부인되는 법인으로부터 배후자로 당사자를 바꾸는 경우에 당사자표시정정절차로 하여야 하는지, 아니면 임의적당사자변경으로 하여야 하는지에 대해서 견해의 대립이 있다. 소송승계설은 계쟁물의 양도가 없는데도 이에 준하는 관계로 파악하는 것은 소송승계제도의 취지에 부합하지 않으며, 수정 임의적 당사자변경설은 법인격이 부인되는 경우에는 당사자표시정정설과 다를 바 없다. 법인격부인론은 권리남용금지 내지 신의칙 위반을 근거로 특정한 경우에 채무자의 책임을 배후자에게 지우고 배후자는 회사가 독립된 인격을 갖고 있다고 주장할 수 없다는 이론이므로 양자는 별개의 인격을 가지고 있다고 할 수 밖에 없다는 점에 비추어 보면 임의적 당사자변경설이 타당하다고 본다.

4. 별소제기 가능성

大法院은 기존회사가 채무를 면탈할 목적으로 기업의 형태·내용이 실질적으로 동일한 신설회사를 설립하였다면 신설회사의 설립은 기존회사의 채무면탈이라는 위법한 목적달성을 위하여 회사제도를 남용한 것이므로, 기존회사의 채권자에 대하여 위 두 회사가 별개의 법인격을 갖고 있음을 주장하는 것은 신의성실의 원칙상 허용될 수 없다 할 것이어서 <u>기존회사의 채권자는 위 두 회사 어느 쪽에 대하여서도 채무의 이행을 청구할 수 있다</u>고 하여 별소 제기를 긍정하는 입장이다.[31] 나아가 기존회사에 대한 소멸시효가 완성되지 않은 상태에서 신설회사가 기존회사와 별도로 자신에 대하여 소멸시효가 완성되었다고 주장하는 것 역시 별개의 법인격을 갖고 있음을 전제로 하는 것이어서 신의성실의 원칙상 허용될 수 없다.[32] 한편 기존회사의 채무면탈을 위하여 신설회사가 아닌 이미 설립된 회사를 이용하는 경우에도 같다.[33] 회사와 개인이 별개의 인격체임을 내세워 회사 설립 전 개인의 채무 부담행위에 대한 회사의 책임을 부인하는 것이 심히 정의와 형평에 반한다고 인정되는 때에는 회사에 대하여 회사 설립 전에 개인이 부담한 채무의 이행을 청구하는 것도 가능하다.[34]

---

30) 대법 1995.05.12, 93다44531
31) 대법 2008.08.21, 2006다24438; 대법 2010.01.14, 2009다77327; 대법 2016.04.28, 2015다13690; 대법 2019.12.13, 2017다271643
32) 대법 2024.03.28, 2023다265700
33) 대법 2011.05.13, 2010다94472
34) 대법 2021.04.15, 2019다293449; 대법 2023.02.02, 2022다276703

VI. 제소전 피고가 사망한 경우

> **쟁점정리 : 당사자 사망의 법리**
>
> **1. 제소전 사망**
>
> **(1) 원 칙**
> 원고와 피고의 대립당사자 구조를 요구하는 민사소송법의 기본원칙상 사망한 사람을 피고로 하여 소를 제기하는 것은 실질적 소송관계가 이루어질 수 없어 부적법하다. 사망한 사람을 원고로 표시하여 소를 제기하는 것 역시 특별한 경우를 제외하고는 적법하지 않다.[35] 나아가 그와 같은 상태에서 제1심판결이 선고되었다 할지라도 그 판결은 당연무효이며, 그 판결에 대한 사망자인 피고의 상속인들에 의한 항소나 소송수계신청은 부적법하다.[36]
>
> **(2) 당사자가 소송대리인에게 소송위임을 하고 소 제기 전에 사망한 경우**
> 당사자가 소송대리인에게 소송위임을 한 다음 소 제기 전에 사망하였는데 소송대리인이 당사자가 사망한 것을 모르고 그 당사자를 원고로 표시하여 소를 제기하였다면 당사자가 사망하더라도 소송대리인의 소송대리권은 소멸하지 아니하므로(제95조 제1호), 이러한 소의 제기는 적법하고, 시효중단 등 소제기의 효력은 상속인들에게 귀속된다. 이 경우 민사소송법 제233조 제1항이 유추적용되어 사망한 사람의 상속인들은 그 소송절차를 수계하여야 한다.[37]
>
> **2. 제소 후 소장부본 송달 전에 사망**
> 종래 학설은 소송계속 중 사망과 동일하게 취급한다는 것이었으나, 判例는 소제기 후 소장부본이 송달되기 전에 피고가 사망한 경우에도 제소 전 사망과 마찬가지로 취급한다. 따라서 ⅰ) 소제기 후 소장부본이 송달되기 전에 사망한 乙을 피고로 하여 선고된 제1심판결은 당연무효이고, 乙의 상속인들인 망 乙의 소송수계신청인 1, 2, 3이 제기한 추후보완 항소나 소송수계신청은 모두 부적법하며 그들에 대한 당사자표시정정신청도 허용되지 아니한다.[38] ⅱ) 파산선고 전에 채권자가 채무자를 상대로 이행청구의 소를 제기하거나 채무자가 채권자를 상대로 채무 부존재 확인의 소를 제기하였더라도, 만약 그 소장 부본이 송달되기 전에 채권자나 채무자에 대하여 파산선고가 이루어졌다면 이러한 법리는 마찬가지로 적용된다. 파산재단에 관한 소송에서 채무자는 당사자적격이 없으므로, 채무자가 원고가 되어 제기한 소는 부적법한 것으로서 각하되어야 하고(채무자 회생 및 파산에 관한 법률 제359조), 이 경우 파산선고 당시 법원에 소송이 계속되어 있음을 전제로 한 파산관재인의 소송수계신청 역시 적법하지 않으므로 허용되지 않는다.[39] 또한 ⅲ) 사망자를 채무자로 하여 지급명령을 신청하거나 지급명령 신청 후 정본이 송달되기 전에 채무자가 사망한 경우 지급명령의 효력은 무효이며, 관리인을 채무자로 한 지급명령의 발령 후 정본의 송달 전에 회생절차폐지결정이 확정된 경우, 채무자가 사망한 경우와 마찬가지로 본다.[40]
>
> **3. 소송계속 중 사망**
> 중단·수계의 문제(소송절차 정지에서 설명)
>
> **4. 변론종결 후에 사망**
> 변론종결 후 승계인 문제(기판력에서 설명)

---

35) 대법 2018.06.15, 2017다289828
36) 대법 2019.12.13, 2017다271643; 대법 1970.03.24, 69다929; 대법 1971.02.09, 69다1741; 대법 2003.09.26, 2003다37006
37) 대법 2016.04.29, 2014다210449
38) 대법 2015.01.29, 2014다34041; 대법 2017.11.14, 2017다24281
39) 대법 2018.06.15, 2017다289828
40) 대법 2017.05.17, 2016다274188

1. 당사자 확정

제소전 사망했음에도 원고가 이를 모르고 사망자를 피고로 표시하여 소를 제기한 경우 표시설에 의하면 사망자가 당사자가 되고, 의사설에 의하면 상속인이 당사자가 되며, 행위설에 의하면 상속인이 당사자로서 소송수행한 경우에는 상속인이 당사자가 되고, 규범분류설에 의하면 소송개시시에는 피상속인이나 상속인이 분쟁주체로서 소송에 관여한 이후에는 상속인이 당사자가 된다.

2. 소의 적법여부

표시설에 의하면 사망자가 당사자이기 때문에 당사자가 실재하지 않는 소송으로 되어 부적법하게 되며, 법원은 판결로 소를 각하하지 않으면 안 되는 것이 원칙이다.

3. 보정방법

判例는 사망 사실을 모르고 사망자를 피고로 표시하여 소를 제기한 경우에, 청구의 내용과 원인사실, 당해 소송을 통하여 분쟁을 실질적으로 해결하려는 원고의 소제기 목적 내지는 사망 사실을 안 이후의 원고의 피고 표시 정정신청 등 여러 사정을 종합하여 볼 때 **실질적인 피고는 처음부터 사망자의 상속자이고 다만 그 표시에 잘못이 있는 것에 지나지 않는다고 인정된다면 사망자의 상속인으로 피고의 표시를 정정할 수 있다.**[41] 나아가 **당사자가 소제기 전에 이미 사망했다는 것이 후에 판명되었다 하더라도 중단사유가 되지 않으며 이러한 경우 상속인으로의 소송수계신청은 당사자 표시정정신청으로 볼 여지가 있을 뿐**이다.[42]

> **판례연구 : 제소전 피고사망과 관련된 판례**
>
> **1. 사자상대 소송에서 제1순위 상속인이 상속포기를 한 경우 실질적 당사자**
>
> ① 소제기전 사망한 사람을 상대로 한 소송에 있어서 判例는 실질적인 피고로 해석되는 사망자의 상속인이라 함은 실제로 상속을 하는 사람을 가리킨다 할 것이고, 상속을 포기한 자는 상속 개시시부터 상속인이 아니었던 것과 같은 지위에 놓이게 되므로 제1순위 상속인이라도 상속을 포기한 경우에는 이에 해당하지 아니하며, 후순위 상속인이라도 선순위 상속인의 상속포기 등으로 실제로 상속인이 되는 경우에는 이에 해당한다고 보고 있다.[43] 나아가 ② 상속개시 이후 상속의 포기를 통한 상속채무의 순차적 승계 및 그에 따른 상속채무자 확정의 곤란성 등 상속제도의 특성에 비추어 위의 법리는 채권자가 채무자의 사망 이후 그 1순위 상속인의 상속포기 사실을 알지 못하고 1순위 상속인을 상대로 소를 제기한 경우에도 채권자가 의도한 실질적 피고의 동일성에 관한 위 전제요건이 충족되는 한 마찬가지로 적용된다는 입장이다.[44]
>
> **2. 피고경정신청을 한 경우**
>
> 判例는 변경 전후 당사자의 동일성이 인정됨을 전제로 진정한 당사자를 확정하는 표시정정의 대상으로서의 성질을 지니는 이상 비록 소송에서 피고의 표시를 바꾸면서 피고경정의 방법을 취하였다 해도 피고표시정정으로서의 법적 성질 및 효과는 잃지 않는다고 본다.[45]
>
> **3. 피고의 사망사실을 알고 제기한 경우 표시정정**
>
> 원고가 사망자 乙을 피고로 기재한 소장에 乙의 사망사실이 기재된 주민등록초본을 첨부하여 제1심법원에 제출

---

41) 대법 2006.07.04, 2005마425
42) 대법 1962.08.30, 62다275
43) 대법 2006.07.04, 2005마425
44) 대법 2009.10.15, 2009다49964
45) 대법 2009.10.15, 2009다49964

하였고, 乙의 상속인을 확인할 수 있는 가족관계증명서 등에 관한 사실조회를 신청하였으며, 제1심법원에 도착한 사실조회 결과에 따라 이 사건 피고의 표시를 乙에서 현재의 피고 A로 정정하는 신청서를 제출한 사실이 있으면, 이 사건 청구의 내용과 원인사실, 당해 소송을 통하여 분쟁을 실질적으로 해결하려는 원고의 소 제기 목적, 소 제기 후 바로 사실조회신청을 하여 상속인을 확인한 다음 피고표시정정신청서를 제출한 사정 등을 보면, 이 사건의 실질적인 피고는 당사자능력이 없어 소송당사자가 될 수 없는 사망자 乙이 아니라 처음부터 사망자의 상속인인 피고 A이고 다만 소장의 표시에 잘못이 있었던 것에 불과하므로, 원고는 乙의 상속인 A로 피고의 표시를 정정할 수 있고, 따라서 당초 소장을 제출한 때에 소멸시효중단의 효력이 생긴다고 할 것이다.46)

4. 법원이 간과하고 판결을 선고한 경우

判例는 사자임을 간과하고 판결이 선고된 경우 그 효력은 당연무효이므로,47) 상소나 재심의 대상이 아니라고 본다.48) 따라서 사망한 사람을 피고로 하여 제소한 제1심에서 원고가 상속인으로 당사자표시정정을 함에 있어서 일부상속인을 누락시킨 탓으로 그 누락된 상속인이 피고로 되지 않은 채 제1심 판결이 선고된 경우에 원고는 항소심에서 그 누락된 상속인을 다시 피고로 정정추가할 수 없으며,49) 공유자를 상대로 한 공유물분할청구에서 공유자 중 1인이 제소전에 사망했던 경우 상고심에 이르러 당사자 표시정정의 방법으로 그 흠결을 보정할 수 없다.50)

5. 상속인이 소송에 관여한 경우

판결의 효력은 상속인에게 원칙적으로 미치지 않는다. 다만, 피고가 이미 죽은 사람임을 모르고 선의의 사망자 상대의 소가 제기되고 사망자의 **상속인이 현실적으로 소송에 관여하여 소송수행한 경우는** 신의칙상 상속인에게 판결의 효력이 미친다고 보아야 할 것이다.51)

제소전 사망	원고가 사망한 경우	피고가 사망한 경우
원 칙	• 소 제기 당시 이미 사망한 당사자와 그 상속인이 공동원고로 표시된 손해배상청구의 소가 제기된 경우, 이미 사망한 당사자 명의로 제기된 소 부분은 부적법(2015다209002)	• 원고가 악의인 경우 부적법하고, 상속인으로의 표시정정이나 피고경정 불허 • 원고가 선의인 경우 부적법하나, 상속인으로의 표시정정 허용(2005마425)
예 외	• 행동설에 따라 표시정정 허용(93누12206) • 대리인 선임 후 제소전 사망한 경우, 소는 적법하고 상속인의 수계신청(2014다210449)	• 원고가 피고의 사망을 알았지만 추후 상속인을 알아내어 표시정정할 의도로 제소한 경우 적법(2010다99040)

---

46) 대법 2011.03.10, 2010다99040
47) 대법 1980.05.27, 80다735
48) 대법 2000.10.27, 2000다33775
49) 대법 1974.07.16, 73다1190
50) 대법 2012.06.14, 2010다105310
51) 이시윤 13판 144면; 정동윤/유병현 168면; 정영환 215면

제3절 당사자의 자격

제1관 당사자능력

I. 서 설

1. 의 의

　당사자능력이라 함은 소송의 주체가 될 수 있는 일반적 능력, 즉 원·피고, 참가인이 될 수 있는 능력을 말한다. 이는 민법상의 권리능력에 대응되는 개념이지만 반드시 동일시 할 수 없으며 그 보다는 넓다(제52조 참조).

2. 구별개념

　특정한 소송사건에 있어서 정당한 당사자로서 본안판결을 받기에 적합한 자격을 뜻하는 당사자적격과 구별되며, 현재 계속중인 소송에서 당사자가 누구인가를 정하는 당사자확정의 문제와도 다르다.

II. 당사자능력자

1. 실질적 당사자능력자(제51조) : 민법상 권리능력자

> 제51조(당사자능력·소송능력 등에 대한 원칙) 당사자능력, 소송능력, 소송무능력자의 법정대리와 소송행위에 필요한 권한의 수여는 이 법에 특별한 규정이 없으면 민법, 그 밖의 법률에 따른다.

(1) 자연인

　자연인, 즉 생존하는 동안의 사람은 연령·성별·국적을 불문하며 치외법권자도 당사자능력이 있다. 다만 **실종자를 당사자로 한 판결이 확정된 후에 실종선고가 확정되어 그 사망간주의 시점이 소 제기 전으로 소급하는 경우에는 위 판결이 소급하여 당사자능력이 없는 사망한 사람을 상대로 한 판결이 되어 무효가 되는 것은 아니며**,[52] 부재자의 재산관리인이 부재자의 대리인으로서 소를 제기하여 그 소송계속 중에 부재자에 대한 실종선고가 확정되어 그 소 제기 이전에 부재자가 사망한 것으로 간주되는 경우에도 소송계속 중에 당사자가 사망한 경우와 마찬가지로 소송이 중단되며 부재자의 상속인 등이 이를 수계할 수 있다.[53] **태아는 개별적으로 권리능력이 인정되는 경우라 하더라도 이미 출생한 것으로 보는 의미에 관해 判例가 정지조건설을 따르므로 당사자능력을 인정할 수 없다.** 判例는 환경소송에서 자연물에 대하여 당사자능력을 인정하지 않는다.[54]

(2) 법 인

　1) 당사자능력이 있는 경우 : **내국·외국법인, 영리·비영리법인, 사단·재단법인을 불문하고 법인이면 민법상 권리능력자이므로 당사자능력이 있다.** 공법인인 국가·지방자치단체·영조물법인이나[55] 공공조합

---

52) 따라서 상속인은 실종선고 확정 후의 실종자의 소송수계인으로서 위 확정판결에 대하여 소송행위의 추완(제173조)에 의한 상소를 하는 것이 적법하다는 것에, 대법 1992.07.14, 92다2455
53) 대법 1977.03.22, 77다81·82; 대법 1982.09.14, 82다144; 대법 1987.03.24, 85다카1151
54) 대법 2006.06.02, 2004마1148
55) 영조물(營造物)이란 국공립 박물관·도서관 등과 같은 공공용(公共用) 영조물이나 교도소·소년원 등과 같은 공용

도56) 당사자능력이 있다. 나아가 **법인은 비록 해산·파산되어도, 청산·파산의 목적범위 내에서 법인격이 유지되므로 당사자능력을 보유하며 청산종결등기가 있어도 청산사무가 종결되어야 당사자능력을 잃는다.**57)

2) 당사자능력이 없는 경우 : 그러나 법인의 기관에 불과한 학교장·지점·분회·읍·면 등은 당사자능력이 없으며, 따라서 국가기관에 불과한 행정청도 없다(단, 행정소송에서 피고적격은 있음). 최근 大法院은 사회복지법인 등 비영리법인과 단체가 신청에 따라 보장기관으로부터 '지역자활센터'로 지정되는 것이므로 특별한 사정이 없는 한 '지역자활센터'를 그 신청인과는 별개의 독립된 단체로 볼 수는 없으므로 민사소송에서 당사자능력을 갖추었다고 볼 수 없다고 하였다.58)

2. 형식적 당사자능력자(제52조) : 대표자나 관리인이 있는 비법인 사단·재단

> **제52조(법인이 아닌 사단 등의 당사자능력)** 법인이 아닌 사단이나 재단은 대표자 또는 관리인이 있는 경우에는 그 사단이나 재단의 이름으로 당사자가 될 수 있다.
>
> **민사소송규칙**
> **제12조(법인이 아닌 사단 등의 당사자능력을 판단하는 자료의 제출)** 법원은 법인이 아닌 사단 또는 재단이 당사자가 되어 있는 때에는 정관·규약, 그 밖에 그 당사자의 당사자능력을 판단하기 위하여 필요한 자료를 제출하게 할 수 있다.

법인이 아닌 사단과 재단은 대표자 또는 관리인이 있는 경우에 한하여 당사자능력이 인정된다.59) 법원은 법인이 아닌 사단 또는 재단이 당사자가 되어 있는 때에는 정관·규약, 그 밖에 그 당사자의 당사자능력을 판단하기 위하여 필요한 자료를 제출하게 할 수 있다(규칙 제12조).

(1) 법인 아닌 사단

1) 의 의 : 비법인사단의 당사자능력을 인정하는 것은 법인이 아니라도 사단으로서의 실체를 갖추고 그 대표자 또는 관리인을 통하여 사회적 활동이나 거래를 하는 경우에는, 그로 인하여 발생하는 분쟁은 그 단체가 자기 이름으로 당사자가 되어 소송을 통하여 해결하도록 하기 위한 것이다. 그러므로 여기서 말하는 사단이라 함은 일정한 목적을 위하여 조직된 다수인의 결합체로서 대외적으로 사단을 대표할 기관에 관한 정함이 있는 단체를 말한다.60) **사단법인의 하부조직의 하나라 하더라도 단체로서의 실체를 갖추고 독자적인 활동을 하고 있다면 사단법인과는 별개의 독립된 비법인사단으로 볼 것**으로,61) 사단법인 대한약사회에 대한 송달을 그 산하단체로서 독립된 비법인사단으로 볼 수 있는 사단법인 대한약사회 서울시지부 도봉·강북구 분회의 사무소로 한 경우 적법한 송달로 볼 수 없다.62) 한편 **법인 아닌 사단에 있어서도**

(公用) 영조물 등의 물적 시설을 말하며, 이러한 영조물에 법인격을 부여한 공법인이 영조물법인이다. 우리나라의 한국조폐공사·대한주택공사·대한석탄공사·한국은행·한국산업은행·서울대학교 등이 영조물법인에 속한다.
56) 공공조합이란 특정한 행정목적을 달성하기 위해 일정한 자격을 가진 사람의 결합체(사단)에 공법상의 법인격을 부여한 것
57) 대법 2005.11.24, 2003후2515
58) 대법 2013.10.11, 2013다38442
59) 대법 2018.08.01, 2018다227865
60) 대법 2021.06.24, 2019다278433
61) 대법 2009.01.30, 2006다60908; 대법 2022.08.11, 2022다227688
62) 대법 2003.04.11, 2002다59337

구성원이 없게 되었다 하여 막바로 그 사단이 소멸하여 소송상의 당사자능력을 상실하였다고 할 수는 없고 청산사무가 완료되어야 비로소 그 당사자능력이 소멸한다.63)

인정되는 경우	부정되는 경우
학회, 동창회, 설립중의 회사,64) 전국해원노동조합목포지부 처럼 등기되지 아니한 노동조합,65) 정당, 동민회,66) 자연부락,67) 직장·지역 주택조합,68) 재건축조합, 천주교 이외의 일반교회,69) 사찰,70) 불교신도회, 문중·종중, 수리계 등의 농민단체,71) 아파트부녀회,72) 집합건물의 관리단·공동주택입주자대표회의73)·상가번영회74)·시민단체, 낙농협동조합지소·전국출판노동조합지부75)	내부기관에 불과한 노동조합선거관리위원회, 대한불교조계종총무원, 학교법인의 기관인 학교장,76) 법인의 지방조직, 내부부서에 불과한 지점, 분회,77) 지방자치단체인 군의 산하기관인 읍·면,78) 국가기관에 불과한 행정청(국회, 농지위원회), 대한상이용사회분회의, 전국버스운송사업조합연합회 공제조합, 지역자활센터,79) 신태인천주교회, 노인요양원이나 노인요양센터80)

---

63) 대법 1992.10.09, 92다23087
64) 대법 1992.02.25, 91누6108
65) 대법 1977.01.25, 76다2194
66) 대법 1991.05.28, 91다7750. 이태원리의 행정구역 내에 거주하는 주민들이 그들의 공동편익과 복지를 위하여 주민 전부를 구성원으로 한 공동체로서 이태원동을 구성하고 행정구역과 동일한 명칭을 사용하면서 일정한 재산을 공부상 그 이름으로 소유하여 온 이상 이태원동은 법인 아닌 사단으로서의 당사자능력이 있다는 것에, 대법 2004.01.29, 2001다1775.
67) 대법 2013.10.24, 2011다110685은 동·리의 행정구역 내에 조직된 동·리회는 다른 특별한 사정이 없는 한 그 주민 전부가 구성원이 되어서 다른 지역으로부터 입주하는 사람은 입주와 동시에 당연히 그 회원이 되고 다른 지역으로 이주하는 사람은 이주와 동시에 당연히 회원의 자격을 상실하는 불특정 다수인으로 조직된 영속적 단체라고 할 것이고, 이와 달리 그 동·리회를 특정 주민만을 회원으로 하는 단체로 보기 위하여는 그 재산 취득 당시 어느 정도 유기적인 조직을 갖추어 법인 아닌 사단으로서 존재하고 있었다는 점과 동·리회 명의 재산을 소유하게 된 과정이나 내용 등이 증명되어야 할 것이라 하였다.
68) 대법 1993.04.27, 92누8163
69) 대법 1962.07.12, 62다133
70) 대법 1992.01.23, 91마581; 제반 사정에 비추어 갑 사찰이 구 전통사찰보존법에 따라 전통사찰로 등록될 당시 독자적 규약을 가지고 물적 요소와 조직적 요소를 이미 구비하였다고 볼 여지가 많은데도, 갑 사찰이 독립된 사찰로서 비법인 사단 또는 재단으로서의 실체를 가지고 있다고 인정하기 어렵다고 보아 당사자능력을 부정한 원심판결에 법리오해의 잘못이 있다고 한 사례로, 대법 2019.03.28, 2018다287904
71) 대법 1995.11.21, 94다15288
72) 대법 2006.12.21, 2006다52723
73) 대법 2015.01.29, 2014다62657
74) 대법 1992.10.09, 92다23087
75) 전국해운노동조합목포지부나, 낙농협동조합지소, 전국출판노동조합지부는 하부조직이라도 독자적 규약을 가지고 독립한 활동을 하고 있어 독자적인 사회적 조직체로 인정되는 경우이다. 대법 2009.01.30, 2006다60908은 충남 대전 ○○○시민연합도 여기에 해당한다고 한다.
76) 대법 1987.04.04, 86다카2479
77) 대법 1982.10.12, 80누495
78) 대법 2002.03.29, 2001다83258
79) 대법 2013.10.11, 2013다38442
80) 이는 법인이 아님이 분명하고 대표자 있는 비법인 사단 또는 재단도 아니므로, 원칙적으로 민사소송에서 당사자 능력이 인정되지 않는다는 것에, 대법 2018.08.01, 2018다227865.

판례연구 : 종중과 종중유사단체의 비교

1. 종 중

종중이라 함은 원래 공동선조의 후손 중 성년을 종원으로 하여 구성되는 종족의 자연발생적인 집단이므로 그 성립을 위하여 특별한 조직행위를 필요로 하는 것이 아니며 다만 그 목적인 공동선조의 분묘수호, 제사봉행, 종원 상호간의 친목을 위한 활동을 규율하기 위하여 규약을 정하는 경우가 있고, 또 대외적인 행위를 할 때에는 그 대표자를 정할 필요가 있는 것에 지나지 아니하며 반드시 특정한 명칭의 사용 및 서면화된 종중규약이 있어야 하거나 종중의 대표자가 계속하여 선임되어 있는 등 조직을 갖추어야 하는 것은 아니다.[81] 종중이 자연발생적으로 성립한 후에 정관 등 종중규약을 작성하면서 일부 종원의 자격을 임의로 제한하거나 확장하더라도 그러한 규약은 종중의 본질에 반하여 무효이고, 그로 인하여 이미 성립한 종중의 실재 자체가 부인되는 것은 아니다. 또한 종중이 종중원의 자격을 박탈하거나 종중원이 종중을 탈퇴할 수 없는 것이어서 공동선조의 후손들은 종중을 양분하는 것과 같은 종중분열을 할 수 없다.[82]

2. 종중유사단체

① 공동선조의 후손 중 특정 범위 내의 자들만으로 구성된 종중이란 있을 수 없으므로, 만일 공동선조의 후손 중 특정 범위 내의 종원만으로 조직체를 구성하여 활동하고 있다면 이는 본래 의미의 종중으로는 볼 수 없고, 종중유사단체가 될 수 있을 뿐이다.[83] ② 이러한 종중 유사단체는 비록 그 목적이나 기능이 고유 종중과 별다른 차이가 없다 하더라도 공동선조의 후손 중 일부에 의하여 인위적인 조직행위를 거쳐 성립된 경우 사적 임의단체라는 점에서 고유 종중과 그 성질을 달리하므로, 사적 자치의 원칙 내지 결사의 자유에 따라 구성원의 자격이나 가입조건을 자유롭게 정할 수 있음이 원칙이다.[84] 이러한 법리에 비추어 보면, 원심이 종중 또는 종중 유사단체에 해당하기 위해서는 배우자, 직계혈족 및 형제자매 등으로 구성되는 가족 또는 당대의 일가 범위를 넘어서야 한다거나, 망 甲으로부터 여러 세대가 흘러 피고 문중이 망 甲과 더이상 상속관계에 있지 아니한 후손 또는 후예들로만 이루어져야 비로소 종중 유사단체에 해당할 수 있다는 취지로 판단한 것은 타당하다고 볼 수 없다.[85] ③ 구성원 중 일부만으로 범위를 제한한 종중 유사의 권리능력 없는 사단의 성립을 인정하려면, 고유 종중이 소를 제기하는 데 필요한 여러 절차(종중원 확정, 종중 총회 소집, 총회 결의, 대표자 선임 등)를 우회하거나 특정 종중원을 배제하기 위한 목적에서, 단체의 실질이 고유 종중인데도 종중 유사단체임을 표방하였다고 볼 여지가 없는지 그 성격을 신중하게 판단하여야 한다.[86]

3. 검 토

고유종중이 공동선조의 분묘 수호와 제사, 종원 상호 간 친목 등을 목적으로 하는 자연발생적인 관습상 집단인 반면, 이와 달리 조직상·구성원상의 한계를 두는 것이 종중유사단체이다. 종중유사단체는 특정의 공동선조의 후손임을 표방하기는 하나, ⅰ) 구성원을 성년의 남자로만 특정한다든지, ⅱ) 일정한 지역에 거주하는 후손들로 특정한다든지 하여 조직적 또는 구성적 한계를 둔다. 인위적으로 중중유사단체가 성립하는 경우를 보면, 대종중에서 종중유사단체가 분리되어 나오는 경우(예를 들면, 대종중의 종원 수가 지나치게 많아 시조 슬하의 5남 중 장남의 후손들로 구성하는 별도의 종중을 만들거나, 분쟁의 대상이 되는 재산권을 기준으로 분파하는 경우), 종원 사이에 분쟁이 발생하여 의견을 같이 하는 일부 종원이 모여 새로이 종중을 구성하는 경우, 당초 종원의 구성에 제한을 가하여 단체를 구성한 경우(위 각 경우는 인적 구성이 치밀하지 않는 한 종중유사단체로서 인정받기에 어려움이 많을 것이다) 등을 들 수 있을 것이다.[87]

---

81) 대법 1991.06.14, 91다2946 · 2953
82) 대법 2023.12.28, 2023다278829
83) 대법 2021.11.11, 2021다238902
84) 대법 1996.08.23, 96다20567; 대법 2020.04.09, 2019다216411
85) 대법 2020.10.15, 2020다232846
86) 대법 2019.02.14, 2018다264628; 대법 2021.11.11, 2021다238902
87) 이한진 대한변협신문

2) 소송수행방법 : **총유재산에 관한 소송은 정관에 다른 정함이 있다는 등의 특별한 사정이 없는 한 비법인사단이 그 명의로 사원총회의 결의를 거쳐 하거나, 또는 그 구성원 전원이 당사자가 되어 필수적 공동소송의 형태로 할 수 있을 뿐이며, 비법인사단이 사원총회의 결의 없이 제기한 소송은 소제기에 관한 특별수권을 결하여 부적법하다**.[88]

(2) 법인 아닌 재단

1) 의 의 : 재단은 일정한 목적을 위하여 결합된 재산의 집단으로서 재산을 내놓은 출연자 자신으로부터 독립하여 존재하며 관리운영되는 것을 말하는데, 제52조에 의해 당사자로 인정되는 것은 재단의 실질을 가지고 있으나 주무관청의 허가가 없어 법인격을 취득하지 못한 것이다.

2) 인정되는 경우 : 사회사업을 위해 모집한 기부재산, 육영회, 대학교장학회, 유치원[89]

3) 학교의 경우 : 判例는 학교에 대하여 국공립학교, 사립학교, 각종학교 등 어느 것을 막론하고 교육시설의 명칭에 불과하다고 하여 학교의 당사자능력을 부인하고 있다.[90] 이러한 법리는 비송사건에서도 마찬가지로서, 학교가 임시이사의 선임을 신청하는 경우 부적법 각하하여야 한다.[91] 따라서 학교는 그 설립자 등 각 운영주체를 당사자로 삼을 수밖에 없다.

(3) 조합의 경우

大法院은 한국원호복지공단법 부칙 제8조 제2항에 의하여 설립된 원호대상자광주목공조합은 민법상의 **조합의 실체를 가지고 있으므로 소송상 당사자능력이 없으며**, 따라서 원고의 피고조합을 상대로 한 이 사건 소는 부적법하다고 판시하여 조합의 당사자능력을 부정하고 있다.[92] 나아가 부도난 회사의 채권자들이 조직한 채권단이 비법인사단으로서의 실체를 갖추지 못했다는 이유로 그 당사자능력을 부인한 사례가 있다.[93][94]

(4) 소송상 취급

비법인 사단·재단이 당사자가 된 경우에는 법인이 당사자일 때와 마찬가지로 소송상 취급을 한다. **비법인 사단·재단의 대표자나 관리인은 법정대리인에 준하여 취급된다**(제64조). 나아가 **판결의 기판력·형성력은 당사자인 사단이나 재단에 대해서만 미치기** 때문에, 사단의 구성원·출연자 개인은 그 효력을 받지 아니하며, 강제집행의 대상은 사단이나 재단의 고유재산뿐이다.

---

88) 대법 2007.07.26, 2006다64573; 대법 2011.07.28, 2010다97044
89) 갑 유치원이 을 등을 상대로 손해배상을 구한 사안에서, 원고로 표시된 갑 유치원은 병이 설립하고 정이 설립자 변경인가를 받아 운영하고 있는 유치원시설의 명칭으로 보이고, 정과 독립하여 법인격 없는 사단 또는 재단으로서의 단체성을 갖추었다고 볼만한 자료가 없는데도, 소장의 표시만으로 갑 유치원을 당사자로 확정한 다음 위 유치원에 당사자능력이 있는지 가려보지 않은 채 본안에 관하여 심리·판단한 원심판결에 법리오해의 잘못이 있다는 것에, 2019.11.15, 2019다247712
90) 대법 1978.08.22, 78다1205
91) 대법 2019.03.25, 2016마5908
92) 대법 1991.06.25, 88다카6358
93) 대법 1999.04.23, 99다4504
94) 다만 법무조합의 경우 민법상 조합의 규정을 준용함에도 당사자능력이 인정된다(변호사법 58조의 26).

3. 당사자능력이 없는 자에게 권리행사를 허용하는 경우

"언론중재 및 피해구제 등에 관한 법률"에 의하면 민사소송법상 당사자능력이 없는 기관 또는 단체라도 하나의 생활단위를 구성하고 보도내용과 직접적인 이해관계가 있는 때에는 그 대표자가 정정보도를 청구할 수 있다고 규정하고 있다.

III. 당사자능력의 조사와 흠결의 효과

1. 소송행위의 유효요건

(1) 흠결시 무효

당사자능력은 소송행위의 유효요건이다. 따라서 당사자능력이 없는 사람의 또는 이에 대한 소송행위는 무효이다.

(2) 추 인

당사자능력의 흠결시 무효는 유동적 무효이므로 뒤에 당사자능력을 취득한 당사자의 추인에 의하여 유효로 될 수 있다. 다만 **소제기 당시에는 당사자능력이 없었으나 변론종결시에 이를 취득한 경우는 실질이 동일하다고 보아야 하므로 능력취득자의 추인도 불필요**하다.[95]

2. 제소단계에서 흠결의 효과

(1) 소송요건

당사자능력은 본안판결을 받기 위한 소송요건이다.[96] 따라서 **당사자능력의 유무에 관한 사항은 직권조사사항**으로[97] 당사자능력의 유무에 관하여 자백이 있어도 법원을 구속하지 않으며,[98] **사실심 변론종결일을 기준으로 판단**한다.[99] 우리 判例도 소장이 제1심법원에 접수되기 전에 공동원고의 한사람이 사망한 경우에는 그 원고명의의 제소는 부적법한 것으로서 그 부분은 각하할 수밖에 없다고 하였고,[100] **소 제기 당**

---

95) 김홍규/강태원 147면; 정영환 226면; 정동윤/유병현 177면
96) 집행판결을 청구하는 소도 소의 일종이므로 통상의 소송에서와 마찬가지로 당사자능력 등 소송요건을 갖추어야 한다. 위 법리와 기록에 비추어 살펴보면, 원심이 원고는 번호계로서 법인 아닌 사단으로서의 실체를 가지지 못하여 당사자능력이 없으므로 집행판결을 청구하는 원고의 이 사건 소는 부적법하다고 판단한 것은 정당하고, 거기에 상고이유의 주장과 같이 집행판결 또는 당사자능력에 관한 법리를 오해하는 등의 잘못이 없다는 것에, 대법 2015.02.26, 2013다87055
97) 대법 2022.08.11, 2022다227688
98) 대법 1982.03.09, 80다3290
99) 총회 결의의 존부나 효력이 다투어지는 사건의 경우에는 해당 총회 결의 당시 단체로서의 실체를 가진 종중 유사단체가 이미 성립, 존재하는 사실이 증명되어야 하는 것이 원칙이고, 만약 그러한 사실이 증명되지 않는다면 해당 총회 결의의 존재 또는 효력을 인정할 수 없는 사유로 삼을 수 있겠지만, 이는 어디까지나 본안청구의 당부를 판단하면서 살펴야 할 문제이고, 피고 문중이 이 사건에서 당사자로서의 능력이 있는지 여부는 사실심인 원심의 변론종결 당시까지 위와 같은 요건을 구비하여 비법인사단으로서의 실체를 갖추었는지 여부에 따라 판단하면 되고, 시조인 망 甲이 사망한 시점 내지는 본안에서 그 존재 및 효력 유무가 다투어지는 피고 문중의 2017. 7. 11.자 및 같은 달 26.자 각 총회 시점을 기준으로 판단할 것이 아니라는 것에, 대법 2020.10.15, 2020다232846.
100) 대법 1990.10.26, 90다카21695. 따라서 제소전 피고사망의 경우처럼 표시정정으로 원고를 바로잡을 수 없으며 각하하여야 하나, 대법 1994.11.02, 93누12206에서 행동설적 입장에서 표시정정을 허용한 예는 있다.

시 이미 사망한 당사자와 그 상속인이 공동원고로 표시된 손해배상청구의 소가 제기된 경우, 이미 사망한 당사자 명의로 제기된 소 부분은 부적법하여 각하되어야 할 것일 뿐이고,[101] 이와 같은 소의 제기로써 그 상속인이 자기 고유의 손해배상청구권뿐만 아니라 이미 사망한 당사자의 손해배상청구권에 대한 자신의 상속분에 대해서까지 함께 권리를 행사한 것으로 볼 수는 없다고 하였다.[102] 법원은 법인이 아닌 사단·재단이 당사자가 된 경우 당사자능력의 판단에 필요한 자료를 제출하게 할 수 있다(규칙 제12조).

(2) 당사자능력에 다툼이 있는 경우

조사의 결과 당사자능력이 긍정되는 경우에는 중간판결 또는 종국판결의 이유에서 판단하면 되나, 흠결시 소를 부적법 각하하지 않으면 안된다. 당사자능력의 유무가 다투어지고 있는 당사자라도 당사자능력의 유무에 관한 다툼에 관하여는 변론을 할 수 있고, 그 범위 안에서는 당사자능력이 인정된다. 그리고 이 당사자가 상소를 제기한 경우에는 조사결과 당사자능력이 부정된다고 할지라도 상소는 적법한 것으로 취급된다. 그러므로 당사자능력에 관한 다툼에 관하여는 당사자능력이 없는 사람도 당사자능력을 가지는 셈이다. 소각하할 때 소송비용은 원고 측에 당사자능력이 없으면 사실상 소를 제기한 자에게, 피고측에 당사자능력이 없으면 원고에게 각각 부담을 명할 것이다(제108조 유추).

(3) 당사자능력흠결시 보정방법

1) 사망으로 당사자능력 없는 경우 : ① 제소전에 원고가 사망하여 당사자능력이 없는 경우에는 각하하지만, 기타 소장에 표시된 원고에게 당사자능력이 인정되지 않는 경우에는 올바른 당사자능력자로 그 표시를 정정하는 것은 허용되고, 법원은 적극적으로 당사자표시를 정정케 하는 조치를 취함이 없이 바로 소를 각하할 수는 없다.[103] ② 소장에 표시된 피고에게 당사자능력이 인정되지 않는 경우에는 소장의 전취지를 합리적으로 해석한 결과 인정되는 올바른 당사자능력자로 표시를 정정하는 것이 허용된다.[104]

2) 사망 이외 사유로 당사자능력 흠결 : 개인이 설립·경영하는 학교시설에 불과한 영남실업고등기술학교를 피고로 표시하였다가 개인 명의로 피고표시를 정정하는 것은 당사자를 변경하는 것이 아니므로 항소심에서 피고표시정정신청을 하였다가 환송된 뒤에 그 표시정정신청을 철회할 수 있다고 하였다.[105]

3. 소송계속 중 당사자능력의 상실의 경우

소송절차가 중단되며 승계인이 있으면 그가 당사자로서 소송절차를 수계하게 된다(제233조, 제234조). 다만 대리인이 있는 경우 중단되지 않는다(제238조). 그러나 소송물이 승계할 성질의 권리관계가 아니거나 상속인이 없는 경우, 두 당사자 중 한 쪽 당사자가 없어지게 되므로 소송절차는 당연히 종료한다.

4. 당사자능력을 간과한 판결과 구제방법

(1) 사자·허무인인 경우

사자·허무인의 경우는 무효이다. 따라서 상소나 재심으로 취소할 필요가 없다는 입장이다.[106] 다만 이

---

101) 대법 1979.07.24, 79마173
102) 대법 2015.08.13, 2015다209002
103) 대법 2001.11.13, 99두2017
104) 대법 2011.03.10, 2010다99040
105) 대법 1978.08.22, 78다1205; 대법 2011.05.31, 2010다84956; 대법 2009.10.15, 2009다49964 등.

미 사망한 자를 채무자로 한 처분금지가처분신청은 부적법하고 그 신청에 따른 처분금지가처분결정이 있었다고 하여도 그 결정은 당연무효로서 그 효력이 상속인에게 미치지 않는다고 할 것이므로, 채무자의 상속인은 일반승계인으로서 무효인 그 가처분결정에 의하여 생긴 외관을 제거하기 위한 방편으로 가처분결정에 대한 이의신청으로써 그 취소를 구할 수 있다.[107]

(2) 조합·학교·행정청인 경우

조합·학교·행정청처럼 일응 사회적 생활단위로서 행동하여 재판을 받은 경우에는 당사자부존재인 경우와 달라서 판결을 당연무효로 볼 것은 아니며, **확정전이면 상소로 취소할 수 있다.** 다만 당사자능력에 흠이 있는 경우가 재심사유로 규정되어 있지 않으므로 확정 후에는 유효로 본다.[108]

▣ 표시정정의 비교

	오기·누락이 있는 경우	당사자능력이 없는 경우	
		조합, 학교, 행정청 등	제소전 피고사망
시 기	제한 없음, 상고심에서도 가능	제한 없음	1심 변론종결시까지만
간과판결	실질적 당사자에 미침	적법 유효한 판결	무 효

제2관 당사자적격

I. 서 설

1. 의 의

당사자적격이라 함은 **특정의 소송사건에서 정당한 당사자로서 소송을 수행하고 본안판결을 받기에 적합한 자격**을 말한다. 당사자적격이 있는 자를 정당한 당사자라고도 하며, 권한의 면에서 소송수행권이라고도 한다. 민법상의 관리처분권에 대응되는 개념이다.

2. 취 지

당사자가 어느 특정사건에서 자기의 이름으로 소송을 수행하여 판결을 받았으나 그것이 가치 없는 것이라면 무의미할 것으로 이러한 소송을 배제하며, 아무나 남의 권리에 나서서 소송하는 민중소송을 막는 장치가 된다.

3. 구별개념

당사자적격은 누가 당사자인가를 가리는 당사자확정의 문제와는 다르고, 구체적 사건을 떠나 일반적·인격적 능력의 문제인 당사자능력이나 소송능력과 구별된다.

---

106) 대법 2000.10.27, 2000다33775
107) 대법 2002.04.26, 2000다30578
108) 대법 2018.09.13, 2018다231031

II. 당사자적격을 갖는 자

일반적으로 소송승패에 대하여 법률상 이해관계를 가진 자가 정당한 당사자가 된다. 재산권상의 청구에 있어서는 소송물인 권리관계에 대해 관리처분권을 가지는 권리자나 의무자가 대표적 이해관계인으로서 정당한 당사자가 된다.109) 한편 권리관계의 주체 이외의 제3자가 당사자적격을 갖고 나서는 경우도 있는데 이를 제3자의 소송담당이라 한다.

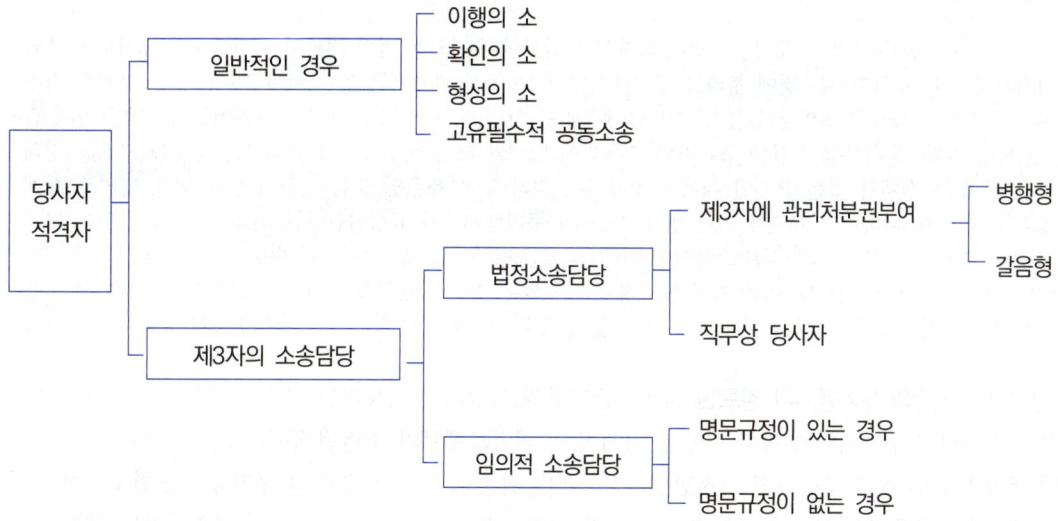

1. 일반적인 경우

(1) 이행의 소에 있어서의 당사자적격

1) **판단기준** : 이행의 소에 있어서는 원고의 청구자체로서 당사자 적격이 판가름되고 그 판단은 청구의 당부의 판단에 흡수된다. 즉 **자기의 급부청구권을 주장하는 자가 정당한 원고이고 의무자로 주장된 자가 정당한 피고**이다.110) **실제 이행청구권자나 의무자가 아니라면 청구기각**의 판결을 하게 된다.

2) 당사자적격을 주장자체로 파악하지 않는 경우

① 말소등기청구에서 피고적격 : 判例는 **실제로 등기의무자가 아닌 자 또는 등기에 관한 이해관계 없는 자를 상대방으로 한 등기말소청구는 피고적격을 흠동한 부적법이 있다**고 한다.111) 진정한 등기명의 회복을 위한 소유권이전등기청구도 현재의 등기명의인을 상대로 하여야 적법하다.112) 그러나 등기부상 진실한 소유자의 소유권에 방해가 되는 불실등기가 존재하는 경우에 그 등기명의인이 허무인 또는 실체가 없는 단체인 때에는 소유자는 그와 같은 허무인 또는 실체가 없는 단체 명의로 실제 등기행위를 한 자에 대하여 소유권에 기한 방해배제로서 등기행위자를 표상하는 허무인 또는 실체가 없는 단체명의 등기의 말소를 구할 수 있다고 한다.113)

---
109) 대법 2012.05.10, 2010다87474
110) 대법 1977.08.23, 75다1676
111) 대법 2009.10.15, 2006다43903; 대법 2020.08.20, 2018다241410 · 241427
112) 대법 2017.12.05, 2015다240645

> **판례연구 : 개인사찰 명의로 마쳐진 소유권이전등기의 말소등기청구의 상대방이 누구인지 여부**
>
> **1. 사실관계**
> 乙 소유의 부동산에 관하여 甲이 증여를 받으면서 허무인 개인사찰 X 명의로 소유권이전등기를 하면서 사찰의 대표자를 乙로 하였다. 그 후 丙이 X사찰 명의의 등기를 주등기로 하여 등기명의인을 Y로 표시변경하면서 대표자도 丙으로 변경하는 부기등기를 하였다. 甲은 채권자대위권에 기하여 乙을 대위하여 丙을 상대로 개인사찰 명의의 소유권이전등기의 말소등기를 청구하였다.
>
> **2. 大法院의 입장**[114]
> 등기명의인의 표시변경(경정)의 등기는 등기명의인의 동일성이 유지되는 범위 내에서 등기부상의 표시를 실제와 합치시키기 위하여 행하여지는 것에 불과할 뿐 어떠한 권리변동을 가져오는 것이 아니므로 등기가 잘못된 경우에도 등기명의인은 다시 소정의 서면을 갖추어 경정등기를 하면 되는 것이고 따라서 거기에는 등기의무자의 관념이 있을 수 없다. 등기부상 진실한 소유자의 소유권에 방해가 되는 불실등기가 존재하는 경우에 그 등기명의인이 허무인 또는 실체가 없는 단체인 때에는 소유자는 그와 같은 허무인 또는 실체가 없는 단체 명의로 실제 등기행위를 한 자에 대하여 소유권에 기한 방해배제로서 등기행위자를 표상하는 허무인 또는 실체가 없는 단체 명의 등기의 말소를 구할 수 있다. 위 소유권이전등기의 말소청구는 甲을 상대로 하여야 하고, 丙 명의의 등기명의인 표시변경의 부기등기는 등기명의인의 동일성이 유지되는 경우 경정등기의 대상일 뿐이므로, 丙은 위 소유권이전등기 말소청구의 등기의무자가 아니어서 丙을 상대로 제기한 이 사건 소는 부적법하다.

② 근저당권 이전의 부기등기가 경료된 경우 : 근저당권 이전의 부기등기는 기존의 주등기인 근저당권설정등기에 종속되어 주등기와 일체를 이루는 것이어서, 피담보채무가 소멸된 경우 또는 근저당권설정등기가 당초 원인무효인 경우 주등기인 근저당권설정등기의 말소만 구하면 되고 **그 부기등기는 별도로 말소를 구하지 않더라도 주등기의 말소에 따라 직권으로 말소**되는 것이며, 근저당권 양도의 부기등기는 기존의 근저당권설정등기에 의한 권리의 승계를 등기부상 명시하는 것뿐으로, 그 등기에 의하여 새로운 권리가 생기는 것이 아닌 만큼 **근저당권설정등기의 말소등기청구는 양수인만을 상대로 하면 족하고 양도인은 그 말소등기청구에 있어서 피고적격이 없으며,** 근저당권의 이전이 전부명령 확정에 따라 이루어졌다고 하여 이와 달리 보아야 하는 것은 아니다.[115]

③ 말소된 등기의 회복등기절차의 이행을 구하는 소 : 회복등기의무자에게만 피고적격이 있는바, 가등기가 이루어진 부동산에 관하여 제3취득자 앞으로 소유권이전등기가 마쳐진 후 그 가등기가 말소된 경우 그와 같이 **말소된 가등기의 회복등기절차에서 회복등기의무자는 가등기가 말소될 당시의 소유자인 제3취득자**이므로, 그 가등기의 회복등기청구는 회복등기의무자인 제3취득자를 상대로 하여야 한다.[116] **말소회복등기와 양립할 수 없는 등기는 회복의 전제로서 말소의 대상이 될 뿐이고, 그 등기명의인은 부동산등기법 제75조 소정의 등기상 이해관계 있는 제3자라고 볼 수 없으므로 그 등기명의인을 상대로 말소회복등기에 대한 승낙의 의사표시를 구하는 청구는 당사자적격이 없는 자에 대한 청구로서 부적법**하다.[117]

④ 권리변경의 경정등기 승낙을 구하는 소 : 등기명의인이 아닌 사람은 권리변경등기나 경정등기에 관하여 등기상 이해관계 있는 제3자에 해당하지 않음이 명백하고, 권리변경등기나 경정등기를 부기등기로 하

---

113) 대법 2019.05.30, 2015다47105; 대법 2008.07.11, 2008마615
114) 대법 2019.05.30, 2015다47105
115) 대법 2000.04.11, 2000다5640
116) 대법 2009.10.15, 2006다43903
117) 대법 2004.02.27, 2003다35567

기 위하여 등기명의인이 아닌 사람의 승낙을 받아야 할 필요는 없으므로, 등기명의인이 아닌 사람을 상대로 권리변경등기나 경정등기에 대한 승낙의 의사표시를 청구하는 소는 당사자적격이 없는 사람을 상대로 한 부적법한 소이다.[118]

(2) 확인의 소에 있어서의 당사자적격

1) **판단기준** : 당해 권리의 권리자에 한하지 않고, **누구라도 확인의 이익이 있는 자가 원고적격자**가 되며,[119] **원고와 대립·저촉되는 이익을 가지는 자가 피고적격자**로 된다.[120]

> **판례연구 : 확인의 소의 당사자적격**
> - 무효 또는 부존재하는 주주총회 결의의 이름으로 해임당한 자는 그 결의무효 또는 부존재확인을 구할 원고적격이 있다.[121]
> - 학교법인의 감사는 이사회의 결의무효확인을 구할 이익이 있다.[122]
> - A가 甲보험회사와 보험계약을 체결한 후 피보험차량을 운전하다가 교통사고를 일으켜 B소유의 자동차를 손괴하였고, 이에 B는 乙 렌트카회사로부터 차량을 대차하고 대차요금 1,848,000원을 지급하였는데, 甲이 乙을 상대로 이 사건 교통사고로 인한 원고의 대차요금 관련 보험금 지급채무가 872,240원을 초과하여서는 존재하지 아니한다는 확인을 구한 사안에서, 乙이 B로부터 보험금청구권을 양도받아 원고에 대하여 그 대차요금의 전부 또는 일부를 보험금으로 청구할 위험성이 있다는 등의 특별한 사정이 없는 한, 이 사건 교통사고로 인한 대차요금과 관련하여 원고의 보호법익과 대립 저촉되는 이익을 주장하고 있는 자에 해당한다고 보기 어렵다는 이유로 각하하였다.[123]
> - 대학생의 학부모는 총장임명무효 또는 총장자격부존재확인의 소를 제기할 당사자적격이 없다.[124]
> - 주주총회 결의 부존재확인의 소는 제소권자의 제한이 없으므로 정당한 법률상 이익이 있는 자라면 누구나 확인을 구할 수 있다.[125]

2) **단체의 대표자선출결의의 무효·부존재확인의 소의 경우** : 判例는 피고를 단체 내지 회사 자체로 하여야 하고 당해 결의에 의해 선출된 대표자 개인을 피고로 해서는 확인의 이익이 없다고 한다. 이 경우 **대표자는 공동소송적 보조참가**를 할 수 있다. 한편 **단체의 대표자를 선출한 결의의 무효 또는 부존재확인을 구하는 소송에서 피고로 되는 그 단체를 대표할 자는 여전히 다투어지는 대상이 되는 결의에 의하여 선출된 대표자**이다.[126]

---

118) 원고는 피고를 상대로 원심판결 별지 목록 기재 각 토지에 관하여 수원지방법원 용인등기소 2009. 6. 23. 접수 제 95239호로 마친 근저당권설정등기의 채무자를 소외인에서 피고로 변경하는 근저당권변경등기에 대한 승낙의 의사표시를 청구하고 있는데, 원심판결 이유 및 원심이 적법하게 채택한 증거들에 의하면 피고는 원심판결 별지 목록 기재 각 토지에 관한 등기명의인이 아님을 알 수 있고, 승낙의 대상이 된 근저당권변경등기에 의하여 새로이 채무자로 등기된다고 하여 등기명의인이라고 할 수도 없으므로, 이 부분 소는 당사자적격이 없는 사람을 상대로 한 것으로서 부적법하다는 것에, 대법 2015.12.10, 2014다87878
119) 대법 2011.09.08, 2009다67115
120) 대법 2009.01.15, 2008다74130
121) 대법 1962.01.25, 4294민상525
122) 대법 2015.11.27, 2014다44451
123) 대법 2013.02.25, 2012다67399
124) 대법 1994.12.22, 94다14803.
125) 대법 1980.10.27, 79다2267; 대법 2016.07.22, 2015다66397.
126) 대법(전) 1983.03.22, 82다카1810

> **판례연구 : 단체관련 소송의 당사자적격**
> - 주식회사의 이사회결의는 회사의 의사결정이고 회사는 그 결의의 효력에 관한 분쟁의 실질적인 주체라 할 것이므로 그 효력을 다투는 사람이 회사를 상대로 하여 그 결의의 무효확인을 소구할 수 있다 할 것이나 그 이사회결의에 참여한 이사들은 그 이사회의 구성원에 불과하므로 특별한 사정이 없는 한 이사개인을 상대로 하여 그 결의의 무효확인을 소구할 이익은 없다.[127]
> - 종중의 대표자에 대한 대의원대회 인준결의의 무효·부존재확인의 소의 피고적격자는 종중이다.[128]
> - 주지임명무효확인의 소를 새 주지를 상대로 한 경우는 각하한다.[129]
> - 법인 아닌 사단인 종교단체의 대표자 또는 구성원의 지위에 관한 확인소송을 단체가 아닌 대표자 또는 구성원 개인을 상대로 제기한 경우 각하한다.[130]
> - 단체의 임원 혹은 당선인 등의 지위의 적극적 확인을 구하는 단체 내부의 분쟁에 있어서 피고가 되는 자는 그 청구를 인용하는 판결이 선고될 경우 승소판결의 효력이 미치는 단체 자체라 할 것이므로, 달리 특별한 사정이 없는 한 해당 단체 아닌 자를 상대로 지위 확인을 구하는 것은 그 지위를 둘러싼 당사자들 사이의 분쟁을 근본적으로 해결하는 유효·적절한 방법이 될 수 없어 소의 이익을 인정하기 어렵다.[131]
> - 당선자를 결정한 그 조합을 상대로 하지 아니하고 당선자를 상대로 한 조합장 당선무효확인의 소는 확인의 이익이 없어 부적법하다.[132]
> - 주지지위확인의 소의 피고적격자는 법인이다.[133]

    3) **단체 내부의 분쟁에 관한 보전소송과 당사자적격** : 단체 내부 분쟁에 관한 본안소송과 달리 단체의 대표자 혹은 이사의 직무집행정지 및 직무대행자선임과 같은 임시의 지위를 정하기 위한 가처분신청에 있어서는 당해 대표자 혹은 이사에게 피신청인 적격이 있다고 보고 있다.[134]

(3) 형성의 소에 있어서의 당사자적격

    1) **법규 자체로 판단** : 형성의 소는 법규 자체에서 원고적격자나 피고적격자를 정해 놓고 있는 경우가 많다. 상법 제376조는 주주총회결의취소소송에 있어서는 주주, 이사 또는 감사가 원고적격을 갖는다고 규정하고 있다. 따라서 주주총회결의 취소소송의 계속 중 원고가 주주로서의 지위를 상실하면 원고는 상법 제376조에 따라 그 취소를 구할 당사자적격을 상실하고, 이는 원고가 자신의 의사에 반하여 주주의 지위를 상실하였다 하여 달리 볼 것은 아니다.[135]

    2) **명문규정이 없는 경우** : 당해소송물인 권리관계에 관해 가장 강한 이해관계에 있는 자를 당사자적격자로 볼 것이다.[136] 교수협의회와 총학생회는 교육부장관의 이사선임처분취소를 구할 이익이 있으며,[137] 주주총회결의 취소와 결의무효확인판결은 대세적 효력이 있으므로 그와 같은 소송의 피고가 될 수 있는 자는 그 성질상 회사로 한정된다.[138] 大法院은 채권자가 채권자취소권을 행사하려면 사해행위로 인하

---

127) 대법 1982.09.14, 80다2425
128) 대법 1973.12.11, 73다1553
129) 대법 1992.12.08, 92다23872
130) 대법 2015.02.16, 2011다101155
131) 대법 2024.01.04, 2023다244499
132) 대법 1992.05.12, 91다37683
133) 대법 2011.02.10, 2006다65774
134) 대법 1997.07.25, 96다15916
135) 대법 2016.07.22, 2015다66397
136) 대법 2011.09.08, 2009다67115; 대법 1988.02.23, 87다카1586
137) 대법 2015.07.23, 2012두19496·19502

여 이익을 받은 자나 전득한 자를 상대로 그 법률행위의 취소를 청구하는 소송을 제기하여야 되는 것으로서, 채무자를 상대로 그 소송을 제기할 수는 없다는 입장이다.139)

(4) 고유필수적 공동소송의 경우

고유필수적 공동소송이란 관리처분권을 가지는 여러 사람이 공동으로 원고나 피고가 되어야 하는 소송으로서, 만약 전원이 공동으로 원고나 피고가 되지 않으면 당사자적격의 흠으로 부적법하게 된다. 다만 제1심 변론종결시까지 추가하면 그 하자는 치유된다(제68조).

2. 제3자의 소송담당(타인의 권리에 관한 소송)

(1) 법정소송담당

소송물인 권리관계의 주체인 자의 의사와 관계없이 법률규정에 의하여 제3자가 소송수행권을 갖는 경우를 말한다.

1) 제3자에게 관리처분권이 부여된 결과 소송수행권을 갖게 된 때

① 병행형의 소송담당 : 제3자가 권리관계의 주체인 사람과 함께 소송수행권을 갖는 경우로서 ⅰ) **채권자대위소송을 하는 채권자**(민법 제404조),140) ⅱ) **회사대표소송의 주주**(상법 제403조), ⅲ) **채권질의 질권자**(민법 제353조), ⅳ) **공유자 전원을 위해 보존행위를 하는 공유자**(민법 제265조) 등이 이에 속한다.

> **판례연구 : 채권자대위소송의 당사자적격**
>
> **1. 피보전채권의 존재**
> - 채권자대위소송에 있어서 대위에 의하여 보전될 채권자의 채무자에 대한 권리가 인정되지 아니할 경우에는 채권자가 스스로 원고가 되어 채무자의 제3채무자에 대한 권리를 행사할 당사자적격이 없게 되므로 그 대위소송은 부적법하여 각하할 수밖에 없다.141)
> - 피대위자인 채무자가 실존인물이 아니거나 사망한 사람인 경우 역시 피보전채권인 채권자의 채무자에 대한 권리를 인정할 수 없는 경우에 해당하므로 그러한 채권자대위소송은 당사자적격이 없어 부적법하다.142)
> - 채권자가 채권자대위소송을 제기한 경우, 제3채무자는 채무자가 채권자에 대하여 가지는 항변권이나 형성권 등과 같이 권리자에 의한 행사를 필요로 하는 사유를 들어 채권자의 채무자에 대한 권리가 인정되는지 여부를 다툴 수 없지만, 채권자의 채무자에 대한 권리의 발생원인이 된 법률행위가 무효라거나 위 권리가 변제 등으로 소멸하였다는 등의 사실을 주장하여 채권자의 채무자에 대한 권리가 인정되는지 여부를 다투는 것은 가능하고, 이 경우 법원은 제3채무자의 주장을 고려하여 채권자의 채무자에 대한 권리가 인정되는지 여부에 관하여 직권으로 심리·판단하여야 한다.143)
>
> **2. 보전의 필요성**
> - 채권자대위권은 채무자의 채권을 대위행사함으로써 채권자의 채권이 보전되는 관계가 존재하는 경우에 한하여 이를 행사할 수 있으므로, 원고는 乙에게 소유권이전등기청구권이 있다고 주장하는 이 사건 토지 중 472.96/1,705 지분의 범위 내에서만 乙의 피고 丙에 대한 소유권이전등기청구권을 대위하여 행사할 수 있고, 그 범위를 초과하는 지분에 관하여는 보전의 필요성이 있다고 볼 수 없다. 따라서 그 초과 지분에 관한 대위 청구

---

138) 대법 1982.09.14, 80다2425
139) 대법 2004.08.30, 2004다21923
140) 대법 2009.03.12, 2008다65839
141) 대법 1988.06.14, 87다카2753
142) 대법 2021.07.21, 2020다300893
143) 대법 2015.09.10, 2013다55300

부분의 소는 부적법하다.[144]
- 채권자가 자신의 금전채권을 보전하기 위하여 채무자를 대위하여 부동산에 관한 공유물분할청구권을 행사하는 것은, 책임재산의 보전과 직접적인 관련이 없어 채권의 현실적 이행을 유효·적절하게 확보하기 위하여 필요하다고 보기 어렵고 채무자의 자유로운 재산관리행위에 대한 부당한 간섭이 되므로 보전의 필요성을 인정할 수 없다. 또한 특정 분할 방법을 전제하고 있지 않는 공유물분할청구권의 성격 등에 비추어 볼 때 그 대위행사를 허용하면 여러 법적 문제들이 발생한다. 따라서 극히 예외적인 경우가 아니라면 금전채권자는 부동산에 관한 공유물분할청구권을 대위행사할 수 없다.[145]
- 채무자인 피보험자가 자력이 있는 경우라면, 특별한 사정이 없는 한 채권자인 보험자가 채무자의 요양기관에 대한 부당이득반환채권을 대위하여 행사하지 않으면 자신의 채무자에 대한 부당이득반환채권의 완전한 만족을 얻을 수 없게 될 위험이 있다고 할 수 없다.[146]

3. 채무자의 권리불행사
- 채권자가 대위권을 행사할 당시 이미 채무자가 권리를 재판상 행사하였을 때에는 설사 패소의 본안 판결을 받았더라도 채권자는 채무자를 대위하여 채무자의 권리를 행사할 당사자적격이 없다.[147]
- 비법인사단이 사원총회의 결의 없이 제기한 소는 소제기에 관한 특별수권을 결하여 부적법하고, 그 경우 소제기에 관한 비법인사단의 의사결정이 있었다고 할 수 없다. 따라서 비법인사단인 채무자 명의로 제3채무자를 상대로 한 소가 제기되었으나 사원총회의 결의 없이 총유재산에 관한 소가 제기되었다는 이유로 각하판결을 받고 그 판결이 확정된 경우에는 채무자가 스스로 제3채무자에 대한 권리를 행사한 것으로 볼 수 없다.[148]

판례연구 : 회사대표소송의 당사자적격

1. 제소청구 없이 제기한 대표소송
회사에 회복할 수 없는 손해가 생길 염려가 없음에도 불구하고 회사에 대하여 이사의 책임을 추궁할 소의 제기를 청구하지 아니한 채 발행주식 총수의 100분의 1 이상에 해당하는 주식을 가진 주주가 즉시 회사를 위하여 소를 제기하였다면 그 소송은 부적법한 것으로서 각하되어야 한다. 여기서 회복할 수 없는 손해가 생길 염려가 있는 경우라 함은 이사에 대한 손해배상청구권의 시효가 완성된다든지 이사가 도피하거나 재산을 처분하려는 때와 같이 이사에 대한 책임추궁이 불가능 또는 무익해질 염려가 있는 경우 등을 의미한다.[149]

2. 제소청구서의 기재
제소청구서에 기재되어야 하는 '이유'에는 권리귀속주체인 회사가 제소 여부를 판단할 수 있도록 책임추궁 대상 이사, 책임발생 원인사실에 관한 내용이 포함되어야 한다. 다만 주주가 언제나 회사의 업무 등에 대해 정확한 지식과 적절한 정보를 가지고 있다고 할 수는 없으므로, 제소청구서에 책임추궁 대상 이사의 성명이 기재되어 있지 않거나 책임발생 원인사실이 다소 개략적으로 기재되어 있더라도, 회사가 제소청구서에 기재된 내용, 이사회의 사록 등 회사 보유 자료 등을 종합하여 책임추궁 대상 이사, 책임발생 원인사실을 구체적으로 특정할 수 있다면, 그 제소청구서는 상법 제403조 제2항에서 정한 요건을 충족하였다.[150]

3. 실질상의 주주가 대표소송을 제기할 수 있는지
주식을 양수하였으나 아직 주주명부에 명의개서를 하지 아니하여 주주명부에는 양도인이 주주로 기재되어 있는 경우뿐만 아니라, 주식을 인수하거나 양수하려는 자가 타인의 명의를 빌려 회사의 주식을 인수하거나 양수하고

---

144) 대법 2012.08.30, 2010다39918; 대법 2014.10.27, 2013다25217
145) 대법 2020.05.21, 2018다879
146) 대법(전) 2022.08.25, 2019다229202
147) 대법 1992.11.10, 92다30016
148) 대법 2018.10.25, 2018다210539
149) 대법 2010.04.15, 2009다98058
150) 대법 2021.07.15, 2018다298744

타인의 명의로 주주명부에의 기재까지 마치는 경우에도, 회사에 대한 관계에서는 주주명부상 주주만이 주주로서 의결권 등 주주권을 적법하게 행사할 수 있다.[151]

4. 소송계속중 주주의 지위를 상실한 경우

주주가 대표소송을 제기하기 위하여는 회사에 대하여 이사의 책임을 추궁할 소의 제기를 청구할 때와 회사를 위하여 그 소를 제기할 때 상법 또는 금융회사의 지배구조에 관한 법률이 정하는 주식보유요건을 갖추면 되고, 소 제기 후에는 보유주식의 수가 그 요건에 미달하게 되어도 무방하다. 그러나 대표소송을 제기한 주주가 소송의 계속 중에 주식을 전혀 보유하지 아니하게 되어 주주의 지위를 상실하면, 특별한 사정이 없는 한 그 주주는 원고적격을 상실하여 그가 제기한 소는 부적법하게 되고(상법 제403조 5항), 이는 그 주주가 자신의 의사에 반하여 주주의 지위를 상실하였다 하여 달리 볼 것은 아니다.[152]

5. 지배회사의 주주

종속회사의 주주가 아닌 지배회사의 주주는 상법 제403조, 제415조에 의하여 종속회사의 이사 등에 대하여 책임을 추궁하는 이른바 이중대표소송을 제기할 수 없다는 것이 판례였으나,[153] 2020년 12월 상법 제406조의2가 신설되어 모회사 발행주식총수의 100분의 1 이상에 해당하는 주식을 가진 주주는 자회사에 대하여 자회사 이사의 책임을 추궁할 소의 제기를 청구할 수 있도록 하였다.

6. 파산절차가 진행 중인 회사

회사가 이사 또는 감사에 대한 책임추궁을 게을리 할 것을 예상하여 마련된 주주의 대표소송의 제도는 파산절차가 진행 중인 경우에는 그 적용이 없고, 주주가 파산관재인에 대하여 이사 또는 감사에 대한 책임을 추궁할 것을 청구하였는데 파산관재인이 이를 거부하였다고 하더라도 주주가 상법 제403조, 제415조에 근거하여 대표소송으로서 이사 또는 감사의 책임을 추궁하는 소를 제기할 수 없다고 보아야 할 것이며, 이러한 이치는 주주가 회사에 대하여 책임추궁의 소의 제기를 청구하였지만 회사가 소를 제기하지 않고 있는 사이에 회사에 대하여 파산선고가 있은 경우에도 마찬가지이다.[154]

6. 청구추가

주주는 적법하게 제기된 대표소송 계속 중에 제소청구서의 책임발생 원인사실을 기초로 하면서 법적 평가만을 달리한 청구를 추가할 수도 있다.[155]

7. 대표소송과 재심의 소

원고와 피고의 공모로 인하여 소송의 목적인 회사의 권리를 사해할 목적으로써 판결을 하게한 때에는 회사 또는 주주는 확정한 종국판결에 대하여 재심의 소를 제기할 수 있다(상법 제406조).

② **갈음형의 소송담당** : 제3자가 권리관계의 주체인 사람에 갈음하여 소송수행권을 갖는 경우로, ⅰ) **파산재단소송의 파산관재인**, ⅱ) 정리회사의 재산관계소송의 관리인, ⅲ) **채권추심명령을 받은 압류채권자**, ⅳ) **주한미군의 공무수행 중 불법행위로 인한 손해배상소송에서의 대한민국**, ⅴ) 상속재산관리인(민법 제1053조)과 **유언집행자**는 법정대리인이라는 견해도 있지만, 다수설과 判例는 제3자 소송담당으로 본다.[156]

---

151) 대법(전) 2017.03.23, 2015다248342.
152) 대법 2019.05.10, 2017다279326; 대법 2018.11.29, 2017다35717; 대법 2018.12.03, 2017다35717.
153) 대법 2004.09.23, 2003다49221
154) 대법 2002.07.12, 2001다2617
155) 대법 2021.07.15, 2018다298744
156) 대법 2007.06.28, 2005다55879(상속재산관리인), 대법 2010.10.28, 2009다20840(유언집행자)

판례연구 : 파산재단소송의 파산관재인

1. 파산채권자가 파산선고 후에 제기한 채권자취소의 소

채무자가 채권자에 대한 사해행위를 한 경우에 채권자는 민법 제406조에 따라 채권자취소권을 행사할 수 있다. 그러나 채무자에 대한 파산선고 후에는 파산관재인이 파산재단을 위하여 부인권을 행사할 수 있다(채무자 회생 및 파산에 관한 법률 제391조, 제396조). 파산절차가 채무를 채권자들에게 평등하고 공정하게 변제하기 위한 집단적·포괄적 채무처리절차라는 점을 고려하여 파산선고 후에는 파산채권자가 아닌 파산관재인으로 하여금 부인권을 행사하도록 한 것이다. 따라서 파산선고 후에는 파산관재인이 총 채권자에 대한 평등변제를 목적으로 하는 부인권을 행사하여야 하고, 파산절차에 의하지 않고는 파산채권을 행사할 수 없는 파산채권자가 개별적 강제집행을 전제로 개별 채권에 대한 책임재산을 보전하기 위한 채권자취소의 소를 제기할 수 없다. 다만 파산채권자가 파산선고 후에 제기한 채권자취소의 소가 부적법하더라도 파산관재인은 이러한 소송을 수계한 다음 청구변경의 방법으로 부인권을 행사할 수 있다고 보아야 한다. 이 경우 법원은 파산관재인이 수계한 소송이 부적법한 것이었다는 이유만으로 소송수계 후 교환적으로 변경된 부인의 소마저 부적법하다고 볼 것은 아니다.[157]

2. 부인의 소와 관할위반

부인의 소는 파산계속법원의 관할에 전속한다(채무자 회생 및 파산에 관한 법률 제396조 제3항, 제1항). 따라서 채권자취소소송이 계속 중인 법원이 파산계속법원이 아니라면 그 법원은 관할법원인 파산계속법원에 사건을 이송하여야 한다. 그러나 파산채권자가 제기한 채권자취소소송이 항소심에 계속된 후에는 파산관재인이 소송을 수계하여 부인권을 행사하더라도 채무자회생법 제396조 제3항이 적용되지 않고 항소심법원이 소송을 심리·판단할 권한을 계속 가진다.[158]

판례연구 : 압류 및 추심명령과 전부명령

1. 압류명령만 있는 경우

채무자가 단지 압류명령을 받을 때는 피압류채권에 대한 이행소송을 제기할 수 있지만, 추심명령을 받을 때에는 당사자적격을 상실한다.[159]

2. 압류 및 추심명령의 경우

압류 및 추심명령은 압류채권자에게 채무자의 제3채무자에 대한 채권을 추심할 권능만을 부여하는 것일 뿐 채무자가 제3채무자에 대하여 가지는 채권이 압류채권자에게 이전되거나 귀속되는 것은 아니지만,[160] 채권에 대한 압류 및 추심명령이 발령되면 채무자는 그 채권에 대하여 제3채무자를 상대로 이행의 소를 제기할 당사자적격을 상실하고 압류채권자가 제3채무자를 상대로 압류된 채권의 이행을 청구하는 소를 제기할 수 있는 갈음형 소송담당에 해당한다.[161]

3. 압류 및 추심명령이 취하된 경우

채무자의 이행소송 계속 중에 추심채권자가 압류 및 추심명령 신청의 취하 등에 따라 추심권능을 상실하게 되면 채무자는 당사자적격을 회복한다. 이러한 사정은 직권조사사항으로서 당사자가 주장하지 않더라도 법원이 직권으로 조사하여 판단하여야 하고, 사실심 변론종결 이후에 당사자적격 등 소송요건이 흠결되거나 그 흠결이 치유된 경우 상고심에서도 이를 참작하여야 한다.[162] 한편 채권자는 현금화절차가 끝나기 전까지 압류명령의 신청을 취하할 수 있고, 이 경우 채권자의 추심권도 당연히 소멸하게 되며, 추심금청구소송을 제기하여 확정판결을 받은 경우라도 그 집행에 의한 변제를 받기 전에 압류명령의 신청을 취하하여 추심권이 소멸하면 추심권능과 소송수

---

157) 대법 2018.06.15, 2017다265129
158) 대법 2018.06.15, 2017다265129; 대법 2017.05.30, 2017다205073
159) 대법 2000.04.11, 99다23888; 대법 2015.05.28, 2013다1587
160) 대법 2019.01.31, 2015다26009; 대법 2010.12.23, 2010다566067
161) 대법(전) 2013.12.18, 2013다202120; 대법 2018.12.27, 2018다268385
162) 대법 2010.11.25, 2010다64877

행권이 모두 채무자에게 복귀하며, 이는 국가가 국세징수법에 의한 체납처분으로 채무자의 제3채무자에 대한 채권을 압류하였다가 압류를 해제한 경우에도 마찬가지이다.[163]

4. 압류 및 전부명령의 경우
甲이 乙에게 소구하고 있는 채권에 대하여 丙이 압류 및 전부명령을 받고 그 전부명령이 확정된 경우, 전부명령을 받게 되면 채권양도가 된 것과 마찬가지 효력이 발생하므로 甲은 더 이상 채권자가 아니고 丙이 채권자이다. 이행의 소에 있어 당사자적격은 주장자체로 파악하는 것이므로 피전부채무자인 甲의 소는 적법하지만, 이행청구권의 상실로 청구를 기각한다.

2) **직무상의 당사자** : 법률이 일정한 직무에 있는 자에게 피담당자를 위해 소송수행권을 갖게 한 경우로서 **해난구조료청구에서 선장**(상법 제894조), 친생부인의 소를 제기할 자가 피성년후견인일 때에 후견인(민법 제848조), 공용부분의 사업시행과 관련된 재판상 행위를 하는 관리단(집합건물법 제25조 제1항), 가사소송에서 피고적격자가 사망한 뒤의 검사(민법 제864조, 제849조) 등이 이에 속한다. 민법 제865조의 규정에 의하여 이해관계 있는 제3자가 친생자관계 부존재확인을 청구하는 경우 i) 친자 쌍방이 다 생존하고 있는 경우는 친자 쌍방을 피고로 삼아야 하고, ii) 친자 중 어느 한편이 사망하였을 때에는 생존자만을 피고로 삼아야 하며, iii) 친자가 모두 사망하였을 경우에는 검사를 상대로 소를 제기할 수 있다. 친생자관계존부 확인소송은 소송물이 일신전속적인 것이므로, 제3자가 친자 쌍방을 상대로 제기한 친생자관계 부존재확인소송이 계속되던 중 친자 중 어느 한편이 사망하였을 때에는 생존한 사람만 피고가 되고, 사망한 사람의 상속인이나 검사가 절차를 수계할 수 없다. 이 경우 사망한 사람에 대한 소송은 종료된다.[164]

(2) 임의적 소송담당

소송물인 권리관계의 주체인 자의 의사에 의해 제3자에게 소송수행권이 수여된 경우를 말한다.

1) **명문으로 허용되는 경우** : ① 선정당사자(제53조), ② 추심위임배서의 피배서인(어음법 제18조), ③ 금융기관의 연체대출금 회수위임을 받은 한국자산관리공사(금융기관부실자산 등의 효율적 처리 및 한국자산관리공사의 설립에 관한 법률 제26조 1항) 등이 있다.

2) **명문규정이 없는 경우의 허용여부**

① 원칙적 불허 : 변호사대리원칙(제87조)과 소송신탁금지(신탁법 제6조)의 취지에 반할 염려가 있기 때문에 **명문으로 허용하는 경우를 제외하고는 임의적 소송담당은 원칙적으로 허용되지 않는다는 것**이 通說·判例의 입장이다.[165] 따라서 외국계 커피 전문점의 국내 지사인 갑 주식회사가, 본사와 음악 서비스 계약을 체결하고 배경음악 서비스를 제공하고 있는 을 외국회사로부터 음악저작물을 포함한 배경음악이 담긴 CD를 구매하여 국내 각지에 있는 커피숍 매장에서 배경음악으로 공연한 사안에서, 한국음악저작권협회가 저작재산권자로부터 국내에서 공연을 허락할 권리를 부여받았을 뿐 공연권(영화·음반 등 저작자가 그 저작물을 공연할 수 있는 배타적 권리)까지 신탁받지 않은 일부 음악저작물에 대하여는 침해금지청구의 소를 제기할 당사자적격이 없다.[166]

---

163) 대법 2009.11.12, 2009다48879
164) 대법 2018.05.15, 2014므4963
165) 대법 2012.05.10, 2010다87474
166) 대법 2012.05.10, 2010다87474

② 예외적 허용

㉠ 허용의 기준 : 변호사대리원칙과 소송신탁금지에 저촉될 염려가 없고, 이를 인정할 합리적 필요성이 있는 경우에 허용된다. 여기서 합리적 필요란 권리주체인 사람의 수권과 수탁자 고유의 이익 등 두 가지를 요건으로 한다.

㉡ 허용되는 예 : 근로기준법 위반의 해고자와 같은 영세근로자나, 집단적 피해자가 그 소속단체에 소송수행권을 신탁하여 노동조합이나 단체를 내세워 법정투쟁을 하는 것을 들 수 있고, 우리 判例도 i) **조합의 업무집행조합원은 조합재산에 관하여 조합원으로부터 임의적 소송신탁을 받아 자기의 이름으로 소송수행하는 것을 허용**하였으며,[167] ii) **집합건물의 관리단으로부터 집합건물의 관리업무를 위임받은 위탁관리회사는 특별한 사정이 없는 한 구분소유자 등을 상대로 자기 이름으로 소를 제기하여 '관리비'를 청구할 당사자적격이 있고**,[168] iii) **집합건물의 관리단으로부터 공용부분 '변경'에 관한 업무를 위임받은 입주자대표회의도 특별한 사정이 없는 한 구분소유자들을 상대로 자기 이름으로 소를 제기하여 공용부분 변경에 따른 비용을 청구할 권한이 있다**.[169] iv) 집합건물의 관리단은 관리단집회의 결의나 규약에서 정한 바에 따라 집합건물의 공용부분이나 대지를 정당한 권원 없이 점유하는 사람에 대하여 부당이득의 반환에 관한 소송을 할 수 있다.[170]

판례연구 : 소제기 목적의 권리양도

1. 원 칙

신탁법 제6조에 의하면 수탁자로 하여금 소송행위를 하게 하는 것을 주목적으로 하는 신탁은 무효라고 규정하고 있다. 따라서 우리 判例는 <u>소송행위를 하게 하는 것을 주된 목적으로 채권양도가 이루어진 경우 그 채권양도가 신탁법상의 신탁에 해당하지 않는다고 하여도 신탁법 제6조가 유추적용되므로 이는 무효라는 입장으로</u>,[171] A에게 보상금청구소송을 시킬 목적으로 A명의로 소유권이전등기를 옮겨 놓은 경우 무효로 보았고,[172] 부부 사이의 채권양도가 소제기의 목적일 때 무효로 보았으며,[173] 권리자가 소송에서 제3자로서 증인으로 나서기 위해 다른

---

167) 대법 1984.02.14, 83다카1815; 동일취지로 민법상 조합의 채권은 조합원 전원에게 합유적으로 귀속하는 것이어서 특별한 사정이 없는 한 조합원 중 1인에 대한 채권으로써 그 조합원 개인을 집행채무자로 하여 조합의 채권에 대하여 강제집행을 할 수 없고, 조합 업무를 집행할 권한을 수여받은 업무집행 조합원은 조합재산에 관하여 조합원으로부터 임의적 소송신탁을 받아 자기 이름으로 소송을 수행할 수 있다는 것에, 대법 2001.02.23, 2000다68924.
168) 대법 2016.12.15, 2014다87885; 대법 2022.05.13, 2019다229516; 관리단은 법정소송담당자이고 위탁관리회사는 임의적 복 (復)소송담당자의 지위에 있다(강현중).
169) 원칙적으로 집합건물의 공용부분의 관리가 아닌 공용부분의 변경에 관한 사항은 공용부분을 공유하고 있는 구분소유자, 즉 집합건물의 관리단만이 그 결의로써 결정할 수 있고, 이를 입주자대표회의가 결정할 수는 없다고 보아야 한다. 예외적으로 공용부분의 변경에 관한 사항을 입주자대표회의가 결정할 수 있는 경우는 관리단이 입주자대표회의에게 그러한 사항을 위임하였다고 인정될 때이다, 집합건물의 관리단이 집합건물의 소유 및 관리에 관한 법률(이하 '집합건물법'이라 한다) 제15조 제1항에서 정한 특별결의나 집합건물법 제41조 제1항에서 정한 서면이나 전자적 방법 등에 의한 합의의 방법으로 입주자대표회의에 공용부분 변경에 관한 업무를 포괄적으로 위임한 경우에는, 공용부분 변경에 관한 업무처리로 인하여 발생하는 비용을 최종적으로 부담하는 사람이 구분소유자들이라는 점을 고려해 보면 통상적으로 비용에 관한 재판상 또는 재판외 청구를 할 수 있는 권한도 함께 수여된 것으로 볼 수 있다. 이 경우 입주자대표회의가 공용부분 변경에 관한 업무를 수행하는 과정에서 체납된 비용을 추심하기 위하여 직접 자기 이름으로 비용에 관한 재판상 청구를 하는 것은 임의적 소송신탁에 해당한다는 것에, 대법 2017.03.16, 2015다3570 참조).
170) 대법 2022.06.30, 2021다239301; 대법 2022.09.29, 2021다292425. 강현중 변호사님은 법정 소송담당으로 보고 전병서 교수님은 법정 소송담당 또는 임의적 소송담당으로 볼 수 있다고 하신다.
171) 대법 2018.10.25, 2017다272103
172) 대법 1970.03.31, 70다55

사람에게 권리양도를 한 경우를 신의칙에 위반하는 행위로 판단한 바 있다.174) 따라서 이 경우 소송상으로도 신의칙에 반하는 것으로 수소법원은 소를 각하한다.

2. 예 외

判例는 다수당사자가 권리행사를 하는 불편을 없애기 위한 경우로, 甲회사의 채권자들 총 728명으로 구성된 채권단협의회가 설립한 乙회사가 甲회사로부터 제3자에 대한 손해배상청구권을 양수하여 소제기한 사례에서 허용되는 것으로 보았다.175)

(3) 법원의 허가에 의한 소송담당

공해소송·주민소송·소비자나 투자자소송·환경소송 등 이른바 현대형소송에 있어서는 소액의 다수 피해자가 양산되는 것이 특색이다. 이때 피해자 전원이 소송당사자로 직접 나서는 것이 사실상으로나 법률상으로 적절치 못하므로, 영미의 class action의 경우에는 대표당사자가 나서게 하였는데 이때에 법원의 허가를 받도록 하였다. 2005년부터 시행되는 증권관련 집단소송법에서는 이러한 영미의 class action과 같이 법원의 허가에 의하여 수권된 대표당사자가 나서도록 하였다. 남소의 방지를 목적으로 한 것이다.

(4) 제3자 소송담당과 기판력

1) 문제점 : 제3자가 소송담당자로서 소송을 수행한 판결의 기판력은 소송물인 권리관계의 주체인 본인에게도 미친다(제218조 제3항)고 규정하고 있는데 그 범위가 문제된다.

2) 갈음형소송담당·직무상의 당사자·임의적 소송담당의 경우 : 권리관계의 주체인 자에게 제218조 제3항이 적용되어 판결의 기판력이 미치는 것에는 견해대립이 없다.

3) 채권자대위소송의 경우 : 이 경우에 권리귀속주체가 기판력을 전면적으로 받는다면 소송담당자의 불성실한 소송수행의 결과 그 자신 고유의 소송수행권이 제한되는 문제가 있으므로 문제되는데, 判例는 채권자대위소송과 관련하여 한때 채무자에게 기판력이 미치지 않는 것으로 보았으나, 그 후 **채권자대위소송이 제기된 사실을 어떠한 사유로든 알았을 때에 한하여 채무자에게도 미친다고 판시하여 절충설 내지 절차보장설**로 바꾸었다.176) 이러한 법리는 병행형 소송담당자에 의한 소송에 있어서 공통적으로 확대적용시킬 수 있을 것이다.177) 따라서 **주주대표소송의 주주와 같이 다른 사람을 위하여 원고가 된 사람이 받은 확정판결의 집행력은 확정판결의 당사자인 원고가 된 사람과 다른 사람 모두에게 미치므로, 주주대표소송의 주주는 집행채권자가 될 수 있다**.178)

(5) 제3자 소송담당자의 소제기 효력

제3자가 소송담당자로서 소의 제기는 권리주체인 자에게 효력이 미치므로, 그의 청구권에 시효중단의 효력이 생긴다.179) 나아가 소송계속의 효과도 생기므로 뒤에 권리주체인 자가 같은 소를 제기하면 중복소송의 문제가 발생한다.

---

173) 대법 1996.03.26, 95다20041
174) 대법 1983.05.24, 82다카1919
175) 대법 2002.12.06, 2000다4210
176) 대법 1975.05.13, 74다1644
177) 이시윤 13판 162면
178) 대법 2014.02.19, 2013마2316
179) 대법 2011.10.13, 2010다80930

III. 당사자적격 흠결의 효과

1. 제소단계에서 소송요건

　당사자에게 당사자적격이 있다는 것은 소의 이익의 내용을 이루고 있다. 소의 이익의 존재는 소송요건의 하나이므로 ① 당사자적격의 존재여부에 관하여 당사자 사이에 다툼이 있는 경우에 이를 긍정할 때에는 중간판결(제201조) 또는 종국판결의 이유에서 판단하여야 한다. ② 당사자적격이 없는 경우에는 소가 부적법하여 본안판결을 할 필요가 없이 소를 각하하여야 한다.[180] 다만 判例는 원고가 당사자를 정확히 표시하지 못하고 당사자적격이 없는 자를 당사자로 잘못 표시한 경우에 당사자표시를 정정보충하는 조치를 취하지 않고 막연히 보정명령만을 내린 후 소각하는 잘못이라고 하였다.[181]

2. 소송계속중의 당사자적격의 상실

　소송계속중에 당사자적격을 상실한 때에는 당사자 사이에서 본안판결을 할 이유가 없어진다. 그러므로 종래의 소송수행을 승계시킬 제3자가 있는 경우에는 그에게 소송을 승계시키는 문제가 발생한다.

3. 당사자적격의 흠을 간과한 본안판결의 효력

　당사자적격이 없는 것을 간과하고 행한 본안판결은 상소에 의하여 이를 취소할 수 있으나, 그것이 확정되면 재심사유는 되지 아니한다.[182] 이러한 판결은 정당한 당사자로 될 사람이나 권리관계의 주체인 사람에게 그 효력이 미치지 아니하며, 이러한 의미에서 판결은 무효가 된다.

제3관 소송능력

I. 서 설

1. 소송능력의 의의

　당사자로서 스스로 유효하게 소송행위를 하거나, 법원·상대방으로부터 소송행위를 받기 위하여 갖추어야 할 능력을 말한다. 소송상의 행위능력으로 민법과 마찬가지로 소송에서 자기의 권익을 주장 옹호할 수 없는 자를 보호해 주기 위한 제도이다.

2. 소송능력이 요구되는 범위

(1) 소송행위가 유효하기 위해서는 어느 경우나 막론하고 소송능력이 필요하다.

　소송절차내의 소송행위는 물론, **관할합의나 소송대리권의 수여 같은 소송 전·소송외의 행위에 있어서도 필요**하다.

---

180) 대법 2015.12.10, 2014다87878
181) 대법 2013.08.22, 2012다68279
182) 다만 대법 2007.07.12, 2005다10470은 공동의 이해관계가 없는 선정당사자의 청구의 인낙이라도 준재심의 소는 적법하고, 선정자들이 스스로 선정한 이상 제451조 1항 3호의 재심사유가 되지 않아 재심청구는 기각된다고 하였다.

(2) 소송행위가 아닌 증거방법으로서 증거조사의 대상인 경우에는 불필요하다.

따라서 증인·당사자본인으로서 신문을 받을 때에는 소송무능력자라도 상관없다.

(3) 당사자로서 소송행위 시에 필요하다.

타인의 대리인으로서 소송행위를 하는 경우에는 소송능력이 필요없다는 입장과,[183] 소송무능력자인 대리인의 개입에 의하여 피해를 입어서는 안 되기 때문에, 대리위임을 받은 변호사는 소송능력이 있어야 한다는 입장의[184] 대립이 있다. 소송능력이 없는 자는 법정대리인이 될 수는 없다(민법 제937조).

II. 소송능력의 기준

1. 소송능력자

(1) 민법상 행위능력자

> 제51조(당사자능력·소송능력 등에 대한 원칙) 당사자능력, 소송능력, 소송무능력자의 법정대리와 소송행위에 필요한 권한의 수여는 이 법에 특별한 규정이 없으면 민법, 그 밖의 법률에 따른다.

민법상 행위능력을 갖는 자는 소송능력을 갖는다. 따라서 2013년부터 19세의 성년에 달한 자로서 피성년후견인이 아닌 자가 소송능력자이고, 피한정후견인과 관련하여서는 가정법원에 의하여 정해진 행위 외로는 원칙적으로 소송능력자가 된다. 자기의 재산에 관하여 관리처분권을 상실하여 당사자적격을 잃은 자라 하여도 소송능력은 상실되지 않는다.

(2) 외국인의 경우

> 제57조(외국인의 소송능력에 대한 특별규정) 외국인은 그의 본국법에 따르면 소송능력이 없는 경우라도 대한민국의 법률에 따라 소송능력이 있는 경우에는 소송능력이 있는 것으로 본다.

(3) 법인의 경우

제64조에서 법인의 대표자에게 법정대리인과 준하는 취급을 하고 있으므로, 법인 자체는 소송무능력자임을 전제로 하고 있는 것이라 볼 수 있다.

(4) 소송능력자라 하여도 의사능력이 없는 자의 소송행위는 절대무효이다.

다만 의사능력의 유무는 개별적으로 판정할 것으로 동일인이라도 그 자가 한 행위의 내용·종류에 의하여 의사능력의 유무에 대한 판단이 달라질 수 있으므로 성년후견 개시의 심판 등을 받지 않은 성년자라도 12, 13세 정도의 지능밖에 없는 자가 한 항소의 취하는 무효라도, 항소의 제기는 유효라고 하겠다.[185] 2016년 개정법률에서 의사무능력자가 유효하게 소송행위를 하도록 직권 또는 당사자의 신청에 의하여 선임되는 특별대리인의 대리행위에 의하도록 하였다.

---

[183] 정영환 228면
[184] 이시윤 13판 164면
[185] 이시윤 13판 165면

2. 소송무능력자

> **제55조(제한능력자의 소송능력)** ① 미성년자 또는 피성년후견인은 법정대리인에 의해서만 소송행위를 할 수 있다. 다만, 다음 각 호의 경우에는 그러하지 아니하다.
> 1. 미성년자가 독립하여 법률행위를 할 수 있는 경우
> 2. 피성년후견인이 「민법」 제10조제2항에 따라 취소할 수 없는 법률행위를 할 수 있는 경우
> ② 피한정후견인은 한정후견인의 동의가 필요한 행위에 관하여는 대리권 있는 한정후견인에 의해서만 소송행위를 할 수 있다.
> [전문개정 2016.2.3.][시행일 : 2017.2.4.]

(1) 미성년자의 경우

1) 원 칙 : **미성년자는 소송무능력자**이다. 따라서 **법정대리인의 대리에 의해서만 소송행위를 할 수 있고 단독으로는 할 수 없다**(제55조 본문). 미성년자에게 법정대리인이 없는 경우나 대리권을 행사할 수 없는 경우에는 특별대리인을 선임한다(제62조). 또한 소송절차는 복잡하고 연쇄적인 구조이므로 민법과는 달리 ① **법정대리인의 동의권이 없으며**, ② 미성년자의 소송행위는 취소할 수 있는 것이 아니라 무효이다.

2) 예 외 : 다만 **미성년자가 독립하여 법률행위를 할 수 있는 경우**인, ① **미성년자가 혼인한 때**(민법 제826조의 2), ② **영업허락을 받은 경우**(민법 제8조), ③ **근로계약의 체결 및 임금청구**(근로기준법 제67조, 제68조), ④ 타인의 소송대리인으로서 소송행위를 하는 경우, ⑤ 당사자 간에 소송능력에 관하여 다툼이 있는 범위 등에서는 예외적으로 소송능력이 인정된다. 또한 미성년자가 법정대리인 상대의 입양무효의 소를 제기함에는 개정 민법에 의하여 친족회가 아닌 후견감독인(민법 제950조)의 동의를 얻으면 된다.

(2) 피한정후견인

과거 한정치산자는 미성년자에 준했으나, 민법의 개정으로 **피한정후견인은 원칙적으로 행위능력자이므로 소송능력자**이지만, 가정법원이 정한 행위범위 내에서 행위능력의 제한을 받으므로(민법 제13조 1항), **개정 민법 제959조의 4에 의한 대리권수여의 심판을 받았을 경우에 법정대리인의 대리에 의하여** 한다.

(3) 피성년후견인

과거 금치산자에 해당하는 피성년후견인의 소송행위는 법정대리인에 의함을 원칙으로 하되 가정법원에 의하여 정해진 취소할 수 없는 법률행위(민법 제10조 2항)의 한도에서는 소송능력이 인정된다. 그러나 민법 제10조 4항의 일용품의 구입 등 일상생활에 필요하고 그 대가가 과도하지 아니한 법률행위의 경우 취소할 수 없어도 소송능력이 인정되는 것은 아니다(제55조 1항 2호 참조).

(4) 피성년후견인이 아닌 의사무능력자

제한능력자에 준하며 이에 대하여도 법정대리인(선임된 특별대리인)의 대리를 인정해야 한다는 것이 종래의 판례·통설이었는데 2016 개정법률 제62조의 2에서 성문화하였다.

III. 소송능력의 조사와 흠결의 효과

1. 소송행위의 유효요건

(1) 흠결시 무효

　소송능력은 개개의 소송행위의 유효요건이다. 따라서 **소송무능력자의 소송행위나 무능력자에 대한 소송행위는 무효**이다. 이 점은 **취소할 수 있게 되어 있는 민법상 무능력자의 법률행위와 취급을 달리**하는데, 소송절차의 안정을 위해서이다. 따라서 소송무능력자의 소의 제기, **소송대리인 선임**, 청구의 포기·인낙은 무효이고, 소송무능력자가 출석하여 변론하여도 기일불출석으로 취급한다. 기일통지나 송달도 법정대리인에게 해야 하며, 만일 판결정본이 무능력자에게 송달되고 법정대리인에게 송달되지 않았으면 송달이 무효이므로 상소기간이 진행하지 않는다.

(2) 추 인

> 제60조(소송능력 등의 흠과 추인) 소송능력, 법정대리권 또는 소송행위에 필요한 권한의 수여에 흠이 있는 사람이 소송행위를 한 뒤에 보정된 당사자나 법정대리인이 이를 추인(追認)한 경우에는, 그 소송행위는 이를 한 때에 소급하여 효력이 생긴다.

　1) 의의 및 취지 : 소송무능력자의 소송행위나 그에 대한 소송행위라도 확정적 무효는 아니며, 이른바 유동적 무효이다. 따라서 **소송능력을 회복한 당사자 또는 법정대리인이 추인하면 그 행위시로 소급하여 유효**로 된다(제60조). 이는 무능력자의 소송행위라도 본인에게 반드시 불리한 것이라고 단정할 수 없기 때문이다. 그러나 **추인은 과거의 소송행위를 소급하여 유효하게 할 뿐 소송무능력자에게 소송능력이 부여되는 것은 아니므로 앞으로의 소송행위는 법정대리인에 의하게 된다.**

　2) 추인의 방법 : ① 명시·**묵시의 의사표시로 가능**하고, ② 추인의 시기에는 아무런 제한이 없다. ③ 추인은 원칙적으로 소송행위 전체에 대하여 행하여야 하며, 소송행위를 선별하여 하는 일부추인은 허용되지 않는다. 다만 소의 취하와 같은 것을 제외하고 나머지 소송행위만을 추인하는 경우와 같이 소송혼란의 염려가 없으면 일부추인도 가능하다. 일단 **추인거절의 의사표시를 한 이상 무능력자의 소송행위는 확정적 무효가 되므로 그 뒤에 재추인은 허용될 수 없다**.[186]

2. 제소단계에서 소송요건

(1) 법원의 조치

> 제59조(소송능력 등의 흠에 대한 조치) 소송능력, 법정대리권 또는 소송행위에 필요한 권한의 수여에 흠이 있는 경우에는 법원은 기간을 정하여 이를 보정(補正)하도록 명하여야 하며, 만일 보정하는 것이 지연됨으로써 손해가 생길 염려가 있는 경우에는 법원은 보정하기 전의 당사자 또는 법정대리인으로 하여금 일시적으로 소송행위를 하게 할 수 있다.

---

[186] 대법 2008.08.21, 2007다79480

소송능력 구비여부는 **직권조사사항**으로서 소송무능력자의 소송행위가 소의 제기인 경우 당연무효로 방치하여 둘 것이 아니라 소각하판결로 명확히 정리하여야 한다. 단, **추인의 여지가 있으므로 보정이 가능하면 보정명령을 하여야 하며, 지연으로 손해의 염려가 있는 때에는 보정을 조건으로 일시적인 소송행위를 할 수 있다**(제59조).

(2) 소장의 적식심사단계에서 발견한 경우

법 제249조 제1항은 소장에는 당사자, 법정대리인, 청구의 취지와 원인을 기재하여야 한다고 규정하고 있고, 필요적 기재사항의 기재여부는 소장의 적식심사단계에서 판단하도록 되어 있는 바, 법원으로서는 **소장의 적식심사단계에서 소송무능력자임을 확인하게 된 때에는 법정대리인에 대한 표시가 누락된 것으로 보아 법정대리인을 특정할 것에 대한 보정을 명하여야** 하고(제254조 1항), **그럼에도 보정을 하지 않는 때에는 필요적 기재사항이 기재되지 않은 것으로 보아 소장각하명령**을 하여야 한다(동조 2항).

(3) 소송능력에 대하여 당사자간에 다툼이 있는 경우

1) 조사결과 : 그 능력이 긍정되는 경우에는 중간판결 또는 종국판결의 이유에서 판단하면 되고, **흠결이 있으면 소를 각하한다**. 이 경우 각하판결문의 소송무능력자에 대한 송달은 유효하고, 소송무능력자라 하더라도 그 능력을 다투는 한도에서 유효하게 소송행위를 할 수 있으므로 단독으로 소송능력을 다투는 항소를 제기할 수 있다.

2) 무능력자의 상소에 대한 상소심의 조치 : 이 때 항소심은 무능력자의 상소라 하여 상소를 각하할 수 없고, 심리결과 소송능력이 없으면 상소를 기각하고, 능력이 인정되면 필수적으로 환송한다(제418조 본문).

3. 소송계속 중 소송능력의 상실의 경우

예를 들어 소의 제기 후 성년후견이 개시된 경우에는 소 자체가 부적법해지는 것은 아니고, 그 뒤의 소송행위만 개별적으로 무효가 된다. **법정대리인이 수계할 때까지 소송절차가 중단되나**(제235조), **소송대리인이 있는 경우에는 중단되지 않는다**(제238조).

4. 소송능력을 간과한 판결과 구제방법

무능력자의 소 제기 또는 무능력자에 대한 소 제기는 부적법하므로 제1심법원은 소각하판결을 하였어야 함에도 불구하고 본안판결을 한 경우, 무효라고 볼 수 없다.

(1) 무능력자 측이 승소한 경우

무능력자가 승소판결을 받은 경우에는 무능력자뿐만 아니라 상대방도 상소나 재심의 이익이 없어 유효한 판결이 된다.[187] 判例도 **민사소송법에서 법정대리권 등의 흠결을 재심사유로 규정한 취지는 원래 그러한 대표권의 흠결이 있는 당사자 측을 보호하려는 데에 있으므로, 그 상대방이 이를 재심사유로 삼기 위해서는 그러한 사유를 주장함으로써 이익을 받을 수 있는 경우에 한하고, 여기서 이익을 받을 수 있는 경우란 위와**

---

187) 대법 1983.02.08, 80사50

같은 대표권 흠결 이외의 사유로도 종전의 판결이 종국적으로 상대방의 이익으로 변경될 수 있는 경우를 가리킨다고 했다.188)

(2) 무능력자 측이 패소한 경우

확정 전에는 제424조 1항 4호 상소로, 확정 후에는 제451조 1항 3호 재심으로 구제받을 수 있다. 무능력자가 단독으로 제기한 항소에 대해,

1) 항소심법원이 무능력자의 항소를 각하할 수 있는지 여부 : 통설은 미성년자 패소의 본안판결에 대하여 소송무능력을 간과한 하자가 있음을 이유로 단독으로 제기한 항소는 적법하다고 본다. 이 항소를 활용하여 능력흠결을 간과한 제1심판결을 취소하고 소 각하의 자판을 항소심에서 하도록 함으로써 본안 패소의 1심판결로부터 미성년자를 구제하는 것이 소송무능력제도의 취지에 부합하는 해석이기 때문이다.

2) 항소심법원의 심판 : 원심판결을 즉시 취소할 것이 아니라 추인의 여지가 있으므로 기간을 정하여 보정을 명하도록 하자는 견해가 통설의 입장이다.

① 법정대리인 등의 보정이 있는 경우 : 제1심판결의 하자는 치유되고 항소심은 본안판단을 하면 될 것이다.

② 법원의 보정명령에 불응하는 경우 : 항소심법원은 제1심이 소송무능력을 간과하여 내린 판결이 위법임을 이유로 항소를 인용하여 제1심판결을 취소하고 소 각하판결을 하여야 한다.

제4관 변론능력

Ⅰ. 서 설

1. 변론능력의 의의

변론능력이라 함은 변론장소인 법정에 나가 법원에 대한 관계에서 유효하게 소송행위를 하기 위한 능력을 말한다.

2. 소송능력과 변론능력의 차이

차이점	소송능력	변론능력
취 지	• 당사자 보호 : 사익	• 절차의 원활한 진행 : 공익
능력의 수준	• 저도의 능력	• 상당한 법률적 소양
능력이 요구되는 자	• 당사자	• 당사자, 대리인, 보조참가인
능력이 요구되는 범위	• 모든 소송행위	• 법정에서 변론에 한정
능력의 성질	• 형식적, 일률적	• 실질적인 능력
능력흠결의 판단	• 법에 규정	• 개별적으로 법원이 판단
능력흠결의 효과	• 유동적 무효, 상소·재심사유	• 절대무효, 간과판결시 치유

---

188) 대법 2000.12.22, 2000재다513

II. 변론능력이 없는 자

1. 진술금지의 재판을 받은 자

> 제144조(변론능력이 없는 사람에 대한 조치) ① 법원은 소송관계를 분명하게 하기 위하여 필요한 진술을 할 수 없는 당사자 또는 대리인의 진술을 금지하고, 변론을 계속할 새 기일을 정할 수 있다.

법원은 소송관계를 분명하게 하기 위하여 필요한 진술을 할 수 없는 당사자 또는 대리인에게 진술을 금지하는 재판을 할 수 있는데(제144조 제1항), 제144조에 따른 법원의 진술금지 또는 변호사선임명령은 당사자 또는 대리인의 변론이 애매하거나 그 의미가 명확하지 아니하여 법원이 민사소송법 제136조에 따라 소송관계를 분명하게 하기 위하여 석명을 구하더라도 당사자 등이 사안의 진상을 충분히 밝혀 필요한 진술을 할 수 있는 능력이 없는 때에 당사자 등으로 하여금 변론을 계속하게 하는 것이 그 당사자에게 불이익하고 또한 소송절차를 지연시키는 등 바람직하지 않은 결과를 가져오므로 이를 막기 위한 것이다.[189] 이러한 재판을 받은 자는 **당해 변론기일에만 한정하는 것이 아니라 그 심급에 있어서 변론 전부에 미친다. 진술금지명령에 대하여는 불복할 수 없다.**

2. 발언금지명령을 받은 자

> 제135조(재판장의 지휘권) ② 재판장은 발언을 허가하거나 그의 명령에 따르지 아니하는 사람의 발언을 금지할 수 있다.

발언금지된 자는 해당기일에 한하여 변론능력이 없게 된다.

3. 문제가 되는 경우

(1) 변호사대리의 원칙

변호사대리의 원칙을 소송대리인의 변론능력 제한의 일종으로 파악하여 변호사 자격을 갖지 아니한 자는 소송대리인으로서 변론능력이 없다는 입장도 있으나,[190] 判例는 **변호사 아닌 지방공무원이 지방자치단체의 소송을 대리한 경우에 무권대리로 취급**하였고,[191] 변리사들이 상표권침해의 민사소송에서 소송대리인으로서 상고장을 작성·제출한 사안에서 변호사대리의 원칙 제87조에 위배되어 부적법하다고 하였다.

---

189) 대법 2023.12.14, 2023마6934
190) 이시윤 13판 170면; 정동윤/유병현 187면; 송상현/박익환 149면
191) 대법 2006.06.09, 2006두4035

(2) 듣거나 말하는데 장애자와 진술조력인 제도의 신설

> 제143조(통역) ① 변론에 참여하는 사람이 우리말을 하지 못하거나, 듣거나 말하는 데 장애가 있으면 통역인에게 통역하게 하여야 한다. 다만, 위와 같은 장애가 있는 사람에게는 문자로 질문하거나 진술하게 할 수 있다.
> ② 통역인에게는 이 법의 감정인에 관한 규정을 준용한다.
>
> 제143조의2(진술 보조) ① 질병, 장애, 연령, 그 밖의 사유로 인한 정신적·신체적 제약으로 소송관계를 분명하게 하기 위하여 필요한 진술을 하기 어려운 당사자는 법원의 허가를 받아 진술을 도와주는 사람과 함께 출석하여 진술할 수 있다.
> ② 법원은 언제든지 제1항의 허가를 취소할 수 있다.
> ③ 제1항 및 제2항에 따른 진술보조인의 자격 및 소송상 지위와 역할, 법원의 허가 요건·절차 등 허가 및 취소에 관한 사항은 대법원규칙으로 정한다. [본조신설 2016.2.3.][시행일 : 2017.2.4.]

> **민사소송규칙**
> 제30조의2(진술 보조) ① 법 제143조의2에 따라 법원의 허가를 받아 진술보조인이 될 수 있는 사람은 다음 각 호 중 어느 하나에 해당하고, 듣거나 말하는 데 장애가 없어야 한다.
> 1. 당사자의 배우자, 직계친족, 형제자매, 가족, 그 밖에 동거인으로서 당사자와의 생활관계에 비추어 상당하다고 인정되는 경우
> 2. 당사자와 고용, 그 밖에 이에 준하는 계약관계 또는 신뢰관계를 맺고 있는 사람으로서 그 사람이 담당하는 사무의 내용 등에 비추어 상당하다고 인정되는 경우
> ② 제1항과 법 제143조의2제1항에 따른 허가신청은 심급마다 서면으로 하여야 한다.
> ③ 제1항과 법 제143조의2제1항에 따른 법원의 허가를 받은 진술보조인은 변론기일에 당사자 본인과 동석하여 다음 각 호의 행위를 할 수 있다. 이 때 당사자 본인은 진술보조인의 행위를 즉시 취소하거나 경정할 수 있다.
> 1. 당사자 본인의 진술을 법원과 상대방, 그 밖의 소송관계인이 이해할 수 있도록 중개하거나 설명하는 행위
> 2. 법원과 상대방, 그 밖의 소송관계인의 진술을 당사자 본인이 이해할 수 있도록 중개하거나 설명하는 행위
> ④ 법원은 제3항에 따라 진술보조인이 한 중개 또는 설명행위의 정확성을 확인하기 위하여 직접 진술보조인에게 질문할 수 있다.
> ⑤ 진술보조인이 변론에 출석한 때에는 조서에 그 성명을 기재하고, 제3항에 따라 중개 또는 설명행위를 한 때에는 그 취지를 기재하여야 한다.
> ⑥ 법원은 법 제143조의2제2항에 따라 허가를 취소한 경우 당사자 본인에게 그 취지를 통지하여야 한다. [본조신설 2017.2.2.]

변론에 참여하는 사람이 우리말을 하지 못하거나 듣거나 말하는 데 장애가 있으면 통역인에게 통역을 하게 하여야 하는데(제143조), 통역이 있어야 하는 이들에게는 변론능력이 없다는 견해도 있으나, 통역은 어디까지나 이들이 변론기일에 출석하여 변론하는 과정에서 타인들과 의사소통이 되도록 보조하는 역할에 불과하므로 이들의 변론능력을 제한하는 사유가 된다고 보기는 어렵다. 2017. 2. 4. 시행의 개정법률 제143조의 2에서는 질병, 장애, 노령 그 밖의 사유로 인한 정신적·신체적 제약으로 소송관계를 분명하게 하기 위하여 필요한 진술을 하기 어려운 당사자를 위하여 그 진술을 도와주는 진술보조인제도를 신설하

였다(간병인, 친족 등). 법정대리인이 아니며 사회적 약자의 변론능력의 보완을 목적으로 한다. 이 때에 당사자는 법원의 허가를 얻어 진술조력인과 함께 출석하여 진술할 수 있다. 허가신청을 서면으로만 하게 한 문제점이 있으며, 변호사대리의 원칙의 잠탈은 피해야 할 것이다.

III. 변론능력 흠결의 효과

1. 소송행위의 유효요건

변론무능력자의 소송행위는 무효이며, 소급추인은 안 된다. 진술금지의 재판을 한 경우 변론을 계속할 새 기일을 정할 수 있는데(제144조 제1항), 그 새 기일에 변론무능력자가 거듭 출석하더라도 기일불출석으로 취급된다.

2. 변호사 선임명령을 따르지 않는 경우 : 소·상소 각하 결정

> 제144조(변론능력이 없는 사람에 대한 조치) ② 제1항의 규정에 따라 진술을 금지하는 경우에 필요하다고 인정하면 법원은 변호사를 선임하도록 명할 수 있다.
> ③ 제1항 또는 제2항의 규정에 따라 대리인에게 진술을 금지하거나 변호사를 선임하도록 명하였을 때에는 본인에게 그 취지를 통지하여야 한다.
> ④ 소 또는 상소를 제기한 사람이 제2항의 규정에 따른 명령을 받고도 제1항의 새 기일까지 변호사를 선임하지 아니한 때에는 법원은 결정으로 소 또는 상소를 각하할 수 있다.
> ⑤ 제4항의 결정에 대하여는 즉시항고를 할 수 있다.

(1) 내 용

진술금지재판과 함께 변호사 선임을 명할 수 있는데(제144조 제2항), 이러한 **선임명령을 받은 자가 새 기일까지 변호사를 선임하지 아니한 때에는 법원은 결정으로 소 또는 상소를 각하할 수 있다**(동조 제4항). **이 결정에 대하여는 즉시항고**할 수 있다(동조 제5항). 특히 항소심에서 항소인이 변호사선임명령을 받고 이를 이행하지 아니하여 항소가 각하되는 경우 그에게 불이익한 제1심판결이 확정되는 결과를 가져오므로 이러한 경우 법원은 변호사선임명령을 할 것인지 여부를 더 신중하게 판단할 필요가 있다. 또한 변호사선임명령을 받은 당사자에 대하여 소송구조를 통하여 소송관계를 분명하게 할 수 있는 사안인지도 아울러 살필 필요가 있다.[192]

(2) 대리인에게 진술금지의 재판을 한 경우

대리인에게 진술을 금하거나 변호사의 선임을 명하였는데, 제144조 제3항에 의한 통지를 하지 않은 경우라면 변호사를 선임하지 않았다는 이유로 소를 각하할 수 없다.

> **판례연구 : 제144조 3항을 선정당사자에게 유추적용할 수 있는지 여부**
> 선정당사자는 비록 그 소송의 당사자이기는 하지만 선정행위의 본질이 임의적 소송신탁에 불과하여 다른 선정자들과의 내부적 관계에서는 소송수행권을 위임받은 소송대리인과 유사한 측면이 있고, 나아가 선정당사자가 법원

---

[192] 대법 2023.12.14, 2023마6934

의 선임명령에 따라 변호사를 선임하기 위하여는 선정자들의 의견을 고려하지 않을 수 없는 현실적 사정을 감안하면, 선정당사자에게 변론을 금함과 아울러 변호사 선임명령을 한 경우에도 민사소송법 제144조 제3항의 규정을 유추하여 실질적으로 변호사 선임권한을 가진 선정자들에게 법원이 그 취지를 통지하거나 다른 적당한 방법으로 이를 알려주어야 하고, 그러한 조치 없이는 변호사의 선임이 이루어지지 아니하였다 하여 곧바로 소를 각하할 수는 없다고 봄이 상당하다.193)

3. 변론무능력을 간과한 본안판결

변론능력제도는 당사자의 보호에 그 목적이 있는 것이 아니라 소송의 원활·신속에 그 목적이 있는 것이므로 법원이 변론무능력을 문제 삼지 아니하고 넘어 갔으면 그 흠은 일단 치유된 것으로 볼 수 있기 때문에 **상소나 재심을 제기할 수 없다**.

제4절 소송상의 대리인

제1관 총 설

Ⅰ. 소송상 대리인의 의의

1. 의 의

소송상 대리인이라 함은 당사자의 이름으로 소송행위를 하거나 소송행위를 받는 제3자를 말한다.

2. 민법상의 대리와 구별되는 점

소송상의 대리는 민법상의 대리와 달리 소송절차의 원활·안정을 위하여 대리권의 존재와 범위를 명확히 하고 획일적으로 처리할 필요가 있다. 따라서 ① 대리권의 서면증명(제58조, 제89조) ② 대리권범위의 법정(제56조, 제90조) ③ 대리권 소멸의 통지(제63조, 제97조), ④ 민법상의 표현대리의 배제(判例) 등은 이와 같은 요청 때문이다.

Ⅱ. 대리인의 구분

1. 법정대리인과 임의대리인

(1) 법정대리인

본인의 의사에 의하지 아니하고 대리인이 된 자를 말하며, 이는 소송무능력자의 소송상의 권익을 보호하기 위한 제도이다. **법정대리권이 있는 사실 또는 소송행위를 위한 권한을 받은 사실은 서면으로 증명하여야** 한다(제58조 제1항).

(2) 임의대리인

1) 의 의 : **본인의 의사에 의하여 대리권이 수여됨으로써 대리인이 된 자**를 말한다. 임의대리인 중 포괄

---

193) 대법 2000.10.18, 2000마2999

적 대리권이 있는 대리인을 소송대리인이라 한다.

2) 소송대리권의 수여

① **수권행위의 성질** : **소송대리권의 발생이라는 소송법상의 효과를 목적으로 하는 소송행위로서 대리인 으로 되는 자의 승낙을 요하지 않는 단독행위이다.** 그 기초관계인 의뢰인과 변호사 사이의 사법상의 위임계 약과는 성격을 달리 하는 것이고, 의뢰인과 변호사 사이의 권리의무는 수권행위가 아닌 위임계약에 의하여 **발생**한다. 따라서 본인이 소송위임을 함에 있어서는 소송능력이 있어야 한다. **법정대리인이나 법률상 소 송대리인도 소송위임을 할 수 있다.** 본인으로부터 소송위임에 관한 대리권을 수여받은 자도 소송대리인을 선임할 수 있으나, 자기 소송대리인의 선임을 상대방 당사자에게 위임해 주는 것은 금지된다.

② 수권행위의 방식 : 제한이 없으며 서면 또는 말로도 할 수 있다. 다만, 대리권의 존재와 범위는 서면 으로 증명하여야 하므로(제89조 제1항), 보통은 소송위임장을 작성한다. 다만 **당사자가 법원에 출석하여 말로 대리인을 선임하고 법원사무관 등이 그 진술을 조서에 적은 때에는 서면증명이 필요없다**(제89조 제3항).

(3) 양자의 공통점

> 제97조(법정대리인에 관한 규정의 준용) 소송대리인에게는 제58조제2항·제59조·제60조 및 제63조의 규정 을 준용한다.

대리권의 증명하는 서면을 소송기록에 붙이는 것(제58조 2항), **대리권에 흠이 있는 경우 법원이 기간을 정해서 보정을 명하는 것**(제59조), **대리권의 흠이 추인으로 보정되는 것**(제60조), **상대방에게 통지하여야 대리 권 소멸의 효력을 주장할 수 있는 것**(제63조)은 공통점이다.

2. 포괄적 대리인과 개별적 대리인

소송상의 대리인은 일체의 소송행위를 대리하는 포괄적 대리인이 원칙이지만, 개개의 특정한 소송행위 에만 국한하여 대리할 수 있는 개별적 대리인도 있는데, 교도소·구치소·경찰관서의 장은 송달영수에 국한 하여 구속된 사람을 위한 대리권이 있다. 나아가 화해를 위한 대리인등이 개별적 대리인의 예이다.

제2관 소송상 대리인의 종류

Ⅰ. 법정대리인의 종류

1. 실체법상의 법정대리인

> 제51조(당사자능력·소송능력 등에 대한 원칙) 당사자능력, 소송능력, 소송무능력자의 법정대리와 소송행위 에 필요한 권한의 수여는 이 법에 특별한 규정이 없으면 민법, 그 밖의 법률에 따른다.

법정대리인의 자격에 관한 사항은 민법 그 밖의 법률에 의하므로(제51조), **민법상 법정대리인의 지위에 있는 자는 소송법상으로도 법정대리인**이 된다. 따라서 **친권자**(민법 제911조), **후견인**(민법 제928조), **한정후견 인·성년후견인**(민법 제929조, 제938조), **민법상의 특별대리인**(민법 제64조, 제921조), **부재자재산관리인**(민법 제22 조) 등이 이에 속한다.

2. 소송상 특별대리인

(1) 제한능력자 등을 위한 특별대리인과 그 준용

> **제62조(제한능력자를 위한 특별대리인)** ① 미성년자·피한정후견인 또는 피성년후견인이 당사자인 경우, 그 친족, 이해관계인(미성년자·피한정후견인 또는 피성년후견인을 상대로 소송행위를 하려는 사람을 포함한다), 대리권 없는 성년후견인, 대리권 없는 한정후견인, 지방자치단체의 장 또는 검사는 다음 각 호의 경우에 소송절차가 지연됨으로써 손해를 볼 염려가 있다는 것을 소명하여 수소법원(受訴法院)에 특별대리인을 선임하여 주도록 신청할 수 있다.
> 1. 법정대리인이 없거나 법정대리인에게 소송에 관한 대리권이 없는 경우
> 2. 법정대리인이 사실상 또는 법률상 장애로 대리권을 행사할 수 없는 경우
> 3. 법정대리인의 불성실하거나 미숙한 대리권 행사로 소송절차의 진행이 현저하게 방해받는 경우
> ② 법원은 소송계속 후 필요하다고 인정하는 경우 직권으로 특별대리인을 선임·개임하거나 해임할 수 있다.
> ③ 특별대리인은 대리권 있는 후견인과 같은 권한이 있다. 특별대리인의 대리권의 범위에서 법정대리인의 권한은 정지된다.
> ④ 특별대리인의 선임·개임 또는 해임은 법원의 결정으로 하며, 그 결정은 특별대리인에게 송달하여야 한다.
> ⑤ 특별대리인의 보수, 선임 비용 및 소송행위에 관한 비용은 소송비용에 포함된다.
> [전문개정 2016.2.3.][시행일 : 2017.2.4.]
>
> **제62조의2(의사무능력자를 위한 특별대리인의 선임 등)** ① 의사능력이 없는 사람을 상대로 소송행위를 하려고 하거나 의사능력이 없는 사람이 소송행위를 하는 데 필요한 경우 특별대리인의 선임 등에 관하여는 제62조를 준용한다. 다만, 특정후견인 또는 임의후견인도 특별대리인의 선임을 신청할 수 있다.
> ② 제1항의 특별대리인이 소의 취하, 화해, 청구의 포기·인낙 또는 제80조에 따른 탈퇴를 하는 경우 법원은 그 행위가 본인의 이익을 명백히 침해한다고 인정할 때에는 그 행위가 있는 날부터 14일 이내에 결정으로 이를 허가하지 아니할 수 있다. 이 결정에 대해서는 불복할 수 없다.
> [본조신설 2016.2.3.][시행일 : 2017.2.4.]

1) **의 의** : 미성년자, 피한정후견인(가정법원의 지정에 의해 한정후견인의 동의를 받아야 하는 행위인 경우) 또는 피성년후견인을 대리할 법정대리인이 없거나 법정대리인이 대리권을 행사할 수 없는 경우, 법정대리인의 불성실로 소송절차의 진행이 현저하게 방해받는 경우 등의 대비책으로 수소법원에 그를 대리해줄 특별대리인의 선임을 당사자의 신청 또는 필요에 따라 직권으로 할 수 있도록 하였다(제62조 1항, 2항).

2) **요 건**

① 제한능력자가 당사자일 것 : 제한능력자를 피고로 하여 소송을 하고자 할 경우이거나, 제한능력자 측이 원고가 되어 소송을 하고자 할 경우일 것을 요한다. 소제기전에 신청할 수 있음은 물론 소제기후라도 신청할 수 있다.

② 사유 : ⅰ) 법정대리인이 없을 때란 미성년자에게 친권자가 없고 후견인도 지정되지 아니한 경우가 전형적 예이다. 성년후견인·한정후견인은 있으나 대리권이 없는 경우도 포함한다. ⅱ) 법정대리인이 대리권을 행사할 수 없는 때란 이해상반 등으로 대리권행사에 법률상 장애만이 아니라, 법정대리인의 질병

등 사실상 장애가 있는 경우도 포함한다. 2017 개정법은 이를 명확히 하였다. 양모가 미성년자를 상대로 한 소유권이전등기소송은 민법 제921조 1항의 이해상반행위에 해당하고 양자의 친생부모는 친권자가 되지 못하므로 법원은 특별대리인을 선임하여야 하며,194) 식물인간이 된 남편이 자기 후견인이 된 아내를 상대로 한 간통이혼청구에서는 어머니를 특별대리인으로 선임신청을 할 수 있다.195) iii) 2017 개정법률에서 법정대리인이 불성실하거나 미숙한 대리권행사로 소송절차의 진행이 현저하게 방해받는 것을 선임요건으로 추가하였다.

③ 소송절차가 지연됨으로써 손해를 볼 염려가 있을 것 : 민법에 의하여 법정대리인이나 특별대리인을 선임하기까지 기다리자면 신청인 측에 손해가 생길 염려가 있어야 한다. 가압류·가처분 또는 시효중단의 필요성이 있을 때 등이다.

3) 선임 및 개임절차

① 신청 또는 직권 : 특별대리인은 신청에 의해 선임되는데, 선임신청권자는 친족, 이해관계인(미성년자·피한정후견인 또는 피성년후견인을 상대로 소송행위를 하려는 사람을 포함한다), 대리권 없는 성년후견인, 대리권 없는 한정후견인, **지방자치단체의 장 또는 검사**이며, 제한능력자 본인은 될 수 없다. 개정법은 **의사무능력자를 위한 특별대리인의 선임신청은 특정후견인**196) **또는 임의후견인도**197) **할 수 있도록 하였다**(개정 제62조의2 1항 단서). **선임신청은 수소법원에 하여야 하는데, 여기의 수소법원이란 본안사건이 장래에 계속될 또는 현재 계속되어 있는 법원을 뜻하며, 반드시 이미 계속된 본안사건의 담당재판부만을 가리키는 것은 아니다.**198) 따라서 수소법원인 광주고등법원에 소송대리인 선임신청을 하였는데, 원심이 관할위반을 이유로 대표자의 직무집행정지가처분 결정이 내려진 전주지방법원 군산지원으로 이송하는 결정을 한 것은 특별대리인 선임에 관한 법리를 오해하여 재판에 영향을 미친 잘못이 있다.199)

② 재 판 : 선임재판은 결정의 형식으로 한다. 선임된 사람은 취임의무를 갖는 것은 아니나, 변호사가 선임되었을 때에는 정당한 이유 없이 취임을 거부할 수 없다. 법원은 소송계속 후 필요하다고 인정하는 경우 직권으로 특별대리인을 선임·개임하거나 해임할 수 있다(제62조 2항). 선임·개임·해임의 결정은 특별대리인에게 송달하여야 한다(제62조 4항). **특별대리인의 보수, 선임 비용 및 소송행위에 관한 비용은 소송비용에 포함**된다(제62조 5항).

③ 불 복 : **선임신청의 기각결정에 대해서는 항고할 수 있으나**(제439조), **선임결정에 대해서는 항고할 수 없다.**200)

---

194) 대법 1991.04.12, 90다17491
195) 대법 2010.04.08, 2009므3652
196) 정신적 제약으로 보호가 필요한 성인 중에는 성년후견이나 한정후견과 같은 지속적·포괄적 보호가 필요한 사람들도 있지만 일상적인 생활은 스스로 해나가면서도 특정한 문제의 해결을 위한 개별적·일회적 보호가 필요한 사람들도 있어, 특정후견은 후자의 경우를 위해 도입된 것으로, 질병, 장애, 노령, 그 밖의 사유로 인한 정신적 제약으로 일시적 후원 또는 특정한 사무에 관한 후원이 필요한 성인이 가정법원의 결정으로 선임된 후견인을 통해 재산관리 및 일상생활에 관한 특정사무에 대해 보호와 지원을 제공받는 제도(민법 제14조의2 제1항).
197) 후견계약에 의한 후견을 말하는 것으로, 일반 성인이 질병, 장애, 노령, 그 밖의 사유로 인한 정신적 제약으로 사무를 처리할 능력이 부족한 상황에 있거나 부족하게 될 상황에 대비하여 자신의 재산관리 및 신상보호에 관한 사무의 전부 또는 일부를 미리 다른 자에게 스스로 위탁하고 그 위탁사무에 관해 대리권을 수여하는 계약을 체결하여 그 계약으로 선임한 후견인으로부터 재산관리 및 일상생활과 관련된 사무에 대해 보호와 지원을 제공받는 제도(민법 제959조의14 제1항).
198) 대법 1969.03.25, 68그21
199) 대법 2024.02.15, 2023마7226

4) 준용되는 경우

① 의사무능력의 경우 : **의사무능력자이지만 아직 성년후견개시의 심판까지 받지 않은 자도 여기의 무능력자에 준하여 특별대리인을 선임할 수 있다**는 기존판례를[201] 2016년 명문화하였다(제62조의2 1항).

② 법인의 경우 : 이 제도는 법인에 대표자·관리인이 없거나 그가 대표권을 행사할 수 없는 경우에도 준용된다(제64조).

    ㉠ 선임할 수 있는 경우 : ⅰ) **비법인사단인 원고가 그 대표자인 피고 명의로 신탁한 부동산에 대하여 위 피고에게 명의신탁해지를 원인으로 그 소유권의 환원을 구하는 경우에 있어서는 달리 위 피고를 대신하여 원고를 대표할 자가 없는 한 이해관계인은 특별대리인의 선임을 신청할 수 있고 이에 따라 선임된 특별대리인이 원고를 대표하여 소송을 제기할 수 있다**.[202] 이 경우 **뒤에 대표권의 흠이 보완된 경우라면 수소법원의 해임결정이 있기 전이라도 그 대표자가 법인을 위한 소송행위는 할 수 있다**.[203] ⅱ) 법인에게 소송대리인이 있어도 대표이사가 사망한 경우에는 선임할 수 있다.

    ㉡ 선임할 수 없는 경우 : ⅰ) **법인의 대표이사가 사임한 뒤, 신대표이사의 선출결의가 부적법하다 하더라도 적법한 대표이사의 선출시까지는 당초의 대표이사가 대표이사의 권리·의무를 가지므로 제62조·제64조에 의한 대표자가 없는 때에 해당하지 않으며**,[204] ⅱ) 도시 및 주거환경정비법에 따른 조합의 이사가 자기를 위하여 조합을 상대로 소를 제기하는 경우 그 소송에 관하여는 감사가 조합을 대표하므로(도시 및 주거환경정비법 제22조 제4항), **조합에 감사가 있는 때에는 특별대리인을 선임할 수 없다**. 수소법원이 이를 간과하고 특별대리인을 선임하였더라도 특별대리인은 이사가 제기한 소에 관하여 조합을 대표할 권한이 없다.[205] ⅲ) 회사는 해산된 뒤에도 청산의 목적범위 내에서 존속하고, 합병 또는 파산의 경우 외에는 정관에 다른 규정이 있거나 주주총회에서 따로 **청산인을 선임하지 아니하면 이사가 당연히 청산인이 되며** 한편 이사는 임기가 만료되더라도 새로 선임된 이사가 취임할 때까지는 이사로서의 권리의무를 갖는 바이니,[206] 동 회사의 청산사무를 담당할 청산인이 없음을 이유로 한 이건 특별대리인 선임신청은 그 이유없다.[207]

(2) 판결절차 이외의 특별대리인

증거보전절차에서 상대방을 지정할 수 없는 경우이거나(제378조), 사망한 채무자의 유산에 대하여 강제집행을 함에 있어서 상속인이 없거나 소재불명인 경우(민사집행법 제32조 제2항)에도 특별대리인을 선임할 수 있다.

---

200) 항고는 이를 법률이 허용하고 있는 경우에 한하여 할 수 있는 것인바 법원의 특별대리인 선임 결정에 대하여는 항고를 할 수 있다는 법률상의 근거가 없고 민사소송법 제62조 제2항에 의하면 법원은 언제든지 특별대리인을 개임할 수 있는 것이므로 특별대리인의 선임에 대하여 불만이 있는 이해관계자는 법원에 위 직권행사를 촉구하면 족하다 할 것이어서 본건 항고는 항고할 수 없는 경우에 해당하여 부적법하다는 것에, 대법 1963.05.02, 63마4
201) 대법 1993.07.27, 93다8986 등
202) 대법 1992.03.10, 91다25208; 대법 2012.03.15, 2008두4619는 상호저축은행에 대한 금융위원회의 경영관리가 개시된 경우도 저축은행의 주주·임원 등이 특별대리인의 선임신청을 할 수 있다고 하였다.
203) 대법 2011.01.27, 2008다85758
204) 대법 1974.12.10, 74다428
205) 대법 2015.04.09, 2013다89372
206) 대법 1982. 04. 27, 81다358
207) 대법 1976.04.23, 73마1051

3. 법인 등 단체의 대표자

> 제64조(법인 등 단체의 대표자의 지위) 법인의 대표자 또는 제52조의 대표자 또는 관리인에게는 이 법 가운데 법정대리와 법정대리인에 관한 규정을 준용한다.

(1) 의 의

법인 또는 권리능력 없는 사단·재단도 당사자능력이 있는데, 소송행위는 법인 등의 대표자에 의하여 행한다. 이 경우 대표자는 준법정대리인이다.

(2) 법인 등의 대표기관

1) **사법인의 경우** : ⅰ) 민법상의 법인의 경우 대표기관은 이사이며(민법 제59조), ⅱ) 주식회사의 경우 대표이사(상법 389조)·청산인(상법 제542조)·대표이사직무대행자(상법 제408조)이다. 그러나 ⅲ) 이사와 회사 사이의 소에 관하여는 감사가 회사를 대표한다(상법 제394조). 다만 이 경우에도 회사에 일시대표이사가 선임된 경우라면 그로 하여금 회사를 대표하도록 하였더라도 그것이 공정한 소송수행을 저해하는 것이 아니므로 상법 제394조가 적용되지 않으며,208) 사임한 이사라면 현이사가 대표한다.209) ⅳ) 비법인사단인 종중의 경우 判例의 주류는 특별한 규약이 없는 한 門長이 종중원인 성년 이상인 자를 소집하고, 그 출석자 과반수의 결의에 의하여 선출된 자를 종중대표자로 보고 있다.210) ⅴ) 법무법인이 당사자인 경우에는 상법 중 합명회사에 관한 규정에 따라 등기된 법무법인의 대표자만이 법무법인을 대표하여 업무를 수행할 수 있을 뿐 담당변호사가 법무법인을 대표하여 해당 업무를 수행할 수 없다.211)

2) **공법인의 경우** : <u>국가를 당사자로 하는 소송에서는 법무부장관이 국가를 대표</u>한다(국가를당사자로하는소송에관한법률 제2조). 다만 법무부장관은 법정대리인이 소송대리인을 선임하는 입장에서 검사·공익법무관·관계행정청 직원 중에서 소송수행자를 지정하여 그로 하여금 국가를 대리하게 한다. 지방자치단체를 당사자로 하는 소송에서는 시장·도지사·군수·구청장 등 단체장이 자치단체를 대표하는데(지방자치법 제101조), 교육·학예에 관하여는 교육감이 당해 지방자치단체를 대표한다(지방교육자치에관한법률 제18조 제2항).

Ⅱ. 임의대리인의 종류

1. 법률상 소송대리인

> 제87조(소송대리인의 자격) 법률에 따라 재판상 행위를 할 수 있는 대리인 외에는 변호사가 아니면 소송대리인이 될 수 없다.

---

208) 대법 2018.03.15, 2016다275679
209) 대법 2013.09.09, 2013마1273
210) 대법 2007.09.06, 2007다34982는 여성종중원에 소집통지를 요한다고 하였다.
211) 변호사법 제50조 제1항에 따라 법무법인이 법인 명의로 수행하는 '업무'는 법무법인이 제3자의 위임이나 위촉 등에 의하여 소송행위 등 법률 사무를 처리하는 경우를 의미하고, 법무법인이 당사자로서 소송행위 등 법률 사무를 처리하는 경우는 포함되지 않는다고 해석함이 타당하다는 것에, 대법 2022.05.26, 2017다238141

(1) 의 의

법률상 본인을 위해 일정한 업무에 관하여 일체의 재판상의 행위를 행할 수 있는 것으로 인정된 자를 말하며, 그 권한은 법률에 규정되어 있더라도 본인의 의사에 의해 선임되거나 상실되므로 임의대리인이다.

(2) 법률상 소송대리인의 종류

1) 지배인(상법 제11조)·선장(상법 제773조)·선박관리인(상법 제761조)
2) 국가소송에 있어서 법무부장관으로부터 지정받은 소송수행자 : **국가를 당사자로 하는 소송에 관한 법률 제3조에 의하면, 법무부장관은 검사·공익법무관 필요에 따라 행정청의 직원 중에서 국가소송수행자를 임의로 지정**할 수 있기 때문에 변호사의 자격이 없는 자도 소송수행자로 지정될 수 있다. 그러나 **국가를 당사자로 하는 소송에 한정하고 지방자치단체를 당사자로 하는 소송에는 그 법률의 적용이 없다.**

(3) 법률상 소송대리인의 자격심사

> **민사소송규칙**
> **제16조(법률상 소송대리인의 자격심사 등)** ① 법원은 지배인·선장 등 법률상 소송대리인의 자격 또는 권한을 심사할 수 있고 그 심사에 필요한 때에는 그 소송대리인·당사자 본인 또는 참고인을 심문하거나 관련 자료를 제출하게 할 수 있다.
> ② 법원은 법률상 소송대리인이 그 자격 또는 권한이 없다고 인정하는 때에는 재판상 행위를 금지하고 당사자 본인에게 그 취지를 통지하여야 한다.

2. 소송위임에 의한 소송대리인

특정한 소송사건의 처리를 위임받은 대리인으로서 보통 소송대리인이라 할 때에는 이를 가리킨다.

(1) 변호사대리 원칙

법률상 소송대리인을 제외하고, 소송대리인은 변호사 또는 법무법인만이 될 수 있다(제87조). **우리 법제하에서는 변호사강제주의가 채택되어 있지 않아** 본인 스스로도 소송을 할 수 있으나, 소송대리인을 선임하는 경우에는 변호사자격을 가지는 자에 한정된다. 다만, 증권관련집단소송에 있어서는 증권관련집단소송의 전문성과 복잡성을 고려하여 변호사강제주의를 채택하고 있다(증권관련집단소송법 제5조).[212]

---

[212] 변리사들이 상표권 침해를 청구원인으로 하는 민사소송에서 원고의 소송대리인 자격으로 상고장을 작성·제출한 사안에서, 위 상고는 변호사가 아니면서 재판상 행위를 대리할 수 없는 사람이 대리인으로 제기한 것으로 민사소송법 제87조에 위배되어 부적법하다고 한 사례로 대법 2012.10.25, 2010다108104.

(2) 비변호사의 소송대리

1) 단독사건 중 일정한 사건

> **제88조**(소송대리인의 자격의 예외) ① 단독판사가 심리·재판하는 사건 가운데 그 소송목적의 값이 일정한 금액 이하인 사건에서, 당사자와 밀접한 생활관계를 맺고 있고 일정한 범위안의 친족관계에 있는 사람 또는 당사자와 고용계약 등으로 그 사건에 관한 통상사무를 처리·보조하여 오는 등 일정한 관계에 있는 사람이 법원의 허가를 받은 때에는 제87조를 적용하지 아니한다.
> ② 제1항의 규정에 따라 법원의 허가를 받을 수 있는 사건의 범위, 대리인의 자격 등에 관한 구체적인 사항은 대법원규칙으로 정한다.
> ③ 법원은 언제든지 제1항의 허가를 취소할 수 있다.

> **민사소송규칙**
> 제15조(단독사건에서 소송대리의 허가) ① 단독판사가 심리·재판하는 사건으로서 다음 각 호의 어느 하나에 해당하는 사건에서는 변호사가 아닌 사람도 법원의 허가를 받아 소송대리인이 될 수 있다. 〈개정 2016.9.6.〉
> 1. 「민사 및 가사소송의 사물관할에 관한 규칙」 제2조 단서 각 호의 어느 하나에 해당하는 사건
> 2. 제1호 사건 외의 사건으로서 다음 각 목의 어느 하나에 해당하지 아니하는 사건
>   가. 소송목적의 값이 소제기 당시 또는 청구취지 확장(변론의 병합 포함) 당시 1억원을 넘는 소송사건
>   나. 가목의 사건을 본안으로 하는 신청사건 및 이에 부수하는 신청사건(다만, 가압류·다툼의 대상에 관한 가처분 신청사건 및 이에 부수하는 신청사건은 제외한다)
> ② 제1항과 법 제88조제1항의 규정에 따라 법원의 허가를 받을 수 있는 사람은 다음 각호 가운데 어느 하나에 해당하여야 한다.
> 1. 당사자의 배우자 또는 4촌 안의 친족으로서 당사자와의 생활관계에 비추어 상당하다고 인정되는 경우
> 2. 당사자와 고용, 그 밖에 이에 준하는 계약관계를 맺고 그 사건에 관한 통상사무를 처리·보조하는 사람으로서 그 사람이 담당하는 사무와 사건의 내용 등에 비추어 상당하다고 인정되는 경우
> ③ 제1항과 법 제88조제1항에 규정된 허가신청은 서면으로 하여야 한다.
> ④ 제1항과 법 제88조제1항의 규정에 따른 허가를 한 후 사건이 민사 및 가사소송의 사물관할에 관한 규칙 제2조 본문(다만, 같은 조 각 호의 사건은 제외한다)에 해당하게 된 때에는 법원은 허가를 취소하고 당사자 본인에게 그 취지를 통지하여야 한다. 〈개정 2010.12.13〉

> **민사 및 가사소송의 사물관할에 관한 규칙**
> 제2조(지방법원 및 그 지원 합의부의 심판범위) 지방법원 및 지방법원지원의 합의부는 소송목적의 값이 5억원을 초과하는 민사사건 및 민사소송등인지법 제2조제4항의 규정에 해당하는 민사사건을 제1심으로 심판한다. 다만, 다음 각호의 1에 해당하는 사건을 제외한다. 〈개정 2022. 1. 28.〉
> 1. 수표금·약속어음금 청구사건
> 2. 은행·농업협동조합·수산업협동조합·축산업협동조합·산림조합·신용협동조합·신용보증기금·기술신용보증기금·지역신용보증재단·새마을금고·상호저축은행·종합금융회사·시설대여회사·보험회사·신탁회사·증권회사·신용카드회사·할부금융회사 또는 신기술사업금융회사가 원고인 대여금·구상금·보증금 청구사건
> 3. 자동차손해배상보장법에서 정한 자동차·원동기장치자전거·철도차량의 운행 및 근로자의 업무상재해로 인한 손해배상 청구사건과 이에 관한 채무부존재확인사건
> 4. 단독판사가 심판할 것으로 합의부가 결정한 사건 [전문개정 2001. 2. 10.]

① 비변호사대리가 허용되는 사건 : ⅰ) 소가가 1억 원을 초과하더라도 「민사 및 가사소송의 사물관할에 관한 규칙」 제2조 단서 각 호의 어느 하나에 해당하는 사건과, ⅱ) 단독사건 중 소가가 제소 당시 또는 청구취지의 확장(변론의 병합 포함) 1억 원을 초과하지 아니하는 사건을 본안으로 하는 민사신청사건 및 이에 부수하는 신청사건을 말한다. 이에 비해 **단독사건의 상소심은 합의부가 담당하므로 비변호사의 소송대리가 허용되지 않으며,** 청구취지 확장에 따라 소송목적의 값이 5억 원을 초과하게 되었지만 변론관할이 발생하여 단독부가 제1심 재판하는 경우라도 비변호사의 소송대리는 허용되지 않는다.

비변호사의 소송대리가 허용되는 사건

소제기 당시 또는 청구취지 확장, 변론의 병합 당시 소가가 1억 원 이하인 민사소송사건	• 소제기 당시 소송목적의 값이 1억 원을 초과하였다면 그 후 청구취지의 감축, 소의 일부 취하·각하 등에 의하여 소송목적의 값이 1억 원 이하가 되었어도 비변호사 소송대리 불허 • 소제기 당시 1억 원 이하라도 청구취지 확장으로 초과하면 불허 • 8천만 원의 대여금청구와 7천만 원의 구상금 청구를 변론병합할 때 비변호사의 소송대리 불허
소가와 상관없이 허용되는 민사및가사소송의 사물관할에 관한 규칙 제2조 각호사건	• 수표금·약속어음금 청구사건 • 은행 등이 원고인 대여금·구상금·보증금 청구사건 • 자동차손해배상보장법에서 정한 자동차·원동기장치자전거·철도차량의 운행 및 근로자의 업무상재해로 인한 손해배상 청구사건과 이에 관한 채무부존재확인사건 • 단독판사가 심판할 것으로 합의부가 결정한 사건
소가와 상관없이 비변호사의 소송대리가 허용되는 사건을 1억 이하 사건에 병합한 경우	• 8천만 원의 대여금 청구와 1억 3천만 원의 어음금 청구가 병합된 경우 허용됨
기 타	• 1억 원을 초과하는 사건을 본안으로 하더라도 가압류신청사건, 다툼의 대상에 관한 가처분신청사건 및 이에 부수하는 신청사건은 비변호사 소송대리 허용 • 본안사건을 전제로 하지 않는 제소전 화해사건, 증거보전사건, 독촉사건, 강제집행사건, 민사조정은 원래부터 단독판사 관할인 이상 비변호사대리가 허용

② 소송대리의 허가자격의 한정 : ⅰ) **배우자 또는 4촌 이내의 친족으로서 당사자와의 생활관계에 비추어 상당하다고 인정되는 사람**과, ⅱ) **고용 등 일정한 관계에 있는 자가 담당하는 사무와 사건의 내용 등에 비추어 상당하다고 인정되는 사람**이다.

③ 서면신청에 따른 법원의 허가 : **서면으로 허가신청을 하여**(보수를 받을 목적으로 나선 자는 안됨) **소송대리인이 될 수 있다**(규칙 제15조 3항). **단독판사가 심판하는 사건에 있어서 소송대리 허가신청에 의한 소송대리권은 법원의 허가를 얻은 때로부터 발생하는 것이므로 소송대리인이 대리인의 자격으로 변론기일 소환장을 수령한 날짜가 법원이 허가한 날짜 이전이라면 그 변론기일 소환장은 소송대리권이 없는 자에 대한 송달로서 부적법**하다.213)

④ 허가의 취소 : **법원은 허가의 재판을 언제든지 취소할 수 있다**(제88조 3항). 또한 허가를 한 후에 청구취지의 확장이나 변론의 병합 등으로 소송목적의 값이 1억 원을 초과하게 되면(다만, 민사 및 가사소송의 사

---

213) 대법 1982.07.27, 82다68

물관할에 관한 규칙 제2조 각 호의 사건은 제외한다) 법원은 허가를 취소하고 당사자 본인에게 그 취지를 통지하여야 한다(규칙 제15조 4항).

   2) 형사소송절차에 부대하여 청구하는 배상신청 : 형사소송절차에 부대하여 청구하는 배상신청에 있어서도 피해자의 배우자·직계혈족·형제자매는 법원의 허가를 얻어 소송대리를 할 수 있다(소송촉진등에 관한특례법 제27조).

   3) 소액사건 : **배우자·직계혈족·형제자매는 별도의 법원의 허가 없이도 소송대리인이 될 수 있다**(소액사건심판법 제8조).

   4) 가사소송사건 : 가사소송사건은 합의사건이라도 본인출석주의이며, 특별한 사정이 있을 때 대리인을 출석하게 할 수 있는데, 이 경우에 비변호사가 대리인이 되기 위해서는 재판장의 허가를 요한다(가사소송법 제7조).

   5) 특허소송 : 변리사도 특허법원이 관할하는 소송 즉 특허심판원이 제1심으로 심판한 사건에 있어서는 소송대리인이 될 수 있다(변리사법 제8조). 그러나 특허침해소송에서는 변리사대리가 허용되지 않는다.[214]

   6) 비송사건 : 소송능력자이면 소송대리인이 될 수 있다(비송사건절차법 제6조).

제3관 소송상대리인의 권한

I. 법정대리인의 권한

> **제51조(당사자능력·소송능력 등에 대한 원칙)** 당사자능력, 소송능력, 소송무능력자의 법정대리와 소송행위에 필요한 권한의 수여는 이 법에 특별한 규정이 없으면 민법, 그 밖의 법률에 따른다.

1. 법정대리권의 범위

(1) 친권자

아무런 제한 없이 일체의 소송행위를 할 수 있다(제56조 부적용). 따라서 생모인 법정대리인이 소를 취하함에 있어서는 친족회의 특별수권이 필요 없다.[215]

(2) 후견인

> **제56조(법정대리인의 소송행위에 관한 특별규정)** ① 미성년후견인, 대리권 있는 성년후견인 또는 대리권 있는 한정후견인이 상대방의 소 또는 상소 제기에 관하여 소송행위를 하는 경우에는 그 후견감독인으로부터 특별한 권한을 받을 필요가 없다.
> ② 제1항의 법정대리인이 소의 취하, 화해, 청구의 포기·인낙(認諾) 또는 제80조에 따른 탈퇴를 하기 위해서는 후견감독인으로부터 특별한 권한을 받아야 한다. 다만, 후견감독인이 없는 경우에는 가정법원으로부터 특별한 권한을 받아야 한다.
> [전문개정 2016.2.3.]

---

214) 대법 2012.10.25, 2010다108104
215) 대법 1974.10.22, 74다1216

1) 소의 제기 : **후견인이 피후견인을 대리하여 소송행위를 할 때에는 후견감독인의 동의를 얻어야 한다**(민법 제950조). 다만 **상대방의 소제기 또는 상소에 관하여 소송행위를 하는 경우(수동적 응소행위)에는 후견감독인으로부터 특별한 권한을 받을 필요가 없다**(제56조 제1항).

2) 제56조 2항의 제한 : **소취하, 화해, 청구의 포기나 인낙, 소송탈퇴를 하기 위해서는 후견감독인으로부터 특별한 권한을 받아야** 한다. 후견감독인이 없는 경우에는 가정법원으로부터 특별한 권한을 받아야 한다(제56조 제2항).

(3) 소송상 특별대리인

1) 제한능력자를 위한 특별대리인 : ① **대리권 있는 후견인과 같은 권한을 갖는다**(제62조 3항). 따라서 소송행위를 할 권한뿐 아니라, 필요한 공격방어방법으로 사법상의 실체적 권리도 행사할 수 있고, 소취하, 화해, 청구의 포기·인낙 또는 탈퇴를 하기 위해서는 후견감독인으로부터 특별한 권한을 받아야 한다(제56조 2항 참조). 그러나 ② **특별대리인이 소를 제기하고 이를 유지하는 행위를 함에는 특별수권을 요하지 않는다**.[216)] 한편 **특별대리인의 대리권의 범위 내에서 법정대리인의 권한은 정지된다**(개정 제62조 3항).[217)]

2) 법인을 위한 특별대리인 : **법인의 대표자와 동일한 소송수행권을 가져 소송수행에 관한 일체의 소송행위를 할 수 있으므로 상소를 제기하거나 이를 취하하는 권한도 포함**된다.[218)]

3) 의사무능력자를 위한 특별대리인 : 이 때의 특별대리인이 소의 취하·화해, 청구의 포기·인낙 또는 소송탈퇴를 하는 경우는 제한능력자의 경우처럼 후견감독인이 있어서 견제할 수 있는 것도 아니므로, 특별대리인의 그 행위가 본인의 이익을 명백히 침해한다고 인정되면 수소법원은 후견적 견제의 견지에서 그 행위가 있는 날부터 14일 이내에 불허결정을 할 수 있도록 하였다(제62조의2 2항).

(4) 민법상의 특별대리인

당해소송에 관하여는 일체의 소송행위를 할 수 있다.

(5) 부재자 재산관리인

부재자재산관리인이 제56조 2항 소정의 중요한 소송행위를 함에 있어서는 법원의 허가를 요한다.[219)]

(6) 법인 등의 대표자

법인 등의 대표자의 권한도 법정대리인의 경우와 마찬가지로 제51조에 의하여 실체법상의 규정에 따른다. 민법상 법인의 대표자는 법인의 사무의 일체에 관하여 대표권이 있고(민법 제59조), 이에 어떠한 제한을 가하여도 등기하지 않으면 제3자에게 대항할 수 없으므로(민법 제60조), 일체의 소송행위를 할 수 있다. 다만 주식회사의 대표이사가 주주총회의 특별결의사항에 관하여 그 결의 없이 한 제소철회는 준재심의 대상이 된다.[220)] 주식회사의 대표이사직무대행자가 하는 소송대리인의 선임·보수계약의 체결 등은 회사의

---

216) 대법 1983.02.08, 82므34
217) 개정 민사소송법은 법정대리인이 불성실하거나 미숙한 대리권의 행사로 소송절차의 진행이 현저하게 방해받는 경우가 추가되어 법정대리인과 특별대리인이 동시에 존재할 수 있게 되었으므로, 그 권한충돌의 문제를 해결하기 위한 규정이다.
218) 대법 2018.12.13, 2016다210849·210856
219) 대법 1968.04.30, 67다2117

상무에 속하는 것이나,[221] 청구의 인낙·항소의 취하 등 상무에 속하지 않는 행위는 법원의 특별수권을 얻어야 한다(상법 제408조).[222] 학교법인의 이사직무대행자의 항소포기도 같이 볼 것이며,[223] 비법인사단의 대표자직무대행자도 같다.[224]

2. 법정대리인이 수인 있는 경우 : 공동대리

(1) 수동행위

> 제180조(공동대리인에게 할 송달) 여러 사람이 공동으로 대리권을 행사하는 경우의 송달은 그 가운데 한 사람에게 하면 된다.
>
> **민사소송규칙**
> 제49조(공동대리인에게 할 송달) 법 제180조의 규정에 따라 송달을 하는 경우에 그 공동대리인들이 송달을 받을 대리인 한 사람을 지정하여 신고한 때에는 지정된 대리인에게 송달하여야 한다.

상대방이 하는 소송행위를 받아들이는 수령은 단독으로 할 수 있으며, **송달은 그 중 한 사람에게 하면 된다**(제180조).

(2) 능동행위

1) 공동대리 방식 : <u>소나 상소의 제기 또는 취하, 화해, 청구의 포기나 인낙, 소송탈퇴 등 제56조 제2항의 소송행위는 전원이 공동으로 하지 않으면 무효</u>로 된다. 그 밖의 것은 단독으로 하여도 다른 대리인이 묵인하면 공동으로 한 것으로 보아도 무방하다.

2) 각 대리인의 변론내용이 모순될 때 : ⅰ) 이 경우는 제56조 2항을 유추하여 더 이익이 되는 것을 받아들여야 할 것이라는 다수설과, ⅱ) 제67조를 준용하여 본인에게 유리한 것은 단독으로 할 수 있으나 본인에게 불리한 것은 전원이 하여야 한다는 견해, ⅲ) 이러한 경우에는 유효한 대리행위로 보지 않는 견해 등의 대립이 있다.

3. 대리권의 서면증명

> 제58조(법정대리권 등의 증명) ① 법정대리권이 있는 사실 또는 소송행위를 위한 권한을 받은 사실은 서면으로 증명하여야 한다. 제53조의 규정에 따라서 당사자를 선정하고 바꾸는 경우에도 또한 같다.
> ② 제1항의 서면은 소송기록에 붙여야 한다.

---

220) 대법 1980.12.09, 80다584
221) 대법 1970.04.14, 69다1613; 대법 1989.09.12, 87다카2691
222) 대법 1975.05.27, 75다120; 대법 1982.04.27, 81다358
223) 대법 2006.01.26, 2003다36225
224) 대법 2018.12.28, 2016다260400

II. 임의대리인의 권한

1. 법률상 소송대리인의 대리권 범위

　법률상소송대리인의 권한의 범위는 각 법령에 규정해 놓고 있는데, 보통 일체의 재판상 행위를 할 수 있는 것으로 정하고 있다(상법 제11조 등). 이러한 대리인의 법정권한은 제한할 수 없으며(제92조) 제한하더라도 소송법상 효력이 없다. 국가소송수행자는 **복대리인의 선임을 제외하고 일체의 소송행위를 대리할 수 있다**(동법 제7조). 이 때문에 법무부장관의 승인이 없어도 청구인낙을 할 수 있다.[225]

2. 소송위임에 의한 소송대리인의 대리권 범위

> 제90조(소송대리권의 범위) ① 소송대리인은 위임을 받은 사건에 대하여 반소(反訴)·참가·강제집행·가압류·가처분에 관한 소송행위 등 일체의 소송행위와 변제(辨濟)의 영수를 할 수 있다.
> ② 소송대리인은 다음 각호의 사항에 대하여는 특별한 권한을 따로 받아야 한다.
>   1. 반소의 제기
>   2. 소의 취하, 화해, 청구의 포기·인낙 또는 제80조의 규정에 따른 탈퇴
>   3. 상소의 제기 또는 취하
>   4. 대리인의 선임
>
> 제91조(소송대리권의 제한) 소송대리권은 제한하지 못한다. 다만, 변호사가 아닌 소송대리인에 대하여는 그러하지 아니하다.
>
> 제92조(법률에 의한 소송대리인의 권한) 법률에 의하여 재판상 행위를 할 수 있는 대리인의 권한에는 제90조와 제91조의 규정을 적용하지 아니한다.
>
> 제93조(개별대리의 원칙) ① 여러 소송대리인이 있는 때에는 각자가 당사자를 대리한다.
> ② 당사자가 제1항의 규정에 어긋나는 약정을 한 경우 그 약정은 효력을 가지지 못한다.

　민사소송법 제90조의 규정은 소송절차의 원활·확실을 도모하기 위하여 소송법상 소송대리권을 정형적·포괄적으로 법정한 것에 불과하고 변호사와 의뢰인 사이의 사법상의 위임계약의 내용까지 법정한 것은 아니므로, 변호사가 처리의무를 부담하는 사무의 범위는 변호사와 의뢰인 사이의 위임계약의 내용에 의하여 정하여진다.[226]

(1) 소송대리권의 법정범위(제90조 제1항)

　1) 소송행위 : 위임을 받은 사건에 대하여 제90조 제2항의 특별수권사항을 제외하고, **소변경, 반소(상대방이 제기한 반소에 대한 응소), 참가, 강제집행, 가압류·가처분**, 소송비용액 확정절차[227] **등 일체의 소송행위**를 할 수 있다. **가압류사건을 수임받은 변호사의 소송대리권은 포괄적 대리권으로 그 가압류신청사건에 관한 소송행위뿐만 아니라 본안의 제소명령을 신청하거나, 상대방의 신청으로 발하여진 제소명령결정을 송달받을 권한에까지 미친다.**[228] 보전처분의 신청을 대리한 소송대리인은 보전처분에 대한 이의가 있는 경우

---

225) 대법 1995.04.18, 95다3077
226) 대법 1997.12.12, 95다20775
227) 대법 2023.11.02, 2023마5298
228) 대법 2003.03.31, 2003마324

에 이의소송에서도 소송대리권이 있는 것으로 해석된다.[229] 다만 심급대리원칙상 당해 심급판결정본의 송달로 대리사무는 종료되므로 강제집행에 관한 소송대리권은 의무가 아니다. 그러나 상소기간을 알려주거나 상소기간의 준수행위의 의무는 있다.

 2) **사법행위** : 소송대리인이 할 수 있는 사법행위에 관하여 법문은 **변제의 영수에 대해서만 규정**하고 있지만 이것은 예시적인 것이며, **상계권·취소권·해제권 등의 사법상의 형성권 등 실체법상의 권리도 행사할 수 있다**.[230] 그러나 재판 외의 행위, 예를 들면 재판 외 화해계약 등은 여기에 포함되지 않는다.

(2) 특별수권사항(제90조 제2항)

 1) **반소의 제기** : 그러나 **상대방이 제기한 반소에 대한 응소행위는 특별수권이 필요 없다**.

 2) **소취하, 화해, 청구의 포기·인낙, 소송탈퇴** : 다만 **원고의 소취하에 대한 피고측의 대리인이 동의를 할 때에는 특별수권이 필요 없다**.[231] 한편 **소송상 화해나 청구의 포기에 관한 특별수권이 되어 있다면 당해 소송물인 권리의 처분·포기에 대한 권한도 수여되어 있다**.[232] 반대로 실체법상 처분권을 가진다고 하여 소송법상 소송행위를 할 수 있는 것은 아니다.[233]

 3) **상소의 제기 또는 취하**

 ① **불항소의 합의(제390조 제1항 단서) 및 상소권의 포기(제394조)** : 이에 준하여 특별수권을 요한다.

 ② **심급대리의 원칙** : 통설·判例는[234] 상대방이 제기한 상소에 응소하는 행위도 특별수권사항으로 보아 소송대리인의 대리권은 당해 심급에 한한다고 보는 심급대리의 원칙을 인정하고 있다. 따라서 **소송대리권의 범위는 수임한 소송사무가 종료하는 시기인 당해 심급의 판결을 송달받은 때까지이다**. 다만 判例는 **상급심에서 파기환송되었을 경우에는 환송 전의 종전 원심의 소송대리인의 대리권이 다시 부활한다**고 한다.[235] 따라서 **환송판결이 있는 경우에 환송받은 법원에서 소송서류를 환송전 항소심의 소송대리인에게 송달하는 것은 적법**하다.[236] 그러나 **재상고하였을 경우에는 환송 전 상고심의 옛 대리인의 대리권이 부활하지는 않는다**고 한다.[237] 한편 재심은 신소제기의 형식을 취하는 것이므로, **재심의 소의 절차에서는 사전 또는 사후의 특별수권이 없는 이상 재심 전의 소송의 소송대리인이 당연히 재심소송의 소송대리인이 되는 것이 아니다**.[238]

 4) **복대리인의 선임** : 본인과 소송대리인과의 신뢰관계를 고려하여 특별수권사항으로 하고 있다. 다만, 복대리인은 재복대리인을 선임할 수 없다. **소송대리인의 사망이나 사임에 의하여 복대리인의 대리권이 당연히 소멸되는 것은 아니다**.

---

229) 대법 2024.01.25, 2023마7238
230) 대법 2015.10.29, 2015다32585
231) 대법 1984.03.13, 82므40
232) 대법 2000.01.31, 99마6205
233) 대법 1996.12.23, 95다22436
234) 대법 2013.07.31, 2013마670; 대법 1996.04.04, 96마148 등
235) 대법 1985.05.28, 84후102
236) 대법 1984.06.14, 84다카744
237) 대법 1996.04.04, 96마148
238) 대법 1991.03.27, 90마970

(3) 소송대리권의 제한가부

변호사인 소송대리인의 경우에는 이를 제한할 수 없다(제91조 본문). 그러나 **변호사 아닌 소송대리인의 경우에는 본인의 의사를 존중한다는 뜻에서 그 제한이 허용**된다(제91조 단서).

(4) 수인의 소송대리인이 있는 경우

1) 각자대리 : **소송대리인이 수인 있는 때에는 각자가 당사자를 대리**한다(제93조 제1항). **당사자가 이에 어긋나는 약정을 한 경우에는 그 약정은 효력을 가지지 못한다**(제93조 제2항).

2) 송달 등 : **소송서류의 송달은 여러 사람의 소송대리인에 각기 송달하여야** 한다(제180조 부적용). 다만 항소기간의 기산점은 그 중 1인에게 최초로 판결정본이 송달된 때가 된다.239) **변호사보수의 소송비용산입에 있어서는 1인의 변호사로 본다**(제109조 제2항).

3) 수인의 소송대리인의 행위가 모순되는 경우 : 모순되는 행위가 동시에 행해진 경우에는 어느 것도 효력이 발생하지 않는다. 그러나 때를 달리하는 경우에는 앞의 행위가 철회될 수 있는 것이면 뒤의 행위에 의하여 그 행위가 철회된 것이 되고, 앞의 행위가 철회할 수 없는 행위이면 뒤의 행위가 효력이 없게 된다.

(5) 소송대리권의 서면증명 원칙

> 제89조(소송대리권의 증명) ① 소송대리인의 권한은 서면으로 증명하여야 한다.
> ② 제1항의 서면이 사문서인 경우에는 법원은 공증인, 그 밖의 공증업무를 보는 사람(이하 "공증사무소"라 한다)의 인증을 받도록 소송대리인에게 명할 수 있다.
> ③ 당사자가 말로 소송대리인을 선임하고, 법원사무관등이 조서에 그 진술을 적어 놓은 경우에는 제1항 및 제2항의 규정을 적용하지 아니한다.

법정대리권은 서면에 의하여 증명하여야 하나(제58조 제1항), **소송대리권의 증명은 서면에 의하지 아니할 수도 있다**(제89조 제3항). 나아가 소송대리인의 권한은 서면으로 증명하여야 하는 것이지만, **소송대리인이 소송대리위임장을 법원에 제출한 이상 소송대리권이 있다고 할 것이고, 법원의 잘못 등으로 그 소송대리위임장이 기록에 편철되지 아니하거나 다른 기록에 편철되었다고 하여 소송대리인의 소송대리행위가 무효가 되는 것은 아니다**.240)

제4관 소송상대리인의 지위

I. 법정대리인의 지위

1. 법정대리인의 일반적 지위

법정대리인은 당사자는 아니지만 소송무능력자인 본인에게 유효한 소송수행권이 없으므로 당사자인 본인에 유사한 지위를 갖는다. 이 점이 소송대리인과 다르다.

---

239) 대법 2011.09.29, 2011마1335
240) 대법 2005.12.08, 2005다36298

2. 구체적 지위

① **당사자는 아니므로 법관의 제척·재판적 등의 결정표준이 되지 않고, 판결의 효력으로서 기판력·집행력 등을 받지 않는다.** ② 소송수행에 있어서 당사자 본인의 경정권(제94조)등의 간섭·견제를 받지 않는다. ③ 본인이 할 수 있는 일체의 소송행위를 대리할 수 있다. ④ **본인에 대한 송달은 법정대리인에게 하여야** 하며(제179조), **본인에 갈음하여 변론에 출석하여야** 한다(제140조, 제145조). ⑤ **법정대리인의 신문은 증인신문이 아니라 당사자신문규정**에 의한다(제372조). ⑥ **법정대리인의 사망 또는 대리권의 소멸은 중단사유**가 되며(제235조), 당해소송에서 법정대리인은 보조참가인이나 증인이 될 수 없다. ⑦ **법정대리인의 표시는 소장의 필요적 기재사항**이다(제249조).

II. 임의대리인의 지위

1. 제3자로서의 지위

소송대리인의 행위의 효과는 본인에게 귀속되며, 따라서 판결의 기판력·집행력 등은 본인에게 미친다. 또한 **대리인은 제3자이므로 증인·감정인이 될 수 있다.**

2. 소송수행자로서의 지위

소송을 직접 수행하는 자는 소송대리인 자신이므로 어떠한 사정의 지·부지 또는 고의·과실의 유무판단은 대리인을 표준으로 하여 결정한다.

3. 당사자의 경정권

> 제94조(당사자의 경정권) 소송대리인의 사실상 진술은 당사자가 이를 곧 취소하거나 경정한 때에는 그 효력을 잃는다.

소송대리인을 선임하였더라도 본인 자신의 고유의 소송수행권은 그대로 존속되므로 **본인은 소송대리인과 함께 기일에 출석하여** 변론할 수 있으며, 이와 같은 경우에 **본인이 소송대리인의 사실상의 진술을 취소하거나 경정하면 그 진술은 효력을 잃는다**(제94조). 이 경정권은 당사자 본인뿐만 아니라 법정대리인도 가지며, 이에는 **각종 신청이나 소취하 등 소송물을 처분하는 행위 또는 법률상의 진술은 포함되지 않는다.**

법정대리인과 소송대리인의 지위비교

	법정대리인	임의대리인
소장의 기재사항	제249조 필수적 기재사항	임의적 기재사항, 송달 편의상 기재
제94조 경정권 문제	문제 안됨	경정권 적용
송 달	법정대리인이 수송달자 제180조 1人에게 송달	본인도 송달받을 수 있음 여러 명의 소송대리인에 각기 송달
대리인의 사망	제235조 절차 중단 사유	절차가 중단되지 않는다
증인능력	없음. 당사자 신문대상의 대상	제3자로 증인능력 있음

제5관 대리권의 소멸

Ⅰ. 법정대리권의 소멸

1. 대리권의 소멸사유

　법정대리권의 소멸 원인은 민법 그 밖의 법률에 의한다(제51조). 즉, 본인의 사망이나 법정대리인의 사망·파산·성년후견의 개시(민법 제127조)로 소멸되며 본인의 소송능력 취득이나 친권상실 등 법정대리인의 자격상실의 경우에도 소멸된다.

2. 법정대리권의 소멸통지

> 제63조(법정대리권의 소멸통지) ① 소송절차가 진행되는 중에 법정대리권이 소멸한 경우에는 본인 또는 대리인이 상대방에게 소멸된 사실을 통지하지 아니하면 소멸의 효력을 주장하지 못한다. 다만, 법원에 법정대리권의 소멸사실이 알려진 뒤에는 그 법정대리인은 제56조제2항의 소송행위를 하지 못한다.

> 민사소송규칙
> 제13조(법정대리권 소멸 및 선정당사자 선정취소·변경 통지의 신고) ① 법 제63조 제1항의 규정에 따라 법정대리권 소멸통지를 한 사람은 그 취지를 법원에 서면으로 신고하여야 한다.

　법정대리권의 소멸은 본인 또는 대리인이 상대방에게 그 사실을 통지하지 아니하면 소멸의 효력을 주장하지 못하므로(제63조), **법인 대표자의 대표권이 소멸된 경우 그 대표권 소멸 사실의 통지가 없는 상태에서 구 대표자가 한 소취하는 상대방이 그 대표권 소멸 사실을 알고 있었다고 하더라도 유효하다는 것이** 判例였다.[241] 그러나 **2002년 개정법에 의해 법원에 법정대리권의 소멸사실이 알려진 뒤에는 상대방에게 통지가 없더라도 소취하, 화해, 청구의 포기나 인낙, 소송탈퇴 등의 행위는 하지 못한다**는 규정(제63조 제1항 단서)을 신설하였다.

3. 소송절차의 중단

　소송계속 중 법정대리권이 소멸하면 수계절차를 밟을 때까지 소송절차는 중단된다(제235조).

Ⅱ. 임의대리권의 소멸

1. 소멸사유

(1) 대리인의 사망·파산·성년후견개시

(2) 변호사의 자격상실 또는 정직처분

　변론능력을 잃는 데 불과하고 대리권 자체의 소멸원인은 아니라고 하는 것이 다수설이나, 대리권 소멸사유로 보는 것이 타당하다.

---

[241] 대법 1998.02.19, 95다52710

(3) 위임사건의 종료

심급대리원칙상 당해 심급판결정본의 송달로 대리사무는 종료된다.[242] 그러나 상소기간을 알려주거나 상소기간의 준수행위의 의무는 있다.

(4) 기본관계의 종료

소송위임계약의 해지, 소송대리인의 해임 또는 사임, 본인의 파산 등으로 소송대리권이 소멸하지만, **이 경우에는 상대방에게 그 사실을 통지하지 않는 한 대리권소멸의 효력이 없다**(제97조, 제63조).

2. 불소멸의 특칙

> **제95조(소송대리권이 소멸되지 아니하는 경우)** 다음 각호 가운데 어느 하나에 해당하더라도 소송대리권은 소멸되지 아니한다.
> 1. 당사자의 사망 또는 소송능력의 상실
> 2. 당사자인 법인의 합병에 의한 소멸
> 3. 당사자인 수탁자(受託者)의 신탁임무의 종료
> 4. 법정대리인의 사망, 소송능력의 상실 또는 대리권의 소멸·변경
>
> **제96조(소송대리권이 소멸되지 아니하는 경우)** ① 일정한 자격에 의하여 자기의 이름으로 남을 위하여 소송당사자가 된 사람에게 소송대리인이 있는 경우에 그 소송대리인의 대리권은 당사자가 자격을 잃더라도 소멸되지 아니한다.
> ② 제53조의 규정에 따라 선정된 당사자가 그 자격을 잃은 경우에는 제1항의 규정을 준용한다.

소송대리인의 대리권은 ① **당사자의 사망 또는 소송능력의 상실**, ② **당사자인 법인의 합병에 의한 소멸**, ③ **당사자인 수탁자의 신탁임무의 종료**, ④ **법정대리인의 사망, 소송능력의 상실 또는 법정대리권의 소멸·변경**, ⑤ **제3자의 소송담당의 경우 소송담당자의 자격상실에 의해 소멸되지 않는다**(제95조, 제96조). 민법의 경우에는 본인의 사망으로 대리권이 소멸되지만, 소송절차의 원활한 운영과 수임자가 변호사임에 비추어 신뢰관계를 저버릴 가능성이 적다는 점 등을 고려하여 대리권이 소멸되지 아니하는 것으로 규정하고 있는 것이다. 나아가 **소송대리인의 사망·사임에 의하여 복대리인의 대리권이 당연히 소멸되는 것은 아니다.**

📎 참고 : 사망의 효과

- 자연인인 당사자의 사망 : 소송상 지위의 당연승계, 소송절차 중단사유
- 임의대리인의 사망 : 대리권 소멸(상대방에게 통지 要), 소송절차 중단사유 아님
- 법정대리인의 사망 : 대리권 소멸(상대방에게 통지 要), 소송절차 중단사유
- 병행형 소송담당자의 사망 : 자연인인 당사자의 사망과 동일
- 갈음형 소송담당자의 사망 : 소송담당자의 자격상실, 소송절차 중단사유
- 선정당사자의 사망 : 선정당사자 자격상실(상대방에 통지 要), 다른 선당 없으면 중단

---

[242] 대법 1983.10.25, 83다카850

제6관 무권대리인

I. 의 의

> **제89조(소송대리권의 증명)** ① 소송대리인의 권한은 서면으로 증명하여야 한다.
> ② 제1항의 서면이 사문서인 경우에는 법원은 공증인, 그 밖의 공증업무를 보는 사람(이하 "공증사무소"라 한다)의 인증을 받도록 소송대리인에게 명할 수 있다.
> ③ 당사자가 말로 소송대리인을 선임하고, 법원사무관등이 조서에 그 진술을 적어 놓은 경우에는 제1항 및 제2항의 규정을 적용하지 아니한다.

무권대리인이라 함은 대리권이 없는 대리인으로서 대리권을 수여받지 못한 경우, 특별수권 없는 대리행위, 대리권을 서면증명하지 못한 경우, 법정대리인의 무자격, 그리고 송달받을 권한이 없는 자에게 잘못 송달된 경우도 포함한다. 그러나 송달받을 권한이 없는 자에게 잘못 송달되었으나 그로 말미암아 실질적인 소송행위를 할 기회가 박탈되지 아니하였다면 재심사유인 대리권의 흠결에 해당하지 않는다.[243] 대표권 없는 자의 대표행위도 이에 준한다.

II. 소송상 취급

1. 대리권의 존재는 소송행위의 유효요건이다.

(1) 유동적 무효

무권대리인에 의한, 또는 그에 대한 소송행위는 무효이다. 따라서 무권대리인의 촉탁에 의하여 작성된 공정증서는 집행권원으로서의 효력이 없다.[244] **무효가 된다고 하더라도 확정적 무효는 아니고, 당사자 본인이나 정당한 대리인에 의한 추인의 여지가 있는 유동적 무효**이다. 추인한 경우에는 행위시에 소급하여 유효하게 된다(제97조, 제60조).[245] **추인의 효력은 절대적이어서 제3자에게도 미친다**(민법 제133조와 차이점). 判例도 종중을 대표할 권한 없는 자가 종중을 대표하여 한 소송행위는 그 효력이 없으나 나중에 종중이 총회결의에 따라 위 소송행위를 추인하면 그 행위시로 소급하여 유효하게 되며 이 경우 민법 제133조 단서의 규정은 무권대리행위에 대한 추인의 경우에 있어 배타적 권리를 취득한 제3자에 대하여 그 추인의 소급효를 제한하고 있는 것으로서 위와 같은 하자있는 소송행위에 대한 추인의 경우에는 적용될 여지가 없다고 하였다.[246]

(2) 추인의 방법

추인은 ① 명시적으로 뿐만 아니라 묵시적 추인도 가능하다. 判例도 항소제기에 특별수권을 받지 아니한 1심 소송대리인이 항소제기를 한 경우, 그 당사자의 적법한 소송대리인이 항소심에서 변론하였다면 항소

---

243) 대법 1992.12.22, 92재다259; 대법 1994.01.11, 92다47632
244) 대법 2016.12.29, 2016다22837
245) 민사소송법 제97조에 의하여 소송대리인에게 준용되는 같은 법 제60조에 의하면 소송대리권의 흠결이 있는 자의 소송행위는 후에 당사자 본인이나 보정된 소송대리인이 그 소송행위를 추인하면 행위 시에 소급하여 효력을 갖게 되고, 이는 대리권의 흠결이 있는 자가 조정을 갈음하는 결정에 관한 이의신청을 한 후 당사자 본인이나 보정된 대리인이 이의신청 행위를 추인한 경우에도 마찬가지라는 것에, 대법 2023.07.13, 2023다225146
246) 대법 1991.11.08, 91다25383

제기가 추인되었다고 하였다.[247] ② **시기에 제한이 없으므로, 적법한 대표자 자격이 없는 비법인 사단의 대표자가 한 소송행위를 적법한 대표자가 상고심에서 추인할 수 있다.**[248] 원고가 단체를 상대로 직무집행정지 가처분 결정이 내려진 대표자의 대표자 지위 부존재 확인의 소를 제기하면서 그 대표자를 단체의 대표자로 표시한 소장을 제출하고 법원도 그 대표자를 송달받을 사람으로 하여 소장 부본을 송달한 후 소송절차가 진행되었다면, 그 대표자가 단체를 대표하여 한 소송행위나 원고가 그 대표자에 대하여 한 소송행위는 모두 무효가 되나, **제64조가 준용하는 제59조, 제60조에 따라 법원은 그 흠을 보정할 수 없음이 명백한 사정이 있지 않는 한 기간을 정하여 이를 보정하도록 명할 의무가 있고, 이러한 대표권의 보정은 항소심에서도 가능**하다.[249] ③ 원칙적으로 전부추인하여야 한다.[250] 따라서 무권대리인이 항소심 절차를 진행하고 상고를 제기한 경우 적법한 대리인이 항소심에서 무권대리인이 한 소송행위 중 상고제기 행위만을 추인하고 그 밖의 소송행위는 추인하지 않는 것은 허용되지 않는다.[251] 다만 判例는 무권대리인이 변호사에게 위임하여 소를 제기한 끝에 승소하고 상대방의 항소로 제2심에 계속 중 그 소를 취하한 때에, 일련의 행위 중에 소취하 행위만을 제외하고 나머지 소송행위만을 추인함은 유효하다고 하였다.[252] 일단 추인거절의 의사표시가 있는 이상 그 무권대리행위는 확정적으로 무효로 귀착되므로 그 후에 다시 이를 추인할 수는 없다.[253]

2. 소제기 과정에서 소송요건

(1) 소송요건으로서 직권조사사항

대리권의 존재는 소송요건이며 법원의 직권조사사항이다.[254] 따라서 대리권유무의 증명책임은 원고에게 있고,[255] **자백간주는 인정되지 않는다.**[256]

(2) 보정명령

대리권흠결시 법원은 바로 배척할 것이 아니라, **추인의 여지가 있으므로 기간을 정하여 그 보정을 명하여야** 한다(제97조, 제59조). 만일 보정하는 것이 지연됨으로써 손해가 생길 염려가 있는 경우에는 법원은 보정하기 전의 당사자 또는 법정대리인으로 하여금 일시적으로 소송행위를 하게 할 수 있다.

(3) 보정에 불응시

무권대리인이 제기한 소나 무권대리인에 대한 소의 제기는 보정되지 않는 한 부적법하여 소각하판결을

---

247) 대법 2007.02.08, 2006다67893; 대법 2020.06.25, 2019다246399
248) 대법 2012.04.13, 2011다70169; 대법 2012.03.15, 2011다77054; 대법 2016.07.07, 2013다76871; 대법 2019.09.10, 2019다208953. 적법한 대표자 자격이 없는 甲이 비법인 사단을 대표하여 소를 제기하였다가 항소심에서 甲이 위 비법인 사단의 특별대리인으로 선임되었는데, 상고심에서 甲이 선임한 소송대리인이 甲이 수행한 기왕의 모든 소송행위를 추인한 경우 甲이 비법인 사단을 대표하여 한 모든 소송행위는 그 행위 시에 소급하여 효력을 갖는다는 것에, 대법 2010.06.10, 2010다5473
249) 대법 2024.04.12, 2023다313241; 대법 2022.06.09, 2022다209529
250) 대법 1973.07.24, 69다60
251) 대법 2008.08.21, 2007다79480
252) 대법 1973.07.24, 69다60
253) 대법 2008.08.21, 2007다79480
254) 대법 1993.03.12, 92다48789 · 48796 등
255) 대법 1997.07.25, 96다39301
256) 대법 1999.02.24, 97다38930

하게 된다. 이러한 의미에서 대리권의 존재는 소송요건이며, 소송비용도 원고의 무권대리인에 대해 그 부담을 명하여야 한다(제108조).257) 다만 원고가 무능력자이기 때문에 대리권의 수여가 무효로 되어, 대리권의 흠이 생긴 경우에는 본인이 소송비용을 부담하여야 한다.

3. 소가 적법하게 제기되었으나 그 뒤에 무권대리인의 관여

무권대리인이 변론기일에 관여하는 경우에는 그 소송관여를 배척하여야 한다. 본인에 대해서는 기일에 불출석한 것으로 기일불출석의 불이익을 입힐 수 있다. 또 항소가 무권대리인에 의해 제기된 경우에는 부적법한 것으로 항소각하판결을 하지 않으면 안 된다.

4. 대리권 흠결을 간과한 본안판결

법원이 대리권이 없음을 간과하고 본안판결을 하였더라도 무효는 아니며, 확정 전이면 상소에 의해 다툴 수 있고(제424조 제1항 제4호), 확정 후에는 재심에 의하여 취소를 구할 수 있다(제451조 제1항 제3호). 다만 추인하였을 때에는 재심을 제기할 수 없다(제451조 제1항 제3호 단서).

III. 쌍방대리의 금지

1. 변호사법 제31조 위반의 대리행위

① 한쪽 당사자로부터 상의를 받아 그 수임을 승낙한 사건의 상대방이 위임하는 사건, 여기서 사건이 동일한지의 여부는 그 기초가 된 분쟁의 실체가 동일한지의 여부에 의하여 결정되어야 하는 것이므로 상반되는 이익의 범위에 따라서 개별적으로 판단되어야 하는 것이고, 소송물이 동일한지 여부나 민사사건과 형사사건 사이와 같이 그 절차가 같은 성질의 것인지 여부는 관계가 없다.258) ② 수임하고 있는 사건의 상대방이 위임하는 다른 사건, ③ 공무원, 조정위원 또는 중재인으로서 직무상 취급한 사건에 대해서는 변호사의 직무의 공정성 확보, 품위유지 등을 위해 대리인으로서 그 직무를 행할 수 없게 하고 있다. ④ 나아가 개정 변호사법 제31조 3·4항은 소위 '전관예우' 방지를 위하여 법원·검찰 등 재직기관의 사건은 퇴직 1년이 경과하지 않으면 변호사로서 수임할 수 없도록 하고 있다.

2. 변호사법 제31조에 위반된 소송행위의 효력

判例는 원고 소송복대리인으로서 변론기일에 출석하여 소송행위를 하였던 변호사가 피고 소송복대리인으로도 출석하여 변론한 경우라도, 당사자가 그에 대하여 아무런 이의를 제기하지 않았다면 그 소송행위는 소송법상 완전한 효력이 생긴다고 판시하여 이의설에 의하고 있다.259) 그러나 최근 변호사법 제31조 제1항 제1호에 따른 수임제한 규정을 위반한 경우에는 민법 제124조가 적용됨에 따라 원칙적으로 허용되지 않는 무권대리행위에 해당하고, 예외적으로 본인의 허락이 있는 경우에 한하여 효력이 인정될 수 있다고 하였다.260)

---

257) 대법 2013.09.12, 2011두33044
258) 대법 2003.11.28, 2003다41791
259) 대법 1995.07.28, 94다44903
260) 대법 2024.01.04, 2023다225580

Ⅳ. 표현대리의 법리 적용여부

大法院은 이행지체가 있으면 즉시 강제집행을 하여도 이의가 없다는 강제집행 수락의사표시는 소송행위라 할 것이고, 이러한 소송행위에는 민법상의 표현대리규정이 적용 또는 유추적용될 수 없다고 하였으며,261) **공정증서가 집행권원으로서 집행력을 갖도록 하는 집행인낙의 표시는 공증인에 대한 소송행위로서 이러한 소송행위에는 민법상의 표현대리 규정이 적용될 수 없다**고 하여 소극설의 입장이다.262) 나아가 이러한 소송행위의 추인도 당해 공정증서를 작성한 공증인가 합동법률사무소 또는 공증인에 대하여 그 의사표시를 공증하는 방식으로 하여야 한다.263)

Ⅴ. 비변호사의 대리행위에 대한 취급

1. 징계에 의해 정직 중인 변호사가 소송대리를 한 경우

법원은 무자격자의 소송관여로 배척할 것이나 이를 간과한 경우에는 절차의 안정 및 소송경제의 관점에서 당연무효로 볼 것은 아니다.

2. 비변호사가 소송대리를 한 경우

원칙적으로 비변호사가 소송대리를 한 경우에는 그 소송행위는 무효이고, 다만 추인할 수는 있다. 그러나 비변호사가 이익을 받을 목적 또는 영업으로 다른 사람의 소송행위를 대리한 경우에는 공익적 규정인 변호사법 제109조를 정면으로 위반하는 것이므로 추인의 여지가 없이 무효이다. 변호사법 제109조 제1호의 규정 취지에 비추어 보면, 위 법조에서 말하는 '대리'에는 본인의 위임을 받아 대리인의 이름으로 법률사건을 처리하는 법률상의 대리뿐만 아니라, 법률적 지식을 이용하는 것이 필요한 행위를 본인을 대신하여 행하거나, 법률적 지식이 없거나 부족한 본인을 위하여 사실상 사건의 처리를 주도하면서 외부적인 형식만 본인이 직접 행하는 것처럼 하는 등으로 대리의 형식을 취하지 않고 실질적으로 대리가 행하여지는 것과 동일한 효과를 발생시키고자 하는 경우도 당연히 포함된다. 따라서 아파트 관리수탁업체인 甲 주식회사가 무이자로 소송비용을 대납하는 방법으로 乙 입주자대표회의가 아파트 하자보수보증업체를 상대로 제기하는 하자보수보증금 청구소송을 진행하기로 한 사안에서, 甲 회사가 소송비용을 부담하고 사실상 변호사를 선임하여 하자보수보증금 청구소송을 제기하고 진행을 주도하였다고 보아 甲 회사가 위 소송에 관여한 행위는 변호사법 제109조 제1호에서 금지하는 '대리'에 해당하고, 甲 회사가 대납하는 소송비용을 乙 입주자대표회의가 소송 종료 후 반환하기로 하는 약정 등은 반사회질서의 법률행위로서 무효이다.264)

---

261) 대법 1983.02.08, 81다카621
262) 대법 1994.02.22, 93다42047
263) 대법 2006.03.24, 2006다2803
264) 대법 2014.07.24, 2013다28728

2025 대비 이종훈 민사소송법

제3편
제1심의 소송절차

제1장 소송의 개시
제2장 변론
제3장 증거

제1장 소송의 개시

제1절 소의 의의와 종류

Ⅰ. 서 설

1. 의 의

소라 함은 원고가 피고를 상대로 하여 일정한 법원에 대하여 특정의 청구의 당부에 관해 심판을 요구하는 신청으로서 소송행위이다.

2. 구체적 내용

(1) 소송절차의 개시형식

소는 판결을 목적으로 하는 소송절차의 개시형식이다. 재판절차는 소에 의하여 개시되고, 판결로써 종료된다.

(2) 소의 요소

소는 심판의 대상, 법원과 당사자를 특정하여야 한다. 소를 청구로 혼용하는 경우가 있는데, 청구는 소의 3요소 중 일부에 불과하다.

(3) 소는 법원에 대한 판결신청이다.

소는 신청으로서 취효적 소송행위에 해당하는 것이지 사법상의 법률행위가 아니다. 소의 제기에 의하여 실체법상 시효중단·법률상의 기간준수 등의 효과가 발생하지만, 이것은 법률이 소제기행위를 하나의 법률요건으로 보아 이에 부여한 부수적 효과로 볼 것으로 사법상의 법률행위이기 때문에 발생하는 효과가 아니다.

(4) 법원의 판결의무

소가 제기되었을 때에 어떠한 종류의 것이든 법원은 판결로 응답할 의무를 진다.

II. 소의 종류
1. 청구의 성질·내용에 의한 분류
(1) 이행의 소

의의		이행청구권의 존부확정과 피고에 대한 이행명령을 해 줄 것을 요구하는 소
대상적격		실체법상의 청구권이 바탕이 되어야 하며, 사법상의 청구권뿐만 아니라 공법상의 청구권이라도 민사소송사항이면 무방하며 채권에 기하든 물권에 기하든 그 내용이 작위·부작위·인용·의사표시 등도 무방하다.
종류	현재이행의 소	변론종결시를 표준으로 하여 이미 이행기가 도래한 이행청구권에 관한 소
	장래이행의 소	변론종결시를 표준으로 이행기가 아직 도래하지 않은 이행청구권에 관한 소(제251조).
특징	현재이행의 소	현재이행의 소에서는 소장송달 다음날부터 연 12%의 비율로 지연손해금을 청구할 수 있다.
	장래이행의 소	장래이행의 소는 미리청구할 필요가 있어야 한다.
확정된 판결의 효력	청구인용판결	기판력 외에 집행력이 발생한다(이행판결은 집행권원이 됨).
	청구기각판결	이행청구권의 부존재를 확정하는 확인판결에 불과하다.

부작위 약정을 위반한 채무자를 상대로 부작위의무이행의 소구도 가능하다.[1] 한편 등기의무자가 등기권리자에게 등기를 인수하라는 소송을 제기하는 것은 원고의 청구권을 바탕으로 하지 아니한 예외이다.[2]

(2) 확인의 소

의의		권리나 법률관계의 존부확정을 요구하는 소
대상적격		권리나 법률관계만이 그 대상이 되는 것이나 예외적으로 증서의 진정여부를 확인하는 소(제250조)만은 사실관계를 그 대상으로 하고 있다.
종류	적극적·소극적 확인의 소	권리관계의 존재확인을 구하는 적극적 확인의 소와 권리관계의 부존재확인을 구하는 소극적 확인의 소가 있다.
	중간확인의 소	확인의 소의 특수형태로서 청구의 병합 중 후발적 병합의 일종으로 선결적 법률관계에 관한 확인의 소이다(제264조).
특징		이행의 소와의 관계 1. 절대권이나 권리관계를 소의 대상으로 할 수 있다. 2. 시효중단 목적의 이행의 소 대역이 가능하다.[3] 3. 사전분쟁예방기능을 한다.
확정된 판결의 효력		원고승소의 확인판결이 나면 원고주장의 법률관계의 존재에 대해 기판력이 생기며 집행력은 발생하지 않는다.

---

1) 대법 2012.03.29, 2009다92883
2) 대법 2001.02.09, 2000다60708

(3) 형성의 소

의의	판결에 의한 법률관계의 변동을 요구하는 소로서 지금까지 존재하지 아니하였던 새로운 법률관계를 발생시키고, 기존의 법률관계를 변경·소멸시키는 내용의 판결을 해 달라는 것이다.	
대상적격	형성권은 당사자의 일방적 의사표시에 의하여 법률관계를 변동시킬 수 있는 것과, 소를 제기하여 법원의 판결을 받아서 비로소 법률관계를 변동시키는 것이 있는데, 후자인 소로써만 행사할 수 있는 형성권을 바탕으로 하는 것이 형성의 소이다. 이를 형성의 소의 법정주의라 한다.	
종류	실체법상의 형성의 소	회사설립무효·취소 등 회사관계소송이나 혼인무효·취소 등 가사소송 또는 행정처분의 취소 등 행정소송과 같이 실체법상의 법률관계의 변동을 목적으로 하는 소이다.
	소송법상의 형성의 소	재심의 소(제451조), 준재심의 소(제461조), 정기금판결에 대한 변경의 소(제252조), 제권판결에 대한 불복의 소(제490조), 청구이의의 소(민사집행법 제44조), 제3자 이의의 소(민사집행법 제48조), 집행문 부여에 대한 이의의 소(민사집행법 제45조) 등 소송법상 법률관계의 변동을 목적으로 하는 소이다.
	형식적 형성의 소	경계확정의 소, 공유물분할청구, 법원에 의한 부의 결정, 법정지상권의 지료결정청구4) 등 형식은 소송이지만 실질은 비송사건인 경우로서 어떠한 내용의 권리관계를 형성할 것인지가 법관의 자유재량에 맡겨진 형성의 소이다. 그 특징으로 ① 처분권주의·불이익변경금지원칙의 배제, ② 청구취지 기재완화, ③ 법률관계를 형성하는 실체법 규정이 결여되어 청구기각판결이 불가능하다.
특징	형성의 소는 창설적 효과를 목적으로 하며, 이미 있는 법률관계를 확정·실현시키는 선언적 효과를 목적으로 하는 확인·이행의 소와 구별된다.	
확정된 판결의 효력	청구인용판결 (형성판결)	형성소권의 존재에 기판력이 생기고, 당해 법률관계를 발생·변경·소멸시키는 형성력이 생긴다.
	청구기각판결	형성소권의 부존재를 확정하는 확인판결에 불과하다.

1) 형성의 소의 법정주의 : <u>기존 법률관계의 변경·형성을 목적으로 하는 형성의 소는 법률에 명문의 규정이 있는 경우에 한하여 제기</u>할 수 있는 바, 이를 형성의 소의 법정주의라 한다. 判例도 ① 임차인의 차임감액청구권은 <u>사법상의 형성권이지 법원에 대하여 형성판결을 구할 수 있는 권리가 아니</u>므로, 차임청구의 본소가 계속한 법원에 반소로서 차임의 감액을 청구할 수는 없다고 하였고,5) ② 조합의 이사장 및 이

---

3) 조세채권자는 세법이 부여한 부과권 및 자력집행권 등에 기하여 조세채권을 실현할 수 있어 특별한 사정이 없는 한 납세자를 상대로 소를 제기할 이익을 인정하기 어렵다. 다만 납세의무자가 무자력이거나 소재불명이어서 체납처분 등의 자력집행권을 행사할 수 없는 등 구 국세기본법 제28조 제1항이 규정한 사유들에 의해서는 조세채권의 소멸시효 중단이 불가능하고 조세채권자가 조세채권의 징수를 위하여 가능한 모든 조치를 충실히 취하여 왔음에도 조세채권이 실현되지 않은 채 소멸시효기간의 경과가 임박하는 등의 특별한 사정이 있는 경우에는, 그 시효중단을 위한 재판상 청구는 예외적으로 소의 이익이 있다는 것에, 대법 2020.03.02, 2017두41771
4) 법정지상권 또는 관습에 의한 지상권이 발생하였을 경우에 토지의 소유자가 지료를 청구함에 있어서 지료를 확정하는 재판이 있기 전에는 지료의 지급을 소구할 수 없는 것은 아니고, 법원에서 상당한 지료를 결정할 것을 전제로 하여 바로 그 급부를 구하는 청구를 할 수 있다 할 것이며, 법원도 이 경우에 판결의 이유에서 지료를 얼마로 정한다는 판단을 하면 족하다는 것에, 대법 2003.12.26, 2002다61934; 대법 2020.01.09, 2019다266324
5) 대법 1968.11.19, 68다1882·1883

사가 조합업무에 관하여 위법행위 및 정관위배행위 등을 하였다는 이유로 그 해임을 청구하는 소송이나, 학교법인 이사장에 대하여 불법행위를 이유로 그 해임을 청구하는 소송은 형성의 소에 해당하는데, 이를 제기할 수 있는 법적 근거가 없으므로, 이를 피보전권리로 하는 이사장에 대한 직무집행정지 및 직무집행대행자 선임의 가처분은 허용되지 않는다.[6]

 2) **법률관계 변동의 효력 : <u>형성의 소에도 기판력이 발생</u>**하며,[7] 형성의 소의 대상인 법률관계는 형성소권의 행사인 형성의 소 제기와 판결의 확정에 의해서만 변동의 효과가 생긴다. 따라서 판결확정 전까지는 누구나 그 법률관계를 존중하여야 한다. 判例도 ① 주주총회소집 및 결의절차에 위법이 있다 하더라도, 그 결의가 취소되지 아니한 이상, 그 결의의 효력에 영향을 줄 수 없다고 하였으며,[8] ② 아무리 혼인취소 사유나 이혼사유가 있다 하여도 혼인취소 또는 이혼판결을 받음이 없이 혼인관계가 해소되었음을 전제로 하는 위자료청구를 할 수 없다고 하였다.[9] 다만 ③ 반소로 제기한 사해행위의 취소의 판결이 확정되지 않았더라도 사해행위가 취소되었음을 전제로 원고의 본소 청구를 심리하여 판단할 수 있다.[10]

> **판례연구 : 반소로 제기한 사해행위취소의 소가 미확정상태라도 이를 전제로 본소청구를 심리하는지 여부**
>
> **1. 반소의 적법여부**
> 원고가 매매계약 등 법률행위에 기하여 소유권을 취득하였음을 전제로 피고를 상대로 일정한 청구를 할 때, 피고는 원고의 소유권 취득의 원인이 된 법률행위가 사해행위로서 취소되어야 한다고 다투면서, 동시에 반소로써 그 소유권 취득의 원인이 된 법률행위가 사해행위임을 이유로 법률행위의 취소와 원상회복으로 원고의 소유권이전등기의 말소절차 등의 이행을 구하는 것도 가능하다. 위와 같이 원고의 본소 청구에 대하여 피고가 본소 청구를 다투면서 사해행위의 취소 및 원상회복을 구하는 반소를 적법하게 제기한 경우, 사해행위의 취소 여부는 반소의 청구원인임과 동시에 본소 청구에 대한 방어방법이자, 본소 청구인용 여부의 선결문제가 될 수 있다.
>
> **2. 반소 인용시 확정전이라도 이를 전제로 본소청구를 심리하는지 여부**
> 사해행위취소소송은 형성의 소로서 그 판결이 확정됨으로써 비로소 권리변동의 효력이 발생하나, 민법 제406조 제1항은 채권자가 사해행위의 취소와 원상회복을 법원에 청구할 수 있다고 규정함으로써 사해행위취소청구에는 그 취소판결이 미확정인 상태에서도 그 취소의 효력을 전제로 하는 원상회복청구를 병합하여 제기할 수 있도록 허용하고 있다. 따라서 법원이 반소 청구가 이유 있다고 판단하여, 사해행위의 취소 및 원상회복을 명하는 판결을 선고하는 경우, 비록 반소 청구에 대한 판결이 확정되지 않았다고 하더라도, 원고의 소유권 취득의 원인이 된 법률행위가 취소되었음을 전제로 원고의 본소 청구를 기각할 수 있다. 본소와 반소가 같은 소송절차 내에서 함께 심리, 판단되는 이상, 반소 사해행위취소 판결의 확정 여부가 본소 청구 판단 시 불확실한 상황이라고 보기 어렵고, 그로 인해 원고에게 소송상 지나친 부담을 지운다거나, 원고의 소송상 지위가 불안정해진다고 볼 수도 없다. 오히려 이로써 반소 사해행위취소소송의 심리를 무위로 만들지 않고, 소송경제를 도모하며, 본소 청구에 대한 판결과 반소 청구에 대한 판결의 모순 저촉을 피할 수 있다.[11]

---

6) 대법 2001.01.16, 2000다45020 대법 1997.10.27, 97마2269
7) 대법 1981.03.24, 80다1888 · 1889
8) 대법 1974.12.24, 72다1532
9) 대법 1977.01.25, 76다2223
10) 대법 2019.03.14, 2018다277785 · 277792
11) 대법 2019.03.14, 2018다277785 · 277792

판례연구 : 경계확정의 소에 대한 취급

1. 소의 종류 : 형식적 형성의 소
토지경계확정의 소가 제기되면 법원은 당사자 쌍방이 주장하는 경계선에 구속되지 않고 어떠한 형식으로든 스스로 진실하다고 인정되는 바에 따라 경계를 확정해야 한다. 따라서 토지경계확정의 소에서는 특별한 사정이 없는 한 원고가 주장하는 경계가 인정되지 않더라도 청구의 전부 또는 일부를 기각할 수 없다.[12]

2. 권리보호이익
토지경계확정의 소는 인접한 토지의 경계가 사실상 불분명하여 다툼이 있는 경우 재판으로 그 경계를 확정해 줄 것을 구하는 소로서, 토지소유권의 범위의 확인을 목적으로 하는 소와는 달리, 인접한 토지의 경계가 불분명하여 그 소유자들 사이에 다툼이 있다는 것만으로 권리보호이익이 인정된다. 한편 소송 도중에 당사자 쌍방이 경계에 관하여 합의를 도출해냈다고 하더라도 원고가 그 소를 취하하지 않고 법원의 판결에 의하여 경계를 확정할 의사를 유지하고 있는 한, 경계확정의 소가 권리보호의 이익이 없어 부적법하다고 할 수 없다.[13]

3. 경계획정의 소의 항변사유
경계확정의 소에 대한 본안의 항변으로 피고는 단지 경계를 확정할 필요가 없다는 항변만을 할 수 있을 뿐이지, 토지의 소유권을 다투는 항변을 제출할 수는 없고, 하더라도 법원은 이를 본안의 항변으로 취급해서 이에 대하여 판단할 필요가 없다.[14]

판례연구 : 공유물 분할청구에 대한 취급[15]

1. 협의가 이루어지지 않는 경우에 제기하는 형식적 형성의 소
공유물의 분할은 당사자 간에 협의가 이루어지는 경우에는 그 방법을 임의로 선택할 수 있으나, 협의가 이루어지지 아니하여 재판에 의하여 공유물을 분할할 수 있고, 공유물분할의 소는 형성의 소이며, 법원은 공유물분할을 청구하는 자가 구하는 방법에 구애받지 아니하고 자유로운 재량에 따라 합리적인 방법으로 공유물을 분할할 수 있다.

2. 분할방법

(1) 현물분할이 원칙
- 이 경우 법원은 현물로 분할하는 것이 원칙이고, 현물로 분할할 수 없거나 현물로 분할을 하게 되면 현저히 그 가액이 감손될 염려가 있는 때에 비로소 물건의 경매를 명할 수 있다.
- 분할청구자가 바라는 방법에 따른 현물분할을 하는 것이 부적당하거나 이 방법에 따르면 그 가액이 현저히 감손될 염려가 있다고 하여 이를 이유로 막바로 대금분할을 명할 것은 아니고, 다른 방법에 의한 합리적인 현물분할이 가능하면 법원은 그 방법에 따른 현물분할을 명하는 것도 가능하다.
- 나아가 불가피하게 대금분할을 할 수밖에 없는 요건에 관한 객관적·구체적인 심리 없이 단순히 공유자들 사이에 분할의 방법에 관하여 의사가 합치하고 있지 않다는 등의 주관적·추상적인 사정에 터잡아 함부로 대금분할을 명하는 것은 허용될 수 없다.[16]

(2) 지분에 따른 합리적 분할 : 가액비율에 따름을 의미
- 현물분할의 방법은 법원의 자유재량에 따라 공유관계나 그 객체인 물건의 제반 상황에 따라 공유자의 지분비율에 따라 합리적으로 분할하면 되는 것이고, 여기에서 공유지분비율에 따른다 함은 지분에 따른 가액비율에

---

[12] 대법 2021.08.19, 2018다207830
[13] 대법 1996.04.23, 95다54761
[14] 대법 1993.10.08, 92다44503
[15] 대법 1991.11.12, 91다27228; 대법 2015.03.26, 2014다233428; 대법 2015.07.23, 2014다88888; 대법 2022.09.07, 2022다244805; 대법 2023.06.29, 2023다217916
[16] 대법 2009.09.10, 2009다40219·40226

따름을 의미하는 것으로 보는 것이 상당하므로 토지를 분할하는 경우에는 원칙적으로는 각 공유자가 취득하는 토지의 면적이 그 공유지분의 비율과 같아야 할 것이나, 반드시 그렇게 하지 아니하면 안되는 것은 아니고 토지의 형상이나 위치, 그 이용상황이나 경제적 가치가 균등하지 아니할 때에는 이와 같은 제반 사정을 고려하여 경제적 가치가 지분비율에 상응하도록 분할하는 것도 허용된다.
- 일정한 요건이 갖추어진 경우에는 공유자 상호간에 금전으로 경제적 가치의 과부족을 조정하게 하여 분할을 하는 것도 현물분할의 한 방법으로 허용된다.

(3) 공유자로 남기는 분할
- 분할청구자의 지분한도 안에서 현물분할을 하고 분할을 원하지 않는 나머지 공유자는 공유자로 남는 방법도 허용될 수 있다. 그러나 분할청구자가 상대방들을 공유로 남기는 방식의 현물분할을 청구하고 있다고 하여, 상대방들이 그들 사이만의 공유관계의 유지를 원하고 있지 아니한데도 상대방들을 여전히 공유로 남기는 방식으로 현물분할을 하여서는 아니 된다.
- 분할청구자들이 그들 사이의 공유관계의 유지를 원하고 있지 아니한데도 분할청구자들과 상대방 사이의 공유관계만 해소한 채 분할청구자들을 여전히 공유로 남기는 방식으로 현물분할을 하는 것은 허용될 수 없다.
- 분할청구자 지분의 일부에 대해서만 공유물 분할을 명하고 일부 지분에 대하여는 분할하지 않거나, 공유물의 지분비율만 조정하는 방법으로 공유관계를 유지하도록 하는 것은 허용될 수 없다.[17]

(4) 대금분할 사유
- 대금분할에 있어서 '현물로 분할 할 수 없다'는 요건은 이를 물리적으로 엄격하게 해석할 것은 아니고 공유물의 성질, 위치나 면적, 이용상황, 분할 후의 사용가치 등에 비추어 보아 현물분할을 하는 것이 곤란하거나 부적당한 경우를 포함한다 할 것이고,
- '현물로 분할을 하게 되면 현저히 그 가액이 감손될 염려가 있는 경우'라는 것도 공유자의 한 사람이라도 현물분할에 의하여 단독으로 소유하게 될 부분의 가액이 분할 전의 소유지분 가액보다 현저하게 감손될 염려가 있는 경우도 포함한다고 할 것이다.

(5) 가격배상
공유관계의 발생원인과 공유지분의 비율 및 분할된 경우의 경제적 가치, 분할 방법에 관한 공유자의 희망 등의 사정을 종합적으로 고려하여 당해 공유물을 특정한 자에게 취득시키는 것이 상당하다고 인정되고, 다른 공유자에게는 그 지분의 가격을 취득시키는 것이 공유자 간의 실질적인 공평을 해치지 않는다고 인정되는 특별한 사정이 있는 때에는 공유물을 공유자 중의 1인의 단독소유 또는 수인의 공유로 하되 현물을 소유하게 되는 공유자로 하여금 다른 공유자에 대하여 그 지분의 적정하고도 합리적인 가격을 배상시키는 방법에 의한 분할도 현물분할의 하나로 허용된다.[18]

(6) 상속재산에 대한 공유물분할청구 가부
공동상속인은 상속재산의 분할에 관하여 공동상속인 사이에 협의가 성립되지 아니하거나 협의할 수 없는 경우에 가사소송법이 정하는 바에 따라 가정법원에 상속재산분할심판을 청구할 수 있을 뿐이고, 상속재산에 속하는 개별 재산에 관하여 민법 제268조의 규정에 따라 공유물분할청구의 소를 제기하는 것은 허용되지 않는다.[19]

> **쟁점정리** : 소의 종류가 문제되는 경우

1. 사실혼관계존부확인의 소
判例는 사실혼관계존재확인의 확정판결에 따른 신고를 보고적 신고가 아니고 창설적 신고라고 보고, 사실혼관계 존재의 확인의 소로서 별도로 제기할 필요 없이 다른 소송에서 선결문제로 주장할 수 있다고 보아 확인소송설의 입장이다.[20]

---

17) 대법 2011.03.10, 2010다92506
18) 대법 2004.10.14, 2004다30583
19) 대법 2015.08.13, 2015다18367
20) 대법 1995.11.14, 95므694

2. 주주총회결의부존재·무효확인의 소

상법 제380조에 규정된 주주총회결의부존재확인의 소는 그 법적 성질이 확인의 소에 속하고 그 부존재확인판결도 확인판결이라고 보아야 할 것이어서, 결의의 무효나 부존재는 형성의 소가 아니라 확인의 소이므로 다른 소송에서 선결문제로 다툴 수 있다.[21] 따라서 설립무효의 판결 또는 설립취소의 판결과 같은 형성판결에 적용되는 상법 제190조의 규정을 주주총회결의 부존재확인판결에도 준용하는 것이 타당한 것인지의 여부가 이론상 문제될 수 있으나, 상법 제380조가 제190조의 규정을 준용하고 있는 것은, 제380조 소정의 주주총회결의 부존재확인의 소도 이를 회사법상의 소로 취급하여 그 판결에 대세적 효력을 부여하되, 주주나 제3자를 보호하기 위하여 그 판결이 확정되기까지 그 주주총회의 결의를 기초로 하여 이미 형성된 법률관계를 유효한 것으로 취급함으로써 회사에 관한 법률관계에 법적 안정성을 보장하여 주려는 법정책적인 판단의 결과이다.[22]

3. 사해행위취소의 소

- 사해행위취소는 법원에 소를 제기하는 방법으로 청구할 수 있을 뿐 소송상의 공격방어방법으로 주장할 수 없다.[23]
- 判例는 형성의 소와 이행의 소의 병합설을 따른다.
- 사해행위 취소의 소와 원상회복청구의 소는 서로 소송물과 쟁점을 달리하는 별개의 소로서 양자가 반드시 동시에 제기되어야 하는 것은 아니고 별개로 제기될 수 있다.
- 전자의 소에서는 승소하더라도 후자의 소에서는 당사자가 제출한 공격·방어 방법 여하에 따라 패소할 수도 있고, 채권자가 원상회복청구의 소에서 패소할 것이 예상된다는 이유로 그와 별개인 사해행위 취소의 소에 대하여 소송요건을 갖추지 못한 것으로 보아 소의 이익을 부정할 수는 없다.[24]
- 사해행위 취소 청구가 민법 제406조 제2항에 정하여진 기간 안에 제기되었다면 원상회복의 청구는 그 기간이 지난 뒤에도 할 수 있다.[25]

2. 소제기의 모습·시기에 의한 분류

(1) 단일의 소와 병합의 소

1) **단일의 소** : 1인의 원고가 1인의 피고를 상대방으로 하여 1개의 소송물에 관하여 그 심판을 구하는 소.
2) **병합의 소**
   ① 객관적병합 : 1인의 원고가 1인의 피고를 상대방으로 하여 수개의 청구를 하는 경우
   ② 주관적병합 : 수인의 원고가 소를 제기하거나 수인의 피고를 상대방으로 한 소제기

(2) 독립의 소와 소송중의 소

1) **독립의 소** : 다른 소송절차와 관계없이 그 제기에 의해 비로소 판결절차가 개시되는 소
2) **소송중의 소** : 이미 계속 중인 소송절차를 이용하여 이와 병합심리를 구하기 위해 제기하는 소로서 소변경(제262조), **중간확인의 소**(제264조), **반소**(제269조), 공동소송인의 추가(제68조), 참가승계(제81조), 인수승계(제82조), **독립당사자참가**(제79조), 공동소송참가(제83조) 등이 이에 속한다.

---

21) 대법 1992.09.22, 91다5365
22) 대법 1992.08.18, 91다39924
23) 대법 2017.12.13, 2015다61507
24) 대법 2013.04.26, 2011다37001
25) 대법 2001.09.04, 2001다14108

제2절 소송요건

📚 참고 : 원고가 승소판결을 받기 위한 요건

1. 소장의 적식
소장의 필요적 기재사항의 구비와 소정의 인지를 첨부하는 등 방식에 맞는 소장이 제출되어 원고와 법원 사이에 소송관계가 성립되어야 한다. 방식에 맞지 아니한 경우에 보정되지 않으면 재판장의 명령으로 소장은 각하된다.

2. 소의 적법성
본안인 청구의 당부를 판단하기 전에 소의 적법성에 대한 심리를 하여야 한다. 이러한 소송요건에 흠결이 있으면 본안인 청구의 당부에 관한 판단에 나아갈 필요 없이 소의 부적법을 이유로 소각하 판결을 한다.

3. 주장 자체의 정당성

(1) 의 의
원고의 주장사실 자체를 모두 인정하는 경우에 정당성을 가지고 있는지 여부를 심리하는 것을 말한다.

(2) 주장 자체가 이유 없는 경우
  1) 피고가 답변서를 제출하지 않은 경우 : 소액사건을 제외하고, 무변론판결은 원고의 청구를 인용할 경우에만 가능하고, 원고의 청구가 이유 없음이 명백하더라도 변론 없이 하는 청구기각 판결은 인정되지 아니한다.[26]
  2) 답변서를 제출하면서 다툰 경우 : 법원은 증거조사에 의한 원고주장 사실을 확정할 필요 없이 그와 같은 사실이 인정됨을 가정하여 법률적 판단만으로 원고의 청구를 배척할 수 있다.[27]
  3) 소액사건 : 무변론청구기각을 할 수 있다(소심 제9조 제1항).
  4) 소송비용 담보제공명령 : 제117조
  5) 소송요건 판단 선순위성의 예외인지 여부 : 후술
  6) 소각하판결에 대한 상소시 청구기각 가부 : 후술

4. 주장사실의 증명
원고의 청구원인사실을 피고가 다투면 증명되어야 하고, 피고의 항변이 이유 없을 때에 비로소 청구인용의 승소판결을 받게 된다.

제1관 총 설

Ⅰ. 소송요건의 의의

1. 의 의

소송요건이라 함은 소가 적법한 취급을 받기 위해 구비하지 않으면 안 될 사항을 말한다. 소송요건에 흠이 있는 경우 소가 부적법하게 되므로 소를 각하한다.

2. 구별개념

(1) 소송성립요건

방식에 맞는 소장의 제출 등 외관상 소송이라고 볼 수 있는 행위를 말하는 소송성립요건과 구별하여야

---

26) 대법 2017.04.26, 2017다201033
27) 대법 1974.10.25, 74다1332

한다. 즉 소송요건은 어디까지나 성립된 소송이 적법한 취급을 받기 위해 갖추어야 할 요건이다.

(2) 소송행위의 유효요건

소송요건은 소 자체의 적법요건이므로 개개의 소송행위의 유효요건과는 구별된다. 개개의 소송행위가 그 유효요건을 갖추지 못한 경우에는 해당 소송행위만이 무효로 되는 것이며, 이 경우에도 본안판결을 함에는 아무런 지장이 없다.

(3) 심리를 제약하는 조건

제척원인 없는 법관의 관여나 심리의 공개 따위의 판결절차에 있어서 심리를 전제로 하여 이를 제약하는 조건과도 구별된다.

II. 소송요건의 종류

법원에 관한 소송요건	• 피고에 대한 재판권 • 토지, 사물 및 직분관할권 • 국제재판관할권 • 민사소송사항일 것
당사자에 관한 소송요건	• 당사자의 실재 • 당사자적격 • 당사자능력 • 소송능력·법정대리권·소송대리권 : 원래 소송행위의 유효요건이나 소제기 단계에서 이의 존재는 소송요건이 된다(변론능력은 소송요건 아님). • 원고가 소송비용의 담보를 제공할 필요가 없을 것(제117조)
소송물에 관한 소송요건	• 소송물의 특정 • 동일한 소송물에 승소판결이 없을 것 • 권리보호자격·권리보호이익(소의 이익)
특수소송에 관한 소송요건	• 병합소송에 있어서의 개별적 요건 • 장래이행의 소에서 미리청구할 필요, 확인의 소에서 확인의 이익 • 상소에서 상소요건 • 채권자대위소송에서 피보전채권의 존재 • 선행절차를 거쳐야 할 때에는 그 절차를 거쳤을 것 • 제소기간이 정하여져 있는 경우의 제소기간의 준수

민사소송에서 당사자가 소송물로 하는 권리 또는 법률관계는 특정되어야 하고, 소송물이 특정되지 아니한 때에는 법원이 심리·판단할 대상과 재판의 효력범위가 특정되지 않게 되므로, **소송물이 특정되었는지 여부는 소송요건으로서 법원의 직권조사사항에 속한다.** ① 채권양도에 있어서 양도채권의 종류나 금액 등이 구체적으로 적시되어 있어야 하는 것은 아니지만, 사회통념상 양도채권은 다른 채권과 구별하여 그 동일성을 인식할 수 있을 정도로 특정되어야 한다.[28] 나아가 ② 군사분계선 이북의 토지에 대한 소유권확인청구에 대해서 목적물의 특정이 어렵다는 이유로 각하한 바 있다.[29]

---

28) 대법 2013.03.14, 2011다28946
29) 대법 2011.03.10, 2010다87641

III. 소송요건의 모습

1. 적극적 요건과 소극적 요건

적극적 요건은 그 존재가 소를 적법하게 하여 본안판결의 요건이 되는 것으로, 재판권·관할권·당사자능력·소송능력 등을 말한다. 소극적 요건은 그 부존재가 소를 적법하게 하여 본안판결의 요건이 되는 것으로, 중복소송·기판력·중재합의 등으로 소송장애사유라고도 한다.

2. 직권조사사항과 항변사항

직권조사사항	의의	피고의 이의·주장유무에 관계없이 법원이 직권으로 조사하여 참작할 사항으로서 피고의 주장은 단지 법원의 직권조사를 촉구하는 의미밖에 없다. 따라서 직권조사사항인 소송요건에 관한 피고의 항변에 대하여 판단하지 아니하였다 하더라도 판단누락의 상고이유로 삼을 수 없다.[30]
	종류	항변사항을 제외한 대부분의 소송요건
항변사항	의의	피고의 이의·주장을 기다려 비로소 조사하게 되는 사항으로서 이는 이의권의 포기·상실의 대상이 된다(방소항변, 본안 전 항변).
	종류	임의관할, 부제소특약, 소·상소취하계약, 중재계약, 소송비용의 담보제공(제117조), 공동소송의 주관적 요건(제65조), 보조참가의 참가이유(제73조 제1항), 청구의 후발적 병합에서 청구기초의 동일성·반소관련성 등이 있다. 임의관할 위반과 소송비용의 담보제공 위반의 주장, 중재합의의 항변은 본안에 관한 최초변론 전까지 제출하여야 하며 본안심리에 들어간 후에는 제출할 수 없는 항변이다.[31]

IV. 소송요건의 조사

1. 직권조사사항

소송요건 중 항변사항을 제외한 나머지 소송요건은 소송제도의 유지에 필요한 공익적 성격을 띠고 있기 때문에 법원의 직권조사사항이다(후술).

2. 소송요건의 증명

(1) 엄격한 증명

소송요건도 원칙적으로 엄격한 증명을 요한다.[32] 다만 외국법규·경험법칙은 자유로운 증명으로 가능하다. 자유로운 증명이란 법률에서 정한 증거방법이 아니더라도, 그리고 법률이 정한 절차에 따른 증거조사에 의하지 않더라도 증명이 가능한 경우를 말한다.

---

30) 대법 1990.11.23, 90다카21589
31) 대법 1996.02.23, 95다17083
32) 정동윤/유병현 352면. 한편 자유로운 증명으로 족하다는 견해로는 강현중, 503면

(2) 증명책임

소송요건의 증명책임은 본안판결을 받을 이익이 있는 원고에게 있다. 判例도 대리권의 존재는 소송요건으로 대리권유무의 증명책임은 원고에게 있다고 하였다.[33] 그러나 항변사항인 소송요건은 증명책임 분배의 일반원칙에 따라 피고가 입증하여야 한다.

3. 소송요건 존부의 판단시기

(1) 원 칙

상고심의 심리종료시로 보는 견해가 있지만, 다수설은 **사실심의 변론종결시를 표준**으로 한다.[34] 判例도 **종중이 비법인사단으로서 당사자능력을 구비하였는지 판단하는 기준시점**,[35] **채권자대위권의 행사로서 채권자가 채권을 보전하기에 필요한지 여부는 변론종결당시를 표준**으로 판단한다.[36] 따라서 ① 제소당시에는 부존재하여도 사실심의 변론종결시까지 이를 구비하면 적법하여 본안판결을 한다. 이에 반하여 ② 제소당시에는 소송요건이 구비되어 있었어도 그 뒤에 소멸되면 본안판결을 할 수 없고 소를 각하하여야 한다. 다만 관할권의 존부는 제소 당시를 표준(제33조)으로 하므로 소송계속 중 관할원인이 소멸해도 관할권에 영향이 없으며, **소송계속 중의 당사자능력이나 소송능력의 상실, 법정대리권의 소멸은 소각하사유가 아니고 단지 소송중단사유**이다.

(2) 상고심에서도 판단하는 경우

그러나 判例는 ⅰ) **원고가 말소등기절차의 이행을 구하고 있는 근저당권설정등기는 상고심 계속 중에 낙찰을 원인으로 하여 말소되었으므로 근저당설정등기의 말소를 구할 법률상 이익이 없어 부적법하다**고 하였으며,[37] ⅱ) **당사자가 제척기간의 도과 여부를 사실심 변론종결 시까지 주장하지 아니하였다 하더라도 상고심에서 이를 새로이 주장·증명할 수 있으며**,[38] ⅲ) 당사자적격에 관한 사항은 소송요건에 관한 것으로서 법원이 이를 직권으로 조사하여 판단하여야 하고, 비록 당사자가 사실심 변론종결 시까지 이에 관하여 주장하지 않았다 하더라도 상고심에서 새로이 이를 주장·증명할 수 있으며,[39] ⅳ) 채무자의 이행소송 계속 중에 **추심채권자가 압류 및 추심명령 신청의 취하 등에 따라 추심권능을 상실하게 되면 채무자는 당사자적격을 회복하고, 이처럼 소송요건이 흠결되거나 그 흠결이 치유된 경우 상고심에서도 이를 참작한다**고 하였다.[40]

4. 소송요건조사와 본안판결의 순서

소송요건은 본안판결의 요건이므로 본안판결에 앞서 미리 조사하여야 하고, 따라서 소송요건의 존부에 관한 문제를 남겨 놓고 건너뛰어 원고청구의 기각판결을 함은 허용될 수 없다.[41] 判例도 "본건 중앙토지수

---

[33] 대법 1997.07.25, 96다39301
[34] 대법 1977.05.24, 76다2304
[35] 대법 2021.06.24, 2019다278433; 대법 2013.01.10, 2011다64607
[36] 대법 1976.07.13, 75다1086
[37] 대법 2003.01.10, 2002다57904
[38] 대법 2019.06.13, 2019다205947
[39] 대법 2018.12.27, 2018다268385
[40] 대법 2020.01.16, 2019다247385

용위원회의 수용재결은 행정소송의 대상으로 삼을 수 없다고 할 것임에도 불구하고 원심이 위 피고의 수용재결 취소를 구하는 원고들의 본건 청구를 적법시하여 본안판결을 하였음은 행정소송의 대상에 관한 법리를 오해한 위법을 범하였다고 할 것이니, 본건 소는 부적법하여 각하하기로 한다."고 하였다.[42]

V. 소송요건의 조사결과

1. 소송요건이 구비된 경우

본안에 앞서 소송요건의 흠이 있다고 피고가 다투는 것을 본안전항변이라고 하는데, 조사결과 소송요건이 구비되었으면 중간판결(제201조) 또는 종국판결의 이유 속에서 판단하여야 한다.

2. 소송요건이 흠결된 경우 법원의 조치

(1) 보정명령

소송요건의 흠이 있어도 보정할 수 있는 것이면 바로 소각하할 것이 아니라 상당한 기간을 정하여 보정을 명하고 이를 기다려야 한다(제59조 참조). 그러나 **그 흠을 보정할 수 없는 경우(출소기간의 경과, 소의 이익 등)에는 변론을 열지 않고 판결로 소를 각하할 수 있다**(제219조).

(2) 소각하판결

보정이 불가능하거나 보정을 명했음에도 이에 응하지 아니한 때에는 법원은 종국판결로서 소를 부적법 각하 하여야 한다. 소각하판결은 그 소송요건의 부존재에 기판력이 생긴다.[43] 원고가 소권(항소권을 포함한다)을 남용하여 청구가 이유 없음이 명백한 소를 반복적으로 제기한 것에 대하여 법원이 변론 없이 판결로 소를 각하하는 경우에는 재판장은 직권으로 피고에 대하여 공시송달을 명할 수 있다(제194조 4항). 다만 예외적으로 ① **관할위반의 경우에는 이송**해야 하고(제34조), ② 병합의 소에 있어서 **병합요건의 흠결시에는 각하할 것이 아니라 독립의 소로서 취급**하여야 한다(통설).

3. 소송요건 흠결을 간과한 본안판결

확정 전에는 상소로써 취소할 수 있으나(단, 임의관할 위반만은 그 하자가 치유됨. 제411조), 확정 후에는 재심사유에 해당되는 경우에 한하여 재심의 소를 제기할 수 있다.

4. 소송요건이 구비되었음에도 소각하판결을 한 경우

상급법원은 원판결을 취소하고 심급이익을 보장하기 위하여 원심에 환송하여야 한다(제418조, 제425조). 이는 심급의 이익과 본안판결의 3심제를 보장하기 위함이다.

---

41) 정동윤/유병현 356면; 송상현/박익환 201면; 김용진 94면; 방순원 303면
42) 대법 1983.02.08, 81누420
43) 대법 1997.12.09, 97다25521

제2관 소의 이익

I. 서 설

1. 의 의

소의 이익은 국가적·공익적 입장에서는 무익한 소송제도의 이용을 통제하는 원리이고, 당사자의 입장에서는 소송제도를 이용할 정당한 이익 또는 필요성을 말한다. 소의 이익을 넓히면 남소의 문제가 생기고, 좁히면 헌법상 보장된 재판받을 권리가 박탈되게 된다.

2. 발현형태

소의 이익에는 공통적인 소의 이익인 권리보호의 자격, 각종의 소에 특수한 소의 이익인 권리보호의 이익, 특정한 소에서 정당한 자격인 당사자적격이 있다. 앞의 두 경우는 청구의 측면에서 본 객관적 이익이고, 후자는 당사자의 측면에서 본 주관적 이익이다.[44]

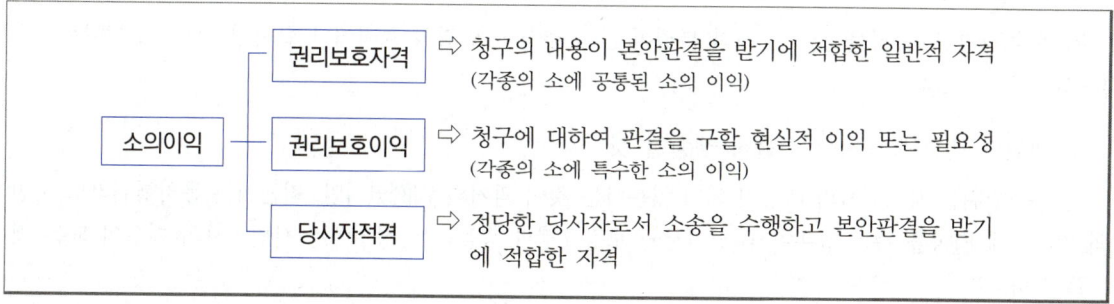

II. 권리보호의 자격(공통적인 소의 이익)

1. 청구가 소구할 수 있는 구체적인 권리 또는 법률관계일 것

(1) 청구가 재판상 청구할 수 있는 것이어야 한다.

소권이 없는 자연채무, 형성소권이 아닌 형성권 행사를 위한 형성의 소, 약혼의 강제이행, 입법을 해달라는 청구는 허용되지 않는다.

(2) 청구가 구체적인 권리관계의 주장일 것을 요한다.

1) **법률적 쟁송일 것** : 단순한 사실관계의 존부판단은 소송의 대상이 되지 않는다.

① 判例도 ⅰ) **임야·토지·건축물대장상의 명의말소·변경청구**,[45] ⅱ) 지적도의 경계오류정정청구, ⅲ) 족보에 등재금지·변경청구, ⅳ) 통일교가 기독교단체인지 확인청구, 어느 사찰이 특정종파에 속한다는 확인청구, ⅴ) 당사자 사이에 제사용 재산의 귀속에 관하여 다툼이 있는 등으로 구체적인 권리 또는 법률관계와 관련성이 있는 경우에 다툼을 해결하기 위한 전제로서 제사주재자 지위의 확인을 구하는 것은 법률상의 이익이 있다고 할 것이지만, 그러한 권리 또는 법률관계와 무관하게 누가 제사를 주재할 것인지 등과

---

44) 김홍엽 201면
45) 대법 1979.02.27, 78다913

관련된 제사주재자 지위의 확인청구[46] 등은 권리관계주장이 아니라고 하여 소의 이익을 부인하였다. 유언 내용에 따른 등기신청에 이의 없다는 진술을 구하는 소는 민법 제389조 제2항에서 규정하는 '채무자의 의사표시에 갈음할 재판을 청구하는 경우'에 해당할 수 없고, 등기심사의 증명자료를 구하는 데 불과하여 부적법하다.[47] 다만,

② **무허가건물대장상의 소유자명의말소청구도 원칙적으로 소의 이익이 없으나, 철거시 보상금이 지급되거나 시영아파트 특별분양권이 주어지는 경우 예외적으로 소의 이익이 긍정**된다.[48]

③ 건축공사가 완료되어 건축법상 최종적인 절차로서 건축허가상 건축주 명의로 사용검사승인까지 받아 소유권보존등기가 마쳐진 경우와는 달리, **비록 건축공사 자체는 독립된 건물로 볼 수 있을 만큼 완성되었으나 그 적법한 사용에 이르기까지 필요한 건축법상의 각종 신고나 신청 등의 모든 절차를 마치지 않은 채 소유권보존등기가 이루어진 경우에는, 그 건물의 원시취득자는 자신 앞으로 건축주 명의를 변경하여 그 명의로 건축법상 남아 있는 각종 신고나 신청 등의 절차를 이행함으로써 건축법상 허가된 내용에 따른 건축을 완료할 수 있을 것이므로, 이러한 경우 그 건물의 정당한 원시취득자임을 주장하여 건축주 명의변경 절차의 이행을 구하는 소는 그 소의 이익을 부정할 수 없다**.[49]

2) 쟁송(사건성)이 있을 것 : 구체적 분쟁이 없는 추상적 법령의 효력이나 합헌성 여부를 다투는 소송은 허용되지 않는다.

3) 법원의 권한에 속하는 법률적 쟁송일 것

① 통치행위는 사법심사의 대상이 되지 않는다는 것이 과거의 判例였지만, 최근에는 통치행위라도 국민의 기본권에 영향을 주는 경우이거나, 기본권 보장규정과 충돌하는 경우에는 사법심사의 대상이 되는 것으로 본다.[50]

② 정당·대학·교회 등 부분사회의 내부분쟁은 그 자율성에 일임할 것으로 권리보호자격이 없다. 判例도 일반 국민으로서의 특정한 권리의무나 법률관계와 관련된 분쟁에 관한 것이 아닌 이상 종교단체의 내부관계에 관한 사항은 원칙적으로 법원에 의한 사법심사의 대상이 되지 않는다고 하였다.[51] 다만 처분자체가 현저히 불공정하고 내부의 절차규정에 전면 위배되면 제소가 가능하다. 判例도 i) 종교상의 교리 또는 신앙의 해석에 깊이 관련되어 있다면 별론 이로되 그렇지 않으면 징계의 당부판단이 가능하다는 입장으로서,[52] ii) 부동산귀속 등 강행법규를 적용하여야 할 법률적 쟁송에 교회헌법인 자율법규를 적용할 여지가 없다고 하였고,[53] iii) 사찰주지는 사찰재산의 관리처분권도 갖게 된다고 하여 사찰주지의 지위확인청구를 허용하였으며,[54] iv) 재산과 관련된 교회대표자의 지위의 부존재확인청구는 소의 이익이 있다

---

46) 대법 2012.09.13, 2010다88699. 대법(전) 2023.05.11, 2018다248626은 공동상속인들 사이에 협의가 이루어지지 않는 경우에는 제사주재자의 지위를 인정할 수 없는 특별한 사정이 있지 않는 한 피상속인의 직계비속 중 남녀, 적서를 불문하고 최근친의 연장자가 제사주재자로 우선한다고 보는 것이 가장 조리에 부합한다고 하였다.
47) 대법 2014.02.13, 2011다74277
48) 대법 1998.06.26, 97다48937; 대법 1992.04.28, 92다3847
49) 대법 2009.02.12, 2008다28454; 대법 2010.07.15, 2009다67276
50) 대법(전) 2010.12.16, 2010도5986
51) 대법 2015.04.23, 2013다20311; 대법 2019.04.03, 2014다22932
52) 대법 2011.10.27, 2009다32386
53) 대법 1991.12.13, 91다29446
54) 대법 2005.06.24, 2005다10388

고 하였다.55)

2. 법률상 또는 계약상의 제소금지사유가 없을 것

(1) 법률상 제소금지사유가 없을 것

중복소제기금지(제259조), 재소금지(제267조 제2항) 등이 여기에 해당한다.

(2) 계약상 제소금지사유가 없을 것

부제소특약, 중재계약 등이 없을 것을 요한다.

3. 특별구제절차(제소장애사유)가 없을 것

어느 분쟁해결을 위하여 적정한 판단을 받을 수 있도록 마련된 보다 더 간편한 절차를 이용할 수 있음에도 그 절차를 이용하지 않는다는 사정은 소송제기에 있어 소극적 권리보호요건인 직권조사사항에 해당한다.

(1) 부적법한 경우

소송비용확정절차에 의할 것인데도 **신체감정비용 등 소송비용이나 가압류비용**을 별도로 청구,56) 비송사건절차법에 의거할 것인 데도 통상의 소로 한 임시이사선임취소의 소,57) 등기관의 직권사항인 부기등기58)·경정등기의 소,59) 등기명의인의 표시변경등기말소의 소,60) 전소에서 판결을 받았으나 피고의 주소를 고치기 위한 신소의 제기,61) 공탁금출급절차를 밟지 않고 공탁공무원이나 국가상대의 민사소송으로 지급청구,62) 지방세체납처분절차에 의할 것을 민사소송제기,63) 행정청의 대집행의 방법으로 건물철거가 가능한 경우인데 퇴거를 위한 민사소송제기,64) 상소로 다툴 것을 다투지 아니하고 확정 시켜 놓고 별도의 소제기65) 등은 소의 이익이 없다. 나아가 재심무죄판결이 확정된 경우에 채권자로서는 민사상 손해배상청구에 앞서 그보다 간이한 형사보상법에 따른 형사보상금을 먼저 청구할 것이다.66)

---

55) 대법 2007.11.16, 2006다41297
56) 대법 2000.05.12, 99다68577
57) 대법 1976.10.26, 76다1771 등
58) 대법 2013.07.25, 2011다7628. 단 부기등기에 한하여 무효사유가 있는 경우에는 예외라는 것에, 대법 2005.06.10, 2002다15412
59) 대법 2012.03.15, 2011다9136
60) 대법 2000.05.12,
61) 대법 2017.12.22, 2015다73753은 판결에 기재된 피고가 등기의무자와 동일인이라면 등기권리자는 등기절차에서 등기의무자의 주소에 관한 자료를 첨부정보로 제공하여 등기신청을 할 수 있고, 등기관이 등기신청을 각하하면 등기관의 처분에 대한 이의신청의 방법으로 불복할 수 있다. 등기신청에 대한 각하결정이나 이의신청에 대한 기각결정에는 기판력이 발생하지 않으므로 각하결정 등을 받더라도 추가 자료를 확보하여 다시 등기신청을 할 수 있음을 이유로 하였다.
62) 대법 2013.07.25, 2012다204815
63) 대법 2017.04.13, 2013다207941
64) 대법 2017.04.28, 2016다213916; 다만 아무런 권원 없이 국유재산에 설치한 시설물에 대하여 행정청이 행정대집행을 실시하지 않는 경우, 그 국유재산에 대한 사용청구권을 가지고 있는 자가 국가를 대위하여 민사소송으로 그 시설물의 철거를 구할 수 있다는 것에, 대법 2009.06.11, 2009다1122
65) 대법 2002.09.04, 98다17145
66) 대법 2013.12.12, 2013다201844

(2) 적법한 경우

국유재산의 무단점유의 경우 변상금부가징수가 가능한 경우에는 별도로 부당이득반환의 민사소송이 허용된다고 했다.[67] 하나는 공법상의 권리이고, 다른 하나는 사법상의 채권이므로 법적성질을 달리한다는 이유이다.

4. 동일한 청구에 대하여 승소확정판결을 받은 경우가 아닐 것(判例의 입장)

(1) 원 칙

원고가 이미 승소확정판결을 받아 놓았기 때문에 즉시 강제집행을 할 수 있을 때에는 동일청구에 대한 신소의 제기는 원칙적으로 소의 이익이 없다.[68] 따라서 ⅰ) 채권자가 사해행위취소 및 원물반환청구를 하여 승소판결이 확정된 후에 원물반환의 목적을 달할 수 없게 된 경우 다시 제기한 가액배상청구는 권리보호의 이익이 없다.[69] ⅱ) 이전등기청구에서 승소한 등기권리자가 피고의 주소가 등기기록상 주소로 기재된 판결을 받기 위하여 전소의 상대방이나 그 포괄승계인을 상대로 동일한 소유권이전등기청구의 소를 제기하는 것은 부적법하다.[70] ⅲ) 전소 변론종결 또는 판결선고 후에 채무자의 채무를 소멸시켜 당사자인 채무자의 지위를 승계하는 이른바 면책적 채무인수를 한 자는 변론종결 후의 승계인으로서 전소 확정판결의 기판력이 미치게 되므로 원고는 특별한 사정이 없는 한 다시 본소를 제기할 이익이 없다.[71]

(2) 예 외

다만, ⅰ) 판결원본의 멸실, ⅱ) 판결내용의 불특정,[72] ⅲ) 확정판결에 의한 채권의 소멸시효기간인 10년의 경과가 임박한 경우 시효중단의 필요 등의 사유가 있는 경우에는 소의 이익이 인정된다.[73] 나아가 공정증서는 집행력이 있을 뿐 기판력이 없기 때문에 기판력 있는 판결을 받기 위해 공정증서의 작성원인이 된 채무에 대하여 채무부존재확인소송에 의한 확인의 이익이 있다.[74] 또한 임차인이 임대인을 상대로 보증금

---

67) 대법(전) 2014.07.16, 2011다76402.
68) 대법 2017.11.14, 2017다23066; 대법 2009.12.24, 2009다64215는 일부승소판결이 있음에도 재소한 경우에는 승소부분에 해당하는 것은 각하, 패소부분에 해당하는 것은 기각하여야 한다고 했다.
69) 대법 2018.12.28, 2017다265815; 대법 2006.12.07, 2004다54978
70) 대법 2017.12.22, 2015다73753
71) 대법 2016.09.28, 2016다13482
72) 원심판결 이유를 기록에 비추어 살펴보면, 원심이, 원고가 피고를 상대로 제기한 전 소송에서 법원이 남양주시 별내면 덕송리 176. 전 2,922㎡ 토지 위에 설치된 우사 19㎡의 철거 및 그 부지 25㎡의 인도를 명한 것은 현황과 달리 작성된 감정서에 기재된 대로의 위치 및 면적에 따른 것으로서, 비록 원고의 청구대로 인용된 것이기는 하지만, 그 판결에 기한 강제집행이 불가능하게 되었으므로, 새로운 측량에 기하여 전 소송에서와 달리 우사의 면적(82㎡)과 위치를 새로이 특정하여 제기한 이 사건 소송에 종전 소송의 기판력이 미치지 아니한다고 판단한 것은 위에서 본 법리에 따른 것으로 정당하고, 거기에 기판력에 관한 법리를 오해한 위법이 있다고 할 수 없다는 것에, 대법 1998.05.15, 97다57658. 재판상의 화해를 조서에 기재한 때에는 그 조서는 확정판결과 동일한 효력이 있고 당사자 사이에 기판력이 생겨 재심의 소에 의한 취소 또는 변경이 없는 한 당사자는 그 취지에 반하는 주장을 할 수 없음이 원칙이나, 화해조서에 기재된 내용이 특정되지 아니하여 강제집행을 할 수 없는 경우에는 동일한 청구를 제기할 소의 이익이 있다는 것에, 대법 1995.05.12, 94다25216.
73) 대법 2019.01.17, 2018다24349; 대법(전) 2018.07.19, 2018다22008; 대법 1998.06.12, 98다1645
74) 대법 1996.03.08, 95다22795·22801; 대법 2013.05.09, 2012다108863은 청구이의의 소는 집행권원이 가지는 집행력의 배제를 목적으로 하는 것으로서 판결이 확정되더라도 당해 집행권원의 원인이 된 실체법상 권리관계에 기판력이 미치지 않는다. 따라서 채무자가 채권자에 대하여 채무부담행위를 하고 그에 관하여 강제집행승낙문구가 기재된

반환의 승소확정판결을 받았으나 이후 주택 양수인을 상대로 이를 반환받고자 할 경우 승계가 명확하지 않거나 임대인 지위의 승계를 증명할 수 없는 때에는 임차인이 양수인을 상대로 승계집행문 부여의 소를 제기하여 승계집행문을 부여받음이 원칙이나, 이미 임차인이 양수인을 상대로 임대차보증금의 반환을 구하는 소를 제기하여 양수인과 사이에 임대인 지위의 승계 여부에 대해 상당한 정도의 공격방어 및 법원의 심리가 진행됨으로써 사실상 승계집행문 부여의 소가 제기되었을 때와 큰 차이가 없다면, 소의 이익이 없다고 섣불리 단정하여서는 안 된다.[75]

> **판례연구 : 시효중단을 위한 후소의 법리**
>
> ### 1. 소멸시효의 경과가 임박한 경우 시효중단 필요에 따른 후소의 소의 이익
>
> 다른 시효중단사유인 압류·가압류나 승인 등의 경우 이를 1회로 제한하고 있지 않음에도 유독 재판상 청구의 경우만 1회로 제한되어야 한다고 보아야 할 합리적인 근거가 없으며, 확정판결에 의한 채무라 하더라도 채무자가 파산이나 회생제도를 통해 이로부터 전부 또는 일부 벗어날 수 있는 이상, 채권자에게는 시효중단을 위한 재소를 허용하는 것이 균형에 맞다.[76]
>
> ### 2. 10년이 지난 후 제기된 후소의 적법여부
>
> 시효중단을 위한 후소를 심리하는 법원으로서는 전소 판결이 확정된 후 소멸시효가 중단된 적이 있어 그 중단사유가 종료한 때로부터 새로이 진행된 소멸시효기간의 경과가 임박하지 않아 시효중단을 위한 재소(再訴)의 이익을 인정할 수 없다는 등의 특별한 사정이 없는 한, 후소가 전소 판결이 확정된 후 10년이 지나 제기되었다 하더라도 곧바로 소의 이익이 없다고 하여 소를 각하해서는 아니 되고, 채무자인 피고의 항변에 따라 원고의 채권이 소멸시효 완성으로 소멸하였는지에 관한 본안판단을 하여야 한다.[77]
>
> ### 3. 시효중단 목적의 후소의 심리범위
>
> 시효중단 등 특별한 사정이 있어 예외적으로 확정된 승소판결과 동일한 소송물에 기한 신소가 허용되는 경우라 하더라도 신소의 판결이 전소의 승소 확정판결의 내용에 저촉되어서는 아니되므로, 후소 법원으로서는 그 확정된 권리를 주장할 수 있는 요건이 구비되어 있는지에 관하여 다시 심리할 수 없다.[78] 승소판결이 확정된 후 소송촉진 등에 관한 특례법의 변경으로 소송촉진법에서 정한 지연손해금 이율이 달라졌다고 하더라도 그로 인하여 선행 승소확정판결의 효력이 달라지는 것은 아니고, 확정된 선행판결과 달리 변경된 소송촉진법상의 이율을 적용하여 선행판결과 다른 금액을 원고의 채권액으로 인정할 수 있는 것도 아니다.[79]
>
> ### 4. 시효중단을 위한 후소의 형태
>
> 시효중단을 위한 후소로서 이행소송 외에 전소 판결로 확정된 채권의 시효를 중단시키기 위한 조치, 즉 '재판상의 청구'가 있다는 점에 대하여만 확인을 구하는 형태의 '새로운 방식의 확인소송'이 허용되고, 채권자는 두 가지 형태의 소송 중 자신의 상황과 필요에 보다 적합한 것을 선택하여 제기할 수 있다고 보아야 한다. 새로운 방식의

공정증서를 작성하여 준 후, 공정증서에 대한 청구이의의 소를 제기하지 않고 공정증서의 작성원인이 된 채무에 관하여 채무부존재확인의 소를 제기한 경우, 그 목적이 오로지 공정증서의 집행력 배제에 있는 것이 아닌 이상 청구이의의 소를 제기할 수 있다는 사정만으로 채무부존재확인소송이 확인의 이익이 없어 부적법하다고 할 것은 아니라고 하였다.

75) 대법 2022.03.17, 2021다210720
76) 대법(전) 2018.07.19, 2018다22008
77) 대법 2019.01.17, 2018다24349
78) 대법 2019.08.29, 2019다215272; 대법 2018.04.24, 2017다293858; 대법 2010.10.28, 2010다61557; 대법 2013.04.11, 2012다111340은 따라서 피고가 후소에서 전소의 확정된 권리관계를 다투기 위하여는 먼저 전소의 승소 확정판결에 대하여 적법한 추완항소를 제기함으로써 그 기판력을 소멸시켜야 할 것인데, 이는 전소의 소장부본과 판결정본 등이 공시송달의 방법에 의하여 송달되어 피고가 그 책임질 수 없는 사유로 전소에 응소할 수 없었던 경우라고 하여 달리 볼 것이 아니라고 하였다.
79) 대법 2019.08.29, 2019다215272

확인소송에서는 전소와 달리 후소의 소송물은 '실체법상 구체적 청구권의 존부'가 아니며, 또 후소 판결은 '시효를 중단시키기 위한 재판상 청구가 있었다'는 점에 대해서만 효력이 있다. 나아가 소멸시효 완성 등을 포함한 청구권의 존부 및 범위와 같은 실체적 법률관계에 관한 심리를 할 필요가 없고, 채권자는 청구원인으로 전소 판결이 확정되었다는 점과 그 청구권의 시효중단을 위해 후소가 제기되었다는 점만 주장하고 전소 판결의 사본과 확정증명서 등으로 이를 증명하면 되며 법원도 이 점만 심리하면 된다.[80]

5. 신의칙 위반의 제소가 아닐 것

신의성실의 원칙에 위반한 소제기는 소의 이익이 부정된다.[81] 大法院은 학교법인의 경영권을 타에 양도하기로 결의함에 따라 그 법인 이사직의 사임을 승인한 바 있어 학교법인의 이사로서의 직무수행의사는 없으면서 오로지 학교법인이나 현 이사들로부터 다소의 금액을 지급받을 목적만으로 제기한 이사회결의 부존재확인의 소는 신의칙에 반한다고 각하하였다.[82]

III. 권리보호의 이익 내지 필요

1. 이행의 소의 경우

(1) 현재이행의 소

현재 이행기가 도래하였으나 이행되지 않은 이행청구권의 존재를 주장하는 것으로서 원칙적으로 권리보호의 이익이 인정된다. 따라서 원고가 채무자에게 한 번쯤 이행최고를 하였더라면 피고의 임의이행이 되었을 경우라도 소의 이익은 긍정되고, 승소에도 불구하고 원고가 소송비용을 부담하게 될 뿐이다(제99조). 다만 강제집행이 불가능하거나 곤란한 경우, 목적이 실현되어 있거나 실익없는 청구인 경우, 일부청구의 경우에 소의 이익이 문제된다.

1) 강제집행의 불가능하거나 현저히 곤란한 경우의 소의 이익

① 적법한 경우 : 판결절차는 관념적 분쟁해결절차로서 사실적인 해결절차인 강제집행절차와는 별도로 독자적인 존재의의를 가지고 있고, 집행권원의 보유는 피고에게 심리적 압박이 되므로 소의 이익을 긍정해야 할 것이다.

㉠ **A → B → C로 순차경료된 소유권이전등기의 말소를 청구한 소송에서 최후의 등기명의자인 C를 상대로 패소판결이 확정되었다고 하더라도, 중간등기명의자인 A나 B를 상대로 그 등기의 말소를 구할 이익이 있다.**[83] C의 승낙이 없으면 A·B에 대한 말소판결의 집행불능이 되어도 그렇다(부등법 제57조 참조). 다만 **선등기명의자의 소유권이전등기가 원인무효라고 하더라도 그 이후의 최종등기명의자가 등기부시효취득의 항변을 제출하여 법원에서 그것이 받아들여진 경우, 그 전의 등기명의자들이 최종 등기명의자의 시효취득 사실을 원용하여 원소유자의 소유권 상실을 주장하고 있다면 원소유자의 소유권에 기한 등기말소청구는 배척될 수밖에 없으며,**[84] 이 경우 **중간등기명의자를 상대로 소유권이전등기말소의무의 이행불능을 이유로 한 손해배상을 청구할 수도 없다.**[85]

---

80) 대법 2018.10.18, 2015다232316
81) 대법 1977.06.07, 76다558
82) 대법 1974.09.24, 74다767
83) 대법 2017.09.12, 2015다242849; 대법 1998.09.22, 98다23393; 대법 1995.10.12, 94다47483
84) 대법 1995.03.03, 94다7348

ⓛ 외국환거래법상 주무장관의 허가가 없는 상태에서 비거주자가 거주자에 대하여 외화지급을 구하는 경우, 주무장관의 허가는 집행조건에 불과하므로 소의 이익이 있다.[86]

ⓒ 개성공단에 위치한 건물인도청구의 소에서 이행판결을 받아도 강제집행이 곤란하다고 하여도 소의 이익이 있다.[87]

ⓔ **요약자는 제3자를 위한 계약의 당사자로서 원칙적으로 제3자의 권리와는 별도로 낙약자에 대하여 제3자에게 급부를 이행할 것을 요구할 수 있는 권리를 가지며**, 낙약자가 요약자의 이행청구에 응하지 아니하면 특별한 사정이 없는 한 요약자는 낙약자에 대하여 제3자에게 급부를 이행할 것을 소로써 구할 이익이 있다.[88]

ⓜ 일반적으로 **금전채권에 대한 가압류가 있더라도 이는 채무자가 제3채무자로부터 현실로 급부를 추심하는 것만을 금지하는 것일 뿐이므로, 채무자는 제3채무자를 상대로 그 이행을 구하는 소송을 제기할 수 있고 법원은 가압류가 되어 있음을 이유로 이를 배척할 수는 없는 것이 원칙**이다. 왜냐하면 채무자로서는 제3채무자에 대한 그의 채권이 가압류되어 있다 하더라도 집행권원을 취득할 필요가 있고, 시효를 중단할 필요가 있는 경우도 있을 것이며, 또한 소송 계속 중에 가압류가 행하여진 경우에 이를 이유로 청구가 배척된다면 장차 가압류가 취소된 후 다시 소를 제기하여야 하는 불편함이 있는데 반하여 제3채무자로서는 이행을 명하는 판결이 있더라도 집행단계에서 이를 저지하면 될 것이기 때문이다.[89]

ⓗ 그러나 소유권이전등기청구권이 가압류된 경우에는 가압류의 해제를 조건으로 채무자가 제3채무자 상대의 이전등기청구를 해야 한다.[90] 즉 소유권이전등기를 명하는 판결은 의사의 진술을 명하는 판결로서 이것이 확정되면 채무자는 일방적으로 이전등기를 신청할 수 있고 제3채무자는 금전채권이 압류된 경우와 달리 이를 저지할 방법이 없으므로, 이와 같은 경우에는 **가압류의 해제를 조건으로 하지 아니하는 한 법원은 이를 인용하여서는 안된다**는 것이다.

판례연구 : 가압류된 소유권이전등기청구권의 소송상 행사

1. 피고가 가압류 사실을 항변하지 않은 경우

(1) 채무자의 무조건의 이전등기 청구에 대한 판단

소유권이전등기청구권이 가압류되어 있다는 사정은 피고 측의 항변사유에 해당하는 것이고 직권조사사항은 아닌 만큼, 소유권이전등기 청구소송의 소장에 그와 같은 가압류의 존재 사실이 기재되어 있다고 하더라도 이는 선행자백에 불과하여 피고가 응소하여 그 부분을 원용하는 경우에 비로소 고려될 수 있는 것이므로, 피고가 답변서를 제출하지 아니하고 변론기일에 출석하지도 아니하여 그 사건의 원고가 주장하는 소유권이전등기청구권의 요건 사실에 관하여 의제자백의 효과가 발생한 이상 법원으로서는 전부승소의 판결을 할 것이지 단순히 가압류사

---

[85] 채무불이행을 이유로 하는 손해배상청구권은 계약 또는 법률에 기하여 이미 성립하여 있는 채권관계에서 본래의 채권이 동일성을 유지하면서 그 내용이 확장되거나 변경된 것으로서 발생한다. 그러나 위와 같은 등기말소청구권 등의 물권적 청구권은 그 권리자인 소유자가 소유권을 상실하면 이제 그 발생의 기반이 아예 없게 되어 더 이상 그 존재 자체가 인정되지 아니하기 때문이라는 것에, 대법 2012.05.17, 2010다28604
[86] 대법(전) 1975.04.22, 72다2161
[87] 대법 2016.08.30, 2015다255265
[88] 대법 2022.01.27, 2018다259565
[89] 대법 2002.04.26, 2001다59033
[90] 대법(전) 1992.11.10, 92다4680; 대법 2011.08.18, 2009다60077

실을 알게 되었다고 하더라도 가압류가 해제될 것을 조건으로 한 판결을 할 수는 없는 것이다.[91]

(2) 제3채무자의 책임

제3채무자가 가압류결정을 무시하고 이전등기를 이행하고 채무자가 다시 제3자에게 이전등기를 경료하여 준 결과 채권자에게 손해를 입힌 때에는 불법행위를 구성하고 그에 따른 배상책임을 진다.[92]

2. 피고가 가압류 사실을 항변한 경우

(1) 원고에게 가압류 해제를 조건으로 이전등기를 구하는지 석명의무가 있는지 여부

소유권이전등기청구권에 대하여 가압류가 있는 경우에는 가압류의 해제를 조건으로 이전등기를 구할 수 있으나, 가압류되어 있는 피고 甲의 피고 乙에 대한 부동산소유권이전등기청구권을 대위행사하는 원고에 대하여 법원이 가압류의 해제를 조건으로 이전등기를 구하는지 여부에 관하여 석명을 구할 의무가 있는 것이 아니므로, 법원이 원고에 대하여 가압류의 해제를 조건으로 이전등기를 구할 기회를 부여하지 않고 원고의 청구를 기각한 조치에 석명권 불행사 내지 심리미진의 위법이 있다 할 수 없다.[93]

(2) 가압류해제를 조건으로 청구시 인용

일반적으로 채권에 대한 가압류가 있더라도 이는 채무자가 제3채무자로부터 현실로 급부를 추심하는 것만을 금지하는 것이므로 채무자는 제3채무자를 상대로 그 이행을 구하는 소송을 제기할 수 있고, 법원은 가압류가 되어 있음을 이유로 이를 배척할 수 없는 것이 원칙이나, 소유권이전등기를 명하는 판결은 의사의 진술을 명하는 판결로서 이것이 확정되면 채무자는 일방적으로 이전등기를 신청할 수 있고 제3채무자는 이를 저지할 방법이 없으므로 이와 같은 경우에는 가압류의 해제를 조건으로 하지 아니하는 한 법원은 이를 인용하여서는 안되고, 제3채무자가 임의로 이전등기의무를 이행하고자 한다면 민사소송법 제577조(현 민사집행법 제244조)에 의하여 정하여진 보관인에게 권리이전을 하여야 할 것이고, 이 경우 보관인은 채무자의 법정대리인의 지위에서 이를 수령하여 채무자 명의로 소유권이전등기를 마치면 된다.[94]

3. 제3채무자가 채무자에게 이전등기를 마친 경우

부동산소유권이전등기청구권의 가압류는 채무자 명의로 소유권을 이전하여 이에 대하여 강제집행을 할 것을 전제로 하고 있으므로 소유권이전등기청구권을 가압류하였다 하더라도 어떠한 경로로 제3채무자로부터 채무자 명의로 소유권이전등기가 마쳐졌다면 채권자는 부동산 자체를 가압류하거나 압류하면 될 것이지 등기를 말소할 필요는 없다.[95]

4. 소유권이전등기청구권의 목적물인 부동산 자체의 처분금지 효력이 있는지 여부

소유권이전등기청구권에 대한 가압류가 있으면 그 변제금지의 효력에 의하여 제3채무자는 채무자에게 임의로 이전등기를 이행하여서는 아니되는 것이나, 그와 같은 가압류는 채권에 대한 것이지 등기청구권의 목적물인 부동산에 대한 것이 아니고, 채무자와 제3채무자에게 결정을 송달하는 외에 현행법상 등기부에 이를 공시하는 방법이 없는 것으로서 당해 채권자와 채무자 및 제3채무자 사이에만 효력을 가지며, 제3자에 대하여는 가압류의 변제금지의 효력을 주장할 수 없으므로 소유권이전등기청구권의 가압류는 청구권의 목적인 부동산 자체의 처분을 금지하는 대물적 효력은 없다 할 것이고, 제3채무자나 채무자로부터 이전등기를 경료한 제3자에 대하여는 취득한 등기가 원인무효라고 주장하여 말소를 청구할 수는 없다.[96]

② 부적법한 경우 : ⅰ) 국가가 사인 소유의 토지를 공군비행장 부지로서 불법점유하고 있는 경우에 그 반환은 법률상 불능임을 이유로 소의 이익을 부정하였으며,[97] ⅱ) 1필지의 토지 중 일부를 특정하여 매매

---

91) 대법 1999.06.11, 98다22963
92) 대법 1999.06.11, 98다22963
93) 대법 1994.10.25, 93다55012
94) 대법 1992.11.10, 92다4680
95) 대법 1992.11.10, 92다4680
96) 대법 1999.06.11, 98다22963

계약이 체결되었으나 그 부분의 면적이 건축법에 따라 분할이 제한되는 경우 소의 이익을 부정하였다.[98]

2) 목적이 실현된 경우

① 부적법 : 이 경우는 권리보호이익이 없다.

㉠ 원고의 소유권이전등기청구소송 중에 다른 원인에 의하여 원고 앞으로 소유권이전등기된 경우[99]

㉡ **근저당권설정등기의 말소등기절차의 이행을 구하는 소송 도중에 그 근저당권설정등기가 경락을 원인으로 하여 말소된 경우**에는 더 이상 근저당권설정등기의 말소를 구할 법률상 이익이 없다.[100] 또한 **원인 없이 말소된 근저당권설정등기의 회복등기절차 이행과 회복등기에 대한 승낙의 의사표시를 구하는 소송 도중에 근저당목적물인 부동산에 관하여 경매절차가 진행되어 매각허가 결정이 확정되고 매수인이 매각대금을 완납하였다면 매각부동산에 설정된 근저당권은 당연히 소멸**하므로, 더 이상 원인 없이 말소된 근저당권설정등기의 회복등기절차 이행이나 회복등기에 대한 승낙의 의사표시를 구할 법률상 이익이 없게 된다.[101]

㉢ **채권자취소소송 도중에 사해행위가 해제·해지되어 재산이 채무자에 복귀된 경우**[102]

㉣ 부동산처분금지가처분의 신청 취하 또는 집행취소·해제 절차의 이행을 구하는 소송 도중에 가처분의 기입등기가 가처분의 목적 달성 등으로 말소된 경우[103]

② 적법한 경우 : 그러나 **사해행위로 인한 저당권의 실행경매가 이루어져, 저당권설정등기가 말소되어도 채권자는 사해행위인 저당권설정계약의 취소이익이 있다**.[104]

3) 실익이 없는 경우

① 부적법

㉠ 토지의 지적도상 경계선에 따른 면적과 토지대장에 표시된 면적이 불일치할 경우, 지적도상 경계선에 따른 면적을 기준으로 토지대장의 면적 표시를 정정하기 위하여 인접 토지소유자에게 정정에 대한 승낙의 의사표시를 소구할 법률상의 이익이 없다.[105]

㉡ **의사의 진술이 있더라도 아무런 법적 효과가 없는 경우의 의사진술을 명하는 소** : ⅰ) 기록상 피고가 이 사건 협의회 위원들에게 회의 소집 및 의안 찬성을 요구하거나 지시한다고 하여 그 위원들

---

97) 대법 1971.05.24, 71다361
98) 대법 2017.08.29, 2016다212524
99) 대법 1996.10.15, 96다785
100) 대법 2003.01.10, 2002다57904
101) 대법 2014.12.11, 2013다28025
102) 채권자취소소송은 이미 그 목적이 실현되어 더 이상 그 소에 의해 확보할 권리보호의 이익이 없어지는 것이고, 이는 그 목적재산인 부동산의 복귀가 그 이전등기의 말소 형식이 아니라 소유권이전등기의 형식을 취하였다고 하여 달라지는 것은 아니라는 것에, 대법 2008.03.27, 2007다85157. 대법(전) 2015.05.21, 2012다952은 이러한 법리는 사해행위취소소송이 제기되기 전에 사해행위의 취소에 의해 복귀를 구하는 재산이 채무자에게 복귀한 경우에도 마찬가지라고 하였다.
103) 대법 2017.09.26, 2015다18466
104) 대법 2013.11.15, 2012다65058
105) 설령 인접 토지소유자가 토지대장의 면적 표시에 잘못이 없고 오히려 지적도상 경계선이 잘못된 것이라고 주장하고 있어 지적소관청이 위와 같은 정정을 거부하고 있다고 하더라도 해당 토지소유자로서는 토지대장의 면적 표시가 잘못되었음을 밝히기 위한 사실상의 필요에서 인접 토지소유자를 상대로 경계확정의 소, 토지소유권확인의 소 등을 제기할 수는 있겠지만, 위와 같이 주장 자체로 인접 토지소유자의 승낙서 등이 필요 없는 정정에 대하여 승낙의 의사표시를 구하는 소를 제기할 수는 없다는 것에, 대법 2014.05.16, 2011다52291

이 피고의 요구나 지시에 따를 법적 의무가 있다거나 거기에 기속된다고 볼 만한 자료를 찾아 볼 수 없다면 위 청구와 같은 내용으로 의사의 진술을 구하여 협력의무의 이행을 구하는 이 사건 소는 소의 이익이 없어 부적법하다.[106] ii) 자신의 소유가 아닌 토지에 관하여 지적공부의 등록사항 정정신청을 할 수 없으므로 인접 토지 소유자를 상대로 토지의 경계 정정에 대한 승낙의 의사표시를 구하는 소는 부적법하며, 자신 소유 토지의 경계 정정에 따라 경계가 변경되는 인접 토지 소유자가 아닌 사람을 상대로 토지의 경계 정정에 대한 승낙의 의사표시를 구하는 소도 부적법하다.[107] iii) 민법 제218조 제1항의 수도 등 시설권은 법정의 요건을 갖추면 당연히 인정되는 것으로 토지 소유자의 동의나 승낙을 요구하는 것은 부적법하다.[108]

ⓒ 법원의 촉탁에 의하는 등기 : ⅰ) 부동산 강제경매개시결정 기입등기는 채권자나 채무자가 직접 등기공무원에게 이를 신청하여 행할 수는 없고 반드시 법원의 촉탁에 의하여 행하여지는데, 이와 같이 당사자가 신청할 수 없는 강제경매개시결정 기입등기가 법원의 촉탁에 의하여 말소된 경우에는 그 회복등기도 법원의 촉탁에 의하여 행하여져야 하므로, 이 경우 강제경매 신청채권자가 말소된 강제경매개시결정 기입등기의 회복등기절차의 이행을 소구할 이익은 없다.[109] ⅱ) **법원의 가처분결정에 기하여 그 가처분집행의 방법으로 이루어진 처분금지가처분등기는 집행법원의 가처분결정의 취소나 집행취소의 방법에 의해서만 말소될 수 있는 것이어서 처분금지가처분등기의 이행을 소구할 수 없다.**[110] 마찬가지로 ⅲ) **부동산가압류의 기입등기가 법원의 촉탁에 의하여 말소된 경우 가압류 채권자가 말소된 가압류기입등기의 회복등기를 소구할 수 없지만, 말소 당시 그 부동산에 관하여 소유권이전등기를 경료하고 있는 자를 상대로 말소된 가압류기입등기의 회복절차에 대한 승낙청구의 소를 제기할 수는 있다.**[111]

ⓔ 매매목적물인 건물 중 일부는 화재로 소실되고 일부는 철거되어 현재 전부 멸실된 경우에는 매수인은 비록 가등기가처분결정에 의하여 위 건물에 대하여 가등기를 하고 등기부에 그대로 등재되고 있다 하여도 이에 대한 가등기는 효력이 없어지는 것이므로 특별한 사정이 없는 한 이에 대한 소유권이전등기나 소유권확인을 구할 수 없다.[112]

② 적법한 경우

㉠ **취득시효 완성을 원인으로 하는 소유권이전등기청구권을 피보전권리로 하는 부동산처분금지가처분 등기가 마쳐진 후에 가처분채권자가 가처분채무자를 상대로 가처분의 피보전권리에 기한 소유권이전등기를 청구함과 아울러 가처분 등기 후 가처분채무자로부터 소유권이전등기를 넘겨받은 제3자를 상대로 가처분채무자와 제3자 사이의 법률행위가 원인무효라는 사유를 들어 가처분채무자를 대위하여 제3자 명의 소유권이전등기의 말소를 구할 실익이 있다.**[113]

㉡ 부동산에 관한 소유권이전청구권 보전을 위한 가등기 경료 뒤에 다른 가압류등기가 경료되었다

---

106) 대법 2016.09.30, 2016다200552
107) 대법 2016.06.28, 2016다1793
108) 대법 2016.12.15, 2015다247325
109) 대법 2019.05.16, 2015다253573.
110) 대법 1982.12.14, 80다1872·1873
111) 대법 2002.04.12, 2001다84367
112) 대법 1976.09.14, 75다399
113) 대법 2017.12.05, 2017다237339

면, 그 가등기에 기한 본등기 절차에 의하지 아니하고 별도로 가등기권자 명의의 소유권이전등기가 경료되었다고 하여 가등기권리자와 의무자 사이의 가등기 약정상의 채무내용에 좇은 이행이 완료되었다고 할 수 없으므로, 특별한 사정이 없는 한 가등기권리자는 가등기의무자에 대하여 그 가등기에 기한 본등기절차의 이행을 구할 수도 있다.[114]

ⓒ **소유권보존등기가 되었던 종전건물의 소유자가 이를 헐어 내고 건물을 신축한 경우에 있어 종전건물에 대한 멸실등기를 하고 새 건물에 대한 소유권보존등기를 하기 위하여 종전건물에 대한 소유권보존등기에 터잡아 마쳐진 원인무효의 소유권이전등기의 말소를 청구할 소의 이익이 있다.**[115]

ⓔ 폐쇄등기부상의 보존등기는 말소를 구할 이익은 긍정되며,[116] 폐쇄된 등기에 말소회복등기 등의 이행을 구할 소의 이익이 없다고 판정할 것은 아니다.[117]

ⓜ 근저당권이 설정된 후에 그 부동산의 소유권이 제3자에게 이전된 경우에는 현재의 소유자가 자신의 소유권에 기하여 피담보채무의 소멸을 원인으로 그 근저당권설정등기의 말소를 청구할 수 있음은 물론이지만, 근저당권설정자인 종전의 소유자도 근저당권설정계약의 당사자로서 근저당권소멸에 따른 원상회복으로 근저당권자에게 근저당권설정등기의 말소를 구할 수 있는 계약상 권리가 있으므로 이러한 계약상 권리에 터잡아 근저당권자에게 피담보채무의 소멸을 이유로 하여 그 근저당권설정등기의 말소를 청구할 수 있다고 봄이 상당하고, **목적물의 소유권을 상실하였다는 이유만으로 그러한 권리를 행사할 수 없다고 볼 것은 아니다.**[118]

4) 일부청구의 경우

① 소송상태 부당형성의 경우 : 소액사건심판법의 적용을 받을 목적으로 분할하여 구하는 일부청구는 소심법 제5조 2에 의해서나, 소송상태의 부당형성에 해당하여 소를 각하하여야 한다.

② 그러나 그 밖의 경우는 소권의 남용임이 뚜렷하지 않는 한 가분채권의 분할청구 자유원칙 상 일부청구의 소의 이익을 긍정해야 할 것이다.

(2) 장래이행의 소

> 제251조(장래의 이행을 청구하는 소) 장래에 이행할 것을 청구하는 소는 미리 청구할 필요가 있어야 제기할 수 있다.

1) **의 의** : 변론종결시를 표준으로 하여 이행기가 장래에 도래하는 이행청구권을 주장하는 소를 장래이행의 소라 하는데 이는 '**미리 청구할 필요**'가 **있는 경우에 한하여 허용**된다(제251조). 미리 청구할 필요가 있는 경우라 함은 이행기가 도래하지 않았거나 조건 미성취의 청구권에 있어서는 채무자가 미리부터 채무의 존재를 다투기 때문에 이행기가 도래되거나 조건이 성취되었을 때에 임의의 이행을 기대할 수 없는 경우를 말하고, **이행기에 이르거나 조건이 성취될 때에 채무자의 무자력으로 말미암아 집행이 곤란해진다던가 또는 이행불능에 빠질 사정이 있다는 것만으로는 미리 청구할 필요가 있다고 할 수 없다.**[119] 이 때는

---
114) 대법 1995.12.26, 95다29888
115) 대법 1992.03.31, 91다39184
116) 대법 1994.10.28, 94다33835·33842
117) 대법 2016.01.28, 2011다41239
118) 대법 1994.01.25, 93다16338

가압류·가처분 사유라 할 것이다.

  2) 장래이행의 소의 청구적격 : **청구기초가 되는 사실상·법률상 관계가 변론종결당시 존재하여야 하고, 장래이행기까지 그 상태가 계속될 것이 확실**해야 한다.
   ① 청구기초가 되는 사실상·법률상 관계가 변론종결당시 존재할 것
     ㉠ 기한부청구권, 조건부청구권은 청구기초가 성립되어 있는 것이다. 그러나 ⅰ) **장래 토지거래허가를 받을 것을 조건으로 소유권이전등기를 청구하는 것은 허용되지 않고, 허가신청협력의무이행청구만 소의 이익이 있다**.[120] 나아가 **토지거래계약에 관한 허가를 받을 것을 조건으로 한 소유권이전등기청구권을 피보전권리로 한 부동산처분금지가처분신청도 허용되지 않는다**는 것이 판례인데, 유동적 무효의 경우 매매계약은 법률상 미완성의 법률행위로서 적어도 소유권이전등기청구권에 한해서는 토지거래계약에 관한 허가 없이는 그 발생의 기초조차 발생하지 않았다고 볼 수 있고, 그와 같은 소유권이전등기청구권은 조건부·부담부 청구권에도 해당하지 않는다고 본 것이다.[121] 이에 비해 ⅱ) **장래 이행의 소로 농지매매증명이 발급되는 것을 조건으로 미리 농지에 관한 소유권이전등기절차의 이행을 청구할 수는 있다**.[122]
     ㉡ 변론 종결시에 불법점유가 있다면 장래의 손해배상이나 부당이득의 반환을 요구할 수 있는 청구기초가 있는 것이다.
   ② 장래의 이행까지 그 상태가 계속될 것이 확실 : **장래에 채무의 이행기가 도래할 예정인 경우에도 채무불이행 사유가 언제까지 존속할 것인지가 불확실하여 변론종결 당시에 확정적으로 채무자가 책임을 지는 기간을 예정할 수 없다면 장래의 이행을 명하는 판결을 할 수 없다**.[123] ⅰ) 기한부 청구권은 장래 도래할 것이 확실한 경우이고, ⅱ) 조건부청구권의 경우 조건성취에 의하여 청구권 발생의 개연성이 높은 경우에는 장래이행의 소의 대상이 된다. 문제는 장래 부당이득반환청구인데,
     ㉠ 적법점유 상태인 임차인을 상대로 '인도하는 날까지 장래 부당이득반환청구 : 임대차 종료 후 임차보증금을 돌려받지 못한 피고의 점유는 적법점유라도 토지를 사용·수익한다면 부당이득이 있는 것이지만, 원심이 이행을 명한 '인도하는 날' 이전에 토지의 사용·수익을 종료할 수도 있기 때문에 의무불이행사유가 '인도하는 날까지' 존속한다는 것을 변론종결 당시에 확정적으로 예정할 수 없는 경우에 해당한다 할 것이어서 그 때까지 이행할 것을 명하는 판결을 할 수 없다.[124]
     ㉡ 불법점유자를 상대로 한 장래이행의 소
       ⅰ) 반환하는 날까지 임료상당의 손해배상청구 : 乙이 甲에게서 건물을 임차하였다가 임대차계약상 의무 위반 등을 주장하면서 임차보증금 반환 등을 구하는 소를 제기하여 조정이 성립하였는데, 乙이 조정 성립을 전후하여 건물에서 퇴거하면서 甲이 아닌 丙에게 건물의 열쇠를 건네주어 건물을 점유·사용케 하였고, 원고 甲은 이 사건 건물을 인도받지 못하여 차임에 해당하

---

119) 대법 2000.08.22, 2000다25576
120) 대법(전) 1991.12.24, 90다12243
121) 대법 2010.08.26, 2010마818
122) 농지개혁법 제19조 제2항 소정의 소재지 관서의 증명이 농지매매의 효력발생요건이라는 취지가 매매로 인한 소유권이전의 효과를 발생할 수 없다는 것일 뿐 농지매매 당사자 사이에 채권계약으로서의 효력까지 발생하지 못한다는 것은 아니기 때문이다(대법 1994.12.09, 94다42402).
123) 대법 2018.07.26, 2018다227551
124) 대법 2002.06.14, 2000다37517

는 손해를 입고 있다고 볼 수 있다. 丙이 피고 乙의 양해를 얻어 이 사건 건물을 점유한 이래 이 사건 건물의 인도를 거부하고 있고 피고가 여전히 원고에게 이 사건 건물에 대한 인도의무를 부담하고 있는 이상, 피고의 불법행위로 인한 원고의 위와 같은 손해는 원고가 이 사건 건물을 인도받을 때까지 계속해서 발생할 것이 확정적으로 예정되어 있다고 볼 여지가 있어 적법하다.[125]

　　ii) 장래의 특정기한까지 부당이득반환청구 : 이 사건의 이행을 명한 1990년까지라는 장래의 기간한정은 의무불이행의 사유가 그때까지 계속하여 존속한다는 보장이 성립되지 않는 불확실한 시점임을 부인할 수 없다. 그 시기 이전에 피고가 이 사건 토지를 수용하거나 도로폐쇄조치를 하여 점유사용을 그칠 수도 있고 원고가 위 토지를 계속하여 소유하지 못할 수도 있기 때문이다. 이는 가옥명도의 판결을 하면서 그 명도할 때까지 임료상당의 손해배상을 아울러 명하는 경우에 판결의 시점에서 볼 때 명도시기가 불확정하기는 하나 장차 명도라는 사실의 실현을 예정할 수 있어 장래의 이행을 명할 수 있는 것과 그 이치가 다른 것이다.[126]

　　iii) 소유권 상실하는 날까지 차임상당 부당이득반환청구 : 피고가 원고들 소유의 이 사건 계쟁토지를 사실상 지배하에 두고 점유하고 있음을 이유로 차임 상당 금원의 부당이득 반환을 명하고 있는 이 사건의 경우, 원고들이 이 사건 계쟁토지의 소유권을 상실하지 아니하더라도 원심이 이행을 명한 '소유권을 상실하는 날' 이전에 피고가 이 사건 계쟁토지에 관한 점유를 종료할 수도 있다. 그러므로 피고의 의무불이행 사유가 '원고들이 소유권을 상실하는 날까지' 존속한다는 것을 원심 변론종결 당시에 확정적으로 예정할 수 있는 경우에 해당한다고 단정할 수 없고, 그렇다면 그때까지 부당이득의 반환을 명하는 판결을 할 수도 없다.[127]

　ⓒ 불법점유자가 수용·협의취득권이 있는 경우

　　i) 시(市)가 토지를 매수할 때까지 부당이득청구 : 원고는 장차 피고 시(市)가 이 사건 토지를 매수할 때까지의 차임상당이득의 반환을 구하고 있는데, 이 사건에 있어서 과연 장차 피고가 이 사건 토지를 매수하거나 수용하게 될는지 또는 그 시점이 언제 도래할지 불확실할 뿐만 아니라 피고가 매수하거나 수용하지 아니하고 도로폐쇄 조치를 하여 점유사용을 그칠 수도 있고 원고가 이 사건 토지를 계속하여 소유하지 못할 수도 있는 것이어서 의무불이행의 사유가 그 때까지 계속하여 존속한다는 보장이 성립되지 아니하는 불확실한 시점이라 아니할 수 없을 것이므로 이에 대한 장래의 이행을 명할 수는 없을 것이라고 하였다.[128]

　　ii) 도로폐쇄에 의한 점유종료일 또는 원고의 소유권 상실일까지 부당이득청구 : 종래 判例는 변론종결 이후부터 이 사건 각 토지에 대한 피고의 도로폐쇄 또는 원고의 소유권 상실일까지 매월 금원의 지급을 명한다는 입장이었으나,[129] 최근 피고의 점유 상실일은 부당이득반환의무를 부담하는 피고의 임의의 이행과 관련되는 의무자 측의 사정으로서, 장래의 부당이득금의 지급을 명하는 판결의 주문에 그 의무의 종료 시점으로 기재할 수 있는 최소한의 표현에

---

125) 대법 2018.07.26, 2018다227551
126) 대법 1987.09.22, 86다카2151
127) 대법 2023.07.27, 2020다277023
128) 대법 1991.10.08, 91다17139
129) 대법 1993.03.09, 91다46717

해당한다고 볼 수 있으나, 원고의 소유권 상실·이전 여부는 권리자인 원고의 영역에 속하는 사정으로서 특별한 사정이 없는 한 의무자인 피고가 이를 좌우할 수 있는 성질의 것이 아니므로, '원고의 소유권 상실일까지'라는 기재는 이행판결의 주문 표시로서 바람직하지 않다고 하였다.[130]

3) 미리 청구할 필요(권리보호이익) : 채무자의 태도나 채무의 내용과 성질에 비추어 채무의 이행기가 도래하더라도 채무자의 이행을 기대할 수 없다고 판단되는 경우 미리 청구할 필요가 있다

① 이행의무의 성질상 미리 청구할 필요가 있는 경우
　㉠ 정기행위 : 정기행위와 같이 이행이 제 때에 이루어지는 것이 중요한 경우에는 미리 청구할 필요가 있다.
　㉡ 부양료청구 : 이행지체를 하여 회복할 수 없는 손해가 발생할 경우에는 채무자가 이행을 확약하여도 미리 이행판결을 받을 필요가 있다.

② 의무자의 태도로 보아 미리 청구할 필요가 있는 경우
　㉠ 의무자가 미리 자신의 의무가 없다고 주장하고 있어 이행기에 이르면 그 의무에 따른 임의이행을 기대할 수 없음이 분명한 경우에는 미리 청구할 필요가 있다. ⅰ) **보증보험회사가 피보험자에게 앞으로 보험금지급을 조건으로 미리 보험계약자 등에 대한 구상금청구의 사안에서 구상금채권의 존부에 다툼이 있으면 미리 청구할 필요가 있다**.[131] ⅱ) 교원소청심사위원회가 甲 학교법인의 소속 교수 乙에 대한 파면처분을 정직 3월의 처분으로 변경하는 결정을 하여 확정되었는데, 甲 학교법인이 정직 기간이 경과되었음에도 임금 지급을 거절하고 乙을 학사 업무에서 배제한 사안에서, 甲 학교법인은 乙이 입은 정신적 고통에 대하여 배상할 의무가 있고, 원심 변론종결일 이후 임금 및 위자료에 대하여 미리 청구할 필요가 있다.[132] ⅲ) 양도인측이 계약이 무효가 되었다고 주장하여 양수인으로부터 받은 매매대금을 변제공탁하였다면 양도인 측이 양도 부동산에 관한 소유권이전의무의 존재를 다투고 있는 것이므로 양수인으로서는 위 의무의 이행기 도래 전에도 그 의무의 이행을 미리 청구할 필요가 있다.[133] 다만 상가건물의 임대인인 甲이 임차인인 乙을 상대로 임대차계약이 기간만료로 종료됨을 이유로 건물 인도를 구하는 소를 제기했으나, 제1심 법원은 乙이 계약갱신요구권을 행사하였음을 이유로 甲의 청구를 기각하자, 항소심에서 甲이 계약갱신요구권 행사에 따른 10년의 임대차기간이 만료하면 건물을 인도할 것을 구하는 예비적 청구를 추가한 사안에서, 乙이 응소하였을 뿐 예비적 청구가 추가된 이후로도 乙은 건물 인도의무의 존부나 이행기의 도래 여부를 부정하거나 다툰 것으로 보이지 않고, 乙이 '화해권고결정 요청서'를 수용하지 않았다고 하여, 건물 인도의무의 이행기가 도래하더라도 乙의 임의이행을 기대할 수 없는 경우에 해당하는 등 예비적 청구에 관하여 '미리 청구할 필요'가 있다고 단정할 수 없다.[134]

---

130) 대법 2019.02.14, 2015다244432
131) 대법 2004.01.15, 2002다3891
132) 대법 2012.05.09, 2010다88880
133) 대법 1993.11.09, 92다43128
134) 대법 2023.03.13, 2022다286786

㉡ 계속적·반복적 이행청구 : 현재의 이행기도래분에 대해 이미 불이행이 있으면, 장래의 분도 자진이행을 기대할 수 없으므로 현재의 분과 합쳐서 미리 청구할 필요가 있다.135)

㉢ 현재이행의 소와 병합하여 제기하는 장래이행의 소 : 원금지급청구와 병합제기하는 원금완제시까지의 지연이자청구, 건물명도청구와 병합제기하는 명도시까지의 임료상당의 부당이득반환청구를 하는 경우에는 그 주된 청구를 의무자가 미리 다투고 있으므로 이행기에 이르러 그 이행을 기대할 수 없게 되고 따라서 미리 청구할 필요가 있다.

㉣ 물건인도청구와 대상청구의 병합136)

	종류물의 경우	특정물의 경우
청구취지	피고는 원고에게 백미 100가마(가마당 80kg)를 인도하라. 위 백미에 대한 강제집행이 불능인 때에는 가마당 금 10만원으로 환산한 금액을 지급하라.	피고는 원고에게 고려청자를 인도하라. 위 청자의 이행이 불능인 때에는 금 500만원을 지급하라.
목적	이행불능이 상황이 존재하지 않고 집행불능의 상황만이 발생하므로 집행불능에 대비한 대상청구이다.	이행불능이 발생할 수도 있고, 집행불능이 발생할 수도 있다. 집행불능을 대비한 대상청구라면 종류물의 경우와 동일하다. 이하 이행불능대비만 서술한다.
병합형태	물건인도청구 : 현재이행의 소 대상청구 : 장래이행의 소 양자의 단순병합에 해당(부진정예비적병합)	물건인도청구 : 현재이행의 소 대상청구 : 현재이행의 소 양자의 진정예비적병합에 해당한다.
적법요건	① 조건부청구이니 청구적격은 구비되었고, ② 장래집행불능시에 대상청구를 허용하게 되면 소송불경제가 초래되고, 주된 청구를 의무자가 미리 다투고 있으므로 이행기에 이르러 그 이행을 기대할 수 없으므로 미리 청구할 필요가 있다.	
판결방법	① 1차청구가 이유 있으면 〈주문〉 1. 목적물을 인도하라. 2. 집행불능시 금 1,000만원을 지급하라. ② 1차청구가 이유 없으면 〈주문〉 1. 인도청구를 기각한다. 2. 기각한다.	① 변론종결시 이행가능하면 〈주문〉 1. 목적물을 인도하라. 2. (판단 안함) ② 변론종결시 이행불능이면 〈주문〉 1. 인도청구를 기각한다. 2. 금 500만원을 지급하라.

㉤ 형성의 소와 병합하여 그 형성판결에 따라 발생할 권리를 미리 청구하는 경우 : 형성의 소와 장래의 이행소송의 병합은 부정하는 것이 判例이다. ⅰ) **공유물분할청구와 병합하여 공유물분할판결이 날 경우에 대비한 분할부분에 대한 등기청구는 허용되지 않는다**고 하였고,137) ⅱ) **제권판결에 대한 불복의 소와 이에 의하여 형성되는 법률관계를 전제로 하는 수표금청구 등 이행소송을 병**

---

135) 대법 1994.09.30, 94다32085
136) 대법(전) 2012.05.17, 2010다28604은 선행소송으로 소유권보존등기의 말소등기청구가 확정되었다 하여도 그 청구권의 법적 성질이 채권적 청구권으로 바뀌지 아니하므로 그 권리의 이행불능을 이유로 하는 민법 제390조의 손해배상청구권을 가진다고 말할 수 없다고 하여 대상청구를 2차 청구로 할 수 없다고 했다. 따라서 1차 청구가 채권적 청구권인 경우에만 가능하다.
137) 대법 1969.12.29, 68다2425

합할 수 없다고 하였다.138) 그러나 判例는 iii) 양육자지정청구를 하면서 양육자로 지정되는 경우 지급받을 양육비의 액수와 그 채무명의를 미리 확정하여 둘 필요가 있는 경우에는 양육자지정청구와 함께 장래의 이행을 청구하는 소로서 양육비지급청구를 동시에 할 수 있다고 하였으며,139) iv) 조세부과처분취소청구에다가 감액청구를 병합하는 것도 가능하다고 하였다.140)

4) 장래이행의 소의 심판과 집행

① 심판절차 : 현재이행의 소와 동일하다. 다만, 미리 청구할 필요가 없으면 각하하여야 하며 심리 중 이행기가 도래하면 현재이행의 소로 취급하여야 한다.

② 판결과 집행
  ㉠ 장래이행판결 : 현재이행의 소에 있어서 심리결과 원고에게 이행청구권은 있으되 이행기가 아직 도래하지 않은 경우에 미리 청구할 필요가 있고 원고의 의사에 반하는 것이 아니면 장래이행의 판결을 할 수 있다.
  ㉡ 장래이행판결의 집행 : 확정기한 도래, 동시이행에 있어서 반대급부의 제공, 집행불능에 대비한 대상청구 등은 집행관이 쉽게 판단할 수 있으므로 강제집행개시의 요건이 된다. 그러나 불확정기한의 도래나 선이행의무의 제공 등은 쉽게 판단되지 않는 것으로 집행문 부여의 요건이 된다.

판례연구 : 장래이행청구와 관련하여 문제되는 경우

1. 선이행청구

(1) 원 칙
저당채무자가 먼저 저당채무를 지급하는 것을 조건으로 한 저당권설정등기말소청구, 양도담보설정자가 먼저 채무변제를 할 것을 조건으로 한 소유권이전등기말소청구는 등기의무자의 공동신청에 협력이 예상되므로 등기청구권이 발생할 것이 확실·예정된 경우가 아니므로 원칙적으로 허용되지 않는다.

(2) 예 외
다만 양도담보 등의 경우 채권자가 그 등기가 담보의 목적이 아님을 다툰다든가 피담보채무의 액수를 다투기 때문에 채무자가 변제하여도 등기의 말소에 즉시 채권자의 협력을 기대할 수 없으면 미리 청구할 필요가 있다.141) 법원은 피담보채무의 잔존액을 확정한 다음 이를 이행한 이후에 담보권이 해제되도록 심리할 필요가 있고,142) 심리한 결과 잔존채무가 있다고 인정되면 청구를 일부 인용하여야 한다.143)

2. 관할청의 허가를 조건으로 하는 장래의 이행의 소의 허부
大法院은 "학교법인이 감독청의 허가 없이 기본재산인 부동산에 관한 매매계약을 체결하는 한편 그 부동산에서 운영하던 학교를 당국의 인가를 받아 신축교사로 이전하고 준공검사까지 마친 경우, 위 매매계약이 감독청의 허

---

138) 제권판결 불복의 소와 같은 형성의 소는 그 판결이 확정됨으로써 비로소 권리변동의 효력이 발생하게 되므로 이에 의하여 형성되는 법률관계를 전제로 하는 이행소송 등을 병합하여 제기할 수 없는 것이 원칙이다. 또한 제권판결에 대한 취소판결의 확정 여부가 불확실한 상황에서 그 확정을 조건으로 한 수표금 청구는 장래이행의 소의 요건을 갖추었다고 보기 어려울 뿐만 아니라, 제권판결 불복의 소의 결과에 따라서는 수표금 청구소송의 심리가 무위에 그칠 우려가 있고, 제권판결 불복의 소가 인용될 경우를 대비하여 방어하여야 하는 수표금 청구소송의 피고에게도 지나친 부담을 지우게 된다는 점에서 이를 쉽사리 허용할 수 없다는 것에, 대법 2013.09.13, 2012다36661
139) 대법 1988.05.10, 88므92
140) 대법 2013.04.18, 2010두11733
141) 대법 1992.01.21, 91다35175
142) 대법 1987.04.14, 86다카981
143) 대법 1983.05.10, 81다548

가 없이 체결되어 아직은 효력이 없다고 하더라도 위 매매계약에 기한 소유권이전등기절차이행청구권의 기초가 되는 법률관계는 이미 존재한다고 볼 수 있고 장차 감독청의 허가에 따라 그 청구권이 발생할 개연성 또한 충분하므로, 매수인으로서는 미리 그 청구를 할 필요가 있는 한, 감독청의 허가를 조건으로 그 부동산에 관한 소유권이전등기절차의 이행을 청구할 수 있다."고 하였다.[144]

3. 대항요건을 갖추지 못한 채권양수의 경우 장래이행의 소의 허부

大法院은 ① 채권을 양수하기는 하였으나 아직 양도인에 의한 통지 또는 채무자의 승낙이라는 대항요건을 갖추지 못하였다면 채권양수인은 현재는 채무자와 사이에 아무런 법률관계가 없어 채무자에 대하여 아무런 권리주장을 할 수 없기 때문에 채무자에 대하여 채권양도인으로부터 양도통지를 받은 다음 채무를 이행하라는 청구는 장래이행의 소로서의 요건을 갖추지 못하여 부적법하다고 보고 있다.[145] 그러나 ② 피담보채권을 저당권과 함께 양수한 자는 저당권이전의 부기등기를 마치고 저당권실행의 요건을 갖추고 있는 한 채권양도의 대항요건을 갖추고 있지 아니하더라도 경매신청을 할 수 있다고 한다. 이 경우 채무자는 경매절차의 이해관계인으로서 채권양도의 대항요건을 갖추지 못하였다는 사유를 들어 경매개시결정에 대한 이의나 즉시항고절차에서 다툴 수 있고, 이 경우는 신청채권자가 대항요건을 갖추었다는 사실을 증명하여야 한다.[146]

2. 확인의 소의 경우

확인의 소에 있어서 그 대상이 넓기 때문에 남소가 발생할 우려가 있으므로 확인의 소에서의 소의 이익은 이를 통제하는 역할을 한다. 따라서 권리보호자격으로서 대상적격과 권리보호이익으로서 확인의 이익을 살펴본다.

(1) 대상적격

1) '권리·법률관계'를 대상으로 함 : 예외로 **증서의 진정여부를 확인하는 소는 사실관계의 확인임에도 불구하고 허용**되고(제250조), 시효를 중단시키기 위한 '재판상의 청구'가 있다는 사실에 대한 확인의 소는 허용된다.[147]

① 법률적으로 의미가 없는 경우 : 역사적인 사실이나 자연현상, 학설의 타당성 여부에 대하여는 법원의 권한이 아니므로 확인의 소의 대상이 아니다.

② 법률요건 사실 : 배상청구를 하지 않고 과실의 유무에 대해 독립한 확인청구와 같이 권리관계를 발생케 하는 법률요건사실 확인도 제기할 수 없다.

③ 선결문제 : 물건의 개성(종물확인청구)이나 의수족이 필요하다는 사실의 확인 같이 손해액산정의 기준이 되는 것도 장차 행할 다른 소송의 선결문제에 도움이 되어도 확인의 대상이 될 수 없다.

④ 소송법상의 권리관계 : 우리 判例는 소송법상의 법률관계인 경매절차 자체의 무효확인은 허용되지 않는다는 입장이다.[148]

⑤ 토지소유자에게 채권적 제한이면 모르되 배타적 토지사용·수익권 등이 없다는 부존재확인의 소는 물권법정주의 원칙상 허용될 수 없다.[149]

---

144) 대법 1998.07.24, 96다27988
145) 대법 1992.08.18, 90다9452
146) 대법 2000.10.25, 2000마5110
147) 대법 2018.10.18, 2015다232316
148) 대법 1993.06.29, 92다43821
149) 대법 2012.06.28, 2010다81049

⑥ **단체의 구성원인 원고가 단체의 내부규정의 효력을 다투는 것은 당사자 사이의 구체적인 권리 또는 법률관계의 존부확인을 구하는 것이 아니므로 이 부분 소는 부적법**하다.[150]

> 판례연구 : 사실관계의 확인으로 대상적격이 흠결된 경우
> - X 건물이 Y 사단법인의 유족을 수용하는 시설임의 확인을 구하는 소[151]
> - 이중보존등기된 건물이 동일건물임을 확인해 달라는 소[152]
> - 종손지위확인[153]
> - X 대지가 Y 건물의 부지가 아니라는 확인[154]
> - 제사주재자의 지위확인[155]
> - 온천발견신고자의 지위확인[156]

2) 확인의 대상은 '현재'의 권리·법률관계이어야 한다.

① 과거의 권리관계의 확인

㉠ 원 칙 : **과거의 권리관계의 존부확인은 확인의 소로써 대상적격이 없고**,[157] 현재의 권리관계에 영향을 미치면 차라리 현재의 권리관계로 고쳐서 확인을 구하는 것이 직접적이고 간명한 방법이다. 우리 判例도 ⅰ) 직위해제 및 면직무효확인소송중 임용기간이 만료된 경우,[158] 정년이 지난 경우,[159] ⅱ) **근저당권이 말소된 상태에서 근저당권의 피담보채무에 관한 부존재확인의 소는**[160] 과거의 권리관계라는 전제하에 부적법하다고 했다. 나아가 ⅲ) 구상금채무를 연대보증한 자가 이미 보험금을 지급받은 피보험자를 상대로 보험자의 보험금채무가 부존재한다는 확인을 구할 것이 아니라, 현재의 법률관계인 구상금 채무의 부존재확인을 구하여야 한다.[161] ⅳ) **이사가 무효인 주주총회 결의에 의하여 해임되었으나 그 후 새로 개최된 유효한 주주총회 결의에 의하여 후임 이사가 선임되어 선임등기까지 마쳐진 경우, 당초의 이사해임 결의에 대한 무효확인을 구하는 것은 확인의 소로서의 권리보호요건을 결여하여 부적법**하다.[162] ⅴ) 피고 주식회사의 이사로 근무하던 원고가 임기 만료로 퇴사하였는데, 피고 회사의 이사 정원이 부족하다는 이유로 자신이 현재 이사의 지위에 있음에 대하여 확인을 구하는 소를 제기하였다가, 그 후 피고 주식회사의 새로운 이사가 다시 선임되자 자신이 퇴사한 이후부터 새로운 이사의 선임 시까지 이사의 지위에 있

---

150) 대법 1992.11.24, 91다29026
151) 대법 1960.03.10, 4291민상868
152) 대법 1960.07.14, 4292민상914
153) 대법 1961.04.13, 4292민상9440
154) 대법 1991.12.24, 91누1974
155) 대법 2012.09.13, 2010다88699
156) 대법 2004.08.20, 2002다20353
157) 대법 2022.02.10, 2019다227732; 대법 2022.06.16, 2022다207967; 대법 1996.05.10, 94다35565·35572
158) 대법 2000.05.18, 95재다199
159) 대법 2004.07.22, 2002다57362; 대법 2013.06.13, 2012다14036; 대법 2022.10.27, 2017다9732·9749·9756
160) 대법 2013.08.23, 2012다17585
161) 대법 2015.06.11, 2015다206492
162) 새로운 주주총회의 결의가 무권리자에 의하여 소집된 총회라는 하자 이외의 다른 절차상, 내용상의 하자로 인하여 부존재 또는 무효임이 인정되거나 그 결의가 취소되는 등의 특별한 사정이 없는 한, 당초의 이사개임 결의가 무효라 할지라도 이에 대한 부존재나 무효확인을 구하는 것은 과거의 법률관계 내지 권리관계의 확인을 구하는 것에 귀착되어 확인의 소로서의 권리보호요건을 결여한 것으로 보아야 한다는 것에, 대법 1996.10.11, 96다24309.

었고 그 기간에 이사보수청구권이 발생하였다고 주장하면서 과거의 법률관계인 '위 일정기간 이사 지위에 있었음'에 대한 확인을 구하는 취지로 청구를 변경한 사건에서, 과거 법률관계에 대한 확인의 소는 권리보호 이익이 없음이 원칙이고 이사보수청구권의 발생 가능성만으로는 예외적으로 확인의 이익을 인정하기 부족하다고 하였다.163)

ⓒ 예 외 : 일반적으로 과거의 법률관계는 확인의 소의 대상이 될 수 없지만, 그것이 이해관계인들 사이에 현재적 또는 잠재적 분쟁의 전제가 되어 과거의 법률관계 자체의 확인을 구하는 것이 관련된 분쟁을 일거에 해결하는 유효·적절한 수단이 될 수 있는 경우에는 예외적으로 확인의 이익이 인정된다.164) 따라서 **과거의 법률관계라고 할지라도 확인을 구할 이익이나 필요성이 있는지를 석명하고 이에 관한 의견을 진술하게 하거나 청구취지를 변경할 수 있는 기회를 주어야 한다.**165) ⅰ) 과거 매매계약 무효확인의 소는 현재 채권채무관계 부존재 확인의 소로 선해하여 허용하고 있으며,166) ⅱ) 정직기간이 도과된 뒤 제기된 정직처분의 무효확인을 구하는 소에서 정직기간 동안의 임금 미지급 처분의 실질을 갖는 징계처분의 무효여부에 관한 다툼으로 보아 적법하다고 하였고,167) ⅲ) 甲 주식회사의 포상징계규정에서 징계의 한 종류로 '대기'를 열거하면서 대기처분을 받은 뒤 6개월을 지나도 보직을 부여받지 못한 경우 자동해임된다고 정하고 있는데, 乙이 대기처분을 받은 후 대기처분 기간 만료에 따라 보직을 받지 못하였음을 이유로 자동해임되자 대기처분의 무효확인을 구한 것은 법률상 이익이 있다.168) ⅳ) 징계 자체는 과거의 법률관계라고 하더라도 징계 무효 확인을 구하는 소는 학교생활기록부 기재사항과 밀접하게 관련된 현재의 권리 또는 법률상 지위에 대한 위험이나 불안을 제거하기 위하여 그 법률관계에 관한 확인판결을 받는 것이 유효·적절한 수단에 해당한다.169) ⅴ) 사립학교 교원이 소청심사청구를 하여 해임처분의 효력을 다투던 중 형사판결 확정 등 당연퇴직사유가 발생하여 교원의 지위를 회복할 수 없더라도, 해임처분이 취소되거나 변경되면 해임처분일부터 당연퇴직사유 발생일까지의 기간에 대한 보수 지급을 구할 수 있는 경우에는 소청심사청구를 기각한 교원소청심사위원회 결정의 취소를 구할 법률상 이익이 있다.170) 나아가 ⅵ) **과거 사실혼관계확인처럼 포괄적 법률관계인 경**

---

163) 대법 2022.06.16, 2022다207967
164) 단체교섭의 주체가 되고자 하는 노동조합으로서는 현재의 권리 또는 법률상 지위에 대한 위험이나 불안을 제거하기 위하여 다른 노동조합을 상대로 해당 노동조합이 설립될 당시부터 노동조합법 제2조 제4호가 규정한 주체성과 자주성 등의 실질적 요건을 흠결하였음을 들어 설립무효의 확인을 구하거나 노동조합으로서의 법적 지위가 부존재한다는 확인을 구하는 소를 제기할 수 있다는 것에, 대법 2021.02.25, 2017다51610; 대법 2022.06.16, 2022다207967
165) 甲 주식회사의 주주들이 법원의 허가를 받아 개최한 주주총회에서 乙이 감사로 선임되었음에도 甲 회사가 감사 임용계약의 체결을 거부하자, 乙이 甲 회사를 상대로 감사 지위의 확인을 구하는 소를 제기하여, 소를 제기할 당시는 물론 대법원이 乙의 청구를 받아들이는 취지의 환송판결을 할 당시에도 乙의 감사로서 임기가 남아 있었는데, 환송 후 원심의 심리 도중 乙의 임기가 만료되어 후임 감사가 선임된 사안에서, 종전의 감사 지위 확인 청구가 과거의 법률관계에 대한 확인을 구하는 것이 되었다는 등의 이유만으로 확인의 이익이 없다고 보아 乙의 청구를 부적법 각하한 원심판결에는 확인소송에서 확인의 이익 및 석명의무의 범위에 관한 법리오해의 잘못이 있다고 한 사례로, 대법 2020.08.20, 2018다249148
166) 매매계약의 무효확인을 청구한 경우에 그 매매계약 관계의 부존재확인을 구하는 것인가를 석명 심리함이 없이, 확인의 이익이 없다하여 소를 각하함은 심리미진의 위법이 있다고 한 사례로, 대법 1966.03.15, 66다17
167) 대법 2010.10.14, 2010다36407
168) 대법 2018.05.30, 2014다9632
169) 대법 2023.02.23, 2022다207547

우 현재 분쟁의 일체해결에 유효적절한 수단이 되는 경우에는 허용한다.[171] 마찬가지로 vii) **협의 이혼으로 혼인관계가 해소된 경우에도 과거의 혼인관계의 무효확인을 구할 정당한 법률상의 이익이 있다**.[172]

② 장래 권리관계의 확인 : ⅰ) 상속개시 전에 상속권 확인, 유언자 생전에 유언무효확인, 국민투표가 실시되기도 전에 장차 실시되는 국민투표의 무효확인,[173] 수분양권을 아직 취득하지 못한 상태에서 이주대책상의 수분양권의 확인[174] 같은 장래 권리관계의 확인은 장차 바뀔 수 있는 불확실한 권리관계로서 확인대상이 되지 않는다. 그러나 ⅱ) 조건부 권리나 기한부 권리는 확인의 소로써 대상적격이 있으며,[175] 상속개시 전에도 유류분확인은 유언에 영향을 미치기 때문에 적법하게 볼 것이다.

3) 원·피고 당사자간의 권리관계일 것 : 공유자 일부가 제3자를 상대로 다른 공유자의 지분의 확인을 구하는 것은 타인의 권리관계의 확인을 구하는 소에 해당하여 부적법하다.[176] 다만, 원·피고 일방과 제3자 사이 또는 제3자 상호 간의 법률관계라 하여도 당사자의 권리관계에 대한 불안·위험제거에 유효하고 적절한 수단이 되는 경우 확인의 소의 대상이 될 수 있다.[177] 判例도 ⅰ) 채권자가 채권자대위권에 기하여 채무자의 권리확인의 소를 제기할 수 있다고 하였으며,[178] ⅱ) **근저당권자가 근저당권자의 채권에 대해 배당이의를 하며 다투는 물상보증인을 상대로 피담보채무의 확정을 위하여 제기하는 소는 확인의 이익이 있다**.[179]

(2) 확인의 이익(권리보호이익)

확인의 소에 있어서는 권리보호요건으로서 확인의 이익이 있어야 하고 그 확인의 이익은 원고의 권리 또는 법률상의 지위에 현존하는 불안, 위험이 있고 그 불안, 위험을 제거함에는 피고를 상대로 확인판결을 받는 것이 가장 유효적절한 수단일 때에만 인정된다.[180]

1) 법률상 이익일 것

① 부적법한 경우 : ⅰ) 회사의 자산증가에 대한 주주로서의 경제적 이익이나, 명예회복 등의 사실상의 이익만으로는 확인의 이익이 없다.[181] ⅱ) 사임한 학교법인의 이사장이 복귀하기 위하여 자신이 이사장의 지위에서 학교법인을 대표하여 다른 법인과 체결한 합병계약의 무효확인을 구할 법률상의 이익이 없다.[182] ⅲ) **주식회사의 주주는 주식의 소유자로서 회사의 경영에 이해관계를 가지고 있다고 할 것이나, 회사의 재산관계에 대하여는 단순히 사실상, 경제상 또는 일반적, 추상적인 이해관계만을 가질 뿐으로 직접 제3자와의 거래관계에 개입하여 회사가 체결한 계약의 무효를 주장할 수는 없다**.[183] 이러한 법리는 주주총

---

170) 대법 2024.02.08, 2022두50571
171) 대법 1995.03.28, 94므1447
172) 대법 1978.07.11, 78므7
173) 대법 1975.03.25, 75추1
174) 대법 1994.05.24, 92다35783
175) 대법 2000.05.12, 2000다2429
176) 대법 1994.11.11, 94다35008
177) 대법 1994.11.08, 94다23388; 대법 2016.05.12, 2013다1570; 대법 2017.03.15, 2014다208255; 대법 2021.05.07. 2021다201320
178) 대법 1993.03.09, 92다56575
179) 대법 2004.03.25, 2002다20742
180) 대법 2024.03.12, 2019다29013·29020·29037·29044
181) 대법 1995.04.11, 94다4011 등
182) 대법 2003.01.10, 2001다1171

회 결의 없이 이루어진 영업의 전부 또는 중요한 일부양도의 경우에도 마찬가지이다.[184] ⅳ) 한약조제시험을 통하여 약사에게 한약조제권을 인정함으로써 한의사의 영업상의 이익이 감소되어도 이는 사실상의 이익에 불과하고 법률에 의하여 보호되는 이익이 아니므로 한의사의 한약조제시험 무효확인의 소는 부적법하다.[185]

② 적법한 경우 : ⅰ) 주주와 달리 구 사립학교법상의 절차에 따라 선임된 임시이사들이 그 선임사유가 종료한 때에 정식이사를 선임하는 내용의 이사회결의를 한 경우, 임시이사들이 선임되기 전에 적법하게 선임되었다가 퇴임한 최후의 정식이사들은 위 이사회결의의 무효확인을 구할 수 있다.[186] ⅱ) **이사나 대표이사가 사임하여 퇴임하였다 하더라도 그 퇴임에 의하여 법률 또는 정관 소정의 이사의 원수를 결하게 됨으로써 적법하게 선임된 이사가 취임할 때까지 여전히 이사로서의 권리의무를 보유하는 경우에는 이사로서 그 후임이사를 선임한 주주총회결의나 이사회결의의 하자를 주장하여 부존재확인을 구할 법률상의 이익이 있다**.[187]

2) 현존하는 불안이 있을 것

① 적극적 확인의 소 : 자기의 권리나 법률상의 지위가 타인으로부터 부인 당하거나 양립되지 않는 주장을 당하게 되는 경우에는 분쟁의 성숙성(현존하는 불안)이 있다고 볼 것이다. 다만 당사자간에 다툼이 없어도 ⅰ) 소멸시효가 완성되는 단계에 달한 경우나, ⅱ) 원고의 주장과 반대되는 공부상의 기재가 있는 경우에는 법적 불안이 있는 것으로 보아야 한다.

㉠ <u>국가를 상대로 한 토지소유권확인청구는 ⅰ) 토지가 미등기이고 토지대장이나 임야대장에 등록명의자가 없거나 등록명의자가 누구인지 알 수 없는 경우, ⅱ) 그 밖에 국가가 등기 또는 등록된 제3자의 소유를 부인하면서 계속 국가 소유를 주장하는 등 특별한 사정이 있는 경우에 한하여 확인의 이익이 있다</u>.[188] 그러나 건물의 경우 가옥대장이나 건축물관리대장의 비치·관리업무는 당해 지방자치단체의 고유사무로서 국가사무라고 할 수도 없고, 당해 건물의 소유권에 관하여 국가가 이를 특별히 다투고 있지도 아니하다면 국가는 그 소유권 귀속에 관한 직접 분쟁의 당사자가 아니어서 이를 확인해 주어야 할 지위에 있지 않으므로, **국가를 상대로 미등기 건물의 소유권 확인을 구하는 것은 그 확인의 이익이 없어 부적법**하다.[189]

판례연구 : 甲의 국가상대 토지소유권 확인의 소가 적법한지 여부
1. 등기부상 명의인의 기재가 甲과 일치하지 않지만 甲과 인격의 동일성이 인정되는 경우 : 부적법 토지에 관하여 등기가 되어 있는 경우에, 등기부상 명의인의 기재가 한자 성명 일부나 주민등록번호가 원고와 일치하지 아니한다 하더라도 인격의 동일성이 인정된다면 등기명의인의 표시경정등기가 가능하며, 국가를 상대로 실제 소유에 대하여 확인을 구할 이익이 없다.[190]

---

183) 대법 2001.02.28, 2000마7839
184) 대법 2022.06.09, 2018다228462
185) 대법 1998.03.10, 97누4289
186) 대법 2007.05.17, 2006다19054
187) 대법 1992.08.14, 91다45141
188) 대법 2009.10.15, 2009다48633
189) 대법 1999.05.28, 99다2188
190) 대법 2009.10.15, 2009다48633; 대법 2016.10.27, 2015다230815

2. 乙이 소유자로 등기되어 있는 경우

(1) 원 칙 : 부적법

乙을 상대로 한 소송에서 당해 부동산이 甲의 소유임을 확인하는 판결을 받으면 소유권보존등기를 신청할 수 있는 것으로 명의자 乙을 상대로 한 소유권확인청구에 확인의 이익이 있다. 따라서 국가상대 소유권확인은 부적법하다.

(2) 국가가 등록명의자인 乙의 소유를 부인하면서 국가소유를 주장하는 경우 : 적법[191]

국가 또한 甲의 소유권을 부인하는 것으로 보아 국가상대 소유권확인의 소는 적법하다.

3. 미등기 토지의 토지대장에 최초 소유자 기재 없이 甲이 소유권을 이전받은 자로 등재되어 있는 경우 : 적법

대장상 소유권이전등록을 받은 것으로만 등재되어 있음에 불과한 원고로서는 바로 보존등기를 신청할 수는 없다고 보아야 하고, 사정이 이러하다면 이 사건은 대장에 등록명의자가 없거나 등록명의자가 누구인지 알 수 없는 때에 해당하여 원고에게는 국가를 상대로 토지소유권 확인의 이익이 있다고 봄이 상당하다.[192]

4. 미등기토지의 대장에 乙이 소유자로 등록된 경우

(1) 토지대장상 소유자 乙의 표시 중 주소 기재가 일부 누락된 경우 : 乙을 대위하여 국가상대 소유권확인

이 경우 등록명의자가 누구인지 알 수 없는 경우에 해당하여 토지대장에 의하여 소유권보존등기를 신청할 수 없고, 토지대장상 토지소유자 乙의 채권자 甲은 乙을 대위하여 토지대장상 등록사항을 정정할 수 없으므로, 토지대장상 토지소유자의 채권자는 소유권보존등기의 신청을 위하여 토지소유자를 대위하여 국가를 상대로 소유권확인을 구할 이익이 있다고 보아야 한다.[193]

(2) 대장상 소유자 乙이 사망했음을 인정하면서 甲이 乙을 대위하여 청구한 경우 : 부적법

원고 스스로 피대위자인 소외인의 사망 사실을 인정하면서 피대위자를 변경하지 않은 이상 이 사건 채권자대위소송은 당사자적격이 없어 부적법하다. 나아가 미등기 토지인 이 사건 임야에 대하여 대장상 소유자로 기재된 소외인을 특정할 수 없어 '이 사건 임야가 소외인의 소유임을 확인한다.'는 내용의 확정판결을 받더라도 그에 따른 소유권보존등기를 마칠 수 없으므로, 결국 피고 대한민국을 상대로 한 이 사건 소는 그 소유권확인을 구할 법률상 이익이 없는 경우에도 해당한다고 봄이 상당하다. 그럼에도 원심은 소외인이 사망한 것으로 단정할 수 없다거나, 사망하였다고 하더라도 원고가 그 상속인들을 대위하여 이 사건 소를 제기한 것으로 선해할 수 있다고 보아, 이 사건 소가 사망한 소외인을 대위한 것이어서 부적법하다는 피고의 항변을 배척하였을 뿐만 아니라, 원고에게 소유권확인을 구할 법률상 이익이 있다고 전제하여 본안에 관하여 나아가 판단하였으니, 이러한 원심판단에는 채권자대위소송의 소송요건, 확인의 이익 등에 관한 법리를 오해하여 판결에 영향을 미친 잘못이 있다.[194]

(3) 乙의 권리추정력이 인정되지 않는 경우 : 국가상대 직접 소유권확인

토지대장 또는 임야대장의 소유자에 관한 기재가 대장소관청이 아무런 법적 근거 없이 임의로 복구한 것이어서 권리추정력이 인정되지 아니하는 경우에는 乙을 대위하여 국가를 상대로 소유권확인의 소를 제기할 수 없으므로, 甲은 국가를 상대로 소유권확인청구를 할 수밖에 없다.[195]

  ⓒ <u>원고가 적법하게 확인의 소를 제기하였고 피고가 당해 소송에서 다투다가 항소심에서 다투지 아니하는 사유만으로 확인의 이익을 부인할 수 없다.</u>[196]

  ⓒ 공탁관이 공탁금출급청구를 불수리한 경우에 정당한 수령권자인 원고가 공탁자를 상대로 한 공

---

191) 대법 2021.07.21. 2020다300893
192) 대법 2009.10.15. 2009다48633
193) 대법 2019.05.16. 2018다242246
194) 대법 2021.07.21. 2020다300893
195) 대법 2010.11.11. 2010다45944
196) 대법 2009.01.15. 2008다74130

탁금출급청구권의 확인청구는 법적 불안이 있어 적법하다.197) 따라서 **피공탁자가 아닌 제3자가 피공탁자 상대 공탁금 출급확인의 소는 승소판결을 받아도 공탁물출급청구를 할 수 없으므로, 확인의 이익이 없다.**198) 나아가 **수인을 공탁금에 대하여 균등한 지분을 갖는 피공탁자로 하여 공탁한 경우, 비록 피공탁자들 내부의 실질적인 지분비율이 공탁서상의 지분비율과 다르다고 하더라도 이는 피공탁자 내부간에 별도로 해결해야 할 문제로서 초과지분에 대하여 상대방을 상대로 공탁금출급청구권의 확인을 청구할 수 없다.**199) 다만 **상대적 불확지 변제공탁에서는 피공탁자 중 1인을 채무자로 하여 그의 공탁물출급청구권에 대하여 채권압류 및 추심명령을 받은 추심채권자가 자기의 이름으로 다른 피공탁자를 상대로 공탁물출급청구권이 추심채권자의 채무자에게 있음의 확인을 구하는 것도 확인의 이익이 있다.**200)

㉣ 甲 소유의 부동산에 관하여 乙 명의의 소유권이전등기청구권가등기가 마쳐진 후 위 부동산에 관하여 가압류등기를 마친 丙 주식회사가 위 가등기가 담보목적 가등기인지 확인을 구한 사안에서, 부동산등기법 제92조 제1항에 따라 丙 회사의 위 가압류등기가 직권으로 말소되는지가 위 가등기가 순위보전을 위한 가등기인지 담보가등기인지에 따라 결정되는 것이 아니므로, **丙 회사의 법률상 지위에 현존하는 불안·위험이 존재한다고 볼 수 없고**, 만약 위 가등기가 담보가등기임에도 乙이 청산절차를 거치지 않은 채 본등기를 마친다면, 丙 회사로서는 甲을 대위하여 본등기의 말소를 구할 수 있고 그에 따라 위 가압류등기도 회복시킬 수 있을 것이므로, 담보가등기라는 확인의 판결을 받는 것 외에 달리 구제수단이 없다고 보기 어려워 丙 회사의 청구가 확인의 이익이 없다.201)

㉤ 시장·군수·구청장 등으로부터 면허를 받아 어업권을 취득하기 전이라면 법적으로 보호되는 어촌계의 업무구역이 존재한다고 할 수 없으므로, 설사 면허를 받게 될 업무구역의 경계에 관하여 다른 어촌계와 다툼이 있을 여지가 있다고 하더라도 그러한 사정만으로 원고가 제기한 업무구역 확인의 소는 현재의 권리 또는 법률상 지위에 어떠한 구체적인 불안이나 위험이 있다고 할 수 없다.202)

② 소극적 확인의 소 : 타인에게 권리 내지 법률상의 지위가 없는데도 불구하고 있다고 주장하는 경우에 현존하는 불안이 있는 경우이다.

㉠ 경매절차에서 허위의 유치권이나 신의칙상 허용될 수 없는 유치권을 주장하는 자가 있을 때 저당권자가 제기한 유치권부존재확인의 소는 확인의 이익이 있다.203) 나아가 **경매절차에서 유치권을 내세워 대항할 수 있는 범위를 초과하는 유치권의 부존재 확인을 구할 법률상 이익이 있다.**204)

---

197) 대법 2014.04.24, 2012다40592
198) 대법 2016.03.24, 2014다3122·3139
199) 대법 2006.08.25, 2005다67476
200) 대법 2011.11.10, 2011다55405
201) 대법 2017.06.29, 2014다30803
202) 대법 2017.07.11, 2017다216271
203) 대법 2011.12.22, 2011다84298
204) 유치권자는 경락인에 대하여 피담보채권의 변제를 청구할 수는 없지만 자신의 피담보채권이 변제될 때까지 유치목적물인 부동산의 인도를 거절할 수 있어 경매절차의 입찰인들은 낙찰 후 유치권자로부터 경매목적물을 쉽게 인도받을 수 없다는 점을 고려하여 입찰하게 되고 그에 따라 경매목적 부동산이 그만큼 낮은 가격에 낙찰될 우려가 있다. 이와 같이 저가낙찰로 인해 경매를 신청한 근저당권자의 배당액이 줄어들거나 경매목적물 가액과 비

ⓛ 보험계약해지 후에도 피보험자가 자기 아닌 제3자가 보험청구권을 갖고 있다고 주장할 경우 보험자는 피보험자 상대의 보험채무부존재확인을 구할 이익이 있다.205) **보험계약의 당사자 사이에 계약상 채무의 존부나 범위에 관하여 다툼이 있는 경우 그로 인한 법적 불안을 제거하기 위하여 보험회사는 먼저 보험수익자를 상대로 소극적 확인하는 소를 제기할 확인하는 이익이 있다.**206)

　　ⓒ 甲과 乙이 서로 상대방의 계약위반을 이유로 해제의 의사표시를 한 경우 당사자가 주장하는 법률효과가 동일하더라도 주장하는 법률요건이 다르므로 계약상채무의 부존재확인을 구할 이익이 있다.207) 그러나 원고는 공사대금채무가 변제 또는 소멸시효 완성으로 소멸하였다는 입장인 반면, 피고는 경개계약인 묘지사용관리권 양도계약이 체결됨에 따라 기존 채무인 위 공사대금채무가 소멸하였다고 주장하고 있더라도 현재 금전채무가 없다는 점에 대하여 당사자 사이에 다툼이 없어 확인의 이익을 인정할 수 없다.208)

3) 불안제거에 가장 유효하고 적절한 수단일 것 : 확인의 소를 제기하여 확인판결을 받는 것이 권리 또는 법률상 지위의 불안을 제거하는 데 가장 유효·적절한 수단일 것을 요한다.

　① 상대방이 자기의 권리를 다투는 경우

　　㉠ 스스로 채권자라고 주장하는 어느 한쪽이 상대방에 대하여 그 채권이 자기에게 속한다는 채권의 귀속에 관한 확인을 구하는 청구는 그 확인의 이익이 있다.209)

　　㉡ 토지의 일부에 대한 소유권의 귀속에 관하여 다툼이 있는 경우에 적극적으로 그 부분에 대한 자기의 소유권확인을 구하지 아니하고 **소극적으로 상대방 소유권의 부존재 확인을 구하는 것은, 원고에게 내세울 소유권이 없더라도 피고의 소유권이 부인되면 그로써 원고의 법적 지위의 불안이 제거되어 분쟁이 해결될 수 있는 경우가 아닌 한 그 소유권의 귀속에 관한 분쟁을 근본적으로 해결하는 즉시확정의 방법이 되지 못하며,** 또한 그러한 판결만으로는 그 토지의 일부에 대한 자기의 소유권이 확인되지 아니하여 소유권자로서 지적도의 경계에 대한 정정을 신청할 수도 없으므로, 확인의 이익이 없다.210)

　　㉢ **압류 및 전부명령을 받은 양 당사자 중 어느 한 쪽이 상대방에 대하여 제3채무자의 상대방에 대한 전부금채무 부존재확인을 구하는 소는 확인의 이익이 없어 부적법**하다.211)

　　㉣ 독립당사자참가인이 자신과 피고 사이에 전속계약이 존재한다는 적극적 확인을 구하지 않고 원·피고 사이에 전속계약이 존재하지 아니한다는 소극적 확인을 구하는 것은 확인의 이익이 없다.212)

　　교하여 거액의 유치권 신고로 매각 자체가 불가능하게 될 위험은 경매절차에서 근저당권자의 법률상 지위를 불안정하게 하는 것이므로 위 불안을 제거하는 근저당권자의 이익을 단순한 사실상·경제상의 이익이라고 볼 수는 없다는 것에, 대법 2016.03.10, 2013다99409
205) 대법 1996.03.22, 94다51536
206) 대법 2021.06.17, 2018다257958·257965
207) 대법 2017.03.09, 2016다256968·256975
208) 대법 2017.03.09, 2016다256968·256975 판시에 따라 원심은 확인의 이익을 긍정하였으나, 대법 2023. 06. 29, 2021다277525은 이 사건에서 위 판결을 원용하기에 적절하지 않다고 판단하였다.
209) 대법 1988.09.27, 87다카2269; 대법 1995.10.12, 95다26131
210) 대법 2016.05.24, 2012다87898
211) 대법 2004.03.12, 2003다49092
212) 대법 2012.06.28, 2010다54535·54542

② 당해소송 내에서 심판받는 것이 예정되어 있는 절차확인 : 소취하의 유·무효 등의 소송상의 다툼은 규칙 제67조의 기일지정신청으로 다툴 일이지 별소로 확인을 구할 수 없다.

③ 확인의 소의 보충성

㉠ 이행청구를 할 수 있는 경우임에도 별도로 그 이행의무의 존재 확인을 구하거나, 손해배상청구를 할 수 있는 경우임에도 별도로 그 침해되는 권리의 존재 확인을 구하는 것은 특별한 사정이 없는 한 불안 제거에 별다른 실효성이 없고 소송경제에 비추어 유효·적절한 수단이라 할 수 없어 분쟁의 종국적인 해결 방법이 아니므로 확인의 이익이 없다.213) ⅰ) 경매절차에서 가장임차인의 배당요구에 따라 배당표가 확정된 후, 후순위 진정채권자가 그 배당금지급청구권을 가압류하고 가장임차인을 상대로 배당금지급청구권 부존재의 확인을 구하는 소를 제기한 것은, 곧바로 피고를 상대로 부당이득반환의 소를 제기함으로서 근본적으로 분쟁을 해결할 수 있는 유효 적절한 방법이 있으므로 확인의 이익이 없다.214) ⅱ) 협약 해지로 권리나 법률상 지위에 영향이 있더라도 협약에 따른 이행청구를 하는 대신 협약의 유효를 판결로 확정하는 것이 법률상의 지위에 관한 불안·위험을 제거하는 데 필요하고도 가장 적절하다고 볼 수 있는지 불분명하다.215) 또한 ⅲ) 원고 소유의 이 사건 점포를 피고가 점유하고 있는 경우에는 이 사건 점포의 인도를 구하는 것이 원고의 소유권에 대한 불안과 위험을 유효하고 적절하게 제거하는 직접적인 수단이 되므로 이와 별도로 피고를 상대로 이 사건 점포에 대한 유치권의 부존재확인을 구하는 것은 확인의 이익이 없어 부적법하다.216) ⅳ) 甲이 乙 주식회사를 상대로 자신이 주주명부상 주식의 소유자인데 위조된 주식매매계약서에 의해 타인 앞으로 명의개서가 되었다며 주주권 확인을 구한 사안에서, 甲이 乙 회사를 상대로 직접 자신이 주주임을 증명하여 명의개서절차의 이행을 구할 수 있으므로, 甲이 乙 회사를 상대로 주주권 확인을 구하는 것은 甲의 권리 또는 법률상 지위에 현존하는 불안·위험을 제거하는 유효·적절한 수단이 아니다.217) 다만 주권발행 전 주식에 관하여 주주명의를 신탁한 사람이 수탁자에 대하여 명의신탁계약을 해지하면 그 주식에 대한 주주의 권리는 해지의 의사표시만으로 명의신탁자에게 복귀하는 것이고, 이러한 경우 주주명부에 등재된 형식상 주주명의인이 실질적인 주주의 주주권을 다투는 경우에 실질적인 주주가 주주명부상 주주명의인을 상대로 주주권의 확인을 구할 이익이 있다.218)

㉡ 예외적으로 ⅰ) 목적물의 압류, ⅱ) 손해액수의 불판명,219) ⅲ) 확인판결로 피고의 임의이행이 기대가능한 경우에는 확인의 이익이 인정된다. 나아가 ⅳ) 기본되는 법률관계로부터 파생하는 청구권을 주장하여 이행의 소가 가능한 경우라도, 당해 기본되는 권리관계의 확인의 소는 허용된다. 따라서 매매계약해제의 효과로서 이미 이행한 것의 반환을 구하는 이행의 소를 제기할 수 있을지라도 그 기본되는 매매계약의 존부에 대하여 다툼이 있어 즉시 확정의 이익이 있는 때에는 계약이 해제되었음의 확인을 구할 수도 있는 것이므로 매매계약이 해제됨으로써 현재의 법률관계가 존재하지 않는다는 취지의 소는 확인의 이익이 있다.220) 다만 判例는 물상보증인이 제기한 저당권설정계약에 의한 피담보

---

213) 대법 2023.12.21, 2023다275424
214) 대법 1996.11.22, 96다34009
215) 대법 2017.03.15, 2014다208255
216) 대법 2014.04.10, 2010다84932
217) 대법 2019.05.16, 2016다240338
218) 대법 2013.02.14, 2011다109708
219) 보상금액이 확정되지 아니하였으나, 보상금청구권의 확인청구는 허용된다는 것에, 대법 1969.03.25, 66다1298
220) 대법 1982.10.26, 81다108.

채무의 부존재확인과 함께 그 저당권설정등기말소청구의 경우에 별도로 피담보채무부존재확인의 청구는 확인의 이익이 없다고 했고,[221] 미등기 매수인은 매도인을 상대로 소유권이전등기의무의 이행을 구할 것이지 그 건물에 대한 사용·수익·처분권이 자기에게 있다는 확인청구는 확인의 이익이 없다고 했다.[222]

ⓒ 형성의 소를 바로 제기할 수 있는데도 불구하고 확인의 소를 제기하는 것은 원칙적으로 허용되지 않는다. 判例도 ⅰ) **재개발조합설립의 효력을 부정하기 위하여는 항고소송으로 조합설립인가처분의 효력을 다투는 소를 제기할 것이지, 조합설립인가처분을 하는데 필요한 요건 중의 하나에 불과한 조합설립결의 무효확인을 구할 확인의 이익이 없으며**,[223] ⅱ) 시장·군수·구청장 등이 다른 어촌계의 업무구역과 중복된다는 등의 이유로 어업면허를 거부하거나 취소하는 등의 처분을 하는 경우에는 행정처분의 효력을 다투는 항고소송의 방법으로 처분의 취소 또는 무효확인을 구하는 것이 분쟁을 해결하는 데에 직접적인 수단이 되는 것이므로, 그와 별도로 민사상 다른 어촌계를 상대로 업무구역의 확인을 구하는 것은 원고의 법적 지위에 대한 불안·위험을 제거하는 데 가장 유효·적절한 수단이라고 보기 어렵다.[224] ⅲ) 파산채무자에 대한 면책결정의 확정에도 불구하고 어떠한 채권이 비면책채권에 해당하는지 여부 등이 다투어지는 경우에 채무자는 면책확인의 소를 제기함으로써 권리 또는 법률상 지위에 현존하는 불안·위험을 제거할 수 있다. 그러나 면책된 채무에 관한 집행권원을 가지고 있는 채권자에 대한 관계에서 채무자는 청구이의의 소를 제기하여 면책의 효력에 기한 집행력의 배제를 구하는 것이 법률상 지위에 현존하는 불안·위험을 제거하는 유효적절한 수단이 된다. 따라서 이러한 경우 면책확인을 구하는 것은 분쟁의 종국적인 해결 방법이 아니므로 확인의 이익이 없어 부적법하다.[225] ⅳ) 확정판결에 종중 대표권의 흠결을 간과한 잘못이 있다면 바로 그 사유를 들어 재심의 소를 제기할 수 있으니 동 재심사유를 확정짓기 위하여 하는 종중결의 부존재 내지 무효확인의 소에는 소의 이익이 없다.[226]

(3) 증서의 진정여부를 확인하는 소

> **제250조(증서의 진정여부를 확인하는 소)** 확인의 소는 법률관계를 증명하는 서면이 진정한지 아닌지를 확정하기 위하여서도 제기할 수 있다.

---

221) 대법 2000.04.11, 2000다5640. 물상보증인은 채무 없이 책임을 부담하는 것으로 근저당권말소를 구하는 것으로 법적 불안에서 벗어나게 된다(강사 註).
222) 대법 2008.07.10, 2005다41153
223) 대법 2009.09.24, 2009마168·169; 도시 및 주거환경정비법상 주택재건축정비사업조합이 같은 법 제48조에 따라 수립한 관리처분계획에 대하여 관할 행정청의 인가·고시까지 있게 되면 관리처분계획은 행정처분으로서 효력이 발생하게 되므로, 총회결의의 하자를 이유로 하여 행정처분의 효력을 다투는 항고소송의 방법으로 관리처분계획의 취소 또는 무효확인을 구하여야 하고, 그와 별도로 행정처분에 이르는 절차적 요건 중 하나에 불과한 총회결의 부분만을 따로 떼어내어 효력 유무를 다투는 확인의 소를 제기하는 것은 특별한 사정이 없는 한 허용되지 않는다는 것에, 대법 2009.09.17, 2007다2428.
224) 대법 2017.07.11, 2017다216271
225) 대법 2017.10.12, 2017다17771; 대법 2019.03.14, 2018다281159
226) 대법 1982.06.08, 81다636

1) 의 의 : 소는 권리보호자격으로서 소구가능한 법률상의 분쟁을 그 대상으로 한다. 그러나 법률이 사실의 확인소송을 인정하는 예외적인 경우가 있는데, 증서의 진정여부를 확인하는 소이다(제250조). 이것은 **법률관계를 증명하는 서면이 진정한지 아닌지를 확정하기 위한 소로서**, 법률관계를 증명하는 서면이 분쟁의 해결에 있어서 현실적으로 결정적인 증거가 되므로 이의 진위여부를 신중하게 확정하기 위한 것이다.

2) 증서진부확인의 소의 대상적격

① 법률관계를 증명하는 서면 : 여기서 법률관계를 증명하는 서면이라 함은 그 내용에 의하여 직접적으로 현재의 법률관계의 존재가 증명될 수 있는 경우를 말하는 것으로서, 어음·수표 등의 유가증권, 정관·매매계약서·차용증서 따위다. 判例는 세금계산서,[227] 대차대조표나 회사결산보고서,[228] 당사자본인신문조서는[229] 사실관계의 보고문서에 지나지 않아 증서진부의 대상이 아니며, 임대차계약금의 영수증도 직접 임대차관계의 존부를 증명하는 서면이 아니라 하여 부정하였다.[230]

② 진정여부 : 진정여부란 **내용의 진정여부를 의미하는 것이 아니고, 위조·변조 여부를 의미한다**. 따라서 그 서면에 기재된 내용이 객관적 진실에 합치하는가 여부는 증서의 진정여부를 확인하는 소의 대상이 될 수 없다.[231]

3) 확인의 이익

① 일반확인의 소와 마찬가지로 확인의 이익은 있어야 하므로, 원고의 권리 또는 법적 지위의 위험·불안을 제거함에 문서의 진부확인이 필요하고 적절한 수단이어야 한다.[232] 따라서 서면에 의하여 증명되는 법률관계에 대해 당사자간에 다툼이 없거나 **법률관계가 소멸되면 확인의 이익이 없으며**,[233] **소로써 확인을 구하는 서면의 진부가 확정되어도 서면이 증명하려는 권리관계 또는 법률적 지위의 불안이 제거될 수 없고, 그 법적 불안을 제거하기 위하여 당해 권리 또는 법률관계 자체의 확인을 구하여야 할 필요가 있는 경우에 해당하면 그 증서진부확인의 소는 부적법**하다.[234]

② 서면에 의하여 증명되어야 할 법률관계를 둘러싸고 이미 소가 제기되어 있는 경우에는 그 소송에서 분쟁을 해결하면 되는 것이므로 그와 별도로 서면의 진부를 가리는 확인의 소를 제기할 이익이 없다.[235]

3. 형성의 소의 경우

(1) 형성의 소의 소의 이익

법률규정에 따라 소송을 제기한 경우에는 원칙적으로 소의 이익이 인정된다. 한편 **채권자가 원상회복청구의 소에서 패소할 것이 예상된다는 이유로 그와 별개인 사해행위 취소의 소에 대하여 소송요건을 갖추지 못한 것으로 보아 소의 이익을 부정할 수는 없다**.[236]

---

227) 대법 2001.12.14, 2001다53714
228) 대법 1967.03.21, 66다2154
229) 대법 1974.11.23, 74다24
230) 대법 2007.06.14, 2005다29290
231) 대법 1991.12.10, 91다15317
232) 대법 1991.12.10, 91다15317
233) 대법 1967.10.25, 66다2489; 대법 1968.06.11, 68다591
234) 대법 1991.12.10, 91다15317
235) 대법 2007.06.14, 2005다29290; 대법 2014.11.13, 2009다3494·3500
236) 대법 2021.07.21, 2017다35106

(2) 권리보호이익이 부정되는 경우

① 목적이 이미 실현된 경우(회사해산 후 회사설립무효의 소제기, 공유물의 분할에 관한 협의가 성립된 후의 분할청구의 소), ② 사정변경에 의해 원상회복이 의미가 없는 경우(이사선임결정의 취소소송 중 당해이사가 임기만료로 퇴임한 경우, **강제집행이 종료된 후의 제3자 이의의 소**,[237] 행정처분이 효력을 상실한 후 취소소송[238]) ③ 별도의 직접적 권리구제절차가 있는 경우에는 권리보호이익이 부정된다. 다만 근로자가 부당해고 구제신청을 하여 해고의 효력을 다투던 중 정년에 이르거나 근로계약기간이 만료하는 등의 사유로 원직에 복직하는 것이 불가능하게 된 경우에도 해고기간 중의 임금 상당액을 지급받을 필요가 있다면 임금 상당액 지급의 구제명령을 받을 이익이 유지되므로 구제신청을 기각한 중앙노동위원회의 재심판정을 다툴 소의 이익이 있다.[239]

Ⅳ. 소송상의 취급

1. 소송요건으로서 직권조사사항

<u>소의 이익은 소송요건으로서 직권조사사항이며, 그 흠결시 부적법각하판결</u>을 하여야 한다. 다만 <u>소의 이익에 흠이 있을 때에 그를 이유로 원고의 청구를 배척하면서 소각하가 아닌 청구기각을 했다고 해서 본안인 권리관계의 존부에 기판력이 생기는 것은 아니므로 이 점을 들어 원심판결을 파기할 수 없다</u>.[240]

2. 소의 이익 흠결을 간과한 본안판결

확정 전에는 상소에 의해 다툴 수 있으나, 확정 후에는 재심사유가 되지 않는다.

제3절 소송물

Ⅰ. 서 설

1. 의 의

소송물이란 민사소송에 있어서 원고에 의해 특정된 심판의 대상 내지 소송의 객체를 말한다. 소송상의 청구와 같은 개념이다. 소송물은 청구의 목적물 또는 계쟁물과 다르다. 또 소송에 이르게 된 사실관계는 소송물이 아니다.

2. 소송물이론의 실천적 의의

절차의 개시면	토지관할·사물관할의 결정기준, 청구의 특정과 그 범위 결정
절차의 진행과정	청구의 병합, 청구의 변경, 중복소송, 처분권주의의 위배 여부
절차의 종결과정	기판력의 객관적 범위, 재소금지의 범위
실체법상 효과	소제기에 의한 시효중단, 제척기간의 준수의 효과

---

237) 대법 1996.11.22, 96다37176; 대법 1997.10.10, 96다49049
238) 대법 2023.04.27, 2018두62928
239) 대법 2020.02.20, 2019두52386
240) 대법 1996.08.23, 94다49922; 대법 1992.11.24, 91다29026

II. 소송물에 관한 견해

1. 구소송물이론

(1) 내 용

　실체법상의 권리·법률상 주장을 소송물로 보며, 청구취지와 청구원인을 기초로 청구원인에 의해 동일성을 식별하는 이론으로 判例의 기본적 입장이다.

(2) 비 판

　구소송물이론은 사회·경제적으로 한 개의 분쟁임에도 실체법상의 권리마다 별개의 소송으로 갈라서 여러 차례 소송이 반복되게 되므로, 분쟁의 신속한 해결이 저해되며, 피고에 대해 여러 차례 응소강제와 여러번의 재판권발동으로 인한 사회적·국가적 손실이 있고, 원고가 한 소송에서 모든 소송자료를 제출하여 총력을 펴는 집중심리주의적 소송운영에 지장이 있다. 나아가 법원의 법률적 관점 선택자유가 없어 원고가 권리주장을 잘못하면 패소할 위험이 있다.

2. 소송법설

(1) 이분지설

　1) 내 용 : 신청과 사실관계라는 두 가지 요소에 의하여 소송물을 결정하는 입장이다. 독일의 다수설이고 우리의 소수설이다. 이때 사실관계는 요건사실 즉 권리의 발생원인사실보다는 더 넓은 개념으로 역사적으로 보아 1개의 일련의 사실관계를 말한다. 이분지설에서도 확인의 소에서는 예외적으로 청구취지만으로 특정된다는 예외설과[241] 확인의 소에서도 이분지설을 일관하여야 한다는 일관설이[242] 있다.

　2) 비 판 : 사실관계란 개념이 모호하고, 확인의 소에서 일관성을 유지하고 있지 못하다는 비판이 있다.

(2) 일분지설

　1) 내 용 : 소송법적 관점에서 당사자의 신청인 청구취지가 소송물이라는 견해로서, 청구취지만으로 소송물을 식별하는데 다만, 금전지급이나 대체물인도청구에서는 청구원인의 사실관계를 참작하여 판단하여야 한다고 본다.

　2) 비 판 : 이 견해에 의하면 기판력이 유례없이 확대되는데, 이에 대하여 일본의 일분지설에서는 석명권의 강화의 입장으로 해결하며, 독일의 일분지설은 전소에서 제출한 소송자료와 무관계한 사실관계까지 기판력의 시적 한계에 의하여 차단되지는 않는다는 입장으로 해결하고 있다.

III. 判例의 입장 : 구소송물이론

1. 이행의 소의 소송물

(1) 소유권과 점유권에 기한 인도청구

---

[241] 정동윤/유병현 246면
[242] 호문혁 132면

소유권에 기하여 미등기 무허가건물의 반환을 구하는 청구취지 속에는 점유권에 기한 반환청구권을 행사한다는 취지가 당연히 포함되어 있다고 볼 수는 없고, 소유권에 기한 반환청구만을 하고 있음이 명백한 이상 법원에 점유권에 기한 반환청구도 구하는지의 여부를 석명할 의무가 있는 것은 아니라고 하여 별개의 소송물로 보고 있다.243)

(2) 소유권과 계약상의 권리에 따른 인도청구

임대물건의 명도청구를 기간만료에 따른 소유권에 기한 청구, 임대차계약의 차임연체에 따른 법정해지에 기한 청구, 합의해지에 기한 청구한 경우 3개의 소송물로 본다. 다만 법정해지사유(차임연체, 무단전대)마다 소송물이 별개인 것은 아니다.244)

(3) 소유권이전등기청구

등기원인으로 전소에서 매매, 후소에서 취득시효를 주장하는 것처럼 등기원인을 서로 달리 하면 소송물이 별개이다. 따라서 i) **대물변제예약에 기한 소유권이전등기청구권과 매매계약에 기한 소유권이전등기청구권은 그 소송물이 서로 다르다.**245) ii) 대물변제를 등기원인으로 소유권이전등기를 구하는 전소 확정판결의 기판력이 취득시효완성을 청구원인으로 소유권이전등기를 구하는 후소에 미치지 않는다.246) iii) 명의신탁자는 명의수탁자에 대하여 명의신탁해지를 하고, 신탁관계의 종료만을 이유로 하여 소유 명의의 이전등기절차의 이행을 청구할 수 있음은 물론, 신탁해지를 원인으로 하여 소유권에 기해서도 그와 같은 청구를 할 수 있고, 이 경우 두 청구는 청구원인을 달리하는 별개의 소송이다.247)

(4) 말소등기청구

말소등기청구사건에서는 전소와 후소 사이에 등기의 무효사유를 달리하는 경우라도 이는 다 같이 '등기원인이 무효'임을 뒷받침하는 공격방어방법의 차이에 불과하다 하여 같은 말소청구일 때 전소의 기판력은 후소에 미친다.248) 소유권이 피고에게 이전되는 원인행위가 결과적으로 효력을 발생할 수 없게 되는 여러 사유들은 말소등기청구의 선결문제에 불과한, 즉 원고가 소유권을 상실하지 않고 보유하고 있다는 점을 이유 있게하는 공격방법으로 본 것이다. 한편 判例는 **말소등기청구와 말소등기청구 대신에 소유권에 기하여 진정한 등기명의회복의 이전등기청구를 하는 때도 진정한 소유자의 등기명의를 회복하기 위한 것으로서 실질적으로 그 목적이 동일하고, 두 청구권 모두 소유권에 기한 방해배제청구권으로서 그 법적 근거와 성질이 동일하므로, 실질적으로 동일한 소송물**로 본다.249) 따라서 명의신탁이 해지된 경우 신탁자는 수탁자에 대하여 소유권에 기하여 등기관계를 실체적 권리관계에 부합하도록 하기 위하여 수탁자 명의의 등기말소를 청구할 수 있는 것이며, 반드시 소유권이전등기만을 청구할 수 있는 것은 아니다.250) 사해행위취소소

---

243) 대법 1996.06.14, 94다53006
244) 김상원 판례실무 민사소송법 266면
245) 대법 1997.04.25, 96다32133
246) 대법 1991.01.15, 88다카19002
247) 대법 2002.05.10, 2000다55171
248) 대법 1999.07.17, 97다54024; 대법 1993.06.29, 93다11050; 전소에서 한 사기에 의한 매매의 취소 주장과 이 사건 소에서와 같은 매매의 부존재 또는 불성립의 주장은 다 같이 청구원인인 등기원인의 무효를 뒷받침하는 독립된 공격방법에 불과한 것일 뿐 이 주장들이 그 자체로서 각기 별개의 청구원인을 구성한다고 볼 수 없다는 것에, 대법 1981.12.22, 80다1548
249) 대법(전) 2001.09.20, 99다37894
250) 대법 1998.04.24, 97다44416

송에서 채권자가 원상회복의 방법으로 수익자 앞으로 넘어간 등기의 말소청구, 수익자 상대의 이전등기청구를 택일적으로 할 수 있다.251)

> **판례연구 : 청구원인에 따라 말소등기청구의 소송물을 달리 본 경우**
> 1. 원고의 피상속인이 후행 보존등기가 중복등기에 해당하여 무효임을 주장하지 않고, 자신이 진정한 상속인이고 후행 보존등기로부터 상속을 원인으로 이루어진 소유권이전등기의 명의인은 진정한 상속인이 아니므로 그 소유권이전등기는 무효이고 그에 이어 이루어진 소유권이전등기도 무효라고 주장하여 소유권말소등기의 소를 제기하였다가 그 소가 상속회복청구의 소에 해당하고 제척기간이 경과하였다는 이유로 패소 판결이 확정되었다고 하더라도, 후행 보존등기가 중복등기에 해당하여 무효라는 이유로 말소등기를 구하는 원고의 후소는 패소 판결이 확정된 전소와 청구원인을 달리하는 것이어서 전소의 기판력에 저촉되지 않는다.252)
> 2. 소유권이전등기가 원인무효임을 이유로 그 말소등기를 청구한 전소에서 패소한 원고가 전소의 변론종결 후에 담보목적으로 경료된 이 사건 소유권이전등기의 피담보채무를 변제하였음을 이유로 말소등기를 청구하는 것은 소송물이 동일하다고 볼 수 없으니 전소판결의 기판력에 구속되지 않는다.253) 판례의 취지는 i) 후소가 소유권에 기한 말소등기청구였다면 전소와 소송물은 동일하지만 변론종결 후 변제라는 새로운 사정변경을 이유로 제기한 것으로 기판력에 저촉되지 않는 것이고, ii) 변제로 인한 계약관계의 소멸로 말소등기를 구하는 것이라면 소송물 자체가 달라 기판력이 작용하는 경우가 아니라는 것이다.
> 3. 채무자가 제3자명의로 신탁하여 소유권등기를 마친 부동산을 채권자에게 담보로 제공하고 채권자 명의로 가등기 및 이에 기한 소유권이전등기를 마쳤다가 그후 그 피담보채무를 모두 변제함으로써 담보권이 소멸된 경우에, 채무자는 명의수탁자를 대위하여 위 부동산의 소유권에 터잡은 말소등기청구권을 행사할 수 있음은 물론, 담보설정계약의 당사자로서 담보권 소멸에 따른 원상회복으로 담보권자에게 담보물의 반환을 구할 수 있는 계약상 권리가 있으므로 이러한 계약상 권리에 터잡아 채권자에게 위 가등기등 담보권등기의 말소를 청구할 수 있다.254) 따라서 말소등기청구라도 저당권이나 가등기담보권과 같은 담보 계약이 그 효력을 상실한 경우 그 계약에 기한 담보등기 말소등기청구와 소유권에 기한 담보등기 말소등기 청구는 청구원인을 달리하는 것으로서 소송물이 다르다.
> 4. 전소는 소유권에 기한 방해배제청구권의 행사로서 등기의 말소등기청구를 하는 것이고, 후소는 계약해제에 따른 '계약상'의 권리에 기하여 원상회복으로 담보물의 반환을 받기 위하여 직접 가등기 및 근저당등기의 말소등기청구를 하고 있는 것이면 전소의 위 확정판결의 기판력이 이 사건 후소에 미칠 수 없는 것이다.255)
> 5. 이 사건 근저당권설정계약이 기망에 의하여 체결되었음을 이유로 이를 취소하고 이에 터잡아 경료된 이 사건 근저당권설정등기의 말소를 구한다는 취지이고(물권적 청구권), 피담보채무의 부존재를 원인으로 한 원고의 이 사건 근저당권설정등기의 말소청구는 피담보채무가 없으니 근저당권설정계약을 해지하고, 이에 터잡아 원상회복으로서 근저당권설정등기의 말소를 구한다는 취지임이 명백한 바(채권적 청구권), 위 청구들은 각 그 청구원인을 달리하는 별개의 독립된 소송물로서 선택적 병합관계에 있다.256)

(5) 사해행위취소청구

① 채권자가 피보전권리를 달리하여 또다시 채권자취소소송을 제기하는 것은 소송물을 달리하는 것이 아니며,257) ② 사해행위취소청구에서 그 원인행위의 법률적 평가와 관련하여 증여 또는 변제로 달리 주장하는

---

251) 대법 2000.02.25, 99다53704
252) 대법 2011.07.14, 2010다107064
253) 대법 1983.03.08, 82다카1203.
254) 대법 1988.09.13, 86다카1332
255) 대법 1993.09.14, 92다1353
256) 대법 1986.09.23, 85다353
257) 대법 2012.07.05, 2010다80503

것은 공격방법을 달리할 뿐이다.258) 나아가 ③ 사해행위취소에서 원물반환청구와 가액배상청구는 동일한 소송물이다.259) 따라서 사해행위취소청구에서 원상회복의 소유권이전등기말소청구에서 가액배상청구로 바꾸었다가 다시 소유권이전등기말소청구로 바뀐 경우에도 제척기간의 준수효과에는 영향이 없다.260)

(6) 손해배상청구

1) **채무불이행과 불법행위 손해배상청구** : ① **상법상 운송계약불이행(상법 제148조)에 의한 손해배상청구권과 불법행위에 의한 손해배상청구권을 동시에 주장하면 선택적 병합**이라고 보았다.261) ② 수치인이 목적물을 멸실함으로써 계약상의 반환의무의 불이행 뿐만 아니라 불법행위에 해당한다고 주장하는 경우 청구의 병합이 된다.262) ③ 근로자가 먼저 해고무효 확인과 함께 해고가 무효일 경우 근로계약에 기한 임금을 청구하는 소를 제기하여 임금의 지급을 명하는 확정판결을 받았다고 하더라도 그 승소액을 넘는 금액에 대하여 채무불이행 또는 불법행위로 인한 손해배상청구권의 행사가 허용되지 않는 것도 아니다.263) ④ 동일한 사실관계에서 발생한 손해의 배상을 목적으로 하는 경우에도 채무불이행을 원인으로 하는 배상청구와 불법행위를 원인으로 한 배상청구는 청구원인을 달리하는 별개의 소송물이므로, 법원은 원고가 행사하는 청구권에 관하여 다른 청구권과는 별개로 그 성립요건과 법률효과의 인정 여부를 판단하여야 한다. 계약 위반으로 인한 채무불이행이 성립한다고 하여 그것만으로 바로 불법행위가 성립하는 것은 아니다.264)

2) **부당이득반환청구권과 불법행위 손해배상청구** : **채권자가 먼저 부당이득반환청구의 소를 제기하였을 경우 특별한 사정이 없는 한 손해 전부에 대하여 승소판결을 얻을 수 있었을 것임에도 우연히 손해배상청구의 소를 먼저 제기하는 바람에 과실상계 또는 공평의 원칙에 기한 책임제한 등의 법리에 따라 그 승소액이 제한되었다고 하여 그로써 제한된 금액에 대한 부당이득반환청구권의 행사가 허용되지 않는 것도 아니다**.265)

3) **저작인격권과 저작재산권에 기한 손해배상청구** : 저작인격권이나 저작재산권을 이루는 개별적 권리들은 저작인격권이나 저작권이라는 동일한 권리의 한 내용에 불과한 것이 아니라 각 독립한 권리로 파악하여야 하므로 각 권리에 기한 손해배상청구는 별개의 소송물이다.266)

4) **생명·신체침해로 인한 손해배상청구소송의 소송물** : ① **생명 또는 신체에 대한 불법행위로 인하여 입게 된 적극적 손해와 소극적 손해 및 정신적 손해는 서로 소송물을 달리**하므로,267) ⅰ) 정신적 손해에 대해 적절한 배상이 이루어지지 않은 상태에서 화해간주 조항에 따라 정신적 손해를 포함한 피해 일체에 대해 재판상 화해가 성립한 것으로 간주한다면, 적극적·소극적 손실이나 손해의 보상 또는 배상에 상응하

---

258) 대법 2005.03.25, 2004다10985·10992
259) 대법 2006.12.07, 2004다54978
260) 대법 2012.04.12, 2010다65339
261) 대법 1962.06.21, 62다102
262) 대법(전) 1983.03.22, 82다카1533
263) 대법 2014.01.16, 2013다69385
264) 대법 2021.06.24, 2016다210474
265) 대법 2013.09.13, 2013다45457
266) 대법 2013.07.12, 2013다22775
267) 대법 1976.10.12, 76다1313

는 보상금 등 지급결정에 동의하였다는 사정만으로 정신적 손해에 대한 국가배상청구를 제한하는 것으로서 국가배상청구권에 대한 과도한 제한에 해당하고,[268] ii) 그 손해배상의무의 존부나 범위에 관하여 소송촉진 등에 관한 특례법 제3조 제2항의 항쟁함이 타당한지 여부는 각 손해마다 따로 판단하여야 한다.[269] ② 그러나 재산적 손해로 말미암은 배상청구, 정신적 손해로 말미암은 배상청구는 각각 소송물을 달리하는 별개의 청구이므로 소송당사자로서는 각기 그 금액을 특정하여 청구하여야 한다고 하여 2분설의 경향을 보인 것도 있고,[270] 재산상손해 전부승소·위자료 일부패소의 판결에서 원고가 그 패소부분인 위자료에 대하여 항소하였다 하여도 전부승소한 재산상 손해에 대하여도 상소의 이익이 있다고 보아, 손해1개설과 가까운 입장을 취한 것도 있으며,[271] 재판상 화해와 동일한 효력이 있는 민주화운동 관련자 보상결정에는 적극적·소극적 손해배상만 포함될 뿐이라 하여 위자료 청구를 별도로 제기했던 사안에서, 大法院은 그 결정에는 위자료도 포함된다 하여 기판력에 저촉되는 위자료 청구를 부적법 각하한 바 있는데,[272] 손해 3분설이 동요하는 듯하다.[273]

5) **후유증에 의한 확대손해에 대한 손해배상청구** : 判例는 식물인간 피해자의 여명이 종전의 예측에 비해 수년 연장되어 그에 상응한 향후치료, 보조구 및 개호 등이 추가적으로 필요하게 된 것은 전소의 변론종결당시에는 예견할 수 없었던 새로운 손해로서 별개의 소송물로 보아 전소의 기판력에 저촉되지 아니한다고 하였고,[274] 甲은 유치원생이던 때에 乙이 피워놓은 불이 바지에 옮겨붙어 화염화상을 입었고, 이에 甲에게 발생한 외모 및 기능적 손실에 대한 향후치료비의 감정이 이루어졌으며, 이를 전제로 선행판결도 내려졌는데, 이후 甲이 골관절염 등으로 인한 추가적인 치료를 받게 된 것은 **선행소송의 변론종결 당시 그로 인한 손해의 발생을 예견할 수 없었다고 보아야 하므로, 골관절염 등으로 인한 손해배상청구 부분은 선행판결의 기판력에 저촉되는 것이 아니다**.[275]

6) **사정변경에 의한 추가적 손해에 대한 청구** : 기판력의 표준시 이후에 경제사정의 변경으로 확정판결의 내용이 현저히 부당하게 된 경우라도 소송물이 동일하므로 추가청구를 할 수 없는 문제점이 있다. 이에 판례는 명시적 일부청구 의제이론으로 해결하였으나, 신법은 제252조에서 정기금판결의 변경의 소를 도입하였다.

7) **소송물의 특정** : 수개의 손해배상채권에 기해 총 손해 중 일부청구를 한 경우에 어느 채권에 대하

---

268) 대법 2023.09.21. 2023다230476
269) 대법 2022.04.28. 2022다200768
270) 대법 1994.06.28. 94다3063
271) 대법 1994.06.28. 94다3063
272) 대법 2015.01.22. 2012다204365. 손해3분설이 허물어지는 징조라는 평석에, 이시윤
273) 다만 헌법재판소는 "민주화보상법상 보상금 등에는 정신적 손해에 대한 배상이 포함되어 있지 않은바, 이처럼 정신적 손해에 대해 적절한 배상이 이루어지지 않은 상태에서 적극적·소극적 손해에 상응하는 배상이 이루어졌다는 사정만으로 정신적 손해에 대한 국가배상청구마저 금지하는 것은, 해당 손해에 대한 적절한 배상이 이루어졌음을 전제로 하여 국가배상청구권 행사를 제한하려 한 민주화보상법의 입법목적에도 부합하지 않으며, 국가의 기본권 보호의무를 규정한 헌법 제10조 제2문의 취지에도 반하는 것으로서, 국가배상청구권에 대한 지나치게 과도한 제한에 해당한다. 따라서 심판대상조항 중 정신적 손해에 관한 부분은 민주화운동 관련자와 유족의 국가배상청구권을 침해한다."고 하였다(헌재 2018.08.30. 2014헌바180).
274) 대법 2007.04.13. 2006다78640
275) 대법 2019.12.27. 2019다260395

여 얼마씩 배분하여 청구하는지 불분명하다면 소송물이 특정되었다고 볼 수 없으며, 이 때에는 석명권을 행사하여 명확히 특정시켜야 하며, 법원도 특정된 뒤 심판하여야 한다.[276]

  8) **물건에 대한 불법행위로 인한 손해배상청구와 소송물** : 동일한 가해행위로 인한 침해라 하더라도 원칙적으로 피침해권리 또는 피침해이익이 다르면 각기 별개의 손해배상청구권이 발생한다. 따라서 일물일권주의를 채택하고 있는 우리 민법의 해석으로는 동일한 가해행위로 인하여 여러 개의 물건이 파손된 경우에는 물건마다 별개의 손해배상청구권이 발생하게 된다. 다만 여기서 물건의 개수는 일물일권주의에 따르더라도 물리적인 개수를 곧바로 소송물의 개수로 직결할 것은 아니고 사회통념에 의하여 결정할 수밖에 없다.[277]

  9) **확정지연손해금에 대한 지연손해금채권** : 판결이 확정된 채권자가 시효중단을 위한 신소를 제기하면서 확정판결에 따른 원금과 함께 원금에 대한 확정 지연손해금 및 이에 대한 지연손해금을 청구하는 경우, 확정 지연손해금에 대한 지연손해금채권은 채권자가 신소로써 확정 지연손해금을 청구함에 따라 비로소 발생하는 채권으로서 전소의 소송물인 원금채권이나 확정 지연손해금채권과는 별개의 소송물이므로, 채무자는 확정 지연손해금에 대하여도 이행청구를 받은 다음 날부터 지연손해금을 별도로 지급하여야 하되 그 이율은 신소에 적용되는 법률이 정한 이율을 적용하여야 한다.[278]

(7) 부당이득반환청구

  부당이득반환청구권의 발생원인은 해당 '법률상 원인 없음'이며, 법률상 원인 없는 사유를 계약의 불성립·무효·취소·해제 등으로 주장하는 것은 공격방법에 지나지 아니한다.[279] 사기에 의한 의사표시 취소의 효과로서 구하는 매매대금반환청구에서 패소한 원고가 계약해제의 효과인 원상회복으로 구하는 매매대금반환청구는 부당이득반환청구권으로 기판력에 저촉되며,[280] 채무불이행에 따른 매매계약 해제의 효과로서 원상회복을 구하는 매매대금반환청구의 소송물과 매매계약의 자동해제 또는 실효를 이유로 구하는 매매대금반환청구의 소송물은 동일하다.[281]

(8) 일부청구의 소송물

  判例는 원고가 일부청구임을 밝혀 명시한 경우에는 일부만이 소송물이 되지만, 그렇지 않은 경우에는 전부를 소송물로 보아 명시설을 따르는데, 일부청구의 명시방법으로 잔부청구를 유보하는 취지임을 밝혀야 할 필요는 없고 일부청구부분을 잔부청구와 구별하여 그 심리의 범위를 특정할 수 있는 정도로 표시하여 전체액의 일부로서 우선 청구하고 있다는 것임을 밝히는 것으로 충분하다고 한다.[282] 그리고 일부청구임을 명시하였는지를 판단함에 있어서는 소장, 준비서면 등의 기재뿐만 아니라 소송의 경과 등도 함께 살펴보아야 한다.[283] 따라서 전소에서 법정상속분만을 청구하였다가 상속재산에 대한 협의분할에 의하여 피상속

---

276) 대법 2017.11.23, 2017다251694; 대법 2014.05.16, 2013다101104; 대법 2007.09.20, 2007다25865
277) 김홍엽 260면; 부산고등법원 2007.07.05, 2006나8634
278) 대법 2022.04.14, 2020다268760
279) 대법 2007.07.13, 2006다81141; 대법 2008.02.29, 2007다49960; 대법 2022.07.28, 2020다231928
280) 대법 2000.05.12, 2000다5978
281) 대법 2019.01.17, 2018다244013
282) 대법 1973.06.25, 92다33008
283) 대법 2016.07.27, 2013다96165

인의 사망시부터 원고의 단독소유가 된 나머지 부분을 전소의 항소심 계속 중 청구한 경우, 소송의 경과로 보아 전소의 사실심 변론종결시까지 전소가 일부청구임을 명시하였다고 본다.[284]

(9) 동일한 목적을 달성하기 위한 복수의 채권

채권자가 동일 목적을 이루기 위하여 복수의 채권을 가지고 있는 경우 별개의 소송물에 해당하며,[285] **그 중 어느 하나의 청구를 한 것만으로는 다른 채권 그 자체를 행사한 것으로 볼 수는 없으므로, 특별한 사정이 없는 한 그 다른 채권에 대한 소멸시효 중단의 효력은 없다**고 하였다.[286] 나아가 **어음·수표채권에 기한 청구와 원인채권은 별개의 소송물임을 전제로 이를 동시에 주장하면 청구의 병합이 되며, 그 중 어느 하나를 주장하다가 다른 것으로 바꾸는 것은 소의 변경이 된다.**[287]

2. 확인의 소의 소송물

判例는 "특정토지에 대한 소유권확인의 본안판결이 확정되면 그에 대한 권리 또는 법률관계가 그대로 확정되는 것이므로 그 사건의 변론종결전에 그 확인원인이 되는 다른 사실이 있었다 하더라도 그 확정판결의 기판력은 거기까지도 미치는 것"이라고 하여 **청구취지에 나타난 권리관계의 존부의 주장만으로 소송물이 특정되고 청구원인에 의한 보충이 필요 없다**고 한다.[288] 한편 **정리채권확정의 소의 소송물은 정리회사가 정리담보권과 정리채권으로 시인한 금액을 초과하는 정리채권의 존재 여부이고, 정리채권자표기재무효확인의 소의 소송물은 정리회사가 시인한 정리채권 중 일부의 존재 여부로서 그 소송물이 서로 다르므로 이미 확정된 정리채권확정판결의 기판력이 정리채권자표기재무효확인소송에 미칠 수 없다.**[289]

3. 형성의 소

(1) 재심소송과 소송물

재심사유는 개개의 재심사유가 독립된 것으로서[290] 어느 한 가지 사유를 들어 재심의 소를 제기하였다가 패소판결이 확정되었다고 하더라도 다른 재심사유가 있는 경우에는 그 재심사유로써 다시 재심의 소를 제기할 수 있다.[291]

(2) 회사관계소송과 소송물

1) 동일한 안건에 대한 주주총회결의취소의 소와 무효확인의 소 : ① 주주총회결의취소의 소는 상법 제376조에 따라 결의의 날로부터 2월내에 제기하여야 하나, **동일한 결의에 관하여 무효확인의 소가 상법 제376조 소정의 제소기간 내에 제기되어 있다면, 동일한 하자를 원인으로 하여 결의의 날로부터 2월이 경과

---

284) 대법 1994.01.14, 93다43170
285) 대법 2013.02.15, 2012다68217
286) 대법 2020.03.26, 2018다221867; 대법 2001.03.23, 2001다6145은 채권자가 채무자를 상대로 공동불법행위자에 대한 구상금 청구의 소를 제기하였다고 하여 이로써 채권자의 사무관리로 인한 비용상환청구권의 소멸시효가 중단될 수는 없다고 하였다.
287) 대법 1965.11.30, 65다2028
288) 대법 1987.03.10, 84다카2132
289) 대법 2003.02.11, 2002다62586
290) 대법 2019.10.17, 2018다300470
291) 대법 1970.01.27, 69다1888

한 후 취소소송으로 소를 변경하거나 추가한 경우에도 무효확인의 소 제기시에 제기된 것과 동일하게 취급하여 제소기간을 준수하였다**고 보아야 한다.292) ② 그러나 임시주주총회에서 이루어진 여러 안건에 대한 결의 중 이사선임결의에 대하여 그 결의의 날로부터 2개월 내에 주주총회결의 무효확인의 소를 제기한 뒤, 위 임시주주총회에서 이루어진 정관변경결의 및 감사선임결의에 대하여 그 결의의 날로부터 2개월이 지난 후 주주총회결의 무효확인의 소를 각각 추가적으로 병합한 후, 위 각 결의에 대한 주주총회결의 무효확인의 소를 주주총회결의 취소의 소로 변경한 경우, **위 정관변경결의 및 감사선임결의 취소에 관한 부분은 위 각 주주총회결의 무효확인의 소가 추가적으로 병합될 때에 주주총회결의 취소의 소가 제기된 것으로 볼 수 있으나, 위 추가적 병합 당시 이미 2개월의 제소기간이 도과되었으므로 부적법**하다.293)

2) 부존재로 볼 수밖에 없는 주주총회결의에 무효확인의 소가 제기된 경우 : 判例는 회사의 총회결의에 대한 부존재확인청구나 무효확인청구는 동일한 것으로 법률상 부존재로밖에 볼 수 없는 총회결의에 대하여 결의무효확인을 구하고 있다 하여도 이는 **부존재확인의 의미로 무효확인을 구하는 취지로 받아들일 수 있다**고 하였다.294)

3) 부존재로 볼 수밖에 없는 주주총회결의에 취소의 소가 제기된 경우 : 상법 제379조(법원의 재량에 의한 청구기각)는 결의 취소의 소가 제기된 경우에 결의의 내용, 회사의 현황과 제반사정을 참작하여 그 취소가 부적당하다고 인정한 때에는 법원은 그 청구를 기각할 수 있다"라고 규정되어 있으므로 위 소위 재량기각을 함에 있어서는 첫째로 주주총회결의 자체가 법률상 존재함이 전제가 되어야 할 것이고 만약에 주주총회결의 자체가 법률상 존재하지 않은 경우는 결의취소의 소는 부적법한 소에 돌아가고 따라서 상법 제379조를 적용할 여지도 없다 할 것이다. 그런데 이건에서 주주총회소집이 이사회에서 결정된 것이 아님은 원심이 이미 인정한 바와 같고 이사회의 결정 없이 소집된 주주총회라면 주주총회자체의 성립을 인정하기 어렵고 주주총회자체를 부인하는 이상 그 결의자체도 법률상 존재한다고 할 수 없다할 것이다. 따라서 이사건 소를 소송 판결로서 각하하여야 함에도 불구하고 원심이 실체 판결로써 원고의 청구를 기각하였음은 위법이라 아니할 수 없다고 하여,295) **별개 소송물로 본다**.

4) 동일한 결의에 대한 부존재확인의 소와 주주총회결의 취소의 소 : 주주총회결의 취소의 소는 상법 제376조에 따라 결의의 날로부터 2월내에 제기하여야 할 것이나, **동일한 결의에 관하여 부존재확인의 소가 상법 제376조 소정의 제소기간 내에 제기되어 있다면, 동일한 하자를 원인으로 하여 결의의 날로부터 2월이 경과한 후 취소소송으로 소를 변경하거나 추가한 경우에도 부존재확인의 소 제기시에 제기된 것과 동일하게 취급하여 제소기간을 준수한 것**으로 보아야 한다.296)

(3) 이혼소송과 혼인취소소송

이혼소송에서는 각 이혼사유마다 소송물이 별개이며,297) 이혼소송과 혼인취소소송의 경우 실체법은 양자가 별개의 소송제도임을 전제로 규정하고 있다.

---

292) 대법 2007.09.06, 2007다40000
293) 대법 2010.03.11, 2007다51505
294) 대법 1983.03.22, 82다카1810
295) 대법 1978.09.26, 78다1219
296) 대법 2003.07.11, 2001다45584
297) 대법 1963.01.31, 62다812

4. 신소송물이론에 따른 듯한 판시

한편 判例는 ① 환매약관부매매를 원인으로 한 토지인도청구에 대해 양도담보로 평가하여 그 인도청구를 인용하여도 위법이 없다고 하였고,[298] 등기청구사건에서 "법원은 당사자가 등기원인으로 표시한 법률판단에 구애됨이 없이 정당한 법률해석에 의하여 등기원인을 바로잡을 수 있다"고 하는 등 법원의 법률적 관점선택의 자유를 인정한 바 있다.[299] ② 참칭상속인들을 상대로 그들 명의의 상속 부동산 등기의 말소청구를 하는 경우에 그 소유권 주장이 상속을 원인으로 하는 이상, 원고들의 청구원인 여하에 불구하고 민법 제999조의 상속회복청구의 소라고 해석·평가하였다.[300] ③ 과세처분무효확인소송의 경우에 청구취지만으로 소송물의 동일성이 특정된다고 할 것이고 당사자가 청구원인에서 무효사유로 내세운 개개의 주장은 공격방법에 불과하다고 하여 일분지설을 정면으로 받아들인 判例도 있다.[301]

> **판례연구 : 실질적으로 동일하여 기판력이 작용하는 경우**
>
> **1. 말소등기청구와 진정명의회복을 원인으로 한 소유권이전등기청구**
> 진정한 등기명의 회복을 위한 소유권이전등기청구는 이미 자기 앞으로 소유권을 표상하는 등기가 되어 있었거나 법률에 의하여 소유권을 취득한 자가 진정한 등기명의를 회복하기 위한 방법으로 현재의 등기명의인을 상대로 그 등기의 말소를 구하는 것에 갈음하여 허용되는 것인데, 말소등기에 갈음하여 허용되는 진정명의회복을 원인으로 한 소유권이전등기청구권과 무효등기의 말소청구권은 어느 것이나 진정한 소유자의 등기명의를 회복하기 위한 것으로서 실질적으로 그 목적이 동일하고, 두 청구권 모두 소유권에 기한 방해배제청구권으로서 그 법적 근거와 성질이 동일하므로, 비록 전자는 이전등기, 후자는 말소등기의 형식을 취하고 있다고 하더라도 그 소송물은 실질상 동일한 것으로 보아야 하고, 따라서 소유권이전등기말소청구소송에서 패소확정판결을 받았다면 그 기판력은 그 후 제기된 진정명의회복을 원인으로 한 소유권이전등기청구소송에도 미친다.[302]
>
> **2. 부당이득반환청구와 파산채권확정청구**
> 환송 전 원심이 원고의 예비적 청구인 부당이득반환청구를 일부 인용하였고 피고만이 상고하여 환송판결이 피고 패소부분을 파기환송하였는데, 원고가 원심에서 예비적 청구의 청구원인과 청구금액을 같이하는 파산채권확정의 소 청구를 교환적으로 변경한 사안에서, 환송 전 원심판결의 예비적 청구 중 일부 인용한 금액을 초과하는 부분은 원고 패소로 확정되었지만, 원심에서 교환적으로 변경된 예비적 청구는 전체가 원심의 심판대상이 되는데, 환송 전 원심판결의 예비적 청구 중 일부 인용한 금액을 초과하는 부분은 원고 패소로 확정되었으므로 이와 실질적으로 동일한 소송물인 파산채권확정청구에 대하여도 다른 판단을 할 수 없다.[303]

제4절 소의 제기

I. 서 설

이것은 소장의 제출 → 소장의 심사 → 소장의 송달·답변서 제출의무의 고지 → 변론준비절차 → 변론·증거조사 → 판결로 이어지는 소송과정의 1단계의 문제이다.

---

298) 대법 1966.02.22, 65다2604
299) 대법 1980.12.09, 80다532
300) 대법(전) 1991.12.24, 90다5740
301) 대법 1992.02.25, 91누6108
302) 대법(전) 2001.09.20, 99다37894
303) 대법 2013.02.28, 2011다31706

> **민사소송규칙**
> **제2조(법원에 제출하는 서면의 기재사항)** ① 당사자 또는 대리인이 법원에 제출하는 서면에는 특별한 규정이 없으면 다음 각호의 사항을 적고 당사자 또는 대리인이 기명날인 또는 서명하여야 한다.
>   1. 사건의 표시
>   2. 서면을 제출하는 당사자와 대리인의 이름·주소와 연락처(전화번호·팩시밀리번호 또는 전자우편주소 등을 말한다. 다음부터 같다)
>   3. 덧붙인 서류의 표시
>   4. 작성한 날짜
>   5. 법원의 표시
> ② 당사자 또는 대리인이 제출한 서면에 적은 주소 또는 연락처에 변동사항이 없는 때에는 그 이후에 제출하는 서면에는 주소 또는 연락처를 적지 아니하여도 된다.
>
> **제3조(최고·통지)** ① 민사소송절차에서 최고와 통지는 특별한 규정이 없으면 상당하다고 인정되는 방법으로 할 수 있다.
> ② 제1항의 최고나 통지를 한 때에는 법원서기관·법원사무관·법원주사 또는 법원주사보(다음부터 이 모두를 "법원사무관등"이라 한다)는 그 취지와 최고 또는 통지의 방법을 소송기록에 표시하여야 한다.
> ③ 이 규칙에 규정된 통지(다만, 법에 규정된 통지를 제외한다)를 받을 사람이 외국에 있거나 있는 곳이 분명하지 아니한 때에는 통지를 하지 아니하여도 된다. 이 경우 법원사무관등은 그 사유를 소송기록에 표시하여야 한다.
> ④ 당사자, 그 밖의 소송관계인에 대한 통지는 법원사무관등으로 하여금 그 이름으로 하게 할 수 있다.
>
> **제4조(소송서류의 작성방법 등)** ① 소송서류는 간결한 문장으로 분명하게 작성하여야 한다.
> ② 소송서류의 용지는 특별한 사유가 없는 한 가로 210㎜·세로 297㎜의 종이(A4 용지)를 세워서 쓴다.
>
> **제5조(소송서류의 접수와 보정권고)** ① 당사자, 그 밖의 소송관계인이 제출하는 소송서류는 정당한 이유 없이 접수를 거부하여서는 아니 된다.
> ② 소송서류를 접수한 공무원은 소송서류를 제출한 사람이 요청한 때에는 바로 접수증을 교부하여야 한다.
> ③ 법원사무관등은 접수된 소송서류의 보완을 위하여 필요한 사항을 지적하고 보정을 권고할 수 있다.

II. 소제기의 방식

1. 소장제출주의

(1) 소장제출(제248조)

> **제248조(소제기의 방식)** ① 소는 법원에 소장을 제출함으로써 제기한다.
> ② 법원은 소장에 붙이거나 납부한 인지액이 「민사소송 등 인지법」 제13조제2항 각 호에서 정한 금액에 미달하는 경우 소장의 접수를 보류할 수 있다.
> ③ 법원에 제출한 소장이 접수되면 소장이 제출된 때에 소가 제기된 것으로 본다.

> **민사소송규칙**
> **제63조(소장의 첨부서류)** ① 피고가 소송능력 없는 사람인 때에는 법정대리인, 법인인 때에는 대표자, 법인이 아닌 사단이나 재단인 때에는 대표자 또는 관리인의 자격을 증명하는 서면을 소장에 붙여야 한다.
> ② 부동산에 관한 사건은 그 부동산의 등기사항증명서, 친족·상속관계 사건은 가족관계기록사항에 관한 증명서, 어음 또는 수표사건은 그 어음 또는 수표의 사본을 소장에 붙여야 한다. 그 외에도 소장에는 증거로 될 문서 가운데 중요한 것의 사본을 붙여야 한다. 〈개정 2009.1.9, 2011.9.28.〉
> ③ 법 제252조제1항에 규정된 소의 소장에는 변경을 구하는 확정판결의 사본을 붙여야 한다.

 소를 제기함에는 원칙적으로 소장이라는 서면을 제1심법원에 제출할 것을 요한다. 독립의 소만이 아니라, 소송 중의 소(반소, 중간확인의 소, 청구의 변경, 당사자참가 등)의 경우에도 소장에 준하는 서면의 제출을 필요로 한다. 소장에는 제249조 소정의 필요적 기재사항 이외에 원고 또는 대리인이 기명날인 또는 서명할 것을 요한다(제249조 제2항, 제274조).

(2) 방식

소장은 지참제출이 바람직하지만, 우편제출도 된다. 소장의 제출에 있어서는 선납주의의 원칙에 의하여 ① 민사소송등인지법 소정의 인지를 우선 납부하여야 하고, ② 소송서류의 송달비용을 각 예납하여야 한다(제116조 1항). **법원은 소장에 붙이거나 납부한 인지액이 「민사소송 등 인지법」 제13조제2항 각 호에서 정한 금액에 미달하는 경우 소장의 접수를 보류할 수 있다**(제248조 2항). **후에 인지가 보정되어 법원에 제출한 소장이 접수되면 소장이 제출된 때에 소가 제기된 것으로 본다**(제248조 3항).

(3) 소장의 첨부서류

소장에는 ① 피고의 수만큼의 소장부본(규칙 제48조), ② **피고가 소송무능력자일 때 법정대리인, 법인 등일 때에 그 대표자의 각 자격증명서**(규칙 제63조 제1항), ③ 부동산사건이면 부동산등기부등본, 친족상속사건이면 가족관계증명서, 어음·수표사건이면 어음·수표의 각 사본 등을 제출하여야 한다. 이 밖에 증거로 된 문서 가운데 중요한 것의 사본을 붙여야 한다(규칙 제63조 제2항). ④ 정기금 판결의 변경의 소의 경우 변경을 구하는 확정판결의 사본을 붙여야 한다(규칙 제63조 제3항).

2. 소액사건에 있어서 구술에 의한 소제기 등의 예외

> **소액사건심판법**
> **제4조(구술에 의한 소의 제기)** ① 소는 구술로써 이를 제기할 수 있다.
> ② 구술로써 소를 제기하는 때에는 법원서기관·법원사무관·법원주사 또는 법원주사보(이하 "법원사무관등"이라 한다)의 면전에서 진술하여야 한다. 〈개정 2001. 1. 29.〉
> ③ 제2항의 경우에 법원사무관등은 제소조서를 작성하고 이에 기명날인하여야 한다. 〈개정 2001. 1. 29.〉
> **제5조(임의출석에 의한 소의 제기)** ① 당사자쌍방은 임의로 법원에 출석하여 소송에 관하여 변론할 수 있다.
> ② 제1항의 경우에 소의 제기는 구술에 의한 진술로써 행한다.

소송목적의 값이 3,000만원 이하의 소액사건에서는 구술에 의한 소제기가 가능하다(소액사건심판법 제4

조). 또한 양 당사자의 임의출석에 의한 제소도 인정된다(소액사건심판법 제5조). 전보·E-mail·Fax 등에 의한 소의 제기도 할 수 있으며, 다만 **구술제소는 법원사무관 등의 면전에서 하여야 하므로** 전화에 의한 제소는 허용되지 않는다.

3. 소제기의 간주

① 제소 전 화해의 불성립으로 소제기 신청이 있는 경우(제388조), ② 독촉절차에서 지급명령에 대한 채무자의 이의가 있는 경우(제472조), ③ 민사조정이 불성립되거나 조정에 갈음한 결정에 이의신청이 있는 경우(민사조정법 제36조)에는 화해신청시·지급명령신청시·조정신청시에 각각 소가 제기된 것으로 본다.

III. 소장의 기재사항

1. 필요적 기재사항

> 제249조(소장의 기재사항) ① 소장에는 당사자와 법정대리인, 청구의 취지와 원인을 적어야 한다.
> ② 소장에는 준비서면에 관한 규정을 준용한다.

(1) 당사자와 법정대리인

당사자의 표시는 누가 원고이며, 누가 피고인지 알아볼 수 있도록 그 동일성을 특정하여 기재하여야 하며, 피고 ㅇㅇㅇ외 1인과 같은 기재는 허용되지 않는다. 자연인의 경우에는 이름과 주소, **법인 등의 경우에는 명칭이나 상호와 본점 또는 주된 사무소의 소재지를 표시하는 것이 통상적**이다. **당사자가 미성년자일 때 친권자인 부모** 또는 미성년후견인, 피성년후견인일 때 성년후견인, 피한정후견인일 때는 대리권있는 한정후견인을 기재하며, **당사자가 법인 또는 법인 아닌 사단·재단일 때에는 그 대표자를 기재**하여야 한다. **소송대리인은 필요적 기재사항은 아니나** 소송서류의 송달의 편의상 기재하는 것이 실무관행이다.

(2) 청구취지

1) 의 의 : <u>원고가 어떠한 내용과 종류의 판결을 구하는지를 밝히는 소의 결론부분</u>이다.

2) 청구취지의 기능 : 소송물의 동일성을 가리는 기준, **소가의 산정, 사물관할, 상소이익의 유무**, 소송비용의 분담비율, 시효중단의 범위 등을 정함에 있어서 표준이 된다.

3) 명확한 기재 : <u>민사소송에서 청구취지는 그 내용 및 범위가 명확히 알아볼 수 있도록 구체적으로 특정되어야 하고, 이의 특정 여부는 직권조사사항이므로 청구취지가 특정되지 않은 경우에는 법원은 피고의 이의 여부와 관계없이 직권으로 보정을 명하고, 이에 응하지 않을 때에는 소를 각하</u>하여야 한다.[304] 다만 형식적으로 보정의 기회가 주어지지 아니하여도 실질적으로 보정의 기회가 주어졌다 볼 수 있으면 된다.[305]

4) **확정적 신청** : 조건이나 기한을 붙이는 것은 소송절차를 불안정하게 하므로 허용되지 않는다. 다만

---
304) 대법 2017.11.23, 2017다251694; 대법 2014.03.13, 2011다111459
305) 대법 2011.09.08, 2011다17090

당해 소송 내에서 밝혀질 사실(소송 내의 조건)을 조건으로 하는 예비적 신청, 즉 제1차적 신청이 배척될 때를 대비한 예비적 신청(예비적 청구, 예비적 반소, 예비적 공동소송)은 허용된다.

각종의 소의 청구취지 기재방법

이행의 소	"피고는 원고에게 금 ○○만원을 지급하라."라는 판결을 구한다는 것과 같이 이행의 대상·내용과 함께 이행판결을 구하는 취지를 기재할 것을 요한다.
	① 금전지급청구의 경우에는 금액의 명시는 필요하나, 금전의 성질을 기재할 필요는 없다. 금액의 명시 없이 '현시가상당액', '법원이 적당하다고 인정하는 금액'을 지급하라는 청구는 허용되지 않는다. ② 금전의 지급을 구하는 소에서 각 피고의 의무 사이에 중첩관계가 있는 경우에 '연대하여', '합동하여', '공동하여'와 같이 청구취지에 각 피고의 상호관계와 각자의 의무의 범위를 부가하여 기재하여야 하고, 이러한 중첩관계를 표시하지 않으면 분할 지급을 구하는 것이 된다. ③ 특정물청구의 경우에는 피고로서 의무이행에 지장이 없도록, 강제집행에 의문이 없도록 목적물을 명확히 표시하여야 한다. 다만 원고가 목적물을 특정하여 청구하고 있는지는 청구취지의 기재와 변론의 전과정에 의하여 판단하여야 한다.306)
확인의 소	"○○이 원고의 소유임을 확인한다."라는 판결을 구한다는 것과 같이 확인을 구하는 법률관계나 권리관계의 대상·내용과 함께 확인판결을 구한다는 취지를 표시하여야 한다.
	① 금전채권에 관한 확인의 소에서도 금액을 명시하여야 한다. ② 특정물에 관한 권리확인의 소에서는 이행의 소처럼 집행의 의문이 없을 정도로 명확히 특정할 필요는 없고, 다만 그 동일성을 인식할 수 있는 정도로 특정한다. ③ 채무의 일부부존재확인의 소에서는 "원고의 피고에 대한 대여금채무 금 1,000만원 중 금 300만원을 넘어서는 존재하지 아니함을 확인한다"는 식으로 그 기본되는 채무액을 명시할 것을 요한다.
형성의 소	"원고와 피고는 이혼한다."라는 판결을 구한다는 것과 같이, 형성의 대상·내용과 함께 형성판결을 구한다는 취지를 명시하여야 함이 원칙이다.
	형식적 형성의 소에 있어서는 반드시 명확히 기재할 필요는 없고 법관의 재량권행사의 기초가 나타나 있으면 된다.

(3) 청구의 원인

> **민사소송규칙**
> **제62조(소장의 기재사항)** 소장의 청구원인에는 다음 각호의 사항을 적어야 한다.
> 1. 청구를 뒷받침하는 구체적 사실
> 2. 피고가 주장할 것이 명백한 방어방법에 대한 구체적인 진술
> 3. 입증이 필요한 사실에 대한 증거방법

1) 의 의 : 광의의 청구원인은 권리근거규정의 요건사실을 말하고, 협의의 청구원인은 청구의 특정을 위한 사실을 말한다. 예를 들어 금 1,000만 원의 대여금 청구라면 대여일·당사자·금액까지는 청구를 특정하는 데 해당되는 사실이나, 변제기일의 도과는 청구를 이유 있게 하는 사실로서 광의의 청구원인이 된다.

---
306) 대법 2015.04.23, 2011다19102·19119

2) **청구원인의 기재정도** : 소송물인 권리관계를 청구취지와 더불어 다른 권리관계와 구별시키기에 충분한 정도의 사실(협의의 청구원인)을 기재하면 족하다. 그러나 민소규칙 제62조는 청구를 뒷받침하는 구체적 사실, 피고가 주장할 것이 명백한 방어방법에 대한 구체적인 진술, 증명이 필요한 사실에 대한 증거방법 등을 적도록 요구하고 있어, **실무는 원고가 자신의 청구를 이유 있게 하기 위해 필요한 사실관계를 적어야 한다는 이유기재설과 같이 운영**되고 있다.

3) **소송물이론과 청구원인의 기재**

① 구소송물이론에서는 실체법상의 권리 또는 법률관계의 주장을 소송물로 보고 실체법상의 권리마다 소송물이 별개가 된다고 보므로 청구취지 외에 권리의 발생원인을 청구원인에 기재하여야 비로소 소송물이 특정된다고 한다.

② 이에 대해 신소송물이론은 소송법적 요소, 즉 신청(청구취지)만으로 소송물이 특정된다고 보므로 청구원인의 기재는 필요하지 않다고 하나, 다만 이행소송 가운데 금전지급청구나 대체물 인도를 구하는 경우는 청구원인에서 권리의 발생원인 사실을 밝힘으로써 소송물이 특정된다고 한다.

4) **청구원인과 법률적 용어** : 청구원인에는 소송물을 특정하는 데 필요한 사실관계를 적으면 되고, 그 법률적 용어 내지 법률적 근거까지 표시할 필요는 없다. 다시 말하면 법률적 근거는 밝힐 필요가 없으며, 밝혔다 해도 법률적용은 법관의 전문적 직책임에 비추어 결정적일 수 없고, 법원은 이에 구속받아 판단하지는 않는다. 그러나 실무상 잘 지켜지지 않는 경향이다.

2. 임의적 기재사항

소장에 기재하지 않아도 소장각하명령을 받지는 않으나, 소장에 기재하면 일정한 효과(준비서면제출 등의 효과)가 발생하는 사항으로서, 소장의 필수적 기재사항은 당사자 및 법정대리인, 청구취지와 청구원인이고 사건의 표시, 법원의 표시는 임의적 기재사항이다. 기타 ① 관할원인 등 소송요건에 기초가 될 사실, ② 청구를 이유 있게 할 사실상의 주장(광의의 청구원인) ③ 청구원인사실에 대응하는 증거방법의 구체적 기재(제254조 제4항) 등이 이에 속한다. ③을 제외하고는 재판장의 소장심사의 대상이 되지 않는다.

3. 소극적 확인의 소의 청구취지 기재방법과 심판방법

(1) 확정금액의 채무부존재 확인을 신청한 경우

> 甲이 乙을 상대로 1,000만원 채무의 부존재확인을 구하는 경우

1) **소송물의 특정** : 일정액의 채무부존재확인을 구하는 소는 소송물이 그 금액의 부존재로 특정되므로 심판의 대상의 특정의 문제는 발생하지 않는다.

2) **1,000만원 초과분에 기판력이 발생하는지 여부**

① 문제점 : 채무자가 1,000만원 채무의 부존재확인을 청구하여 승소 확정된 경우, 패소한 채권자가 본래 채권액수가 1,500만원임을 주장하며 500만원의 지급을 구하는 후소를 제기한 경우 법원의 판단이 문제된다.

② 乙이 전소에서 채권액수를 다투지 않은 경우 : 전소피고가 동일한 청구원인으로 전소확정판단의 초과부분인 500만원의 지급을 구하는 후소를 제기한다면 묵시적 일부청구이론에 따라 기판력에 저촉되는 주장이므로 법원은 원고의 乙의 청구를 기각하게 된다.

③ 乙이 전소에서 채권액수가 1,500이라고 주장했던 경우 : 채무자가 1,000만원만의 부존재확인을 구하는 소송절차에서 채권자가 1,500만원의 채권을 주장하였다면, 주장공통의 원칙에 따라 피고의 주장도 소송물을 정하는 기준으로 작용하며, 채무자의 부존재확인청구는 명시적 일부청구로 볼 수 있다. 결국 乙의 500만원의 지급을 청구하는 후소는 전소판결의 판단에 구속되지 않고 독자적으로 그 존부를 판단할 수 있다.

(2) 채무의 일부 부존재 확인의 소의 경우

> 乙은 甲에게 총 1,000만 원을 대여하였는데, 甲이 乙을 상대로 「원고의 피고에 대한 ○○자 소비대차계약에 기한 대여금채무는 금 300만 원을 넘어서는 존재하지 아니함을 확인한다」라는 소를 제기하였다.

1) 소송물의 특정 : 원고의 채무부존재확인의 소는 700만원 채무부존재확인으로 특정된다. 소송물의 특정을 위해 일부채무 부존재확인의 소는 그 기본되는 채무액 상한 1,000만 원을 명시하는 것이 원칙이다. 다만 설문처럼 상한을 명시하지 않았어도 'OO자'라는 상한을 특정할 수 있는 기재가 있는 경우에는 소송물의 특정에 문제가 없다.

2) 원고가 자인하는 채무를 초과하는 500만원의 채무가 존재하는 경우 : 원고가 부존재라고 주장된 채무 가운데 그 일부의 존재가 인정되는 때에는 그 나머지 부분에 관하여서만 청구를 인용할 수 있을 것이다. 즉 법원의 심리결과 500만원의 채무가 잔존하고 있다는 판단이 든다면 원고청구를 기각하면 안되고, "500만원을 초과해서는 채무가 부존재한다."는 일부인용판결을 내려야 한다. 判例도 **원고가 상한을 표시하지 않고 일정액을 초과하는 채무의 부존재확인청구를 하는 사건에서 일정액을 초과하는 채무의 존재가 인정되는 경우에 법원은 그 청구의 전부를 기각할 것이 아니라 존재하는 채무부분에 대하여 일부패소판결을 하여야 한다**고 하였다.307)

3) 원고가 자인하는 채무보다 미달하는 200만원의 채무액만 존재하는 경우 : 이때는 원고가 부존재를 구한 부분을 넘어 부존재확인을 내릴 수는 없다. 처분권주의 원칙상 원고청구의 상한을 초과하는 인용이기 때문이다. 따라서 **원고 청구를 인용하여야 한다**.

(3) 채무의 존부만을 다투는 경우

> 乙은 甲의 불법행위로 인해 500만 원의 손해가 생겼다고 주장하고 있다. 이에 甲은 乙을 상대로 「원고의 피고에 대한 손해배상채무는 금 300만 원을 넘어서는 존재하지 아니함을 확인한다」라는 소를 제기하였다.

1) 소송물의 특정 : 이 경우의 소송물은 300만원을 초과하는 손해배상채무의 존부이며, 상한을 명시할

---

307) 대법 1994.01.25, 93다9422

수도 없고, 명시하여서도 안된다.

2) 원고가 자인하는 채무를 초과하는 500만 원의 손해배상채무가 존재하는 경우 : 법원의 심리결과 500만원의 손해배상채무가 존재하는 경우라면, 일부인용을 할 수 없고 원고의 청구를 기각하여야 한다. 이때 발생하는 기판력은 300만 원을 초과하는 채무가 존재한다는 것으로, 乙이 甲을 상대로 500만 원의 손해배상청구를 하면, 甲은 채무의 존부는 다툴 수 없고 그 액수만 다툴 수 있다.

제5절 재판장의 소장심사와 소제기후의 조치

Ⅰ. 재판장의 소장심사

> **제254조(재판장등의 소장심사권)** ① 소장이 제249조제1항의 규정에 어긋나는 경우와 소장에 법률의 규정에 따른 인지를 붙이지 아니한 경우에는 재판장은 상당한 기간을 정하고, 그 기간 이내에 흠을 보정하도록 명하여야 한다. 재판장은 법원사무관등으로 하여금 위 보정명령을 하게 할 수 있다. 〈개정 2014.12.30.〉
> ② 원고가 제1항의 기간 이내에 흠을 보정하지 아니한 때에는 재판장은 명령으로 소장을 각하하여야 한다.
> ③ 제2항의 명령에 대하여는 즉시항고를 할 수 있다.
> ④ 재판장은 소장을 심사하면서 필요하다고 인정하는 경우에는 원고에게 청구하는 이유에 대응하는 증거방법을 구체적으로 적어 내도록 명할 수 있으며, 원고가 소장에 인용한 서증(書證)의 등본 또는 사본을 붙이지 아니한 경우에는 이를 제출하도록 명할 수 있다.
>
> **민사소송규칙**
> **제5조(소송서류의 접수와 보정권고)** ① 당사자, 그 밖의 소송관계인이 제출하는 소송서류는 정당한 이유 없이 접수를 거부하여서는 아니 된다.
> ② 소송서류를 접수한 공무원은 소송서류를 제출한 사람이 요청한 때에는 바로 접수증을 교부하여야 한다.
> ③ 법원사무관등은 접수된 소송서류의 보완을 위하여 필요한 사항을 지적하고 보정을 권고할 수 있다.

1. 서 설

(1) 의 의

소장이 접수되어 소송기록화 되어 사건이 배당되면 재판장은 소장의 적식, 즉 방식에 맞는 소장인지를 심사한다. 소장심사권을 재판장 또는 단독판사가 행사할 수 있도록 한 것은 그 판단이 비교적 간단하고 소장의 명백한 하자를 재판장이 미리 시정함으로써 소송경제를 도모하려는 것이다.

(2) 소장심사의 선순위성

<u>소장의 심사는 소송요건의 존부판단(소의 적법여부판단)이나 본안의 판단(청구의 당부판단)보다 선행적으로 판단해야 함이 원칙</u>이다.

2. 심사의 대상

(1) 필요적 기재사항과 소정의 인지첩부(제254조 제1항)

심사의 대상은 ① **소장의 필요적 기재사항이 제대로 되어 있는지의 여부**, 즉 당사자의 동일성이 제대로 특정되어 있는지, 청구취지나 청구원인이 제대로 기재되어 있는지, 날인 또는 서명이 제대로 되어 있는지와, ② **소장에 인지를 제대로 붙였는지 여부**가 심사의 대상이다. 그러나 **소송요건의 구비여부나 청구의 당부는 심사대상이 아니다**.

(2) 개정법(제254조 제4항)

① 청구원인사실에 대응하는 증거방법의 기재, ② 소장에서 인용된 서증의 등본 또는 사본을 붙였는지도 심사의 대상으로 할 수 있게 하였다. 만일 **흠결이 있으면 증거방법을 적어내거나 서증을 제출하도록 명할 수 있는데, 이를 불이행하여도 소장각하를 할 수는 없다**.

3. 보정명령

(1) 보정명령의 내용

1) 재판장의 보정명령 : 소장의 적식여부를 심사한 결과 소장에 흠이 있을 때에는 재판장은 원고에게 상당한 기간을 정하여 그 기간 내에 흠을 보정할 것을 명하여야 한다. 다만 2015. 7.부터 재판장은 법원사무관 등으로 하여금 위 보정명령을 하게 할 수 있다(제254조 제1항). 소송대리인이 상소 제기에 관한 특별한 권한을 따로 받았다면 특별한 사정이 없는 한 상소장을 제출할 권한과 의무가 있으므로, 상소장에 인지를 붙이지 아니한 흠이 있다면 소송대리인은 이를 보정할 수 있고 원심재판장도 소송대리인에게 인지의 보정을 명할 수 있다.[308] 그러나 소송대리인이 상소 제기에 관하여 특별한 권한을 따로 받았다고 하더라도, 실제로 소송대리인이 아닌 당사자 본인이 상고장을 작성하여 제출한 경우에는 소송대리인에게 상소장과 관련한 보정명령을 수령할 권능이 없으므로, 원심재판장이 소송대리인에게 보정명령을 송달한 것은 부적법한 송달이어서 그 송달의 효력이 발생하지 아니한다.[309]

2) 보정권고 : 소장각하 등의 불이익을 전제로 하지 않는 경미한 사항의 보정에 관해서는 굳이 재판장의 보정명령 형식을 갖추지 않더라도 **소장을 심사한 참여사무관이나 접수사무관이 바로 그 보정을 권고하는 것이 가능**하다(규칙 제5조 3항). 그러나 **접수를 거부할 수는 없다**(규칙 제5조 1항).

3) 시 기 : 재판장의 보정명령에는 시기적인 제한이 없다. 변론이 개시된 뒤라도 소장에 흠이 발견되면 그 보정을 명할 수 있고 상고심에서도 가능하다.

4) 보정명령 방법 : 인지부족의 경우에 그 액수의 명시를 요하고, **보정기간을 지정하지 않은 보정명령은 적법한 명령이라 할 수 없다**.[310] **보정기간은 불변기간이 아니므로 원고는 보정기간 내에 보정이 어려우면 그 연장신청을 할 수 있으나 이에 대한 허부는 재판장의 재량**에 속한다.[311] 보정명령 또는 보정권고를 당사자

---
308) 대법 2013.07.31, 2013마670; 대법 2020.06.25, 2019다292026 · 292033 · 292040
309) 대법 2024.01.11, 2023마7122
310) 대법 1980.06.12, 80마160
311) 대법 1969.12.19, 69마500

또는 대리인에게 고지하는 때에는 우편에 의한 송달 외로도 전화, 팩스, 이메일 등의 방법이 가능하다.

(2) 보정의 효력(소장제출의 효력발생시기)

소송물의 특정과 무관한 부족한 인지의 보정인 경우에는 소장제출시에 소급하여 적법한 소장이 제출된 것으로 보아야 할 것이나, 청구내용이 불명하여 특정이 어려운 경우에는 보정시에 소장이 제출된 것으로 보아야 한다.312) 判例는 "**인지보정명령에 따라 인지상당액을 현금으로 납부한 경우 보정의 효과발생시기는 현금납부시**"라고 판시한 바 있다.313) 따라서 **원고가 소장에 대한 부족인지의 보정명령을 받고 송달료 수납은행에 인지액을 현금으로 납부하였으나 위 납부에 따른 영수필확인서를 법원에 제출하지 아니한 경우, 보정기간 내에 영수필확인서를 법원에 제출한 바 없다는 이유로 소장을 각하하는 것은 위법**하다.314)

(3) 불복신청

재판장의 보정명령에 대해서는 독립하여 이의신청이나 항고를 할 수 없다. 왜냐하면 보정명령은 법 제439조 소정의 '소송절차에 관한 신청을 기각하는 결정이나 명령'에 해당하지 아니하며, 불복할 수 없는 명령에 해당되지 아니하여 특별항고의 대상도 아니다.315)

4. 소장각하명령

(1) 의 의

재판장의 보정명령에 따라 원고가 소장의 흠을 보정하지 않을 때에는 재판장은 명령으로 소장을 각하하여야 한다(제254조 제2항). 다만 **보정기간 경과 후일지라도 각하명령 전에 보정하면 소장은 적법한 것이 되므로 각하할 수 없으며, 원고가 소장을 제출하면서 소정의 인지를 첨부하지 아니하고 소송상 구조신청을 한 경우, 제133조에서 소송상 구조신청에 대한 기각결정에 대하여도 즉시항고를 할 수 있도록 규정하고 있는 취지에 비추어 볼 때, 소송상 구조신청에 대한 기각결정이 확정되기 전에 소장의 인지가 첨부되어 있지 아니함을 이유로 소장을 각하하여서는 안 된다.**316) 소장각하는 소장원본을 각하하여야 하지만(부본을 각하할 것이 아님), 소장원본을 그 명령에 첨부하여 반환할 필요가 없다는 것이 判例의 입장이다.317) 한편 **인지를 송달료로 잘못 납부했을 때에는 인지를 보정하는 취지로 송달료를 납부한 것인지에 관하여 석명을 구하고 다시 인지를 보정할 수 있는 기회를 부여하여야 하며, 이러한 보정의 기회를 부여하지 아니한 채 소장이나 상소장을 각하하는 것은 석명의무를 다하지 아니하여 심리를 제대로 하지 아니한 것으로서 위법하다.**318)

(2) 소장각하명령의 대상

소장에 일응 대표자의 표시가 되어 있는 이상 설령 그 표시에 잘못이 있다고 하더라도 이를 정정 표시하라는 보정명령을 하고 그에 대한 불응을 이유로 소장을 각하하는 것은 허용되지 아니한다. 이러한 경우에는 **오로지 판결로써 소를 각하할 수 있을 뿐**이다.319) 한편 원고가 송달료 예납명령에 응하지 아니할 경우, 일

---

312) 이시윤 13판 275면; 김홍규/강태원 187면; 정동윤/유병현 79면; 강현중 290면
313) 대법 1997.09.22, 97마1731
314) 대법 2000.05.22, 2000마2434
315) 대법 2012.03.27, 2012그46
316) 대법 2002.09.27, 2002마3411
317) 대법 1975.09.23, 75다1109
318) 대법 2021.03.11, 2020마7755; 대법 2014.04.30, 2014마76.
319) 대법 2013.09.09, 2013마1273은 사임한 이사가 회사를 상대로 이사직 사임취지의 변경등기를 구하는 소는 상법 제

단 소송계속이 이루어진 후 개개의 절차진행에 필요한 비용이 예납되지 않은 경우와 달리, **소송계속 자체를 위한 최초의 소송절차인 소장의 송달에 필요한 비용이 예납되지 않은 것이므로 이를 소장의 송달불능의 한 형태로 보아 소장각하명령을 할 수 있다.**

(3) 재판장의 소장각하명령 행사의 시기

1) 견해의 대립 : 소장부본 송달시까지만 소장각하명령을 내릴 수 있고 그 이후에는 소각하판결을 하여야 한다는 입장과,320) 변론개시 전까지는 명령에 의해 소장을 각하할 수 있다는 입장의321) 대립이 있다.

2) 判例의 입장 : "민사소송법 제402조, 제254조의 규정취지는 **항소심 재판장은 항소심의 변론에 들어가기 전에 항소장을 심사하여 그 흠결을 발견하면 보정을 명하고 이에 불응할 때 명령으로 항소장을 각하하라는 것이니…**"라고 판시하여 변론개시설의 입장인 듯하다.322) 다만 **법원실무제요에는 일단 소장이 피고에게 송달된 후에는 필수적 기재사항의 흠, 인지의 부족 등이 나중에 판명되어 원고가 보정에 불응하였더라도 재판장이 소장각하명령을 할 수는 없고 반드시 법원이 소각하 판결을 한다**고 설명하고 있다.

(3) 효 력

소장각하명령은 소각하판결과 동일한 효력을 가지며, 소송을 종료시키는 효력이 있다. 2004년 2월 1일 시행된 개정 민사소송등인지법에 의하면 소장 등에 대한 각하명령이 확정된 때에는 3년 이내에 당해 심급의 소장·항소장·상고장 등에 붙인 인지액의 2분의 1에 해당하는 금액의 환급을 청구할 수 있도록 하였다(민사소송등인지법 제14조). 이는 서비스의 제공에 상응하는 수수료만을 징수하여 대국민서비스를 향상시키려는 취지이다.

(4) 불복신청

1) 즉시항고 : 재판장의 소장각하명령에 대하여 **원고는 즉시항고할 수 있다**(제254조 제3항).

2) 소장각하명령 성립 후 보정 : **判例는 소장의 적식 여부는 각하명령을 한 때를 기준으로 할 것이고 뒤에 즉시항고를 제기하고 항고심 계속 중에 흠을 보정하였다고 하여 그 하자가 보정되는 것이 아니**라고 하였으며,323) 소장에 첩용한 부족인지의 가첩에 관한 보정이 없었음을 이유로 재판장이 소장을 각하하였을 경우에는 이에 대한 즉시항고로 인하여 그 명령이 확정되기 전에 부족인지액의 가첩이 있게 되었다 할지라도 재판장은 제446조 재도의 고안에 의한 각하명령의 취소를 할 수 없다.324) 판결과 같이 선고가 필요하지 않은 결정이나 명령과 같은 재판은 그 원본이 법원사무관등에게 교부되었을 때 성립한 것으로 보아

394조 제1항이 적용되는 것이 아니어서 대표이사가 회사를 대표하는 것인데, 원심은 피고 회사의 대표자를 감사로 보정할 것으로 명하고 원고가 이를 따르지 않음을 이유로 소장을 각하한 것은 위법이 있다고 하였다.
320) 김홍규/강태원 186면; 전병서 14면; 호문혁 104면; 김홍엽 271면
321) 이시윤 13판 276면; 정영환 379면; 정동윤/유병현 80면; 송상현/박익환 252면
322) 대법 1973.10.26, 73마641; 항소심 재판장은 항소장의 송달이 불능하여 그 보정을 명하였음에도 항소인이 이에 응하지 아니한 경우에 항소장 각하명령을 할 수 있을 뿐이고, 항소장이 피항소인에게 송달되어 항소심의 변론이 개시된 후에는 피항소인에게의 변론기일 소환장 등이 송달불능된다는 이유로 그 보정을 명하고 항소인이 이에 응하지 않는다고 항소장 각하명령을 할 수 없다는 것에, 대법 1981.11.26, 81마275
323) 대법(전) 1968.07.29, 68사49
324) 대법 1968.07.30, 68마756

야 하므로, 이미 **각하명령이 성립한 이상 그 명령정본이 당사자에게 고지되기 전에 부족한 인지를 보정하였다 하여 위 각하명령이 위법한 것으로 되거나 재도의 고안에 의하여 그 명령을 취소할 수 있는 것은 아니다**.325) 다만 **원고가 인지보정명령을 받아 보정기간 내에 인지를 납부하였으나 그 납부서를 보정기간 내에 법원에 제출하지 않아 법원이 소장각하명령을 하였는데 원고가 즉시항고하면서 뒤늦게 위 납부서를 제출한 경우, 원심법원은 재도의 고안에 의하여 소장각하명령을 취소하여야** 한다.326)

II. 소장부본의 송달 및 답변서제출의무의 고지

1. 소장부본의 송달

(1) 지체 없는 송달

> 제255조(소장부본의 송달) ① 법원은 소장의 부본을 피고에게 송달하여야 한다.
> ② 소장의 부본을 송달할 수 없는 경우에는 제254조제1항 내지 제3항의 규정을 준용한다.

재판장이 적식한 소장이라고 인정하면 소장의 부본을 바로 피고에게 송달하여야 한다(제255조 제1항, 규칙 제64조 제1항). **소장부본을 송달할 때에는 소송절차안내서를 반드시 함께 송달하여야 한다.**

(2) 소장부본송달의 효과(소제기의 소송법적 효과발생)

소장부본 송달로 소송계속의 효과가 발생하고, **소장에 기재된 최고·해제·해지 등 실체법상 의사표시의 효력이 생기며**, 소송법상 중복소제기금지의 효과가 발생한다(제259조). 지연손해금의 법정이율이 소장부본 송달 다음날부터 연 100분의 40 이내의 범위에서 은행법에 의한 금융기관이 적용하는 연체금리 등 경제여건을 감안하여 대통령령으로 정한 이율(연 12%. 2019. 06. 01.부터 시행)로 인상된다(소송촉진 등에 관한 특례법 제3조 제1항).327)

(3) 소장부본의 송달불능

소장부본의 부제출, 송달비용의 미예납, 피고의 주소를 잘못 기재, 법정대리인의 표시가 없는 경우 등은 소장부본의 송달불능으로 되는데, **소장부본을 송달할 수 없는 경우에는 소장심사에 관한 규정이 준용**된다. 따라서 **소장부본이 주소불명 또는 수취인 불명으로 반송된 경우, 주소·성명에 오기가 없는 때에는 원고에게 피고에 대한 주소보정명령을 내리며, 피고가 이미 이사를 하여 그곳에 거주하지 않는다는 이유로 반송된 경우도 원고에게 기간을 정하여 송달가능한 주소를 보정할 것을** 명한다. **주소보정명령에 따라 원고가 피고의 주소를 보정하였으나 그 주소로의 송달도 불능이면 다시 보정명령을 하여야** 한다. **상대편의 주소를 보정하도록 명령받고 그 소정 기간 안에 주소보정을 하지 못한 것이 그 주소를 알 길이 없었던 탓이라 할지라도 그 항소장각하명령이 위법으로 되는 것은 아니다**.328) 다만, 처음부터 살고 있는 장소를 알 수 없는 피고를 상대방으로 소를 제기하는 경우나 처음 주소 등에서 피고가 이사하였기 때문에 소장의 부본을 송달

---

325) 대법 2013.07.31, 2013마670
326) 대법 1997.09.22, 97마1731
327) 2015.09.30.까지는 종전의 규정에 따른 이율에 의하고, 2015.10.01.부터는 개정규정에 따른 이율에 의한다는 것에, 대법 2016.04.29, 2015다77595·77601; 대법 2017.03.30, 2016다253297
328) 대법 1968.09.24, 68마1029

할 수 없게 되어 재판장의 보정명령이 내려지고(제225조 제2항), 이에 대하여 원고가 피고의 주소를 도저히 알 수 없는 경우 등에는 법원의 직권 또는 당사자의 신청에 따라 공시송달이 이루어진다(제194조). 이 경우 **공시송달 신청에 대한 허부 재판을 도외시한 채 주소보정 흠결을 이유로 소장각하명령을 하는 것은 위법**하다.[329)] 한편 주소보정명령에 대해 아무런 소명 없이 공시송달신청을 하였다면 이를 보정하였다고 할 수 없다.

2. 답변서제출의무의 고지

피고가 원고의 청구를 다투는 경우에는 소장부본을 송달받은 날로부터 30일 내에 답변서를 제출하여야 한다는 취지를 소장부본을 송달할 때에 피고에게 알려야 한다(제256조 제2항).

III. 피고의 답변서제출의무

1. 피고의 답변서제출의무

> 제256조(답변서의 제출의무) ① 피고가 원고의 청구를 다투는 경우에는 소장의 부본을 송달받은 날부터 30일 이내에 답변서를 제출하여야 한다. 다만, 피고가 공시송달의 방법에 따라 소장의 부본을 송달받은 경우에는 그러하지 아니하다.
> ② 법원은 소장의 부본을 송달할 때에 제1항의 취지를 피고에게 알려야 한다.
> ③ 법원은 답변서의 부본을 원고에게 송달하여야 한다.
> ④ 답변서에는 준비서면에 관한 규정을 준용한다.

피고가 원고의 청구를 다투는 경우에는 공시송달의 경우를 제외하고 소장부본을 송달받은 날부터 30일 이내에 답변서를 제출하여야 한다(제256조 제1항). 법원은 **답변서의 부본을 원고에게 송달하여야** 한다(동조 제3항).

2. 답변서의 기재사항과 첨부서류

> **민사소송규칙**
> 제65조(답변서의 기재사항 등) ① 답변서에는 법 제256조제4항에서 준용하는 법 제274조 제1항의 각호 및 제2항에 규정된 사항과 청구의 취지에 대한 답변 외에 다음 각호의 사항을 적어야 한다.
>   1. 소장에 기재된 개개의 사실에 대한 인정 여부
>   2. 항변과 이를 뒷받침하는 구체적 사실
>   3. 제1호 및 제2호에 관한 증거방법
> ② 답변서에는 제1항 제3호에 따른 증거방법 중 입증이 필요한 사실에 관한 중요한 서증의 사본을 첨부하여야 한다.
> ③ 제1항 및 제2항의 규정에 어긋나는 답변서가 제출된 때에는 재판장은 법원사무관등으로 하여금 방식에 맞는 답변서의 제출을 촉구하게 할 수 있다.

답변서는 준비서면에 관한 규정을 준용하며(제256조 제4항), 청구취지에 대한 답변과 청구원인에 관한 구

---

329) 대법 2003.12.12, 2003마1694

체적인 진술을 적어야 한다(규칙 제65조). 청구취지에 대한 답변에서는 원고의 청구에 응할 수 있는지 여부를 분명히 밝혀야 하며, 청구의 원인에 대한 진술에서는 원고가 소장에서 주장하는 사실을 인정하는지 여부를 개별적으로 밝히고, 인정하지 않는 사실에 관하여는 그 사유를 구체적으로 적어야 하고, 자신의 주장을 증명하기 위한 증거방법과 상대방의 증거방법에 관한 의견을 함께 적어야 하며, 답변사항에 관한 중요한 서증이나 답변서에서 인용한 문서의 사본 등을 붙여야 한다(제256조 제4항, 제274조 제2항, 제275조).

3. 피고가 답변서를 제출하지 아니한 경우

> **제257조(변론 없이 하는 판결)** ① 법원은 피고가 제256조제1항의 답변서를 제출하지 아니한 때에는 청구의 원인이 된 사실을 자백한 것으로 보고 변론 없이 판결할 수 있다. 다만, 직권으로 조사할 사항이 있거나 판결이 선고되기까지 피고가 원고의 청구를 다투는 취지의 답변서를 제출한 경우에는 그러하지 아니하다.
> ② 피고가 청구의 원인이 된 사실을 모두 자백하는 취지의 답변서를 제출하고 따로 항변을 하지 아니한 때에는 제1항의 규정을 준용한다.
> ③ 법원은 피고에게 소장의 부본을 송달할 때에 제1항 및 제2항의 규정에 따라 변론 없이 판결을 선고할 기일을 함께 통지할 수 있다.

(1) 무변론판결의 요건

법원은 피고가 답변서를 제출하지 아니한 때에는 청구의 원인이 된 사실을 자백한 것으로 보고 변론 없이 판결할 수 있다. 그 요건으로 ① 피고가 소장부본송달을 받은 날로부터 30일 이내에 답변서를 제출하지 아니하거나 자백하는 취지의 답변서를 제출하고 항변을 제출하지 아니할 것, ② 소송요건을 갖추었을 것(제257조 제1항 단서), ③ 원고의 청구가 법률상 이유가 있을 것을 들 수 있다. 한편 원고의 청구가 이유 없음이 명백하면 무변론으로 청구기각판결을 할 수 있는지 문제되나, 소액사건이 아니라면 허용되지 않는다.[330]

(2) 무변론판결의 예외

피고가 30일 이내에 답변서를 제출하지 않았다 할지라도, ① **공시송달 사건**(제256조 1항 단서)이나, ② **직권조사사항이 있는 사건**, ③ **판결선고기일까지 피고가 원고의 청구를 다투는 취지의 답변서를 제출하는 사건**(제257조 1항 단서)은 무변론의 판결선고를 할 수 없고, ④ 당사자의 주장에 구속받지 않는 형식적 형성소송이나 자백간주의 법리가 적용되지 아니하는 사건(행정·가사소송)도 답변서 제출여부에 관계없이 같이 볼 것이다.

(3) 소액사건의 경우

소액사건은 소가 제기되면 법원은 원칙적으로 이행권고결정을 하도록 하고 있으며 이행권고결정에 대하여 피고가 이의신청을 한 때에는 법원은 바로 변론기일을 지정하여야 하고 이 때에는 원고가 주장한 사실을 다툰 것으로 보게 되므로(소심법 제5조의4) 무변론판결의 대상이 될 여지가 없고, 이행권고절차를 밟지 아니하는 사건도 소심법 제7조에 의해 30일간의 답변서제출기간을 거칠 필요 없이 바로 변론기일을 지정하여 변론판결할 수 있다. 따라서 실무운영상 **소액사건에서 무변론판결을 활용할 여지는 거의 없다**. 한편 소

---

330) 대법 2017.04.26, 2017다201033

장·준비서면, 기타 기록에 의하여 청구가 이유 없음이 명백하면 무변론의 청구기각판결을 할 수 있는 차이가 있다(소심법 제9조).

(4) 답변서제출기한이 도과된 후 답변서가 제출된 경우

1) **답변서 제출기한이 도과된 후에 답변서가 제출된 경우** : 이때는 제257조 1항 단서에 의해 무변론판결을 할 수 없으므로 지정된 선고기일을 취소하여야 한다. 선고기일이 임박하여 답변서를 제출하여도 선고기일 지정취소는 불가피하다. 왜냐하면 변론기일이 지정된 경우와 달리 선고기일을 사건분류기일로 활용하는 것은 불가능하고, 또 선고기일을 바로 변론기일로 변경하여 진행하는 것도 절차상 상당하지 아니하기 때문이다.

2) **피고가 선고기일에 출석하여 구두로 다투는 경우** : 제257조 문언상 무변론판결이 가능하다고 하여야 할 것이나, 무변론판결을 선고하는 경우 항소가 제기되어 무익한 절차가 반복될 가능성이 높다는 단점이 있으므로 이 경우에는 **피고에게 답변서를 제출하도록 촉구한 후 선고기일을 연기하거나 선고기일 지정을 취소한 후, 피고의 답변서 제출을 기다려 변론준비절차에 부치는 방식으로 절차를 운영하는 것이** 바람직하다.

(5) 무변론판결 대상사건의 선고기일 지정방식

무변론판결의 경우에도 반드시 선고기일을 열어 법정에서 판결을 선고하여야 한다. 이 경우 법원은 **피고에게 소장부본을 송달할 때에 무변론판결의 선고기일을 함께 통지**하는 방식(제257조 3항)을 취하거나 답변서 제출기한이 지난 후에 따로 선고기일을 지정하여 통지하는 방식 중 하나를 선택하게 된다.

Ⅳ. 바로 제1회 변론기일의 지정

> 제258조(변론기일의 지정) ① 재판장은 제257조제1항 및 제2항에 따라 변론 없이 판결하는 경우 외에는 바로 변론기일을 정하여야 한다. 다만, 사건을 변론준비절차에 부칠 필요가 있는 경우에는 그러하지 아니하다.
> ② 재판장은 변론준비절차가 끝난 경우에는 바로 변론기일을 정하여야 한다.

2008.12.26. 법개정 전에는 피고의 답변서가 제출되었을 때에 재판장은 바로 사건을 변론준비절차에 부쳐야 하는 것이 원칙이었으며(258조 1항 본문), 변론준비절차를 거칠 필요가 없는 간단한 사건만 예외적으로 이 절차에 부치지 아니하고 바로 변론기일을 정하게 되어 있었다(258조 1항 단서, 2항). 이러한 변론준비절차중심제가 동 개정법률에 의하여 변론기일중심제로 바뀌었으며, 신민사소송법 제정 전으로 회귀하게 되었다. 이제는 **피고의 답변서 부제출로 무변론판결하는 경우 외에는 원칙적으로 재판장은 바로 변론기일을 지정하여야 한다**(개정 258조 1항 본문). 다만 필요한 경우에만 변론기일의 지정없이 변론준비절차에 회부할 수 있는 것으로 되었다(개정 258조 1항 단서).

제6절 소송구조

I. 서 설

> **제128조(구조의 요건)** ① 법원은 소송비용을 지출할 자금능력이 부족한 사람의 신청에 따라 또는 직권으로 소송구조를 할 수 있다. 다만, 패소할 것이 분명한 경우에는 그러하지 아니하다.
> ② 제1항 단서에 해당하는 경우 같은 항 본문에 따른 소송구조 신청에 필요한 소송비용과 제133조에 따른 불복신청에 필요한 소송비용에 대하여도 소송구조를 하지 아니한다. 〈신설 2023. 4. 18.〉

1. 의 의

패소할 것이 분명한 경우가 아닌 한 소송비용을 지출할 자금능력이 부족한 사람의 신청에 의하여 또는 직권으로 재판비용 등의 납입을 유예해 줌으로써 재판을 받을 권리를 보장해 주는 제도를 소송구조라 한다(제128조 제1항).

2. 취 지

소송구조는 소송비용을 지출할 자력이 부족한 사람들에게 소송비용의 지급의 곤란을 덜어 줌으로써 **민사소송에서의 기회균등 및 재판을 받을 권리를 보장**하는 제도이다.

II. 소송구조의 요건

1. 소송비용에 대한 것

> **제129조(구조의 객관적 범위)** ① 소송과 강제집행에 대한 소송구조의 범위는 다음 각호와 같다. 다만, 법원은 상당한 이유가 있는 때에는 다음 각호 가운데 일부에 대한 소송구조를 할 수 있다.
> 1. 재판비용의 납입유예
> 2. 변호사 및 집행관의 보수와 체당금의 지급유예
> 3. 소송비용의 담보면제
> 4. 대법원규칙이 정하는 그 밖의 비용의 유예나 면제
> ② 제1항제2호의 경우에는 변호사나 집행관이 보수를 받지 못하면 국고에서 상당한 금액을 지급한다.

여기서 소송비용이라 함은 민사소송비용법상의 법정비용뿐만 아니라, 널리 소송의 제기·준비·수행에 지출한 경비 외에 변호사선임비용 등 일체의 필요경비를 포함한다. 따라서 **재판비용의 납입유예, 변호사[331] 및 집행관의 보수와 체당금(替當金)의[332] 지급유예, 소송비용의 담보면제,[333] 대법원규칙이 정하는 그 밖의 비용의 유예나 면제**이다(제129조 제1항).

① **소송비용의 전부 뿐만 아니라 인지대의 납입유예 등 일부에 대해서도** 이루어질 수 있다.
② 변호사의 보수에 대한 소송구조는 쟁점이 복잡하거나 당사자의 소송수행능력이 현저히 부족한 경우

---

[331] 예규에 의하면 소송구조변호사의 보수는 심급마다 100만원으로 하고, 이행권고결정·지급명령·자백판결·자백간주나 무변론판결로 완결된 사건은 그 1/2로 한다.
[332] 체당금은 송달료, 검증비용, 감정료, 증인의 일당·여비 등 당사자가 먼저 입체하여 예납하는 비용을 말한다.
[333] 대법 2017.04.07, 2016다251994

또는 소송의 내용이 공익적 성격을 지니고 있는 경우에 소송수행과정에서 변호사의 조력이 필요한 사건을 위해 마련된 것으로 **여기에서 말하는 '변호사의 보수'는 변호사가 소송구조결정에 따라 소송구조를 받을 사람을 위하여 소송을 수행한 대가를 의미하고 소송구조를 받을 사람의 상대방을 위한 변호사 보수까지 포함된다고 볼 수는 없다.**334)

③ 비송사건절차법에서 민사소송법의 개별 규정을 준용하고 있으나 소송구조에 관한 규정은 준용하지 않고 있으므로(비송사건절차법 제8조, 제10조 참조), **비송사건절차법이 적용 또는 준용되는 비송사건은 소송구조의 대상이 되지 아니다.**335)

2. 소송비용을 지출할 자금능력이 부족할 것

자금능력이 부족한 경우란 소송비용을 전부 지출하면 가계에 지장을 주는 경우를 가리키므로 극빈자나 무자력자에 국한하지 아니한다. **구조의 대상은 자연인일 것을 요하지 않으며 법인 그 밖의 단체라도 무방하다.**336) 소송구조제도의 운영에 관한 예규에 따르면 국민기초생활보장법, 기초노령연금법에 따른 수급자나 한부모가족지원법에 따른 보호대상자는 여기의 자금능력이 부족한 자로 보고, 다른 요건의 심사만으로 구조여부를 정할 수 있게 하였다. 집단소송에 있어서는 상대방의 자금능력을 고려하여 상대적으로 평가하여야 할 것이다.

3. 패소할 것이 분명한 경우가 아닐 것

1990년 개정법률 전에는 「승소의 가망이 없는 것이 아닐 것」으로 하였으나, 이 보다 더 낮은 정도로 본안에 관한 승패 요건을 완화하였다. **判例도 법원이 신청 당시까지의 재판절차에서 나온 자료를 기초로 하여 패소할 것이 명백하다고 판단할 수 있는 경우가 아니면 구조요건을 구비한 것**으로 보아야 할 것이며, 항소심은 속심으로서 원칙적으로 제1심에서 제출하지 않았던 새로운 주장과 증거를 제출할 수 있으므로 제1심에서 패소하였다는 사실만으로 항소심에서도 패소할 것이 명백하다고 추정되는 것은 아니어서 제1심에서 패소한 당사자가 항소심에서 소송상구조를 신청하는 경우에도 **신청인이 적극적으로 항소심에서 승소할 가능성을 진술하고 소명하여야 하는 것은 아니고** 법원은 신청인의 신청이유와 소명자료는 물론 본안소송에서의 소송자료 및 증거자료도 함께 종합하여 항소심에서 신청인이 패소할 것이 확실한지를 판단하여야 할 것이라 하였다.337) 다만 신청인이 상고심에서 소송상의 구조를 신청하려면, 자신이 항소심에서는 패소하였지만, 항소심 판결에 법률상의 하자 등이 있어 그 판결이 취소될 개연성이 없지 않다는 점 등을 구체적으로 명시하여 그 사유를 소명하여야 한다.338) **패소할 것이 분명한 경우에는 소송구조 신청에 필요한 소송비용과 제133조에 따른 불복신청에 필요한 소송비용에 대하여도 소송구조를 하지 아니한다**(제128조 2항).

---

334) 대법 2017.04.07, 2016다251994
335) 대법 2009.09.10, 2009스89
336) 주석신민소(Ⅱ), 221면
337) 대법 2001.06.09, 2001마1044
338) 대법 2001.03.08, 2001카기38

III. 소송구조의 절차
1. 신청 또는 직권에 의한 개시

> **민사소송규칙**
> **제24조(구조신청의 방식)** ① 법 제128조제1항의 규정에 따른 소송구조신청은 서면으로 하여야 한다.
> ② 제1항의 신청서에는 신청인 및 그와 같이 사는 가족의 자금능력을 적은 서면을 붙여야 한다.

소송계속 중의 당사자는 물론, 소송을 제기하려는 자도 소송구조 신청을 할 수 있는데, 구조 받고자 하는 당사자가 **서면으로 신청**하여야 하고, 신청서에는 **신청인과 그와 같이 사는 가족의 자금능력을 적은 서면을 붙여야** 한다. **신청서에는 1,000원 정액의 인지를 첨부**하여야 한다(민인법 제9조 4항). **신법은 법원의 직권으로도 할 수 있도록** 하여 제도의 활성화를 위한 진일보의 입법을 하였다(제128조 제1항).

① 자금능력에 대한 서면의 제출은 신청인이 소송비용을 지출할 자금능력이 부족한 사람이라는 점을 소명하기 위한 하나의 방법으로 예시된 것으로 봄이 상당하므로 신청인으로서는 다른 방법으로 자금능력의 부족에 대한 소명을 하는 것도 가능하다고 할 것이고, 법원은 자유심증에 따라 그 소명 여부를 판단하여야 한다.[339]

② **외국인과 법인, 제3자 소송담당에 의하여 소송당사자가 되는 자도 소송구조를 신청**할 수 있다.

③ 소송구조는 이를 받은 사람에게만 효력이 미치는 것이므로 여러 선정자가 그 중의 여러 사람을 선정당사자로 선정하고 그 선정당사자가 소송구조를 신청한 경우에 있어서는, 그 선정당사자와 선정자와의 관계를 밝히고 어느 선정자에 대하여 어느 범위에서 소송구조를 하는 것인지를 명백히 하여야 한다.[340]

④ 원고가 소장에 인지를 붙이지 아니하고 소송구조 신청을 한 경우에는 소송구조 신청에 대한 기각결정이 확정되기 전에 인지미보정을 이유로 소장을 각하할 수 없다. 한편 **소송구조신청이 있는 경우 인지첨부의무의 발생이 저지된다는 것은 소송구조신청을 기각하는 재판이 확정될 때까지 인지첨부의무의 이행이 정지 또는 유예되는 것을 의미하고, 소송구조신청이 있었다고 하여 종전에 이루어진 인지보정명령의 효력이 상실된다고 볼 근거는 없으므로, 종전의 인지보정명령에 따른 보정기간 중에 제기된 소송구조신청에 대하여 기각결정이 확정되면 재판장으로서는 다시 인지보정명령을 할 필요는 없지만 종전의 인지보정명령에 따른 보정기간 전체가 다시 진행되어 그 기간이 경과한 때에 비로소 소장 등에 대한 각하명령을 할 수 있다.**[341]

2. 법원의 재판

> **제128조(구조의 요건)** ③ 제1항의 신청인은 구조의 사유를 소명하여야 한다.
> ④ 소송구조에 대한 재판은 소송기록을 보관하고 있는 법원이 한다.
> ⑤ 제1항에서 정한 소송구조요건의 구체적인 내용과 소송구조절차에 관하여 상세한 사항은 대법원규칙으로 정한다.

각 심급마다 구조사유를 소명한 당사자의 신청 또는 직권에 의하여 소송기록을 보관하고 있는 법원이

---

339) 대법 2003.05.23, 2003마89
340) 대법 2003.05.23, 2003마89
341) 대법 2018.05.04, 2018무513; 대법 2008.06.02, 2007무77

결정한다(제128조 제3항·제4항).342) 따라서 **소제기 전에는 소를 제기하려는 법원**, 소제기 후에는 수소법원이 관할법원이며, 가압류·가처분 신청에 대한 구조신청은 목적물의 소재지를 관할하는 지방법원이나 본안의 관할법원, 강제집행에 대한 구조신청은 집행법원이 관할법원이 된다. 判例도 소송구조사건은 그 본안소송이 계속 중인 법원이 그 구조 여부를 결정할 수 있다고 할 것이고, **지방법원 단독판사에게 본안소송이 계속되어 있던 중 본안에 관하여 사물관할의 변동을 가져오는 소변경신청을 하면서 소송상의 구조신청을 하였다고 하여 그것만으로 바로 본안소송이 구조신청사건과 함께 지방법원 합의부에 계속하게 되었다고 할 수 없으므로, 그 이송 전에 단독판사가 한 소송구조신청 기각결정에 관할위반의 위법이 없다**고 하였다.343)

3. 불 복

> 제133조(불복신청) 이 절에 규정한 재판에 대하여는 즉시항고를 할 수 있다. 다만, 상대방은 제129조제1항제3호의 소송구조결정을 제외하고는 불복할 수 없다.

구조신청기각결정에 대하여는 즉시항고를 할 수 있다(제133조). 구조결정에 대하여 상대방이 항고할 수 있는지에 대하여 견해가 대립하는데, 신법은 **상대방 당사자는 소송비용의 담보면제에 관한 소송구조결정(제129조 제1항 3호)을 제외하고는 불복할 수 없다**고 규정하였다(제133조 단서).

4. 구조결정의 취소

> 제131조(구조의 취소) 소송구조를 받은 사람이 소송비용을 납입할 자금능력이 있다는 것이 판명되거나, 자금능력이 있게 된 때에는 소송기록을 보관하고 있는 법원은 직권으로 또는 이해관계인의 신청에 따라 언제든지 구조를 취소하고, 납입을 미루어 둔 소송비용을 지급하도록 명할 수 있다.
>
> **민사소송규칙**
> 제27조(구조의 취소 등) ① 법 제131조의 규정에 따른 재판은 구조결정을 한 대상사건의 절차가 판결의 확정, 그 밖의 사유로 종료된 뒤 5년이 지난 때에는 할 수 없다.
> ② 소송구조를 받은 사람이 자금능력이 있게 된 때에는 구조결정을 한 법원에 그 사실을 신고하여야 한다. 다만, 제1항의 기간이 지난 때에는 그러하지 아니하다.

구조결정 후 구조받은 자가 소송비용을 납입할 자금능력이 있는 것이 판명되거나 자금능력이 회복된 때에는 소송기록을 보관하고 있는 법원은 직권으로 소송구조를 취소할 수 있으며, 상대방 또한 법원에 소송구조의 취소를 신청할 수 있다(제131조).

---

342) 구법하에서는 당사자가 상소를 제기하면서 상소장인지의 구조신청을 하는 경우 원심재판장이 처리 못하고 기록을 상소법원에 송부하여 상소법원이 구조신청에 대한 재판과 상소장 심사를 하게 하였는바 이렇게 되면 소송구조신청이 소송지연책 등으로 악용될 가능성을 배제할 수 없기 때문에 이제 기록을 보관하고 있는 원심법원이 직접 결정을 할 수 있도록 함으로써 신속한 소송구조를 촉진하고 소송구조를 악용하는 사례를 막을 수 있게 되었다.
343) 대법 1997.12.26, 97마1706

IV. 소송구조의 효과와 추심

1. 재판비용 등의 납입유예

> **민사소송규칙**
> **제25조(소송비용의 지급 요청)** ① 법 제128조제1항의 규정에 따라 구조결정을 한 사건에 관하여 증거조사나 서류의 송달을 위한 비용, 그 밖에 당사자가 미리 내야 할 소송비용을 지출할 사유가 발생한 때에는 법원사무관등은 서면이나 재판사무시스템을 이용한 전자적인 방법으로 경비출납공무원에게 그 소송비용의 대납지급을 요청하여야 한다.
> ② 제1항의 경우에는 제21조제2항의 규정을 준용한다.
> **제26조(변호사보수 등의 지급)** ① 법 제129조제2항의 규정에 따른 변호사나 집행관의 보수는 구조결정을 한 법원이 보수를 받을 사람의 신청에 따라 그 심급의 소송절차가 완결된 때 또는 강제집행절차가 종료된 때에 지급한다.
> ② 제1항과 법 제129조제2항의 규정에 따라 지급할 변호사나 집행관의 보수액은 변호사보수의소송비용산입에관한규칙 또는 집행관수수료규칙을 참조하여 결정으로 정한다.
> ③ 제1항의 규정에 따른 신청과 결정에는 법 제110조제2항(다만, 등본에 관한 부분을 제외한다)·제3항 및 법 제115조의 규정을 준용한다.

(1) 재판비용 등의 납입유예

소송구조결정이 나면 재판비용 등의 납입이 유예된다(제129조 제1항). 즉 **비용의 지급유예이지 비용면제가 아니다. 구조결정을 받은 경우 인지는 납부하지 않아도 되나, 지급유예되는 송달료·증거조사비용 등은 국고에서 대납받아 지출**한다(규칙 제25조). 구조 받은 자가 져서 종국판결로 소송비용의 부담재판을 받았다면 그가 이를 지급하지 않으면 안된다. 그러나 구조받은 자의 무자력으로 받아내기가 불가능하면 국고부담으로 돌아간다.

(2) 당해 심급에 한하는 효력

소송구조결정은 당해 심급에 한하여 효력이 있으므로, ① 제1심에서 한 구조결정의 효력은 상소심에 미치지 않고, ② 상소심에서 한 소송구조는 파기환송 또는 이송된 경우에 하급심에 미치지 않으며, ③ **가압류·가처분 사건에서 한 구조의 효력은 본안사건에 미치지 않는다.** ④ **당사자참가는 신소제기 실질이 있으므로 여기에 응소하는 것은 별개 사건으로 종전의 소송구조결정의 효력이 미치는 것은 아니나, 보조참가에 대한 응소에는 소송구조의 효력이 미친다.** ⑤ 그러나 **독촉절차에서 한 구조의 효력은 이의신청 후의 제1심 소송절차에 미친다.**

2. 주관적 범위

> **제130조(구조효력의 주관적 범위)** ① 소송구조는 이를 받은 사람에게만 효력이 미친다.
> ② 법원은 소송승계인에게 미루어 둔 비용의 납입을 명할 수 있다.

소송구조는 이를 받은 사람에게만 효력이 미치므로, 법원은 **소송승계인에게 미루어 둔 비용의 납입을 명**

할 수도 있다(제130조).

3. 납입유예비용의 추심

> 제132조(납입유예비용의 추심) ① 소송구조를 받은 사람에게 납입을 미루어 둔 비용은 그 부담의 재판을 받은 상대방으로부터 직접 지급받을 수 있다.
> ② 제1항의 경우에 변호사 또는 집행관은 소송구조를 받은 사람의 집행권원으로 보수와 체당금에 관한 비용액의 확정결정신청과 강제집행을 할 수 있다.
> ③ 변호사 또는 집행관은 보수와 체당금에 대하여 당사자를 대위하여 제113조 또는 제114조의 결정신청을 할 수 있다.

상대방이 져서 소송비용의 부담 재판을 받은 경우에는 국가가 상대방에 대해 직접적 추심권을 갖는다(제132조). 제132조 제1항에 의하여 국가가 추심 가능한 소송비용에는 납입이 유예된 재판비용(인지, 송달료 등) 외에 민사소송법 제129조 제2항에 의하여 국고에서 지급된 소송구조 변호사의 보수 등이 포함된다.[344]

제7절 소제기의 효과

제1관 소송계속

1. 서 설

(1) 의 의

소송계속이란 특정한 청구에 대하여 법원에 판결절차가 현실적으로 걸려있는 상태, 즉 법원이 판결하는데 필요한 행위를 할 수 있는 상태를 말한다.

(2) 특 징

판결절차가 아닌 강제집행절차, 가압류 등 보전처분절차, 증거보전절차에는 소송계속이 발생하지 않는다. 재판절차가 현존하면 소송계속은 있는 것이고, 그 소가 소송요건을 갖추지 못하고 있더라도 무방하다. 또한 이러한 소송계속은 특정한 청구에 대하여 성립하는 것이므로 공격방어방법을 이루는 주장이나 항변으로 주장한 권리관계에 대해서는 소송계속이 발생하지 않는다.

2. 발생시기

소송계속의 발생시기는 소장부본송달시로 보는 것이 통설이다. 判例도 같은 입장에서 전후소의 판단기준은 피고에게 소장이 송달된 시점에 의할 것이고 **소제기에 앞선 보전절차의 경료시가 아니**라고 하였다.[345]

---

[344] 대법 2023.07.13, 2018마6041
[345] 대법 1994.11.25, 94다12517·12524

3. 효 과

(1) 법원에 대한 효과
　법원의 관할결정의 표준시기는 제소시이므로(법 제33조) 소송계속이 발생하면 소송법률관계가 발생한다.

(2) 당사자에 대한 효과
　반소, 중간확인의 소 등 관련청구의 재판적(제25조, 제79조, 제264조, 제269조)이 인정된다.

(3) 제3자에 대한 효과
　소송참가(제71조, 제78조, 제81조, 제82조)나 소송고지(제84조)의 기회가 생긴다.

(4) 중복제소금지의 효과(제259조)

4. 종 료
　소송계속은 소장의 각하, 소각하, 소의 취하(취하간주), 청구의 포기·인낙, 재판상 화해, 판결의 확정, 이행권고 내지 화해권고결정의 확정 등으로 소멸된다. 이러한 소송계속의 종료효과를 다투어 기일지정신청을 한 경우에는 이른바 소송종료선언으로 정리해 준다.

제2관 중복 소제기의 금지

Ⅰ. 서 설

> 제259조(중복된 소제기의 금지) 법원에 계속되어 있는 사건에 대하여 당사자는 다시 소를 제기하지 못한다.

1. 의 의
　당사자와 소송물이 동일한 소송이 시간을 달리하여 제기된 경우 전소가 후소의 변론종결 시까지 취하·각하 등에 의하여 소송계속이 소멸되지 않으면 후소는 중복제소금지에 위반하여 제기된 소송으로서 부적법하다(제259조).346) 보전처분 신청에 관하여도 중복된 소제기에 관한 민사소송법 제259조의 규정이 준용되어 중복신청이 금지된다. 이 경우 **보전처분 신청이 중복신청에 해당하는지 여부는 후행 보전처분 신청의 심리종결 시를 기준으로 판단하여야 하고, 보전명령에 대한 이의신청이 제기된 경우에는 이의소송의 심리종결 시가 기준**이 된다.347)

2. 취 지
　동일사건에 대하여 다시 소제기를 허용하는 것은 소권의 남용으로서, 법원이나 당사자에게 시간·노

---
346) 대법 2021.05.07, 2018다259213
347) 대법 2018.10.04, 2017마6308

력·비용을 이중으로 낭비시키는 것이어서 **소송경제상 좋지 않고, 판결이 서로 모순·저촉될 우려**가 있기 때문이다.

II. 중복제소에 해당요건

1. 당사자가 동일할 것

(1) 원 칙

1) 당사자가 동일하면 원피고가 뒤바뀌어도 중복제소에 해당한다.

예) 甲이 乙 상대의 소유권확인청구에 乙이 甲 상대의 소유권부존재확인청구

2) 계쟁물이 동일한 경우 : **중복제소금지는 소송물이 동일한 경우에만 적용되므로 소송물이 다른 경우에는 중복제소에 해당하지 않는다**.

예) 甲이 제기한 소유권확인의 소와 乙이 제기한 같은 물건의 소유권확인의 소

3) 소송물이 동일해도 당사자가 다르면 중복제소가 아니다.

예) 甲이 乙 상대로 소유권확인청구중에 다시 丙상대로 소유권확인청구

(2) 당사자가 다른데 중복이 되는 경우

당사자가 달라도 기판력이 확장되는 경우는 중복제소에 해당한다. 따라서 i) 변론종결 후 승계인이 전소의 소송계속 중 같은 당사자에 대하여 소를 제기한 경우이거나, ii) 선정당사자가 소제기한 뒤에 선정자가 또 소를 제기한 경우는 중복제소에 해당하여 후소를 각하한다. 문제가 되는 경우로 채권자대위소송과 채권자취소소송이 있는데,

1) 채권자대위소송과 중복소송

① 채권자대위소송의 제기 후 채무자가 같은 내용의 후소제기 : 判例는 **일관하여 중복소송으로 금지된다는 것**이다.[348]

대위소송의 성질	소송물 동일	기판력 확장여부	중복제소 여부
독립한 대위권설	異	부정설 (胡)	부정설 (胡)-대위소송기각 (권리불행사요건 흠결)
법정소송담당설	同一 (피대위권리)	§218③ (송)	긍정설 (判)
		절충설 (多/判)	절충설 (李)

② 채무자 자신이 자기권리에 관한 소송을 하고 있는데 채권자대위소송의 제기 : 判例는 양 소송은 비록 당사자는 다를지라도 실질적으로 동일소송이라 할 것이므로 후소는 중복소송금지규정에 저촉된다고 보았으나,[349] 최근에는 채권자는 채무자를 대위하여 채무자의 권리를 행사할 당사자적격이 없다고 한다.[350]

---

348) 대법 1992.05.22, 91다41187; 강현중 295면; 정동윤/유병현 265면; 송상현/박익환 282면; 김홍엽 280면
349) 대법 1981.07.07, 80다2751

대위소송의 성질	소송물 동일	기판력 확장여부	중복제소 여부
독립한 대위권설	異	부정설 (胡)	대위소송기각 (권리불행사요건 흠결)
법정소송담당설	同一 (피대위권리)	기판력 (判)	긍정설, 단 최근 判例는 당사자적격흠결로 봄
		반사효 (李)	

③ 채권자대위소송의 계속 중에 다시 다른 채권자가 채권자대위소송의 제기 : **判例는 중복소송으로 보고 있다.**351) 다만 채권자대위소송 중 다른 채권자의 공동소송참가는 허용된다는 判例가 나왔다.352)

대위소송의 성질	소송물 동일	기판력의 확장여부	중복제소여부
독립한 대위권설	異	부정설 (胡)	부정설 (호)
법정소송담당설	同一 (피대위권리)	채무자 안 경우 채권자는 기판력 받음 (判)	긍정설 (判)
		채무자 안 경우 채권자는 반사효 받음 (李)	절충설 (李)

3) 채권자취소소송의 경우 : 채권자취소권의 요건을 갖춘 각 채권자는 고유의 권리로서 채무자의 재산처분행위를 취소하고 그 원상회복을 구할 수 있는 것이므로 ① **각 채권자가 동시 또는 이시에 채권자취소 및 원상회복소송을 제기한 경우 이들 소송이 중복제소에 해당하는 것이 아닐** 뿐만 아니라, ② 어느 한 채권자가 동일한 사해행위에 관하여 채권자취소 및 원상회복청구를 하여 승소판결을 받아 그 판결이 확정되었다는 것만으로 그 후에 제기된 다른 채권자의 동일한 청구가 권리보호의 이익이 없어지게 되는 것은 아니고, ③ 그에 기하여 재산이나 가액의 회복을 마친 경우에 비로소 다른 채권자의 채권자취소 및 원상회복청구는 그와 중첩되는 범위 내에서 권리보호의 이익이 없게 된다고 보아야 할 것이다.353) 그러나 **채권자가 피보전권리를 달리하여 또다시 채권자취소소송을 제기하는 것은 소송물을 달리하는 것이 아니므로 중복소송에 해당**한다. 이 경우 전·후소 중 어느 하나가 승계참가신청에 의하여 이루어진 경우도 같다.354)

2. 소송물이 동일할 것

(1) 청구취지가 같은 경우

1) **구소송물이론** : 청구취지가 같아도 청구원인을 이루는 실체법상의 권리가 다르면 동일한 사건이 아니라고 본다.

2) **신소송물이론** : 공격방법 내지 법률적 관점이 다른 데 불과하므로 소송물의 동일성에는 변함이 없어 중복소송에 해당된다고 본다.

---

350) 대법 2009.03.12, 2008다65839
351) 대법 1994.02.08, 93다53092
352) 대법 2015.07.23, 2013다30325
353) 대법 2003.07.11, 2003다19558; 대법 2005.05.27, 2004다67806; 대법 2014.08.20, 2014다28114; 대법 2022.08.11. 2018다202774
354) 대법 2012.07.05, 2010다80503

(2) 청구취지가 다른 경우

청구취지가 다른 경우 소송물이 달라 중복제소에 해당하지 않는다. 우리 判例도 **甲이 乙을 상대로 乙명의로 경료된 부동산에 대해 소유권이전등기가 원인무효인 등기임을 이유로 등기의 말소를 청구하는 소를 제기한 후, 乙이 당해 부동산에 대한 소유권을 전제로 甲에 대해 인도청구를 하는 것은 소송물이 달라 중복제소가 아니**라고 보았다.355)

1) 선결적 법률관계나 항변으로 주장된 권리

① 判例는 "소유권을 원인으로 하는 이행의 소가 계속 중인 경우에도 소유권 유무 자체에 관하여 당사자 사이에 분쟁이 있어 즉시확정의 이익이 있는 경우에는 그 소유권확인의 소를 아울러 제기할 수 있다."고 하여 중복제소에 해당되지 않는다는 태도이다.356)

② 소송계속은 특정한 소송물에 대하여 성립하는 것이므로 **동시이행항변이나 유치권항변으로 제출한 반대채권인데 이를 별도의 소로 청구하여도 중복소송에 해당되지 않는다**.

③ 상계항변과 중복제소 : **먼저 제기된 소송에서 상계 항변을 제출한 다음 그 소송계속 중에 자동채권과 동일한 채권에 기한 소송을 별도의 소나 반소로 제기하는 것도 가능**하다.357) 大法院은 **별소로 계속중인 채권을 자동채권으로 하는 소송상 상계의 주장이 허용된다고 하면서** 다만, 이 경우 상계의 항변을 제출할 당시 이미 자동채권과 동일한 채권에 기한 소송을 별도로 제기하여 계속중인 경우, 사실심의 담당재판부로서는 전소와 후소를 같은 기회에 심리·판단하기 위하여 이부, 이송 또는 변론병합 등을 시도함으로써 기판력의 저촉·모순을 방지함과 아울러 소송경제를 도모하여야 할 것이라고 덧붙였다.358)

2) 동일권리관계에 관하여 청구취지를 달리할 때

① 동일권리관계에 관한 원고의 적극적확인청구와 피고의 소극적확인청구 : 피고가 원고청구기각을 구하는 것 이상의 의미가 없기 때문에 동일사건이다.

② 동일권리에 관한 확인청구와 이행청구(반복형) : 이 경우 청구취지가 서로 다르므로 중복제소로 처리할 일이 아니며, 이행의 소나 형성의 소가 가능하면 확인의 소를 제기할 수 없다는 확인의 소의 보충성 때문에 이행의 소나 형성의 소가 계속 중이면 확인의 소는 전후를 불문하고 권리보호의 이익이 결여되어 각하되어야 한다는 견해와,359) **이행의 소가 먼저 제기되고 확인의 소가 나중에 제기된 경우는 후소인 확인의 소는 중복제소에 해당**하나, 확인의 소가 먼저 제기되고 이행의 소가 나중에 제기된 경우 더 큰 집행력 있는 판결을 구하는 것으로 후소인 이행의 소는 적법하다는 입장의 대립이 있다.360)

③ 채무부존재확인의 소가 계속중 이행의 소가 제기된 경우(대항형) : 채무부존재확인의 소가 즉시 확정의 법률상 이익이 있는 경우에 해당하므로 확인의 이익이 없다고 보아 각하시키는 것은 타당하지 않고, 후소 역시 적법하다.

---

355) 대법 1960.04.21, 59다310
356) 대법 1966.02.15, 65다2371
357) 대법 2022.02.17, 2021다275741
358) 대법 2001.04.27, 2000다4050; 대법 2022.02.17, 2021다275741
359) 호문혁 150면; 김용진 173면
360) 이시윤 13판 291면

④ 채권자가 이행의 소를 제기하였는데 채무자의 채무부존재확인의 소가 제기된 경우 : 判例는 "**채권자가 채무인수자를 상대로 채무이행청구를 한 소송이 계속 중에 채무인수자가 그 채권자를 상대로 그 채무의 부존재확인 청구를 하는 것은 중복소제기는 아니나 후소는 소의 이익이 없다.**"고 하여 소의 이익으로 해결한다.361)

3) 일부청구와 잔부청구 : 일부청구의 계속중 잔부청구를 별도의 소로써 제기하는 것은 전소에서 청구취지 확장이 가능함을 들어 중복소송으로 보는 것이 다수설이나,362) 判例는 치료비의 일부만 특정하여 청구하고 그 외의 치료비부분은 별도청구한다고 명시한 경우처럼 청구부분을 특정하여 일부청구한 경우에는 잔부청구에 대해 중복소송이 아니라고 한다.363)

3. 전소의 소송계속 중에 후소를 제기하였을 것

(1) 전·후소의 판단

전·후소의 판별기준은 소송계속의 발생시기 즉 소장이 피고에게 송달된 때의 선후에 의할 것이며, 비록 소제기에 앞서 가압류, 가처분등의 보전절차가 경료되어 있다 하더라도 이를 기준으로 전소, 후소여부를 결정할 것은 아니다.364)

(2) 전소의 요건

전소가 소송요건을 구비하지 못한 부적법한 소라도 후소의 변론종결일까지 전소가 취하, 각하 등에 의하여 그 계속이 소멸되면 중복제소에 저촉되지 않는다.365)

> **판례연구 : 전소가 부적법한 경우에도 후소가 중복제소인지 여부**
>
> **1. 사실관계**
> A는 대한주택보증주식회사(이하 乙)를 상대로 보증금의 지급을 구하는 소를 제기하여(이하 전소라 한다) 제1심에서 승소하였고, 乙의 항소가 제기되었다. A의 전소가 항소심 계속 중 甲은 A를 채무자, 乙을 제3채무자로 하는 채권압류 및 추심명령을 받아내고 추심명령을 근거로 乙을 피고로 하여 별소로써 추심의 소를 제기하였다(이하 후소라 한다).
>
> **2. 判例의 입장**
> 大法院은 ① 압류채권자는 채무자가 제3채무자를 상대로 제기한 이행의 소에 민사소송법 제81조, 제79조에 따라 참가할 수도 있으나, 채무자의 이행의 소가 상고심에 계속 중인 경우에는 승계인의 소송참가가 허용되지 아니하고, 압류채권자가 채무자가 제기한 이행의 소에 참가할 의무가 있는 것도 아니며, ② 전소는 당사자적격이 없어 부적법 각하되어야 할 것으로 제3채무자에게 불합리하게 과도한 이중 응소의 부담을 지우고 본안 심리가 중복되어 당사자와 법원의 소송경제에 반한다거나 판결의 모순·저촉의 위험이 크다고 볼 수 없다. 나아가 ③ 압류채권자가 제3채무자를 상대로 제기한 추심의 소를 중복된 소제기에 해당한다는 이유로 각하한 다음 당사자적격이 없는 채무자의 이행의 소가 각하 확정되기를 기다려 다시 압류채권자로 하여금 추심의 소를 제기하도록 하는 것이 소송경제에 반할 뿐 아니라, ④ 이는 압류 및 추심명령이 있는 때에 민사집행법 제238조, 제249조 제1항과 대법원 판례에 의하여 압류채권자에게 보장되는 추심의 소를 제기할 수 있는 권리의 행사와 그에 관한 실체 판단을 바

---

361) 대법 2001.07.24, 2001다22246
362) 이시윤 13판 293면
363) 대법 1985.04.09, 84다552
364) 대법 1990.04.27, 88다카25274,25281
365) 대법 2017.11.14, 2017다23066; 대법 1998.02.27, 97다45532

로 그 압류 및 추심명령에 의하여 금지되는 채무자의 이행의 소를 이유로 거부하는 셈이어서 부당하다. 따라서 중복제소가 아니라는 입장이다.366)

(3) 후소의 요건

후소는 단일한 독립의 소에 한하지 않으며 다른 청구와 병합되어 있든 다른 소송에서 소의 변경, 반소, 중간확인의 소 또는 당사자참가의 방법으로 제기되었든 상관없다.

Ⅲ. 효 과

1. 소의 부적법 각하판결

중복소제기인가의 여부는 직권조사사항이기 때문에 이에 해당하면 피고의 항변을 기다릴 필요 없이 판결로써 후소를 부적법각하하지 않으면 안 된다. 判例도 **소가 중복제소에 해당하지 아니한다는 것은 소극적 소송요건으로서 법원의 직권조사 사항이므로 이에 관한 당사자의 주장은 직권발동을 촉구하는 의미밖에 없어 위 주장에 대하여 판단하지 아니하였다 하더라도 판단유탈의 상고이유로 삼을 수 없다**고 하였다.367)

2. 간과한 판결의 효력

(1) 확정 전

중복소제기임을 법원이 간과하고 본안판결을 하였을 때에는 상소로 다툴 수 있다.

(2) 확정 후

당연히 재심사유가 되는 것은 아니고 **당연무효의 판결도 아니다**. 그러나 전후 양소의 판결이 모두 확정된 경우 예를 들어 후소가 먼저 확정되면 전소가 기판력에 저촉됨에도 불구하고 간과하여 전소도 확정된 경우에 서로 모순·저촉되는 경우에는 어느 것이 먼저 계속되었는지 불문하고 먼저 확정된 판결이 효력이 있고 **뒤에 확정된 판결이 재심의 소에 의하여 취소**된다(제451조 1항 10호). 이 경우 재심에 의하여 취소되기까지는 뒤의 판결도 당연무효는 아니고 새로운 것이기 때문에 우선하여 존중된다.

제3관 실체법상의 효과

소제기에 따른 실체법상의 효과로, ① 시효중단, ② 법률상의 기간(출소기간·제척기간)준수, ③ 본권의 소에서 패소한 선의 점유자의 악의의 의제(민법 제197조 제2항), ④ 연 12%의 소송이자 발생 등의 효과가 발생한다.

Ⅰ. 시효중단 및 법률상의 기간준수

> **제265조(소제기에 따른 시효중단의 시기)** 시효의 중단 또는 법률상 기간을 지킴에 필요한 재판상 청구는 소를 제기한 때 또는 제260조 제2항·제262조 제2항 또는 제264조 제2항의 규정에 따라 서면을 법원에 제출한 때에 그 효력이 생긴다.

---

366) 대법(전) 2013.12.18, 2013다202120 판결의 다수견해
367) 대법 1990.04.27, 88다카25274·25281

1. 시효중단

(1) 시효중단의 근거

소제기로 인해 권리 위에 잠자지 않고 권리를 행사하는 것이라는 점에서 시효중단의 근거가 있다는 권리행사설이 通說·判例이다.

(2) 시효중단의 사유

1) 시효중단 사유로 볼 수 있는 것

① 소멸시효는 청구, 압류 또는 가압류·가처분, 승인에 의하여 중단되는데(민법 제168조), 재판상의 청구는 **이행의 소, 확인의 소, 형성의 소를 불문**하며, **취득시효의 중단사유가 되는 재판상 청구에는** 시효취득의 대상인 목적물의 인도 내지는 소유권존부 확인이나 소유권에 관한 등기청구소송은 말할 것도 없고, 소유권침해의 경우에 그 소유권을 기초로 하는 방해배제 및 손해배상 혹은 **부당이득반환청구소송도 이에 포함**된다.[368]

② **대항요건을 갖추지 못하여 채무자에게 대항하지 못한다고 하더라도 채권의 양수인이 채무자를 상대로 재판상의 청구를 하였다면 이는 소멸시효 중단사유인 재판상의 청구에 해당**한다.[369]

③ 보조참가도 시효중단사유가 된다. 즉 **甲이 자신의 차량을 운전하던 중 乙 주식회사 소유의 차량을 충돌하여 상해를 입었는데, 甲 차량의 보험자인 丙 주식회사가 甲에게 보험금을 지급한 후 乙 회사를 상대로 구상금청구의 소를 제기하였고 甲이 丙 회사 측 보조참가인으로 참가하여 乙 회사의 과실 존부 등에 관하여 적극적으로 다투면 甲의 손해배상청구권의 소멸시효는 보조참가로 중단**된다.[370]

④ 행정소송의 제기는 중단사유가 되지 않지만, **과세처분취소소송은 조세환급을 구하는 부당이득반환청구권의 시효중단의 효과**가 있으며,[371] 부당노동행위 구제신청과 관련된 행정소송에 해고근로자의 보조참가신청은 그의 임금청구권의 시효중단 사유가 된다.[372]

⑤ 채무자회생법 제294조에 따른 채권자의 파산신청은 민법 제168조 제1호에서 정한 시효중단 사유인 재판상의 '청구'에 해당한다.[373]

⑥ 중재신청으로 소멸시효가 중단되었다는 피고의 주장은 권리 위에 잠자는 것이 아님을 표명한 것으로서 이는 소멸시효의 중단사유로서 민법 제168조 제1호에서 정한 '청구'를 주장하는 것으로 볼 여지가 있다.[374]

⑦ **채권자가 확정판결에 기한 채권의 실현을 위하여 채무자에 대하여 민사집행법상 재산명시신청을 하고 그 결정이 채무자에게 송달되었다면 거기에는 소멸시효 중단사유인 '최고'로서의 효력만이 인정**된다.

---

368) 대법 1997.04.25, 96다46484
369) 대법 2005.11.10, 2005다41818
370) 대법 2014.04.24, 2012다105314
371) 대법 1992.03.31, 91다32053
372) 대법 2012.02.09, 2011다20034
373) 대법 2023.11.09, 2023마6582
374) 대법 2023.10.12, 2020다210860·210877

⑧ 判例는 민법 제168조 제1호, 제170조 제1항에서 시효중단 사유의 하나로 규정하고 있는 재판상의 청구라 함은, 권리자가 시효를 주장하는 자를 상대로 소로써 권리를 주장하는 경우뿐 아니라, **시효를 주장하는 자가 원고가 되어 소를 제기한 데 대하여 피고로서 응소하여 그 소송에서 적극적으로 권리를 주장하고 그것이 받아들여진 경우도 포함**되는 것으로 해석하고 있다.[375]

> **판례연구 : 응소와 시효중단**
>
> **1. 재판상 청구에 해당하는 응소행위인지가 문제되는 경우**
> 判例는 소제기에 대한 응소행위가 민법상 시효중단사유로서의 재판상 청구에 준하는 행위로 인정되려면 의무 있는 자가 제기한 소송에서 권리자가 의무 있는 자를 상대로 응소하여야 할 것이므로, 담보가등기가 설정된 후에 그 목적 부동산의 소유권을 취득한 제3취득자나 물상보증인 등 시효를 원용할 수 있는 지위에 있으나 직접 의무를 부담하지 아니하는 자가 제기한 소송에서의 응소행위는 권리자의 의무자에 대한 재판상 청구에 준하는 행위에 해당한다고 볼 수 없다고 하였다.[376]
>
> **2. 응소로 인한 시효중단의 효력발생시기**
> 응소행위에 의한 시효중단의 효력발생시기는 원고가 소를 제기한 때가 아니라, 피고가 현실적으로 권리를 행사하여 응소한 때이다. 구체적으로는 변론에서 응소에 해당하는 권리주장의 진술을 할 때 또는 그러한 주장을 담은 답변서 또는 준비서면을 제출한 때이다.
>
> **3. 응소로 인한 시효중단과 변론주의**
> 피고가 시효중단사유가 되는 응소행위를 하였다 하여 바로 시효중단의 효과가 발생하는 것은 아니고 변론주의 원칙상 시효중단의 효과를 원하는 피고로서는 당해 소송 또는 다른 소송에서의 응소행위로서 시효가 중단되었다고 주장하지 아니하면 아니되고 피고가 변론에서 시효중단의 주장 또는 이러한 취지가 포함되었다고 볼 만한 주장을 하지 아니하는 한 피고의 응소행위가 있었다는 사정만으로 당연히 시효중단의 효력이 발생한다고 할 수는 없는 것이다.[377] 또한 시효중단의 주장은 반드시 응소 시에 할 필요는 없고 소멸시효 기간이 만료된 후라도 사실심 변론종결 전에는 언제든지 할 수 있다.[378]
>
> **4. 응소 후에 소의 각하, 취하 등 사유로 본안에서 권리주장 판단 없이 종료된 경우**
> 권리자인 피고가 응소하여 권리를 주장하였으나 소가 각하되거나 취하되는 등의 사유로 본안에서 권리주장에 관한 판단 없이 소송이 종료된 경우에는 민법 제170조 제2항을 유추적용하여 그때부터 6월 이내에 재판상의 청구 등 다른 시효중단조치를 취한 경우에 한하여 응소 시에 소급하여 시효중단의 효력이 있다고 보아야 한다.[379]

2) 시효중단 사유로 볼 수 없는 것

① 주택임대차보호법에 의한 임차권등기명령에 따른 임차권등기에는 민법 제168조 제2호에서 정하는 소멸시효 중단사유인 압류 또는 가압류, 가처분에 준하는 효력이 있다고 볼 수 없다.[380]

② 민법 제168조 제2호에서 정하는 '압류 또는 가압류'는 금전채권의 강제집행을 위한 수단이거나 그 보전수단에 불과하여, 취득시효기간의 완성 전에 부동산에 압류 또는 가압류 조치가 이루어졌다고 하더라도 이로써 종래의 점유상태의 계속이 파괴되었다고는 할 수 없으므로 이는 취득시효의 중단사유가 될 수 없다.[381]

---

375) 대법 2019.03.14, 2018두56435; 대법 2007.01.11, 2006다33364
376) 대법 2007.01.11, 2006다33364
377) 대법(전) 1993.12.21, 92다47861
378) 대법 2010.08.26, 2008다42416 · 42423
379) 대법 2019.03.14, 2018두56435
380) 대법 2019.05.16, 2017다226629
381) 대법 2019.04.03, 2018다296878

③ 채권자가 채무자의 제3채무자에 대한 채권을 압류 또는 가압류한 경우에 채무자에 대한 채권자의 채권에 관하여 시효중단의 효력이 생긴다고 할 것이나, **압류 또는 가압류된 채무자의 제3채무자에 대한 채권에 대하여는 민법 제168조 제2호 소정의 소멸시효 중단사유에 준하는 확정적인 시효중단의 효력이 생긴다고 할 수 없다.**[382]

(3) 시효중단의 범위

1) **선결·파생관계를 이루는 권리관계** : 소송물인 권리관계에 중단의 효력이 미침이 원칙이지만 判例는 공격방어방법으로 주장한 권리, 즉 소송물인 권리관계의 선결·파생관계를 이루는 권리관계에도 중단의 효과가 미친다고 한다. 따라서 ⅰ) **해고무효확인소송에 의해 보수채권이 시효중단**된다.[383] 그러나 **파면처분에 대하여 무효확인청구의 소를 제기하였다 하더라도 이는 위 퇴직급여청구권에 대한 소멸시효 중단사유에 해당하지 않는다.**[384] ⅱ) **근저당권설정등기청구의 소제기가 피담보채권이 될 채권에 대한 시효중단사유**가 되며,[385] 채무자가 제기한 저당권설정등기말소청구소송에서 채권자가 청구기각을 구하면서 피담보채권의 존재를 주장하는 경우에는 재판상 청구에 준하는 것으로 피담보채권에 관하여 소멸시효중단의 효력이 생긴다.[386] ⅲ) 매매계약에 기초하여 건축주명의변경청구의 소는 소유권이전등기청구권의 소멸시효 중단사유가 된다.[387] ⅳ) 원인채권에 기하여 청구한 것만으로는 어음채권의 소멸시효를 중단시키지 못하나, 어음채권에 기하여 청구한 경우는 원인채권의 소멸시효를 중단시키는 효력이 있다.[388]

2) **채권자대위소송** : **채권자대위소송의 제기에 의한 시효중단의 효과는 채무자에게도 발생**한다.[389]

3) **일부청구와 시효중단의 범위** : 명시적 일부청구의 경우에는 그 일부만이 소송물이므로 시효중단의 효력은 그 일부에 한하여 발생하지만, 묵시적 일부청구의 경우에는 채권의 동일성이 인정되는 범위에서는 그 전부에 대하여 시효중단의 효력이 발생한다고 본다. 예외적으로 **명시적 일부청구라도 그 취지로 보아 채권 전부에 관하여 판결을 구하는 것으로 해석된다면 그 소송물을 채권의 전부로 보아 그 전부에 관하여 시효중단의 효력이 발생하고,**[390] 이러한 법리는 특정 불법행위로 인한 손해배상채권에 대한 지연손해금 청구의 경우에도 마찬가지이다.[391] 다만 **그 후 채권의 특정 부분을 청구범위에서 명시적으로 제외하였다면, 그 부분에 대하여는 애초부터 소의 제기가 없었던 것과 마찬가지이므로 재판상 청구로 인한 시효중단의 효력이 발생하지 않는다.**[392] 한편 **선행소송이 종료될 때까지 청구금액을 확장하지 아니한 이상 나머지 부분에 대하여는 재판상 청구로 인한 시효중단의 효력이 발생하지 아니하고, 선행소송이 종료된 때로부터 6월 내에 민법 제174조에서 정한 조치를 취함으로써 나머지 부분에 대한 소멸시효를 중단시킬 수 있다.**[393]

---

382) 대법 2003.05.13, 2003다16238
383) 대법 1978.04.11, 77다2509
384) 대법 1990.08.14, 90누2024
385) 대법 2004.02.13, 2002다7213
386) 대법 2004.01.16, 2003다30890
387) 대법 2011.07.14, 2011다19737
388) 대법 1999.06.11, 99다16378
389) 대법 2011.10.13, 2010다80930
390) 대법 1992.04.10, 91다43695; 대법 2023.10.12, 2020다210860,210877
391) 대법 2001.09.28, 99다72521
392) 대법 2021.06.10, 2018다44114
393) 대법 2020.02.06, 2019다223723; 대법 2022.05.26, 2020다206625

4) **원인채권과 어음채권** : **원인채권에 기하여 청구시에는 어음채권의 소멸시효를 중단시키지 못하나, 반대의 경우에는 원인채권의 소멸시효도 중단**시킨다.[394] 한편 만기는 기재되어 있으나 지급지, 지급을 받을 자와 같은 **어음요건이 백지인 어음의 소지인이 그 백지 부분을 보충하지 않은 상태에서 어음금청구의 소를 제기하더라도 어음상의 청구권에 관한 소멸시효는 중단**된다.[395]

2. 법률상의 기간준수

(1) 의 의

법률상의 기간이란 출소기간 그 밖의 청구를 위한 제척기간 등 권리나 법률상태를 보존하기 위하여 일정한 기간 안에 소를 제기하지 않으면 안되며, 그것이 지나면 권리 등이 제쳐져서 없어지게 되는 기간을 말한다. 법적 안정성을 위한 것이며 소송요건이며 그 준수는 직권조사사항이다. 항변사항인 시효기간과는 중단이나 이익의 원용 등의 법리에서 다르다. 민법상 점유소송의 제소기간(1년, 민법 제204조 3항 등), 채권자취소소송(안 날 1년 있은 날 5년, 민법 제406조 2항), 상속회복소송(10년, 민법 제999조)에 있어서 제소기간 등이 그 예이다.

(2) 제척기간 준수의 범위

원칙적으로 소송물인 권리관계와 일치한다. 따라서 어느 이혼사유나 취소사유를 바탕으로 출소기간 내에 소를 제기하였다 하더라도 그 사유의 한도에서 기간준수의 효과가 생겨 기간경과 후에는 새로운 사유를 주장할 수 없게 된다. 제척기간 내에 명시적 일부청구를 한 채권에 터잡아 잔부를 확장하였다하여도, 제척기간 내에 청구한 수액을 초과한 부분의 청구는 제척기간의 도과로 소멸된다. 이 경우 명시여부는 가리지 않는다.[396]

3. 시효중단 · 기간준수의 효력발생시기 및 소멸시기

(1) 효력발생시기

① **소를 제기한 때, 즉 소장을 제출한 때에 발생**한다(제265조 전단). 피고의 경정(제260조), 청구의 변경(제262조),[397] 중간확인의 소(제264조) 등 소송 중의 소의 경우에도 소장에 준하는 서면을 법원에 제출한 때에

---

394) 대법 1999.06.11, 99다16378
395) 만기는 기재되어 있으나 지급지, 지급을 받을 자 등과 같은 어음요건이 백지인 약속어음의 소지인이 그 백지 부분을 보충하지 않은 상태에서 어음금을 청구하는 것은 어음상의 청구권에 관하여 잠자는 자가 아님을 객관적으로 표명한 것이고 그 청구로써 어음상의 청구권에 관한 소멸시효는 중단된다. 이 경우 백지에 대한 보충권은 그 행사에 의하여 어음상의 청구권을 완성시키는 것에 불과하여 그 보충권이 어음상의 청구권과 별개로 독립하여 시효에 의하여 소멸한다고 볼 것은 아니므로 어음상의 청구권이 시효중단에 의하여 소멸하지 않고 존속하고 있는 한 이를 행사할 수 있다는 것에, 대법(전) 2010.05.20, 2009다48312
396) 대법 1970.09.29, 70다737
397) 소의 변경이 있는 경우 새로운 소에 대한 소제기기간의 준수여부의 기준시점은 소변경시라는 것에, 대법 2004.11.25, 2004두7023; 대법 2020.10.15, 2017다216523. 그러나 선행 처분의 취소를 구하는 소를 제기하였다가 이후 후행 처분의 취소를 구하는 청구취지를 추가한 경우에도, 선행 처분이 종국적 처분을 예정하고 있는 일종의 잠정적 처분으로서 후행 처분이 있을 경우 선행 처분은 후행 처분에 흡수되어 소멸되는 관계에 있고, 당초 선행 처분에 존재한다고 주장되는 위법사유가 후행 처분에도 마찬가지로 존재할 수 있는 관계여서 선행 처분의 취소를 구하는 소에 후행 처분의 취소를 구하는 취지도 포함되어 있다고 볼 수 있다면, 후행 처분의 취소를 구하는 소의 제소기간은 선행

그 효력이 생긴다(제265조 후단). **가압류에 관해서도 제265조를 유추하여 가압류 신청시에 시효중단의 효력이 생긴다.**398) 소액사건에서 구술로 제소한 때에는 법원사무관등 앞에서 말로 그 뜻을 진술한 때라고 할 것이다. ② 최고를 여러 번 거듭하다가 재판상 청구 등을 한 경우에 시효중단의 효력은 항상 최초의 최고시에 발생하는 것이 아니라 재판상 청구 등을 한 시점을 기준으로 하여 이로부터 소급하여 6월 이내에 한 최고 시에 발생한다.399) ③ 어음금청구소송을 제기하고서 뒤에 백지보충을 하였다더라도 시효중단의 효력은 보충시가 아니라 소의 제기시이다.400) ④ **지급명령이 소송으로 이행된 때에는 지급명령신청시에 시효중단 및 기간준수의 효력이 생긴다.**401)

(2) 효력의 소멸

시효중단·기간준수의 효력은 소송의 각하·기각 또는 취하로 소급하여 소멸한다(민법 제170조 1항). 그러나 소송의 이송에 의해서는 소멸되지 않는다(제40조 1항). 다만 소송의 각하·기각 또는 취하에 의하여 소멸되어도 6월 내에 재판상의 청구, 파산절차참가, 압류 또는 가압류·가처분을 하면 최초의 소제기시에 중단된 것으로 본다(민법 제170조 2항).

① 민법 제170조의 재판상 청구에 지급명령 신청이 포함되는 것으로 보는 이상 특별한 사정이 없는 한, 지급명령 신청이 각하된 경우라도 6개월 이내 다시 소를 제기한 경우라면 민법 제170조 제2항에 의하여 시효는 당초 지급명령 신청이 있었던 때에 중단되었다고 보아야 한다.402)

② **인수참가인의 소송목적 양수 효력이 부정되어 인수참가인에 대한 청구기각 또는 소각하 판결이 확정된 날부터 6개월 내에 탈퇴한 원고가 다시 탈퇴 전과 같은 재판상의 청구 등을 한 때에는, 비록 탈퇴시를 기준으로 6개월이 도과되었다더라도 탈퇴 전에 원고가 제기한 재판상의 청구로 인하여 발생한 시효중단의 효력은 그대로 유지된다**고 하였다.403)

③ 채권자대위소송의 제기로 인한 소유권이전등기청구권의 시효중단의 효력은 그 소각하판결이 확정되었다고 하여도 6개월 내에 다른 채권자가 대위소송을 제기하면 **최초의 소제기시에 중단된 것**으로 본다.404) **채권자대위소송에서 피대위채권을 양수하여 양수금청구로 교환적 변경을 한 경우에도 당초의 대위소송의 시효중단의 효력은 유지된다**는 것이 判例의 입장이다.405)

④ 채권양도 후 대항요건이 구비되기 전의 양도인은 채무자에 대한 관계에서는 여전히 채권자의 지위에 있으므로 채무자를 상대로 시효중단의 효력이 있는 재판상의 청구를 할 수 있고, 이 경우 양도인이 제기한 소송 중에 채무자가 채권양도의 효력을 인정하는 등의 사정으로 인하여 양도인의 청구가 기각됨으로써 민법 제170조 제1항에 의하여 시효중단의 효과가 소멸된다고 하더라도, 양도인의 청구가 당초부터 무권리자에 의한 청구로 되는 것은 아니므로, **양수인이 그로부터 6월 내에 채무자를 상대로 재판상의 청구 등을 하였다면, 민법 제169조 및 제170조 제2항에 의하여 양도인의 최초의 재판상 청구로 인하여 시효가 중**

처분의 취소를 구하는 최초의 소가 제기된 때를 기준으로 정하여야 한다는 것에, 대법 2018.11.15, 2016두48737.
398) 대법 2017.04.07, 2016다35451
399) 대법 2019.03.14, 2018두56435
400) 대법 1962.01.31, 4294민상110·111
401) 대법 2015.02.12, 2014다228440
402) 대법 2011.11.10, 2011다54686
403) 대법 2017.07.18, 2016다35789
404) 대법 2011.10.13, 2010다80930
405) 대법 2010.06.24, 2010다17284

단된다.406)

⑤ 채무자가 제3채무자를 상대로 제기한 금전채권의 이행소송이 압류 및 추심명령으로 인한 당사자적격의 상실로 각하되더라도, 위 이행소송의 계속 중에 피압류채권에 대하여 채무자에 갈음하여 당사자적격을 취득한 추심채권자가 위 각하판결이 확정된 날로부터 6개월 내에 제3채무자를 상대로 추심의 소를 제기하였다면, 채무자가 제기한 재판상 청구로 인하여 발생한 시효중단의 효력은 추심채권자의 추심소송에서도 그대로 유지된다.407)

II. 지연손해금의 법정이율의 인상(소송이자의 발생)

1. 의 의

금전채무의 이행을 명하는 판결선고시에 소장송달 익일부터 지연손해금의 법정이율을 대통령령으로 정하는 인상된 이율에 의하도록 하였고(소송촉진 등에 관한 특례법 제3조 1항), 현재 12%에 해당한다. 항소심 단계에 이르러 피고가 새로 반소를 제기하였고, 반소가 개정규정 시행 전에 법원에 소송계속 중이었으나 개정규정 시행 이후에 변론이 종결된 경우에는 부칙 제2조 제2항에 따라서 법정이율에 관하여 2015. 9. 30. 까지는 종전의 규정에 따른 이율에 의하고, 2015. 10. 1.부터는 개정규정에 따른 이율에 의한다.408) 한편 승소판결이 확정된 후 소송촉진 등에 관한 특례법(이하 '소송촉진법'이라고 한다)의 변경으로 소송촉진법에서 정한 지연손해금 이율이 달라졌다고 하더라도 그로 인하여 선행 승소확정판결의 효력이 달라지는 것은 아니고, 확정된 선행판결과 달리 변경된 소송촉진법상의 이율을 적용하여 선행판결과 다른 금액을 원고의 채권액으로 인정할 수 있는 것도 아니다.409)

2. 취 지

채무자의 소송지연을 막는 장치가 되고, 화폐가치 하락을 보전하는 의미가 있으나, 현재와 같은 저금리 상황에서 지나치게 고율인 면이 있다.410)

3. 적용배제

(1) 채무자의 항쟁이 상당할 때

채무자가 그 이행의무의 존부나 범위에 관하여 항쟁함이 상당하다고 인정되는 때에는 그 적용을 배제한다(소송촉진 등에 관한 특례법 제3조 2항).411) 예를 들어 피고의 주장이 파기환송 전 항소심에서 받아들여진 적이 있을 정도이거나,412) 항소심에서 피고의 주장이 깨어졌다 하여도 제1심에서는 받아들여진 경우 등을 들 수 있는데,413) 이 문제는 당해 사건에 관한 법원의 사실인정과 그 평가에 관한 것이다.414) 다만

---

406) 대법 2009.02.12, 2008두20109
407) 대법 2019.07.25, 2019다212945
408) 대법 2016.04.02, 2015다77595
409) 대법 2019.08.29, 2019다215272
410) 이시윤 13판 301면
411) 대법 2019.02.28, 2016다215134
412) 대법 2012.03.28, 2011두28776
413) 대법 2013.04.11, 2012다106713; 대법 2016.04.15, 2015마251645.

제1심이 인용한 청구액을 항소심이 그대로 유지한 경우, 특별한 사정이 없는 한 피고가 항소심 절차에서 위 인용금액에 대하여 이행의무의 존재 여부와 범위를 다툰 것은 타당하다고 볼 수 없다.[415]

(2) 준거법이 외국법인 경우

判例는 본래의 채권관계의 준거법이 외국법인 경우에는 특례법규정이 적용될 수 없다고 하였다.[416]

(3) 채무부존재확인의 소의 경우

금전채무에 관하여 채무자가 채권자를 상대로 채무부존재확인소송을 제기하였을 뿐 이에 대한 채권자의 이행소송이 없는 경우에는, 사실심의 심리 결과 채무의 존재가 일부 인정되어 이에 대한 확인판결을 선고하더라도 이는 금전채무의 전부 또는 일부의 이행을 명하는 판결을 선고한 것은 아니므로, 이 경우 지연손해금 산정에 대하여 소송촉진법 제3조의 법정이율을 적용할 수 없다.[417]

4. 사실심판결선고 이후

判例는 적용배제의 예외는 당해사건의 사실심판결선고시까지이고 판결선고 이후에는 어떠한 이유이든 12% 고리의 적용을 배제할 수 없다고 하였다.[418]

III. 소의 제기가 불법행위가 되는 경우

제소자가 주장하는 권리·법률관계가 사실적 근거가 없는 점을 알았거나 통상인이라면 용이하게 알 수 있는 경우임에도 소를 제기하는 경우에는 불법행위가 성립할 수 있으나,[419] 헌법에서 보장된 재판받을 권리를 존중하는 차원에서 제한적으로 인정하여야 한다. 判例도 상대방에게 고통을 주려는 의사 등 고의·과실이 인정되고, 그것이 공서양속에 반할 정도에 이른 경우에 불법행위 책임을 인정한다.[420]

제8절 소제기의 특수한 방식 – 배상명령신청

배상명령이라 함은 형사소송절차에서 유죄판결을 선고하면서 동시에 피고사건의 범죄행위로 인해 발생한 손해에 대해 그 배상을 명하는 제도(소송촉진 등에 관한 특례법 제25조)를 말한다. 이를 형사소송의 부대소송이라고도 하는데 이는 ① 제1심 또는 제2심의 형사소송절차에서 ② 폭행·상해·재산죄 등 일정한 범죄에 관하여 유죄판결을 선고할 경우에 ③ 피고사건의 범죄행위로 인한 물적 피해나 치료비손해에 대하여 ④ 직권 또는 피해자나 상속인의 배상명령신청에 의하여 그 배상을 명하는 제도이다. 이 경우 피해자 등의 배상명령신청은 민사소송에 있어서 소의 제기와 동일한 효력이 있다(소송촉진 등에 관한 특례법 제26조). 인지의 면제, 절차비용의 국고부담 등의 특징이 있다.

---

414) 대법 2002.01.22. 2000다2511
415) 대법 2022.04.28. 2022다200768
416) 대법 2012.10.25. 2009다77754
417) 대법 2021.06.03. 2018다276768
418) 대법(전) 1987.05.26. 86다카1876
419) 대법 2010.06.10. 2010다15363·15370
420) 대법 2013.03.14. 2011다91876

2025 대비 이종훈 민사소송법

제2장 변론

제1절 변론의 의의와 종류

I. 총 설

1. 의 의

변론이라 함은 기일에 수소법원의 공개법정에서 당사자 양쪽이 구술에 의하여 판결의 기초가 될 소송자료 즉 사실과 증거를 제출하는 방법으로 소송을 심리하는 절차이다.

2. 종 류

(1) 넓은 의미의 변론

당사자의 신청·주장·증거신청 등 당사자의 소송행위와 소송지휘·증거조사·판결의 선고 등 재판기관이 기일에 하는 소송행위도 포함한다.

(2) 좁은 의미의 변론

당사자의 소송행위와 증거조사만을 가리킨다.

(3) 가장 좁은 의미

증거조사도 제외하고 당사자의 소송행위만을 말한다.

II. 변론의 종류

변론은 심리절차상의 차이에 의해 필요적 변론과 임의적 변론으로 나뉜다.

1. 필요적 변론

> 제134조(변론의 필요성) ① 당사자는 소송에 대하여 법원에서 변론하여야 한다. 다만, 결정으로 완결할 사건에 대하여는 법원이 변론을 열 것인지 아닌지를 정한다.
> ② 제1항 단서의 규정에 따라 변론을 열지 아니할 경우에, 법원은 당사자와 이해관계인, 그 밖의 참고인을 심문할 수 있다.
> ③ 이 법에 특별한 규정이 있는 경우에는 제1항과 제2항의 규정을 적용하지 아니한다.

(1) 원 칙

재판 특히 판결을 함에는 그 전제로서 반드시 변론을 열지 않으면 안 되며, 변론에서 행한 구술의 진술만이 재판의 자료로서 참작되는 경우를 필요적 변론이라 한다.

(2) 필요적 변론의 내용

1) **구술변론** : 당사자는 소송에 관하여 법원에서 구술로써 변론을 하여야 하며, 법원은 당사자가 변론에서 주장하고 입증한 사항이 아니면 이에 의하여 재판을 하지 못한다. 서면상의 진술은 특별한 규정(제148조 1항)이 없는 한 채용될 수 없다. 이는 변론에 의함으로써 진술의 요지, 사안의 진상을 정확하게 파악하고 직접 석명할 수 있어 사건이 가장 적정·공평하게 해결될 수 있기 때문이다. 다만 당사자의 변론은 무제한으로 인정되는 것이 아니라 제149조의 실기한 공격방어방법의 각하 등에 의한 제한을 받는다.

2) **기일의 해태** : 필요적 변론기일에서의 불출석만이 기일해태의 효과를 가져온다. 즉 진술간주(제148조 제1항)의 효과와 자백간주(제150조 제3항)의 불이익을 받으며, 쌍방불출석의 경우 소의 취하간주(제268조)의 불이익을 받는다.

3) **준비서면에 의한 예고** : 단독사건을 제외하고는 원칙적으로 당사자가 변론에서 주장하고자 하는 사항은 미리 준비서면에 기재하여 법원에 제출하여야 하고, 이에 기재하지 아니한 사항은 상대방이 출석하지 아니하면 변론에서 주장하지 못한다(제276조).

4) **직접주의** : 재판은 그 기본이 되는 변론에 관여한 법관이 하여야 한다. 법관의 경질이 있는 경우에는 당사자는 종전의 변론결과를 진술하여야 한다(제204조 2항). 다만 소액사건에 있어서는 판사의 경질이 있는 경우라도 변론의 갱신 없이 판결할 수 있다(소심법 제9조 제2항).

(3) 무변론판결을 할 수 있는 경우

판결절차에 있어서는 원칙적으로 필요적 변론을 거쳐야 하지만 소송경제를 위하여 예외적으로 무변론판결의 경우가 인정되고 있다.

1) 담보 부제공

> 제117조(담보제공의무) ① 원고가 대한민국에 주소·사무소와 영업소를 두지 아니한 때 또는 소장·준비서면, 그 밖의 소송기록에 의하여 청구가 이유 없음이 명백한 때 등 소송비용에 대한 담보제공이 필요하다고 판단되는 경우에 피고의 신청이 있으면 법원은 원고에게 소송비용에 대한 담보를 제공하도록 명하여야 한다. 담보가 부족한 경우에도 또한 같다. 〈개정 2010.7.23〉
> ② 제1항의 경우에 법원은 직권으로 원고에게 소송비용에 대한 담보를 제공하도록 명할 수 있다. 〈신설 2010.7.23〉
> ③ 청구의 일부에 대하여 다툼이 없는 경우에는 그 액수가 담보로 충분하면 제1항의 규정을 적용하지 아니한다. 〈개정 2010.7.23〉
> 제124조(담보를 제공하지 아니한 효과) 담보를 제공하여야 할 기간 이내에 원고가 이를 제공하지 아니하는 때에는 법원은 변론없이 판결로 소를 각하할 수 있다. 다만, 판결하기 전에 담보를 제공한 때에는 그러하지 아니하다.

2) 부적법한 소·상소

> 제219조(변론 없이 하는 소의 각하) 부적법한 소로서 그 흠을 보정할 수 없는 경우에는 변론 없이 판결로 소를 각하할 수 있다.
> 제219조의2(소권 남용에 대한 제재) 원고가 소권(항소권을 포함한다)을 남용하여 청구가 이유 없음이 명백한 소를 반복적으로 제기한 경우에는 법원은 결정으로 500만 원 이하의 과태료에 처한다.[본조신설 2023. 4. 18.]
> 제413조(변론 없이 하는 항소각하) 부적법한 항소로서 흠을 보정할 수 없으면 변론 없이 판결로 항소를 각하할 수 있다.
> 제425조(항소심절차의 준용) 상고와 상고심의 소송절차에는 특별한 규정이 없으면 제1장의 규정을 준용한다.

3) 답변서의 부제출

> 제257조(변론 없이 하는 판결) ① 법원은 피고가 제256조제1항의 답변서를 제출하지 아니한 때에는 청구의 원인이 된 사실을 자백한 것으로 보고 변론 없이 판결할 수 있다. 다만, 직권으로 조사할 사항이 있거나 판결이 선고되기까지 피고가 원고의 청구를 다투는 취지의 답변서를 제출한 경우에는 그러하지 아니하다.
> ② 피고가 청구의 원인이 된 사실을 모두 자백하는 취지의 답변서를 제출하고 따로 항변을 하지 아니한 때에는 제1항의 규정을 준용한다.
> ③ 법원은 피고에게 소장의 부본을 송달할 때에 제1항 및 제2항의 규정에 따라 변론 없이 판결을 선고할 기일을 함께 통지할 수 있다.

4) 상고이유서 부제출

> 제429조(상고이유서를 제출하지 아니함으로 말미암은 상고기각) 상고인이 제427조의 규정을 어기어 상고이유서를 제출하지 아니한 때에는 상고법원은 변론 없이 판결로 상고를 기각하여야 한다. 다만, 직권으로 조사하여야 할 사유가 있는 때에는 그러하지 아니하다.

5) 상고심 판결

> 제430조(상고심의 심리절차) ① 상고법원은 상고장·상고이유서·답변서, 그 밖의 소송기록에 의하여 변론없이 판결할 수 있다.
> ② 상고법원은 소송관계를 분명하게 하기 위하여 필요한 경우에는 특정한 사항에 관하여 변론을 열어 참고인의 진술을 들을 수 있다.

상고기각의 경우이든 상고인용의 경우이든 변론을 열지 않아도 무방하다.

6) 소액사건

> 소액사건심판법 제9조(심리절차상의 특칙) ① 법원은 소장·준비서면 기타 소송기록에 의하여 청구가 이유 없음이 명백한 때에는 변론없이 청구를 기각할 수 있다.
> ② 판사의 경질이 있는 경우라도 변론의 갱신없이 판결할 수 있다.

2. 임의적 변론

(1) 의 의

반드시 변론을 열 것을 요하지 않는 경우에 법원의 재량에 의하여 임의적으로 열 수 있는 변론이다. 결정으로 완결할 사건에 대하여는 법원이 변론의 여부를 정한다(제134조 1항 단서). 항고법원이 항고사건을 심리할 때 변론을 열거나 이해관계인을 심문할 것인지 여부를 결정하는 것은 항고법원의 자유재량에 속하므로, 특별한 사정이 없는 한 항고법원이 변론을 열거나 이해관계인을 심문하지 않은 채 서면심리만으로 결정에 이르렀다고 하여 이를 위법하다고 할 수 없다.[1]

(2) 임의적 변론에 의하는 경우

제척·기피(제46조), 관할의 지정(제28조), 특별대리인 선임(제62조), 소송인수(제82조), 소송비용의 확정(제110조, 제113조, 제114조), 소송구조(제128조), 필수적 공동소송인의 추가(제68조), 피고경정(제260조), 판결경정(제211조), 상고심절차(제430조), 항고사건(제450조), 가압류·가처분의 신청사건도 2005년 민사집행법의 개정에 따라 변론을 열었더라도 결정의 형식으로 재판하도록 되었으므로 이제는 임의적 변론으로 보아야 한다.

(3) 임의적 변론의 내용

1) **변론을 열지 않는 경우** : 임의적 변론에 있어서 변론을 열지 않는 경우는 소송기록에 의한 서면심리만으로 재판할 수도 있고, 당사자, 이해관계인 기타 참고인을 심문할 수도 있다(제134조 제2항). 심문이란 적당한 방법으로 서면 또는 구술로 진술할 기회를 주는 것으로서 공개법정에서 할 필요가 없다. 변론처럼 반드시 당사자 쌍방에 진술의 기회를 주어야 하는 것도 아니다. **심문 여부는 자유재량**이나, 증언거부에 대한 재판(제317조), 제3자에 대하여 문서의 제출을 명하는 경우(제347조 3항), 인수승계(제82조 2항)는 필요적 심문을 하여야 하고, 지급명령(제467조)처럼 심문이 금지되는 경우도 있다.

2) **변론을 여는 경우** : 임의적 변론에서 변론을 열더라도 구술의 진술만이 아니라 서면상의 진술도 재판의 기초로 되며, 다시 서면심리나 심문절차로 환원시킬 수 있다. 임의적 변론기일에 당사자가 출석하지 않더라도 필요적 변론기일에서와 같은 불이익은 없으며, 준비서면에 기재하지 않은 사실(제276조)을 상대방이 불출석해도 변론에서 주장할 수 있다. 또 직접주의(제204조)도 적용되지 않는다.

제2절 審理에 관한 제원칙

제1관 공개심리주의

1. 의 의

재판의 심리와 판결의 선고를 일반인이 방청할 수 있는 상태에서 행하는 주의를 말한다. 이는 **재판의 공정, 사법권의 독립에 대한 국민의 신뢰를 두텁게 하며, 당사자와 증인의 허위진술을 방지하는 데 도움**이 된다.

---

[1] 대법 2020.06.11, 2020마5263

2. 내 용

(1) 공개의 대상

소송사건의 재판만을 그 대상으로 하며, 그 변론절차와 판결의 선고를 공개하여야 한다. 따라서 재판의 합의, 변론준비절차, 비송, 중재나 조정, 결정절차에서의 서면심리, 수명법관에 의한 증거조사, 심리불속행사유나 상고이유서 불제출로 인한 상고기각판결 등은 공개하지 않아도 된다.

(2) 공개의 제한

재판의 심리는 국가안전보장, 안녕질서, 선량한 풍속을 해할 염려가 있을 때에는 결정으로 공개하지 않을 수 있다. 그러나 판결의 선고는 반드시 공개하여야 한다.

(3) 변론조서의 필요적 기재사항(제153조 제6호)

공개에 관한 사항은 변론조서의 필요적 기재사항으로서 조서에 공개하는 취지의 기재가 없으면 공개사실을 인정할 수 없다. 공개심리주의 위배는 절대적 상고이유가 된다(제424조 제1항 제5호).

제2관 쌍방심리주의

1. 의 의

소송의 심리에 있어서 당사자 양쪽을 평등하게 대우하여 공격방어방법 등의 제출기회를 평등하게 부여하자는 입장을 말한다. 이는 공평한 재판을 실현하기 위한 것으로 무기평등 내지 무기대등의 원칙으로 표현된다. 제134조의 필요적 변론절차에 의하는 것은 바로 이 쌍방심리주의를 관철시키기 위한 것이다.

2. 내 용

결정으로 완결할 사건에 있어서는 임의적 변론에 의하므로(제134조 제1항) 반드시 쌍방심리주의에 의하지 아니하며, 당사자가 대등하게 맞서지 않는 강제집행절차도 같다. 절차의 간이·신속성이 요청되는 독촉절차, 가압류·가처분절차에 있어서는 일방심리주의에 의한 재판이 허용되나, 상대방 당사자로부터 이의신청이 있는 경우 쌍방심리의 절차로 넘어간다.

제3관 구술심리주의

> **민사소송규칙**
> 제28조(변론의 방법) ① **변론은 당사자가 말로 중요한 사실상 또는 법률상 사항에 대하여 진술하거나, 법원이 당사자에게 말로 해당사항을 확인하는 방식으로 한다.**
> ② 법원은 변론에서 당사자에게 중요한 사실상 또는 법률상 쟁점에 관하여 의견을 진술할 기회를 주어야 한다.

1. 구술심리주의의 원칙

심리에 임하여 당사자 및 법원의 소송행위 특히 변론 및 증거조사를 말로 행하는 원칙으로서 서면심리주의에 반대되는 것이다. 우리 민사소송법은 판결절차에 있어서는 구술심리주의를 원칙으로 하여, **법관의 면전에서 구술변론한 것만이 판결의 기초**로 되며,[2] **판결의 선고도 말로 한다**(제206조). 증거조사도 넓은 의미의 변론에 포함되므로 구술에 의한다(제331조 등).

2. 구술심리주의의 단점과 보완책

(1) 구술심리주의의 단점

말로하는 진술이나 청취결과는 잊기 쉽고, 요령부득의 설명은 이해를 곤란하게 하는 문제점이 있으며, 상급심에서 하급심의 판결을 재심사하는 데 지장을 주는 단점이 있다.

(2) 보완책으로서 서면주의에 의하는 예외

① 소·상소·재심의 제기, **소의 변경**, 참가, 소취하, **관할의 합의**, 소송고지, 소송구조신청 등의 중요한 소송행위는 확실을 기하기 위하여 서면에 의할 것이 요구된다. ② 소송자료가 불확실하게 되는 것을 방지하기 위하여 변론조서나 변론준비기일조서의 작성, 재판서의 작성이 요구된다. ③ 변론의 예고를 위하여 준비서면의 제출을 요하도록 하였으며, 이에 대한 진술간주의 효과를 부여하여 당사자의 편의에 이바지하고 있다. ④ 결정으로 완결할 사건, 소송판결, 상고심판결, 답변서의 부제출로 인한 무변론판결 등에 있어서는 서면심리를 원칙으로 한다. ⑤ 증인의 출석·증언에 갈음한 서면증언제를 채택하였다. ⑥ 서면에 의한 변론준비절차, 서면에 의한 청구의 포기·인낙과 화해제도의 도입 등 서면주의가 가미되어 있다.

제4관 직접심리주의

> 제204조(직접주의) ① 판결은 기본이 되는 변론에 관여한 법관이 하여야 한다.
> ② 법관이 바뀐 경우에 당사자는 종전의 변론결과를 진술하여야 한다.
> ③ 단독사건의 판사가 바뀐 경우에 종전에 신문한 증인에 대하여 당사자가 다시 신문신청을 한 때에는 법원은 그 신문을 하여야 한다. 합의부 법관의 반수 이상이 바뀐 경우에도 또한 같다.

1. 의 의

판결을 하는 법관이 직접 변론을 듣고 증거조사를 행하여야 하는 주의를 말한다. 다만 **판결의 선고에만 관여할 때에는 직접주의 적용이 없다**. 다른 사람이 심리한 결과를 기초로 재판하는 간접심리주의와 대립한다. 진술의 취지를 이해하고 그 진위를 판별하여 진상을 파악하기 쉬운 장점이 있기 때문에 현행법은 직접심리주의를 원칙으로 하며, 판결은 그 기본 되는 변론에 관여한 법관에 한하여 행하게 되어 있다(제204조 제1항).

---

[2] 민사소송법상 구술변론주의의 원칙에 비추어 소송당사자가 자기의 주장사실을 서면에 기재하여 법원에 제출하였다하더라도 변론에서 진술되지 아니한 이상 이를 당해 사건의 판단자료로 삼을 수 없다는 것에, 대법 2001.12.14, 2001므1728

2. 직접심리주의의 예외

(1) 변론의 갱신

> **민사소송규칙**
> **제55조(종전 변론결과의 진술)** 법 제204조제2항에 따른 종전 변론결과의 진술은 당사자가 사실상 또는 법률상 주장, 정리된 쟁점 및 증거조사 결과의 요지 등을 진술하거나, 법원이 당사자에게 해당사항을 확인하는 방식으로 할 수 있다.

1) 내 용 : **변론에 관여한 법관이 바뀐 경우에는 소송경제를 위해 당사자가 새로운 법관 앞에서 종전의 변론결과를 진술하면 되는 것**으로 하고 있다(제204조 제2항). 判例는 변론의 갱신절차를 밟지 않았다 하여도 변론종결시에 당사자 양쪽이 소송관계를 표명하고 증거조사의 결과에 대하여 변론을 하였으면 그 위법은 치유된다는 입장이었으나,3) 개정민소규칙 제55조는 종전 변론결과의 진술은 당사자가 사실상·법률상 주장, 정리된 쟁점 및 증거조사결과의 요지 등을 진술하거나 법원이 당사자에게 쟁점을 확인하는 방식으로 하게 하여 더 이상 유지되기 어렵게 되었다. **법관이 바뀌었더라도 종전 기일까지 한 번도 변론을 진행한 바 없이 기일연기만 계속되어 왔다면 변론갱신은 불필요**하다. 지난 기일까지 사이에 변론이 진행된 바 있다 하더라도 법관이 바뀐 후의 기일에 변론이 연기되는 때에는 변론갱신의 기재를 해서는 안 되고 그 후 변론이 진행되는 기일에 비로소 그 기재를 하여야 한다.

2) 범 위 : **단독사건의 판사가 바뀐 경우에 종전에 신문한 증인에 대하여 당사자가 다시 신문신청을 한 때에는 법원은 그 신문을 하여야 한다. 합의부 법관의 반수 이상이 바뀐 경우에도 또한 같다**(제204조 제3항). **소송이송이나 항소, 재심에 의하여 법관이 바뀐 경우에도 변론의 갱신이 필요**하다. **환송후의 항소심은 새로 재판부를 구성하여야 하는 관계**(제436조 3항)**로 반드시 변론의 갱신절차를 밟아야** 한다(제204조 2항, 규칙 제127조의 2). 이 경우 당사자의 증인에 대한 재신문이 신청이 있어도 증명이 필요 없거나 소송완결을 지연하게 할 목적에서 재신문을 신청하는 경우 제290조에 따라 재신문을 아니할 수도 있다.4) 그러나 **판결선고기일에 법관이 바뀐 경우, 변론준비기일이 진행 중에 법관이 바뀐 경우에는 갱신절차를 밟을 필요가 없으며, 소액사건은 변론의 갱신절차가 배제**된다(소심법 제9조 제2항).

(2) 수명법관·수탁판사에 의한 증거조사

증거조사를 법정 내에서 실시하기 어려운 사정이 있을 때에는 수명법관·수탁판사에게 증거조사를 시키고 그 결과를 기재한 조서를 판결자료로 할 수 있도록 하고 있다(제297조, 제298조). 외국에서 증거조사를 하는 때에 외국주재 우리나라 대사·공사·영사 또는 그 나라의 관할 공공기관에 촉탁하는 것도 같다(제296조).

(3) 재판장 등에 의한 변론준비절차

변론준비절차는 재판장 또는 수명법관이 주재하며, 변론준비절차의 결과를 판결하는 법관 모두가 관여하는 변론기일에 상정시켜 이를 바탕으로 판결한다.

---

3) 대법 1967.10.25, 67다1468
4) 대법 1992.07.14, 92누2424

제5관 처분권주의

I. 서 설

1. 의 의

처분권주의라 함은 절차의 개시, 심판의 대상, 그리고 절차의 종결에 대하여 당사자에게 주도권을 주어 그의 처분에 맡기는 입장이다. 사권의 발생·변경·소멸을 개인에게 맡기는 것이 민법의 사적자치의 원칙이라면, 처분권주의는 사적자치의 소송법적인 측면이라고 할 수 있다.

2. 구별개념

소송자료의 수집책임을 당사자에게 부과하는 변론주의와 다르고, 법원이 심판대상에 대하여 직권으로 고려하는 직권조사주의와 다르다.

II. 절차의 개시

1. 원 칙

민사소송절차는 당사자의 소의 제기에 의하여 개시되며, 법원의 직권에 의하여 개시되지 않는다. '신청 없으면 재판 없다'라는 법언은 이를 뜻한다.

2. 예 외

예외적으로 **당사자의 신청 없이 직권으로 재판할 수 있는 경우가 있는데, 소송비용의 재판(제104조, 제107조 1항), 소송비용 담보제공(제117조 2항), 가집행선고(제213조 1항), 판결의 경정(제211조 1항), 추가재판(제212조 1항), 배상명령(특례법 제25조), 소송구조(제128조 1항) 등이 이에 해당**한다. 증권관련집단소송과 소비자·개인정보 단체소송에서는 소의 제기에 법원에 허가 신청을 내어 허가받았을 때에 소송절차가 본격적으로 개시되게 하였다(증집소 제7조, 제13조; 소비기본 제73조, 제74조).

III. 심판의 대상과 범위

> 제203조(처분권주의) 법원은 당사자가 신청하지 아니한 사항에 대하여는 판결하지 못한다.

법원은 당사자가 신청하지 아니한 사항에 대하여는 판결하지 못하며, 제1심 판결은 그 불복의 한도 안에서 바꿀 수 있다(불이익변경금지원칙, 제415조).

1. 질적 동일

(1) 원 칙

법원의 심판의 한계는 소송물에 한하므로 그 소송물과 다른 소송물이나 그 소송물의 범위를 벗어난 사항에 대하여는 심판할 수 없다.

1) 소송물

① **불법행위 손해배상청구를 채무불이행에 기하여 인용함은 허용되지 않는다**.5)

② 원고가 매매를 원인으로 소유권이전등기청구를 한 것에 대하여, 양도담보계약을 원인으로 소유권이전등기를 명함은 처분권주의에 반한다. 따라서 이 판결에 대해 원고가 제기한 상소는 적법하다.6)

③ **채무불이행으로 인한 손해배상 예정액의 청구와 채무불이행으로 인한 손해배상액의 청구는 그 청구원인을 달리 하는 별개의 청구이므로 손해배상 예정액의 청구 가운데 채무불이행으로 인한 손해배상액의 청구가 포함되어 있다고 볼 수 없다**.7)

④ 소유권 상실을 원인으로 한 손해배상청구에 당사자가 주장하지도 아니한 소유권보존등기 말소의무의 이행불능으로 인한 손해배상책임을 인정한 것은 처분권주의에 위배된다.8)

⑤ 선행판결이나 약정에 따른 의무 위반을 원인으로 하는 금지 및 손해배상청구는 부정경쟁방지 및 영업비밀보호에 관한 법률상 영업비밀침해를 원인으로 하는 금지 및 손해배상청구와는 그 요건과 증명책임을 달리하는 전혀 별개의 소송물이다. 따라서 원고와 피고가 비록 영업비밀성에 관한 공방을 하였다고 하더라도 원고의 주위적 청구에 부정경쟁방지법상 영업비밀침해를 원인으로 하는 청구가 포함되어 있다고 보기는 어렵다.9)

⑥ 피고가 상계항변을 철회한다고 진술하였는데 법원이 그 상계항변의 자동채권이 성립하지 않는다고 판단하여 그 항변을 배척하면서 원고의 청구를 전부 인용하는 것은 처분권주의에 위배된다.10)

⑦ 점유자가 소유명의자에 대하여 직접 취득시효 완성으로 인한 소유권이전등기청구권을 갖는다는 것과 점유자가 전 점유자를 대위하여 그가 소유명의자에 대하여 가지는 소유권이전등기청구권을 대위행사한다는 것은 그 청구원인이 다르다.11)

⑧ 임대차 종료를 원인으로 임대차목적물의 반환을 구하는 소송에서, 법원이 원고가 특정한 임대차 종료사유와 다른 종료사유를 들어 청구를 인용한 것은 위법하다.

2) 소의 종류·순서

① 법원은 이행·확인·형성 등 원고가 특정한 소의 종류에 구속된다.

② 당사자의 권리구제의 순서에도 법원은 구속된다. 예비적 병합에서 순서대로 주위적 청구에 대하여 먼저 심판을 하지 않고 예비적 청구를 받아들이는 판결을 하는 것은 제203조에 위반된다.12) 예비적 공동소송도 마찬가지이다.

3) 처분권주의에 위반이 아닌 경우

① 법조경합, 즉 **자동차손해배상보장법 제3조는 민법 제756조의 특별규정으로 보아 원고의 주장이 없어**

---

5) 대법 1989.11.28, 88다카9982
6) 대법 1992.03.27, 91다40696
7) 대법 2000.02.11, 99다49644
8) 대법 2012.05.17, 2010다28604
9) 대법 2020.01.30, 2015다49422
10) 대법 2011.07.14, 2011다23323
11) 대법 1995.11.28, 95다22078·22085
12) 대법 1959.10.15, 4291민상793

도 민법에 우선하여 적용할 수 있다.[13)]

② 신청사항과 판결에 있어서 신청사항에 의하여 추단되는 원고의 합리적 의사에 판결내용이 부합되는 정도이면 비록 신청취지의 문언과 다소 차이가 있더라도 허용된다. 예를 들어 소송수계한 상속인들이 상속분대로 청구취지정정신청을 하지 아니하여도 법원이 수계인들에게 상속분에 좇아 분할지급을 명하는 것은 허용되며,[14)] **연차적으로 발생할 손해에 대하여 당사자가 치료비 등을 일시적으로 청구한 경우 법원이 그 연차적 지급을 명했다고 해도 손해배상의 범위와 한계에 관한 법리를 위반했다거나 당사자가 청구하지 아니한 사항에 대하여 판결한 위법이 있다고 할 수 없다.**[15)]

(2) 처분권주의의 예외

실질은 비송이지만 형식은 소송에 의하는 형식적 형성의 소에는 제203조가 적용되지 않는다. 즉 경계확정의 소에 있어서 원고의 'A·B 두 토지의 경계를 구한다'는 신청에는 법원이 구속되나, 'A·B 두 토지의 경계선은 X선이다'라는 신청에는 구속되지 아니하며 그 경계선을 Y선 또는 Z선 등으로 자유로이 정할 수 있다.[16)] 나아가 공유물분할청구의 소에 있어서 분할방법에 대한 당사자의 신청은 법원을 구속할 수 없다.[17)] **원고가 현물분할을 청구하여도 경매에 의한 가격분할을 명할 수 있다.**[18)]

2. 양적 동일

(1) 양적 상한

1) 원 칙 : **법원은 원고의 신청 상한을 넘어서 유리한 판결할 수 없다.** 따라서 1억 원의 금전지급청구에 2억 원의 지급을 명하는 판결을 할 수 없으며, 1억 원의 지급과 상환으로 소유권이전등기를 구하는 경우에 5천만 원과 상환으로 이전등기를 명하는 것은 허용되지 않는다. 최근 判例도 유류분권리자가 반환의무자를 상대로 유류분반환청구권을 행사하고 이로 인하여 생긴 목적물의 이전등기의무나 인도의무 등의 이행을 소로써 구하는 경우에는 그 대상과 범위를 특정하여야 하고, 법원은 처분권주의의 원칙상 유류분권리자가 특정한 대상과 범위를 넘어서 청구를 인용할 수 없다고 하였다.[19)]

① 인명사고에 의한 손해배상 청구 : 判例는 교통사고에 의한 손해배상청구에서 적극적 손해, 소극적 손해, 위자료 등 3가지 손해항목이 각각 별개의 소송물이 된다는 손해3분설 입장으로,[20)] **원고 청구총액을 초과하지 않는다 하여도 각 항목의 청구액을 초과하여 인용하면 처분권주의의 위반**으로 본다.

② 이자청구 : 判例는 원금청구와 이자 청구는 별개의 소송물이므로 원리금 합산한 전체청구금액의 범위 내라도 원금청구액을 넘어선 원금의 인용은 허용되지 않는다고 보았고,[21)] 또 **이자청구의 소송물은 원금·이율·기간 등 3개의 인자(因子)에 의하여 정해진다고 보고, 비록 원고의 이자청구액을 초과하지 않았

---

13) 대법 1970.11.24, 70다1501
14) 대법 2006.12.07, 2004다54978
15) 대법 1970.07.24, 70다621
16) 대법 1993.11.23, 93다41792·41808
17) 대법 2004.10.14, 2004다30583 등
18) 대법 1993.12.07, 93다27819
19) 대법 2013.03.14, 2010다42624
20) 대법 2001.02.23, 2000다63752
21) 대법 2013.10.31, 2013다59050; 대법 2009.06.11, 2009다12399

지만 3개의 기준 중 어느 것에서나 원고의 주장의 기준보다 넘어서면 처분권주의에 위반된다고 한다.22) 나아가 <u>소장송달 다음 날로부터 연 25%의 비율에 의한 금원지급을 구하였는데, 대여일부터 연 25%의 금원지급을 명함은 처분권주의에 위반</u>된다.23)

③ 부진정연대채무로 청구시 개별적 지급 : 채권자 甲이 채무자 乙을 상대로 자신의 인수대금 채권을 행사하는 청구와 제3채무자 丙을 상대로 위 채권을 피보전채권으로 하여 乙의 채권을 대위행사하는 청구를 한 사안에서, 乙의 甲에 대한 채무와 丙의 乙에 대한 채무가 연대채무 또는 부진정연대채무의 관계가 아니지만, <u>甲이 두 채무가 부진정연대채무 관계에 있음을 전제로 연대하여 지급할 것을 구하였는데도 乙과 丙에게 개별적 지급책임을 인정한 원심판결에는 처분권주의에 관한 법리오해의 잘못</u>이 있다.24)

2) 예 외 : 判例는 일부청구시 과실상계와 관련하여 "<u>한 개의 손해배상청구권중 일부가 소송상 청구되어 있는 경우에 과실상계를 함에 있어서는 손해의 전액에서 과실비율에 의한 감액을 하고 그 잔액이 청구액을 초과하지 않을 경우에는 그 잔액을 인용할 것이고 잔액이 청구액을 초과할 경우에는 청구의 전액을 인용하는 것으로 풀이하는 것이 일부청구를 하는 당사자의 통상적 의사라고 할 것이다.</u>"라고 판시하여 외측설을 취하고 있다.25) <u>이러한 법리는 일부청구에 대하여 반대채권으로 상계할 때에도 적용</u>되며,26) 손해액의 일부에 대해 배상책임을 인정하고 일부공탁한 경우에도 배상범위를 정함에 있어서는 전손해액을 기준으로 한다.27)

(2) 일부인용

1) 분량적인 일부인용 : <u>분량적인 일부인용은 원고가 청구취지를 변경하지 아니하여도 처분권주의에 반하지 않는다.</u> ① 부진정연대의 관계에서 청구한 경우에 진정연대의 관계에서 인용하는 것은 허용된다. ② <u>전부의 소유권확인청구에는 지분에 대한 소유권확인의 취지가 포함되어 있으므로 그 범위에서 원고청구를 일부인용할 수 있다.</u>28) ③ 유치권부존재확인의 소의 심리 결과 유치권 신고를 한 사람이 유치권의 피담보채권으로 주장하는 금액의 일부만이 경매절차에서 유치권으로 대항할 수 있는 것으로 인정되는 경우에는 법원은 특별한 사정이 없는 한 그 유치권 부분에 대하여 일부패소의 판결을 하여야 한다.29) ④ 주위토지통행권이 있음을 주장하여 확인을 구하는 특정의 통로 부분이 민법 제219조에 정한 요건을 충족하지 못할 경우에는 다른 토지 부분에 주위토지통행권이 인정된다고 할지라도 원칙적으로 청구를 기각할 수밖에 없지만, 주위토지통행권의 확인을 구하는 특정의 통로 부분 중 일부분이 민법 제219조에 정한 요건을 충족하거나 특정의 통로 부분에 대하여 시기나 횟수를 제한하여 주위토지통행권을 인정하는 것이 가능한 경우, 제한된 범위에서 청구를 인용하여야 한다.30) ⑤ 약정지연손해금의 청구를 하는 경우에 명백히 청구하고 있지 않은 법정지연손해금의 지급을 명하지 아니하여도 위법이 아니라고 한 바 있으나,31) 최근 약정

---

22) 대법 1960.09.29, 4293민상18
23) 대법 1989.06.13, 88다카19231
24) 대법 2014.07.10, 2012다89832
25) 대법 1976.06.22, 75다819
26) 대법 1984.03.27, 83다323
27) 대법 1991.01.25, 90다6491
28) 대법 1995.09.29, 95다22849 · 22856
29) 대법 2016.03.10, 2013다99409
30) 대법 2017.01.12, 2016다39422
31) 대법 1979.11.13, 79다1336

이율이 인정되지 않는다고 하더라도 법정이율에 의한 지연손해금을 구하는 취지가 포함되어 있다고 하였다.[32]

2) **단순이행청구의 경우에 상환이행판결** : ① 원고가 단순이행청구를 하고 있는데 피고의 동시이행의 항변 또는 유치권항변이 이유 있을 때에 "원고가 반대의 의사표시를 하지 않는 한" 원고청구기각이 아니라, 원고로부터 채무이행을 받음과 상환으로 피고의 채무이행을 명하는 상환이행판결을 하여야 한다.[33] 따라서 **매수인이 단순히 소유권이전등기청구만을 하고 매도인이 동시이행의 항변을 한 경우 법원이 대금수령과 상환으로 소유권이전등기절차를 이행할 것을 명하는 것은 그 청구중에 대금지급과 상환으로 소유권이전등기를 받겠다는 취지가 포함된 경우에 한하므로 그 청구가 반대급부 의무가 없다는 취지임이 분명한 경우에는 청구를 기각하여야 한다.**[34] ② 상속인에 대한 이행청구에서 한정승인의 항변이 이유 있으면 상속재산의 한도에서 집행을 명하는 유보부판결을 하여야 한다. 다만 ③ 判例는 **토지임대차 종료시 임대인의 건물철거와 대지인도청구에는 건물매수대금지급과 상환으로 건물명도를 구하는 청구가 포함되어 있다고 볼 수 없어 상환이행판결은 허용되지 않으나 법원은 청구취지의 변경에 관하여 석명의무가 있다**고 하였다.[35]

3) **채권자취소소송에서 인도청구의 경우에 가액배상판결** : 判例는 **채권자취소소송에서 사해행위의 전부취소와 원상회복청구의 주장에는 사해행위의 일부취소와 가액배상청구의 주장도 포함되어 있으므로 청구취지의 변경이 없어도 가액배상을 명할 수 있다**고 했다.[36] 가액배상의 경우는 이행의 상대방은 채권자이어야 한다.[37]

4) **현재이행의 소의 경우에 장래의 이행판결** : 현재이행의 소에서 심리결과 원고에게 청구권이 존재하나 이행기의 미도래, 조건미성취의 경우에는 바로 기각할 것이 아니라, 미리 청구할 필요가 있고 원고의 의사에 반하지 않으면 장래이행의 소로서 일부인용판결을 한다. 判例도 ① **저당권설정등기 말소청구의 경우 잔채무가 있다면 잔채무의 선이행을 조건으로 청구인용할 것**이라고 한다.[38] 다만 ② **원고가 피담보채무가 발생하지도 않음을 전제로 등기말소를 구하는 경우에는 채무이행을 조건으로 등기말소를 구하는 취지가 포함되어 있지 않다.**[39]

5) **집행불능시 대상청구와 이행불능시 전보배상청구** : 判例는 목적물의 인도청구와 집행불능시의 대상청구를 하는 경우에는 이러한 청구에는 변론종결시까지 이행불능이 되면 전보배상판결을 받으려는 의사가 포함되어 있지 않기 때문에 변론종결시까지 이행불능이 되면 인도청구는 물론이고 대상청구도 모두 기각하여야 한다고 보고 있다.[40]

---

32) 대법 2017.09.26, 2017다22407
33) 동시이행항변의 경우, 대법 1979.10.10, 79다1508; 유치권항변의 경우, 대법 1969.11.25, 69다1592
34) 대법 1980.02.26, 80다56
35) 대법 1995.07.11, 94다34265
36) 대법 2001.09.04, 2000다66416; 대법 2002.11.08, 2002다41589
37) 대법 2008.04.24, 2007다84352
38) 대법 1996.11.12, 96다339388; 대법 1993.04.27, 92다5249; 대법 2023.11.16, 2023다266390
39) 대법 1991.04.23, 91다6009
40) 대법 1969.10.28, 68다158

IV. 절차의 종결

1. 통상의 소송절차의 경우

개시된 절차를 종국판결에 의하지 않고 종결시킬 것인가의 여부도 당사자의 의사에 일임되어 있으므로 당사자는 어느 때나 소의 취하, 청구의 포기·인낙, 화해에 의하여 절차를 종결시킬 수 있다. 또 상소의 취하, 불상소의 합의, 상소권의 포기도 인정된다.

2. 직권탐지주의에 의하는 절차에서의 제한

가사소송·행정소송 등 직권탐지주의에 의하는 절차에서는 임의로 처분할 수 있는 권리관계가 아니므로 처분권주의가 제한된다. 재심소송도 여기에 해당하여 **당사자가 자유롭게 처분할 수 없는 사항을 대상으로 한 조정이나 재판상 화해는 허용될 수 없으므로, '재심대상 판결 및 제1심 판결을 각 취소한다'는 취지의 조정조항은 당사자가 자유롭게 처분할 수 있는 권리에 관한 것이 아니어서 당연무효**이다.[41] 그러나 이러한 절차에서도 절차의 개시, 소송물의 특정은 당사자의 의사에 일임되며, 원고의 소취하의 자유도 인정된다. 성질상 허용될 수 없는 것은 청구의 포기·인낙 그리고 재판상 화해이다.

3. 회사관계소송

직권탐지주의의 명문이 없는 회사관계소송에서는 문제인데, 원고패소확정판결과 동일한 효력이 있는 청구의 포기는 별론, 승소확정판결과 동일한 효력이 있는 청구의 인낙이나 화해는 허용될 수 없을 것이다. 判例도 **주주총회결의의 부존재·무효를 확인하거나 결의를 취소하는 판결이 확정되면 당사자 이외의 제3자에게도 그 효력이 미쳐 제3자도 이를 다툴 수 없게 되므로, 주주총회결의의 하자를 다투는 소에 있어서 청구의 인낙이나 그 결의의 부존재·무효를 확인하는 내용의 화해·조정은 할 수 없고, 가사 이러한 내용의 청구인낙 또는 화해·조정이 이루어졌다 하여도 그 인낙조서나 화해·조정조서는 효력이 없다**고 하였다.[42]

	변론주의	직권탐지주의	회사관계소송
소취하	○	○	○
청구의 포기	○	×	○
청구의 인낙	○	×	×
화 해	○	×	×

---

41) 대법 2012.09.13, 2010다97846
42) 대법 2004.09.24, 2004다28047; 회사법상 주주총회결의의 하자를 다투는 소나 회사합병무효의 소에서 청구인낙이 허용되지 않는다는 것에, 대법 1993.05.27, 92누14908

V. 처분권주의 위배의 효과

1. 위반한 판결의 효력

처분권주의에 위배된 판결은 원칙적으로 상소 등으로 불복하여 취소를 구할 수 있을 뿐이고 당연무효라고는 할 수 없다. 그러나 재심사유로 규정되어 있지 않으므로 확정후에 재심으로 취소를 구할 수는 없다. 判例도 <u>매매를 원인으로 한 소유권이전등기청구에 대해 1심 법원이 양도담보약정을 원인으로 인용한 것은 주문상으로는 원고가 전부 승소한 것으로 보이기는 하나, 원고가 주장한 매매를 원인으로 한 소유권이전등기청구에 관하여는 심판을 한 것으로 볼 수 없어 결국 이 부분 원고의 청구는 실질적으로 인용한 것이 아니어서 판결의 결과가 불이익하게 되었으므로 원고가 처분권주의를 위반한 위법을 들어 상고한 것은 상소의 이익이 인정된다</u>고 하였다.[43]

2. 하자의 치유

(1) 이의권의 포기·상실 부정

처분권주의의 위배는 판결의 내용에 관한 것이고 소송절차에 관한 것이 아니므로 이의권의 대상이 아니다.

(2) 항소심에서의 하자치유

처분권주의에 위배된 경우라도 피고가 항소한 경우에 원고가 항소기각의 신청을 하거나, 제1심에서 신청하지 아니한 사항에 대해 항소심에서 새로 신청하면 그 흠이 치유된다.

제6관 변론주의

I. 서 설

1. 의 의

변론주의라 함은 소송자료, 즉 <u>사실과 증거의 수집과 제출책임을 당사자에게 맡기고 당사자가 수집하여 변론에서 제출한 소송자료만을 재판의 기초로 삼아야 한다는 원칙</u>을 말한다.

2. 근 거

본질설, 수단설, 절차보장설 등의 대립이 있으나 변론주의의 근거는 어느 한 가지로 볼 수 없고 사적자치의 반영, 진실발견의 수단, 절차보장에 의한 공평한 재판 등 여러 가지로 파악함이 옳을 것이다.

3. 구별개념

<u>소송물에 대하여 당사자에게 주도권을 주어 그의 처분에 맡기는 입장인 **처분권주의와 구별**</u>되고, 소송자료의 수집·제출책임을 <u>당사자가 아닌 법원이 지게 되어 있는 **직권탐지주의**</u>와 다르다.

---

[43] 대법 1992.03.27, 91다40696

II. 변론주의의 내용

1. 사실의 주장책임

(1) 주장책임의 의의

1) 의 의 : 권리의 발생, 소멸이라는 법률효과의 판단에 직접 필요한 요건사실인 주요사실은 당사자의 변론으로 진술되어야만 법원이 이를 판결의 기초로 삼을 수 있다.[44] 법원은 주장과 달리 판단할 수 없으며, 또 주장이 없는데 판단할 수 없고,[45] 당사자가 철회한 주장사실을 기초로 판단해서는 안 된다.[46] 이처럼 당사자는 자기에게 유리한 사실을 주장하지 않았으면 그 사실은 없는 것으로 취급되어 불이익한 판단을 받게 되는데 이를 주장책임이라 한다. 따라서 원고는 권리발생원인사실을, 피고는 항변사실을 주장할 것을 요한다. 다만 소극적 확인소송·청구이의·배당이의 소·유치권부존재확인의 소에서는 원고가 먼저 청구를 특정하여 채무발생원인사실을 부정하는 주장을 하면 채권자인 피고는 권리관계의 요건사실에 관하여 주장을 한다.[47]

2) 주장공통의 원칙 : 어느 당사자이든 변론에서 주장하기만 하면 되고 반드시 주장책임을 지는 당사자가 진술해야 하는 것은 아니다.[48]

(2) 주요사실과 간접사실의 구별

1) 의 의 : 이러한 **주장책임은 주요사실에 한하여 적용**되는데, **주요사실은 증명의 목표이고 간접사실은 그 수단으로 기능상 증거와 같은 작용**을 하기 때문이다.

① **주요사실이란 실무상 요건사실이라고도 하는 것으로 권리의 발생·변경·소멸이라는 법률효과를 발생시키는 법규의 직접 요건사실**을 말한다.

② 간접사실은 주요사실의 존재를 추인하는데 도움이 됨에 그치는 사실이다.

③ 보조사실이란 증거능력이나 증거가치에 관한 사실을 말한다.

2) 주요사실과 간접사실의 구별기준 : 判例는 "민사소송절차에서의 변론주의 원칙은 권리의 발생·변경·소멸이라는 법률효과 판단의 요건이 되는 주요사실에 대한 주장·증명에 적용되는 것으로서, **그 주요사실의 존부를 확인하는 데 도움이 되는 간접사실이나 그의 증빙자료에 대하여는 적용되지 않는다.**"고 판시하여 법규기준설의 입장에서 구체적인 경우마다 주요사실과 간접사실을 구별하고 있다.[49]

---

44) 민사소송절차에서 권리의 발생·변경·소멸이라는 법률효과를 판단하는 요건이 되는 주요사실에 대한 주장·증명에는 변론주의의 원칙이 적용된다는 것에, 대법 2021.01.14, 2020다261776
45) 대법 2021.03.25, 2020다289989; 도시정비법 제41조 1항 후문의 위반으로 조합장 자격유지 요건을 충족하지 않았다는 주장만이 있는 경우, 제41조 1항 전문의 조합장 선임 자격 요건을 충족하지 않았다고 판단할 수 없다는 것에, 대법 2022.02.24, 2021다291934
46) 대법 1993.04.27, 92다29269
47) 대법 2016.03.10, 2013다99409
48) 대법 2002.02.26, 2000다48265
49) 대법 2004.05.14, 2003다57697; 대법 2002.08.23, 2000다66133

판례연구 : 주요사실로 본 경우

1. 동시이행의 항변
매매를 원인으로 한 소유권이전등기청구에 있어 매수인은 매매계약 사실을 주장, 입증하면 특별한 사정이 없는 한 매도인은 소유권이전등기의무가 있는 것이며, 매도인이 매매대금의 일부를 수령한 바 없다면 동시이행의 항변을 제기하여야 하는 것이고, 법원은 매도인의 이와 같은 항변이 있을 때에 비로소 대금지급 사실의 유무를 심리할 수 있는 것이다.[50]

2. 이행불능사실
채무가 이행불능인 사실은 당사자의 항변사실에 불과하므로, 설사 논하는 바와 같이 피고들의 각 소유권이전등기 채무가 이행불능이라 하더라도 원심 변론종결시까지 피고들이 이행불능의 항변을 하지 아니한 이상, 변론주의의 원칙상 법원이 이행불능이라는 이유로 원고의 청구를 배척할 수 없다 할 것이다.[51]

3. 소멸시효
권리를 소멸시키는 소멸시효 항변은 변론주의 원칙에 따라 당사자의 주장이 있어야만 법원의 판단대상이 된다.[52]

4. 소멸시효의 기산점
소멸시효의 기산일은 채무의 소멸이라고 하는 법률효과 발생의 요건에 해당하는 소멸시효기간 계산의 시발점으로서 소멸시효항변의 법률요건을 구성하는 구체적인 사실에 해당하므로 이는 변론주의의 적용대상이라 할 것이고, 따라서 본래의 소멸시효기산일과 당사자가 주장하는 기산일이 서로 다른 경우에는 변론주의의 원칙상 법원은 당사자가 주장하는 기산일을 기준으로 소멸시효를 계산하여야 한다.[53]

5. 시효중단
시효중단 사유에 대하여 소송상 변론주의가 적용된다. 변론주의의 대상이므로 당사자가 주장하지 않으면 법원이 이에 대하여 판단할 필요가 없으며, 시효중단에 대한 주장 및 증명의 책임은 시효완성을 부정하고 이를 다투는 당사자가 진다. 판례도 소멸시효의 중단사유로서 채무자에 의한 채무승인이 있었다는 사실은 이를 주장하는 채권자 측에서 입증하여야 한다고 했다.[54] 또한 피고가 응소행위를 하였다고 바로 시효중단의 효과가 생기는 것이 아니고, 피고가 변론주의의 원칙상 당해 소송이나 다른 소송에서 응소행위로서 시효가 중단되었다고 주장하여야만 한다.[55] 주장책임의 정도는 시효가 중단되었다는 명시적인 주장을 필요로 하는 것이 아니라 중단사유에 속하는 사실만 주장하면 주장책임을 다한 것으로 본다.[56]

6. 부진정연대채무에 관한 주장
원고가 구하지 않았음에도 피고 2가 지급할 손해배상금으로서 위 삼성리빙케어 보험계약의 해지로 인한 손실금을 넘는 금액을 인정하거나, 부진정연대채무관계에 관한 아무런 주장이 없었음에도 피고들에게 다른 공동피고와 연대하여 손해배상금을 지급하라고 한 것은 처분권주의, 변론주의에 관한 판례를 위반한 것이다.[57]

7. 불공정한 법률행위에 해당한다는 사실
대물변제 예약이 무효라고만 주장하고 아무런 다른 주장이 없음에도 불구하고 불공정한 법률행위라고 인정한 것은 위법이며 이러한 경우 법원은 석명권을 행사하여 무효라고 주장하는 이유가 무엇인지를 밝혀야 한다.[58]

---

50) 대법 1990.11.27, 90다카25222
51) 대법 1996.02.27, 95다43044
52) 대법 2017.03.22, 2016다258124
53) 대법 1983.07.12, 83다카437
54) 대법 2015.04.29, 2014다85216
55) 대법 1995.02.28, 94다18577
56) 대법 1997.04.25, 96다46484
57) 대법 2013.05.09, 2011다61646

8. 대리인에 의한 계약체결사실

대리행위는 법률효과를 발생시키는 실체법상의 구성요건해당사실에 속하므로, 법원은 변론에서 당사자가 주장하지 않는 이상 이를 인정할 수 없으나, 이와 같은 주장은 반드시 명시적일 필요는 없고 당사자의 주장취지에 비추어 이러한 주장이 포함되어 있으면 된다.[59]

9. 해제조건의 성취

해제조건의 성취로 그 소유권이 원지주에게 복귀되었다는 것과 같은 항변에 속한 주장은 당사자가 이를 주장 입증하여야 하는 것이지 법원의 직권조사사항이라 할 수 없다.[60]

10. 신체의 사상으로 인한 손해배상에서의 손해액산정

일실이익에 관한 배상소송에 있어서 월수입·가동연한·월생계비 따위는 주요사실로 보고, 현가산정방식에 관한 주장은 간접사실로 보아 당사자의 주장에도 불구하고 법원이 자유로이 판단할 수 있다.[61] 따라서 피해자의 사고 당시 수입,[62] 기대여명은[63] 재판상 자백의 대상이 된다.

11. 손해의 발생사실

채무불이행으로 인한 손해배상액의 청구에 있어서 손해의 발생 사실과 그 손해를 금전적으로 평가한 배상액에 관하여는 손해배상을 구하는 채권자가 주장·입증하여야 하는 것이므로, 채권자가 손해배상책임의 발생원인 사실에 관하여는 주장·입증을 하였더라도 손해의 발생 사실에 관한 주장·입증을 하지 아니하였다면 변론주의의 원칙상 법원은 당사자가 주장하지 아니한 손해의 발생 사실을 기초로 하여 손해액을 산정할 수는 없다.[64]

판례연구 : 간접사실로 본 경우

1. 기본사실의 경위·내력

(1) 연대보증의 성립경위

원피고간의 본건 연대보증계약에 있어 주채무자인 최홍승이가 본건 약속어음이나 약정서(갑 1, 2호증)의 피고 이름 밑에다 피고의 도장을 찍을 때에 피고를 대신해서 찍었다고 인정한 것이 설사 당사자가 주장하지 않은 사실을 인정한 것이 되었다 하더라도 이러한 사실은 연대보증계약의 성립경위에 관한 사실에 지나지 않을 뿐더러 원심은 연대보증이란 청구원인사실을 토대로 하여 사실을 확정하고 있는 것이므로, 원판결에는 소론과 같이 당사자가 주장하지 않은 사실을 판단한 위법이 있다고도 할 수 없다.[65]

(2) 충돌사고 경위

가해차량이 피고차량의 후미를 충격하게 된 경위를 원고주장 사실과 다소 다르게 인정하였다 하더라도, 이는 원고주장의 범위 내에 속하는 사실임이 분명하므로, 원고가 주장하지도 아니한 사실을 인정한 위법이 없다.[66]

(3) 변제의 경위

변론주의는 주요사실에 대하여만 적용되고 그 경위, 내력 등 간접사실에 대하여는 적용이 없는 것이므로 甲이 중도금을 乙에게 직접 지급하였느냐 또는 그 수령권한 수임자로 인정되는 자를 통하여 지급하였느냐는 결국 변제사실에 대한 간접사실에 지나지 않는 것이어서 반드시 당사자의 구체적인 주장을 요하는 것이 아니다.[67]

---

58) 대법 1962.11.08, 62다599
59) 대법 1996.02.09, 95다27998
60) 대법 1967.05.16, 67다391
61) 대법 1983.06.28, 83다191
62) 대법 1998.05.15, 96다24668
63) 대법 2018.10.04, 2016다41869
64) 대법 2000.02.11, 99다49644
65) 대법 1971.04.20, 71다278
66) 대법 1979.07.24, 79다879
67) 대법 1993.09.14, 93다28379

2. 취득시효 점유권원과 기산점

취득시효완성으로 인한 소유권이전등기청구소송에 있어서, 전소에서의 대물변제를 받았다는 주장과 후소에서의 증여를 받았다는 주장은 모두 부동산을 소유의 의사로 점유한 것인지를 판단하는 기준이 되는 권원의 성질에 관한 주장으로서 이는 공격방어방법의 차이에 불과하고, 취득시효의 기산점은 법률효과의 판단에 관하여 직접 필요한 주요사실이 아니고 간접사실에 불과하여 법원으로서는 이에 관한 당사자의 주장에 구속되지 아니하고 소송자료에 의하여 진정한 점유의 시기를 인정하여야 하는 것이므로, 그러한 점유권원, 점유개시 시점과 그로 인한 취득시효완성일을 달리 주장한다고 하더라도, 그러한 주장의 차이를 가지고 별개의 소송물을 구성한다고 할 수 없다.[68]

3. 이혼사유인 배우자에 대한 심히 부당한 대우를 구성하는 사실

일련의 행위가 모두 합하여 재판상 이혼사유인 배우자에 대한 심히 부당한 대우가 되는 경우에 그 개개의 사실은 간접사실로서 청구인이 일일이 꼬집어 주장하지 아니하였다 하더라도 법원은 이를 인정할 수 있는 것이다.[69]

3) 구별효과

	주요사실	간접사실
사실의 주장책임	당사자의 주장이 있어야 판결의 기초로 삼을 수 있다.[70]	당사자가 변론에서 진술한 바 없더라도 증언 등의 소송자료에 의하여 변론에 나타나면 판결의 기초로 삼을 수 있다.
자백의 구속력	자백의 구속력이 인정된다.	간접사실에 대해서는 법관의 자유심증 문제상 자백의 구속력이 부정된다. 다만 문서의 진정성립에 관한 자백은 보조사실에 관한 것이나 자백의 구속력을 인정하는 것이 판례이다.
유일한 증거	유일한 증거가 주요사실에 관한 것일 때 법원은 그 조사를 거부할 수 없다(제290조 단서).	간접사실에 관한 것일 때에는 그 조사를 거부할 수 있다.
판단누락	상소이유·재심사유가 된다(제451조 1항 9호).	간접사실은 판단하지 않아도 상고이유·재심사유로서의 판단누락이 되지 않는다.
증거조사의 필요성	주요사실은 증거에 의하여 인정해야 한다.	간접사실은 주요사실을 인정하기 위한 수단이기에 주요사실과 무관하면 증거조사가 불필요하다.

(3) 사실자료와 증거자료의 준별

1) **원 칙** : 변론주의하의 민사사건에서 사실자료와 증거자료는 준별된다. 즉 법원이 증거에 의하여 주요사실을 알았다고 하더라도 당사자가 법정변론에서 주장한 바 없으면 이를 기초로 심판할 수 없으며 또한 당사자의 주장과 달리 심판할 수도 없다. 이는 증거자료를 함부로 판결의 기초로 삼는다면 상대방은 제대로 방어를 못한 채 뜻밖의 재판을 받게 될 수 있기 때문이다.

2) **간접적 주장** : 大法院은 사건의 타당한 해결을 위해 변론에서 당사자가 직접적으로 명시적인 주장

---

[68] 대법 1994.04.15, 93다60120; 대법 1997.02.28, 96다53789
[69] 대법 1990.08.28, 90므422
[70] 처분청이 처분권한을 가지고 있는가 하는 점은 직권조사사항이 아니므로 원심이 이에 관하여 아무런 판단을 하지 아니하였다 하여 여기에 논하는 바와 같은 석명의무 위반이나 심리미진의 위법이 있다고 할 수 없다는 것에, 대법 1996.06.25, 96누570.

을 아니하여도 ⅰ) **변론의 전체적인 관찰에 의해서**나,71) 혹은 ⅱ) **증거신청을 한 것에 의하여** 간접적 주장을 한 것으로 볼 수 있으며,72) ⅲ) 이익으로 원용한 감정서나 **서증에 기재가 있으면** 주장을 한 것으로 의제하려 하여73) 사실자료와 증거자료의 구별을 완화하려는 경향을 보이고 있다.

> **판례연구 : 간접적 주장의 예**
>
> **1. 변론전체취지에 의한 간접적 주장**
> 당사자가 주장하지도 아니한 채무자가 미리 이행하지 아니할 의사를 명백히 표시하였다는 사실을 인정하여 계약해제가 적법하다고 판단하는 것은 변론주의에 위배된다고 할 것이나, 당사자의 변론을 전체적으로 관찰하여 간접적으로 주장한 것으로 볼 수 있는 경우에도 주장이 있는 것으로 보아 적법한 계약해제가 있었다고 판단하여도 무방하다.74)
>
> **2. 서증신청행위에 의한 간접적 주장**
> 원고들은 위 총대회가 무효라는 점에 대한 증거의 하나로 총대회의록(갑 제3호증의 4)을 제출하고 있는데, 이에 의하면 1992.6.16.자 총대회는 과반수에 못미치는 총대 7인만이 출석한 상태에서 의사의 개최 및 의결이 있었던 사실이 인정된다. 이와 같은 상황이라면 앞에서 본 법리에 비추어 비록 원고들이 변론에서 위 1992.6.16.자 총대회가 의사정족수 미달로 무효라는 점에 관하여 명백히 진술을 한 흔적은 없다 하더라도 위 증거의 신청이나 당사자의 변론을 전체적으로 관찰하여 볼 때 그에 관한 간접적인 진술이 있었다고 볼 수 있으므로, 원심이 위 총대회가 의사정족수의 미달로 무효라고 판단하였다고 하여 변론주의에 위배되거나 공평한 심리의 원칙에 위배된다고 할 수 없다.75)
>
> **3. 증인신청 행위로 인한 간접적 주장**
> 甲이 소장에서 토지를 乙로부터 매수하였다고 주장하고 있으나 甲이 위 매매당시 불과 10세 남짓한 미성년이었고 증인신문을 신청하여 甲의 조부인 丙이 甲을 대리하여 위 토지를 매수한 사실을 입증하고 있다면 甲이 그 변론에서 위 대리행위에 관한 명백한 진술을 한 흔적은 없다 하더라도 위 증인신청으로서 위 대리행위에 관한 간접적인 진술은 있었다고 보아야 할 것이므로 원심이 위 토지를 甲의 대리인이 매수한 것으로 인정하였다하여 이를 변론주의에 반하는 것이라고는 할 수 없다.76)
>
> **4. 감정결과 원용에 의한 간접적 주장**
> 원고가 당초 청구원인에서 피고가 벌채한 입목이 91개라고 주장하였다 하더라도 그 후 변론종결기일에서 감정인의 감정결과를 원용한 바 있으므로, 원심이 그 감정결과에 따라 피고가 벌채한 입목을 147개로 인정한 처사는 정당하다.77)
>
> **5. 변제공탁을 하였다는 취지의 공탁서를 제출한 경우 변제주장**
> 비록 피고들이 을 제3호증을 제출하였을 뿐 그에 기재된 금액 상당에 대한 변제주장을 명시적으로 하지 않았다고 하더라도, 피고들이 을 제3호증을 제출한 것은 그 금액에 해당하는 만큼 변제되었음을 주장하는 취지임이 명백하므로, 원심으로서는 그와 같은 주장이 있는 것으로 보고 그 당부를 판단하거나 아니면 그렇게 주장하는 취지인지 석명을 구하여 피고들의 진의를 밝히고 그에 대한 판단을 하였어야 할 것이므로, 이에 이르지 아니한 원심판결에는 판단유탈 또는 석명권불행사로 인한 심리미진의 위법이 있다고 할 것이다.78)

---

71) 대법 1995.04.28, 94다16083
72) 대법 2002.11.08, 2002다38361
73) 대법 1996.12.19, 94다22927
74) 대법 1995.04.28, 94다16083
75) 대법 1999.07.27, 98다46167
76) 대법 1987.09.08, 87다카982
77) 대법 1969.06.10, 69다360
78) 대법 2002.05.31, 2001다42080

> **판례연구 : 주장의 포함이 인정된 경우**
>
> **1. 채무불이행이 아니라는 주장에 동시이행항변권 주장 포함**
>
> 원고는 민법 제536조 2항을 들거나 동시이행의 항변권 또는 불안의 항변권을 행사하였다고 명확히 주장하지는 아니하였지만, 피고가 종전의 임가공비 지급을 지체하였기 때문에 가공원단을 납품하지 아니한 것이어서 자기의 납품거부행위가 채무불이행이 되지 아니하기 때문에 손해배상책임이 없다는 취지로 주장하였다면, 원고의 위 주장에는 자신의 납품거부행위가 동시이행의 항변권 또는 불안의 항변권의 행사로서 위법하지 아니하다는 주장을 포함하는 것으로 해석할 수 있어, 변론주의 위반의 위법이 없다.[79]
>
> **2. 대리의 주장 속에 대행적 대리주장 포함**
>
> 소외 망 차주옥이 피고를 대리하여 위 토지부분을 매도하였다는 주장에는 위 망인이 피고를 이른바 대행적으로 대리하여 자신의 명의로 위 토지부분을 매도하였다는 주장도 포함되어 있다고 볼 것이므로, 원심의 위와 같은 인정판단이 변론주의를 위배한 것이라고는 볼 수 없다.[80]
>
> **3. 주장의 경과에 의해 대리인에 의한 계약체결사실 포함**
>
> 원고는 이 사건 소장에서 소외 망 진석권이 매수한 이 사건 토지 부분을 그의 상속인들인 소외 망 진두현들로부터 매수하였다고 주장하다가(기록 38면), 1992.02.18.자 준비서면(기록 1,200면)에서 소외 망 진석권의 장남인 소외 망 진두현으로부터 매수하였다고 주장하여 왔던 것으로, 원고 주장의 경과에 비추어 볼 때 그 주장 속에는 소외 망 진두현을 제외한 나머지 상속인들에 관하여는 소외 망 진두현이 그들을 대리하여 매도하였다는 주장이 포함된 것으로 못 볼 바 아니므로 원심의 사실인정이 변론주의에 위배되었다고 할 수 없다.[81]
>
> **4. 대위권행사의 전제사실 주장 속에 대위주장 포함**
>
> 원고가 피고들에 대하여 그들 명의로 경료된 등기의 말소를 청구함에 있어서 연립주택 소유자들을 대위한다는 주장을 명시적으로 하고 있지는 않지만 그 주장 속에는 위와 같은 대위권을 행사한다는 취지가 포함되어 있다고 못 볼 바 아니고, 또한 원고가 청구원인 사실로 위에서 본 바와 같이 대위권 행사의 전제가 되는 사실관계를 모두 주장하고 있음에도 불구하고 법원이 그 주장 형식에만 얽매어 구체적인 취지가 무엇인지에 관하여 전혀 석명을 하지 않은 채, 원고의 주장 취지를 원고가 피고들에 대하여 직접 그 등기의 말소를 구하는 것으로만 보아 그 청구를 모두 기각한 조치에는 석명권 행사를 게을리하여 재판에 영향을 미친 위법을 저지른 잘못이 있다고 하지 않을 수 없다.[82]
>
> **5. 노임변제주장에 압류무효주장 포함**
>
> 피고는 원고의 이 사건 전부금 청구에 대하여 명시적으로 이 사건 압류 및 전부명령이 도급금액 중 노임에 상당하는 금액에 대한 압류를 금지한 구 건설산업기본법 제88조에 위반되어 무효라고 주장하고 있지는 않지만, 위에서 본 바와 같이 이 사건 압류 및 전부명령 이후에 도급금액 중 노임에 상당하는 금액을 변제하였기 때문에 원고의 전부금 청구에 응할 수 없다고 주장하고 있으므로, 이와 같은 피고의 주장 속에는 원고의 압류 및 전부명령이 위 규정에 위반되어 무효라는 취지의 항변이 포함되어 있다고 못 볼 바 아니다.[83]
>
> **6. 본안전 항변에 본안의 항변 포함**
>
> <u>피고가 본안전 항변으로 채권양도사실을 내세워 당사자적격이 없다고 주장하는 경우 그와 같은 주장 속에는 원고가 채권을 양도하였기 때문에 채권자임을 전제로 한 청구는 이유가 없는 것이라는 취지의 본안에 관한 항변이 포함되어 있다고 볼 수 있다.</u>[84]

---

79) 대법 1995.02.28, 93다53887
80) 대법 1995.02.28, 94다19341
81) 대법 1996.02.09, 95다27998
82) 대법 1999.12.24, 99다35393
83) 대법 2000.07.04, 2000다21048
84) 대법 1992.10.27, 92다18597

7. 상거래 명목으로 대금을 송금했다는 주장에 명의대여자 책임주장 포함

'원고가 피고 명의로 된 통장에 상거래 명목으로 가전제품 대금을 송금하였는데도 제1심이 원고의 손해배상청구를 기각한 것은 부당하다'는 취지로 주장하였는데, 이러한 주장에는 피고의 명의대여자 책임에 관한 주장이 포함되어 있다고 볼 수 있으므로, 원심으로서는 석명권을 적절히 행사하여 그 주장 취지를 명확히 한 다음 이에 대하여 심리·판단하였어야 한다.[85]

판례연구 : 주장의 포함이 인정되지 않은 경우

1. 유권대리주장에 표현대리주장 불포함

유권대리에 관한 주장 가운데 무권대리에 속하는 표현대리의 주장이 포함되어 있다고 볼 수 없으며, 따로이 표현대리에 관한 주장이 없는 한 법원은 나아가 표현대리의 성립여부를 심리판단할 필요가 없다.[86]

2. 변제주장 속에 상계주장 불포함

민사소송절차에서 권리의 발생·변경·소멸이라는 법률효과의 판단의 요건이 되는 주요사실에 대한 주장·입증에는 변론주의의 원칙이 적용되는바, 상계는 상계적상에 있는 채권을 가진 채권자가 별도로 의사표시를 하여야 하는 것이고(민법 제493조 제1항) 그 의사표시 여부는 원칙적으로 채권자의 자유에 맡겨져 있는 것이므로, 비록 상계의 의사표시가 묵시적으로도 가능하다 하더라도, 다른 의사와 구분되는 별도의 상계 의사를 확인하지 않은 채 이를 인정할 수는 없다.[87]

3. 피고 시효취득 항변에 원고청구권의 시효소멸 주장 불포함

증여를 원인으로 한 부동산소유권이전등기청구에 대하여 피고가 시효취득을 주장하였다고 하여도 그 주장 속에 원고의 위 이전등기청구권이 시효소멸하였다는 주장까지 포함되었다고 할 수 없다.[88]

4. 무효라는 주장에 착오에 기한 취소주장 불포함

원심은, 원고들 소송대리인이 "원고가 무식하고 사회적 경험이 없으며 가난한 사람이어서 합의를 하지 않으면 위 돈도 못 받을 것이라고 생각하여 위 합의를 한 것이므로 위 합의는 무효이다"고 주장하고 있고 이는 착오에 인한 의사표시를 취소한다는 취지로 해석된다고 하였으나, 그 내용은 위 합의약정이 불공정한 법률행위로서 무효라는 주장이지, 거기에 착오에 기한 의사표시로서 취소를 구한다는 취지가 담겨있다고 보기 어려우므로, 원심은 결국 당사자가 주장하지도 아니한 사실을 기초로 삼아 판결한 것으로서 변론주의원칙에 위배된다.[89] 또한 의사표시가 강박에 의한 것이어서 당연무효라는 주장 속에 강박에 의한 의사표시이므로 취소한다는 주장이 당연히 포함되어 있다고는 볼 수 없다.[90]

5. 채무불이행 손해배상청구에 대한 항변에 불법행위 손해배상청구에 대한 항변 불포함

준비서면에서 주장한 소멸시효 완성의 항변은 원고의 예비적 청구 중 채무불이행으로 인한 손해배상 청구에 대한 것으로 봄이 상당하고, 여기에 청구원인을 달리하는 불법행위로 인한 손해배상 청구에 대한 소멸시효 완성의 항변까지 포함된 것으로는 볼 수 없다.[91]

6. 매매계약의 해제 또는 무효로 되었다는 매도인의 항변에 동시이행관계에 있다는 항변 불포함

甲의 잔금 미지급으로 위 매매계약이 해제되었다는 乙의 항변에는, 乙의 소유권이전등기의무와 甲의 잔금지급의무가 동시이행관계에 있다는 항변이 포함되어 있다고 볼 수 없다.[92]

---

85) 대법 2013.09.26, 2013다36392
86) 대법 1983.12.13, 83다카1489
87) 대법 2009.10.29, 2008다51359
88) 대법 1982.02.09, 81다534
89) 대법 1993.07.13, 93다19962
90) 대법 1996.12.23, 95다40038
91) 대법 1998.05.29, 96다51110
92) 대법 1993.12.28, 93다777

2. 자백의 구속력

당사자간에 다툼이 없는 주요사실은 증거조사없이 그대로 판결의 기초로 해야 하는 **구속력이 인정**된다. 변론주의에 의하는 한 자백이 있으면 그 사실에 관해서는 법원의 사실인정권이 배제되기 때문이다. 그러나 현저한 사실에 반하는 자백은 구속력이 없다.

3. 증거제출책임

다툼이 있는 사실의 인정은 원칙적으로 당사자가 신청한 증거에 의하여야 한다. 다만 당사자가 신청한 증거에 의하여 심증을 얻을 수 없을 때에는 보충적으로 직권증거조사를 할 수 있다.

III. 변론주의의 한계

1. 변론주의의 지배는 사실과 증거방법에만 국한된다.

주장된 사실관계를 기초로 한 법적 판단과 제출된 증거의 가치 평가는 법원의 직책에 속하므로 변론주의가 적용되지 않는다. 따라서 법률해석적용이나 증거의 가치평가는 이에 관한 당사자의 의견이 있어도 법원이 구속될 필요가 없다.[93] 우리 判例도 소멸시효기간에 관한 주장은 단순한 법률상의 주장으로 법원의 직권판단이 가능하다 하였고,[94] **당사자가 민법에 따른 소멸시효기간을 주장한 경우에도 법원은 직권으로 상법에 따른 소멸시효기간을 적용할 수 있다**.[95] 나아가 **청구의 객관적 실체가 동일하다고 보여지는 한 청구원인으로 주장된 실체적 권리관계에 대한 정당한 법률해석에 의하여 판결할 수 있다**고 하면서 자동차사고로 손해를 입은 자가 자동차손해배상보장법에 의하여 손해를 주장하지 않았다고 하더라도 법원은 민법에 우선하여 이 법을 적용할 수 있다고 하였다.[96]

> **판례연구 : 소멸시효기간은 법률상의 주장**
>
> 기록에 의하면, 원고는 이 사건 소를 제기하면서 청구원인을 대여금 청구라고 명백히 밝히면서 그에 대한 증거로 이 사건 ① 내지 ③ 대여금에 관하여는 각 차용증서를, 이 사건 ④ 내지 ⑦ 대여금에 관하여는 각 약속어음을 제출한 사실, 이에 피고는 소멸시효 항변을 하면서 이 사건 ① 내지 ③ 대여금의 경우 상행위로 인한 금전거래라는 이유로 상법이 정하는 5년의 소멸시효가 적용되고, 이 사건 ④ 내지 ⑦ 대여금의 경우 어음법상 3년의 소멸시효가 적용된다고 주장한 사실을 알 수 있다. 위와 같은 사실관계를 앞서 본 법리에 비추어 보면, 피고는 대여금채권임이 명백한 이 사건 ④ 내지 ⑦ 채권에 대하여 소멸시효 완성의 항변을 하면서 다만 소멸시효기간에 대한 법률상 주장으로서 어음법상 3년의 소멸시효를 주장하였을 뿐인 것으로 봄이 타당하므로, 원심으로서는 이 사건 ④ 내지 ⑦ 대여금채권에 대하여 소멸시효 완성의 항변이 있다고 보고 직권으로 적법한 소멸시효기간을 살펴 소멸시효 완성 여부를 판단하였어야 했다. 그런데도 원심은 이와 달리, 청구원인이 대여금인 이 사건 청구에 대하여 피고가 어음법상 3년의 소멸시효기간을 주장하였다는 이유만으로 이 사건 ④ 내지 ⑦ 대여금채권에 대한 소멸시효 완성 여부를 가려 보지도 아니한 채 어음금 청구임을 전제로 한 어음시효 항변은 이유 없다는 이유로 피고의 항변을 배척하고 말았으므로, 이러한 원심의 판단에는, 앞에서 본 소멸시효 항변의 대상 및 소멸시효기간 판단에 관한 법리를 오해하여 필요한 심리를 다하지 아니함으로써 판결 결과에 영향을 미친 위법이 있다.[97]

---

93) 대법 2017.11.09, 2015다44274
94) 대법 2013.02.15, 2012다68217
95) 대법 2017.03.22, 2016다258124
96) 대법 1997.11.28, 95다29390

2. 경험칙

사실판단의 전제가 되는 경험법칙도 변론주의의 적용범위 밖이다.

3. 주요사실에 한한다.

간접사실과 보조사실에 대하여도 변론주의가 적용되지 않는다.

Ⅳ. 변론주의의 보완·수정

1. 보완의 필요성

소송자료의 수집에 관하여 법원이 전혀 개입하지 않은 채 변론주의를 형식적으로 관철시킨다면 소송수행능력의 불완전으로 인하여, 승소할 사안인데도 패소를 당하는 경우가 있을 수 있다. 그러므로 당사자간의 실질적인 평등을 보장하여 국민의 재판청구권을 보장하기 위하여 일정한 보완방법이 필요하다.

2. 구체적 보완책

(1) 석명권 내지 지적의무(후술)

(2) 직권증거조사

> 제292조(직권에 의한 증거조사) 법원은 당사자가 신청한 증거에 의하여 심증을 얻을 수 없거나, 그 밖에 필요하다고 인정한 때에는 직권으로 증거조사를 할 수 있다.

직권에 의한 증거조사는 변론주의와 상대되는 개념이지만 변론주의의 문제점에 비춰본다면 기능적으로 이를 보완하는 의미를 가진다. 제292조에서는 당사자가 신청한 증거에 의하여 심증을 얻을 수 없거나 기타 필요하다고 인정한 때에 보충적으로 법원이 직권으로 증거조사를 할 수 있도록 규정하고 있다.

(3) 대리인 선임명령

제144조 2항에서는 변론무능력자에게 법원이 변호사 선임을 명할 수 있도록 규정하고 동조 4항에서는 이러한 명령을 받은 자가 소나 상소를 제기한 자일 경우 명령위반에 대하여 결정으로 소나 상소를 각하할 수 있도록 하였다. 이러한 제도는 변호사 강제주의를 인정하지 않는 현행 법제하에서 변론주의의 문제점인 당사자의 소송수행능력의 불평등을 완화하기 위해 부분적인 변호사 강제주의를 도입한 것으로 볼 수 있다.

(4) 소송구조제도

제128조이하에서는 소송구조제도를 규정하여 소송수행에 자력이 부족한 자일지라도 패소할 것이 명백한 것이 아닌한, 제120조에 명시된 소송비용의 지급유예와 담보의 면제, 변호사나 집달관 비용의 국가체당등의 혜택을 받을 수 있도록 규정하고 있다. 이는 경제적 이유로 자신의 소송을 원활히 수행할 수 없는

---

97) 대법 2013.02.15, 2012다68217

당사자에게 재판받을 권리를 실질적으로 보장하기 위한 제도이지만 변론주의의 문제점인 당사자의 실질적 불평등을 보완하는 의미도 가진다.

(5) 진실의무

1) 의 의 : **양 당사자는 진실에 반하는 것으로 알고 있는 사실을 주장할 수도 없고, 진실한 것으로 알고 있는 상대방의 주장을 다투어서도 안된다는 것**으로 여기서 진실이라 함은 객관적 진실을 말하는 것이 아니라 당사자가 믿는 바를 진술할 의무, 즉 정직의무를 말한다.

2) 근 거 : 이에 관한 직접적인 규정은 없지만 간접적 규정으로는 법 제1조의 신의칙 규정, 제363조의 문서성립의 부인에 대한 제재와 제370조의 거짓진술에 대한 제재규정 등이 있다. 한편 변호사법 제24조 2항은 "변호사는 그 직무를 수행할 때에 진실을 은폐하거나 거짓 진술을 하여서는 아니된다"고 규정하고 있다.

3) 기 능 : **변론주의의 보완책**이나, 당사자는 소송에서 승소를 목적으로 활동하는 자인데 진실의무를 법적으로 지나치게 강조하면 당사자는 법원의 진실발견의 객체로 전락할 위험이 있고 위반에 대한 제재방법 또한 명확한 규정이 없기에, 진실의무는 승소한 경우라도 소송비용의 부담(제99조), 소송사기로 인한 손해배상책임의 문제, 사실인정에 있어서의 변론 전체의 취지로서(제202조) 당해 당사자에게 불리한 영향을 줄 수 있다는 점에서 의미가 있다. 判例는 당사자가 그 소송상 주장이 사실과 다름이 객관적으로 명백하고, 명백히 거짓인 것을 인식하였거나 증거를 조작하려고 하였음이 인정되는 경우 소송사기죄의 성립을 인정하고 있다.[98]

V. 변론주의의 예외(제한)

1. 직권탐지주의

(1) 의 의

소송자료의 수집·제출 책임을 당사자 아닌 법원에 일임하는 입장으로 변론주의에 반대되는 원칙이다. 이것은 판결의 효력이 당사자뿐만 아니라 제3자에게도 미치기 때문으로, 재판이 시작되면 재판에 필요한 사실과 이에 대한 증거의 수집을 법원이 직접 나서서 하여야 한다는 것이다.

(2) 내 용

1) 사실의 직권탐지 : 당사자가 주장하지 않은 사실도 법원은 자기의 책임과 직권으로 수집하여 판결의 기초로 삼아야 한다. 직권에 의한 사실의 수집의무는 무제한적인 것이 아니라 기록에 나타난 사실에 한한다는 것이 判例이다.

2) 자백의 구속력배제 : 법원은 자백에 구속되지 않으며, 한낱 증거자료에 그친다.

3) 직권증거조사 : 당사자의 증거신청이 불허되는 것은 아니나, 그 신청여부에 불구하고 법원은 원칙적으로 직권증거조사의 책임을 진다.

4) 공격방어방법의 제출시기의 무제한 : 제149조의 실기한 공격방어방법의 각하, 제285조의 변론준비

---

[98] 대법 2007.09.06, 2006도3591

기일을 거친 경우 실권효의 적용이 배제된다.

　5) **처분권주의의 제한** : 청구의 포기·인낙이나 화해가 허용되지 않는다.

(3) 당사자의 절차권 보장

　ⅰ) 법원이 직권으로 탐지한 사실이나 증거를 곧바로 판결의 자료로 삼는다면 예상 밖의 불리한 재판이 될 수 있으므로, 이의 방지를 위하여 미리 당사자에게 알려 그에 관한 의견진술의 기회를 부여하여야 한다. 또 ⅱ) 직권탐지주의에 의하는 경우도 소송인 이상 당사자는 당사자권의 보장 하에 사실자료나 증거자료를 제출할 권리를 갖는다.

(4) 적용범위

　1) **공익적 소송요건이거나 직책사항인 경우** : 재판권·재심사유의 존재는 고도의 공익성 때문에, 나아가 알려지지 않은 경험법칙·외국법규·관습법 따위는 법관이 직책상 규명해야 할 사항이기 때문에 직권탐지가 필요하다.

　2) **소송물의 공익성** : 소송물의 성질상 가사소송·행정소송·선거소송·헌법재판은 직권탐지주의에 의한다. 소송절차가 아닌 비송사건과 특허심판사건에서도 직권탐지주의가 적용된다. 또한 判例는 직권주의가 강화되어 있는 민사집행법하에서 민사집행법 제16조의 집행에 관한 이의의 성질을 가지는 강제경매 개시결정에 대한 이의의 재판절차에서는 민사소송법상 재판상 자백이나 의제자백에 관한 규정은 준용되지 아니하고, 이는 민사집행법 제268조에 의하여 담보권실행을 위한 경매절차에도 준용되므로 경매개시결정에 대한 형식적인 절차상의 하자를 이유로 한 **임의경매 개시결정에 대한 이의의 재판절차에서도 민사소송법상 재판상 자백이나 의제자백에 관한 규정은 준용되지 아니한다고 했다**.[99]

　3) **회사관계소송** : 직권탐지주의를 유추적용하자는 견해가 있으나 원고패소판결의 효력이 제3자에게 미치지 않으므로 직권탐지주의가 필연적인 것이 아니다. 다만 원고승소의 경우에 판결의 효력이 제3자에 미치는 특성상 승소판결과 동일한 효력이 있는 재판상 화해, 청구의 인낙이 불허되는 등 제한적으로 직권탐지주의가 적용되어야 할 것이다.

2. 직권조사사항

(1) 의 의

　직권조사사항이라 함은 항변사항과 대립하는 것으로, **법원으로서는 그 판단의 기초 자료인 사실과 증거를 직권으로 탐지할 의무까지는 없다 하더라도, 이미 제출된 자료들에 의심이 갈 만한 사정이 엿보인다면 상대방이 이를 구체적으로 지적하여 다투지 않더라도 이에 관하여 심리·조사할 의무가 있는 것**을 말한다.[100] 즉 제출자료상 그 존부에 대해 의문이 제기될 사정이 있을 때에는 법원의 직권석명 내지는 조사의무가 있으며, **당사자의 이의 유무에 관계없이 이를 조사하여야 하며**, 설사 이의하다가 철회하여도 이에 구애됨이 없이 심리하여야 한다. **이의권의 포기(제151조)는 허용되지 않는다**. 判例도 **직권조사사항에 관한 당사자의 주장은 직권발동을 촉구하는 의미밖에 없으므로 이에 대하여 판단하지 아니하였더라도 판단누락의

---
99) 대법 2015.09.14, 2015마813
100) 대법 2009.12.10, 2009다22846; 대법 2019.04.25, 2018다295127

상고이유로 삼을 수 없다고 하였다.[101]

> **판례연구 : 직권조사사항의 범위**
>
> **1. 소송요건이나 상소요건**
> - 원래 당사자능력의 문제는 법원의 직권조사사항에 속하는 것이므로 그 당사자능력 판단의 전제가 되는 사실에 관하여는 법원이 당사자의 주장에 구속될 필요 없이 직권으로 조사하여야 하고, 따라서 종중이 원고로 된 경우에 그 종중의 당사자능력 여부가 고유의 의미의 종중인가 아니면 종중 유사의 단체인가 하는 점에 따라 차이를 가져오는 경우에는 법원으로서는 직권으로 그 종중의 실체를 파악하여 그에 따라 결정하여야 한다.[102]
> - 비법인사단이 당사자인 사건에서 대표자에게 적법한 대표권이 있는지는 소송요건에 관한 것으로서 법원의 직권조사사항이므로 비법인사단 대표자의 대표권 유무가 의심스러운 경우에 법원은 이를 직권으로 조사하여야 한다.[103] 관습상 총회의 소집권이 있는 종중의 연고항존자가 종중규약의 제정이나 대표자의 선임에 관한 총회가 개최된 바 없다고 다투고 있는 이상, 원심으로서는 마땅히 종중에 대하여 석명권을 행사한다든지 직권으로 증거조사를 하는 등의 방법으로 종중의 대표자에게 적법한 대표권이 있는지의 여부를 심리하여 보았어야 한다.[104]
> - 적법한 대표권이 있는지는 소송요건에 해당하므로 원심이 이를 의심할 만한 사정이 있다면 당사자들이 특별히 다투지 않더라도 이를 심리·조사할 의무가 있다.[105]
> - 확인의 소에서 확인의 이익의 유무는 직권조사사항이므로 당사자의 주장 여부에 관계없이 법원이 직권으로 판단하여야 한다.[106]
> - 불항소합의는 항소의 위법요건이라 하여 직권조사사항이다.[107]
> - 채권자가 채권자대위소송을 제기한 경우, 제3채무자는 채무자가 채권자에 대하여 가지는 항변권이나 형성권 등과 같이 권리자에 의한 행사를 필요로 하는 사유를 들어 채권자의 채무자에 대한 권리가 인정되는지 여부를 다툴 수 없지만, 채권자의 채무자에 대한 권리의 발생원인이 된 법률행위가 무효거나 위 권리가 변제 등으로 소멸하였다는 등의 사실을 주장하여 채권자의 채무자에 대한 권리가 인정되는지 여부를 다투는 것은 가능하고, 이 경우 법원은 제3채무자의 주장을 고려하여 채권자의 채무자에 대한 권리가 인정되는지 여부에 관하여 직권으로 심리·판단하여야 한다.[108]
>
> **2. 제척기간**
> - 상법 제45조는 '영업양수인이 제42조 제1항에 의하여 변제의 책임이 있는 경우에는 양도인의 제3자에 대한 채무는 영업양도 후 2년이 경과하면 소멸한다'고 규정하고 있다. 그런데 이 규정에 의한 영업양도인의 책임의 존속기간은 제척기간이므로 그 기간이 경과하였는지 여부는 직권조사사항으로서 이에 대한 당사자의 주장이 없더라도 법원이 당연히 직권으로 조사하여 재판에 고려하여야 한다.[109]
> - 민법 제406조 제2항 소정의 채권자취소권의 행사기간은 제소기간이므로 법원은 그 기간의 준수 여부에 관하여 직권으로 조사하여야 하고 그 기간이 도과된 후에 제기된 채권자취소의 소는 부적법한 것으로 각하하여야 한다. 따라서 그 기간 준수 여부에 대하여 의심이 있는 경우에는 법원이 필요한 정도에 따라 직권으로 증거조사를 할 수 있으나, 법원에 현출된 모든 소송자료를 통하여 살펴보았을 때 그 기간이 도과되었다고 의심할 만한

---

101) 항소이익과 관련 대법 2015.10.29, 2014다13044; 법률상 이익과 관련 대법 2017.03.09, 2013두16852; 기판력과 관련 대법 1997.01.24, 96다32706
102) 대법 2021.06.24, 2019다278433; 대법 1994.05.10, 93다53955
103) 대법 2013.04.25, 2012다118594; 대법 2021.11.11, 2021다238902; 대법 2022.04.14, 2021다276973; 대법 2022.04.28, 2021다306904
104) 대법 1996.03.12, 94다56999
105) 대법 2022.04.14, 2021다276973
106) 대법 2021.07.21, 2020다300893
107) 대법 1980.01.29, 79다2066
108) 대법 2015.09.10, 2013다55300
109) 대법 2013.04.11, 2012다64116; 대법 2021.01.14, 2018다273981

사정이 발견되지 않는 경우까지 법원이 직권으로 추가적인 증거조사를 하여 기간 준수 여부를 확인하여야 할 의무는 없다. 한편 채권자취소권의 행사에 있어서 제척기간의 기산점인 채권자가 '취소원인을 안 날'이라 함은 채무자가 채권자를 해함을 알면서 사해행위를 하였다는 사실을 알게 된 날을 의미하는데, 이는 단순히 채무자가 재산의 처분행위를 한 사실을 아는 것만으로는 부족하고, 구체적인 사해행위의 존재를 알고 나아가 채무자에게 사해의 의사가 있었다는 사실까지 알 것을 요하며, 이때 그 제척기간의 도과에 관한 입증책임은 채권자취소소송의 상대방에게 있다.[110]

3. 당사자확정

소송에서 당사자가 누구인가는 당사자능력, 당사자적격 등에 관한 문제와 직결되는 중요한 사항이므로, 사건을 심리·판결하는 법원으로서는 직권으로 소송당사자가 누구인가를 확정하여 심리를 진행하여야 하며, 이때 당사자가 누구인가는 소장에 기재된 표시 및 청구의 내용과 원인 사실 등 소장의 전취지를 합리적으로 해석하여 확정하여야 한다. 따라서 소장에 표시된 피고에게 당사자능력이 인정되지 않는 경우에는 소장의 전취지를 합리적으로 해석한 결과 인정되는 올바른 당사자능력자로 표시를 정정하는 것이 허용된다.[111]

4. 소송계속의 유무

이 사건 소송은 취하된 것으로 간주되어 소송은 종료되고 소송계속이 없는 상태로 돌아가므로 법원은 그에 대하여는 그 이상의 심리와 판단을 할 수 없게 된 것인데도 제1심 법원이 이점을 간과하고 본안에 대하여 심판하였음은 소송계속이 없는 사건에 대하여 심판을 한 위법을 범하였다고 할 것이고 <u>소송의 계속 여부는 직권조사 사항에 속한다</u>.[112]

5. 과실상계와 손익상계

- 불법행위로 인한 손해의 발생 또는 확대에 관하여 피해자에게도 과실이 있는 때에는 가해자의 손해배상의 범위를 정할 때 당연히 이를 참작하여야 하고, <u>배상의무자가 피해자의 과실에 관하여 주장을 하지 아니한 경우에도 소송자료에 따라 과실이 인정되는 경우에는 이를 법원이 직권으로 심리·판단하여야 한다</u>.[113]
- 채무불이행이나 불법행위 등이 채권자 또는 피해자에게 손해를 생기게 하는 동시에 이익을 가져다 준 경우에는 공평의 관념상 그 이익은 당사자의 주장을 기다리지 아니하고 손해를 산정함에 있어서 공제되어야만 하는 것이므로, 민법 제673조에 의하여 도급계약이 해제된 경우에도, 그 해제로 인하여 수급인이 그 일의 완성을 위하여 들이지 않게 된 자신의 노력을 타에 사용하여 소득을 얻었거나 또는 얻을 수 있었음에도 불구하고, 태만이나 과실로 인하여 얻지 못한 소득 및 일의 완성을 위하여 준비하여 둔 재료를 사용하지 아니하게 되어 타에 사용 또는 처분하여 얻을 수 있는 대가 상당액은 당연히 손해액을 산정함에 있어서 공제되어야 한다.[114]
- 과실상계 사유에 관한 사실인정이나 비율을 정하는 것은 형평의 원칙에 비추어 현저히 불합리하다고 인정되지 않는 한 사실심의 전권사항에 속한다.[115]

6. 위자료의 액수

불법행위로 입은 비재산적 손해에 대한 <u>위자료 액수는 사실심법원이 여러 사정을 참작하여 직권에 속하는 재량에 의하여 이를 확정할 수 있다</u>.[116]

7. 신의성실의 원칙 또는 권리남용

<u>신의성실의 원칙에 반하는 것은 강행규정에 위배되는 것으로서 당사자의 주장이 없더라도 법원이 직권으로 판단할 수 있으므로 원심법원이 직권으로 신의칙에 의하여 신용보증책임을 감액한 데에 변론주의를 위배한 위법은 없</u>

---

110) 대법 2012.02.23, 2011다76426
111) 대법 2011.03.10, 2010다99040
112) 대법 1982.01.26, 81다849
113) 대법 2016.04.12, 2013다31137
114) 대법 2002.05.10, 2000다37296・37302
115) 대법 2018.11.29, 2016다266606・266613; 대법 2022.04.28, 2019다224726; 대법 2022.07.28, 2017다16747・16754; 대법 2023.06.01, 2020다242935; 대법 2023.11.30, 2019다224238
116) 대법 2018.07.26, 2016다205908; 대법 2018.11.29, 2016다266606・266613; 대법 2019.09.26, 2018다222303・222310・222327; 대법 2022.09.29, 2018다224408

다.[117]

8. 배상책임경감사유

구 국민건강보험법(2007. 12. 14. 법률 제8694호로 개정되기 전의 것)상 요양기관인 의료기관이 요양급여기준을 벗어나 처방을 하고 이를 요양급여대상으로 삼아 원외 처방전을 발급함으로써 국민건강보험공단에 대하여 손해를 배상할 책임이 있는 경우에 그 손해배상의 범위를 정함에 있어서는, 의료기관이 그 행위에 이른 경위나 동기, 국민건강보험공단의 손해 발생에 관여된 객관적인 사정, 의료기관이 그 행위로 취한 이익의 유무 등 제반 사정을 참작하여 손해분담의 공평이라는 손해배상제도의 이념에 비추어 그 손해배상액을 제한할 수 있고, 배상의무자가 이러한 책임감경사유에 관하여 주장을 하지 아니한 경우에도 소송자료에 의하여 그 사유가 인정되는 경우에는 법원이 이를 직권으로 심리·판단하여야 한다.[118]

9. 기 타

외국적 요소가 있는 법률관계에 적용될 준거법으로서의 <u>외국법의 내용</u>,[119] 외국재판의 승인요건(제217조 2항), 상고심의 심리불속행사유, 절차적 강행법규의 준수, 실체법의 해석적용.

(2) 직권조사사항의 조사방법

1) **직권조사** : 직권조사는 변론주의와 직권탐지주의의 중간에 위치한 특별한 심리방식으로 본다(설대립 있음).

① **직권탐지주의와 공통점** : 직권조사는 **당사자의 합의나 자백 등에 구속을 받지 않는다**는 점과 직권조사사항의 존재를 지적하는 진술은 **다른 공격방법과 달리 제출시기에 제한을 받지 않는다**는 점에서 직권탐지주의와 공통된다. 判例도 **소송대리권의 존부에 대해서는 자백간주에 관한 규정이 적용될 여지가 없다**고 하였으며,[120] **전소 확정판결의 존부는 당사자 주장이 없더라도 법원이 직권으로 조사하여 판단하지 않으면 안 되고, 더 나아가 당사자가 확정판결의 존재를 사실심 변론종결 시까지 주장하지 아니하였더라도 상고심에서 새로이 주장·증명할 수 있다**고 하였다.[121]

② **변론주의와 공통점** : **판단자료의 제출 책임이 원칙적으로 당사자에게** 있기 때문에 법원은 소송요건의 존재에 의심이 있을 때에는 당사자에게 이를 지적하여 주장, 증명을 촉구할 수 있으나 나아가 직권에 의한 증거조사는 법이 특별히 인정한 경우를 제외하고는 허용되지 않는다고 하는 점에서 변론주의와 공통된다.

2) **判例의 입장** : 大法院은 **채권자대위소송에서 대위에 의하여 보전될 채권자의 채무자에 대한 권리(피보전채권)가 존재하는지 여부는 소송요건으로서 법원의 직권조사사항이므로, 법원으로서는 그 판단의 기초자료인 사실과 증거를 직권으로 탐지할 의무까지는 없다** 하더라도, 법원에 현출된 모든 소송자료를 통하여 살펴보아 피보전채권의 존부에 관하여 의심할 만한 사정이 발견되면 직권으로 추가적인 심리·조사를 통하여 그 존재 여부를 확인하여야 할 의무가 있다고 하였다.[122] 즉 공익성이 극히 강한 재판권 이외는 판

---

117) 대법 1998.08.21, 97다37821
118) 대법 2013.03.28, 2009다78214
119) 대법 2019.12.24, 2016다222712; 대법 2022.01.13, 2021다269388; 대법 2023. 10. 31, 2023스643; 대법 1990.04.10, 89다카20252은 외국법은 법률이어서 법원이 권한으로 그 내용을 조사하여야 하고, 그 방법에 있어서 법원이 합리적이라고 판단하는 방법에 의하여 조사하면 충분하고, 반드시 감정인의 감정이나 전문가의 증언 또는 국내외 공무소, 학교 등에 감정을 촉탁하거나 사실조회를 하는 등의 방법만에 의하여야 할 필요는 없다고 하였다.
120) 대법 1999.02.24, 97다38930
121) 대법 2011.05.13, 2009다94384
122) 대법 2009.04.23, 2009다3234

단의 기초자료가 되는 사실과 증거의 직권탐지는 필요로 하지 않는다.[123]

(3) 직권조사사항의 증명방법

직권조사사항에 관하여도 그 사실의 존부가 불명한 경우에는 입증책임의 원칙이 적용되어야 할 것인바, 본안판결을 받는다는 것 자체가 원고에게 유리하다는 점에 비추어 **직권조사사항인 소송요건에 대한 입증책임은 원고에게 있다**.[124]

VI. 석명권

1. 서 설

> 제136조(석명권·구문권등) ① 재판장은 소송관계를 분명하게 하기 위하여 당사자에게 사실상 또는 법률상 사항에 대하여 질문할 수 있고, 증명을 하도록 촉구할 수 있다.
> ② 합의부원은 재판장에게 알리고 제1항의 행위를 할 수 있다.
> ③ 당사자는 필요한 경우 재판장에게 상대방에 대하여 설명을 요구하여 줄 것을 요청할 수 있다.
> ④ 법원은 당사자가 간과하였음이 분명하다고 인정되는 법률상 사항에 관하여 당사자에게 의견을 진술할 기회를 주어야 한다.

(1) 의 의

석명권이라 함은 **소송관계를 분명히 하기 위하여 당사자에게 사실상 또는 법률상 사항에 대하여 질문하고 증명촉구**를 할 뿐 아니라, **당사자가 간과한 법률상 사항을 지적하여 의견진술의 기회를 주는 법원의 소송지휘권으로서 법원의 권능이자 일정범위에서는 의무이다.**

(2) 제도적 취지

변론주의의 결함을 시정하고, 당사자가 명백히 간과한 법률상의 사항에 대하여 판결의 기초로 하기에 앞서 석명권을 통해 당사자에게 의견진술의 기회를 줌으로써 예상 밖의 불리한 판결이 나는 것을 막도록 하는데 그 취지가 있다.

2. 석명권의 범위

(1) 소극적 석명

사실적·법률적 측면에서 당사자의 신청이나 주장에 **불분명·불완전·모순 있는 점을 제거하는 방향으로 행사하는 석명**을 말한다.

(2) 적극적 석명

석명권 행사에 의하여 새로운 신청·주장·공격방어방법의 제출을 권유하는 석명을 말한다. 원칙적으로 **당사자가 주장하지도 않은 법률효과에 관한 요건사실이나 공격방어의 방법을 시사하여 그 제출을 권유함과 같은 행위는 변론주의의 원칙에 위배되어 허용되지 아니한다.**[125]

---

123) 대법 2008.05.15, 2007다71318; 대법 2009.01.30, 2006다60908 등
124) 대법 1997.07.25, 96다39301

3. 석명의 대상

(1) 청구의 취지와 소송물을 특정하기 위한 석명

1) **소극적 석명** : 청구취지가 불분명, 불특정, 법률상 부당할 때 이를 분명히 하는 석명을 말한다.

긍정 例	• 청구변경 형태가 교환적인지 추가적인지 불분명한 때[126] • 청구원인이 매매로 샀다는 것인지 대물변제로 받았다는 것인지 불분명한 경우[127] • 손해배상청구의 법률적 근거가 불법행위인지 계약책임인지가 불명한 경우[128] • 현물인 백미로 손해배상청구를 백미 상당의 금전배상청구로 청구의 취지를 바꾸도록 석명[129] • 여러 개의 손해배상 채권자가 총 손해액 중 일부청구의 경우에 어느 채권에 대한 것인지 특정되지 아니한 때[130] • 재산적 손해 및 정신적 손해로 인한 손해배상청구의 경우에 각 그 금액을 특정하여야 하고, 법원으로서도 그 내역을 밝힐 석명의무[131] • 예비적 병합사건에서 주위적 청구에 대하여만 청구를 변경한데 그치는 경우에 예비적 청구의 취하가 불명한 때에 예비적 청구의 취하에 관한 석명[132] • 자본감소 결의의 무효확인을 구하는 청구취지의 기재에도 불구하고 자본감소 무효의 소를 제기한 것으로 볼 여지가 충분한데도, 석명권을 행사하여 이를 분명히 하고 그에 따른 청구취지·원인을 정리하지 아니한 채 자본감소 결의의 무효확인 판결을 한 것은 잘못[133] • 회생채무자에 대한 회생절차개시결정으로 중단된 소송절차가 수계된 경우에 회생채권자가 이를 간과하여 청구취지 등을 변경하지 아니한 경우에는 법원은 원고에게 청구취지 등을 변경할 필요가 있다는 점을 지적하여 회생채권의 확정을 구하는 것으로 청구취지 등을 변경할 의사가 있는지를 석명[134] • 피고가 반소장과 그 후 제출한 준비서면에서 주장한 손해는 이행이익 상당의 손해가 주된 내용이고, 위 준비서면보다 먼저 제출한 종전 준비서면에서 주장한 손해는 신뢰이익 상당의 손해를 주된 내용으로 하고, 그중 어느 것도 명시적으로 철회되지 않은 사안에서, 석명권 행사 없이 변경된 주장을 바탕으로 원고가 배상할 손해배상액을 산정한 원심판단은 위법하다.[135]
부정 例	• 소유권이전등기청구권에 대하여 가압류가 있는 경우 원고에 대하여 법원이 가압류의 해제를 조건으로 이전등기를 구하는지 여부에 관하여 석명을 구할 의무가 있는 것이 아니다.[136]

2) **적극적 석명** : 전혀 새로운 청구로 청구취지를 변경하도록 석명하는 것은 허용될 수 없는 일이다.

---

125) 대법 2013.05.09, 2013다7394
126) 대법 2009.01.15, 2007다51703
127) 대법 1952.09.06, 4285민상43
128) 대법 2009.11.12, 2009다42765
129) 대법 1959.09.24, 4291민상423
130) 대법 2007.09.20, 2007다25865
131) 대법 2006.09.22, 2006다32569
132) 대법 2004.03.26, 2003다21834
133) 대법 2010.02.11, 2009다83599
134) 대법 2015.07.09, 2013다69866
135) 대법 2023.07.27, 2023다223171·223188
136) 대법 1994.10.25, 93다55012

다만 당사자의 소송목적을 바꾸는 것이 아니고 **지금까지의 소송자료와 합리적으로 관련시켜 볼 때 예상되는 것이면 청구취지와 청구원인의 변경이나 당사자의 변경도 시사할 것**이다.

(2) 주장사실의 석명

1) 불명료를 바로잡기 위한 석명

① 주장이 불분명한 경우 : ⅰ) 제1심에서 피고의 답변서 부제출로 무변론 청구기각판결이 선고되고, 원고가 불복하여 항소하면서 청구를 변경하자 원심이 발송송달의 방법으로 변론기일통지서를 송달한 후 피고가 불출석한 상태에서 변론기일을 진행하여 제150조 제3항에 따라 원고청구를 인용한 것은 석명권을 적정하게 행사하지 아니하여 필요한 심리를 다하지 아니하거나 자백간주의 법리를 오해한 잘못이 있다.[137] ⅱ) 원고 일부승소 판결에 대해 원고만 항소를 제기한 사안에서 피고가 답변서를 제출하여 원고 청구 전부기각을 구하면서 제1심판결 중 원고승소 부분에까지 영향을 미치는 항변사유를 기재하기는 하였으나, 답변서 말미에서 항소기각을 구하는 취지를 기재하였고, 제1심판결을 확인하고서 제1심판결에서 인용된 금액의 액수 자체는 다투지 않고 원고에게 지급한 경우라면 원심으로서는 석명권을 행사하여 피고에게 제1심판결 중 원고 승소부분에 대하여 부대항소 제기 의사가 있는지를 확인하여야 한다.[138]

② 주장이나 증거자료의 전후모순 : 예컨대 **청구원인사실이 청구취지와 법률상 모순되는 경우**이거나,[139] 주장과 제출증거가 서로 모순되는 경우에는 이를 지적하여 시정할 기회를 줄 수 있다. **증거로 제출된 차용증에 피고는 보증인, 채무자는 제3자로 기재되어 있고, 원고는 피고에 대하여 보증채무의 이행이 아니라 주채무의 이행을 구하고 있는 경우, 이는 당사자의 주장과 그 제출증거 사이에 모순이 있는 경우에 해당하므로 법원이 석명권을 행사하여 이를 밝혀보지 아니하고 원고의 주장사실을 인정하였다면 석명권 불행사로 인한 심리미진의 위법이 있다고 하였다.**[140] **소송당사자가 문서가 위조되었다거나 권한 없이 작성되었다는 취지로 다투다가 그 서증의 인부 절차에서는 갑자기 진정성립을 인정한다는 것은 이례에 속하는 것이라고 할 것이므로 법원은 서증의 인부 절차에서 위 문서의 진정성립을 인정한 것이 아니라고 보거나, 적어도 당사자가 위와 같이 모순되는 진술을 하는 취지를 분명하게 석명하여야 한다**고 하였다.[141]

③ 법률상 정리되지 않은 주장을 하는 경우 : 예컨대 피고가 원고로부터 오히려 더 받아야 한다는 취지의 진술이면 상계항변인가에 관하여 석명이 필요하다.[142]

2) 소송자료보충을 위한 석명 : **어떠한 법률효과를 주장하면서 미처 깨닫지 못하고 요건사실을 빠뜨렸을 때에 이를 지적하며 이의 보충을 시키기 위한 석명**이 필요하다. 判例도 **원고가 적법하게 계약해제되었다고 주장하면서 그 요건사실인 원고자신의 채무이행제공과 상대방에 대한 이행최고에 대해 원고가 아무런 말이 없으면 이에 대해 석명하여야** 한다고 하였다.[143]

---

137) 대법 2017.04.26, 2017다201033
138) 대법 2022.12.29, 2022다263462
139) 대법 2003.01.10, 2002다41435
140) 대법 1994.09.30, 94다16700
141) 대법 2003.04.08, 2001다29254
142) 대법 1967.10.31, 66다1814
143) 대법 1963.07.25, 63다289

3) 신소송자료보충을 위한 석명

① 종전의 소송자료에 비추어 법률상·이론상 예기되는 주장을 촉구하는 석명은 무방하나, 당사자가 주장하지도 않은 법률효과에 관한 요건사실이나, 전혀 예기할 수 없는 새로운 공격방어방법의 제출을 유도하는 석명은 변론주의에 위반되기 때문에 허용되지 않는다.[144] 判例는 **변제주장을 할 것인지**,[145] **시효완성의 항변을 할 것인지**,[146] 시효중단의 재항변을 할 것인지,[147] 취득시효의 주장여부,[148] **10년의 등기부시효취득의 주장에 20년의 점유시효취득주장 여부**,[149] **소유권에 기한 목적물 반환청구만을 하고 있음이 명백한 경우에 점유권에 기한 반환청구도 구하고 있는지**,[150] **소유권에 기한 철거청구에 임대차 해지로 주장할 것을 권유한다든지**,[151] 채권자의 수령지체주장에 상계항변이 포함되어 있는지,[152] 유권대리의 주장을 하는 당사자에게 표현대리의 주장이나 입증의 촉구여부,[153] **소유자 아닌 자가 등기명의자에게 직접 등기말소를 청구한 경우 법원은 진정한 소유자를 대위하여 등기명의자에게 등기말소를 구하는 것인지 여부에 관하여도 석명할 필요가 없다.**[154]

② 다만 최근 적극적 석명을 긍정한 듯한 判例가 나왔는데, 건설업자 甲은 2006년 11월 사찰을 운영하는 乙과 납골당을 지어 분양금을 나누기로 하고, 초기 공사비용 1억5,000만 원은 甲이 부담하기로 하였으나 관할관청으로부터 산지전용허가를 받지 못해 공사는 중단되었다. 甲은 납골당 공사는 도급계약으로서 乙의 잘못으로 공사가 중단되었으니 공사비용 전부를 보전해달라는 소송을 제기하였고, 이에 乙은 재판에서 동업을 전제로 시작한 공사이니 비용을 모두 돌려줄 수 없다고 하였으나 원상회복비용도 함께 나누어야 한다는 주장은 적극적으로 하지 않았다. 이에 대법원은 甲과 乙이 체결한 계약은 도급계약이 아니라 동업계약이므로 손해도 나누어 부담해야 하고, 이를 정산하려면 원상회복 비용도 함께 고려하여야 하는데 원심은 이를 정산금액에 포함시키지 않은 채 공사비용만 반으로 부담하라는 판결을 내린 것은 잘못이라고 하면서 재판에서 원상회복 비용에 대한 부분을 주장하지 않았다면 재판부가 석명권을 행사하여 이에 대한 주장과 증명을 촉구하였어야 한다며 파기하고 환송하였다.[155]

(3) 증명촉구

1) **소극적 석명** : 증명촉구에 관한 법원의 석명권은 소송의 정도로 보아 당사자가 무지·부주의 또는 오해로 인하여 증명하지 아니하는 것이 명백한 경우에 한하여 인정되는 것이고 다툼이 있는 사실에 관하여 증명이 없는 모든 경우에 법원이 심증을 얻을 때까지 증명을 촉구하여야 하는 것은 아니다.[156] 判例는

---

[144] 대법 2018.11.09, 2015다75308; 대법 2017.12.13, 2015다61507
[145] 대법 2001.10.09, 2001다15576
[146] 대법 1966.09.20, 66다1304
[147] 대법 2010.10.28, 2010다20532
[148] 대법 1981.07.14, 80다2360
[149] 대법 1997.03.11, 96다49902
[150] 대법 1996.06.14, 94다53006
[151] 대법 1987.07.07, 86다카2521
[152] 대법 2004.03.12, 2001다79013
[153] 대법 2001.03.23, 2001다1126
[154] 대법 1999.02.23, 98다56782
[155] 대법 2015.04.23, 2013다100774
[156] 대법 2021.03.11, 2020다273045; 대법 2021.06.30, 2017다249219; 대법 2008.07.24, 2007다50663

채무불이행으로 인한 손해배상책임이 인정되는 경우 배상액은 적극적 석명사항이라 하였고,157) **불법행위로 인하여 손해가 발생한 사실이 인정되는 경우에는, 법원은 손해액에 관한 당사자의 주장과 증명이 미흡하더라도 적극적으로 석명권을 행사하여 증명을 촉구하여야** 하고, 경우에 따라서는 직권으로라도 손해액을 심리·판단하여야 한다고 하였다.158) 다만 **법원의 증명 촉구에도 불구하고 원고가 이에 응하지 아니하면서 손해액에 관하여 나름의 주장을 펴고 그에 관하여만 증명을 다하고 있는 경우라면, 법원이 굳이 스스로 적정하다고 생각하는 손해액 산정 기준이나 방법을 적극적으로 원고에게 제시할 필요까지는 없다.**159)

2) 적극적 석명 : 구체적으로 증명방법까지 지시하면서 증거신청을 종용할 필요는 없다.

(4) 지적의무

1) 의의 및 취지 : 지적의무란 법원이 당사자가 간과하였음이 분명하다고 인정되는 법률상 사항에 관하여 당사자에게 의견을 진술할 기회를 주어야 하는 것을 말한다(제136조 제4항). 이는 당사자가 전혀 예상 밖의 법률적 관점에 기한 재판으로 불의의 타격을 받는 것을 막자는 것으로 당사자의 절차적 기본권을 보장하려는데 그 취지가 있다.160)

2) 기 능161)

① 법원의 법률적 관점의 지적이라는 의미에서 법률적 관점선택의 자유를 인정하는 신소송물이론의 입지를 크게 강화시킨 것이다.

② 당사자의 주장이 없는 법률적 관점을 곧바로 판결의 기초로 삼지 않고 미리 당사자에게 알려 의견진술의 기회를 부여하자는 것으로, 당사자의 절차권보장의 신장으로 볼 수 있다.

③ 지적의무가 체계상 석명권의 내용을 이루는 이상, 석명권이 권한인 동시에 의무임이 입법화된 것이다.

3) 요 건

① 당사자가 간과하였음이 분명한 사항일 것 : 이는 통상인의 주의력을 기준으로 당연히 변론에서 ⅰ) 고려 또는 ⅱ) 주장되어야 할 사항을 빠뜨린 경우를 이른다고 할 것이다. 나아가 ⅲ) 당사자의 주장이 법률적 관점에서 모순이 있거나 불명료한 점이 있는 경우도 같다.162) 다만 간과하였음이 분명함을 판단하는 기준은 당사자의 법률지식을 고려해야 하므로, 본인소송의 경우는 변호사소송의 경우와 달리 보아야 할 것이다.

② 법률상의 사항일 것 : 이는 사실관계에 대한 법률적용사항인 법률적 관점을 뜻한다. 즉 직권조사사항, 당사자의 주장·증명에 의하여 확정된 사실에 대한 법적평가 내지 법적개념을 말한다.

③ 재판의 결과에 대해 영향이 있을 것 : 우리 법에는 규정되어 있지 않으나, 독일민소법 제278조 제3항과 같은 해석을 한 것이다. 청구취지나 청구원인의 법적 근거에 따라 요건사실에 대한 증명책임이 달라지는 중대한 법률적 사항에 해당되는 경우라면 석명지적의무가 있다.163) 다만 판결결과에 영향이 없는 방론은

---

157) 대법 1992.04.28. 91다29972
158) 대법 2020.03.26. 2018다301336; 대법 2016.11.24. 2014다81511; 대법 2016.11.10. 2013다71098; 대법 2011.07.14. 2010다103451; 대법 1998.05.12. 96다47913; 대법 1997.12.26. 97다42892·42908
159) 대법 2010.03.25. 2009다88617
160) 대법 2017.09.26. 2015다11984
161) 이시윤 13판 345면을 정리한 것으로 모든 교수님들의 입장이 이와 일치하는 것은 아니다.
162) 대법 2017.12.22. 2015다236820·236837; 대법 2021.09.16. 2021다200914·200921; 대법 2022.04.14. 2021다276973
163) 대법 2022.04.28. 2019다200843; 대법 2023.04.13. 2021다271725

지적의무의 대상이 되지 아니한다.

> **판례연구 : 지적의무가 문제된 경우**
>
> **1. 고려하였어야 하는 경우**
> **(1) 어음발행지기재의 흠결에 관한 지적의무 위반**
> 발행지나 발행인의 명칭에 부기한 지의 기재의 흠결에 대하여는, 위와 같이 피고의 주장이 있었으나, 원고는 이 점을 명백히 간과하여 버린 것으로 인정되는 바, 따라서, 원심이 발행지 기재 흠결에 대한 피고의 주장에 착안하여 이 점을 재판의 기초로 삼으려면 원고로 하여금 이 점에 관하여 의견을 진술할 기회를 주었어야 할 것이다.164)
>
> **(2) 채권자대위권을 심판하기 앞서 지적의무**
> 원고와 원고인수참가인은 이 사건 소 제기시부터 원심 변론종결시까지 일관되게 이 사건 실제 115-1 지상 건물이 원고 및 원고인수참가인의 소유임을 전제로 피고와 선정자 2를 상대로 각 점유부분의 인도를 구하였을 뿐 이와 달리 위 건물의 원시취득한 매도인을 대위하여 직접 그 인도를 구하였다고 주장한 바 없음이 명백하고, 가사 원심이 변론 전체의 취지 등에 의하여 원고와 원고인수참가인이 위와 같은 주장을 한 것이라고 본다고 하더라도 법원은 당사자가 명백히 간과한 것으로 인정되는 법률상의 사항에 관하여는 당사자에게 의견진술의 기회를 주어야 하므로, 피고와 선정자 2가 이 점에 관하여 아무런 답변이나 항변을 하지 아니하고 있는 상황에서 원심법원으로서는 그에 관한 피고와 선정자 2의 견해를 묻고 법률상 및 사실상의 반대 주장을 할 수 있는 기회를 부여한 다음 그러한 판단에 나아갔어야 할 것이다.165)
>
> **(3) 법정해제에 따른 청구에 합의에 따른 자동해제 취지인지 지적의무**
> 甲이 乙과 지하 2층, 지상 8층인 집합건물 중 乙이 소유한 지하 2층 및 지상 2층 내지 8층을 매수하되 매매대금의 일부는 이미 지급된 것으로 하고 나머지는 잔금지급일까지 지급하기로 하는 내용의 매매계약을 체결하면서 '위 건물 지하 1층 및 지상 1층 구분소유자들의 건축허가동의서 등이 잔금지급일까지 구비되지 않을 경우 매매계약은 특별한 절차나 통지 없이 전부 무효로 한다'는 내용의 합의를 하였는데, 잔금지급일까지 위 동의서 등이 구비되지 않자, 甲이 乙의 채무불이행으로 매매계약이 해제되었음을 전제로 원상회복과 손해배상을 구한 사안에서, 甲에게 그의 주장이 매매계약의 법정해제에 따른 원상회복으로 매매대금 등의 반환과 손해배상의 청구가 인정되지 않는다면 매매계약이 위 합의에 따라 자동해제되었음을 이유로 매매대금 등의 반환을 구하는 취지인지 의견을 진술할 기회를 부여하고 그러한 취지라면 이에 관한 당부를 판단하여야 하는데도, 이러한 조치를 취하지 않은 채 매매계약이 乙의 동의서 등 징구의무 불이행 때문에 해제된 것이 아니라 당사자 일방의 귀책사유 없이 위 합의서에서 정한 대로 동의서 등이 확보되지 못하였기 때문에 자동해제된 것이라는 이유로 甲의 청구를 배척한 원심판단에는 석명의무를 다하지 아니하여 필요한 심리를 제대로 하지 않은 잘못이 있다.166)
>
> **(4) 친생자 관계 존재확인의 소에 인지청구의 소로 지적의무**
> 혼인 외 출생자의 경우 모자관계는 인지를 요하지 아니하고 법률상의 친자관계가 인정될 수 있지만, 부자관계는 부의 인지에 의하여서만 발생하는 것이므로, 부가 사망한 경우에는 그 사망을 안 날로부터 2년 이내에 검사를 상대로 인지청구의 소를 제기하여야 하고, 가사소송법 제12조 본문에 따라 가사소송 절차에 적용되는 민사소송법 제136조 제4항은 "법원은 당사자가 명백히 간과한 것으로 인정되는 법률상 사항에 관하여 당사자에게 의견을 진술할 기회를 주어야 한다."라고 규정하고 있으므로, 당사자가 부주의 또는 오해로 인하여 명백히 간과한 법률상의 사항이 있거나 당사자의 주장이 법률상의 관점에서 보아 모순이나 불명료한 점이 있는 경우 법원은 적극적으로 석명권을 행사하여 당사자에게 의견진술의 기회를 주어야 하고 만일 이를 게을리 한 경우에는 석명 또는 지적의무를 다하지 아니한 것으로서 위법하다. 혼인 외 출생자 등이 법률상 부자관계의 성립을 목적으로 친생자관계존재확인의 소를 제기한 경우에 법원은 친생자관계존재확인의 소의 보충성을 이유로 그대로 소를 각하할 것이 아니라 원고의 진정한 의사를 확인하여 그에 알맞은 청구취지와 청구원인으로 정리하도록 석명하여야 한다.167)

---

164) 대법 1995.11.14, 95다25923
165) 대법 2007.07.26, 2007다19006・19013
166) 대법 2019.01.17, 2018다244013
167) 대법 2021.12.30, 2017므14817

(5) 직권조사사항에 대한 지적의무

1) 피고적격에 대한 지적의무 : 원심이 피고적격 등의 문제를 재판의 기초로 삼기 위하여는 원고로 하여금 이 점에 관하여 변론을 하게 하고, 필요한 경우 청구취지 등을 변경할 기회를 주었어야 할 것인데도 이에 이르지 아니한 채 이 점을 재판의 기초로 삼아 소를 각하한 것은 원고가 전혀 예상하지 못한 법률적인 관점에 기한 예상외의 재판으로 원고에게 불의의 타격을 가하였을 뿐 아니라 석명의무를 다하지 아니하여 심리를 제대로 하지 아니한 것이라 할 것이고, 이러한 위법은 판결결과에 영향을 미쳤음이 분명하다.168)

2) 직권으로 부제소합의에 위반하는 소제기라는 판단 : 부제소 합의는 소송당사자에게 헌법상 보장된 재판청구권의 포기와 같은 중대한 소송법상의 효과를 발생시키는 것으로서 그 합의 시에 예상할 수 있는 상황에 관한 것이어야 유효하고, 그 효력의 유무나 범위를 둘러싸고 이견이 있을 수 있는 경우에는 당사자의 의사를 합리적으로 해석한 후 이를 판단하여야 한다. 따라서 당사자들이 부제소 합의의 효력이나 그 범위에 관하여 쟁점으로 삼아 소의 적법 여부를 다투지 아니하는데도 법원이 직권으로 부제소 합의에 위배되었다는 이유로 소가 부적법하다고 판단하기 위해서는 그와 같은 법률적 관점에 대하여 당사자에게 의견을 진술할 기회를 주어야 하고, 부제소 합의를 하게 된 동기 및 경위, 그 합의에 의하여 달성하려는 목적, 당사자의 진정한 의사 등에 관하여도 충분히 심리할 필요가 있다. 법원이 그와 같이 하지 않고 직권으로 부제소 합의를 인정하여 소를 각하하는 것은 예상외의 재판으로 당사자 일방에게 불의의 타격을 가하는 것으로서 석명의무를 위반하여 필요한 심리를 제대로 하지 아니하는 것이다.169)

3) 원고의 청구가 신의칙 위반임의 판단 : 토지 소유권에 근거한 甲의 건물 철거 및 부지 부분 인도 청구에 대하여 乙이 戊를 대위하여 甲에게 유증을 원인으로 한 소유권이전등기절차의 이행을 구할 수 있음을 전제로 신의칙 위반 주장을 한 적이 없으므로, 甲도 유증을 원인으로 한 소유권이전등기절차 이행청구권의 존재에 대해서는 제대로 다툴 수가 없었는데도, 인증서 기재에 유증의 효력이 인정되는지 여부, 유증을 원인으로 한 소유권이전등기절차 이행청구권의 존부 등에 관하여 당사자들에게 의견진술의 기회를 부여하거나 석명권을 행사하지 아니한 채 丙이 인증서에 의하여 戊에게 건물 부지 부분을 유증하였다고 인정하고, 그에 따라 丁이 戊에게 부담하던 소유권이전등기의무를 상속인인 甲이 부담하게 되었으므로 甲의 청구는 신의성실의 원칙에 위반된다고 본 원심판단에 석명의무 위반의 잘못이 있다.170)

4) 제척기간에 대한 지적의무 : 사해행위 취소소송에서 그 소의 제척기간의 도과 여부가 당사자 사이에 쟁점이 된 바가 없음에도 당사자에게 의견진술의 기회를 부여하거나 석명권을 행사함이 없이 제척기간의 도과를 이유로 사해행위 취소의 소를 각하한 것은 석명의무를 위반한 것이다.171)

5) 청구취지 특정여부에 대한 지적의무 : 당사자가 부주의 또는 오해로 인하여 청구취지가 특정되지 아니한 것을 명백히 간과한 채 본안에 관하여 공방을 하고 있는데도 보정의 기회를 부여하지 아니한 채 당사자가 전혀 예상하지 못하였던 청구취지 불특정을 이유로 소를 각하하는 것은 석명의무를 다하지 아니하여 심리를 제대로 하지 아니한 것으로서 위법하다.172)

6) 당사자적격 흠결에 대한 지적의무 : 甲이 乙의 丙에 대한 점유취득시효를 원인으로 한 소유권이전등기청구권 중 일부 지분을 상속받았다고 주장하면서 丁을 상대로 丙의 丁에 대한 소유권이전등기의 말소등기청구권을 대위하여 전부 말소를 구한 사안에서, 甲의 상속지분을 넘는 부분에 관하여는 보전의 필요성이 없다는 점을 지적하거나 甲이 주장한 상속지분이 증거에 의하여 인정되는 상속지분과 일치하지 아니함에도 아무런 석명을 하지 아니한 채 甲이 주장하는 지분을 초과하는 부분에 관하여 보전의 필요성이 없다는 이유로 소를 각하한 원심판결에 석명의무를 다하지 아니하여 심리를 제대로 하지 않은 잘못이 있다.173)

7) 소제기의 특별수권에 대한 지적의무 : 항소심이 직권으로 위 소가 총유재산의 관리·처분에 관하여 적법한 사원총회의 결의 없이 이루어진 것이고 이는 단시일 안에 보정될 수 없는 것으로서 부적법하다고 한 것은, 당사

---

168) 대법 1994.10.21, 94다17109
169) 대법 2013.11.28, 2011다80449
170) 대법 2021.09.16, 2021다200914·200921
171) 대법 2006.01.26, 2005다37185
172) 대법 2014.03.13, 2011다111459
173) 대법 2014.10.27, 2013다25217

자가 전혀 예상하지 못한 법률적인 관점에 기한 뜻밖의 재판으로서 당사자에게 미처 생각하지 못한 불이익을 주었을 뿐 아니라 석명의무를 위반하여 필요한 심리를 다하지 아니함으로써 판결에 영향을 미친 잘못이 있다.[174]

8) 확인의 이익에 대한 지적의무 : 법원으로서는 당사자가 과거 법률관계의 확인을 구하는 취지로 청구를 변경한 경우 직권조사사항인 확인의 이익 유무를 보다 구체적으로 심리하여 당사자에게 청구취지 변경 등을 석명하였어야 한다.[175]

9) 대표권 흠결에 대한 지적의무 : 원심 변론종결 당시까지 당사자 사이에 A의 대표자 지위에 관해서 쟁점이 되지 않았으므로, 원심으로서는 당사자에게 이 부분에 관하여 증명이 필요함을 지적하고 적극적으로 석명권을 행사하여 당사자에게 의견진술의 기회를 부여할 의무가 있는데도, 이러한 조치를 전혀 취하지 않은 채 당사자표시정정신청서 제출 당시 A에게 추인을 할 수 있는 적법한 대표권이 있다고 볼 증거가 부족하다는 이유로 소를 각하한 원심의 판단은 예상외의 재판으로 당사자 일방에게 뜻밖의 판결을 한 것으로서 석명의무를 다하지 않아 심리를 제대로 하지 않은 잘못이 있다.[176]

10) 소가산정의 자료에 대한 지적의무 : 인지규칙 제8조 제3항은 '법원은 소가의 산정을 위하여 필요한 때에는 직권 또는 신청에 의하여 공무소 기타 상당하다고 인정되는 단체 또는 개인에게 사실조사 또는 감정을 촉탁하고, 필요한 사항의 보고를 요구할 수 있다'고 규정하고, 이와 관련하여 법원의 석명처분권을 규정하고 있는 민사소송법 제140조 등을 준용하도록 하고 있는바, 이는 소가의 산정을 위한 법원의 석명권을 인정한 것으로서 "법원은 당사자가 간과하였음이 분명하다고 인정되는 법률상 사항에 관하여 당사자에게 의견을 진술할 기회를 주어야 한다"고 규정하고 있는 민사소송법 제136조 제4항에 비추어 볼 때, 법원은 소가 산정과 관련하여 필수적인 자료에 해당하거나 당사자가 부주의, 오해 또는 법률의 부지로 인하여 그 제출이나 진술을 간과하였음이 분명하다고 인정되는 사항 등에 관하여 적극적으로 석명권을 행사하여 당사자에게 자료 제출 등의 기회를 주거나 관련 기관에 조사를 촉탁하는 등의 조치를 취할 의무가 있다.[177]

2. 주장되어야 할 사항을 빠뜨린 경우

(1) 경정결정송달여부에 대한 지적의무 위반

원심판결 이유에 의하면 원심은, 거시증거에 의하면 채권자인 원고신청의 이 사건 채권압류 및 추심명령(이하 이 사건 결정이라 한다)이 1992.2.15. 결정되어 같은 달 20. 제3채무자인 피고에게 송달된 사실 및 같은 해 8.27. 위 결정상의 제3채무자표시를 "이문호"에서 "이문균"으로 경정결정된 사실은 인정되나, 위 경정결정이 피고에게 송달되었다고 볼 증거가 없으므로 위 채권압류 및 추심명령은 피고에 대하여 효력이 발생되지 않았다는 이유로 원고의 청구를 배척하였다. (중략) 그렇다면 원심의 변론종결시까지 당사자 사이에 이 사건 결정의 송달 여부만 다루어졌을 뿐 위 경정결정의 송달 여부에 관하여는 명시적으로 다툼이 없었고 따라서 원고도 이 사건 결정이 송달되었다는 증거만 제출하였으므로, 원심으로서는 마땅히 당사자들이 간과한 경정결정의 송달관계에 관하여 지적한 후 원고에게 경정결정의 송달 여부에 관하여 석명을 구하고 입증을 촉구하여야 함에도(민사소송법 제136조 제4항 참조) 불구하고, 이에 이르지 아니한 채, 이를 의식하지 못하고 간과한 원고가 제출한 증거만으로 위 경정결정의 송달사실이 인정되지 않는다는 이유로 청구를 기각하였으니, 이는 당사자가 전혀 예상하지 못하였던 법률적인 관점에 기한 예상외의 재판으로 원고에게 불의의 타격을 가하였을 뿐 아니라, 위 경정결정이 피고에게 송달되었는지에 관하여 제대로 심리를 하지 아니하여 판결에 영향을 미친 위법이 있다 할 것이다. 이 점을 지적하는 논지는 이유 있다.[178]

(2) 유족의 보상금수령요건 구비여부에 대한 지적의무

위와 같은 이 사건 소송수행 과정이나 심리 경과에 비추어 볼 때, 원심의 변론종결시까지 당사자 사이에는 위 망 안○길이 이 사건 책임보험계약에서 부보 대상으로 삼은 선원 속에 포함되는지 여부만이 쟁점이 되어 다투어져 왔을 뿐 원고가 위 안○길의 수입에 의하여 생계를 유지한 것인지 여부는 명시적인 다툼이 없었으므로, 설사 원

---

[174] 대법 2022.08.25, 2018다261605
[175] 대법 2022.06.16, 2022다207967
[176] 대법 2022.04.14, 2021다276973
[177] 대법 2014.05.29, 2014마329
[178] 대법 1994.06.10, 94다8761

심이 변론종결 당시까지 제출된 증거자료에 의하여 원고가 위 안O길의 수입에 의하여 생계를 유지한 것이 아니라는 심증이 들었다고 할지라도 이를 재판의 기초로 삼기에 앞서, 마땅히 당사자들이 간과한 재해보상금을 수령할 수 있는 유족의 요건에 관하여 석명을 구하고 입증을 촉구하여야 함에도 불구하고, 이에 이르지 아니한 채 원고가 이미 제출한 증거만으로는 그러한 요건을 인정할 수 없다는 이유로 청구를 기각하였음은, 당사자가 전혀 예상하지 못하였던 법률적인 관점에 기한 예상외의 재판으로 원고에게 불의의 타격을 가하였을 뿐만 아니라 원고가 위 안O길의 유족으로서 그 재해보상금을 수령할 수 있는 지위에 있었는지 여부에 관하여 심리를 다하지 아니하여 판결에 영향을 미친 위법이 있다고 할 것이고(대법원 1995. 4. 14. 선고 94다59950 판결, 1994. 6. 10. 선고 94다8761 판결 등 참조), 이 점을 지적한 논지는 이유 있다.179)

3. 당사자의 주장이 법률적 관점에서 모순이 있거나 불명료한 점이 있는 경우

(1) 환지약정에 의한 소이등청구인지 지적의무

기록에 의하면 원고가 사실심에서 1989.1.17. 자 환지약정을 원인으로 한 소유권이전등기청구권에 대하여 분명하게 주장한 흔적이 보이지 아니하나, 원고가 1989.1.17. 자 환지약정에 관한 갑제2호증을 제출하고 있고, 또한 증인 정O식, 변O명에 대한 증인신문을 구하고 있는 점에 비추어 보면, 원고로서는 피고에 대하여 1989.1.17. 자 환지약정을 원인으로 한 소유권이전등기절차이행을 구하려는 취지도 엿보이고, 비록 원고가 이 사건 주위적 청구취지 및 청구원인을 1989.1.17. 자 증여를 원인으로 한 소유권이전등기절차이행청구라고 주장한다 할지라도, 이는 원고의 법률적 견해의 착오에 기인한 것이라고 볼 여지도 있으므로, 이러한 경우 원심으로서는 마땅히 석명권을 행사하여 원고의 의사가 그 청구의 동일성이 인정되는 한도내인 1989.1.17. 자 환지약정을 원인으로 한 소유권이전등기절차이행청구를 주장하려는 취지인지를 명백히 하였어야 할 것이다.180)

(2) 부당이득반환청구를 배당이의의 소로 변경

이 사건의 분쟁은 위 배당금을 누가 수령하여야 하는가라는 점에서 비롯되었고, 이를 해결하는 데 있어서 적절하고도 간명한 방법은 배당이의의 소이며, 원고도 당초에는 배당이의의 소를 제기하였는데 이를 부당이득반환청구의 소로 변경하면서도 그 청구원인과 모순되는 청구취지를 주장하였고 이는 원고가 배당유보에 따른 부당이득반환의 법률관계나 효과를 오해한 데서 기인한 것이 명백하므로, 원심으로서는 원고의 청구취지를 피상적·소극적으로 파악하여 원고의 청구를 기각할 것이 아니라, 석명권을 행사하여 법률적으로 합당한 청구취지로 정정하도록 하는 기회를 부여하여 실질적으로 분쟁이 해결되도록 하여야 할 것이고, 금원의 반환을 구하는 청구취지가 잘못되었다는 이유로 원고의 청구를 기각하려면 원고에게 오로지 금원의 반환을 구하는 것인지 나아가 피고가 배당금을 수령하기 이전이라면 배당금지급채권의 반환을 구하는 취지도 포함된 것인지에 관하여 석명을 구하고 이러한 법률사항에 관하여 의견을 진술할 기회를 주었어야 할 것이다. 그럼에도 불구하고, 원심이 이에 이르지 아니한 채 피고가 배당금 상당의 금전 자체를 부당이득하였다고 볼 수 없다는 이유로 원고의 청구를 기각한 것은 석명권을 적절하게 행사하지 아니하고 당사자에게 법률사항에 관한 의견 진술의 기회를 주지 아니한 위법이 있다고 할 것이고, 이는 판결 결과에 영향을 미쳤음이 분명하다.181)

(3) 명백히 이유없는 청구로 소변경시 지적의무

원고가 이 사건 부동산을 종중원 등 3인에게 명의신탁하여 그 명의로 사정을 받았다고 주장하면서 명의수탁자를 대위하여 피고들 명의의 소유권보존등기의 말소등기절차를 청구하여 제1심에서 승소하고서도, 항소심인 원심에서 자기 앞으로 소유권을 표상하는 등기가 되어 있지 않았고 법률에 의하여 소유권을 취득하지도 않았다는 종전의 주장을 그대로 유지한 채 진정명의회복을 위한 소유권이전등기절차의 이행을 청구하는 새로운 청구를 제기함으로써 원고의 주장 자체에 명백한 모순이 있게 되었는데, 이는 원고가 부주의나 법률적인 지식의 부족으로 진정명의회복을 위한 소유권이전등기의 법리를 제대로 이해하지 못하고 있는 데서 비롯된 것으로 보인다. 항소심에서 소를 교환적으로 변경한 경우 구 민사소송법 제240조(현 제267조) 제2항에 의하여 종전의 소와 동일한 소를 제기할 수 없게 되는 중대한 법적 효과가 따르게 된다는 사정까지도 함께 고려하면, 이와 같은 경우 원심으로서는

---

179) 대법 1998.09.08, 98다19509
180) 대법 1995.02.10, 94다16601
181) 대법 2002.01.25, 2001다11055

원고의 소변경신청에 법률적 모순이 있음을 지적하고 원고에게 의견을 진술할 기회를 부여함으로써 원고로 하여금 청구와 주장을 법률적으로 합당하게 정정할 수 있는 기회를 부여하여 분쟁을 실질적으로 해결하도록 하였어야 할 것이다.[182]

(4) 손해배상청구의 법률적 근거에 대한 석명

1) 채무불이행과 불법행위에 의한 손해배상청구[183] : 기록에 의하면 원고는 제1심과 원심에서 이 사건 손해배상청구가 계약책임을 묻는 것인지 아니면 불법행위책임을 묻는 것인지 명시한 바 없음을 알 수 있는바, 이는 원고가 부주의나 법률적인 지식의 부족으로 입증책임의 법률적 효과에 관하여 명백히 이해하지 못하고 있거나 그 주장이 법률상의 관점에서 보아 불명료 또는 불완전한 경우라고 하지 않을 수 없다. 따라서 원심으로서는 마땅히 위와 같은 점을 지적하고 원고에게 의견을 진술할 기회를 부여함으로써 원고로 하여금 그 주장을 법률적으로 명쾌하게 정리할 기회를 주었어야 한다. 그럼에도 불구하고 원심은 이러한 조치를 취하지 아니하고 원고의 이 사건 손해배상청구의 법률적 근거를 불법행위책임을 묻는 것으로 단정한 뒤(이 경우 입증책임은 원고가 부담하게 된다는 점에서 이는 원고에게 심히 불리한 것이다) 원고의 입증이 부족하다는 이유로 원고의 청구를 받아들이지 아니하였는바, 이는 석명권을 적절하게 행사하지 아니하고 당사자에게 법률사항에 관한 의견 진술의 기회를 주지 아니하여 잘못이라고 할 것이고, 이는 판결 결과에 영향을 미쳤음이 분명하다.

2) 일반 불법행위와 환경정책기본법[184] : 일반 불법행위의 책임근거로 하고 있는 경우에 당사자 사이에 쟁점이 된 바도 없고 법원도 당사자에게 의견진술의 기회를 준 바도 없는 환경정책기본법 제31조 1항에 의한 배상책임을 인정한 경우를 지적의무 위배라고 보았다.

(5) 추심권에 대한 법리오해의 경우

상대적 불확지 변제공탁의 피공탁자 乙, 丙 중 乙을 채무자로 하여 그의 공탁물출급청구권에 대하여 채권압류 및 추심명령을 받은 甲이 다른 피공탁자 丙을 상대로 제1심법원에 공탁물출급청구권 확인의 소를 제기하면서 소장의 당사자표시에 乙을 '원고'로, 자신을 '대위신청인'으로 기재하고, 청구취지를 '원고가 출급권자임을 확인한다'는 것으로 기재한 다음, 청구원인으로는 甲이 공탁물출급청구권에 대하여 채권압류 및 추심명령을 받았는데 乙과 丙이 공탁금에 대하여 아무런 조치를 취하지 않고 있어 채무자의 대위신청인으로서 공탁물출급청구권의 확인을 받아 채무변제를 받기 위해 소를 제기한다고 주장하였다가, 원심 변론기일에 소장의 당사자표시 중 '원고'는 자신(甲)이고, 청구취지는 '공탁물출급청구권이 원고(甲)에게 있음을 확인한다'는 것이라고 진술한 사안에서, 위 진술은 당사자 본인인 甲이 부주의나 법률적 지식의 부족으로 인하여, 채권압류 및 추심명령이 있더라도 채무자가 여전히 압류된 채권의 채권자 지위에 있는 것이고, 다만 채권압류 및 추심명령을 받은 추심채권자는 압류한 채권의 추심권을 취득함으로써 추심에 필요한 채무자의 권리를 대위절차 없이 자기의 이름으로 행사할 수 있다는 법리를 간과하였거나 제대로 이해하지 못한 데서 비롯된 것으로 보이므로, 원심으로서는 甲에게 청구원인과 법정에서 진술한 청구취지가 일치하지 않는 법률적 모순이 있음을 지적하고 다시 의견을 진술할 기회를 부여함으로써 甲의 진정한 의사를 확인하고 그로 하여금 청구원인에 합당하게 청구취지를 정정하도록 기회를 주었어야 함에도, 이러한 조치를 취하지 않은 채 甲이 위와 같은 진술을 하였다는 이유만으로 그가 공탁물출급청구권이 피공탁자가 아닌 추심채권자에게 있음의 확인을 구하고 있어 확인의 이익이 없다고 본 원심판결에는 석명의무를 다하지 아니한 잘못이 있다.[185]

4) 내 용

① 의견진술의 기회 부여 : 불이익을 받을 자에게 의견진술기회를 부여해야 한다. 이는 예상하지 못한 법률적 관점에 의한 패소방지가 제도의 취지이므로 불이익을 받을 당사자가 지적의무의 상대방이 되는 것은 당연하기 때문이다.

---

182) 대법 2003.01.10, 2002다41435
183) 대법 2009.11.12, 2009다42765
184) 대법 2008.09.11, 2006다50338
185) 대법 2011.11.10, 2011다55405

② 변론의 재개 : 변론종결후에 간과한 법률적 관점이 발견되었을 경우에는 변론의 재개가 불가피하다고 본다(제142조).

5) 의무위반의 효과

① 확정전 효과 : 판결확정 전에 지적의무위반은 상고이유가 된다.[186] 다만 이는 **절대적 상고이유가 아닌 일반적 상고이유**(제423조)가 된다 할 것이다. 즉 요건에서 판결에 영향이 있을 것을 전제하기 때문이다.

② 확정후 효과 : 판결확정 후에는 재심사유가 아니므로 다른 재심사유가 없는 한 재심은 불가하다고 할 것이다.

4. 석명권의 행사

(1) 주 체

석명권은 소송지휘권의 일종이므로 재판장 또는 단독판사가 행사한다. **합의부원도 재판장에게 알리고 할 수 있다**(제136조 2항). 석명권은 법원의 권한임에 비추어 당사자는 상대방에게 직접 석명을 구할 수 없으며, **필요한 경우에는 재판장에게 상대방에 대하여 설명을 요구하여 줄 것을 요청**할 수 있다(동조 제3항).

(2) 행사방법

> 제137조(석명준비명령) 재판장은 제136조의 규정에 따라 당사자에게 설명 또는 증명하거나 의견을 진술할 사항을 지적하고 변론기일 이전에 이를 준비하도록 명할 수 있다.
>
> 제138조 합의부에 의한 감독 당사자가 변론의 지휘에 관한 재판장의 명령 또는 제136조 및 제137조의 규정에 따른 재판장이나 합의부원의 조치에 대하여 이의를 신청한 때에는 법원은 결정으로 그 이의신청에 대하여 재판한다.

석명권은 변론절차에서뿐 아니라 변론준비절차에서 행사할 수 있다(제286조). **필요한 경우에는 미리 당사자에게 석명할 사항을 서면·구두로 지시하고 변론준비기일이나 변론기일전에 준비할 것을 명**할 수 있다(제137조, 석명준비명령). **당사자가 신 민사소송법 제136조, 제137조의 규정에 따른 재판장이나 합의부원의 석명권 행사나 석명준비명령에 대하여 이의를 신청한 때에는 법원은 결정으로 그 이의신청에 대하여 재판**한다(제138조).

(3) 석명권의 행사 등에 따른 법원사무관등의 조치

> **민사소송규칙**
> 제30조(석명권의 행사 등에 따른 법원사무관등의 조치) 법 제136조 또는 법 제137조의 규정에 따른 조치나 법 제140조제1항의 규정에 따른 처분이 있는 경우에 재판장 또는 법원은 법원사무관등으로 하여금 그 조치나 처분의 이행여부를 확인하고 그 이행을 촉구하게 할 수 있다.

(4) 석명불응에 대한 조치

당사자는 석명에 응할 의무는 없다. 단 불응하는 경우 주장·입증이 없는 것으로 취급되어 불이익한 재판을 받을 수 있다(제149조 2항).

---

[186] 대법 2022.04.14, 2021다276973

5. 효 과

(1) 석명권을 행사하지 않은 경우

1) 소극적 석명을 행사하지 않은 경우 : 석명의무의 범위는 석명권의 범위보다는 좁으므로 **석명권의 불행사가 객관적 자의라고, 즉 현저한 재량의 일탈이라고 할 정도일 때에 석명의무위반이 상고이유**가 된다.

2) 적극적 석명을 행사하지 않은 경우 : 判例는 원칙적으로 적극적 석명을 위법하다고 보나 소변경의 석명과 지적의무의 활용으로 적극적 석명의 태도를 제한적으로 허용하는 태도를 보이고 있다.[187]

(2) 석명권을 남용하여 행사한 경우

1) 소극적 석명의 경우 : **석명권의 과도한 행사는 문제가 되지 않는다.**

2) 적극적 석명의 경우 : 이러한 적극적 석명권행사는 석명의 한계를 벗어난 것으로 보여 위법한 판결로 본다. 다만 이러한 판결에 대하여 피고의 항소실익은 없다고 보여진다. 즉 원고의 청구취지 변경이나 주장에 따른 재판이고, 항소심에서도 청구취지 확장이나 새로운 사실주장은 가능하기 때문이다.

6. 석명처분

> **제140조(법원의 석명처분)** ① 법원은 소송관계를 분명하게 하기 위하여 다음 각호의 처분을 할 수 있다.
> 1. 당사자 본인 또는 그 법정대리인에게 출석하도록 명하는 일
> 2. 소송서류 또는 소송에 인용한 문서, 그 밖의 물건으로서 당사자가 가지고 있는 것을 제출하게 하는 일
> 3. 당사자 또는 제3자가 제출한 문서, 그 밖의 물건을 법원에 유치하는 일
> 4. 검증을 하고 감정을 명하는 일
> 5. 필요한 조사를 촉탁하는 일
> ② 제1항의 검증·감정과 조사의 촉탁에는 이 법의 증거조사에 관한 규정을 준용한다.
>
> **민사소송규칙**
> **제29조(법원의 석명처분)** 법 제140조제1항의 규정에 따른 검증·감정과 조사의 촉탁에는 이 규칙의 증거조사에 관한 규정을 준용한다.
>
> **제29조의2 (당사자 본인 등에 대한 출석명령)** ① 법원은 필요한 때에는 당사자 본인 또는 그 법정대리인에게 출석하도록 명할 수 있다.
> ② 법원은 필요한 때에는 소송대리인에게 당사자 본인 또는 그 법정대리인의 출석을 요청할 수 있다.

(1) 의 의

법원은 변론중의 석명권의 행사외에도 소송관계를 명료하게 하기 위하여 일정한 처분을 할 수 있다(제140조 1항)고 규정하고 있는데 이를 석명처분이라고 한다.

(2) 기능 및 성질

법원의 석명처분은 변론주의의 결함을 보완·시정하는 것으로서 성질은 법원의 권능이자 의무이다.

---
[187] 대법(전) 1995.07.11, 94다34265 등

(3) 내 용

당사자 본인 또는 법정대리인의 출석명령, 문서 기타 물건의 제출 유치, 검증이나 감정을 명하는 일, 필요한 조사를 촉탁하는 일이다.

(4) 증거조사와의 구별

석명처분은 어디까지나 사건의 내용을 이해하기 위한 것으로서 증거자료의 수집만을 목적으로 하는 증거조사와 다르며, 석명처분에 의해 현출된 자료는 당사자가 원용한 경우에만 증거자료로 될 수 있고 그렇지 않으면 변론 전체의 취지만으로 참작될 뿐이다.

제7관 적시제출주의

I. 서 설

1. 의 의

> 제146조(적시제출주의) 공격 또는 방어의 방법은 소송의 정도에 따라 적절한 시기에 제출하여야 한다.

적시제출주의라 함은 당사자가 **공격방어방법을 소송의 정도에 따라 적절한 시기에 제출하여야 하는 입장**을 말한다.

2. 연 혁

과거의 입법례 중 **제출순서를 엄격하게 법으로 정하고 그 순서를 놓치면 실권시키는 동시제출주의 또는 법정순서주의**가 있었으나, 구민사소송법에서는 공격방어방법을 변론종결 전까지 자유롭게 제출할 수 있는 수시제출주의를 따랐었다. 그러나 심리가 지연되는 등의 문제로 신법은 제146조에서 적시제출주의 채택하였다.

3. 적시제출주의의 내용

(1) 적시제출주의는 공격방어방법의 제출시기에 관한 기본원칙이다.

(2) 적절한 시기의 판단

적시제출주의에 의하면 공격방어방법은 소송의 상태에 따라 적절한 시기에 제출하여야 하는데, '적절한 시기'는 개개의 소송절차에서 구체적인 상황에 비추어 판단할 문제이다. 개정민소규칙은 제69조의 3에서 공격방어방법이 적힌 준비서면의 제출기간을 정해 놓았는데 이 기간을 지키는 것이 적시제출의 한 예이다.

II. 적시제출주의의 실효성 확보를 위한 제도
1. 재정기간제도(제147조)

> 제147조(제출기간의 제한) ① 재판장은 당사자의 의견을 들어 한 쪽 또는 양 쪽 당사자에 대하여 특정한 사항에 관하여 주장을 제출하거나 증거를 신청할 기간을 정할 수 있다.
> ② 당사자가 제1항의 기간을 넘긴 때에는 주장을 제출하거나 증거를 신청할 수 없다. 다만, 당사자가 정당한 사유로 그 기간 이내에 제출 또는 신청하지 못하였다는 것을 소명한 경우에는 그러하지 아니하다.

(1) 의 의
　신법은 **당사자가 특정한 공격방어방법을 적기에 제출하도록 재판장이 제출기간을 정하고 그 기간을 넘기면 그 공격방어방법을 제출할 수 없게 하는 제도를 신설**하였다.

(2) 취 지
　집중심리제도의 정착을 위해서는 실기한 공격방어방법의 각하규정만으로는 미흡하므로 적시제출주의의 사전유도책으로 신설하였다.

(3) 요 건
　1) 의견청취 : **제출기간이나 신청기간을 정하기에 앞서 재판장은 당사자의 의견을 들어야** 한다. 이는 당사자의 절차권을 보장하고 무리하게 제출기간을 정하는 것을 막자는 취지이다.

　2) 명확한 특정 : 재판장은 주장제출이나 증거신청을 요하는 사항과 그 기간 및 어느 당사자에 대한 기간인지를 명확하게 특정하여야 한다.

　3) 고 지 : 재판장은 고지하는 기간이 제147조 제1항에 따른 재정기간이며 그 기간을 넘긴 때에는 주장을 제출할 수 없거나 증거를 신청할 수 없다는 취지를 함께 고지하여 당사자가 예상치 아니한 손해를 입지 않도록 하여야 한다.

(4) 제출기간 부준수의 효과
　당사자가 정해진 기간을 넘긴 때에는 새로운 주장을 제출하거나 새로운 증거를 신청할 수 없다(제147조 제2항). 즉, 실권효가 발생한다. 다만, **당사자가 정당한 사유로 제출기간 내에 제출·신청하지 못하였음을 소명한 경우에는 구제**받을 길을 마련해 놓았다(제147조 제2항 단서).

(5) 준비절차에의 준용
　재정기간에 관한 제147조는 변론절차에 적용되지만 변론준비절차에도 준용된다(제286조). 그러나 서면에 의한 변론준비절차에서는 당사자의 의견을 들을 수 없어 제147조의 활용에 한계가 있다.

2. 실기한 공격방어방법의 각하(제149조)

> 제149조(실기한 공격·방어방법의 각하) ① 당사자가 제146조의 규정을 어기어 고의 또는 중대한 과실로 공격 또는 방어방법을 뒤늦게 제출함으로써 소송의 완결을 지연시키게 하는 것으로 인정할 때에는 법원은 직권으로 또는 상대방의 신청에 따라 결정으로 이를 각하할 수 있다.

(1) 의 의

실기한 공격·방어방법이란 당사자가 고의 또는 중대한 과실로 소송의 정도에 따른 적절한 시기를 넘겨 뒤늦게 제출하여 소송의 완결을 지연시키는 공격 또는 방어의 방법을 말하고,[188] 이 경우 심리하지 않고 각하한다.

(2) 각하요건

1) 적시제출주의를 어기어 공격방어방법을 늦게 제출하였을 것

① <u>시기에 늦었는지 여부는 관련 소송의 진행정도로 보아 과거에 제출할 기회가 있었고 이를 기대할 수 있었음에도 이를 하지 아니한 것</u>인지, 즉 공격방어방법의 제출에 있어서 신의칙을 제대로 지켰느냐의 관점에서 결정한다.[189]

② <u>항소심에서 새로운 공격방어방법이 제출되었을 때 시기에 늦었는가의 판단은 제1심·제2심을 통관하여 판단</u>하여야 한다.[190] 判例도 제1심에서도 주장할 수 있었던 유치권의 항변을 항소심 제4회 기일에 비로소 제출한 것을 실기한 공격방어방법이라고 보았고,[191] 제4차에 걸친 제1심변론기일은 물론 제2심 제1차 변론기일에 주장하지 않다가 마지막 변론기일에 준비서면을 주장하였으면 실기한 공격방법으로 보았다.[192]

2) 당사자에게 고의 또는 중과실이 있을 것

① 고의 또는 중과실은 당사자본인 또는 대리인 어느 한편에 있으면 된다. 고의 또는 중과실의 판단은 당사자의 법률지식의 정도도 고려하여 본인소송과 변호사대리소송은 다른 기준으로 판단하여야 할 것이다. 따라서 항소심에 이르러 동일한 쟁점에 대법원 판결이 선고되자 그 판례를 토대로 새로운 주장을 제출한 경우는 실기한 것에 해당하지 않는다.[193]

② 당사자의 법률지식과 함께 새로운 공격·방어방법의 종류, 내용과 법률구성의 난이도, 기존의 공격·방어방법과의 관계, 소송의 진행경과 등을 종합적으로 고려해야 한다.[194] **상계항변이나 건물매수청구권 같은 예비적 내지 출혈적인 방어방법을 소송 초기부터 제출하리라고 기대하는 것은 무리**이다. 다만 判例는 **파기환송전에 제출할 수 있었던 상계항변을 환송 후에 주장한 경우는 실기한 공격방법으로 보았다.**[195]

---

188) 대법 2017.05.17, 2017다1097
189) 대법 2017.05.17, 2017다1097
190) 대법 2017.05.17, 2017다1097
191) 대법 1962.04.04, 4294민상1122
192) 대법 2014.05.29, 2011두25876
193) 대법 2006.03.10, 2005다46363·46370·46387·46394
194) 대법 2017.05.17, 2017다1097

3) 당해 공격방어방법을 심리하면 각하할 때보다 소송의 완결이 지연될 것

법률상의 주장,[195] 별도의 증거조사가 불필요한 항변,[197] **당해 기일에 즉시 조사할 수 있는 증거의 신청** 등은 소송의 완결을 지연시킨다고 할 수 없을 것이다.[198] **따로 심리하거나 증거조사할 사항이 남아 있어 어차피 기일을 속행하여야 하는데 그 속행기일의 범위 내에서 당해 공격방어방법의 심리를 마칠 수 있는 경우에도**[199] 소송의 완결을 지연시킨다고 볼 수 없다. 변론재개된 변론기일에서의 제출된 주장이 실기한 공격방어방법에 해당하는지 여부를 판단함에는 변론재개 자체로 인한 소송완결의 지연은 고려할 필요가 없다.[200] **법원이 당사자의 공격방어방법에 대하여 각하결정을 하지 아니한 채 그 공격방어방법에 관한 증거조사까지 마친 경우에 있어서는 더이상 소송의 완결을 지연할 염려는 없어졌다고 할 것이므로, 그러한 상황에서 새삼스럽게 판결이유에서 당사자의 공격방어방법을 각하하는 판단은 할 수 없다.**[201]

4) 각하의 대상

① **각하의 대상은 공격방어방법, 즉 주장·부인·항변·증거신청** 등이다. 따라서 **소변경이나 반소 등은 공격방어방법이 아니므로 각하의 대상이 아니다.**

② 증거방법 중 유일한 증거방법을 실기하였다고 각하할 수 있느냐에 관하여 判例는 동요하고 있다.[202] 생각건대 유일한 증거방법이라고 해서 예외로 취급할 것이 아니다.[203]

(3) 각하절차

1) 개 시 : 각하는 **직권 또는 상대방의 신청**에 따라 한다.

2) 재 판 : 제149조의 규정상 각하여부는 법원의 재량이다. 각하를 함에는 독립된 결정으로 하거나 종국판결의 이유 속에서 판단하면 된다.[204] 독립된 결정으로 각하한 경우 어느 때라도 이를 취소할 수 있다(제222조).

3) 불 복 : **각하 당한 당사자는 독립하여 항고할 수 없고**, 종국판결에 대한 상소와 함께 불복하여야 한다(제392조). 그러나 각하신청이 배척된 경우에는 법원의 소송지휘에 관한 사항이기 때문에 불복신청이 허용되지 않는다.

---

195) 대법 2005.10.07, 2003다44387
196) 대법 1991.08.13, 91다10992
197) 대법 1992.10.27, 92다28921은 피고가 대법원 환송판결 후 원심에서 비로소 원고가 농지매매증명을 얻지 못하여 무효라는 항변을 하였더라도 이는 법률상 주장으로서, 소재지관서의 증명이 없는 점에 대하여는 당사자 사이에 다툼이 없어 별도의 증거조사를 필요로 하지 아니하고, 이로 말미암아 소송의 완결이 지연되는 것도 아니므로 실기한 방어방법이 아니라고 하였다.
198) 대법 2000.04.07, 99다53742
199) 대법 2014.05.29, 2011두25876
200) 대법 2010.10.28, 2010다20532
201) 대법 1994.05.10, 93다47615
202) 대법 1959.10.15, 4292민상104(긍정), 대법 1962.07.26, 62다315(부정)
203) 이시윤 13판 354면; 김홍규/강태원 394면; 정동윤/유병현 294면
204) 대법 2014.05.29, 2011두25876

3. 석명에 불응하는 공격방어방법의 각하(제149조 제2항)

> 제149조(실기한 공격·방어방법의 각하) ② 당사자가 제출한 공격 또는 방어방법의 취지가 분명하지 아니한 경우에, 당사자가 필요한 설명을 하지 아니하거나 설명할 기일에 출석하지 아니한 때에는 법원은 직권으로 또는 상대방의 신청에 따라 결정으로 이를 각하할 수 있다.

당사자가 제출한 공격방어방법의 취지가 불명료한 경우나, 이를 제출한 **당사자가 필요한 석명을 하지 않거나 또는 석명할 기일에 출석하지 않는 경우에는 법원은 당사자의 신청 또는 직권으로 그 공격방어방법을 각하할 수 있다.**

4. 변론준비기일을 거친 경우의 새로운 주장의 제한(제285조)

> 제285조(변론준비기일을 종결한 효과) ① 변론준비기일에 제출하지 아니한 공격방어방법은 다음 각호 가운데 어느 하나에 해당하여야만 변론에서 제출할 수 있다.
> 　1. 그 제출로 인하여 소송을 현저히 지연시키지 아니하는 때
> 　2. 중대한 과실 없이 변론준비절차에서 제출하지 못하였다는 것을 소명한 때
> 　3. 법원이 직권으로 조사할 사항인 때
> ② 제1항의 규정은 변론에 관하여 제276조의 규정을 적용하는 데에 영향을 미치지 아니한다.
> ③ 소장 또는 변론준비절차전에 제출한 준비서면에 적힌 사항은 제1항의 규정에 불구하고 변론에서 주장할 수 있다. 다만, 변론준비절차에서 철회되거나 변경된 때에는 그러하지 아니하다.

개정전 제259조에서 준비절차를 거친 경우 준비절차에서 제출하지 않은 사항은 원칙적으로 변론에서 주장할 수 없도록 하였는데, 개정법 제285조에서도 마찬가지로 변론준비기일에 제출하지 않는 공격방어방법에 대하여 ① 그 제출로 인하여 소송을 현저히 지연시키지 아니하는 때, ② 중대한 과실 없이 변론준비절차에서 제출하지 못하였다는 것을 소명한 때, ③ 법원이 직권으로 조사할 사항인 때 이외에는 변론에서 제출할 수 없다고 실권효에 대하여 규정하고 있으며, 제1심의 변론준비절차는 항소심에도 그 효력을 가지므로(제410조), 무변론판결을 제외하고 변론준비기일을 거친 사건은 제1심 판결의 선고로 항소심에서도 실권효가 발생하도록 하였다.

5. 중간판결의 내용과 저촉되는 주장의 제한

> 제201조(중간판결) ① 법원은 독립된 공격 또는 방어의 방법, 그 밖의 중간의 다툼에 대하여 필요한 때에는 중간판결(중간판결)을 할 수 있다.
> ② 청구의 원인과 액수에 대하여 다툼이 있는 경우에 그 원인에 대하여도 중간판결을 할 수 있다.

중간판결의 기속력 때문에 그 판단사항에 대한 공격방어방법은 당해 심급에서는 제출할 수 없다.

6. 상고이유서제출기간이 지난 뒤의 새로운 상고이유의 제한(제427조, 제429조)

> 제427조(상고이유서 제출) 상고장에 상고이유를 적지 아니한 때에 상고인은 제426조의 통지를 받은 날부터 20일 이내에 상고이유서를 제출하여야 한다.
>
> 제429조(상고이유서를 제출하지 아니함으로 말미암은 상고기각) 상고인이 제427조의 규정을 어기어 상고이유서를 제출하지 아니한 때에는 상고법원은 변론 없이 판결로 상고를 기각하여야 한다. 다만, 직권으로 조사하여야 할 사유가 있는 때에는 그러하지 아니하다.

상고심에서는 상고이유서 제출기간 안에 기재하여 제출하지 않은 상고이유는 고려하지 않는다.

7. 답변서제출의무와 방소항변(제256조)

> 제256조(답변서의 제출의무) ① 피고가 원고의 청구를 다투는 경우에는 소장의 부본을 송달받은 날부터 30일 이내에 답변서를 제출하여야 한다. 다만, 피고가 공시송달의 방법에 따라 소장의 부본을 송달받은 경우에는 그러하지 아니하다.
> ② 법원은 소장의 부본을 송달할 때에 제1항의 취지를 피고에게 알려야 한다.
> ③ 법원은 답변서의 부본을 원고에게 송달하여야 한다.
> ④ 답변서에는 준비서면에 관한 규정을 준용한다.

신법은 피고에게 소장송달을 받은 날부터 30일 이내에 답변서를 제출할 의무를 지우고 있다. **임의관할위반**(제30조), **소송비용의 담보제공**(제118조) **따위의 방소항변을 본안에 관한 변론전까지 제출**하게 한 것도 적시제출주의를 실현하기 위한 것이다.

III. 적시제출주의의 예외

적시제출주의는 변론주의가 적용되는 경우에만 문제되며 직권탐지주의나 직권조사사항에 관하여는 그 적용이 없다(제285조, 제434조, 가소12조). 각하하여 절차의 촉진을 도모하기보다는, 실체적 진실발견의 요청이 선행되기 때문이다.

제8관 집중심리주의

I. 서 설

1. 병행심리주의의 문제점

병행심리주의라 함은 사건이 접수되는 순서에 따라 동일한 시간대에 여러 사건의 기일을 동시에 지정하여 심리를 진행하되 수회의 변론기일을 거듭하면서 준비서면을 교환하여 쟁점을 정리해 나감과 동시에 증인신문을 비롯한 증거조사도 병행하는 방식이다. 병행심리주의는 구법하의 수시제출주의와 결부되어 소송지연의 폐해가 있었고, 소송의 장기화로 기록에 의존하게 되어 구술주의의 취지가 몰각되며, 법관의 교체로 인한 직접심리주의에 반할 수 있는 문제점이 있었다. 그리하여 선진입법례에 따라 우리 신법도 병행심리주의를 버리고 집중심리주의의 입법을 새로 채택하였다.

2. 집중심리주의의 의의

집중심리주의는 ① 소송의 초기단계에서 사건을 분류하여 각 사건에 적합한 처리방법을 정하고, ② 조기에 쟁점과 증거를 정리하여 증명의 대상이 되어야 할 사실을 명확히 한 다음, ③ 이에 초점을 맞추어 효율적이고 집중적인 증거조사를 실시하는 심리방식을 말한다.

II. 집중심리주의의 목적과 전제조건

1. 집중심리주의의 목적

① 변론의 회수를 줄여 당사자 및 소송대리인들로 하여금 불필요하게 법정에 출석하는 수고를 덜어주고, 법관으로 하여금 기일마다 기록을 검토해야 하는 노고를 덜어준다. ② 직접 변론 및 증거조사의 실질심리에 관여한 법관이 심증을 형성하여 재판의 결론을 내림으로써 소송촉진 및 심리충실의 원칙을 달성할 수 있다. ③ 화해의 조정등을 이끌어 냄으로써 남상소로 인한 상급법원의 부담과 사실심법관의 판결서 작성의 부담을 줄일 수 있다.

2. 전제조건

① 사실관계에 관한 쟁점이 사전에 명확히 부각되어야 한다. ② 사전 증거수집이 충분히 이루어질 수 있는 제도적 보완이 필요하다. ③ 기일의 연속이 제도적으로 보장되어야 한다. ④ 당사자측이 사건의 준비를 집약적으로 하여 변론에 임하는 협조가 필요하다.

III. 집중심리를 위한 현행법규의 내용

> 제272조(변론의 집중과 준비) ① 변론은 집중되어야 하며, 당사자는 변론을 서면으로 준비하여야 한다.
> ② 단독사건의 변론은 서면으로 준비하지 아니할 수 있다. 다만, 상대방이 준비하지 아니하면 진술할 수 없는 사항은 그러하지 아니하다.

1. 소송자료의 조기충실화와 사건분류

신법은 집중심리의 전제로 소송자료의 조기제출을 유도하였다. ① 소제기의 초기단계에서부터 소장·답변서기재의 충실화로 변론의 집중을 지향하여 당사자에 사전에 사실관계와 증거를 상세히 조사할 의무를 지웠다(규칙 제69조의 2). ② 개정민소규칙은 소장의 기재사항으로 청구를 뒷받침할 사실, 피고측의 항변에 대응할 사실, 증거방법을 적게 하는 한편, 답변서에는 원고주장사실의 인정여부, 항변, 증거방법 등을 구체적으로 적게 했다(규칙 제62조, 65조). ③ 피고에게 소장부본을 송달받은 후 30일 이내에 답변서 제출 의무를 부과하되 불이행하면 무변론판결로 분류되어 끝을 내고, 답변서를 제출한 사건이면 바로 사건을 검토하여 가능한 최단기간 안의 날로 제1회 변론기일을 지정하도록 했다.

2. 변론집중을 위한 쟁점정리절차

① 2008년 개정법률 제258조 1항 단서에 해당하여 변론준비절차에 부쳐진 사건이면, 변론의 효율적이고 집중적인 실시를 위해 당사자의 주장과 증거의 정리절차인 이 절차에 부칠 수 있도록 하였다(제279조 이하). ② 변론준비절차에 부쳐져서 변론준비기일까지 거쳤으면 뒤에 제출하는 자료에 대해서는 실권의 제재를 가함으로써(제285조) 이 과정에서 공격방어방법을 모두 쏟아내는 집중제출을 유도한 것이다. 집중제출된 주장을 토대로 한 쟁점정리와 신청한 증거결정·증거조사로 증거정리를 마치게 하였다. ③ 개정민소규칙은 당사자 본인출석명령 나아가 법원과 당사자 사이에서 절차진행계획에 관한 협의까지 하는 등(규칙 제70조 3항 내지 5항) 쟁점정리를 보다 충실하게 하고, 법원에게 정리된 쟁점의 확인의무를 지웠다(규칙 제70조 2).

3. 1회변론기일과 집중증거조사

> 제293조(증거조사의 집중) 증인신문과 당사자신문은 당사자의 주장과 증거를 정리한 뒤 집중적으로 하여야 한다.

① 필요에 의하여 변론준비절차에 부쳐진 사건이면 변론은 1회의 변론기일로 종결되도록 법원이 노력하고 당사자는 이에 협력하여야 한다고 규정하였다(제287조). 즉 법원의 노력과 당사자의 협력하에 변론집중에 의한 1회의 변론기일로 심리를 마치는 집중심리방식을 채택한 것이다. ② 변론준비절차에 부치지 아니한 사건도 2009년 개정민소규칙 제69조 2항에 의하여 법원은 변론이 집중되도록 함으로써 변론이 가능한한 속행되지 않도록 하여야 하고, 당사자는 이에 협력할 의무를 지웠다. ③ 변론기일에서는 정리된 쟁점에 맞추어 양쪽 신청의 증인과 당사자신문을 집중시행하는 집중증거조사를 하여야 한다(제293조). ④ 개정민소규칙은 기일변경의 엄격한 제한과 변론재개시에 재개사유의 고지제도로 집중심리를 뒷받침할 수 있도록 했다(규칙 제41조, 43조).

4. 계속심리주의

변론준비절차를 거친 사건에 있어서 변론기일을 1일로 마치지 못하고 그 심리가 2일 이상 소요되는 때에는 종결에 이르기까지 매일 변론을 진행하여야 하는 계속심리주의까지 채택하였다(규칙 제72조 1항). 규정은 없지만 변론준비절차를 거치지 아니한 사건도 이에 준할 것이다.

5. 기 타

소액사건심판법은 제6조에서 지체 없는 소장부본송달과 준비명령을, 제7조에서는 기일전의 증명촉구를 규정하여 사전준비에 의한 변론의 집중방안을 채택하고 있으며, 대법원 예규는 피고에 대한 소장부본송달시 응소 안내서, 원고에 대한 제소안내서에 관한 규정을 두고 있다.

IV. 결 어 : 2008년 개정법률하의 집중심리

2008년 개정법 제258조에 의하여 변론준비절차중심에서 변론기일중심으로 구조개편을 하여, 변론준비절차는 원칙적 전치절차가 아닌 임의절차화 되었다. 따라서 이제 변론기일중심제하의 집중심리 구도가 더 중요한 연구검토 과제가 되었는데, 증거의 기일전 신청제, 변론에서 적시제출주의와 그 확보책인 재정기간 및 실기한 공격방어방법의 각하제도 등이 있으므로 이를 잘 활용하여 변론집중을 위한 법원과 당사자의 협동을 이끌어 내야 할 것이다.

제9관 직권진행주의와 소송지휘권

Ⅰ. 직권진행주의

소송절차의 진행과 정리를 법원에게 맡겨 법원의 주도하에 둠으로써 소송이 신속하고 원활하게 진행되도록 하고 있는데 이를 직권진행주의라 한다. 이를 법원의 권능면에서 파악한 것이 소송지휘권이다.

Ⅱ. 소송지휘권

1. 개념 및 내용

(1) 의 의

소송절차의 개시로부터 종결에 이르기까지 심리의 전반에 걸쳐서 소송이 원활·신속하게 진행되도록 하기 위하여 법원 또는 재판장 등에게 부여된 소송의 주재권능을 말한다.

(2) 내 용

1) **절차의 진행** : 기일의 지정·변경(제165조), 기간의 재정·신축(제172조), 소송절차의 중지(제246조), 중단절차의 속행(제244조)

2) **심리의 정리** : 변론의 제한·분리·병합(제141조), 변론의 재개(제142조), 심판편의에 의한 이송(제35조)

3) **절차의 합법적인 진행** : 관할권이 있는 법원에 이송(제34조), 소장·상소장의 각하, 소나 상소의 각하 등 부적법한 소송행위의 배척

4) **심리의 집중과 촉진** : 변론준비절차에의 회부(제258조), 쟁점확인(규칙 제28조 1항), 주장·증거 또는 요약준비서면의 제출명령(제147조, 제278조, 제280조), 재정기간의 결정(제147조), 실기한 공격방어방법의 각하(제149조)

5) **기일에 하는 소송행위의 정리** : 변론의 지휘(제135조)가 대표적 예로서 **당사자나 대리인의 발언명령·허가·금지**가 그 중심을 이룬다. **법정경찰권**(법조 제58조 내지 제61조)

6) **불분명한 소송자료의 보충·정리** : 석명권의 행사와 간과한 법률적 관점의 지적(제136조), 석명처분(제140조)

7) **가장 간편한 방법에 의한 분쟁의 종결** : 판결하기에 성숙한 시기의 조속한 포착과 변론의 종결(제198조), 불필요한 증거의 각하, 불필요한 변론의 불허, 명백히 이유 없는 청구나 주장의 철회·취하종용, 화해의 권고(제145조)

2. 소송지휘권의 주체 및 형식

(1) 소송지휘권의 주체

> **제135조(재판장의 지휘권)** ① 변론은 재판장(합의부의 재판장 또는 단독판사를 말한다. 이하 같다)이 지휘한다.
> ② 재판장은 발언을 허가하거나 그의 명령에 따르지 아니하는 사람의 발언을 금지할 수 있다.
>
> **제138조(합의부에 의한 감독)** 당사자가 변론의 지휘에 관한 재판장의 명령 또는 제136조 및 제137조의 규정에 따른 재판장이나 합의부원의 조치에 대하여 이의를 신청한 때에는 법원은 결정으로 그 이의신청에 대하여 재판한다.

> **민사소송규칙**
> **제28조의2 (재판장의 명령 등에 관한 이의신청)** ① 법 제138조의 규정에 따른 이의신청은 그 명령 또는 조치가 있은 후 바로 하여야 한다. 다만, 법 제151조 단서에 해당하는 사유가 있는 때에는 그러하지 아니하다.
> ② 제1항의 이의신청을 하는 때에는 그 이유를 구체적으로 밝혀야 한다.

> **법원조직법**
> **제58조 (법정의 질서유지)** ① 법정의 질서유지는 재판장이 담당한다.
> ② 재판장은 법정의 존엄과 질서를 해칠 우려가 있는 사람의 입정(入廷) 금지 또는 퇴정(退廷)을 명할 수 있고, 그 밖에 법정의 질서유지에 필요한 명령을 할 수 있다.
> **제59조 (녹화 등의 금지)** 누구든지 법정 안에서는 재판장의 허가 없이 녹화, 촬영, 중계방송 등의 행위를 하지 못한다.
> **제61조 (감치 등)** ① 법원은 직권으로 법정 내외에서 제58조제2항의 명령 또는 제59조를 위반하는 행위를 하거나 폭언, 소란 등의 행위로 법원의 심리를 방해하거나 재판의 위신을 현저하게 훼손한 사람에 대하여 결정으로 20일 이내의 감치(監置)에 처하거나 100만원 이하의 과태료를 부과할 수 있다. 이 경우 감치와 과태료는 병과(倂科)할 수 있다.
> ② 법원은 제1항의 감치를 위하여 법원직원, 교도관 또는 경찰공무원으로 하여금 즉시 행위자를 구속하게 할 수 있으며, 구속한 때부터 24시간 이내에 감치에 처하는 재판을 하여야 하고, 이를 하지 아니하면 즉시 석방을 명하여야 한다. 〈개정 2020. 12. 22.〉
> ③ 감치는 경찰서유치장, 교도소 또는 구치소에 유치(留置)함으로써 집행한다.
> ④ 감치는 감치대상자에 대한 다른 사건으로 인한 구속 및 형에 우선하여 집행하며, 감치의 집행 중에는 감치대상자에 대한 다른 사건으로 인한 구속 및 형의 집행이 정지되고, 감치대상자가 당사자로 되어 있는 본래의 심판사건의 소송절차는 정지된다. 다만, 법원은 상당한 이유가 있는 경우에는 소송절차를 계속하여 진행하도록 명할 수 있다.
> ⑤ 제1항의 재판에 대해서는 항고 또는 특별항고를 할 수 있다.
> ⑥ 제1항의 재판에 관한 절차와 그 밖에 필요한 사항은 대법원규칙으로 정한다.
>
> **법정 등의 질서유지를 위한 재판에 관한 규칙**
> **제4조 (신속한 재판)** ① 재판은 특별한 사유가 없는 한 위반행위가 있은 날에 이를 하여야 한다.
> ② 위반행위가 종료된 날로부터 20일을 경과하면 재판을 할 수 없다.

소송지휘권은 법원에 속함이 원칙이다(제140조 내지 제145조 참조). 합의체의 심리일 때에는 주로 재판장이 그 대표기관으로 맡게 되며, 이러한 재판장의 조치에 대하여 당사자로부터 이의가 있으면 합의체가 이에 대하여 재판한다(제138조). 이를 실무상 "재판진행에 대한 이의"라고 한다. 수탁판사나 수명법관도 수권된 사항을 처리함에 있어서 소송지휘권을 갖는다.

(2) 소송지휘권의 행사

변론의 지휘(제135조)와 같이 사실행위로 행하는 경우도 있으나, 보통 결정 또는 명령과 같은 재판의 형식으로 한다. 법원의 지위에서는 결정, 재판장·수명법관·수탁판사의 자격에서 하는 경우에는 명령의 형식에 의한다. 이러한 소송의 지휘에 관한 재판은 불필요·부적당하다고 인정하면 언제든지 취소할 수 있다(제222조).

3. 당사자의 신청권

소송지휘는 법원의 직권으로 당사자에게는 원칙적으로 신청권이 없으며 그 신청은 단지 법원의 직권발동을 촉구하는 의미밖에 없으며 이에 대한 재판을 해 줄 필요가 없다. 다만, ① 소송의 이송(제34조 제2항, 제35조) ② 구문권(제136조 제3항) ③ 실기한 공격방어방법의 각하(제149조) ④ 중단된 절차의 수계(제241조) 등의 경우에는 당사자의 신청권이 인정되며 법원은 반드시 신청에 대해 재판을 해 주어야 한다.

Ⅲ. 소송절차에 관한 이의권

1. 의 의

소송절차에 관한 이의권이라 함은 법원이나 상대방의 소송행위가 소송법규에 위배되는 경우에 당사자가 이의를 하고 그 효력을 다툴 수 있는 소송상의 권능을 말한다.

2. 이의권의 대상

(1) 객관적 요건

1) 소송절차에 관한 규정위배 : <u>이의권의 대상이 되는 것은 소송심리에 관한 소송행위의 방식·시기·장소 등 형식적 사항에 관한 규정을 위배한 경우</u>이다.

2) 이의권의 대상이 아닌 것 : 소송행위의 내용이나 소송상 주장에 관한 규정은 이의권의 대상이 되지 아니한다. 예컨대 처분권주의의 위반, 공격방어방법에 관한 판단 잘못, 채증법칙 위반, 자백에 반하는 사실인정 따위는 이의권의 대상이 아니다.

(2) 주관적 요건

법원이나 상대방의 행위가 문제되는 것이지, 자기가 저지른 행위는 이의권의 대상일 수 없다.

3. 이의권의 포기와 상실

> 제151조(소송절차에 관한 이의권) 당사자는 소송절차에 관한 규정에 어긋난 것임을 알거나, 알 수 있었을 경우에 바로 이의를 제기하지 아니하면 그 권리를 잃는다. 다만, 그 권리가 포기할 수 없는 것인 때에는 그러하지 아니하다.

(1) 이의권의 포기·상실의 대상

소송절차에 관한 규정 중 임의규정에 한하여 이의권의 포기·상실의 대상이 된다. 임의규정은 주로 당사자의 소송수행상의 편의와 이익을 위한 것으로서 당사자의 의사, 태도에 의하여 그 적용이 어느 정도 배척·완화될 수 있는 규정이다. 判例는 보조참가인에게 기일통지서 또는 출석요구서를 송달하지 아니함으로써 변론의 기회를 부여하지 아니한 채 행하여진 기일의 진행은 적법한 것으로 볼 수 없지만 기일통지서를 송달받지 못한 보조참가인이 변론기일에 직접 출석하여 변론할 기회를 가졌고, 위 변론 당시 기일통지서를 송달받지 못한 점에 관하여 이의를 하지 아니하였다면, 기일통지를 하지 않은 절차진행상의 흠이 치유된다고 하였다.[205] 다만 **송달에 흠이 있음을 발견한 때에는 법원으로서는 그 치유를 기다린다는 이유로 이를 방치하여서는 안 되며 재판장과 협의하여 재송달을 실시하거나 기일변경 등의 조치를 취하여야 한다.** 훈시규정의 위배는 소송법상의 효력에 영향이 없으므로 아예 이의권이 문제되지 아니하고, 효력규정 중 공익성이 강한 강행규정의 위반은 당연무효로서 법원이 직권으로 조사할 사항이기에 이의권의 포기·상실을 통한 하자의 치유가 인정될 수 없다.

포기·상실의 대상	포기·상실의 대상이 아닌 것
• 소장·답변서 등 소송서류의 송달의 하자[206] • 청구취지의 변경이나 소송참가 등에 있어서 방식 위배[207] • 당사자·보조참가인에 대한 기일통지 누락[208] • 소송절차 중단 중의 행위[209] • 외국어로 된 문서에 번역문의 불첨부[210] • 증거조사방식의 위배 : 사본을 원본의 대용으로 한 증거신청,[211] 감정인 신문이나 당사자신문 할 것을 증인신문[212] • 변호사법 제31조 위반의 소송행위[213] • 청구의 기초에 변경이 있는 소의 변경,[214] 반소요건인 상호관련성의 흠결[215] • 심리방식으로서의 구술주의나 직접주의의 규정위배[216] • 중재판정에 대한 이의신청권의 포기[217]	• 법원의 구성, 법관의 제척 • 공개주의 • 불변기간의 준수 • 판결의 선고와 확정 • 임의관할 이외 소송요건, 상소요건, 재심요건 • 송달에 관한 하자는 상소기간의 기산점이 되는 판결 정본의 송달에 관한 하자만 여기에 속한다.[218]

---

205) 대법 2007.02.22, 2006다75641
206) 대법 1998.02.13, 95다15667
207) 대법 2011.02.24, 2009다33655
208) 대법 2007.02.22, 2006다75641
209) 대법 1955.07.07, 4288민상53
210) 대법 1966.10.18, 66다1520
211) 대법 2002.08.23, 2000다66133
212) 대법 1960.12.20, 4293민상163; 대법 1992.10.27, 92다32463
213) 대법 1964.04.28, 63다635
214) 대법 1992.12.22, 92다33831
215) 대법 1968.11.26, 68다1886·1887
216) 대법 1968.07.02, 68다379
217) 당사자의 권리와 이익을 보장하기 위한 중재절차에 관한 하자에 대하여 당사자가 적시에 이의를 제기하지 아니하고 중재절차에 참여한 경우, 중재판정의 승인 및 집행절차에서 이의를 제기할 수 없다는 것에, 대법 2017.12.22, 2017다238837
218) 대법 1972.05.09, 72다379

(2) 이의권의 포기

1) 의 의 : 당사자의 소송행위가 절차규정에 위배되었음을 상대방이 알거나 알 수 있었을 경우에 이에 대해 이의하지 않겠다는 취지로 법원에 적극적으로 표시하는 것이 이의권의 포기이다.

2) 내 용

① 법원에 대한 행위이기에 소송외에서 상대방에 대해 포기하는 것은 효력이 없다.

② 법원에 대한 일방적인 행위이므로 상대방의 동의나 출석은 요하지 아니한다.

③ 명시의 의사표시뿐 아니라 묵시의 의사표시도 가능하기에 기일통지서의 송달이 없었던 경우라도 당사자가 기일에 출석하면 이의권의 묵시적 포기로 볼 수 있다.

3) 사전포기 : 이의권은 소송행위가 절차규정에 위배될 때 비로소 생기는 것이므로, 사전포기는 있을 수 없으며 이를 인정하는 것은 임의소송금지에 저촉된다.

4) 철회여부 : 이의권을 포기한 후 이를 다시 철회하는 것은 허용되지 않는다. 이를 허용하면 소송절차의 안정을 해하기 때문이다. 이의권의 포기는 절차의 안정을 위하여 확정적으로 해야 하므로 조건이나 기한을 붙일 수 없다.

(3) 이의권의 상실

1) 의 의 : **법원 또는 상대방의 소송행위가 절차규정에 위배되고 그 규정이 이의권의 대상인 경우에 당사자가 이를 알거나 알 수 있었을 때에는 지체 없이 이의를 제기하지 않으면 그 권리를 잃는다**(제151조). 당사자가 권리를 잃는다는 것은 법원 또는 상대방의 소송행위가 절차규정에 위반되었으므로 무효라고 주장할 수 없는 것을 말한다.

2) 이의권 상실의 요건

① 당사자가 소송절차에 관한 규정에 위배됨을 알거나 알 수 있었을 경우라야 한다.

② 소송절차에 관한 규정의 위배에 대하여 지체없이 이의를 제기하지 않은 경우이다. 지체없이 이의를 제기했는지 여부는 이의를 제기할 수 있는 최초의 기회에 제기하였는가가 기준이 된다.

(4) 포기·상실의 효과

이의권의 포기·상실로 위법한 소송행위가 완전히 유효하게 된다. 단 당사자 쌍방에게 이의권이 생긴 때 즉 법원의 소송행위에 위법이 있는 경우에는 쌍방 모두의 포기·상실이 있어야 완전유효가 된다. 判例도 청구의 기초가 변경되었지만 피고가 이의를 제기한바 없이 청구의 변경이 그대로 받아들여져 제1심 및 제2심 판결이 선고된 이상 피고는 이의권을 상실하여 더 이상 이를 다툴 수 없다고 한다.[219]

---

219) 대법 1992.12.22, 92다33831

제3절 변론의 준비(기일전의 절차)

제1관 준비서면

I. 서 설

1. 의의 및 제도적 취지

> 제272조(변론의 집중과 준비) ① 변론은 집중되어야 하며, 당사자는 변론을 서면으로 준비하여야 한다.
> ② 단독사건의 변론은 서면으로 준비하지 아니할 수 있다. 다만, 상대방이 준비하지 아니하면 진술할 수 없는 사항은 그러하지 아니하다.

당사자가 변론에서 하고자 하는 진술사항을 기일 전에 예고적으로 기재하여 법원에 제출하는 서면으로서, 변론기일에 공전을 막고 변론의 집중으로 소송촉진을 도모하기 위한 것이다.

2. 준비서면의 판단기준과 종류

(1) 판단기준

준비서면인지 여부는 그 내용에 의하여 정하여지고 서면의 표제는 문제되지 아니한다. 따라서 소장·상소장에 임의적 기재사항이 포함된 경우 그 한도 내에서는 준비서면의 성질을 겸하게 되므로, 항소장에 피고의 항변사실이 기재되어 있고 그 항소장이 진술된 이상 위 항변사실에 대하여 판단하여야 한다.[220] 반면에 **이송신청, 청구취지변경, 기일지정의 신청, 수계신청 등을 하면서 준비서면이라는 표제를 달았다 하여도 이는 준비서면이 아니다.**[221]

(2) 종 류

> 제278조(요약준비서면) 재판장은 당사자의 공격방어방법의 요지를 파악하기 어렵다고 인정하는 때에는 변론을 종결하기에 앞서 당사자에게 쟁점과 증거의 정리 결과를 요약한 준비서면을 제출하도록 할 수 있다.

1) **통상의 준비서면**

2) **답변서** : 소장부본의 송달을 받은 피고의 답변서제출의무(제256조 1항)에 따라 피고가 처음 내는 것이다. 이것을 내지 않으면 법원은 무변론원고승소판결을 할 수 있다(제257조).

3) **요약준비서면** : **변론의 종결에 있어 종래의 쟁점과 증거의 정리결과를 요약한 것으로서 재판장은 이의 제출을 명할 수 있다**(제278조). 요약준비서면은 구 민사소송규칙에 규정되어 있던 제도인데 이를 신법에 편입하였고, 다만 **요약준비서면으로 종전까지 제출한 준비서면에 갈음할 수 있다는 내용은 삭제되었으나,**

---

[220] 대법 1973.11.27, 73다566
[221] 대법 2011.01.13, 2009다105062

법원의 제137조의 준비명령으로 이를 요구한 경우에는 같은 효과를 얻을 수 있다고 본다.

3. 성 질

준비서면은 이를 제출한 것만으로는 소송자료가 될 수 없으며 소송자료로 되기 위하여는 변론에서 진술이 있거나, 제148조에 의하여 진술간주되어야 한다. 判例도 준비서면에 시효완성되었다는 기재가 있어도 그 준비서면이 진술된 바 없으면 시효완성에 관한 판단누락이 아니라고 하였으며,[222] 법원에 제출되어 상대방에게 송달된 답변서나 준비서면에 자백에 해당하는 내용이 기재되어 있는 경우라도 그것이 변론기일이나 변론준비기일에서 진술 또는 진술간주되어야 재판상 자백이 성립한다.[223] 따라서 당사자는 제출한 준비서면을 진술하지 않고 철회할 수 있다. 나아가 **변론종결 후에 제출된 준비서면은 상대방에게 송달하더라도 소송자료가 되지 않는다.**

II. 준비서면의 기재사항

> 제274조(준비서면의 기재사항) ① 준비서면에는 다음 각호의 사항을 적고, 당사자 또는 대리인이 기명날인 또는 서명한다.
> 1. 당사자의 성명·명칭 또는 상호와 주소
> 2. 대리인의 성명과 주소
> 3. 사건의 표시
> 4. 공격 또는 방어의 방법
> 5. 상대방의 청구와 공격 또는 방어의 방법에 대한 진술
> 6. 덧붙인 서류의 표시
> 7. 작성한 날짜
> 8. 법원의 표시
>
> ② 제1항 제4호 및 제5호의 사항에 대하여는 사실상 주장을 증명하기 위한 증거방법과 상대방의 증거방법에 대한 의견을 함께 적어야 한다.
>
> 제275조(준비서면의 첨부서류) ① 당사자가 가지고 있는 문서로서 준비서면에 인용한 것은 그 등본 또는 사본을 붙여야 한다.
> ② 문서의 일부가 필요한 때에는 그 부분에 대한 초본을 붙이고, 문서가 많을 때에는 그 문서를 표시하면 된다.
> ③ 제1항 및 제2항의 문서는 상대방이 요구하면 그 원본을 보여 주어야 한다.
>
> 제277조(번역문의 첨부) 외국어로 작성된 문서에는 번역문을 붙여야 한다.

준비서면의 기재사항에 관하여는 법 제274조 제1항에서 규정하고 있다. 청구원인·부인·항변·재항변에 관한 사실상 또는 법률상의 주장, 증거신청, 증거항변 등이다. 상대방 제출의 증거방법에 대한 의견도 기재하여야 한다(제274조 제2항). 당사자 또는 대리인은 준비서면에 기명날인 또는 서명하여야 한다.

---

[222] 대법 1983.12.27, 80다1302
[223] 대법 2015.02.12, 2014다229870.

III. 준비서면의 제출(교환)

1. 합의부에서의 필수절차

지방법원합의부 이상의 절차에서는 준비서면의 제출을 필요로 한다. 단독사건에서는 제출을 요하지 않으나, 다만 상대방이 준비하지 않으면 진술할 수 없는 사항은 예외로 한다(제272조 2항).

2. 준비서면의 교환

> **제273조(준비서면의 제출 등)** 준비서면은 그것에 적힌 사항에 대하여 상대방이 준비하는 데 필요한 기간을 두고 제출하여야 하며, 법원은 상대방에게 그 부본을 송달하여야 한다.
>
> **민사소송규칙**
> **제69조의 3 (준비서면의 제출기간)** 새로운 공격방어방법을 포함한 준비서면은 변론기일 또는 변론준비기일의 7일 전까지 상대방에게 송달될 수 있도록 적당한 시기에 제출하여야 한다.

준비서면은 법원을 통하여 상대방에게 주고 받으며 교환한다. 따라서 **상대방이 준비하는데 필요한 기간을 두고 미리 제출**하여야 하며, **법원은 상대방에게 그 부본을 송달**하여야 한다. 규칙은 제69조의3에서 새로운 공격방어방법을 포함한 준비서면은 변론기일 또는 변론준비기일의 7일 전까지 상대방에게 송달될 수 있도록 적당한 시기에 제출하여야 한다고 규정하고 있다.

IV. 준비서면 제출·부제출의 효과

1. 제출의 효과

(1) 소취하의 동의권(제266조 제2항)

> **제266조(소의 취하)** ② 소의 취하는 상대방이 본안에 관하여 준비서면을 제출하거나 변론준비기일에서 진술하거나 변론을 한 뒤에는 상대방의 동의를 받아야 효력을 가진다.

(2) 진술간주(제148조 제1항)

> **제148조(한 쪽 당사자가 출석하지 아니한 경우)** ① 원고 또는 피고가 변론기일에 출석하지 아니하거나, 출석하고서도 본안에 관하여 변론하지 아니한 때에는 <u>그가 제출한 소장·답변서, 그 밖의 준비서면에 적혀 있는 사항</u>을 진술한 것으로 보고 출석한 상대방에게 변론을 명할 수 있다.

(3) 실권효의 배제(제285조 제3항)

> 제285조(변론준비기일을 종결한 효과) ① 변론준비기일에 제출하지 아니한 공격방어방법은 다음 각호 가운데 어느 하나에 해당하여야만 변론에서 제출할 수 있다.
>   1. 그 제출로 인하여 소송을 현저히 지연시키지 아니하는 때
>   2. 중대한 과실 없이 변론준비절차에서 제출하지 못하였다는 것을 소명한 때
>   3. 법원이 직권으로 조사할 사항인 때
> ② 제1항의 규정은 변론에 관하여 제276조의 규정을 적용하는 데에 영향을 미치지 아니한다.
> ③ <u>소장 또는 변론준비절차전에 제출한 준비서면에 적힌 사항은 제1항의 규정에 불구하고 변론에서 주장할 수 있다.</u> 다만, 변론준비절차에서 철회되거나 변경된 때에는 그러하지 아니하다.

(4) 자백간주(제150조 제3항)

> 제150조(자백간주) ① 당사자가 변론에서 상대방이 주장하는 사실을 명백히 다투지 아니한 때에는 그 사실을 자백한 것으로 본다. 다만, 변론 전체의 취지로 보아 그 사실에 대하여 다툰 것으로 인정되는 경우에는 그러하지 아니하다.
> ② 상대방이 주장한 사실에 대하여 알지 못한다고 진술한 때에는 그 사실을 다툰 것으로 추정한다.
> ③ 당사자가 변론기일에 출석하지 아니하는 경우에는 제1항의 규정을 준용한다. 다만, 공시송달의 방법으로 기일통지서를 송달받은 당사자가 출석하지 아니한 경우에는 그러하지 아니하다.

2. 준비서면 부제출·불기재의 효과

(1) 소송비용의 부담(제100조)

> 제100조(원칙에 대한 예외) 당사자가 적당한 시기에 공격이나 방어의 방법을 제출하지 아니하였거나, 기일이나 기간의 준수를 게을리 하였거나, 그 밖에 당사자가 책임져야 할 사유로 소송이 지연된 때에는 법원은 지연됨으로 말미암은 소송비용의 전부나 일부를 승소한 당사자에게 부담하게 할 수 있다.

준비서면에 기재되지 아니한 사실이라도 상대방이 출석한 경우에는 주장할 수 있다. 그러나 준비서면으로 미리 예고하지 아니하였기 때문에 상대방이 즉답을 할 수 없고 그 결과 기일을 속행할 수밖에 없는 경우에는 당사자는 승소에 불구하고 소송비용부담의 재판을 받을 수 있다.

(2) 예고 없는 사실주장의 금지

> 제276조(준비서면에 적지 아니한 효과) 준비서면에 적지 아니한 사실은 상대방이 출석하지 아니한 때에는 변론에서 주장하지 못한다. 다만, 제272조제2항 본문의 규정에 따라 준비서면을 필요로 하지 아니하는 경우에는 그러하지 아니하다.

1) 취 지 : 준비서면 제출이 요구되지 않는 단독사건을 제외하고, **준비서면에 적지 아니한 사실은 상대방이 출석하지 아니한 때에는 변론에서 주장하지 못한다**(제276조). 이는 상대방의 절차보장 즉 반론의 기회

를 보장하기 위함으로, 이를 주장하려면 속행기일의 지정을 구하여 그때까지 준비서면을 제출하여야 한다.

2) 적용범위

① 금지되는 사실에는 주요사실·**간접사실 등도 포함**되나, **법률상의 진술**(참고사항이므로)이나 상대방의 **주장에 대한 부인·부지의 진술**(상대방으로서 능히 예상할 수 있는 사항이므로)은 이에 포함되지 않는다.

② 증거신청이 포함되는지 다투어지는데 증거신청 가운데 적어도 상대방이 예상할 수 있는 사실에 관한 증거신청 정도이면 여기의 사실에서 배제시켜 허용함이 절차촉진을 위하여 바람직하다. **단독사건에서는 제276조 단서와 제272조 2항의 규정에 의하여 미리 준비서면에 기재하지 아니한 증인을 상대방이 변론기일에 출석하지 아니한 채 재정증인으로 증거조사를 하고 증거로 채택하였을 경우 위법이 아니다.**[224]

(3) 무변론 패소판결의 위험(제257조 1항)

> 제257조(변론 없이 하는 판결) ① 법원은 피고가 제256조제1항의 답변서를 제출하지 아니한 때에는 청구의 원인이 된 사실을 자백한 것으로 보고 변론 없이 판결할 수 있다. 다만, 직권으로 조사할 사항이 있거나 판결이 선고되기까지 피고가 원고의 청구를 다투는 취지의 답변서를 제출한 경우에는 그러하지 아니하다.
> ② 피고가 청구의 원인이 된 사실을 모두 자백하는 취지의 답변서를 제출하고 따로 항변을 하지 아니한 때에는 제1항의 규정을 준용한다.
> ③ 법원은 피고에게 소장의 부본을 송달할 때에 제1항 및 제2항의 규정에 따라 변론 없이 판결을 선고할 기일을 함께 통지할 수 있다.

(4) 변론준비절차의 종결(제284조 1항 2호)

> 제284조(변론준비절차의 종결) ① 재판장등은 다음 각호 가운데 어느 하나에 해당하면 변론준비절차를 종결하여야 한다. 다만, 변론의 준비를 계속하여야 할 상당한 이유가 있는 때에는 그러하지 아니하다.
> 1. 사건을 변론준비절차에 부친 뒤 6월이 지난 때
> 2. 당사자가 제280조제1항의 규정에 따라 정한 기간 이내에 준비서면 등을 제출하지 아니하거나 증거의 신청을 하지 아니한 때
> 3. 당사자가 변론준비기일에 출석하지 아니한 때
> ② 변론준비절차를 종결하는 경우에 재판장등은 변론기일을 미리 지정할 수 있다.

변론준비절차에서 당사자가 제280조 1항 규정에 따라 정한 기간 이내에 준비서면을 제출하지 아니한 경우에 재판장등은 변론준비절차를 종결하여야 한다. 다만, 변론의 준비를 계속하여야 할 상당한 이유가 있는 때에는 그러하지 아니하다(제284조).

---

[224] 대법 1975.01.28, 74다1721

제2관 변론준비절차

Ⅰ. 서 설
1. 의 의

> 제279조(변론준비절차의 실시) ① 변론준비절차에서는 변론이 효율적이고 집중적으로 실시될 수 있도록 당사자의 주장과 증거를 정리하여야 한다. 〈개정 2008.12.26〉

 변론준비절차라 함은 변론기일에 앞서 변론이 효율적이고 집중적으로 실시될 수 있도록 당사자의 주장과 증거를 정리하는 절차를 말한다(2008년 개정법 제279조 1항). 변론기일과 달리 소송관계를 뚜렷하게 할 필요는 없다.[225] 쟁점정리절차라고 할 수 있다.

2. 성 격
(1) 변론의 집중을 위한 절차이다.

> 민사소송규칙
> 제70조(변론준비절차의 시행방법) ① 재판장, 수명법관 또는 법 제280조제4항의 판사(다음부터 이 모두를 "재판장등"이라 한다)는 변론준비절차에서 쟁점과 증거의 정리, 그 밖에 효율적이고 신속한 변론진행을 위한 준비가 완료되도록 노력하여야 하며, 당사자는 이에 협력하여야 한다.
> ② 당사자는 제1항에 규정된 사항에 관하여 상대방과 협의를 할 수 있다. 재판장등은 당사자에게 변론진행의 준비를 위하여 필요한 협의를 하도록 권고할 수 있다.
> ③ 재판장등은 변론준비절차에서 효율적이고 신속한 변론진행을 위하여 당사자와 변론의 준비와 진행 및 변론에 필요한 시간에 관한 협의를 할 수 있다. 〈신설 2007.11.28〉
> ④ 재판장등은 당사자와 준비서면의 제출횟수, 분량, 제출기간 및 양식에 관한 협의를 할 수 있고, 이에 관한 합의가 이루어진 경우 당사자는 그 합의에 따라 준비서면을 제출하여야 한다. 〈신설 2007.11.28〉
> ⑤ 재판장등은 기일을 열거나 당사자의 의견을 들어 양 쪽 당사자와 음성의 송수신에 의

 공개법정에서 열리는 변론기일에 앞서 특히 복잡한 사건에서 미리 쟁점과 증거를 충실하게 정리하여 변론에 상정함으로써 심리의 집중과 효율을 도모하고 낭비적이고 헛도는 변론기일의 운영을 막으려는 것이다. 변론준비절차에서 법원은 쟁점과 증거의 정리, 그 밖의 효율적이고 신속한 변론진행을 위한 준비가 완료되도록 노력할 책무를 지고, 당사자는 이에 협력할 책무를 진다. 당사자 간에 그와 같은 준비가 완료되도록 상호 협의할 수 있다(규칙 제70조 제1항, 제2항).

(2) 변론절차와의 관계

 변론준비절차는 변론에 앞선 절차로서 변론절차의 일부가 아니며 변론절차와 일체를 이루는 것도 아니다. 따라서 변론준비절차에서 수집된 소송자료와 증거자료는 변론에서 진술되거나 변론에 상정되어야 심

---
[225] 종래 "소송관계를 뚜렷하게 하여야 한다"는 문구의 개념이 불명확하여 변론준비절차와 변론절차를 혼동할 우려가 있었으며, 실무에서도 '소송관계를 뚜렷하게 하는 것'을 변론종결 직전에 하는 '소송관계 표명'과 혼동함으로써, 변론준비기일에 쟁점에 관하여 실질적인 변론을 하여야 하는 것으로 오해하는 경우가 있어서 이를 바로잡을 필요가 있었다는 것이 개정이유이다.

리와 판단의 자료가 된다.

Ⅱ. 변론준비절차의 대상과 회부

1. 예외적 절차

> 제258조(변론기일의 지정) ① 재판장은 제257조제1항 및 제2항에 따라 변론 없이 판결하는 경우 외에는 바로 변론기일을 정하여야 한다. 다만, 사건을 변론준비절차에 부칠 필요가 있는 경우에는 그러하지 아니하다.

 2008년 개정법률 이전에는 변론준비절차는 원칙적으로 모든 사건에 있어서 변론에 앞서 거쳐야 할 절차였으나, **개정법률에 의하여 피고의 답변서가 제출되면 재판장은 바로 변론기일을 정하는 것을 원칙으로 하되, 예외적으로 필요한 경우에 한하여 변론에 앞서 회부하는 절차**로 되었다(개정 제258조 1항).

2. 범 위

 변론준비절차는 합의사건·단독사건을 가리지 않고 필요하다고 인정되면 어떠한 사건에 대해서도 회부할 수 있다.

3. 개 시

 변론준비절차회부는 재판장이 필요하다고 할 때에 그의 회부명령으로 한다(제258조 1항). **필요여부는 재판장의 재량으로 판단할 사항**인데, 원고의 소장이나 피고의 답변서를 종합하여 고려할 때 사건이 매우 복잡하고 전문성을 필요로 하여 변론에 앞서 사전쟁점정리가 필요한 경우이거나 집단소송등 현대형 소송사건의 경우가 이에 해당된다 할 것이다.

4. 시 기

(1) 제1회 변론기일 전

> 제279조(변론준비절차의 실시) ② 재판장은 특별한 사정이 있는 때에는 변론기일을 연 뒤에도 사건을 변론준비절차에 부칠 수 있다.

 변론준비절차는 제1회 변론기일에 들어가기 전의 절차이다. 다만 일단 **변론절차에 들어간 뒤라도** 본소절차를 현저히 지연시키지 않을 정도의 소의 변경, 반소의 제기, 소송참가 또는 새로운 공격방어방법의 제출 등으로 새로운 쟁점정리가 필요하게 되는 등 사정이 있을 때에는 변론의 중지 내지는 제한을 하고 새로 변론준비절차에 부칠 수 있다(제279조 2항).

(2) 상소심의 경우

 사실심리를 하지 아니하는 상고심에서는 열 수 없으나, 항소심에서는 제1심에서 열었다 하여도 사건이 앞서 본 바와 같은 사유 등으로 복잡한 양상으로 발전하거나 항소이유 중심의 쟁점정리의 필요가 있으면 변론준비절차를 열 수 있다.

III. 변론준비절차의 진행

1. 진행법관의 권한

(1) 변론준비절차의 진행은 재판장이 담당함을 원칙으로 한다(제280조 2항).

> 제280조(변론준비절차의 진행) ① 변론준비절차는 기간을 정하여, 당사자로 하여금 준비서면, 그 밖의 서류를 제출하게 하거나 당사자 사이에 이를 교환하게 하고 주장사실을 증명할 증거를 신청하게 하는 방법으로 진행한다.
> ② 변론준비절차의 진행은 재판장이 담당한다.
> ③ 합의사건의 경우 재판장은 합의부원을 수명법관으로 지정하여 변론준비절차를 담당하게 할 수 있다.
> ④ 재판장은 필요하다고 인정하는 때에는 변론준비절차의 진행을 다른 판사에게 촉탁할 수 있다.

다만, 합의사건의 경우 **재판장은 합의부원을 수명법관으로 지정하여 변론준비절차의 진행을 담당시킬 수 있고**(동조 3항), 합의사건과 단독사건을 불문하고 재판장은 필요하다고 인정할 때에는 그 진행을 다른 판사에게 맡길 수 있다(동조 4항). 진행을 맡은 재판장, 수명법관, 위 다른 판사를 약칭하여 '재판장등'이라 한다.

(2) 변론준비절차에서 재판장의 권한은 쟁점정리, 증거결정 그리고 증거조사 등이다.

> 제281조(변론준비절차에서의 증거조사) ① 변론준비절차를 진행하는 재판장, 수명법관, 제280조제4항의 판사(이하 "재판장등"이라 한다)는 변론의 준비를 위하여 필요하다고 인정하면 증거결정을 할 수 있다.
> ② 합의사건의 경우에 제1항의 증거결정에 대한 당사자의 이의신청에 관하여는 제138조의 규정을 준용한다.
> ③ 재판장등은 제279조제1항의 목적을 달성하기 위하여 필요한 범위안에서 증거조사를 할 수 있다. 다만, 증인신문 및 당사자신문은 제313조에 해당되는 경우에만 할 수 있다.
> ④ 제1항 및 제3항의 경우에는 재판장등이 이 법에서 정한 법원과 재판장의 직무를 행한다.

1) 증거의 채부결정 : 재판장은 **쟁점정리를 위하여 필요한 경우 증거채택여부의 증거결정**을 할 수도 있다(제281조 1항). 다만 합의사건의 증거결정에 대하여 당사자는 이의신청을 할 수 있으며, 이에 대하여는 법원이 결정으로 재판한다(제281조 2항).

2) 증거조사 : **쟁점정리를 위하여 필요한 범위 안에서 증인신문과 당사자신문을 제외한**(단, 제313조의 경우는 예외) **모든 증거조사를 할 수 있다**(동조 3항). 전문성이 있는 사건이기 때문에 쟁점정리가 어려운 경우에는 전문심리위원을 참여시켜 의견을 들을 수 있다(제164조의 2).[226] 재판장등이 증거결정과 증거조사를 하는 경우에는 증거법에서 규정한 재판장의 직무를 행할 수 있다(제281조 4항).

3) 형성된 심증에 따른 권한 : 쟁점정리와 증거조사 후 이를 토대로 화해권고(제145조)나 조정, 나아가 화해권고결정을 할 수 있고(제225조), 재판장 등의 면전에서 소의 취하(제266조), 청구의 포기·인낙, 화해를 할 수 있다(제220조).

---

226) 강현중, 474면

4) **재판가부** : 재판장 등은 여기에서 중간·종국을 막론하고 판결을 할 수는 없으며, **이송결정, 참가의 허가여부의 결정, 소송수계허가여부의 결정 등 소송상의 재판도 할 수 없다. 변론의 제한·분리·병합 역시 마찬가지**이다(제141조). 다만 재판장 등에게 소송지휘에 관한 재판은 허용된다.

2. 서면에 의한 변론준비절차

(1) 의 의

필요하여 부쳐지는 변론준비절차에는 서면방식과 기일방식이 있다. 서면에 의한 변론준비절차는 기간을 정하여 준비서면, 그 밖의 서류를 제출·교환하게 하고 증거를 신청하게 하는 방법으로 진행한다(제280조 제1항).

(2) 서면공방의 내용

소장부본의 송달을 받은 피고가 답변서를 제출하면, 그 부본을 원고 측에 보내면서(제256조 3항) 석명준비명령으로 언제까지로 기간을 정하여 반박준비서면을 제출할 것을 촉구하고, 그것이 오면 다시 피고측에 보내서 언제까지 재반박준비서면의 제출을 촉구한다.[227] 이 과정에서 기본적인 서증은 소장·답변서·준비서면과 함께 제출되어 상대방에게 교부되고, 증거조사를 위하여 후속조치가 필요한 증거신청(문서송부촉탁, 감정·검증, 사실조회 등)이 이루어지며, 다른 증거방법의 제출상황을 고려하여 변론준비기일 이전까지 원칙적으로 증인을 신청할 것이다. 준비서면의 제출 등 서면공방에 관하여 재판장과 당사자간에 협의가 있었으면 이를 따라야 하고(개정규 제70조 4항), 이 과정에서 재판장 등과 당사자 쌍방의 3자 사이에 전화통화에 의한 협의도 가능하다(개정규 제70조 5항). 당사자가 준비서면을 낼 때에는 쟁점정리의 편의를 위하여 다툼있는 부분과 다툼 없는 부분을 구분할 것이 요망된다. **일부 피고에 대해서 소장부본이 송달불능된 반면, 송달을 받은 다른 피고들이 원고의 주장사실을 다투는 내용의 답변서를 제출하는 경우, 다투는 피고들에 대해서 먼저 변론준비절차에 부쳐 서면공방 절차를 개시하고 송달불능된 피고에 대해서는 주소보정을 명하는 등 피고별로 절차를 분리하여 병렬적으로 진행하는 것이 타당**하다.

(3) 서면공방의 기간과 기간단축

재판장은 서면공방선행방식을 채택하되 서면공방의 횟수를 축소하여 가능한 최단기간안의 날로 변론기일을 지정하는 방식으로 운영하여야 한다. **서면에 의한 변론준비절차는 부쳐진 뒤에 4월을 넘어설 수 없다. 주장·증거의 정리 등이 아직도 제대로 되지 아니하였으면 즉시 변론준비기일을 지정하여 쟁점 및 증거정리를 할 수 있다**(제282조 2항, 제258조 2항). 다만 재판장 등은 사건의 신속한 진행을 위하여 필요하다면 변론준비절차에 부침과 동시에 변론준비기일을 지정하여 놓고 기간을 정하여 그 기간 안에 준비서면의 제출과 증거신청 등 서면공방을 하게 할 수 있다(개정규 제69조 2항). 불필요한 서면공방의 단계를 단축시키려는 취지이다.

---

[227] 2002년 민사소송법 개정 당시에는 서면공방을 소장을 제외하고 쌍방 2회로 하였으나, 그 후 사건관리방식에 관한 예규를 개정하여 2004년에는 1.5회로, 2007년 5월에는 쌍방 1회로, 2009년 12월 30일에는 서면공방 횟수규정을 폐지하였다.

3. 변론준비기일

> 제282조(변론준비기일) ① 재판장등은 변론준비절차를 진행하는 동안에 주장 및 증거를 정리하기 위하여 필요하다고 인정하는 때에는 변론준비기일을 열어 당사자를 출석하게 할 수 있다.
> ② 사건이 변론준비절차에 부쳐진 뒤 변론준비기일이 지정됨이 없이 4월이 지난 때에는 재판장등은 즉시 변론준비기일을 지정하거나 변론준비절차를 끝내야 한다.
> ③ 당사자는 재판장등의 허가를 얻어 변론준비기일에 제3자와 함께 출석할 수 있다.
> ④ 당사자는 변론준비기일이 끝날 때까지 변론의 준비에 필요한 주장과 증거를 정리하여 제출하여야 한다.
> ⑤ 재판장등은 변론준비기일이 끝날 때까지 변론의 준비를 위한 모든 처분을 할 수 있다.

(1) 의 의

변론준비기일은 변론준비절차를 진행하는 동안에 좀더 주장 및 증거의 정리를 위하여 필요하다고 인정하는 때에 되도록 양쪽 당사자 본인을 출석하게 하여 최종적으로 쟁점과 증거를 정리할 수 있는 기일이다(제282조 1항).

(2) 진 행

당사자는 변론준비기일이 끝날 때까지 변론의 준비에 필요한 주장과 증거를 제출하여야 한다(제282조 4항). 변론준비기일을 주재하는 재판장 등은 변론준비기일이 끝날 때까지 변론의 준비를 위한 모든 처분을 할 수 있다(제282조 5항). 변론준비기일은 비공개로 준비절차실 또는 심문실에서 재판장등이 당사자와 대면하여 대화하면서 자유롭게 진행한다.[228] 이 경우 판사실에서 준비기일을 진행하는 경우도 있다. **당사자에게 일반적인 출석의무는 없으나 재판장등이 필요하다고 인정하는 때에는 당사자 본인 또는 그 법정대리인에 대하여 출석명령을 발할 수 있으며, 소송대리인에게 당사자 본인 또는 그 법정대리인을 출석시키라고 요청할 수 있다**(제282조 1항; 개정규 제29조의 2). **당사자는 재판장등의 허가를 얻어 제3자와 동반 출석할 수도 있는데**(제282조 3항), 재판공개의 의미가 있을 뿐만 아니라 당사자가 법인인 경우 대표이사보다 담당실무자가 사건의 실체에 관하여 더 잘 알고 있어 사건의 실체파악에 도움이 될 수도 있다.[229] **변론준비기일은 화해권고나 조정의 적기**가 된다.

(3) 당사자의 불출석

> 제286조(준용규정) 변론준비절차에는 제135조 내지 제138조, 제140조, 제142조 내지 제151조, 제225조 내지 제232조, 제268조 및 제278조의 규정을 준용한다.

변론준비기일에 당사자가 출석하지 아니한 때에는 재판장 등은 변론준비절차를 종결함이 원칙이나, 변론의 준비를 계속하여야 할 상당한 이유가 있을 경우에는 종결함이 없이 진행시킬 수 있다(제284조 1항

---

[228] 재판공개의 원칙에 반하지 않느냐의 의문이 있다. 그러나 변론준비기일에서는 변론의 준비, 즉 당사자의 주장과 증거를 정리하는 데 그치는 것이고, 변론기일에 변론준비기일의 결과를 진술하며, 변론에 상정된 주장만이 심판의 대상이 될 뿐만 아니라 법관의 심증형성에 결정적인 증인 등 조사절차는 공개된 법정에서 실시되므로 공개재판의 원칙에 반한다고 하기 어렵다.
[229] 조관행, "집중심리를 위한 민사소송절차," 민사소송(Ⅴ), 240~241면.

3호). 이 경우에 ① 한쪽 당사자가 변론준비기일에 불출석하였으면 진술간주(제286조, 제148조)와 자백간주(제286조, 제150조)의 법리를 준용한다. 출석한 당사자는 상대방이 불출석했을 때 준비서면의 제출로써 예고하지 아니한 사항도 진술할 수 있다(제276조 불준용). ② **양쪽 당사자가 불출석하였을 때에는 변론준비기일을 종결할 수도 있고, 다시 기일을 정하여 양쪽 당사자에게 통지할 수도 있다. 계속적 불출석일 때는 변론기일에 양쪽 2회 불출석의 경우처럼 소의 취하간주의 법리가 준용**된다(제286조, 제268조). 그러나 **여기에서의 불출석의 효과가 변론기일에 승계되지는 아니**하므로 변론준비기일에서 1회, 변론기일에서 2회 불출석으로 곧 소취하 간주되지 아니한다.[230] 변론준비절차는 변론전 절차에 불과할 뿐 변론기일의 일부가 아니기 때문이다.

(4) 조서작성

> 제283조(변론준비기일의 조서) ①변론준비기일의 조서에는 당사자의 진술에 따라 제274조제1항제4호와 제5호에 규정한 사항을 적어야 한다. 이 경우 특히 증거에 관한 진술은 명확히 하여야 한다.
> ②변론준비기일의 조서에는 제152조 내지 제159조의 규정을 준용한다.

> **민사소송규칙**
> 제71조(변론준비기일의 조서) ① 변론준비기일의 조서에는 법 제283조제1항에 규정된 사항 외에 제70조의 규정에 따른 변론준비절차의 시행결과를 적어야 한다.
> ② 변론준비기일의 조서에는 제31조 내지 제37조제1항의 규정을 준용한다.

변론준비기일에서는 법원사무관 등이 원칙적으로 기일마다 조서를 작성하여야 하는 바, 여기서는 변론준비의 결과만이 아니라 당사자의 공격방어방법 및 상대방의 청구와 공격방어방법에 관한 진술을 기재하고, 특히 증거에 관한 진술을 명확히 하여야 한다(제283조 1항).

Ⅳ. 변론준비절차의 종결

1. 종결원인

> 제284조(변론준비절차의 종결) ① 재판장등은 다음 각호 가운데 어느 하나에 해당하면 변론준비절차를 종결하여야 한다. 다만, 변론의 준비를 계속하여야 할 상당한 이유가 있는 때에는 그러하지 아니하다.
> 1. 사건을 변론준비절차에 부친 뒤 6월이 지난 때
> 2. 당사자가 제280조제1항의 규정에 따라 정한 기간 이내에 준비서면 등을 제출하지 아니하거나 증거의 신청을 하지 아니한 때
> 3. 당사자가 변론준비기일에 출석하지 아니한 때
> ② 변론준비절차를 종결하는 경우에 재판장등은 변론기일을 미리 지정할 수 있다.

부쳐진 변론준비절차에서 주장과 증거가 제대로 정리되어 쟁점이 뚜렷이 된 것으로 인정되는 때에는 이를 종결한다. 또한 ① 변론준비절차에 부친 뒤 6월이 지난 때, ② **재판장 등이 정한 기간 이내에 준비서면을 제출하지 아니하거나 증거를 신청하지 아니한 때**, ③ 당사자가 변론준비기일에 출석하지 아니한 때 등

---
230) 대법 2006.10.27, 2004다69581

변론준비절차가 성공적이지 못한 경우에도 재판장 등은 변론준비절차를 종결하여야 한다. 다만, 이와 같은 사유들이 있어도 변론준비를 계속하여야 할 상당한 이유가 있을 때에는 종결하지 아니할 수 있다(제284조 1항). 변론준비절차를 종결하는 경우 신속한 절차진행을 위하여 재판장 등은 변론기일을 미리 지정할 수 있다(동조 2항). **종결된 변론준비절차기일은 재개할 수 있다**(제286조, 제142조).

2. 변론준비기일 종결의 효과

> 제285조(변론준비기일을 종결한 효과) ① 변론준비기일에 제출하지 아니한 공격방어방법은 다음 각호 가운데 어느 하나에 해당하여야만 변론에서 제출할 수 있다.
> 1. 그 제출로 인하여 소송을 현저히 지연시키지 아니하는 때
> 2. 중대한 과실 없이 변론준비절차에서 제출하지 못하였다는 것을 소명한 때
> 3. 법원이 직권으로 조사할 사항인 때
> ② 제1항의 규정은 변론에 관하여 제276조의 규정을 적용하는 데에 영향을 미치지 아니한다.
> ③ 소장 또는 변론준비절차전에 제출한 준비서면에 적힌 사항은 제1항의 규정에 불구하고 변론에서 주장할 수 있다. 다만, 변론준비절차에서 철회되거나 변경된 때에는 그러하지 아니하다.

(1) 실권효

필요에 의하여 변론준비기일까지 연 이상 여기에서 모든 자료를 제출하여 집중심리의 실효를 거두기 위하여 그 기일에 제출하지 아니한 공격방어방법(주장, 증거, 항변)은 원칙적으로 그 뒤 변론에서 제출하지 못하도록 하였다(제285조 1항). 이와 같은 실권효과는 항소심에서도 유지된다(제410조). 그러나, 직권탐지주의에 의하는 절차에서는 전면적으로 배제되며(가소 제12조, 제17조), 또 변론준비기일까지 열지 아니하고 서면에 의한 변론준비절차로 종결한 사건에 대하여도 적용되지 아니한다(제285조 1항 1호~3호 · 3항).

(2) 실권효의 예외

예외적으로 다음 4가지 사항은 뒤에 변론에서 제출할 수 있으며 실권되지 아니한다.
① <u>직권조사사항</u>
② <u>제출하여도 현저하게 소송을 지연시키지 아니할 사항</u>
③ <u>중대한 과실 없이 변론준비절차에서 제출하지 못하였다는 것을 소명한 사항</u>
④ <u>소장에나 변론준비절차 전에 제출한 준비서면에 적힌 사항</u>. 다만 이에 해당되어도 변론준비절차에서 철회 · 변경된 때에는 변론에서 제출하지 못한다. 특히 의도적인 재판지연이나 무성의 등 절차지연이 엿보일 때에는 과감하게 적용하여야 할 것이다.

V. 변론준비절차 뒤의 변론의 운영

> 제287조(변론준비절차를 마친 뒤의 변론) ① 법원은 변론준비절차를 마친 경우에는 첫 변론기일을 거친 뒤 바로 변론을 종결할 수 있도록 하여야 하며, 당사자는 이에 협력하여야 한다.
> ② 당사자는 변론준비기일을 마친 뒤의 변론기일에서 변론준비기일의 결과를 진술하여야 한다.
> ③ 법원은 변론기일에 변론준비절차에서 정리된 결과에 따라서 바로 증거조사를 하여야 한다.

1. 변론에의 상정(제287조 2항)

2008년 개정법 제258조 2항에 의하면 필요에 따라 변론준비절차가 열렸다가 끝난 뒤에는 바로 변론기일을 정하도록 하였다.

(1) 변론준비기일을 마친 경우

변론준비기일에서 제출된 주장과 증거는 그 뒤의 변론기일에서 당사자의 진술에 의하여 변론에 상정됨으로써 심리와 판단의 자료가 된다. 이 진술은 변론에의 상정을 뜻하며 변론준비기일조서를 토대로 진술한다. 과거와 같이 단순히 조서에 「변론준비기일 결과 진술」이라고만 기재하는 정도로 형식적인 변론에의 상정에 그칠 것이 아니다.231) 그리하여 개정민소규칙 제72조의 2에서는 변론준비기일결과의 진술은 당사자가 정리된 쟁점 및 증거조사결과의 요지 등을 진술하거나 법원이 당사자에게 쟁점사항을 확인하는 방식으로 하도록 하였다.

(2) 서면에 의한 변론준비절차를 마친 경우

제출된 소장·답변서·준비서면에 따라 변론하면 된다.

2. 1회의 변론기일주의와 계속심리주의(제287조 1항)

법원은 필요에 의하여 변론준비절차를 마친 경우에는 첫 변론기일을 거친 뒤 바로 변론종결할 수 있도록 하여야 하며 당사자는 이에 협력하여야 한다. 제1회 변론기일로 변론을 종결하기 위하여는 증인신문을 한 기일에 일괄적으로 실시하여야 한다. 이렇듯 신법은 6월한도의 철저한 변론준비절차에 1회의 변론기일로 심리를 마치는 구도를 세운 것이다. **만일 1일의 변론기일도 변론종결이 안 되어 그 심리에 2일 이상 소요될 때에는 가능한 한 종결에 이르기까지 매일 변론을 계속 진행하여야** 하며, 특단의 사정이 있는 경우라도 최단기간 안의 날로 다음 변론기일을 지정하여야 하는 계속 심리주의를 원칙으로 하였다(규 제72조 1항).

3. 집중적인 증거조사(제287조 3항)

법원은 **변론기일에서 변론준비절차에서 정리된 쟁점에 초점을 맞추어 집중적인 증인신문과 당사자신문을 하여야** 한다(제293조).

VI. 예외적인 조기변론기일제의 폐지

개정 전 민사소송법 제258조 1항 본문은 법정변론에 앞서 변론준비절차에 회부하는 것을 원칙적으로 하고, 동 단서에서 예외적으로 변론준비절차를 거칠 필요가 없는 사건은 바로 변론기일을 정하였는데, 이 예외적인 제도가 이른바 조기변론기일제도였다. 2008년 개정법률에 의하여 예외가 원칙으로 바뀌었으므로, 예외적인 조기변론기일제도는 없어지게 되어, 조기변론기일제가 원칙화되었다. 따라서 조기변론기일(바로 변론기일)제가 예외적임을 전제로 한 개정규칙 제69조 3항은 사실상 실효되게 되었다.

---

231) 조관행, 변론준비절차에 관한 연구, 154~155면.

제4절 변론의 내용

Ⅰ. 변론에서의 당사자의 소송행위

1. 신청의 종류

> 제161조(신청 또는 진술의 방법) ① 신청, 그 밖의 진술은 특별한 규정이 없는 한 서면 또는 말로 할 수 있다.
> ② 말로 하는 경우에는 법원사무관등의 앞에서 하여야 한다.
> ③ 제2항의 경우에 법원사무관등은 신청 또는 진술의 취지에 따라 조서 또는 그 밖의 서면을 작성한 뒤 기명날인 또는 서명하여야 한다.

(1) 본안의 신청

변론은 먼저 원고가 소장에 기재된 청구취지에 따라 특정한 내용의 판결을 구하는 뜻의 진술을 함으로써 시작되는데 이를 본안의 신청이라고 한다. 이에 의하여 변론의 주제가 제시되고, 그 당부는 종국판결에서 판단한다. 본안의 신청은 확정적이어야 하며, 조건이나 기한을 붙일 수 없다(단, 예비적 신청은 가능).

(2) 소송상 신청

1) 의 의 : 본안의 신청 외에 소송절차나 그 부수적 사항에 관한 신청이 있는데, 이를 소송상의 신청이라고 한다. 원고의 본안신청에 대응한 피고의 소각하·청구기각의 판결을 구하는 신청을 반대신청이라고 하는데, 이에 의하여 소송물이나 재판내용이 결정되는 것이 아니므로 본안의 신청이 아니라 소송상의 신청이다.

2) 소송상 신청의 분류

① 당사자에게 신청권이 인정되는 사항에 관한 신청이 있는데 이에 대해서는 그 신청이 부당하다고 인정될 때에 각하판결로 응답하여야 하며 500원의 소정인지를 붙여야 한다. 당사자는 그 재판에 대해 불복할 수 있다. 관할의 지정신청(제28조), 심판편의에 의한 이송신청(제35조, 제36조), 제척·기피신청(제44조), 공시송달신청(제194조), 기일지정신청(제268조 2항) 등이 이에 해당한다.

② 당사자에게 신청권이 없고, 다만 법원의 직권발동을 촉구하는 의미밖에 없는 사항에 관한 신청(제142조의 변론재개신청, 제34조의 관할위반으로 인한 이송신청, 제294조의 조사촉탁신청 등)이 있는데 이에 대해서는 신청시에 인지를 붙이지 않아도 되며, 법원은 재판해 주지 않아도 되나, 가사 재판하였다 하여도 당사자는 불복할 수 없다.

2. 공격방어방법

변론주의원칙에 따라 당사자는 신청을 뒷받침하기 위한 소송자료를 제출하여야 하는데, 이를 공격방어방법이라고 한다.

(1) 주장(진술)

1) 법률상의 주장(진술)

① 의 의 : 광의로는 법규의 존부·내용 또는 그 해석적용에 관한 의견의 진술을, 협의로는 구체적인 권리관계의 존부에 관한 자기판단을 법원에 보고하는 진술을 말한다.

② 법원에 대한 구속력 : 법규의 존부·내용·해석 등에 관한 주장은 법원을 구속할 수 없고 단지 법관의 주의를 환기시키는 의미밖에 없으며, 협의의 법률상의 주장도 변론주의의 적용을 받지 아니하며, 법원은 이에 구속되지 아니한다. 또 실기한 공격방어방법으로 처리할 수 없다. 判例는 **이행불능에 관한 주장은 법률적 효과에 관한 진술을 한 것에 불과하고 사실에 관한 진술을 한 것이라고는 볼 수 없어 법원은 이에 구속되지 아니**하며,232) 소멸시효기간에 관한 주장도 법률상의 주장이므로 원고가 청구원인을 대여금청구라고 밝히면서 그에 대한 증거로 약속어음을 제출한 데 대하여 피고가 소멸시효항변을 하면서「어음법」상 3년의 소멸시효가 적용된다고 주장한 경우, 법원은 직권으로「민법」등이 정하는 소멸시효 기간을 살펴 소멸시효 완성 여부를 판단할 수 있다고 한다.233)

③ 예외적으로 구속력이 있는 경우 : ⅰ) 청구의 포기·인낙(제220조), ⅱ) 권리자백 중 일정한 경우, ⅲ) 소송물에 대한 구이론의 입장에서의 소송물의 특정을 위한 실체법상 권리의 진술 등은 예외적으로 법원에 대한 구속력이 있다.

2) 사실상의 주장(진술)

① 의 의 : 구체적인 사실의 존부에 대한 당사자의 지식이나 인식의 진술을 말한다. 이에는 외계의 객관적 사실뿐만 아니라 내심의 사실(선의·악의·고의·과실 등)도 포함된다.

② 당사자가 주장하는 사실의 종류 : 당사자주장의 사실은 주요사실·간접사실·보조사실로 구별되는데, 변론주의가 적용되는 민사소송에서는 주요사실에 관한 한 변론에서 주장되지 아니하였다면 판결의 기초로 할 수 없다.

③ 철회·정정의 가능성 : 당사자는 일단 사실상의 주장을 한 후라도 사실심의 변론종결시까지 철회·정정을 할 수 있으나, 다만 자기에게 불리한 사실상의 진술에 대하여 상대방이 원용한 때에는 재판상 자백이 되어 제288조 단서의 요건을 갖추지 않는 한 철회 내지 취소가 허용되지 않는다.

④ 조건·기한의 부착가능성 : 절차의 명확성·안정성의 관점상 사실상의 주장에는 조건이나 기한을 붙일 수 없음이 원칙이다. 다만 당해 소송절차 내에서 밝혀질 것을 조건으로 하는 예비적 주장(소유권 확인의 소에서 그 취득원인으로 먼저 매매를 주장하고 예비적으로 증여를 주장하는 경우)은 허용된다. 이러한 예비적 주장에 관해 법원은 상계항변이나 지상물매수청구권의 항변 등 출혈적 항변을 제외하고는 그 어느 것을 선택하여 당사자를 승소시켜도 무방하다. 判例도 임대차계약의 해지사유로 임대료의 연체, 그것이 이유 없다면 기한의 정함이 없는 임대차로서 해지통지의 주장과 같이 서로 양립이 가능한 선택적 주장을 한 경우에 어느 하나가 인용되면 다른 주장에 관하여는 판단을 요하지 않는다고 하였다.234)

---

232) 대법 2009.04.09, 2008다93384
233) 대법 2013.02.15, 2012다68217; 대법 2023.12.14, 2023다248903
234) 대법 1989.02.28, 87다카823·824

3) 사실상의 주장에 대한 상대방의 답변태도

① 자 백 : 자기에게 불리한 상대방의 주장사실을 시인하는 진술로서 자백한 사실은 증명을 요하지 않고 그대로 판결의 기초가 된다(제288조).

② 침 묵 : 상대방이 주장사실에 대하여 명백히 다투지 않는 경우를 말하여, 이 경우에는 자백한 것으로 간주된다(제150조). 다만 피고가 원고의 주장사실을 자백하거나 침묵한다고 하여 반드시 방어를 포기하는 것은 아니다. 이 경우에도 ⅰ) 원고의 청구가 주장 자체로 부당하다거나, ⅱ) 항변을 하는 경우가 있기 때문이다.

③ 부 인 : 상대방이 주장사실을 아니라고 부정하는 진술이다.

④ 부 지 : 상대방이 주장사실을 알지 못한다는 진술로서 이는 부인으로 추정된다(제150조 2항). 부지는 자신의 인식의 대상이 아니었던 사실에 한하여 허용된다 할 것이다.

(2) 증거신청(입증)

당사자 사이에 다툼이 있는 사실, 즉 상대방이 부인·부지·항변 등을 행한 경우 누구의 주장사실이 진실인가를 가려 법관으로 하여금 확신을 얻게 하기 위한 행위를 말한다. 증거신청은 법원에 의한 증거조사가 개시되기 전까지는 임의로 철회할 수 있다.

(3) 법원의 쟁점확인의무와 의견진술의 기회보장

공격방어방법을 제출하는 변론과정에서 법원은 당사자가 변론한 중요한 사실상·법률상 사항을 말로 확인하도록 하고(규칙 제28조 1항), 당사자에게 중요한 쟁점에 관한 의견진술의 기회를 주어 판결에서 불의의 타격을 방지하도록 하였다(동조 2항).

3. 항 변

(1) 의 의

피고가 원고의 청구를 배척하기 위하여 소송상 또는 실체상의 이유를 들어 적극적인 방어를 하는 것을 말한다. 이러한 피고의 항변에 대해 원고는 다시 재항변할 수 있다.

(2) 종 류

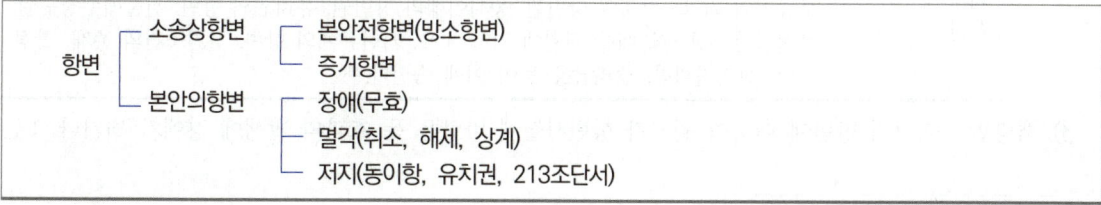

1) 소송상의 항변(실체법의 효과와 관계 없는 항변)

① 본안 전 항변(방소항변) : <u>원고가 제기한 소에 대하여 소송요건의 흠결을 들어 그 소가 부적법하다는 피고의 주장으로서, 직권발동의 촉구의미밖에 없으므로 그 주장에 관하여 판단하지 아니하여도 판단누락의 상고이유가 되지 않는다</u>.[235]

② **증거항변** : **증거방법이 부적법하거나 증거능력이 없다든가 또는 증거방법으로부터 획득한 증거자료가 없음을 주장하는 것**으로, 증거신청의 채택 여부는 법원의 직권사항이고 또 증거력의 있고 없고의 문제도 법관의 자유심증에 의하여 결정되기 때문에, 이것도 엄밀한 의미의 항변이 아니다.

2) 본안의 항변(실체법상의 효과와 관계있는 항변)

① 의 의 : **원고의 권리근거규정의 요건사실 주장에 대하여 그 자체는 인정하면서 이와 양립가능한 별개의 방어방법, 즉 피고의 반대규정의 요건사실의 주장**을 말한다.

② 항변의 종류

㉠ 주장형태에 의한 분류

제한부자백	원고의 주장사실을 확실히 인정하면서 이와 양립되는 별개의 사실을 적극 진술하는 것을 말한다.
가정항변	원고의 주장사실을 일응 다투면서 예비적으로 원고의 주장사실이 맞는다는 가정하에 항변하는 경우를 말한다.

㉡ 반대규정의 성질에 의한 분류

권리 장애 사실	의의	원고가 주장하는 권리의 발생을 애당초부터 방해하는 권리장애규정의 요건사실을 주장하는 경우를 말한다.
	예	원고가 권리발생사실로 계약 등 법률행위를 주장할 때 피고가 의사의 흠결·강행법규 위반·통정허위표시·반사회질서행위·불공정법률행위 등과 같은 무효사유를 주장하는 경우와, 원고의 부당이득 주장에 대한 불법원인급여, 불법행위 주장에 대한 정당행위·정당방위·긴급피난 등 위법성 조각사유로 대응하는 경우가 이에 속한다.
권리 멸각 사실	의의	권리근거규정에 기하여 일단 발생한 권리를 소멸시키는 권리멸각규정의 요건사실을 주장하는 경우를 말한다.
	예	채권의 소멸원인(변제·공탁·경개·면제 등)이나 소멸시효·취득시효의 완성 및 사법상 형성권의 행사(해제권·해지권·취소권·상계권 등) 등이 이에 속한다.
권리 저지 사실	의의	권리근거규정에 기하여 이미 발생한 권리의 행사를 저지시키는 권리저지규정의 요건 사실을 주장하는 경우를 말한다.
	예	보증인의 최고·검색의 항변권, 동시이행의 항변권, 유치권의 항변, 건물매수청구권, 목적물인도청구에 대한 권원에 기한 점유, 기한유예의 항변, 정지조건의 존재, 한정승인, 신의칙위반, 권리남용 등이 이에 속한다.[236]

3) **재항변** : 피고의 항변에 대하여 원고가 항변사실에 바탕을 둔 효과의 발생에 장애가 되거나 또는

---

235) 대법 1999.04.27, 99다3150
236) 甲 주택재개발정비사업조합이 관리처분계획인가를 받아 그 내용이 고시된 후 사업시행구역 내 부동산의 조합원인 乙의 세입자인 丙을 상대로 부동산 인도를 구하였는데, 丙이 주거이전비, 이사비를 지급받을 때까지 인도를 거절한다는 취지의 선이행 항변을 한 사안에서, 찬성 조합원의 세입자가 주거이전비, 이사비 보상금의 지급을 받지 못한 경우에는 종전대로 사용하거나 수익할 수 있으므로 명도 요구에 대해서 정당하게 거절할 수 있고, 이사비를 지급받을 때까지 인도를 거절한다는 항변은 본질적으로 선이행 항변이며, 이는 민사재판에서도 주장할 수 있다고 한 사례로, 인천지법 2018.09.05, 2018가단205062.

일단 발생한 효과를 멸각·저지하는 사실을 주장할 수 있는데, 이를 재항변이라 한다. 예를 들어 **피고의 소멸시효 항변에 원고가 시효중단 또는 권리남용을 주장하는 경우**이다. 判例도 시효중단사유의 주장입증책임은 시효완성을 다투는 당사자가 진다고 하였고,237) 부동산매수인의 이전등기청구에서 피고가 등기청구권의 소멸시효 항변을 하자 원고가 매수부동산을 인도받아 점유한다는 주장은 재항변이 될 것이며,238) 원고가 인도받아 점유하였지만 현재 점유상실의 피고주장은 재재항변에 해당한다.

(3) 부인과의 구별

1) 부인의 종류 : 단순히 원고의 주장사실이 진실이 아니라고 한마디로 부정하는데 그치는 경우를 직접·소극·단순부인이라 하고, 원고의 주장사실과 양립되지 않는 사실을 적극적으로 진술하며 원고의 주장을 부정하는 것을 간접·적극부인 또는 이유부부인이라 한다. 즉 원고의 소비대차에 기한 대여금반환청구에 대하여 피고가 대여 받지 않았다는 주장은 단순부인이고, **대여가 아니라 증여를 받았다고 주장하는 것은 이유부 부인에 해당**한다.

2) 부인과 항변의 구별기준 : 논리적으로 **항변과 부인을 구별하는 기준은 양립가능성**으로 항변의 경우는 상대방의 주장사실과 논리적으로 양립하지만, 부인은 그 양립이 가능하지 않다.

> **쟁점정리 : 부인과 항변의 구별이 문제되는 경우**
>
> **1. 조건부 권리라는 주장**
> 判例는 정지조건부 법률행위에 해당한다는 사실은 그 법률행위로 인한 법률효과의 발생을 저지하는 항변으로 본다.239) 따라서 피고의 정지조건부 법률행위의 주장에 대해 원고의 정지조건부가 아니라는 주장은 부인에 해당하고, 정지조건성취의 주장은 재항변이 된다.240)
>
> **2. 무자력 항변**
> 피고가 돈이 없어서 갚지 못한다는 무자력항변은 원고의 청구를 배척할 법률상 사유가 아니므로 항변에 속하지 않는다.
>
> **3. 말소등기청구에서 원인 있는 등기라는 주장**
> 등기가 원인무효라는 원고주장에 대해, 취득원인이 교환계약이라 하며 유효라는 피고의 답변은 적극부인이지 항변이 아니다.241) 나아가 원고가 무권대리인으로부터 매수했음을 주장하며 말소등기를 구하는데 피고가 유권대리인으로부터 매수했음을 주장하는 것은 등기추정력을 법률상 추정으로 보는 판례는 부인으로 본다.242)
>
> **4. 이행기 미도래의 주장**
> ① 금전소비대차에서 대여금반환청구권은 채무자가 금전을 소비하고 변제를 위한 준비가 도과된 때에 발생하므로 이행기 도래 사실이 요건사실이 된다. 따라서 채무자의 이행기 미도래 주장은 부인이며, 기한의 유예 주장은 항변에 해당한다. 이에 반하여 ② 매매대금청구에서는 매매계약과 동시에 대금청구권이 발생하는 것이므로 매수인의 이행기 미도래 주장은 권리저지사실의 항변에 해당한다.

---

237) 대법 2000.04.25, 2000다11102
238) 대법(전) 1999.03.18, 98다32175
239) 대법 1993.09.28, 93다20832
240) 대법 1983.04.12, 81다카692.
241) 대법 1990.05.25, 89다카24797
242) 대법 2009.09.24, 2009다37831

청 구	부인	항변	재항변	재재항변
대여금 반환	증여			
		소멸시효 완성	시효중단	
		변제	타 채권에 충당	
		무자력 : 항변×		
	이행기 미도래			
매매대금 청구		이행기 미도래		
매매계약에 따른 이전등기청구		소멸시효	인도받아 점유	점유상실
인도청구		조건부권리	조건성취	
말소등기청구	유권대리 주장			
		표현대리 주장		

3) 부인과 항변의 구별실익

① **원고의 추가적 입증부담의 문제** : **원고의 청구원인이 피고로부터 부인당한 경우에는 원고는 청구원인 사실을 구체적으로 밝혀야 할 부담**이 따른다. 그러나 피고의 항변제출의 경우에는 원고에게 이와 같은 부담이 없다.

② **증명책임의 분배** : **피고가 부인한 경우에는 부인당한 사실에 대한 증명책임이 원고에게** 있으므로 원고가 요건사실을 증명하지 못하면 청구가 기각되고, **피고가 항변한 경우에는 항변사실의 증명책임이 그 제출자인 피고에게** 있으므로 피고가 항변사실을 증명하지 못하면 원고청구는 인용된다.

③ **판결이유의 설시** : 원고의 청구가 인용될 때 항변의 경우는 판결이유의 설시에 있어 항변을 배척하는 판단을 필요로 하며 그렇지 않으면 판단누락의 위법(제451조 1항 9호)을 면치 못하나 **간접부인의 경우는 원고 주장사실의 인정 외 간접부인사실을 배척하는 판단은 필요하지 않다.**

(4) 항변의 제출과 법원의 판단

1) **항변의 제출시기** : 이에 관하여는 적시제출주의(제146조)와 실기한 공격방어방법의 각하(제149조)규정이 적용된다. 어음채권을 자동채권으로 하여 상계의 의사표시를 하는 경우에 있어 재판 외의 상계의 경우에는 어음채무자의 승낙이 없는 이상 어음의 교부가 필요불가결하고 어음의 교부가 없으면 상계의 효력이 생기지 아니한다 할 것이지만, **재판상의 상계의 경우에는 어음을 서증으로써 법정에 제출하여 상대방에게 제시되게 함으로써 충분**하다.[243]

2) **항변에 대한 법원의 판단**

① **수개의 항변에 대한 법원의 판단순서** : 원칙적으로 법원의 자유이나 논리적 순서에 의함이 바람직하고, 상계·지상물매수청구권은 출혈적 항변이므로 최후에 판단하는 것이 타당하다. 따라서 상계항변이 먼저 이루어지고 그 후 대여금채권의 소멸을 주장하는 소멸시효항변이 있더라도 시효이익을 포기하려는 효과의사가 있었다고 단정할 수 없으며, 항소심 재판이 속심적 구조인 점을 고려하면 제1심에서 공격방어방

---

243) 대법 1991.04.09, 91다2892.

법으로 상계항변이 먼저 이루어지고 그 후 항소심에서 소멸시효항변이 이루어진 경우도 달리 볼 것은 아니다.244) 한편 **피고의 소송상 상계의 항변에 대하여 원고가 청구채권이 아닌 다른 채권을 자동채권으로 하여 소송상 상계의 재항변을 한 경우 원고의 상계 재항변은 자동채권의 인정여부에 대하여 나아가 판단할 필요 없이 이유 없다.**245) 나아가 이러한 법리는 원고가 2개의 채권을 청구하고, 피고가 그중 1개의 채권을 수동채권으로 삼아 소송상 상계항변을 하자, 원고가 다시 청구채권 중 다른 1개의 채권을 자동채권으로 소송상 상계의 재항변을 하는 경우에도 마찬가지로 적용된다.246)

② 판단형태 : 피고의 항변이 이유 있다고 인정되면 원고의 청구기각이나 상환이행판결이 행해진다. 한편 채권자가 동일한 목적을 달성하기 위하여 복수의 채권을 가지고 이를 행사하는 경우 각 채권이 발생시기와 발생원인 등을 달리하는 별개의 채권인 이상 별개의 소송물에 해당하므로, 이에 대하여 **채무자가 소멸시효 완성의 항변을 하는 경우에 그 항변에 의하여 어떠한 채권을 다투는 것인지 특정하여야 하고 그와 같이 특정된 항변에는 특별한 사정이 없는 한 청구원인을 달리하는 채권에 대한 소멸시효 완성의 항변까지 포함된 것으로 볼 수는 없다.** 그러나 채권자가 동일한 목적을 달성하기 위하여 복수의 채권을 가지고 있더라도 선택에 따라 어느 하나의 채권만을 행사하는 것이 명백한 경우라면 채무자의 소멸시효 완성의 항변은 채권자가 행사하는 당해 채권에 대한 항변으로 봄이 타당하다.247)

③ 기판력 : 항변은 판결이유 중에 판단되므로 기판력이 발생하지 않음이 원칙이나, 상계항변만은 그 대등한 수액에 관하여 기판력이 발생한다(제216조 제2항).

4. 소송에 있어서 형성권의 행사

(1) 문제점

해제권·해지권·취소권·상계권 등 사법상의 형성권을 소송에서 항변으로 제출함과 동시에 행사하는 경우, 즉 소송상 공격방어방법으로 하는 형성권의 행사가 있는데 이것의 법적 성질이 문제된다. 특히 소송상 상계의 항변에서 상계항변이 제149조에 의해 실기한 항변으로서 각하된 경우에 원고의 소구채권에 대한 피고의 반대채권의 소멸여부와 관련된 문제이다.

(2) 견해의 대립

① 외관상 한 개의 행위이나 법적으로는 형성권행사라는 사법행위와 그러한 의사표시가 있었다는 법원에 대한 진술이라는 두 개의 행위가 병존하는 것으로 보는 병존설, ② 소송상 공격방어방법으로 행사한 것이기 때문에 순수한 소송행위이고 따라서 그 요건·효과는 전적으로 소송법의 규율을 받는다는 소송행위설, ③ 소송상의 상계권 행사를 사법행위와 소송행위 두가지 성질을 모두 갖춘 한 개의 법률행위라고 보는 양성설, ④ 기본적으로는 병존설에 따르되 상계권에 기한 항변에 포함된 의사표시는 그 항변이 취하·각하되지 않고 유효하게 법원의 판단을 받게 될 때에만 그 사법상의 효과를 발생케 하려는 조건부 의사표시로 파악하는 신병존설의 대립이 있다.

---

244) 대법 2013.02.28, 2011다21556
245) 대법 2014.06.12, 2013다95964
246) 대법 2015.03.20, 2012다107662
247) 대법 2013.02.15, 2012다68217

(3) 判例의 태도

비록 상계권은 아니지만 형성권인 해제권의 행사와 관련, **소의 제기로써 계약해제권을 행사한 후 그 소송을 취하하였다 하여도 해제권은 형성권이므로 그 행사의 효력에는 영향이 없다**고 판시하여 병존설의 입장을 취하고 있다.[248] 그러나 최근 소송상 방어방법으로서의 상계항변은 수동채권의 존재가 확정되는 것을 전제로 하여 행하여지는 일종의 예비적 항변으로서 당사자가 소송상 상계항변으로 달성하려는 목적, 상호양해에 의한 자주적 분쟁해결수단인 조정의 성격 등에 비추어 볼 때, 당해 소송절차 진행 중 당사자 사이에 **조정이 성립됨으로써 수동채권의 존재에 관한 법원의 실질적인 판단이 이루어지지 아니한 경우에는 그 소송절차에서 행하여진 소송상 상계항변의 사법상 효과도 발생하지 않는다**고 봄이 타당하다고 하였고,[249] 민사소송에서 상계항변이 예비적 항변임에 비추어 소송상 상계의 의사표시에 의하여 확정적으로 효과가 발생하는 것이 아니라 **당해 소송에서 수동채권의 존재 등 상계에 관한 실질적 판단이 이루어진 경우에 비로소 실체법상 상계의 효과가 발생한다**고 하여 신병존설적 입장을 보이고 있다.[250]

(4) 검 토

병존설은 상계의 항변이 실기한 방어방법으로 각하된 경우 피고의 반대채권만이 대가 없이 소멸되는 불합리한 결과가 생겨 문제이고, 소송행위설은 상계가 실체법상 규정된 권리임에도 불구하고 그 요건·효과가 전적으로 소송법에 의해야 한다는 점에서 난점이 있으며, 양성설은 사법행위와 소송행위를 구별하고 있는 현행 법체계와 부조화를 이루게 된다. 따라서 신병존설이 타당하다 하겠다.

II. 소송행위 일반

1. 의 의

널리 소송행위라 함은 소송주체의 행위로써, 통설인 요건효과설에 의하면 소송절차를 형성하고 그 요건 및 효과가 소송법에 의하여 규율되는 행위를 말한다. 따라서 **민법상의 법률행위에 관한 규정이 직접적으로 적용될 수 없고, 특별한 사정이 있는 경우에 한하여 유추적용될 뿐**이다.

2. 종 류

(1) 시기·장소에 의한 분류

관할의 합의, 대리권 수여 등 소송 전·소송 외의 소송행위와 본안의 신청, 공격방어방법의 제출 등 변론에서의 소송행위로 나눌 수 있다.

(2) 행위의 내용에 의한 분류

소송행위는 그 내용에 따라 신청·주장과 소송법상의 법률효과의 발생을 목적으로 하는 의사표시인 소송법률행위가 있다. 소송법률행위에는 단독행위(예 : 소취하)와 소송계약(예 : 관할의 합의)이 있다.

(3) 행위의 기능에 따른 분류

---

248) 대법 1982.05.11, 80다916
249) 대법 2013.03.28, 2011다3329
250) 대법 2014.06.12, 2013다95964

1) 취효적 소송행위

① 의 의 : 법원에 대하여 일정한 내용의 재판을 구하는 행위 및 재판의 기초가 될 자료제공행위를 말하며, 각종 신청·주장·입증이 이에 속한다.

② 특 색 : 그 소송행위로부터 일정한 법률효과가 직접적으로 발생하는 것이 아니라 법원의 재판을 통해서만 비로소 효과가 발생한다는 점이다.

③ 법원의 판단과정 : 취효적 소송행위에 대해서는 법원에 의해 먼저 적법여부, 다음으로 이유유무의 두 단계 평가가 이루어 진다.

2) 여효적 소송행위

① 의 의 : 법원의 재판을 통하지 아니하고 곧바로 소송법상의 효과가 발생하는 행위를 말하며 취효적 소송행위 이외의 모든 소송행위를 말한다. 소의 제기와 상소의 제기는 취효적 소송행위인 동시에 여효적 소송행위로서의 성질을 갖는다.

② 특 색 : 여효적 소송행위에 대해서도 유무효의 평가를 받지만, 특히 그에 의하여 이미 발생한 법률효과가 상대방에 의하여 무시되고 다투어질 때에 비로소 법원이 관여하여 유무효의 판단을 하게 된다.

③ 종 류
  ㉠ 의사표시의 성질 : 소취하·이의권의 포기·상소의 포기
  ㉡ 의사통지의 성질 : 송달수령이나 진술·선서의 거부, 준비서면에 의한 공격방어방법의 예고
  ㉢ 관념의 통지의 성질 : 대리권소멸의 통지 및 소송고지
  ㉣ 사실행위 : 준비서면의 제출

3. 소송상의 합의

(1) 의 의

소송상의 합의라 함은 현재 계속중이거나 또는 장래 계속될 특정의 소송에 대해 직접 또는 간접으로 어떠한 영향을 미치는 법적 효과의 발생을 목적으로 하는 당사자간의 합의를 말한다. 관할의 합의(제29조), 담보제공방법의 합의(제122조 단서), 담보물변경의 합의(제126조 단서), 첫 기일변경의 합의(제165조 제2항), 불항소합의(제390조 제1항 단서) 등이 명문에 규정된 소송상 합의이다.

(2) 명문의 규정이 있는 소송상 합의의 법리

1) **인적 요건** : 명문의 규정이 있는 소송상 합의는 소송행위로서 소송능력과 소송상의 대리권이 필요하다.

2) **방식의 자유** : 소송상의 합의는 말이든 서면이든 상관 없는 방식자유가 존중된다. 단 분쟁의 파생을 예방하고 소의 적부를 신속·확실하게 판정할 필요에서 관할의 합의(제29조), 불항소합의(제390조 2항)는 서면으로 하여야 한다.

3) **조건·기한** : 소송절차 외에서 행하는 소송상의 합의에는 단독행위와 달리 조건과 기한을 붙일 수 있다.

4) **의사표시의 하자** : 민법의 법률행위에 관한 규정이 유추적용된다.

4. 명문의 규정이 없는 소송상 합의

(1) 허용여부

전속관할에 관한 합의·증거력계약·소송절차변경의 합의와 같이 공익과 직결되는 강행법규를 변경하거나 배제하려는 합의는 무효로 보더라도, 당사자의 의사결정의 자유가 확보된 소송행위에 관한 계약까지 그 적법성을 부정할 이유는 없다. 따라서 부제소 특약이나 소취하의 합의, 부집행계약,[251] 증거계약 등은 허용할 것이다. 다만 ① 특약 자체가 불공정한 방법으로 이루어지지 않아야 하고 합의시에 예상할 수 있는 상황에 관한 것이어야 하고,[252] ② 당사자가 자유로이 처분할 수 있는 권리관계일 것,[253] ③ 특정한 권리관계에 관한 것일 것을 요한다.[254] 다만 교통사고 피해자가 합의금을 수령하면서 민·형사상의 소송을 제기하지 아니한다는 내용의 부동문자로 인쇄된 합의서에 날인한 경우에 합의서는 단순한 예문에 불과할 뿐 부제소의 합의라 볼 수 없으며,[255] 합의의 존부에 관한 당사자의 의사가 불분명하면 가급적 소극적으로 합의의 존재를 부정할 수 밖에 없어, 자동차보험 구상금분쟁심의에 관한 상호협정이나 이를 근거로 구성된 자동차분쟁심의위원회가 한 조정결정에 부제소합의가 포함된다고 볼 수 없다.[256]

(2) 명문의 규정없는 소송상 합의의 성질

判例는 그 요건이나 효과가 모두 소송법에 규정되어 있지 않으므로 **소송행위가 아니라 사법계약이며 이에 의해 사법상의 권리의무가 발생한다**는 입장이다. 따라서 **소취하합의의 의사표시는 민법 제109조에 따라 법률행위의 내용의 중요 부분에 착오가 있는 때에는 취소할 수 있으며**,[257] **환송판결 전에 소취하 합의가 있었지만, 환송 후 원심의 변론기일에서 이를 주장하지 않은 채 본안에 관하여 변론하는 등 계속 응소한 피고가 환송 후 판결에 대한 상고심에 이르러서야 위 소취하 합의 사실을 주장하는 경우에 위 소취하 합의가 묵시적으로 해제되었다**고 볼 수 있다.[258]

(3) 합의 위반시의 효과

① 불이행의 경우에 강제집행을 할 수 있고, 집행불능시 손해배상을 청구할 수 있다는 의무이행 소구설이 있으나, ② 의무이행소구설은 간접적·우회적이므로 의무불이행의 경우에 **항변권이라는 구제수단을 주자는 견해가 타당**하다. 따라서 **소취하계약위반시 항변하면 법원은 권리보호의 이익이 없다는 이유로 소를 각하**하게 된다. 判例도 **강제집행취하계약의 경우에 그 취하이행의 소구는 허용되지 않는다**고 판시하여

---

251) 화해권고결정의 '집행권원에 기한 강제집행을 불허한다.'는 내용은 형성소송인 청구이의의 소의 재판 대상으로 당사자가 자유롭게 처분할 수 있는 사항이 아니어서, 그 문구 그대로 확정되더라도 집행권원에 기한 강제집행을 허가하지 않는 효력은 생기지 않고, 집행권원이 확정판결로서 갖는 집행력은 여전히 남아 있게 되지만, 화해권고결정의 문구를 부집행 합의가 이루어졌다는 뜻으로 새길 여지는 있다는 것에, 대법 2022.06.07, 2022그534
252) 매매계약이 불공정법률행위로 무효이면, 그 계약에 관한 부제소합의도 무효라는 것에, 대법 2010.06.10, 2010다15363·15370
253) 유족보상금청구(대법 1977.04.12, 76다2920), 퇴직금청구(대법 1998.03.27, 97다49725)에 대한 부제소특약은 강행법규인 근로자퇴직급여보장법에 위반되므로 무효이다.
254) 대법 2002.02.22, 2000다65086 참조. 당사자 간에 앞으로 민사상의 일체의 소송을 제기하지 않는다는 포괄적 합의 조항은 헌법상 보장된 재판을 받을 권리를 미리 일률적으로 박탈하는 것이 되어 무효이다.
255) 대법 1999.03.23, 98다64301
256) 대법 2019.08.14, 2017다217151
257) 대법 2020.10.15, 2020다227523
258) 대법 2007.05.11, 2005후1202

의무이행소구설을 배척하였으며,259) 부제소특약과260) 소취하계약을 위반한 경우261) 권리보호의 이익이 없다고 하여 항변권 발생설을 취하였다. 다만 조건부 소취하의 합의를 한 경우에는 조건의 성취사실이 인정되지 않는 한 그 소송을 계속 유지할 법률상의 이익을 부정할 수 없다.262) 한편 判例는 **부제소합의가 있는 채권을 피보전권리로 하여 제기한 사해행위취소청구는 인용될 수 없다**고 하였으며,263) **부제소합의는 직권조사사항이라 하면서 당사자들이 다투지 않는데도, 법원이 직권으로 부제소합의의 위배를 이유로 소를 각하하는 것은 예상외의 재판으로 당사자 일방에게 불의의 타격이 되므로 석명의무위반**으로 보았다.264) 부제소합의를 어겨 제소한 경우에 신의칙 위반으로 보듯이, 같은 맥락에서 채권자와 채무자가 소송 도중 '모든 민·형사상의 소를 취하하기로 한다'고 합의했다면 1심에서 승소해 항소심이 진행 중인 소송도 취하하기로 한 것으로 봐야 한다고 하였다.265)

(4) 소취하계약이 재판상 화해로써 성립한 경우

소취하계약이 재판상 화해로써 성립한 경우 화해조항에 기판력이 발생하며 기판력은 직권조사사항이므로 피고의 항변을 기다릴 필요 없이 甲의 소를 각하하여야 한다. 우리 判例도 **다른 소송이 계속 중인 법원에 취하서를 제출하지 않는 이상 그 소송이 취하로 종결되지는 않지만 위 재판상 화해가 재심의 소에 의하여 취소 또는 변경되는 등의 특별한 사정이 없는 한 그 소송의 원고에게는 권리보호의 이익이 없게 되어 그 소는 각하되어야 한다**고 하였다.266)

III. 단독소송행위의 특질

1. 인적 요건

당사자능력·소송능력·변론능력을 갖추고 있어야만 유효한 소송행위를 할 수 있고, 대리인의 경우에는 법정대리권이나 소송대리권이 있어야 하며, 민법상 표현대리법리는 소송행위에는 적용 내지 유추적용되지 않는다(다수설·判例).

2. 소송행위의 방식

구술주의·변론주의의 원칙상 소송행위는 변론절차에서 말로 함이 원칙이지만, 상대방에게 송달을 요하는 행위(소나 상소의 제기·소변경·소취하·소송고지 등)는 서면으로 하여야 한다. 또한 소송행위는 법원에 대하여 하여야 하는 것이므로 상대방 당사자가 결석한 경우에도 할 수 있다.

3. 소송행위의 조건과 기한

절차의 안정성·명확성의 관점상 소송행위에는 원칙적으로 조건이나 기한을 붙이지 못한다. 다만, 당해 절차 내에서 판명될 사실을 조건(소송내적 조건)으로 하는 예비적 신청이나 예비적 주장은 허용된다(예비적

---

259) 대법 1966.05.31, 66다564
260) 대법 1993.05.14, 92다21760
261) 대법 1982.03.09, 81다1312
262) 대법 2013.07.12, 2013다19571
263) 대법 2012.03.29, 2011다81541
264) 대법 2013.11.28, 2011다80449
265) 대법 2013.07.25, 2013다19052
266) 대법 2005.06.10, 2005다14861

병합, 예비적 반소, 예비적 공동소송).

4. 소송행위의 철회

(1) 소송행위 철회자유의 원칙

소송행위는 상대방이 그에 의하여 소송상의 지위를 취득하지 아니한 때에는 사실심의 변론종결시까지[267] 자유롭게 철회할 수 있으며, 정정변경이 허용된다. 처분권주의와 변론주의가 적용되는 결과이다.

(2) 구속적 소송행위가 된 경우

① 당해 행위를 한 당사자에게 불리하거나, ② 상대방에 일정한 법률상 지위가 형성된 소송행위 즉, 구속적 소송행위는 자유롭게 철회할 수 없고 상대방의 동의가 있는 경우에만 철회가 가능하다. 재판상 자백, 증거조사 개시 후의 증거신청의 철회, 피고가 응소한 뒤의 소의 취하 따위가 그러하다.

5. 구속적 소송행위에 의사표시하자가 있는 경우

(1) 민법규정 유추불가

判例는 민법상의 법률행위에 관한 규정은 민사소송법상의 소송행위에는 특별한 규정 기타 특별한 사정이 없는 한 적용이 없는 것이므로 ⅰ) 대리위임이 합동수사부 수사관의 강박에 의한 것인데도 취소할 수 없다고 하였으며,[268] ⅱ) 소송행위는 일반 사법상의 행위와는 달리 내심의 의사보다 그 표시를 기준으로 하여 효력 유무를 판정할 수밖에 없는 것인바, **원고 소송대리인으로부터 소송대리인 사임신고서 제출을 지시받은 사무원이 소취하서를 내거나**,[269] **ⅲ) 원고 중 1인에 대한 소취하를 지시받은 사무원이 전원의 소를 취하한 경우 사무원은 소송대리인의 표시기관에 해당되어 그의 착오는 원고 소송대리인의 착오라고 보아야 하므로, 사무원의 착오로 원고 소송대리인의 의사에 반하여 소를 취하하였다고 하여도 이를 무효라고 볼 수는 없다**고 했다.[270]

(2) 재심사유의 고려

1) 재심사유의 절차 내 고려 : 判例는 소의 취하 등과 같은 당사자에 의한 소송종료행위가 사기·강박 등 타인의 형사상 처벌받을 행위가 직접적인 원인이 되어 이루어진 경우에는 그 효력을 다투는 기일지정신청이 있으면 제451조 제1항 제5호를 적용 또는 유추적용하여 그 소송행위의 효력을 부인하고 있다. 다만 재심규정을 유추하면서 ⅰ) **유죄판결의 확정**,[271] ⅱ) 그 소송행위에 부합되는 의사 없이 외형만의 존재

---

267) 대법 1960.08.18, 4292민상905
268) 대법 1997.10.10, 96다35484
269) 대법 1997.10.24, 95다11740
270) 대법 1997.06.27, 97다6124
271) 지급명령에 대한 이의신청의 취하는 채무자가 제기한 이의신청을 철회하여 지급명령에 확정판결과 같은 효력을 부여하는 채무자의 법원에 대한 소송행위로서 소송행위의 특질상 소송절차의 명확성과 안정성을 기하기 위한 표시주의가 관철되어야 하므로 민법의 법률행위에 관한 규정은 원칙적으로 적용되지 않지만 대표자나 대리인이 상대방과 통모하여 형사상 처벌을 받을 배임행위 등에 의하여 지급명령에 대한 이의신청을 취하한 때에는 민사소송법 제451조 제1항 제5호의 규정을 유추적용하여 그 효력이 부정될 수 있는 경우가 있을 것이나, <u>같은 조 제2항에 따라 그 형사상 처벌받을 행위에 대하여 유죄의 판결이나 과태료 부과의 재판이 확정될 때 또는 증거부족 외의 이유로 유죄의 확정판결이나 과태료부과의 확정재판을 할 수 없는 때에 취소할 수 있다는 것에, 대법</u>

등 두 가지 요건을 모두 갖추었을 때 무효라고 보고 있다.[272]

  2) **재심의 소에서 소송행위 효력을 부인하기 위한 요건** : 재심대상판결 당시 피고 주식회사의 실질적 대표자이던 甲이 소송상대방과 공모하여 개인적으로 돈을 받기로 하고 제1심판결에 대한 항소를 취하한 사안에서, ⅰ) 원심은 항소의 취하는 항소인이 항소법원에 대하여 항소에 의한 심판의 요구를 철회하는 소송상의 일방적인 단독행위로서 항소인의 법원에 대한 소송행위이고, 주식회사의 대표이사 또는 지배인은 회사의 영업에 관하여 재판상 또는 재판 외의 모든 행위를 할 권한이 있으며, 겉으로 드러난 소송행위에 부합되는 항소 취하의 의사는 실제로 존재하였으므로 위 소송은 이미 종료되었다고 판단하였다. 그러나 ⅱ) 대법원은 어떠한 소송행위에 민사소송법 제451조 제1항 제5호의 재심사유가 있다고 인정되는 경우 그러한 소송행위에 기초한 확정판결의 효력을 배제하기 위한 재심제도의 취지상 재심절차에서 해당 소송행위의 효력은 당연히 부정될 수밖에 없고, 그에 따라 법원으로서는 위 소송행위가 존재하지 않은 것과 같은 상태를 전제로 재심대상사건의 본안에 나아가 심리·판단하여야 하며 달리 위 소송행위의 효력을 인정할 여지가 없다고 하였다.[273] 즉, 외관만의 존재를 요구하는 것은 재심사유를 기일지정신청에 따른 재심사유의 절차 내 고려에서 필요한 요건일 뿐, 재심절차에서는 요구되지 않는다는 것이다.

6. 소송행위의 하자와 치유

(1) 소송행위의 하자

  소송행위가 인적 요건을 갖추지 못하거나 방식·내용에 있어서 소송법규에 합치하지 않는 경우에는 하자 있는 소송행위로서 무효가 된다.

(2) 무효의 소송행위도 다음의 사유가 있으면 유효하게 될 수 있다.

무효 또는 부적법한 소송행위를 흠 있는 소송행위라고 하며, 이를 즉시 배척하지 않고 가능한 한 흠을 시정하여 그 소송행위를 살리는 것이 소송경제에 부합한다.

  1) **하자 없는 새로운 행위** : 잘못된 송달에 대해 다시 송달하는 것

  2) **추 인** : **소송능력의 흠결시 법정대리인이나 능력을 취득한 본인의 추인, 대리권의 흠은 본인에 의한 추인에 의하여 소급적으로 치유**된다(제60조, 제97조).

  3) **보 정** : 소장제출시 인지부족, 주소불명 등의 형식적 요건이 구비되지 아니한 때에는 보정에 의하여 유효하게 된다(제254조, 제255조).

  4) **이의권의 포기·상실** : **소송절차에 관한 규정 중에서 임의적·사익적 규정에 위배된 소송행위는 그에 의하여 불이익을 입을 당사자의 소송절차에 관한 이의권의 포기·상실로써 그 하자가 치유**된다(제151조).

  5) **무효행위의 전환** : 매매계약 무효확인의 소에서 선해적법성의 법리, 부적법한 독립참가에 있어 보조참가로의 전환, 불복할 수 없는 결정·명령에 대해 항고법원에 항고했을 때에 특별항고로 보아 항고법원이

    2012.11.21, 2011마1980
272) 대법 1984.05.29, 82다카963 등. 다만 예외적으로 유죄의 확정을 요하지 않은 판례로, 대법 1985.09.24, 82다카312·313·314
273) 대법 2012.06.14, 2010다86112

대법원에 소송기록 송부 등을 들 수 있다.

7. 소송행위의 해석

 소송행위의 해석은 일반 실체법상의 법률행위와는 달리 내심의 의사가 아닌 철저한 표시주의와 외관주의에 따라 그 표시를 기준으로 하여야 하고, 표시된 내용과 저촉되거나 모순되어서는 안 된다. 判例도 소송계속 중 당사자들이 작성한 서면에 불상소 합의가 포함되어 있는지에 관한 해석을 둘러싸고 이견이 있어 그 서면에 나타난 당사자의 의사해석이 문제로 되는 경우, 이러한 불상소 합의와 같은 소송행위의 해석은 일반 실체법상의 법률행위와는 달리 내심의 의사가 아닌 그 표시를 기준으로 하여야 하며, 표시된 문언의 내용이 불분명하고 객관적·합리적인 의사해석에 의하거나 외부로 표시된 행위에 의하여 추단하더라도 당사자의 의사가 불분명하다면 그러한 불상소 합의의 존재를 부정할 수밖에 없다고 하였다.[274] 나아가 의심스러울 때에는 행위자에게 유리하게 해석할 것이다. 우리 判例도 전속적 관할합의의 약관조항의 뜻이 불분명할 때에는 고객에게 유리하게 해석하여야 한다고 하였다.[275]

제5절 변론의 실시

Ⅰ. 변론의 경과

1. 변론개시 전

 당사자는 사실관계와 증거를 사전에 상세히 조사정리하고(규칙 제69조의 2), 법원은 변론준비절차에 부치는 사건이 아니라도 미리 쟁점과 증거를 정리한다.

2. 변론의 진행

> 제165조(기일의 지정과 변경) ① 기일은 직권으로 또는 당사자의 신청에 따라 재판장이 지정한다. 다만, 수명법관 또는 수탁판사가 신문하거나 심문하는 기일은 그 수명법관 또는 수탁판사가 지정한다.
> ② 첫 변론기일 또는 첫 변론준비기일을 바꾸는 것은 현저한 사유가 없는 경우라도 당사자들이 합의하면 이를 허가한다.

> 제169조(기일의 시작) 기일은 사건과 당사자의 이름을 부름으로써 시작된다.
> 제287조의2(비디오 등 중계장치 등에 의한 기일) ① 재판장·수명법관 또는 수탁판사는 상당하다고 인정하는 때에는 당사자의 신청을 받거나 동의를 얻어 비디오 등 중계장치에 의한 중계시설을 통하거나 인터넷 화상장치를 이용하여 변론준비기일 또는 심문기일을 열 수 있다.
> ② 법원은 교통의 불편 또는 그 밖의 사정으로 당사자가 법정에 직접 출석하기 어렵다고 인정하는 때에는 당사자의 신청을 받거나 동의를 얻어 비디오 등 중계장치에 의한 중계시설을 통하거나 인터넷 화상장치를 이용하여 변론기일을 열 수 있다. 이 경우 법원은 심리의 공개에 필요한 조치를 취하여야 한다.

---

274) 대법 2015.05.28, 2014다24327
275) 대법 2009.11.13, 2009마1482

③ 제1항과 제2항에 따른 기일에 관하여는 제327조의2제2항 및 제3항을 준용한다.
[본조신설 2021. 8. 17.]

민사소송규칙
제73조의2(비디오 등 중계장치 등에 의한 기일의 신청 및 동의) ① 법 제287조의2제1항 및 제2항에 따른 기일(이하 "영상기일"이라 한다)의 신청은 기일에서 하는 경우를 제외하고는 서면으로 하여야 한다. 이 경우 신청의 대상이 되는 영상기일의 종류와 신청의 이유를 밝혀야 한다.
② 법 제287조의2제1항의 재판장등 또는 같은 조 제2항의 법원(이하 "재판장등 또는 법원"이라 한다)은 영상기일의 신청에 이유가 없다고 인정하거나 비디오 등 중계장치에 의한 중계시설 또는 인터넷 화상장치를 이용하기 곤란한 사정이 있는 때에는 영상기일을 열지 아니할 수 있다.
③ 영상기일의 신청이 있는 경우 재판장등 또는 법원은 지체 없이 영상기일의 실시 여부를 당사자에게 통지하여야 한다. 이 경우 서면으로 통지할 시간적 여유가 없는 때에는 제45조에 따른 간이한 방법으로 통지할 수 있다.
④ 다음 각 호의 어느 하나에 해당하는 경우에는 영상기일을 열지 아니하는 것으로 본다.
1. 영상기일의 신청 이후 법정에 직접 출석하는 기일을 지정하는 경우
2. 법정에 직접 출석하는 기일의 개정시간까지 제3항의 통지가 없는 경우
⑤ 당사자는 서면으로 영상기일의 신청을 취하하거나 동의를 철회할 수 있다. 다만, 양 쪽 당사자의 신청 또는 동의에 따라 영상기일이 지정된 이후에는 상대방의 동의를 받아야 한다.
⑥ 재판장등 또는 법원은 한 쪽 당사자로부터 영상기일의 신청 또는 동의가 있는 경우 양 쪽 당사자에 대한 영상기일이 필요하다고 인정하는 때에는 상대방에 대하여 영상기일 동의 여부를 확인할 수 있다.
⑦ 재판장등 또는 법원은 영상기일을 연기 또는 속행하는 때에는 당사자의 동의 여부를 확인하여 다음 기일의 영상기일 실시 여부를 정할 수 있다. [본조신설 2021. 10. 29.]

제73조의3(영상기일의 실시) ① 영상기일은 당사자, 그 밖의 소송관계 인을 비디오 등 중계장치에 의한 중계시설에 출석하게 하거나 인터넷 화상장치를 이용하여 지정된 인터넷주소에 접속하게 하고, 영상과 음향의 송수신에 의하여 법관, 당사자, 그 밖의 소송관계인이 상대방을 인식할 수 있는 방법으로 한다.
② 제1항의 비디오 등 중계장치에 의한 중계시설은 법원 청사 안에 설치하되, 필요한 경우 법원 청사 밖의 적당한 곳에 설치할 수 있다.
③ 재판장등 또는 법원은 제2항 후단에 따라 비디오 등 중계장치에 의한 중계시설이 설치된 관공서나 그 밖의 공사단체의 장에게 영상기일의 원활한 진행에 필요한 조치를 요구할 수 있다.
④ 영상기일에서 제96조제1항의 문서 등을 제시하는 경우 비디오 등 중계장치에 의한 중계시설, 인터넷 화상장치 또는 「민사소송 등에서의 전자문서 이용 등에 관한 규칙」 제2조제1호에 정한 전자소송시스템을 이용하거나 모사전송, 전자우편, 그 밖에 이에 준하는 방법으로 할 수 있다.
⑤ 인터넷 화상장치를 이용하는 경우 영상기일에 지정된 인터넷 주소에 접속하지 아니한 때에는 불출석한 것으로 본다. 다만, 당사자가 책임질 수 없는 사유로 접속할 수 없었던 때에는 그러하지 아니하다.
⑥ 통신불량, 소음, 문서 등 확인의 불편, 제3자 관여 우려 등의 사유로 영상기일의 실시가 상당하지 아니한 당사자가 있는 경우 재판장등 또는 법원은 영상기일을 연기 또는 속행하면서 그 당사자가 법정에 직접 출석하는 기일을 지정할 수 있다.
⑦ 영상기일에 「법원조직법」 제58조제2항에 따른 명령을 위반하는 행위, 같은 법 제59조에 위반하는 행위, 심리방해행위 또는 재판의 위신을 현저히 훼손하는 행위가 있는 경우 감치 또는 과태료에 처

> 하는 재판에 관하여는 「법정등의질서유지를위한재판에관한규칙」에 따른다.
> ⑧ 영상기일을 실시한 경우 그 취지를 조서에 적어야 한다. [본조신설 2021. 10. 29.]
> **제73조의4(개정의 장소 및 심리의 공개)** ① 영상기일은 법원 청사 내의 적당한 장소에서 열되, 법원장의 허가가 있는 경우 법원 청사 외의 장소에서 열 수 있다.
> ② 법 제287조의2제2항에 따른 변론기일을 법정에서 열지 아니하는 경우 다음 각 호 중 하나의 방법으로 심리를 공개하여야 한다. 다만, 「법원조직법」 제57조제1항 단서에 의해 비공개 결정을 한 경우에는 그러하지 아니하다.
> 1. 법정 등 법원 청사 내 공개된 장소에서의 중계
> 2. 법원행정처장이 정하는 방법에 따른 인터넷 중계 [본조신설 2021. 10. 29.]

변론은 재판장이 지정(제165조)하여 당사자에게 통지한 기일에 공개법정에서 사건과 당사자를 호명함으로써 개시되어(제169조) 재판장의 지휘하에 변론이 진행된다(제135조). 보통 변론준비기일 결과를 진술하거나 원고의 본안신청에 관한 진술로 변론이 시작되며, 이에 대해 피고의 소각하·청구기각 등 반대신청이 있고 이어서 각 당사자의 사실상·법률상 사항을 진술하고 법원이 당사자에게 쟁점을 확인하며, 당사자에게 중요쟁점에 관한 의견진술기회를 주는 방식으로 진행한다(규칙 제28조).

3. 변론의 종결

심리가 종국판결을 하기에 성숙하면 법원은 변론을 종결한다.

II. 변론의 정리 – 변론의 제한·분리·병합

> **제141조(변론의 제한·분리·병합)** 법원은 변론의 제한·분리 또는 병합을 명하거나, 그 명령을 취소할 수 있다.

법원은 소송심리를 정리하기 위하여 변론 중에 변론의 제한·분리·병합을 명할 수 있다. **소송지휘권의 행사로서 직권으로 하는 법원의 재량적 재판이므로 당사자는 이에 대해 신청권이 없으며, 불복신청을 할 수 없다.**[276]

1. 변론의 제한

(1) 의 의

사건의 쟁점이 복잡하여 소송지연의 우려가 있는 경우에 이를 단순화시켜 정리하기 위해 법원은 변론의 대상인 사항을 한정하는 조치를 말한다(제141조).

(2) 예

① 당사자적격이나 대리권의 흠 등 본안전의 항변이 제출되었을 때에 그 본안전의 항변에 관한 증거조사에 한정하거나, ② 손해배상청구에 있어서 책임원인과 손해액 두 가지가 모두 쟁점이 되었을 때에 먼저

---

276) 대법 1959.05.22, 4290행상180

책임원인에만 변론을 제한하는 등이다.

2. 변론의 분리

(1) 의 의

 청구의 병합이나 공동소송 등 청구가 여러 개인 경우에 그 중 어느 청구에 대하여 별개의 소송절차로 심리할 것을 명하는 것을 말한다(제141조). 어느 청구가 다른 청구와 관련성이 없거나 먼저 판결하기에 성숙하면 이에 의하여 가분적 정리가 가능하며, 따라서 소송관계를 단순화할 수 있다. 분리되어도 관할에 영향이 없으며(제33조), 분리전의 증거자료는 그대로 분리 후 양 절차의 증거자료로 된다.

(2) 변론의 분리가 허용되지 않는 경우

 ① 이혼사건의 본소청구와 반소청구, ② 예비적·선택적 병합, ③ **필수적 공동소송**, ④ 독립당사자 참가소송, ⑤ 예비적·선택적 공동소송은 분리가 허용되지 않는다. 또한 **청구병합이 아닌 공격방어방법이 여러 개 있는 경우에는 변론의 분리가 허용되지 않는다.**

3. 변론의 병합

(1) 서 설

 1) 의 의 : 개별적으로 계속되어 있는 관련청구를 하나의 소송절차에 몰아 심리할 것을 명하는 것을 변론의 병합이라고 하며, 변론의 병합이 있으면 **복수의 소송이 변론단계에서 1개의 공동소송으로 혹은 청구의 병합으로 결합**된다. 이는 판결의 모순·저촉방지와 관련분쟁의 1회적 해결이라는 데 그 취지가 있다.

 2) 구별개념 : 여러 개의 사건을 같은 절차에 병합하는 것은 아니고 단지 심리를 동시에 행하는 변론의 병행이 있다. 병합요건(제253조)은 갖추지 못했지만 서로 관련성이 있는 사건일 때에 이에 의하는 수가 있다. 본안사건과 가압류·가처분사건이 그 예이다.[277]

(2) 요 건

 변론의 병합이 있으면 복수의 소송이 변론단계에서 1개의 공동소송으로 혹은 청구의 병합으로 결합되므로 ① **같은 종류의 소송절차로 심판될 것에 한하며**(제253조 참조), ② **각 청구 상호간에 법률상의 관련성이 있을 것을 요한다.** 공동소송의 주관적 요건을 갖추었으면 이러한 관련성이 인정된다.

(3) 병합의무가 있는 경우

 병합 여부는 법원의 재량에 속하나, 수개의 설립무효의 소 또는 설립취소의 소가 제기된 경우(상법 제188조), 결의취소의 소(상법 제376조 2항), **결의무효 및 부존재확인의 소**(상법 제380조), 증권관련집단의 소(증집소 제14조)의 경우 병합의무가 있다.

---

[277] 두 사건을 병행심리하면서 그 두 사건에 대한 증인으로 한 사람을 채택하여 그 증인이 그 두 사건에 관하여 동시에 같은 내용의 증언을 하였으나 그 두 사건 중의 하나의 사건에 관한 증언이 위증으로 확정된 경우에 그 증인의 위증은 그 사건에 관하여서만 재심사유가 될 뿐이라는 것에, 대법(전) 1980.11.11, 80다642

(4) 효 과

① 병합된 후 합산에 의하여 소가를 산정하여 새로 사물관할을 정하는 것이 아니라 소제기시의 관할에 따른다. ② 병합된 뒤에는 동일기일에 변론과 증거조사를 공통으로 하여야 한다. ③ **변론의 병합이 있게 되면 병합 전에 행한 변론과 증거조사의 결과는 원용이 없더라도 그대로 병합 후의 소송자료가 되나, 병합에 의해 공동소송으로 된 경우에는 당사자의 절차보장을 위해 원용을 요한다.** ④ 병합에 의하여 수소법원의 구성에 변경이 생겼을 때에는 제204조 2항의 변론의 갱신이 준용된다.

Ⅲ. 변론의 재개

1. 의 의

> 제142조(변론의 재개) 법원은 종결된 변론을 다시 열도록 명할 수 있다.

변론이 종결된 후라도 심리미진이 있거나 필요하다고 인정할 때에는 법원은 자유재량으로 변론을 재개할 수 있다(제142조).

2. 성 질

변론의 재개여부는 법원의 직권사항으로서 당사자는 변론재개신청권이 없고, 신청이 있다 하더라도 직권발동을 촉구하는 의미밖에 없으므로 이에 대해 허부결정을 해 줄 필요가 없으며, **기각한 결정에 대하여 항고를 할 수 없다.**[278]

3. 변론재개의무의 존부

(1) 원 칙

당사자가 변론종결 후 주장·증명을 제출하기 위하여 변론재개신청을 한 경우 당사자의 변론재개신청을 받아들일지는 원칙적으로 법원의 재량에 속한다.[279] 재개하지 아니한 것을 상고이유로 삼을 수 없다. 재개사유가 소송고지의 필요성 때문이거나 증거가 유일한 증거방법인 경우, 실기한 공격방어방법으로 각하되지 않을 사정도[280] 마찬가지이다. 왜냐하면 재개의무를 함부로 인정하면 당사자가 신의칙에 의한 소송수행의무나 소송촉진의무를 해태하게 되므로 소송정책상으로도 바람직하지 않기 때문이다.

(2) 예 외

그러나 ① 재개사유로 재심사유를 제출하였을 때, ② 변론재개신청을 한 당사자가 변론종결 전에 그에게 책임을 지우기 어려운 사정으로 주장·증명을 제출할 기회를 제대로 갖지 못하는 등 재개하여 기회를 주지 아니한 채 패소판결을 하여 절차적 정의에 반할 때,[281] ③ 그 주장·증명의 대상이 판결의 결과를 좌우할 수 있는 관건적 요증사실에 해당하는 경우,[282] ④ 법원이 사실상 또는 법률상 사항에 관한 석명의

---

278) 대법 1983.01.18, 82누473
279) 대법 2019.11.28, 2017다244115
280) 대법 2010.10.28, 2010다20532
281) 대법 2018.07.26, 2016두45783; 대법 2019.11.28, 2017다244115; 대법 2022.04.14, 2021다305796
282) 대법 2007.04.26, 2005다53866; 대법 2019.02.21, 2017후2819; 대법 2021.03.25, 2020다277641. 다만 결론이 좌우되는

무나 지적의무 등을 위반한 채 변론을 종결하였는데 당사자가 그에 관한 주장·증명을 제출하기 위하여 변론재개신청을 한 경우 등과 같이 **사건의 적정하고 공정한 해결에 영향을 미칠 수 있는 소송절차상의 위법이 드러난 경우에는 변론을 재개하고 심리를 속행할 의무**가 있다.[283] 여기에 해당하면 변론종결 후 추가로 주장·증명을 제출한다는 취지를 기재한 참고서면과 참고자료를 제출하고 있다면 변론재개신청으로 선해할 수 있다.[284]

4. 변론재개결정과 변론기일지정

> **민사소송규칙**
> **제43조(변론재개결정과 변론기일지정)** 법 제142조에 따라 변론재개결정을 하는 때에는 재판장은 특별한 사정이 없으면 그 결정과 동시에 변론기일을 지정하고 당사자에게 변론을 재개하는 사유를 알려야 한다.

다만 判例는 재개결정 없이 사실상 재개로서 변론을 속행하였다고 하여 위법이 아니라고 한다.[285]

IV. 변론의 일체성

여러 기일을 통하여 변론을 거쳤다고 하더라도 그 변론은 동일기일에 동시에 연 것과 같아 어느 기일에서의 변론이라도 소송자료로서 동일한 효력을 갖게 되는데, 이를 변론의 일체성이라고 한다. 신법은 법원과 당사자의 협동에 의한 변론의 집중으로 1회 변론기일주의에 의한다고 하였으나(제287조, 규칙 제69조 제2항), 훈시규정이므로 복잡한 사건 등에서는 여러 차례 변론기일을 열면서 속행할 수밖에 없어 이와 같은 변론의 일체성은 여전히 문제가 된다.

V. 변론조서

1. 서 설

(1) 의 의

변론에 참여한 법원사무관 등이 변론의 경과를 명확하게 기록보존하기 위하여 일정한 방식에 따라 기일마다 작성하는 문서를 말한다. 변론준비기일조서, 화해기일조서, 법원 밖의 증거조사기일의 조서도 변론조서의 규정이 준용된다.

(2) 기 능

현행 민사소송절차는 구술주의와 직접주의를 기본원칙으로 삼고 있으나, 말에 의한 소송행위는 잊히기 쉽고, 불가피하게 재판부가 변경된 경우에는 종전 소송절차의 경과나 심리과정에서 확인된 사항을 안정성과 명확성을 갖춘 소송자료로 활용하기 곤란하게 된다. 조서제도는 위와 같은 사항을 조서에 확정적으로 기록하여, 소송절차의 안정성과 명확성을 보장하면서 구술주의와 직접주의를 보완하는 기능을 한다. 나아가 법원이 조서작성에 의한 기록화를 염두에 두어 절차법에 따른 절차진행에 더욱 주의를 기울이게

경우라도 항상 재개의무가 있는 것은 아니라는 것에, 대법 1987.12.08, 86다카1230
283) 대법 2015.06.11, 2015두35215; 대법 2019.11.28, 2017다244115
284) 대법 2013.04.11, 2012후436
285) 대법(전) 1971.02.25, 70누125

되고, 조서에 기재할 당사자나 증인 등의 진술에 대한 명확한 확인을 위한 노력을 하도록 하며, 상급법원에 원심법원의 절차규정 준수여부에 관한 판단자료를 제공하는 것도 부수적인 기능으로 제시될 수 있다.

2. 조서의 기재사항

(1) 형식적 기재사항

> 제153조(형식적 기재사항) 조서에는 법원사무관 등이 다음 각호의 사항을 적고, 재판장과 법원사무관 등이 기명날인 또는 서명한다. 다만, 재판장이 기명날인할 수 없는 사유가 있는 때에는 합의부원이 그 사유를 적은 뒤에 기명날인 또는 서명하며, 법관 모두가 기명날인 또는 서명할 수 없는 사유가 있는 때에는 법원사무관 등이 그 사유를 적는다.
> 1. 사건의 표시
> 2. 법관과 법원사무관 등의 성명
> 3. 출석한 검사의 성명
> 4. 출석한 당사자·대리인·통역인과 출석하지 아니한 당사자의 성명
> 5. 변론의 날짜와 장소
> 6. 변론의 공개여부와 공개하지 아니한 경우에는 그 이유

조서에 기재하여야 하는 형식적 기재사항에는 사건의 표시, 법관과 법원사무관 등의 성명, 출석한 검사의 성명,[286] 출석한 당사자·통역인과 출석하지 아니한 당사자의 성명, 변론의 날짜와 장소, 변론의 공개여부와 공개하지 아니하는 경우에는 그 이유 등이 있다. 제153조의 기재사항 중 1호, 2호, 5호의 사항을 누락하면 조서 전체가 무효가 된다. 재판장이 기명날인 또는 서명할 수 없는 사유가 있는 때에는 합의부원이 그 사유를 적은 뒤에 기명날인 또는 서명하며, 법관 모두가 기명날인 또는 서명할 수 없는 사유가 있는 때에는 법원사무관 등이 그 사유를 적는다. 재판장이나 법원사무관 등의 기명날인이 없는 조서는 무효로서 증명력을 갖지 못하나, 기명만 있고 날인이 없는 때에는 재판장의 경우는 무효로 보고 법원사무관 등의 경우는 판결에 영향이 없는 위법이라고 하는 것이 判例이다.[287]

(2) 실질적 기재사항

> 제154조(실질적 기재사항) 조서에는 변론의 요지를 적되, 특히 다음 각호의 사항을 분명히 하여야 한다.
> 1. 화해, 청구의 포기·인낙, 소의 취하와 자백
> 2. 증인·감정인의 선서와 진술
> 3. 검증의 결과
> 4. 재판장이 적도록 명한 사항과 당사자의 청구에 따라 적는 것을 허락한 사항
> 5. 서면으로 작성되지 아니한 재판
> 6. 재판의 선고
>
> 제156조(서면 등의 인용·첨부) 조서에는 서면, 사진, 그 밖에 법원이 적당하다고 인정한 것을 인용하고 소송기록에 붙여 이를 조서의 일부로 삼을 수 있다.

---

286) 여기서 말하는 검사란 당사자로서 출석한 경우가 아니라 비송사건절차 등에서 검사가 공익의 대표자로서 의견을 진술하기 위하여 출석할 것을 법이 규정한 경우를 말한다(비송사건절차법 제15조).
287) 대법 1957.06.29, 4290민상13

변론의 내용을 이루는 당사자나 법원의 소송행위 및 증거조사의 결과 등을 기재할 것이나, 구술주의·직접주의의 원칙상 그 내용의 전부를 기재할 필요는 없고 변론의 요지를 기재하면 된다(제154조). 실질적 기재사항은 형식적 기재사항과 달리 그것이 없어도 조서 자체가 무효가 되지 않는다. 다만 ① 화해, 청구의 포기·인낙, 소의 취하와 자백, ② 증인·감정인의 선서와 진술, ③ 검증의 결과, ④ 재판장이 적도록 명한 사항과 당사자의 청구에 따라 적는 것을 허락한 사항, ⑤ **서면으로 작성되지 아니하는 소송지휘에 관한 재판**(변론의 분리결정 등), ⑥ 재판의 선고 등은 그 중요성에 비추어 명확하게 기재할 것을 요구하고 있다. 한편 **서면, 사진, 그 밖에 법원이 적당하다고 인정한 것도 이를 인용하고 기록에 덧붙여 조서의 일부로 할 수 있다**(제156조).

(3) 기재사항의 생략

> 제155조(조서기재의 생략 등) ① 조서에 적을 사항은 대법원규칙이 정하는 바에 따라 생략할 수 있다. 다만, 당사자의 이의가 있으면 그러하지 아니하다.
> ② 변론방식에 관한 규정의 준수, 화해, 청구의 포기·인낙, 소의 취하와 자백에 대하여는 제1항 본문의 규정을 적용하지 아니한다.

> **민사소송규칙**
> 제32조(조서기재의 생략 등) ① 소송이 판결에 의하지 아니하고 완결된 때에는 재판장의 허가를 받아 증인·당사자 본인 및 감정인의 진술과 검증결과의 기재를 생략할 수 있다.
> ② 법원사무관등은 제1항의 재판장의 허가가 있는 때에는 바로 그 취지를 당사자에게 통지하여야 한다.
> ③ 당사자가 제2항의 통지를 받은 날부터 1주 안에 이의를 한 때에는 법원사무관등은 바로 그 증인·당사자 본인 및 감정인의 진술과 검증결과를 적은 조서를 작성하여야 한다.
> ④ 제1심에서 피고에게 법 제194조 내지 제196조에 따라 송달을 한 사건의 경우, 법원사무관등은 재판장의 허가를 받아 서증 목록에 적을 사항을 생략할 수 있다. 다만, 공시송달 명령이 취소되거나 상소가 제기된 때에는 서증 목록을 작성하여야 한다.

신법은 조서기재의 생략사건을 대법원규칙에 위임토록 하여(제155조 1항), 민사소송규칙 제32조 1항은 **판결에 의하지 아니하고 소송이 완결되는 청구의 포기·인낙, 화해·조정, 소의 취하의 경우는 단독사건·합의사건을 막론하고 재판장의 허가를 얻어 증인·당사자 본인 및 감정인의 진술과 검증결과의 기재를 생략**할 수 있도록 하였고, 4항은 공시송달사건 등에서는 재판장의 허가를 얻어 서증목록 기재를 각 생략할 수 있도록 하였다. 그러나 **변론방식에 관한 규정의 준수, 화해, 청구의 포기·인낙, 소의 취하와 자백의 사실은 생략할 수 없다**. 소액사건에 있어서는 통상사건과 달리 당사자의 이의가 없는 경우에는 판사의 허가를 얻어 조서의 기재를 생략할 수 있는 특례가 있다(소심 제11조).

3. 조서의 기재방법

(1) 법원사무관 등의 변론조서의 작성

> 제152조(변론조서의 작성) ① 법원사무관등은 변론기일에 참여하여 기일마다 조서를 작성하여야 한다. 다만, 변론을 녹음하거나 속기하는 경우 그 밖에 이에 준하는 특별한 사정이 있는 경우에는 법원사무관등을 참여시키지 아니하고 변론기일을 열 수 있다.
> ② 재판장은 필요하다고 인정하는 경우 법원사무관등을 참여시키지 아니하고 변론기일 및 변론준비기일 외의 기일을 열 수 있다.
> ③ 제1항 단서 및 제2항의 경우에는 법원사무관등은 그 기일이 끝난 뒤에 재판장의 설명에 따라 조서를 작성하고, 그 취지를 덧붙여 적어야 한다.

법원공문서규칙에 의하여 조서작성의 간편을 위해 변론조서를 ① 기본적 변론조서, ② 증거조사에 관한 조서, ③ 증거목록 등 세 가지로 나누었다. 그리고 변론조서에 증거조사에 관한 것을 기재할 때에는 변론조서의 일부로서 증거조사에 관한 조서와 증거목록을 인용 기재하도록 하였다.

   1) 법원사무관의 참여 : **법원사무관등은 변론기일에 참여하여 형식적 기재사항과 실질적 기재사항을 기재한 조서를 작성**한다(제152조 1항 본문). **조서작성권은 실제로 기일에 참여한 법원사무관 등의 고유한 권한에 속하므로, 절차의 주재자인 재판장은 물론 기일에 참여하지 않은 법원사무관등의 대리작성도 허용되지 아니한다. 조서는 기일마다 작성하여야 하고, 수회 기일분의 변론을 후일에 이르러 1개의 조서에 일괄 작성하는 것은 허용되지 아니한다.**

   2) 법원사무관의 참여 없는 기일 : 신법은 예외적으로 ① 변론기일·변론준비기일은 **녹음·속기에 의하는 경우**에(제152조 1항 단서), ② 그 밖의 기일인 화해기일·조정기일·증거조사기일·심문기일 등은 재판장이 필요하다고 인정하는 경우에 **법원사무관 등의 참여 없이 기일을 열 수 있도록** 하였다(제152조 2항). 다만 **법원사무관등의 참여 없이 기일을 열어도 법원사무관등은 그 기일이 끝난 뒤에 재판장의 설명에 따라 조서를 작성하고 그 취지를 덧붙여 적어야 한다**(제152조 3항).

(2) 조서에 갈음하는 속기·녹음·녹화

> 제159조(변론의 속기와 녹음) ① 법원은 필요하다고 인정하는 경우에는 변론의 전부 또는 일부를 녹음하거나, 속기자로 하여금 받아 적도록 명할 수 있으며, 당사자가 녹음 또는 속기를 신청하면 특별한 사유가 없는 한 이를 명하여야 한다.
> ② 제1항의 녹음테이프와 속기록은 조서의 일부로 삼는다.
> ③ 제1항 및 제2항의 규정에 따라 녹음테이프 또는 속기록으로 조서의 기재를 대신한 경우에, 소송이 완결되기 전까지 당사자가 신청하거나 그 밖에 대법원규칙이 정하는 때에는 녹음테이프나 속기록의 요지를 정리하여 조서를 작성하여야 한다.
> ④ 제3항의 규정에 따라 조서가 작성된 경우에는 재판이 확정되거나, 양쪽 당사자의 동의가 있으면 법원은 녹음테이프와 속기록을 폐기할 수 있다. 이 경우 당사자가 녹음테이프와 속기록을 폐기한다는 통지를 받은 날부터 2주 이내에 이의를 제기하지 아니하면 폐기에 동의한 것으로 본다.

> **민사소송규칙**
>
> 제33조(변론의 속기와 녹음) ① 법 제159조제1항의 규정에 따른 변론의 속기 또는 녹음의 신청은 변론기일을 열기 전까지 하여야 하며, 비용이 필요한 때에는 법원이 정하는 금액을 미리 내야 한다. 〈개정 2014.12.30.〉
> ② 당사자의 신청이 있음에도 불구하고 속기 또는 녹음을 하지 아니하는 때에는 재판장은 변론기일에 그 취지를 고지하여야 한다.
>
> 제34조(녹음테이프·속기록의 보관 등) ① 법 제159조제1항·제2항의 녹음테이프와 속기록은 소송기록과 함께 보관하여야 한다.
> ② 당사자나 이해관계를 소명한 제3자는 법원사무관등에게 제1항의 녹음테이프를 재생하여 들려줄 것을 신청할 수 있다.
> ③ 법 제159조제4항의 규정에 따라 녹음테이프 또는 속기록을 폐기한 때에는 법원사무관등은 그 취지와 사유를 소송기록에 표시하여야 한다.
>
> 제35조(녹취서의 작성) ① 재판장은 필요하다고 인정하는 때에는 법원사무관등 또는 속기자에게 녹음테이프에 녹음된 내용에 대하여 녹취서를 작성할 것을 명할 수 있다.
> ② 제1항의 규정에 따라 작성된 녹취서에 관하여는 제34조제1항·제3항과 법 제159조제4항의 규정을 준용한다.
>
> 제36조(조서의 작성 등) ① 법원사무관등이 법 제152조제3항에 따라 조서를 작성하는 때에는 재판장의 허가를 받아 녹음테이프 또는 속기록을 조서의 일부로 삼을 수 있다. 이 경우 녹음테이프와 속기록의 보관 등에 관하여는 제34조제1항·제2항을 준용한다.
> ② 제1항 전문 및 법 제159조제1항·제2항에 따라 녹음테이프 또는 속기록을 조서의 일부로 삼은 경우라도 재판장은 법원사무관등으로 하여금 당사자, 증인, 그 밖의 소송관계인의 진술 중 중요한 사항을 요약하여 조서의 일부로 기재하게 할 수 있다. 〈개정 2014. 12. 30.〉
> ③ 제1항 전문 및 법 제159조제1항·제2항에 따라 녹음테이프를 조서의 일부로 삼은 경우 다음 각호 가운데 어느 하나에 해당하면 녹음테이프의 요지를 정리하여 조서를 작성하여야 한다. 다만, 제2항의 조서 기재가 있거나 속기록 또는 제35조에 따른 녹취서가 작성된 경우에는 그러하지 아니하다. 〈개정 2014. 12. 30.〉
> 1. 상소가 제기된 때
> 2. 법관이 바뀐 때
> ④ 제3항 및 법 제159조제3항에 따라 조서를 작성하는 때에는, 재판장의 허가를 받아, 속기록 또는 제35조에 따른 녹취서 가운데 필요한 부분을 그 조서에 인용할 수 있다. 〈개정 2014. 12. 30.〉
> ⑤ 제3항 및 법 제159조제3항에 따른 조서는 변론 당시의 법원사무관등이 조서를 작성할 수 없는 특별한 사정이 있는 때에는 당해 사건에 관여한 다른 법원사무관등이 작성할 수 있다. 〈개정 2014. 12. 30.〉 [전문개정 2007. 11. 28.]
>
> 제37조(준용규정) ① 녹화테이프, 컴퓨터용 자기디스크·광디스크, 그 밖에 이와 비슷한 방법으로 음성이나 영상을 녹음 또는 녹화하여 재생할 수 있는 매체를 이용하여 변론의 전부나 일부를 녹음 또는 녹화하는 때에는 제33조 내지 제36조 및 법 제159조의 규정을 준용한다.
> ② 법원·수명법관 또는 수탁판사의 신문 또는 심문과 증거조사에는 제31조 내지 제36조 및 제1항의 규정을 준용한다.

소액사건의 경우 2013. 5. 1.부터 당사자의 신청이 없어도 법원이 직권녹음을 하였는데, 2015. 1.부터는 일반 사건도 법정녹음에 의한 변론기록방안이 본격적으로 실시되게 되었다.

4. 조서의 공개

(1) 관계인과 일반에의 공개

> **제157조(관계인의 조서낭독 등 청구권)** 조서는 관계인이 신청하면 그에게 읽어 주거나 보여주어야 한다.
>
> **제162조(소송기록의 열람과 증명서의 교부청구)** ① 당사자나 이해관계를 소명한 제3자는 대법원규칙이 정하는 바에 따라, 소송기록의 열람·복사, 재판서·조서의 정본·등본·초본의 교부 또는 소송에 관한 사항의 증명서의 교부를 법원사무관등에게 신청할 수 있다.
> ② 누구든지 권리구제·학술연구 또는 공익적 목적으로 대법원규칙으로 정하는 바에 따라 법원사무관등에게 재판이 확정된 소송기록의 열람을 신청할 수 있다. 다만, 공개를 금지한 변론에 관련된 소송기록에 대하여는 그러하지 아니하다.
> ③ 법원은 제2항에 따른 열람 신청시 당해 소송관계인이 동의하지 아니하는 경우에는 열람하게 하여서는 아니된다. 이 경우 당해 소송관계인의 범위 및 동의 등에 관하여 필요한 사항은 대법원규칙으로 정한다.
> ④ 소송기록을 열람·복사한 사람은 열람·복사에 의하여 알게 된 사항을 이용하여 공공의 질서 또는 선량한 풍속을 해하거나 관계인의 명예 또는 생활의 평온을 해하는 행위를 하여서는 아니 된다.
> ⑤ 제1항 및 제2항의 신청에 대하여는 대법원규칙이 정하는 수수료를 내야 한다.
> ⑥ 재판서·조서의 정본·등본·초본에는 그 취지를 적고 법원사무관등이 기명날인 또는 서명하여야 한다.
>
> **제163조의2(판결서의 열람·복사)** ① 제162조에도 불구하고 누구든지 판결이 선고된 사건의 판결서(확정되지 아니한 사건에 대한 판결서를 포함하며, 「소액사건심판법」이 적용되는 사건의 판결서와 「상고심절차에 관한 특례법」 제4조 및 이 법 제429조 본문에 따른 판결서는 제외한다. 이하 이 조에서 같다)를 인터넷, 그 밖의 전산정보처리시스템을 통한 전자적 방법 등으로 열람 및 복사할 수 있다. 다만, 변론의 공개를 금지한 사건의 판결서로서 대법원규칙으로 정하는 경우에는 열람 및 복사를 전부 또는 일부 제한할 수 있다. 〈개정 2020. 12. 8.〉
> ② 제1항에 따라 열람 및 복사의 대상이 되는 판결서는 대법원규칙으로 정하는 바에 따라 판결서에 기재된 문자열 또는 숫자열이 검색어로 기능할 수 있도록 제공되어야 한다. 〈신설 2020. 12. 8.〉
> ③ 법원사무관등이나 그 밖의 법원공무원은 제1항에 따른 열람 및 복사에 앞서 판결서에 기재된 성명 등 개인정보가 공개되지 아니하도록 대법원규칙으로 정하는 보호조치를 하여야 한다. 〈개정 2020. 12. 8.〉
> ④ 제3항에 따라 개인정보 보호조치를 한 법원사무관등이나 그 밖의 법원공무원은 고의 또는 중대한 과실로 인한 것이 아니면 제1항에 따른 열람 및 복사와 관련하여 민사상·형사상 책임을 지지 아니한다. 〈개정 2020. 12. 8.〉
> ⑤ 제1항의 열람 및 복사에는 제162조제4항·제5항 및 제163조를 준용한다. 〈개정 2020. 12. 8.〉
> ⑥ 판결서의 열람 및 복사의 방법과 절차, 개인정보 보호조치의 방법과 절차, 그 밖에 필요한 사항은 대법원규칙으로 정한다. 〈개정 2020. 12. 8.〉
> [본조신설 2011. 7. 18.] [제목개정 2020. 12. 8.]

1) 소송기록 : 2007년 개정법률에서는 소송관계인 이외에 일반인에게도 권리구제·학술연구 또는 공익적 목적이 있으면 확정된 소송기록의 열람을 신청할 수 있도록 하였다. 그러나 심리가 비공개로 진행된 사건이나 당해 소송관계인이 동의하지 아니하는 경우에는 열람이 제한된다(제162조 2항). 확정된 소송기록의 열람에 관한 절차는 개정규칙 제37조의 3에 규정되어 있다. 반면, 미확정 상태의 소송기록에 관하여는

당사자나 이해관계를 소명한 제3자만이 열람 등이 가능하도록 정하고 있다(제162조 1항).288) 나아가 신법은 구법과 달리 소송기록의 정·등·초본의 교부신청을 불허했다. **참여사무관의 기일참여제외를 위한 속기·녹음을 하는 경우 이 속기록과 녹음테이프는 기록의 일부가 아니므로 열람·복사의 대상이 될 수 없다.**

  2) **판결서** : 누구든지 판결이 선고된 사건의 판결서는 확정되지 아니한 사건을 포함하여 누구든지 열람 및 복사를 할 수 있다(제163조의2). '확정'판결서의 일반공개가 2015년부터 시작되다가, 2020.11에 제163조의2에서 '확정판결서'에서 '판결서'로 개정하여 미확정판결도 공개하도록 하고 2023.1.1.부터 시행한다.

(2) 비밀보호를 위한 열람 등의 제한(제163조)

> 제163조(비밀보호를 위한 열람 등의 제한) ① 다음 각호 가운데 어느 하나에 해당한다는 소명이 있는 경우에는 법원은 당사자의 신청에 따라 결정으로 소송기록중 비밀이 적혀 있는 부분의 열람·복사, 재판서·조서중 비밀이 적혀 있는 부분의 정본·등본·초본의 교부(이하 "비밀 기재부분의 열람 등"이라 한다)를 신청할 수 있는 자를 당사자로 한정할 수 있다.
>   1. 소송기록중에 당사자의 사생활에 관한 중대한 비밀이 적혀 있고, 제3자에게 비밀 기재부분의 열람 등을 허용하면 당사자의 사회생활에 지장이 클 우려가 있는 때
>   2. 소송기록중에 당사자가 가지는 영업비밀(부정경쟁방지및영업비밀보호에관한법률 제2조제2호에 규정된 영업비밀을 말한다)이 적혀 있는 때
> ② 제1항의 신청이 있는 경우에는 그 신청에 관한 재판이 확정될 때까지 제3자는 비밀 기재부분의 열람 등을 신청할 수 없다.
> ③ 소송기록을 보관하고 있는 법원은 이해관계를 소명한 제3자의 신청에 따라 제1항 각호의 사유가 존재하지 아니하거나 소멸되었음을 이유로 제1항의 결정을 취소할 수 있다.
> ④ 제1항의 신청을 기각한 결정 또는 제3항의 신청에 관한 결정에 대하여는 즉시항고를 할 수 있다.
> ⑤ 제3항의 취소결정은 확정되어야 효력을 가진다.
> 제163조(비밀보호를 위한 열람 등의 제한) ①다음 각호 가운데 어느 하나에 해당한다는 소명이 있는 경우에는 법원은 당사자의 신청에 따라 결정으로 소송기록중 비밀이 적혀 있는 부분의 열람·복사, 재판서·조서중 비밀이 적혀 있는 부분의 정본·등본·초본의 교부(이하 "비밀 기재부분의 열람 등"이라 한다)를 신청할 수 있는 자를 당사자로 한정할 수 있다.
>   1. 소송기록 중에 당사자의 사생활에 관한 중대한 비밀이 적혀 있고, 제3자에게 비밀 기재부분의 열람 등을 허용하면 당사자의 사회생활에 지장이 클 우려가 있는 때
>   2. 소송기록중에 당사자가 가지는 영업비밀(부정경쟁방지및영업비밀보호에관한법률 제2조제2호에 규정된 영업비밀을 말한다)이 적혀 있는 때
> ② 소송관계인의 생명 또는 신체에 대한 위해의 우려가 있다는 소명이 있는 경우에는 법원은 해당 소송관계인의 신청에 따라 결정으로 소송기록의 열람·복사·송달에 앞서 주소 등 대법원규칙으로 정하는 개인정보로서 해당 소송관계인이 지정하는 부분(이하 "개인정보 기재부분"이라 한다)이 제3자(당사자를 포함한다. 이하 제3항·제4항 중 이 항과 관련된 부분에서 같다)에게 공개되지 아니하도록 보호조치를 할 수 있다. 〈신설 2023. 7. 11.〉
> ③ 제1항 또는 제2항의 신청이 있는 경우에는 그 신청에 관한 재판이 확정될 때까지 제3자는 개인정보 기재부분 또는 비밀 기재부분의 열람 등을 신청할 수 없다. 〈개정 2023. 7. 11.〉
> ④ 소송기록을 보관하고 있는 법원은 이해관계를 소명한 제3자의 신청에 따라 제1항 또는 제2항의 사유가 존재하지 아니하거나 소멸되었음을 이유로 제1항 또는 제2항의 결정을 취소할 수 있다. 〈개정

---

288) 대법 2020.01.09, 2019마6016

> 2023. 7. 11.〉
> ⑤ 제1항 또는 제2항의 신청을 기각한 결정 또는 제4항의 신청에 관한 결정에 대하여는 즉시항고를 할 수 있다. 〈개정 2023. 7. 11.〉
> ⑥ 제4항의 취소결정은 확정되어야 효력을 가진다. 〈개정 2023. 7. 11.〉
> [시행일: 2025. 7. 12.] 제163조

1) 제한의 취지 : 소송기록에 대하여는 당사자나 이해관계인이 열람등을 할 수 있으며(제162조), 이는 공정한 재판을 받을 권리를 실질적으로 보장하기 위한 것이다. 그러나 **소송기록의 열람 등을 통하여 당사자의 사생활에 관한 중대한 비밀이나 영업비밀이 누설될 우려가 있고 당사자가 비밀사항에 관한 주장·증명을 기피하여 패소할 위험이 있으므로 이를 방지하기 위하여 제3자에 의한 소송기록의 열람 등을 제한**하고 있다. 미확정 상태의 소송기록에 적혀 있는 영업비밀을 보호할 필요성이 더욱 크다.[289]

2) 보호대상이 되는 비밀

① 객관적 범위 : 제3자에게 비밀기재 부분의 열람 등을 허용하면 당사자의 사회생활에 지장이 클 우려가 있는 당사자의 사생활에 관한 중대한 비밀과 부정경쟁방지 및 영업비밀보호에 관한 법률 제2조 2호에 규정된 영업비밀이 이에 해당한다.[290]

② 주관적 범위 : 제3자에 의한 소송기록의 열람 등이 제한되며, 당사자는 소송상 공격방어를 위하여 제한되지 않는다.

3) 제한의 절차

① 당사자의 신청 : 당사자는 소송기록 중 비밀부분을 특정하고 제한사유를 소명하여 열람 등의 제한을 신청하여야 한다(제163조 1항). 사생활에 관한 비밀은 비밀의 중대성과 사회생활 지장우려를 소명하여야 하며, 영업비밀은 부정경쟁방지법 제2조 2호에 해당하는 것을 소명하여야 한다. **신청이 있는 경우 재판이 확정될 때까지 제3자는 비밀기재부분의 열람 등을 신청할 수 없다**(제163조 2항).

② 법원의 결정 : 법원은 신청을 인정하는 때 결정으로 열람등의 신청자를 당사자로 한정할 수 있다(제163조 1항). 열람 등의 제한 결정은 결정과 동시에 효력이 발생하며, 고지를 요하지 않는다.

③ 불복방법 : **신청을 기각한 결정에 대하여는 즉시항고할 수 있다**(제163조 4항). 상대방 당사자는 열람 등이 제한되는 것이 아니므로 제한 결정에 관여를 배제하여 결정에 대한 불복도 인정하지 않는다.

4) 열람 등의 제한 취소절차

① 신청권자와 사유 : **제3자는 해당비밀이 당초부터 제한사유가 존재하지 아니하거나 나중에 소멸되었음을 이유로 제한결정의 취소를 신청할 수 있다**(제163조 3항).

② 절 차 : 제3자의 신청을 인정하여 제한취소결정이 있으면 당사자는 즉시항고할 수 있으며 각하한 결정에 대하여는 제3자가 즉시항고할 수 있다(제163조 4항). 취소결정은 확정되어야 효력이 있다(제163조 5항).

---

289) 대법 2020.01.09, 2019마6016
290) 대법 2020.01.09, 2019마6016

5. 변론조서의 정정

> 제164조(조서에 대한 이의) 조서에 적힌 사항에 대하여 관계인이 이의를 제기한 때에는 조서에 그 취지를 적어야 한다.

(1) 관계인의 이의가 있는 경우

작성되어 **완성된 조서에 오류가 있는 경우 관계인은 이의를 제기할 수 있으며**, 이의가 정당하면 조서의 기재를 정정한다. 그러나 <u>그 이의가 이유 없다고 인정될 경우에는 조서에 그 취지를 적어 처리하면 되게 되어 있다</u>(제164조). 이때에 **제223조의 법원사무관등의 처분에 관한 이의사건으로 취급할 것이 아니며**,[291] **상고이유로 삼을 수 없다**.[292]

(2) 재판장의 변경명령

재판장은 조서의 기재내용이 그가 인식한 것과 다르다고 하여 법원사무관등이 작성한 조서를 숯로 정정·삭제 또는 가필할 수 없다. 그러나 조서의 작성권이 참여사무관 등에게 있다 하더라도 조서에는 재판장도 역시 기명날인하는 것이므로, 작성내용에 관하여 참여사무관의 인식내용만 적는 것이 아니고 재판장의 인식내용도 역시 이를 기재할 수 있어야 함은 당연하며, 또한 재판장은 재판사무에 관한 일반적 감독권을 가지고 있으므로, **조서의 기재내용이 재판장의 인식내용과 다르다고 생각되는 경우 재판장은 위 권한에 의거 그 기재내용의 변경을 명할 수 있다** 할 것이다. ① 변경명령이 상당하다고 생각되면 법원사무관등은 이미 작성되어 법원사무관등의 기명날인이 끝난 다음 부분에 "재판장의 명에 의하여, ○○ 부분을 ○○으로 정정(추가, 삽입, 삭제)"이라고 적어 넣은 후 작성연원일을 적고 기명날인할 것이다. ② 이에 반하여 변경명령이 상당하지 않다고 생각되면, 위와 같이 적어 넣은 후 다시 **법원사무관은 자기의 인식 내용을 첨기할 수 있다**. 그러나 **조서에 법원사무관등의 기명날인뿐만 아니라 재판장까지 기명날인을 완료하여 조서가 완성된 경우에는 조서의 안정이 우선되어야 하므로 재판장이라 할지라도 그 변경을 명할 수 없다**.

6. 변론조서의 증명력

(1) 변론방식에 대한 법정증거력

> 제158조(조서의 증명력) 변론방식에 관한 규정이 지켜졌다는 것은 조서로만 증명할 수 있다. 다만, 조서가 없어진 때에는 그러하지 아니하다.

조서가 무효가 아닌 한, **변론의 방식에 관한 규정이 지켜졌다는 것은 변론조서로의 기재에 의해서만 증명할 수 있으며**(제158조), 따라서 다른 증거방법이나 반증을 들어 다툴 수 없다. 이 한도에서 변론방식에 관한 한 자유심증주의를 버리고 법정증거주의를 채택한 것이다. 여기서 **변론의 방식이라 함은** ① 변론의 일시·장소, ② 공개유무, ③ 당사자와 대리인의 출석여부, ④ 관여법관, ⑤ 판결의 선고사실 및 그 일자 등

---

291) 대법 1989.09.07, 89마694
292) 대법 1981.09.08, 81다86; 대법 1995.07.14, 95누5097

의 외형적 형식을 말한다. 따라서 판결문에 기재된 선고일자가 선고조서에 기재된 선고일자와 다르다면 오기이고 선고조서에 기재된 선고일자에 판결이 선고된 것으로 볼 것이며,293) 소송대리인이 선임된 경우에 기일해태는 당사자 본인과 소송대리인 모두가 변론기일에 출석하지 아니함을 요건으로 하고, 그 출석여부는 변론조서의 기재에 의하여 증명하여야 한다. 따라서 변론조서에 소송대리인 불출석이라고만 기재되어 있고 당사자 본인의 출석여부에 대하여 아무런 기재가 없다면, 당사자의 변론기일에의 불출석은 증명되지 아니한다.294)

(2) 변론방식에 관한 사항이 아닌 것

변론의 내용, 자백, 증인의 진술내용 등의 사항에는 법정증거력이 인정되지 않고 일응의 증거가 됨에 그치므로 다른 증거에 의해 번복할 수 있다. 조서에 적힌 소의 취하기재가 오기인 것이 명백한 경우에는 소취하의 효력이 부인될 수 있으며, 재판장이 변론기일에서 다음 기일을 지정하고 고지한 내용이 구체적으로 어떤 것이었느냐는 점은 변론의 방식이라고 보기보다는 오히려 재판의 내용에 속하는 것이므로 이 점에 관하여는 조서에 의하여서만 증명할 수 있는 성질의 것이 아니고 증거에 의하여 확정하였어야 할 것이다.295) 다만, **조서는 일정한 방식에 따라 법원사무관 등이 작성하고 재판장에 의하여 인증된 것이므로 특별한 사정이 없는 한 그 내용이 진실하다는 강한 증명력**을 가진다.296)

7. 다른 조서에 준용

> 제160조(다른 조서에 준용하는 규정) 법원·수명법관 또는 수탁판사의 신문(訊問) 또는 심문과 증거조사에는 제152조 내지 제159조의 규정을 준용한다.

제6절 변론기일에 있어서 당사자의 결석

I. 총 설

1. 구술주의 원칙과 당사자의 불출석

기일의 해태란 당사자가 적법한 기일통지를 받고도 필요적 변론기일에 불출석하거나 출석하여도 변론을 하지 않는 경우를 말한다. 판결은 구술변론을 원칙으로 하므로(제134조) 변론기일에 당사자 일방 내지 쌍방이 불출석하면 소송진행의 길이 막혀 사건의 해결이 지연될 뿐 아니라 소송제도의 기능이 마비되게 된다.

2. 우리 민사소송법상 당사자 불출석에 대한 대처방안 규정

우리 민사소송법은 당사자 일방의 결석의 경우에는 진술간주(제148조)와 자백간주(제150조)로 양쪽 모두 결석할 경우에는 소의 취하간주(제268조) 규정을 두어 당사자의 결석에 대한 대처방안을 마련하고 있다.

---

293) 대법 1972.02.29, 71다2770
294) 대법 1982.06.08, 81다817
295) 대법 1969.06.10, 69다402
296) 대법 2001.04.13, 2001다6367

II. 기일의 해태의 요건

1. 필요적 변론기일에 한해 문제된다.

① 임의적 변론에 있어서는 그 적용이 배제된다. ② <u>판결선고기일은 포함되지 않는다</u>(제207조 2항). ③ <u>判例는 법정 외에서 한다는 특별한 사정이 없는 한 증거조사기일은 여기의 변론기일에 포함된다</u>고 한다.[297] ④ <u>변론준비기일에서는 기일해태의 효과가 발생</u>한다.

2. 적법한 기일통지를 받고(제167조 1항) 불출석한 경우라야 한다.

① <u>기일통지서의 송달불능·송달무효일 때에는 기일해태의 문제가 발생하지 않는다</u>.[298] ② 공시송달은 적법한 송달이지만 자백간주의 효과는 생기지 않는다. 진술간주나 소취하간주의 경우도 마찬가지라는 것이 학설이나,[299] 判例는 <u>요건불비의 공시송달이었다면 쌍방불출석의 효과는 발생하지 않지만</u>,[300] <u>법원이 공시송달의 방법으로 재판을 진행한 결과 쌍방불출석으로 취하 간주되었다면, 이는 그 변론기일에 출석하지 못한 것이 소송당사자의 책임으로 돌릴 수 없는 사유로 인하여 기일을 해태한 경우라고는 볼 수 없다고 하여 공시송달에 의한 기일에도 제268조가 적용된다는 입장</u>이다.[301] 나아가 ③ 신법은 제167조 2항에 의한 간이통지방법에 의한 기일통지도 기일해태의 불이익을 줄 수 없도록 하였다.

3. 사건호명 이후 변론이 끝날 때까지 불출석 또는 출석 무변론

① <u>당사자나 대리인 중 누구라도 출석한 경우에는 출석한 것</u>이 된다.[302] 다만 당사자가 출석하였으나 <u>진술금지의 재판</u>(제144조) 또는 <u>퇴정명령을 받았거나</u> 임의퇴정의[303] 경우에는 불출석으로 간주된다. ② 출석하고도 무변론이면 기일의 해태가 되는데, 청구기각판결만을 구하고 사실상의 진술을 하지 아니한 경우(이 경우 피고에게 자백간주의 불이익을 입힐 수 있다.[304])나 단순히 기일변경만을 구하는 경우는 무변론으로 취급된다. ③ <u>당사자가 변론기일에 출석하였음에도 변론에 들어가지 않고 법원에서 당해 기일을 연기하였다면 이는 당사자가 출석하고서도 변론하지 아니한 때에 해당하지 않으므로 기일의 해태라고 할 수 없으나</u>,[305] 쌍방불출석의 경우에 변론기일을 연기하는 것은 있을 수 없으므로 변론조서에 연기라고 기재되어 있는 것은 출석한 당사자에 대해서만 그 기일을 연기한 것으로 볼 것이다.[306]

---

297) 대법 1966.01.31, 65다2296
298) 변론기일의 송달절차가 적법하지 아니한 이상 비록 그 변론기일에 양쪽 당사자가 출석하지 아니하였다고 하더라도, 제268조 제2항 및 제4항에 따라 소 또는 상소를 취하한 것으로 보는 효과는 발생하지 않는다는 것에, 대법 2022.03.17, 2020다216462
299) 이시윤 13판 413면
300) 대법 1997.07.11, 96므1380
301) 대법 1987.02.24, 86누509
302) 대법 1982.06.08, 81다817
303) 대리인이 다른 사건의 변론 때문에 퇴정한 경우에 같은 취지의 판례로, 대법 1965.03.23, 64다1828
304) 대법 1955.07.21, 4288민상59
305) 대법 1993.10.26, 93다19542
306) 대법 1978.06.13, 78다557

4. 보조참가인이나 필수적 공동소송관계에 있는 자들 중의 1인이 출석

피참가인이 기일에 불출석하여도 참가인이 출석하면 피참가인을 위해 기일을 준수한 것이 되며, 필수적 공동소송인 중 1인이 출석한 경우 불출석한 당사자도 기일해태 불이익을 받지 않는다.

III. 양쪽 당사자의 불출석에 따른 효과(취하간주)

1. 취하간주의 의의

> 제268조(양 쪽 당사자가 출석하지 아니한 경우) ① 양 쪽 당사자가 변론기일에 출석하지 아니하거나 출석하였다 하더라도 변론하지 아니한 때에는 재판장은 다시 변론기일을 정하여 양 쪽 당사자에게 통지하여야 한다.
> ② 제1항의 새 변론기일 또는 그 뒤에 열린 변론기일에 양 쪽 당사자가 출석하지 아니하거나 출석하였다 하더라도 변론하지 아니한 때에는 1월 이내에 기일지정신청을 하지 아니하면 소를 취하한 것으로 본다.
> ③ 제2항의 기일지정신청에 따라 정한 변론기일 또는 그 뒤의 변론기일에 양쪽 당사자가 출석하지 아니하거나 출석하였다 하더라도 변론하지 아니한 때에는 소를 취하한 것으로 본다.
> ④ 상소심의 소송절차에는 제1항 내지 제3항의 규정을 준용한다. 다만, 상소심에서는 상소를 취하한 것으로 본다.

적법한 기일통지를 받고도 양쪽 당사자가 모두 결석한 경우에 독일은 ① 판결을 하기에 성숙되었으면 기록에 의한 재판, ② 연기, ③ 휴지명령 등 세 가지 중 어느 하나를 법원이 선택하도록 하였으나, 우리 법제는 **양쪽 당사자가 2회 불출석하고도 1개월 이내에 기일지정신청이 없거나 기일지정신청에 따라 정한 변론기일에 양쪽이 모두 불출석한 경우에 소의 취하간주의 효력이 생기도록** 하였다(제268조).

2. 취하간주의 요건

(1) 양쪽 당사자의 1회 불출석이거나 출석무변론이 있을 것

1) 법원의 조치 : 첫 기일이든 속행기일이든 가리지 않으며, **변론기일에 양쪽 당사자가 1회 불출석 한 때에는 반드시 재판장은 속행기일을 정하여 양쪽 당사자에게 통지**하여야 한다(제268조 제1항). 한편 새로운 변론기일을 정하자, 위 변론기일에서의 '쌍방 불출석 처분'에 대하여 항고를 제기한 사안에서 대법원은 "**이 사건 항고가 법원이 민사소송법 제268조 제1항에 따른 조치를 취한 것에 대하여 항고를 제기하는 취지라면 이는 출석한 당사자가 변론하지 않음에 따라 당연히 발생하는 효과로서 항고의 대상인 '결정'이나 '명령'에 해당하지 않음을 이유로 항고가 부적법하다**고 하였다.[307]

2) 소송기록에 의한 재판가부 : **판결하기에 성숙하였다 하여도 변론을 종결하고 소송기록에 의하여 판결할 수 없다**는 입장이 있으나,[308] 단순히 기록검토만을 위하여 변론기일을 잡는 경우도 있으므로 긍정하는 것이 타당하다.[309]

---

307) 대법 2008.11.13, 2008으5
308) 이시윤 13판 414면
309) 정동윤/유병현 452면

(2) 양쪽 당사자의 2회 불출석

1) **법원의 조치** : 변론종결 또는 새기일지정도 없이 당해 기일을 종료시키는 것이 통례이다(사실상의 휴지).

2) **소송기록에 의한 재판가부** : 판결하기에 성숙한 경우 변론종결을 하여 기록에 의한 판결이 가능하다는 입장도 있으나,[310] 2회 쌍방 불출석 후 1월내에 기일지정신청이 없으면 소의 취하간주가 됨에 비추어 법원의 판단에 의해 판결을 선고하는 것은 불가하다는 입장이 타당하다.[311]

(3) 기일지정신청이 없거나 또는 기일지정신청 후 양쪽 결석

① 양쪽 당사자의 2회 불출석 이후에 1개월 내에 당사자가 기일지정신청을 하지 않으면 소의 취하가 있는 것으로 본다(제268조 제2항). **기일지정신청은 쌍방 불출석 변론기일로부터 1월내에 하여야 하는 것이지 신청인이 그 사실을 안 때로부터 그 기간을 기산할 수는 없다.**[312] 이 기간은 불변기간은 아니므로 기일지정신청의 추후보완은 허용될 수 없다. ② 기일지정신청을 하면 소송은 속행되나, 기일지정신청에 의해 정한 기일 또는 그 후의 기일에 양쪽 당사자가 불출석한 경우에도 소의 취하가 있는 것으로 본다(제268조 제3항). ③ 한편 원칙적으로 당사자 쌍방이 2회에 걸쳐 변론기일에 출석하지 아니한 때에는 당사자의 기일지정신청에 의하여 기일을 지정하여야 할 것이나, **법원이 직권으로 신기일을 지정한 때에는 당사자의 기일지정신청에 의한 기일지정이 있는 경우와 마찬가지로 보아야 할 것**이고, 그와 같이 직권으로 정한 기일 또는 그 후의 기일에 당사자 쌍방이 출석하지 아니하거나 출석하더라도 변론하지 아니한 때에는 소의 취하가 있는 것으로 보아야 한다.[313]

(4) 2회 내지 3회 불출석의 모습

① 결석이 단속적이어도 무방하나, 동일심급의 동종기일에 2회 내지 3회 불출석일 것을 요한다. **변론준비기일과 변론기일,**[314] **환송 전 항소심과 환송 후의 항소심은**[315] **동종기일이 아니다.** ② 같은 소가 유지되는 상태이어야 하므로 소의 교환적 변경 전에 한 번, 변경 후에 한 번 불출석한 때에는 2회 결석이 아니다. 또한 본래의 소의 계속중 1회 결석한 뒤에 소의 추가적 변경·반소·중간확인의 소·당사자참가 등 소송중의 소가 제기되었는데, 다시 1회 결석 후에 기일지정신청이 없을 때 **취하의 효과가 생기는 것은 본래의 소 뿐이고, 소송중의 소 부분은 해당되지 않는다.**

3. 취하간주의 효과

(1) 제1심의 경우

① 취하간주의 효과는 법률상 당연히 발생하는 것이므로 당사자나 법원의 의사로 그 효과를 좌우할 수는 없다.[316] ② **소가 취하된 것으로 간주되므로 소송계속의 소급적 소멸(제267조 제1항)의 효과가 발생**한다. 소의 취하간주가 있었음에도 이를 간과한 채 본안판결이 있었으면 상급법원은 소송종료선언을 하여야 한

---

310) 이시윤 13판 414면
311) 정동윤/유병현 454면
312) 대법 1992.04.14, 92다3441
313) 대법 2002.07.26, 2001다60491
314) 대법 2006.10.27, 2004다69581
315) 대법 1963.06.20, 63다166
316) 대법 1982.10.12, 81다94

다. ③ **배당이의의 소에서는 첫 변론기일에 원고가 결석하면 소취하로 간주하는 예외가** 있다(민집 제158조).317) 다만 **배당이의 소의 취하간주 규정인 민사집행법 제158조에서 정한 첫 변론기일에 첫 변론준비기일은 포함되지 않는다**.318)

(2) 상소심의 경우

상소심에서 기일해태인 경우에는 상소의 취하로 보아 상소심절차는 종결되고 원판결이 그대로 확정되게 된다(제268조 제4항).

4. 소취하간주의 효력을 다투는 방법

> **민사소송규칙**
> **제68조(준용규정)** 법 제268조(법 제286조의 규정에 따라 준용되는 경우를 포함한다)의 규정에 따른 취하간주의 효력을 다투는 경우에는 제67조제1항 내지 제3항의 규정을 준용한다.

IV. 한쪽 당사자의 불출석에 따른 효과(진술간주, 자백간주 등)

1. 진술간주

> **제148조(한 쪽 당사자가 출석하지 아니한 경우)** ① 원고 또는 피고가 변론기일에 출석하지 아니하거나, 출석하고서도 본안에 관하여 변론하지 아니한 때에는 그가 제출한 소장·답변서, 그 밖의 준비서면에 적혀 있는 사항을 진술한 것으로 보고 출석한 상대방에게 변론을 명할 수 있다.

(1) 서 설

1) 의 의 : **한쪽 당사자가 소장, 준비서면 등의 서면을 제출하고 불출석하거나 출석무변론일 경우에 그가 서면에 기재한 사항을 진술한 것으로 간주하고 출석한 상대방에 대하여 변론을 명하는 것**을 말한다(제148조).

2) 제도의 취지 : 소송지연을 방지하고 기일출석의 불편과 불경제를 제거하는 데 그 목적이 있다.

(2) 요 건

1) 일방이 변론기일에 불출석 하였을 것 : 첫 기일이든 속행기일이든 불문하고 적용된다. 원고 불출석의 경우에 피고는 무변론에 의한 양쪽 불출석을 유도하므로, 사실상 피고 불출석의 경우에 이 조항이 적용된다.

2) 불출석자가 서면을 제출하였을 것 : 소장, 답변서 기타의 준비서면으로 명칭에 상관없이 실질적인 준비서면으로 인정되면 그 기재사항은 진술한 것으로 간주된다.

(3) 효 과

---

317) 대법 2007.10.25, 2007다34876
318) 대법 2006.11.10, 2005다41856

1) **법원의 재량** : 제148조 제1항에 의하면 **진술간주의 규정을 적용하여 변론을 진행하느냐 기일을 연기하느냐의 여부는 법원의 재량사항**이다. 그러나 **출석한 당사자만으로 변론을 진행할 때에는 반드시 불출석한 당사자가 그때까지 제출한 준비서면에 기재한 사항을 진술한 것으로 보아야 한다.**[319)]

2) **취 급** : 서면에 기재된 내용을 구술로 진술한 것으로 간주하고, 나머지는 양쪽 당사자가 출석한 경우와 동일한 취급을 한다. 따라서 상대방의 주장사실에 대하여 서면에서 ① **자백한 경우에는 재판상의 자백이 성립**되고,[320)] ② 명백히 다투지 않은 경우에는 자백간주가 되어 증거조사 없이 변론을 종결할 수 있고, ③ 주장사실을 다투는 경우에는 증거조사를 하여야 하므로 속행기일의 지정이 필요하게 된다.

(4) 진술간주의 확대적용과 한계

> 제148조(한 쪽 당사자가 출석하지 아니한 경우) ② 제1항의 규정에 따라 당사자가 진술한 것으로 보는 답변서, 그 밖의 준비서면에 청구의 포기 또는 인낙의 의사표시가 적혀 있고 공증사무소의 인증을 받은 때에는 그 취지에 따라 청구의 포기 또는 인낙이 성립된 것으로 본다.
> ③ 제1항의 규정에 따라 당사자가 진술한 것으로 보는 답변서, 그 밖의 준비서면에 화해의 의사표시가 적혀 있고 공증사무소의 인증을 받은 경우에, 상대방 당사자가 변론기일에 출석하여 그 화해의 의사표시를 받아들인 때에는 화해가 성립된 것으로 본다.

1) **서면에 의한 청구의 포기·인낙과 서면화해제도의 도입** : 종래의 判例는 불출석한 피고가 청구를 인낙하는 취지의 서면을 제출해서 진술간주되어도 청구인낙의 효과가 발생하지 않는다는 입장이었으나, 2002년 개정법에는 **불출석한 당사자가 서면에 청구의 포기·인낙의 의사표시를 적고 공증사무소의 인증을 받은 경우와 화해의 의사표시를 적고 인증을 받은 경우에는 각각 청구의 포기·인낙이나 화해가 성립하는 것**으로 하였다(제148조 2항, 3항).

2) **진술간주의 한계** : 원고가 관할권 없는 법원에 제소한 때에 피고가 본안에 관한 사실을 기재한 답변서만을 제출한 채 불출석한 경우 그것이 진술간주가 되어도 **변론관할**(제30조)**이 생기는 것은 아니**며,[321)] 준비서면에 증거를 첨부하여 제출하였을 때 그 서면이 진술간주되어도 **증거신청의 효과는 생기지 않는다는** 것이 判例의 입장이다.[322)]

2. 자백간주(의제자백)

> 제150조(자백간주) ① 당사자가 변론에서 상대방이 주장하는 사실을 명백히 다투지 아니한 때에는 그 사실을 자백한 것으로 본다. 다만, 변론 전체의 취지로 보아 그 사실에 대하여 다툰 것으로 인정되는 경우에는 그러하지 아니하다.
> ② 상대방이 주장한 사실에 대하여 알지 못한다고 진술한 때에는 그 사실을 다툰 것으로 추정한다.
> ③ 당사자가 변론기일에 출석하지 아니하는 경우에는 제1항의 규정을 준용한다. 다만, 공시송달의 방법으로 기일통지서를 송달받은 당사자가 출석하지 아니한 경우에는 그러하지 아니하다.

---

319) 대법 2008.05.08, 2008다2890
320) 대법 2015.02.12, 2014다229870
321) 대법 1980.09.26, 80마403
322) 대법 1991.11.08, 91다15775

(1) 의 의

공시송달에 의하지 않은 방법으로 기일통지를 받은 당사자 한쪽이 답변서·준비서면 등을 제출하지 않은 채 불출석한 경우에는 마치 출석하여 명백히 다투지 않은 것처럼 자백으로 간주된다(제150조 3항). 이를 당사자의 불출석으로 인한 자백간주라고 한다.

(2) 요 건

① 출석한 당사자는 준비서면을 미리 제출하였을 것을 요한다(제276조 규정상). ② 불출석한 당사자는 준비서면을 제출하지 아니하였어야 한다(제148조 규정상). ③ 기일통지는 **공시송달에 의하지 않은 것이어야 한다**. 다만 일단 자백간주의 효과가 발생한 후에는 그 이후의 기일통지 또는 출석요구서가 송달불능으로 되어 공시송달로 진행되었다 하더라도 그 자백간주의 효과는 그대로 유지된다.[323] ④ 책임 없는 사유에 의해 불출석한 경우에는 쌍방심문주의의 원칙상 의제자백의 성립이 부정된다.

제7절 기일·기간 및 송달

제1관 기 일

I. 의 의

기일이라 함은 법원·당사자 기타의 소송관계인이 모여서 소송행위를 하기 위하여 정해진 시간을 말한다. 변론기일·변론준비기일·증거조사기일·화해기일·판결선고기일 등으로 나누어진다.

II. 기일의 지정

1. 직권지정의 원칙

> 제165조(기일의 지정과 변경) ① 기일은 직권으로 또는 당사자의 신청에 따라 재판장이 지정한다. 다만, 수명법관 또는 수탁판사가 신문하거나 심문하는 기일은 그 수명법관 또는 수탁판사가 지정한다.
> 제166조(공휴일의 기일) 기일은 필요한 경우에만 공휴일로도 정할 수 있다.

(1) 주 체

기일은 소송지휘에 관한 것이기 때문에 원칙적으로 직권으로 재판장이 지정한다.[324] **다만, 수명법관 또는 수탁판사의 절차기일은 그 법관, 판사가 지정**한다(제165조 1항).

(2) 방 법

기일은 미리 장소·연월일·개시시간을 밝혀서 지정하고, 이를 밝히지 않는 지정은 무효로 된다. **필요한 경우가 아니면 일요일 등의 공휴일은 피하여야 한다**(제166조). 다만, 소액사건심판법 제7조의 2에서는 직장근로자의 편의를 위하여 필요한 경우에 야간·공휴일 개정제를 채택하고 있다. 判例는 기일의 지정은

---

323) 대법 1988.02.23, 87다카961
324) 대법 1992.11.24, 92누282는

반드시 재판의 형식에 의하여 시행하여야 하는 것이 아니고, 기일통지서가 양쪽 당사자에 송달되었으면 기일의 지정이 있는 것으로 볼 것이라는 태도이다.325) 법원청사 외에서 증거조사기일을 실시할 경우에는 법원장의 허가가 필요 없으나(제297조 제1항), **법원청사 외에서 변론기일을 실시하고자 할 경우 법원장의 허가가 필요**하다(법원조직법 제56조 제2항;법원장은 필요에 따라 법원외의 장소에서 개정하게 할 수 있다).

(3) 불 복

당사자가 증거신청을 위한 기일의 속행신청에 불구하고 변론종결한 경우 별도의 항고는 할 수 없다.326)

2. 기일지정에 있어서의 제약

① 재판장은 피고의 답변서가 제출된 경우에 바로 사건을 검토하여 가능한 최단기간 안의 날로 제1회 변론기일을 지정해야 한다(제258조, 규칙 제69조 1항). ② 변론준비절차를 거친 사건의 경우 그 심리가 2회 이상 소요될 때에는 가능한 한 종결될 때까지 매일 변론기일을 지정하여 변론을 진행하여야 한다(계속심리주의. 규칙 제72조 1항). ③ 소송관계인의 시간낭비를 막기 위해 각 사건의 개정시간을 구분하여 지정하여야 한다(규칙 제39조). ④ 기일변경시 다음 기일을 바로 지정해야 한다(규칙 제42조). 변론재개결정시 결정과 동시에 다음 기일을 지정하여야 한다(규칙 제43조).

III. 기일지정신청

1. 의 의

심리의 속행을 위하여 기일의 지정을 촉구하는 당사자의 신청을 말한다(제165조 1항).

2. 종 류

① 법원이 사건을 심리하지 않고 오랫동안 방치할 경우에 직권지정을 촉구하는 의미에서 신청하는 것이 있다. 이러한 기일지정신청은 법원에 의한 소송지연을 견제하는 구실을 한다. ② 소취하의 효력을 다투는 경우와 같이 소송 종료 후 그 종료효를 다투며 기일지정신청을 하는 경우가 있다(규칙 제67조). 형식은 소송상의 신청이나 실질은 소송이 아직 종료되지 않고 계속 중이라는 전제하에서 본안판결을 구하는 신청이므로, **반드시 변론을 열어 종국판결로 재판하여야 하며, 유효하게 소송이 종료된 것으로 인정되면 판결에 의하여 소송종료선언**을 하여야 한다. ③ 쌍방의 2회 결석 후 취하간주를 막기 위한 1월 내의 기일지정신청(제268조 2항)이 있다.

IV. 기일의 변경

1. 의 의

기일의 변경이라 함은 **기일개시 전에 그 지정을 취소하고 이에 갈음하여 새로운 기일을 지정하는 것**을 말한다.

---

325) 대법 1960.03.24, 4290민상326
326) 대법 1989.09.07, 89마694

2. 구별개념

① **기일을 시작하였으나 아무런 소송행위를 하지 아니하고 새로운 기일을 지정하는 기일의 연기**와 구별되고, ② **기일에 소송행위를 하였지만 그 완결을 보지 못하여 다시 계속하기 위하여 새로운 기일을 지정하는 기일의 속행**과 구별된다. 실무상 **기일을 연기, 속행하는 경우에는 변론조서의 작성을 요하나, 기일변경의 경우에는 변론조서의 작성을 요하지 않는다.** 기일의 변경·연기·속행을 하면서 다음 기일을 추후에 지정한다는 것을 알리기만 하는 기일의 추후지정이 있는데, 이는 소송절차의 중단 등 특별한 사정이 없는 한 반드시 다음 기일을 지정하도록 하여(규칙 제42조), 원칙적으로 기일의 추후지정을 하지 못하도록 하고 있다.

3. 변경의 요건

> 제165조(기일의 지정과 변경) ② 첫 변론기일 또는 첫 변론준비기일을 바꾸는 것은 현저한 사유가 없는 경우라도 당사자들이 합의하면 이를 허가한다.

(1) 첫 기일에 관한 합의

첫 변론기일 또는 **첫 변론준비기일은 당사자의 합의가 있으면 당연히 변경이 허용**된다(제165조 2항). 그러나 **재판장의 허가가 있어야** 한다.

(2) 다음 기일에 있어서는 현저한 사유

다음 변론기일 또는 다음 변론준비기일, 즉 속행기일(변경연기된 기일 포함)에서는 현저한 사유가 있는 경우에 한하여 그 변경이 허용된다(제165조 2항 반대해석).

4. 변경의 절차

(1) 기일의 변경신청

당사자가 기일의 변경을 신청함에는 그 사유를 소명하는 자료를 붙여야 한다(규칙 제40조).

(2) 재판방법

재판장은 변경신청이 이유 있다고 인정되는 때에는 기일변경의 명령을 할 것이고, 신청이 이유 없는 것으로 인정될 때에는 불허가한다. 다만 ① 수인의 소송대리인이 있는 경우에 그 중 일부의 대리인에게만 변경사유가 생긴 때, ② 기일지정 후에 다른 사건의 기일이 그 기일과 같은 일시로 지정된 때에는 부득이한 사유가 없는 한 기일변경을 허가할 수 없다(규칙 제41조).

(3) 불복방법

기일변경의 허부는 재판장의 직권사항으로서 그 허부재판에 대해서는 불복신청이 허용되지 않는다.[327]

---

327) 특별항고인의 기일변경신청을 받아들이지 않고 당초 지정된 일시에 변론기일을 연 것에 관하여 항고를 제기한 것이라면 가사소송에서 기일의 지정·변경은 오직 재판장의 권한에 속하여 당사자의 기일변경신청을 받아들이지 않더라도 이에 대하여 항고를 제기할 수는 없으므로, 결국 이 사건 항고는 부적법하다는 것에, 대법 2008.11.13,

기일의 변경이 허용되지 아니하거나 혹은 변경신청의 여유가 없어 신청하지 못한 경우라도 당사자의 책임에 돌릴 수 없는 사유로 그 기일에 출석하지 못했고 그 때문에 공격방법을 제출하지 못해 패소당한 사람에게는, 기일에 정당하게 대리되지 않은 사람에 준하여 상소 또는 재심을 허용할 것이다.

V. 기일의 통지와 실시

1. 기일의 통지

(1) 의 의
지정된 기일을 당사자와 기타의 소송관계인에게 알려 출석을 요구하는 것을 기일의 통지라고 한다.

(2) 통지의 방식

> 제167조(기일의 통지) ① 기일은 기일통지서 또는 출석요구서를 송달하여 통지한다. 다만, 그 사건으로 출석한 사람에게는 기일을 직접 고지하면 된다.
> ② 법원은 대법원규칙이 정하는 간이한 방법에 따라 기일을 통지할 수 있다. 이 경우 기일에 출석하지 아니한 당사자·증인 또는 감정인 등에 대하여 법률상의 제재, 그 밖에 기일을 게을리 함에 따른 불이익을 줄 수 없다.
> 제168조(출석승낙서의 효력) 소송관계인이 일정한 기일에 출석하겠다고 적은 서면을 제출한 때에는 기일통지서 또는 출석요구서를 송달한 것과 같은 효력을 가진다.

> **민사소송규칙**
> 제45조(기일의 간이통지) ① 법 제167조제2항의 규정에 따른 기일의 간이통지는 전화·팩시밀리·보통우편 또는 전자우편으로 하거나, 그 밖에 상당하다고 인정되는 방법으로 할 수 있다.
> ② 제1항의 규정에 따라 기일을 통지한 때에는 법원사무관등은 그 방법과 날짜를 소송기록에 표시하여야 한다.

기일통지서나 출석요구서를 작성하여 이를 송달함으로써 통지하는 것이 원칙이다. 다만, 이미 **그 사건으로 출석한 자에게는 기일을 직접 고지**하면 된다(제167조 1항). **소송관계인이 출석승낙서를 제출한 때에는 기일통지서의 송달로 본다**(제168조). **개정법은 불출석에 따른 법률상의 재제 내지 불이익을 주지 않을 것을 조건으로 전화, Fax, 보통우편 또는 전자우편, 그 밖의 상당하다고 인정되는 방법에 의한 간이통지방식을 도입**하였다(제167조 2항, 규칙 제45조).

(3) 통지의 하자
당사자에게 적법한 통지 없이 한 기일의 진행 실시는 위법하지만 이의권의 포기·상실의 대상이 된다.328) 기일통지를 받지 못해 출석할 수 없었기 때문에 패소판결을 받은 사람은 기일에 정당하게 대리되지 않은 사람에 준하여 상소나 재심에 의하여 구제되어야 한다. 그러나 판결선고기일의 통지 없이 판결을 선고한 경우에는 판결내용에 영향이 없기 때문에 상소이유로 되지 않는다. 判例도 적법한 기일통지를 받고도 한쪽 당사자가 출석하지 않은 기일에 판결선고기일을 고지한 때에는 그 기일에 불출석한 당사자에

2008으5.
328) 대법 1984.04.24, 82므14

대하여도 효력이 생기는 것으로 보았다.[329]

2. 기일의 실시

기일은 지정된 일시와 장소에서 재판장이 사건과 당사자의 이름을 부름으로써 시작된다(제169조).

제2관 기 간

I. 기간의 종류

1. 기간의 의의

기간이란 소송행위나 기일의 준비를 그 사이에 하여야 할 시적공간을 말한다.

2. 행위기간과 유예기간

(1) 행위기간

소송을 신속·명확하게 처리할 목적으로 특정의 소송행위를 그 사이에 하여야 하는 것으로 정해진 기간을 말하며, 이는 다시 당사자의 행위에 관한 기간인 고유기간(본래기간)과 법원의 행위에 관한 기간인 직무기간으로 나누어진다.

	고유기간	직무기간
의 의	당사자가 일정한 소송행위를 하여야 할 기간	법원이나 재판장 등이 그 직무를 행하여야 할 기간
종 류	보정기간(제59조, 제97조, 제254조), 담보제공기간(제120조 1항), 주장·증거 또는 답변서의 제출기간(제147조, 제256조), 상소기간(제396조, 제425조, 제444조), 재심기간(제456조)	판결선고기간(제199조), 판결송달기간(제210조), 소송기록송부기간(제400조)
효 과	당사자가 이 기간을 해태하면 원칙적으로 실권하거나 불이익을 받게 된다.	이 기간은 원칙적으로 훈시적 의미를 갖는 데 불과하다.

(2) 유예기간(중간기간)

당사자나 기타의 소송관계인의 이익보호를 목적으로 어느 행위를 할 것인지에 관해 숙고와 준비를 위해 일정기간의 유예를 두는 경우의 기간을 말한다. 제척·기피원인의 소명기간(제44조), 공시송달의 효력발생기간(제196조) 등이 이에 속한다.

3. 법정기간과 재정기간(고유기간의 분류)

① 법정기간이란 법률에 의해 정해진 기간으로서 답변서제출기간(제256조), 상소기간(제396조), 재심기간(제456조) 등이 이에 속한다. ② 재정기간이란 재판기관이 각각의 경우를 재판으로 정하는 기간으로서 보정기간(제254조, 제59조), 주장이나 증거의 제출기간(제147조), 담보제공기간(제120조) 등이 이에 속한다.

---

[329] 대법 2003.04.25, 2002다72514; 대법 1966.07.05, 66다882

4. 불변기간과 통상기간(법정기간의 분류)

(1) 불변기간

1) 의 의 : 법률이 특히 '불변기간으로 한다'고 정해 놓고 있는 기간을 말한다.

2) 특 징 : ① **부가기간을 정할 수 있으나**(제172조 2항), **기간의 신축이 허용되지 않는다**(제172조 1항). ② 책임 없는 사유로 그 기간을 도과시킨 경우 추후보완이 허용된다(제173조). ③ **불변기간의 준수여부는 직권조사사항**에 속하는 소송요건이다.[330] ④ 재판을 받을 권리와 직접 관계되므로 명확하게 규정되어야 한다.

3) 불변기간에 속하는 것 : 주로 **재판에 대한 불복신청기간**이 이에 해당한다. **항소·상고기간**(2주, 제396조, 제425조), **즉시항고기간**(1주, 제444조), **재심기간**(30일, 제456조), **제소 전 화해에 있어서 소제기신청기간**(2주, 제388조), **화해권고결정에 대한 이의신청기간**(2주, 제226조), **이행권고결정에 대한 이의신청기간**(2주, 소액사건심판법 제5조의 4), **지급명령에 대한 이의신청기간**(2주, 제470조), **조정에 갈음한 결정에 대한 이의신청기간**(2주, 민사조정법 제34조), **제권판결에 대한 불복기간**(1월, 제491조), **중재판정 취소의 소는 중재판정의 취소를 구하는 당사자가 중재판정의 정본을 받은 날부터 또는 제34조에 따른 정정·해석 또는 추가 판정의 정본을 받은 날부터 3개월 이내에 제기**하여야 한다(중재법 제36조 3항).

(2) 통상기간

1) 의 의 : 불변기간 이외의 기간으로서 재판기관이 신축할 수 있는 기간을 말한다.

2) 통상기간에 속하는 것 : **상고이유서제출기간**(20일, 제427조), **취하간주시 기일지정신청기간**(1월, 제268조), 추후보완기간(2주, 제173조), 제척·기피사유의 소명기간(3일, 제44조), 재심제기기간으로서 판결이 확정된 뒤 5년(제456조 3항) 등이 이에 속한다.

II. 기간의 계산·진행·신축

1. 기간의 계산 및 진행

> 제170조(기간의 계산) 기간의 계산은 민법에 따른다.
> 제171조(기간의 시작) 기간을 정하는 재판에 시작되는 때를 정하지 아니한 경우에 그 기간은 재판의 효력이 생긴 때부터 진행한다.
> 제247조(소송절차 정지의 효과) ② 소송절차의 중단 또는 중지는 기간의 진행을 정지시키며, 소송절차의 수계사실을 통지한 때 또는 소송절차를 다시 진행한 때부터 전체기간이 새로이 진행된다.

---

330) 대법 1965.07.27, 65누32

2. 기간의 신축

> 제172조(기간의 신축, 부가기간) ① 법원은 법정기간 또는 법원이 정한 기간을 늘이거나 줄일 수 있다. 다만, 불변기간은 그러하지 아니하다.
> ② 법원은 불변기간에 대하여 주소 또는 거소가 멀리 떨어진 곳에 있는 사람을 위하여 부가기간(附加期間)을 정할 수 있다.
> ③ 재판장·수명법관 또는 수탁판사는 제1항 및 제2항의 규정에 따라 법원이 정한 기간 또는 자신이 정한 기간을 늘이거나 줄일 수 있다.

(1) 원칙적 허용

법정기간은 법원이, 또 재정기간은 이를 정한 재판기관이 늘이거나 또는 줄일 수 있는 것이 원칙이다(제172조 1항, 3항).

(2) 예외적 불허

1) 명문상 불허 : **불변기간**(제172조 1항 단서), **소송행위의 추후보완기간**(제173조 2항, 부가기간까지 불허), 공시송달기간(제196조 3항, 그러나 신장은 허용)

2) 성질상 불허 : 상고이유서 제출기간(제427조, 단축하는 것은 당사자의 권리침해가 되므로),[331] 직무기간 등의 경우에는 기간의 신축이 허용되지 않는다.

(3) 불변기간에서 부가기간

법원은 불변기간에 대하여 주소 또는 거소가 멀리 떨어져 있는 사람을 위하여 부가기간을 정할 수 있는 데 법원이 부가기간을 정하게 되면 원래의 기간과 일체가 되어 전기간이 불변기간으로 된다. 다만 **법원이 불변기간에 대해 부가기간을 정하려면 불변기간이 경과하기 전에 정하여야 한다**.[332]

(4) 법원의 직권사항

기간의 신축 또는 부가기간을 정하는 것은 법원의 직권사항으로 당사자는 법원의 조치에 불복할 수 없다.

III. 기간의 부준수

> 제173조(소송행위의 추후보완) ① 당사자가 책임질 수 없는 사유로 말미암아 불변기간을 지킬 수 없었던 경우에는 그 사유가 없어진 날부터 2주 이내에 게을리 한 소송행위를 보완할 수 있다. 다만, 그 사유가 없어질 당시 외국에 있던 당사자에 대하여는 이 기간을 30일로 한다.
> ② 제1항의 기간에 대하여는 제172조의 규정을 적용하지 아니한다.

---

331) 다만 대법 1980.06.12, 80다918은 광주시내의 민주화항쟁으로 인하여 상고이유서 송달이 늦어진 경우에는 상고 유서제출기간을 상고이유서가 대법원에 제출된 날까지 신장함이 상당하다고 하였다.
332) 대법 2008.09.11, 2007후4649

1. 불변기간의 해태와 소송행위의 추후보완

기간의 해태란 당사자나 기타의 소송관계인이 행위기간 내에 하여야 할 소정의 소송행위를 하지 아니하고 그 기간을 넘기는 것으로 이에 의하여 그 행위를 할 수 없게 되는 불이익을 받게 된다. 특히 행위기간 중 불변기간의 경우에는 판결의 확정(상소기간의 부준수), 소권의 상실(제소기간의 부준수) 등의 치명적인 불이익을 입게 된다. 그러나 당사자가 책임을 질 수 없는 사유로 말미암아 불변기간을 지킬 수 없어 하여야 할 행위를 할 수 없었던 경우까지 그와 같은 불이익을 입게 하는 것은 가혹하고 불공평하므로 그에 대한 구제책으로서 **기간 안에 못한 소송행위를 추후보완하는 제도를 마련**한 것이다.

2. 소송행위의 추후보완의 대상

(1) 불변기간

불변기간에 한하여 추후보완이 허용되므로 **다른 기간의 부준수에서는 귀책사유가 없어도 추후보완이 인정되지 않는다**.

(2) 상고이유서제출기간과 재항고이유서제출기간

해태한 경우의 효과가 상고기간이나 재항고기간의 그것과 실질적으로 차이가 없으므로 제173조 1항의 유추적용이 가능하고, 필요하다는 것이 다수설의 입장이다. 그러나 判例는 불변기간이 아니라고 보아 추후보완의 대상이 아니라고 한다. 다만 **우체국 집배원의 배달착오를 이유로 상고이유서 제출기간 내에 상고이유서를 제출하지 못한 사안에서 이는 민사소송법 제451조 1항 3호에 준하여 재심으로 구제받아야 한다는 입장**이며,333) 소송기록접수통지서는 2004. 10. 21. 피고들 소송대리인의 사무실에 송달되었는데 집배원의 착오로 법원에 송부한 송달보고서에 그 송달일자를 2004. 10. 20.로 잘못 기재하였고, 피고들의 소송대리인이 **상고이유서 제출기간 내인 2004. 11. 10. 상고이유서를 제출하였으나, 송달일자가 잘못 기재된 송달보고서에 기초하여 상고이유서 제출기간을 도과에 따른 제429조, 상고심절차에 관한 특례법 제5조에 의하여 피고들의 상고를 기각한 경우 제451조 제1항 제9호에 해당하는 재심사유가 된다**고 하였다.334)

(3) 판결정본 송달이 무효인 경우

이 경우에는 불변기간이 진행될 수 없는 경우로서 추후보완의 문제가 생길 수 없다.

3. 추후보완의 사유

(1) 당사자가 책임질 수 없는 사유

당사자가 책임질 수 없는 사유에 의한 경우에만 추후보완이 허용된다. **불변기간의 준수에 있어 '당사자가 그 책임을 질 수 없는 사유'라고 함은 천재·지변 등 불가항력뿐만 아니라 당사자가 그 소송행위를 하기 위하여 일반적으로 하여야 할 주의를 다하였음에도 불구하고 그 기간을 준수할 수 없었던 사유를 가리키고**,335) **그 당사자에는 당사자 본인뿐만 아니라 그 소송대리인 및 대리인의 보조인도 포함**된다.336) 또한 외

---

333) 대법 1998.12.11. 97재다445
334) 대법 2006.03.09. 2004재다672
335) 대법 2018.04.12. 2017다53623; 대법 2016.01.28. 2013다51933

국인이라는 사정만으로 소송행위에 관한 주의의무의 정도를 달리 볼 수 없다.337)

추후보완 긍정 例	추후보완 부정 例
• <u>천재지변에 의한 교통, 통신의 두절로 인한 우편물의 지연</u> • 법원의 오판이 불변기간 부준수의 원인이 된 때, 법원이 무권대리인에게 소송비용을 부담하도록 하는 재판결과를 통지하지 아니하여 항고기간을 지키지 못한 경우338) • 우편집배원으로부터 우편물의 전달을 부탁받은 자가 당사자에게 전달하지 않거나,339) <u>母子간에 종교적 갈등과 父의 유산의 분배와 관리에 분쟁이 있는 경우 子에 대한 판결정본을 수령한 母가 전달하지 않은 경우,340)</u> 우체국 집배원의 불성실한 사무처리로 발송송달되고 판결정본이 공시송달된 경우341) • 무권대리인이 소송을 수행하고 판결정본을 송달받은 때342) • 수감된 당사자는 민사소송법 제185조에서 정한 송달장소 변경의 신고의무를 부담하지 않고 요건을 갖추지 못한 공시송달로 상소기간을 지키지 못하게 된 경우343) • 피고는 입원, 처는 간병, 자녀는 외가에 있을 때에 피고주소에 송달된 경우344) • 발송송달임을 명시하지 아니하고 송달한 경우345) • 당사자가 해외여행중 지급명령의 송달을 받아 채무자가 2주간의 이의기간을 지키지 못한 경우	• 소송대리인이나 그 보조자에게 고의, 과실이 있는 경우346)(상소제기의 위탁을 받은 자가 인지대 등을 받지 못하였다는 이유로 상소장제출을 해태하여 상소기간을 넘긴 경우,347) <u>소송대리인은 판결정본을 송달받았으나 당사자에게 통지하지 아니한 경우348)</u> • 상소기간만료시에 가스중독으로 혼수상태에 이른 경우 • 여행, 질병치료를 위한 출타라도 가족에게 송달된 경우349) • <u>소송의 적극적 당사자가 교도소에 수감된 경우350)</u> • <u>집행관의 말만 믿고 기록열람 등 사실확인을 하지 아니한 경우351)</u> • <u>소송계속 중 이사하면서 법원에 주소이전신고를 하지 아니한 경우352)</u> • 통상예견되는 배달기간을 고려하지 않고 항소장을 배달증명으로 발송한 경우353) • 제186조 1항에 의거 수위에게 보충송달하였으나 이를 당사자에게 전달하지 않은 경우354) • 상소기간 경과 후에 이루어진 판결경정내용이 경정 이전에 비하여 불리하다는 사정355)

---

336) 대법 1984.06.14, 84다카744
337) 대법 2017.04.11, 2016무876
338) 민사소송법 제108조, 제107조 제2항에 따라 종국판결로써 소를 각하하면서 소송비용을 당사자본인으로 된 사람을 대신하여 소송행위를 한 무권대리인에게 부담하도록 하는 경우에는 비록 소송대리인이 판결선고 전에 이미 사임한 경우이더라도 판결정본을 송달하는 등의 방법으로 재판결과를 통지하여야 하고, 이는 항소심법원이 항소를 각하하면서 무권대리인에게 항소 이후의 소송비용을 부담하도록 하는 경우에도 마찬가지이다. 만일 법원이 소송비용을 부담하도록 명한 무권대리인에게 재판결과를 통지하지 아니하여 그가 소송비용 부담 재판에 대한 항고기간을 준수하지 못하였다면 특단의 사정이 없는 한 무권대리인은 자기책임에 돌릴 수 없는 사유로 항고기간을 준수하지 못한 것이라는 것에, 대법 2016.06.17, 2016마371
339) 원고는 1960.4.25 상고장을 제출하고 상고 소송 기록 수리통지서가 송달되기를 기다렸으나 끝내 통지가 없으므로 대법원에 알아보았더니 의외에도 원고가 그 통지서를 같은 해 7.28. 14:50에 원고 주소지에서 받은 것으로 우편송달 보고가 되었다고 하나 원고는 전연 통지서를 받은 바 없고 그 보고서 원고의 이름 밑에 있는 지장도 원고 것이 아니라는 것인 바 본원이 조사한 증인 장준현, 이충상, 이태용의 증언을 종합하여 보면 우편 집배인인 장준현이가 본원에서 원고에게 보내는 상고 기록 수리 통지서를 공검면 중신리에서 이충상에게 원고에게 전하여 달라고 부탁하고 원고 본인에게 송달 한 것으로 보고서를 띄었으나 이충상은 그 이튿날인 29일에 우편 집배인으로부터 원고에게 전하여 달라는 우편물을 앞에서 말한 중신리 국민학교에서 원고 이웃에 사는 이태용에게 전해 달라고 부탁하고 주었더니 이태용이가 그 우편물을 가지고 있다가 분실하여 원고에게 전달되지 않았던 사실을 인정할 수 있고 위 인정에 반하는 장준현의 증언 일부와 을 제1호증의 내용은 믿을수 없다 할것이다 그렇다면 원고는 상고 이유서 제출 기간을 도과 한 것이 그 책임에 귀할 수 없는 사유로 인하여 불변 기간을 준수 하지 못한 것이라 할것이므로 상고 이유서 제출의 소송 행위의 추완은 허용되어야 한다는 것에, 대법 1962.02.08, 4293민상397
340) 갑에 대한 판결정본을 갑의 모가 수령하였는데 갑이 모와의 종교적 갈등 외에 부의 유산의 분배와 관리를 둘러

(2) 공시송달과 상소의 추후보완

判例는 수송달자의 공시송달자체에 대한 부지 외에 무과실의 요건을 갖춘 때에 한하여 소송행위의 추후보완을 인정하여 공시송달의 목적과 수송달자의 절차보장을 조화시키고 있다.

1) 처음부터 공시송달이 이루어진 경우 : 소송이 처음부터 공시송달의 방법으로 송달되었다면 특별한 사정이 없는 한 피고가 책임질 수 없는 사유로 인하여 불변기간을 준수할 수 없었던 때에 해당한다. 항소심의 소송계속을 몰랐던 경우도 같다.[356] 피고에게 과실이 있다고 할 수 있는 특별한 사정이란, 피고가 소송을 회피하거나 이를 곤란하게 할 목적으로 의도적으로 송달을 받지 아니하였다거나, 피고가 소 제기 사실을 알고 주소신고까지 해 두고서도 그 주소로 송달되는 소송서류가 송달불능되도록 장기간 방치하였다는 등의 사정을 말한다.[357]

① 조정이 성립되지 아니한 것으로 사건이 종결된 후 피신청인의 주소가 변경되었음에도 피신청인이 조정법원에 주소변경신고를 하지 않은 상태에서 민사조정법 제36조 제1항 제2호에 따라 조정이 소송으로 이행되었는데, 통상의 방법으로 변론기일통지서 등 소송서류를 송달할 수 없게 되어 발송송달이나 공시송달의 방법으로 송달한 경우에는 당사자가 책임질 수 없는 사유로 말미암은 것에 해당한다.[358]

싼 다툼도 없지 아니하였고, 모가 을에게 갑의 상속지분을 포함한 부동산을 매각하면서, 을에게 자신의 부담으로 을측 변호사를 선임하여 소유권이전등기청구소송을 제기하게 하고 그 판결에 기해 소유권이전등기를 해 주겠다고 하여 소송이 제기되기에 이르렀다면, 갑이 판결정본이 송달된 사실을 모르고 이에 따라 항소기간을 준수하지 못한 데 대하여 그에게 책임을 돌릴 수 없는 사유가 있었다고 봄이 상당하므로 추완항소가 적법하다고 한 사례로, 대법 1992.06.09, 92다11473

341) 대법 2003.06.10, 2002다67628
342) 대법 1996.05.31, 94다55774
343) 대법 2022.01.13, 2019다220618
344) 대법 1991.05.28, 90다20480
345) 민사소송법 제189조에는 등기우편에 의한 발송송달의 경우 발송한 때 송달된 것으로 본다고 규정되어 있기는 하나, 발송송달의 송달효력 발생시점에 관한 위와 같은 특칙규정의 존재가 일반인들에게 통상적으로 알려져 있지는 아니한 점 및 법원에서 발송송달을 하면서 그 송달이 발송송달이라는 것을 특별히 명시하지 않고 있는 점 등을 고려하여 보면, 이 사건과 같은 경우 원고는 '책임질 수 없는 사유로 말미암아 항소기간을 지킬 수 없었던 경우'에 해당하여 추완에 의한 항소가 가능하다고 해야 할 것이라는 것에, 대법 2007.10.26, 2007다37219
346) 소송대리인·보조자의 과실은 당사자본인의 것으로 본다는 것에, 대법 2016.01.28, 2013다51933
347) 대법 1991.02.12, 90다16696
348) 대법 1984.06.14, 84다카744
349) 지병으로 인한 집중력 저하와 정신과치료 등 사유의 부정으로 대법 2011.12.27, 2011후2688
350) 원고가 구속되어 있었다는 사정의 경우, 대법 1992.04.14, 92다3441
351) 대법 1964.04.03, 64마9
352) 대법 1993.06.17, 92마1030
353) 서울에서 수원으로 등기우편물을 발송할 경우 배달까지 4일 정도 소요되는 경우가 약 20퍼센트 정도이고 요즈음은 각종 선전인쇄물 등 우편물이 계속 증가되어 그 배달이 지연되는 경우가 많은 사실 등에 비추어 당사자가 통상의 주의를 기울였다면 배달증명우편으로 발송한 항소장이 항소기간을 지나 배달될지도 모른다는 것을 알 수 있었을 것이고 그러한 경우 조치를 취하여 불변기간의 해태를 피할 수 있었을 것이므로 항소장이 늦게 배달됨으로써 불변기간을 준수할 수 없었다는 점은 당사자가 책임질 수 없는 사유로 인한 것이라고는 볼 수 없다는 것에, 대법 1991.12.13, 91다34509
354) 대법 1984.06.26, 84누405
355) 대법 1997.01.24, 95므1413·1420
356) 대법 2012.04.13, 2011다102172
357) 대법 2021.08.19, 2021다228745

② 소장부본 등이 이미 공시송달의 방법으로 송달된 상태에서 제1심법원이 피고에게 전화로 연락하여 소장부본 송달에 관한 내용과 변론기일 등을 안내해 주었다는 정도의 사정만으로는 제1심판결이 공시송달의 방법으로 송달된 사실을 피고가 모른 데 대하여 피고에게 책임을 돌릴 수 있는 사유가 있다고 섣불리 단정하기 어렵다.359)

2) **처음에는 송달이 된 경우** : **소송의 진행 도중 통상의 방법으로 소송서류를 송달할 수 없게 되어 공시송달의 방법으로 송달한 경우에는 처음 소장부본의 송달부터 공시송달의 방법으로 소송이 진행된 경우와 달라서 당사자에게 소송의 진행상황을 조사할 의무가 있으며**,360) 이러한 의무는 당사자가 변론기일에 출석하여 변론을 하였는지 여부, 출석한 변론기일에서 다음 변론기일의 고지를 받았는지 여부나, 소송대리인을 선임한 바 있는지 여부를 불문하고 부담한다.361) **당사자가 신고한 주소에 송달이 되지 않아 공시송달에 이른 경우**,362) 당사자가 소제기사실 등을 알 수 있었던 경우363) 등은 당사자가 책임질 수 없는 사유에 해당하지 아니한다는 것이 判例이다.

3) **원고의 일부승소 판결에 대한 항소심 계속 중 추후보완 항소가 있는 경우 심판방법** : 제1심, 원심 모두 피고에 대하여 소장 부본 및 변론기일 통지서 등 모든 서류를 공시송달의 방법으로 송달하고 피고가 출석하지 않은 상태에서 변론기일을 진행하여 1심이 원고의 청구를 일부 인용하는 판결을 선고하였고 이에 원고가 항소함으로써 원심도 추가로 원고의 청구를 일부 인용하는 판결을 선고한 경우, **피고로서는 제1심판결 중 피고 패소 부분에 대하여는 추후보완 항소를, 원심판결 중 피고 패소 부분에 대하여는 상고나 추후보완 상고를 각각 제기할 수 있다**. 이러한 경우 제1심판결에 대한 원고의 항소로 제1심판결 전부가 원심법원으로 이심되어 그에 관한 원심판결이 선고되기까지 하였으나 제1심판결 중 피고 패소 부분은 원심의 심판대상이 되지 않았으므로, 원심으로서는 피고의 추후보완 항소가 적법하다고 판단되면 그 부분을 심판대상으로 삼아 심리한 후 그에 관하여 추가판결을 하면 된다. 그런데 원심이 피고의 추후보완 항소 부분에 관하여 심리하지 않고 있는 동안에 피고의 상고가 받아들여져 원심판결 중 피고 패소 부분에 관하여 파기환송 판결이 선고된 경우에는 환송 후 원심으로서는 피고의 추후보완 항소가 적법하다고 판단되면 그 추후보완 항소 부분과 파기환송된 부분을 함께 심리하여 그에 관하여 하나의 판결을 선고하면 된다.364)

4. 추후보완의 절차

(1) 추후보완의 신청

1) **추후보완의 기간** : **추후보완은 당사자가 불변기간을 준수할 수 없었던 사유가 종료한 후 2주일 내에 해야 한다**. 다만 외국에 있는 당사자의 추후보완기간은 30일이다(제173조). **추후보완기간을 법원의 재량으**

---

358) 대법 2015.08.13, 2015다213322
359) 대법 2021.08.19, 2021다228745
360) 대법 2012.10.11, 2012다44730
361) 대법 2017.11.14, 2015다214011
362) 대법 1994.02.25, 93마1851
363) 대법 1987.09.08, 87다카1013
364) 대법 2011.04.28, 2010다98948

로 신축할 수 없고(제173조 2항) 이는 불변기간도 아니므로 성질상 부가기간도 정할 수 없다.

2) **추후보완기간의 기산점** : 장애사유가 없어진 때라 함은 ⅰ) 천재지변, 그 밖의 이와 유사한 사유의 경우에는 그 재난이 없어진 때이고, ⅱ) 판결의 송달을 과실 없이 알지 못한 경우에는 당사자나 소송대리인이 판결이 있었던 것을 안 때라고 볼 수 있다. 다만 ⅲ) 공시송달에 의한 판결의 송달사실을 과실 없이 알지 못한 경우에는 당사자나 대리인이 판결이 있었던 사실을 안 때가 아니라, 그 판결이 공시송달의 방법으로 송달된 사실을 안 때이다. 따라서 **다른 특별한 사정이 없는 한 당사자나 소송대리인이 사건기록의 열람을 하거나 또는 새로이 판결정본을 영수한 때에 비로소 판결이 공시송달의 방법으로 송달된 사실을 알게 되었다**고 보아야 한다.365)

① 피고가 공탁사건의 기록을 열람 및 복사 신청을 한 사실이 있었다는 사정만으로 그 무렵 피고가 제1심판결이 존재한다는 사실을 넘어 제1심이 공시송달의 방법으로 진행되어 그 판결정본 역시 공시송달의 방법으로 송달된 사실까지 알았다고 단정할 수 없다.366)

② **당사자가 다른 소송의 재판절차에서 송달받은 준비서면 등에 당해 사건의 제1심 판결문과 확정증명원 등이 첨부된 경우에는 그 시점에 제1심판결의 존재 및 공시송달의 방법으로 송달된 사실까지 알았다고 볼 것이지만, 다른 소송에서 선임된 소송대리인이 그 재판절차에서 위와 같은 준비서면 등을 송달받았다는 사정만으로 이를 당사자가 직접 송달받은 경우와 동일하게 볼 수는 없다.**367) 마찬가지로 제1심법원이 소장부본과 판결정본 등을 공시송달의 방법으로 피고에게 송달하였는데, 피고가 원고를 상대로 제기한 별개의 대여금 청구 소송에서 원고가 위 제1심 판결정본의 사본을 증거로 첨부하여 제출한 답변서가 피고가 신고한 송달영수인에게 송달되었고, 그 후 피고가 추완항소를 제기한 사안에서, 송달영수인이 원고의 답변서 및 거기에 첨부된 제1심판결문 사본을 송달받았다는 사실만으로 곧바로 소송당사자인 피고 본인이 그 무렵 제1심판결이 공시송달로 송달된 사실까지 알았다고 단정할 수는 없다.368)

③ 제1심법원이 피고에 대해 소장부본과 판결정본 등을 공시송달의 방법으로 송달하는 한편 이와 별도로 원고가 피고의 채권에 대한 가압류결정을 받음에 따라 제3채무자가 피고를 피공탁자로 하여 일정금액을 공탁하였고, 이에 원고가 제1심판결을 집행권원으로 위 가압류를 본압류로 이전하는 채권압류・추심명령을 받았는데, 공탁금에 대한 배당절차가 진행되어 배당기일통지서가 피고에게 송달되었고, 그 후 피고가 추완항소를 제기한 사안에서, 제1심판결이 형식적으로 확정된 후 위 공탁금에 관한 배당절차가 진행된다는 것만으로 법률문외한인 乙이 배당기일통지서를 수령함으로써 제1심판결이 있었던 사실을 알게 되었다고 단정할 수 없다.369)

④ 제1심법원이 소장부본과 판결정본 등을 공시송달의 방법으로 피고 乙에게 송달하였고, 그 후 원고 甲 주식회사가 제1심판결에 기하여 乙의 예금채권 등을 압류・추심하여 乙이 제3채무자인 丙 신용협동조합으로부터 '법원의 요청으로 계좌가 압류되었습니다.'는 내용과 채권압류 및 추심명령의 사건번호와 채권자가 기재된 문자메시지를 받았다고 하여 제1심판결이 있었던 사실을 알았다거나 사회통념상 그 경위를 알아볼 만한 특별한 사정이 있었다고 보기 어렵다.370)

---

365) 대법 1994.12.13, 94다24229; 대법 2013.01.10, 2010다75044・75051; 대법 2015.06.11, 2015다8964; 대법 2019.12.12, 2019다17836; 대법 2022.01.13, 2019다220618
366) 대법 2020.02.06, 2018다26048・26055
367) 대법 2022.04.14, 2021다305796; 대법 2022.09.07, 2022다231038
368) 대법 2015.06.11, 2015다8964
369) 대법 2020.03.13, 2018다222228

3) **추후보완의 신청방식** : **추후보완을 하려면 추후보완을 해야 할 자가 해태한 소송행위를 그 본래의 방식으로 하면 되고 따로 추후보완을 신청할 필요는 없다.** 따라서 **별도로 추후보완신청을 하여 먼저 허가의 결정을 받을 필요는 없다.** 判例도 당사자가 항소를 제기하면서 추후보완항소라는 취지의 문언을 기재하지 아니하였더라도 그 전체적인 취지에 비추어 항소를 추후보완한다는 주장이 있는 것으로 볼 수 있는 경우에는 추후보완사유에 대하여 심리·판단하여야 하고, 증거에 의하여 항소기간의 경과가 당사자가 책임질 수 없는 것으로 말미암은 것으로 인정되는 이상, 그 항소는 처음부터 추후보완에 의하여 제기된 항소라고 하였다.371)

(2) 법원의 심판

1) 직권조사사항 : 추후보완 사유는 소송요건으로 법원의 직권조사사항이지만, **판결의 선고 및 송달 사실을 알지 못하여 상소기간을 지키지 못한 데 과실이 없다는 사정은 상소를 추후보완하고자 하는 당사자 측에서 주장·입증하여야 한다.**372) 법원의 석명에도 불구하고 피고가 그 주장한 추후보완사유의 증명을 하지 않는다면 그 불이익은 피고에게 돌아간다.373)

2) 추후보완 사유의 심리 : 추후보완사유의 존부와 해태된 소송행위의 당부는 하나의 심리절차에서 심리함이 원칙인바 추후보완신청이 이유 있는 경우에는 해태된 소송행위의 당부에 대해 실질적 판단을 하고, 추후보완 신청이 이유 없는 경우에는 추후보완신청을 부적법 각하할 것이다. 항소인이 추완항소임을 명백히 하지 아니한 이상 법원이 항소각하판결을 하기 전에 반드시 추완사유의 유무를 심리하거나 이를 주장할 수 있는 기회를 주어야 하는 것은 아니다.374)

5. 추후보완의 효력

(1) 형식적 확정력 유지

불변기간 도과에 따른 판결의 형식적 확정력이 해소되지는 않는다. 따라서 상소의 추후보완의 경우 확정판결의 집행을 저지시키려면 제500조의 별도의 집행정지결정을 要한다. 항소추후보완신청이 적법한 경우에는 항소심에서 반소도 제기할 수 있다.375) 따라서 소송서류 등이 공시송달의 방법으로 송달되어 확정된 제1심판결문을 기초로 등기권리자가 소유권이전등기를 마쳤더라도 이후 제기된 추후보완항소에서 제1심판결이 취소되고 등기권리자의 청구가 기각되었다면, 등기의무자로서는 이미 등기명의를 이전받은 등기권리자를 상대로 위 추후보완항소 절차에서 반소를 제기하거나 별도로 소를 제기하여 소유권이전등기의 말소등기절차를 구할 수 있다.376)

(2) 재심사유와 추후보완

상대방 주소를 허위로 적어 공시송달에 의한 확정판결을 얻은 경우에 재심사유(제451조 1항 11호)와 추후보완의 요건을 모두 구비한 것이 되는 바 어느 절차에 의할 것인가는 당사자의 자유이다. 재심은 확정

---

370) 대법 2021.03.25, 2020다46601
371) 대법 2008.02.28, 2007다41560
372) 대법 2021.04.15, 2019다244980·244997; 대법 2012.10.11, 2012다44730
373) 대법 2022.10.14, 2022다247538
374) 대법 2011.09.29, 2011마1335
375) 대법 2013.01.10, 2010다75044
376) 대법 2023.04.27, 2021다276225·2021다276232

판결 후 5년 내에 해야 하는 제한이 있고 상소의 추후보완은 심급의 이익이 상실되나 기간부준수의 사유가 아무리 오래되어도 사유종료 후 2주일 내에는 가능하다.

제3관 송 달

I. 서 설

1. 송달의 의의

송달이라 함은 당사자와 기타 소송관계인에게 소송상 서류의 내용을 알 수 있는 기회를 주어 절차적 기본권을 보장하기 위한 법정의 방식에 좇은 통지행위이다.

2. 특 징

> 제174조(직권송달의 원칙) 송달은 이 법에 특별한 규정이 없으면 법원이 직권으로 한다.

① 송달은 재판권의 행사이므로 재판권면제의 특권을 누리는 치외법권자에 대해서는 임의수령하지 않는 한 송달할 수 없다. ② 송달은 법정 방식을 좇을 필요가 있는 점에서 무방식의 통지와 구별되고, 특정인을 상대로 하는 점에서 불특정인에 대한 공고와 다르다. ③ **송달은 신속·확실을 위해 직권으로 하는 것이 원칙**이다(제174조). 다만, 공시송달(제194조)과 **공휴일 등의 송달(제190조)의 경우에는 당사자의 신청에 의해서도 시행할 수 있게 하고 있다**.

3. 송달의 목적

1) 단순한 통지의 목적 : 보조참가신청서면(제72조 2항), 소송고지서면(제85조 2항), 소취하의 서면(제266조 4항), 준비서면(제273조)

2) 법원의 요구를 관계인에게 알리기 위한 경우 : 기일통지(제167조)

3) 소송행위의 완성이나 효력발생을 위한 경우 : 소장부본송달(제255조), 지급명령서송달(제469조)

4) 상소 등 기간을 진행시키기 위한 경우 : 항소기간(제396조), 강제집행개시의 요건을 위한 경우(민사집행법 제39조).

II. 송달기관

1. 송달사무담당기관(송달사무처리자) : 법원사무관 등

> 제175조(송달사무를 처리하는 사람) ① 송달에 관한 사무는 법원사무관등이 처리한다.
> ② 법원사무관등은 송달하는 곳의 지방법원에 속한 법원사무관등 또는 집행관에게 제1항의 사무를 촉탁할 수 있다.

송달사무라 함은 송달서류의 작성·수령, 송달받은 자·송달방법·송달장소의 결정, 송달실시기관에의 서류교부, 송달실시 후에 송달보고서의 수령 및 편철, 공시송달의 경우 송달서류의 보관 등을 말하며, **이러한 송달사무는 원칙적으로 법원사무관 등이 담당하며(제175조 1항) 그 고유의 권한으로서 그 판단과 책임**

하에 행한다. 다른 관내 거주자에 대한 송달의 경우에 당해지역을 관할하는 법원사무관 등 또는 그 곳의 집행관에게 촉탁하여 송달할 수 있다(제175조 2항).

2. 송달실시기관

(1) 원 칙 : 집행관과 우편집배원

> 제176조(송달기관) ① 송달은 우편 또는 집행관에 의하거나, 그 밖에 대법원규칙이 정하는 방법에 따라서 하여야 한다.
> ② 우편에 의한 송달은 우편집배원이 한다.
> ③ 송달기관이 송달하는 데 필요한 때에는 경찰공무원에게 원조를 요청할 수 있다.

1) 집행관 : 소속지방법원의 **관할구역 내에 한하여 송달을 실시**할 수 있는데(집행관법 제2조), 집행관에 의한 송달의 실시는 예외적이기 때문에 실무상 특별송달이라고도 한다. **공휴일 또는 해뜨기 전·해 진 뒤의 송달에 있어서 신법은 종전의 재판장의 허가제를 없애고 당사자의 신청이 있는 때에 집행관이나 대법원규칙이 정하는 사람에 의해 송달**할 수 있도록 하였다(제190조 1항).

2) 우편집배원 : 우편에 의한 송달은 우편집배원이 실시하는데 전국 어느 곳에서나 실시할 수 있다.

3) 경찰공무원에 원조요청 : **송달기관이 송달하는 데 필요한 때에는 경찰공무원에게 원조를 요청**할 수 있다(제176조 3항).

(2) 예 외 : 법원사무관 등과 법원경위

> 제177조(법원사무관등에 의한 송달) ① 해당 사건에 출석한 사람에게는 법원사무관등이 직접 송달할 수 있다.
> ② 법원사무관등이 그 법원안에서 송달받을 사람에게 서류를 교부하고 영수증을 받은 때에는 송달의 효력을 가진다.

1) 법원사무관 등 : **법원사무관 등은 당해사건에 출석한 사람에게 직접 교부하여 송달**할 수 있고(제177조, 실무상 변호사에 대한 송달은 주로 이 방법에 의함), **우편송달**(제187조) · **송달함송달**(제188조) · **공시송달**(제195조) · **간이통지방식에 의한 송달**(변호사에 대한 전화나 팩스송달)을 실시한다.

2) 법원경위 : **집행관에 의한 송달이 어려운 사정이 있다고 인정할 때에는 법원경위에 의한 송달이 가능**하다(법원조직법 제64조).

(3) 촉탁에 의한 송달

> 제191조(외국에서 하는 송달의 방법) 외국에서 하여야 하는 송달은 재판장이 그 나라에 주재하는 대한민국의 대사·공사·영사 또는 그 나라의 관할 공공기관에 촉탁한다.
> 제192조(전쟁에 나간 군인 또는 외국에 주재하는 군관계인 등에게 할 송달) ① 전쟁에 나간 군대, 외국에 주둔하는 군대에 근무하는 사람 또는 군에 복무하는 선박의 승무원에게 할 송달은 재판장이 그 소속 사령관에게 촉탁한다.
> ② 제1항의 송달에 대하여는 제181조의 규정을 준용한다.

촉탁에 의한 송달은 수소법원의 재판장이 촉탁하는데, **외국에서 하여야 하는 송달은 재판장이 그 나라에 주재하는 대한민국의 대사·공사·영사 또는 그 나라의 관할 공공기관에 촉탁**한다(제191조). **외국에서 할 송달에 있어서는 다음 기일 및 그 다음 기일을 아울러 지정하여 통지하도록** 하고 있다. **출진한 군대·외국주재군관계인 또는 군복무중인 선박승무원에 대하여 소속사령관에 촉탁**한다(제192조).

(4) 송달실시기관의 송달통지

> 제193조(송달통지) 송달한 기관은 송달에 관한 사유를 대법원규칙이 정하는 방법으로 법원에 알려야 한다.
> 민사소송규칙
> 제53조(송달통지) 송달한 기관은 송달에 관한 사유를 서면으로 법원에 통지하여야 한다. 다만, 법원이 상당하다고 인정하는 때에는 전자통신매체를 이용한 통지로 서면통지에 갈음할 수 있다.

송달실시기관은 송달보고서를 작성하여 법원에 제출하여야 하며(제193조), 법원이 상당하다고 인정하는 때에는 전자통신매체를 이용한 통지로 송달보고서에 갈음할 수 있다(규칙 제53조). 이러한 송달보고서의 작성을 게을리한 경우에도 송달의 단순한 증명방법에 지나지 않으므로 송달의 효력에는 영향이 없다.[377] **송달통지서는 송달이 적법하게 이루어졌는가에 관한 유일한 증거방법은 아니다**.[378] 따라서 송달보고서에 수송달자의 처가 수령한 것으로 기재되어 있어도 다른 자료에 의하여 수송달자 및 그 처가 외국에 거주하고 있음이 인정되면 그 송달이 부적법하다고 인정할 수 있다는 것이 判例이다.[379]

Ⅲ. 송달서류

1. 등본송달의 원칙

> 제178조(교부송달의 원칙) ① 송달은 특별한 규정이 없으면 송달받을 사람에게 서류의 등본 또는 부본을 교부하여야 한다.
> ② 송달할 서류의 제출에 갈음하여 조서, 그 밖의 서면을 작성한 때에는 그 등본이나 초본을 교부하여야 한다.

원본은 사건기록에 편철하여 보전하여야 하는 관계상, **송달은 보통 송달할 서류의 등본 또는 부본을 교부하여 실시**한다(제178조 1항). 당사자는 송달하여야 할 소송서류를 법원에 제출하는 때에는 송달에 필요한 수의 부본제출의무가 있다(규칙 제48조). **송달할 서류의 제출에 갈음하여 조서, 그 밖의 서면을 작성한 때에는 그 등본이나 초본을 교부**하여야 한다(제178조 2항). 따라서 소취하의 경우 소장송달 후에 소를 취하한 경우에 ① 서면에 의한 취하이면 취하서 부본을, ② **구술에 의한 취하이면 조서의 등본을 피고에게 송달**하여야 한다.

2. 원본을 송달하는 경우

① **기일통지서 또는 출석요구서의 송달**(제167조 1항), ② **문서송부촉탁서**, ③ 압류채권의 제3채무자에 대한 진술을 명하는 서면(민집법 제237조 2항)이 이에 해당하는데, ①의 경우 송달통지서를 기록에 편철하고,

---

377) 대법 1952.10.30, 4285민상106
378) 대법 1986.02.25, 85누894
379) 대법 1961.08.03, 4294민재항335

②③의 경우 그 부본이나 사본을 기록에 편철한다.

3. 정본을 송달하는 경우(집행권원은 정본을 송달한다)

판결·화해조서·인낙조서·포기조서·경정결정·소송비용확정결정·담보제공결정·과태료결정·지급명령·가압류·가처분결정의 송달은 정본(제210조 등)의 교부를 요한다.

4. 부본제출의무

당사자는 송달하여야 할 소송서류를 법원에 제출하는 때에는 송달에 필요한 수의 부본제출의무가 있다(규칙 제48조).

원 본	서류를 작성한 사람이 그 내용을 확정적으로 표시한 것으로서 최초에 작성한 서류이다.
정 본	법률이 정하는 권한이 있는 자가 원본에 의해 작성한 문서이다(판결정본 등). 원본은 일정한 장소에 보관해야 하므로, 원본에 대신하여 원본과 동일한 효력을 다른 곳에서 발휘해야 하는 경우(예, 강제집행을 위해 소지해야 하는 경우)에 원본에 의해 작성하여 이해관계인에게 교부한다(예, 판결문의 송달이나 집행문을 부여할 때에는 판결의 정본으로 한다). 정본에는 작성자가 정본이라는 뜻을 기재해야 한다.
등 본	문서의 원본 내용을 동일한 문자나 부호로 전부 완전하게 복사한 사본이다(예, 주민등록등본). 원본의 "존재와 내용"을 증명하기 위해 작성한다. 원본과 동일한 효력을 가지는 정본과 구별된다.
초 본	등본 중에서 원본의 일부를 복사한 것을 말한다. 원본의 "존재와 복사부분의 내용"을 증명하는 효력을 갖는다.
부 본	원본을 만들 때 원본과 똑같이 생긴 문서를 하나 더 만들어 제출하는 것을 부본이라고 한다. 원본과 동일한 내용의 문서로서 원본의 훼손에 대비하여 예비로 보관하거나 사무에 사용하기 위하여 만든 또 하나의 원본으로, 원본은 법원이 갖고 부본은 반대편 당사자에게 보내준다. 부본도 원본과 같이 작성명의인의 기명·날인이 필요하다.

Ⅳ. 송달받을 사람

1. 원 칙

송달을 받을 사람은 원칙적으로 소송서류의 명의인인 당사자이다(당사자본인송달의 원칙). **선정당사자가 여러 사람인 경우에 그 사람들은 공동대리인이 아니므로 선정당사자 전원에게 송달하여야** 한다.

2. 예 외

(1) 법정대리인

> 제179조(소송무능력자에게 할 송달) 소송무능력자에게 할 송달은 그의 법정대리인에게 한다.
> 제180조(공동대리인에게 할 송달) 여러 사람이 공동으로 대리권을 행사하는 경우의 송달은 그 가운데 한 사람에게 하면 된다.
>
> 민사소송규칙
> 제49조(공동대리인에게 할 송달) 법 제180조의 규정에 따라 송달을 하는 경우에 그 공동대리인들이 송달을 받을 대리인 한 사람을 지정하여 신고한 때에는 지정된 대리인에게 송달하여야 한다.

① **소송무능력자에 대한 송달은 그의 법정대리인에게 하여야 하며**(제179조), 이는 법인 등에 준용되어 법인 등에 대한 송달은 그 대표자 또는 관리인에게 하므로(제64조) **그 대표자의 주소·거소·영업소·사무소에 하여야 한다.** 따라서 소송무능력자에게 한 송달은 무효이다. ② **국가를 당사자로 하는 소송에 있어서 국가에 대한 송달은 수소법원에 대응하는 검찰청의 장에게 한다.** 고등검찰청 소재지의 지방법원에 소가 제기된 경우에는 그 소재지 고등검찰청의 장에게 송달한다. 다만, **소송수행자 또는 소송대리인이 있는 경우에는 그에게 한다**(국가를당사자로하는소송에관한법률 제9조 1항, 2항). ③ 특별시·광역시·도·시·군·자치구가 당사자로 되는 때에는 그 대표자인 시장, 도지사, 군수, 구청장등이 송달받을 자에 해당한다(지방자치법 제92조). 다만, **지방자치단체의 교육·학예에 관한 사무는 교육감이 관장하고 그 소관사무로 인한 소송에 대하여 지방자치단체를 대표하도록 되어 있으므로 이 경우에는 교육감이 송달받을 자에 해당**한다(지방교육자치에관한법률 제20조 1항, 2항). ④ **법정대리인이 여러 명인 경우 그 중 한 사람에게만 송달**하면 된다(제180조).[380] 다만, **공동대리인이 송달받을 대리인 1인을 지명·신고한 때에는 그 대리인에게 송달**하여야 한다(규칙 제49조).

(2) 소송대리인

소송서류의 명의인인 당사자가 소송위임을 하였을 때에는 소송대리인이 송달받을 사람이나, 당사자 본인에 대한 송달은 적절한 것은 아니라도 유효하다.[381] 당사자에게 여러 소송대리인이 있는 때에는 민사소송법 제93조에 의하여 각자가 당사자를 대리하게 되므로, 여러 사람이 공동으로 대리권을 행사하는 경우 그 중 한 사람에게 송달을 하도록 한 민사소송법 제180조가 적용될 여지가 없어 법원으로서는 판결정본을 송달함에 있어 **여러 소송대리인에게 각각 송달을 하여야** 하지만, 그와 같은 경우에도 **소송대리인 모두 당사자 본인을 위하여 소송서류를 송달받을 지위에 있으므로 당사자에 대한 판결정본 송달의 효력은 결국 소송대리인 중 1인에게 최초로 판결정본이 송달되었을 때 발생**한다.[382]

(3) 법규상 송달영수권이 있는 사람

> 제181조(군관계인에게 할 송달) 군사용의 청사 또는 선박에 속하여 있는 사람에게 할 송달은 그 청사 또는 선박의 장에게 한다.
> 제182조(구속된 사람 등에게 할 송달) 교도소·구치소 또는 국가경찰관서의 유치장에 체포·구속 또는 유치(留置)된 사람에게 할 송달은 교도소·구치소 또는 국가경찰관서의 장에게 한다.
>
> **민사소송규칙**
> 제50조(송달서류의 교부의무 등) ① 법 제181조와 법 제182조의 규정에 따라 송달을 받은 청사·선박·교도소·구치소 또는 경찰관서(다음부터 이 조문 안에서 이 모두를 "청사등"이라 한다)의 장은 송달을 받을 본인에게 송달된 서류를 바로 교부하여야 한다.
> ② 제1항의 청사등의 장은 부득이한 사유가 없는 한 송달을 받은 본인이 소송수행에 지장을 받지 아니하도록 조치하여야 한다.

---

380) 공동대표이사의 경우에 한 사람에게 송달하면 된다는 것에, 대법 1961.12.21, 4294민재항679. 부재자 재산관리인이 수인인 경우에 같은 취지로, 대법 1980.11.11, 80다2065
381) 대법 1970.06.05, 70마325
382) 대법 2011.09.29, 2011마1335

> ③ 제1항의 청사등의 장은 제2항에 규정된 조치를 취하지 못할 사유가 있는 때에는 그 사유를 적은 서면을 법원에 미리 제출하여야 한다.

1) 군사용의 청사 또는 선박에 속하여 있는 사람에 대한 송달 : <u>군사용의 청사 또는 선박에 속하여 있는 사람에게 할 송달은 그 청사 또는 선박의 장에게</u> 한다(제181조).

2) 교도소 등에 체포·구속·유치된 사람에 대한 송달 : <u>교도소·구치소 또는 경찰관서의 유치장에 체포·구속 또는 유치된 사람에게 할 송달은 교도소·구치소 또는 경찰관서의 장에게 한다</u>(제182조). 이 경우 **수감자의 종전 주소에서의 송달은 무효이며 반드시 교도소장 등에게 송달하여야 한다**.[383] 이는 법원이 서류를 송달받을 **당사자가 수감된 사실을 몰랐거나**, 수감된 당사자가 송달의 대상인 서류의 내용을 알았다고 하더라도 마찬가지이다. 따라서 수감된 당사자에 대하여 민사소송법 제185조나 제187조에 따라 종전에 송달받던 장소로 발송송달을 하였더라도 적법한 송달의 효력을 인정할 수 없다.[384] 체포나 구속된 날 종전 주·거소로 송달되었다면 구속된 시각과 송달된 시간의 선후에 의하여 결정하지만, 명확하지 않으면 송달이 무효이다.[385] 判例도 송달받을 사람을 구치소장이 아닌 재감 중인 재항고인으로 한 소송기록접수통지서를 구치소 서무계원이 수령한 사안에서 송달은 효력이 없고, 달리 재항고인에게 소송기록접수의 통지가 도달하였다는 등의 사정을 발견할 수 없으므로, 소송기록접수의 통지는 효력이 없다고 하였다.[386] **교도소장 등에게 서류가 교부되면 송달은 완료하고 그 효력이 발생**한다. 따라서 피구속자에의 전달 여부는 송달의 효력에 영향이 없다.[387]

3) 송달받은 청사 등의 장의 조치 : 송달받은 청사 또는 선박의 장, 교도소·구치소·경찰서의 장은 바로 송달을 받을 본인에게 송달서류의 교부의무가 있으며, 본인의 소송수행에 지장을 받지 않도록 호송 등 필요한 조치를 하여야 한다(규칙 제50조).

(4) 신고된 송달영수인

> 제184조(송달받을 장소의 신고) 당사자·법정대리인 또는 소송대리인은 주소등 외의 장소(대한민국안의 장소로 한정한다)를 송달받을 장소로 정하여 법원에 신고할 수 있다. 이 경우에는 송달 영수인을 정하여 신고할 수 있다.

구법은 당사자, 법정대리인 또는 소송대리인이 수소법원의 소재지에 주소 등의 송달장소를 갖고 있지 않은 경우에 송달영수인 신고의무를 부과하였으나, 신법은 송달장소·송달영수인의 신고의무제를 폐지하고 이를 임의적인 것으로 하고 있다(제184조).

V. 송달일시와 장소

1. 송달일시

---

383) 대법 1982.12.28, 82다카349
384) 대법 2021.08.19, 2021다53
385) 대법 2017.11.07, 2017모2162
386) 대법 2017.09.22, 2017모1680
387) 대법 1992.03.10, 91도3272

> 제190조(공휴일 등의 송달) ① 당사자의 신청이 있는 때에는 공휴일 또는 해뜨기 전이나 해진 뒤에 집행관 또는 대법원규칙이 정하는 사람에 의하여 송달할 수 있다.
> ② 제1항의 규정에 따라 송달하는 때에는 법원사무관등은 송달할 서류에 그 사유를 덧붙여 적어야 한다.
> ③ 제1항과 제2항의 규정에 어긋나는 송달은 서류를 교부받을 사람이 이를 영수한 때에만 효력을 가진다.

(1) 원 칙

송달일시에 관하여는 제한이 없음이 원칙이다.

(2) 당사자의 신청에 의한 공휴일 등의 송달

당사자의 신청이 있는 때에는 공휴일 또는 해뜨기 전이나 해진 뒤에 집행관 또는 대법원규칙이 정하는 사람에 의하여 송달할 수 있는데(제190조 1항), 이 경우에 법원사무관 등은 송달할 서류에 그 사유를 덧붙여 적어야 하며(제190조 2항), 이에 어긋나는 송달은 서류를 교부받을 사람이 이를 영수한 때에만 효력을 가진다(제190조 3항).

2. 송달장소

(1) 송달할 장소

> 제183조(송달장소) ① 송달은 받을 사람의 주소·거소·영업소 또는 사무소(이하 "주소등"이라 한다)에서 한다. 다만, 법정대리인에게 할 송달은 본인의 영업소나 사무소에서도 할 수 있다.
> ② 제1항의 장소를 알지 못하거나 그 장소에서 송달할 수 없는 때에는 송달받을 사람이 고용·위임 그 밖에 법률상 행위로 취업하고 있는 다른 사람의 주소등(이하 "근무장소"라 한다)에서 송달할 수 있다.
> ③ 송달받을 사람의 주소등 또는 근무장소가 국내에 없거나 알 수 없는 때에는 그를 만나는 장소에서 송달할 수 있다.
> ④ 주소등 또는 근무장소가 있는 사람의 경우에도 송달받기를 거부하지 아니하면 만나는 장소에서 송달할 수 있다.

송달장소는 제183조에 규정된 곳으로 한정되므로 **우편사서함의 경우 송달장소로 규정되어 있지 않고, 송달보고서 작성관계상 송달장소로 볼 수 없다.**

1) 주소 등에의 송달(제183조 1항)

① **송달은 받을 사람의 주소·거소·영업소 또는 사무소**에서 한다. **영업소 또는 사무소는 그 자신 경영의 개인영업소 또는 사무소만을 뜻하지 그가 경영하는 회사의 공장은 근무장소에 지나지 않아 여기에 해당되지 않는다.**[388] 또한 영업소 또는 사무소는 송달받을 사람의 영업 또는 사무가 일정 기간 지속하여 행하여지는 중심적 장소로서, 한시적 기간에만 설치되거나 운영되는 곳이라고 하더라도 그곳에서 이루어지는 영업이나 사무의 내용, 기간 등에 비추어 볼 때 어느 정도 반복해서 송달이 이루어질 것이라고 객관적으로 기대할 수 있는 곳이라면 위 조항에서 규정한 영업소 또는 사무소에 해당한다.[389]

② **법정대리인에 대한 송달은 무능력자본인의 영업소 또는 사무소**에서도 할 수 있다(제183조 1항 단서).

---

[388] 대법 2004.07.21, 2004마535
[389] 대법 2014.10.30, 2014다43076

따라서 **법인의 경우에는 먼저 그 사무소에 송달하여 보고 송달불능이 되면 그 대표자의 주소에 송달할 것이고 그 곳으로 송달불능이 될 때에 주소보정을 명한다는 것이 判例의 입장**이다.390)

③ 이웃 주소지로 이사하였으나 종전 주소지에 주민등록을 둔 채 양쪽 집을 왕래하였다면 모두 송달장소이다.391)

④ **소장에 피고의 주소로 표시된 곳이 피고가 도피하기 전까지 거주하던 곳이고 그 곳에 피고의 아버지 등이 거주하고 있다고 하더라도 피고가 수표부도 등의 관계로 행방을 감추어 제소 당시 6개월 가량이 경과하였고, 피고의 처자도 이미 다른 곳으로 이사하여 피고의 주민등록까지 처자가 이사한 곳으로 옮겨졌다면 종전 주소지는 더 이상 피고의 생활근거지인 주소나 거소로는 볼 수 없고, 소장부본 등 소송서류나 제1심 판결정본을 피고의 가족이나 고용인이 수령하였다 하더라도 이는 피고에 대한 송달장소가 아닌 곳에서 행하여진 송달로서 부적법**하다.392)

2) 근무장소에의 송달(제183조 2항)

① **송달은 받을 사람의 주소 등을 알지 못하거나 그 장소에서 송달할 수 없는 때에는 송달받을 사람의 고용·위임, 그 밖에 법률상 행위로 취업하고 있는 다른 사람의 주소 등 즉 '근무장소'에서 송달할 수 있다.** 따라서 **소장, 지급명령서 등에 기재된 주소 등에 송달을 시도하지도 아니한 채 근무장소로 한 송달은 무효**이다.393)

② 여기서 근무장소란 현실의 근무장소를 말하는 것으로서 고용계약 등 법률상 행위로 취업하고 있는 지속적인 장소를 말한다. 따라서 **다른 주된 직업을 갖고 있으면서 회사의 비상근 이사·감사 또는 사외이사의 직을 갖고 있는 사람에 대하여 그 회사의 본점은 '근무장소'에 해당하지 않는다.**394) 지점근무자의 경우 **본점이 아닌 그 지점에 송달**하여야 한다.

3) 만나는 장소에서의 송달(제183조 3항, 4항) : **송달받을 사람의 주소 등 또는 근무장소가 국내에 없거나 알 수 없는 때** 또한 **주소 등 또는 근무장소가 있는 사람의 경우에도 송달받기를 거부하지 아니하면 만나는 장소에서 송달**할 수 있다. 이를 출회송달 또는 조우송달이라 한다.

(2) 주소 등 이외의 장소에서의 송달

> 제184조(송달받을 장소의 신고) 당사자·법정대리인 또는 소송대리인은 주소등 외의 장소(대한민국안의 장소로 한정한다)를 송달받을 장소로 정하여 법원에 신고할 수 있다. 이 경우에는 송달 영수인을 정하여 신고할 수 있다.

당사자·법정대리인 또는 소송대리인은 주소등 외의 장소를 송달받을 장소로 정하여 법원에 신고할 수 있다(제184조). 다만, 대한민국 안의 장소로 한정한다. 한편 **당사자가 소장 기타 서면으로 송달장소로 신고한 장소 이외의 장소에서 송달받을 자가 송달받았다 하더라도 그 장소가 송달받을 자의 실제의 주소, 거소, 영업소 또는 사무소가 틀림없는 이상 그 송달은 적법**하다.395)

---

390) 대법 1997.05.19, 97마600
391) 대법 1987.11.10, 87다카943
392) 대법 1993.01.12, 92다43098
393) 대법 2004.07.21, 2004마535
394) 대법 2015.12.10, 2012다16063

(3) 송달장소변경의 신고의무

> **제185조(송달장소변경의 신고의무)** ① 당사자·법정대리인 또는 소송대리인이 송달받을 장소를 바꿀 때에는 바로 그 취지를 법원에 신고하여야 한다.
> ② 제1항의 신고를 하지 아니한 사람에게 송달할 서류는 달리 송달할 장소를 알 수 없는 경우 종전에 송달받던 장소에 대법원규칙이 정하는 방법으로 발송할 수 있다.

> **민사소송규칙**
> 제51조(발송의 방법) 법 제185조제2항과 법 제187조의 규정에 따른 서류의 발송은 등기우편으로 한다.

당사자·법정대리인 또는 소송대리인이 송달받을 장소를 바꿀 때에는 바로 그 취지를 법원에 신고하여야 하며, 신고하지 아니하면 종전의 송달장소로 우편송달할 수 있다(제185조). 원고·참가인 등 적극적 당사자뿐만 아니라, **법원으로부터 한 차례 이상 적법한 송달을 받은 뒤에는 피고 등 소극적 당사자도 송달장소가 변경되면 신고할 의무가 발생한다**. 예컨대 피고가 해당 사건으로 법원에 출석하여 서류를 교부받았거나, 또는 피고가 수감되어 있는 구치소나 경찰관서의 유치장, 피고의 주소·근무장소 등이 아닌 단지 조우송달된 장소 등에서 송달이 이루어진 데 불과한 경우에는, 그 뒤에 송달장소가 바뀌었더라도 변경신고 의무가 발생하지 않고, 따라서 발송송달을 할 수도 없다. 나아가 당사자가 신고한 송달함 송달에 관하여는 별도의 효력규정(제188조 3항)이 있고 또 등기우편으로 발송할 주소도 없으므로, 당사자가 그 변경신고를 게을리하였더라도 발송송달을 할 여지는 없다. 특히 우체국 창구교부가 이루어진 경우 이는 적법한 송달장소가 아닌 곳에서 조우송달이 된 것에 불과하므로 그 후에 송달불능이 되고 송달장소 변경신고가 없었다고 하더라도 발송송달을 할 수 없다.[396] 이러한 **송달장소 변경의 신고의무는 특별한 사정이 없는 한 당해 심급이 종결됨과 함께 소멸하는 것이고, 따라서 상급심에서는 하급심에서의 당사자의 주소로 송달이 되지 않더라도 곧바로 발송송달을 하여서는 아니 되며, 항소인 등 적극적 당사자에게 통상의 주소보정 등을 명하여야 한다.**

Ⅵ. 송달실시의 방법

1. 교부송달의 원칙

> **제178조(교부송달의 원칙)** ① 송달은 특별한 규정이 없으면 송달받을 사람에게 서류의 등본 또는 부본을 교부하여야 한다.
> ② 송달할 서류의 제출에 갈음하여 조서, 그 밖의 서면을 작성한 때에는 그 등본이나 초본을 교부하여야 한다.

송달은 원칙적으로 송달받을 사람에게 직접 서류의 등본 또는 부본을 교부하는 방법에 의한다. 송달할

---

[395] 대법 1980.04.23, 80마93
[396] 이사한 당사자가 종전 주소 관할 우체국의 창구에서 소장부본을 교부송달받았는데 법원사무관등이 이를 구 주소에서 송달받은 것으로 오인하여 그 뒤의 변론기일통지서를 옛 주소로 송달하였다가 이사불명의 사유로 송달불능되자 등기우편에 의한 발송송달을 한 것은 잘못이라는 것에, 대법 2003.06.10, 2002다67628

서류의 제출에 갈음하여 조서, 그 밖의 서면을 작성한 때에는 그 등본이나 초본을 교부하여야 한다(제178조). 判例는 **판결정본을 원고가 집배원으로부터 수령→자기 처→피고의 처→피고순으로 교부된 경우는 송달절차가 부적법**하다고 하였다.[397]

2. 보충송달

> 제186조(보충송달·유치송달) ① 근무장소 외의 송달할 장소에서 송달받을 사람을 만나지 못한 때에는 그 사무원, 피용자(被用者) 또는 동거인으로서 사리를 분별할 지능이 있는 사람에게 서류를 교부할 수 있다.
> ② 근무장소에서 송달받을 사람을 만나지 못한 때에는 제183조제2항의 다른 사람 또는 그 법정대리인이나 피용자 그 밖의 종업원으로서 사리를 분별할 지능이 있는 사람이 서류의 수령을 거부하지 아니하면 그에게 서류를 교부할 수 있다.

송달장소에서 송달받을 자를 못 만났을 때에 다른 사람에게 대리송달하는 경우로 다음 2가지가 있다. 이러한 **보충송달은 제183조에서 정하는 '송달장소'에서 하는 경우에만 허용되고, 송달장소가 아닌 곳에서 사무원, 고용인 또는 동거자를 만난 경우에는 그 사무원 등이 송달받기를 거부하지 아니한다 하더라도 그 곳에서 그 사무원 등에게 서류를 교부하는 것은 보충송달의 방법으로서 부적법**하다.[398] **判例**도 우체국 창구에서 **송달받을 자의 동거자에게 송달서류를 교부한 것은 부적법**하다고 하였다.[399] 한편 민사소송법 제183조 제1항은 "송달은 이를 받을 자의 주소·거소·영업소 또는 사무소에서 한다."라고만 규정하고 있을 뿐 특별히 송달할 장소를 주민등록상의 주소지만으로 한정하고 있지는 아니하므로 **민사소송법 제183조 제1항 소정의 보충송달의 장소가 송달을 받을 자의 주민등록상의 주소지가 아니라고 하여 그 송달을 부적법한 것이라고 할 수는 없다**.[400]

(1) 주소 등에서의 보충송달

1) 의의 및 송달의 효력발생시기 : 근무장소 외의 송달할 장소에서 송달받을 사람을 만나지 못한 때에는 그 사무원, 피용자 또는 동거인으로서 **사리를 분별할 지능이 있는 사람**에게 서류를 교부할 수 있다(제186조 1항). 이는 실무상 많이 활용되고 있는 것으로 **사무원 등에게 소송서류를 교부한 때에 송달의 효력이 생기며 송달받을 자의 손에 들어갔는지 여부는 송달의 효력과는 관계없다**.[401] 다만 **보충송달 후 수령대행인으로부터 본인이 장기간 부재임을 소명하여 신고해 온 경우는 송달의 효력을 인정할 수 없다**.

2) 사리를 분별할 지능이 있는 사람 : 송달의 의미를 이해하고 송달받을 사람에게 교부를 기대할 수 있을 정도의 능력을 갖춘 사람으로서 반드시 성년자임을 요하지는 않는다.[402] **判例에 의하면 만 8세 10개월 된 자,[403] 만 15세 7개월 된 가정부의 경우도[404] 사리를 분별할 지능이 있는 사람에 포함시키고 있다.** 다

---

397) 대법 1979.09.25, 78다2448
398) 대법 2018.05.04, 2018무513
399) 대법 2001.08.31, 2001마3790
400) 대법 2000.10.28, 2000마5732; 대법 2012.10.11, 2012다44730
401) 대법 1992.02.11, 91누5877
402) 대법 2013.01.16, 2012재다370
403) 대법 1968.05.07, 68마336
404) 대법 1966.10.25, 66마162

만 ① 甲 주식회사가 乙 등을 상대로 제기한 배당이의 사건의 상고심에서 우편집배원이 甲 회사에 대한 상고기록접수통지서를 송달하기 위하여 甲 회사의 송달장소에 갔으나 대표이사 丙을 만나지 못하자 丙과 동거하는 만 8세 9개월 남짓의 아들 丁에게 이를 교부하고 丁의 서명을 받은 사안에서, 상고기록접수통지서의 **보충송달이 적법하지 않다**고 하였다.405) ② 동일한 수령대행인이 이해가 대립하는 소송당사자 쌍방을 대신하여 소송서류를 동시에 수령하는 경우, 수령대행인이 원고나 피고 중 한 명과도 이해관계의 상충 없이 중립적인 지위에 있기는 쉽지 않으므로 소송당사자 쌍방 모두에게 소송서류가 제대로 전달될 것이라고 합리적으로 기대하기 어렵다. 또한 이익충돌의 위험을 회피하여 본인의 이익을 보호하려는 데 취지가 있는 민법 제124조 본문에서의 쌍방대리금지 원칙에도 반한다. 따라서 소송당사자의 허락이 있다는 등의 특별한 사정이 없는 한, 동일한 수령대행인이 소송당사자 쌍방의 소송서류를 동시에 송달받을 수 없고, 그러한 보충송달은 무효라고 봄이 타당하다.406)

3) 동거인 등의 의미

① 송달받을 사람과 동일세대에 속하여 생계를 같이하는 사람을 말하므로,407) **같은 집에 거주한다고 하더라도 세대를 달리하는 임대인·임차인 등은 이에 포함되지 않는다**.408) 그러나 부모와 딸이 이웃아파트에 각각 전입하여 **별개의 세대를 구성하고 있더라도 실제로는 생활을 같이하고 있다면 동거인**으로 보며,409) **임차인에게 송달수령권의 묵시적 위임이 있는 경우(인장을 보관하는 경우)에는 보충송달로 적법**하다.410) 나아가 **判例는 이혼한 처라도 사실상 동일 세대에 소속되어 생활을 같이 하고 있다면 동거인으로 보는 입장**으로 동거인이 반드시 법률상 친족관계일 필요는 없다고 한다.411) 또한 **동거기간은 상관없다**. 그러나 법률상 배우자라고 하더라도 별거와 혼인공동체의 실체 소멸 등으로 소송당사자인 상대방 배우자의 '동거인'으로서 민사소송법 제186조 제1항에 정해진 보충송달을 받을 수 있는 지위를 인정할 수 없는 특별한 경우에는 송달의 효력에 관하여 심리하여 판단할 필요가 있다.412)

② **송달받을 사람이 거주하고 있는 아파트의 경비원이나 그의 사무실이 입주하여 있는 빌딩의 관리인이나 수위에게는 특별한 사정이 없는 한 보충송달을 할 수 없다**.413) 특별한 사정이란 일반우편물이나 등기우편물 등 특수우편물이 배달되는 경우 관례적으로 아파트 경비원이 이를 수령하여 거주자에게 전달하여 왔고, 이에 대하여 아파트 주민들이 평소 이러한 특수우편물 배달방법에 관하여 아무런 이의도 제기한 바 없던 경우를 말하고, 이때에는 아파트의 주민들이 등기우편물 등의 수령권한을 아파트 경비원에게 묵시적으로 위임한 것이라고 봄이 상당하다.414)415)

---

405) 대법 2013.01.16, 2012재다370
406) 대법 2021.03.11, 2020므11658
407) 대법 2021.04.15, 2019다244980·244997
408) 대법 1983.12.30, 83모53; 대법 1982.09.14, 81다카864
409) 대법 1992.09.14, 92누2363
410) 대법 2011.05.13, 2010다108876
411) 대법 2000.10.28, 2000마5732
412) 대법 2022.10.14, 2022다229936
413) 대법 1976.04.27, 76다192; 동 1984.02.14, 83누233
414) 대법 1998.05.15, 98두3679; 동 2000.07.04, 2000두1164
415) 그러나 최근 우편물이 수취인 가구의 우편함에 투입되었다고 하더라도 분실 등을 이유로 그 우편물이 수취인의 수중에 들어가지 않을 가능성이 적지 않게 존재하는 현실에 비추어, 우편함의 구조를 비롯하여 수취인이 우편물을 수취하였음을 추인할 만한 특별한 사정에 대하여 심리를 다하지 아니한 채 아파트 경비원이 집배원으로부터 우편

③ **일시 방문객에게 송달된 경우는 무효이나, 수송달자에게 전달·교부되면 그때 송달이 완성되었다고 보는 것이 判例이다.**[416] 또한 피고 종중에게 송달되는 판결정본을 송달장소에서 종중원인 원고가 교부받아 피고종중의 재무담당 종업원에게 전달하였다면 적법한 송달이라 하였는데,[417] 원고에게 대한 교부송달을 합법적 보충송달로 본 것이 아니라 원고에게 건네진 서류가 전전하여 제때에 피고종중의 사무원의 신분을 가진 사람의 수중에 들어갔으므로 보충송달로서 유효하다는 취지이다.

④ **여기의 '사무원'이란 반드시 송달받을 사람과 고용관계가 있어야 하는 것이 아니고 평소 본인을 위하여 사무 등을 보조하는 자이면 충분**하다.[418] **송달영수인의 지정신고가 있는 경우 그 송달영수인의 사무원에게 한 송달도 적법한 보충송달이 된다.** 나아가 합동법률사무소의 사무원은 소속변호사 전원을 위한 사무원이라 할 수 있으므로 소속변호사 전원의 수령대행인이 될 수 있다.

⑤ 소송서류를 송달받을 본인과 소송에 관하여 이해의 대립 내지 상반된 이해관계가 있는 수령대행인에게 보충송달을 할 수 없다. 따라서 **채무자의 제3채무자에 대한 임금 및 퇴직금채권에 대해 압류 및 추심명령의 결정문이 제3채무자에 송달되자 채무자가 보충송달 받은 경우 송달은 무효**이다.[419] 또한 **이혼소송을 제기한 경우에는 부부가 비록 같은 건물 내에 거주하고 있더라도 보충송달을 받을 동거인으로 볼 수 없다.**

(2) 근무장소에서의 보충송달

근무장소에서 송달받을 사람을 만나지 못한 때에는 송달받을 사람의 고용·위임, 그 밖에 법률상 행위로 취업하고 있는 **제183조 2항의 다른 사람 또는 그 법정대리인이나 피용자 그 밖의 종업원**으로서 사리를 분별할 지능이 있는 사람이 **서류의 수령을 거부하지 아니하면 그에게 서류를 교부할 수 있다**(제186조 2항). 이는 개정법에서 신설한 것으로서 그 수령을 거부하지 아니하는 경우에 한한다는 점에서 주소 등에서의 보충송달과 다르다.

3. 유치송달

> 제186조(보충송달·유치송달) ③ 서류를 송달받을 사람 또는 제1항의 규정에 의하여 서류를 넘겨받을 사람이 정당한 사유 없이 송달받기를 거부하는 때에는 송달할 장소에 서류를 놓아둘 수 있다.

서류를 송달받을 사람 또는 제186조 1항의 사무원·피용자·동거인이 정당한 사유 없이 송달받기를 거부하는 때에는 송달할 장소에 서류를 놓아둘 수 있다(제186조 3항). 개정법은 송달받을 본인·대리인의 거부뿐만 아니라, 제186조 1항의 사무원·피용자·동거인의 거부도 포함되는 것으로 하였다. **근무장소에서 보충송달을 받을 수 있는 사람에게는 유치송달을 할 수 없음**이 조문상 명백하다.

물을 수령한 후 이를 우편함에 넣어 둔 사실만으로 수취인이 그 우편물을 수취하였다고 추단한 원심판결을 파기한 사례로, 대법 2006.03.24, 2005다66411
416) 대법 1995.01.24, 93다25875
417) 대법 1979.01.30, 78다2269
418) 대법 2010.10.14, 2010다48455
419) 대법 2016.11.10, 2014다54366

4. 우편(발송)송달

(1) 의 의

보충송달이나 유치송달의 방법으로도 송달할 수 없는 때(제187조)와 당사자·법정대리인 또는 소송대리인이 송달받을 장소를 바꾸고도 법원에 신고하지 아니하여 달리 송달할 장소를 알 수 없는 때(제185조 2항)의 두 가지 경우에는, 법원사무관등은 서류를 등기우편 등 대법원규칙이 정하는 방법으로 발송할 수 있다. 이 경우 서류를 발송한 때에 송달된 것으로 본다(제189조). 따라서 발송송달은 그 효력이 매우 강한 것인 만큼, 송달이 매우 곤란할 때에만 제한적·보충적으로 허용되는 송달방법이다.

(2) 보충송달·유치송달이 불가능한 경우의 발송송달

> **제187조(우편송달)** 제186조의 규정에 따라 송달할 수 없는 때에는 법원사무관등은 서류를 등기우편 등 대법원규칙이 정하는 방법으로 발송할 수 있다.

1) **주소·거소·영업소·사무소** : 주소 등의 송달장소에서는 교부송달·보충송달과 유치송달이 모두 불가능해야 발송송달을 할 수 있다. 여기서 '송달하여야 할 장소'란 실제 송달받을 자의 생활근거지가 되는 주소, 거소, 영업소 또는 사무실 등 송달받을 자가 소송서류를 받아 볼 가능성이 있는 적법한 송달장소를 말한다.420)

① 송달실시기관이 수송달자의 주소에 가보았으나 집 전체가 폐문부재로 아무도 만날 수 없어 **원칙적 송달방법인 교부송달은 물론이고 보충송달도 할 수 없고 따라서 유치송달도 할 수 없는 경우에 할 수 있다.**421) **우편집배인의 2회에 걸친 배달에도 불구하고 각 폐문부재로 반송되어온 판결정본을 원명령법원이 등기우편에 의한 발송송달로 그 송달을 시행한 것은 적법**하다.422)

② 그러나 **폐문부재가 아니라 단지 송달을 받을 자만이 장기출타(여행·출장)로 부재중이어서 그 밖의 동거자 등에게 보충송달이나 유치송달이 가능한 경우에는 우편송달을 할 수 없다.**423) 또한 송달받을 사람이 가출·항해·해외유학 등으로 장기부재 중인 경우에는 송달장소에 수령대행인이 될 만한 사람이 있더라도 그가 송달에 관한 위임을 받은 경우가 아닌 한 그에게는 보충송달이나 유치송달 자체가 불가능하고 발송송달도 할 수 없다.

2) **근무장소에 발송송달** : 우선 근무장소에서 송달하기 위한 요건으로서 송달받을 사람의 주소·거소·영업소·사무소를 알지 못하거나 또는 주소 등을 알고 있더라도 그곳에서 통상의 방법에 의 송달을 실시할 수 없어야 하고(제183조 2항), 그 근무장소에 송달을 실시한 결과 교부송달이나 보충송달이 성공하지 못한 경우라야 한다(제187조, 제186조 2항). 즉, 부차적·보충적인 송달장소인 근무장소에서 수령대행인에게 보충송달을 시도하였으나 그 수령을 거부하여 송달하지 못하게 된 경우에는 유치송달은 애당초 허

---

420) 대법 2001.09.07, 2001다30025
421) 대법 1990.08.20, 90마570
422) 대법 1990.11.28, 90마914
423) 대법 1991.04.15, 91마162

용되지 않으므로 곧바로 발송송달을 할 수 있게 되는 것이다.

(3) 송달장소 변경신고의무 해태시의 발송송달

> **제185조(송달장소변경의 신고의무)** ① 당사자·법정대리인 또는 소송대리인이 송달받을 장소를 바꿀 때에는 바로 그 취지를 법원에 신고하여야 한다.
> ② 제1항의 신고를 하지 아니한 사람에게 송달할 서류는 달리 송달할 장소를 알 수 없는 경우 종전에 송달받던 장소에 대법원규칙이 정하는 방법으로 발송할 수 있다.

당사자 등이 송달장소 변경의 신고를 하지 아니하고 달리 송달할 장소를 알 수 없는 경우(제185조 2항)에 하는 송달이다. 당사자가 종전의 송달장소에 대하여 변경신고를 한 경우에 그 변경된 송달장소에서의 송달이 불능되는 경우에도 위 규정에 따라 우편송달을 할 수 있다.424) 만일 피고가 송달장소 변경을 신고하지 아니하여 위와 같이 발송송달 요건에 해당하면 등기우편 등에 의한 발송송달을 할 것이지, 원고에게 피고의 주소에 대한 보정명령을 내릴 것은 아니다.

① <u>'달리 송달할 장소를 알 수 없는 경우'라 함은 상대방에게 주소보정을 명하거나 직권으로 주민등록표 등을 조사할 필요까지는 없지만, 적어도 기록에 현출되어 있는 자료로 송달할 장소를 알 수 없는 경우를 말한다.</u>425) 가처분신청사건의 채권자인 회사가 송달장소 변경사실을 신고하지 아니하여 종전 송달장소로의 송달이 불능된 경우, 기록에 있는 법인등기부상의 본점 소재지나 대표이사의 주소지로 송달해 보지 아니한 채 막바로 발송송달을 하는 것은 잘못이다.426) **원고의 주소보정서에 기재된 피고의 송달장소가 아닌 곳에서 피고가 소장부본을 수령하였고, 피고가 제출한 답변서들을 담은 편지봉투들의 발신인 주소란에 또 다른 주소가 기재되어 있는 경우에는, 피고가 송달장소 변경신고의무를 해태한 경우라도 기록에 현출되어 있는 소장부본의 송달장소나 답변서 봉투의 주소지에 송달하여 보고 그곳으로도 송달되지 않을 때에 비로소 종전에 송달받던 장소로 발송송달할 수 있다.**427)

② 발송송달을 할 주소는 종전의 송달장소를 수신처로 하면 충분하며, 송달받을 사람의 진정한 주소를 조사할 필요까지는 없다. 다만 종전의 송달장소는 송달받을 사람에 대한 주소·거소·영업소·사무소 또는 근무장소나 신고된 송달장소 등 적법한 송달장소이어야 하며, 특히 대상자가 소극적 당사자인 경우에는 <u>당사자가 송달장소로 신고한 바 있다고 하더라도 그 송달장소에 송달된 바가 없다면 그곳을 민사소송법 제185조 제2항에서 정하는 '종전에 송달받던 장소'라고 볼 수 없다.</u>428)

③ <u>원고 등 적극적 당사자인 경우 최초에 소장 등에 기재한 주소 등으로 피고의 답변서 부본이나 기일통지서를 송달한 결과 이사불명이나 현 소재지 불명을 이유로 송달이 불능된 경우에는 제185조 2항의 송달장소변경 신고를 하지 않은 것으로 보아 발송송달 할 수 있다.</u>

---

424) 대법 2001.09.07, 2001다30025
425) 대법 2018.04.12, 2017다53623; 대법 2022.03.17, 2020다216462
426) 대법 2001.08.24, 2001다31592
427) 대법 2004.10.15, 2004다11988
428) 대법 2022.03.17, 2020다216462

④ 피고의 경우에는 주소불명 또는 수취인불명으로 반송된 경우에는 먼저 송달 시행 당시의 우편봉투에 기재된 주소 및 성명에 오기가 없었는지를 조사한 후 오기가 있었음이 확인되면 올바르게 기재하여 재송달을 실시하고, 주소와 성명에 오기가 없었거나 재송달에서도 같은 사유로 반송된 경우 등에는 재판장이 원고에게 피고에 대한 송달가능한 주소의 보정을 명하여야 한다. 그러나 **법원으로부터 한 차례 이상 적법한 송달을 받은 뒤에는 피고 등 소극적 당사자도 송달장소가 변경되면 신고할 의무가 발생**한다.

(3) 발송송달이 부적법한 경우

判例는 ⅰ) **원고가 주소보정한 피고의 송달장소로 송달한 것이 송달불능이 되더라도 기록상 다른 주소가 현출되어 있는 경우에 그곳에 송달해 보지도 않고 바로 발송송달한 것은 위법**하며,[429] **원고 등 적극적 당사자에 대한 송달이 수취인부재나 폐문부재를 이유로 불능된 경우에는 아직 송달장소가 변경되었다고 단정할 수 없어 그 변경신고의무가 발생하였다고 볼 수 없으므로 곧바로 종전 주소지로 발송송달을 할 수 없다**.[430] ⅱ) 처음 송달이 불능이어서 다시 송달장소·송달영수인 신고가 있었는데 위 신고장소에 송달시도 없이 발송송달한 것은 잘못이며,[431] ⅲ) **피고소송대리인 사무실로 송달했으나 불능이 되어 기록에 현출된 피고 본인 주소지에 송달을 실시해 보지 않고 피고소송대리인 주소지로 발송송달한 것은 부적법하다**.[432] ⅳ) 소장과 항소장에 원고의 주소지로 기재되어 있기는 하나 당시 원고의 실제 생활근거지가 아닌 곳으로 변론기일 소환장을 우편송달한 것은 민사소송법 제187조나 제185조 제2항에 의한 **우편송달로서의 효력이 없다**.[433] ⅴ) 피고의 소송대리인에 대하여만 적법한 송달이 이루어졌을 뿐 피고에 대하여는 적법한 송달장소에서 송달된 적이 없으면 피고의 주소지로 바로 발송송달을 할 수 없다.

(4) 발송송달의 방법과 효과

> 제189조(발신주의) 제185조제2항 또는 제187조의 규정에 따라 서류를 발송한 경우에는 발송한 때에 송달된 것으로 본다.

1) **방 법** : 법원사무관 등이 하는 점에서 우편집배원이 하는 우편에 의한 송달과 구별되며 소송서류를 송달장소에 **등기우편의 방법으로 발송**하면 되고(규칙 제51조), 이 경우 발송송달임을 명백히 밝힐 필요가 있으며, 확정일자 있는 우체국의 특수우편물 수령증이 첨부된 송달통지서가 있어야 한다. 송달의 효력은 **발송시에 발생한다**(제189조). **현실적인 소송서류의 도달 여부나 도달시기 등은 불문하는 점에서 송달받을 사람에게 매우 불이익한 송달**방법이다.

2) **한 계** : 다만, **화해권고결정**(제225조)·이행권고결정(소심법 제5조의 3)·조정에 갈음하는 결정(민조법 제38조 2항)·채무명시명령(민집 제62조 5항)의 송달은 우편송달에 의할 수 없다.

3) **차후의 송달** : 제187조의 우편송달은 당해 서류의 송달에 한하여 할 수 있는 것이지 **그에 이은 별개**

---

[429] 대법 2004.10.15, 2004다11988
[430] 대법 2001.09.07, 2001다30025
[431] 대법 2009.10.29, 2009마1029
[432] 대법 2011.05.13, 2010다84956
[433] 대법 2001.09.07, 2001다30025; 대법 2022.03.17, 2020다216462

의 서류 등의 송달에 관하여는 위 요건이 따로 구비되지 않는 한 당연히 우편송달을 할 수 있는 것은 아니다.[434] 예컨대 변론기일마다 각 기일통지서를 교부송달하여 본 후 보충송달·유치송달이 안 되었을 때 비로소 발송송달을 할 수 있다. 그러나 **송달장소 변경신고를 하지 아니한 당사자 등에 대하여 제185조 2항의 발송송달의 요건이 갖추어지면, 그 뒤에 그 당사자에게 송달할 모든 서류를 발송송달할 수 있다.** 왜냐하면 이 경우의 발송송달은 신고를 게을리한 당사자에게 불이익을 주는 제재적 의미가 있으므로 그가 송달이 가능한 장소를 자발적으로 신고하여 불이익 상태에서 벗어날 때까지 발송송달의 요건이 계속 유지된다고 보아야 하기 때문이다.

5. 송달함 송달

> **제188조(송달함 송달)** ① 제183조 내지 제187조의 규정에 불구하고 법원안에 송달할 서류를 넣을 함(이하 "송달함"이라 한다)을 설치하여 송달할 수 있다.
> ② 송달함을 이용하는 송달은 법원사무관등이 한다.
> ③ 송달받을 사람이 송달함에서 서류를 수령하여 가지 아니한 경우에는 송달함에 서류를 넣은 지 3일이 지나면 송달된 것으로 본다.
> ④ 송달함의 이용절차와 수수료, 송달함을 이용하는 송달방법 및 송달함으로 송달할 서류에 관한 사항은 대법원규칙으로 정한다.

개정법은 교부송달·보충송달·유치송달·우편송달 등의 송달방법에 불구하고 법원 안에 송달함(mail box)을 설치하여 여기에 송달할 서류를 넣는 방법의 송달을 도입하였다(제188조 1항). 송달함을 이용하는 송달은 법원사무관 등이 행하며, 송달받을 사람이 송달함에서 서류를 수령하여 가지 아니한 경우에는 **송달함에 서류를 넣은 지 3일이 지나면 송달된 것**으로 본다(제188조 2항, 3항).

6. 공시송달

(1) 의 의

당사자의 주소 등 또는 근무장소를 알 수 없는 경우와 같이 송달장소의 불명으로 보통의 송달방법에 의하여 송달을 실시할 수 없게 된 경우에 **직권 또는 당사자의 신청에 따라** 법원사무관 등이 송달할 서류를 보관하고 그 사유를 법원게시판에 게시하거나 관보·공보·신문에 게재하거나 전자통신매체를 이용한 공시의 방법으로 알림으로써 송달하는 것을 말한다(제195조, 규칙 제54조).

(2) 요 건

> **제194조(공시송달의 요건)** ① 당사자의 주소등 또는 근무장소를 알 수 없는 경우 또는 외국에서 하여야 할 송달에 관하여 제191조의 규정에 따를 수 없거나 이에 따라도 효력이 없을 것으로 인정되는 경우에는 법원사무관등은 직권으로 또는 당사자의 신청에 따라 공시송달을 할 수 있다. 〈개정 2014.12.30.〉

---

[434] 대법 1990.01.25, 89마939

> ② 제1항의 신청에는 그 사유를 소명하여야 한다.
> ③ 재판장은 제1항의 경우에 소송의 지연을 피하기 위하여 필요하다고 인정하는 때에는 공시송달을 명할 수 있다. 〈신설 2014.12.30.〉
> ④ 원고가 소권(항소권을 포함한다)을 남용하여 청구가 이유 없음이 명백한 소를 반복적으로 제기한 것에 대하여 법원이 변론 없이 판결로 소를 각하하는 경우에는 재판장은 직권으로 피고에 대하여 공시송달을 명할 수 있다. 〈신설 2023. 4. 18.〉
> ⑤ 재판장은 직권으로 또는 신청에 따라 법원사무관등의 공시송달처분을 취소할 수 있다. 〈신설 2014.12.30.〉
> 제197조(수명법관 등의 송달권한) 수명법관 및 수탁판사와 송달하는 곳의 지방법원판사도 송달에 대한 재판장의 권한을 행사할 수 있다.

공시송달은 ① **당사자의 주소 등 또는 근무장소를 알 수 없는 경우**와 외국에서 하여야 할 송달에 관하여 촉탁송달을 하기가 어려운 것으로 인정되는 경우(제194조 1항), **원고가 소권(항소권을 포함한다)을 남용하여 청구가 이유 없음이 명백한 소를 반복적으로 제기한 것에 대하여 법원이 변론 없이 판결로 소를 각하하는 경우에는 재판장은 직권으로 피고에 대하여 공시송달을 명할 수 있다**(제194조 4항). ② **당사자나 보조참가인, 소송의 피고지인, 소송인수인 등과 이들의 법정대리인·대표자 또는 관리인 등 당사자에 준하는 사람에 한하며**, 증인이나 감정인, **당사자 본인신문을 위하여 출석을 요구하는 경우의 송달은 이에 의할 수 없다**. ③ **다른 송달방법에 의하는 것이 불가능한 때에 한하여 허용**되며(공시송달의 보충성), ④ 송달받을 자가 있는 경우를 전제로 하므로 송달받을 자가 없는 경우에는 허용되지 않는다. 따라서 법인에 대한 송달은 그 대표자에게 하여야 되는 것이므로 **법인의 대표자가 사망하여 버리고 달리 법인을 대표할 자도 정하여지지 아니하였기 때문에 법인에 대하여 송달을 할 수 없는 때에는 공시송달도 할 여지가 없다**.[435]

(3) 절 차

1) 직권 또는 신청 : ① **당사자가 공시송달을 신청함에는 그 사유를 소명**하여야 한다(제194조 2항). 여기의 소명은 소송진행의 필요성과, 판결편취나 절차권 침해의 우려방지라는 이익의 조화라는 차원에서 이해하여야 하며, 반드시 송달이 불능된 일이 있어야 하는 것은 아니다. **상소심에서는 전심의 공시송달절차의 효력이 미치지 아니하지만, 공시송달 사유의 소명으로는 전심의 소명자료를 원용할 수 있다**. ② **당사자의 신청을 기대할 수 없거나 소송지연을 방지할 필요가 있는 경우에는 직권으로 실시**하는데, 실무적으로는 통상의 송달방법에 의하여 송달받아오던 자가 뒤에 소재불명으로 송달불능에 이른 때에 하는 것이 보통이다.

2) 재판방법 : 재판장의 명령으로 하였다가, 2015. 7. 1. 부터는 법원사무관 등이 하는 것으로 개정되었다. 다만 **재판장은 소송의 지연을 피하기 위하여 필요한 경우에는 공시송달을 명할 수 있으며**(제194조 3항), **재판장은 직권으로 또는 신청에 따라 법원사무관등의 공시송달처분을 취소할 수 있다**(제194조 5항).

3) 불복방법 : 공시송달의 신청이 각하된 때에는 신청인은 법원사무관 등의 처분에 대한 이의신청을 할 수 있다(제223조).

---

435) 대법 1991.10.22, 91다9985

(4) 방 법

> **제195조(공시송달의 방법)** 공시송달은 법원사무관등이 송달할 서류를 보관하고 그 사유를 법원게시판에 게시하거나, 그 밖에 대법원규칙이 정하는 방법에 따라서 하여야 한다.

> **민사소송규칙**
> **제54조(공시송달의 방법)** ① 법 제194조제1항의 규정에 따른 재판장의 명령이 있는 때에는 법원사무관등은 송달할 서류를 보관하고, 다음 각호 가운데 어느 하나의 방법으로 그 사유를 공시하여야 한다.
> 1. 법원게시판 게시
> 2. 관보·공보 또는 신문 게재
> 3. 전자통신매체를 이용한 공시
> ② 법원사무관등은 제1항에 규정된 방법으로 송달한 때에는 그 날짜와 방법을 기록에 표시하여야 한다.

법원사무관 등이 송달할 서류를 보관하고, 그 사유를 법원게시판에 게시, 관보·공보·신문에 게재하거나 전자통신매체를 이용한 공시 등의 방법 중 하나로 한다. 신법은 구법과 달리 외국에 대한 공시송달로 국내에 대한 공시송달과 같은 방법으로 하도록 하였다.

(5) 효 력

> **제196조(공시송달의 효력발생)** ① 첫 공시송달은 제195조의 규정에 따라 실시한 날부터 2주가 지나야 효력이 생긴다. 다만, 같은 당사자에게 하는 그 뒤의 공시송달은 실시한 다음 날부터 효력이 생긴다.
> ② 외국에서 할 송달에 대한 공시송달의 경우에는 제1항 본문의 기간은 2월로 한다.
> ③ 제1항 및 제2항의 기간은 줄일 수 없다.

1) 효력발생시기 : **최초의 공시송달은 게시한 날부터 2주가 지난 뒤(외국의 경우는 2월)에 효력이 생기며, 같은 당사자에게 하는 그 뒤의 공시송달은 게시한 다음날부터 그 효력이 생긴다**(제196조). 이 기간은 **늘일 수는 있으나 줄일 수는 없다**(제196조 3항). i) **공시송달의 효력이 발생하기 전에 본인이 찾아와 송달서류를 교부받으면 이것은 해당 사건에 관하여 출석한 사람에게 직접 송달한 것으로 되어 공시송달명령을 취소하지 않더라도 당연히 효력이 상실되며, 영수증을 받은 때에 송달의 효력이 발생하게 된다**(제177조 2항). 따라서 다시 그 사람에게 공시송달을 하려면 새로운 공시송달 명령의 절차가 필요하다, 한편 **공시송달 처분이 있은 후 공시송달의 요건을 충족하지 못하게 된 때, 예컨대 송달받을 사람의 주소가 판명되거나 그가 출석한 때에는 공시송달 처분을 취소할 필요 없이 이후 송달만 일반원칙에 의해 진행하면 된다**. 그러나 ii) **이미 공시송달의 효력이 발생한 뒤에는 당사자에게 서류를 교부하였다 하여도 이는 사실행위에 지나지 않아 이미 발생한 공시송달의 효력에는 영향이 없다**.

2) 상급심에서의 효력 : 공시송달의 효력은 그 취소가 없는 한 당해 심급에 한하여 지속되는 것이므로 그 심급에 관한 한 어떠한 송달서류이든 계속하여 공시송달 방법에 의하여 송달할 수 있으나, 항소심에서는 1심의 공시송달의 효력이 미치지 아니한다. 따라서 **1심 공시송달의 효력은 피고대리인이 추완항소장을 제출하였더라도 그대로 유지되는 것이므로 공시송달명령을 취소할 필요가 없으며, 더욱이 공시송달의 효력은 당해 심급에 한하여 미치므로 항소심에서 1심의 공시송달명령을 취소할 필요가 없다.**

3) 공시송달요건에 흠이 있는 경우의 송달효력 : ① 判例는 종래 공시송달요건에 흠이 있다고 하더라도 재판장이 공시송달을 명하여 절차를 취한 경우에는 유효한 송달이 되고 이에 기한 판결도 유효하다는 입장으로서, 당사자가 소송 계속 중에 수감된 경우 법원이 판결정본을 민사소송법 제182조에 따라 교도소장 등에게 송달하지 않고 당사자 주소 등에 공시송달 방법으로 송달하였다면, 공시송달의 요건을 갖추지 못한 하자가 있다고 하더라도 재판장의 명령에 따라 공시송달을 한 이상 송달의 효력은 있다고 하였다.[436] 따라서 공시송달이 무효임을 전제로 한 재송달은 있을 수 없고 공시송달명령에 대해 불복할 수도 없다.[437] ② 그러나 법원사무관 등이 한 공시송달에 대하여도 기존판례가 유지될 것인지는 지켜볼 일이다. 법원사무관 등의 처분은 법관의 명령이 아닌 사법기관의 처분이기 때문이다. 따라서 요건불비의 공시송달 등은 제223조에 따라 그 소속법원에 이의신청을 할 수 있다고 할 것이다.[438]

4) 요건불비 공시송달로 확정된 경우 : 법원이 송달장소를 알고 있으나 단순히 폐문부재로 송달이 되지 아니하는 경우인데도 공시송달을 하는 등 잘못된 공시송달로 심리가 진행된 끝에 패소된 경우에는 송달받을 사람의 선택에 따라 추후보완항소(제173조)나[439] 재심(제451조 1항 11호)을[440] 제기하여 구제받을 수 있다는 것이 종래의 판례였다. 공시송달로 진행되어 피고가 책임질 수 없는 사유로 전소에 응소할 수 없다 하더라도, 확정된 권리관계를 다투려면 전소의 기판력을 소멸시켜야 한다.[441]

5) 공시송달의 배제 : 공시송달을 받은 당사자에게는 **자백간주**(제150조 3항)·답변서제출의무(제256조 1항 단서)·외국판결의 승인규정(제217조 1항 2호)이 적용되지 아니하며, **화해권고결정**(제225조 2항)·이행권고결정(소심법 제5조의3 4항)·조정에 갈음하는 결정(민사조정법 제38조 2항)·**환경분쟁 조정법에 의한 재정문서**[442]·**지급명령**(제466조)은 공시송달에 의할 수 없다. 다만 금융기관의 대여금 채권 등에 관하여는 공시송달에 의한 지급명령이 가능한 특례가 있다(특례법 제20조의2).

7. 민사소송규칙상의 특례

(1) 전화 등을 이용한 송달

변호사가 소송대리인으로 선임되어 있는 경우 변호사인 소송대리인에 대한 송달은 법원사무관 등이 전화·Fax·전자우편으로 이용하여 송달할 수 있다(규칙 제46조).

(2) 변호사 사이의 직접송달

양쪽 당사자가 변호사에 의해 대리되는 경우에는 변호사 상호간에 송달할 서류의 부본을 직접 교부하거나 Fax·전자우편으로 보내고, 그 교부사실을 법원에 증명하는 방법으로 송달할 수 있다(규칙 제47조).

VII. 송달의 하자

---

436) 대법 2022.01.13, 2019다220618
437) 대법 1992.10.09, 92다12131
438) 이시윤 13판 443면; 김상일, "개정된 공시송달규정과 요건불비인 공시송달의 효력"
439) 대법 2011.10.27, 2011마1154
440) 대법(전) 1978.05.23, 77다1051
441) 대법 2013.04.11, 2012다111340
442) 환경분쟁 조정법에 의한 재정문서의 경우 제대로 송달되면 재판상 화해와 동일한 효력이 있으므로, 당사자의 재판청구권을 보장할 필요가 있어 공시송달에 의할 수 없다는 것에, 대법 2016.04.15, 2015다201510

1. 송달이 법정방식에 위배된 경우

(1) 무효가 되는 경우

송달을 받을 사람이 아닌 사람에 송달(수감자에 대해 교도소장에게 하지 않고 그의 종전 주소로 송달), 수령권자 아닌 사람에 송달(임대인에게 보충송달), 송달장소가 아닌 곳에서 송달(송달장소 아닌 곳에 유치송달), 보충송달·유치송달을 해보지도 않고 하는 우편송달 등은 원칙적으로 무효이다. **판결의 송달이 부적법한 경우에는 송달의 효력이 발생할 수 없는 것이므로 패소한 당사자가 판결선고 사실을 알고 이에 대하여 재심청구를 하였다가 취하하였다고 하더라도 상소기간은 진행될 수 없는 것이므로 당사자는 언제라도 상소할 수 있다.**[443]

(2) 무효가 아닌 경우

송달보고서에 우편집배원의 날인이 없는 경우, **공시송달의 요건에 흠이 생긴 경우**, 수령권자 아닌 자가 교부받아 동거자에게 전달한 경우에는 송달이 무효가 아니다.

2. 하자의 치유

송달에 하자가 있으면 원칙적으로 무효라도 송달받을 자가 추인하거나, 이의 없이 변론하거나 수령하면 이의권의 포기·상실로 하자는 치유된다. **사망한 자를 제3채무자로 하는 전부명령 정본의 송달은 위법하여 원칙적으로 무효이나, 그 사망자의 상속인이 현실적으로 그 송달서류를 수령한 경우에는 하자가 치유되어 그 송달은 그 때에 상속인에 대한 송달로서 효력을 발생**하므로, 그 때부터 각 그 즉시항고기간이 진행한다고 하였다.[444] 다만 **불변기간의 기산점에 관계있는 송달에 위법이 있는 경우에는 이의권의 포기·상실에서 제외**된다고 할 것이다.

제8절 소송절차의 정지

I. 총 설

1. 의 의

소송절차의 정지라 함은 소송이 계속된 뒤 아직 절차가 종료되기 전에, 소송절차가 법률상 진행되지 않는 상태를 말한다. 기일연기·추후지정·기일불출석이나 판결선고의 지연 등 절차가 사실상 정지된 경우와 구별된다.

---

443) 대법 1980.12.09, 80다1479
444) 채권자가 이미 사망한 자를 그 사망 사실을 모르고 제3채무자로 표시하여 압류 및 전부명령을 신청하였을 경우 채무자에 대하여 채무를 부담하는 자는 다른 특별한 사정이 없는 한 이제는 사망자가 아니라 그 상속인이므로 사망자를 제3채무자로 표시한 것은 명백한 오류이고, 또한 압류 및 전부명령에 있어서 그 제3채무자의 표시가 이미 사망한 자로 되어 있는 경우 그 압류 및 전부명령의 기재와 사망이라는 객관적 사정에 의하여 누구라도 어느 채권이 압류 및 전부되었는지를 추인할 수 있다고 할 것이어서 그 제3채무자의 표시를 사망자에서 그 상속인으로 경정한다고 하여 압류 및 전부명령의 동일성의 인식을 저해한다고 볼 수는 없으므로, 그 압류 및 전부명령의 제3채무자의 표시를 사망자에서 그 상속인으로 경정하는 결정은 허용된다는 것에, 대법 1998.02.13, 95다15667

2. 취지

소송절차의 정지는 당사자가 그 소송에 관여할 수 없게 된 경우에 절차권을 보장하기 위한, 즉 쌍방심문주의를 관철시키기 위한 제도이다. 따라서 대립당사자 구조에 의한 재판의 적정 보다는 절차의 신속을 앞세우는 강제집행절차, 담보권실행을 위한 경매절차, 가압류·가처분절차, 증거보전절차에는 적용이 없다.

3. 종 류

(1) 소송절차의 중단

당사자에 의한 소송수행이 불가능한 사유가 발생한 경우, **법원이나 당사자가 알든 모르든 관계없이 새로운 소송수행자에 의해 당해 소송수행이 가능할 때까지 법률상 당연히 절차의 진행이 정지**되는 것을 말한다.

(2) 소송절차의 중지

소송진행에 장애사유나 부적당한 사유가 발생한 경우에 법률상 당연히(법원측 사유) 또는 법원의 결정(당사자측 사유)에 의하여 절차의 진행이 정지되는 것을 말하며, 새로운 소송수행자로 교체가 없다는 점과 수계가 없다는 점에서 중단과 다르다.

(3) 기 타

당사자로부터 제척·기피신청이 있는 경우(제48조)와 관할지정신청이 있는 경우(규칙 제9조)에 소송절차가 정지된다.

4. 소송절차의 중단과 당연승계의 관계

실체법상 포괄승계원인이 생기면 법률상 당연히 소송당사자가 바뀌고 새로운 당사자가 소송을 인계받게 되는데 이를 당연승계라고 한다(당연승계에 관해서는 후술하는 당사자변경 참조). 우리 민사소송법은 당연승계의 발생원인인 포괄승계가 생긴 경우 소송절차의 중단·수계의 관점에서 규정하고 있다. 그러나 당연승계와 중단·수계는 같은 개념이라고 할 수 없다. 중단원인인 소송능력 상실이나 법정대리권 소멸 사유가 생긴 경우(제235조)에 당연승계의 문제는 발생하지 않으며, 당연승계가 이루어진 경우에도 소송대리인이 존재하는 경우에는 중단되지 않는 경우가 있기 때문이다(제238조).

II. 소송절차의 중단

1. 중단사유

(1) 당사자의 사망(제233조)

> 제233조(당사자의 사망으로 말미암은 중단) ① 당사자가 죽은 때에 소송절차는 중단된다. 이 경우 상속인·상속재산관리인, 그 밖에 법률에 의하여 소송을 계속하여 수행할 사람이 소송절차를 수계하여야 한다.
> ② 상속인은 상속포기를 할 수 있는 동안 소송절차를 수계하지 못한다.

1) 소송절차의 중단 : <u>소송대리인 없이 소송을 수행하다가 사망한 경우 법원이나 당사자가 이를 알았는</u>

지 여부와 관계없이 당연히 중단된다.

2) 중단의 요건

① 소송계속 후 사망일 것 : **소제기 전에 이미 사망한 경우는 당사자확정의 문제**이고, 사실심 변론종결후의 사망의 경우는 기판력확장의 문제이다. 소송이 적법하게 계속된 후 당해 소송의 당사자에 대하여 실종선고가 확정된 경우에는 실종자가 사망하였다고 보는 시기는 실종기간이 만료한 때라 하더라도 소송상 지위의 승계절차는 실종선고가 확정되어야만 비로소 이를 취할 수가 있는 것이므로 실종선고가 있기까지는 소송상 당사자능력이 없다고는 할 수 없고 소송절차가 법률상 그 진행을 할 수 없게 된 때, 즉 **실종선고가 확정된 때에 소송절차는 중단되는 것으로 해석**하여야 한다.445)

② 상속인이 존재하고, 소송물이 상속의 대상이 될 것 : **소송계속 중 사망한 경우에도 소송물인 권리의무가 상속의 대상이 되지 않는 경우(상속포기, 일신전속권)에는 중단되지 않고 소송절차가 종료**된다.446) 다만 **이혼판결 후 재심소송계속 중에 재심피고가 사망한 경우에는 예외로서 검사가 소송수계**한다.447)

③ 소송대리인이 없을 것 : 제238조에 의해 소송대리인이 있으면 중단되지 않는다.

3) 중단의 범위 : **통상 공동소송인 경우에는 사망한 당사자와 상대방간에서만 중단되며, 필수적 공동소송에서는 당사자 전원과의 관계가 중단**된다(제67조 제3항).

(2) 법인의 합병(제234조)

> **제234조**(법인의 합병으로 말미암은 중단) 당사자인 법인이 합병에 의하여 소멸된 때에 소송절차는 중단된다. 이 경우 합병에 의하여 설립된 법인 또는 합병한 뒤의 존속법인이 소송절차를 수계하여야 한다.

회사 기타 법인이 합병에 의하여 소멸된 경우에는 소송절차가 중단되고, 합병에 의하여 설립된 법인 또는 합병한 뒤의 존속법인이 소송절차를 수계하여야 한다. 이 규정은 법인이 아닌 사단·재단에 대해서도 준용되므로 비법인사단인 도시정비법상의 추진위원회 상대의 소송계속 중 조합이 설립되었다면 조합이 소송승계를 전제로 소송이 중단된다.448) **법인이 합병 이외의 사유로 해산된 때에는 청산법인으로 존속하기 때문에 중단되지 않지만**, 청산절차를 밟지 않고 법인이 소멸되는 경우에는 중단된다(예를 들어 법인의 권리의무가 상법상 회사분할의 법률규정에 의해 새로 설립된 법인에 승계된 경우449)). 그러나 **주식회사가 유한회사로 법인의 조직이 변경되더라도 소송절차가 중단되지 않으며**,450) 단순히 당사자인 법인으로부터 영업양도를 받

---

445) 대법 1983.02.22, 82사18
446) 이혼소송 계속 중 배우자 일방이 사망, 이 경우 이혼의 성립을 전제로 하여 부대한 재산분할청구 역시 종료(대법 1994.10.28, 94므246·253; 대법 1993.05.27, 92므143); 직위해제 및 면직처분의 무효확인소송중에 원고의 사망이 있는 경우(대법 2007.07.26, 2005두15748), 양육자지정청구 및 양육비지급청구 중 당사자사망(대법 1995.04.25, 94므536), 이사의 지위에서 이사회결의무효확인소송을 제기한 경우에 이사의 사망(대법 2013.09.13, 2011두33044), 공동광업권소송에서 공동광업자의 사망(대법 1981.07.28, 81다145).
447) 대법 1992.05.26, 90므1135
448) 대법 2012.04.12, 2009다22419
449) 대법 1984.06.12, 83다카1409
450) 상법상 주식회사의 유한회사로의 조직변경은 주식회사가 법인격의 동일성을 유지하면서 조직을 변경하여 유한회사로 되는 것이고(대법 2012.02.09, 2010두6731 등 참조), 이는 유한회사가 주식회사로 조직변경을 하는 경우에도 동일한 바, 그와 같은 사유로는 소송절차가 중단되지 아니하므로 조직이 변경된 유한회사나 주식회사가 소송

앉다는 것만으로 중단되지 않는다.451) 또한 법인 아닌 사단의 명칭변경뿐 그 실체가 동일한 경우에도 같다.452) 결국 법률에 법인의 지위를 승계하거나 법인의 권리의무가 새로 설립된 법인에 포괄적으로 승계된다는 명문의 규정이 없는 이상 새로 설립된 법인이 소송절차를 수계할 근거는 없다.453)

(3) 당사자 소송능력의 상실, 법정대리인의 사망 또는 법정대리권의 소멸(제235조)

> 제235조(소송능력의 상실, 법정대리권의 소멸로 말미암은 중단) 당사자가 소송능력을 잃은 때 또는 법정대리인이 죽거나 대리권을 잃은 때에 소송절차는 중단된다. 이 경우 소송능력을 회복한 당사자 또는 법정대리인이 된 사람이 소송절차를 수계하여야 한다.

당사자가 변경되는 것은 아니지만 소송수행자가 교체되기 때문에 중단되는 경우이다. 이때 소송능력을 상실하는 것은 한정·성년 후견개시를 받은 경우를 말한다. 법정대리권 내지 **대표권의 상실에는 가처분에 의한 직무집행정지도 포함**되나,454) **법정대리권이나 대표권의 소멸은 상대방에게 통지하여야 효력이 생기기 때문에**(제63조, 제64조) **통지가 있어야 중단**된다. 한편 **소송대리인의 사망이나 소송대리권의 소멸의 경우에는 본인 스스로 소송행위를 할 수 있기 때문에 중단사유로 되지 않는다.**

(4) 신탁법상 신탁재산에 관한 소송의 당사자인 수탁자의 임무종료

> 제236조(수탁자의 임무가 끝남으로 말미암은 중단) 신탁으로 말미암은 수탁자의 위탁임무가 끝난 때에 소송절차는 중단된다. 이 경우 새로운 수탁자가 소송절차를 수계하여야 한다.

신탁으로 말미암은 수탁자의 위탁임무가 끝난 때에 소송절차는 중단되고, 이 경우 새로운 수탁자가 소송절차를 수계한다.455) **신탁법에 의한 수탁자의 임무종료**를 말하는 것으로, 명의 신탁관계는 포함되지 않는다.456)

(5) 소송담당자의 자격상실(제237조 1항)과 선정당사자 전원의 자격상실(동조 2항)

> 제237조(자격상실로 말미암은 중단) ① 일정한 자격에 의하여 자기 이름으로 남을 위하여 소송당사자가 된 사람이 그 자격을 잃거나 죽은 때에 소송절차는 중단된다. 이 경우 같은 자격을 가진 사람이 소송절차를 수계하여야 한다.
> ② 제53조의 규정에 따라 당사자가 될 사람을 선정한 소송에서 선정된 당사자 모두가 자격을 잃거나 죽은 때에 소송절차는 중단된다. 이 경우 당사자를 선정한 사람 모두 또는 새로 당사자로 선정된 사람이 소송절차를 수계하여야 한다.

절차를 수계할 필요가 없다는 것에, 대법 2021.12.10, 2021후10855. 따라서 수계신청은 기각하여야 하고, 당사자표시정정의 대상이다.
451) 대법 1962.09.27, 62다441
452) 대법 1967.07.07, 67마335
453) 이와 같은 법리는 당사자가 법인격 없는 단체인 경우에도 마찬가지라는 것에, 대법 2022.01.27, 2020다39719
454) 대법 1980.10.14, 80다623·624
455) 대법 2014.12.24, 2012다74304
456) 대법 1966.06.28, 66다689

일정한 자격에 의하여 자기 이름으로 남을 위하여 소송당사자가 된 사람(제3자의 소송담당)이 그 자격을 잃거나 죽은 때에 소송절차는 중단된다(제237조 1항).[457] 집합건물의 관리단으로부터 집합건물의 관리업무를 위임받은 위탁관리업자가 구분소유자 등을 상대로 관리비청구 소송을 수행하던 중 관리위탁계약이 종료되어 그 자격을 잃게 되면 소송절차는 중단되고, 같은 자격을 가진 새로운 위탁관리업자가 소송절차를 수계하거나 새로운 위탁관리업자가 없으면 관리단이나 관리인이 직접 소송절차를 수계하여야 한다.[458] 다만, 소송담당 중에서 자신의 권리나 지위에 기하여 소송을 하는 경우인 예컨대 **채권자대위소송에서의 채권자**, 질권의 목적이 된 채권에 대하여 소송을 하는 채권질권자, 주주대표소송의 주주 등의 경우에는 여기에 해당하지 않는다.[459] **선정당사자의 일부만에 사망 또는 자격상실의 사유가 있어도 나머지 선정당사자가 소송을 수행할 수 있으므로 중단되지 않는다.**

(6) 파산재단에 관한 소송 중의 파산선고 및 파산해지

> 제239조(당사자의 파산으로 말미암은 중단) 당사자가 파산선고를 받은 때에 파산재단에 관한 소송절차는 중단된다. 이 경우 「채무자 회생 및 파산에 관한 법률」에 따른 수계가 이루어지기 전에 파산절차가 해지되면 파산선고를 받은 자가 당연히 소송절차를 수계한다. 〈개정 2005.3.31〉
>
> 제240조(파산절차의 해지로 말미암은 중단) 「채무자 회생 및 파산에 관한 법률」에 따라 파산재단에 관한 소송의 수계가 이루어진 뒤 파산절차가 해지된 때에 소송절차는 중단된다. 이 경우 파산선고를 받은 자가 소송절차를 수계하여야 한다. 〈개정 2005.3.31〉

당사자가 파산선고를 받은 때에 파산재단에 관한 소송절차는 중단되며 **이 경우 「채무자 회생 및 파산에 관한 법률」에 따른 수계가 이루어지기 전에 파산절차가 해지되면 파산선고를 받은 자가 당연히 소송절차를 수계한다**(제239조).[460] **파산법에 따라 파산재단에 관한 소송의 수계가 이루어진 뒤 파산절차가 해지된 때에도 소송절차는 중단**된다(제240조). 채권자대위소송의 계속 중 채무자에 대해 파산이 선고되면 그 소송절차는 중단되고 파산관재인이 수계할 수 있다.[461] 채권자취소소송의 계속 중 채무자에 대하여 회생절차개시결정이 있을 때도 마찬가지로 중단된다.[462] 회생관리인이 부인권행사에 기한 소송절차는 파산절차로 이행된 경우에 파산관재인이 수계할 수 있다.[463] 회생개시결정이 늦게 되어 상고심의 소송절차가 변론 없이 판결을 선고할 때에는 소송절차를 승계할 필요 없다.[464]

---

457) 파산관재인이 자격상실한 경우도 여기에 포함되나, 대법 2008.04.24, 2006다14363은 공동파산관재인 중 1인만의 사임은 중단·수계사유가 되지 않는다고 하였다.
458) 대법 2022.05.13, 2019다229516
459) 이시윤 13판 449면
460) 대법 2020.06.25, 2019다246399
461) 대법 2019.03.06, 2017마5292; 대법 2013.03.28, 2012다100746
462) 대법 2014.05.29, 2013다78780; 대법 2022.05.26, 2022다209987; 다만 그 수계가 이루어지기 전에 회생계획이 인가되지 못하고 회생절차가 폐지된 경우에는 종전 채권자에 의해 당연히 소송절차가 수계된다는 것에, 대법 2022.10.27, 2022다241998
463) 대법 2015.05.29, 2012다87751
464) 대법 2015.05.26, 2012다89320; 대법 2016.04.12, 2014다68761

> 참고 : 소송이 계속하는 도중에 채무자에 대한 파산선고가 내려진 경우
>
> **1. 절 차**
> 당사자가 파산선고를 받은 때에 파산재단에 관한 소송절차는 중단되고(제239조), 채무자에 대하여 파산선고 전의 원인으로 생긴 재산상의 청구권인 파산채권은 파산절차에 의하지 아니하고는 행사할 수 없다[채무자 회생 및 파산에 관한 법률(이하 '채무자회생법'이라고 한다) 제423조, 제424조]. 파산채권자는 파산사건의 관할법원에 채무자회생법이 정한 바에 따라 채권신고를 하여야 한다.
>
> **2. 채권조사절차에서 파산채권에 대한 이의가 없는 경우**
> 채권조사절차에서 이의가 없어 파산채권이 신고한 내용대로 확정되면 계속 중이던 소송은 부적법하게 된다.
>
> **3. 채권조사절차에서 파산채권에 대한 이의가 있는 경우**
> 파산채권자가 권리의 확정을 구하고자 하는 때에는 이의자 전원을 소송의 상대방으로 하여 계속 중이던 소송을 수계하고(채무자회생법 제464조) 청구취지 등을 채권확정소송으로 변경하여야 한다. 집행권원이 있는 이의채권의 경우에는 이의자가 파산채권자를 상대방으로 하여 소송절차를 수계하여야 한다(채무자회생법 제466조).
>
> **4. 이의가 없는 동안의 수계신청**
> 이처럼 파산선고 당시 계속 중이던 파산채권에 관한 소송은 파산관재인이 당연히 수계하는 것이 아니라 파산채권자의 채권신고와 그에 대한 채권조사의 결과에 따라 처리되므로, 당사자는 파산채권이 이의채권이 되지 아니한 상태에서 미리 소송수계신청을 할 수 없고, 이와 같은 소송수계신청은 부적법하다.[465]
>
> **5. 채권자취소소송 중 채무자의 파산**
> 「채무자 회생 및 파산에 관한 법률」 제406조 제1항, 제2항, 제347조 제1항에 의하면, 파산채권자가 제기한 채권자취소소송이 파산선고 당시 법원에 계속되어 있는 때에는 그 소송절차가 중단되고, 파산관재인 또는 상대방이 이를 수계할 수 있다. 그리고 채권자취소소송의 계속 중 채무자에 대하여 파산선고가 있었는데, 법원이 그 사실을 알지 못한 채 파산관재인의 소송수계가 이루어지지 아니한 상태로 소송절차를 진행하여 판결을 선고하였다면, 그 판결에는 채무자의 파산선고로 소송절차를 수계할 파산관재인이 법률상 소송행위를 할 수 없는 상태에서 사건을 심리하고 선고한 잘못이 있다.[466]

2. 중단의 예외 : 소송대리인이 있는 경우

> **제238조(소송대리인이 있는 경우의 제외)** 소송대리인이 있는 경우에는 제233조 제1항, 제234조 내지 제237조의 규정을 적용하지 아니한다.

(1) 소송대리인이 있는 경우

1) 중단예외의 범위 : <u>당사자의 파산 내지 파산절차의 해지로 인한 중단사유를 제외</u>한 나머지 중단사유에 있어서, <u>그 중단사유가 생긴 당사자 측에 소송대리인이 있으면 소송절차는 중단되지 않는다</u>(제238조). 중단사유가 발생해도 소송대리인의 대리권은 소멸되지 않으며(제95조, 제96조), 당사자가 대리인 없이 무방비 상태가 되는 것이 아니기 때문이다.

2) 소송대리인의 지위 : <u>소송대리인은 수계절차를 밟지 않아도 새로운 당사자 모두의 소송대리인</u>이 된다. 따라서 상속인이 밝혀진 경우에는 상속인, 상속인이 누구인지 모를 때에는 亡人을 그대로 표시하여도

---

465) 대법 2018.04.24. 2017다287587
466) 대법 2014.01.29. 2013다65222; 대법 2015.11.12. 2014다228587; 대법 2022.05.26. 2022다209987

된다.467) 상속인 등에 의한 소송절차 수계를 필요로 하지 않는다는 의미일 뿐이므로 상속인이 **소송수계신청을 하는 것은 가능하며 이 경우 표시정정의 의미이다.**468)

3) **판결의 효력이 미치는 범위** : 판결의 효력은 새로운 당사자에게 미친다. **亡人으로 표시하여도 판결은 상속인들 전원에 미치고,**469) 이 경우 소송승계인을 당사자로 판결경정하면 된다.470) 나아가 **상속인 일부만 수계인으로 표시해도 판결의 효력은 정당한 상속인 모두에 미친다.**471)

> **판례연구 : 수계인을 잘못 표시한 판결의 효력**
>
> **1. 사실관계**
> 주식회사 A는 소외 B로부터 부산 사하구에 소재한 4필지를 신탁받아 그 지상에 주상복합건물을 건축하여 분양하기로 하는 토지신탁계약을 체결하고 甲과 위 주상복합건물에 관한 설계용역계약을 체결하였다. 甲은 수탁자 A를 상대로 설계용역에 따른 용역비 금 10억 원을 구하는 소를 제기하여 일부 승소하자 쌍방이 항소하여 항소심 계속 중 A는 파산선고를 받았다. 그러자 A의 소송대리인인 변호사 C는 A의 파산관재인을 소송수계인으로 하는 소송수계신청을 하였고, 항소심은 피고가 파산선고가 내려진 이상 금전지급을 구할 수 없다는 이유로 용역비지급청구를 배척하는 판결을 선고하였으며 이 판결에 대하여 아무도 상고하지 않고 1년이 지났다. 그 후 B는 乙을 신탁사무에 관한 새로운 수탁자로 선임하였다.472)
>
> **2. 파산관재인을 소송수계인으로 하여 선고된 판결의 효력**
> 파산선고로 A의 수탁자로서의 임무가 종료하더라도 전소의 항소심에서 A에게 소송대리인 C가 있었던 이상 신탁재산에 관한 소송인 용역비지급청구 부분은 그 소송절차가 중단되지 아니하고, A의 소송대리인이 당사자 지위를 당연승계하는 신수탁자 乙을 위하여 소송을 수행하게 되는 것이며, 원고 甲의 용역비지급청구를 배척한 전소 원심판결은 신수탁자인 피고 乙에게 그 효력이 미친다고 할 것인데, 이는 전소 원심판결에 신탁재산에 대한 관리처분권이 없는 파산관재인이 소송수계인으로 표시되어 있더라도 달리 볼 것이 아니다.
>
> **3. 甲이 새로운 수탁자 乙을 상대로 한 새로운 용역비 청구에 대한 판단**
> 소송대리인에게 상소제기에 관한 특별수권이 부여되어 있는지를 심리하여 전소 원심판결이 상고기간 도과로 이미 확정되어 지급명령신청이 전소 판결의 기판력에 저촉되는지, 아니면 전소 원심판결 정본 송달 시 용역비지급청구 부분의 소송절차가 중단됨으로써 지급명령신청이 중복제소에 해당하는지 판단하여야 하는데도, 이러한 심리를 다하지 않은 원심판결에 법리오해의 위법이 있다.

(2) 심급대리원칙과의 관계

1) **소송대리인이 상소의 특별수권이 없는 경우** : **그 심급의 판결정본이 당사자에게 송달되면 당해 소송대리인의 대리권은 소멸되고 따라서 소송절차는 중단**된다.473) 이 경우 항소는 소송수계절차를 밟은 다음에 제기하는 것이 원칙이다.474)

---

467) 대법 1992.11.05, 91마342
468) 대법 1969.03.10, 68마1100; 대법 1972.10.31, 72다1271; 대법 2008.04.10, 2007다28598
469) 대법 1995.09.26, 94다54160; 대법 2011.04.28, 2010다103048
470) 대법 2002.09.24, 2000다49374
471) 대법 1992.11.05, 91마342; 대법 2010.12.23, 2007다22859
472) 대법 2014.12.24, 2012다74304
473) 대법 1980.10.14, 80다623・624
474) 소송절차 중단 중에 제기된 상소는 부적법하지만 상소심법원에 수계신청을 하여 그 하자를 치유시킬 수 있으므로(대법 1980.10.14, 80다623), 상속인들로부터 항소심 소송을 위임받은 소송대리인이 소송수계절차를 취하지 아니한 채 사망한 당사자 명의로 항소장 및 항소이유서를 제출하였더라도, 상속인들이 항소심에서 수계신청을 하고 소송대리인의 소송행위를 적법한 것으로 추인하면 그 하자는 치유된다는 것에, 대법 2016.04.29, 2014다210449

2) 소송대리인이 상소의 특별수권이 있는 경우

① 중단의 시기 : 소송대리인에게 상소에 관한 특별한 수권이 있다면 판결정본이 송달되어도 중단되지 않는데, ⅰ) **소송대리인이 패소한 당사자를 위하여 상소를 제기하지 아니하면 상소기간의 도과로 당해판결은 확정**되며,475) ⅱ) **상소를 제기하였다면 그 상소제기 시부터 소송절차가 중단**되므로 항소심에서 소송수계절차를 거치면 된다.476)

② 누락상속인의 구제책 : ⅰ) **소송대리인이 있어 중단되지 않았던 절차에서 수계신청에서 누락된 상속인에게도 원심의 패소판결의 효력이 미치는 것이고 누락된 상속인을 위해 소송대리인이 상소하지 않으면 상소기간의 도과로 판결이 확정**된다.477) 이때 누락상속인과 대리인에게 과실이 없다면 누락상속인을 위한 추완상소로 침해된 절차권을 보호할 것이고 아니면 손해배상 등 실체법의 문제로 해결할 수밖에 없을 것으로 본다.478) 다만 ⅱ) **제1심 계속 중 사망한 원고의 공동상속인 중에 A만이 수계절차를 밟았을 뿐이고 A만을 망인의 소송수계인으로 표시하여 한 원고패소판결에 대하여 망인의 소송대리인이 항소인을 A만을 기재하여 항소제기한 사안에서, 제1심 판결의 효력은 수계인 표시가 없는 나머지 B 등에게도 미치고 항소의 효력도 미쳐 그들에 대해 확정차단**이 된다는 判例가 나왔다.479) 이러한 判例에 대해 공동상속인 중 1인의 수계신청이나 항소가 공동상속인 전원에 미치는 결과인데, 공동상속의 소송관계가 필수적 공동소송관계가 아니라면 문제가 있어 보이고, 소송행위의 표시주의 원칙과 배치된다는 비판이 있다.480)

3. 중단의 해소

소송절차의 중단은 당사자측의 수계신청이나, 법원의 속행명령에 의하여 해소되어 소송절차의 진행이 재개된다. 다만 신청이 없어도 당연수계되는 예외가 제239조 후문이다.

(1) 수계신청

1) 의 의 : 수계신청이란 당사자 측에서 중단된 절차가 계속 진행되도록 속행을 구하는 신청으로 소송상의 지위를 물려받는 승계와 다르다(당연승계에서 후술).

2) 수계신청권자

> 제241조(상대방의 수계신청권) 소송절차의 수계신청은 상대방도 할 수 있다.

① 수계신청권자 : **중단사유가 있는 당사자측의 새로운 수행자뿐만 아니라 상대방 당사자도 할 수 있다**(제241조). 당사자 사망의 경우의 수계신청권자는 **상속인, 상속재산관리인**,481) 유언집행자, 수증자들이다.482) **상속인이 상속포기기간 안에 한 수계신청은 위법이나 상대방이 이의 없이 응소하면 이의권의 포기로**

---

475) 대법 2014.12.24, 2012다74304; 대법 2016.09.08, 2015다39357
476) 대법 2016.04.29, 2014다210449
477) 대법 1992.11.05, 91마342
478) 이시윤 13판 450면.
479) 대법 2010.12.23, 2007다22859
480) 이시윤 13판 451면.
481) 소송계속중 당사자가 사망하고 그 상속인의 존부가 불명한 경우에는 민법 제1053조 1항에 따른 상속재산관리인의 선임을 기다려 그로 하여금 소송을 수계토록 한다는 것에, 대법 2002.10.25, 2000다21802.
482) 다만 일부재산을 특정하여 특정유증을 받은 자는 유증자가 사망한 경우에 당연승계의 여지가 없다는 것에, 대법

하자가 치유된다.[483]

② 당사자 사망으로 공동상속이 이루어진 경우 : **공동상속재산에 관한 소송은 필수적 공동소송관계가 아니므로 개별적으로 수계하여도 무방**하다.[484] 이때 상속인 중 한 사람만이 수계절차를 밟았다면 **나머지 수계절차를 밟지 않은 다른 상속인의 소송관계는 중단된 채 제1심에 그대로 계속**된다.[485]

3) 신청하여야 할 법원

> 제243조(수계신청에 대한 재판) ②재판이 송달된 뒤에 중단된 소송절차의 수계에 대하여는 그 재판을 한 법원이 결정하여야 한다.

① 원 칙 : 중단 당시 소송이 계속된 법원에 하여야 한다.

② 종국판결이 송달된 뒤에 중단된 경우 : 判例는 수계신청을 하여야 할 법원에 관해서 **소송 계속 중 어느 일방 당사자의 사망에 의한 소송절차 중단을 간과하고 변론이 종결되어 판결이 선고된 후에는 적법한 상속인들이 수계신청을 하여 판결을 송달받아 상고하거나 또는 사실상 송달을 받아 상고장을 제출하고 상고심에서 수계절차를 밟은 경우에도 적법**하다고 한다.[486] 나아가 判例는 **소송절차 중단 중에 제기된 상소는 원칙적으로 부적법하다고 할 것이지만, 이러한 경우에도 상소법원에 수계신청을 하여 그 흠을 치유시킬 수 있다**고 한다.[487]

4) 수계신청절차

> 제242조(수계신청의 통지) 소송절차의 수계신청이 있는 때에는 법원은 상대방에게 이를 통지하여야 한다.

① 수계신청은 신수행자가 수계의 의사를 명시하여 서면 또는 말로 할 수 있다(제161조). 그러나 **규칙 제60조는 소송절차의 수계신청은 서면으로 하여야 하고, 신청서에는 소송절차의 중단사유와 수계할 사람의 자격을 소명하는 자료를 붙여야 한다고 규정**하고 있다.

② 신청은 실질적으로 판단하여 기일지정신청이나 **당사자표시정정신청의 형식을 취했어도 그 취지가 수계신청이면 수계신청으로 볼 수 있다**.[488]

③ **수계신청이 있으면 법원은 상대방에게 이를 통지하여야** 하고(제242조), 상대방에 대한 관계에서는 통지 시에 중단이 해소된다.

④ 수계신청기간에는 제한이 없다. 다만 사망의 경우에 **상속인은 상속포기기간인 3월 내에는 수계신청을 하지 못한다**(제233조 제2항).

5) 수계신청에 대한 재판

2010.12.23, 2007다22859
483) 대법 1995.06.16, 95다5905·5912
484) 대법 1964.05.26, 63다974
485) 대법 1994.11.04, 93다31993
486) 대법 1996.02.09, 94다61649
487) 대법 1996.02.09, 94다61649
488) 대법 1980.10.14, 80다623·624

> 제243조(수계신청에 대한 재판) ① 소송절차의 수계신청은 법원이 직권으로 조사하여 이유가 없다고 인정한 때에는 결정으로 기각하여야 한다.

① **소송수계신청의 적법여부는 법원의 직권조사사항**이다. **조사결과 이유 있을 때에는 별도의 재판을 할 필요 없이 그대로 소송절차를 진행할 수 있다**.[489] 그러나 **수계가 이유 없다고 인정한 경우에는 이를 기각하여야 한다**(제243조 1항). 상고심의 소송절차가 상고이유서 제출기간이 지난 단계에 이르러 변론 없이 판결을 선고할 때에는 소송절차를 수계하도록 할 필요가 없으므로 수계신청을 기각한다.[490] 기각 결정에 대하여는 통상항고를 할 수 있다(제439조). 기각이 되면 중단은 해소되지 않으므로 새로운 수계신청이 필요하다.

② 한참 속행된 뒤 승계인적격이 없음이 판명된 경우 : ⅰ) **당사자의 사망으로 인한 소송수계 신청이 이유 있다고 하여 소송절차를 진행시켰으나 그 후에 신청인이 자격 없음이 판명된 경우에는 수계재판을 취소하고 신청을 각하**하여야 한다.[491] 다만 ⅱ) 무효인 유언에 따른 수증자의 수계신청에 대해 제1심 법원은 적법한 소송수계인으로 취급하여 소송절차를 속행한 다음 유언이 무효라는 이유로 소송수계신청인의 청구를 기각, 항소도 기각한 원심판결은 그 자체로서 이유가 모순되고 소송절차의 진행을 잘못한 위법이 있다 할 것이므로, 원심판결을 파기하고 제1심판결을 취소하며, 소송수계신청인의 소송수계신청을 기각하고, 이 사건 소송이 중단된 채 제1심에 계속되어 있음을 명백히 하는 의미에서 사건을 제1심 법원에 환송한다고 하여 수계신청 기각설을 따른 판례도 있다.[492]

③ 참칭수계인임을 간과하고 판결한 경우 : **진정한 수계인에 대한 관계에서는 소송은 중단상태에 있지만, 참칭수계인에게는 기판력이 미친다**.[493] 재산분할청구권은 파산재단에 속하지 아니하므로, 이 사건 소송 계속 중 원고에게 파산이 선고되었다고 하더라도 원고의 본소 재산분할청구 부분은 소송수계의 대상이 되지 않는다고 보아야 한다. 결국 원고 파산관재인의 본소 재산분할청구 부분에 관한 소송수계신청은 부적법하여 기각하였어야 함에도 원고 파산관재인을 적법한 소송수계인으로 취급하여 소송절차를 속행한 제1심 및 원심판결에는 소송수계의 대상에 관한 법리를 오해한 잘못이 있다고 할 것이므로, 이 부분 상고이유의 당부를 떠나 원심과 제1심은 파기 및 취소를 면할 수 없다.[494]

(2) 법원의 속행명령

> 제244조(직권에 의한 속행명령) 법원은 당사자가 소송절차를 수계하지 아니하는 경우에 직권으로 소송절차를 계속하여 진행하도록 명할 수 있다.

1) 의 의 : 법원은 당사자가 소송절차를 수계하지 아니하는 경우에 직권으로 소송절차를 계속하여 진

---

[489] 대법 1984.06.12. 83다카1409
[490] 상고이유서 제출기간이 경과한 후인 2019. 6. 5. 이 사건 회생절차가 폐지된 사실을 알 수 있으나, 상고심의 소송절차가 상고이유서 제출기간이 지난 단계에 이르러 변론 없이 판결을 선고할 때에는 소송절차를 수계하도록 할 필요가 없으므로(대법 2013.07.11. 2012다6349, 대법 2015.07.09. 2013다69866 등 참조), 원고의 소송절차수계신청은 받아들이지 아니한다는 것에, 대법 2021.02.04. 2018다304380·304397
[491] 대법 1981.03.10. 80다1895
[492] 대법 2002.10.25. 2000다21802.
[493] 대법 1981.03.10. 80다1895
[494] 대법 2023.09.21. 2023므10861·10878

행하도록 명할 수 있다(제244조). 이러한 속행명령은 중간적 재판이므로 독립하여 불복 못한다.

  2) 주 체 : 중단 당시에 소송이 계속된 법원이 발한다.

  3) **법원이 속행명령을 발하지 않고 변론기일을 지정한 경우** : 법원이 속행명령을 발하지 않고 직접 변론기일을 지정하여 양쪽 당사자에 통지한 경우에도 속행명령을 발한 것으로 보자는 견해가 있으나, 중단중의 소송행위가 무효인 것에 비추어 찬성하기 어렵다.[495]

Ⅲ. 소송절차의 중지

1. 당연중지

> 제245조(법원의 직무집행 불가능으로 말미암은 중지) 천재지변, 그 밖의 사고로 법원이 직무를 수행할 수 없을 경우에 소송절차는 그 사고가 소멸될 때까지 중지된다.

  이때에는 따로 결정의 필요가 없으며 중지는 당연히 발생하고, 직무집행불능의 상태가 소멸하면 동시에 중지도 해소된다.

2. 재판에 의한 중지

> 제246조(당사자의 장애로 말미암은 중지) ① 당사자가 일정하지 아니한 기간동안 소송행위를 할 수 없는 장애사유가 생긴 경우에는 법원은 결정으로 소송절차를 중지하도록 명할 수 있다.
> ② 법원은 제1항의 결정을 취소할 수 있다.

  법원은 직무를 행할 수 있지만, 당사자가 법원에 출석하여 소송행위를 할 수 없는 장애사유가 발생한 경우로서, 신청 또는 직권으로 법원의 결정에 의하여 중지되며, 그 취소결정에 의하여 해소된다.

3. 다른 절차와의 관계에서 소송속행이 부적당한 경우의 중지

(1) 당연중지

  동일사건에 관하여 위헌여부를 제청한 경우(헌법재판소법 제42조), 조정에 회부된 경우(민사조정규칙 제4조) 등의 경우는 절차가 당연히 중지된다.

(2) 재량에 의한 중지

  특허심결이 선결관계에 있는 경우(특허 164조), 채무자 회생 및 파산절차에서 회생절차개시의 신청이 있는 경우의 중지와 같이(채무자회생및파산에관한법률 제44조) 법원의 재량에 의한 중지의 경우가 있다.

---

495) 이시윤 13판 453면; 김홍엽 462면

Ⅳ. 소송절차 정지의 효과

1. 당사자의 소송행위

(1) 효 력

정지 중 당사자의 행위는 원칙적으로 무효이다. 예외적으로 소송절차 외에서 행하는 소송대리인의 선임·해임, 소송구조신청은 유효하게 할 수 있다.

(2) 하자의 치유

1) **이의권의 포기·상실** : 정지중의 당사자의 소송행위가 무효라도 상대방이 아무런 이의를 하지 아니하여 이의권이 상실되면 유효하게 된다.[496]

2) **추 인** : 정지제도는 공익적 제도가 아니라 당사자보호를 위한 제도이기 때문에 정지중의 소송행위라도 추인하면 유효하게 된다. 추인은 명시·묵시로도 가능하며, 상소도 마찬가지이다. 즉 중단 중에 제기한 상소는 부적법하지만 상소법원에 수계신청을 하여 그 하자를 치유할 수 있다.[497]

> **판례연구** : 소송대리인 선임 후 제소전 원고사망의 취급
>
> 甲이 乙, 丙과 함께 법무법인 丁에 소송위임을 한 다음 사망하였고, 丁은 그러한 사실을 모른 상태에서 甲을 원고 중 한 사람으로 표시하여 소를 제기하였고, 乙과 丙은 甲의 상속인이다.[498]
>
> **1. 소의 적법여부**
>
> 丁이 甲을 대리하여 소를 제기한 것은 甲의 소송위임에 의한 것으로서 적법하다.
>
> **2. 1심 판결의 효력**
>
> 소송대리인 丁이 있으므로 제1심 소송절차가 중단되지 아니한 채 甲의 소송대리인 丁이 상속인들 전원을 위하여 소송을 수행하여 선고된 제1심판결은 상속인들인 乙·丙 전원에 대하여 효력이 있다.
>
> **3. 새로운 소송대리인 戊가 甲명의로 항소한 경우의 취급**
>
> 제1심판결 선고 후 甲의 상속인인 원고 乙, 丙이 법무법인 戊를 소송대리인으로 선임하여 戊가 甲 패소 부분에 대하여 甲 명의로 항소를 제기하였더라도 그 후 소송수계신청을 함으로써 원고 乙, 丙이 원고 甲에 대한 소송절차를 적법하게 수계한다 할 것이고, 수계신청 전 戊가 甲 명의로 한 소송행위를 추인함으로써 戊의 종전 소송행위의 하자도 치유되는 것이다.
>
> **4. 상고심의 판단**
>
> 원심으로서는 소송위임장의 작성일과 작성 주체, 소송에 필요한 서류의 발급일과 발급 주체, 소송대리인에 대한 수임료 지급관계 등을 조사하여 과연 甲이 사망 전에 丁에게 이 사건 소송을 위임한 사실이 있는지 심리·판단하였어야 하고, 만약 甲이 사망 전에 丁에게 소송위임을 한 것으로 인정된다면, 원고 乙, 丙의 소송수계신청을 받아들여 원고 乙, 丙이 상속한 망 甲의 위자료 유무에 관하여 본안으로 나아가 판단했어야 마땅함에도 이러한 점을 심리하지 아니한 채 원고 甲의 소가 부적법하다고 각하한 원심판결을 파기하였다.

---

496) 대법 1955.07.07, 4288민상53
497) 대법 1996.02.09, 94다61649
498) 대법 2016.04.29, 2014다210449

3) 신의칙 : 소송계속 중 당사자가 사망하여 중단사유가 발생하였으나, 중단사유가 발생한 사망자 측에서 현실적으로 소송에 관여하여 소송을 수행함으로써 당사자로서의 실질적인 소송관계가 성립한 경우에는 신의칙상 그 당사자에게 소송수행의 결과나 판결의 효력을 인수시킴이 타당하다는 견해도 있다.

2. 법원의 소송행위

(1) 정지 중 법원의 소송행위

> 제247조(소송절차 정지의 효과) ① 판결의 선고는 소송절차가 중단된 중에도 할 수 있다.
> ② 소송절차의 중단 또는 중지는 기간의 진행을 정지시키며, 소송절차의 수계사실을 통지한 때 또는 소송절차를 다시 진행한 때부터 전체기간이 새로이 진행된다.

소송절차의 정지 중에는 변론종결된 경우의 판결의 선고를 제외(제247조 1항)하고는 법원도 일체의 소송행위를 할 수 없다.[499] 따라서 정지 중에 법원은 기일지정, 기일통지나 재판, 증거조사, 그 밖의 행위가 허용되지 않으며, 이에 위반하여 행한 법원의 재판은 상소로 불복할 수 있고, 그 밖의 법원의 소송행위는 당사자 양쪽과의 관계에서 무효로 된다. 判例도 재판장의 인지보정명령의 보정기간 중에 소송절차가 중단된 경우에는 보정기간은 그 기간의 진행이 정지되고, 소송절차가 중단된 상태에서 행한 재판장의 보정기간연장명령도 효력이 없으므로, 각 보정명령에 따른 기간불준수의 효과가 발생할 수 없다고 하였다.[500] 다만, 이의권의 포기·상실로 그 하자가 치유될 수 있다.

(2) 중단사유를 간과한 판결의 효력

判例는 소송 계속 중 일방 당사자의 사망에 의한 소송절차 중단을 간과하고 변론이 종결되어 판결이 선고된 경우에는 그 판결은 소송에 관여할 수 있는 적법한 수계인의 권한을 배제한 결과가 되는 절차상 위법은 있지만 그 판결이 당연무효라 할 수는 없고, 다만 그 판결은 대리인에 의하여 적법하게 대리되지 않았던 경우와 마찬가지로 보아 대리권흠결을 이유로 상소 또는 재심에 의하여 그 취소를 구할 수 있을 뿐이므로, **판결이 선고된 후 적법한 상속인들이 수계신청을 하여 판결을 송달받아 상고하거나 또는 사실상 송달을 받아 상고장을 제출하고 상고심에서 수계절차를 밟은 경우에도 그 수계와 상고는 적법한 것**이라고 보아야 한다고 하였다.[501]

3. 기간의 진행

소송절차가 정지되면 소송상의 기간은 진행을 개시하지 아니한다. 따라서 **지급명령이 송달된 후 이의신청기간 내에 소송중단사유가 생기면 이의신청기간의 진행이 정지**된다.[502] 정지해소 후 남은 기간이 아니라 다시 전 기간이 진행한다.

---

499) 사건의 청구인이던 甲이 원심의 변론종결후에 사망하였음에도 원심이 소송수계절차없이 판결을 선고하였다고 하더라도 위법이라 할 수 없다는 것에, 대법 1989.09.26, 87므13
500) 대법 2009.11.23, 2009마1260
501) 대법(전) 1995.05.23, 94다28444; 대법 2015.11.12, 2014다228587; 대법 2018.04.24, 2017다287587; 대법 2020.06.25, 2019다246399
502) 대법 2012.11.15, 2012다70012

V. 관련문제

1. 중단을 간과하여 선고한 판결을 직권파기할 수 있는지

多數說과 判例에 의하면 소송 계속 중 당사자의 사망을 간과한 판결은 대리권의 흠결을 간과한 판결에 해당하며 소송대리권의 존재는 소송요건으로서 직권조사사항에 해당하고, 따라서 상속인이 상고이유서에서 원심의 절차상 하자에 대해서는 다투지 아니하고 본안에 대해서만 다투는 내용을 기재하였더라도, 상고심은 직권으로 원심판결의 절차상 하자에 대해 판단해야 하며, 원심판결에 직권조사사항에 관한 위법이 있을 경우에는 직권으로 항소심판결을 파기할 수 있다고 한다.[503]

2. 판결의 집행문제

判例는 **사망한 자가 당사자로 표시된 판결에 기하여 사망자의 승계인을 위한 또는 사망자의 승계인에 대한 강제집행을 실시하기 위해서는 민사집행법 제31조를 준용하여 승계집행문을 부여함이 상당하다**는 입장이다.[504] 비교판례로 소송대리인이 선임되어 있는 경우에는 민사소송법 제95조에 의하여 그 소송대리권은 당사자인 법인의 합병에 의한 소멸로 인하여 소멸되지 않고 그 대리인은 새로운 소송수행권자로부터 종전과 같은 내용의 위임을 받은 것과 같은 대리권을 가지는 것으로 볼 수 있으므로, 법원으로서는 당사자의 변경을 간과하여 판결에 구 당사자를 표시하여 선고한 때에는 소송수계인을 당사자로 경정하면 될 뿐, 구 당사자 명의로 선고된 판결을 대리권 흠결을 이유로 상소 또는 재심에 의하여 취소할 수는 없다.[505]

제소전 사망과 소송계속중 사망의 비교

	소제기전 사망	계속중 사망	
당사자	당사자확정의 문제	당연승계	
절차	사자상대 소송으로 부적법	대리인 없는 경우	중 단
		대리인 있는 경우	속 행
보정조치	표시정정(判)	대리인 없는 경우	수계신청, 속행명령
		대리인 있는 경우	불요, 수계신청가능
일부보정	표시정정된 상속분에 한해 적법 상급심에서 표시정정 불가	대리인 없는 경우	일부속행, 일부중단
		대리인 있는 경우	모든 승계인에 적법 상급심보정 가능(△)
간과판결	무 효	대리인 없는 경우	승계인 모두에게 위법
		대리인 있는 경우	승계인 모두에게 적법

---

503) 대법 1996.02.09, 94다24121
504) 대법 1998.05.30, 98그7
505) 대법 2002.09.24, 2000다49374

2025 대비 이종훈 민사소송법

제3장 증 거

제1절 총 설

Ⅰ. 증거의 필요성과 의의

1. 증거의 필요성

증거란 사실을 확정하기 위한 자료를 말하는데, 법원의 사실인정이 자의적인 확신이 아니라 객관적·합리적인 것으로 널리 승인될 수 있기 위하여 다툼 있는 사실인정의 자료로서 증거가 요구된다.

2. 증거의 의의

증거라는 말은 여러 가지 의미로 쓰이는데,

1) 증거방법 : <u>법관이 그 오관의 작용에 의하여 조사할 수 있는 유형물</u>을 말한다. 증거방법 중 증인, 감정인, 당사자본인 등 세 가지는 인증이고, 문서, 검증물, 그 밖의 증거는 물증이다.

2) 증거자료 : <u>증거방법을 조사하여 얻은 내용</u>을 말한다. 예컨대 증언, 감정결과, 문서의 기재내용, 검증결과, 당사자신문결과 그 밖의 증거인 사진·녹음테이프 등의 조사결과, 증거촉탁결과를 말한다.

3) 증거원인 : 법관의 심증형성의 원인으로서, 증거자료와 변론전체의 취지가 이에 해당한다.

Ⅱ. 증거능력과 증거력

1. 증거능력

(1) 원 칙

1) 의 의 : 증거방법으로서 증거조사의 대상이 될 수 있는 자격을 증거능력이라고 하며, 우리 민사소송법은 자유심증주의를 채택하고 있기 때문에 원칙적으로 증거능력의 제한은 없다. 따라서 **소의 제기 후 다툼 있는 사실을 증명하기 위해 작성한 문서**,[1] 전문증거, 미확정판결서도[2] 증거능력이 있다.

2) 위법수집증거의 경우 : 민사소송에서는 증거의 수집방법이 위법함에도 자유심증주의를 채택하였음

---
1) 대법 1992.04.14, 91다24755
2) 판결서 중에서 한 사실판단을 그 사실을 증명하기 위하여 이용하는 것을 불허하는 것은 아니어서 이를 이용하는 경우에 판결서도 그 한도 내에서 보고문서라고 할 것이고 판결서가 확정되지 아니한 것이라고 하여 증거로 사용될 수 없다고 할 수 없으며 다만 신빙성이 문제될 수 있을 뿐이라는 것에, 대법 1992.11.10, 92다22107

을 이유로 증거능력을 긍정하였다. 따라서 大法院은 **상대방의 부지중 대화를 녹음한 녹음테이프의 증거능력을 긍정**한 바 있다.3) 다만 통신비밀보호법 제14조 1항은 '누구든지 공개되지 아니한 타인간의 대화를 녹음하거나 전자장치 또는 기계적 수단을 이용하여 청취할 수 없다.'고 규정하고, **동조 2항과 제4조는 이를 위반한 녹음 또는 청취의 내용은 재판 또는 징계절차에서 증거로 사용할 수 없다고 규정**하고 있다.

(2) 예 외

법정대리인은 당사자신문의 대상일 뿐 증인능력이 없다(제367조, 제372조). 나아가 기피당한 감정인도 마찬가지이다(제336조, 제337조). 또한 判例는 **선서하지 않은 감정인에 의한 신체감정결과는 증거능력이 없다**고 하였다.4)

2. 증거력

증거력은 증거자료가 요증사실의 인정에 기여하는 정도를 말한다. 증거가치라고 하기도 한다. 이것은 형식적 증거력과 실질적 증거력으로 나누어 판단하는데, 특히 서증의 경우에 중요한 의미가 있다. 이러한 증거력은 법관이 논리칙과 경험칙에 입각하여 자유롭게 판단하게 되어 있다(제202조).

III. 증거의 종류

1. 직접증거와 간접증거

주요사실의 존부를 직접 증명하는 데 사용되는 증거를 직접증거라고 하며(계약의 존부를 증명하는 계약서), **간접사실이나 보조사실을 증명하기 위한 증거를 간접증거**라 한다.

2. 본증·반증·반대사실의 증거

(1) 본 증

당사자가 자기에게 증명책임이 있는 사실을 증명하기 위하여 제출하는 증거로서, 본증을 세우는 당사자는 완벽하게 입증하여 법관에게 확신을 주어야 한다.

(2) 반 증

본증에 의한 증명을 방해하기 위하여 상대방이 증명책임을 지는 사실을 부정하려고 제출하는 증거로서 반증을 드는 당사자는 완벽하게 입증할 필요는 없고 **법관에게 그 사실의 존재에 대해 의문을 품게 하는 정도**이면 되며, 이에는 직접반증과 간접반증이 있다.

(3) 반대사실의 증거

법률상의 추정을 깨뜨리기 위해 그 추정을 다투는 자가 제출하는 증거로서, 이는 본증으로서 그 추정사실을 번복할 만한 반대사실을 완벽하게 증명하여야 한다.

---

3) 대법 2009.09.10, 2009다37138
4) 대법 1982.05.12, 82다카317

Ⅳ. 증명과 소명

1. 증 명

(1) 의 의

증명이란 요증사실의 존부에 관하여 법관으로 하여금 확신을 얻게 하는 입증행위 또는 그로 인하여 법관이 확신을 얻는 상태를 말한다.

(2) 종 류

1) **엄격한 증명** : 법률에서 정한 증거방법에 대하여 법률이 정한 절차에 의하여 행하는 증명을 말하고, 소송물인 권리관계의 기초사실과 소송요건 같은 중요한 사항은 엄격한 증명에 의한다.

2) **자유로운 증명** : 증거방법과 절차에 대해 법률의 규정에서 해방되는 증명을 말한다. 비송사건이나 간이신속을 요하는 결정절차, 또는 직권조사사항에 적용된다. 다만 직권조사사항 중 소송요건·상소요건은 자유로운 증명이 소송경제상 바람직하더라도 판결의 실체법상의 요건에 못지않게 중요한 사항이므로 엄격한 증명을 요한다고 본다.[5]

2. 소 명

> 제299조(소명의 방법) ① 소명은 즉시 조사할 수 있는 증거에 의하여야 한다.
> ② 법원은 당사자 또는 법정대리인으로 하여금 보증금을 공탁하게 하거나, 그 주장이 진실하다는 것을 선서하게 하여 소명에 갈음할 수 있다.
> ③ 제2항의 선서에는 제320조, 제321조 제1항·제3항·제4항 및 제322조의 규정을 준용한다.
>
> 제300조(보증금의 몰취) 제299조 제2항의 규정에 따라 보증금을 공탁한 당사자 또는 법정대리인이 거짓 진술을 한 때에 법원은 결정으로 보증금을 몰취한다.
>
> 제301조(거짓 진술에 대한 제재) 제299조 제2항의 규정에 따라 선서한 당사자 또는 법정대리인이 거짓 진술을 한 때에 법원은 결정으로 200만원 이하의 과태료에 처한다.
>
> 제302조(불복신청) 제300조 및 제301조의 결정에 대하여는 즉시항고를 할 수 있다.

소명이라 함은 **증명에 비하여 한 단계 낮은 개연성 정도의 심증을 얻게 하는 입증행위 또는 그로 인하여 법원이 얻은 심증의 상태**를 말한다. 법률에 특별히 규정한 경우에 한하며 절차상의 파생적 사항·신속처리를 요하는 사항(기피이유, 보조참가 이유, 소송구조 사유)은 소명이면 된다. **소명방법은 즉시 조사할 수 있는 것**이면 되므로(제299조 1항) 제출한 서증이 원본이 아닌 사본이라 하여도 그 증거능력을 부인할 수 없다. **증거방법이 당장 없을 때에는 보증금의 공탁, 당사자의 선서로써 소명에 갈음**할 수 있고(제299조 2항), 거짓 진술이 판명되면 보증금의 몰취 또는 과태료의 제재를 받는다(제300조, 제301조).

---

[5] 이시윤 13판 462면; 정동윤/유병현 459면

제2절 증명의 대상

Ⅰ. 사 실

1. 범 위

　<u>증명의 대상으로서의 사실</u>은 외계의 사실뿐만 아니라 고의·과실·선의·악의 등의 내심의 사실도 포함되며, 과거·현재의 사실 및 적극적·소극적 사실이 모두 포함된다. <u>사실인 관습도 증명의 대상</u>이다.[6] 다만 <u>사실인 관습은 일반생활에 있어서의 일종의 경험칙에 속한다 할 것이고 경험칙은 일종의 법칙인 것이므로 법관은 어떠한 경험칙의 유무를 판단함에 있어서는 당사자의 주장이나 입증에 구애됨이 없이 스스로 직권에 의하여 판단할 수 있다는 다른 취지의 판시도 있다.</u>[7] 주요사실뿐만 아니라 <u>간접사실이나 보조사실도 주요사실의 존부확인에 관계있는 경우에는 증명의 대상</u>이 된다.

2. 한 계

　다툼 있는 사실로서 재판결과에 영향을 미칠 사실(공격방어방법인 사실)만이 증명의 대상이 되며, 주장 자체로 보아 이유 없는 사실은 증명을 요하지 않고 원고청구기각의 판결을 하게 된다. 나아가 사실에 관한 평가적 판단, 즉 사실을 법률적 개념으로 정리한 것은 증명의 대상이 되지 않는다. 예컨대 문서·의사표시의 해석, 선량한 풍속위반여부 따위이다.

Ⅱ. 경험법칙

1. 의 의

　경험법칙이라 함은 우리 경험을 통해 얻어지는 사물에 대한 지식이나 법칙을 말한다. 쉽게 말해 같은 종류의 많은 사실을 경험한 결과 얻은 공통인식에 바탕을 둔 일반적인 결론이라 할 수 있다. 여기에는 ① 일반상식인 단순한 경험법칙, ② 전문적·학리적 지식에 속하는 경험법칙, ③ 표현증명에 이용하는 고도의 개연성이 있는 경험법칙이 있다.

2. 기 능

　경험법칙은 특히 ① 사실에 대한 평가적 판단, ② 증거의 가치판단, ③ 간접사실에 의한 주요사실의 추단에 있어서 이용된다.

3. 변론주의와 경험칙

(1) 변론주의 부적용

　자백이나 자백간주의 대상이 되지 않으며, 그 존부는 직권조사사항이다.

---

[6] 관습법은 법원이 직책상 규명해야 할 사항으로 증명의 대상이 되지 않으나, 사실인 관습은 당사자의 주장·입증이 필요하다는 것에, 대법 1983.06.14, 80다3231.
[7] 대법 1976.07.13, 76다983

(2) 자유심증주의의 한 내용(제202조)

법관의 자유심증에 의한 사실의 진부판단은 일반의 논리법칙과 경험법칙에 따라야 하므로, 이런 의미에서 경험법칙은 법관의 자의를 방지하는 하나의 기준이 되며 자유심증주의의 한 내용을 이룬다.

4. 증명요부

일반상식에 속하는 경험법칙은 증명의 대상이 되지 않으나, **전문적 학식·경험에 속하는 경험칙은 증명이 필요**하다.

5. 위반시 상고이유가 되는지 여부

우리 判例는 경험법칙 적용의 잘못을 법령위배처럼 상고이유가 된다고 보는 입장이다. 判例는 처가 남편으로부터 그 재산의 처분권을 위임받았다면 이를 미성년인 아들에게 소유권이전등기를 경료한 후 제3자에게 처분하는 것은 이례에 속하는 것으로써 그렇게 하여야 할 특단의 사정에 대한 심리를 다하지 아니하고 증거 없이 경험칙에 위배하여 처분권위임사실을 그릇 인정한 경우 상고이유를 긍정할 수 있다고 하였다.[8]

III. 법 규

1. 증명의 대상인지 여부

(1) 원 칙

법규의 존부를 확정하고 적용하는 것은 법원의 전권사항이므로 증명의 대상이 되지 않는 것이 원칙이다.

(2) 예 외

다만, **외국법·지방법령·관습법·실효된 법률 등은 반드시 법원이 알고 있다고 할 수 없으므로 법원이 이를 알지 못하는 때에는 증명의 대상이 된다**. 이 경우 증명책임을 참작할 필요 없이 직권증거조사를 요하며 자유로운 증명에 의하여도 무방하다.[9]

2. 외국법규의 존부를 확정할 수 없는 경우

외국법의 경우에 직권조사를 다하여 보아도 외국법규의 존부를 확정할 수 없는 경우에는 ① 국내의 법규를 적용하자는 입장,[10] ② 민법 제1조에 따라 조리에 의해 재판해야 한다는 입장,[11] ③ 그 외국법과 가장 유사한 법률을 적용할 것이라는 유사법적용설[12] 등이 있다. 다만 그 존부가 아니라 내용을 확인할 수 없을 때에는 일반적인 법률해석기준에 따라 조리에 의해 확정할 수밖에 없을 것이다.[13]

---

8) 대법 1971.11.15, 71다2070
9) 대법 1992.07.28, 91다41897
10) 이시윤 13판 465면; 강현중 499면; 대법 1988.02.09, 87다카1427
11) 대법 2003.01.10, 2000다70064; 정동윤/유병현 473면
12) 대법 2000.06.09, 98다35037
13) 대법 2010.08.26, 2010다28185; 대법 2016.05.12, 2015다49811

제3절 불요증사실

I. 서 설

> **제288조(불요증사실)** 법원에서 당사자가 자백한 사실과 현저한 사실은 증명을 필요로 하지 아니한다. 다만, 진실에 어긋나는 자백은 그것이 착오로 말미암은 것임을 증명한 때에는 취소할 수 있다.

변론에 나타난 소송자료로서의 사실이라고 하여도 증명을 요하지 않는 경우가 있다. ① **당사자간에 다툼이 없는 사실**(재판상 자백 또는 자백간주)은 법원의 사실인정권이 배제되기 때문에 ② **현저한 사실**(공지의 사실, 법원에 현저한 사실)은 그 객관성 때문에 ③ **법률상의 추정을 받는 사실**은 적극적 증명을 요하지 않기 때문에 증명을 요하지 않는다.

II. 재판상 자백

1. 의 의

자백이란 당사자가 자기에게 불리한 사실을 인정하는 진술을 말하며, 재판상 자백이란 변론 또는 준비절차에서 상대방주장과 일치하고, 자기에게 불리한 사실의 진술을 말한다. 그 성질에 관하여 ① 상대방의 증명책임을 면제하고 자기의 방어권을 포기하는 의사표시라는 입장이 있으나, ② 상대방의 주장사실이 진실이라고 생각하는 당사자의 인식의 보고에 불과하다는 사실보고설이 타당하다.

2. 요 건

(1) 구체적인 사실을 대상으로 하였을 것

1) **자백의 대상** : 자백은 상대방 주장의 사실상의 진술에 대하여 성립하는 것이며, 사실에 대한 **법적 판단이나 평가 또는 적용할 법률이나 법적 효과는 자백의 대상이 아니**라고 한다.

2) **주요사실** : **자백의 대상이 되는 구체적 사실은 주요사실에 한하며, 간접사실과 보조사실에 대해서는 자백이 성립되지 않는다.** 判例도 **인신사고로 인한 손해배상청구사건에 있어 노동능력상실 비율은 자백의 대상**이 되나,[14] **부동산의 시효취득에 있어서 점유기간의 산정기준이 되는 점유개시의 시기는 취득시효의 요건사실인 점유기간을 판단하는 데 간접적이고 수단적인 구실을 하는 간접사실에 불과하므로 이에 대한 자백은 법원이나 당사자를 구속하지 않는다**고 하였다.[15] 다만 判例는 서증의 진정성립에 관한 자백은 보조사실에 관한 것이나 그 취소에 관하여는 주요사실에 관한 자백취소와 같이 취급한다는 입장이다.[16]

(2) 자기에게 불리한 사실상의 진술일 것

1) 불리한 사실의 판단기준

① 증명책임설 : 자백에 의하여 상대방이 증명책임을 면하게 되므로 불리한 사실이라 함은 상대방이 증

---

14) 대법 1988.04.25, 87다카2285
15) 대법 1994.11.04, 94다37868
16) 대법 2001.04.24, 2001다5654

명책임을 지는 사실만을 의미한다는 입장이다.17)

② 패소가능성설 : 자기책임의 원칙에 비추어 불이익이라 함은 그 사실을 바탕으로 판결이 나면 자기에 대하여 전부이든 일부이든 패소될 가능성의 의미로 보아야 하므로 자기에게 증명책임이 있는 사실도 불이익한 사실에 포함된다는 견해이다.18)

2) 검 토 : 判例는 패소가능성설 입장으로서,19) 재판상의 자백이 성립한 이상 자신에 불이익한 자백을 하는 진의가 무엇인지 석명하여 밝혀야 할 것은 아니라고 하였다.20) 그러나 자기에게 증명책임이 있는 사실에 대한 불리한 진술은 전후 모순된 주장으로 석명을 통하여 정정할 기회를 주어야 할 것이므로 증명책임설이 타당하다.

(3) 상대방의 주장사실과 일치되는 사실상의 진술일 것

1) **선행자백** : 判例는 **재판상 자백의 일종인 이른바 선행자백은 당사자 일방이 자진하여 자기에게 불리한 사실상의 진술을 한 후 상대방이 이를 원용함으로써 사실에 관하여 당사자 쌍방의 주장이 일치함을 요**하므로 일치가 있기 전에는 전자의 진술을 선행자백이라 할 수 없고, 따라서 일단 자기에게 불리한 사실을 진술한 당사자도 그 후 **상대방의 원용이 있기 전에는 자인한 진술을 철회하고 이와 모순되는 진술을 자유로이 할 수 있으며 이 경우 앞의 자인사실은 소송자료에서 제거된다**고 한다.21) 다만 **당사자 일방이 한 진술에 잘못된 계산이나 기재, 기타 이와 비슷한 표현상의 잘못이 있고, 잘못이 분명한 경우에는 비록 상대방이 이를 원용하였다고 하더라도 당사자 쌍방의 주장이 일치한다고 할 수 없으므로 선행자백이 성립할 수 없다**.22)

2) **자백의 가분성** : **상대방 주장과 전부 일치해야 하는 것은 아니고 일치하는 부분에 한해 자백이 인정되므로 자백의 가분성 원칙이 인정**된다. **그 일치 여부에 관하여는 필요한 경우 석명권을 행사하여 변론 전체의 취지에서 판단하여야 한다.**23)

① 이유부 부인 : 상대방의 주장사실을 전체로서 다투지만 그 일부에 있어서는 일치되는 진술을 하는 경우 일치하는 부분은 자백이고 나머지 부분은 부인에 해당한다.

② 제한부 자백 : 상대방의 주장사실을 인정하면서 이와 관련되면서 양립되는 별개의 방어방법을 부가하는 경우인 바 일치하는 부분은 자백이며, 나머지 부분은 항변에 해당한다.

(4) 소송의 변론이나 준비절차에서 소송행위로서 진술하였을 것

1) **변론이나 준비절차** : 다른 소송사건에서의 진술도 재판 외의 자백이고, 통상공동소송에 있어서 공동소송인의 자백은 변론전체의 취지로 참작될 뿐이다.

2) **소송행위** : 따라서 **당사자신문에서의 불리한 진술은 증거자료에 불과**하다. 따라서 피고본인신문 결

---

17) 이시윤 13판 469면; 전병서 472면; 홍기문 365면
18) 정동윤/유병현 478면; 송상현/박익환 533면; 강현중 510면; 호문혁 444면; 정영환 569면
19) 대법 1993.09.14, 92다24899
20) 대법 2000.10.10, 2000다19526
21) 대법 2016.06.09, 2014다64752
22) 대법 2018.08.01, 2018다229564
23) 대법 2007.06.28, 2007다26424

과 중에 동 피고가 본건 토지에 관하여 그 명의로 가등기절차를 경료한 법률관계가 매매가 아닌 금전대차 관계인 사실의 진술을 하였다 하더라도 재판상 자백이 되는 것은 아니다.[24] 한편 **법원에 대한 소송행위로서 상대방이 출정하지 않아도 할 수 있으며**, 소송행위는 조건에 친하지 않으므로 자백에는 조건을 붙일 수 없다.

   3) 진 술 : 당해 사건의 법정에서 구술로 진술한 경우만이 아니라, 상대방의 주장사실을 인정하는 취지의 서면이 진술간주되어도(제148조) 재판상 자백의 효력이 생긴다.[25] 또한 자백은 명시적인 진술이 있는 경우에 인정되는 것이 보통이지만, 자백의 의사를 추론할 수 있는 행위가 있으면 묵시적으로 자백을 한 것으로 볼 수도 있다. 다만 상대방의 주장에 단순히 침묵하거나 불분명한 진술을 하는 것만으로는 자백이 있다고 인정하기에 충분하지 않다.[26]

3. 효 력

(1) 범 위

   자백의 구속력은 변론주의에 의하여 심리되는 소송절차에 한하며 직권탐지주의에 의하여 심리되는 소송절차와 직권조사사항, 재심사유에 대하여는 미치지 않는다. 여기의 자백은 재판외의 자백처럼 그 효과에 있어서 하나의 증거원인에 그친다. 다만 判例는 행정소송에 있어서도 직권조사사항을 제외하고 자백의 구속력이 있다고 한다.[27]

(2) 증명책임면제효와 쟁점배제효

   자백이 성립되면 그 내용은 증명을 요하지 않는다(제288조 본문). 즉 상대방 당사자는 자백한 사실에 대하여 증명책임이 면제되며, 당사자간의 쟁점에서 배제되는 효과도 생긴다.

(3) 법원에 대한 구속력

   재판상 자백이 성립하면 법원의 사실인정권이 배제되어 원칙적으로 자백의 진실여부를 판단할 필요도 없고, 증거조사결과 반대의 심증을 얻었다고 하더라도 자백에 반하는 사실을 인정할 수 없다. 법원에 현저한 사실의 경우에도 구속력을 긍정하는 견해가 있으나, 현저한 사실은 변론주의 이전에 이미 객관적인 진실로서 법원을 구속하고, 재판의 신뢰성을 확보할 필요가 있기에 이를 부정하는 것이 타당하다.[28]

(4) 당사자에 대한 구속력

   1) 원 칙 : 자백한 당사자는 원칙적으로 임의철회가 불가능하다.

   2) 예 외 : 다음의 경우에는 자백의 철회 내지 취소가 가능한데, 재판상 자백의 취소도 소송상 방어방법의 일종이기에 제149조의 적용을 받고, 준비절차에서 한 자백을 변론기일에서 취소하려면 제285조의 적용을 받는다. 나아가 **법률심인 상고심에 이르러 원심에서 한 자백을 취소할 수는 없다.**[29]

---

24) 대법 1978.09.12, 78다879
25) 대법 2015.02.12, 2014다229870
26) 대법 2021.07.29, 2018다267900; 대법 2022.04.14, 2021다280781
27) 대법 1992.08.14, 91누13229
28) 대법 1959.07.30, 4291민상551

① **상대방의 동의가 있을 때** 임의철회가 가능하다. **재판상 자백의 취소는 반드시 명시의 방법으로 하여야 하는 것은 아니고 종전의 자백과 배치되는 사실을 주장함으로써 묵시적으로 취소하는 것도 가능**하다.[30] 判例도 종전의 자백에 배치되는 주장을 하고 이에 상대방이 이의를 제기함이 없이 그 주장내용을 인정한 때에는 종전의 자백은 취소된 것으로 볼 것이라 하였다.[31] 그러나 **자백취소에 대하여 이의를 제기하지 않았다는 점만으로는 취소에 동의하였다고 할 수 없다.**[32]

② **자백이 제3자의 형사상 처벌할 행위로 인한 때**(제451조 1항 5호), 단 이 경우 유죄판결이 확정되어야 한다는 입장도 있으나,[33] 필요 없다는 것이 다수 학설이다.[34]

③ **자백이 진실에 반하고 착오로 인한 것임을 증명한 때**(제288조 단서), 이 때 취소하려면 반진실과 착오 두 가지를 아울러 증명하여야 하며,[35] **반진실의 증명만으로 착오에 의한 자백으로 추정되지 않는다.**[36] 이 때 진실에 부합하지 않는다는 사실에 대한 증명은 그 반대되는 사실을 직접증거에 의하여 증명함으로써 할 수 있지만 자백사실이 진실에 부합하지 않음을 추인할 수 있는 간접사실의 증명에 의하여도 가능하다.[37] 그러나 **자백이 반진실임이 증명된 경우라면 변론의 전취지만으로 착오로 인한 것임을 인정할 수 있다**는 것이 判例이다.[38]

④ **소송대리인의 자백을 당사자가 경정할 때**(제94조)**는 철회가 허용**된다. 단 이 경우는 자백이 무효가 되므로 엄격한 의미에서 철회라고 할 수 없다.

⑤ 피고가 제1심에서 대상 토지의 소유권 일부 이전등기가 아무런 원인 없이 이루어졌다는 원고의 주장사실을 인정함으로써 자백이 성립된 후, 소변경신청서에 의하여 그 등기가 원인 없이 이루어졌다는 기존의 주장사실에 배치되는 명의신탁 사실을 주장하면서 청구취지 및 청구원인을 명의신탁해지를 원인으로 하는 소유권이전등기를 구하는 것으로 **교환적으로 변경함으로써 원래의 주장사실을 철회한 경우, 이미 성립되었던 피고의 자백도 그 대상이 없어짐으로써 소멸**되었고, 나아가 그 후 그 피고가 위 자백내용과 배치되는 주장을 함으로써 그 진술을 묵시적으로 철회하였다고 보여지는 경우, 원고들이 이를 다시 원용할 수도 없게 되었고, 원고들이 원래의 원인무효 주장을 예비적 청구원인 사실로 다시 추가하였다 하여 자백의 효력이 되살아난다고 볼 수도 없다.[39]

---

29) 대법 1998.01.23, 97다38305
30) 대법 1990.06.26, 89다카14240
31) 대법 1990.11.27, 90다카20548
32) 대법 1994.09.27, 94다22897
33) 대법 2001.01.30, 2000다42939·42946
34) 이시윤 교수님이 유죄판결이 필요하다고 언급한 대법 2001.01.30, 2000다42939·42946은 소취하의 취소와 관련된 판례로서, 정영환·정동윤·유병현·김경욱·강현중·김홍엽 교수님은 단지 불요증사실인 자백을 무효로 하는 것에 불과하므로 유죄확정판결을 그 요건으로 하지 않는다는 입장이다.
35) 대법 1992.12.08, 91다6962
36) 대법 2010.02.11, 2009다84288·84295; 대법 1990.06.26, 89다카14240
37) 대법 2004.06.11, 2004다13533
38) 대법 2004.06.11, 2004다13533
39) 대법 1997.04.22, 95다10204

4. 권리자백

(1) 권리자백의 의의

상대방 주장의 법률상의 진술 또는 의견에 대하여 자백하는 진술, 즉 권리 또는 법률관계에 관한 일체의 자백을 말한다. **소송물의 전제가 되는 권리관계나 법률효과를 인정하는 진술은 권리자백으로서 법원을 기속하는게 아니므로 청구의 객관적 실체가 동일하다고 보여지는 한 법원은 원고가 청구원인으로 주장하는 실체적 권리관계에 대한 정당한 법률해석에 의하여 판결할 수 있다.**[40]

(2) 권리자백의 재판상 자백으로서의 효력인정 여부

1) 법률적 사실의 진술 : 당사자가 법률적 용어로써 진술한 경우에 그것이 동시에 구체적인 사실관계의 표현으로서 사실상의 진술을 포함하고 있을 때에는 그 내용을 이루는 사실에 대한 압축진술로 보아 그 범위에서 자백이 성립한다. 따라서 매매·소비대차·**임대차와 같이 상식적이고 널리 알려진 것이고 진술자가 이해한 경우 재판상 자백과 마찬가지로 구속력을 인정**하여야 할 것이다. 判例도 원고 소송대리인의 "본건 토지가 1975.12.31 법률 제2848호 토지구획정리사업법부칙 제2항 해당 토지인 사실은 다툼이 없다."란 진술 중에는 위 토지가 공공에 공용되는 하천임을 전제로 하는 사실상의 진술도 포함된 것으로 보이므로 그 취지의 자백이 인정된다고 하였다.[41]

2) 사실에 대한 평가적 판단 : 과실이나 정당한 사유, **선량한 풍속위반, 현저히 불공정한 법률행위**, 증거의 가치평가 등의 진술이 여기에 해당하는데 권리자백의 대상일지언정 재판상의 자백으로 법원에 대하여 구속력을 갖지는 못한다.

① 당사자가 채권계약인 특수한 무명계약을 가리켜 물권계약인 담보설정계약의 취지로 자인하였다 하여도 권리자백으로서 구속력이 없으며,[42]

② **법률상 유언이 아닌 것을 유언이라 시인하였다 하여 유언이 될 수 없고**,[43]

③ **법률상 혼인 외의 자가 아닌 것을 혼인외의 자라고 시인하였다 하여 혼인 외의 자로 될 수 없다.**[44]

④ 근로관계에 관하여 법률적 평가를 여러 가지로 바꾸어 주장하는 것에 불과하면 자백한 것의 취소로 볼 수 없다.[45]

⑤ 이행불능에 관한 주장은 법률적 효과에 관한 진술을 한 것에 불과하고 사실에 관한 진술을 한 것이라고는 볼 수 없으므로 그 진술은 자유로이 철회할 수 있고 법원도 이에 구속되지 않는다고 할 것인바, 따라서 **자백의 취소에 관한 규정이 적용될 여지가 없다.**[46]

⑥ 운송과정 중 화물분실로 인한 손해배상청구사건에서 배상책임을 제한하는 규정인 몬트리올협약은

---

[40] 대법 1992.02.14, 91다31494
[41] 대법 1984.05.29, 84다122
[42] 대법 1962.04.26, 4294민상1071
[43] 대법 2001.09.14, 2000다66340
[44] 대법 1981.06.09, 79다62
[45] 대법 2008.03.27, 2007다87061
[46] 대법 1990.12.11, 90다7104

출발지와 도착지가 모두 협약 당사국이어야 하는데, 원고의 이 사건 운송계약이 몬트리올협약의 적용대상이라는 주장에 피고가 이의 없다고 진술한 바 있어도 피고의 진술은 사건에 적용할 준거법 내지 법적 판단 사항에 대한 의견에 해당할 뿐 자백의 대상에 관한 진술이라고는 할 수 없다.[47]

3) 법규의 존부·해석에 관한 진술 : 법원이 직책상 스스로 판단해야 할 전권사항이므로 자백하더라도 구속력이 생기지 않는다. 우리 判例도 법정변제충당의 순서를 정함에 있어 기준이 되는 이행기나 변제이익에 관한 사항 등은 구체적 사실로서 자백의 대상이 될 수 있으나, 법정변제충당의 순서 자체는 법률 규정의 적용에 의하여 정하여지는 법률상의 효과여서 그에 관한 진술이 비록 그 진술자에게 불리하더라도 이를 자백이라고 볼 수는 없다고 하였다.[48]

4) 선결적 법률관계에 관한 자백 : 判例는 甲이 乙을 상대로 한 소유권에 기한 등기말소 또는 명도청구에 있어서 甲 주장의 소유권을 乙이 시인하는 경우 "그 소전제가 되는 소유권의 내용을 이루는 사실에 대한 재판상의 자백으로 볼 수 있다"고 하였는데,[49] 선결적 법률관계는 그 자체로는 자백으로서 구속력이 없더라도, 그 내용을 이루는 사실에 대해서는 자백이 성립될 수 있다는 취지이다.

5) 소송물인 권리관계 자체에 대한 불리한 진술 : 청구의 포기·인낙으로써 별도의 구속력이 발생한다(제220조).

Ⅲ. 자백간주

> **제150조(자백간주)** ① 당사자가 변론에서 상대방이 주장하는 사실을 명백히 다투지 아니한 때에는 그 사실을 자백한 것으로 본다. 다만, 변론 전체의 취지로 보아 그 사실에 대하여 다툰 것으로 인정되는 경우에는 그러하지 아니하다.
> ② 상대방이 주장한 사실에 대하여 알지 못한다고 진술한 때에는 그 사실을 다툰 것으로 추정한다.
> ③ 당사자가 변론기일에 출석하지 아니하는 경우에는 제1항의 규정을 준용한다. 다만, 공시송달의 방법으로 기일통지서를 송달받은 당사자가 출석하지 아니한 경우에는 그러하지 아니하다.

1. 서 설

당사자가 상대방의 주장사실을 자진하여 자백하지 않아도 명백히 다투지 아니하거나, 당사자의 일방이 기일에 불출석하거나, 답변서제출의무기간 내 답변서를 부제출한 경우 그 사실을 자백한 것으로 간주하는 것을 말한다(제150조 제1항 제3항. 제257조). 자백간주 역시 재판상 자백의 경우와 마찬가지로 상대방의 사실에 관한 주장에 대해서만 적용되고, 법률상의 주장에 대해서는 적용되지 않는다.[50]

2. 자백간주가 성립하는 경우

(1) 상대방이 주장하는 사실을 명백히 다투지 아니한 때(제150조 1항)

---

47) 대법 2016.03.24, 2013다81514
48) 대법 1998.07.10, 98다6763
49) 대법 1989.05.09, 87다카749
50) 대법 2022.04.14, 2021다280781

1) **변론전체의 취지를 고려** : 당사자가 변론에서 상대방이 주장하는 사실을 명백히 다투지 아니한 때에는 그 사실을 자백한 것으로 본다(제150조 1항). 다만 **변론 전체의 취지로 보아 다툰 것으로 인정되는 경우에는 자백간주가 성립되지 않는다**(동조 단서). 여기의 변론전체의 취지라 함은 변론의 일체성을 뜻하는 것으로서 변론종결 당시까지 당사자가 한 주장 취지와 소송의 경과를 전체적으로 종합해서 판단해야 한다.[51] 따라서 **자백간주 배제의 종기는 변론종결시가 된다**.[52]

① 부인하는 취지의 답변서가 제출된 경우에는 그 답변서가 진술 또는 진술간주된 바 없어도 변론 전체의 취지에 의해 원고의 청구를 다툰 것으로 볼 수 있다.[53]

② 그러나 제1심에서 피고에 대하여 공시송달로 재판이 진행되어 피고에 대한 청구가 기각되었다고 하여도 피고가 원고 청구원인을 다툰 것으로 볼 수 없으므로, 원고가 항소한 항소심에서 피고가 공시송달이 아닌 방법으로 송달받고도 다투지 아니한 경우에는 자백간주가 성립된다.[54] 피고가 답변취지로 청구기각의 판결만 구하고 사실에 대해서는 다음에 답변하겠다는 진술을 한 뒤 그 뒤의 기일에 불출석한 경우에는 결론 자체에 대해 수긍할 수 없다는 것이지, 변론전체의 취지로 미루어 사실을 다투는 것으로 해석할 수 없으므로 **자백간주가 성립한다**.[55]

2) **부지의 진술** : 상대방이 주장한 사실에 대하여 알지 못한다고 진술한 때에는 그 사실을 다툰 것으로 **추정**한다(제150조 2항).

(2) 당사자 일방이 기일에 불출석한 때(제150조 3항)

1) **내 용** : 당사자 한쪽이 불출석한 경우에도 상대방이 서면으로 예고한 사항에 대해서, 답변서 그 밖의 준비서면을 제출하여 이를 다투는 뜻을 표한 바 없다면 그가 자백한 것으로 본다.

2) **요 건**

① **당사자 일방이 상대방의 주장사실을 다투는 답변서·준비서면을 제출하지 않은 채 불출석**하였을 것(제148조의 진술간주제도에 비추어)

② 출석한 당사자는 준비서면을 제출하였을 것(제276조의 예고 없는 사실의 주장금지 때문에)

③ **공시송달에 의한 기일통지가 아니였을 것**(공시송달에 의한 기일통지는 당사자가 현실적으로 알기 어렵기 때문에). 다만 자백간주로서 효과가 발생한 때에는 그 이후의 기일에 대한 소환장이 송달불능으로 되어 공시송달하게 되었다고 하더라도 이미 발생한 자백간주의 효과가 상실되는 것은 아니다.[56]

④ 자기책임으로 돌릴 수 없는 사유로 불출석한 경우가 아닐 것(쌍방심문주의원칙 때문에)의 요건에 충족한 경우에는 자백한 것으로 간주된다. 따라서 불출석한 당사자가 연기신청서를 제출하였으나 허용되지 아니한 경우,[57] 기일통지를 받은 대리인의 사임으로 당사자 본인이 불출석한 경우에는[58] 자백간주가 성립한다.

---

51) 대법 2022.04.14, 2021다280781
52) 대법 2012.10.11, 2011다12842; 대법 2004.09.24, 2004다21305
53) 대법 1981.07.07, 80다1424
54) 대법 2018.07.12, 2015다36167
55) 대법 1989.07.25, 89다카4045. 다만 이 경우에 항소한 피고에게 청구원인에 대한 답변을 촉구하지 않은 것은 심리미진이라는 것에, 대법 1993.09.28, 93다6850
56) 대법 1988.02.23, 87다카961
57) 대법 1947.10.21, 4280민상114

(3) 피고가 답변서를 제출하지 아니한 때(제257조)

피고가 소장 부본을 송달받고 30일 이내에 답변서를 제출하지 아니한 경우에는 원고의 청구원인 사실에 대해 자백한 것으로 보고 무변론 원고승소판결을 할 수 있다. 단, 공시송달에 의해 소장부본을 송달받은 경우에는 자백간주되지 않는다(제256조 1항 단서).

3. 자백간주의 효력

(1) 법원에 대한 구속력

자백간주가 성립되면 재판상 자백과 마찬가지로 법원에 대한 구속력이 생기며, 법원은 증거에 기하여 자백간주에 배치되는 사실을 인정할 수 없다.

(2) 당사자에 대한 구속력

자백간주는 재판상 자백과 달리 당사자에 대한 구속력이 없다. 당사자는 자백간주가 있었다 하여도 사실심 변론 종결시까지 그 사실을 다툼으로써 그 효과를 번복할 수 있다.[59] 단 항소심에서는 실기한 공격방어방법의 각하(제149조)와 변론준비기일을 종결한 효과(제285조)에 의한 제약하에 다툴 수 있다. 파기환송 뒤에 다시 상대방의 주장을 다투어도 그 효과가 배제된다.

IV. 현저한 사실

1. 서 설

현저한 사실이라 함은 법관이 명확하게 인식하고 있고, 증거에 의하여 그 존부를 인정할 필요가 없을 정도로 객관성이 담보되어 있는 사실이다. **현저한 사실은 불요증사실**일 뿐 변론주의가 적용되어 주요사실인 한 당사자가 진술하여 공격방어의 대상으로 한 바 없으면 판결의 기초로 할 수 없다고 할 것이다. 또한 현저한 사실에 반하는 자백은 구속력이 없다.

2. 공지의 사실

(1) 의 의

공지의 사실이라 함은 통상의 지식과 경험을 가진 일반인이 믿어 의심하지 않을 정도로 알려진 사실을 말한다.

(2) 判例의 입장

日政시의 공문서에 日本年號의 사용,[60] 日政시에 우리 국민 대부분이 창씨개명,[61] 월평균가동일수[62] 등을 공지사실로 보았다.

---

58) 대법 1947.12.30, 4280민상169
59) 대법 1987.12.08, 87다368
60) 대법 1957.12.09, 57민상358·359
61) 대법 1971.03.09, 71다226
62) 대법 1970.02.24, 69다2172; 대법 1996.03.22, 95다20669

(3) 효 과

공지의 사실이 불요증사실로 되는 것은 불특정·다수인이 진실이라고 믿고 있으므로, 어느 때나 그 진실여부를 조사할 수 있는 보장이 있다는 것에 근거한다. 공지인가의 여부는 사실문제이며, **공지인 것에 대한 반증이나 공지사항이 진실이 아니라는 것의 증명이 허용**된다.

3. 법원에 현저한 사실

(1) 의 의

大法院 전원합의체판결의 다수의견은 법관이 직무상 경험으로 알고 있는 사실이기만 하면 **그 사실의 존재에 관하여 명확한 기억을 하고 있는 경우는 물론, 기록 등을 조사하여 곧바로 알 수 있는 경우도 법원에 현저한 사실이 된다**고 보아 '**직종별 임금실태조사보고서에 기재된 월평균 직종별 통계소득**'이 이에 해당한다고 본다.[63]

(2) 判例가 직무상 현저한 사실로 본 경우

법관이 스스로 행한 판결, 소속법원에서 행한 가압류·가처분사건, 선고된 실종선고 등이다. 다만 **다른 사건판결문에서 인정된 사실다툼이 없는 사정은 현저한 사실은 아닐뿐더러**, 피고와 제3자 사이에 있었던 민사소송의 확정판결의 존재를 넘어서 그 판결의 이유를 구성하는 사실관계들까지 법원에 현저한 사실로 볼 수는 없다.[64]

기대여명 (주요사실)	자백대상	• 인신사고로 인한 손해배상 사건에서 손해배상액을 산정하는 기초가 되는 피해자의 기대여명은 변론주의가 적용되는 주요사실로서 재판상 자백의 대상이 된다. 그리고 일단 재판상 자백이 성립하면 그것이 적법하게 취소되지 않는 한 법원도 이에 구속되므로, 법원은 당사자 사이에 다툼이 없는 사실에 관하여 성립된 자백과 배치되는 사실을 증거에 의하여 인정할 수 없다.[65]
	현저한 사실	• 통계청이 정기적으로 조사·작성하는 한국인의 생명표에 의한 남녀별 각 연령별 기대여명은 법원에 현저한 사실이므로 불법행위로 인한 피해자의 일실 수입 등 손해액을 산정함에 있어 기초가 되는 피해자의 기대여명은 당사자가 제출한 증거에 구애됨이 없이 그 손해 발생 시점과 가장 가까운 때에 작성된 생명표에 의하여 확정할 수 있다.[66]
가동연한 (경험칙)		• 우리나라의 사회적·경제적 구조와 생활여건이 급속하게 향상·발전하고 법제도가 정비·개선됨에 따라 종전 전원합의체 판결 당시 위 경험칙의 기초가 되었던 제반 사정들이 현저히 변하였기 때문에 위와 같은 견해는 더 이상 유지하기 어렵게 되었다. 이제는 특별한 사정이 없는 한 만 60세를 넘어 **만 65세까지도 가동할 수 있다고 보는 것이** 경험칙에 합당하다.[67]

(3) 효 과

법원에 현저한 사실을 불요증사실로 한 것은 법관의 인식의 객관성에 있으며, 필요에 따라 기록이나 자

---

[63] 대법(전) 1996.07.18, 94다20051
[64] 대법 2019.08.09, 2019다222140
[65] 대법 2018.10.04, 2016다41869
[66] 대법 1999.12.07, 99다41886
[67] 대법 2021.03.11, 2018다285106; 대법 2019.02.21, 2018다248909.

료를 조사하면 법관의 기억과 동일한 결과에 도달될 수 있기 때문이다. 다만 법관이 직무 외에서 전해들은 사실은 판단의 객관성·공정성을 담보할 수 없기 때문에 증명이 필요하다.

제4절 증거조사의 개시와 실시

제 1 관 증거조사의 개시

I. 증거신청

> **제289조(증거의 신청과 조사)** ① 증거를 신청할 때에는 증명할 사실을 표시하여야 한다.
> ② 증거의 신청과 조사는 변론기일전에도 할 수 있다.

1. 총 설

(1) 의 의

증거신청은 일정한 사실을 증명하기 위하여 일정한 증거방법을 지정하여 법원에 그 조사를 청구하는 소송행위이다.

(2) 증거제출권

1) 의 의 : 증거에 관한 당사자권은 좁게는 증거제출권만을, 넓게는 증거보전신청권·증거조사에의 참여권·증거수집에의 협력요구권, 나아가 상대방의 반증제출권을 말한다.

2) 성 질 : 이와 같은 증명권은 헌법상 보장받는 권리인 것으로 증거제출에 어떠한 절차상의 제한을 가함에는 특별한 정당한 사유를 필요로 한다는 것을 뜻한다.

3) 내 용

① 원 칙 : 법원은 증거법 소정의 요건을 갖춘 경우에 신청한 증거를 원칙적으로 모두 조사하여야 하며, 당사자의 증거신청을 '신청증인이 믿을 만하지 않다'든지 '이미 반대심증이 형성되었다'는 등 예단적 증거평가를 통해 함부로 각하할 수 없다. 증거조사하지도 아니하고 증거평가를 하는 결과가 되기 때문이다.

② 위반시 : 증거신청을 거부하거나 방치하면 소송법규(제202조)에 위배됨은 물론 법률상 심문청구권, 즉 재판을 받을 권리의 침해가 되어 상고이유가 된다. 判例도 자신의 주장에 부합하는 증거를 제출할 기회를 상실함으로써 당사자로서 절차상 권리를 침해당한 경우는 대리권의 흠에 준하여 상고이유가 된다고 하였다.[68]

---

68) 대법 1997.05.30, 95다21365

2. 증거신청의 방식

(1) 신청방식

증거신청은 서면 또는 말로 한다(제161조). 신청에 있어서 ⅰ) **증명할 사실**(제289조), ⅱ) 특정의 증거방법(제308조, 제345조), ⅲ) 증명취지(양자의 관계)를 구체적으로 밝혀야(규칙 제74조) 한다. **신청서에는 인지를 붙일 필요는 없으나**, 비용을 요하는 경우에는 예납하여야 한다(제116조).

(2) 모색적 증명

1) 의 의 : 증명책임을 지는 자가 사실경과 과정을 상세히 모르는 경우에 증명할 사실을 정확히 특정·주장하지 않고 먼저 증거신청부터 하여(제289조 위반), 증거조사를 통해 자기의 구체적 주장의 기초자료를 얻어 내려고 하는 것을 말한다.

2) 허용여부 : 모색적 증명은 제289조 제1항에 위반될 뿐만 아니라 증거 낚기를 목적으로 하는 남용적인 증거신청을 막고 단순히 혐의 있는 것만으로 소를 제기하는 남소로부터 법원과 상대방을 보호하기 위하여 원칙적으로 금지되나, 증거의 구조적 편재를 막아 양쪽 당사자의 지위의 실질적 평등을 실현하기 위해, 이른바 다수의 소액피해자 제기의 현대형 소송 등에서 제한적으로 받아들이자는 주장이 있다.[69]

3. 증거신청의 시기

증거의 신청과 조사는 변론기일 전에도 할 수 있다(제289조 2항).

(1) 소장과 답변서 제출시의 증거신청

① 원고는 부동산 사건에서의 등기부등본, 친족·상속사건에서 가족관계증명서, 어음·수표 사건에서의 어음·수표 사본 등을 소장에 붙여야 한다(규칙 제63조 2항). 또한 소장에서 서증을 인용한 때에는 그 서증의 등본 또는 사본을 붙여서 제출하여야 한다(제254조 4항 참조).

② 소장을 송달받은 상대방은 답변서를 제출하여야 하는데, 답변서에는 자기의 주장을 증명하기 위한 증거방법과 상대방의 증거방법에 관한 의견을 함께 적어야 하며, 답변사항에 관한 중요한 서증이나 답변서에서 인용한 문서의 사본 등을 붙여야 한다(제256조 4항, 제274조 2항, 제275조).

(2) 기일 전과 변론준비절차에서의 증거신청

① 증거신청은 변론기일에는 물론이고 변론기일 전에도 할 수 있다(기일전 증거신청, 제289조 제2항). 단, 제149조 및 제285조의 제약이 있다.

② 필요에 의하여 변론준비절차에 부쳐졌을 때에는 재판장등이 정한 기간 안에 주장사실을 증명할 증거를 신청하여야 한다(제280조 1항).

③ 주장과 함께 증거에 대한 효율적 정리를 위하여 원칙적으로 변론준비기일인 쟁점정리기일 전에 증인신문과 당사자신문을 제외한 모든 증거신청과 증거자료의 현출이 되어야 할 것이다.

---

[69] 이시윤 13판 479면

(3) 변론기일에서의 증거신청

① 증인신문과 당사자신문의 증거조사는 변론기일에서 쟁점을 정리한 뒤에 집중실시를 하여야 하므로(제293조), 적어도 집중증거조사기일 전에 신문신청이 있어야 하고 그 때는 일괄신청을 필요로 한다(규칙 제75조 제1항).

② 변론준비기일까지 거쳐서 변론기일에 들어간 사건이면 실권효가 미치므로 그 뒤에는 특단의 경우에만 증거신청이 허용된다.

③ 변론종결 후에 신청한 증거는 조사할 의무가 없다.

4. 상대방의 진술기회 보장

증거신청이 있으면 법원은 신청에 대하여 진술할 기회를 상대방에 주지 않으면 안 된다(제274조 5호, 제283조). 증거항변 등을 통하여 증거에 관한 상대방의 절차상 권리를 보장하기 위함이다. 그러나 상대방에게 진술의 기회를 주면 되고, 반드시 참여하여야만 증거조사할 수 있는 것은 아니고, 진술의 기회를 주었음에도 의견제출이 없으면 소송절차에 관한 이의권의 포기·상실로 위법한 증거조사라도 적법한 것이 된다.

5. 신청의 철회

증거신청은 변론주의에 의해 증거조사의 개시가 있기 전까지는 어느 때나 철회할 수 있고, 증거조사가 개시된 후에는 이른바 증거공통의 원칙상 상대방의 동의가 있을 때에 한하여 철회할 수 있다. 그러나 증거조사가 종료된 뒤에는 증거신청의 목적이 달성되었기 때문에 철회는 허용되지 않는다. 철회는 기일 또는 기일 전에 말 또는 서면으로 할 수 있다. 적법하게 철회된 증거를 채택함은 위법이다.

II. 증거의 채부결정

> **제290조(증거신청의 채택여부)** 법원은 당사자가 신청한 증거를 필요하지 아니하다고 인정한 때에는 조사하지 아니할 수 있다. 다만, 그것이 당사자가 주장하는 사실에 대한 유일한 증거인 때에는 그러하지 아니하다.
>
> **제291조(증거조사의 장애)** 법원은 증거조사를 할 수 있을지, 언제 할 수 있을지 알 수 없는 경우에는 그 증거를 조사하지 아니할 수 있다.

1. 서 설

(1) 원 칙

신청한 증거에 대한 채택여부는 소송촉진과 소송경제와의 관계에서 중요한 문제인바, 이의 판단은 원칙적으로 법원의 직권에 속하는 재량사항이다.

(2) 증거신청이 부적법한 경우

증거신청방식을 어긴 경우, 증거방법 자체가 부적법한 경우, 위법하게 수집한 증거방법인 경우 또는 재정기간을 넘겼거나, 시기에 늦은 경우(제147조, 제149조, 제285조)에는 증거신청을 각하할 수 있다.

(3) 증거신청이 적법한 경우

적법한 증거신청이라도 ① **필요하지 아니하다고 인정한 것은 조사하지 아니할 수 있다.**[70] 즉 증거방법이 쟁점판단에 무가치·무관한 경우, 또는 증명하려는 사실이 불요증사실이고 소송의 결과에 영향이 없는 사실이거나 주장 자체로 이유 없는 사실인 경우에는 조사하지 아니하여도 된다. 나아가 그 사실에 대하여 법관이 이미 확신을 얻은 경우에도 증거신청을 채택하지 않을 수 있다. 또한 ② 증인의 행방불명, 목적물의 분실, 증인에 대한 구인장의 집행불능 등으로 **증거조사를 할 수 있을지, 언제 할지 알 수 없는 장애가 있는 경우에는 그 증거를 조사하지 아니할 수 있다**(제291조).

2. 유일한 증거의 경우

(1) 의의 및 판단기준

당사자로부터 신청된 주요사실에 관한 증거방법이 유일한 것으로서 그 증거를 조사하지 않으면 증명의 길이 없어 아무런 입증이 없는 것으로 되는 경우의 증거를 말한다. 유일한 증거는 ① **쟁점단위로**, ② 전 심급을 통관하여, ③ 실제 조사한 증거로 판단한다.

(2) 취 지

신청한 증거의 채택여부는 법원의 직권에 속하는 재량사항이나 예외적으로 주요사실에 대한 유일한 증거는 쌍방심문주의 원칙상 반드시 조사하도록 하고 있다(제290조 단서).

(3) 적용범위

1) **직접증거** : 주요사실에 대한 증거인 직접증거이어야 하므로 간접사실이나 보조사실에 대한 증거는 포함되지 않는다. 다만 判例는 채무를 변제하였다는 증거로 제출한 서증이 유일한 증거이면 그 서증의 진정성립을 위하여 증인이 단 한번 출석하지 아니하였다 하여 취소한 다음 항변을 받아들이지 아니한 것은 채증법칙위반이라 하였는데,[71] 주요사실에 대한 증거인 서증의 형식적 증거력에 주목한 判例로 보인다.

2) **본 증** : 判例는 자신에게 증명책임이 있는 사항에 관한 증거이므로 본증에 한하는 것이지 **반증은 해당되지 않는**다고 한다. 따라서 유언의 존재 및 내용이 증명사항인 이상 유서에 대한 필적 및 무인의 감정은 반증에 불과하여 유일한 증거에 해당하지 않는다고 하였다.[72] 그러나 법관 앞의 평등이라는 쌍방심문주의와 당사자의 증거제출권의 중요성과의 관계에서 반증을 본증과 달리 취급할 것이 아니라는 입장도 있다.[73]

3) **당사자본인신문** : 判例는 당사자본인신문도 그 보충성에 비추어 볼 때 유일한 증거가 아니라고 하였으나,[74] 당사자본인신문의 보충성이 폐지된 신법하에서는 유일한 증거가 될 수 있다.

---

[70] 법원은 제출명령신청의 대상이 된 문서가 서증으로 필요한지를 판단하여 민사소송법 제290조 본문에 따라 그 신청의 채택 여부를 결정할 수 있다는 것에, 대법 2017.12.28, 2015무423.
[71] 대법 1962.05.10, 4294민상1510
[72] 대법 1998.06.12, 97다38510
[73] 이시윤 13판 483면

(4) 유일한 증거의 조사

1) 원 칙 : **유일한 증거는 반드시 증거조사를 하여야 한다**. 유일한 증거를 증거조사하지 않고 각하한 경우에는 채증법칙의 위반으로 상소이유가 된다. 그러나 **증거조사를 거부할 수 없다는 것뿐이지 그 내용에 법관이 구속되는 것은 아니다**.[75]

2) 예 외 : ① **증거신청이 부적법하여 각하되는 경우**나 재정기간의 경과나 시기에 늦은 경우, ② 증거신청서를 제출하지 않는 등 거증자의 고의나 태만의 경우, ③ 직권탐지주의에 의하는 소송, ④ 쟁점판단에 대해 적절하지 아니하거나 불필요한 증거신청의 경우 등에는 증거조사를 거부할 수 있다.

3. 증거의 채부결정의 방법 및 내용

(1) 방 법

증거신청에 대하여 결정으로 증거조사를 할 것인가의 여부를 정하는 것을 말한다. 여기에는 증거신청을 배척하는 각하결정과 채택하는 증거결정, 그리고 보류 등 세 가지가 있다.

(2) 증거신청에 대하여 반드시 채택여부의 결정을 요하는지 여부

判例는 증거조사의 범위결정은 법원의 직권사항임을 들어 증거를 채택할 때 반드시 명시적인 증거결정을 요하는 것이 아니고 다만 증거조사의 일시·장소를 당사자에게 고지하여 참여의 기회를 부여하면 된다는 것이고, **보류한 증거에 대하여 불필요하다고 인정할 때에 각하결정을 하지 않고 묵과하고 넘어가도 된다는 태도**이다.[76]

(3) 내 용

증거의 채부결정은 소송지휘의 재판이므로 어느 때나 취소변경할 수 있으며(제222조), **독립하여 불복할 수 없다**.[77] 법원은 증거조사결정을 한 때에는 바로 그 비용을 부담할 당사자에게 필요한 비용의 예납을 명하여야 한다(규칙 제77조).

III. 직권증거조사

> 제292조(직권에 의한 증거조사) 법원은 당사자가 신청한 증거에 의하여 심증을 얻을 수 없거나, 그 밖에 필요하다고 인정한 때에는 직권으로 증거조사를 할 수 있다.

1. 보충적 직권증거조사

민사소송은 변론주의에 의하는 절차이므로 **직권증거조사는 당사자가 신청한 증거조사만으로는 심증을 얻을 수 없거나 그 밖에 필요한 경우에 보충적으로만 할 수 있다**(제292조). 다만, 소액사건의 경우에는 원칙적 직권증거조사가 가능하고(소액사건심판법 제10조), 조사의 촉탁(제294조), 감정의 촉탁(제341조), 당사자신

---

74) 대법 2001.11.24, 99두3980
75) 대법 1966.06.28, 66다697
76) 대법 1992.09.25, 92누5096
77) 대법 1989.09.07, 89마694

문(제367조) 등에서도 직권증거조사가 가능하다.

2. 보충적 직권증거조사의 방법

심리의 최종단계에 이르러 심증형성이 안 될 때에 문제된다. 법원에 의무를 과한 것이 아니므로 재량이다. 다만 判例는 배상의무가 있음을 인정하면서 배상액에 관한 증명이 없다는 이유만으로 청구를 기각함은 부당하므로 경우에 따라서는 손해액에 대해 직권심리를 요한다고 하고 있다.[78] 당사자에 의하여 철회된 증거방법도 조사할 수 있으며 또 조사 결과에 대하여는 당사자로부터 의견을 들어야 한다.

3. 증거조사 비용

직권증거조사의 경우에 법원은 그 증거조사에 의하여 이익을 받을 자에게 증거조사 비용의 예납을 명하여야 하나, 이익을 받을 당사자가 불명한 때에는 원고가 예납의무자이다(규칙 제19조 1항 3호 단서).

제2관 증거조사의 실시

I. 서 설

1. 증거조사와 집중심리주의

(1) 2008년 개정법

원래 신법은 변론준비절차에서 주장을 정리하고 서증의 조사, 감정, 검증 등을 행하는 한편 증인과 당사자본인의 채부에 관한 결정을 하고 변론기일에서는 증인신문이나 당사자신문을 집중적으로 한 뒤 변론을 종결하는 구도였으나, 2008년 개정법률에 의하여 변론준비절차 중심제에서 변론기일중심제로 개편되었으므로, 원칙적으로 변론기일에서 변론준비절차에서 하던 몫을 하여 주장과 증거를 정리하여야 하게 되었다. 그리고 나서 제293조의 규정에 따라 집중조사로 집중심리주의를 관철할 수밖에 없다.

(2) 집중심리주의 방식

1) 쟁점정리기일 전 증거조사

① 당사자는 스스로 소지하고 있는 문서는 그 사본을 미리 제출하여 상대방에게 검토할 기회를 주고 쟁점정리기일에 그 원본을 현실적으로 제출하여야 하고, 소지하고 있지 않은 문서는 적시에 문서제출명령·문서송부촉탁 또는 법정 외에서의 증거조사 등을 신청하여 필요한 문서가 쟁점정리기일 이전에 법원에 현출되어 상대방과 법원이 그 내용을 검토할 수 있도록 하여야 한다.

② 검증·감정·사실조회도 원칙적으로 쟁점정리기일 이전에 실시함으로써 법원이 그 내용을 검토할 수 있어야 한다.

③ **증인에 관하여는 쟁점정리기일 이전에 필요한 증인 전원을 정형화된 서면으로 신청하여야 한다.**

2) 쟁점정리기일에서의 증거조사

① 법원은 쟁점정리기일에 원칙적으로 증인신문과 당사자신문을 제외한 증거방법에 대한 조사를 완료

---

[78] 대법 2011.07.14, 2010다103451; 대법 1987.12.22, 85다카2453

하여야 한다.

② 쟁점정리기일에는 제출된 증거의 결과를 제시하여 당사자에게 의견진술의 기회를 부여한다.

③ **제출된 서증에 대한 채부를 결정하며, 채택된 서증에 대하여 상대방이 인부를 하는 방법으로 증거조사가 실시**된다.

④ **쟁점정리기일에는 신청된 증인 등에 대한 채부를 일괄하여 결정·고지하며, 이때에 증언의 방식과 증인의 소환 여부 등이 함께 결정**된다.

3) 집중증거조사기일에서의 증거조사

① **쟁점정리기일을 마친 후 법원은 별도로 변론기일(증거조사기일)을 지정하고 증인신문이나 당사자신문을 집중하여 실시**하게 된다.

② 집중증거조사기일에 증인신문을 실시하기에 앞서 재판장으로 하여금 쟁점정리절차에 확정된 쟁점을 양쪽 대리인 또는 당사자에게 개별적으로 설명하여 확인시키도록 하고 있다.

2. 증거조사와 직접심리주의

(1) 원 칙

증거조사는 직접심리주의의 적용으로 변론기일이나 변론준비절차에서 법원 안에서 행하는 것이 원칙이나, 다음과 같은 예외가 있다.

(2) 예 외

1) **기일 전의 증거조사** : 증거의 신청은 물론 조사도 변론기일·변론준비기일 이전에도 할 수 있다(제289조). ① 문서제출명령·문서송부촉탁·서증조사, ② 감정, ③ 사실조회, ④ 검증 등이다. 증인과 당사자 본인의 증거신청은 기일 전에도 할 수 있지만, 그 조사는 변론기일에서 집중적으로 시행하여야 하므로(제293조), 기일 전의 조사에서 제외된다(제281조 3항 단서).

2) **법원 밖에서의 증거조사** : 법원은 필요하다고 인정할 때에는 법원 밖에서 증거조사를 할 수 있다. **이 경우 합의부원에게 명하거나 다른 지방법원 판사에게 촉탁할 수 있다**(제297조 제1항). 이 경우에는 변론기일과 증거조사기일이 분리되게 되는데, 기일해태의 효과가 발생하지 않고,[79] 당사자가 새로운 주장 등 변론을 할 수 없으며, 재판상의 자백도 성립되지 않는다. 또 공개도 필요 없다.

> 제297조(법원밖에서의 증거조사) ① 법원은 필요하다고 인정할 때에는 법원밖에서 증거조사를 할 수 있다. 이 경우 합의부원에게 명하거나 다른 지방법원 판사에게 촉탁할 수 있다.
> ② 수탁판사는 필요하다고 인정할 때에는 다른 지방법원 판사에게 증거조사를 다시 촉탁할 수 있다. 이 경우 그 사유를 수소법원과 당사자에게 통지하여야 한다.
> 제298조(수탁판사의 기록송부) 수탁판사는 증거조사에 관한 기록을 바로 수소법원에 보내야 한다.

3) 외국에서의 증거조사

---

[79] 대법 1966.01.31, 65다2296

> 제296조(외국에서 시행하는 증거조사) ① 외국에서 시행할 증거조사는 그 나라에 주재하는 대한민국 대사·공사·영사 또는 그 나라의 관할 공공기관에 촉탁한다.
> ② 외국에서 시행한 증거조사는 그 나라의 법률에 어긋나더라도 이 법에 어긋나지 아니하면 효력을 가진다.

4) **직접심리주의의 예외와 원용문제** : 직접심리주의의 예외로 행하는 위 2), 3)의 경우 그 결과를 당사자가 원용하여야 하는지에 대해 직접주의·구술주의의 요청상 이러한 증거조사의 결과를 당사자의 책임하에 수소법원의 변론에서 이를 원용하여야 한다는 원용설도 있으나,[80] 이 경우를 직접주의의 예외로 해석하며, 법원이 증거조사결과를 변론에서 제시하여 당사자에 의견진술의 기회를 주면 되는 것이지 당사자의 원용까지는 불필요하다고 볼 것이다.[81]

3. 당사자의 참여권과 당사자공개주의

> 제295조(당사자가 출석하지 아니한 경우의 증거조사) 증거조사는 당사자가 기일에 출석하지 아니한 때에도 할 수 있다.

증거조사를 하는 경우에는 그 기일·장소를 당사자에게 고지하고 기일통지를 하여, **당사자의 증거조사참여권을 보장하여야** 한다(제167조, 제297조 2항, 제381조). 그러나 당사자에게 참여의 기회를 주면 되는 것이지 반드시 출석을 요하는 것은 아니며, 따라서 **당사자가 기일에 출석하지 아니한 때에도 증거조사를 할 수 있다**(제295조). 또한 법원은 증거조사의 결과에 대하여 변론의 기회를 주어야 한다.

4. 증거조사의 조서기재

증거조사절차 및 결과는 **변론조서·변론준비기일조서·증거조사기일조서에 기재하여야** 한다(제154조, 제283조, 제160조).

II. 증인신문

1. 총 설

(1) 의 의

증인신문이란 증인의 진술, 즉 증언으로부터 증거자료를 얻는 증거조사를 말한다. 증인이란 자신의 과거에 경험한 사실을 법원에 보고할 것을 명령받은 사람으로서 당사자나 법정대리인이 아닌 제3자를 말한다. **증인은 특별한 학식과 경험에 기해 일정한 사항을 판단하여 보고하는 감정인과 구별되나, 감정증인(사고를 목격한 의사 등)은 증인일 뿐이므로 증인신문절차에 의한다**(제340조).

(2) 증인능력

당사자, 법정대리인, 법인의 대표자를 제외하고 누구나 증인능력을 갖는다(제367조, 제372조). 따라서 **소송**

---

80) 송상현/박익환 565면; 강현중 551면; 호문혁 506면
81) 이시윤 13판 488면; 김홍규/강태원 497면; 정동윤/유병현 531면; 김홍엽 505면

무능력자나 당사자의 친족 및 선정자, **소송대리인, 보조참가인**, 소송탈퇴자 등도 증인이 될 수 있다. 나아가 **제1심에서 공동소송인이었다 하더라도 항소심에서 공동소송인이 아니라면 증인이 될 수 있다**. 다만 判例는 **당사자나 법정대리인을 증인으로 신문한 경우에는 지체 없이 방식위배를 이유로 이의권(제151조)을 행사하지 아니하면 그 하자는 치유된다**고 본다.[82] 나아가 감정인으로 신문할 것을 증인으로 신문하였다 하여도 이의한 흔적이 없는 경우에는 그 증인의 증언을 증거로 하였다고 하여 위법이 아니라고 하였다.[83]

2. 증인의 신청과 채부의 결정

> 제308조(증인신문의 신청) 당사자가 증인신문을 신청하고자 하는 때에는 증인을 지정하여 신청하여야 한다.
>
> **민사소송규칙**
> 제75조(증인신문과 당사자신문의 신청) ① 증인신문은 부득이한 사정이 없는 한 일괄하여 신청하여야 한다. 당사자신문을 신청하는 경우에도 마찬가지이다.
> ② 증인신문을 신청하는 때에는 증인의 이름·주소·연락처·직업, 증인과 당사자의 관계, 증인이 사건에 관여하거나 내용을 알게 된 경위, 증인신문에 필요한 시간 및 증인의 출석을 확보하기 위한 협력방안을 밝혀야 한다. 〈개정 2007.11.28〉

(1) 신 청

1) 방 식 : **증인을 신청하는 때에는 서면신청이 원칙**이며, 증인과 당사자의 관계, 증인이 사건에 관여하거나 내용을 알게 된 경위 등을 구체적으로 밝혀야 한다(규칙 제75조 2항).

2) 시 기 : 증인신문은 당사자의 주장과 증거를 정리한 뒤 집중적으로 실시하여야 하므로(제293조) 당사자는 필요한 증인을 쟁점정리기일 이전에 일괄하여 신청하여야 한다(규칙 제75조 1항). 여기서 **"일괄하여 신청"** 이라 함은 한꺼번에 신청하여야 한다는 뜻이 아니라, **쟁점정리기일 이전까지 모두 신청하라는 의미**이다.

(2) 채부결정

법원은 쟁점정리기일에 신청된 증인에 대한 채부를 일괄하여 결정·고지한다. 법원은 증인의 채부결정과 함께 개별 증인별로 입증취지 및 당사자와의 관계 등을 고려하여 후술하는 증인조사방식 중 하나를 선택하여 고지한다.

3. 증인의 의무

(1) 출석의무

1) 증인에 대한 출석요구

> 제309조(출석요구서의 기재사항) 증인에 대한 출석요구서에는 다음 각호의 사항을 적어야 한다.
>   1. 당사자의 표시
>   2. 신문 사항의 요지
>   3. 출석하지 아니하는 경우의 법률상 제재

---

[82] 대법 1977.10.11, 77다1316
[83] 대법 1960.12.20, 4293민상163

> **민사소송규칙**
> **제81조(증인 출석요구서의 기재사항 등)** ① 증인의 출석요구서에는 법 제309조에 규정된 사항 외에 다음 각 호의 사항을 적어야 한다.
>   1. 출석하지 아니하는 경우에는 그 사유를 밝혀 신고하여야 한다는 취지
>   2. 제1호의 신고를 하지 아니하는 경우에는 정당한 사유 없이 출석하지 아니한 것으로 인정되어 법률상 제재를 받을 수 있다는 취지
> ② 증인에 대한 출석요구서는 출석할 날보다 2일 전에 송달되어야 한다. 다만, 부득이한 사정이 있는 경우에는 그러하지 아니하다.
> **제82조(증인의 출석확보)** 증인이 채택된 때에는 증인신청을 한 당사자는 증인이 기일에 출석할 수 있도록 노력하여야 한다.

① 증인조사를 증인진술서 제출방식이나 증인신문사항 제출방식으로 하는 경우에는 채택된 증인에 대하여 출석요구를 하여야 하는데, **출석요구서는 부득이한 사정이 없는 한 출석한 날의 2일 전에 송달**되어야 한다(규칙 제81조 2항).

② 기일통지 내지 출석요구서를 받은 증인은 그 지정한 일시·장소에 출석할 의무가 있다. **민소규칙은 제82조에서 증인이 채택된 때에는 증인신청을 한 당사자는 증인이 기일에 출석할 수 있도록 노력하여야 한다는 규정을 신설**하였다.

③ 증인이 기일에 출석할 수 없을 때에는 그 사유를 밝혀 신고하여야 하며, 신고의무를 불이행하면 정당한 사유 없는 불출석으로 인정될 수 있다.

④ 증인이 질병 등 정당한 사유로 출석하지 못할 때에는 수명법관·수탁판사로 하여금 증인을 신문하게 할 수 있다(제313조).

2) 불출석 증인에 대한 제재

> **제311조(증인이 출석하지 아니한 경우의 과태료 등)** ① 증인이 정당한 사유 없이 출석하지 아니한 때에 법원은 결정으로 증인에게 이로 말미암은 소송비용을 부담하도록 명하고 500만원 이하의 과태료에 처한다.
> ② 법원은 증인이 제1항의 규정에 따른 과태료의 재판을 받고도 정당한 사유 없이 다시 출석하지 아니한 때에는 결정으로 증인을 7일 이내의 감치(監置)에 처한다.
> ③ 법원은 감치재판기일에 증인을 소환하여 제2항의 정당한 사유가 있는지 여부를 심리하여야 한다.
> ④ 감치에 처하는 재판은 그 재판을 한 법원의 재판장의 명령에 따라 법원공무원 또는 경찰공무원이 경찰서유치장·교도소 또는 구치소에 유치함으로써 집행한다. 〈개정 2006.2.21〉
> ⑤ 감치의 재판을 받은 증인이 제4항에 규정된 감치시설에 유치된 때에는 당해 감치시설의 장은 즉시 그 사실을 법원에 통보하여야 한다.
> ⑥ 법원은 제5항의 통보를 받은 때에는 바로 증인신문기일을 열어야 한다.
> ⑦ 감치의 재판을 받은 증인이 감치의 집행중에 증언을 한 때에는 법원은 바로 감치결정을 취소하고 그 증인을 석방하도록 명하여야 한다.
> ⑧ 제1항과 제2항의 결정에 대하여는 즉시항고를 할 수 있다. 다만, 제447조의 규정은 적용하지 아니한다.
> ⑨ 제2항 내지 제8항의 규정에 따른 재판절차 및 그 집행 그 밖에 필요한 사항은 대법원규칙으로 정한다.

> 제312조(출석하지 아니한 증인의 구인) ① 법원은 정당한 사유 없이 출석하지 아니한 증인을 구인(拘引)하도록 명할 수 있다.
> ② 제1항의 구인에는 형사소송법의 구인에 관한 규정을 준용한다.

① 소송비용부담과 과태료의 부과 : 법원은 결정으로 **소송비용의 부담과 500만원 이하의 과태료**에 처할 수 있다(제311조 1항). 과태료를 부과하기 위해서는 우선 증인에 대한 적법한 출석요구절차가 선행되었어야 하며, **적법한 출석요구절차란 증인에게 출석요구서를 송달하여 기일을 통지함을 의미**하고(제167조 1항), 소위 대동 증인처럼 이러한 절차를 거치지 않은 증인에 대해서는 과태료를 부과할 수 없다.

② 감 치 : **법원은 증인이 과태료의 재판을 받고도 정당한 사유 없이 다시 출석하지 아니하는 때에는 7일 이내의 감치결정**을 내릴 수 있다(동조 2항). 감치에 처하는 재판은 그 재판을 한 법원의 재판장의 명령에 따라 법원공무원 또는 경찰공무원이 경찰서 유치장·교도소 또는 구치소에 유치함으로써 집행한다(제311조 4항). 감치의 재판을 받은 **증인이 감치의 집행중에 증언을 한 때에는 법원은 바로 감치결정을 취소하고 그 증인을 석방하도록 명하여야** 한다(제311조 7항). 감치사유가 발생한 날로부터 20일이 지나면 감치재판개시결정을 할 수 없다(규칙 제86조 2항).

③ 구 인 : 법원은 정당한 사유 없이 출석하지 아니한 증인을 구인하도록 명할 수 있다(제312조 1항). **증인의 구인절차에 관하여는 형사소송법 중 구인에 관한 규정이 준용**된다(동조 2항). **구인을 명하는 경우에도 증인에 대한 출석요구서를 별도로 송달하여야** 한다.

3) 불 복 : 과태료나 감치의 결정에 대하여 즉시항고를 할 수 있는데 그 집행을 정지시키는 효력은 없다(제311조 8항).

(2) 선서의무

1) 선서의무와 선서방식 : **기립할 자는 증인에 한하고**, 다음 기일에 속행하여 신문하는 경우 다시 선서할 필요는 없으며, 증인이 여러 명인 경우 1인이 대표로 선서서를 낭독하게 할 수 있다.

> 제319조(선서의 의무) 재판장은 증인에게 신문에 앞서 선서를 하게 하여야 한다. 다만, 특별한 사유가 있는 때에는 신문한 뒤에 선서를 하게 할 수 있다.
> 제320조(위증에 대한 벌의 경고) 재판장은 선서에 앞서 증인에게 선서의 취지를 밝히고, 위증의 벌에 대하여 경고하여야 한다.
> 제321조(선서의 방식) ① 선서는 선서서에 따라서 하여야 한다.
> ② 선서서에는 "양심에 따라 숨기거나 보태지 아니하고 사실 그대로 말하며, 만일 거짓말을 하면 위증의 벌을 받기로 맹세합니다."라고 적어야 한다.
> ③ 재판장은 증인으로 하여금 선서서를 소리내어 읽고 기명날인 또는 서명하게 하며, 증인이 선서서를 읽지 못하거나 기명날인 또는 서명하지 못하는 경우에는 참여한 법원사무관 등이나 그 밖의 법원공무원으로 하여금 이를 대신하게 한다.
> ④ 증인은 일어서서 엄숙하게 선서하여야 한다.

2) 선서무능력

> 제322조(선서무능력) 다음 각호 가운데 어느 하나에 해당하는 사람을 증인으로 신문할 때에는 선서를 시키지 못한다.
> 1. 16세 미만인 사람
> 2. 선서의 취지를 이해하지 못하는 사람

3) 선서의 면제 및 선서거부권

> 제323조(선서의 면제) 제314조에 해당하는 증인으로서 증언을 거부하지 아니한 사람을 신문할 때에는 선서를 시키지 아니할 수 있다.
> 제324조(선서거부권) 증인이 자기 또는 제314조 각호에 규정된 어느 한 사람과 현저한 이해관계가 있는 사항에 관하여 신문을 받을 때에는 선서를 거부할 수 있다.
> 제325조(조서에의 기재) 선서를 시키지 아니하고 증인을 신문한 때에는 그 사유를 조서에 적어야 한다.
> 제326조(선서거부에 대한 제재) 증인이 선서를 거부하는 경우에는 제316조 내지 제318조의 규정을 준용한다.

선서를 거부할 수 있는 증인이 선서를 거부하지 아니하고 증언을 한 경우에 **재판장이 선서거부권이 있음을 고지하지 아니 하였다고 하여 위법이라고 할 수 없다.**[84] **선서거부에 정당한 이유가 없다고 한 재판이 확정된 뒤에 증인이 선서를 거부한 때에는 소송비용부담과 과태료에 처할 수 있을 뿐 감치를 할 수 없다**(제326조, 제318조).

(3) 진술의무

> 제303조(증인의 의무) 법원은 특별한 규정이 없으면 누구든지 증인으로 신문할 수 있다.
> 제304조(대통령·국회의장·대법원장·헌법재판소장의 신문) 대통령·국회의장·대법원장 및 헌법재판소장 또는 그 직책에 있었던 사람을 증인으로 하여 직무상 비밀에 관한 사항을 신문할 경우에 법원은 그의 동의를 받아야 한다.
> 제305조(국회의원·국무총리·국무위원의 신문) ① 국회의원 또는 그 직책에 있었던 사람을 증인으로 하여 직무상 비밀에 관한 사항을 신문할 경우에 법원은 국회의 동의를 받아야 한다.
> ② 국무총리·국무위원 또는 그 직책에 있었던 사람을 증인으로 하여 직무상 비밀에 관한 사항을 신문할 경우에 법원은 국무회의의 동의를 받아야 한다.
> 제306조(공무원의 신문) 제304조와 제305조에 규정한 사람 외의 공무원 또는 공무원이었던 사람을 증인으로 하여 직무상 비밀에 관한 사항을 신문할 경우에 법원은 그 소속 관청 또는 감독 관청의 동의를 받아야 한다.

1) **증인의무** : 우리나라의 재판권에 복종하는 사람이면 누구든지 증인으로서 신문에 응할 공법상의 의무를 진다(제303조 이하). 치외법권자도 임의로 신문에 응하면 증인으로 될 수 있다. 공무원 또는 공무원이었던 사람을 증인으로 하여 직무상의 비밀에 관한 사항을 신문할 때에는 당해 공무원, 소속 국가기관 등

---

[84] 대법 1971.04.30, 71다452

의 동의를 필요로 한다(제304조 내지 306조).

2) 증언거부권

> **제314조(증언거부권)** 증인은 그 증언이 자기나 다음 각호 가운데 어느 하나에 해당하는 사람이 공소제기되거나 유죄판결을 받을 염려가 있는 사항 또는 자기나 그들에게 치욕이 될 사항에 관한 것인 때에는 이를 거부할 수 있다. 〈개정 2005.3.31〉
> 1. 증인의 친족 또는 이러한 관계에 있었던 사람
> 2. 증인의 후견인 또는 증인의 후견을 받는 사람
>
> **제315조(증언거부권)** ① 증인은 다음 각호 가운데 어느 하나에 해당하면 증언을 거부할 수 있다.
> 1. 변호사·변리사·공증인·공인회계사·세무사·의료인·약사, 그 밖에 법령에 따라 비밀을 지킬 의무가 있는 직책 또는 종교의 직책에 있거나 이러한 직책에 있었던 사람이 직무상 비밀에 속하는 사항에 대하여 신문을 받을 때
> 2. 기술 또는 직업의 비밀에 속하는 사항에 대하여 신문을 받을 때
> ② 증인이 비밀을 지킬 의무가 면제된 경우에는 제1항의 규정을 적용하지 아니한다.
>
> **제316조(거부이유의 소명)** 증언을 거부하는 이유는 소명하여야 한다.
>
> **제317조(증언거부에 대한 재판)** ① 수소법원은 당사자를 심문하여 증언거부가 옳은지를 재판한다.
> ② 당사자 또는 증인은 제1항의 재판에 대하여 즉시항고를 할 수 있다.
>
> **제318조(증언거부에 대한 제재)** 증언의 거부에 정당한 이유가 없다고 한 재판이 확정된 뒤에 증인이 증언을 거부한 때에는 제311조 제1항, 제8항 및 제9항의 규정을 준용한다.
>
> **제330조(증인의 행위의무)** 재판장은 필요하다고 인정한 때에는 증인에게 문자를 손수 쓰게 하거나 그 밖의 필요한 행위를 하게 할 수 있다.

① 증인은 그 증언이 자기나 그의 친족 또는 이러한 관계에 있었던 사람 등이 공소제기되거나 유죄판결을 받을 염려가 있는 사항 또는 자기나 그들에게 치욕이 될 사항에 관한 것인 때에는 이를 거부할 수 있으나(제314조), **단순히 징계처분을 받을 우려가 있는 사항은 증언거부사유가 아니다**. 나아가 **변호사·변리사·공증인·공인회계사·세무사·의료인·약사, 그 밖에 법령에 따라 비밀을 지킬 의무가 있는 직책 또는 종교의 직책에 있거나 이러한 직책에 있었던 사람이 직무상 비밀에 속하는 사항에 대하여 신문**을 받을 때(제315조 1항 1호), **기술 또는 직업의 비밀에 속하는 사항**(제315조 1항 2호)에 대하여 신문을 받을 때에도 증언거부할 수 있다.

② 변호사 등이 직무상 취득한 비밀에 대하여 신문받는 경우에 비밀이 유지됨으로써 이익을 받는 당사자가 사전에 그 비밀사항에 관하여 묵비의무를 면제하여 준 경우에는 변호사는 그 비밀사항에 관하여 증언을 **거부할 수 없다**(제315조 2항). 법 제315조 1항 2호의 '직업의 비밀'에 기자의 취재원 보호가 해당하는지에 관하여 논의가 있다. i) 기자의 취재원을 무조건 보호하는 것은 타당하지 않으며 공표가 그 뒤의 취재에 지장을 주거나 불공표가 사회적으로 보아 직업상의 의무라고 보여지는 경우에 한하여 증언거부를 할 수 있다는 견해가 있으나,[85] ii) 기자의 취재원은 언론의 자유와 직결되는 문제이므로 원칙적으로 증언거부할 수 있다고 본다.[86]

---

85) 김용진 341면; 호문혁 519면
86) 이시윤 13판 494면; 김홍엽 508면; 정동윤/유병현 538면; 송상현/박익환 570면; 강현중 535면; 정영환 597면

③ 증인이 증언을 조건으로 소송의 일방 당사자로부터 통상적으로 용인될 수 있는 수준을 넘어서는 대가를 제공받기로 하는 약정은, 증언거부권 유무와 상관없이 반사회적 법률행위로서 **무효**이다.[87]

④ **증인이 증언을 거부하는 경우 그 이유를 소명하여야** 한다(제316조). **수소법원은 당사자를 심문하여 증언거부가 옳은지를 재판**한다(제317조 1항). **당사자 또는 증인은 증언거부에 대한 재판에 대하여 즉시항고를 할 수 있다**(제317조 2항). 증언의 거부에 정당한 이유가 없다고 한 재판이 확정된 뒤에 증인이 증언을 거부한 때에는 법원은 소송비용부담과 과태료에 처할 수 있을 뿐 감치를 할 수 없다(제318조).

⑤ 민사소송법은 형사소송법과 달리, '선서거부권 제도'(제324조), '선서면제 제도'(제323조) 등 증인으로 하여금 위증죄의 위험에서 벗어날 수 있도록 하는 이중의 장치를 마련하고 있어 증언거부권 고지 규정을 두지 아니한 것이 입법의 불비라거나 증언거부권 있는 증인의 침묵할 수 있는 권리를 부당하게 침해하는 입법이라고 볼 수도 없다. 그렇다면 민사소송절차에서 **재판장이 증인에게 증언거부권을 고지하지 아니하였다 하여 절차위반의 위법이 있다고 할 수 없다**.[88]

4. 증인신문방식

(1) 증인진술서 제출 방식

> **민사소송규칙**
> 제79조(증인진술서의 제출 등) ① 법원은 효율적인 증인신문을 위하여 필요하다고 인정하는 때에는 증인을 신청한 당사자에게 증인진술서를 제출하게 할 수 있다.
> ② 증인진술서에는 증언할 내용을 그 시간 순서에 따라 적고, 증인이 서명날인하여야 한다.
> ③ 증인진술서 제출명령을 받은 당사자는 법원이 정한 기한까지 원본과 함께 상대방의 수에 2(다만, 합의부에서는 상대방의 수에 3)를 더한 만큼의 사본을 제출하여야 한다.
> ④ 법원사무관등은 증인진술서 사본 1통을 증인신문기일 전에 상대방에게 송달하여야 한다.

1) 의 의 : 법원이 증인으로 하여금 증인진술서를 제출하게 하여 상대방에게 미리 송달하고, 법정에서는 쟁점사항에 한정하여 주신문을 하고 나머지 입증사실에 관하여는 위 증인진술서가 사실대로 작성되었다는 취지의 증언을 한 다음 반대신문을 하는 증인조사방식이다(규칙 제79조).

2) 활용범위 : **가족·친지·직원 등 증인을 신청한 당사자의 지배영역 내에 있는 증인에 대하여는 증인진술서의 제출을 명하는 것을 원칙**으로 한다.

3) 증인진술서의 작성과 제출

① 증인진술서에는 증언할 내용을 시간순서에 따라 적고 증인이 서명날인하여야 한다(규칙 제79조 2항).

② **증인진술서 제출명령의 상대방은 증인이 아니라 당사자**이므로 당사자는 법원이 정한 기한까지 원본과 함께 상대방의 수에 2(다만, 합의부에서는 상대방의 수에 3)를 더한 만큼의 사본을 제출하여야 한다(규칙 제79조 3항).

---

87) 대법 2010.07.29, 2009다56283
88) 대법 2011.07.28, 2009도14928

4) 증인진술서를 이용한 증인신문의 방법

① **증인진술서가 제출된 경우에는 이를 서증으로 채택**하여 법정에서는 경위사실·정황사실·주변사실 등은 증인진술서의 기재로 대체할 수 있지만, **핵심쟁점사항을 진술서로서 주신문에 갈음하는 것은 허용될 수 없다.** 즉 **주신문은 핵심쟁점사항에 한정하며, 상대방의 반대신문권을 충분히 보장하는 방법으로 운영**된다.

② 증인진술서가 제출되었으나 그 작성자가 증인으로 출석하지 않고, 당사자가 반대신문권을 포기하여 그 증인진술서의 진정성립을 다투지 않는 경우, 법원은 이를 서증으로 채택할 수 있으나, 그 증인진술서의 내용이 허위라고 하더라도 그 작성자에 대하여 위증죄의 책임을 물을 수 없다.

③ 증인진술서를 작성한 증인이 불출석한 경우 증인진술서를 서증으로 채택하면 **상대방의 반대신문권의 보장이 어렵고 침해되는 결과가 되므로 원칙적으로는 서증으로 채택하면 안된다.** 다만 증인이 사망·질병 등 부득이한 사유로 불출석한 경우에는 상대방이 특별한 이의를 제기하지 않는 경우도 있을 수 있으므로 증인이 증언할 내용, 불출석 사유, 상대방의 의견 등을 고려하여 서증으로 채택할 수도 있다.

(2) 증인신문사항 제출 방식

> **민사소송규칙**
> 제80조(증인신문사항의 제출 등) ① 증인신문을 신청한 당사자는 법원이 정한 기한까지 상대방의 수에 3(다만, 합의부에서는 상대방의 수에 4)을 더한 통수의 증인신문사항을 적은 서면을 제출하여야 한다. 다만, 제79조의 규정에 따라 증인진술서를 제출하는 경우로서 법원이 증인신문사항을 제출할 필요가 없다고 인정하는 때에는 그러하지 아니하다.
> ② 법원사무관등은 제1항의 서면 1통을 증인신문기일 전에 상대방에게 송달하여야 한다.
> ③ 재판장은 제출된 증인신문사항이 개별적이고 구체적이지 아니하거나 제95조제2항 각호의 신문이 포함되어 있는 때에는 증인신문사항의 수정을 명할 수 있다. 다만, 같은 항 제2호 내지 제4호의 신문에 관하여 정당한 사유가 있는 경우에는 그러하지 아니하다.

1) **활용범위** : 증인진술서 제출방식이 적절하지 아니한 사건, 즉 **증인이 적대적 증인**이거나 신청인의 지배영역 내에 있지 아니한 중립적 증인인 경우, **증인이 글을 읽거나 쓸 수 없는 경우, 증언내용을 미리 밝히는 것이 사건의 공평한 해결을 위하여 상당하지 아니한 경우** 등에는 증인신문사항 제출 방식에 의한다.

2) **증인신문사항의 작성과 제출** : 증인신문신청이 채택된 경우 신청 당사자는 법원이 정한 기한까지 증인신문사항을 적은 서면을(상대방의 수에 3 내지 4통을 더해서) **법원에 제출하여야 한다**(규칙 제80조 1항). 다만, **증인진술서가 제출된 사건에 관하여는 원칙적으로 증인신문사항의 제출을 면제한다**(규칙 제80조 1항 단서).

3) **증인신문사항의 송달** : 증인신문사항은 상대방에게 송달되고(동조 제2항), 출석요구 받은 증인에게도 송달된다. **상대방이 증인신문 당시 증인신문사항을 기재한 서면을 미리 교부받지 못하였다고 하더라도 지체없이 이의하지 아니하면 이의권의 포기·상실로 그 하자가 치유**된다.[89]

4) **증인신문사항의 수정** : 신문사항이 개별성·구체성이 없거나 민소규칙 제95조 2항에서 정한 증인신

---
89) 대법 2001.10.12, 2001다35372

문의 제한사항이 포함되면 **재판장은 그 신문사항의 수정을 명할 수 있다**(동조 3항). 증인신문사항을 제출할 기한은 상대방에 대한 송달과 반대신문의 준비를 위하여 필요한 시간을 고려하여 정하여야 한다.

(3) 서면에 의한 증언 방식

> 제310조(증언에 갈음하는 서면의 제출) ① 법원은 증인과 증명할 사항의 내용 등을 고려하여 상당하다고 인정하는 때에는 출석·증언에 갈음하여 증언할 사항을 적은 서면을 제출하게 할 수 있다.
> ② 법원은 상대방의 이의가 있거나 필요하다고 인정하는 때에는 제1항의 증인으로 하여금 출석·증언하게 할 수 있다.

1) 의 의 : **법원은 증인과 증명할 사항의 내용 등을 고려하여 상당하다고 인정하는 때에는 출석·증언에 갈음하여 증언할 사항을 적은 서면을 제출하게 할 수 있고**(제310조 1항), **법원에 제출된 서면증언은 변론기일에 현출됨으로써 증언으로서의 효력을 갖는다**. 구법하에서는 서면에 의한 증언방식으로 공정증서에 의한 증언이 인정되었으나 상대방이 이의하지 않는 경우에 한하여 활용할 수 있고 공정증서 정본을 제출하게 하는 등 절차가 복잡하여 거의 이용되지 아니하였다. 이에 **신법은 상대방의 동의를 요하지 않고** 공정증서 정본의 제출을 요하지 않음으로써 절차상의 효율을 도모하였다.

2) 증인진술서와 서면증언의 비교

	증인진술서	서면증언
증거조사 방식	서 증	증 언
명령의 상대방	당사자에 제출을 명함	증인에 대해 제출을 명함
절차	증인의 출석과 증언을 요함	서면의 제출과 법정에 현출

3) 활용범위 : 반대신문권의 보장의 필요성이 크지 않은 경우
① **공시송달사건이나 피고가 형식적인 답변서만 제출하고 출석하지 아니하는 경우**
② 진단서의 진정성립을 위하여 작성자인 의사를 증인으로 신문하여야 하는 경우
③ 나아가 증인이 중환자나 원거리에 살아 출석이 곤란한 경우나 반대신문을 하지 아니하여도 신빙성이 있는 진술을 기대할 수 있는 경우에도 활용의 여지가 있을 것이다.

4) 시행방식
① 서면증언에 의하여 증인조사를 하기로 결정하면 법원은 **증인을 신청한 당사자에게 회답을 바라는 증인신문사항을 제출하게 하고, 증인에게 고지서를 발송**하면 된다. 법원은 상대방의 반대신문권을 보장하기 위하여 상대방에게도 증인에게 회답을 바라는 사항을 적은 서면을 제출하게 할 수 있다(규칙 제84조 1항).
② 법원에 제출된 서면증언은 법원이 서면증언의 도착사실을 당사자에게 알리고 당사자들에게 의견진술의 기회를 부여하는 방식으로 변론기일에 현출시켜야 한다. **신청한 당사자가 원용하지 아니하여도 증거가 된다.**
③ **서면에 의한 증언은 그 서면을 공정증서로 작성하거나 인증을 받을 필요가 없고 작성한 증인이 서명날인만 하면 된다**(규칙 제84조 4항).

④ **법원은 상대방이 이의를 하거나 필요하다고 인정하는 경우에는 서면증언을 한 증인으로 하여금 출석·증언하게 할 수 있는데**(제310조 2항), 이는 이미 채택된 증거에 대한 조사방법만 변경하는 것으로서 법원의 직권판단에 속하며, 상대방의 이의는 직권발동을 촉구하는 의미밖에 없다. 따라서 **상대방의 이의가 있어도 채택할 수 있으며**, 이의를 받아들이지 않는 경우에는 변론조서에 이의한 취지만 기재하면 되고 법원의 판단을 기재할 필요는 없다.

⑤ 서면증언의 경우 선서의무가 면제되므로 그 내용이 허위라도 위증죄가 성립하지는 않는다.

5. 증인신문의 절차

(1) 신문 전 절차

> **민사소송규칙**
> **제88조(증인의 동일성 확인)** 재판장은 증인으로부터 주민등록증 등 신분증을 제시받거나 그 밖의 적당한 방법으로 증인임이 틀림없음을 확인하여야 한다.

증인의 이름·주민등록번호·주소 및 직업을 물어서 증인임을 확인해야하는 인정신문은 재판장의 의무이다.

(2) 증인신문의 진행

1) 구술신문의 원칙

> **제331조(증인의 진술원칙)** 증인은 서류에 의하여 진술하지 못한다. 다만, 재판장이 허가하면 그러하지 아니하다.

2) 격리신문의 원칙

> **제328조(격리신문과 그 예외)** ① 증인은 따로따로 신문하여야 한다.
> ② 신문하지 아니한 증인이 법정안에 있을 때에는 법정에서 나가도록 명하여야 한다. 다만, 필요하다고 인정한 때에는 신문할 증인을 법정안에 머무르게 할 수 있다.
> **제329조(대질신문)** 재판장은 필요하다고 인정한 때에는 증인 서로의 대질을 명할 수 있다.

3) 교호(상호)신문의 원칙

> **제327조(증인신문의 방식)** ① 증인신문은 증인을 신청한 당사자가 먼저 하고, 다음에 다른 당사자가 한다.
> ② 재판장은 제1항의 신문이 끝난 뒤에 신문할 수 있다.
> ③ 재판장은 제1항과 제2항의 규정에 불구하고 언제든지 신문할 수 있다.
> ④ 재판장이 알맞다고 인정하는 때에는 당사자의 의견을 들어 제1항과 제2항의 규정에 따른 신문의 순서를 바꿀 수 있다.
> ⑤ 당사자의 신문이 중복되거나 쟁점과 관계가 없는 때, 그 밖에 필요한 사정이 있는 때에 재판장은 당사자의 신문을 제한할 수 있다.
> ⑥ 합의부원은 재판장에게 알리고 신문할 수 있다.

제327조의2(비디오 등 중계장치에 의한 증인신문) ① 법원은 다음 각 호의 어느 하나에 해당하는 사람을 증인으로 신문하는 경우 상당하다고 인정하는 때에는 당사자의 의견을 들어 비디오 등 중계장치에 의한 중계시설을 통하거나 인터넷 화상장치를 이용하여 신문할 수 있다.
  1. 증인이 멀리 떨어진 곳 또는 교통이 불편한 곳에 살고 있거나 그 밖의 사정으로 말미암아 법정에 직접 출석하기 어려운 경우
  2. 증인이 나이, 심신상태, 당사자나 법정대리인과의 관계, 신문사항의 내용, 그 밖의 사정으로 말미암아 법정에서 당사자 등과 대면하여 진술하면 심리적인 부담으로 정신의 평온을 현저하게 잃을 우려가 있는 경우
② 제1항에 따른 증인신문은 증인이 법정에 출석하여 이루어진 증인신문으로 본다.
③ 제1항에 따른 증인신문의 절차와 방법, 그 밖에 필요한 사항은 대법원규칙으로 정한다.
[본조신설 2016.3.29.][시행일 : 2016.9.30.] 〈개정 2021. 8. 17.〉

민사소송규칙

제95조의2(비디오 등 중계장치에 의한 증인신문) ① 법 제327조의2에 따른 증인신문은 증인을 법정 아닌 곳으로서 비디오 등 중계장치에 의한 중계시설이 설치된 곳에 출석하게 하고, 영상과 음향의 송수신에 의하여 법정 안의 법관, 당사자, 그 밖의 소송관계인과 법정 밖의 증인이 상대방을 인식할 수 있는 방법으로 한다.
② 제1항의 비디오 등 중계장치에 의한 중계시설은 법원 안에 설치하되, 필요한 경우 법원 밖의 적당한 곳에도 설치할 수 있다.
③ 제96조제1항에 따라 증인을 신문하는 경우 문서 등의 제시는 비디오 등 중계장치에 의한 중계시설 또는 「민사소송 등에서의 전자문서 이용 등에 관한 규칙」 제2조제1호에 정한 전자소송시스템을 이용하거나 모사전송, 전자우편, 그 밖에 이에 준하는 방법으로 하여야 한다.
④ 법 제327조의2에 따라 증인을 신문한 때에는 그 취지와 증인이 출석하여 진술한 곳을 조서에 적어야 한다.
[본조신설 2016.9.6.]

민사소송규칙

제89조(신문의 순서) ① 법 제327조제1항의 규정에 따른 증인의 신문은 다음 각호의 순서를 따른다. 다만, 재판장은 주신문에 앞서 증인으로 하여금 그 사건과의 관계와 쟁점에 관하여 알고 있는 사실을 개략적으로 진술하게 할 수 있다.
  1. 증인신문신청을 한 당사자의 신문(주신문)
  2. 상대방의 신문(반대신문)
  3. 증인신문신청을 한 당사자의 재신문(재주신문)
② 제1항의 순서에 따른 신문이 끝난 후에는 당사자는 재판장의 허가를 받은 때에만 다시 신문할 수 있다.
③ 재판장은 정리된 쟁점별로 제1항의 순서에 따라 신문하게 할 수 있다.

제90조(주신문을 할 당사자가 출석하지 아니한 경우의 신문) 증인신문을 신청한 당사자가 신문기일에 출석하지 아니한 경우에는 재판장이 그 당사자에 갈음하여 신문을 할 수 있다.

제91조(주신문) ① 주신문은 증명할 사항과 이에 관련된 사항에 관하여 한다.
② 주신문에서는 유도신문을 하여서는 아니된다. 다만, 다음 각호 가운데 어느 하나에 해당하는 경우에는 그러하지 아니하다.
  1. 증인과 당사자의 관계, 증인의 경력, 교우관계 등 실질적인 신문에 앞서 미리 밝혀둘 필요가 있는 준비적인 사항에 관한 신문의 경우

> 2. 증인이 주신문을 하는 사람에 대하여 적의 또는 반감을 보이는 경우
> 3. 증인이 종전의 진술과 상반되는 진술을 하는 때에 그 종전 진술에 관한 신문의 경우
> 4. 그 밖에 유도신문이 필요한 특별한 사정이 있는 경우
> ③ 재판장은 제2항 단서의 각호에 해당하지 아니하는 경우의 유도신문은 제지하여야 하고, 유도신문의 방법이 상당하지 아니하다고 인정하는 때에는 제한할 수 있다.
>
> **제92조(반대신문)** ① 반대신문은 주신문에 나타난 사항과 이에 관련된 사항에 관하여 한다.
> ② 반대신문에서 필요한 때에는 유도신문을 할 수 있다.
> ③ 재판장은 유도신문의 방법이 상당하지 아니하다고 인정하는 때에는 제한할 수 있다.
> ④ 반대신문의 기회에 주신문에 나타나지 아니한 새로운 사항에 관하여 신문하고자 하는 때에는 재판장의 허가를 받아야 한다.
> ⑤ 제4항의 신문은 그 사항에 관하여는 주신문으로 본다.
>
> **제93조(재주신문)** ① 재주신문은 반대신문에 나타난 사항과 이와 관련된 사항에 관하여 한다.
> ② 재주신문은 주신문의 예를 따른다.
> ③ 재주신문에 관하여는 제92조 제4항·제5항의 규정을 준용한다.

① 의 의 : 우리 민사소송법은 증인신문의 방식에 관하여 실체진실발견을 위하여 영미식의 교호신문제도를 채택하였지만, 법관의 수동적 자세, 신문기술의 부족, 유도신문 등의 문제점이 많다는 지적에 따라 2002년 개정법에서는 교호신문제를 원칙으로 하면서도 상당한 범위에서 법원의 직권신문을 인정하게 되었다(제327조 4항 참조). 또한 소액사건의 경우에는 교호신문제도를 아예 폐지하였다(소액사건심판법 제10조 2항).

② 신문의 순서 : **증인신문을 신청을 한 당사자의 신문(주신문), 상대방의 신문(반대신문), 증인신문을 한 당사자의 재신문(재주신문)의 순으로 진행**되고, **그 이후의 신문(재반대신문, 재재주신문)은 재판장의 허가를 얻은 경우에 한하여 허용**되며, 재판장은 당사자에 의한 신문이 끝난 다음에 신문한다(제327조 1, 2항, 규칙 제89조). 재판장이 필요하다고 인정하는 때에는 당사자의 신문 도중이라도 스스로 증인을 신문할 수 있고(제327조 3항), **알맞다고 인정할 때에는 당사자의 의견을 들어 아래 순서를 변경할 수 있도록 하였다**(제327조 4항). 재판장은 또한 주신문에 앞서 증인으로 하여금 그 사건과의 관계와 쟁점에 관하여 알고 있는 사실을 개략적으로 진술하게 할 수도 있다(규칙 제89조 1항 단서).

재판장의 인정신문	규칙 제88조
주신문	증인신문을 신청한 당사자의 신문(제327조 1항) : 증명할 사항과 이에 관련된 사항에 관하여 한다(규칙 제91조 제2항), 신청당사자가 결석한 경우에는 재판장이 주신문 가능(규칙 제90조), 유도신문이 금지된다(규칙 제91조 제2항)
반대신문	상대방 당사자의 신문(제327조 1항) : 주신문에 나타난 사항이나 이에 관련된 사항에 한정(규칙 제92조 제1항), 유도신문이 가능(규칙 제92조 제2항), 반대신문의 기회에 주신문에 나타나지 아니한 새로운 사항에 관하여 신문하고자 하는 때에는 재판장의 허가를 받아야 한다(규칙 제92조 4·5항)

재주신문	증인신문을 한 당사자의 재신문 : <u>반대신문에 나타난 사항이나 이에 관련된 사항에 한정</u>(규칙 제93조 제1항)
재판장의 보충신문	재판장은 신청 당사자와 상대방 당사자의 신문이 끝난 뒤에 신문함이 원칙이나 필요하다고 인정할 경우에는 당사자의 신문도중이라도 신문가능(개입신문 : 제327조 2항, 3항) ⇨ 양쪽 당사자가 신문하지 않은 새로운 주요사실에 대해서는 신문해서는 안되며, 합의부원도 재판장에 알리고 신문 가능

③ 신문의 제한 : 당사자의 신문이 중복되거나 쟁점과 관계없거나 기타 필요한 사정이 있는 때에는 당사자의 신문을 제한 할 수 있다(제327조 5항). 규칙에 의하면 ⅰ) 증인을 모욕하거나 명예를 해하는 신문, ⅱ) 위 신문방식에 있어서의 제한을 위반하는 신문, ⅲ) 의견의 진술을 구하는 신문, ⅳ) 전문증언을 구하는 신문, ⅴ) 구체성·개별성이 없는 신문 등은 제한할 수 있다(규칙 제95조). 단, <u>유도신문은 주신문에서는 원칙적으로 금지되나 반대신문에서는 허용</u>된다(규칙 제91조 2항, 제92조 2항).

④ <u>증인은 법정에서 말로 증언하여야 하고 서류에 의하여(서류를 보면서) 진술하지 못하나</u>(제331조 본문), <u>당사자는 재판장의 허가를 받아 문서·도면·사진·모형·장치, 그 밖의 물건을 이용하여 신문할 수 있다</u>(제331조 단서, 규칙 제96조 1항). 위 문서 등이 증거조사를 하지 아니한 것인 때에는 신문에 앞서 상대방에게 열람할 기회를 주어야 하나, 상대방의 이의가 없는 때에는 그러하지 아니하다. 2016. 3.29 개정법률 <u>제327조의 2에서 먼거리에 있는 증인, 나이, 심신상태, 당사자와의 관계 등에 비추어 법정출석이 부적당할 때에는 당사자의 의견을 들어 비상조치로 비디오 등 중계장치에 의한 신문을 할 수 있도록</u> 하였다.

민사소송규칙

제95조(증인신문의 방법) ① 신문은 개별적이고 구체적으로 하여야 한다.
② 재판장은 직권 또는 당사자의 신청에 따라 다음 각호 가운데 어느 하나에 해당하는 신문을 제한할 수 있다. 다만, 제2호 내지 제4호에 규정된 신문에 관하여 정당한 사유가 있는 때에는 그러하지 아니하다.
  1. 증인을 모욕하거나 증인의 명예를 해치는 내용의 신문
  2. 제91조 내지 제94조의 규정에 어긋나는 신문
  3. 의견의 진술을 구하는 신문
  4. 증인이 직접 경험하지 아니한 사항에 관하여 진술을 구하는 신문

제96조(문서 등을 이용한 신문) ① 당사자는 재판장의 허가를 받아 문서·도면·사진·모형·장치, 그 밖의 물건(다음부터 이 조문 안에서 이 모두를 "문서 등"이라 한다)을 이용하여 신문할 수 있다.
② 제1항의 경우에 문서 등이 증거조사를 하지 아니한 것인 때에는 신문에 앞서 상대방에게 열람할 기회를 주어야 한다. 다만, 상대방의 이의가 없는 때에는 그러하지 아니하다.
③ 재판장은 조서에 붙이거나 그 밖에 다른 필요가 있다고 인정하는 때에는 당사자에게 문서 등의 사본(사본으로 제출할 수 없는 경우에는 그 사진이나 그 밖의 적당한 물건)을 제출할 것을 명할 수 있다.

제97조(이의신청) ① 증인신문에 관한 재판장의 명령 또는 조치에 대한 이의신청은 그 명령 또는 조치가 있은 후 바로 하여야 하며, 그 이유를 구체적으로 밝혀야 한다.
② 법원은 제1항의 규정에 따른 이의신청에 대하여 바로 결정으로 재판하여야 한다.

제98조(재정인의 퇴정) 법정 안에 있는 특정인 앞에서는 충분히 진술하기 어려운 현저한 사유가 있는 때에는 재판장은 당사자의 의견을 들어 그 증인이 진술하는 동안 그 사람을 법정에서 나가도록 명할 수 있다.

> 제99조(서면에 따른 질문 또는 회답의 낭독) 듣지 못하는 증인에게 서면으로 물은 때 또는 말을 못하는 증인에게 서면으로 답하게 한 때에는 재판장은 법원사무관 등으로 하여금 질문 또는 회답을 적은 서면을 낭독하게 할 수 있다.
> 제100조(수명법관·수탁판사의 권한) 수명법관 또는 수탁판사가 증인신문을 하는 경우에는 이 절에 규정된 법원과 재판장의 직무를 행한다.

(3) 수명법관 또는 수탁판사에 의한 증인신문

> 제313조(수명법관·수탁판사에 의한 증인신문) 법원은 다음 각호 가운데 어느 하나에 해당하면 <u>수명법관 또는 수탁판사로 하여금 증인을 신문하게 할 수 있다.</u>
>   1. 증인이 정당한 사유로 수소법원에 출석하지 못하는 때
>   2. 증인이 수소법원에 출석하려면 지나치게 많은 비용 또는 시간을 필요로 하는 때
>   3. 그 밖의 상당한 이유가 있는 경우로서 당사자가 이의를 제기하지 아니하는 때
> 제332조(수명법관·수탁판사의 권한) 수명법관 또는 수탁판사가 증인을 신문하는 경우에는 법원과 재판장의 직무를 행한다.

Ⅲ. 감 정

1. 서 설

(1) 감정의 의의

감정이란 특별한 학식과 경험을 가진 제3자로 하여금 그 전문적 지식이나 그 지식을 이용한 판단을 법원에 보고시켜, 법관의 판단능력을 보충하기 위한 증거조사를 말한다. 감정은 법관의 지식을 보충하는 것이기 때문에 통상의 지식에 의하여 판단할 수 있는 것은 스스로 판단하면 되고, 따라서 감정증거조사는 법원의 직권사항이다. 감정은 인증의 일종으로 법원의 명령에 의하여 감정서가 작성되었어도 서증으로 취급되어서는 안 된다. **소송 외에서의 당사자의 의뢰에 의한 감정서가 제출(사감정)되었을 경우에는 서증이 된다.**

(2) 감정의 대상

감정의 대상은 ① 법규(외국법규나 관습법)나 경험칙과 같은 재판의 대전제로 되는 것들이 주로 그 대상이 된다. 또한 ② 재판의 소전제가 되는 사실판단(교통사고의 원인, 노동능력의 상실정도, 필적의 동일성, 정신장애 유무 등)도 그 대상이 될 수 있다.

(3) 감정의무자

> 제334조(감정의무) ① 감정에 필요한 학식과 경험이 있는 사람은 감정할 의무를 진다.
> ② 제314조 또는 제324조의 규정에 따라 증언 또는 선서를 거부할 수 있는 사람과 제322조에 규정된 사람은 감정인이 되지 못한다.

감정에 필요한 학식과 경험이 있는 사람은 감정할 의무를 지나(제334조 1항), 제314조 증언거부권, 선서거

부권, **선서무능력자는 감정인이 될 수 없다**(제334조 2항). 감정의무의 내용은 출석·선서·감정의견 보고의무이다.

2. 감정의 신청 및 감정인의 지정

(1) 감정의 신청

> **민사소송규칙**
> 제101조(감정사항의 결정 등) ① 감정을 신청하는 때에는 감정을 구하는 사항을 적은 서면을 함께 제출하여야 한다. 다만, 부득이한 사유가 있는 때에는 재판장이 정하는 기한까지 제출하면 된다.
> ② 제1항의 서면은 상대방에게 송달하여야 한다. 다만, 그 서면의 내용을 고려하여 법원이 송달할 필요가 없다고 인정하는 때에는 그러하지 아니하다.
> ③ 상대방은 제1항의 서면에 관하여 의견이 있는 때에는 의견을 적은 서면을 법원에 제출할 수 있다.
> ④ 법원은 제1항의 서면을 토대로 하되, 제3항의 규정에 따라 의견이 제출된 때에는 그 의견을 고려하여 감정사항을 정하여야 한다. 이 경우 법원이 감정사항을 정하기 위하여 필요한 때에는 감정인의 의견을 들을 수 있다.
> ⑤ 법원은 감정에 필요하다고 인정하는 참고자료를 감정인에게 보낼 수 있다.

증인신문에 관한 규정이 준용되어(제333조) **신청에 의하여 행하는 것이 원칙**이나, **직권으로도 감정을 명할 수 있다**(제292조). 감정을 신청하는 때에는 감정을 구하는 사항을 적은 서면을 함께 제출하여야 한다. 다만, 부득이한 사유가 있는 때에는 재판장이 정하는 기한까지 제출하면 된다(규칙 제101조 1항). **제1항의 서면은 상대방에게 송달하여야 한다. 다만, 그 서면의 내용을 고려하여 법원이 송달할 필요가 없다고 인정하는 때에는 그러하지 아니하다**(동조 2항). 법원이 송달할 필요가 없다고 인정할 수 있는 경우란 측량감정이나 시가감정과 같이 감정사항이 정형적으로 정하여져 있는 경우를 말한다. **상대방은 자신의 의견을 적은 서면을 제출할 수 있다**(동조 3항). 법원은 감정을 신청한 서면을 토대로 감정사항을 정하되, 상대방이 의견을 제출한 경우에는 그 의견을 고려하여 감정사항을 결정한다(동조 4항).

(2) 감정인의 지정

> 제335조(감정인의 지정) 감정인은 수소법원·수명법관 또는 수탁판사가 지정한다.
> 제335조의2(감정인의 의무) ① 감정인은 감정사항이 자신의 전문분야에 속하지 아니하는 경우 또는 그에 속하더라도 다른 감정인과 함께 감정을 하여야 하는 경우에는 곧바로 법원에 감정인의 지정 취소 또는 추가 지정을 요구하여야 한다.
> ② 감정인은 감정을 다른 사람에게 위임하여서는 아니 된다.
> [본조신설 2016.3.29.][시행일 : 2016.9.30.]

감정인은 수소법원·수명법관 또는 수탁판사가 지정한다(제335조). 감정인 등은 법원행정처에서 작성한 감정인선정 전산프로그램에 의하여 선정하여야 하나, **양쪽 당사자가 합의하여 특정 감정인 등에 대한 감정인 선정신청을 하거나**, 감정인선정 전산프로그램에 의하여 선정할 수 없는 경우에는 그러하지 아니하다(법원 예규).

(3) 감정인의 기피

> 제336조(감정인의 기피) 감정인이 성실하게 감정할 수 없는 사정이 있는 때에 당사자는 그를 기피할 수 있다. 다만, 당사자는 감정인이 감정사항에 관한 진술을 하기 전부터 기피할 이유가 있다는 것을 알고 있었던 때에는 감정사항에 관한 진술이 이루어진 뒤에 그를 기피하지 못한다.
>
> 제337조(기피의 절차) ① 기피신청은 수소법원·수명법관 또는 수탁판사에게 하여야 한다.
> ② 기피하는 사유는 소명하여야 한다.
> ③ 기피하는 데 정당한 이유가 있다고 한 결정에 대하여는 불복할 수 없고, 이유가 없다고 한 결정에 대하여는 즉시항고를 할 수 있다.

3. 감정절차

> 제333조(증인신문규정의 준용) 감정에는 제2절의 규정을 준용한다. 다만, 제311조제2항 내지 제7항, 제312조, 제321조제2항, 제327조 및 제327조의2는 그러하지 아니하다. 〈개정 2016.3.29.〉[시행일 : 2016.9.30.]

(1) 출석의무

출석의무 의무위반의 경우에는 증인의무위반의 제재 규정이 준용된다(제333조). 다만, **감치처분이나 구인할 수는 없다**(제333조 단서).

(2) 선서의무

> 제338조(선서의 방식) 선서서에는 "양심에 따라 성실히 감정하고, 만일 거짓이 있으면 거짓감정의 벌을 받기로 맹세합니다."라고 적어야 한다.

증인선서의 방식인 제321조는 준용되지 않고(제333조 단서), 제338조에 따라 선서한다. 선서하지 아니한 감정인에 의한 감정 결과는 증거능력이 없으므로 **법원이 감정인을 지정하고 그에게 감정을 명하면서 착오로 감정인으로부터 선서를 받는 것을 누락하였다면 그 감정인에 의한 감정 결과는 증거능력이 없다. 그러나 그 감정인이 작성한 감정 결과를 기재한 서면이 당사자에 의하여 서증으로 제출되고, 법원이 그 내용을 합리적이라고 인정하는 때에는, 이를 사실인정의 자료로 삼을 수 있다.**90) 또한 **감정의견이 반드시 소송법상 감정인신문 등의 방법에 의하여 소송에 현출되지 않고 소송 외에서 전문적인 학식과 경험이 있는 자가 작성한 감정의견이 기재된 서면이 서증의 방법으로 제출된 경우라도 사실심법원이 이를 합리적이고 믿을 만하다고 인정하여 사실인정의 자료로 삼는 것을 위법하다고 할 수 없다.**91)

(3) 감정진술의 방식

> 제339조(감정진술의 방식) ① 재판장은 감정인으로 하여금 서면이나 말로써 의견을 진술하게 할 수 있다.
> ② 재판장은 여러 감정인에게 감정을 명하는 경우에는 다 함께 또는 따로따로 의견을 진술하게 할 수

---

90) 대법 2006.05.25, 2005다77848
91) 대법 2010. 05. 13, 2010다6222

> 있다.
> ③ 법원은 제1항 및 제2항에 따른 감정진술에 관하여 당사자에게 서면이나 말로써 의견을 진술할 기회를 주어야 한다. 〈신설 2016.3.29.〉[시행일 : 2016.9.30.]
>
> 제339조의2(감정인신문의 방식) ① 감정인은 재판장이 신문한다.
> ② 합의부원은 재판장에게 알리고 신문할 수 있다.
> ③ 당사자는 재판장에게 알리고 신문할 수 있다. 다만, 당사자의 신문이 중복되거나 쟁점과 관계가 없는 때, 그 밖에 필요한 사정이 있는 때에는 재판장은 당사자의 신문을 제한할 수 있다.
> [본조신설 2016.3.29.][시행일 : 2016.9.30.]
>
> 제339조의3(비디오 등 중계장치 등에 의한 감정인신문) ① 법원은 다음 각 호의 어느 하나에 해당하는 사람을 감정인으로 신문하는 경우 상당하다고 인정하는 때에는 당사자의 의견을 들어 비디오 등 중계장치에 의한 중계시설을 통하여 신문하거나 인터넷 화상장치를 이용하여 신문할 수 있다.
>   1. 감정인이 법정에 직접 출석하기 어려운 특별한 사정이 있는 경우
>   2. 감정인이 외국에 거주하는 경우
> ② 제1항에 따른 감정인신문에 관하여는 제327조의2제2항 및 제3항을 준용한다.
> [본조신설 2016.3.29.][시행일 : 2016.9.30.]

감정에는 증인신문의 규정을 준용하지만 교호신문 방식인 제327조 및 비디오 등 중계장치에 의한 신문인 **제327조의2는 준용하지 않는다**(제333조 단서).

1) **감정인 신문방식** : 증인과 달리 감정인은 서면이나 말로써 의견을 진술하며, 여러 감정인은 다 함께 또는 따로따로 의견을 진술할 수 있다. 이러한 감정진술에 관하여 당사자에게 서면이나 말로써 의견을 진술할 기회를 주어야 한다(제339조). 교호신문에 의하는 증인신문과 달리 제339조의 2에 의하면, 감정인신문방식에 있어서 석명권 행사의 경우처럼, 재판장의 직권신문을 하되, 합의부원은 재판장에게 알리고 신문할 수 있으며, 당사자도 보충적으로 재판장에 알리고 신문할 수 있도록 했다. 다만, 당사자의 신문이 중복되거나 쟁점과 관계가 없는 때, 그 밖에 필요한 사정이 있는 때에는 재판장은 당사자의 신문을 제한할 수 있다(제339조의2).

2) **중계장치에 의한 신문** : **제327조의2 대신 감정에는 제339조의3이 적용되어 감정인이 법정에 직접 출석하기 어려운 특별한 사정이 있거나 감정인이 외국에 거주하는 경우 당사자의 의견을 들어 비디오 등 중계장치에 의한 중계시설을 통하여 신문하거나 인터넷 화상장치를 이용하여 신문할 수 있다.** 당사자를 대면하여 진술하면 심리적인 부담이 있다는 증인의 경우와는 사유를 달리한다.

4. 증인과 비교

구 분	증 인	감정인
지 정	입증자가 지정(제308조)	법원에 일임(제335조)
대 상	자연인에 한정	공공기관, 법인 등에도 촉탁 감정(제341조)
자 격	제한 없음	제314조 증언거부권, 선서거부권, 선서무능력자는 결격(제334조), 기피규정(제336조)

구 분		증 인	감정인
대체성		없다(과거 경험사실 보고)	있다(전문적 경험지식에 의한 판단의 보고)
감치·구인		불출석시 가능(제311조, 312조)	불가(대체성이 있으므로)
진술방법		교호신문	직권신문
		격리신문	공동진술 가능
		구술원칙(제331조)	구술 또는 서면(제339조 1항)
		법정에 직접 출석이 어렵거나, 법정에서 당사자 등과 대면하여 진술하는 것에 심리적 부담이 있을 때 제327조2 중계장치	감정인이 법정에 직접 출석하기 어려운 특별한 사정, 외국에 거주하는 경우 제339조의3 중계장치

5. 감정결과의 채택여부

(1) 당사자의 원용요부

判例는 **감정의 결과는 법정에 현출된 이상 당사자의 원용이 없어도 증거자료로 삼을 수 있다**고 한다.[92]

(2) 법관의 심증 형성

1) **법관의 자유심증** : 법관의 자유심증(제202조)으로 감정의 결과를 현실적으로 증거로 채택할 것인지 여부를 결정한다.[93] ① **신체감정에 관한 감정인의 감정결과는 증거방법의 하나에 불과하고, 법관은 당해 사건에서 모든 증거를 종합하여 자유로운 심증에 의하여 특정의 감정결과와 다르게 노동능력상실률을 판단할 수 있고, 또한 당사자도 주장·입증을 통하여 그 감정결과의 당부를 다툴 수 있다**.[94] ② 재감정신청의 채택여부는 법원의 직권사항이다. 따라서 **동일사항에 대한 상반된 수개의 감정결과가 나왔을 때 그 중 어느 것을 채용하여도 채증법칙에 위배되지 않는 한 적법**하며,[95] **채용하지 아니한 다른 것에 대해 배척하는 이유를 설시하지 아니하여도 된다**.[96] 다만 어떤 특정한 사항에 관하여 상반되는 여러 개의 감정 결과가 있는 경우 각 감정 결과의 감정 방법이 적법한지 여부를 심리·조사하지 않은 채 어느 하나의 감정 결과가 다른 감정 결과와 상이하다는 이유만으로 그 감정 결과를 배척할 수는 없고, 각 감정기관에 대하여 감정서의 보완을 명하거나 증인신문이나 사실조회 등의 방법을 통하여 정확한 감정의견을 밝히도록 하는 등 적극적인 조치를 강구하여야 한다.[97] ③ **감정인에게 제시한 전제사실과 법원이 최종적으로 인정한 사실이 다르다면 그 감정결과를 증거로 사용할 수 없다.**

---

92) 대법 1976.06.22, 75다2227
93) 92%의 노동능력 상실하였다는 서울대병원장의 감정촉탁결과를 배척하고 여러 가지 조건을 참작하여 70%의 노동능력감퇴라고 인정한 것이 정당하다는 것에, 대법 1987.10.13, 87다카1613; 환자의 구체적 상황을 파악하지 않고 신체감정서를 작성한 전문의료인의 견해는 기대여명의 판단기준으로 삼을 수 없다는 것에, 대법 2010.02.25, 2009다75574; 노동능력상실률은 궁극적으로는 법관이 피해자의 연령, 교육 정도, 노동의 성질과 신체기능 장애 정도, 기타 사회적·경제적 조건 등을 모두 참작하여 경험칙에 비추어 규범적으로 결정한다는 것에, 대법 2017.11.09, 2013다26708·26715·26722·26739.
94) 대법 2002.06.28, 2001다27777; 대법 2019.05.30, 2015다8902
95) 대법 2015.02.12, 2012다6851; 대법 2018.10.12, 2016다243115; 대법 2020.04.09, 2016다32582
96) 대법 2006.11.23, 2004다60447
97) 대법 2023.04.27, 2022다303216

2) 제 한 : 그러나 **감정인의 감정 결과는 감정방법 등이 경험칙에 반하거나 합리성이 없는 등 현저한 잘못이 없는 한 존중하여야** 하며,[98] 법관이 감정 결과에 따라 사실을 인정한 경우에 그것이 경험칙이나 논리법칙에 위배되지 않는 한 위법이라고 할 수 없다.[99] 따라서 ① 신체감정촉탁에 의한 남은 생존여명 감정결과는 특단의 사정이 없는 한 존중해야 한다.[100] ② 선서 또는 촉탁 감정인이 제출한 항공기소음에 관한 감정결과는 그 신빙성을 탄핵할 만한 객관적 자료를 제출하지 않는다면 사소한 오류의 가능성을 지적하는 것만으로 쉽게 배척할 수 없다.[101] ③ 법원은 감정인의 감정 결과 일부에 오류가 있는 경우에도 그로 인하여 감정사항에 대한 감정 결과가 전체적으로 서로 모순되거나 매우 불명료한 것이 아닌 이상, 감정 결과 전부를 배척할 것이 아니라 해당되는 일부 부분만을 배척하고 나머지 부분에 관한 감정 결과는 증거로 채택하여 사용할 수 있다.[102] ④ 복수의 감정결과에 대한 신체감정 촉탁결과에는 감정의 중복·누락이 있을 수 있으므로 감정결과를 평가하는 법원으로서는 중복·누락 되었는지 여부를 세심히 살펴야 하고 중복·누락이 있는 경우에는 필요한 심리를 통하여 바로 잡아야 한다.[103]

6. 기 타

(1) 감정촉탁

> **제341조(감정의 촉탁)** ① 법원이 필요하다고 인정하는 경우에는 공공기관·학교, 그 밖에 상당한 설비가 있는 단체 또는 외국의 공공기관에 감정을 촉탁할 수 있다. 이 경우에는 선서에 관한 규정을 적용하지 아니한다.
> ② 제1항의 경우에 법원은 필요하다고 인정하면 공공기관·학교, 그 밖의 단체 또는 외국 공공기관이 지정한 사람으로 하여금 감정서를 설명하게 할 수 있다.
> ③ 제2항의 경우에는 제339조의3을 준용한다. 〈신설 2016.3.29.〉[시행일 : 2016.9.30.]

① **법원이 필요하다고 인정하는 경우에는 공공기관·학교, 그 밖에 상당한 설비가 있는 단체 또는 외국의 공공기관에 감정을 촉탁**할 수 있다(제341조). 이는 법관이 감정인과 함께 현장에 가서 감정대상물을 지적하는 통상의 감정과 다르다. **교통사고로 인한 일실손해의 배상을 구하는 소송에서 후유장애 여부 및 정도를 감정하는 신체감정은 특별한 사유가 없는 한 감정촉탁의 방법에 의한다.**

② 이러한 감정촉탁의 경우에는 선서나 진술의무가 면제된다(제341조 1항 후문). **선서의무 등이 면제됨**에 비추어 권위 있는 기관에 의하여 그 공정성, 진실성 및 전문성이 담보되어야 한다.

③ **감정촉탁의 경우에 제출된 감정서가 불명하거나 불비한 점이 있으면 그 촉탁받은 공공기관 등의 구성원 중 감정에 관여한 사람에게 감정서의 보충설명을 요구할 수 있다**(제341조 2항). 이 때에는 당사자를 참여시켜야 하며 또 설명의 요지를 조서에 기재할 것을 요한다(규칙 제103조).

---

98) 대법 2023.07.27, 2023다223171·223188; 대법 2020.06.25, 2019다292026·292033·292040; 대법 2019.03.14, 2018다255648; 대법 2012.11.29, 2010다93790
99) 대법 2018.12.17, 2016마272; 대법 2017.06.08, 2016다249557
100) 대법 2002.11.26, 2001다72678
101) 대법 2010.11.25, 2007다74560
102) 대법 2012.01.12, 2009다84608·84615·84622·84639
103) 대법 2020.06.25, 2020다216240

(2) 기타 감정에 필요한 처분

> 제342조(감정에 필요한 처분) ① 감정인은 감정을 위하여 필요한 경우에는 법원의 허가를 받아 남의 토지, 주거, 관리중인 가옥, 건조물, 항공기, 선박, 차량, 그 밖의 시설물안에 들어갈 수 있다.
> ② 제1항의 경우 저항을 받을 때에는 감정인은 경찰공무원에게 원조를 요청할 수 있다. 〈개정 2006.2.21〉

감정인은 감정을 위하여 필요한 경우에는 법원의 허가를 받아 남의 토지, 주거, 관리 중인 가옥, 건조물, 항공기, 선박, 차량, 그 밖의 시설물 안에 들어갈 수 있으며, 이 경우 저항을 받을 때에는 감정인은 경찰공무원에게 원조를 요청할 수 있다(제342조).

Ⅳ. 서 증

1. 총 설

(1) 서증의 의의

서증이란 문서를 열람하여 그에 기재된 의미·내용을 증거자료로 하기 위한 증거조사를 말하며 '가장 확실한 증거'라고도 한다.

(2) 구별개념

서증은 문서의 기재내용을 증거자료로 하는 것이므로 **문서의 지질·형상 같은 외형존재 자체를 자료로 할 때에는 서증이 아니라 검증**이 된다. 나아가 **당해 소송에 있어서 증거조사의 결과를 기재한 문서는 다시 서증의 대상이 되는 것이 아니다.**

2. 문서의 종류

(1) 공문서와 사문서

1) 공문서 : 공무원이 그 직무권한내의 사항에 대하여 직무상 작성한 문서를 말하며, **공증인이나 공증사무취급이 인가된 합동법률사무소의 구성원인 변호사가 촉탁인 또는 대리촉탁인의 신청에 의하여 자신이 직접 청취한 진술, 그 목도한 사실, 기타 실험한 사실을 기재한 공증에 관한 문서는 보고문서로서 공문서이다.**[104]

2) 사문서 : 공문서 이외의 문서는 사문서이다. 사문서에 공무원이 직무상 일정한 사항을 기입해 넣는 경우가 있는데, 예를 들면 등기관이 부동산의 매도증서에 '등기필'을 기입한 등기필권리증, 확정일자 있는 사문서, **내용증명우편에 의한 통지서** 등으로 공사병존문서라 한다. 이 경우에 **공문서부분의 진정성립으로 사문서부분의 진정성립을 추정할 수는 없다.**[105]

---

[104] 대법 1994.06.28, 94누2046
[105] 매도증서 등에 등기소의 등기제의 기재가 첨가됨으로써 사문서와 공문서로 구성된 문서는 공증에 관한 문서와는 달리 공문서 부분의 진정성립이 인정된다고 하여 바로 사문서 부분인 매도증서 자체의 진정성립이 추정되거나 인정될 수는 없다는 것에, 대법 2018.04.12, 2017다292244

(2) 처분문서와 보고문서

1) **처분문서** : 증명하고자 하는 법률적 행위가 그 문서 자체에 의하여 이루어진 경우로서 **법원의 재판서**(판결이 있었다는 사실을 증명하는 한도에서 처분문서[106]), 행정처분서, **계약서**, 약정서, 각서, **차용증서**, 단체협약,[107] **합의서**, **어음·수표**, **유언서**, 해약통지서, 납세고지서, **공정증서**, 영수증[108] 등이 이에 해당한다.

2) **보고문서** : 작성자가 듣고 보고 느끼고 판단한 바를 기재한 문서를 말하는 것으로 의사록, 회의록, **상업장부**, 가족관계증명서, **등기부등본**, 이력서, **진단서**, 편지, 소송상의 조서, **일기** 등이 이에 해당한다.

(3) 원본·정본·등본·초본

원본이라 함은 문서 그 자체를 말하고, 정본이라 함은 특히 정본이라 표시한 문서의 등본으로서 원본과 같은 효력이 인정되는 것을 말한다. 등본은 원본전부의 사본을 말하고, 초본은 그 일부의 사본이고, 인증기관이 공증한 등본은 인증등본이라 한다. 문서의 제출 또는 송부는 원본·정본 또는 인증등본에 의할 것을 원칙으로 한다(제355조 1항).

3. 문서의 증거능력

추상적으로 증거조사의 대상이 될 수 있는 자격을 증거능력이라 한다. 민사소송에 있어서는 형사소송과 달리 증거능력에 제한이 없음이 원칙이다. **判例는 소제기 후 계쟁사실에 관하여 작성된 문서라도 증거능력을 인정**하고 있다.[109] 따라서 소송에 유리한 자료로 제출하기 위하여 소송당사자의 요청에 의하여 작성된 문서라는 이유로 이를 배척하는 것은 채증법칙의 위반이 된다.[110] 나아가 **서증의 사본도 증거능력이 부인되지 않는다**는 것이 判例이다.[111]

4. 서증신청의 절차

> 1. 거증자가 소지하고 있는 문서 : 직접제출(제343조)
> 2. 상대방이나 제3자가 소지하고 있는 문서
>   ① 문서제출의무가 있는 경우 : 문서제출명령신청(제343조)
>   ② 문서제출의무가 없는 경우 : 문서송부촉탁신청(제352조)
>   ③ 송부촉탁이 어려운 경우 : 소재지서증조사신청(규칙 제112조)

> 제343조(서증신청의 방식) 당사자가 서증(書證)을 신청하고자 하는 때에는 문서를 제출하는 방식 또는 문서를 가진 사람에게 그것을 제출하도록 명할 것을 신청하는 방식으로 한다.

---

106) 대법(전) 1980.09.09, 79다1281
107) 대법 2018.11.29, 2018두41532; 대법 2011.10.13, 2010다63720
108) 대법 1984.02.14, 80다2280
109) 대법 1992.04.14, 91다24755 등.
110) 대법 1998.11.10, 89다카1596
111) 대법 1966.09.20, 66다636

(1) 문서의 직접제출

1) 방 식

① **거증자가 스스로 소지하고 있는 문서에 대해 서증신청함에 있어서는 이를 법원에 직접 제출하는 방식**으로 한다(제343조 전단).

② 이는 문서의 제목·작성자·작성일을 밝혀 신청하여야 한다(규칙 제105조 1항). **서증을 제출하는 때에는 상대방의 수에 1을 더한 수의 사본을 함께 제출**하여야 한다(동조 2항). **재판장은 규칙 제105조 2항에 의한 사본이 불명확한 때에는 사본을 다시 제출하게 할 수 있다**(동조 3항). **법원은 서증에 대한 증거조사가 끝난 후에도 서증 원본을 다시 제출할 것을 명할 수 있다**(동조 5항).

③ **서증은 법원 밖에서 증거조사를 하는 경우**(제297조) **이외에는 당사자가 변론기일 또는 변론준비기일에 출석하여 현실적으로 제출하여야 하고, 준비서면이 진술간주되어도 제출한 것으로 보지 않는다.**[112]

④ 신청한 서증의 내용의 이해곤란, 그 수의 방대, 입증취지가 불명확할 때에는 당사자에게 증거설명서의 제출명령을 할 수 있다(규칙 제106조 1항). 서증이 **국어 아닌 문자 또는 부호로 되어 있는 때에는 그 문서의 번역문을 붙여야** 한다(동조 2항).

⑤ 원고제출의 서증은 甲호증, 피고제출의 서증은 乙호증, 독립당사자참가인 제출의 서증은 丙호증으로 구별하여 제출순서에 따라 번호를 붙여 나간다(규칙 제107조 2항).

2) 원본제출주의

> **제355조(문서제출의 방법 등)** ① 법원에 문서를 제출하거나 보낼 때에는 원본, 정본 또는 인증이 있는 등본으로 하여야 한다.
> ② 법원은 필요하다고 인정하는 때에는 원본을 제출하도록 명하거나 이를 보내도록 촉탁할 수 있다.
> ③ 법원은 당사자로 하여금 그 인용한 문서의 등본 또는 초본을 제출하게 할 수 있다.
> ④ 문서가 증거로 채택되지 아니한 때에는 법원은 당사자의 의견을 들어 제출된 문서의 원본·정본·등본·초본 등을 돌려주거나 폐기할 수 있다.

① 내 용 : **문서는 원본·정본·인증등본으로 제출하여야** 하며(제355조), 원본의 존재 및 성립에 다툼이 있는데 사본이 제출되면 부적법하다. 다만 전자복사기를 사용하여 원본을 본뜬 사본을 복사문서라 하는데, 이 경우는 원본의 존재를 인정하여 서증신청을 받아들일 것이다. **문서가 증거로 채택되지 아니한 때에는 법원은 당사자의 의견을 들어 제출된 문서의 원본·정본·등본·초본 등을 돌려주거나 폐기할 수 있다**(제355조 4항).

② 사본만의 서증신청의 경우 : **서증을 신청한 당사자가 문서의 사본을 서증으로 제출한 경우 문서 원본의 제출이 불가능한 상황에서는 원본의 제출이 요구되는 것은 아니지만, 이러한 때에는 해당 서증의 신청 당사자가 원본 부제출을 정당화할 수 있는 구체적 사유를 주장·증명하여야 한다.**[113]

㉠ 사본을 원본에 갈음하여 제출하는 경우 : **원본에 갈음하여 사본만을 제출한 경우에 상대방이 원본의 존재 및 원본의 성립의 진정에 관하여 다투고 사본을 원본의 대용으로 하는 데 대하여 이의를

---

112) 대법 1991.11.08, 91다15775
113) 대법 2023.06.01, 2023다217534; 대법 2014.09.26, 2014다29667

제기하는 경우에는 원본을 제출받아 증거조사를 하여야 하고, 그냥 변론 전체의 취지만으로 원본의 존재와 진정성립을 인정할 수는 없다. 다만 判例는 원본의 존재와 원본의 성립의 진정에 관하여 다툼이 없고, 그 정확성에 문제가 없기 때문에 사본을 원본으로 대용하는데 관하여 상대방으로부터 이의가 없는 경우에는, 이의권의 포기·상실이 있다고 하여 사본만에 의한 증거신청도 허용하고 있다.114)

ⓒ 사본 자체를 원본으로 제출하는 경우 : 사본 자체를 원본으로 제출하는 경우 그 사본이 독립한 서증이 된다. 이 경우 문서의 증거능력에는 제한이 없기 때문에 원본제출주의에 관한 제355조의 위반은 아니다. 그러나 사본의 제출로 원본이 제출된 것으로 되지는 않는다. 다만, 判例는 증거에 의하여 사본과 같은 원본이 존재하고 또 원본이 진정하게 성립되었음이 인정되면 원본과 동일한 내용의 실질적 증거력을 인정할 수 있고, 그렇지 않은 경우에는 그와 같은 내용의 사본이 존재한다는 것 이상의 증거가치가 없다고 판시하고 있다.115)

3) **문서의 일부를 제출하여 서증을 신청하고자 할 때** : **문서의 일부를 증거로 하는 때에도 문서 전부를 증거로 제출하는 것이 원칙**이다(규칙 제105조 4항 본문). 다만, 실무상 기록에 편철되는 그 사본은 재판장의 허가를 받아 증거로 원용할 부분의 초본만을 제출할 수 있다(동항 단서).

4) **채부결정** : **서증과 증명할 사실 사이에 관련성이 없거나**, 이미 제출한 증거와 같거나 비슷한 취지의 문서, 번역문을 붙이지 아니한 때, **증거설명서 제출명령을 따르지 아니한 때, 작성자·작성일자가 불명한 경우로 밝히도록 하는 명령을 따르지 아니한 때에는 그 서증을 채택하지 아니할 수 있다**(규칙 제109조).

(2) 문서제출명령

1) **의 의** : 문서제출명령은 **상대방·제3자가 가지고 있는 것으로서 제출의무 있는 문서에 대한 서증신청 방법**이다. 신법은 증인의무와 균형을 맞추어 문서제출의무를 일반적 의무로 하였고, 문서목록제출명령(제346조)과 문서제시명령(제347조 4항)도 신설하여 문서제출명령제도를 확장·강화하였다. **상업장부제출명령에 대해서는 상법 제32조에 별도의 규정이 있는데, 법원은 신청에 의하여 또는 직권으로 소송당사자에게 상업장부 또는 그 일부분의 제출을 명할 수 있다. 문서제출신청에 의하여 법원에 제출된 문서를 서증으로 제출할 것인지 여부는 당사자가 임의로 결정**할 수 있다.

2) 문서제출의무

> 제344조(문서의 제출의무) ① 다음 각호의 경우에 문서를 가지고 있는 사람은 그 제출을 거부하지 못한다.
> 1. 당사자가 소송에서 인용한 문서를 가지고 있는 때
> 2. 신청자가 문서를 가지고 있는 사람에게 그것을 넘겨 달라고 하거나 보겠다고 요구할 수 있는 사법상의 권리를 가지고 있는 때
> 3. 문서가 신청자의 이익을 위하여 작성되었거나, 신청자와 문서를 가지고 있는 사람 사이의 법률관계에 관하여 작성된 것인 때. 다만, 다음 각목의 사유 가운데 어느 하나에 해당하는 경우에는 그러하지 아니하다.
>   가. 제304조 내지 제306조에 규정된 사항이 적혀있는 문서로서 같은 조문들에 규정된 동의를 받

---

114) 대법 2023.06.01, 2023다217534; 대법 2010.01.29, 2009마2050; 대법 1996.03.08, 95다48667
115) 대법 2023.06.01, 2023다217534; 대법 1997.11.14, 97다30356

지 아니한 문서
  나. 문서를 가진 사람 또는 그와 제314조 각호 가운데 어느 하나의 관계에 있는 사람에 관하여 같은 조에서 규정된 사항이 적혀 있는 문서
  다. 제315조제1항 각호에 규정된 사항중 어느 하나에 규정된 사항이 적혀 있고 비밀을 지킬 의무가 면제되지 아니한 문서
② 제1항의 경우 외에도 문서(공무원 또는 공무원이었던 사람이 그 직무와 관련하여 보관하거나 가지고 있는 문서를 제외한다)가 다음 각호의 어느 하나에도 해당하지 아니하는 경우에는 문서를 가지고 있는 사람은 그 제출을 거부하지 못한다.
  1. 제1항제3호 나목 및 다목에 규정된 문서
  2. 오로지 문서를 가진 사람이 이용하기 위한 문서

① 제출의무 있는 문서
㉠ 인용문서(제344조 1항 1호) : **소송에서 자기를 위한 증거로 또는 주장을 명백히 하기 위하여 끌어 쓴 인용문서라면 상대방에게도 이용시키는 것이 형평에 맞기 때문에 그 대상**으로 한다. **공무원이 직무와 관련하여 보관하거나 가지고 있는 문서로서 공공기관의 정보공개에 관한 법률 제9조에서 정하고 있는 비공개대상정보에 해당한다고 하더라도, 특별한 사정이 없는 한 그에 관한 문서 제출의무를 면할 수 없다.**[116]

㉡ 인도・열람문서(제344조 1항 2호) : **신청자가 소지자에 대하여 인도나 열람을 요구할 수 있는 사법상의 청구권이 있는 경우 문서제출의무**가 있다. 소지자는 제3자라도 관계없고, 계약에 기한 것이든 법률상의 것이든 관계없다. 인도청구권의 예로는 민법 제475조의 채권증서의 경우를 들 수 있고, 열람청구권의 예로는 민법 제518조의 지시채권에 대한 채무자의 조사권리를 들 수 있다.

㉢ 이익문서 및 법률관계문서(제344조 1항 3호) : **이익문서**는 후일 증거로 사용하거나 권리의무를 발생시키기 위하여 작성된 문서로서 거증자의 지위・권리 또는 권한을 표시하는 문서를 말한다. 예컨대 대리위임장의 수권서, 영수증, 동의서, 신분증명서 등이 이에 속한다. 여기의 이익문서에는 직접 거증자를 위하여 작성한 문서만이 아니라 간접적으로 거증자를 위하여 작성된 것도 포함하며, 이익을 확장 해석하여 증거확보라는 소송상의 이익도 포함된다 할 것이다. 법률관계문서는 거증자와 소지자간의 법률관계에 관하여 작성된 것으로 여기에는 당해 문서만이 아니라, 그 법률관계에 관련된 사항의 기재가 있으면 되고, 따라서 그 법률관계의 생성과정에서 작성된 문서도 포함된다고 볼 것이다. 이익문서와 법률관계문서라도 소지자가 그 제출을 거부할 수 있는 경우가 있는데, ⅰ) **공무원의 직무상비밀이 적혀 있어 동의를 받아야 하는데 이를 결한 경우**와, ⅱ) 문서소지자나 근친자에 관하여 형사소추・치욕이 될 증언거부사유가 적혀 있는 문서, ⅲ) **직무상 비밀이 적혀 있고 비밀유지의무가 면제되지 아니한 문서**가 그것이다. 다만 **어느 정보가 직업의 비밀에 해당하는 경우에도 문서 소지자는 비밀이 보호가치 있는 비밀일 경우에만 문서의 제출을 거부할 수 있다.**[117]

② 일반적 의무로 확장 : **개정법 제344조 2항에서는 제1항에서 정한 문서에 해당하지 아니하는 문서라도 원칙적으로 문서의 소지자는 이를 모두 제출할 의무가 있는 것으로 규정**하여 문서제출의무를 일반적 의무

---

[116] 대법 2017.12.28, 2015무423
[117] 대법 2015.12.21, 2015마4174

로 확장하였다. 다만 **공무원의 직무상 보관문서,**[118] 증언거부사유가 있는 때[119] **오로지 소지인이 이용하기 위한 문서**[120] 등은 제출의무대상에서 제외하였다. 한편 내부문서라도 문서에 기재된 정보의 외부개시가 예정되어 있거나 정보가 공익성을 가지는 경우는 자기이용문서라고 쉽게 단정해서는 안되며,[121] 개인정보 보호법 제18조 제2항 제2호에 따르면 개인정보처리자는 '다른 법률에 특별한 규정이 있는 경우'에는 개인정보를 목적 외의 용도로 이용하거나 이를 제3자에게 제공할 수 있고, 민사소송법 제344조 제2항은 각 호에서 규정하고 있는 문서제출거부사유에 해당하지 아니하는 경우 문서소지인에게 문서제출의무를 부과하고 있으므로, **임직원의 급여 및 상여금 내역 등이 개인정보 보호법상 개인정보에 해당하더라도 이를 이유로 문서소지인이 문서의 제출을 거부할 수 있는 것은 아니다**.[122] 또한 전기통신사업자가 통신비밀보호법 제3조 제1항 본문을 들어 문서제출명령의 대상이 된 통신사실확인자료의 제출을 거부하는 것에는 정당한 사유가 있다고 볼 수 없다.[123]

3) 절 차
① 신 청

> 제345조(문서제출신청의 방식) 문서제출신청에는 다음 각호의 사항을 밝혀야 한다.
> 1. 문서의 표시
> 2. 문서의 취지
> 3. 문서를 가진 사람
> 4. 증명할 사실
> 5. 문서를 제출하여야 하는 의무의 원인
>
> 제346조(문서목록의 제출) 제345조의 신청을 위하여 필요하다고 인정하는 경우에는, 법원은 신청대상이 되는 문서의 취지나 그 문서로 증명할 사실을 개괄적으로 표시한 당사자의 신청에 따라, 상대방 당사자에게 신청내용과 관련하여 가지고 있는 문서 또는 신청내용과 관련하여 서증으로 제출할 문서에 관하여 그 표시와 취지 등을 적어 내도록 명할 수 있다.

---

[118] 금융감독원 직원이 직무상 작성하여 관리하고 있는 문서는 민사소송법 제344조 제2항이 적용되는 문서 중 예외적으로 제출을 거부할 수 있는 '공무원 또는 공무원이었던 사람이 그 직무와 관련하여 보관하거나 가지고 있는 문서'에 준하여 정보공개법에서 정한 절차와 방법에 의하여 공개 여부가 결정될 필요가 있고, 문서의 소지자는 그 제출을 거부할 수 있다는 것에, 대법 2024.04.25. 2023마8009
[119] 대법 2016.07.01. 2014마2239
[120] 대법 2015.12.21. 2015마4174
[121] 대법 2016.07.01. 2014마2239
[122] 대법 2016.07.01. 2014마2239
[123] 대법(전) 2023.07.17. 2018스34. 통신비밀보호법 제3조 1항은 '누구든지 이 법과 형사소송법 또는 군사법원법의 규정에 의하지 아니하고는 우편물의 검열·전기통신의 감청 또는 통신사실확인자료의 제공을 하거나 공개되지 아니한 타인간의 대화를 녹음 또는 청취하지 못한다고 되어 있다.' 소수의견은 통비법 제3조가 민사소송법을 포함하고 있지 않음을 들어 거부할 수 있다고 보았으나, 다수의견은 거부할 수 없다고 보았다. 논거는 ① 통신비밀보호법에서 민사소송법이 정한 문서제출명령에 의하여 통신사실확인자료를 제공할 수 있는지에 관한 명시적인 규정을 두고 있지 않더라도 민사소송법상 증거에 관한 규정이 원천적으로 적용되지 않는다고 볼 수 없다. ② 통신비밀보호법은 이미 민사소송법 제294조에서 정한 조사의 촉탁 방법에 따른 통신사실확인자료 제공을 허용하고 있으므로, 통신사실확인자료가 문서제출명령의 대상이 된다고 해석하는 것이 통신비밀보호법의 입법목적에 반한다거나 법 문언의 가능한 범위를 넘는 확장해석이라고 볼 수 없다. ③ 통신비밀보호법의 입법취지는 법원이 신중하고 엄격한 심리를 거쳐 문서제출명령 제도를 운용함으로써 충분히 구현될 수 있다.

㉠ 신청방식 : **문서제출신청에 있어서는 문서의 표시, 취지, 증명할 사실, 제출의무자 및 그 의무의 원인 등을 서면으로 명시**하여야 한다(제345조, 규칙 제110조).

㉡ 문서정보공개제도 : **상대방이 어떠한 문서를 소지하고 있는지를 제대로 몰라 법 제345조의 규정에 맞추어 신청하기 곤란한 경우 신청대상인 문서의 취지나 증명할 사실을 개괄적으로만 표시하여 신청하면 법원은 상대방 당사자에게 신청내용과 관련하여 가지고 있는 문서 또는 신청내용과 관련하여 서증으로 제출할 문서에 관하여 그 표시와 취지 등을 명확히 적어내도록 명령할 수 있는데** 이것이 개정법 제346조의 문서정보공개제도이다. 다만 문서정보공개명령에 따르지 아니한 때에는 변론전체의 취지로 참작하는 것밖에 별도의 제재가 없어 실효성에 문제가 있다.[124]

② 심판방법

> **제347조(제출신청의 허가여부에 대한 재판)** ① 법원은 문서제출신청에 정당한 이유가 있다고 인정한 때에는 결정으로 문서를 가진 사람에게 그 제출을 명할 수 있다.
> ② 문서제출의 신청이 문서의 일부에 대하여만 이유 있다고 인정한 때에는 그 부분만의 제출을 명하여야 한다.
> ③ 제3자에 대하여 문서의 제출을 명하는 경우에는 제3자 또는 그가 지정하는 자를 심문하여야 한다.
> ④ 법원은 문서가 제344조에 해당하는지를 판단하기 위하여 필요하다고 인정하는 때에는 문서를 가지고 있는 사람에게 그 문서를 제시하도록 명할 수 있다. 이 경우 법원은 그 문서를 다른 사람이 보도록 하여서는 안된다.
> **제348조(불복신청)** 문서제출의 신청에 관한 결정에 대하여는 즉시항고를 할 수 있다.

㉠ 의견진술기회의 보장 : 제출명령신청이 있으면 제출의무와 그 소지사실에 대하여 심리한 끝에 그 허가여부를 결정하여야 하는데, **상대방에 문서제출신청이 있음을 알려서 신청에 대한 의견진술의 기회를 주어야 한다**.[125] 문서의 소지자가 당사자이면 변론 또는 변론준비절차에서 심리하고, **제3자이면 제3자 또는 그가 지정하는 자를 심문한 뒤에 결정으로 판단**한다(제347조 1항, 3항). 다만 **문서제출신청을 각하하거나 기각하는 경우에는 그 재판 전에 제3자를 심문하지 않아도 된다**.

㉡ 문서의 존재와 소지의 증명 : **문서제출명령을 하려면 문서의 존재와 소지가 증명되어야 하는데, 그 증명책임은 원칙적으로 신청인에게** 있다.[126] 다만 문서가 신청인의 지배영역 밖에 있는 것이므로 증명책임은 경감되어야 할 것이다.[127]

㉢ 제출거부사유 심리를 위한 in camera 절차 : 제출거부사유에 관한 사항이 적혀 있는 문서에 해당하는지 여부에 관하여 심리할 때 다른 당사자가 참여하면 문서가 공개되어 문서제출명령를 한 것과 다를 바 없게 되거나, 문서소지자에게 회복할 수 없는 손해가 발생할 수 있다. 따라서 신법은 법원이 **문서제출의무가 있는지 여부를 판단하기 위하여 필요한 때에는 문서를 가지고 있는 사람에게 문서를 제시하도록 명**하여(문서제시명령) 제시받은 다음, **다른 당사자의 참여를 배제한 채 비공개로 심리하는 절차**를 두었다(제347조 4항). 이 경우 법원은 문서를 다른 사람이 보도록 하여

---

124) 문서목록에서 누락시킨 문서를 문서소지자가 나중에 자신을 위한 서증으로 제출하면 적시에 제출되지 아니한 공격방어방법으로 보아 각하할 수 있을 것이다.
125) 대법 2009.04.28, 2009무12
126) 대법 2005.07.11, 2005마259
127) 이시윤 13판 519면

서는 안되며(동조 4항 후단), 필요하다고 인정하는 때에는 제시받은 문서를 일시적으로 맡아둘 수도 있다(규칙 제111조).

ⓔ 재 판 : 재판은 **결정의 형식**으로 하는데, ⅰ) 법원은 **제출명령신청의 대상이 된 문서가 서증으로서 필요하지 아니하다고 인정할 때에는 제출명령신청을 받아들이지 아니할 수 있으며 문서제출명령의 대상이 된 문서에 의하여 증명하고자 하는 사항이 청구와 직접 관련이 없는 것이라면 받아들이지 아니할 수 있다**.[128] ⅱ) 심리결과 **문서제출명령신청에 정당한 사유가 있다고 인정한 때에는 결정으로 문서를 가진 사람에게 그 제출을 명할 수 있다. 문서의 일부에 대하여서만 이유있다고 인정한 때에는 해당부분만의 일부제출명령**을 하여야 한다(제347조 2항). ⅲ) **문서제출명령신청에 대해서 별다른 판단을 하지 아니한 채 변론을 종결하고 판결을 선고한 것은 문서제출명령신청을 묵시적으로 기각한 취지라고 할 것이니 이를 가리켜 판단유탈에 해당한다고는 볼 수 없다**.[129]

ⓜ 고 지 : **제출의무자가 당사자일 경우에는 변론기일에 결정을 고지하거나 결정서를 작성하여 그 정본을 송달하는 것 중에 한 가지 방법을 택하면 되나, 제출의무자가 제3자일 경우에는 반드시 결정서를 작성**하여 그 정본을 송달하여야 한다.

ⓑ 철 회 : **문서제출명령의 신청이 있고 그에 따른 제출명령이 있었다 하여도 그 문서가 법원에 제출되기 전에 그 신청을 철회함에는 상대방의 동의를 필요로 하지 않는다**.[130]

③ 불복방법 : **문서제출의 신청에 관한 결정에 대하여는 즉시항고**를 할 수 있다(제348조). **제3자에 대한 문서제출명령에 대하여는 그 제3자만이 자기에 대한 심문절차의 누락을 이유로 즉시항고할 수 있을 뿐**이고, 본안소송의 당사자가 그 제3자에 대한 심문절차의 누락을 이유로 즉시항고하는 것은 허용되지 않는다.[131]

4) 문서제출명령 불이행의 효과

> 제349조(당사자가 문서를 제출하지 아니한 때의 효과) 당사자가 제347조제1항·제2항 및 제4항의 규정에 의한 명령에 따르지 아니한 때에는 법원은 문서의 기재에 대한 상대방의 주장을 진실한 것으로 인정할 수 있다.
> 제350조(당사자가 사용을 방해한 때의 효과) 당사자가 상대방의 사용을 방해할 목적으로 제출의무가 있는 문서를 훼손하여 버리거나 이를 사용할 수 없게 한 때에는, 법원은 그 문서의 기재에 대한 상대방의 주장을 진실한 것으로 인정할 수 있다.
> 제351조(제3자가 문서를 제출하지 아니한 때의 제재) 제3자가 제347조제1항·제2항 및 제4항의 규정에 의한 명령에 따르지 아니한 때에는 제318조의 규정을 준용한다.

① 당사자에 대한 효과 : **당사자가 문서제출명령·일부제출명령·비밀심리를 위한 문서제시명령을 받고도 이에 응하지 않거나**(제349조), **사용방해의 목적으로 제출의무 있는 문서에 대해 훼손 등의 행위를 한 때**(제350조)에는 **법원은 그 문서의 기재에 대한 상대방의 주장을 진실한 것으로 인정**할 수 있는데, 이때 문서의 성질, 내용, 성립의 진정 등에 관한 주장을 진실한 것으로 인정하여야 한다는 것이지 **그 문서에 의하여**

---
128) 대법 2016.07.01, 2014마2239
129) 대법 1992.04.24, 91다25444; 대법 2001.05.08, 2000다35955
130) 대법 1971.03.23, 70다3013
131) 대법 2008.09.26, 2007마672

입증하고자 하는 상대방의 주장사실까지 반드시 증명되었다고 인정하여야 하는 것은 아니다.[132)133)] 당사자 일방이 일부가 훼손된 문서를 증거로 제출하였는데 상대방이 훼손된 부분에 잔존 부분의 기재와 상반된 내용이 기재되어 있다고 주장하는 경우, 문서제출자가 상대방의 사용을 방해할 목적으로 문서를 훼손하였다면 법원은 훼손된 문서 부분의 기재에 대한 상대방의 주장을 진실한 것으로 인정할 수 있을 것이나, 그러한 목적 없이 문서가 훼손되었다고 하더라도 문서의 훼손된 부분에 잔존 부분과 상반되는 내용의 기재가 있을 가능성이 인정되어 문서 전체의 취지가 문서를 제출한 당사자의 주장에 부합한다는 확신을 할 수 없게 된다면 이로 인한 불이익은 훼손된 문서를 제출한 당사자에게 돌아가야 한다.[134)]

② 제3자에 대한 제재 : 문서소지가 제3자인 경우 문서의 훼손 등에 대한 제재규정은 없으나, 훼손하는 경우 제출이 불가능하므로 제350조를 유추적용하여야 할 것이다. 제3자가 제출의무 있는 문서를 훼손한 때에는 **당사자가 훼손한 경우와는 달리 당사자의 주장사실이 진실한 것으로 인정할 수는 없고**, 500만원 이하의 과태료의 제재를 받는다(제351조). **제3자는 즉시항고할 수 있으나 집행정지의 효력은 없다**(제351조, 제318조, 제311조 8항).

(3) 문서의 송부촉탁

> 제352조(문서송부의 촉탁) 서증의 신청은 제343조의 규정에 불구하고 문서를 가지고 있는 사람에게 그 문서를 보내도록 촉탁할 것을 신청함으로써도 할 수 있다. 다만, 당사자가 법령에 의하여 문서의 정본 또는 등본을 청구할 수 있는 경우에는 그러하지 아니하다.
> 제352조의2(협력의무) ① 제352조에 따라 법원으로부터 문서의 송부를 촉탁받은 사람 또는 제297조에 따른 증거조사의 대상인 문서를 가지고 있는 사람은 정당한 사유가 없는 한 이에 협력하여야 한다.
> ② 문서의 송부를 촉탁받은 사람이 그 문서를 보관하고 있지 아니하거나 그 밖에 송부촉탁에 따를 수 없는 사정이 있는 때에는 법원에 그 사유를 통지하여야 한다.
>
> **민사소송규칙**
> 제113조(기록 가운데 일부문서에 대한 송부촉탁) ① 법원·검찰청, 그 밖의 공공기관(다음부터 이 조문 안에서 이 모두를 "법원등"이라 한다)이 보관하고 있는 기록의 불특정한 일부에 대하여도 법 제352조의 규정에 따른 문서송부의 촉탁을 신청할 수 있다.
> ② 법원이 제1항의 신청을 채택한 때에는 기록을 보관하고 있는 법원등에 대하여 그 기록 가운데 신청인 또는 소송대리인이 지정하는 부분의 인증등본을 보내 줄 것을 촉탁하여야 한다.
> ③ 제2항의 규정에 따른 촉탁을 받은 법원등은 법 제352조의2제2항에 규정된 사유가 있는 경우가 아니

---

132) 대법 1976.10.26, 76다64; 대법 2015.11.17, 2014다81542는 민사소송에서 당사자 일방이 일부가 훼손된 문서를 증거로 제출하였는데 상대방이 훼손된 부분에 잔존 부분의 기재와 상반된 내용이 기재되어 있다고 주장하는 경우, 문서제출자가 상대방의 사용을 방해할 목적으로 문서를 훼손하였다면 법원은 훼손된 문서 부분의 기재에 대한 상대방의 주장을 진실한 것으로 인정할 수 있을 것이나(제350조), 그러한 목적 없이 문서가 훼손되었다고 하더라도 문서의 훼손된 부분에 잔존 부분과 상반되는 내용의 기재가 있을 가능성이 인정되어 문서 전체의 취지가 문서를 제출한 당사자의 주장에 부합한다는 확신을 할 수 없게 된다면 이로 인한 불이익은 훼손된 문서를 제출한 당사자에게 돌아가야 한다고 하였다.
133) 문서제출명령을 받은 자가 이를 '변조'하여 제출한 경우는 문서를 훼손한 것도 아니고, 사용할 수 없게 한 것도 아니므로, 법 제349조, 제350조에 해당하지 않는다. 이러한 경우도 증명방해의 한 경우이기는 하나, 명문의 규정이 없는 증명방해의 경우에 해당한다(김홍엽 535면).
134) 대법 2015.11.17, 2014다81542

> 면 문서송부촉탁 신청인 또는 소송대리인에게 그 기록을 열람하게 하여 필요한 부분을 지정할 수 있도록 하여야 한다. 〈개정 2012.5.2〉

1) **의 의** : **제출의무 없는 문서에 대해 서증을 신청함에 있어서는 그 소지자에 대해 문서송부를 촉탁할 것을 신청하는 방식**으로 한다(제352조). **문서소지자가 송부촉탁에 응하지 않더라도 제재수단이 없다**는 점에서 사인에 대해 송부촉탁하는 경우는 거의 없고, 실무상 법인·학교·병원·**국가기관 등이 보관하고 있는 문서를 이용하고자 할 때 주로 이용**된다. 문서가 법원이나 검찰청 등에서 보관하고 있는 특정사건의 기록 전부라도 상관 없다 **등기사항증명서·가족관계등록사항증명서 등과 같이 법령상 문서의 정본 또는 등본의 교부청구권이 보장되어 있는 경우에는 문서송부촉탁을 할 수 없다**(제352조 단서). **송부촉탁의 신청은 변론기일에서 할 수 있으나, 증거신청의 일종이므로 기일 전에도 할 수 있다**(제289조 2항).

2) **재 판** : **법원은 문서송부촉탁신청이 부당하면 기각하고, 정당하면 채택결정**을 한다. **문서송부촉탁신청을 하면 법원에서는 인증등본을 송부하여 줄 것을 촉탁**한다(규칙 제113조 2항).[135] 문서송부촉탁신청이 채택되면 재판장은 소지자에게 그 문서의 송부를 촉탁하는데, **촉탁서 원본은 발송하고 사본은 기록에 편철한다**.

3) **송부된 문서의 처리** : 민소규칙 제113조, 민소법 제347조 제1항 또는 법 제352조의 규정에 따라 법원에 문서가 제출된 때에는 신청인은 그 중 서증으로 제출하고자 하는 문서를 개별적으로 지정하고 그 사본을 법원에 제출하여야 한다. 다만, 제출된 문서가 증거조사를 마친 후 돌려 줄 필요가 없는 것인 때에는 따로 사본을 제출하지 아니하여도 된다(규칙 제115조). 즉 **송부촉탁에 의하여 법원에 제출된 문서도 당사자가 서증으로 제출하여야 증거로 삼을 수 있다**. 송부촉탁된 문서라고 하여 모두 증거력이 생기는 것이 아니고, 사문서의 경우에는 그 진정성립이 인정되어야만 증거로 할 수 있다.

4) **협력의무** : 촉탁받은 자가 정당한 사유없이 문서의 송부에 대한 협력을 거절하지 못하며, 송부촉탁에 응할 수 없는 사정이 있는 경우에는 그 사유를 촉탁법원에 통지할 것을 요한다(규칙 제114조를 삭제하고 2007개정법 제352조 2 신설). 한편 미확정 상태의 소송기록에 관하여는 당사자나 이해관계를 소명한 제3자만이 열람 등이 가능하도록(제162조 제1항) 정하고 있는데 민사소송법 제352조에 따라 미확정 상태의 다른 소송기록을 대상으로 하는 문서의 송부가 촉탁된 경우, 해당 소송기록을 보관하는 법원은 정당한 사유가 없는 한 이에 협력할 의무를 부담한다(제352조의2). 이에 따라 이해관계의 소명이 없는 제3자라 할지라도 다른 미확정 상태의 소송기록을 대상으로 문서송부촉탁을 신청하여 채택된다면, 대상 기록에 관해 민사소송법 제163조의 소송기록 열람 등 제한이 되어 있지 않은 경우에는, 제한 없이 미확정 상태의 소송기록을 열람할 수 있는 결과가 된다. 대상 문서를 지정하지 않은 채로 법원의 송부촉탁 결정이 이루어지고, 송부촉탁 결정 이후 신청인이 직접 대상 기록을 열람한 후에 필요한 부분을 지정하여 문서송부촉탁이 이루어지고 있는 현실에 비추어 본다면, 미확정 상태의 소송기록에 적혀 있는 영업비밀을 보호할 필요성이 더욱 크다.[136]

---

135) 송부촉탁을 받은 기관에서 인증등본을 송부하면 되므로(제355조 1항), 굳이 인증등본을 송부하여 줄 것을 신청할 필요는 없으나, 실무에 있어서는 송부할 문서의 형태를 명백히 하기 위하여 원본을 보아야 하는 것이 아닌 경우 '인증등본촉탁신청'이라는 제목으로 문서인증등본의 송부를 바라는 취지를 명시하기도 한다. 법원실무제요 민사소송(3), 157면
136) 대법 2020.01.09, 2019마6016

(4) 문서소재장소에서의 서증조사

> 민사소송규칙 제112조(문서가 있는 장소에서의 서증신청 등) ① 제3자가 가지고 있는 문서를 법 제343조 또는 법 제352조가 규정하는 방법에 따라 서증으로 신청할 수 없거나 신청하기 어려운 사정이 있는 때에는 법원은 그 문서가 있는 장소에서 서증의 신청을 받아 조사할 수 있다.
> ② 제1항의 경우 신청인은 서증으로 신청한 문서의 사본을 법원에 제출하여야 한다.
>
> 제354조(수명법관·수탁판사에 의한 조사) ① 법원은 제297조의 규정에 따라 수명법관 또는 수탁판사에게 문서에 대한 증거조사를 하게 하는 경우에 그 조서에 적을 사항을 정할 수 있다.
> ② 제1항의 조서에는 문서의 등본 또는 초본을 붙여야 한다.

수사기록 등 문서의 송부촉탁도 어려운 문서에 대해 서증신청함에 있어서는 법원이 그 문서소재장소에 가서 서증조사해 줄 것을 신청할 수 있다(규칙 제112조). 이 경우 법원은 수명법관 또는 수탁판사에게 제297조(법원 밖에서의 증거조사)의 규정에 따라 문서에 대한 증거조사를 하게 할 수 있다(제354조).

5. 문서의 증거력

(1) 의 의

문서의 증거력이라 함은 그 문서가 요증사실의 증명에 기여하는 효과를 말한다. 문서의 증거력에는 문서의 진정성립을 의미하는 형식적 증거력과 문서의 증거가치를 의미하는 실질적 증거력이 있다. **문서의 형식적 증거력이 있는 경우에 한하여 실질적 증거력을 판단한다**.[137]

(2) 문서의 형식적 증거력(성립의 진정)

1) 의 의 : **문서가 위조·변조된 것이 아니고, 거증자가 주장하는 특정인(작성자)의 의사에 기하여 진정하게 작성된 것**을 문서의 형식적 증거력이 있다고 한다(진정성립). **진정성립이 인정되기 위하여 작성자의 자필로 작성해야 하는 것은 아니며, 判例는 반드시 문서작성자의 날인이 필요하다고 보지도 않는다**.[138]

2) 성립의 인부 : 당사자가 제출한 서증은 그 형식적 증거력에 관한 입증의 필요성 여부를 결정하기 위하여 상대방에게 성립의 인부(진정성립을 인정하느냐 않느냐)를 물어보는 것이 통례이다. **문서의 일부분에 대하여만 인부를 하거나 또는 부분별로 나누어서 인부를 하는 것도 가능**하다.

① 상대방의 답변태도

> 제363조(문서성립의 부인에 대한 제재) ① 당사자 또는 그 대리인이 고의나 중대한 과실로 진실에 어긋나게 문서의 진정을 다툰 때에는 법원은 결정으로 200만원 이하의 과태료에 처한다.
> ② 제1항의 결정에 대하여는 즉시항고를 할 수 있다.
> ③ 제1항의 경우에 문서의 진정에 대하여 다툰 당사자 또는 대리인이 소송이 법원에 계속된 중에 그 진정을 인정하는 때에는 법원은 제1항의 결정을 취소할 수 있다.

---

[137] 대법 2015.11.26, 2014다45317
[138] 처분문서에 기재된 작성명의인인 당사자의 서명이 자기의 자필임을 그 당사자 자신도 다투지 아니하는 경우 설사 날인이 되어 있지 않더라도 그 문서의 진정성립이 추정되므로 납득할 만한 설명 없이 함부로 그 증명력을 배척할 수 없다는 것에, 대법 1994.10.14, 94다11590

㉠ 성립의 인정 : **문서의 진정성립은 보조사실에 관한 사항이지만, 주요사실에 대한 경우처럼 재판상 자백의 법리가 적용되어 법원은 그 성립의 인정에 구속되어 형식적 증거력을 인정하여야** 한다.[139] 그 취소에 있어서는 주요사실의 자백취소와 동일하게 처리하여야 한다.[140] 이것은 **문서에 찍힌 인영의 진정함을 인정한 경우에도 마찬가지**이다.[141]

㉡ 침 묵 : 성립의 인정의 경우처럼 침묵의 경우에도 **자백간주의 법리가 적용**된다.

㉢ 부 인 : 문서의 인부는 신중하게 하여야 하며 **무책임하게 함부로 부지 또는 부인의 답변을 하여서는 안 되며 이 경우에는 과태료의 제재**가 따른다(제363조). **규칙에 의하면 단순부인은 허용되지 아니하며, 그 이유를 구체적으로 밝혀야 하는 이유부 부인만 할 수 있도록 하였다**(규칙 제116조).

㉣ 부 지 : **제출된 서증이 인부를 할 상대방 자신 명의의 문서인 경우 '부지'로 인부할 수 없고 '성립인정' 또는 '부인'으로 인부하여야** 한다. 이때 상대방이 '부지'라고 인부한 때에는 재판장은 그 문서에 기재된 서명이 그 자신의 것인지 및 그 이름 옆에 찍힌 인영이 진정한 인장에 의한 것인지 여부를 석명하여야 하고, 만일 그 서명이나 인영까지 부인하는 취지라면 서증 제출자에게 인영의 대조 등에 의하여 위 서증의 진부를 증명할 기회를 주어야 한다.[142]

② 부인·부지로 답변한 경우의 증명책임 : **그 문서제출자에게 진정성립에 관한 입증책임이 있다**. 이 경우 **변론의 전체적 취지만으로 그 진정성립을 인정할 수 있다**.[143] 그러나 진정성립을 증명한다는 것은 상당히 곤란하므로, 민사소송법에서는 이에 관해 법정증거법칙의 일종으로 추정규정을 두고 있다(제356조, 제358조).

③ 사문서의 사본만이 제출된 경우 : **사문서의 사본만이 제출된 경우에는 "부지, 원본존재부인" 또는 "원본존재 및 성립인정" 등으로 원본존재 여부의 인부까지 함께 기재**해야 한다.

3) 진정성립의 추정
① 공문서의 경우(전면적 추정력)

> **제356조(공문서의 진정의 추정)** ① 문서의 작성방식과 취지에 의하여 공무원이 직무상 작성한 것으로 인정한 때에는 이를 진정한 공문서로 추정한다.
> ② 공문서가 진정한지 의심스러운 때에는 법원은 직권으로 해당 공공기관에 조회할 수 있다.
> ③ 외국의 공공기관이 작성한 것으로 인정한 문서에는 제1항 및 제2항의 규정을 준용한다.

㉠ 추정의 성질 : **문서의 방식과 취지에 의하여 공문서로 인정되는 때에는 위조일 개연성이 낮기 때문에 진정한 공문서로 추정**되므로(제356조 1항), **진정성립을 다투는 자가 공문서의 위조·변조 등의 사실을 입증해야 한다**. 따라서 기재가 비정상적으로 이루어졌거나 내용의 신빙성을 의심할만한 특별한 사정이 없는 한 기재내용대로 증명력을 가진다.[144] 공증인이 인증한 사서증서의 진정성립도 추정된다.[145] **외국의 공공기관이 작성한 것으로 인정되는 문서는 우리나라의 공문서에 관한 규정을 준용하는데, 외국의 공문서인지 여부가 불분명하거나 의심스러울 경우 거증자는 당해 문서

---

139) 대법 1967.04.04, 67다225
140) 대법 2001.04.24, 2001다5654
141) 대법 2001.04.24, 2001다5654
142) 대법 1991.11.12, 91다30712
143) 대법 1990.09.25, 90누3904; 대법 1993.04.13, 92다12070
144) 대법 2015.07.09, 2013두3658·3665
145) 대법 2009.01.16, 2008스119

가 외국의 공공기관에서 직무상 작성된 것이라는 점을 입증해야 한다. 법원은 이러한 요건이 충족되는지를 심사할 때 공문서를 작성한 외국에 소재하는 대한민국 공관의 인증이나 확인을 거치는 것이 바람직하지만 이는 어디까지나 자유심증에 따라 판단할 문제이므로 다른 증거와 변론 전체의 취지를 종합하여 인정할 수도 있다.146)

ⓒ 추정의 복멸 : 여기의 추정은 실체법상의 법률요건사실의 추정은 아니므로 법률상 추정이 아니라 증거법칙적 추정이다. 따라서 위조 또는 변조 등 특별한 사정이 있다고 볼 만한 반증이 있는 경우에는 위와 같은 추정은 깨어진다.147) **법원은 의심 있는 때에는 직권으로 당해 공공기관에 조회할 수 있다**(제356조 2항). 외국의 공공기관이 작성한 문서도 이에 준한다(동조 3항). 추정의 범위는 공문서의 진정성립에 국한된다.148) 다만 난민신청자가 제출한 외국의 공문서는 엄격한 증명방법에 의할 것은 아니다.149)

참고 : 공정증서와 사서증서

1. 공정증서
채권자가 채무자에게 돈을 빌려주었거나 빌려주는 경우, 공증인이 공정증서 형태로 직접 작성하여, 채무자가 약속한 날짜까지 돈을 갚지 아니하면 재판절차 없이 곧바로 강제집행 할 수 있는 것으로서 이를 "금전소비대차계약 공정증서"라고 한다.

2. 사서증서
채권자가 채무자에게 돈을 빌려주고 건네받은 차용증이 채무자의 의사에 따라 진실로 작성되었다는 점(진정성립)을 공증인이 확인해 주어, 위 차용증이 장래의 대여금 청구소송 등에서 강력한 증거력을 갖게 하는 것으로서 이를 "차용증 인증"이라 한다.

---

② 사문서의 경우(제한적 추정력)

> 제357조(사문서의 진정의 증명) 사문서는 그것이 진정한 것임을 증명하여야 한다.
> 제358조(사문서의 진정의 추정) 사문서는 본인 또는 대리인의 서명이나 날인 또는 무인(拇印)이 있는 때에는 진정한 것으로 추정한다.

㉠ 사문서의 진정성립은 **거증자 측이 증명**하여야 하지만(제357조), **본인 또는 대리인의 서명·날인·무인이 진정한 것임을 증명하는 때에 한하여 진정한 문서로서 추정을 받는다**(제358조). 또한 인영부분 등의 진정성립이 인정된다면 다른 특별한 사정이 없는 한 당해 문서는 그 전체가 완성되어 있는 상태에서 작성명의인이 그러한 서명·날인·무인을 하였다고 추정할 수 있다.150)

㉡ **본인 또는 대리인의 서명행위 등이 있었음에 관하여 당사자 사이에 다툼이 없거나 다른 증거에 의하여 증명된 때에는, 서명 이외의 나머지 부분이 가필 등으로 변조되거나 위조되었다고 다투어진 경우에도 그 문서 전체가 진정하게 성립된 것으로 추정되므로, 이를 다투는 쪽에서 그 변조 또는 위조의 사실을 증명할 책임을 부담**한다.151)

---

146) 대법 2016.12.15, 2016다205373
147) 대법 2018.04.12, 2017다292244
148) 대법 2002.02.22, 2001다78768은 공문서의 기재 중 붉은 선으로 그어 말소된 부분이 있는 경우에도 말소의 경위나 태양 등에 있어 비정상으로 이루어졌다는 특별한 사정이 없는 한 그 말소된 기재내용대로 증명력을 가진다고 한다.
149) 대법 2016.03.10, 2013두14269
150) 대법 2003.04.11, 2001다11406

ⓒ 더 나아가 문서의 서명·날인이 틀림없다는 인정까지는 가지 않고 **작성명의인의 인영이 그 사람의 인장에 의한 것임이 인정될 때면, 그 날인이 그 사람의 의사에 기한 것이라고 사실상의 추정이 된다는 것이고, 일단 날인의 진정이 추정되면 그 문서 전체의 진정성립까지도 추정된다**는 것이다.152) 다만 처분문서는 진정성립이 인정되면 기재 내용을 부정할 만한 분명하고도 수긍할 수 있는 반증이 없는 이상 문서의 기재 내용에 따른 의사표시의 존재와 내용을 인정하여야 한다는 점을 감안하면 작성명의인의 인영에 의하여 처분문서의 진정성립을 추정함에 있어서는 신중하여야 하고, 특히 처분문서의 소지자가 업무 또는 친족관계 등에 의하여 문서명의자의 위임을 받아 그의 인장을 사용하기도 하였던 사실이 밝혀진 경우라면 더욱 그러하다.153)

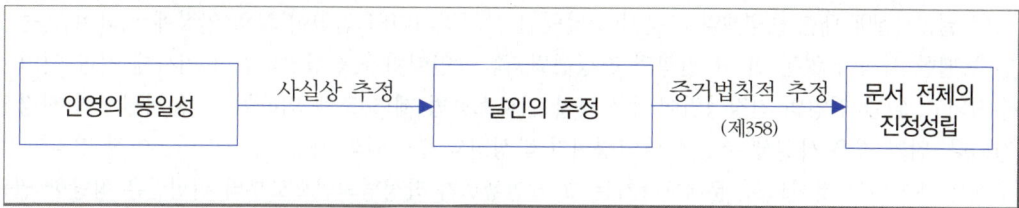

4) 진정성립의 입증

> 제359조(필적 또는 인영의 대조) 문서가 진정하게 성립된 것인지 어떤지는 필적 또는 인영(印影)을 대조하여 증명할 수 있다.
> 제360조(대조용문서의 제출절차) ① 대조에 필요한 필적이나 인영이 있는 문서, 그 밖의 물건을 법원에 제출하거나 보내는 경우에는 제343조, 제347조 내지 제350조, 제352조 내지 제354조의 규정을 준용한다.
> ② 제3자가 정당한 사유 없이 제1항의 규정에 의한 제출명령에 따르지 아니한 때에 법원은 결정으로 200만원 이하의 과태료에 처한다.
> ③ 제2항의 결정에 대하여는 즉시항고를 할 수 있다.

> 제361조(상대방이 손수 써야 하는 의무) ① 대조하는 데에 적당한 필적이 없는 때에는 법원은 상대방에게 그 문자를 손수 쓰도록 명할 수 있다.
> ② 상대방이 정당한 이유 없이 제1항의 명령에 따르지 아니한 때에는 법원은 문서의 진정여부에 관한 확인신청자의 주장을 진실한 것으로 인정할 수 있다. 필치(筆致)를 바꾸어 손수 쓴 때에도 또한 같다.
> 제362조(대조용문서의 첨부) 대조하는 데에 제공된 서류는 그 원본·등본 또는 초본을 조서에 붙여야 한다.

① **문서가 진정하게 성립된 것인지 어떤지는 필적 또는 인영을 대조하여 증명**할 수 있다(제359조).

② 법원은 대조에 필요한 필적이나 인영있는 문서, 그 밖의 물건의 제출을 명할 수 있고(제360조), 대조하는 데에 적당한 필적이 없는 때에는 법원은 상대방에게 그 문자를 손수 쓰도록 명할 수 있다(제361조). 인감도장이 찍힌 경우는 인감증명서의 제출을 명한다.

③ **서류의 위조 여부는 반드시 전문가의 감정에 의하여서만 판별할 수 있는 것이 아니고, 법원의 육안대조, 즉 검증에 의하여도 할 수 있다.**154)

---
151) 대법 1995.11.10, 95다4674
152) 대법 2010.07.15, 2009다67276 등
153) 대법 2014.09.26, 2014다29667
154) 대법 1977.09.03, 77다762

5) 추정의 복멸

① 1단계 추정의 복멸 : 大法院은 "날인행위가 작성명의인의 의사에 기한 것이라는 추정은 사실상추정이므로, **인영의 진정성립을 다투는 자가 반증을 들어 인영의 진정성립 즉 날인행위가 작성명의인에 의사에 기한 것임에 관하여 법원으로 하여금 의심을 품게 할 수 있는 사정을 입증하면 그 진정성립의 추정은 깨어진다.**"155)고 판시하고 있고, "**문서가 작성명의인의 자격을 모용하여 작성한 것이라는 것은 그것을 주장하는 자가 적극적으로 입증**하여야 하고 이 항변사실을 입증하는 증거의 증명력은 개연성만으로는 부족하다."156)고 판시하여 실무상으로는 이것을 "本證"에 의한 "立證"을 요구하는 것으로 받아들이고 있다. 즉 도용사실을 본증으로 입증하면 날인사실에 대해 반증이 되므로 1단계 추정은 복멸된다.

② 날인사실에 대한 증명책임 : "문서에 날인된 작성명의인의 인영이 그의 인장에 의하여 현출된 것이라면 특별한 사정이 없는 한 그 인영의 진정성립, 즉 날인행위가 작성명의인의 의사에 기한 것임이 사실상 추정되고, 일단 인영의 진정성립이 추정되면 민사소송법 제358조에 의하여 그 문서전체의 진정성립이 추정되나, 위와 같은 사실상 추정은 날인행위가 작성명의인 이외의 자에 의하여 이루어진 것임이 밝혀진 경우에는 깨어지는 것이므로, **문서제출자는 그 날인행위가 작성명의인으로부터 위임받은 정당한 권원에 의한 것이라는 사실까지 입증할 책임이 있다.**"157)고 한다.

③ 2단계추정의 복멸 : 判例는 이에 대해 "문서에 날인된 작성명의인의 인영이 작성명의인의 인장에 의하여 현출된 것임이 인정되는 경우에는 특단의 사정이 없는 한 그 인영의 진정성립 및 그 문서 전체의 진정성립까지 추정되는 것이기는 하나, 이는 어디까지나 먼저 내용기재가 이루어진 뒤에 인영이 압날된 경우에만 그러한 것"이라며158) **백지문서에 날인했음이 밝혀진 경우 진정성립 추정을 부정**하고 있으며, **일반적으로 문서의 일부가 미완성인 상태로 서명날인을 하여 교부한다는 것은 이례에 속하므로 그 문서의 교부 당시 백지상태인 공란 부분이 있었고 그것이 사후에 보충되었다는 점은 작성명의인이 증명하여야** 한다고 하였다.159)

④ 진정성립의 증명책임 : 判例는 이에 대해 "작성명의인의 날인만 되어 있고 그 내용이 백지로 된 문서를 교부받아 후일 그 백지 부분을 작성명의자가 아닌 자가 보충한 문서의 경우에 있어서는 **문서제출자는 그 기재 내용이 작성명의인으로부터 위임받은 정당한 권원에 의한 것이라는 사실을 입증할 책임**이 있으며, 이와 같은 법리는 그 문서가 처분문서라고 하여 달라질 것은 아니다."고 하여 서증제출자의 입증을 요구하고 있다.160) 다만 백지약속어음의 경우 발행인이 수취인 또는 그 소지인으로 하여금 백지부분을 보충케 하려는 보충권을 줄 의사로 발행하였는지 여부에 관하여는 불완전어음으로서 무효라는 점에 관한 증명책임이 발행인에 있다.161)

---

155) 대법 1997.06.13, 96재다462
156) 대법 1987.12.22, 87다카707
157) 대법 1995.06.30, 94다41324
158) 대법 2000.06.09, 99다37009
159) 대법 2013.08.22, 2011다100923
160) 대법 2000.06.09, 99다37009; 대법 2013.08.22, 2011다100923도 일단 문서의 내용 중 일부가 사후 보충되었다는 사실이 증명이 된 다음에는 그 백지부분이 정당하게 위임받은 권한에 의하여 보충되었다는 사실은 그 백지부분의 기재에 따른 효과를 주장하는 당사자가 이를 증명할 책임이 있다고 하였다.
161) 대법 1984.05.22, 83다카1585

(3) 문서의 실질적 증거력

1) 의 의 : 문서의 형식적 증거력이 있다고 판단되면 그 문서가 요증사실(계쟁사실)을 증명하는 데 기여할 수 있는 능력, 즉 증거가치를 검토하게 되는데, 이를 문서의 실질적 증거력이라고 한다. 이러한 실질적 증거력의 판단은 법관의 자유심증에 일임되어 있으므로, 형식적 증거력과는 달리 자백의 법리가 적용되지 않는다.

2) 처분문서의 실질적 증거력

① 추정의 내용 : 처분문서의 경우에는 형식적 증거력이 인정되면 실질적 증거력이 당연히 인정되므로 그 진정성립이 인정되는 이상 기재내용대로 법률행위의 존재를 인정하여야 한다.162) 특히 계약당사자 사이에 어떠한 계약내용을 처분문서인 서면으로 작성한 경우에 문언의 객관적인 의미가 명확하다면 특별한 사정이 없는 한 문언대로의 의사표시의 존재와 내용을 인정하여야 하고, 특히 문언의 객관적 의미와 달리 해석함으로써 당사자 사이의 법률관계에 중대한 영향을 초래하게 되는 경우에는 그 문언의 내용을 더욱 엄격하게 해석하여야 한다.163) 단, **부동문자로 인쇄되어 있는 경우에는 예문에 해당하는지 판단해야 한다**.164) 추정의 범위는 문서에 기재된 법률적 행위와 그 내용에 국한된다. 따라서 그 법률행위의 해석, 행위자의 의사의 흠의 여부에는 미치지 않으며, 이와 같은 문제는 여러 가지 사정을 종합 고려하여 경험칙과 논리칙에 따른 법관의 자유로운 심증에 의하여 판단할 수 있다.165) 그 처분문서의 계약상의 책임을 공평의 이념 및 신의칙 같은 일반원칙에 의하여 제한할 수도 있다.166)

② 추정의 한계 : **이때의 추정은 강력한 사실상의 추정이지 반증의 여지가 없는 완전한 증명력으로 볼 것은 아니므로**,167) **그 기재내용과 다른 명시적 · 묵시적 약정이 있는 사실이 인정될 경우에는 그 기재내용과 다른 사실을 인정할 수 있다**.168) 다만 진정성립이 인정된 처분문서의 증거력을 배척함에는 합리적인 이유 설시를 요한다. 한편 동일한 사항에 관하여 내용을 달리하는 문서가 중복하여 작성된 경우에는 마지막에 작성된 문서에 작성자의 최종적인 의사가 담겨 있다고 해석하는 것이 일반적이라고 할 수 있지만, 마지막에 작성된 문서에 의한 법률행위가 최종적으로 완성되지 아니하는 등의 사유로 종전에 작성된 문서에 의

---

162) 대법 2013.06.13, 2012다96403; 대법(전) 2009.03.19, 2008다45828; 대법 2011.01.27, 2010다81957; 대법 2018.01.24, 2015다69990은 공동수급체의 구성원들 사이에 작성된 공동수급협정서 등 처분문서에 상계적상 여부나 상계의 의사표시와 관계없이 당연히 이익분배금에서 미지급 출자금 등을 공제할 수 있도록 기재하고 있고 그 처분문서의 진정성립이 인정된다면, 특별한 사정이 없는 한 처분문서에 기재되어 있는 문언대로 공제 약정이 있었던 것으로 보아야 한다고 했다.
163) 대법 2023.04.13, 2022다279733 · 279740
164) 대법 1997.11.28, 97다36231; 대법 1989.08.08, 89다카5628; 다만 계약서에 은행의 여신거래로부터 생기는 모든 채무를 담보하기로 하는 이른바 포괄근저당권을 설정한다는 문언이 부동문자로 인쇄된 약관의 형태를 취하고 있다 하더라도 이는 처분문서라고 할 것이므로, 그 진정성립이 인정되는 때에는, 그 문언대로 의사표시의 존재와 내용을 인정하여야 한다는 것에, 대법 1997.06.24, 95다43327.
165) 대법 2018.07.12, 2017다235647; 대법 2017.08.18, 2017다228762; 대법 2011.10.13, 2009다102776; 대법 2021.03.11, 2020다253430; 대법 2021.04.29, 2021다202309
166) 대법 2015.10.15, 2012다64253
167) 대법 2010.11.11, 2010다56616; 처분문서는 그 성립의 진정함이 인정되는 이상 법원은 그 기재 내용을 부인할 만한 분명하고도 수긍할 수 있는 반증이 없는 한 처분문서에 기재되어 있는 문언대로 의사표시의 존재와 내용을 인정하여야 한다는 것에, 대법 2017.02.15, 2014다19776; 대법 2018.07.12, 2017다235647; 대법 2019.02.14, 2018다275727; 대법 2021.04.29, 2021다202309
168) 대법 2006.04.13, 2005다34643

한 법률행위가 철회되었다고 보기 어려운 사정이 있는 경우에는 그와 같이 해석할 수 없다.[169]

3) 보고문서의 실질적 증거력

① 처분문서와는 달리 보고문서의 경우에는 전적으로 법관의 자유심증으로 결정한다.

② 다만, 判例에 의하면 일정한 공문서인 경우(등기부·가족관계등록부·토지대장·확정된 민사 및 형사판결)에는 그 기재사항이 진실한 것이라고 추정을 받으며, 따라서 배척함에 있어서는 합리적인 이유설시를 요한다고 한다. 나아가 判例는 공문서는 아니나 **민법상 사단법인의 의사정족수·의결정족수 등 절차적 요건은 왜곡 등 특단의 사정이 없는 한 의사록의 기재에 의하여 판단**한다고 했다.[170]

V. 검 증

> 제364조(검증의 신청) 당사자가 검증을 신청하고자 하는 때에는 검증의 목적을 표시하여 신청하여야 한다.
>
> 제365조(검증할 때의 감정 등) 수명법관 또는 수탁판사는 검증에 필요하다고 인정할 때에는 감정을 명하거나 증인을 신문할 수 있다.
>
> 제366조(검증의 절차 등) ① 검증할 목적물을 제출하거나 보내는 데에는 제343조, 제347조 내지 제350조, 제352조 내지 제354조의 규정을 준용한다.
> ② 제3자가 정당한 사유 없이 제1항의 규정에 의한 제출명령에 따르지 아니한 때에는 법원은 결정으로 200만원 이하의 과태료에 처한다. 이 결정에 대하여는 즉시항고를 할 수 있다.
> ③ 법원은 검증을 위하여 필요한 경우에는 제342조제1항에 규정된 처분을 할 수 있다. 이 경우 저항을 받은 때에는 경찰공무원에게 원조를 요청할 수 있다.

1. 서 설

(1) 의 의

검증이라 함은 법관이 직접 자기의 오관의 작용에 의하여 사물의 성질·형상을 검사하여 그 결과를 증거자료로 하는 증거조사이다.

(2) 검증의 대상

① 검증의 대상이 되는 사물을 검증물이라고 하는데 자동차사고의 **현장, 공해장소, 토지, 가옥, 상처, 사고차량 등이 그 대상**이 된다. ② 사람의 경우에 그 진술내용인 사람의 사상을 증거로 할 경우는 인증이 되지만, **체격·용모·상처 등 신체의 특징을 검사하는 경우에는 검증물이 된다**. ③ 문서의 경우에 그 기재내용을 증거로 하는 경우에는 서증이 되지만, 그 지질·필적·인영 따위를 증거로 할 때에는 검증물이 된다. ④ **녹음·녹화테이프, 컴퓨터용 자기디스크·광디스크 등 음성·영상자료에 대한 증거조사는 검증의 방법**에 의해야 한다(규칙 제121조 2항).

---

169) 대법 2013.01.16, 2011다102776
170) 대법 2011.10.27, 2010다88682

2. 검증의 절차

(1) 신 청

① 검증도 원칙적으로 신청에 의해 개시되며 그 신청의 방법에 대하여는 서증의 신청에 대한 규정이 준용된다(제364조, 제366조 1항). 따라서 **거증자가 검증물을 소지·지배하는 경우에는 이를 법원에 제출**하여야 하며, **상대방 또는 제3자가 소지·지배하는 경우에는 이에 대하여 제출명령을 신청**하여야 한다(제366조 1항, 제343조). 동영상 파일은 검증의 방법으로 증거조사를 하여야 하므로 문서제출명령의 대상이 아니다.171) ② 사람의 신체·용모·상처를 검증함에는 출석을 명할 수 있다. ③ **법원은 검증을 위하여 필요한 경우에 타인·주거 등에 들어갈 수 있으며 저항을 받은 경우에는 경찰공무원에게 원조를 요청**할 수 있다(제366조 3항).

(2) 검증수인의무

① 검증의 목적물을 상대방이나 제3자가 소지하는 경우 정당한 이유가 없는 한 검증물을 제시하거나 검증을 수인하여야 할 공법상의 일반의무가 있다. ② 당사자가 불응하였을 때에는 법원은 검증물의 존재·형상에 관한 거증자의 주장을 진실한 것으로 인정할 수 있다(제366조, 제349조). ③ 제3자가 정당한 사유 없이 한 검증물의 제출명령에 응하지 아니한 때에는 200만원 이하의 과태료에 처한다(제366조 제2항).

Ⅵ. 당사자신문

> 제367조(당사자신문) 법원은 직권으로 또는 당사자의 신청에 따라 당사자 본인을 신문할 수 있다. 이 경우 당사자에게 선서를 하게 하여야 한다.
> 제372조(법정대리인의 신문) 소송에서 당사자를 대표하는 법정대리인에 대하여는 제367조 내지 제371조의 규정을 준용한다. 다만, 당사자 본인도 신문할 수 있다.

1. 서 설

(1) 의 의

당사자 본인은 소송의 주체이지 증거조사의 객체가 아닌 것이 원칙이지만, 당사자 본인을 증거방법으로 하여, 마치 증인처럼 그가 경험한 사실에 대해 진술케 하여 증거자료를 얻는 증거조사를 말한다(제367조).

(2) 성 질

① **당사자신문에서의 진술은 증거자료**이지 소송자료가 아니다. 따라서 **당사자본인신문과정에서 상대방의 주장과 일치되는 부분이 있더라도 자백이 되지 않는다**. ② 또한 법원의 석명에 대하여 당사자 본인이 진술하는 것은 주장의 보충일 뿐 당사자신문이 아니다.

(3) 당사자신문의 대상

당사자신문은 소송자료를 제공하는 것이 아니므로 소송무능력자도 당사자신문의 대상이 된다(제372조 단

---
171) 대법 2010.07.14, 2009마2105

서). **법정대리인, 법인 등의 대표자**도 당사자신문의 대상이다.

2. 보충성 폐지에 의한 독립한 증거방법

(1) 구법의 태도

구 민사소송법 제339조는 법원은 증거조사에 의하여 심증을 얻지 못한 때에는 직권 또는 당사자의 신청에 의하여 당사자 본인을 신문할 수 있다는 당사자신문의 보충성에 관하여 규정하고 있었고, 구법 하의 判例는 증거력에 대해서도 보충성을 인정하여 다른 증거자료와 종합하여 주요사실의 인정자료가 될 수 있는 것이지 독립적 증거력은 없다고 보았다.[172]

(2) 개정법의 입장

2002년 개정으로 **당사자신문의 보충성에 관한 규정이 폐지됨**으로써, 현재는 **당사자신문 결과만으로 주요사실을 인정하였다 하더라도 증거법칙을 위반하였다고 할 수 없다**.[173]

(3) 다른 법과의 관계

1) **가사소송** : 가사소송은 직권탐지주의에 의하며, 특히 사건의 성질상 양쪽 당사자를 직접 조사할 필요성이 크기 때문에 당사자신문의 보충성이 배제되어 재판장은 언제든지 당사자 본인을 신문할 수 있다(가사소송법 제17조).

2) **소액사건** : 소액사건에서 판사는 언제든지 당사자 본인을 신문할 수 있게 하였었으나, 민사소송법에서 보충성을 폐지함과 동시에 소심법 제10조 4항을 폐지하였다.

3. 절 차

(1) 증인신문절차의 준용

> **제373조(증인신문 규정의 준용)** 이 절의 신문에는 제309조, 제313조, 제319조 내지 제322조, 제327조, 제327조의2와 제330조 내지 제332조의 규정을 준용한다. 〈개정 2021. 8. 17.〉
>
> **민사소송규칙**
>
> **제119조(증인신문 규정의 준용)** 당사자 본인이나 당사자를 대리·대표하는 법정대리인·대표자 또는 관리인의 신문에는 제81조, 제83조 및 제88조 내지 제100조의 규정을 준용한다. 이 경우 제81조제1항제2호 중 "법률상 제재를 받을 수 있다는 취지"는 "법률상 불이익을 받을 수 있다는 취지"로 고쳐 적용한다. 〈개정 2015.6.29.〉

당사자신문의 절차는 출석요구서의 기재사항(제309조), 선서의무(제319조), 위증에 대한 벌의 경고(제320조), 선서의 방식(제321조), 선서무능력(제322조), 교호신문의 방식(제327조), 비디오 등 중계장치에 의한 신문(제327조의2), 증인의 행위의무(제330조), 증인의 진술원칙(제331조), 수명법관 또는 수탁판사의 권한(제332조) 등의 **증인신문의 규정이 대부분 준용**된다(제373조).

---

172) 대법 1983.06.14, 83다카95
173) 대법 2013.06.13, 2010다34159

(2) 신 청

> 민사소송규칙
> 제119조의2(당사자진술서 또는 당사자신문사항의 제출 등) ① 법원은 효율적인 당사자신문을 위하여 필요하다고 인정하는 때에는 당사자신문을 신청한 당사자에게 당사자진술서 또는 당사자신문사항을 제출하게 할 수 있다.
> ② 제1항에 따른 당사자진술서의 제출 등에 관하여는 제79조제2항부터 제4항까지를, 당사자신문사항의 제출 등에 관하여는 제80조제1항 본문, 제2항 및 제3항을 각 준용한다. [본조신설 2015.6.29.]

증인과 달리 **신청 이외에 직권으로도 할 수 있다**(제367조). 상대방 당사자의 신문을 구하는 것이 일반적이나, 당사자가 자기의 신문을 구하는 것도 가능하다. 상대방 당사자의 신문을 신청하는 때에는 소정의 여비와 숙박료를 예납하여야 한다. 법원은 효율적인 당사자신문을 위하여 필요하다고 인정하는 때에는 당사자신문을 신청한 당사자에게 당사자진술서 또는 당사자신문사항을 제출하게 할 수 있다(규칙 제119조의2 1항). 당사자신문기일을 지정한 경우에는 당사자가 재정한 자리에서 결정과 기일고지를 하지 아니한 이상, 소송대리인이 있는 경우에도 별도로 그 당사자에게 출석을 요구하여야 한다.

(3) 출석·선서·진술의무

> 제369조(출석·선서·진술의 의무) 당사자가 정당한 사유 없이 출석하지 아니하거나 선서 또는 진술을 거부한 때에는 법원은 신문사항에 관한 상대방의 주장을 진실한 것으로 인정할 수 있다.
> 제370조(거짓 진술에 대한 제재) ① 선서한 당사자가 거짓 진술을 한 때에는 법원은 결정으로 500만원 이하의 과태료에 처한다.
> ② 제1항의 결정에 대하여는 즉시항고를 할 수 있다.
> ③ 제1항의 결정에는 제363조제3항의 규정을 준용한다.

1) 출석의무 : 증인처럼 구인·과태료·감치 등으로 출석·진술이 강제되지 않지만, 정당한 사유 없이 출석하지 아니하면 법원은 그 재량으로 '신문사항에 관한 상대방의 주장'을 진실한 것으로 인정할 수 있다(제369조).[174]

2) 선서의무 : 신법은 구법과 달리 **증인처럼 선서는 강제**한다(제367조 후문). 증인에 대한 선서면제(제323조)·선서거부권(제324조)이 준용되지 않는다. ① 선서를 거부하면 **법원은 그 재량으로 '신문사항에 관한 상대방의 주장'을 진실한 것으로 인정할 수 있다**(제369조). ② **선서하고 허위진술하였을 때 형법상의 위증죄가 되는 것은 아니고 500만 원 이하의 과태료의 제재만 받는다**(제370조 1항).[175] 이 결정에 대해서 즉시항고를 할 수 있고(동조 2항), 당사자 또는 대리인이 소송이 법원에 계속된 중에 허위진술을 바로 잡은 경우 법원은 제1항의 결정을 취소할 수 있다(동조 3항). 이 경우 **선서한 당사자가 허위의 진술을 하였음을 이유로 상대방 당사자가 법원에 대하여 과태료 제재의 신청을 한 경우, 과태료의 제재에 처할 것인가는 법원의 재량에 맡겨져 있는 것으로서 상대방 당사자에게는 법원의 직권발동을 촉구하는 의미 외에 과태료 재판을 할 것을 신청할 권리는 없다**.[176]

---

174) 대법 2010.11.11, 2010다56616
175) 대법 2012.12.13, 2010도14360

3) **진술의무** : 진술(증언)거부제도(제314조)는 준용되지 않는다. 진술을 거부하면 법원은 신문사항에 관한 상대방의 주장을 진실한 것으로 인정할 수 있다(제369조).

(4) 신문 방법

> 제368조(대질) 재판장은 필요하다고 인정한 때에 당사자 서로의 대질 또는 당사자와 증인의 대질을 명할 수 있다.
> 제371조(신문조서) 당사자를 신문한 때에는 선서의 유무와 진술 내용을 조서에 적어야 한다.

신문의 시기는 변론준비절차가 끝난 뒤 변론기일에서 집중적으로 행한다(제293조). 재판장은 당사자본인신문과정에서 **당사자 상호간 또는 당사자와 증인간의 대질을 명할 수 있다**(제368조). **당사자를 신문한 때에는 선서의 유무와 진술 내용을 조서에 적어야** 한다(제371조).

(5) 이의권의 포기·상실사유

당사자본인으로 신문할 자를 증인으로 신문했다 해도 당사자의 이의가 없으면 이의권의 포기·상실로 하자가 치유된다.[177]

Ⅶ. 그 밖의 증거조사

> 제374조(그 밖의 증거) 도면·사진·녹음테이프·비디오테이프·컴퓨터용 자기디스크, 그 밖에 정보를 담기 위하여 만들어진 물건으로서 문서가 아닌 증거의 조사에 관한 사항은 제3절 내지 제5절의 규정에 준하여 대법원규칙으로 정한다.

1. 도면·사진

> **민사소송규칙**
> 제122조(감정 등 규정의 준용) 도면·사진, 그 밖에 정보를 담기 위하여 만들어진 물건으로서 문서가 아닌 증거의 조사에 관하여는 특별한 규정이 없으면 제3절 내지 제5절의 규정을 준용한다.

도면·사진은 문서에 준하여 서증에 관한 규정을 준용하는 것이 원칙이나, 경우에 따라 감정·검증절차에 준하여 조사할 때가 있다(규칙 제122조). 判例는 사진의 경우는 그 형태, 담겨진 내용 등을 종합하여 감정·검증·서증의 방법 중 가장 적절한 증거조사방법을 택하여 이를 준용할 것이고, 사진에 대하여 구체적인 심리 없이 곧바로 문서제출명령을 한 것은 잘못이라 하였다.[178]

2. 녹음테이프·비디오테이프·컴퓨터용 자기디스크

(1) 자기디스크 등에 기억된 문자정보

---

176) 대법 1998.04.13, 98마413
177) 대법 1977.10.11, 77다1316
178) 대법 2010.07.14, 2009마2105

> **민사소송규칙**
> 제120조(자기디스크등에 기억된 문자정보 등에 대한 증거조사) ① 컴퓨터용 자기디스크·광디스크, 그 밖에 이와 비슷한 정보저장매체(다음부터 이 조문 안에서 이 모두를 "자기디스크등"이라 한다)에 기억된 문자정보를 증거자료로 하는 경우에는 읽을 수 있도록 출력한 문서(다음부터 이 조문 안에서 "출력문서"라고 한다)를 제출할 수 있다.
> ② 자기디스크등에 기억된 문자정보를 증거로 하는 경우에 증거조사를 신청한 당사자는 법원이 명하거나 상대방이 요구한 때에는 자기디스크등에 입력한 사람과 입력한 일시, 출력한 사람과 출력한 일시를 밝혀야 한다.
> ③ 자기디스크등에 기억된 정보가 도면·사진 등에 관한 것인 때에는 제1항과 제2항의 규정을 준용한다.

　정보저장매체에 기억된 문자정보는, 정보의 보존전달이라는 기능을 갖고 있고 그대로는 읽을 수 없지만 보고 읽을 수 있는 상태를 예정하고 있기 때문에 전자문서라고도 한다. 이러한 증거에 대한 조사는 검증의 방법으로도 할 수 있으나, **그 문자정보를 읽을 수 있도록 출력한 문서를 제출하는 방법으로 증거조사를 할 수 있다**(규칙 제120조 1항). **자기디스크등에 기억된 정보가 도면·사진 등에 관한 것인 때에도 출력문서를 제출하는 방법으로 할 수 있다**(규칙 제120조 3항). 이 경우 **서증목록이 아닌 증인 등 목록에 증거조사사실을 기재**한다. 출력문서 자체를 서증으로 제출하는 것과는 구별된다. 자기디스크등에 기억된 문자정보를 증거로 하는 경우에 **증거조사를 신청한 당사자는 법원이 명하거나 상대방이 요구한 때에는 자기디스크등에 입력한 사람과 입력한 일시, 출력한 사람과 출력한 일시를 밝혀야** 한다(규칙 제120조 2항).

(2) 녹음테이프 등 음성·영상자료

> **민사소송규칙**
> 제121조(음성·영상자료 등에 대한 증거조사) ① 녹음·녹화테이프, 컴퓨터용 자기디스크·광디스크, 그 밖에 이와 비슷한 방법으로 음성이나 영상을 녹음 또는 녹화(다음부터 이 조문 안에서 "녹음등"이라 한다)하여 재생할 수 있는 매체(다음부터 이 조문 안에서 "녹음테이프등"이라 한다)에 대한 증거조사를 신청하는 때에는 음성이나 영상이 녹음등이 된 사람, 녹음등을 한 사람 및 녹음등을 한 일시·장소를 밝혀야 한다.
> ② 녹음테이프등에 대한 증거조사는 녹음테이프등을 재생하여 검증하는 방법으로 한다.
> ③ 녹음테이프등에 대한 증거조사를 신청한 당사자는 법원이 명하거나 상대방이 요구한 때에는 녹음테이프등의 녹취서, 그 밖에 그 내용을 설명하는 서면을 제출하여야 한다.

　그 자체로는 사상을 해독할 수 없고 재생할 음성·영상 등의 현상을 수록하고 있는 데 그치는 것이므로, 이에 대한 증거조사는 **녹음테이프 등을 재생하여 검증하는 방법**으로 한다(규칙 제121조 2항). 동영상 파일은 검증의 방법으로 증거조사를 하여야 하므로 문서제출명령의 대상이 될 수는 없고,[179] 검증물제출명령의 대상이다.

---

179) 대법 2010.07.14, 2009마2105

Ⅷ. 조사·송부의 촉탁
1. 서 설

> 제294조(조사의 촉탁) 법원은 공공기관·학교, 그 밖의 단체·개인 또는 외국의 공공기관에게 그 업무에 속하는 사항에 관하여 필요한 조사 또는 보관중인 문서의 등본·사본의 송부를 촉탁할 수 있다.

(1) 의 의

사실조회란 공공기관·학교 그 밖의 단체·개인 또는 외국의 공공기관에게 그 업무에 속하는 특정사항에 관한 조사 또는 보관중인 문서의 등본·사본의 송부를 촉탁함으로써 증거를 수집하는 절차를 말한다. 법에는 증거에 관한 총칙중에 '조사의 촉탁'으로 규정되어 있으나(제294조), **그 실질은 증인신문 등과 마찬가지의 독립한 증거방법으로 이해되고 있으며 실무에서는 이를 '사실조회'라고 부른다.**

(2) 신법의 개정사항

1) 개인에 대한 사실조회 : 신법은 효율적인 증거조사를 위하여 전문적이고 특수한 분야에 관한 지식이나 정보를 갖고 있는 **개인에게도 사실조회를 할 수 있도록 확대**하였는데, 개인도 전문적이고 특수한 분야에 관한 지식이나 정보를 가지고 있는 경우가 많고, 직무상 관련된 것으로서 간단히 확인할 수 있는 사항은 굳이 그 개인을 증인이나 감정인으로 불러 물어 볼 필요가 없기 때문이다.

2) 등·사본의 송부촉탁 : 신법은 조사촉탁에 그치지 않고 사실조회의 한 방법으로 업무에 속하는 사항에 관하여 대상자가 보관 중인 문서의 등본·사본을 송부할 것을 촉탁할 수 있도록 하였다. 촉탁의 한 방법으로 조사보고까지 가지 않고 보관하는 문서의 등·사본을 보내게 하거나, 조사를 하면서 그 근거문서나 참고서류가 있으면 같이 보내게 하려는 취지이다.

2. 절 차

(1) 조사·송부촉탁의 대상

조사·송부촉탁은 촉탁의 상대방이 쉽게 조사할 수 있는 사실에 대하여 활용하고, 조사할 내용이 촉탁 상대방의 특별한 지식경험을 필요로 하는 것이거나 **촉탁 상대방의 전문적인 의견을 구하는 것일 때에는 감정촉탁의 방법에 의하거나 촉탁상대방을 증인이나 감정인으로 신문하는 것이 바람직**하다. 또 신설된 전문심리위원을 위촉하여 그의 의견이나 설명에 의할 수 있다.

(2) 방 법

1) 신청 또는 직권 : 당사자의 신청에 의한 경우만이 아니라 직권으로도 할 수 있다(제140조 1항 5호). **사실조회의 신청 등에 대하여 증거신청에 대한 의견진술이 필요하다고 인정되는 경우에는 상대방에게 신청 및 채택사실을 고지하여 의견진술이나 참여의 기회를 부여하는 것이 상당**하다.

2) 금융거래정보나 과세정보의 수집 : 이 경우 **금융기관 또는 세무공무원에 대한 제출명령이라는 형식에 의하는데**, 그 근거조문은 금융실명거래 및 비밀보장에 관한 법률 제4조 제1항 또는 국세기본법 제81조의

10 제1항과 사실조회, 문서송부촉탁, 문서제출명령 등에 관한 민소법 규정이다. 개정변호사법 제75조의 2에서는 지방변호사회가 회원인 변호사의 신청에 의하여 공공기관에 사실조회하는 제도를 신설하였다.

(3) 증거자료의 요건

조사·송부촉탁의 결과를 증거자료로 함에는 법원이 이를 변론에 현출하여 당사자에게 의견진술의 기회를 주어야 하나,[180] 당사자에 의한 원용은 필요 없다고 할 것이다.[181] **조사·송부촉탁의 결과는 따로 서증으로 제출할 필요가 없다**는 점에서 문서송부촉탁의 경우와 다르다.

IX. 증거보전

1. 서 설

> 제375조(증거보전의 요건) 법원은 미리 증거조사를 하지 아니하면 그 증거를 사용하기 곤란할 사정이 있다고 인정한 때에는 당사자의 신청에 따라 이 장의 규정에 따라 증거조사를 할 수 있다.

미리 증거조사를 하지 아니하면 그 증거를 사용하기 곤란할 사정이 있다고 인정한 때에는 본안의 소송절차와는 별도로 미리 증거조사를 하여 그 결과를 확보하여 두는 판결절차의 부수절차이다(제375조).

2. 요 건

(1) 증거보전의 필요성이 있을 것

증거보전을 함에는 보전의 필요성, 즉 미리 증거조사하지 아니하면 장래 그 증거방법을 사용하는 것이 불가능하거나 또는 곤란한 사정이 존재하여야 한다. 예를 들면 증인의 중병, 검증의 대상이 되는 건물의 현상변경의 가능성 등이다. 방치하면 증거조사가 물리적으로 곤란한 경우만이 아니라, 현저히 경비가 증가할 경우도 포함한다고 할 것이다.

(2) 증거보전의 필요성을 소명할 것

그러한 사정의 존재는 소명이 필요하다(제377조 2항). 그러나 증명사항이 청구와의 관계에서 중요한 것인가는 밝힐 필요가 없다.

3. 증거보전의 절차

(1) 신 청

> 제376조(증거보전의 관할) ① 증거보전의 신청은 소를 제기한 뒤에는 그 증거를 사용할 심급의 법원에 하여야 한다. 소를 제기하기 전에는 신문을 받을 사람이나 문서를 가진 사람의 거소 또는 검증하고자 하는 목적물이 있는 곳을 관할하는 지방법원에 하여야 한다.
> ② 급박한 경우에는 소를 제기한 뒤에도 제1항 후단에 규정된 지방법원에 증거보전의 신청을 할 수 있다.

---

[180] 대법 1982.08.24, 81누270
[181] 대법 1981.01.27, 80다51

> 제377조(신청의 방식) ① 증거보전의 신청에는 다음 각호의 사항을 밝혀야 한다.
>   1. 상대방의 표시
>   2. 증명할 사실
>   3. 보전하고자 하는 증거
>   4. 증거보전의 사유
> ② 증거보전의 사유는 소명하여야 한다.
>
> 제378조(상대방을 지정할 수 없는 경우) 증거보전의 신청은 상대방을 지정할 수 없는 경우에도 할 수 있다. 이 경우 법원은 상대방이 될 사람을 위하여 특별대리인을 선임할 수 있다.
>
> 제379조(직권에 의한 증거보전) 법원은 필요하다고 인정한 때에는 소송이 계속된 중에 직권으로 증거보전을 결정할 수 있다.
>
> **민사소송규칙**
> 제124조(증거보전의 신청방식 등) ① 증거보전의 신청은 서면으로 하여야 한다.
> ② 제1항의 신청서에는 증거보전의 사유에 관한 소명자료를 붙여야 한다.

원칙적으로 신청에 의하되 서면신청을 요한다. 신청서에는 증거보전의 사유에 관한 소명자료를 붙여야 한다(규칙 제124조). **예외적으로 소송계속 중에는 직권으로도 개시**된다(제379조). **관할법원은 소제기전이나 긴박한 경우에는 증거방법의 소재지를 관할하는 지방법원**이고, **소제기 후에는 그 증거를 사용할 법원이 된다**(제376조).

(2) 증거조사의 방법

> 제381조(당사자의 참여) 증거조사의 기일은 신청인과 상대방에게 통지하여야 한다. 다만, 긴급한 경우에는 그러하지 아니하다.

그 절차는 증거방법의 종류에 좇아 통상의 증거조사의 규정에 의한다.

(3) 불복금지

> 제380조(불복금지) 증거보전의 결정에 대하여는 불복할 수 없다.

증거보전 신청기각 결정에 대하여는 통상항고를 할 수 있다(제439조).

4. 증거보전의 효과

(1) 증거보전의 효과일반

> 제382조(증거보전의 기록) 증거보전에 관한 기록은 본안소송의 기록이 있는 법원에 보내야 한다.
>
> **민사소송규칙**
> 제125조(증거보전 기록의 송부) ① 증거보전에 관한 기록은 증거조사를 마친 후 2주 안에 본안소송의 기록이 있는 법원에 보내야 한다.
> ② 증거보전에 따른 증거조사를 마친 후에 본안소송이 제기된 때에는 본안소송이 계속된 법원의 송부요청을 받은 날부터 1주 안에 증거보전에 관한 기록을 보내야 한다.

증거보전에 관한 기록은 본안소송의 기록이 있는 법원에 보내야 하며(제382조), 증거보전에 의한 증거조사결과는 변론에 제출됨으로써 본안소송에 있어서 증거조사의 결과와 같은 효력을 가진다.

(2) 증거보전의 비용

> 제383조(증거보전의 비용) 증거보전에 관한 비용은 소송비용의 일부로 한다.

(3) 변론에서의 재신문

> 제384조(변론에서의 재신문) 증거보전절차에서 신문한 증인을 당사자가 변론에서 다시 신문하고자 신청한 때에는 법원은 그 증인을 신문하여야 한다.

증인신문에 관하여 직접주의를 철저히 관철시키려는 의도이다.

제5절 자유심증주의

Ⅰ. 서 설

1. 의 의

> 제202조(자유심증주의) 법원은 변론 전체의 취지와 증거조사의 결과를 참작하여 자유로운 심증으로 사회정의와 형평의 이념에 입각하여 논리와 경험의 법칙에 따라 사실주장이 진실한지 아닌지를 판단한다.

자유심증주의란 **사실의 진부판단에 있어서 법관이 증거법칙의 제약 없이 자유로운 심증으로 행할 수 있는 원칙**을 말한다(제202조). 심증형성(사실인정)의 자료가 되는 것을 증거원인이라 하는데 여기에는 변론 전체의 취지와 증거조사의 결과가 있다. 법관이 증인을 겸할 수는 없으므로 당해 사건에 대해 개인적으로 알고 있는 지식은 증거원인이라 할 수 없다.

2. 구별개념

자유심증주의와 대립되는 법정증거주의는 증거능력이나 증거력을 법률로 정해 놓아 법관이 사실을 인정할 때 반드시 이에 구속되는 것으로 사실인정에 있어서 법관의 자의적인 판단을 막을 수 있는 이점이 있으나, 복잡한 사회와 다양한 현실을 모두 법률로 규정할 수는 없으며 법관을 신뢰하여야 한다는 취지로 자유심증주의를 도입하였다.

II. 증거원인

1. 변론전체의 취지

(1) 의 의

　법 제202조 변론 전체의 취지는 증거조사의 결과를 제외한 일체의 소송자료로서 당사자의 주장내용, 태도, 주장입증 시기, 기타 변론 과정에서 얻은 인상 등 변론에서 나타난 일체의 적극·소극의 사항을 말한다. 변론의 일체성을 말하는 제150조 1항 단서의 변론전체의 취지와 구별된다.

(2) 증거원인으로서의 독자성 여부

　우리 判例는 변론전체의 취지는 변론의 과정에 현출된 모든 상황과 자료를 말하여 증거원인이 되는 것이기는 하나 **이것만으로는 사실인정의 자료로 할 수 없다**고 하여,[182] 변론전체의 취지만으로 인정할 수 있는 것은 문서의 진정성립과[183] 자백의 철회요건으로서의 착오에[184] 국한시키며, 주요사실의 인정에 관하여는 증거원인으로서 독립성을 부인하고 있다.

2. 증거조사의 결과

　증거조사의 결과라 함은 법원이 적법한 증거조사에 의하여 얻은 증거자료 일체를 의미한다. 즉 증언, 서증의 내용, 감정·검증·당사자신문의 결과, 그 밖의 증거에 관한 조사결과, 조사의 촉탁결과 등을 말한다.

(1) 증거방법·증거능력의 무제한

　자유심증주의는 증거방법이나 증거능력에 제한이 없기 때문에, 매매사실의 인정은 반드시 서증에 의하여야 하는 것은 아니며, 서류위조 여부를 반드시 감정에 의할 필요도 없다. 判例는 소제기후 계쟁사실을 증명하기 위하여 작성한 문서나[185] 위법수집증거, 사본, 전문증언도 증거능력이 있다고 하였다. 判例도 증언의 내용이 금전을 대여하는 것을 직접 목격하였다는 것이 아니라 하여 그것으로서 금전대여사실이 없다고 인정하는 것은 민사소송에 있어서의 전문증거의 증거력을 전적으로 부정하는 것으로서 위법이라고 하였다.[186] 그러나 민소규칙 제95조 2항 4호는 전문증언을 증인신문에 있어서 제한할 수 있는 사항으로 하였으며, 전문증거의 증언을 채택하고 원진술자의 진술내용을 배척하는 경우는 채증법칙의 위법에 해당한다.[187]

(2) 증거력의 자유평가

　직접증거와 간접증거 사이[188], **서증과 인증 사이에 그 증거력에 있어서 우열이 없다**.[189] 형사판결에서 확정된 사실에도 구속되지 않는다. 다만, 확정된 형사판결의 인정사실은 특별한 사정이 없는 한 유력한

---

182) 대법 1983.09.13, 83다카971
183) 대법 1987.07.21, 87므16
184) 대법 2000.09.08, 2000다23013
185) 대법 1992.04.14, 91다24755
186) 대법 1967.03.21, 67다67
187) 대법 1989.10.13, 88다카28051
188) 대법 1960.12.20, 4293민상435
189) 대법 1964.04.14, 63아56

증거자료가 될 수 있으며,190) 관련 민사소송에서 인정한 사실도 마찬가지이다.191)

(3) 증거공통의 원칙

  1) 의 의 : 소송상 다투어지는 사실은 단 하나밖에 없는 역사적 사실이어서 인정사실의 당부는 양자에게 공통되며, 또 증거력평가는 자유심증주의에 의한 법관의 직권에 속하기 때문에, **증거조사의 결과는 증거제출자에게 유리하게 판단될 수 있을 뿐더러, 상대방의 원용에 관계 없이 제출자에 불리하게 사용될 수 있다**는 것을 증거공통의 원칙이라 한다.

  2) 원용요부 : 判例는 증거는 어느 당사자에 의하여 제출되거나 또 상대방이 이를 원용하는지 여부에 불구하고 이를 당사자 어느 쪽의 유리한 사실인정 증거로 할 수 있다는 입장으로,192) 실무상 행하는 제출자의 상대방이 '원용한다'는 말은 법원의 증거판단에 주의를 환기시키는 이상의 의미가 없다.193) 그러나 判例는 원용이 없는 이상 상대방 제출의 증거에 대해 채택여부 판단을 하지 아니하여도 증거공통의 원칙에 저촉되지 않는다고 하여194) 아직 원용에 의미를 부여하고 있다.

  3) 변론주의와의 관계 : 증거공통의 원칙은 변론주의와 저촉하는 것이 아니다. 변론주의는 증거의 제출책임을 법원과의 관계에서 당사자에 일임한다는 것이지, 일단 제출한 증거를 놓고 어떻게 평가하느냐는 변론주의 범위 밖의 문제이며 법원의 직권이기 때문이다.

  4) 증거신청의 철회가부 : 증거조사 개시전에는 어느 때나 철회할 수 있으나 증거조사 개시후에는 증거조사의 결과가 상대방에게도 유리하게 참작될 수 있으므로 상대방의 동의가 있는 때에 한하여 철회할 수 있다. 또한 증거조사 종결 후에는 증거신청의 목적이 달성되었기 때문에 철회는 허용되지 않는다.

  5) 공동소송과의 관계 : 통상공동소송의 경우 자유심증주의의 원칙상 긍정하는 것이 통설적 견해이나, 判例는 "공동소송에 있어서 입증 기타의 행위가 행위자를 구속할 뿐 다른 당사자에게는 영향을 주지 않는 것이 원칙이다"라고 하여 부정하는 듯한 판시를 내린 바 있다.195)

III. 자유심증의 내용

1. 증명의 정도

(1) 원 칙

민사소송에서 사실의 증명은 자연과학적 증명이 아니라 통상인이라면 의심을 품지 않을 정도의 역사적 **증명**이다. 엄밀하게는 자유심증주의는 객관적으로는 고도의 개연성, 주관적으로는 법관의 확신 두 가지를 요구한다.196)

---

190) 대법 1994.01.28, 93다29051
191) 대법 2018.08.30, 2016다46338 · 46345
192) 대법 1978.05.23, 78다358
193) 대법 1974.03.26, 73다160
194) 대법 1982.12.28, 82누461
195) 대법 1959.02.19, 4291민항231
196) 대법 2009.12.10, 2009다56603

(2) 증명의 정도의 완화

1) 명문의 규정을 두고 있는 경우

> 제202조의2(손해배상 액수의 산정) 손해가 발생한 사실은 인정되나 구체적인 손해의 액수를 증명하는 것이 사안의 성질상 매우 어려운 경우에 법원은 변론 전체의 취지와 증거조사의 결과에 의하여 인정되는 모든 사정을 종합하여 상당하다고 인정되는 금액을 손해배상 액수로 정할 수 있다.
> [본조신설 2016.3.29.]

① 증권관련집단소송에 있어서는 정확한 손해액의 산정곤란을 대비하여 제반사정을 참작하여 표본적·평균적·통계적 방법 그 밖의 합리적 방법으로 정할 수 있다(증집 34조 2항).

② 법원은 특허권 또는 전용실시권의 침해에 관한 소송에 있어서 손해가 발생된 것은 인정되나 그 손해액을 입증하기 위하여 필요한 사실을 입증하는 것이 해당 사실의 성질상 극히 곤란한 경우에는 법원은 변론전체의 취지와 증거조사의 결과에 기초하여 상당한 손해액을 인정할 수 있다(특허법 128조 5항).

③ 2016. 3.29. 신설된 제202조2는 **손해가 발생한 사실은 인정되나 구체적인 손해의 액수를 증명하는 것이 사안의 성질상 매우 어려운 경우에 법원은 변론 전체의 취지와 증거조사의 결과에 의하여 인정되는 모든 사정을 종합하여 상당하다고 인정되는 금액을 손해배상 액수로 정할 수 있다**고 한다(2016. 9.30. 시행).[197] 이 경우 손해액 산정의 근거가 되는 간접사실이 합리적으로 평가된 가운데 객관적으로 수긍할 수 있도록 손해액이 산정되어야 한다.[198] 이 규정은 특별한 정함이 없는 한 채무불이행이나 불법행위로 인한 손해배상뿐만 아니라 특별법에 따른 손해배상에도 적용되는 일반적 성격의 규정이다.[199]

2) 명문의 규정을 두고 있지 아니한 경우

① 상당한 개연성 있는 증명 : 증명도는 고도의 개연성의 확신이어야 하나, 확신은 아니고 틀림없을 것이라는 추측 정도의 저도의 개연성을 뜻하는 소명의 영역은 넘어서지만 증명의 영역에 미치지 못하는 경우이다. 判例는 ⅰ) 장래의 일실이익은 과거사실에 대한 증명의 경우보다 경감되어 합리성과 객관성을 잃지 않는 범위 내에 있어서 상당한 개연성 있는 증명이면 된다고 보았으며,[200] ⅱ) 공해소송·의료과오소송·제조물책임소송 등 현대형 소송에 있어서 인과관계를 구성하는 하나하나의 고리에 관하여 과학적인 엄밀한 증명을 요구하는 것은 곤란하다하여 증명도를 크게 경감시켰다. 즉 널리 민사분쟁에서의 인과관계는 사회적·법적 인과관계이므로 그 인과관계가 반드시 의학적·자연과학적으로 명백히 증명되어야 하는 것이 아니라고 했다.[201] ⅲ) 손해배상소송에 있어서 손해발생의 사실은 인정되나 손해액이 불분명한 경우에 구체적 증거에 의하여 인정되는 대신에 평균수입액에 대해 통계적 증거로 산정하는 것은 공평성과 합리성이 보장되는 한 허용된다고 하였다.[202] 또 이 경우는 증명도·심증도의 경감인 것이지 손해액의 산정에 관하여 법관에게 자유재량을 부여하는 것은 아니며, 손해액산정의 근거가 될 간접사실을 탐색하

---

197) 대법 2014.07.10, 2013다65710; 이때 고려할 사정에는 당사자들 사이의 관계, 불법행위로 인한 손해가 발생하게 된 경위, 손해의 성격, 손해가 발생한 이후의 정황 등이 포함된다는 것에, 대법 2021.06.30, 2017다249219
198) 대법 2019.05.10, 2017다239311
199) 대법 2020.03.26, 2018다301336
200) 대법 2016.09.30, 2015다19117·19124; 대법 2002.12.15, 2000다65666·65673 등
201) 대법 2010.09.30, 2010다12241
202) 대법 1991.12.27, 90다카5198

여 손해액을 판단하는 것이 손해의 공평·타당한 분담의 손해배상제도에 부합한다.203) 다만 여러 직종을 묶어 직군별로 분류한 통계소득 자료에서 피해자가 종사하는 직종을 포함하는 직군이 서로 유사하지 않은 직종으로 구성되어 있다면 그 직군의 통계소득으로 피해자의 예상소득을 산정하는 것은 합리성과 객관성을 갖추지 못한 것으로서 허용될 수 없다.204) 한편 **위자료는 불법행위에 따른 피해자의 정신적 고통을 위자하는 금액에 한정되어야 하므로 발생한 재산상 손해의 확정이 가능한 경우에 위자료의 명목 아래 재산상 손해의 전보를 꾀하는 일은 허용될 수 없고**, 재산상 손해의 발생에 대한 증명이 부족한 경우에는 더욱 그러하다.205)

② 확률적 심증 : 확률적 심증이론은 심증비율만큼 사실을 인정한다는 이론인데, 인과관계란 원인과 결과 사이의 관계개념으로서 존재와 부존재로 구분될 뿐이고, 정량적·비율적으로 파악될 수 있는 것은 아니라 할 것이어서 비율적 인과관계론을 받아들일 수 없다고 하여 이를 배척한 하급심 판결이 있다.206)

③ 기여도 이론 : 손해배상에 복수의 원인이 작용하였음을 전제로 각각의 원인이 기여한 정도에 따라 배상을 명하는 이론으로, 判例는 공해소송사건에서 피해자의 손해가 한파·낙뢰와 같은 자연력과 가해자의 과실행위가 경합되어 발생된 경우 가해자의 배상의 범위는 손해의 공평한 부담이라는 견지에서 손해에 대한 자연력의 기여분을 공제한 부분으로 제한하여야 한다고 보고 있다.207)

④ 역학적 증명 : 역학적 증명은 공해·약해소송 등의 경우에 원고 측의 집단적 질환의 발생과 그 발생원과의 인과관계의 증명을 위하여 역학적 조사연구의 성과를 활용한다. 원고 측에서 원고도 역학적 증명에 의하여 원인이라고 할 인자의 영향을 받았다는 것과 원고의 증상도 역학적 증명의 기초가 되는 집단적 질환의 기본적 특징을 갖춘 것을 증명하면 그것으로 끝나고, 피고 측에서 원고의 질병은 그 인자와는 관계없다는 것을 추정케 할 특단의 사정을 증명함으로써 역학적 증명으로부터 벗어나게 하는 식으로 증명책임이 분배된다.

---

203) 채무불이행의 경우, 대법 2015.01.29, 2013다100750. 불법행위의 경우, 대법 2014.04.10, 2011다72011·72028
204) 정형외과 전문의 자격을 취득한 후 군의관으로 복무하던 甲이 피해차량을 운전하다가 乙이 운전하던 가해차량에 충격을 당하여 치료 중 사망하자, 甲의 부모가 乙과 가해차량의 보험자인 丙 보험회사를 상대로 손해배상을 구한 사안에서, 고용형태별 근로실태조사보고서의 '보건·사회복지 및 종교 관련직'은 의사·한의사·치과의사·수의사 등 의료진료 전문가, 약사·한약사, 간호사, 영양사, 치료사·의료기사, 응급구조사·위생사·안경사·의무기록사·간호조무사 등 보건의료 관련 종사자, 사회복지사·보육 교사 등 사회복지 관련 종사자, 성직자 등 종교 관련 종사자 등을 망라하고 있고, 甲은 군의관을 마친 다음 정형외과 전문의 자격으로 종합병원 등에서 봉직의로 근무하거나 병원을 개원하여 운영할 수 있다고 보아야 하므로 정형외과 전문의 자격을 갖춘 봉직의 또는 개업의의 소득을 기준으로 합리적이고 개연성 있는 예상소득을 산정하여야 하는데, 위 조사보고서의 직종 구분에 따를 때 의료진료 전문가에 속하는 정형외과 전문의는 특화된 고도의 전문지식을 가진 직종으로서 보건의료 관련 종사자, 사회복지 관련 종사자, 종교 관련 종사자 등의 직종과 유사한 직종이라고 보기 어려워 정형외과 전문의가 위 조사보고서의 '보건·사회복지 및 종교 관련직'에 포함된 직종이라고 해서 위 직군의 통계소득으로 甲의 전역 이후 예상소득을 산정하는 것은 합리성과 객관성을 갖추지 못한 것인데도, 甲의 전역 이후 일실수입을 위 조사보고서의 '보건·사회복지 및 종교 관련직' 통계소득을 기준으로 산정한 원심판단에는 일실수입 산정에 관한 법리오해의 잘못이 있다는 것에, 대법 2019.09.26, 2017다280951.
205) 대법 2014.01.16, 2011다108057
206) 서울고등법원 2006.01.26, 2002나32662
207) 대법 1991.07.23, 89다카1275; 이재철, "한파 등의 자연력이 가공한 손해발생과 그 책임의 범위," 대법원판례해설 16호(1991년 하반기), 92면 이하

2. 자의금지

(1) 내 용

자유심증주의는 형식적, 법률적인 증거규칙으로부터의 해방을 뜻할 뿐 법관의 자의적인 판단을 용인한다는 것이 아니므로 적법한 증거조사절차를 거쳐 증거능력 있는 적법한 증거에 의하여 사회정의와 형평의 이념에 입각하여 논리와 경험의 법칙에 따라 사실 주장의 진실 여부를 판단하여야 할 것이며 비록 사실의 인정이 사실심의 전권에 속한다고 하더라도 이와 같은 제약에서 벗어날 수 없다.[208] 불법행위로 인한 손해배상사건에서 책임제한에 관한 사실인정이나 비율을 정하는 것이 사실심의 전권사항이라고 하더라도 형평의 원칙에 비추어 현저히 불합리하여서는 안 된다.[209]

(2) 심증형성의 경로명시 요부

判例는 어떠한 증거를 갖고 어떠한 사실을 인정했는지 증거설명은 필요하나, **채부에 관한 이유를 설시할 필요는 없다**고 한다.[210] 다만, ⅰ) 진정성립이 인정되는 처분문서의 증거력 배척,[211] ⅱ) 공문서의 진정성립의 부정,[212] ⅲ) **확정된 관련 민사사건에서 인정한 사실과 달리 인정**,[213] ⅳ) **자기에게 불리한 사실을 시인하고 날인까지 한 서증의 증거력을 배척할 경우**,[214] ⅴ) **경험칙상 이례에 속하는 판단**[215] 등에는 **합리적인 이유 설시를 필요**로 한다.

Ⅳ. 사실인정의 위법과 상고

1. 원 칙

증거의 취사와 사실인정은 사실심의 전권에 속하므로(제432조), 원심의 증거취사와 사실인정이 잘못되었다는 것을 상고심에서 문제 삼을 수 없다.

2. 예 외

그러나 <u>위법한 변론이나 증거조사의 결과에 의한 사실인정, 적법한 변론이나 증거조사의 결과를 간과한 사실인정 내지 논리와 경험법칙을 현저히 위반한 사실인정 등은 자유심증주의의 내재적 한계를 일탈한 것으로 제202조의 자유심증주의의 위반으로서 상고이유에 관한 법 제423조의 법률위반에 해당</u>한다. ⅰ) 적법한 증거조사를 거친 증거능력 있는 적법한 증거에 의하지 아니한 사실인정,[216] 적법한 증거조사의 결과를 간과한 사실인정, ⅱ) 거액의 돈을 무담보·무증서·무기한으로 빌려 주었다는 인정 등 논리법칙·경험법칙을 현저히 어긴 사실인정, ⅲ) 특별한 사정없이 명의신탁관계인데도 등기권리증을 명의신탁자가 아니

---

208) 대법 2022.01.13, 2021다269562; 대법 2020.08.27, 2017다211481; 대법 2018.04.12, 2016다223357; 대법 2017.03.09, 2016두55933; 대법 2016.03.24, 2014두779
209) 대법 2019.11.14, 2019다215432; 대법 2022.11.30, 2016다26662·26679·26686
210) 대법 1993.11.12, 93다18129
211) 대법 2004.03.26, 2003다60549
212) 대법 1986.06.10, 85다카180
213) 대법 2000.04.11, 99다51685
214) 대법 1993.05.11, 92다3823
215) 대법 1996.10.25, 96다29700
216) 대법 1982.08.24, 82다카317; 대법 2018.12.27, 2015다58440·58457

라 명의수탁자가 소지하고 있다는 사실, iv) 매도인이 잔대금지급받기 전에 매수인 앞으로 이전등기, v) 매매계약을 합의해제하면서 원상회복의 약정이 없다는 사실, vi) 피해자가 일생 의족과 휠체어를 사용하여야 한다면서 10세까지만 개호인이 필요하다는 사실인정, vii) 甲, 乙, 丙 사이의 경개계약을 甲, 乙간의 합의해제하는 것만으로 경개계약을 해제하는 것 등은 경험칙상 이례에 속한다.

V. 자유심증주의의 예외

1. 증거방법·증거능력·증거력의 제한

① 대리권의 존재에 대한 서면증명, 소명방법에 대해 즉시 조사할 수 있는 것에 한정하는 증거방법의 제한, ② 당사자와 법정대리인에 증인능력을 부정, 기피당한 감정인(제336조, 제337조), 선서하지 않은 감정인에 의한 감정결과는 증거능력이 제한, ③ 변론의 방식에 관한 변론조서의 법정증거력, 공문서·사문서의 증거력에 관한 추정규정 등 증거력의 자유평가의 제한이 있다.

2. 증명방해의 문제

(1) 의 의

법률에서 규정한 증명방해행위 이외에 어떠한 증거방법에 대하여 고의·과실, 작위·부작위에 의하여 한 쪽 당사자의 증거의 사용을 곤란하게 하거나 불가능하게 만드는 경우, 이에 대한 제재에 대하여 증명책임전환설, 법정증거설, 자유심증설 등의 대립이 있다.

(2) 判例의 입장

判例는 **의사 측이 진료기록을 사후에 가필·정정한 행위는, 그 이유에 대하여 상당하고도 합리적인 이유를 제시하지 못하는 한, 당사자 간의 공평의 원칙 또는 신의칙에 어긋나는 증명방해행위에 해당**하나, 당사자 일방이 증명을 방해하는 행위를 하였더라도 법원으로서는 이를 하나의 자료로 삼아 자유로운 심증에 따라 방해자 측에게 불리한 평가를 할 수 있음에 그칠 뿐 **증명책임이 전환되거나 곧바로 상대방의 주장 사실이 증명된 것으로 보아야 하는 것은 아니며**, 그 내용의 허위 여부는 의료진이 진료기록을 가필·정정한 시점과 그 사유, 가필·정정 부분의 중요도와 가필·정정 전후 기재 내용의 관련성, 다른 의료진이나 병원이 작성·보유한 관련 자료의 내용, 가필·정정 시점에서의 환자와 의료진의 행태, 질병의 자연경과 등 제반 사정을 종합하여 합리적 자유심증으로 판단하여야 한다는 입장이다.[217]

(3) 증명활동에 협력할 의무의 존부

判例는 증거자료에의 접근이 훨씬 용이한 일방 당사자가 상대방의 증명활동에 협력하지 않는다고 하여 상대방의 입증을 방해하는 것이라고 단정할 수 없으며, 민사소송법 제1조에서 규정한 신의성실의 원칙을 근거로 하여 대등한 사인간의 법률적 쟁송인 민사소송절차에서 일방 당사자에게 소송의 승패와 직결되는 상대방의 증명활동에 협력하여야 할 의무가 부여되어 있다고 할 수 없으므로, **일방 당사자가 요증사실의 증거자료에 훨씬 용이하게 접근할 수 있다고 하는 사정만으로는 상대방의 증명활동에 협력하지 않는다고 하여 이를 민사소송법상의 신의성실의 원칙에 위배되는 것이라고 할 수 없다고** 하였다.[218]

---

217) 대법 2010.05.27, 2007다25971; 대법 2010.07.08, 2007다55866
218) 대법 1996.04.23, 95다23835

3. 자유심증과 증거계약

(1) 의 의
사실인정에 관한 당사자사이의 소송상 합의를 말한다. 이는 자유심증주의를 제약하는 요인이 된다.

(2) 종 류
1) 자백계약 : 자백이 허용되므로 원칙적으로 자백계약 역시 유효하나 변론주의 내에서만 유효하기 때문에 권리자백계약이나, 간접사실에 대한 자백계약은 효력이 없다.

2) 증거제한계약

① 허용성 여부 : 당사자의 증거방법에 관한 합의가 어느 정도까지 인정되어야 하는가 하는 것은 변론주의와 자유심증주의의 상극의 문제이기는 하지만, 변론주의 때문에 증거의 신청과 철회는 당사자의 자유에 속하므로 증거제한계약도 적법하다고 볼 것이나, 다만 직권증거조사(제292조)가 허용되는 한에서는 법원에 대해서까지 구속력을 가지지는 못한다고 할 것이다. 통설의 입장이다.

② 증거제한계약 위반에 대한 구제방안
　ⅰ) 증거로 제출된 경우 : 불사용합의 증거를 제출한 상태라면 상대방당사자는 증거계약의 존재를 법원에 주장하여(항변설) 증거채택의 거부를 신청할 수 있다. 이 경우 법원은 상대방당사자의 항변에 구속되어 증거채택을 해서는 아니 된다.
　ⅱ) 증거조사가 마쳐진 경우 : 불사용합의 증거가 제출되어 이에 대해 법원이 증거조사까지 마친 상태라면 법원은 상대방당사자의 항변에 구속되지 아니한다. 이 경우 당사자의 합의는 변론주의의 단계를 벗어나 법관의 자유심증에 관한 영역으로 발전하였기 때문에, 법관의 사실판단권은 당사자의 합의에 의하여 영향을 받을 수 없다.

③ 법원이 심증형성 못한 경우 다른 증거방법에 의한 증거조사 가부 : 당사자는 증거제한 계약에 구속되나, 법원의 경우에는 제292조 직권증거조사가 가능하므로 이 한도에서 증거제한계약은 법원에 대해 무효라고 볼 것이다.

3) 중재감정계약 : 처분할 수 있는 법률관계에 관하여서는 주요사실의 인정을 제3자에게 일임하는 중재감정계약도 유효하다. 다만 判例는 당사자의 합의에 의하여 지명된 감정인의 감정의견에 따라 보상금을 지급하기로 약정하였다 하더라도 약정취지에 반하는 감정·감정의견이 명백히 신빙성이 없다는 등 특별한 사정이 있다면 그 감정결과를 따라야 하는 것이 아니라고 하였다.[219]

4) 증거력계약

① 민사소송법은 법정증거주의를 배척하고 자유심증주의를 취하여 당사자가 제출한 증거에 대한 증거조사의 결과에 대한 자유로운 심증으로 사실의 진위 여부를 판단할 수 있게 하므로, 증거력을 제한하는 당사자의 합의는 그 효력이 없다. 즉, 증거력에 관한 당사자 사이의 합의는 법관의 자유심증을 직접적으로 침해하므로 그 효력을 인정할 수 없다.

---

[219] 대법 2011.11.24, 2011다9426

② 하급심이지만 判例도 "주요사실을 입증함에 있어서는 법원으로 하여금 확신을 갖게 할 정도의 증명을 하여야 하는 것이므로, 계약상의 권리를 행사함에 있어 보전소송상 요구되는 소명만 있으면 입증된 것으로 인정하기로 한 계약당사자 사이의 약정은 민사소송법의 원칙인 자유심증주의에 반하는 증거계약이어서 무효이다."라고 판시[220]하여 증거력에 대한 당사자의 합의는 효력이 없다고 본다.

5) **증명책임계약** : 사실확정의 방법에 관한 것이 아니고 사실확정이 되지 않은 경우 누구에게 불이익을 돌릴 것이냐 하는 문제이기 때문에, 증거계약은 아니나, 처분할 수 있는 권리관계에 관한 것이면 계약으로 바꿀 수 있다. 判例도 "입증책임의 소재에 관하여 당사자 간에 특약이 있으면 특별한 사정이 없는 한 그에 따라야 하므로, 공제약관상 고지의무 위반이 공제사고의 발생에 영향을 미쳤다는 사실에 대한 입증책임이 공제자에게 있다고 규정한 경우에는 그에 따라야 한다."고 판시하여 이를 인정한다.[221]

제6절 증명책임

I. 서 설

1. 의 의

증명책임 특히 객관적 증명책임이라 함은 소송상 증명을 요하는 어느 사실의 존부가 확정되지 않을 때에 당해사실을 요건으로 하는 법의 적용이 부정됨으로써 자기에게 유리한 법률효과를 얻을 수 없게 되는 당사자 일방의 위험 또는 불이익을 말한다. 한편 객관적 증명책임에 의해 진위 여부가 불분명한 때에 불이익한 판단인 패소를 면하기 위하여 증명책임을 지는 사실에 대해 증거를 대야 할 책임으로 증거제출책임 또는 증명의 필요를 주관적 증명책임이라 한다.

객관적 증명책임	주관적 증명책임
결과책임	행위책임
심리의 최종단계에서 발생	심리의 개시부터 발생
변론주의+직권탐지주의에서 문제됨	변론주의에 의하는 소송에서만 문제됨

2. 증명책임의 기능

① 요증사실의 진위불명의 상태에 대처하여 당사자 일방에게 불이익을 부담시킴으로써 판결을 가능하게 하며, ② 청구원인과 항변의 구별, ③ 항변과 부인의 구별, ④ 본증과 반증의 구별, ⑤ 자백의 성립여부 등에 있어서 증명책임의 제도적 가치가 있다.

---

220) 서울지법 1996.06.13, 94가합30633
221) 대법 1997.10.28, 97다33089

II. 증명책임의 분배

1. 법률요건분류설에 의한 분배

(1) 법률요건분류설의 일반적 기준

　법률요건분류설은 증명책임의 분배를 법규의 구조에서 찾아 각 당사자는 자기에게 유리한 법규의 요건사실의 존부에 대해 증명책임을 지는 것으로 보는 견해로, 법규를 기준으로 함으로써 쉽게 설명될 수 있고 당사자에게도 공평하다는 장점이 있어 현재의 **通說·判例**이다(규범설이라고도 함).

(2) 구체적 검토

　1) 소송요건의 존부 : **직권조사사항은 원고**에게,[222] 항변사항은 피고에게 그 증명책임이 있다.

　2) 권리발생사실의 존부(권리근거규정의 요건사실) : **권리의 존재를 주장하는 사람, 즉 원고에게 증명책임**이 있다. 判例는 채권양수인으로서는 양도인이 채무자에게 채권양도통지를 하거나 채무자가 이를 승낙하여야 채무자에게 채권양수를 주장(대항)할 수 있는 것이며, 그 입증은 양수인이 사실심에서 하여야 할 책임이 있다고 하였다.[223] 한편 **사해행위취소소송에서 채무자의 악의의 점에 대하여는 취소를 주장하는 채권자에게 증명책임이 있으나 수익자 또는 전득자가 악의라는 점에 관하여는 증명책임이 채권자에게 있는 것이 아니고 수익자 또는 전득자 자신에게 선의라는 사실을 증명할 책임**이 있다.[224]

　3) 항변사실(반대사실)의 존부(반대규정의 요건사실) : **권리의 존재를 다투는 상대방, 즉 피고에게 증명책임**이 있다(권리장애·멸각·저지사실).

　4) **부당이득반환** : 당사자 일방이 자신의 의사에 따라 일정한 급부를 한 다음 급부가 법률상 원인 없음을 이유로 반환을 청구하는 이른바 급부부당이득의 경우에는 법률상 원인이 없다는 점에 대한 증명책임은 부당이득반환을 주장하는 사람에게 있다. 이 경우 부당이득의 반환을 구하는 자는 급부행위의 원인이 된 사실의 존재와 함께 그 사유가 무효, 취소, 해제 등으로 소멸되어 법률상 원인이 없게 되었음을 주장·증명하여야 하고, 급부행위의 원인이 될 만한 사유가 처음부터 없었음을 이유로 하는 이른바 착오 송금과 같은 경우에는 착오로 송금하였다는 점 등을 주장·증명하여야 한다. 이는 타인의 재산권 등을 침해하여 이익을 얻었음을 이유로 부당이득반환을 구하는 이른바 침해부당이득의 경우에는 부당이득반환 청구의 상대방이 이익을 보유할 정당한 권원이 있다는 점을 증명할 책임이 있는 것과 구별된다.[225]

　5) 소극적 소송의 경우 : **권리부존재의 소극적 확인소송이나 청구이의의 소**, 배당이의소송에서는 통상의 경우와 달리 증명책임이 그 역으로 바뀌게 된다.

2. 새로운 분배이론의 등장

(1) 위험영역설과 증거거리설의 등장

---

222) 대법 1997.07.25, 96다39301
223) 대법 1990.11.27, 90다카27662
224) 대법 2015.06.11, 2014다237192
225) 대법 2018.01.24, 2017다37324

① 누구의 지배영역에서 발생하였는가를 기준으로 하여 예를 들어 손해배상사건에 있어서 손해의 원인이 가해자의 위험영역에서 발생한 경우에는 피해자가 아니라 가해자가 책임의 객관적 요건 및 주관적 요건의 부존재에 대해 증명책임을 져야 한다는 위험영역설과, ② 증거와의 거리·증명의 난이도·금반언·개연성, 나아가 실체법의 입법취지 등을 증명책임의 기준으로 내세우는 증거거리설이 새로운 이론으로 등장하였다.

(2) 새로운 분배이론의 가치

이른바 현대형 소송에 있어서 증거의 구조적 편재로 인한 당사자의 실질적 불평등을 시정하기 위하여, 즉 종래의 법률요건분류설에 의한 입증곤란사태를 해결하기 위한 점에서 그 가치가 있다.

III. 현대형 소송에서의 증거의 구조적 편재 극복방안

1. 신법의 태도

① 문서제출의무의 일반의무화, ② 당사자 본인신문의 보충성 폐지, ③ 증인신문방식에 있어서 법관의 역할 강화, ④ 문서정보공개제도의 도입, ⑤ 증권관련집단소송법에서 직권증거조사제의 강화 등을 새로 입법화하였다.

2. 해석론

① 입증방해시의 제재, ② 모색적 증명(증거낚기)의 제한적 활용, ③ 일응의 추정과 간접반증이론, ④ 증명책임 없는 당사자의 사안해명의무의 제한적 인정 등의 새로운 시도를 계속해야 할 것이다.

IV. 증명책임의 전환

1. 의 의

증명책임의 전환이란 특별한 경우 입법에 의하여 증명책임에 관한 일반원칙에 대한 예외를 인정하여 반대사실에 관하여 상대방에게 입증책임을 지우는 것이다. 민법 제759조 동물의 점유자 책임과[226] 자동차손해배상보장법 제3조, 제조물책임 제4조 1항, 특허법 제130조에서 가해자의 무과실 입증책임을 규정한 것처럼 입법에 의하여 증명책임의 전환이 이루어지는 것이 원칙이다.

2. 해석에 의해 증명책임을 전환한 예

(1) 의사의 설명의무 존부

일반적으로 의사는 환자에게 수술 등 침습을 가하는 과정 및 그 후에 나쁜 결과 발생의 개연성이 있는 의료행위를 하는 경우 또는 사망 등의 중대한 결과 발생이 예측되는 의료행위를 하는 경우에 있어서 응급환자의 경우나 그 밖에 특단의 사정이 없는 한 진료계약상의 의무 내지 침습 등에 대한 승낙을 얻기 위한 전제로서 당해 환자나 그 법정대리인에게 질병의 증상, 치료방법의 내용 및 필요성, 발생이 예상되는 위험 등에 관하여 당시의 의료수준에 비추어 상당하다고 생각되는 사항을 설명하여 당해 환자가 그 필요성이

---

[226] 동물의 점유자는 그 동물이 타인에게 가한 손해를 배상할 책임이 있다. 그러나 동물의 종류와 성질에 따라 그 보관에 상당한 주의를 해태하지 아니한 때에는 그러하지 아니하다(민법 제759조 1항).

나 위험성을 충분히 비교해 보고 그 의료행위를 받을 것인가의 여부를 선택할 수 있도록 할 의무가 있다.

① 의사의 설명의무는 **그 의료행위에 따르는 후유증이나 부작용 등의 위험 발생 가능성이 희소하다는 사정만으로 면제될 수 없다**.[227)]

② **환자가 미성년자라도 의사결정능력이 있는 이상 자신의 신체에 위험을 가하는 의료행위에 관한 자기결정권을 가질 수 있으므로 원칙적으로 의사는 미성년자인 환자에 대해서 의료행위에 관하여 설명할 의무를 부담**한다.[228)]

③ **의사가 환자에게 의사를 결정함에 충분한 시간을 주지 않고 의료행위에 관한 설명을 한 다음 곧바로 의료행위로 나아간다면 이는 환자가 의료행위에 응할 것인지 선택할 기회를 침해한 것으로서 의사의 설명의무가 이행되었다고 볼 수 없다**.[229)]

④ 그러나 환자가 이미 알고 있거나 상식적인 내용까지 설명할 필요는 없고, 환자가 위험성을 알면서도 스스로의 결정에 따라 진료를 거부한 경우에는 특별한 사정이 없는 한 위와 같은 설명을 하지 아니한 데 대하여 의료진의 책임을 물을 수는 없다. 그리고 이 경우 환자가 이미 알고 있는 내용인지는 해당 의학지식의 전문성, 환자의 기존 경험, 환자의 교육수준 등을 종합하여 판단할 수 있다.[230)]

(2) 설명의무 이행에 대한 증명책임의 소재

설명의무는 침습적인 의료행위로 나아가는 과정에서 의사에게 필수적으로 요구되는 절차상의 조치로서, 그 의무의 중대성에 비추어 의사로서는 적어도 환자에게 설명한 내용을 문서화하여 이를 보존할 직무수행상의 필요가 있다고 보일 뿐 아니라, 의사가 그러한 문서에 의해 설명의무의 이행을 입증하기는 매우 용이한 반면 환자측에서 설명의무가 이행되지 않았음을 입증하기는 성질상 극히 어려운 점 등에 비추어, 특별한 사정이 없는 한 **의사측에 설명의무를 이행한 데 대한 증명책임이 있다**고 해석하는 것이 손해의 공평·타당한 부담을 그 지도원리로 하는 손해배상제도의 이상 및 법체계의 통일적 해석의 요구에 부합한다.[231)]

V. 증명책임의 완화

1. 법률상의 추정

(1) 의 의

법률상의 추정이란 법규화된 경험칙, 즉 추정규정을 적용하여 행하는 추정을 말한다. 증명책임을 부담하는 당사자의 증명이 곤란한 경우에 주장·증명의 부담을 완화시켜 당사자간의 실질적인 형평을 실현하기 위해서 인정된다.

(2) 구별개념

1) 사실상 추정 : 사실상의 추정은 일반 경험칙을 적용하여 행하는 추정인바 **사실상의 추정에 대하여**

---

227) 대법 2007.05.31, 2005다5867
228) 대법 2023.03.09, 2020다218925
229) 대법 2022.01.27, 2021다265010
230) 대법 2011.11.24, 2009다70906
231) 대법 2007.05.31, 2005다5867

복멸하는 방법으로 반증이면 족하지만, 법률상의 추정에 대하여 복멸하려면 본증을 제출해야 한다는 점에 차이가 있다.

  2) 등기의 추정력 : 등기의 추정력에 대해서 명문의 추정규정이 없으므로 이것이 사실상의 추정인지 또는 법률상의 추정인지 다투어지는데, 判例는 "부동산에 관한 소유권이전등기는 권리의 추정력이 있으므로, 이를 다투는 측에서 그 무효사유를 주장·입증하지 아니하는 한, 등기원인 사실에 관한 입증이 부족하다는 이유로 그 등기를 무효라고 단정할 수 없다"라고 하여 **법률상의 권리추정으로 보고 있다**.232) 특히 기판력이 미치지 아니하는 타인이 위 등기원인의 부존재를 이유로 확정판결에 기한 등기의 추정력을 번복하기 위해서는 일반적으로 등기의 추정력을 번복함에 있어서 요구되는 증명의 정도를 넘는 명백한 증거나 자료를 제출하여야 하고, 법원도 그러한 정도의 증명이 없는 한 확정판결에 기한 등기가 원인무효라고 단정하여서는 안된다.233) 한편 소유권이전등기의 원인으로 주장된 계약서가 진정하지 않은 것으로 증명된 이상 그 등기의 적법추정은 복멸되는 것이고 계속 다른 적법한 등기원인이 있을 것으로 추정할 수는 없다.234) 그러나 독일이나 스위스처럼 명문의 추정규정이 없는 우리나라의 법제에서 이렇게 강력한 법률상 추정력을 인정하는 것이 타당한가는 의문이다.235)

(3) 종 류

  1) 법률상의 사실추정 : 甲사실이 있을 때 乙사실이 있는 것으로 추정하는 것과 같이 사실이 추정되는 경우로서, 예컨대 동시사망의 추정(민법 제30조), **부의 친생자추정**(민법 제844조), **점유계속의 추정**(민법 제198조), **일자의 기재가 없는 배서는 지급거절증서작성기간 경과 전에 한 것으로 추정**하는 것(어음법 제20조 2항)은 법률상의 사실추정이다.

  2) 법률상의 권리추정 : 甲사실이 있을 때 乙권리가 있는 것으로 추정하는 것으로 예를 들면 **귀속불명한 재산의 부부공유추정**(민법 제830조), 점유자의 적법추정(민법 제200조)이 그것이다.

(4) 추정의 효과

  1) 증명책임의 완화 : **법률상의 추정규정이 있는 경우 법률효과를 구하는 당사자는 증명이 곤란한 추정사실을 직접증명할 수 있지만, 보통은 그보다 증명이 용이한 전제사실을 증명하여 이에 갈음**할 수 있다. 그러므로 이 경우에 증명책임 있는 당사자는 증명주제의 선택이 가능하고 만일 전제사실의 증명을 한다면 추정되는 사실은 불요증사실이 되므로 증명책임을 완화하는 효과가 있다.

  2) 증명책임의 전환 : 추정사실을 요건으로 입증자가 전제사실을 증명하여 전제사실의 존재가 확정된 경우에는 **전제사실에 기한 추정의 효과를 복멸하기 위하여 상대방이 추정사실의 부존재에 대하여 증명책임을 진다는 의미에서 증명책임을 전환하는 효과**를 가져온다. **추정사실을 번복하기 위해 세우는 증거는 본증**이다. 判例도 민법 제30조에 의하면, 2인 이상이 동일한 위난으로 사망한 경우에는 동시에 사망한 것으로 추정하도록 규정하고 있는바, 이 추정은 법률상 추정으로서 이를 번복하기 위하여는 동일한 위난으로 사망

---

232) 대법 2013.01.10, 2010다75044·75051; 대법 1992.10.27, 92다30047; 대법 2012.02.23, 2011다89545
233) 대법 2023.07.13, 2023다223591·223607
234) 대법 1998.09.22, 98다29568
235) 이시윤 13판 550면

하였다는 전제사실에 대하여 법원의 확신을 흔들리게 하는 반증을 제출하거나 또는 각자 다른 시각에 사망하였다는 점에 대하여 법원에 확신을 줄 수 있는 본증을 제출하여야 한다고 하였다.[236]

(5) 유사적 추정

1) 잠정적 진실 : 전제사실이 없는 무전제의 추정을 말하는 바, 요건사실이 별개의 전제사실로부터 추정되는 진정한 법률상의 추정과 다르고, 어느 규정의 요건사실의 부존재의 증명책임을 상대방에게 지우기 위한 입법기술로서 본문에 대한 단서로 규정하는 것과 같다. 그 예로 민법 제197조 1항, 상법 제47조 2항의 상인의 행위는 영업을 위하여 하는 것으로 추정한다를 들 수 있다.

2) 의사추정 : 구체적인 사실로부터 사람의 내심의 의사추정이 아니고 법규가 의사표시의 내용·효과를 추정한 것으로 민법 제153조 1항의 "기한은 채무자의 이익을 위한 것으로 추정한다."는 규정이 그 예이다. 이러한 의사추정규정은 법률행위를 해석하는 규정이다.

3) 증거법칙적 추정 : 실체법의 요건사실이나 법률효과와 무관한 추정으로 증거법상으로 일정한 사실을 추정하는 것인데 문서의 진정성립의 추정이 그것이다(제356조, 제358조).

2. 일응의 추정(표현증명)과 간접반증

(1) 의 의

사실상 추정의 한 가지로서 고도의 개연성이 있는 경험칙을 이용하여 간접사실로부터 주요사실을 추정하는 경우를 일응의 추정이라고 한다.[237] 이때 추정된 사실은 거의 증명된 것이나 마찬가지로 보기 때문에 표현증명이라 한다. 주로 불법행위에 있어서 인과관계와 과실인정의 경우에 적용되고, 또 흔히 되풀이 될 수 있는 정형적 사상경과가 문제되는 경우에 적용된다.

(2) 일응의 추정의 복멸

1) 간접반증의 의의 : 간접반증이란 상대방의 요증사실에 대하여 일응의 추정이 생긴 경우에 직접적이 아니라 그 추정의 전제되는 간접사실과 양립되는 별개의 간접사실을 증명하여 일응의 추정을 방해하기 위한 증명활동을 말한다. 예컨대 자동차가 인도에 진입한 사실이 확인되면 운전자의 과실에 대한 일응의 추정이 생기나 운전자가 인도에 진입한 사실은 인정하면서 이와 양립 가능한 다른 차량의 충격에 의한 결과였다는 특단의 사정을 증명하면 일응의 추정은 뒤집어지게 된다.

2) 성 질 : 간접반증은 주요사실에 대하여는 반증, 간접사실에 대하여는 본증이 된다. 이러한 간접반증 이론은 법률요건분류설에 입각한 것으로 입증곤란한 주요사실의 입증을 위하여 간접사실에 대하여 입증의 부담을 양 당사자에게 분담시켜 입증책임제도의 공평한 운영을 기하려는 것이다.

(3) 응 용

1) 공해소송 : 공장의 폐수에 의해 피해를 입은 경우에 있어서 인과관계의 고리를 크게 ⅰ) 유해한

---

236) 대법 1998.08.21, 98다8974
237) 대법 2012.01.12, 2009다84608

원인물질의 배출, ii) 원인물질의 피해물건에 도달 및 손해발생, iii) 기업에서 생성·유출된 원인물질이 손해발생에의 유해성 등 세 가지 간접사실로 대별할 수 있는바, i)ii)에 대해서는 원고로 하여금 증명을 하게 하여 증명이 성공하면 인과관계가 있는 것으로 일단 추정을 하되, iii)에 대하여는 피고측의 간접반증의 대상으로 하여 그 부존재의 증명이 성공하면 인과관계에 관한 일응의 추정에서 벗어나게 하는 것이다.[238] 그러나 이 경우에 있어서도 그 유해의 정도가 사회통념상 일반적으로 참아내야 할 정도를 넘는다는 사실에 관한 증명책임은 피해자가 여전히 부담한다.[239]

2) 의료과오소송 : 의료과오로 인한 손해배상청구 사건에서 일반인의 상식에 비추어 의료행위 과정에서 저질러진 과실 있는 행위를 증명하고 그 행위와 결과 사이에 의료행위 외에 다른 원인이 개재될 수 없다는 점을 증명한 경우에는 의료상 과실과 결과 사이의 인과관계를 추정하여 손해배상책임을 지울 수 있도록 증명책임이 완화된다. 그러나 이 경우에도 의료상 과실의 존재는 피해자가 증명하여야 하므로 의료과정에서 주의의무 위반이 있었다는 점이 부정된다면 그 청구는 배척될 수밖에 없다.[240]

> **판례연구 : 의료과오소송에 대한 판례의 입장**
>
> **1. 일응의 추정이론으로 증명책임 완화**
> (1) 난관 묶는 수술을 받은 사람이 다시 임신하였다면 시술상의 잘못 이외의 다른 원인으로 볼 만한 특별한 사정이 없다면 그 원인은 의사의 시술상의 잘못이라고 일단 사실상의 추정을 하고, 사고발생이 그 과실에 기인한 것이 아니라는 반대사실을 증명하여야 한다.[241]
> (2) 판례는 여기의 인과관계는 과학적 인과관계가 아니라 법적 견지에서 본 인과관계를 말한다고 하여 의료피해자의 인과관계에 관한 입증책임을 완화시켰다.[242]
> (3) 의사가 필요한 조치를 취하지 아니한 경우 그와 같은 조치를 취하였을 경우의 구명률이 50%라면 특별한 사정이 없는 한 의사의 과실과 환자의 사망과는 인과관계를 인정함이 상당하다.[243]
> (4) 교감신경 절제수술을 받은 후 수시간 내에 환자가 사망한 사건에서 환자측이 의사의 의료행위상의 주의의무 위반과 인과관계를 의학적으로 완벽하게 증명한다는 것은 어려우므로 환자측이 일반인의 상식에 바탕을 둔 의료상의 과실 있는 행위를 증명하고, 그 결과와 사이에 다른 원인이 개재될 수 없다는 점을 증명한 경우에는 의사가 의료상의 과실이 아니라 다른 원인임을 증명하지 못하는 한 의료상의 과실과 결과 사이의 인과관계가 추정된다고 하여 증명책임을 완화시켰다.[244]
> (5) 뇌성마비의 가능한 원인 중 하나가 될 수 있는 분만도중 발생한 저산소성·허혈성 뇌손상을 표상하는 간접사실이 인정되는 반면, 선천적·후천적인 다른 요인의 존재를 추인케 할만한 사정이 발견되지 않는다면 뇌성마비가 분만중 저산소성·허혈성 뇌손상으로 인하여 발생하였다고 추정함이 상당하다고 했다.[245]
> (6) 척추수술 직후 하지마비장애가 나타났다면, 수술과정에서 의사과실을 추정할 수 있을 정도의 개연성이 담보

---

238) 대법 1984.06.12, 81다558; 대법 2009.09.24, 2009다37831; 대법 2012.01.12, 2009다84608; 대법 2019.04.23, 2018다237428
239) 대법 2019.11.28, 2016다233538·233545; 대법 2020.06.25, 2019다292026·292033·292040; 대법 2021.03.11, 2018다285106
240) 대법 2022.12.29, 2022다264434; 대법 2019.02.14, 2017다203763; 대법 2018.11.15, 2016다244491; 대법 2007.05.31, 2005다5867
241) 대법 1980.05.13, 79다1390
242) 대법 2010.09.30, 2010다12241
243) 대법 1989.07.11, 88다카26246
244) 대법 1995.02.10, 93다52402; 대법 2012.01.27, 2009다82275·82282; 대법 2018.11.29, 2016다266606·266613; 대법 2020.04.09, 2018다246767; 대법 2020.02.06, 2017다6726
245) 대법 2010.05.27, 2006다79520

되는 간접사실을 입증함으로써 의료상의 과실에 기한 것이라는 추정이 가능하다.246)

2. 최근판례의 동향

(1) 설명의무는 침습적인 의료행위로 나아가는 과정에서 의사에게 필수적으로 요구되는 절차상의 조치로서, 그 의무의 중대성에 비추어 의사로서는 적어도 환자에게 설명한 내용을 문서화하여 이를 보존할 직무수행상의 필요가 있다고 보일 뿐 아니라, 의사가 그러한 문서에 의해 설명의무의 이행을 입증하기는 매우 용이한 반면 환자측에서 설명의무가 이행되지 않았음을 입증하기는 성질상 극히 어려운 점 등에 비추어, <u>특별한 사정이 없는 한 의사측에 설명의무를 이행한 데 대한 증명책임이 있다고 해석하는 것이 손해의 공평·타당한 부담을 그 지도원리로 하는 손해배상제도의 이상 및 법체계의 통일적 해석의 요구에 부합한다.</u>247)

(2) 사망 원인이 분명하지 않아 사망 원인을 둘러싼 다툼이 생길 것으로 예견되는 경우에 망인의 유족이 보험회사 등 상대방에게 사망과 관련한 법적 책임을 묻기 위해서는 먼저 부검을 통해 사망 원인을 명확하게 밝히는 것이 가장 기본적인 증명 과정 중의 하나가 되어야 한다. 그런데 의사의 사체 검안만으로 망인의 사망 원인을 밝힐 수 없었음에도 유족의 반대로 부검이 이루어지지 않은 경우, 우리나라에서 유족들이 죽은 자에 대한 예우 등 여러 가지 이유로 부검을 꺼리는 경향이 있긴 하나, 그렇다고 하여 사망 원인을 밝히려는 증명책임을 다하지 못한 유족에게 부검을 통해 사망 원인이 명확히 밝혀진 경우보다 더 유리하게 사망 원인을 추정할 수는 없으므로, 부검을 하지 않음으로써 생긴 불이익은 유족들이 감수하여야 한다.248)

(3) 환자 측이 의료행위 당시 임상의학 분야에서 실천되고 있는 의료수준에서 통상의 의료인에게 요구되는 주의의무의 위반 즉 진료상 과실로 평가되는 행위의 존재를 증명하고, 그 과실이 환자 측의 손해를 발생시킬 개연성이 있다는 점을 증명한 경우에는, 진료상 과실과 손해 사이의 인과관계를 추정하여 인과관계 증명책임을 완화하는 것이 타당하다.249) 대상판결에서는 진료상 과실과 사망 사이에 개연성으로 인과관계를 추정하는 취지로, 환자 측의 인과관계의 증명책임 부담을 완화시킨 법리를 새롭게 밝힌 점에 의미가 있다. 고도의 개연성이 아닌, 개연성만으로 인과관계를 추정하여 손해배상책임을 인정한 것에서 그 특색이 있다.

(4) 환자에게 발생한 손해에 관하여 의료상의 과실 이외의 다른 원인이 있다고 보기 어려운 간접사실들을 증명함으로써 그와 같은 손해가 의료상의 과실에 기한 것이라고 추정하는 것도 가능하지만, 그 경우에도 의사의 과실로 인한 결과 발생을 추정할 수 있을 정도의 개연성이 담보되지 않는 사정들을 가지고 막연하게 중한 결과에서 의사의 과실과 인과관계를 추정함으로써 결과적으로 의사에게 무과실의 증명책임을 지우는 것까지 허용되는 것은 아니다.250)

3) 제조물책임소송 : 2002년 제조물책임법은 면책사유의 증명책임을 제조업자에게 지웠다. 약해소송이나 담배소송도 이쪽으로 접근하여 대법원은 혈우병환자가 인간면역결핍 바이러스에 감염된 사건에서 녹십자사의 혈액제제투여 전에는 감염의심의 증상이 없었으나, 투여 후 감염이 확인되었으며 약이 바이러스에 오염되었을 상당한 가능성이 있다는 점을 증명하면, 제조회사의 과실과 피해자 감염 사이의 인과관계가 추정된다고 하였고,251) 로타바이러스 예방백신을 사용 후 태어난 송아지가 집단 폐사하자 제조사를 상대로 손해배상청구를 한 사안도 유사한 취지로 판시하였다.252)

---

246) 대법 2011.07.14, 2009다54638
247) 대법 2007.05.31, 2005다5867
248) 대법 2010.09.30, 2010다12241,12258
249) 대법 2023.08.31, 2022다219427
250) 대법 2023.10.12, 2021다213316
251) 대법 2011.09.29, 2008다16776
252) 대법 2013.09.26, 2011다88870

VI. 주장책임

1. 의 의

법률효과의 발생 또는 불발생의 요건을 이루는 사실의 주장이 변론에 나타나지 않는 결과 자기에게 이익이 되는 법률판단을 받지 못하는 당사자의 위험 내지 불이익을 주장책임이라고 한다.

2. 주장책임의 대상

(1) 주요사실

변론주의는 주요사실에 대하여 당사자의 주장을 필요로 하는 것이므로 주요사실이 아닌 간접사실 등에는 주장책임이 생기지 않는다. 간접사실 등은 변론에서 당사자의 주장이 없거나 그 반대되는 주장이 있어도 증거로서 인정할 수 있다. 또한 주장책임은 주요사실의 전부에 걸쳐 요구되는 관념이므로 주요사실이 두 개 이상의 사실에 의하여 구성되는 경우에는 그 중 한 사실에 대하여라도 주장을 결하면 주장책임을 다하지 못한 것이다.

(2) 현저한 사실

공지의 사실 및 법원에 현저한 사실은 불요증사실이기는 하나, 이러한 사실이 주요사실이 되는 한 이에 관하여도 상대방 당사자의 변론기회를 보장하기 위하여서는 주장책임이 인정되어 반드시 주장되어야만 법원이 참작할 수 있다고 본다.

3. 증명책임과의 관계

(1) 공통점

변론주의 하에서는 주요사실에 대하여 당사자의 일방이 반드시 주장책임과 증명책임을 부담하게 되며, 주장책임의 분배도 증명책임의 분배기준에 의한다.

(2) 차이점

주요사실을 주장하였는데 상대방이 다툴 때 비로소 증명책임 문제가 대두되므로 주장책임 문제는 논리적·시간적으로 증명책임에 선행하는 관계에 있다. 직권탐지주의가 적용되는 절차에서 법원은 당사자의 주장여부와 관계없이 심증을 얻은 사실은 어느 것이나 판결의 기초로 할 수 있으므로 증명책임 외에 따로 주장책임의 개념을 인정할 필요는 없다.

4. 주장책임의 분배

(1) 주장책임과 증명책임 일치의 원칙

주장책임과 증명책임은 전혀 별개의 개념이 아니고 동일한 문제의 양 측면이라고 할 수 있다. 따라서 주장책임은 원칙적으로 독자적인 규정을 갖지 않고 증명책임에 관한 규정에 의하여 보충되며 증명책임의 규정에 따라 결정된다.

(2) 예 외

① 무권대리인이 책임을 지는 경우(민법 제135조)에는 대리권증명에 관하여 원고가 주장책임을 부담하나, **증명책임은 무권대리인이 부담**한다.

② 금전채무 불이행에 관한 특칙을 규정한 민법 제397조는 그 이행지체가 있으면 지연이자 부분만큼의 손해가 있는 것으로 의제하려는 데에 그 취지가 있는 것이므로 **지연이자를 청구하는 채권자는 그 만큼의 손해가 있었다는 것을 증명할 필요가 없는 것**이나, 그렇다고 하더라도 채권자가 금전채무의 불이행을 원인으로 손해배상을 구할 때에 지연이자 상당의 손해가 발생하였다는 취지의 주장은 하여야 하는 것이지 주장조차 하지 아니하여 그 손해를 청구하고 있다고 볼 수 없는 경우까지 지연이자 부분만큼의 손해를 인용해 줄 수는 없는 것이다.253)

---

253) 대법 2000.02.11, 99다49644

2025 대비 이종훈 민사소송법

제4편
소송의 종료

제1장 총 설
제2장 당사자의 행위에 의한 소송의 종료
제3장 종국판결에 의한 소송의 종료

2025 대비 이종훈 민사소송법

제1장 총설

Ⅰ. 소송종료사유

1. 법원의 행위에 의한 종료

소의 제기에 의해 개시된 소송은 종국판결의 확정에 의해 종료된다. 종국판결이면 그것이 소송판결이든 본안판결이든 불문한다.

2. 당사자의 행위에 의한 종료

소의 취하, 청구의 포기·인낙, 재판상의 화해가 이에 해당한다.

3. 대립당사자구조의 소멸(사건)

일반적으로 한쪽 당사자의 사망은 중단사유이지 종료사유가 아니나, 소송계속 중 사망으로 2당사자의 대립구조가 소멸하면 소송이 종료된다. 예컨대, **원고가 피고 법인을 흡수 합병**, **해고무효확인소송이 계속 중에 원고의 사망**, 친생자관계존부확인소송에서 친자 가운데 한 사람의 사망,[1] **이사가 주주총회결의 취소의 소를 제기하였다가 소송계속 중이나 사실심 변론종결 후에 사망한 경우**[2] 등이 있다. 또한 **이혼소송과 재산분할청구가 병합된 경우, 배우자 일방이 사망하면 이혼의 성립을 전제로 하여 이혼소송에 부대한 재산분할청구 역시 이를 유지할 이익이 상실되어 이혼소송의 종료와 동시에 종료**된다.[3] 그러나 **이혼소송과 위자료청구가 병합된 경우, 배우자 일방이 사망하더라도 위자료청구는 종료되지 아니**한다.[4]

---

[1] 이 경우 생존한 사람만이 피고가 된다. 사망한 사람의 상속인이나 검사가 소송절차를 수계할 수 없으므로 사망한 사람에 대한 소송은 종료된다는 것에, 대법 2018.05.15, 2014므4963
[2] 이사는 주식회사의 의사결정기관인 이사회의 구성원이고, 의사결정기관 구성원으로서의 지위는 일신전속적인 것이어서 상속의 대상이 되지 않기 때문이라는 것에, 대법 2019.02.14, 2015다255258
[3] 대법 1994.10.28, 94므246·253; 대법 1993.05.27, 92므143
[4] 위자료청구는 혼인관계가 파탄상태에 이르러 이혼하게 된 경우 그로 인하여 입게 된 정신적 고통을 위자하기 위한 손해배상청구권으로서 이혼시점에서 확정, 평가되고 이혼에 의하여 비로소 창설되는 것이 아니며, 이혼위자료청구권은 원칙적으로 일신전속적 권리로서 양도나 상속 등 승계가 되지 아니하나 이는 행사상 일신전속이고 귀속상 일신전속권은 아니라 할 것인바, 그 청구권자가 위자료의 지급을 구하는 소송을 제기함으로써 청구권을 행사할 의사가 외부적 객관적으로 명백하게 된 이상 양도나 상속 등 승계가 가능하다는 것에, 대법 1993.05.27, 92므143

II. 소송종료선언

1. 서 설

(1) 의 의

　소송종료선언이란 계속중이던 소송이 유효하게 종료되었음을 확인·선언하는 종국판결로서, 종래 判例에 의하여 인정되던 것을 민사소송규칙 제67조, 제68조에 명문화 하였다.

(2) 구별개념

　본안종료제도란 소송계속이후에 피고의 변제 등 소송의 객관적 종료사유가 발생한 경우 소송은 종료시키되 별도로 소송비용 재판을 당사자 간에 공평하게 부담시키기 위한 독일의 제도이다.

2. 소송종료선언의 사유

(1) 이유 없는 기일지정신청

　1) 기일지정신청의 의의 : **확정판결에 의하지 않고 소송이 종료된 것으로 처리된 후 그 소송종료의 효과가 무효라고 다투면서 당사자가 기일을 열어줄 것을 신청하는 제도**이다.

　2) 기일지정신청에 대한 법원의 조치(규칙 제67조, 제68조)

　① 필요적 변론 : 형식은 소송상의 신청이나 실질은 소송이 아직 종료되지 않고 계속 중이라는 전제하에서 본안판결을 구하는 신청이므로, **반드시 변론을 열어 재판하지 않으면 안 된다**.

　② 소송종료의 처리가 잘못되었다고 인정되는 경우 : **법원은 기일지정신청에 대한 심리 결과 신청이 이유 있다고 인정하는 경우 취하 당사자의 소송정도에 따라 필요한 절차를 계속하여 진행하고 중간판결 또는 종국판결에서 그 판단을 표시**하여야 한다.

　③ 소송종료의 처리가 정당하다고 인정되는 경우 : **신청을 기각할 것이 아니라 반드시 종국판결로써 소송의 종료를 선언**해야 한다.

　3) 기일지정신청의 적용범위

　① 소취하의 효력다툼 : **소의 취하 또는 상소의 취하가 부존재 또는 무효임을 주장하는 당사자는 기일지정신청을 할 수 있고**(규칙 제67조), 제268조 2항과 3항의 소취하간주의 경우에도 그 효력을 다투면서 기일지정신청을 할 수 있다.

　② 청구의 포기·인낙·화해의 효력다툼 : 청구의 포기·인낙과 화해는 기판력이 발생하므로 준재심(제461조)으로만 다툴 수 있으므로 당사자가 기일지정신청을 하면 각하한다.[5] 그러나 **확정판결의 당연무효사유를 주장하며 기일지정신청을 하였는데 무효사유가 존재하지 않으면 소송종료선언을 한다**.[6]

　③ 2당사자 대립구조의 소멸 : 원고와 피고의 지위가 혼동되거나, 일신전속적인 법률관계 등 승계되지 않는 소송에서 당사자가 사망한 경우에 소송은 종료된다. 이 경우에 **소송은 바로 종료되나 당사자 사이에**

---

5) 대법 1990.03.17, 90그3 참조.
6) 대법 2001.03.09, 2000다58668

다툼이 있어 기일지정을 신청한 경우에는 이를 명백히 하는 의미에서 소송종료선언을 한다.7)

📚 참고 : 소취하 무효선언

> 종국판결 선고 후 상소가 있기 전 또는 상소가 있은 후 소송기록이 상소심에 송부되기 전에 소취하가 있었는데 그 취하의 부존재 또는 무효를 주장하는 기일지정신청이 있은 경우에, ① 상소이익이 있는 당사자 전원이 상소한 경우에는 상소법원이 통상의 기일지정신청의 경우와 같은 절차에 의하여 그 당부를 심판하며, ② 상소이익이 있으면서도 아직 상소를 하지 않은 당사자가 남아 있을 때에는 원심법원에서 그 당부를 심판하는데 이때 신청이 이유 없으면 소송종료선언을 하나 신청이 이유 있다고 인정하는 경우에는 소취하의 무효선언을 한다. 이에 의해 본안판결에 대해 상소의 이익이 있으면서도 소취하를 믿고 상소하지 않았던 당사자가 상소할 수 있게 된다.

(2) 소송종료의 간과진행

1) 서 설 : 확정판결, 청구의 포기·인낙·화해의 조서화, 화해권고결정에 이의신청기간의 도과,8) 소의 취하, 구당사자의 소송탈퇴9) 따위에 의해 소송종료의 효과가 발생했음에도 불구하고 이를 간과하고 소송심리를 진행하는 경우가 있는데, 이는 법원의 직권조사사항으로10) 당사자의 이의 여부에 관계없이 조사해야 한다.

2) 유형별 고찰

① 소의 취하간주의 간과 : **제1심에서 소가 취하간주 되었음에도 본안판결을 한 경우 상급법원은 제1심판결을 취소하고 소송종료선언**을 해야 한다.

② 청구인낙의 간과 : 피고가 청구인낙을 하여 그 취지가 변론조서에 기재 되었으면 따로 인낙조서의 작성이 없는 경우라도 확정판결과 동일한 효력이 생기므로 소송이 종료된다. **그럼에도 소송이 진행된 경우에는 법원은 판결을 취소하고 소송종료선언을 해야 한다.**

③ 확정판결의 간과 : 판결의 일부가 이미 확정되어 그 한도에서 소송이 종료되었음에도 불구하고, 이를 간과하고 소송계속중임을 전제로 심판하는 경우에 법원은 판결을 파기하고 소송종료선언을 해야 한다.11)

④ 청구의 교환적 변경의 간과 : 청구의 교환적 변경은 구소취하의 실질을 가지고 있으므로 이를 간과한 경우에는 소송종료선언을 한다.

3. 소송종료선언의 효력

(1) 판결의 성질

사건완결의 **확인적 성질을 가진 종국판결**이며 본안판결이 아닌 소송판결이다. **종국판결이므로 이에 대하여 상소**나 재심으로 불복한다.

---

7) 대법 1992.05.26, 90므1135.
8) 대법 2010.10.28, 2010다53754
9) 대법 2011.04.28, 2010다103048
10) 대법 2013.02.28, 2012다98225 ; 대법 1974.06.11, 73다374·375
11) 대법 2012.09.27, 2011다76747

(2) 소송비용

기일지정신청의 경우는 기일지정신청후의 소송비용에 관해 재판해야 하고, 소송종료의 간과진행의 경우에는 종료시 후의 소송비용에 관해 재판해야 한다.

(3) 재소금지의 적용여부

소송종료선언은 본안판결이 아니라 소송판결에 해당하므로 소송종료판결이 있고 난 뒤에 소를 취하한 경우에 다시 원고가 동일 소를 제기하여도 무방하다.

제2장 당사자의 행위에 의한 소송의 종료

종료사유 개관

구 분		소의 취하	청구의 포기·인낙	소송상의 화해
의 의		원고가 자신이 제기한 소의 전부 또는 일부를 철회하는 법원에 대한 단독적 소송행위	소송물에 관한 자기의 주장이 이유 없음을 인정하는 관념의 표시	소송계속 중 양쪽 당사자가 소송물인 권리관계의 주장을 서로 양보하여 소송을 종료시키기로 기일에 있어서의 합의
요건	당사자	• 당사자능력 + 소송능력 • 대리인은 특별수권 필요 • 통공이나 유필공은 각자 소취하가 가능하나, 고필 공의 경우에는 전원이 공동으로 하여야 함	• 당사자능력 + 소송능력 • 대리인은 특별수권 필요 • 통공은 각자 가능하나, 필수적 공동소송의 경우에는 전원이 공동으로 하여야 함	• 당사자능력 + 소송능력 • 대리인은 특별수권 필요 • 통공은 각자 가능하나, 필수적 공동소송의 경우에는 전원이 공동으로 하여야 함
	대상	• 변론주의+직권탐지주의 • 소송요건 흠결시도 가능	• 변론주의에서만 가능 • 소송요건 흠결시 불가	• 변론주의에서만 가능 • 소송요건 흠결시도 가능
	시기	소송계속 중이면 상고심에서도 가능. 그러나 종국판결 선고 후 소취하한 이후에는 재소금지의 재재	소송계속 중이면 상고심에서도 가능	소송계속 중이면 상고심에서도 가능
	방식	구술 + 서면	구술원칙 공증사무소의 인증서면이 진술간주되면 가능	구술원칙 공증사무소의 인증서면이 진술간주되면 가능
	상대방의 동의	필요(피고가 본안에 관해 변론한 경우)	불 요	불 요
효 과		• 소송종료효 • 소송행위의 소급적 실효 • 재소금지의 제재	• 소송종료효 • 조서가 작성되면 확정판결과 동일한 효력(제220조)	• 소송종료효 • 조서가 작성되면 확정판결과 동일한 효력(제220조, 다만 기판력에 대해서는 견해대립)

제1절 소의 취하

> **제266조(소의 취하)** ① 소는 판결이 확정될 때까지 그 전부나 일부를 취하할 수 있다.
> ② 소의 취하는 상대방이 본안에 관하여 준비서면을 제출하거나 변론준비기일에서 진술하거나 변론을 한 뒤에는 상대방의 동의를 받아야 효력을 가진다.
> ③ 소의 취하는 서면으로 하여야 한다. 다만, 변론 또는 변론준비기일에서 말로 할 수 있다.
> ④ 소장을 송달한 뒤에는 취하의 서면을 상대방에게 송달하여야 한다.
> ⑤ 제3항 단서의 경우에 상대방이 변론 또는 변론준비기일에 출석하지 아니한 때에는 그 기일의 조서 등본을 송달하여야 한다.
> ⑥ 소취하의 서면이 송달된 날부터 2주 이내에 상대방이 이의를 제기하지 아니한 경우에는 소취하에 동의한 것으로 본다. 제3항 단서의 경우에 있어서, 상대방이 기일에 출석한 경우에는 소를 취하한 날부터, 상대방이 기일에 출석하지 아니한 경우에는 제5항의 등본이 송달된 날부터 2주 이내에 상대방이 이의를 제기하지 아니하는 때에도 또한 같다.
> **제271조(반소의 취하)** 본소가 취하된 때에는 피고는 원고의 동의 없이 반소를 취하할 수 있다.

I. 서 설

1. 의 의

소의 취하라 함은 원고가 자신이 제기한 **소의 전부 또는 일부를 철회하는 법원에 대한 단독적 소송행위**로서 소송계속의 소급적 소멸(제267조 1항)을 가져오는 당사자의 행위에 의한 소송종료사유이다.

2. 구별개념

(1) 청구의 포기와의 구별

	소의 취하	청구의 포기
공통점	원고의 일방적 행위에 의한 소송종료사유	
차이점	• 소의 전부 또는 일부를 소급적으로 철회하는 진술 • 확정된 소각하판결에 해당 • 피고의 응소후에는 동의가 필요 • 직권탐지주의하에서도 허용	• 자기의 청구가 이유 없음을 인정하는 진술 • 확정된 청구기각판결에 해당 • 피고의 동의 불요 • 변론주의에서만 허용

청구의 감축을 청구의 일부포기로 볼 것인가 소의 일부취하고 볼 것인가는 다소 논의가 있으나 **어느 쪽인지 분명하지 아니한 때에는 소의 일부취하로 취급**함이 옳다.

(2) 상소심에서 소취하와 상소의 취하와의 구별

	소의 취하	상소의 취하
공통점	모두 심판청구의 철회하는 점에서는 공통	
차이점	• 판결이 확정되기 전 어느 때라도 가능 • <u>이미 행한 판결의 효력을 상실시킴</u> • 피고의 동의가 필요 • 재소금지의 효과가 따름	• 종국판결선고시까지만 허용 • <u>원판결이 확정됨</u> • <u>피상소인의 동의 불요</u> • 재소는 기판력 때문에 불가

어느 것인지 불분명할 때에는 석명하여야 하고, 그래도 불분명할 경우에는 당사자에게 유리한 소취하로 보아야 한다(通說·判例).

(3) 공격방법의 철회와의 구별

소의 일부취하는 심판신청 자체를 일부철회하는 것임에 대하여, 공격방법의 일부철회는 심판신청을 이유 있게 하는 소송자료의 일부철회이기 때문이다. 후자는 어느 때나 피고의 동의가 필요 없다.

Ⅱ. 소취하의 요건

1. 당사자에 관한 요건

소취하는 소를 제기한 당사자 본인 또는 그 포괄승계인뿐만 아니라 대리인도 할 수 있는데, 법원에 대한 단독적 소송행위이므로 소송능력이 있어야 하며, **대리인은 특별수권을 받아야 한다**(제56조 2항, 제90조 2항). 그러나 소송무능력자나 무권대리인이라도 스스로 제기한 소는 스스로 취하할 수 있다. **고유필수적 공동소송의 경우에는 전원이 공동으로 취하하여야** 하나, 유사필수적 공동소송, 예비적 공동소송과[1] 통상공동소송에서는 각자 소를 취하할 수 있다.

2. 소송물에 관한 요건

원고는 모든 소송물에 대하여 자유롭게 취하할 수 있으며, 가사·행정소송 등 **직권탐지주의 하에서도 가능**하다. 다만 **회사대표소송과 증권관련 집단소송에서는 소의 취하에 대해 법원의 허가를 요한다**. 소송물의 일부에 대한 취하도 가능한데, **소송요건의 흠결 등으로 적법한 소가 아니더라도 이를 취하할 수 있다**.

3. 시 기

소제기 후 판결이 확정되기까지 어느 때(상고심에서도)라도 가능한데(제266조 1항), 상소의 취하가 종국판결선고시까지만 가능하다는 점에서 차이가 있고, 상소심에서 취하가 상소의 취하인지 소취하인지 불명한 경우 불이익이 적은 소취하로 볼 것이다.

4. 방식에 관한 요건

(1) 방 식

① **소취하는 서면으로 함이 원칙이나 변론기일이나 변론준비기일에서는 구두로도 할 수 있다**(제266조 3항). 다만 **조정기일에 출석하여 구두로 소취하의 진술을 하였다고 하여 소취하의 효력이 발생하지 아니하므로 별도로 소취하서를 제출받도록 하고**, 조정기관에 소취하서를 제출한 때에는 지체없이 접수담당 법원사무관등에게 인계하여 접수절차를 밟게 해야 한다.

② **소취하서상 원고의 표시가 정확한 명칭 그대로 기재되어 있지는 않지만, 그 외 소취하서에 기재된 사건번호, 원고의 대표자 이름, 피고의 표시 등이 모두 정확한 것에 비추어 보면, 소취하서에 원고로 표시된 '백운조합'은 원고의 정확한 명칭인 '광주직할시 무주택백운조합'의 약칭이라고 봄이 상당**하다.[2] 서면에 의한 소취하의 경우 공증사무소의 인증을 받을 필요는 없다. 적법한 소 취하의 서면이 제출된 이상 그 서면이

---

[1] 대법 2018.02.13, 2015다242429
[2] 대법 2001.10.26, 2001다37514.

상대방에게 송달되기 전·후를 묻지 않고 원고는 이를 임의로 철회할 수 없다.[3]

③ 당사자가 소취하서를 작성하여 제출할 경우 반드시 취하권자나 그 포괄승계인만이 이를 제출하여야 한다고 볼 수는 없고, 제3자에 의한 제출도 허용되며, 나아가 상대방에게 소취하서를 교부하여 그로 하여금 제출하게 하는 것도 상관없다.[4] 취하서는 소송을 종결시키는 효력이 있는 서류이므로 우편접수된 경우를 제외하고는 접수담당자가 제출자의 신분을 확인하여야 한다.

④ 피고에게 소장을 송달하기 전에 소취하서가 제출된 경우에는 그로써 바로 소송은 소취하로 종료되고 피고에게 소취하서를 송달할 필요가 없다. 소장부본을 피고에게 송달한 뒤에는 ⅰ) 서면에 의한 소취하의 경우 취하서의 부본 또는 등본을 피고에게 송달하여야 한다(제266조 4항). ⅱ) **변론기일에 말로써 소를 취하하는 경우에는 상대방이 불출석하여도 할 수 있으나, 이 경우에는 그 취하의 진술을 기재한 조서의 등본을 상대방에게 송달하여야** 한다(제266조 5항). 출석한 경우에는 조서등본을 송달할 필요가 없다.

(2) 석명권에 의한 소취하 가부

判例는 원고들에게 소취하를 종용 내지 강요하였다고 하여 그것만으로 상고이유가 되지 않는다고 하여 허용하는 입장이다.[5]

5. 피고의 동의

(1) 피고의 동의를 요하는 경우

소취하를 함에 있어서 **피고가 본안에 관하여 준비서면을 제출하거나 변론준비절차에서 진술하거나 변론을 한 뒤에는 피고의 동의를 요한다**(제266조 2항). 따라서 **소장부본이 피고에게 송달되었으나 피고가 답변서를 제출하지 않은 단계에서 원고가 소를 취하한 경우 즉시 소취하의 효과가 발생**한다. 독립당사자참가 후에 **원고가 본소를 취하함에는 참가인의 동의도 필요**하다.[6] 소취하에 대한 피고의 동의 및 동의의 거절은 반드시 명시적으로 하여야 하는 것은 아니며 묵시적으로 하여도 무방하다.[7]

(2) 피고의 동의를 요하지 않는 경우

피고의 동의를 요하는 경우는 피고가 본안에 관해 응소, 즉 청구가 이유 있는지 여부에 대해 응소한 경우이어야 한다. 따라서 ① 기일변경·**이송신청만을 한 경우**나 ② **피고가 1차적으로 소각하판결만을 구하고 예비적으로 청구기각판결을 구한 경우**에는 동의를 요하지 않는다.[8] ③ 나아가 **본소가 취하된 경우에 피고는 원고의 동의 없이 반소를 취하할 수 있다**(제271조). 그러나 **본소가 각하된 경우에는 원고의 동의가 있어야 반소취하가 가능**하다.[9] ④ 가사소송법에 가사비송사건의 심판청구 취하에 있어서 상대방의 동의 필요 여부에 관하여 특별한 규정을 두고 있지 아니하고, 비송사건절차법은 '소취하에 대한 동의'에 관한 민사소송법 제266조 제2항을 준용하지 않는다. 따라서 상대방이 있는 마류 가사비송사건인 재산분할심판 사건의 경우 심판청구 취하에 상대방의 동의를 필요로 하지 않고, 상대방이 취하에 부동의하였더라도 취하의

---

3) 대법 1997.06.27, 97다6124
4) 대법 2001.10.26, 2001다37514.
5) 대법 1971.05.24, 71다361
6) 대법 1972.11.30, 72마787
7) 대법 1993.09.14, 93누9460
8) 대법 1968.04.23, 68다217
9) 대법 1984.07.10, 84다카298

효력이 발생한다.10) 동의가 필요 없는 경우라도 **소장을 송달한 뒤라면 소취하서 부본을 상대방에게 송달해야** 하나(제266조 4항), **소취하서 부본이 송달된 때가 아니라 소취하서의 제출 또는 소취하의 진술과 동시에 취하의 효과가 발생**한다.

(3) 동의의 법적 성질

1) 동의의 방식 : 원고의 소취하는 피고의 동의에 의해 비로소 확정적으로 그 효과가 생기며, 이러한 소취하의 동의는 소송행위이므로 소송능력을 갖출 것을 요하고, 조건을 붙여서는 안 되고 반드시 법원에 대한 의사표시로 하여야 한다. 고유필수적 공동소송의 경우에는 전원의 동의, 독립당사자참가의 경우에는 참가인의 동의도 요한다. **일단 동의를 거절한 후에는 다시 동의하여도 소취하의 효력이 생기지 않는다.**11)

2) 피고측의 대리인이 동의함에는 특별수권이 필요한지 여부 : 判例는 소취하에 대한 소송대리인의 동의는 민사소송법 제90조 2항 소정의 특별수권사항이 아닐 뿐 아니라, 소송대리인에 대하여 특별수권사항인 소취하를 할 수 있는 대리권을 부여한 경우에도 상대방의 소취하에 대한 동의권도 포함되어 있다고 봄이 상당하므로 그 같은 **소송대리인이 한 소취하의 동의는 소송대리권의 범위내의 사항으로서 본인에게 그 효력이 미친다고 하여 불필요**하다는 입장이다.12)

(4) 소취하에 대한 동의방식

소취하에 대한 피고의 동의도 서면 또는 말로써 하면 되는데, **피고가 취하서의 송달을 받은 날 또는 출석하여 소취하를 안 날 또는 불출석하여 조서등본을 송달받은 날로부터 2주 이내에 이의를 제기하지 아니한 경우에는 동의한 것**으로 본다(제266조 6항).

Ⅲ. 소취하의 효과

> 제267조(소취하의 효과) ① 취하된 부분에 대하여는 소가 처음부터 계속되지 아니한 것으로 본다.
> ② 본안에 대한 종국판결이 있은 뒤에 소를 취하한 사람은 같은 소를 제기하지 못한다.

1. 소송계속의 소급적 소멸

(1) 소송행위의 소급적 실효

취하된 부분에 대하여는 소가 처음부터 계속되지 아니한 것으로 본다(제267조 1항). **증거조사・종국판결 등 법원의 소송행위뿐만 아니라 당사자의 소송행위도 당연히 실효**된다. 다만, 반소나 독립당사자참가 및 관련재판적은 소멸하지 않는다.

(2) 소제기에 따른 사법상의 효과

시효중단 등 소제기의 사법상 효과도 소급적으로 소멸함이 원칙이지만(민법 제170조) 소송상 비로소 행사한 형성권의 사법상 효과가 소멸하는지 여부에 대해 判例는 **소제기로써 계약해제권을 행사한후 그 뒤 그**

---

10) 대법 2023.11.02, 2023므12218
11) 대법 1969.05.27, 69다130
12) 대법 1984.03.13, 82므40

소송을 취하하였다 하여도 해제권은 형성권이므로 그 행사의 효력에는 아무런 영향을 미치지 않는다고 하여 병존설의 입장에 있다.[13]

(3) 소송비용의 부담

① 소취하로 소송계속이 소급적으로 소멸되지만 소송계속 중에 생긴 소송비용의 부담과 그 수액은 당사자의 신청에 의해 법원이 결정으로 정하며(제114조), 소송계속 중에 생긴 소송비용은 원고를 패소자로 취급하여 그 전액을 원고에게 부담시키는 것이 원칙이다. ② 다만 2004년 2월 1일 시행된 개정 민사소송등인지법에 의하면 **원고가 제1심 또는 항소심에서 당해 심급의 변론종결 전에 소취하를 한 경우 또는 상고이유서 제출기간이 경과되기 전에 상고를 취하한 경우에는 3년 이내에 당해 심급의 소장·항소장·상고장 등에 붙인 인지액의 2분의 1에 해당하는 금액의 환급을 청구**할 수 있도록 하였다(민사소송등인지법 제14조). 이는 서비스의 제공에 상응하는 수수료만을 징수하여 대국민서비스를 향상시키려는 취지이다. 다만 청구의 일부감축의 경우는 환급의 대상이 되지 않는다.[14] ③ 한편 소취하의 경우 소송비용에 산입되는 변호사의 보수는 통상의 경우의 2분의 1에서 전액으로 변경되었다(변호사보수의소송비용산입에관한규칙 제5조).

2. 재소의 금지(제267조 제2항)

(1) 서 설

본안에 관한 종국판결이 선고된 후 소를 취하한 경우에는 동일한 소에 대해 다시 소 제기하는 것이 금지되는데(제267조 2항), 이를 소취하의 효과로서 재소의 금지라고 한다. **종국판결이 농락될 염려를 방지하자는 데 그 취지**가 있다.

(2) 요 건(동일한 소)

1) 당사자의 동일 : 재소금지의 제재를 받는 것은 전소의 원고만이고, 전소의 피고나 보조참가인 등은 재소금지의 제재를 받지 않는다. 따라서 소취하한 종중이 甲종중인데, 재소한 종중이 甲종중의 소종중이면 당사자가 달라 재소금지에 저촉되지 않는다.[15] 다만 **피고가 반소를 취하한 경우에는 재소금지의 제재를 받는다.**

① 전소원고의 승계인 : 전소 원고의 변론종결후의 일반승계인이 재소금지의 효과를 받는 것은 문제없으나 특정승계인의 경우, 判例는 **소유권을 양수한 특정승계인은 당사자 동일에는 해당하지만 새로운 권리보호의 이익이 있다고 하여 재소를 막지 않는다.**[16] 공유자들이 제기한 소송에서 제1심판결선고 후 공유자 중 1인이 자기 지분을 다른 공유자에게 양도하고 소를 취하한 경우, 지분을 양수한 공유자의 재소도 새로운 권리보호이익이 있다고 하였다.[17]

② 제3자 소송담당의 경우 : 소를 취하한 자가 선정당사자인 경우에 선정자도 재소금지의 제재를 받는다. 나아가 **소를 취하한 자가 대위소송을 한 채권자인 경우 채무자가 대위소송이 제기된 것을 안 이상 채무자는 재소금지의 제재를 받는다**는 것이 判例이다.[18]

---

13) 대법 1982.05.11, 80다916.
14) 대법 2012.04.13, 2012마249.
15) 대법 1995.06.09, 94다42389.
16) 대법 1981.07.14, 81다64·65.
17) 대법 1998.03.13, 95다48599·48605.
18) 대법 1996.09.20, 93다20177.

2) **소송물의 동일** : 재소금지의 제재를 받는 것은 전·후소의 소송물이 동일한 경우에 한한다. 따라서 제1심에서 부정경쟁행위를 원인으로 청구하였던 손해배상청구 등을 항소심에서 철회한 후 같은 행위를 원인으로 제1심에서 청구하지 아니하였던 기간에 해당하는 손해배상청구 등을 함은 소송물이 같지 아니하여 재소에 문제없으며,[19] 보건복지부장관의 40일의 요양기관 업무정지 처분에 대해 甲이 처분의 취소를 구하는 소송(전소)을 제기한 소송의 항소심에서, 보건복지부장관이 업무정지 처분을 과징금 부과처분으로 직권 변경하자, 甲 등이 과징금 부과처분의 취소를 구하는 소송(후소)을 제기한 후 업무정지 처분의 취소를 구하는 소를 취하한 경우 소송물이 달라 재소금지에 저촉되지 않고,[20] **전소는 원고의 소유권에 기한 명도청구소송이고 이 사건 소는 원·피고사이의 약정에 의한 명도청구소송으로서 소송물을 달리하여 재소금지의 원칙에 저촉되지 않는다**.[21] 다만 大法院은 증여로 인한 소유권확인의 소의 본안판결 후 소취하한 원고가 다시 상속으로 인한 지분소유권확인의 소를 제기한 것은 제267조 2항의 동일한 소가 아니라 하였는데, 이 점 원고의 권리보호를 위해 재소금지에서의 소송물의 범위를 기판력의 범위보다 좁히고 있다.[22]

① 전소의 소송물을 후소에서 선결문제로 하는 경우 : 判例는 원고가 면직처분무효확인을 구하다가 항소심에서 취하한 후 다시 면직무효를 전제로 임금상당의 부당이득반환청구를 한 사건에서 "**후소가 전소 소송물을 선결적 법률관계로 할 때에는 비록 소송물은 다르지만 원고는 전소의 목적이었던 권리·법률관계의 존부에 대해서는 다시 법원의 판단을 구할 수 없는 관계상 위 제도의 취지에 비추어 후소에 대하여도 동일한 소로써 판결을 구할 수 없다**."고 한다.[23] 그러나 법적 안정성을 위한 기판력과 판결의 농락방지를 위한 재소금지는 취지가 상이하다는 점을 근거로 선결관계에서는 재소금지를 적용하지 말자는 유력설이 있다.

② 전소의 선결문제가 후소에서 소송물이 된 경우 : 이견 없이 재소금지의 제재를 받는다.

3) **권리보호이익의 동일** : **새로운 권리보호이익이 있는 한 종국판결을 농락하는 것으로는 볼 수 없으므로, 전·후 양소의 권리보호이익이 동일하여야** 한다. 이 점이 중복 소제기금지의 원칙과 구별되는 점이다. 判例는 i) 제1심에서 소유권 침해를 막는 내용의 본안판결이 난 다음 항소심에서 피고가 소유권침해를 중지하여 소를 취하하였는데 그 뒤 재침해하는 경우,[24] ii) **피고가 소취하의 전제조건으로 하였던 약정사항을 이행하지 않아 약정이 해제·실효되는 사정변경이 있는 경우**,[25] iii) **토지거래허가 전에 소유권이전등기청구를 제기하여 승소하였다가 취하하였는데 그 뒤 허가받았을 경우**,[26] iv) **선행 추심소송이 항소심에서 취하된 후 다른 채권자의 후행 추심소송**,[27] ⅴ) 구분소유자가 부당이득반환청구 소송을 제기하였다가 본안에 대한 종국판결이 있은 뒤에 소를 취하하였더라도 관리단이 부당이득반환청구 소를 제기한 것,[28] ⅵ) 채권자취

---

19) 대법 2009.06.25, 2009다22037
20) 대법 2023.03.16, 2022두58599
21) 대법 1991.01.15, 90다카25970
22) 대법 1991.05.28, 91다5730
23) 대법 1989.10.10, 88다카18023
24) 대법 1981.07.14, 81다64·65
25) 대법 2000.12.22, 2000다46399; 대법 1993.08.24, 93다22074
26) 대법 1997.12.23, 97다45341
27) 대법 2021.05.07, 2018다259213
28) 관리단의 이러한 소송은 구분소유자 공동이익을 위한 것으로 구분소유자가 자신의 공유지분권에 관한 사용수익 실현을 목적으로 하는 소송과 목적이 다르다는 것에, 대법 2022.06.30, 2021다239301

소소송에서 1심 판결이 선고된 후 항소심에서 채무자에 대한 회생개시결정이 있어서 관리인이 소송을 수계하여 부인청구로 교환적 변경을 하고, 상고심에서 상고이유서 제출기간이 지나기 전에 회생절차가 폐지된 경우 종전 채권자의 수계신청에 대해 대법원은 수계를 허가한 뒤 청구취지 변경 및 그에 따른 심리를 위해 원심판결을 파기환송하고, 채권자가 청구취지를 재차 채권자취소청구로 교환적 변경을 한 경우,29) 특별한 사정이 없는 한 새로운 권리보호이익이 발생한 것으로 민사소송법 제267조 제2항의 재소금지 규정에 반하지 않는다.

   4) **본안에 대한 종국판결 선고 후 소취하** : ⅰ) 본안에 대한 종국판결이 있은 뒤이어야 하기 때문에 **소각하판결, 소송종료선언 등의 소송판결이 있은 뒤의 취하에는 적용이 없다.** 본안판결이면 원고승소이든 패소이든 불문한다. 다만 종국판결선고 전에 소를 취하하였는데 법원이 이를 간과하고 종국판결을 선고한 경우나,30) **사망자 상대의 당연무효의 판결에 상속인이 항소한 후 원고가 소를 취하한 경우에는 재소가 가능**하다.31) ⅱ) 먼저 제기된 소송의 제1심에서 상계 항변을 제출하여 제1심판결로 본안에 관한 판단을 받았다가 항소심에서 상계 항변을 철회하였더라도 이는 소송상 방어방법의 철회에 불과하여 민사소송법 제267조 제2항의 재소금지 원칙이 적용되지 않으므로, 그 자동채권과 동일한 채권에 기한 소송을 별도로 제기할 수 있다.32) ⅲ) 교환적 변경의 성질에 관해 구청구의 취하 및 신청구의 제기로 보는 通說·判例에 의하면, 항소심에서 교환적 변경을 한 뒤 다시 재변경에 의해 구청구를 되살리는 것은 재소금지의 제재 때문에 **부적법하다고 본다.**33) 다만 이 경우 법원판결의 농락의도가 없다고 하여 재소가 금지되지 않는다는 학설도 있다.34) ⅳ) 화해권고결정에 '원고는 소를 취하하고, 피고는 이에 동의한다.'는 화해조항이 있고, 이러한 화해권고결정에 대하여 양 당사자가 이의하지 않아 확정되었다면, 화해권고결정의 확정으로 당사자 사이에 소를 취하한다는 내용의 소송상 합의를 하였다고 볼 수 있다. 따라서 **본안에 대한 종국판결이 있은 뒤에 이러한 화해권고결정이 확정되어 소송이 종결된 경우에는 소취하한 경우와 마찬가지로 민사소송법 제267조 제2항의 규정에 따라 같은 소를 제기하지 못한다.**35)

(3) 재소금지의 효과

   이는 **직권조사사항으로서 피고의 동의가 있어도 재소임이 발견되면 판결로써 소를 각하한다.** 이러한 재소금지의 효과는 실체법상의 권리관계에는 영향을 미치지 않는다(자연채무가 됨).36) 따라서 원고로서는 피고의 임의변제를 수령할 수 있는 권리가 있고, 상계에도 제공할 수 있으며, **피고가 실체법상의 의무를 면**

---

29) 대법 2022.10.27, 2022다241998
30) 대법 1967.10.06, 67다1187
31) 대법 1968.01.23, 67다2494
32) 대법 2022.02.17, 2021다275741
33) 대법 1987.11.10, 87다카1405
34) 호문혁
35) 대법 2021.07.29, 2018다230229
36) 명의신탁자가 명의수탁자를 상대로 명의신탁해지를 원인으로 한 소유권이전등기청구의 소를 제기하여 제1심에서 승소하였으나 명의수탁자가 제3자 앞으로 매매를 가장하여 소유권이전등기를 마치고 항소를 제기하자 명의신탁자는 그 부동산에 대한 소유권회복이 불능케 되었다고 오신한 나머지 항소심에서 명의수탁자에 대한 소유권이전등기청구를 손해배상청구로 교환적으로 변경하여 승소확정판결을 받은 경우, 명의신탁자가 그 확정판결에서 지급을 명한 손해배상금을 아직 수령하지 않고 있는 이상 명의신탁자가 위와 같은 확정판결을 받았다는 것만으로는 명의신탁자에게 그 부동산에 대한 권리를 포기할 의사가 있었던 것으로 추단할 수는 없고, 또 그 확정판결로 인하여 그 권리를 당연히 상실하게 된다고도 볼 수 없다는 것에, 대법 1994. 12. 13, 94다15486. 청구의 교환적 변경을 구소취하·신소제기설로 보아 구소 취하의 효과가 생기더라도 구소의 실체법적 권리가 상실되지 않는다는 것이다.

제받았음을 전제로 한 원고의 부당이득반환청구는 부당하다.[37] 나아가 피고도 채무부존재확인의 소를 제기할 수 있다.

중복제소와 재소금지의 비교(判例)

	중복제소금지	재소금지
당사자	원피고가 뒤바뀌어도 중복제소	전소에서 원고만 재소금지에 저촉
	채권자대위소송 중 채무자의 후소는 무조건 중복제소	채권자대위소송의 본안판결 후 소취하시 대위소송을 안 경우만 저촉
	특정승계인의 후소도 중복	특정승계인은 새로운 권리보호이익
소송물	선결관계나 선결적 법률관계는 중복아님	선결관계나 선결적 법률관계도 재소금지에 저촉
	소유권취득사유가 달라도 중복	소유권취득사유가 다르면 적용없음
전소와 관계	전소가 부적법해도 중복제소	전소가 부적법 각하되면 적용없음
추가요건	요구하지 않음(△)	새로운 권리보호이익이 없을 것

Ⅳ. 소의 취하간주

① 양쪽 당사자의 불출석이 있는 경우(제268조) ② 피고의 경정이 있는 경우 구피고에 대한 소(제261조 4항) ③ 법원재난이 있는 경우(법원재난에기인한민형사사건임시조치법 제3조)에는 소가 취하된 것으로 간주된다. ④ 한편 최근에 제정된 증권관련집단소송법에 의하면 증권관련집단소송계속 중 대표당사자의 전부가 사망 또는 사임하거나 소송수행이 금지된 경우에는 소송절차는 중단되고 대표당사자가 되고자 하는 구성원은 법원의 허가를 받아 중단된 소송절차를 수계하여야 하며, 소송절차의 중단 후 1년 이내에 수계신청이 없는 때에는 소가 취하된 것으로 본다(증권관련집단소송법 제24조).

Ⅴ. 소취하의 효력에 관한 다툼(하자를 다투는 방법)

1. 기일지정신청

소취하의 존재여부 또는 유·무효에 대하여 당사자간에 다툼이 있는 경우에는 당해 소송절차 내에서 기일지정신청을 하여야 한다(규칙 제67조). 별소로써 소취하의 무효확인청구는 할 수 없으며, 제268조 4항의 항소취하 간주가 상고의 대상이 되는 종국판결이라고 볼 수 없다.[38]

---

[37] 대법 1969.04.22, 68다1722; 재소금지의 효과는 동일한 당사자 사이에 같은 소송물에 관하여 다시 소를 제기하지 못하게 하는 것일 뿐 실체상의 권리는 소멸하지 않으므로, 甲이 종전 소송을 취하함에 따라 원인무효인 乙 명의 소유권이전등기의 말소를 소송을 통해 강제할 수 없을 뿐 부동산 소유권은 계속 甲에게 남아 있고, 乙이 부동산을 제3자에게 처분할 경우에 비로소 甲이 소유권을 상실하게 되는데도, 이와 달리 乙이 원인무효인 소유권이전등기의 말소를 거부하고 있을 뿐인데도 甲의 소유권이 침해되어 부동산 가액 상당 손해가 발생했다고 보아 그 금액의 배상을 명한 원심판단에 법리오해의 잘못이 있다는 것에, 대법 2023. 01. 12, 2022다266874
[38] 대법 2019.08.30, 2018다259541

2. 법원의 조치

기일지신청에 의해 지정된 기일에 변론을 열어 그 효력유무를 심리하고 ① 심리결과 하자가 없어 소취하가 유효하다고 인정되면 소송종료선언을 하여야 하며 ② 심리결과 하자가 있는 것으로 판명되어 소취하가 무효인 것으로 인정되면 본안에 관한 원래의 절차를 속행하여야 하고 이를 중간판결이나 종국판결의 이유 속에서 판단해 준다(규칙 제63조 3항).

3. 소취하의 취소가능성

判例는 소송절차의 명확성·안정성을 기하기 위해 표시주의·외관주의가 관철되어야 하는 것이 소송행위이기 때문에 **착오나 사기·강박 등의 하자가 있더라도 민법 제109조, 제110조를 적용하여 취소할 수 없다**고 한다(하자불고려설).[39] 다만, **소취하가 형사상 처벌할 타인의 행위로 인해 이루어져 제451조 1항 5호의 재심사유에 해당할 만큼 충분히 가벌성이 있는 경우에는 그 유죄의 확정판결이 있음을 전제로 소취하의 무효·취소를 주장할 수 있다**고 한다.[40]

제2절 청구의 포기·인낙

I. 서 설

1. 의 의

청구의 포기라 함은 원고가 변론 또는 변론준비절차에서 자기의 소송상 청구가 이유 없음을 스스로 자인하는 법원에 대한 일방적 의사표시를 말하며, 청구의 인낙이란 피고가 자기에 대한 원고의 소송상 청구가 이유 있다고 자인하는 법원에 대한 일방적 의사표시를 말한다.

2. 법적 성질

청구의 인낙은 피고가 원고의 주장을 승인하는 소위 관념의 표시에 불과한 소송상 행위로서 이를 조서에 기재한 때에는 확정판결과 동일한 효력이 발생되어 그로써 소송을 종료시키는 효력이 있을 뿐이고, **실체법상 채권·채무의 발생 또는 소멸의 원인이 되는 법률행위라 볼 수 없다**.[41]

3. 특 징

(1) 당해 소송의 변론에서 법원에 대해 하는 진술

소송 외에서 상대방 당사자나 제3자에 대해 청구의 포기·인낙과 같은 내용의 진술을 하여도 이것은 실체법상의 권리의 포기나 채무의 승인에 불과하다.

(2) 소송상의 청구에 대한 직접적이고 무조건의 불리한 진술

---

39) 대법 2017.11.29, 2017다247503
40) 대법 2001.01.30, 2000다42939
41) 대법 2022.03.31, 2020다271919

1) 자백과의 구별

구 분	청구의 포기·인낙	자 백
대 상	소송물 자체	주요사실
행사자	청구포기 : 원고, 청구인낙 : 피고	어느 당사자나 가능
효 과	사실판단권+법률판단권 배제	사실판단권만 배제
	사회질서에 반하는 청구인낙도 가능	주장자체이유 없는 경우 피고가 자백해도 청구기각판결
	청구의 포기·인낙시 소송종료	자백이 있어도 청구당부 판단 요함
	상고심에서도 가능	상고심에서는 불허

2) **무조건의 불리한 진술** : 가분적 청구의 일부포기·일부인낙은 허용된다. 청구는 인정하나 반대채권과 상계한다, 반대급부의 이행제공이 없으면 이행할 수 없다, 채무는 인정하나 아직 기한미도래라는 따위의 **조건부 또는 유보부인낙은 인낙으로 보지 않는다.**

(3) 다른 소송종료 사유와 비교

1) **재판상화해와 구별** : 한쪽 당사자만의 전면적 양보라는 점에서 양쪽 당사자가 상호 양보한 끝에 소송을 종료시키기로 하는 화해와 차이가 있다.

2) 소취하와의 구별

구 분	청구의 포기·인낙	소의 취하
성 질	소송행위설(통설·판례)	소송행위
효 력	확정판결과 동일	소송계속의 소급적 소멸
재소 가능성	기판력상 불가	재소금지 해당 안 되면 가능
동의 요부	불 요	상대방 응소시 필요
적용범위	변론주의에 의하는 소송	변론주의, 직권탐지주의 모두 가능
하자를 다투는 방법	준재심(제461조)	기일지정신청(규칙 제67조)

II. 요 건

1. 당사자에 대한 요건

청구의 포기·인낙은 소송행위이므로 당사자능력·소송능력 등을 요하며, 대리인의 경우에는 특별수권이 필요하고(제56조 2항, 제90조 2항), 필수적 공동소송의 경우에는 전원이 공동으로 하여야 한다.

2. 소송물에 관한 요건

(1) 변론주의에 의하는 소송일 것

소취하와는 달리 **가사·행정소송 등 직권탐지주의에 의하는 절차에서는 허용되지 않는다.** 다만 회사관계소송에서 청구의 포기는 가능하다. 회사대표소송에서 청구의 포기·인낙을 함에 있어서, **증권관련 집단소송에서는 청구의 포기를 함에 있어서는 법원의 허가를 요**한다(상법 제403조, 증집소 제35조).

(2) 청구의 내용

인낙의 대상으로서의 법률효과는 사회질서에 반하는 것이 아니어야 한다. 다만, **법률효과 자체는 허용되는 것이나 청구원인이 주장 자체로 보아 이유 없는 경우**(도박채권)에도 청구인낙의 효과가 법원의 법률판단권 배제에 있다는 점을 고려할 때 인낙의 대상이 된다고 할 것이다(반대설 있음). 判例도 **소재지관서의 증명이 없더라도 농지이전등기청구의 인낙조서는 무효가 아니**라고 한다.[42]

(3) 소송요건의 구비여부

청구의 포기·인낙은 본안에 관한 확정판결과 동일한 효력이 있으므로 소송요건의 흠결이 있는 경우에는 청구의 포기·인낙에 불구하고 소를 각하하여야 한다.

3. 시 기

소송계속 중이면 어느 때나 가능하다. 따라서 **변론준비절차에서도 가능**하며, **항소심뿐만 아니라 상고심에서도 할 수 있다**. 종국판결선고 후라도 아직 확정 전이면 청구의 포기나 인낙을 위한 기일지정신청을 허용하여야 할 것이다.

III. 절 차

1. 청구의 포기·인낙의 방식

(1) 원 칙

청구의 포기·인낙은 변론기일·변론준비기일에 출석하여 말로 하는 것이 원칙이며, 법원에 대한 소송행위이므로 상대방이 출석하지 아니하여도 할 수 있다. 또한 자백간주와 같이 인낙간주는 있을 수 없으며, **상대방의 승낙을 요하지 않는다**. 가분적 청구의 일부포기는 물론 일부인낙도 허용된다.

(2) 서면 포기·인낙제도의 도입

개정 전의 判例는 준비서면이 진술간주되어도 인낙의 효과는 발생하지 않는다는 입장이 있었으나, **신법은 통설의 견해를 입법화하여 불출석한 당사자가 준비서면에 청구의 포기·인낙의 의사표시를 기재하고 공증사무소의 인증까지 받은 경우에는 청구의 포기·인낙이 성립된 것으로 보도록** 하였다(제148조 2항).

2. 법원의 조치

(1) 조사 결과 무효라고 판단될 때

그대로 심리를 속행하여야 한다.

(2) 유효한 것으로 인정되는 때

① 재판기관은 법원사무관 등으로 하여금 조서에 그 진술을 기재하도록 명하여야 한다(제154조, 제155조,

---

42) 대법 1969.03.25, 68다2024

제160조). ② 조서의 작성방식에 있어서, 그 기일조서에는 청구의 포기·인낙이 있었다는 취지만을 기재하고, 청구의 포기·인낙조서를 별도로 작성하여야 하는 것이 원칙(규칙 제31조)이지만, **별도의 조서를 작성하지 않고 그 기일의 변론조서·변론준비조서에만 포기·인낙의 취지를 기재하여도 무효라고 할 수 없다.**[43] ③ **청구의 포기·인낙이 있으면 그 날부터 1주 안에 그 조서의 정본을 당사자에게 송달하여야** 한다(규칙 제56조).

Ⅳ. 효 과

1. 소송종료효

① 청구의 포기·인낙이 있으면 그 한도에서 소송은 당연히 종료된다. 이를 간과한 채 본안심리가 속행된 경우에는 소송종료선언을 하게 된다. ② 소송계속 중에 생긴 소송비용은 포기나 인낙을 한 당사자를 패소자로 취급하여 그 전액을 그에게 부담시키는 것이 원칙이다. ③ 3년 이내에 당해 심급의 소장·항소장 등에 붙인 인지액의 2분의 1에 해당하는 금액의 환급을 청구할 수 있도록 하였다(민사소송등인지법 제14조). ④ 한편 청구의 포기·인낙이 있는 경우 소송비용에 산입되는 변호사의 보수는 통상의 경우의 2분의 1에서 전액으로 변경되었다(변호사보수의소송비용산입에관한규칙 제5조). ⑤ 상소심에서 포기·인낙이 있을 때에는 그 한도에서 전심의 판결은 당연히 실효된다.

2. 기판력·집행력·형성력

(1) 기판력

포기조서나 인낙조서가 작성되면 상대방에 송달없이도 확정판결과 동일한 효력이 있으므로(제220조) 기판력이 생긴다. **강제집행은 인낙조서에 기초하여서 실시할 수 있다**. 다만 판결에 있어서와 같은 당연무효 사유가 있다면 기판력이 발생하지 않는다. 사망자 상대의 소송, 소송물이 특정되지 않은 소송, 필수적 공동소송에 있어서 공동소송인 중의 1인의 포기·인낙, **예비적 청구만을 대상으로 한 인낙은 그 효력이 발생하지 않는다.**[44]

(2) 기 타

이 밖에 인낙조서의 경우에는 이행청구에 관한 것이면 집행력, 형성청구에 관한 것이면 형성력을 낳는다.

3. 하자를 다투는 방법

(1) 조서작성 전

자백의 철회에 준하여 상대방의 동의를 얻거나 착오를 이유로 철회할 수 있다.

(2) 조서작성 후

무효확인소송이나 기일지정신청은 허용되지 않으며, 준재심의 소(제461조)에 의해 다투어야 한다(즉 무권대리인이 인낙을 하여도 무효는 아니다). 따라서 하자가 있더라도 재심사유에 해당하는 하자가 있을 경우에만

---

[43] 대법 1962.06.14, 62마6
[44] 대법 1995.07.25, 94다62017

효력을 다툴 수 있다.

4. 청구의 인낙과 해제

인낙은 실체법상 채권·채무의 발생원인이 되는 계약과 같은 법률행위가 아니기 때문에, 피고가 인낙조서상의 의무를 이행하지 아니할 때라도 사법상의 계약해제의 법리가 적용될 여지는 없다. 나아가 인낙은 소송행위이므로 그 불이행 또는 이행불능을 이유로 손해배상청구도 할 수 없다.[45]

제3절 재판상 화해

Ⅰ. 서 설

1. 의 의

재판상 화해에는 소송상 화해와 제소전화해가 있다. ① **소송상 화해라 함은 소송계속 중 당사자 쌍방이 소송물인 권리관계에 관한 주장을 서로 양보하여 소송을 종료**시키기로 하는 기일에 있어서의 합의를 말하며, 기일 외 즉 법정 외에서 하는 재판 외의 화해(민법상의 화해계약)와는 구별된다. 여기에는 아무런 소송법상의 효과가 생기지 않는다. 여기서의 기일은 판결절차를 말하지만, 결정절차가 개시된 뒤 그 기일에서 하는 경우도 포함되며, 실무는 보전소송절차에서 본안에 관한 조정·화해가 가능한 것으로 운영하고 있다. ② **제소전 화해는 소제기 전 지방법원 단독판사 앞에서 화해신청을 하여 분쟁을 해결하는 절차**로(제385조), 소송계속 후에 하는 소송상 화해와는 다르나, 그 법적 성질·요건 및 효력에 있어서 대체로 소송상 화해의 법리와 동일하다.

2. 특 징

화해는 ① 간이신속한 분쟁해결방법이라는 점에서 소송지연의 해소책으로서 비용이 절감되며, ② 소송물 이외의 권리나 제3자를 포함시킬 수 있다는 점에서 포괄적인 분쟁해결방법이 된다. 나아가 ③ 감정대립을 중화시키고 법적 평화의 회복에 효과가 있다.

(1) 쌍방이 양보할 것

양보가 한쪽만이고 한쪽이 다른쪽의 주장을 전면적으로 인정한 경우에는 청구의 포기·인낙이지, 소송상의 화해라고 할 수 없다. 양보의 정도·방법에 대해서는 법률상 제한이 없다. 따라서 **원고가 청구의 전부를 포기하고 소송비용의 부담에 관하여서만 피고로부터 양보 받는 화해도 가능**하다.

(2) 포괄적인 분쟁해결 방법

① **소송물 이외의 권리관계도 덧붙여 화해할 수 있다**.[46] 그 한도 내에서 제소전화해가 있는 것으로 볼 것이다.[47] 소송물 이외의 권리관계에도 화해의 효력이 생기려면 그 권리관계가 화해조항에 특정되거나 화해조서에 부가적으로 그 권리관계가 기재되어야 한다.[48] **화해권고결정에서도 마찬가지**이나,[49] 조정에

---

[45] 대법 1957.03.14, 4289민상439
[46] 대법 2008.02.01, 2005다42880
[47] 이 부분에 관하여는 제소전 화해에 준하여 인지를 더 붙이도록 하여야 할 것이다(민인 제7조).

갈음하는 결정은 당사자 사이에 합의가 성립되지 아니한 경우에 조정 담당판사나 수소법원이 직권으로 당사자의 이익이나 그 밖의 모든 사정을 고려하여 신청취지 내지 청구취지에 반하지 않는 한도에서 사건의 공평한 해결을 위하여 하는 결정이므로 그 효력이 소송물 외의 권리관계에 미치는지는 엄격하게 보아야 한다.50) ② **소송상 화해에는 당사자 아닌 보조참가인이나 제3자가 가입할 수도 있으며**,51) 이 경우 화해조서의 내용의 효력이 제3자에게 미친다. 조정조서가 조정참가인이 당사자가 된 법률관계도 내용으로 하는 경우에는 위와 같은 조정조서의 효력은 조정참가인의 법률관계에 관하여도 다를 바 없다.52)

3. 법적 성질

(1) 양행위경합설

다수설의 입장으로 소송상 화해는 실체법적인 법률행위와 소송법상의 소송상 계약이라는 두 가지 요소가 불가분적으로 결합된 것이라고 보는 입장이다.53) 따라서 소송상 화해에 조건을 부과할 수 있으며, 소송상 화해가 실체법적 이유로 무효가 되면 소송절차 역시 종료되지 않고 여전히 소송계속 상태를 유지하며, 그 결과 기일지정신청이나 화해무효확인의 소를 통해 구소송절차를 속행할 수 있다고 한다.

(2) 소송행위설

소송상 화해는 비록 민법상의 화해계약과 그 명칭을 같이하지만, 그 본질은 전혀 다른 소송행위로서 소송법의 원칙에 따라 규율되고, 민법상의 화해계약에 관한 규정의 적용은 배제되는 것이라고 한다. 判例의 주류이다.54) 이렇게 화해의 법적 성질을 소송법적으로 이해하면 화해에 기한 소송종료효는 실체법적 하자에 영향을 받지 않으며, **화해 내용에 조건을 부가하는 것은 무방**하지만 화해의 성립 자체에 조건을 부가할 수는 없게 된다. 다만 우리 大法院은 ① **화해조항 자체에 실효조항을 정한 경우에는 그 조건성취로써 화해의 효력이 실효된다**고 하며,55) ② 제소전화해에 대해 당사자간의 사법상의 화해계약이 그 내용을 이루는 것이어서 화해가 이루어지면 그 창설적 효력에 의해 종전의 권리관계는 소멸된다고 하여56) 소송행위설로 일관하지 못하는 문제점이 있다.

II. 소송상 화해

1. 요 건

(1) 당사자에 대한 요건

소송상 화해가 소송행위로서의 성질을 갖는다면 소송능력을 요하며, **대리인은 특별수권이 있어야 하며**,

---

48) 대법 2013.03.28, 2011다3329; 대법 2011.09.08, 2009다90903
49) 대법 2017.04.13, 2016다274966
50) 대법 2017.04.26, 2017다200771
51) 대법 1985.11.26, 84다카1880
52) 대법 2014.03.27, 2009다104960
53) 이시윤 13판 591면; 정동윤/유병현 641면; 강현중 617면; 다만 화해조서에 대한 준재심을 규정하고 있는 법 제461조에 대한 개정 없이는 학설의 논거가 설득력을 발휘하기 어려운 실정이라는 견해로, 한충수 139면
54) 대법 1962.05.31, 4293민재6
55) 대법 1993.06.29, 92다56056
56) 대법 1988.01.19, 85다카1792

필수적 공동소송의 경우에는 전원이 공동으로 하여야 한다.

(2) 소송물에 관한 요건

1) 화해의 대상 : 화해의 대상인 권리관계가 사적 이익에 관한 것이고 당사자가 자유롭게 처분할 수 있는 것이어야 하므로, 직권탐지주의에 의하는 절차에서는 허용되지 않는다. 大法院은 **처분할 수 없는 사항을 대상으로 조정이나 화해가 허용될 수 없는 것이므로 재심대상판결을 취소한다는 취지의 조정이나 화해는 당연무효로 된다**고 하였고,[57] 주주총회결의의 부존재·무효를 확인하거나 결의를 취소하는 판결이 확정되면 당사자 이외의 제3자에게도 그 효력이 미쳐 제3자도 이를 다툴 수 없게 되므로, **주주총회결의의 하자를 다투는 소에 있어서 청구의 인낙이나 그 결의의 부존재·무효를 확인하는 내용의 화해·조정은 할 수 없고, 가사 이러한 내용의 청구인낙 또는 화해·조정이 이루어졌다 하여도 그 인낙조서나 화해·조정조서는 효력이 없다**고 하였다.[58]

2) 화해조항이 반사회질서 내지 강행법규에 반하는 경우 : **양행위 경합설은 화해조항의 내용이 현행 법상 인정되는 것이어야 하고, 강행법규에 반하거나 사회질서에 위반하면 화해무효확인의 소를 제기할 수 있다**고 한다. 그러나 소송행위설을 따르는 判例는 화해의 내용이 강행법규에 위반되거나, 화해에 이른 동기·경위가 반윤리적·반사회적인 경우에도 준재심에 의하여 취소되지 않는 한 그 화해조서는 무효가 아니라고 보고 있다.[59]

3) 부적법한 소의 경우 : 제소 전 화해가 인정되기 때문에 소송요건이 흠결인 경우에도 화해가 허용된다.

(3) 시 기

소송계속 중이면 어느 때나 가능하며 항소심·상고심에서도 가능하다. 또한 **법원은 소송 정도와 관계없이 화해를 권고할 수 있으며, 변론종결 후에도 화해를 권고할 수 있다**(제145조). **판결선고 후 그 확정 전에 소송상 화해가 성립된 경우에는 그 화해에 의하여 소송이 종료되므로 판결정본은 송달하지 말아야** 한다.

(4) 방 식

1) 원 칙 : 소송상 화해는 변론기일이나 변론준비기일에 양쪽 당사자가 출석하여 말로 하는 것이 원칙이다. 소송대리인이 선임된 사건에서는 화해를 위하여 당사자본인이나 법정대리인의 출석을 명할 수 있다(제145조 2항).

2) 서면화해제도의 도입 : 개정법은 **불출석한 당사자가 진술간주되는 서면에 화해의 의사표시를 기재하고 공증사무소의 인증까지 받은 경우에, 상대방 당사자가 출석하여 그 화해의 의사를 받아들였을 때에는 화해가 성립된 것**으로 보도록 하였다(제148조 3항).

3) 조건부 화해가능성 : 통설인 양행위경합설에 의하면 사적 자치의 원칙상 조건부·기한부 화해가 가능하다고 보지만, 소송행위설에 의하면 절차의 명확성·안정성 때문에 허용되지 않는다고 한다. 그러나 判例는 **재판상 화해에서도 제3자의 이의가 있을 때에 화해의 효력을 실효시키기로 하는 약정이 가능하고

---

[57] 대법 2012.09.13, 2010다97846
[58] 대법 2004.09.24, 2004다28047
[59] 대법 1999.10.08, 98다38760; 대법 2002.12.06, 2002다44014; 대법 2014.03.27, 2009다104977.

그 실효조건의 성취로 화해의 효력은 당연히 소멸된다고 하여 소송행위설을 일관하지 못하고 있다.[60]

2. 소송상 화해의 성립절차

> 제154조(실질적 기재사항) 조서에는 변론의 요지를 적되, 특히 다음 각호의 사항을 분명히 하여야 한다.
> 1. 화해, 청구의 포기·인낙, 소의 취하와 자백
> 2. 증인·감정인의 선서와 진술
> 3. 검증의 결과
> 4. 재판장이 적도록 명한 사항과 당사자의 청구에 따라 적는 것을 허락한 사항
> 5. 서면으로 작성되지 아니한 재판
> 6. 재판의 선고
>
> 민사소송규칙
> 제31조(화해 등 조서의 작성방식) 화해 또는 청구의 포기·인낙이 있는 경우에 그 기일의 조서에는 화해 또는 청구의 포기·인낙이 있다는 취지만을 적고, 별도의 용지에 법 제153조에 규정된 사항과 화해조항 또는 청구의 포기·인낙의 취지 및 청구의 취지와 원인을 적은 화해 또는 청구의 포기·인낙의 조서를 따로 작성하여야 한다. 다만, 소액사건심판법 제2조제1항의 소액사건에서는 특히 필요하다고 인정하는 경우 외에는 청구의 원인을 적지 아니한다.
> 제56조(화해 등 조서정본의 송달) 법원사무관등은 화해 또는 청구의 포기·인낙이 있는 날부터 1주 안에 그 조서의 정본을 당사자에게 송달하여야 한다.

당사자 양쪽의 화해의 진술이 있을 때에는 법원 또는 법관은 그 요건을 심사하여 유효하다고 인정하면 법원사무관등에게 그 내용을 조서에 기재시킨다(제154조 1호). 변론조서·변론준비조서에는 화해가 있었다는 기재만 하고, 별도로 화해조서를 작성하여야 한다. **화해조서에는 법 제153조에 규정된 사항과, 화해조항, 청구취지와 원인을 적는다**(규칙 제31조). 조서의 정본은 화해가 있는 날부터 1주 안에 당사자에게 송달하여야 한다(규칙 제56조). 조서에 기재하기 전에는 화해의 진술을 철회할 수 있지만, 철회의 진술은 양당사자가 일치하여 하지 않으면 안 된다.

3. 소송상 화해의 효과

> 제220조(화해, 청구의 포기·인낙조서의 효력) 화해, 청구의 포기·인낙을 변론조서·변론준비기일조서에 적은 때에는 그 조서는 확정판결과 같은 효력을 가진다.

(1) 소송종료효

화해조서가 작성되면 확정판결과 동일한 효력이 있기 때문에 그 범위에서 소송은 당연히 종료된다. 상급심에서 화해가 이루어진 경우에는 하급심의 미확정의 판결은 당연히 그 효력이 소멸된다. 이 때의 **소송비용은 특별히 정한 바가 없으면 각자 지출한 비용을 부담**한다(제106조). 다만 소송상화해가 준재심의 소(제461조)에 의하여 취소되면 끝났던 소송은 다시 부활한다.

---

[60] 대법 1993.06.29, 92다56056

(2) 기판력

1) **판례의 입장** : 화해조서에는 확정판결과 같이 어떠한 경우에나 기판력을 인정할 것이다. 제220조와 제461조 등 현행법에 충실한 해석이며, 화해의 무효나 취소를 쉽게 인정하면 법적 안정성에 반한다는 점을 논거로 한다. 따라서 **제1화해가 성립된 후에 그와 모순되는 제2화해가 성립되어도 제1화해가 실효되거나 변경되는 것이 아니며 제1화해가 중복제소금지의 원칙에 위배되어 제기된 소송절차에서 이루어진 경우에도 같다**.[61] 이 경우 제2화해가 준재심사유가 된다. 다만 재판상 화해의 기판력은 재판상 화해의 당ㅇ사자가 아닌 제3자에 대하여까지 미친다고 할 수 없다.[62]

2) **검 토** : 판례의 무제한 기판력설은 ① 재심사유는 판결절차의 하자를 염두에 둔 것이기 때문에 실체법상의 하자가 있는 경우에는 화해의 하자에 대한 구체책이 거의 봉쇄되며, ② 화해조서는 이유와 주문의 구별이 없으므로 화해조항 전체에 기판력이 생기게 되어 확정판결의 기판력보다 더 넓게 기판력을 인정하는 불합리한 결과가 발생하고, ③ 실체법상 하자를 다투어 통상의 재판절차에 의한 법원의 판단을 받는 길을 막는 것은 헌법 제27조의 재판청구권을 침해할 소지가 있다는 점에서 타당하다고 할 수 없고, 기판력을 부정하는 입장도 있지만 제220조의 규정과 화해의 하자에 대한 구제수단으로 제461조에서 준재심제도를 규정한 이상 타당하다고 할 수 없다. 결국 실체법상 하자가 없는 경우에만 기판력이 발생한다는 양행위 경합설의 입장이 타당하다.

(3) 집행력

화해조서의 기재가 구체적인 이행의무를 내용으로 할 때에는 집행력을 갖는다(민집 제56조 5호).

(4) 형성력의 발생여부

법률관계의 변경·형성을 목적으로 하는 형성의 소는 법률에 명문의 규정이 있어야 제기할 수 있고 그 판결이 확정됨에 따라 효력이 생긴다. 이러한 형성판결의 효력을 개인 사이의 합의로 창설할 수는 없으므로, 형성소송의 판결과 같은 내용으로 재판상 화해를 하더라도 판결을 받은 것과 같은 효력은 생기지 않는다.[63] 조정에 갈음하는 결정이 확정된 경우에도 마찬가지이다.[64]

4. 화해의 효력에 관한 다툼(하자를 다투는 방법)

(1) 화해조서 기재에 잘못이 있는 경우

화해조서에 명백한 표현상의 오류가 있을 때에는 판결에 준하여 경정(제211조)이 허용되므로, 당사자는 화해조서 경정신청을 할 수 있다.

(2) 재판상화해에 소송상의 하자가 존재하는 경우

1) **확정판결의 무효에 해당하는 사유가 있을 때** : 예컨대 사망자를 상대로 한 화해, 화해조서에 기재

---

61) 대법 1995.12.05, 94다59028
62) 대법 2023.11.09, 2023다256577
63) 대법 2022.06.07, 2022그534
64) 대법 2023.11.09, 2023다256577

된 사항이 특정되지 아니한 경우 등에 화해가 무효임에 관하여는 다툼이 없다. **이 경우 당사자 일방이 화해조서의 당연무효사유를 주장하며 기일지정신청을 한 때에는 법원으로서는 그 무효사유의 존부여부를 가리기 위하여 기일을 지정하여 심리를 하여야 할 것이다.**

    2) 제451조 1항에 해당하는 실체법적·소송법적 하자가 존재하는 경우 : 이 경우는 제461조에 의하여 준재심에 의한 화해의 취소가 가능하다.

(3) 재심사유에 해당하지 않는 실체법상 하자가 존재할 때

    1) 양행위 경합설의 입장 : 제한적 기판력설을 취하는 견해는 화해의 내용에 실체법상 무효·취소원인이 있으면 화해의 무효·취소를 주장할 수 있다고 한다. 그 방법으로 소송종료된 절차의 기일지정을 신청하거나 또는 별소로 화해무효확인의 소를 제기하는 방법이 있다.

    2) 소송행위설의 입장 : 소송상의 요건을 갖춘 화해는 곧바로 소송종료를 가져오고 무제한 기판력이 발생하므로 재심 이외의 방법으로는 이를 다툴 수 없다. 따라서 **강행규정 및 사회질서 위반 등 원시적으로 실체법적 무효인 경우 또는 후발적으로 무효인 경우에도 소송법상 유효하게 성립한 소송상 화해의 효력을 저지하지 못한다. 화해의 성립과정의 사기나 착오와 같은 실체법상 하자는 그것이 재심사유에 해당되어 재심절차에 의한 구제를 받는 이외에는 그 무효를 주장할 수 없다.**[65]

(4) 화해조서상의 의무불이행을 이유로 화해를 해제할 수 있는지 여부

    判例는 소송상의 화해가 사법상의 화해계약이 아님을 들어 **해제 자체가 허용되지 않는다**는 태도이다.[66] 이와 같은 법리는 화해와 동일한 효력이 있는 조정조서에 대하여도 마찬가지이다.[67]

Ⅲ. 제소전 화해

1. 제소전화해의 요건

    ① 당사자가 임의로 처분할 수 있는 권리관계여야 하며, ② 제385조 제1항이 민사상의 '다툼'이라고 하였음에 비추어 현실분쟁이 있을 때에 한한다. 하급심 判例이나 화해절차 이전에 현실의 다툼이 있어야 함을 전제로, 이러한 다툼이 없이 이미 성립된 토지거래계약에 기하여 오로지 토지거래허가제의 적용을 면탈하기 위한 화해 신청은 부적법하다고 한 것이 있다.[68] 제소전화해는 원래의 제도 본지대로 현존하는 민사상 다툼의 해결보다는 이미 당사자간에 성립된 다툼 없는 계약내용을 조서에 기재하여 재판상화해를 성립시키기 위해 이용되는 것이 실무의 현상이고, 우리 判例가 제소전화해조서에 무제한기판력설을 따름을 기화로 강행법규의 탈법을 합법화시키고 뒤에 재판상 다투는 길을 봉쇄하는 방편으로 이용되는 문제점이 있다.

---

65) 사기나 착오와 같은 실체법상 하자를 이유로 소송상 화해를 다툴 수 없다는 것에, 대법 1979.05.15, 78다1094.
66) 대법(전) 1962.02.15, 4294민상914
67) 대법 2012.04.12, 2011다109357
68) 광주지법 1990.04.10, 90자129

2. 신 청

> 제385조(화해신청의 방식) ① 민사상 다툼에 관하여 당사자는 청구의 취지·원인과 다투는 사정을 밝혀 상대방의 보통재판적이 있는 곳의 지방법원에 화해를 신청할 수 있다.
> ② 당사자는 제1항의 화해를 위하여 대리인을 선임하는 권리를 상대방에게 위임할 수 없다.
> ③ 법원은 필요한 경우 대리권의 유무를 조사하기 위하여 당사자본인 또는 법정대리인의 출석을 명할 수 있다.
> ④ 화해신청에는 그 성질에 어긋나지 아니하면 소에 관한 규정을 준용한다.

제소전 화해의 신청은 **서면 또는 말로**(제161조), **청구의 취지·원인과 다투는 사정을 밝혀 상대방의 보통재판적이 있는 곳의 지방법원**에 한다(제385조 1항). 이 경우 당사자는 제소전 화해를 위하여 대리인을 선임하는 권리를 상대방에게 위임할 수 없다(제385조 2항, 쌍방대리 금지). **법원은 필요한 경우 대리권의 유무를 조사하기 위하여 당사자본인 또는 법정대리인의 출석을 명할 수 있다**(제385조 3항). 화해 신청에는 그 성질에 어긋나지 아니하면 소에 관한 규정을 준용하므로(제385조 4항), 신청서 제출시에 분쟁의 목적인 권리관계에 대하여 시효중단의 효력이 생긴다.

3. 법원의 조치

> 제386조(화해가 성립된 경우) 화해가 성립된 때에는 법원사무관등은 조서에 당사자, 법정대리인, 청구의 취지와 원인, 화해조항, 날짜와 법원을 표시하고 판사와 법원사무관등이 기명날인한다.
> 제387조(화해가 성립되지 아니한 경우) ① 화해가 성립되지 아니한 때에는 법원사무관등은 그 사유를 조서에 적어야 한다.
> ② 신청인 또는 상대방이 기일에 출석하지 아니한 때에는 법원은 이들의 화해가 성립되지 아니한 것으로 볼 수 있다.
> ③ 법원사무관등은 제1항의 조서등본을 당사자에게 송달하여야 한다.
> 제388조(소제기신청) ① 제387조의 경우에 당사자는 소제기신청을 할 수 있다.
> ② 적법한 소제기신청이 있으면 화해신청을 한 때에 소가 제기된 것으로 본다. 이 경우 법원사무관등은 바로 소송기록을 관할법원에 보내야 한다.
> ③ 제1항의 신청은 제387조제3항의 조서등본이 송달된 날부터 2주 이내에 하여야 한다. 다만, 조서등본이 송달되기 전에도 신청할 수 있다.
> ④ 제3항의 기간은 불변기간으로 한다.

청구금액이 많고 적음에 관계없이 **지법단독판사의 직분관할**에 속한다(법조 제7조 4항). 다만, **시·군법원 관할구역 내의 사건은 시·군법원판사의 배타적 사물관할**이다(법조 제33조, 제34조).

(1) 화해신청의 요건 및 방식에 흠이 있는 경우

결정으로 이를 각하한다. 이에 대해 신청인은 항고할 수 있다(제439조).

(2) 화해신청이 적법한 경우

화해기일을 정하여 신청인 및 상대방의 출석을 요구한다. 화해기일은 공개할 필요가 없다.

1) 화해가 성립된 경우 : 화해가 성립된 때에는 법원사무관 등은 조서에 당사자, 법정대리인, 청구의 취지와 원인, 화해조항, 날짜와 법원을 표시하고 판사와 법원사무관 등이 기명날인한다(제386조).

2) 화해가 불성립한 경우 : 화해가 성립되지 아니한 때에는 법원사무관등은 그 사유를 조서에 적어야 한다(제387조 1항). 화해불성립조서등본을 당사자에게 송달한다(동조 3항). **기일에 신청인 또는 상대방이 출석하지 아니한 때에는 법원은 화해가 성립하지 않은 것으로 볼 수 있다**(동조 2항). **화해가 성립되지 아니한 경우에 당사자는 소제기신청을 할 수 있다**(제388조 1항). **당사자가 하므로 피신청인도 소제기신청을 할 수 있다. 적법한 소제기신청이 있으면 화해신청을 한 때에 소가 제기된 것으로 본다.** 이 경우 법원사무관 등은 바로 소송기록을 관할법원에 보내야 한다(동조 2항). **소제기신청은 제387조 3항의 조서등본이 송달된 날부터 2주 이내**에 하여야 하나 송달전에도 할 수 있다(동조 3항). 이 기간은 불변기간이다(동조 4항).

(3) 화해 비용

> 제389조(화해비용) 화해비용은 화해가 성립된 경우에는 특별한 합의가 없으면 당사자들이 각자 부담하고, 화해가 성립되지 아니한 경우에는 신청인이 부담한다. 다만, 소제기신청이 있는 경우에는 화해비용을 소송비용의 일부로 한다.

화해비용은 화해가 성립된 경우에는 특별한 합의가 없으면 당사자들이 각자 부담하고, **화해가 성립되지 아니한 경우에는 신청인이 부담**한다. 다만, 소제기신청이 있는 경우에는 화해비용을 소송비용의 일부로 한다(제389조).

4. 제소전 화해의 효력

(1) 소송상 화해와 동일한 효력

제소전 화해가 성립하여 조서에 기재되면 확정판결과 동일한 효력을 가진다(제220조). 집행력을 갖는 데 의문의 여지가 없으며, **기판력에 관하여도 判例는 소송상 화해와 마찬가지로 전면적으로 긍정**하고 있다.

(2) 창설적 효력

判例는 특히 제소전 화해에 있어서는 당사자의 화해계약이 그 내용을 이루어 그 창설적 효력 때문에 종전의 권리·의무관계를 소멸시키고 새로운 권리관계를 창설하는 것으로 일관한다.[69] 이는 화해의 법적 성질에 관하여 소송행위로 파악하는 判例의 기본입장과는 모순된다. 다만 **재판상 화해 등의 창설적 효력이 미치는 범위는 당사자가 서로 양보를 하여 확정하기로 합의한 사항에 한하며, 당사자가 다툰 사실이 없었던 사항은 물론 화해의 전제로서 서로 양해하고 있는데 지나지 않은 사항에 관하여는 그러한 효력이 생기지 아니한다.**[70] 이러한 법률관계는 민사조정법 제29조에 의하여 재판상의 화해와 동일한 효력이 인정되는 민

---

69) 대법 1988.01.19, 85다카1792; 대법 2022.01.27, 2019다299058
70) 대법 2013.02.28, 2012다98225

사조정법상의 조정의 경우에도 마찬가지로 적용된다.[71]

(3) 화해조서취소의 효과

준재심의 소에 의하여 화해조서가 취소되었을 때에는 종전의 소송이 부활하는 소송상 화해와 달리, 제소전 화해의 경우에는 부활할 소송이 없으므로 화해절차의 불성립으로 귀착되는 것이 특징이다.

Ⅳ. 재판상 화해와 동일하게 보는 경우

① 민사조정조서 ② 가사조정조서 ③ 조정에 갈음하는 결정 등은 재판상 화해와 동일한 효력이 있는 것으로 간주된다. 조정은 재판상화해와 같이 확정판결과 동일한 효력이 있어, 기판력·집행력·창설적 효력을 갖는다. 大法院도 **조정은 당사자 사이에 합의된 사항을 조서에 기재함으로써 성립하고 조정조서는 재판상의 화해조서와 같이 확정판결과 동일한 효력이 있으므로 당사자 사이에 기판력이 생기는 것이므로, 거기에 확정판결의 당연무효 등의 사유가 없는 한 설령 그 내용이 강행법규에 위반된다 할지라도 그것은 단지 조정에 하자가 있음에 지나지 아니하여 준재심절차에 의하여 구제받는 것은 별문제로 하고 조정조서를 무효라고 주장할 수 없다**고 하였다.[72] 민주화운동관련자 명예회복 및 보상 등에 관한 법률에 의한 보상금 등의 지급결정도 신청인이 동의한 때에는 재판상 화해의 효력과 동일한 것으로 간주된다(동법 제18조 2항).[73] 다만 공유물분할 조정은 법원의 판단에 갈음하는 것이 아니어서 협의에 의한 공유물분할과 다를 바 없어, 공유물분할 판결이 확정된 경우처럼 기존의 공유관계가 폐기되고 새로운 소유관계가 창설되는 것과 같은 형성적 효력은 조정에서는 없다. 따라서 **이에 의한 물권변동의 효과는 민법 제187조의 판결에 해당되지 아니하여 조정성립시가 아니라 민법 제186조에 따라 등기를 마친 때**이다.[74]

Ⅴ. 화해권고결정

> **제145조(화해의 권고)** ① 법원은 소송의 정도와 관계없이 화해를 권고하거나, 수명법관 또는 수탁판사로 하여금 권고하게 할 수 있다.
> ② 제1항의 경우에 법원·수명법관 또는 수탁판사는 당사자 본인이나 그 법정대리인의 출석을 명할 수 있다.
>
> **제225조(결정에 의한 화해권고)** ① 법원·수명법관 또는 수탁판사는 소송에 계속중인 사건에 대하여 직권으로 당사자의 이익, 그 밖의 모든 사정을 참작하여 청구의 취지에 어긋나지 아니하는 범위안에서 사건의 공평한 해결을 위한 화해권고결정(和解勸告決定)을 할 수 있다.
> ② 법원사무관등은 제1항의 결정내용을 적은 조서 또는 결정서의 정본을 당사자에게 송달하여야 한다. 다만, 그 송달은 제185조제2항·제187조 또는 제194조에 규정한 방법으로는 할 수 없다.

1. 의 의

개정 민사소송법 제225조 이하에서는 **법원, 수명법관 또는 수탁판사는 소송에 계속중인 사건에 대하여**

---

71) 대법 2019.04.25, 2017다21176
72) 대법 2014.03.27, 2009다104960
73) 대법 2015.01.22, 2012다204365
74) 대법(전) 2013.11.21, 2011두1917

언제라도 별도의 조정기일 회부 없이 변론절차에서 직권으로 당사자의 이익, 그 밖의 모든 사정을 참작하여 청구의 취지에 어긋나지 아니하는 범위 안에서 사건의 공정한 해결을 위한 화해권고결정을 할 수 있고, 그 조서 또는 결정서의 정본을 송달받은 날부터 2주일 내에 이의신청이 없는 때에는 그와 같은 화해가 성립한 것으로 보는 규정을 신설하였다.

2. 입법취지

구민사소송법 제135조 1항(현 제145조 1항)에도 법원은 소송의 정도여하에 불구하고 화해를 권고하거나 수명법관 또는 수탁판사로 하여금 권고하게 할 수 있었지만, 이보다도 법원의 명시적이고 공개적인 판단에 따라 화해권고결정을 하고, 불복이 있으면 법정절차에 따르도록 함으로써 그 권고안의 권위와 공정성에 믿음을 주고, 따라서 화해를 성공으로 이끌 수 있도록 하기 위함이 그 취지이다.

3. 절 차

(1) 결정에 의한 화해권고

1) 시 기 : 화해권고결정은 '계속 중인 사건'의 변론절차에서 뿐만 아니라 변론준비절차에서도 할 수 있다. 화해권고결정을 하기 위하여 사전에 당사자에게 제145조에 따른 화해권고를 하였을 필요도 없다. 다만 判例는 보전절차에서 이루어진 화해권고결정은 당사자가 자유로이 처분할 수 있는 권리를 대상으로 할 수 있다고 하여 보전절차에서도 본안에 관한 화해권고결정을 할 수 있다고 한다.[75]

2) 주 체 : 화해권고결정은 수소법원이 하는데, 변론준비절차를 진행하는 재판장이나 수명법관 또는 수탁판사도 그 이름으로 화해권고결정을 할 수도 있다.

3) 직권결정 : 직권결정이므로 당사자는 권고결정에 대한 신청권이 없으나, 그럼에도 당사자가 권고결정 신청을 한다면 법원의 직권발동을 촉구하는 의미를 가질 것이다.

4) 결정서 : 화해권고결정서에는 원칙적으로 청구의 취지와 원인을 적어야 한다(규칙 제57조 1항 본문). 다만 소액사건에 관한 화해권고결정 또는 화해권고결정조서의 경우 특히 필요하다고 인정되는 경우 이외에는 청구원인을 적지 않는다(동조 단서).

(2) 당사자에게 결정서 송달

법원사무관등은 결정서 정본을 당사자에게 송달하여야 한다. 결정서를 따로 작성하지 않고 법원이 화해결정 내용을 조서에만 적었을 경우에는 그 조서 정본을 송달하여야 한다. 결정서 또는 조서를 송달하는 때에는 송달 받고 2주 안에 이의신청을 하지 아니하면 화해권고결정이 재판상 화해와 동일한 효력을 가지게 된다는 것을 당사자에게 고지해야 한다(규칙 제58조). 특히 송달을 함에 있어서는 우편송달, 공시송달의 방법으로는 할 수 없다(제225조 제2항 단서). 우편송달, 공시송달 이외의 방법으로 송달할 수 없는 때에는

---

[75] 대법 2022.09.29, 2022마5873. 그러나 보전절차를 심리하는 법원이 나서서 본안에 관한 화해권고결정을 하는 것은 전혀 다른 문제로, 처분권주의 위반이고, 실정법 위반이다. 화해권고결정은 '소송이 계속 중'인 사건에 대하여 '청구취지에 어긋나지 않는 범위'에서 하도록 되어 있으므로(민소 제225조 제1항), 본안소송의 수소법원에서 할 수 있는 것이고, 본안에 관해서 소송계속이 생기기 전에 다른 법원에서 할 수 있는 것이 아니라며 비판하는 입장에, 호문혁

법원은 화해권고결정을 취소하는 결정을 하여야 한다(규칙 제59조).

(3) 당사자의 이의신청

> 제226조(결정에 대한 이의신청) ① 당사자는 제225조의 결정에 대하여 그 조서 또는 결정서의 정본을 송달받은 날부터 2주 이내에 이의를 신청할 수 있다. 다만, 그 정본이 송달되기 전에도 이의를 신청할 수 있다.
> ② 제1항의 기간은 불변기간으로 한다.
> 제227조(이의신청의 방식) ① 이의신청은 이의신청서를 화해권고결정을 한 법원에 제출함으로써 한다.
> ② 이의신청서에는 다음 각호의 사항을 적어야 한다.
>   1. 당사자와 법정대리인
>   2. 화해권고결정의 표시와 그에 대한 이의신청의 취지
> ③ 이의신청서에는 준비서면에 관한 규정을 준용한다.
> ④ 제226조제1항의 규정에 따라 이의를 신청한 때에는 이의신청의 상대방에게 이의신청서의 부본을 송달하여야 한다.
> 제228조(이의신청의 취하) ① 이의신청을 한 당사자는 그 심급의 판결이 선고될 때까지 상대방의 동의를 얻어 이의신청을 취하할 수 있다.
> ② 제1항의 취하에는 제266조제3항 내지 제6항을 준용한다. 이 경우 "소"는 "이의신청"으로 본다.
> 제229조(이의신청권의 포기) ① 이의신청권은 그 신청전까지 포기할 수 있다.
> ② 이의신청권의 포기는 서면으로 하여야 한다.
> ③ 제2항의 서면은 상대방에게 송달하여야 한다.
> 제230조(이의신청의 각하) ① 법원·수명법관 또는 수탁판사는 이의신청이 법령상의 방식에 어긋나거나 신청권이 소멸된 뒤의 것임이 명백한 경우에는 그 흠을 보정할 수 없으면 결정으로 이를 각하하여야 하며, 수명법관 또는 수탁판사가 각하하지 아니한 때에는 수소법원이 결정으로 각하한다.
> ② 제1항의 결정에 대하여는 즉시항고를 할 수 있다.
> 제232조(이의신청에 의한 소송복귀 등) ① 이의신청이 적법한 때에는 소송은 화해권고결정 이전의 상태로 돌아간다. 이 경우 그 이전에 행한 소송행위는 그대로 효력을 가진다.
> ② 화해권고결정은 그 심급에서 판결이 선고된 때에는 그 효력을 잃는다.

1) 방 법 : **당사자는 화해권고결정에 대하여 그 조서 또는 결정서의 정본을 송달받기 전 또는 송달받은 날로부터 2주 이내에 이의신청서를 화해권고결정을 한 법원에 제출함으로써 이의신청 할 수 있다**(제227조 1항). 2주의 기간은 불변기간이다(제226조). **이의신청을 말로 할 수 없다.** 다만 제출한 서면에 이의한다는 취지가 나타나면 되고, 서면의 명칭은 문제되지 않는다. 判例도 **준비서면 등 다른 명칭을 사용하고 있다고 하여 달리 볼 것은 아니라**고 하였다.[76] 이의신청은 한 쪽 당사자의 신청으로도 적법하다. **당사자는 화해권고결정이 송달된 후에 생긴 사유에 대하여도 이의신청을 하여 새로운 주장을 할 수 있다.**[77] **화해권고결정이 송달된 후의 승계인도 이의신청과 동시에 승계참가신청을 할 수 있다.**[78] 제226조 제1항의 규정에 따라 이의를 신청한 때에는 **이의신청의 상대방에게 이의신청서의 부본을 송달**하여야 한다(제227조 4항).

---

76) 대법 2011.04.14, 2010다5694
77) 대법 2012.05.10, 2010다2558
78) 대법 2012.05.10, 2010다2558

2) 이의신청에 대한 법원의 조치 : ① 법원·수명법관 또는 수탁판사는 이의신청이 법령상의 방식에 어긋나거나 신청권이 소멸된 뒤의 것임이 명백한 경우에는 그 흠을 보정할 수 없으면 결정으로 이를 각하하여야 하며, 수명법관 또는 수탁판사가 각하하지 아니한 때에는 수소법원이 결정으로 각하한다(제230조 1항). 이 결정에 대하여는 즉시항고를 할 수 있다(동조 2항). ② 이의신청이 적법한 때에는 소송은 화해권고결정 이전의 상태로 돌아가며, 소송절차를 속행할 것이다(제232조 1항). 화해권고결정은 그 과정에 있었던 당사자의 진술을 다시 소송절차에서 원용하는 데 제한이 없다(제232조 1항 2문). 이 경우에 화해권고결정은 그 심급의 판결선고로써 그 효력을 잃는다(제232조 2항).

3) 이의신청의 취하·포기 : 이의신청을 한 당사자는 그 심급의 판결이 선고될 때까지 상대방의 동의를 얻어 취하할 수 있으며(제228조 1항), 서면으로 이의신청을 취하하는 경우 이의신청의 서면이 상대방에게 송달된 날로부터 2주 이내에 상대방이 이의를 제기하지 아니한 경우에는 이의신청의 취하에 동의한 것으로 본다(제228조 2항). 이의신청권은 그 신청전까지 포기할 수 있고, 그 포기는 서면으로 하여야 한다(제229조 1항, 2항). 포기의 서면이 제출되면 상대방에게 송달하여야 한다(제229조 1항, 2항).

4. 효 력

> 제231조(화해권고결정의 효력) 화해권고결정은 다음 각호 가운데 어느 하나에 해당하면 재판상 화해와 같은 효력을 가진다.
> 1. 제226조제1항의 기간 이내에 이의신청이 없는 때
> 2. 이의신청에 대한 각하결정이 확정된 때
> 3. 당사자가 이의신청을 취하하거나 이의신청권을 포기한 때

(1) 재판상 화해와 동일한 효력

당사자가 **제226조 1항 기간 내에 이의신청이 없는 때**, 이의신청에 대한 각하결정이 확정된 때, **당사자가 이의신청을 취하**하거나 **이의신청권을 포기**한 때 중 어느 하나에 해당하면 재판상 화해와 동일한 효력을 가진다(제231조). 따라서 확정판결과 동일한 효력이 있는 것이므로(제220조), **화해권고결정은 기판력**·집행력·형성력이 생기고, 判例에 의하면 창설적 효력도 생기며,[79] 집행권원도 된다(민사집행법 제56조 5호). **기판력의 기준시는 화해권고 확정시로서 이의신청이 없거나, 각하·취하의 경우 이의신청기간 만료시가 기준이되며, 포기시는 포기한 때를 기준**으로 한다. 判例도 甲이 乙을 상대로 제기한 상속회복청구소송 중 상속재산인 부동산이 수용되어 乙이 수용보상금을 수령하자 甲이 대상청구로서 금전지급을 구하는 청구로 변경하였고 그 후 甲과 乙 사이에 화해권고결정이 확정되었는데, 甲이 乙이 수령한 보상금 중 甲의 상속분 해당 금원에서 화해권고결정에 따라 받은 금원 등을 공제한 나머지 금원의 지급 등을 구한 사안에서, 甲의 청구는 전소의 금전 청구와 소송물이 동일하여 확정된 화해권고결정의 기판력에 저촉된다는 이유로 甲의 청구를 기각하였다.[80] 일부 당사자가 이의신청을 하지 아니하여 확정되어 그 소송이 종료되었는데 원심이 판결하였다면 그 부분 소송종료선언을 하여야 한다.[81]

---

79) 대법 2012.05.10, 2010다2558
80) 대법 2014.04.10, 2012다29557

(2) 소취하합의의 화해권고결정의 효과

화해권고결정에 '원고는 소를 취하하고, 피고는 이에 동의한다.'는 화해조항이 있고, 이러한 화해권고결정에 대하여 양 당사자가 이의하지 않아 확정되었다면, 화해권고결정의 확정으로 당사자 사이에 소를 취하한다는 내용의 소송상 합의를 하였다고 볼 수 있다. 따라서 **본안에 대한 종국판결이 있은 뒤에 이러한 화해권고결정이 확정되어 소송이 종결된 경우에는 소취하한 경우와 마찬가지로 민사소송법 제267조 제2항의 규정에 따라 같은 소를 제기하지 못한다.**[82]

(3) 참가적 효력의 인정여부

한편 전소가 확정판결이 아닌 화해권고결정에 의하여 종료된 경우에는 확정판결에서와 같은 법원의 사실상 및 법률상의 판단이 이루어졌다고 할 수 없으므로 참가적 효력이 인정되지는 않는다.[83]

---

81) 대법 2010.10.28, 2010다53754
82) 대법 2021.07.29, 2018다230229. 그러나 이러한 화해권고결정으로 실제로 소를 취하한 것과 같은 효과를 낸다고 볼 수는 없다. 원고의 소취하와 피고의 동의는 법원을 향한 단독행위이다. 이를 계약인 소취하 합의와 혼동해서는 안 된다. 그러므로 이러한 내용의 화해권고결정은 소취하를 합의했다는 효과를 낼 뿐이지, 실제로 원고가 소를 취하하고 피고가 그에 동의한다는 행위를 한 효과가 나는 것이 아니다. 당사자들의 소취하 합의로 원고는 소를 취하하고 피고는 그에 대하여 동의할 의무를 부담할 뿐, 소취하의 효과는 생기지 않는다. 그런 상태에서 화해권고결정의 확정으로 소송상화해와 같은 효과가 생겨서(민소 제231조) 소송은 종료된다. 즉 소송은 소취하가 아닌 화해권고결정의 확정으로 종료한 것이다. 그러면 소취하의 여지가 없어져서 결국 소취하 없이 소송이 끝나고 만다는 엉뚱한 결과가 된다는 비판에, 호문혁
83) 대법 2015.05.28, 2012다78184

제3장 종국판결에 의한 소송의 종료

제1절 총 설

Ⅰ. 재판의 의의

재판이라 함은 소송사건에 관하여 법령을 적용하여 행하는 법원 또는 법관의 판단 또는 의사표시로서 이에 의하여 소송법상 일정한 효과가 발생하는 법원의 소송행위를 말한다.

Ⅱ. 재판의 종류

1. 판결·결정·명령

> 제221조(결정·명령의 고지) ① 결정과 명령은 상당한 방법으로 고지하면 효력을 가진다.
> ② 법원사무관등은 고지의 방법·장소와 날짜를 재판의 원본에 덧붙여 적고 날인하여야 한다.
> 제224조(판결규정의 준용) ① 성질에 어긋나지 아니하는 한, 결정과 명령에는 판결에 관한 규정을 준용한다. 다만, 법관의 서명은 기명으로 갈음할 수 있고, 이유를 적는 것을 생략할 수 있다.
> ② 이 법에 따른 과태료재판에는 비송사건절차법 제248조 및 제250조 가운데 검사에 관한 규정을 적용하지 아니한다.

	판 결	결 정	명 령
주체	법원	법원	법관
심리방식	필요적 변론	임의적 변론	임의적 변론
대상	중간적 종국적 판단	소송절차의 부수적 사항, 강제집행, 비송사건	
비용부담자 결정	요함	불 요	
이유기재	생략 불가	생략 가능	
성립과 효력발생	판결서 작성	조서의 기재로 대용 可	
	서명날인	기명날인	
	선고로써 성립·효력	원본을 법원사무관에게 교부시 성립, 고지로 효력발생[1]	
고지방법	정본송달(제210조 2항)	상당한 방법으로 고지, 등본으로 송달해도 무방[2]	
불복방법	항소·상고	항고·재항고	
기속력	있음	원칙적으로 기속되지 않는다.	

2. 종국적 · 중간적 재판

종국적 재판	• 사건에 대해 종국적 판단을 함으로써 그 심급을 이탈시키는 재판 • 종국판결, 대리인선임명령불응시 소·상소각하결정(제144조 4항), 화해권고결정(제225조), 이행권고결정(소액사건심판법), 소송비용액확정결정(제110조), 소장각하명령(제254조)
중간적 재판	• 종국적 재판의 준비 내지 전제로서 심리 중 쟁점이 된 사항에 대해 판단하는 재판으로 독립하여 불복신청을 할 수 없다.

3. 명령적 · 확인적 · 형성적 재판

명령적 재판	• 의무부과 내지 부작위를 요구하는 내용의 재판 • 이행판결, 문서제출명령, 증인출석명령, 주택임대차등기명령
확인적 재판	• 현재의 권리 또는 법률관계의 확정 또는 증서진부확인을 내용으로 하는 재판 • 확인판결, 제척의 재판(제42조), 소송비용액 확정결정
형성적 재판	• 권리관계의 발생·변경·소멸을 내용으로 하는 재판 • 형성판결, 기피의 재판, 전부명령

제2절 판 결

제1관 판결의 종류

Ⅰ. 중간판결

1. 서 설

> 제201조(중간판결) ① 법원은 독립된 공격 또는 방어의 방법, 그 밖의 중간의 다툼에 대하여 필요한 때에는 중간판결(中間判決)을 할 수 있다.
> ② 청구의 원인과 액수에 대하여 다툼이 있는 경우에 그 원인에 대하여도 중간판결을 할 수 있다.

(1) 의 의

중간판결이란 종국판결 전에 **독립한 공격 또는 방어방법 기타 중간의 다툼에 대하여 심리를 완료**하거나 청구의 원인과 액수에 대하여 다툼이 있는 경우에 그 쟁점을 정리하기 위하여 하는 재판으로서 종국판결의 전제로 되는 확인적 판결을 말한다(제201조).

(2) 특 징

---

1) 대법 2013.07.31, 2013마670; 대법 2014.10.08, 2014마667; 다른 특별한 사정이 없는 한 그 결정을 작성한 날짜에 이것이 법원서기관 등에게 교부된 것이라고 추정한다는 것에, 대법 1974.03.30, 73마894
2) 대법 2003.10.14, 2003마1144

중간확인의 소에 대한 회답인 중간확인판결과는 전혀 다르며, 중간판결사항을 중간판결로 정리할 것이냐 종국판결의 이유 속에서 판단하느냐는 법원의 재량이나 판결서 작성의 번거로움 때문에 중간판결은 거의 활용되지 않는다.

2. 중간판결사항

(1) 독립한 공격방어방법을 배척할 때

다른 공격방어방법과 분리·독립하여 심판할 수 있고, 그것만으로써 본소를 유지 또는 배척하기에 충분한 것을 독립한 공격방어방법이라 한다. 독립한 공격방어방법을 판단한 결과 이유 있어 곧바로 청구를 인용 또는 기각하기에 이르면 종국판결(제198조)을 하여야 하므로, 그렇지 아니한 독립한 공격방어방법을 배척할 경우에 한하여 중간판결을 할 수 있다.

(2) 중간의 다툼

독립한 공격방법에 속하지 않는 소송상의 사항에 관한 다툼, 즉 이를 해결하지 않으면 청구 자체에 대한 판단에 들어갈 수 없는 소송상의 선결문제에 관한 다툼으로서 관할의 유무, 소송요건의 존부, 소취하의 효력유무, 소송승계의 유무 등에 관한 다툼을 말한다. 다만 소나 상소가 적법하거나 소의 취하가 무효일 때에는 중간판결을 할 것이나, 그와 반대일 때에는 종국판결을 하여야 한다.

(3) 원인판결

청구의 원인이란 청구에 관한 일체의 권리나 법률관계 중에서 액수를 제외한 사실의 전부를 말한다. 소송상 청구 중 원인과 액수 모두에 관하여 다툼이 있는 경우 그 원인사실이 인정되어야만 액수에 관한 심리가 필요할 것이므로, 우선 원인에 관하여 중간판결을 할 실익이 있다. 이를 원인판결이라고 한다.

(4) 상소심의 환송판결

判例는 한때 "상소심의 입장에서는 그 심급의 계속에서 이탈되는 것이나, 그 사건의 본안으로서는 환송판결로서 종결되었다고 할 수 없다"고 하여 중간판결이라고 보았으나, 견해를 바꾸어 청구가 이유 있다 없다의 사건본안 자체의 종국이 아니라 당해 심급에 있어서의 소송절차의 완결을 종국판결로 보아야 하므로 환송판결을 종국판결로 파악한다.[3]

3. 효 력

(1) 자기구속력

중간판결이 내려지면 판결을 한 당해 심급의 법원은 중간판결의 주문에 표시된 판단에 기속되어 스스로 취소변경할 수 없고, 나중에 종국판결을 할 때에는 중간판결의 주문에 표시된 판단을 기초로 하여야 한다. 만약 중간판결의 판단이 그릇된 것이라 하여도 이에 저촉되는 판단을 할 수는 없다.[4] 그러나 기판력과 집행력은 없다.

---

[3] 대법(전) 1995.02.14, 93재다27·34
[4] 대법 2011.09.29, 2010다65818

(2) 실권효

당사자는 중간판결에 즈음한 변론 전에 제출할 수 있었던 공격방어방법은 그 뒤의 변론에서 제출할 수 없다. 다만 중간판결의 기속력은 당해 심급에서만 미치기 때문에 상급심에서는 시기에 늦은 것이 아니면 이를 뒤집기 위한 공격방어방법의 제출에 제약이 없다.

(3) 독립상소불가

중간판결은 독립하여 상소할 수 없고, 종국판결이 나기를 기다려 이에 대한 상소와 함께 상급심의 심판을 받을 수 있는데 그친다(제392조). 나아가 **종국판결이 아니므로 원칙적으로 소송비용에 대한 재판을 해서는 안 된다**.

II. 종국판결

1. 의 의

> 제198조(종국판결) 법원은 소송의 심리를 마치고 나면 종국판결(終局判決)을 한다.

종국판결이란 소 또는 상소에 의하여 계속된 사건의 전부나 일부에 관하여 당해심급에서 완결할 목적으로 하는 판결을 말한다(제198조). 본안판결·소각하판결·소송종료선언·**상급심의 환송판결**이나 이송판결 등이 이에 속한다.

2. 전부판결과 일부판결

(1) 전부판결

1) 의 의 : 전부판결이란 동일소송절차에서 심판되는 사건의 전부를 동시에 완결시키는 종국판결을 말한다. 법원은 사건의 전부에 대해 심리를 완료한 때에는 전부판결을 해야 하는 것이 원칙이다. 소의 객관적 병합, 반소, 변론의 병합 등의 경우에 그 수개의 청구에 대해 동시에 1개의 판결을 행한 경우에도 그 판결은 1개의 전부판결이 된다(통설·判例).

2) 특 징 : 전부판결은 1개의 판결이므로 그 일부에 대한 상소가 있더라도 사건 전부에 대해 이심 및 확정차단의 효과가 생긴다(상소불가분의 원칙). 다만, 통상공동소송의 경우는 예외이다(공동소송인 독립의 원칙 때문에).

(2) 일부판결

1) 서 설

> 제200조(일부판결) ① 법원은 소송의 일부에 대한 심리를 마친 경우 그 일부에 대한 종국판결을 할 수 있다.
> ② 변론을 병합한 여러 개의 소송 가운데 한 개의 심리를 마친 경우와, 본소(本訴)나 반소의 심리를 마친 경우에는 제1항의 규정을 준용한다.

① 일부판결의 의의 : 일부판결이란 동일소송절차에서 심판되는 사건의 일부를 다른 부분으로부터 분리하여 먼저 완결시키는 종국판결을 말한다(제200조 1항). 심급을 완결하는 종국판결이라는 점에서 종국판결을 하기에 앞서 소송의 진행 중 당사자간에 쟁점이 된 사항에 대하여 미리 정리·판결하는 중간판결과 구별된다. 이 때 판결하지 않은 나머지 부분은 그 심급에서 심리가 속행되는데, **추후에 이를 완결하는 판결을 잔부판결**이라 한다.

② 제도적기능(장·단점) : 일부판결제도는 한편으로는 복잡한 소송의 심리를 간략하게 하는 동시에 당사자에게 일부분이나마 조속한 확정판결을 얻게 하여 주는 실익이 있으나, 다른 한편으로는 일부판결은 독립하여 상소의 대상이 되기 때문에 사건의 일부는 상소심에, 나머지는 원심에 계속하는 결과로 되어 소송불경제와 재판의 모순을 초래할 수 있다. 그리하여 일부판결을 할 수 있는 경우에도 이를 할 것인가의 여부는 법원의 재량에 맡겨져 있다(제200조).

2) **일부판결의 허용여부** : 소송의 일부의 심리를 완료한 때, 변론을 병합한 수 개의 소송 중 1개, 본소·반소 중 어느 하나의 심리를 완료한 때에는 일부판결이 허용되지만, 만약 일부판결 후 잔부판결이 법률상 허용될 수 없는 경우에는 일부판결이 허용될 수 없다. 일부판결이 문제되는 경우를 구체적으로 검토한다.

① 하나의 청구의 일부에 대한 경우 : 청구의 내용이 가분적이며 그 수액이 확정된 부분은 일부판결을 할 수 있다. 예를 들어 토지인도청구 중 특정부분의 인도, 금 1,000만원의 지급청구 중 다툼없는 확정된 액의 지급 따위는 허용된다.

② 단순병합의 경우 병합된 청구간에 관련성이 없으므로 일부 청구에 관하여 심리가 완료되었을 때에는 일부판결을 할 수 있다. 다만 단순병합 중 관련적 병합의 경우 청구간에 공통된 사실이 주요쟁점이 되므로 일부판결을 할 수 없다는 견해가 다수입장이나 단지 부적합할 뿐이라는 견해도 있다.

③ **선택적병합과 예비적병합은 청구간에 일정한 관련성을 필요로 하므로 일부판결이 불허**된다. 그러나 선택적병합의 경우 병합된 청구가 논리적으로 양립이 가능하므로 일부판결이 허용된다는 견해도 있다.

④ 통상의 공동소송의 경우에는 공동소송인 독립의 원칙이 적용되므로 허용된다. 따라서 **연대채무자인 수 명의 피고 중 일부 피고에 대해서만 심리를 마친 경우 심리를 마친 일부 피고에 대하여만 판결을 선고할 수 있다.**

⑤ **필수적공동소송**, 독립당사자참가소송, 주관적·예비적 공동소송은 합일확정의 필요성이 있어서 일부판결이 불허된다.

⑥ 반소가 제기된 경우 **본소와 반소 중 어느 하나가 먼저 심리가 완료되었을 때에는 일부판결**을 할 수 있다.

⑦ 본소와 반소가 동일 목적의 형성청구인 때와, 그 소송물이 동일한 법률관계인 때는(동일부동산에 대하여 원고의 소유권확인의 본소와 피고의 소유권확인의 반소) 일부판결을 할 수 없다.

⑧ 변론이 병합된 경우 : 변론을 병합한 수 개의 소송중 그 1개의 심리를 완결한 경우에 일부판결을 할 수 있다(제200조 2항). 그러나 합병무효의 소(상법 240조)와 같이 법률상 병합이 요구되는 경우에는 일부판결을 할 수 없다.

	일부판결 가능	일부판결 불가
1개의 청구	가분채권에서 수액이 확정된 부분	불가분 채권
청구병합	단순병합, 단 관련적 병합은 설대립	선택적·예비적 병합
반소	가능	동일목적의 형성청구, 동일한 법률관계
공동소송	통상공동소송	필수적 공동소송과 준용되는 소송
변론병합	가능	법률상 병합이 요구되는 경우

3) 일부판결의 효력

① 일부판결도 소송의 그 부분에 관하여는 종국판결이므로 독립하여 상소의 대상이 된다. 상소에 의한 이심의 효력은 전부판결과는 달리 일부에만 미친다. 상소기간도 그 일부판결의 정본이 송달된 때로부터 진행되며 따라서 일부판결은 독립하여 확정되게 된다.

② 일부판결을 할 수 없는 경우에 일부판결한 경우 위법한 판결이다. 이 때에는 잔부에 관하여 별개의 판결을 하는 것이 허용되지 않고 그 형식은 일부판결이라도 전부판결로 취급하여야 한다. 따라서 확정전이면 판단누락으로 상소, 확정 후면 재심제기(제451조 1항 9호)가 가능하다.

③ 소송비용의 재판은 사건을 완결하는 잔부판결에서 하는 것이 일반적이나 일부판결에서도 그 부분에 대한 소송비용의 재판을 할 수 있다(제104조).

4) 추가판결과의 관계

> 제212조(재판의 누락) ① 법원이 청구의 일부에 대하여 재판을 누락한 경우에 그 청구부분에 대하여는 그 법원이 계속하여 재판한다.

① 일부판결이 허용되는 경우 **법원이 청구의 전부에 대하여 재판할 의사로 재판을 하였지만 객관적으로는 청구의 일부에 대하여 재판을 누락하였을 때(제212조)는 추가판결로서 완결**하여야 한다. 따라서 이 경우 누락부분에 대한 **상소는 불복의 대상이 부존재하여 부적법**하다.[5]

② 재판의 누락이 있는지 여부는 우선 주문의 기재에 의하여 판정하여야 하고, 판결이유에서 청구가 이유 없다고 설시하고 있더라도 주문에서 설시가 없으면 특별한 사정이 없는 한 재판의 누락이 있다고 보아야 한다.[6] 반소가 제기된 경우에 본소만 판단하고 반소에 관한 판단을 빠뜨린 경우,[7] 소유권이전등기말소청구만 판단하고 소유권확인청구부분은 판결을 하지 않은 경우, 원금청구부분만 판단하고 확장된 지연손해금 청구부분을 판단하지 않은 경우,[8] 원고가 실제 감축한다고 한 것보다 더 많은 부분을 감축한다고 보아 판결선고한 경우,[9] 적법한 일부 당사자표시정정을 법원이 부적법한 당사자변경으로 오인하여 변경 전의 당사자 명의의 판결을 한 경우,[10] 이혼판결을 하면서 직권으로 정할 피성년자인 자녀에 대한 친권자 및 양육자

---

5) 대법 2005.05.27, 2004다43824
6) 대법 2017.12.05, 2017다237339; 대법 2009.05.28, 2007다354
7) 대법 1989.12.26, 89므464; 대법 1981.03.24, 80다1888·1889
8) 대법 1996.02.09, 94다50274
9) 대법 1997.10.10, 97다22843
10) 대법 1996.12.20, 95다26773

판결을 빠뜨린 경우[11] 소송비용의 재판을 누락한 때에는 법원은 직권 또는 당사자의 신청에 의하여 그 소송비용에 대한 재판을 하여야 한다(제212조 제2항).

③ **재판의 누락이 있어 추가판결이 이루어진 경우 추가판결과 전의 판결은 각각 별개의 판결로서 상소기간도 개별적으로 진행**한다. 그러나 전의 판결의 기속력 때문에 그 결과를 토대로 삼아야 한다. 일부판결이 허용되지 않는 소송에서는 재판의 누락이 있을 수 없으므로 추가판결로 시정할 것이 아니라, 빠뜨린 것이 있다면 판단누락의 일종으로 보아 상소 또는 재심(제451조 제1항 9호)으로 다투어야 한다.[12]

3. 소송판결과 본안판결

(1) 소송판결

소송요건의 흠결을 이유로 소 또는 상소를 부적법 각하하는 판결을 말한다. 소송종료선언 · 소각하판결 · 상소각하판결 · 소취하무효선언판결(규칙 제67조)이 이에 속한다.

(2) 본안판결

소에 의한 청구가 이유 있는지 여부를 재판하는 종국판결을 말하며, 소송요건이 모두 갖추어져 있음을 전제로 청구를 인용 · 기각하는 판결이다. 청구인용(원고승소) 판결은 소의 유형에 따라 이행 · 확인 · 형성판결로 나누며, 청구기각(원소패소)판결은 모두 확인판결이다.

(3) 양자의 차이

소송판결은 ① 필요적 변론원칙이 적용되지 않고(제219조, 제413조), ② 잘못 판단된 때에 상소심의 필수적 환송사유가 되고(제418조), ③ **기판력이 생겨도 뒤에 보정하면 재소가 가능**하고, ④ 소취하 후의 재소금지원칙(제267조 제2항)이 적용되지 않는 점에서 본안판결과 차이가 있다.

제2관 판결의 성립

Ⅰ. 판결내용의 확정

1. 직접주의 요청

법원은 심리가 판결하기에 성숙한 때에는 변론을 종결하고 판결내용의 확정에 들어가게 되는데, 직접심리주의의 요청상 변론에 관여한 법관이 판결내용을 확정한다(제204조). 변론종결 뒤 판결내용이 정해지지 않는 동안에 법관이 바뀌면 변론을 재개(제142조)하여, 당사자에게 종전의 변론결과를 진술시키고 판결하여야 한다(제204조 제2항). 판결의 내용확정 후이면 변론에 관여한 법관이 바뀌어 판결원본에 서명날인할 수 없어도 합의체의 다른 법관이 그 이유를 기재하면 되므로(제208조 제4항), 판결의 성립에 영향이 없다.

---

11) 대법 2015.06.23, 2013므2397.
12) 독립당사자참가에서(대법 1981.12.08, 80다577), 선택적 병합의 경우에(대법 1998.07.24, 96다99), 예비적 병합에 대해서(대법 2000.11.16, 98다22253), 선택적 예비적 공동소송에서(대법 2008.03.27, 2005다49430) 재판의 누락이 아니라 판단의 누락으로 판시하고 있다.

2. 판결내용 확정절차

단독사건의 경우에는 단독판사의 의견에 의해, 합의부사건의 경우에는 구성법관의 합의에 의해 그 내용이 확정된다. 합의는 재판장이 주재하며 공개하지 않는다(법원조직법 제65조). 합의에 있어서 관여법관의 의견이 일치하지 않을 때에는, 헌법 및 법률에 다른 규정이 없으면 과반수의 의견으로 결정한다. 다만 대법원의 전원합의체에서 2설이 분립되어 어느 것도 과반수에 달하지 못하는 때에는 원심재판을 변경할 수 없다.

Ⅱ. 판결서(판결원본)

1. 의 의

판결내용이 확정되면 법원은 이를 서면으로 작성한다. 이 서면을 판결서 또는 판결원본이라 한다. 판결서는 판결선고에 앞서 작성하여야 한다(제206조 참조).

2. 판결서의 기재사항

> **제208조(판결서의 기재사항 등)** ① 판결서에는 다음 각호의 사항을 적고, 판결한 법관이 서명날인하여야 한다.
> 1. 당사자와 법정대리인
> 2. 주문
> 3. 청구의 취지 및 상소의 취지
> 4. 이유
> 5. 변론을 종결한 날짜. 다만, 변론 없이 판결하는 경우에는 판결을 선고하는 날짜
> 6. 법원
> ② 판결서의 이유에는 주문이 정당하다는 것을 인정할 수 있을 정도로 당사자의 주장, 그 밖의 공격·방어방법에 관한 판단을 표시한다.
> ③ 제2항의 규정에 불구하고 제1심 판결로서 다음 각호 가운데 어느 하나에 해당하는 경우에는 청구를 특정함에 필요한 사항과 제216조제2항의 판단에 관한 사항만을 간략하게 표시할 수 있다.
> 1. 제257조의 규정에 의한 무변론 판결
> 2. 제150조제3항이 적용되는 경우의 판결
> 3. 피고가 제194조 내지 제196조의 규정에 의한 공시송달로 기일통지를 받고 변론기일에 출석하지 아니한 경우의 판결
> ④ 법관이 판결서에 서명날인함에 지장이 있는 때에는 다른 법관이 판결에 그 사유를 적고 서명날인하여야 한다.

(1) 당사자와 법정대리인

소송대리인의 표시는 송달의 필요상 표시하는 것에 불과하며, 필요적 기재사항은 아니다.

(2) 주 문

소의 결론부분인 본안에 관한 주문을 쓰고 **소송비용의 부담** 및 가집행선고(제213조)나 그 면제선고도 함께 주문에 기재함이 원칙이다. 기판력의 객관적 범위를 정하는 기준(제216조)과 강제집행의 기초가 된다. 판결주문은 내용이 특정되어야 하고 청구를 인용하고 배척하는 범위를 명확하게 특정할 수 있도록 기재

하여야 한다.13) 판결주문이 불명확하여 집행불능에 이를 경우에는 상소에 의한 취소사유이며,14) 확정되어도 무효로 된다. 채권자대위소송에서는 기판력의 주관적 범위를 확정하는 의미에서 판결주문에서 당사자에 준하여 소외인인 채무자를 특정할 필요가 있다.15)

(3) 청구의 취지 및 상소의 취지

제1심판결의 경우에는 소장기재의 청구취지, 상소심판결에 있어서는 상소장기재의 상소의 취지를 표시하게 되어 있다. 이는 법원의 심판의 대상과 범위를 명백히 하여 소송물을 밝히면서 기판력의 객관적 범위를 파악케 하려는 취지이다. 다만 청구취지나 상소의 취지가 일부 빠졌다고 하더라도 이에 대한 판단누락이 없는 한 상고이유가 되지 않는다는 것이 判例의 입장이다.16) 원고가 전부승소한 경우에는 「주문과 같다」라고 기재하면 되나, 원고의 전부·일부패소의 경우에는 청구의 취지를 그대로 옮겨 기재할 것이다.

(4) 이 유

이유는 주문의 정당함을 인정할 수 있을 정도로 기재하면 된다(제208조 제2항). 판결에 이유를 기재하도록 하는 법률의 취지는 법원이 증거에 의하여 인정한 구체적 사실에 법규를 적용하여 결론을 도출하는 방식으로 이루어진 판단과정이 불합리하거나 주관적이 아니라는 것을 보장하기 위하여 그 재판과정에서 이루어진 사실인정과 법규의 선정, 적용 및 추론의 합리성과 객관성을 검증하려고 하는 것이므로, 판결의 이유는 그와 같은 과정이 합리적·객관적이라는 것을 밝힐 수 있도록 그 결론에 이르게 된 과정에 필요한 판단을 기재하여야 하고, 그와 같은 기재가 누락되거나 불명확한 경우에는 민사소송법 제424조 제1항 제6호의 상고이유가 된다.17) 법률적용에 있어서는 해석상 다툼이 있는 경우 외에는 법률적용의 결과만 표시하면 되고, 그 적용·해석의 이론적 근거, 적용법조 같은 것은 명시할 필요 없다. 따라서 법원의 판결에 **당사자가 주장한 사항에 대한 구체적·직접적인 판단이 표시되어 있지 않더라도 판결 이유의 전반적인 취지에 비추어 그 주장을 인용하거나 배척하였음을 알 수 있는 정도라면 판단누락이라고 할 수 없고**, 설령 실제로 판단을 하지 아니하였다고 하더라도 그 주장이 배척될 경우임이 분명한 때에는 판결 결과에 영향이 없어 판단누락의 위법이 있다고 할 수 없다.18)

(5) 변론을 종결한 날짜

무변론판결의 경우에는 판결을 선고하는 날짜를 기재한다. 이는 기판력의 시적 범위에 있어서 표준시점이 된다.

(6) 법 원

판결서에 서명날인하는 법관이 소속한 관서로서의 법원을 의미한다. 법원은 판결서의 첫머리에 표시한다.

---

13) 대법 2018.02.28, 2017다270916; 대법 2012.12.13, 2011다89910·89927
14) 대법 1962.10.11, 62다422
15) 대법 1995.06.19, 95그26
16) 대법 1964.06.23, 63다1014
17) 대법 2021.02.04, 2020다259506
18) 대법 2017.12.05, 2017다9657; 대법 2018.07.20, 2016다34281; 대법 2018.10.25, 2016다42800·42824·42831; 대법 2017.12.13, 2015다61507; 대법 2019.01.31, 2016다215127; 대법 2019.01.31, 2017다289903; 대법 2019.09.26, 2017두48406; 대법 2021.05.07, 2020다292411; 대법 2022.11.30, 2021다287171

(7) 법관의 서명날인

판결서에는 변론에 관여한 법관의 서명날인을 요한다(제208조 제1항). 만일 변론에 관여한 법관의 서명날인이 없는 때에는 판결원본이 있다 할 수 없고, 따라서 판결원본에 의한 판결선고가 아니기 때문에 선고의 효력이 없다는 것이 判例이다.[19] 다만 합의 및 판결서 작성에 관여한 법관이 판결원본에 서명날인하는 데 지장이 있으면 다른 법관이 그 사유를 적고 서명날인한다(동조 제4항). 판결서에 정정한 곳에는 날인이 관행이나, 날인하지 아니하였다고 하여 무효가 아니며,[20] 간인이 관행이나 법률이 특별히 요구하고 있는 것은 아니다.[21]

3. 이유기재의 생략·간이화의 특례

(1) 취 지

판결문 특히 판결이유작성에 들이는 법관의 노력을 경감하고 이를 경제화할 수 있다면 보다 신속한 사건처리가 가능할 수 있으며, 소송촉진에 이바지할 수 있기에 판결이유기재의 간이화문제는 평이한 내용의 판결서작성의 문제와 함께 오늘날 소송법의 중요과제로 되어 있다.

(2) 민사소송법상의 제도

1) **모든 절차에서 이유기재 간이화(제208조 2항)** : 개정법은 판결서의 이유에 당사자의 주장, 그 밖의 공격방어방법의 전부에 관한 판단을 표시하도록 하고 있는 것을 수정하여, "**주문이 정당하다는 것을 인정할 수 있을 정도로 당사자의 주장, 그 밖의 공격·방어방법에 관한 판단을 표시**"하고 일부 주장 및 공격방어방법에 관해서는 그 판단을 생략할 수 있도록 하였다.[22] 이 개정규정은 심급에 관계없이 모든 민사판결에 적용되고(제408조, 제425조), 이로써 획기적인 판결이유 기재의 간이화에 관한 법적 토대가 마련되었다고 할 수 있다.

2) **제1심에서의 간이화(제208조 3항)** : 개정법률은 **제1심판결 중** 당사자 사이에 사실상 다툼이 없는 유형의 사건인 **무변론판결, 자백간주, 공시송달사건에 대한 판결의 이유는 기판력의 범위를 확정하는데 필요한 "청구를 특정함에 필요한 사항과 상계항변의 판단에 관한 사항"만을 간략하게 표시**할 수 있도록 하였다.[23] 이러한 기재사항까지 모두 생략하게 되면 판결문만으로는 기판력이 미치는 범위를 알 수 없어 기록의 보존기간이 경과하면 기판력을 확정할 수 없는 문제가 발생하고, 집행단계에서도 여러 가지 어려운 문제가 발생하기 때문이다. 이 개정규정은 제1심 판결에 적용되고 합의사건 및 단독사건을 불문하나, 소액사건에 관해서는 적용되지 아니한다.

3) **항소심판결에서의 이유기재** : 제420조는 항소심에서 판결이유를 적을 때에는 제1심 판결을 인용할

---

19) 대법 1956.11.24, 4289민상236
20) 대법 1962.11.01, 62다567
21) 대법 1966.07.05, 66다844
22) 판결서의 이유에는 주문이 정당하다는 것을 인정할 수 있을 정도로 당사자의 주장, 그 밖의 공격·방법에 관한 판단을 표시하면 되고(제208조 2항), 당사자의 모든 주장이나 공격·방어방법에 관하여 판단할 필요가 없다는 것에, 대법 2019.09.26, 2017두48406.
23) 항소심에서는 제208조 제3항 3호를 적용하여 판결이유를 간략하게 기재할 수 없다는 것에, 대법 2021.02.04, 2020다259506

수 있도록 하여 이유기재의 간이화를 도모하고 있으나, 제1심 판결이 제208조 3항에 따라 작성된 경우에는 그러하지 아니하다.24)

(3) 기타 법규에서 판결이유기재의 간이화

1) 소액사건심판법 : 소액사건에 대해서는 제208조 3항이 적용되지 않고, **소액사건심판법 제11조의 2 규정에 의하여 판결이유 전체의 생략이 가능**하다.

2) 상고심절차에관한특례법 : 동 특례법상의 **상고이유서 부제출 또는 심리불속행을 이유로 상고기각판결을 할 경우 판결이유를 기재하지 않아도 된다**(동법 제5조 1항).

III. 판결의 선고

1. 판결의 효력발생

> 제205조(판결의 효력발생) 판결은 선고로 효력이 생긴다.

판결은 선고에 의하여 대외적으로 성립되고 효력이 발생한다(제205조). 단 **심리불속행, 상고이유서부제출에 의한 상고기각판결은 송달로써 효력이 발생**한다(상특법 제5조 2항). 판결이 선고되면 기속력이 생기기 때문에 그 뒤에는 취소·변경하지 못한다.

2. 선고기일

(1) 선고기일의 통지

변론을 연 경우는 물론이고 변론 없이 선고하는 경우에도 선고기일은 재판장이 이를 미리 지정하여 당사자에게 고지하거나 기일통지할 것을 요한다. 이러한 절차를 거치지 않고 선고한 판결은 위법하다.25) 그러나 선고기일을 추후에 지정하기로 하였다가 새로 지정한 판결선고기일에 관하여 적법한 통지 및 출석요구가 이루어지지 않은 채 판결이 선고된 경우에도 적법한 기일 내에 항소를 제기하여 항소심의 심리 및 재판을 받은 이상은 그와 같은 위법은 판결에 아무런 영향이 없다.26) 또한 판결의 선고는 당사자가 재정하지 아니하는 경우에도 할 수 있는 것이므로 **법원이 적법하게 변론을 진행한 후 이를 종결하고 판결선고기일을 고지한 때에는 재정하지 아니한 당사자에게도 그 효력이 있는 것이고, 그 당사자에 대하여 판결선고기일 소환장을 송달하지 아니하였다 하여도 이를 위법이라고 할 수 없다**.27)

---

24) 공시송달 판결을 하는 경우 제1심은 민사소송법 제208조 제3항 제3호에 따라 판결서의 이유에 청구를 특정함에 필요한 사항과 같은 법 제216조 제2항의 판단에 관한 사항만을 간략하게 표시할 수 있지만, 당사자의 불복신청 범위에서 제1심 판결의 당부를 판단하는 항소심은 그와 같이 간략하게 표시할 수 없고, 같은 법 제208조 제2항에 따라 주문이 정당하다는 것을 인정할 수 있을 정도로 당사자의 주장과 그 밖의 공격·방어방법에 관한 판단을 표시하여야 한다는 것에, 대법 2021.02.04. 2020다259506
25) 대법 1996.05.28. 96누2699.
26) 대법 2001.05.15. 2001다14023
27) 대법 2003.04.25. 2002다72514

(2) 변론종결일로부터의 선고기일

> 제207조(선고기일) ① 판결은 변론이 종결된 날부터 2주 이내에 선고하여야 하며, 복잡한 사건이나 그 밖의 특별한 사정이 있는 때에도 변론이 종결된 날부터 4주를 넘겨서는 아니 된다.
> ② 판결은 당사자가 출석하지 아니하여도 선고할 수 있다.

다만, **선고기일은 훈시규정으로 위반하여도 위법하지 않다.** 소액사건의 경우는 변론종결 후 즉시 선고하여야 함이 원칙이다(소액사건심판법 제11조의2 1항).

(3) 소제기일 등으로부터의 선고기일

> 제199조(종국판결 선고기간) 판결은 소가 제기된 날부터 5월 이내에 선고한다. 다만, 항소심 및 상고심에서는 기록을 받은 날부터 5월 이내에 선고한다.

그러나 위 조문 모두 훈시규정에 그친다.

3. 선고방법

> 제206조(선고의 방식) 판결은 재판장이 판결원본에 따라 주문을 읽어 선고하며, 필요한 때에는 이유를 간략히 설명할 수 있다.

판결의 선고는 기일에 공개된 법정에서 하여야 한다(법조법 제57조). **판결의 선고는 당사자가 재정하지 아니하는 경우에도 할 수 있다**(제207조 제2항). **판결의 선고는 소송절차가 중단된 중에도 할 수 있다**(제247조 1항). **소액사건의 경우에는 판결서에 이유기재를 생략할 수 있는 대신에 이유의 요지를 말로 설명하여야 한다**(소액사건심판법 제11조의 2). 선고는 그에 앞서 판결원본이 반드시 작성되어 있어야 하며, 이미 내용이 확정된 판결을 고지하는 것이므로 변론에 관여하지 않은 법관이 하여도 무방하며, 당사자가 출석하지 아니하여도 할 수 있다(제207조 제2항).

Ⅳ. 판결의 송달

1. 법원사무관등에 대한 교부

> 제209조(법원사무관등에 대한 교부) 판결서는 선고한 뒤에 바로 법원사무관등에게 교부하여야 한다.

2. 판결서의 송달

> 제210조(판결서의 송달) ① 법원사무관등은 판결서를 받은 날부터 2주 이내에 당사자에게 송달하여야 한다.
> ② 판결서는 정본으로 송달한다.
> 민사소송규칙
> 제55조의2(상소에 대한 고지) 판결서의 정본을 송달하는 때에는 법원사무관등은 당사자에게 상소기간과 상소장을 제출할 법원을 고지하여야 한다.

법원사무관등은 판결정본을 작성할 것을 요하며, 이를 영수한 날부터 2주일 내에 당사자에게 송달하여야 한다(제210조). 판결정본의 송달사무는 법원사무관등의 전담사항이므로 송달이 잘못되었을 때 법원사무관등의 처분에 대한 이의신청을 하여야 한다.[28] 여기의 2주일의 기간은 훈시규정에 해당한다. 상소기간은 2주인데 송달된 날부터 진행된다(제396조, 제425조). 여기의 2주일의 기간은 효력규정이다. **판결정본을 송달하는 때에는 당사자에게 상소기간과 상소장제출할 법원을 고지해 주어야 한다**(규칙 제55조의 2). **판결선고 직후에 소가 취하된 경우 소취하에 피고의 동의가 있으면 소취하와 함께 소송이 종료되므로 판결정본의 송달은 필요 없으나**, 그 동의가 없으면 우선 피고에게 취하서 부본을 송달하고 쌍방에게 판결정본을 송달하여야 한다. 이 경우 상소기간 내에 피고의 동의가 있으면 사건은 소의 취하로 종료되고, 상소기간 내에 동의가 없으면 판결의 확정에 의하여 종료된다. **판결선고 후 소송상 화해가 성립된 경우에도 판결정본은 송달하지 말아야 한다.** 전자소송에서 판결문을 전자로 송달하였는데 등록사용자가 1주 이내에 확인하지 아니한 경우, 판결송달의 효력은 등록사용자에게 통지한 날의 다음 날로부터 기산하여 7일이 지난 날의 오전 영시가 된다. 이 때에 상소기간은 민법 제157조 단서에 따라 송달의 효력이 발생한 당일부터 초일을 산입해 기산하여 2주가 되는 날에 만료한다.[29]

제3관 판결의 효력

참고: 판결의 효력 개관

종 류	수 범 자	내 용
기 속 력	판결법원 자신	선고와 동시에 판결법원에 대한 철회·변경 금지의 효력
형식적 확정력	당사자	확정에 의해 당사자에 대한 불복불가능성의 효력
기 판 력	후소법원과 당사자	법원 및 당사자에 대한 실질적확정력(불가반, 불가쟁)의 효력
기타 법적효력	집행력, 형성력, 법률요건적 효력, 반사적 효력, 참가적 효력	
사실적 효력	증명효, 파급효(현대형소송에서 원고승소판결이 같은 종류의 피해자의 구제에 도움을 주고, 특히 행정이나 입법에까지 파급하는 효과)	

Ⅰ. 기속력

1. 서 설

(1) 의 의

일단 재판으로서 외부에 표현된 이상 자유로운 변경의 인정은 법적 안정성을 해치고, 널리는 재판의 신용에도 악영향을 주기 때문에 판결이 일단 선고되어 성립되면, 판결을 한 법원 자신도 이에 구속되어 스스로 판결을 철회·변경하는 것이 허용되지 않는데 이를 기속력 혹은 자기구속력이라고 한다(제211조). 이러한 기속력은 형식적 확정을 기다릴 필요 없이 선고와 동시에 그 효력이 생긴다.

---

28) 대법 1966.03.22, 66마71
29) 대법 2014.12.22, 2014다229016

(2) 다른 법원에 대한 구속력을 가지는 경우

① 이송받은 법원은 이송결정에 구속(제38조), ② 상급법원의 판단이 하급심을 기속(제436조 제2항), ③ 법률심인 상고법원이 원심법원의 사실판단에 구속(제432조), ④ 헌법재판소의 위헌결정이 법원을 기속(헌법재판소법 제47조 제1항)하는 경우가 그것이다.

2. 기속력의 배제

> 제222조(소송지휘에 관한 재판의 취소) 소송의 지휘에 관한 결정과 명령은 언제든지 취소할 수 있다.
> 제446조(항고의 처리) 원심법원이 항고에 정당한 이유가 있다고 인정하는 때에는 그 재판을 경정하여야 한다.

기속력이 법률에 의해 배제되는 경우로 다음과 같은 경우를 들 수 있다. ① 결정·명령에 대한 항고시 원심법원이 재도(再度)의 고안(考案)에 의하여 취소·변경할 수 있고(제446조), ② 특히 소송지휘에 관한 결정·명령은 언제든지 취소할 수 있으며(제222조), ③ 판결서에 명백한 표현상의 오류가 있을 때 스스로 고칠 수 있는 판결의 경정제도(제211조)가 있다.

3. 판결의 경정

> 제211조(판결의 경정) ① 판결에 잘못된 계산이나 기재, 그 밖에 이와 비슷한 잘못이 있음이 분명한 때에 법원은 직권으로 또는 당사자의 신청에 따라 경정결정(更正決定)을 할 수 있다.
> ② 경정결정은 판결의 원본과 정본에 덧붙여 적어야 한다. 다만, 정본에 덧붙여 적을 수 없을 때에는 결정의 정본을 작성하여 당사자에게 송달하여야 한다.
> ③ 경정결정에 대하여는 즉시항고를 할 수 있다. 다만, 판결에 대하여 적법한 항소가 있는 때에는 그러하지 아니하다.

(1) 의 의

판결의 경정이라 함은 판결내용을 실질적으로 변경하지 않는 범위 내에서, **판결서에 오산·오기 기타 이와 유사한 표현상의 잘못이 있음이 분명한 때에 판결법원이 직권 또는 당사자의 신청에 의하여 결정으로 그 잘못을 바로잡는 것을** 말한다(제211조 제1항). 이는 집행상의 불합리 제거와 소송경제에 그 취지가 있다. 이러한 **판결의 경정제도는 결정,**[30] 명령, 청구의 포기·인낙조서, 화해조서,[31] **조정조서**[32] **등에도 준용된다**(제220조, 제224조).

(2) 요 건

1) 표현상의 잘못일 것 : **판결법원의 표시, 당사자, 주문이나 이유**에서 잘못된 계산이나 기재, 그 밖에 이와 유사한 표현상의 잘못이 있어야 한다. 따라서 **판단내용의 잘못이나 판단누락은 판결의 경정사유가 아니다.**[33]

---

30) 이행권고결정에 오류가 있는 경우에도 마찬가지로 적용된다는 것에, 대법 2022.12.01, 2022그18
31) 대법 2001.12.04, 2001그112
32) 대법 2012.02.10, 2011마2177
33) 대법 1969.12.30, 67주4

2) **그 잘못이 분명한 경우일 것** : 오류는 **법원의 과실로 인하여 생긴 경우는 물론이고 당사자의 과실에 의하여 생긴 경우**도 포함되는데, **판결서의 표현상의 잘못이 분명한 것인지 여부는 판결서의 기재 자체뿐만 아니라 소송기록과 대비하여 판단**하여야 한다. 즉 명백한 잘못의 판단자료에 관하여 判例는 과거의 자료 외에 경정대상인 **판결 이후에 제출된 자료나 집행과정에서 밝혀진 사실도 포함**하고 있다.[34]

> **판례연구 : 판례상 인정된 경정사유**
>
> **1. 긍정한 경우**
> 피고의 주민등록상 주소가 누락된 채 보정된 송달장소만이 기재된 판결이 선고된 후 원고가 위 송달장소를 피고의 현재의 주민등록상 주소로 경정해 달라는 신청,[35] 채권자대위소송에서 채무자의 주소 누락,[36] 판결서 말미에 별지목록의 누락,[37] 조정조서에 지적공사의 측량성과도가 붙지 아니하여 집행이 곤란해진 경우,[38] 목적물 표시에 번지의 호수 누락,[39] 건물건평·토지면적의 잘못 표시,[40] 지적법상 허용되지 않는 ㎡미만의 단수를 그대로 둔 경우,[41] 호프만식 계산법에 의한 손해금의 계산 등 계산착오,[42] 판결주문 중 등기원인일자의 잘못,[43] 토지에 관한 소유권이전등기절차의 이행을 구하는 소송 중 사실심 변론종결 전에 토지가 분할되었는데도 그 내용이 변론에 드러나지 않은 채 토지에 관한 원고 청구가 인용된 경우에 판결에 표시된 토지에 관한 표시를 분할된 토지에 관한 표시로 경정해 달라는 신청,[44] 채권압류 및 전부명령의 제3자 표시를 사망한 자에서 사망자의 상속인으로 고치는 경정은[45] 허용된다. 나아가 판결주문과 이유가 명백히 모순되는 경우, 예를 들어 **이유에서는 명백히 판단되었지만 주문에서는 '나머지 청구는 기각한다.'는 것을 빠뜨린 경우는 추가판결이 아니라 경정절차에 의한 간편한 시정을 허용할 것이다**(독일 연방법원).
>
> **2. 부정한 경우**
> ① 근저당권설정등기의 말소를 명하는 판결을 함에 있어 그 의무자인 당사자의 주소를 표시하면서 이와 다른 등기부상의 주소를 명시하지 아니하였다고 하여 그 판결에 명백한 오류가 있다고 할 수 없으므로 판결경정사유에 해당하지 않는다.[46] ② 원고들 소송대리인이 소장에 청구취지(상속지분)를 잘못 기재하고서도 사실심변론종결시까지 그 변경절차를 밟지 아니하였고 법원도 이를 간과하여 소장 기재대로 판결을 하였고, 소송의 전과정에 나타난 자료에 의하더라도 그 오류가 명백하지 아니한 경우에는 이른바 판결에 명백한 오류가 있다고 볼 수 없다.[47] ③ 환지확정에 따라 청구취지를 정정하면서 등기부의 누락으로 인한 착오로 종전 토지의 일부를 누락한 경우, 이를 토대로 선고된 판결에 그 누락 부분을 추가하는 판결경정은 불허한다.[48] ④ 청구취지에서 지급을 구하는 금원 중 원금 부분의 표시를 누락하여 그대로 판결된 경우에는 비록 그 청구원인에서는 원금의 지급을 구하고 있더라 하더라도 판결경정으로 원금 부분의 표시를 추가하는 것은 주문의 내용을 실질적으로 변경하는 경우에 해당하여 허용될 수 없다.[49] ⑤ 판결서에 피고의 주민등록번호가 기재되지 않은 것은 관련 법령에 따른 적법한 것이어서

---

34) 대법 2000.05.24, 98마1839; 대법 2023.08.18, 2022그779
35) 대법 2000.05.30, 2000그37
36) 대법 1995.06.19, 95그26
37) 대법 1989.10.13, 88다카19415
38) 대법 2012.02.10, 2011마2177
39) 대법 1964.04.13, 63마40
40) 대법 1985.07.15, 85그66
41) 대법 1996.10.16, 96그49
42) 대법 1970.01.27, 67다774
43) 대법 1970.03.31, 70다104
44) 대법 2020.03.16, 2020그507
45) 대법 1998.02.13, 95다15667
46) 대법 1994.08.16, 94그17
47) 대법 1992.03.04, 92그1
48) 대법 1996.03.12, 95마528.

판결에 잘못된 계산이나 그 밖에 이와 비슷한 잘못이 있다고 볼 수 없고, 강제집행절차에 지장이 있다는 원고의 주장내용은 민사소송규칙, 민사집행규칙, 대법원 예규 등에서 정한 바에 따라 충분히 해결할 수 있다는 이유로 판결경정 신청을 기각하였다.[50]

(3) 절 차

1) 개 시 : 판결의 경정은 직권 또는 당사자의 신청에 의하여(제211조 제1항) 어느 때라도, 즉 **상소제기 후에는 물론 판결확정 후에도 할 수 있다**. 당사자의 신청에 따라 판결의 경정을 하는 경우에는 우선 신청 당사자가 판결에 위와 같은 잘못이 있음이 분명하다는 점을 소명하여야 한다.[51]

2) 재 판

① 원칙적으로 **당해 판결을 한 법원이 경정할 것이나, 상소에 의하여 사건이 상소심으로 이심된 경우에는 제1심 판결의 원본이 기록에 편철되어 상소심으로 송부되므로 판결원본이 있는 상급심에서도 경정결정을 할 수 있다**. 다만 **일부상소의 경우 확정된 부분에 대해서는 상급법원에 심판권이 없으므로 상급법원이 경정할 수 없다**.[52]

② 화해조서상의 피고와 경정을 구하는 상대방이 동일인일 상당한 개연성이 있는 경우, 동일인인지 여부를 심리하여 만일 양자가 동일인이라면 화해조서경정을 허용함으로써 무익한 소송을 방지하고 강제집행에 지장이 없도록 하였어야 함에도 불구하고, 이에 이르지 아니한 원심의 조치에 화해조서경정에 관한 법리를 오해하고 심리를 다하지 아니한 위법이 있다.[53]

③ 경정은 결정으로 함이 원칙이나 판결로써 경정하였더라도 위법은 아니다.

④ **경정결정은 판결의 원본과 정본에 덧붙여 적어야 하나, 정본이 이미 당사자에게 송달되어 정본에 덧붙여 적을 수 없을 때에는 결정의 정본을 작성하여 당사자에게 송달**하여야 한다(제211조 제2항). **상급심에서 원심판결을 경정한 때에는 원본은 결정한 법원에서 보존하고, 원심법원은 결정정본을 보존**한다.

3) 불 복 : 경정결정에 대해서는 즉시항고할 수 있으나, 다만 **판결에 대해 적법한 항소가 있는 때에는 항소심의 판단을 받을 수 있으므로 항고는 허용되지 않는다**(제211조 제3항). 한편 제211조 제3항 본문의 반대해석상 **경정신청기각결정에 대해서는 불복할 수 없고 특별항고(제449조)가 허용될 수 있을 뿐**이다.[54] 따라서 당사자가 특별항고라는 표시와 항고법원을 대법원이라고 표시하지 아니하였다 하더라도 그 항고장을 접수한 법원으로서는 이를 특별항고로 취급하여 소송기록을 대법원에 송부함이 마땅하다.[55] 특별항고를 할 수 있는 사유로 ⅰ) 신청인이 그 재판에 필요한 자료를 제출할 기회를 전혀 부여받지 못한 상태에서 법원이 기각결정을 한 경우, ⅱ) 판결과 그 소송 전체의 과정에 나타난 자료 및 판결선고 뒤에 제출된 자료에 의하여 판결에 잘못이 있음이 분명하여 판결이 경정되어야 하는 사안임에도 불구하고 법원이 이를 간과함으로써 기각결정을 한 경우 등이 이에 해당한다.[56]

---

49) 대법 1995.04.26, 94그26
50) 대법 2022.03.29, 2021그713
51) 대법 2018.11.21, 2018그636
52) 대법 1992.01.29, 91마748
53) 대법 2001.12.04, 2001그112
54) 대법 1986.11.07, 86마895; 대법 2020.03.16, 2020그507
55) 대법 1995.07.12, 95마531
56) 대법 2019.01.21, 2018그690

(4) 효 과

경정결정은 원판결과 하나로 취급되어 원판결선고시에 소급하여 그 효력이 발생한다.[57] 따라서 **제415조의 불이익변경금지의 원칙은 경정된 판결을 기준으로 하여 적용**된다.[58] 그러나 채권압류명령의 경정결정이 확정된 경우에는 처음부터 경정된 내용의 압류명령이 있었던 것과 같은 효력이 있으므로 당초의 결정 정본이 제3채무자에게 송달된 때에 소급하여 경정된 내용의 압류결정의 효력이 발생하는 것이 원칙이나, **경정결정이 그 허용한계 내의 적법한 것인 경우에 있어서도 제3채무자의 입장에서 볼 때에 객관적으로 경정결정이 당초의 결정의 동일성에 실질적으로 변경을 가하는 것이라고 인정되는 경우에는 경정결정이 제3채무자에게 송달된 때에 비로소 경정된 내용의 결정의 효력이 발생한다**고 보는 것이 제3채무자 보호의 견지에서 타당하다 할 것이다.[59] **원판결에 대한 상소기간은 경정에 의해 영향을 받지 않고 판결이 송달된 날로부터 진행**한다. 다만 **경정한 결과 상소이유가 발생한 경우는 상소의 추후보완**(제173조)을 할 수 있는데, 단순히 상소기간 경과 후에 이루어진 판결경정 내용이 경정 이전에 비하여 피고에게 불리하다는 사정만으로는 추완상고가 적법한 것으로 볼 수는 없다.[60]

II. 형식적 확정력

1. 의 의

당사자의 불복으로 상소법원에 의하여 취소할 수 없게 된 상태를 형식적으로 확정되었다고 하는데, 이러한 당사자에 의한 취소불가능성을 형식적 확정력이라고 한다. 이러한 판결의 형식적 확정력은 판결정본이 적법하게 송달되었음을 전제로 발생한다. 판결의 형식적 확정력은 추후보완·재심에 의하여 배제될 수 있다.

2. 판결의 확정시기

> **제498조(판결의 확정시기)** 판결은 상소를 제기할 수 있는 기간 또는 그 기간 이내에 적법한 상소제기가 있을 때에는 확정되지 아니한다.

(1) 판결선고와 동시에 확정되는 경우

상소할 수 없는 판결, 예컨대 **상고심판결, 제권판결**(제490조 제1항), **불상소 합의가 판결선고 전에 있으면 판결선고와 동시에 확정**되고, 당사자의 합의에 의하더라도 그 불상소 합의를 해제하고 소송계속을 부활시킬 수 없다. 다만 **비약상고의 합의**(제390조 제1항 단서)**가 있는 경우에는 상고기간이 경과한 때에 확정**된다. 그러나 **판결 선고 후의 불상소합의는 그 성립과 동시에 판결을 확정**시킨다.

---

57) 채권가압류결정의 경정결정이 확정되는 경우 당초의 채권가압류결정은 그 경정결정과 일체가 되어 처음부터 경정된 내용의 채권가압류결정이 있었던 것과 같은 효력이 있으므로, 원칙적으로 당초의 채권가압류결정 정본이 제3채무자에게 송달된 때에 소급하여 경정된 내용의 채권가압류결정의 효력이 발생한다는 것에, 대법 1999.12.10, 99다42346.
58) 대법 2011.09.29, 2011다41796
59) 대법 2005.01.13, 2003다29937
60) 대법 1997.01.24, 95므1413·1420

(2) 상소기간의 만료시에 확정되는 경우

① 상소를 제기하지 않고 상소기간을 넘긴 때, ② 상소를 제기한 후 **상소를 취하**한 때,[61] ③ **상소각하 판결**이나 **상소장각하명령**이 확정되었을 때에는 상소기간의 만료시에 확정된다. 항소기간 경과 후에 항소취하가 있는 경우에는 항소기간 만료시로 소급하여 제1심판결이 확정되나, **항소기간 경과 전에 항소취하가 있는 경우에는 판결은 확정되지 아니하고 항소기간 내라면 항소인은 다시 항소의 제기가 가능**하다.[62]

> **참고: 상소를 제기하지 않은 경우 판결이 확정되는 시점**
>
> 1. 원고전부승소판결의 경우 : 피고에게 판결정본이 송달된 날을 기준으로 2주가 경과한 다음날(제396조, 제425조).
> 2. 원고일부승소판결의 경우 : 원·피고 쌍방 중 최후에 송달된 날을 기준으로 2주가 경과한 다음날.
> 3. 통상공동소송 : 공동소송인 각자마다 별도로 확정.
> 4. 필수적 공동소송 : 당사자 중 최후에 송달된 날짜를 기준으로 2주가 경과한 다음날.

(3) 상소기간 만료 전에 상소권을 포기한 경우

상소권을 포기할 때(제394조, 제425조)는 그 포기 시에 확정된다.

(4) 상소기각 판결

그것이 확정된 때에 원판결이 확정된다.

(5) 일부불복의 경우

判例는 i) 이전등기말소청구와 금원청구를 모두 기각한 제1심 판결에 대하여 원고가 말소청구 부분에 관하여만 항소하였을 뿐 그 변론종결시까지 항소취지를 확장한 바 없어 항소심의 심판범위는 말소청구 부분에 한하고 나머지 부분에 관하여는 **환송 전 원심판결의 선고와 동시에 확정되어 소송이 종료되었다 할 것**임에도 환송 후 원심이 금원청구 부분까지 심리판단한 것은 잘못"이라고 하여 원심판결 중 금원청구 부분을 파기하고 대법원이 직접 그 부분에 관한 소송이 종료되었음을 선언하였고,[63] ii) 원고의 주위적 청구를 기각하면서 예비적 청구를 일부 인용한 환송 전 항소심판결에 대하여 피고만이 상고하고 원고는 상고도 부대상고도 하지 않은 경우에, 주위적 청구에 대한 항소심판단의 적부는 상고심의 조사대상으로 되지 아니하고 환송 전 항소심판결의 예비적 청구 중 피고 패소 부분만이 상고심의 심판대상이 되는 것이므로, 피고의 상고에 이유가 있는 때에는 상고심은 환송 전 항소심판결 중 예비적 청구에 관한 피고 패소 부분만 파기하여야 하고, 파기환송의 대상이 되지 아니한 주위적 청구부분은 예비적 청구에 관한 파기환송판결의 선고와 동시에 확정되며 그 결과 환송 후 원심에서의 심판범위는 예비적 청구 중 피고 패소 부분에 한정된다.[64] iii) 원고의 청구가 일부 인용된 환송 전 원심판결에 대하여 피고만이 상고하고 상고심이 상고를 받아들여 원심판결 중 피고 패소 부분을 파기·환송하였다면 피고 패소 부분만이 상고되었으

---

61) 대법 2017.09.21, 2017다233931.
62) 대법 2016.01.14, 2015므3455.
63) 대법 1994.12.23, 94다44644.
64) 대법 2001.12.24, 2001다62213.

므로 위의 상고심에서의 심리대상은 이 부분에 국한되었으며, 환송되는 사건의 범위, 다시 말하자면 환송후 원심의 심판범위도 환송 전 원심에서 피고가 패소한 부분에 한정되는 것이 원칙이고, 환송 전 원심판결 중 원고 패소 부분은 확정되었다 할 것이므로 환송 후 원심으로서는 이에 대하여 심리할 수 없다고 하여,[65] **판결선고시설의 입장**이다.

3. 판결의 확정증명(판결확정증명서)

> 제499조(판결확정증명서의 부여자) ① 원고 또는 피고가 판결확정증명서를 신청한 때에는 제1심 법원의 법원사무관등이 기록에 따라 내어 준다.
> ② 소송기록이 상급심에 있는 때에는 상급법원의 법원사무관등이 그 확정부분에 대하여만 증명서를 내어 준다.

판결이 확정되었음을 증명할 현실적인 필요성이 있는 경우 당사자는 **소송기록을 보관하고 있는 법원의 법원사무관 등에게 신청하며**(제1심법원이 소송기록을 보존하므로 제1심법원의 사무관 등) **판결확정증명서를 교부받게 된다**(제499조). 단, **소송기록이 상급심에 있는 때에는 상급법원의 법원사무관 등이 그 확정부분에 대하여만 증명서를 내어 준다**(제499조 제2항).

4. 소송의 종료

판결이 형식적으로 확정되면 소송은 종료된다. 확정에 의하여 판결의 내용에 따른 기판력·집행력·형성력 등이 생기게 된다.

III. 기판력 일반

1. 서 설

(1) 의 의

확정된 종국판결에 있어서 청구에 대한 판결내용은, 당사자와 법원을 규율하는 새로운 규준으로서의 구속력을 가지며, 뒤에 동일사항이 문제되면 당사자는 그에 반하여 되풀이하여 다투는 소송이 허용되지 아니하며(不可爭), 어느 법원도 다시 재심사하여 그 내용과 모순·저촉되는 판단을 해서는 안 된다는 구속력(不可反)을 의미한다. 확정판결의 내용대로 실체적 권리관계를 변경하는 실체법적 효력을 갖는 것은 아니다.[66] 이러한 기판력은 실체적 확정력 또는 실질적 확정력이라고도 한다.

(2) 기판력의 근거

법적 안정성 내지 소송경제의 요청에서 그 근거를 찾는 법적 안정성설과 당사자에게 절차보장 내지 당

---

65) 대법 2020.03.26, 2018다221867
66) 토지 소유권에 기한 물권적 청구권을 원인으로 하는 가등기말소청구소송의 소송물은 가등기말소청구권이므로 그 소송에서 청구기각된 확정판결의 기판력은 가등기말소청구권의 부존재 그 자체에만 미치고, 소송물이 되지 않은 토지 소유권의 존부에 관하여는 미치지 않는다. 나아가 위 청구기각된 확정판결로 인하여 토지 소유자가 갖는 토지 소유권의 내용이나 토지 소유권에 기초한 물권적 청구권의 실체적인 내용이 변경, 소멸되는 것은 아니라는 것에, 대법 2020. 05. 14, 2019다261381

사자권을 보장해 주었다는 데 그 근거를 찾는 절차보장설이 있는데, 이 모두에서 기판력의 근거를 찾는 것이 타당하다(이원설).

2. 기판력 있는 재판

(1) 확정된 종국판결

1) **본안판결** : 확정된 종국판결로서 본안판결이면 청구인용판결이든 청구기각판결이든 불문하며, 이행·확인·형성판결 모두에 기판력이 생긴다. 따라서 **중간판결**(제201조)이나 미확정인 판결에는 기판력이 없다. 또한 종국판결이라도 무효인 판결에는 기판력이 없다.

2) **소송판결** : **소송판결의 기판력은 그 판결에서 확정한 소송요건의 흠결에 관하여 발생**하고 본안에 대해서는 발생하지 않는다. 다만 **당사자가 그러한 소송요건의 흠결을 보완하여 다시 소를 제기한 경우에는 그 기판력의 제한을 받지 않는다.** 따라서 **종전 소송의 원고 종중 대표자로서 소를 제기한 자는 자신이 종전 소송판결의 확정 후에 소집된 종중총회에서 새로이 대표자로 선임되었음을 들어 대표권을 주장하는 것이어서 종전 확정판결의 기판력이 미칠 여지가 없다.**[67] 종전 소송에서 당사자능력의 흠결을 이유로 소각하 판결을 받은 자연부락이 그 후 비법인사단으로서 당사자능력을 갖춘 것으로 볼 여지가 있는 경우에는 종전 소송판결의 기판력에 저촉되는 것은 아니다.[68]

(2) 외국법원의 확정판결

> **제217조(외국재판의 효력)** ① 외국법원의 확정판결 또는 이와 동일한 효력이 인정되는 재판(이하 "확정재판 등"이라 한다)은 다음 각호의 요건을 모두 갖추어야 승인된다. 〈개정 2014.5.20.〉
> 1. 대한민국의 법령 또는 조약에 따른 국제재판관할의 원칙상 그 외국법원의 국제재판관할권이 인정될 것
> 2. 패소한 피고가 소장 또는 이에 준하는 서면 및 기일통지서나 명령을 적법한 방식에 따라 방어에 필요한 시간여유를 두고 송달받았거나(공시송달이나 이와 비슷한 송달에 의한 경우를 제외한다) 송달받지 아니하였더라도 소송에 응하였을 것
> 3. 그 확정재판등의 내용 및 소송절차에 비추어 그 확정재판등의 승인이 대한민국의 선량한 풍속이나 그 밖의 사회질서에 어긋나지 아니할 것
> 4. 상호보증이 있거나 대한민국과 그 외국법원이 속하는 국가에 있어 확정재판등의 승인요건이 현저히 균형을 상실하지 아니하고 중요한 점에서 실질적으로 차이가 없을 것
> ② 법원은 제1항의 요건이 충족되었는지에 관하여 직권으로 조사하여야 한다. 〈신설 2014.5.20.〉
> [제목개정 2014.5.20.]
>
> **제217조의2(손해배상에 관한 확정재판등의 승인)** ① 법원은 손해배상에 관한 확정재판등이 대한민국의 법률 또는 대한민국이 체결한 국제조약의 기본질서에 현저히 반하는 결과를 초래할 경우에는 해당 확정재판등의 전부 또는 일부를 승인할 수 없다.
> ② 법원은 제1항의 요건을 심리할 때에는 외국법원이 인정한 손해배상의 범위에 변호사보수를 비롯한 소송과 관련된 비용과 경비가 포함되는지와 그 범위를 고려하여야 한다.
> [본조신설 2014.5.20.]

---

[67] 대법 1994.06.14, 93다45015; 대법 2023.02.02, 2020다270633
[68] 대법 2003.04.08, 2002다70181

외국법원의 확정판결은 제217조 각호의 요건을 갖추어 우리나라에 승인될 수 있으면 기판력이 발생한다. **법원은 외국재판의 승인 요건이 충족되었는지에 관하여 직권으로 조사**하여야 한다(제217조 2항). 개정법률 제217조 1항에서는 승인대상을 확정판결과 동일한 효력이 있는 재판도 확대하였는데, 판결이 아닌 결정이라도 종국성·기판력·대세효 및 상소가능성이 있으면 포함된다. 判例는 여기의 '외국법원의 확정재판 등'은 사법상의 법률관계에 관하여 대립적 당사자에 대한 상호간의 심문이 보장된 절차에서 종국적으로 한 재판으로서 구체적 급부의 이행을 강제적 실현에 적합한 내용을 가지는 것을 의미한다고 한 바,[69] 판결과 동일한 효력이 있어도 청구의 포기·인낙·화해·조정조서 등은 승인의 대상이 될 수 없다.[70]

1) **국제재판관할권**(제217조 1항 1호) : 외국법원이 당해 사건에 대하여 국제재판관할권을 가지려면 국제사법 제2조에서 밝힌 국제재판관할에 관한 원칙을 따라야 한다는 것이다. 이를 간접 국제재판관할권이라 한다. 이때 외국이 부당하게 자국의 재판관할권을 확대시켜 피고의 정당한 관할이익을 침해했을 때는 승인할 수 없다. 判例도 섭외이혼사건의 이혼판결을 한 외국법원에 국제재판관할권이 있다고 하기 위해서는 피고의 주소가 그 나라에 있어야 한다는 전제 아래, 한국에 주소를 두고 있는 피고에 대한 미국 캘리포니아주 법원의 이혼판결은 우리나라에서 효력이 없다고 하였다.[71]

2) **송달의 적법성과 적시성**(동조 2호) : 신법은 기일통지서 등만이 아니라 소장 등까지도 적법한 방식에 의한 송달을 받을 것(적법성)과, 이러한 서류들을 방어에 필요한 시간여유를 두고 송달받았을 것(적시성) 두 가지를 요구하고 있다. **송달의 적법성과 적시성은 판결한 외국의 법에 따른다**. 判例도 미국법에 의하면 답변서 제출기간이 60일인데, 한국에 주소를 둔 피고에게 충분한 응소기간을 주지 아니하고 미국법원이 통지서를 송달한 경우는 적시성을 어긴 것이 된다고 하였다.[72] 다만 송달에 관한 방식과 절차를 따르지 아니하였으나, 패소한 피고가 외국법원의 소송절차에서 방어의 기회를 가졌다고 볼 수 있는 경우는 여기의 응소에 해당한다.[73] 한편 보충송달은 민사소송법 제217조 제1항 제2호에서 외국법원의 확정재판 등을 승인·집행하기 위한 송달 요건에서 제외하고 있는 공시송달과 비슷한 송달에 의한 경우로 볼 수 없고, 외국재판 과정에서 보충송달 방식으로 송달이 이루어졌더라도 그 송달이 방어에 필요한 시간 여유를 두고 적법하게 이루어졌다면 위 규정에 따른 적법한 송달로 보아야 한다.[74]

3) **공서양속**(동조 3호) : 大法院은 민사소송법 제217조 제3호는 외국법원의 확정판결의 효력을 인정하는 것이 대한민국의 선량한 풍속이나 그 밖의 사회질서에 어긋나지 아니하여야 한다는 점을 외국판결 승인요건의 하나로 규정하고 있는데, **외국판결을 승인한 결과가 대한민국의 선량한 풍속이나 그 밖의 사회질서에 어긋나는지는 그 승인 여부를 판단하는 시점에서 외국판결의 승인이 대한민국의 국내법 질서가 보호하려는 기본적인 도덕적 신념과 사회질서에 미치는 영향을 외국판결이 다룬 사안과 대한민국과의 관련성의 정도에 비추어 판단**하여야 하고,[75] 이때 그 외국판결의 주문뿐 아니라 이유 및 외국판결을 승인할 경우

---

69) 대법 2017.05.30, 2012다23832
70) 이시윤 13판 636면
71) 대법 1988.04.12, 85므71
72) 대법 2010.07.22, 2008다31089
73) 대법 2016.01.28, 2015다207747
74) 보충송달이 민사소송법 제217조 제1항 제2호에서 요구하는 통상의 송달방법에 의한 송달이 아니라고 본 대법원 1992. 7. 14. 선고 92다2585 판결, 대법원 2009. 1. 30. 선고 2008다65815 판결을 비롯하여 그와 같은 취지의 판결들은 이 판결의 견해에 배치되는 범위에서 이를 모두 변경하기로 한다는 것에, 대법 2021.12.23, 2017다257746.
75) 대법 2015.10.15, 2015다1284; 대법 2022.03.11, 2018다231550

발생할 결과까지 종합하여 검토하여야 한다고 하였다.[76] 외국 중재판정에 민사소송법상의 재심사유에 해당하는 사유가 있어 그 집행이 현저히 부당하고 상대방으로 하여금 그 집행을 수인하도록 하는 것이 정의에 반함이 명백하여 사회생활상 용인할 수 없을 정도에 이르렀다고 인정되는 경우에 그 중재판정의 집행을 구하는 것은 권리남용에 해당하거나 공서양속에 반하므로 이를 청구이의 사유로 삼을 수 있다.[77] 다만 **확정재판 등을 승인한 결과가 선량한 풍속이나 그 밖의 사회질서에 어긋나는지를 심리한다는 명목으로 실질적으로 확정재판 등의 옳고 그름을 전면적으로 재심사하는 것은 "집행판결은 재판의 옳고 그름을 조사하지 아니하고 하여야 한다."라고 규정하고 있는 민사집행법 제27조 제1항에 반할 뿐만 아니라, 외국법원의 확정재판 등에 대하여 별도의 집행판결제도를 둔 취지에도 반하는 것이므로 허용되지 아니한다.**[78]

4) 상호보증(동조 4호) : 判例는 <u>우리나라와 외국 사이의 동종판결의 승인요건이 현저히 균형요건을 상실하지 아니하고 중요한 점에서 실질적으로 거의 차이가 없으면 상호보증의 요건을 갖춘 것이라 하였고, 이때 상호보증을 위하여 조약이 체결되어 있을 필요는 없고</u> 당해 외국에서 우리나라의 동종판결을 승인한 사례가 없더라도 실제로 승인할 것이라고 기대할 수 있는 상태라면 충분하다고 했다.[79]

5) 손해배상에 관한 확정재판 등의 승인(제217조의2) : 동조는 제217조 제1항 제3호와 관련하여 손해전보의 범위를 초과하는 손해배상을 명한 외국재판의 내용이 대한민국의 법률 또는 대한민국이 체결한 국제조약에서 인정되는 손해배상제도의 근본원칙이나 이념, 체계 등에 비추어 도저히 허용할 수 없는 정도에 이른 경우 그 외국재판의 승인을 적정 범위로 제한하기 위하여 마련된 규정이다.[80] 따라서 **외국법원의 확정재판 등이 당사자가 실제로 입은 손해를 전보하는 손해배상을 명하는 경우에는 민사소송법 제217조의2 제1항을 근거로 승인을 제한할 수 없다.**[81] 또한 손해전보의 범위를 초과하는 손해배상을 명한 외국재판의 전부 또는 일부를 승인할 것인지는, 우리나라 손해배상제도의 근본원칙이나 이념, 체계를 전제로 하여 해당 외국재판과 그와 관련된 우리나라 법률과의 관계, 그 외국재판이 손해배상의 원인으로 삼은 행위가 우리나라에서 손해전보의 범위를 초과하는 손해배상을 허용하는 개별 법률의 영역에 속하는 것인지,[82] 만일 속한다면 그 외국재판에서 인정된 손해배상이 그 법률에서 규정하는 내용, 특히 손해배상액의 상한 등과 비교하여 어느 정도 차이가 있는지 등을 종합적으로 고려하여 개별적으로 판단하여야 한다.[83]

(3) 확정판결과 동일한 효력이 있는 것

1) 청구의 포기·인낙, 화해조서

---

76) 대법 2012.05.24, 2009다22549; 대법 2016.01.28, 2015다207747
77) 대법 2018.12.13, 2016다49931
78) 대법 2015.10.15, 2015다1284
79) 대법 2017.05.30, 2012다23832; 대법 2016.01.28, 2015다207747; 대법 2004.10.28, 2002다74213; 대법 2013.02.15, 2013므66·73은 오레곤주 이혼판결에 대하여 그 곳에서도 우리 판결을 승인할 것이라고 기대하여 효력을 인정하였다.
80) 대법 2015.10.15, 2015다1284, 대법 2016.01.28, 2015다207747; 대법 2022.03.11, 2018다231550
81) 대법 2015.10.15, 2015다1284, 대법 2016.01.28, 2015다207747
82) 2011년 처음으로 '하도급거래 공정화에 관한 법률'에서 원사업자의 부당한 행위로 발생한 손해의 배상과 관련하여 실제 손해의 3배를 한도로 하여 손해전보의 범위를 초과하는 손해배상을 도입하였다(제35조). 이어서 '독점규제 및 공정거래에 관한 법률'에서도 사업자의 부당한 공동행위 등에 대하여 실제 손해의 3배를 한도로 하여 손해전보의 범위를 초과하는 손해배상 규정을 도입하였고, 계속해서 개인정보, 근로관계, 지적재산권, 소비자보호 등의 분야에서 개별 법률의 개정을 통해 일정한 행위 유형에 대하여 3배 내지 5배를 한도로 하여 손해전보의 범위를 초과하는 손해배상을 허용하는 규정을 도입하였다.
83) 대법 2022.03.11, 2018다231550

> 제220조(화해, 청구의 포기·인낙조서의 효력) 화해, 청구의 포기·인낙을 변론조서·변론준비기일조서에 적은 때에는 그 조서는 확정판결과 같은 효력을 가진다.

2) **지급명령** : 확정판결에 대한 청구이의 이유를 변론이 종결된 뒤(변론 없이 한 판결의 경우에는 판결이 선고된 뒤)에 생긴 것으로 한정하고 있는 민사집행법 제44조 제2항과는 달리 민사집행법 제58조 제3항은 지급명령에 대한 청구에 관한 이의의 주장에 관하여는 위 제44조 제2항의 규정을 적용하지 아니한다고 규정하고 있으므로, 현행 민사소송법에 의한 지급명령에 있어서도 지급명령 발령 전에 생긴 청구권의 불성립이나 무효 등의 사유를 그 지급명령에 관한 이의의 소에서 주장할 수 있다. 이러한 의미에서 구 민사소송법뿐만 아니라 현행 민사소송법에 의한 **지급명령에도 기판력은 인정되지 아니한다**.[84]

3) **기타의 경우** : **화해권고결정**(제231조), 각종의 조정조서(가사소송법 제59조, 민사조정법 제29조), **조정에 갈음한 결정**(민사조정법 제34조), 중재판정(중재법 제12조), 확정파산채권에 대한 채권표의 기재(파산법 제215조)에는 기판력이 있다. **공정증서는 집행력만 발생할 뿐 기판력은 생기지 않는다.** 한정승인신고 수리의 심판은 일응 한정승인의 요건을 구비한 것으로 인정한다는 것일 뿐 그 효력을 확정하는 것이 아니고, 한정승인의 효력이 있는지 여부에 대한 최종적인 판단은 실체법에 따라 민사소송에서 결정될 문제이다.[85] 회생채권자표에 기재된 회생채권의 금액도 기판력이 아니라 확인적 효력을 갖고 회생절차 내부에서 불가쟁의 효력이 있다는 의미에 지나지 아니한다. 따라서 존재하지 아니하거나 이미 소멸한 회생채권이 이의 없이 확정되어 회생채권자표에 기재되어 있더라도 이로 인하여 권리가 있는 것으로 확정되는 것은 아니므로, 이것이 명백한 오류인 경우에는 회생법원의 경정결정에 의하여 이를 바로잡을 수 있고, 회생절차 내부에서는 더 이상 다툴 수 없다고 하여도 채무자회생법에서 마련하고 있는 절차 외의 다른 절차에 의해 다투는 것까지 금지되는 것은 아니어서 무효 확인의 판결을 얻어 이를 바로잡을 수 있다.[86]

(4) 결정·명령

소송비용에 관한 결정과 같이 실체관계를 종국적으로 판단하는 내용을 가지는 것만이 기판력이 생긴다.[87] 그러나 **소송지휘에 관한 결정·명령(제222조)이나 집행정지결정(제500조, 제501조)에는 기판력이 없으며**, 비송사건에 관한 결정도 기판력이 없다. 소액사건심판법 제5조의7 제1항은 이행권고결정에 관하여 피고가 일정한 기간내 이의신청을 하지 아니하는 등으로 이행권고결정이 확정되면 확정판결과 같은 효력을 가진다고 규정하고 있지만, 이는 **확정된 이행권고결정에 확정판결이 가지는 효력 중 기판력을 제외한 나머지 효력인 집행력 및 법률요건적 효력 등의 부수적 효력을 인정하는 것**이고, 기판력까지 인정하는 것은 아니니다.[88]

(5) 가압류·가처분결정

피보전권리의 존부를 종국적으로 확인하는 의미의 기판력은 없으나, 후의 보전절차에서 동일사항에 대

---

84) 대법 2009.07.09, 2006다73966
85) 대법 2021.02.25, 2017다289651
86) 대법 2024.03.28, 2019다253700
87) 대법 2002.09.23, 2000마5257
88) 대법 2009.05.14, 2006다34190

해 다른 판단을 할 수 없다는 제한적인 의미에서는 기판력이 있다. 이 경우 보전처분을 한 후 그 이유가 소멸되거나 그 밖에 사정이 바뀌어 보전처분을 유지·존속할 이유가 없게 된 때에는 채무자는 그 취소를 신청할 수 있다(민사집행법 제288조 제1항 제1호, 제301조). 본안소송에서 채권자가 실체법상의 이유로 패소판결을 받아 판결이 확정된 때에는 위와 같은 사정변경이 있다고 할 수 있지만, 본안소송에서 소송법상의 이유로 각하판결을 받은 경우에는 원칙적으로 사정변경이 발생하였다고 보기 어렵다. 다만 채권자가 민사집행법 제288조 제1항 제3호에서 정한 제소기간 내에 피보전권리에 관한 본안의 소를 다시 제기하여 그 절차에서 소송요건의 흠결을 보완하는 것이 불가능하거나 현저히 곤란하다고 볼 만한 특별한 사정이 있는 경우에는 사정변경이 발생하였다고 볼 수 있다. 이러한 사정변경이 있는지는 보전명령 취소신청 사건의 사실심 종결 시를 기준으로 그때까지 제출된 당사자의 주장과 증거방법을 기초로 판단하여야 한다.[89]

IV. 기판력의 작용

기판력은 전소에서 확정된 권리관계가 후소에서 다시 문제되는 경우, 즉 ① 전후소의 소송물이 동일하거나, 동일하지 않아도 ② 전소의 기판력 발생 부분이 후소의 선결문제가 되거나 항변사유가 되는 경우, ③ 전후소의 소송물이 모순관계에 있는 경우에 작용한다.[90] 기판력의 작용은 승소자에게 유리하게 뿐만 아니라 불리하게도 작용한다(기판력의 쌍면성).

1. 전후소의 소송물이 동일한 경우

(1) 청구취지가 다를 때

이 때에는 원칙적으로 소송물이 달라 기판력이 작용하지 않는다. 예컨대, ① 전소가 건물명도 및 토지인도소송이고 후소가 같은 건물의 이전등기말소소송인 경우, 소송물이 달라 기판력이 작용하지 않으며,[91] ② **1필지 토지 전부에 대한 소유권이전등기청구소송에서 토지 일부의 매수사실은 인정되나 특정할 수 없다는 이유로 전부패소판결을 받아 확정된 후, ⅰ) 전체 토지 중 일정 지분을 매수하였다고 주장하면서 그 지분에 대한 소유권이전등기를 청구**하거나,[92] 또는 ⅱ) **매수부분을 특정하여 소유권이전등기를 구하는 경우**, 전소에서는 그 부분을 매수하였는지 여부, 즉 권리관계의 존부에 대하여 실질적으로 판단이 되었다고 할 수 없으므로 전소는 매수부분에 관한 한 기판력이 생기지 아니하므로 **전소의 기판력이 미치지 아니한다**.[93] 나아가 ③ 전소에서 주식의 명의개서 청구를 하였다가, 후소에서 주권의 배서양도 교부청구를 하는 경우에도 마찬가지이다.

(2) 청구취지는 동일하나 법률적 관점만이 다른 경우

기차사고로 부상을 당한 승객이 손해배상청구를 불법행위에 기해 청구했다가 패소된 후에, 같은 금액의 배상을 계약불이행을 원인으로 청구하는 경우이다. 이 경우에는 소송물이 다르므로 전소의 기판력을 받지 않는다. **부당이득반환청구권과 불법행위로 인한 손해배상청구권은 서로 실체법상 별개의 청구권으로**

---

89) 대법 2018.02.09, 2017마5829
90) 대법 2016.03.24, 2015두48235
91) 대법(전) 1979.02.13, 78다58
92) 대법(전) 1995.04.25, 94다17956
93) 대법 1992.11.24, 91다28283

존재하고 그 각 청구권에 기초하여 이행을 구하는 소는 소송법적으로도 소송물을 달리하므로, 채권자가 먼저 부당이득반환청구의 소를 제기하였을 경우 특별한 사정이 없는 한 손해 전부에 대하여 승소판결을 얻을 수 있었을 것임에도 우연히 손해배상청구의 소를 먼저 제기하는 바람에 과실상계 또는 공평의 원칙에 기한 책임제한 등의 법리에 따라 그 승소액이 제한되었다고 하여 그로써 제한된 금액에 대한 부당이득반환청구권의 행사가 허용되지 않는 것도 아니다.94)

(3) 청구취지는 동일하나 사실관계가 다른 경우

같은 금전청구를 전소에서는 어음을 발행 받은 관계에 기하여 어음금으로 청구하였으나 패소한 뒤에, 후소는 어음발행의 원인관계에 기해 매매대금으로 청구하였을 때 소송물이 다르므로 기판력에 저촉되지 않는다.

(4) 일부청구

명시적 일부청구의 경우 잔부청구에 대하여 기판력이 미치지 않는지만, 가분채권의 일부에 대한 이행청구의 소를 제기하면서 **나머지를 유보하고 일부만을 청구한다는 취지를 명시하지 아니한 이상 확정판결의 기판력은 청구하고 남은 잔부청구에까지 미친다**.95) 判例는 명시방법으로서 잔부청구를 유보하는 취지임을 밝혀야 할 필요는 없고 전체 중 일부로서 청구하는 것임을 밝히는 것으로서 족하다고 한다.96)

(5) 후유증에 의한 확대손해

判例는 **불법행위로 인한 적극적 손해의 배상을 명한 전 소송의 변론종결 후에 새로운 적극적 손해가 발생한 경우에 그 소송의 변론종결 당시 그 손해의 발생을 예견할 수 없었고 또 그 부분의 청구를 포기한 것으로 볼 수 없는 사정이 있다면 전 소송에서 그 부분에 대한 청구가 유보되어 있지 않더라도 이는 전 소송의 소송물과는 별개의 소송물이므로 전 소송의 기판력에 저촉되는 것이 아니라고 한다**.97)

2. 전·후소가 선결관계인 경우

전후 양소의 소송물이 동일하지 않다고 하더라도 전소에서 기판력이 발생한 권리관계가 후소에서 선결문제가 되거나 항변사유가 되는 경우에는 기판력이 작용하여 후소 법원은 전소의 판단과 모순되는 다른 판단을 할 수 없다. 이를 선결관계효라고 한다.

(1) 선결관계가 되는 때

① **원고가 먼저 소유권확인청구를 하여 그 존부의 확정판결을 받았으면, 뒤에 같은 피고에 대하여 소유권에 기한 목적물인도를 청구한 때에 선결적으로 문제된 원고의 소유권에 관한 한 피고로서는 전소판결의 판단과 달리 원고가 그 소유권자가 아니라고 주장할 수 없고 법원으로서도 이와 다른 판단을 하는 것은 기판력에 저촉된다**.98) ② 甲·乙간의 이전등기이행청구에 대하여 乙에게 이행의무 없다 하여 기각판결이 확정

---

94) 대법 2013.09.13, 2013다45457
95) 대법 2016.07.27, 2013다96165
96) 대법 2016.06.10, 2016다203025; 대법 2016.07.27, 2013다96165
97) 대법 1980.11.25, 80다1671; 이에 대해 추가적 손해의 배상청구를 허용하여야 한다는 점에 이론이 없지만, 그 허용 근거와 관련하여 명시적 일부청구 후의 잔부청구로 보는 명시설, 기판력 표준시까지 구체화되지 않은 손해는 표준시 후의 새로운 손해이므로 허용된다는 시적한계설도 있다.
98) 대법 1994.12.27, 94다4684. 다만 대법 1980.09.09, 80다1020은 채무부존재확인의 판결은 그 채무부존재를 원인으로

된 뒤에, 이제 甲이 乙에게 그와 같은 의무 있음을 전제로 그 이행불능을 원인으로 乙에게 손해배상청구를 하는 것은 허용되지 아니한다.[99] ③ **전소에서 원금채권의 부존재가 확정된 뒤에 전소의 변론종결당시에 원금채권의 존재를 전제로 변론종결 후의 지연이자 부분의 청구를 하는 경우에, 이는 변론종결당시에 원금채권이 존재함을 선결문제로 주장하는 것이 되어 전소의 확정판결의 기판력에 저촉**된다.[100] ④ 환지처분 전 토지의 소유권 확인판결 후, 환지처분 후 종전토지에 상응하는 비율의 해당공유지분에 관한 소유권확인소송이 제기된 경우, 전소의 소유권존부에 관한 판단에 후소는 구속된다.[101] ⑤ **배당이의의 소에서 패소의 본안판결을 받은 당사자가 그 판결이 확정된 후 상대방에 대하여 위 본안판결에 의하여 확정된 배당액이 부당이득이라는 이유로 그 반환을 구하는 소송을 제기한 경우에는, 전소인 배당이의의 소의 본안판결에서 판단된 배당수령권의 존부가 부당이득반환청구권의 성립 여부를 판단하는 데에 있어서 선결문제가 된다고 할 것이므로, 당사자는 그 배당수령권의 존부에 관하여 위 배당이의의 소의 본안판결의 판단과 다른 주장을 할 수 없고, 법원도 이와 다른 판단을 할 수 없다.**[102]

(2) 항변사유가 되는 때

① 甲은 乙 명의의 대지 위에 건물을 건축하여 점유하고 있다. 甲은 丙이 위 대지를 시효취득하였으며 자신은 丙으로부터 이를 매입하였다고 주장하면서, 丙을 대위하여 乙을 상대로 위 대지에 대한 소유권이전등기를 구하는 소를 제기하였다. 그러나 제1심 법원은 丙이 위 대지를 甲에게 매도한 사실이 없다고 판단하여, 甲의 당사자적격의 흠결을 이유로 甲의 소를 각하하는 판결을 하였다. **제1심 법원의 소각하판결이 확정된 후, 乙은 甲을 상대로 하여 건물철거 및 대지인도청구의 소를 제기하였다. 이 소송절차에서 피고 甲은 丙을 대위하여 원고 乙에게 취득시효완성을 원인으로 한 소유권이전등기절차의 이행을 구할 수 있는 권리가 있다고 주장하는 것은 기판력에 저촉**된다.[103] ② **甲이 乙을 상대로 하여 건물에 대한 전세금반환청구의 소를 제기하였다가 청구기각의 판결이 확정되었는데, 乙이 甲을 상대로 소유권에 기한 건물인도청구의 소를 제기하자 甲이 전세금반환청구권을 내세워 동시이행의 항변을 하는 것은 전소 확정판결의 기판력에 저촉되는 주장이어서 허용될 수 없다.**[104]

(3) 선결관계효의 효과

전소의 기판력이 선결관계로 후소에 작용하는 경우 후소가 부적법하지는 않고, 후소 법원이 전소 판결의 내용과 모순되는 판단을 해서는 안되는 내용상의 구속을 받은 뿐이다.

3. 전·후 양소의 소송물이 모순관계에 있는 경우

전후 양소의 소송물이 동일하지 않다고 하더라도 후소가 전소에서 확정된 법률관계와 정면으로 모순되는 반대관계를 소송물로 하는 경우에는 기판력이 작용한다.

한 등기말소청구에 미칠 수 없다고 하였는데, 이에 대해 잘못된 판결이라는 비판이 있다(이시윤 13판 631면)
99) 대법 1967.08.29, 67다1179
100) 대법 1976.12.14, 76다1488
101) 대법 2011.05.13, 2009다94384
102) 대법 2000.01.21, 99다3501
103) 대법 1987.06.09, 86다카1756
104) 대법 1987.06.09, 86다카2756

(1) 작용하는 경우

① 甲이 乙 대상의 甲 소유권 확인의 전소에서 甲의 승소로 확정된 경우에 후소로써 乙이 乙 소유권 확인의 소를 甲을 상대로 제기한 경우. ② 확정판결에 의하여 손해배상의무가 확정된 경우에 배상의무자가 후소로 배상의무 없다는 확인청구, ③ 甲·乙간의 확정판결로 甲 앞으로 소유권이전등기가 된 뒤에 乙이 후소로써 그 등기가 원인무효임을 내세워 甲 상대의 그 말소등기청구를 제기함은 기판력에 저촉된다.[105] ④ 관재국장이 귀속재산(부동산)을 甲에게 매도(불하)하고 그 이전등기가 된 뒤에 관재국장이 위 매각처분을 취소하자 국가가 이를 이유로 甲을 상대로 제기한 위 소유권이전등기말소청구의 소(전소)가 국가 승소로 확정된 뒤, 甲이 제기한 행정소송에서 위 매각처분 취소처분을 취소한 판결이 확정되어 국가에 대하여 위 매각을 원인으로 위 부동산에 대한 소유권이전등기절차의 이행을 구하는 것은 위 전소의 민사확정판결의 기판력에 저촉된다.[106]

(2) 작용하지 않는 경우

① 부동산에 관한 소유권이전등기가 원인무효라는 이유로 그 등기의 말소를 명하는 판결이 확정되었다고 하더라도 그 확정판결의 기판력은 그 소송물이었던 말소등기청구권의 존부에만 미치는 것이므로, 그 소송에서 패소한 당사자도 변론종결 전에 동일 토지를 매수하였음을 원인으로 한 소유권이전등기 청구소송을 제기하는 것이 전소판결의 기판력에 저촉되지 않는다.[107] 마찬가지로 **부동산에 대한 소유권확인 및 소유권보존등기 말소를 구하는 소(전소)의 기판력은 동일한 부동산에 대한 취득시효 완성을 원인으로 소유권이전등기를 구하는 소(후소)에 미치지 아니한다.**[108] ② **甲이 乙을 상대로 한 가등기에 기한 본등기절차의 이행을 명하는 전소에서 甲이 승소하고 확정된 후 乙이 후소로써 위 이전등기의 말소가 아니라 가등기만의 말소를 구하는 것은 기판력에 저촉되지 않는다.**[109] ③ 피고가 외국판결에 대한 집행판결을 받아 부동산에 관하여 소유권이전등기를 마쳤는데 그 후 외국판결이 외국법원에서 취소된 경우 위 집행판결이 추완항소, 재심 등에 의하여 취소되지 않았다고 하더라도 집행판결의 소송물은 외국판결을 근거로 우리나라에서 집행력의 부여를 구하는 청구권이고 외국판결의 기초가 되는 실체적 청구권이 아니므로, 외국판결이 취소되었음을 이유로 하여 부동산에 관한 소유권이전등기의 말소를 구하는 청구가 확정된 집행판결의 기판력에 반하지 않는다.[110]

V. 기판력의 범위

기판력은 소송물에 대한 일정한 표준시의 판단으로서(시적범위), 일정한 사항에 대하여(객관적 범위), 일정한 사람(주관적 범위)을 구속한다.

---

105) 대법 1996.02.09, 94다61649
106) 대법(전) 1981.11.10, 80다870
107) 대법 1995.06.13, 93다43491
108) 대법 1995.12.08, 94다35039·35046; 대법 1997.11.14, 97다32239
109) 만일 후소로써 위 가등기에 기한 소유권이전등기의 말소를 청구한다면 이는 1물1권주의의 원칙에 비추어 볼 때 전소에서 확정된 소유권이전등기청구권을 부인하고 그와 모순되는 정반대의 사항을 소송물로 삼은 경우에 해당하여 전소 판결의 기판력에 저촉된다고 할 것이지만, 이와 달리 위 가등기만의 말소를 청구하는 것은, 전소에서 판단의 전제가 되었을 뿐이고 그로써 아직 확정되지는 아니한 법률관계를 다투는 것에 불과하여 전소 판결의 기판력에 저촉된다고 볼 수 없다는 것에, 대법 1995.03.24, 93다52488
110) 대법 2020.07.23, 2017다224906

1. 기판력의 시적 범위(표준시)

(1) 의 의

확정판결의 내용을 이루는 사법상의 권리관계는 시간의 경과에 의하여 변동되기 때문에 기판력이 생기는 판단이 어느 시점의 권리관계의 존부에 관한 것인지의 문제를 시적범위라 한다.

(2) 기판력의 표준시

1) **표준시점** : 기판력은 그 표준시점에서의 현재의 권리관계의 존부판단에 발생한다. 민사소송에 있어서 당사자는 사실심의 변론종결시까지 소송자료를 제출할 수 있고 법원은 그때까지 제출된 소송자료를 기초로 하여 종국판결을 하기 때문에 그 시점, 즉 **사실심의 변론종결시(무변론판결의 경우는 판결선고시)가 기판력이 발생하는 표준시점**이 된다(제218조, 민사집행법 제44조 제2항 참조). **화해권고결정의 기판력은 그 확정시에 발생**한다.[111] 다만 **장래이행판결의 주문에서 변론종결 이후 기간까지의 급부의무의 이행을 명한 이상 그 확정판결의 기판력은 주문에 포함된 기간까지의 청구권의 존부에 대하여 미친다**.[112]

2) **표준시점 이전** : 이와 같이 기판력은 표준시 전의 과거의 권리관계에 관하여는 발생하지 않으므로, 원본채권이 변론종결 당시에 부존재한다는 이유로 청구기각 되었을 경우에도 변론종결 전에는 그 원본채권이 존재하였음을 전제로 그때까지 생긴 이자청구가 가능하다.[113]

3) **표준시점 이후** : 표준시점 이후의 장래의 권리관계를 확정하는 것이 아니다. 判例도 해고가 무효임을 이유로 복직시까지 정기적으로 발생하는 임금의 지급을 명하는 판결에 있어서 변론종결 이후 부분은 변론종결시를 기준으로 확정된 권리관계라고 말할 수는 없고 이는 단지 장래의 권리관계를 예측한 것에 불과하므로, 그 부분의 집행배제를 구함에 있어서는 비록 종전 판결 변론종결 이전에 발생한 정년퇴직이라는 사유를 들고 있더라도 이를 가지고 확정판결의 기판력에 저촉된다고 볼 수는 없다고 하였다.[114]

(3) 표준시 전에 존재했던 사유에 대한 실권효

1) **실권효(차단효)** : 기판력은 표준시에 있어서의 권리관계의 존부판단에 대해 생기므로 그 표준시 이전에 존재하였으나 **표준시까지 제출하지 않은 공격방어방법은, 기판력에 의해 실권되고 후소에서 다시 제출하지 못한다**. 判例는 이러한 실권효의 근거를 주문판단에 부여된 통용력·구속력이라고 하여, **그 자료를 제출하지 못한 데 과실이 있든 없든 불문하고 실권된다**고 한다(이에 대해 제출책임효설도 있음).[115]

---

111) 대법 2012.05.10, 2010다2558
112) 대법 2011.10.13, 2009다102452; 대법 2019.08.29, 2019다215272
113) 대법 1976.12.14, 76다1488
114) 대법 1998.05.26, 98다9908
115) 대법 2022.07.28, 2020다231928; 대법 2014.03.27, 2011다49981; 대법 1980.05.13, 80다473

실권되는 경우	• 소유권확인청구에서 패소당한 원고가 변론종결 전에 주장할 수 있었던 소유권의 다른 취득원인 사실[116] • 토지인도소송에서 소유권이 없음을 이유로 패소당한 원고가 변론종결 전에 주장할 수 있었던 원고에게로 소유권이 환원된 사실[117] • 토지거래허가구역에서 해제되었음에도 이를 몰라 주장하지 못하여 소유권이전등기소송에서 패소한 원고가 후소를 제기하여 허가구역지정해제된 사실을 주장[118] • 원고승소의 이행판결 후 패소했던 피고가 변론종결전에 발생한 변제·면제·소멸시효완성 등 채무 소멸사유를 주장 • 변론종결 전의 상속포기 사실[119] • 제소전 화해조서에 의하여 경료된 등기의 말소를 구하는 전소에서 제소전화해가 준재심에 의하여 취소되지 않는 한 그 효력을 다툴 수 없다는 이유로 청구가 기각된 후 제소전 화해조서가 취소되었다고 하더라도 그 판결의 기판력은 재심절차에 의함이 없이는 당연히 배제되지 않으며 이와 같은 취소사실을 그 후의 2차 말소소송의 변론종결시까지 주장하지 아니한 이상 2차소송의 판결의 기판력의 배제사유로 삼을 수도 없다.[120]
실권의 예외	• 판결집행이 불법이 되는 경우[121] • 변론종결 전의 한정승인사실은 뒤에 청구이의의 사유로 다시 다툴 수 있다.[122] • 확정판결에 관한 소송에서 주장되지 않았던 면책 사실도 청구이의소송에서 이의사유가 될 수 있다.[123]

> 판례연구 : 한정승인의 취급

1. 상속채무의 이행을 구하는 소에서 피고가 한정승인 항변을 한 경우
(1) 법원의 주문 : 책임의 부존재를 판결주문에 명시
상속의 한정승인은 채무의 존재를 한정하는 것이 아니라 단순히 그 책임의 범위를 한정하는 것에 불과하기 때문에, 상속의 한정승인이 인정되는 경우에도 상속채무가 존재하는 것으로 인정되는 이상, 법원으로서는 상속재산이 없거나 그 상속재산이 상속채무의 변제에 부족하다고 하더라도 상속채무 전부에 대한 이행판결을 선고하여야 하고, 다만, 그 채무가 상속인의 고유재산에 대해서는 강제집행을 할 수 없는 성질을 가지고 있으므로, 집행력을 제한하기 위하여 이행판결의 주문에 상속재산의 한도에서만 집행할 수 있다는 취지를 명시하여야 한다고 하여 책임의 부존재에 대하여 판결주문에 명시할 것을 요구한다.[124]

(2) 한정승인에 따른 유보부 판결이 확정된 후 원고가 유보 없는 판결을 재차 구하는 경우 : 소각하판결
피상속인에 대한 채권에 관하여 채권자와 상속인 사이의 전소에서 상속인의 한정승인이 인정되어 상속재산의 한도에서 지급을 명하는 판결이 확정된 때에는 그 채권자가 상속인에 대하여 새로운 소에 의해 위 판결의 기초가 된 전소 사실심의 변론종결시 이전에 존재한 법정단순승인 등 한정승인과 양립할 수 없는 사실을 주장하여 위 채권에 대해 책임의 범위에 관한 유보가 없는 판결을 구하는 것은 허용되지 아니한다. 왜냐하면 전소의 소송물은 직접적으로는 채권(상속채무)의 존재 및 그 범위이지만 한정승인의 존재 및 효력도 이에 준하는 것으로서 심

---

116) 대법 1961.12.14, 4293민상837; 대법 1987.03.10, 84다카2132
117) 대법 1976.11.23, 76다1338
118) 대법 2014.03.27, 2011다49981
119) 대법 2009.05.28, 2008다79876
120) 대법 1983.03.08, 82다카1203
121) 대법 1987.07.24, 84다카572
122) 대법 2006.10.13, 2006다23138
123) 대법 2022.07.28, 2017다286492
124) 대법 2003.11.14, 2003다30968

리·판단되었을 뿐만 아니라 한정승인이 인정된 때에는 주문에 책임의 범위에 관한 유보가 명시되므로 한정승인의 존재 및 효력에 대한 전소의 판단에 기판력에 준하는 효력이 있다고 해야 하기 때문이다. 그리고 이러한 법리는 채권자의 급부청구에 대하여 상속인으로부터의 한정승인의 주장이 받아들여져 상속재산의 한도 내에서 지급을 명하는 판결이 확정된 경우와 채권자 스스로 위와 같은 판결을 구하여 그에 따라 판결이 확정된 경우 모두에 마찬가지로 적용된다.125)

(3) 한정승인에 따른 유보부 판결이 확정된 후 원고가 상속인의 고유재산에 대해 집행한 경우 : 제3자 이의의 소

상속채무의 이행을 구하는 소송에서 피고의 한정승인 항변이 받아들여져서 원고 승소판결인 집행권원 자체에 '상속재산의 범위 내에서만' 금전채무를 이행할 것을 명하는 이른바 유한책임의 취지가 명시되어 있음에도 불구하고, 상속인의 고유재산임이 명백한 임금채권 등에 대하여 위 집행권원에 기한 압류 및 전부명령이 발령되었을 경우에, 상속인인 피고로서는 책임재산이 될 수 없는 재산에 대하여 강제집행이 행하여졌음을 이유로 제3자이의의 소를 제기하거나, 그 채권압류 및 전부명령 자체에 대한 즉시항고를 제기하여 불복하는 것은 별론으로 하고, 청구에 관한 이의의 소에 의하여 불복할 수는 없다고 보아야 한다.126) 상속인의 고유재산에 대해서는 판결의 기판력 및 집행력이 미치지 않는다는 것으로 해석된다.

2. 상속채무의 이행을 구하는 소에서 피고가 한정승인 항변을 하지 않은 경우

한정승인에 의한 책임의 제한은 상속채무의 존재 및 범위의 확정과는 관계가 없고 다만 판결의 집행대상을 상속재산의 한도로 한정함으로써 판결의 집행력을 제한할 뿐이다. 책임의 범위는 현실적인 심판대상으로 등장하지 아니하여 주문에서는 물론 이유에서도 판단되지 않는 것이므로 책임의 범위에 관하여는 기판력이 미치지 않는다. 그러므로 사실심변론종결시 후 한정승인 사실을 내세워 청구에 관한 이의의 소를 제기하는 것이 허용된다고 보는 것이 옳다.127)

2) 표준시 전에 발생한 형성권의 변론종결 후의 행사

① 判例는 확정판결의 변론종결 전에 이미 발생하였던 취소권,128) 해제권은129) 그 당시에 행사하지 아니함으로써 불리하게 확정된 경우에 확정 후에 취소권, 해제권을 뒤늦게 행사하여 전소의 확정판결의 효력을 부인할 수 없다고 하였다. 또한 백지어음의 소지인이 백지부분을 보충하지 아니하여 패소확정판결을 받은 후 이제 백지보충권을 행사하여 다시 동일한 어음금을 청구하는 것은 전소의 기판력에 차단되는 주장으로 허용되지 않는다.130)

② 그러나 상계권 행사의 경우 확정판결의 변론종결 전에 상대방에 대하여 상계적상에 있는 채권을 가지고 있었다 하더라도 집행권원인 확정판결의 변론종결 후에 이르러 비로소 상계의 의사표시를 한 때에는 구민사소송법 제505조 2항이 규정하는 '이의원인이 변론종결 후에 생긴 때'에 해당하는 것으로서, 당사자가 채무명의인 확정판결의 변론종결 전에 자동채권의 존재를 알았는가 몰랐는가에 관계없이 적법한 청구이의의 사유로 된다고 판시하여 상계권은 실권되지 않는다.131) 나아가 건물의 소유를 목적으로 하는 토지임대차에 있어서, 임대차가 종료함에 따라 토지의 임차인이 임대인에 대하여 건물매수청구권을 행사할 수 있음에도 불구하고 이를 행사하지 아니한 채, 토지의 임대인이 임차인에 대하여 제기한 토지인도 및 건물철거 청구소송에서 패소하여 그 패소판결이 확정되었다고 하더라도, 그 확정판결에 의하여 건물철거가 집행되지 아니한 이상, 토지의 임차인으로서는 건물매수청구권을 행사하여 별소로써 임대인에 대하여 건

---

125) 대법 2012.05.09, 2012다3197
126) 대법 2005.12.19, 2005그128
127) 대법 2006.10.13, 2006다23138
128) 대법 1979.08.14, 79다1105
129) 대법 1980.05.27, 79사11
130) 대법 2008.11.27, 2008다59230
131) 대법 1998.11.24, 98다25344 등 참조

물 매매대금의 지급을 구할 수 있다.[132]

(4) 표준시 후에 새로이 발생한 사유

기판력의 표준시 이후, 즉 변론종결 이후에 사정변경에 의해 새로이 발생한 사유는 실권효의 제재를 받지 않는다. 따라서 변론종결 후에 발생한 새로운 사유에 의해 새로운 소의 제기나 청구이의의 소(민집 제44조)를 제기할 수 있다. 여기에서의 변론종결 후에 발생한 사유에는 변론종결 후에 발생한 사실자료에 그치는 것이지, 법률이나 판례의 변경,[133] 법률의 위헌결정, 기초가 되었던 행정처분의 변경과 **기존의 사실관계에 대한 새로운 증거자료가 있다거나 새로운 법적 평가** 또는 그와 같은 법적 평가가 담긴 다른 판결이 존재한다는 **등의 사정은 포함되지 아니한다.**

> **판례연구 : 새로운 사정변경에 해당하는 경우**
>
> **1. 소유권확인청구가 기각된 후 협의분할에 의하여 소유권을 취득한 경우**
>
> 소유권확인청구의 소송물은 소유권 자체의 존부이므로, 전소에서 원고가 소유권을 주장하였다가 패소 판결이 확정되었다고 하더라도, 전소 변론종결 후에 소유권을 새로이 취득하였다면 전소의 기판력이 소유권확인을 구하는 후소에 미칠 수 없는데, 상속재산분할협의가 전소 변론종결 후에 이루어졌다면 비록 상속재산분할의 효력이 상속이 개시된 때로 소급한다 하더라도, 상속재산분할협의에 의한 소유권 취득은 전소 변론종결 후에 발생한 사유에 해당한다. 따라서 전소에서 원고가 단독상속인이라고 주장하여 소유권확인을 구하였으나 공동상속인에 해당한다는 이유로 상속분에 해당하는 부분에 대해서만 원고의 청구를 인용하고 나머지 청구를 기각하는 판결이 선고되어 확정되었다면, 전소의 기판력은 전소 변론종결 후에 상속재산분할협의에 의해 원고가 소유권을 취득한 나머지 상속분에 관한 소유권확인을 구하는 후소에는 미치지 않는다.[134]
>
> **2. 변론종결 후에 조건성취**
>
> 전소에서 정지조건 미성취를 이유로 청구가 기각되었다 하더라도 변론종결 후에 그 조건이 성취되었다면, 이는 변론종결 후의 취소권이나 해제권과 같은 형성권 행사의 경우와는 달리 동일한 청구에 대하여 다시 소를 제기할 수 있다.[135] 나아가 전소에서 피담보채무의 변제로 양도담보권이 소멸하였음을 원인으로 한 소유권이전등기의 회복 청구가 기각된 경우, 장래 잔존 피담보채무의 변제를 조건으로 소유권이전등기의 회복을 청구하는 것은 전소 확정판결의 기판력에 저촉되지 않는다.[136]

> **판례연구 : 새로운 사정변경에 해당하지 않는 경우**
>
> **1. 후소판결의 확정**
>
> 기판력 있는 전소판결과 저촉되는 후소판결이 그대로 확정된 경우에도 전소판결의 기판력이 실효되는 것이 아니고 재심의 소에 의하여 후소판결이 취소될 때까지 전소판결과 후소판결은 저촉되는 상태 그대로 기판력을 갖는 것이고 또한 후소판결의 기판력이 전소판결의 기판력을 복멸시킬 수 있는 것도 아니어서, 기판력 있는 전소판결의 변론종결 후에 이와 저촉되는 후소판결이 확정되었다는 사정은 변론종결 후에 발생한 새로운 사유에 해당되지 않으므로, 그와 같은 사유를 들어 전소판결의 기판력이 미치는 자 사이에서 전소판결의 기판력이 미치지 않게 되었다고 할 수 없다.[137] 마찬가지로 甲과 乙사이에 제1화해가 성립한 후에 甲과 乙 사이에 다시 제1화해와 모순·저촉되는 제2화해가 성립하였다 하여도 제1화해가 조서에 기재되어 확정판결과 동일하게 기판력이 발생한

---

132) 대법 1995.12.26, 95다42195
133) 대법 2019.08.29, 2019다215272
134) 대법 2011.06.30, 2011다24340
135) 대법 2002.05.10, 2000다50909
136) 대법 2014.01.23, 2013다64793
137) 대법 1997.01.24, 96다32706

이상 제2화해에 의하여 제1화해가 당연히 실효되거나 변경되고 나아가 제1화해조서의 집행으로 마쳐진 乙 명의의 소유권이전등기 등이 무효로 된다고 볼 수는 없다.[138]

2. 행정처분의 변경

관재국장이 귀속재산(부동산)을 소외 회사에게 매도(불하)하고 그 이전등기가 된 뒤에 관재국장이 위 매각처분을 취소하자 국가가 이를 이유로 소외 회사들을 상대로 제기한 위 소유권이전등기말소청구의 소(전소)가 국가 승소로 확정된 뒤, 소외 회사가 제기한 행정소송에서 위 매각처분 취소처분을 취소한 판결이 확정되었다면 소외 회사는 이로써 민사소송법 제451조 제1항 제8호의 사유를 들어 재심을 구함은 별론으로 하고, 국가에 대하여 위 매각을 원인으로 위 부동산에 대한 소유권이전등기절차의 이행을 구하는 것은 위 전소의 민사확정판결의 기판력에 저촉된다.[139]

3. 새로운 법적 평가 또는 그와 같은 법적 평가가 담긴 다른 판결의 존재

원고 甲을 비롯한 토지주들은 A종합건설회사와 사이에 신축 아파트 중 그 소유의 토지 위에 20세대 아파트를 신축하되 토지주들이 지정하는 7세대를 제외한 13세대를 공사대금 명목으로 소외 회사에 대물변제하기로 하는 약정을 하고, 공사를 마친 위 아파트의 각 세대에 관하여 토지주들 명의로 각 지분소유권보존등기를 마친 상황에서, 위 아파트 503호를 A회사로부터 분양받았다고 주장하는 피고 乙을 상대로 소유권에 기한 방해배제청구로서 위 503호의 인도를 구하는 소(제1차 소송)를 제기하였으나 분양에 관한 처분권한을 가진 A회사와 체결한 매매계약에 의하여 위 503호를 매수하여 피고는 정당한 점유권원이 있다는 이유로 원고 패소판결이 확정되었다. 이후 A회사가 乙을 상대로 제기한 매매계약의 무효확인을 구하는 소송에서 매매계약이 A회사를 대리할 정당한 권한이 있는 사람에 의하여 체결되었다는 증거가 없어 무효라는 취지에서 A회사의 승소판결이 확정되었다. 그러자, 다시 甲이 乙을 상대로 공유물에 대한 보존행위로서 위 503호의 인도를 구하는 소(제2차 소송)를 제기한 사안에서, 제1차 인도소송과 제2차 인도소송의 소송물은 모두 소유권에 기한 방해배제를 구하는 건물인도 청구권으로 동일하고, 매매계약이 정당한 권한이 있는 사람에 의하여 체결되어 乙이 아파트를 점유할 정당한 권원이 있는지는 제1차 인도소송의 변론종결 전에 존재하던 사유로 甲 등이 제1차 인도소송에서 공격방어방법으로 주장할 수 있었던 사유에 불과하고 그에 대한 법적 평가가 담긴 무효확인 소송의 확정판결이 제1차 인도소송의 변론종결 후에 있었더라도 이를 변론종결 후에 발생한 새로운 사유로 볼 수도 없으므로, 제2차 인도소송은 제1차 인도소송의 확정판결의 기판력에 저촉되어 허용될 수 없다.[140]

판례연구 : 후유증과 사정변경인지 판단

1. 기대여명보다 오래 생존한 경우

大法院은 "원고가 식물인간 상태로 지속하다가 2004. 4. 23.경 사망할 것으로 예측된 전소의 감정결과와는 달리 원고의 여명이 종전의 예측에 비하여 최대 약 9년이나 더 연장되어 그에 상응한 향후치료, 보조구 및 개호 등이 추가적으로 필요하게 된 중대한 손해가 새로이 발생하리라고는 전소의 소송과정에서 예상할 수 없었다 할 것이고, 따라서 원고의 연장된 여명에 따른 손해는 전소의 변론종결 당시에는 예견할 수 없었던 새로운 중한 손해라고 할 것이므로 이 사건 소는 전소와는 별개의 소송물로서 전소의 기판력에 저촉되느지 않는 것이다."라고 판시하여 별개의 소송물로 보고 있다.[141]

2. 기대여명보다 일찍 사망한 것이 기판력의 배제사유인지 여부

判例는 ① 인신사고의 경우 손해배상의무 발생의 근거사실인 손해는 사고 당시에 이미 발생하여 그 배상청구권이 존재하게 되고, 다만 법원으로서는 당사자가 변론종결시까지 제출한 자료에 의해서 장래 현재화할 손해를 예상하고 그 금전적 평가에 기해 배상을 명하는 것뿐이므로, 예상된 사실과 현실화된 사실이 상위함이 변론종결 후에 밝혀지더라도 일반적으로는 이를 변론종결 후에 생긴 사유라고 볼 수 없는 점, ② 기대여명은 통계에 기초한

---

138) 대법 1994.07.29, 92다25137
139) 대법(전) 1981.11.10, 80다870
140) 대법 2016.08.30, 2016다222149
141) 대법 2007.04.13, 2006다78640

예상 수치일 뿐 그 기간만큼 살 수 있다는 보증이 있는 것은 아니고, 특히 뇌손상 등으로 인하여 기대여명이 단축되는 경우 합병증의 발생 여부, 치료여건 등 여러 상황에 따라 수명이 예상보다 단축될 수도, 연장될 수도 있는 것이어서 손해배상청구소송에서 기대여명의 평가에는 그 개념상 불확실성이 존재하고 있는 것인 점, ③ 손해배상청구권자가 일시금에 의한 지급을 청구하였더라도 법원이 재량에 따라 정기금에 의한 지급을 명하는 판결을 할 수 있는바, 가해자 또는 보험자는 그와 같은 사정을 적극적으로 주장·입증하여 정기금에 의한 지급을 명하는 판결을 받을 수 있는 절차가 애초에 보장되어 있었던 점, ④ 정기금 판결 변경의 소에서도 '장차' 지급할 정기금 액수를 바꾸어 달라는 청구를 할 수 있을 뿐 사정변경이 생긴 이후 이미 지급한 돈의 반환을 구할 수는 없는 것인 점 등에 비추어 보면, 인신사고에 따른 손해배상청구 사건에서 인정된 사실들과 이에 대한 전문가의 견해 등을 바탕으로 피해자의 기대여명을 평가하여 판결 등으로 확정한 이상, 그 이후 **피해자가 기대여명보다 일찍 사망하게 되었다고 하여 확정판결 등의 기판력이 배제된다고 볼 수는 없다고** 보았다.[142]

3. 평 석
피해자가 손해배상의 기초가 되었던 기대여명보다 오래 생존한 경우 기대여명 이후의 손해는 통상의 경우 이전 소송에서 청구되지 않았던 부분인데 반하여, 피해자가 손해배상의 기초가 되었던 기대여명보다 일찍 사망한 경우에는 실제 사망시점부터 기대여명까지의 손해가 이전 소송에서 이미 청구된 부분이라는 점에서 소송물의 관점에서 양자를 달리 볼 수 있다.

(5) 정기금판결에 대한 변경의 소

> **제252조(정기금판결과 변경의 소)** ① 정기금의 지급을 명한 판결이 확정된 뒤에 그 액수산정의 기초가 된 사정이 현저하게 바뀜으로써 당사자 사이의 형평을 크게 침해할 특별한 사정이 생긴 때에는 그 판결의 당사자는 장차 지급할 정기금 액수를 바꾸어 달라는 소를 제기할 수 있다.
> ② 제1항의 소는 제1심 판결법원의 전속관할로 한다.

1) 서 설
① 의 의 : 변경의 소라 함은 **정기금 지급을 명한 판결이 확정된 후에 그 액수산정의 기초가 된 사정이 현저하게 바뀜으로써 당사자 사이의 형평을 크게 침해할 특별한 사정이 생긴 때에 그 판결의 당사자가 장차 지급할 정기금 액수를 바꾸어 달라고 청구하는 소**를 말한다(제252조 1항).

② 도입취지 : 종래 장래의 임료상당의 부당이득금의 지급을 명한 판결의 확정 후에 그 임료가 9배 가까이 상승하자 전소의 원고가 그 차액을 추가로 청구한 사안에서, 大法院 **전원합의체판결은 전소 청구를 명시적 일부청구로 간주하고, 후소청구를 잔부청구로 보아 추가청구를 허용**하였으나,[143] 당사자가 전소에서 청구한 것은 일부청구가 아니라 전부청구이며, 설사 일부청구로 본다고 하더라도 경제적 사정 등 액수산정의 기초가 되는 사실이 어떻게 변하느냐에 따라 일부청구 여부가 결정되는 문제점(장래의 정기금이 하락하는 경우)이 있어 신법은 독일 민사소송법을 본받아 변경의 소를 규정함으로써, 이 문제를 입법적으로 해결하였다.

③ 청구이의 소와의 구별 : 청구이의 소(민집 제44조)가 판결 후 권리소멸·저지사실이 생겨 사정변경을 이유로 판결의 효력을 배제시키려는 것이라면, 정기금판결에 대한 변경의 소는 권리발생사실에 사정변경이 생겨 판결을 바꾸려는 점에서 차이가 있다.

---

142) 대법 2009.11.12, 2009다56665의 1심 판시(서울중앙지법 2008.11.18. 선고 2008가합63302 판결)
143) 대법 1993.12.21, 92다46226; 이러한 판시는 제252조가 도입된 이후에도 유지되고 있다(대법 2011.10.13, 2009다102452).

2) 성질 및 소송물 : 변경의 소는 확정된 장래의 지급할 정기금채무의 기판력을 배제하는 소송상 형성의 소이며, 청구의 내용에 따라서 새로운 이행채무의 확정이라는 이행의 소나 확인의 소의 성격도 동시에 가진다. 형평의 관념 내지 실체적 정의의 측면에서 전소판결의 기판력을 배제하는 것으로 그 소송물은 전소와 동일하다.144)

3) 요 건

① 전소의 확정판결의 기판력을 받는 당사자일 것 : 변경의 소는 같은 당사자 사이에 정기금 채권채무관계를 조정하려는 것이므로 확정판결을 받은 당사자와 변경의 소의 당사자는 동일인이어야 한다(제252조 1항 후단). 다만 법률관계가 제3자에게 승계되고 그 제3자에게 기판력이 확장되는 관계인 경우에는 당사자가 될 수 있다. 그러나 **토지의 전 소유자가 제기한 부당이득반환청구소송의 변론종결 후에 그 토지의 소유권을 취득한 사람에 대해서는 위 소송에서 내려진 정기금지급을 명하는 확정판결의 기판력이 미치지 아니하므로, 이러한 토지의 새로운 소유자가 그 토지의 무단 점유자를 상대로 다시 부당이득반환청구의 소를 제기하지 아니하고, 그 토지의 전 소유자가 앞서 제기한 위 부당이득반환청구소송에서 내려진 정기금판결에 대하여 변경의 소를 제기하는 것은 부적법**하다.145)

② 정기금지급을 명한 판결일 것 : 정기금의 지급을 명하는 판결이면 치료비·일실이익 등의 손해배상판결 뿐만 아니라, 부당이득금·임금·이자지급판결 등도 그 대상이 된다. 중간이자를 공제하고 일시금배상판결이 났을 때 변경의 소의 대상이 되는지 문제되는데, 중간이자를 공제하여 일시금청구를 하여도 법원이 정기금판결을 할 수 있으며 그 반대도 가능하므로 긍정하는 입장이 있으나,146) 법문에 반하며, 당사자가 일시금 판결을 용인하여 상소 등으로 다투지 아니한 점, 일시금의 이행 내지 집행 여하에 따라 변경의 소 허용 여부가 결정된다고 보기 어려우므로 이러한 경우에는 변경의 소가 허용되지 않는다고 본다.147)

③ 정기금의 지급을 명하는 판결이 확정되었을 것 : 가집행선고부 미확정판결에 대하여 변경의 소를 제기할 수 없다. 확정판결과 같은 효력이 있는 청구인낙조서, 화해조서, 조정조서 뿐만 아니라 화해권고결정에서도 변경의 소를 제기할 수 있다고 봄이 타당하다.

④ 현저한 사정변경 주장 : 정기금지급을 명한 확정판결의 변론종결시 이후에 정기금액수 산정의 기초가 된 사정이 현저하게 변경됨으로써 당사자 사이의 형평을 크게 침해할 특별한 사정이 생겼음을 주장하여야 한다. 실제로 변경되었는지 여부는 본안요건에 해당한다. 공시지가나 연임료가 2~3배 상승한 것만으로는 사정의 현저한 변경과 당사자 사이의 형평을 크게 침해할 특별한 사정이 있다고 보기는 어렵다.148) 나아가 **단순히 종전 확정판결의 결론이 위법·부당하다는 등의 사정을 이유로 본조에 따라 정기금의 액수를 바꾸어 달라고 하는 것은 허용될 수 없다.**149)

4) 심판절차

① 신청방법 : 전소 확정판결이 항소심 판결이나 상고심 판결이더라도 변경의 소는 제1심 법원의 전속

---

144) 정영환 669면
145) 대법 2016.06.28, 2014다31721
146) 이시윤 13판 647면
147) 정영환 671면
148) 대법 2009.12.24, 2009다64215
149) 대법 2016.03.10, 2015다243996

관할이다(제252조 2항). 이는 변경된 상황에 대한 심리가 이루어져야 하므로 편의상 제1심 법원의 관할로 규정한 것이다. 소장에는 변경을 구하는 확정판결의 사본을 붙여야 한다(규칙 제63조 제3항). 변경의 대상이 되는 확정판결은 위 소에서 가장 기본이 되는 자료이므로 수소법원이 그 내용을 조기에 파악하여 실질적인 심리에 들어갈 필요가 있기 때문이다.

② 재판방법 : 확정판결을 전제로 하므로 정기금 산정을 제외한 부분, 가령 손해배상청구에서 불법행위의 존재, 인과관계의 존재, 과실상계 등에 대하여는 전소 확정판결과 다른 판단을 할 수 없다. 그러므로 전소 확정판결의 사실인정이나 법 적용에 잘못이 있더라도 이를 고쳐서 처음부터 새로 심판하는 것은 허용되지 않는다. ⅰ) 현저한 사정변경이 인정되는 경우 법원은 종전의 확정판결을 변경하여 변경된 사정에 맞추어 정기금 액수를 증액 또는 감액하는 판결을 한다. 물론 이 제도는 "장차 지급할" 정기금 액수를 변경하려는 것이므로 소급적으로 증감된 정기금의 지급을 명할 수는 없다. 정기금 판결에도 가집행선고를 할 수 있다. ⅱ) 현저한 사정변경이 인정되지 않는 경우 청구기각판결을 한다.

③ 집행정지 : 정기금 변경 판결이 있더라도 종전 집행권원이 소멸하는 것은 아니므로 기준시점까지 이행되지 않은 채무의 집행은 가능하다. 다만 변경의 소 제기 이후에도 계속 종전 집행권원으로 집행이 된다면 부당하므로 제소가 있으면 법 제501조에 의하여 강제집행을 일시 정지할 수 있다.

2. 기판력의 객관적 범위(물적 범위)

> 제216조(기판력의 객관적 범위) ① 확정판결은 주문에 포함된 것에 한하여 기판력을 가진다.
> ② 상계를 주장한 청구가 성립되는지 아닌지의 판단은 상계하자고 대항한 액수에 한하여 기판력을 가진다.

(1) 판결주문의 판단

당사자간의 가장 주된 관심사로서 소송의 목적은 소송물에 관한 판단, 즉 판결주문에서 판단된 판결의 결론부분이므로 이 **주문에 포함된 것에 한하여 기판력을 가진다**(제216조 제1항). 소송판결의 경우에는 소송요건의 흠에 관한 판단에 기판력이 생기고, 본안판결의 경우에는 소송물인 권리관계의 존·부판단에 기판력이 생긴다. 특히 이행소송에 있어서 청구기각의 판결에 관하여는 판결이유에 의하여 이행청구권의 존재를 근본적으로 부정한 것인가, 아니면 기한의 미도래·조건의 미성취 등을 근거로 한 것인가를 함께 살펴보아야 한다.[150] **소송의 목적물이 특정되어 있지 아니하다는 이유로 원고의 청구를 기각한 판결과 같이 그 판결이유에서 소송물인 권리관계의 존부에 관하여 실질적으로 판단하지 아니한 경우에는 그 권리관계의 존부에 관하여 기판력이 생기지 아니한다.**[151]

| 기판력의 객관적 범위 | = | 소송물 | = | 판결주문 |

---

150) 대법 1962.12.27, 62다24
151) 대법 1983.02.22, 82다15

(2) 판결이유 중의 판단

판결이유에서 판단된 **사실확정, 법규의 해석적용, 선결적 법률관계, 항변 등에 관하여는 기판력이 미치지 않는 것이 원칙**이다. 이유중 판단에 기판력이 생기지 않는 이유는 ① 당사자의 직접적인 관심사는 주문에서 판단되는 결론이고, 판결이유가 아닌데 여기에 기판력이 인정되면 당사자에게 예기치 못한 불이익을 입히는 것이고, ② 이유까지 기판력을 인정하면 그만큼 오판시정의 기회가 적어지며, ③ 기판력을 주문의 판단에 한정함으로써 당사자는 전제문제에 있어 청구의 당부판단에 필요한 한도 내에서 다투면 되고, 법원도 여러 가지 공격방어방법 중 이유 있는 것 하나만을 선택·판단할 수 있어서 신속한 결론도출이 된다는 것 등이다.

1) 사 실 : 판결이유 중 판결의 기초로 한 사실이나, 증거가치의 판단에 대해서는 기판력이 생기지 않는다. 판결은 권리관계의 확정을 목적으로 한 것이고 사실확정을 목적으로 한 제소는 허용되지 않기 때문이다. 따라서 ⅰ) 판결이유 중의 서증의 진정성립에 관한 판단,[152] ⅱ) 보상금청구소송에 대한 확정판결에서 보상금채권이 특정인에게 양도귀속되었다는 사실판단,[153] ⅲ) 등기말소판결을 하면서 그 전제로 피고가 무권대리인으로부터 매수했다는 사실인정에[154] 기판력이 발생하지 않다.

2) 선결적 법률관계

① 소송물을 판단함에 있어서 중간확인의 소(제264조)에 의하지 않는 한 선결적 법률관계에 대해서는 기판력이 발생하지 않는다. 이자청구에 있어서 원금채권의 존부에 관한 판단이 판결이유에 설시되어 있다고 하더라도 기판력은 소송물인 이자채권의 존부에 한한다. 그러므로 뒤에 원금을 청구하는 소가 제기되었을 때 법원은 전소의 원금채권에 관한 판단에 전혀 구속을 받을 필요가 없다.

> **판례연구 : 선결적 법률관계로서 기판력이 발생하지 않는 경우**
> - 甲이 乙상대의 이전등기말소소송에서 원고 甲에게 소유권이 없다는 이유로 패소확정된 뒤라도 원고 甲은 다시 乙상대의 소유권확인의 후소를 제기할 수 있으며, 승소할 수 있다.[155] 이때 원고가 비록 위 각 확정판결의 기판력으로 말미암아 위 토지에 관한 등기부상의 소유명의를 회복할 방법이 없게 되었다 하더라도 그 소유권이 원고에게 없음이 확정된 것은 아니고 등기부상 소유자로 등기되어 있지 않다고 하여 소유권을 행사하는 것이 전혀 불가능한 것도 아닌 이상, 원고로서는 그의 소유권을 부인하는 피고들에 대하여 위 토지가 원고의 소유라는 확인을 구할 법률상의 이익이 있다.[156]
> - 원심은 피고가 원고로부터 건물의 소유를 목적으로 토지를 임차하였으므로 건물에 대하여 건물매수청구권을 행사한다는 피고의 항변에 대하여, 원고가 건물철거를 구하는 본소를 제기하기에 앞서 피고를 상대로 토지의 인도를 구하는 전소를 제기하여 승소판결을 받아 그 판결이 확정되었고, 전소 확정판결의 기판력은 전소 변론종결일 당시의 원고의 피고에 대한 토지인도청구권의 존재에 미치며, 피고 주장의 임차권은 위 변론종결일 전부터 존재하던 것으로서 위 토지인도청구권을 다투는 방법에 불과하므로, 피고가 지금에 와서 임차권을 주장하는 것은 전소 확정판결의 기판력에 저촉되어 허용되지 않는다고 판단하였으나, 전소 확정판결의 기판력은 전소에서의 소송물인 토지인도청구권의 존부에 대한 판단에 대하여만 발생하는 것이고 토지의 임차권의 존부에 대하여까지 미친다고 할 수는 없으므로 원심판결에는 기판력에 관한 법리를 오해하고 심리를 다하지 아니

---

152) 대법 1968.06.11, 68다591
153) 대법 1990.08.09, 89마525
154) 대법 1970.09.29, 70다1759
155) 대법 1999.07.27, 99다9806
156) 대법 2002.09.24, 2002다11847

한 위법이 있다.157)

- 매매계약의 무효 또는 해제를 원인으로 한 매매대금반환청구에 대한 인낙조서의 기판력은 그 매매대금반환청구권의 존부에 관하여만 발생할 뿐, 그 전제가 되는 선결적 법률관계인 매매계약의 무효 또는 해제에까지 발생하는 것은 아니므로, 소유권이전등기청구권의 존부를 소송물로 하는 후소는 전소에서 확정된 법률관계와 정반대의 모순되는 사항을 소송물로 하는 것이라 할 수 없으며, 기판력이 발생하지 않는 전소와 후소의 소송물의 각 전제가 되는 법률관계가 매매계약의 유효 또는 무효로 서로 모순된다고 하여 전소에서의 인낙조서의 기판력이 후소에 미친다고 할 수 없다.158)

- 甲 등 망인들이 국가를 상대로 농지분배처분을 원인으로 하는 소유권이전등기청구소송을 제기하였다가 패소판결이 선고되어 확정되었는데, 그 후 甲 등의 상속인들인 乙 등이 국가가 행한 일련의 불법행위 때문에 분배농지에 관한 수분배권을 상실하였다며 국가를 상대로 손해배상을 구한 사안에서, 위 확정판결의 기판력이 미치는 법률관계는 甲 등의 국가에 대한 소유권이전등기청구권의 존부에 한정되고, 乙 등이 제기한 손해배상청구소송에서 문제 되는 농지분배처분 무효 내지 甲 등의 분배토지에 관한 수분배권 존부는 그 전제가 되는 법률관계에 불과하여 위 확정판결의 기판력이 미치지 않는다.159)

- 임대차보증금은 임대차 종료 후에 임차인이 임차목적물을 임대인에게 반환할 때 연체차임 등 모든 피담보채무를 공제한 잔액이 있을 것을 조건으로 하여 그 잔액에 대하여서만 임차인의 반환청구권이 발생하고, 또 임대차보증금의 지급을 명하는 판결이 확정되면 변론종결 전의 사유를 들어 당사자 사이에 수수된 임대차보증금의 수액 자체를 다투는 것은 허용되지 아니한다 하더라도, 임대차보증금 반환청구권 행사의 전제가 되는 연체차임 등 피담보채무의 부존재에 대하여 기판력이 작용하는 것은 아니다.160)

- 관련소송인 청구이의의 소에서 변제로 대여금채무가 소멸하였다는 취지의 확정판결이 있었음에도 원심은 그와 달리 변제의 효력을 인정하지 않은 사안에서, 변제의 효력 유무는 그 전제가 되는 법률관계에 불과하여 원심이 위 확정판결과 달리 판단하였더라도 전소의 기판력에 저촉된다고 볼 수는 없다.161)

- 토지 소유권에 기한 물권적 청구권을 원인으로 하는 가등기말소청구소송의 소송물은 가등기말소청구권이므로 그 소송에서 청구기각된 확정판결의 기판력은 가등기말소청구권의 부존재 그 자체에만 미치고, 소송물이 되지 않은 토지 소유권의 존부에 관하여는 미치지 않는다. 나아가 위 청구기각된 확정판결로 인하여 토지 소유자가 갖는 토지 소유권의 내용이나 토지 소유권에 기초한 물권적 청구권의 실체적인 내용이 변경, 소멸되는 것은 아니다.162)

- 물건 점유자를 상대로 한 물건의 인도판결이 확정되면 점유자는 인도판결 상대방에 대하여 소송에서 더 이상 물건에 대한 인도청구권의 존부를 다툴 수 없고 인도소송의 사실심 변론종결 시까지 주장할 수 있었던 정당한 점유권원을 내세워 물건의 인도를 거절할 수 없다. 그러나 의무 이행을 명하는 판결의 효력이 실체적 법률관계에 영향을 미치는 것은 아니므로, 점유자가 그 인도판결의 효력으로 판결 상대방에게 물건을 인도해야 할 실체적 의무가 생긴다거나 정당한 점유권원이 소멸하여 그때부터 그 물건에 대한 점유가 위법하게 되는 것은 아니다. 나아가 물건을 점유하는 자를 상대로 하여 물건의 인도를 명하는 판결이 확정되더라도 그 판결의 효력은 이들 물건에 대한 인도청구권의 존부에만 미치고, 인도판결의 기판력이 이들 물건에 대한 불법점유를 원인으로 한 손해배상청구 소송에 미치지 않는다.163)

- 甲이 乙을 상대로 명의신탁 해지를 원인으로 한 소유권이전등기 청구소송을 제기하여 승소 확정판결을 선고받아 이에 기하여 소유권이전등기를 마쳤는데, 그 후 乙이 甲을 상대로 甲 명의의 위 소유권이전등기는 乙이 甲의 전소 제소에 대하여 응소하지 아니함으로써 甲으로 하여금 전소 확정판결을 받아 甲 명의로 소유권이전등기를 경료하도록 하는 방법으로 명의신탁하기로 하는 약정에 의한 것이라고 주장하면서 명의신탁 해지를 원인

---

157) 대법 1994.09.23. 93다37267
158) 대법 2005.12.23. 2004다55698
159) 대법 2021.04.08. 2020다219690
160) 대법 2001.02.09. 2000다61398
161) 대법 2008.10.23. 2008다48742
162) 대법 2020.05.14. 2019다261381
163) 대법 2019.10.17. 2014다46778

으로 한 소유권이전등기 청구소송을 제기한 경우, 전소 확정판결의 기판력은 그 주문에 포함된 소유권이전등기청구권의 존부에만 미칠 뿐 甲이 전소에서 주장한 부동산에 대한 명의신탁 사실이나 甲의 소유권 자체의 존부에는 미치지 아니하므로 乙의 후소 청구에 관하여 전소 확정판결의 기판력은 미치지 아니한다.164)

② 이유중 판단의 구속력 : 判例는 민사재판에 있어서는 다른 민사사건 등의 판결에서 인정된 사실에 구속받는 것은 아니라 할지라도 **이미 확정된 관련 민사사건에서 인정된 사실은 특별한 사정이 없는 한 유력한 증거가 되는 것**이므로 합리적인 이유설시 없이 이를 배척할 수 없고,165) 확정된 형사판결이나 민사판결의 이유에서 확정한 사실관계는 후소에서 동일한 사실관계가 문제될 경우에 특별한 이유가 없으면 이를 뒤집지 못하며, 여기서 특별한 이유라 함은 당사자들의 주장이 달라졌다든가 새로운 증거방법이 제출되었다든가, 아니면 확정판결의 기준시 이후에 새로운 사정이 생긴 경우를 말하고, 이때에는 이것이 판결이유에서 명확히 설시되어야 한다는 태도를 취하고 있다.166) 이 경우에 배척하는 구체적인 이유를 일일이 설시할 필요는 없다.167)

3) 항 변

① 원 칙 : 판결이유 속에서 판단되는 피고의 항변에 대해서는 그것이 판결의 기초가 되었다 하여도 기판력이 생기지 않는다. 따라서 **상환이행을 명한 판결의 경우에 동시이행 항변으로 제출한 반대채권의 존부 및 수액에는 기판력이 생기지 않고, 동시이행항변의 조건이 붙어 있다는 것에만 기판력이 생긴다**.168)

② 상계항변(제216조 제2항)

㉠ 상계항변에 기판력을 인정하는 취지 : 제216조 제2항에서 **상계로써 대항한 수액의 한도내에서 기판력이 발생**하는 것으로 규정하고 있는데, 그 이유는 만일 이에 대하여 기판력을 인정하지 않는다면 원고의 청구권의 존부에 대한 분쟁이 나중에 다른 소송으로 제기되는 자동채권의 존부에 대한 분쟁으로 변형됨으로써 상계 주장의 상대방은 상계를 주장한 자가 그 자동채권을 이중으로 행사하는 것에 의하여 불이익을 입을 수 있게 될 뿐만 아니라, 상계 주장에 대한 판단을 전제로 이루어진 원고의 청구권의 존부에 대한 전소의 판결이 결과적으로 무의미하게 될 우려가 있게 되므로, 이를 막기 위함이다.169) 여기서 말하는 상계는 민법 제492조 이하에 규정된 단독행위로서의 상계를 의미하는 것으로, **원·피고 사이의 채권을 상계하여 정산키로 하는 합의를 하는 것은 포함하지 않는다**.170)

---

164) 대법 1999.10.12, 98다32441
165) 대법 2012.11.29, 2012다44471; 대법 2018.08.30, 2016다46338·46345; 대법 2019.04.19, 2019그510; 대법 2020.07.09, 2020다208195
166) 대법 1990.05.22, 89다카33944
167) 대법 2000.02.25, 99다55472
168) 대법 1975.05.27, 74다2074. 제소전화해의 내용이 채권자 등은 대여금 채권의 원본 및 이자의 지급과 상환으로 채무자에게 부동산에 관한 가등기의 말소등기절차를 이행할 것을 명하고, 채무자는 가등기담보등에관한법률 소정의 청산금 지급과 상환으로 채권자 등에게 가등기에 기한 소유권이전의 본등기절차를 이행할 것과 그 부동산의 인도를 명하고 있는 경우, 그 제소전화해는 가등기말소절차 이행이나 소유권이전의 본등기절차 이행을 대여금 또는 청산금의 지급을 그 조건으로 하고 있는 데 불과하여 그 기판력은 가등기말소나 소유권이전의 본등기절차 이행을 명한 화해내용이 대여금 또는 청산금 지급의 상환이 조건으로 붙어 있다는 점에 미치는 데 불과하고, 상환이행을 명한 반대채권의 존부나 그 수액에 기판력이 미치는 것이 아니라는 것에, 대법 1996.07.12, 96다19017
169) 대법 2022.02.17, 2021다275741
170) 대법 2014.04.10, 2013다54390

ⓒ 상계항변의 기판력 인정요건

ⅰ) 자동채권에 관한 요건 : **상계의 항변은 청구의 존부를 심판함에 있어서 반대채권의 존부를 실질적으로 판단한 경우에만 기판력이 생긴다.** 따라서 시기에 늦게 제출되어 각하된 경우(제149조)나 성질상 상계가 허용되지 않거나(민법 제496조, 제492조 제1항 단서),[171] **상계부적상**(민법 제492조 제1항 본문)에 해당하여 배척된 경우는 제외된다.

ⅱ) 수동채권에 관한 요건 : 상계 주장에 관한 판단에 기판력이 생기는 것은 **수동채권이 소송물로서 심판되는 소구채권이거나 그와 실질적으로 동일하다고 보이는 경우**, 즉 원고가 상계를 주장하면서 청구이의의 소를 제기하는 경우로서[172] 상계를 주장한 반대채권과 그 수동채권을 기판력의 관점에서 동일하게 취급하여야 할 필요성이 인정되는 경우를 말한다.

ⓒ 기판력의 객관적 범위

ⅰ) 상계항변을 배척한 경우 : 상계항변을 배척한 경우에는 **자동채권의 부존재에 대하여 기판력이 발생**한다. 이 경우 특별한 사정이 없는 한 '**법원이 반대채권의 존재를 인정하였더라면 상계에 관한 실질적 판단으로 나아가 수동채권의 상계적상일까지의 원리금과 대등액에서 소멸하는 것으로 판단할 수 있었던 반대채권의 원리금 액수**'의 범위에서 발생한다.[173]

ⅱ) 상계항변을 인용한 경우 : 원고의 소구채권과 피고의 반대채권이 모두 존재하고 그것이 상계에 의해 소멸하였다고 한 판단에 기판력이 미친다. 따라서 **원고의 구상금채권 자체를 인정하지 아니하여 원고의 청구를 기각한 판결에 항소심이 구상금채권을 인정하면서 피고의 상계항변이 이유 있으면 기판력의 범위가 서로 달라, 원고의 항소를 기각할 것이 아니라 제1심판결을 취소하고 다시 원고의 청구를 기각**하여야 한다.[174]

ⅲ) **기판력은 상계로써 대항한 액수에 한하여 생긴다.** 따라서 **상계적상 시점 이전에 수동채권의 변제기가 이미 도래한 경우, 법원은 상계적상의 시점 및 수동채권의 지연손해금 기산일과 이율 등을 구체적으로 특정해 줌으로써 자동채권에 대하여 어느 범위에서 상계의 기판력이 미치는지 판결이유에서 분명히 밝혀야** 한다.[175] 또한 **피고가 상계항변으로 2개 이상의 반대채권을 주장하였는데 법원이 그중 어느 하나의 반대채권의 존재를 인정하여 수동채권의 일부와 대등액에서 상계하는 판단을 하고, 나머지 반대채권들은 모두 부존재한다고 판단하여 그 부분 상계항변은 배척한 경우에, 반대채권들이 부존재한다는 판단에 대하여 기판력이 발생하는 전체 범위는 위와 같이 상계를 마친 후의 수동채권의 '원금'의 잔액을 초과할 수 없다.**[176]

ⅳ) 判例는 복수의 자동채권에 기한 상계항변의 경우 법원이 어느 자동채권에 대하여 상계의 기

---

171) 항변권이 부착되어 있는 채권을 자동채권으로 하여 타의 채무와의 상계는 일방의 의사표시에 의하여 상대방의 항변권 행사의 기회를 상실케 하는 결과가 되므로 성질상 허용할 수 없는 것이나 상계항변에서 들고 나온 자동채권을 부정하여 그 항변을 배척하는 것과 자동채권의 성립은 인정되나 성질상 상계를 허용할 수 없다 하여 상계항변을 배척하는 것과는 그 형식면에서는 같을지라도 전자의 경우엔 기판력이 있다 할 것이므로 양자는 판결의 효력이 다르다는 것에, 대법 1975.10.21, 75다48
172) 대법 2018.08.30, 2016다46338·46345
173) 대법 2018.08.30, 2016다46338·46345
174) 대법 2013.11.14, 2013다46023
175) 대법 2013.11.14, 2013다46023
176) 대법 2018.08.30, 2016다46338·46345

판력이 미치는지 밝혀야 한다는 것이며, 상계로 소멸될 자동채권에 관한 아무런 특정 없이 상계항변을 인용한 것은 잘못이라 했다.[177]

㉣ 동시이행항변에 행사된 채권에 대한 상계시 기판력발생여부 : 만일 **상계 주장의 대상이 된 수동채권이 동시이행항변에 행사된 채권일 경우에는 그러한 상계 주장에 대한 판단에는 기판력이 발생하지 않는다**고 보아야 할 것이다. 이와 같이 해석하지 않는다면 동시이행항변이 상대방의 상계의 재항변에 의하여 배척된 경우에 그 동시이행항변에 행사된 채권을 나중에 소송상 행사할 수 없게 되어 법 제216조가 예정하고 있는 것과 달리 동시이행항변에 행사된 채권의 존부나 범위에 관한 판결 이유 중의 판단에 기판력이 미치는 결과가 되기 때문이다.[178]

㉤ 후소에 기판력의 작용 : **상계항변이 인용된 경우에 자동채권이나 수동채권을 후소로 또 청구하면 소각하판결을 한다는 것이 判例의 태도**이다. 즉 **예비적 반소의 원인채권에 기한 상계항변이 다른 사건에서 인용되어 이미 확정되었으므로 그 예비적 반소는 소의 이익이 없게 되어 부적법**하다고 하였으며,[179] 동시이행항변권으로 행사했던 채권을 수동채권으로 한 상계의 재항변이 받아들여진 후 그 수동채권을 후소로 또 제기한 사안에서 대법원은 원심이 전소의 확정판결 중 상계에 관한 판단 부분에 기판력이 발생하였다고 한 이상 원심으로서는 원고의 청구에 대한 본안에 들어가 판단할 필요가 없었음에도 판단한 것을 탓한 바 있다.[180]

> **쟁점정리 : 상계항변의 특수성**
>
> **1. 기판력 관련**
> ♦ 상계로 주장한 채권을 별소로 제기하거나 반대의 경우 중복제소에 해당하지 않음
> ♦ 이유 중 판단이지만 기판력 발생
> ♦ 피고가 상계항변을 철회하였는데, 상계항변을 배척하면서 원고청구 전부 인용은 처분권주의 위반
> ♦ 수동채권 부존재를 이유로 원고의 청구를 기각한 판결과, 원고의 수동채권을 인정하면서 피고의 상계항변이 이유 있어 기각한 경우 기판력의 범위가 다름
> ♦ <u>상계항변으로 승소한 피고의 상소이익 인정</u>
> ♦ 변론종결 후의 상계권 행사는 실권되지 않음
>
> **2. 예비적 항변으로서의 특성**
> ♦ 다른 항변보다 후순위로 판단
> ♦ 수동채권의 존재가 확정된 후 판단
> ♦ 피고의 상계항변에 원고의 상계재항변 불허
> ♦ 실기한 항변으로 각하판단에 신중
> ♦ 소취하나 실기한 항변으로 각하 등을 통해 반대채권 존재에 실질판단을 받지 못했으면 사법상효과 불발생
>
> **3. 불이익변경금지 관련 : 후술**

4) **법률판단** : 판결이유 속에서 표시된 법률판단에는 기판력이 미치지 않는다. 여기의 법률판단에는 추상적 법규의 해석적용은 물론 구체적 사건에 대한 법률해석판단도 포함된다. 判例는 이유중 판단한 농

---
177) 대법 2011.08.25, 2011다24814
178) 대법 2005.07.22, 2004다17207
179) 대법 2010.08.26, 2010다30966.
180) 대법 2005.07.22, 2004다17207

지분배가 무효라는 판시부분에까지 기판력이 미치는 것이 아니라 하였다.[181] 판결이유 속의 법률판단은 환송판결을 한 경우에 하급심을 기속하는 효력뿐이다(제436조 제2항, 법조 제8조).

3. 기판력의 주관적 범위(인적 범위)

(1) 기판력의 상대성 원칙

판결은 당사자간 분쟁의 상대적·개별적인 해결을 위한 것이므로(기판력의 상대성 원칙), 기판력은 당사자간에만 미치고 제3자에게는 미치지 않음이 원칙이다. 따라서 소송 외의 제3자뿐만 아니라 **보조참가인·법정대리인·소송대리인·공동소송인에게도 미치지 않는다**. 또한 **단체 자체가 당사자로서 받은 판결의 효력은 그 대표자나 구성원에게 미치지 않는다**.[182] **동일한 채권에 대해 복수의 채권자들이 압류·추심명령을 받은 경우 어느 한 채권자가 제기한 추심금소송에서 확정된 판결의 기판력은 그 소송의 변론종결일 이전에 압류·추심명령을 받았던 다른 추심채권자에게 미치지 않는다**.[183] 그러나 **가옥인도소송에서 패소 확정된 피고의 동거인**처럼 점유보조자 내지 이용보조자의 점유는 본인 자신이 직접 소지하는 것과 같기 때문에 기판력이 미친다.

(2) 예외적으로 제3자에게 미치는 경우(기판력의 확장)

> 제218조(기판력의 주관적 범위) ① 확정판결은 당사자, 변론을 종결한 뒤의 승계인(변론 없이 한 판결의 경우에는 판결을 선고한 뒤의 승계인) 또는 그를 위하여 청구의 목적물을 소지한 사람에 대하여 효력이 미친다.
> ② 제1항의 경우에 당사자가 변론을 종결할 때(변론 없이 한 판결의 경우에는 판결을 선고할 때)까지 승계사실을 진술하지 아니한 때에는 변론을 종결한 뒤(변론 없이 한 판결의 경우에는 판결을 선고한 뒤)에 승계한 것으로 추정한다.
> ③ 다른 사람을 위하여 원고나 피고가 된 사람에 대한 확정판결은 그 다른 사람에 대하여도 효력이 미친다.
> ④ 가집행의 선고에는 제1항 내지 제3항의 규정을 준용한다.

---

181) 대법 1968.09.30, 68다14411
182) 대법 2010.12.23, 2010다58889은 甲의 乙 종중 상대의 소유권에 기한 분묘굴이 및 토지인도청구의 인용판결이 확정된 후 甲이 종중원 丙에게도 자신이 소유권을 적법취득하였음을 주장함은 기판력의 객관적·주관적 범위에 관한 법리에 어긋난다고 하였다.
183) 대법 2020.10.29, 2016다35390. ⅰ) 추심채권자들이 제기하는 추심금소송의 소송물이 채무자의 제3채무자에 대한 피압류채권의 존부로서 서로 같더라도 소송당사자가 다른 이상 그 확정판결의 기판력이 서로에게 미친다고 할 수 없고, ⅱ) 민사집행법 제249조 제3항, 제4항은 추심의 소에서 소를 제기당한 제3채무자는 집행력 있는 정본을 가진 채권자를 공동소송인으로 원고 쪽에 참가하도록 명할 것을 첫 변론기일까지 신청할 수 있고, 그러한 참가명령을 받은 채권자가 소송에 참가하지 아니하여도 그 소에 대한 재판의 효력이 미친다고 정한다. 이러한 규정은 참가명령을 받지 않은 채권자에게는 추심금소송의 확정판결의 효력이 미치지 않음을 전제로 참가명령을 통해 판결의 효력이 미치는 범위를 확장할 수 있도록 한 것이다. ⅲ) 제3채무자는 추심의 소에서 다른 압류채권자에게 위와 같이 참가명령신청을 하거나 패소한 부분에 대해 변제 또는 집행공탁을 함으로써, 다른 채권자가 계속 자신을 상대로 소를 제기하는 것을 피할 수 있다. 따라서 어느 한 채권자가 제기한 추심금소송에서 확정된 판결의 효력이 다른 채권자에게 미치지 않는다고 해도 제3채무자에게 부당하지 않다는 것을 논거로 한다.

1) 변론종결 후의 승계인(제218조 제1항)

① 의 의 : 패소당사자가 소송물인 권리관계를 제3자에게 처분함으로써 기판력 있는 판결을 무력화시키는 것을 방지하고 승소원고를 보호하기 위하여, **변론종결한 뒤에 소송물인 권리관계에 관한 지위를 전주로부터 승계한 제3자, 즉 변론종결 후의 승계인**(변론 없이 한 판결의 경우에는 판결을 선고한 뒤의 승계인)**에 대해서도 기판력이 미치는 것**으로 하고 있다(제218조 제1항). 매매 등 원인행위가 변론종결 이전에 이루어졌더라도 등기를 뒤에 갖추었으면 변론종결 후의 승계인에 해당하며, **대지 소유권에 기한 방해배제청구로서 그 지상건물의 철거를 구하여 승소확정판결을 얻은 경우 그 지상건물에 관하여 위 확정판결의 변론종결 전에 경료 된 소유권이전청구권 가등기에 기하여 위 확정판결의 변론종결 후에 소유권이전등기의 본등기를 경료한 자가 있다면 그는 민사소송법 제218조 1항의 변론종결후의 승계인이라 할 것이어서 위 확정판결의 기판력이 미친다**.184) 채권양수인이 승계인에 해당하는지 여부는 채권양도의 합의가 이루어진 때가 아니라 대항요건이 갖추어진 때를 기준으로 판단한다.185)

② 승계인의 범위
  ㉠ 소송물인 권리·의무 자체를 승계한 자
   ⅰ) 당사자로부터 소송물인 권리·의무 자체를 승계한 자는 당연히 기판력이 미치는 승계인의 범위에 속하며, 예컨대 소유권확인판결이 난 소유권의 양수인, **확정판결상의 채무자인 회사를 흡수합병한 존속회사나 신설회사, 이행판결을 받은 채권의 양수인**,186) 채무의 면책적 인수인187) 등을 말한다. 그러나 **상호를 계속 사용하는 영업양수인**은 면책적 채무인수인이 아니므로 승계인이 아니며,188) **중첩적 채무인수인도 승계인으로 볼 수 없다**.189)
   ⅱ) 포괄승계·특정승계 등 승계원인을 불문하며 전주가 원고·피고·승소자·패소자이든 불문한다.
  ㉡ 계쟁물을 승계한 자
   ⅰ) 소송물인 권리의무 자체를 승계한 것은 아니나, '계쟁물에 관한 당사자적격'을 당사자로부터 전래적으로 옮겨 받은 자도 승계인에 해당한다 할 것이다. 예를 들어 건물명도판결이 난 뒤에 피고로부터 건물의 점유를 취득한 자, 건물철거판결이 난 뒤에 그 건물을 양수한 자를 말한다.
   ⅱ) 소송물이론과 승계인의 범위 : 구소송물이론(判例)은 소송물인 **원고의 청구가 대세적 효력을 갖는 물권적 청구권일 때에는 제218조 제1항의 승계인으로 되지만, 대인적 효력밖에 없는 채권적 청구권일 때에는 승계인이 되지 않는다**고 한다.190)

---

184) 대법 1992.10.27, 92다10883
185) 대법 2020.09.03, 2020다210747
186) 채권자가 집행권원에 기하여 채권압류 및 추심명령을 받은 후 그 집행권원상의 채권을 양도하였다고 하더라도 양수인은 승계집행문을 부여받음으로써 비로소 집행채권자로 확정된다는 것에, 대법 2014.11.13, 2010다63591.
187) 대법 2016.05.27, 2015다21967
188) 대법 1979.03.13, 78다2330
189) 대법 2010.01.14, 2009그196
190) 대법 1993.02.12, 92다25151

판례연구 : 변론종결 후 승계인인지 여부

긍정예
- 소유권에 기한 방해배제로서 원인무효인 등기의 말소를 명하는 판결이 확정된 경우에 그 변론종결 후에 피고로부터 소유권이전등기 또는 담보권설정등기를 경료 받은 자[191]
- 근저당권설정등기가 애당초 원인무효임을 이유로 그 말소를 명하는 판결이 확정된 경우에 그 변론종결 후에 그 근저당권에 기한 담보권실행절차에서 부동산을 매수한 자 또는 이를 전득한 자[192]
- 소유권에 기한 건물철거청구의 패소확정판결을 받은 경우 그 변론종결 후에 건물을 매수한 자[193]
- 소유권에 기한 건물철거청구의 승소확정판결을 받은 경우 그 변론종결 후에 건물의 소유권이전등기를 경료받은 자[194]
- 대금분할을 명한 공유물분할판결의 변론이 종결된 뒤(변론 없이 한 판결의 경우에는 판결을 선고한 뒤) 해당 공유자의 공유지분에 관하여 소유권이전청구권의 순위보전을 위한 가등기가 마쳐진 경우[195]

부정예
- 전차권을 양수하여 다시 전대차계약을 체결한 자가 그 양도인을 대위하여 점포의 점유자를 상대로 한 점포인도청구소송에서 승소판결을 받았으나 그 소송의 변론종결 후 점포의 점유자가 점포를 양도한 경우 그 양수인[196]
- 매매로 인한 소유권이전등기소송의 변론종결 후에 당해 목적부동산을 이중매수하는 등으로 매도인으로부터 취득하여 등기를 한 자[197]
- 취득시효완성을 이유로 한 소유권이전등기소송의 변론종결 후에 원고로부터 소유권이전등기를 경료받은 자[198]
- 임차권에 기한 건물명도청구소송의 승소확정판결이 있는 경우 그 변론종결 후에 그 건물의 소유권을 양수받아 점유하고 있는 자[199]
- 건물신축공사를 위하여 토지를 점유, 사용할 수 있는 채권적 청구권을 취득한 소송의 변론종결 후 그 토지에 관한 지상권을 취득한 자[200]
- 채권계약에 터잡은 통행권에 관한 확정판결의 변론종결 후에 당해 토지의 소유권을 취득한 자[201]
- 시효취득을 원인으로 한 소유권이전등기청구소송의 승소확정판결이 있은 후 그 변론종결 후에 소유권이전등기를 경료받은 제3자[202]
- 甲과 乙 사이에 乙이 채무원리금을 소정기일까지 지급하지 아니할 때에는 乙이 甲에게 계쟁부동산에 관하여 가등기에 기한 본등기절차를 이행하기로 제소전 화해를 한 경우 甲이 이로 인한 소유권이전등기를 마치기 전에 乙로부터 계쟁부동산을 매수한 것으로 하여 소유권이전등기를 마친 자[203]

---

191) 대법 1980.05.13, 79다1702
192) 대법 1994.12.27, 93다34183
193) 대법 1991.03.27, 91다650 · 667
194) 대법 1992.10.27, 92다10883
195) 대금분할을 명한 공유물분할 확정판결의 효력은 민사소송법 제218조 제1항이 정한 변론종결 후의 승계인에 해당하는 가등기권자에게 미치므로, 특별한 사정이 없는 한 위 가등기상의 권리는 매수인이 매각대금을 완납함으로써 소멸한다는 것에, 대법 2021.03.11, 2020다253836
196) 대법 1991.01.15, 90다9964
197) 대법 2003.05.13, 2002다64148
198) 대법 1997.05.28, 96다41649
199) 대법 1991.01.15, 90다9964
200) 대법 2008.02.15, 2005다47205
201) 대법 1992.12.22, 92다30528
202) 대법 1997.05.28, 96다41649

판례연구 : 기판력의 객관적 범위와 변론종결 후 승계인의 관계

1. 판례의 입장

大法院은 ① 소유권에 기한 건물명도소송의 기각판결이 확정된 뒤 원고로부터 건물소유권을 취득한 자는 전소의 기판력이 미치지 아니하는 소유권에 기해 건물 명도청구를 하는 것이므로 전소의 변론종결후의 승계인이 아니며,204) ② 토지소유권에 기한 토지인도소송의 변론종결 후에 그 패소자인 토지소유자로부터 토지를 매수하고 등기를 마친 자도 같이 보았다.205) ③ 토지 소유자가 피고를 상대로 소유권에 기한 방해배제청구로서 가등기말소청구소송을 제기하였으나 패소·확정되었고, 원고가 위 소송의 사실심 변론종결 후 위 토지 소유자로부터 근저당권을 취득한 다음 피고를 상대로 근저당권에 기한 방해배제청구로서 동일한 가등기의 말소를 구한 사건에서, 원고는 이 사건 전소 판결의 기판력이 미치는 변론종결 후의 승계인에 해당하지 않으므로 기판력 저촉에 관한 피고의 본안 전 항변을 배척하였다.206) ④ 甲 등이 乙을 상대로 건물 등에 관한 소유권이전등기의 말소등기절차 이행을 구하는 소를 제기하여 승소확정판결을 받았는데, 위 판결의 변론종결 후에 乙로부터 건물 등의 소유권을 이전받은 丙이 甲 등을 상대로 위 건물의 인도 및 차임 상당 부당이득의 반환을 구하는 소를 제기한 사안에서, 丙이 변론종결 후의 승계인이어서 전소 확정판결의 기판력이 미치므로 건물 등의 소유권을 취득할 수 없다고 본 원심판결에 법리오해 등의 위법이 있다고 하였다.207) ⑤ 토지의 전 소유자가 제기한 부당이득반환청구소송의 변론종결 후에 그 토지의 소유권을 취득한 사람에 대해서는 위 소송에서 내려진 정기금지급을 명하는 확정판결의 기판력이 미치지 아니하므로, 이러한 토지의 새로운 소유자가 그 토지의 무단 점유자를 상대로 다시 부당이득반환청구의 소를 제기하지 아니하고, 그 토지의 전 소유자가 앞서 제기한 위 부당이득반환청구소송에서 내려진 정기금판결에 대하여 변경의 소를 제기하는 것은 부적법하다.208)

2. 학설의 비판

判例는 기판력의 주관적 범위를 객관적 범위와 혼동한 것으로, 이 경우 변론종결후의 승계인으로 보는 것이 타당하다고 한다. ① 패소한 피고로부터 이전 받는 자를 변론종결후의 승계인으로 구성하는 것과 균형을 맞추어야 하며, ② 적격당사자의 변동이 분명한데도 불구하고 독자적인 소유권에 기하여 청구한다는 判例의 입장은 적격승계이론과 맞지 않을 뿐만 아니라 너무 기교적이다. 또한 ③ 변론종결 뒤에 발생한 새로운 사유가 없는 이상, 이 경우에 기판력을 유지함으로써 분쟁의 확산을 막아야 할 것을 논거로 한다.209)

3. 검 토

생각건대 기판력은 전후소를 통한 소송물의 동일, 선결관계, 모순관계에 있을 때에 전소판결의 판단과 다른 주장을 허용하지 않는 작용을 하는 것이므로, 기판력의 객관적 범위에 해당하지 아니하는 경우는 전소판결의 변론종결 후에 당사자로부터 계쟁물을 승계한 자가 후소를 제기하더라도 그 후소에 전소판결의 기판력이 미치지 않는다고 보는 판례의 입장이 타당하다.

---

203) 대법 1992.11.10, 92다22121
204) 대법 1999.10.22, 98다6855
205) 대법 1984.09.25, 84다카148
206) 가등기말소청구소송의 사실심 변론종결 후에 토지 소유자로부터 근저당권을 취득한 제3자는 적법하게 취득한 근저당권의 일반적 효력으로서 물권적 청구권을 갖게 되고, 위 가등기말소청구소송의 소송물인 패소자의 가등기말소청구권을 승계하여 갖는 것이 아니며, 자신이 적법하게 취득한 근저당권에 기한 물권적 청구권을 원인으로 소송상 청구를 하는 것이므로, 위 제3자는 민사소송법 제218조 제1항에서 정한 확정판결의 기판력이 미치는 '변론을 종결한 뒤의 승계인'에 해당하지 않는다는 것에, 대법 2020.05.14, 2019다261381
207) 대법 2014.10.30, 2013다53939
208) 대법 2016.06.28, 2014다31721. 이러한 소송의 소송물은 채권적 청구권인 부당이득반환청구권이므로, 소송의 변론종결 후에 토지의 소유권을 취득한 사람은 민사소송법 제218조 제1항에 의하여 확정판결의 기판력이 미치는 변론을 종결한 뒤의 승계인에 해당한다고 볼 수 없다는 취지이다.
209) 이시윤 13판 663면. 그러나 이에 대하여 건물명도청구권은 건물의 소유권 외에도 점유권에 기할 수도 있으므로, 건물의 소유권과 이에 기한 건물명도청구권은 계쟁물에 관하여 서로 대응하는 관계라고 볼 수 없으므로, 계쟁물에 관한 당사자적격이 승계된 것이라고 볼 수 없기 때문에 판례의 태도가 정당하다는 견해로, 김홍엽 689면

판례연구 : 처분금지 가처분권자가 변론종결 후 승계인인지 여부

〈사실관계〉
甲 등이 자신들의 상속재산에 대한 권리를 공동상속인 중 乙에게 이전할 의사로 인감증명서 등을 교부하여 乙이 상속부동산에 관하여 상속등기를 마침과 동시에 甲 등의 상속분 합계 17분의 13 지분에 관하여 증여를 원인으로 자신 앞으로 소유권이전등기를 마쳤고, 그 후 자신의 지분 합계 17분의 15를 丙에게 이전하기로 약정하여 丙이 2003. 3. 8. 위 약정에 기한 소유권이전등기청구권을 피보전권리로 하여 乙 지분에 대하여 처분금지가처분을 한 다음 2005. 12. 14. 자신 앞으로 이전등기를 마쳤는데, 甲 등이 乙을 상대로 증여를 원인으로 한 소유권이전등기의 말소등기를 구하는 소송을 제기하여 2005. 11. 24. 확정된 '乙은 甲 등에게 각 상속지분에 관하여 진정명의회복을 원인으로 한 이전등기절차를 이행한다'는 내용의 화해권고결정에 따라 2007. 1. 24. 승계집행문을 부여받아 甲 등의 상속분비율에 해당하는 지분에 관하여 丙으로부터 소유권이전등기를 마쳤다. 이에 丙은 甲 등을 상대로 소유권이전등기의 말소를 구하였는데, 원심은 화해권고결정의 창설적 효력으로 인하여 이 사건 화해권고결정에 기한 진정명의 회복을 원인으로 한 소유권이전등기청구권은 그 법적 성질을 살펴볼 필요 없이 채권적 청구권에 불과하고 따라서 원고 丙은 이 사건 화해권고결정이 확정된 후에 乙로부터 소유권등기를 이전받았더라도 丙에게는 이 사건 화해권고결정의 기판력이 미치지 아니한다고 판단하여 원고 청구를 인용하였다. 이에 甲 등이 상고하였다.[210]

1. 화해권고결정의 기판력 유무 및 그 기준시(=확정시)

민사소송법 제231조는 "화해권고결정은 결정에 대한 이의신청 기간 이내에 이의신청이 없는 때, 이의신청에 대한 각하결정이 확정된 때, 당사자가 이의신청을 취하하거나 이의신청권을 포기한 때에 재판상 화해와 같은 효력을 가진다."라고 정하고 있으므로, 확정된 화해권고결정은 당사자 사이에 기판력을 가진다. 그리고 화해권고결정에 대한 이의신청이 적법한 때에는 소송은 화해권고결정 이전의 상태로 돌아가므로(민사소송법 제232조 제1항), 당사자는 화해권고결정이 송달된 후에 생긴 사유에 대하여도 이의신청을 하여 새로운 주장을 할 수 있고, 화해권고결정이 송달된 후의 승계인도 이의신청과 동시에 승계참가신청을 할 수 있다고 할 것이다. 이러한 점 등에 비추어 보면, 화해권고결정의 기판력은 그 확정시를 기준으로 하여 발생한다고 해석함이 상당하다.

2. 계쟁물 승계인이 변종후 승계인이 되기 위한 요건

(1) 변종후 승계인의 범위
전소의 소송물이 채권적 청구권의 성질을 가지는 소유권이전등기청구권인 경우에는 전소의 변론종결 후에 그 목적물에 관하여 소유권등기를 이전받은 사람은 전소의 기판력이 미치는 '변론종결 후의 승계인'에 해당하지 아니한다. 이러한 법리는 화해권고결정이 확정된 후 그 목적물에 관하여 소유권등기를 이전받은 사람에 관하여도 다를 바 없다고 할 것이다.

(2) 화해권고결정의 효력에 따른 소송물의 법적 성질
소유권에 기한 물권적 방해배제청구로서 소유권등기의 말소를 구하는 소송이나 진정명의 회복을 원인으로 한 소유권이전등기절차의 이행을 구하는 소송 중에 그 소송물에 대하여 화해권고결정이 확정되면 상대방은 여전히 물권적인 방해배제의무를 지는 것이고, 화해권고결정에 창설적 효력이 있다고 하여 그 청구권의 법적 성질이 채권적 청구권으로 바뀌지 아니한다.

3. 대법원의 판단

(1) 사안에서 丙이 변종후 승계인인지 여부
甲 등이 자신들의 상속분에 대하여 증여 의사로 乙 앞으로 소유권이전등기를 마쳐서 乙 명의의 등기는 유효하고, 丙의 처분금지가처분 및 그 근거가 된 약정에 기한 소유권이전등기 역시 유효하므로, 丙은 화해권고결정 확정 전의 처분금지가처분에 기하여 소유권이전등기를 마친 가처분채권자로서 피보전권리의 한도에서 가처분 위반의 처분행위 효력을 부정할 수 있는 지위에 있고, 따라서 丙은 甲 등의 상속분비율에 해당하는 지분에 관하여 가처분에 반하여 행하여진 소유권이전등기의 말소를 구할 수 있다는 이유로, 丙은 화해권고결정의 기판력이 미치는 승계인에 해당한다고 볼 수 없다.

---

[210] 대법 2012.05.10. 2010다2558

(2) 상고심의 주문

원심판결에는 화해권고결정의 효력을 오해한 잘못이 있으나, 원심이 부가적인 판단과 같은 이유로 원고에게 이 사건 화해권고결정의 기판력이 미치지 아니하고 원고가 피고들의 위 각 지분이전등기의 말소를 청구할 수 있다고 판단한 결론은 정당하여 원심의 위와 같은 잘못은 판결 결과에 영향이 없다. 이를 다투는 상고이유는 받아들일 수 없으므로 상고를 기각하여야 한다(제425조, 제414조 2항).

4. 관련판례

① 가처분채권자가 가처분채무자의 공유 지분에 관하여 처분금지가처분등기를 마친 후에 가처분채무자가 나머지 공유자와 사이에 위와 같이 경매를 통한 공유물분할을 내용으로 하는 화해권고결정을 받아 이를 확정 시켰다면, 다른 특별한 사정이 없는 한 이는 처분금지가처분에서 금하는 처분행위에 해당한다.[211] ② 甲이 乙을 상대로 공유지분에 관하여 소유권이전등기의 말소를 구하는 소송을 제기하여 이를 인용한 판결이 확정된 경우, 丙이 위 판결의 변론종결일 이후에 乙 명의의 공유지분에 관하여 명의신탁의 해지를 원인으로 한 소유권이전등기청구권 보전을 위한 처분금지가처분등기를 경료한 후 그 본안으로서 위 공유지분에 관하여 乙을 상대로 소유권이전등기를 구하는 소송을 제기한 경우, 丙이 위 말소등기청구를 인용한 판결의 변론종결일 이후에 그 패소자인 乙을 상대로 한 위 처분금지가처분등기를 경료하였다고 하더라도, 그 본안소송에서 승소하는 등으로 乙 명의의 공유지분에 관하여 丙 명의의 소유권이전등기를 마침으로써 그 지분소유권을 승계취득하는 경우 그러한 丙의 지분소유권의 존부에 관하여는 위 말소등기청구를 인용한 판결의 기판력이 미치지 아니하는 이상, 丙이 당연히 위 말소등기청구를 인용한 판결의 변론종결 후의 승계인에 해당한다고 할 수는 없다 할 것이므로, 丙이 말소등기에 관한 법률상의 이해관계인이 아니라거나 甲에 대하여 위 가처분등기의 말소를 승낙할 의무를 부담한다고 할 수는 없다.[212] 이 경우는 말소등기판결의 패소자인 피고에 대한 처분금지가처분을 한 자는 권리의 승계가 아니라 제한이기 때문에 승계인에 포함되지 않는다.[213]

판례연구 : 물권적 청구권과 채권적 청구권의 관계

	물권적 청구권	채권적 청구권
관할합의 효력	물권법정주의, 공시방법이 없음을 이유로 물권적 청구권의 양수인에게는 미치지 않음	권리행사의 조건으로서 실체적 이해의 변경으로 채권적 청구권의 양수인에게는 미침
대상청구로 민법 제390조 병합가부	국가 명의로 소유권보존등기가 경료된 토지의 일부 지분에 관하여 甲 등 명의의 소유권이전등기가 경료되었는데, 乙이 등기말소를 구하는 소를 제기하여 국가는 乙에게 원인무효인 등기의 말소등기절차를 이행할 의무가 있고 甲 등 명의의 소유권이전등기는 등기부취득시효 완성을 이유로 유효하다는 취지의 판결이 확정되자, 乙이 국가를 상대로 손해배상을 구한 사안에서, 불법행위를 이유로 한 손해배상을 청구할 수 있음은 별론, 소유권보존등기 말소등기절차 이행 의무의 이행불능으로 인한 손해배상책임은 인정되지 않는다.[214]	채무불이행을 이유로 하는 손해배상청구권은 계약 또는 법률에 기하여 이미 성립하여 있는 채권관계에서 본래의 채권이 동일성을 유지하면서 그 내용이 확장되거나 변경된 것으로서 발생한다. 따라서 본래의 채권적 청구권이 이행불능이 발생할 때를 대비하여 예비적 청구로 손해배상을 병합하는 것은 허용된다.

---

211) 대법 2017.05.31, 2017다216981
212) 대법 1998.11.27, 97다22904.
213) 이시윤 13판 662면

	물권적 청구권	채권적 청구권
기판력의 주관적 범위	원고의 물권적 청구권에 근거한 소송의 변론종결 후에 계쟁물을 넘겨받은 자는 변론종결 후의 승계인에 해당한다.	원고의 채권적 청구권에 근거한 소송의 변론종결 후에 계쟁물을 넘겨받은 자는 변론종결 후의 승계인이 아니다.

③ 승계인에 대한 기판력의 작용 : 고유한 방어방법을 가지고 있는 승계인은 실질적으로 당사자의 지위나 권리관계를 승계했다고 말할 수 없으므로 기판력을 받는 승계인에 해당되지 않는다. 判例도 원고가 명의신탁해지를 원인으로 이전등기를 청구하여 수탁자에게 승소판결을 받았으나 수탁자가 목적물을 처분한 사례에서 "소유권이전등기를 명하는 확정판결의 변론종결 후에 그 청구목적물을 매수하여 등기를 한 제3자는 변론종결후의 승계인에 해당되지 아니한다."고 하였다.215)

④ 추정승계인(제218조 제2항)

㉠ 의 의 : 원칙적으로 변론종결 전의 승계인에 대하여는 기판력이 미치지 않으나(소송상태의 승인 의무만 있다), 당사자가 변론종결 전에 소송물을 승계하였어도 그 승계사실을 진술하지 않는 경우에는 변론종결 후에 승계가 있는 것으로 추정이 되어 반증이 없는 한 기판력이 미치게 되는데(제218조 제2항), 이를 추정승계인제도라 한다.

㉡ 취 지 : 추정승계인제도는 소송계속 중 피고의 지위가 승계되었는데도 불구하고 그 사실을 원고에게 알리지 않아, 원고로 하여금 피고를 바꿀 기회를 제공한 바 없다면 변론종결 후의 승계인으로 추정하여 기판력을 미치게 함으로써 원고를 보호하기 위함에 그 취지가 있다.

㉢ 승계를 진술할 자 : 제218조 제2항에서 승계를 진술할 자에 대해서 승계인이라는 견해도 있으나, 동조항에서 승계를 진술할 자를 '당사자'라고 하고 있고 승계인이 어떤 자격에서 변론에 관여할지 문제되며, 재판 외에서 진술한다면 소송기록에 반영될 리도 없으므로 피승계인이라고 보아야 한다.

㉣ 승계집행문을 얻는 방법 : 동 조항에 의하여 원고는 승계사실만 증명하면 승계인이 변론종결 전에 승계되었음을 주장·증명하지 않는 한, 피승계인 상대의 승소판결로써도 승계인에 대한 승계집행문을 얻을 수 있다.

㉤ 무변론판결의 경우 : 판결선고시까지 승계사실을 진술하지 아니하였으면 판결선고 후의 승계인으로 추정하도록 하였다.

2) 청구의 목적물 소지자(제218조 제1항)

① 의 의 : 패소자가 물건을 타인에게 소지시켜 집행을 방해할 염려가 있기 때문에 청구의 목적물을 소지한 사람에 대해서도 기판력이 확장된다(제218조 제1항).

② 청구의 성질 및 소지의 시기 : 여기서 청구의 목적물이란 특정물인도청구의 대상이 되는 것을 의미하며, 동산이든 부동산이든 불문한다. 또한 원고의 청구가 물권적이든 채권적이든 불문하며, 소지의 시기도 변론종결 전후를 불문한다.

---

214) 대법 2012.05.17, 2010다28604
215) 대법 1980.11.25, 80다2217

③ 소지자 : **수치인·창고업자·관리인·운송인 등이 이에 해당**한다. 패소피고로 하여금 강제집행의 면탈을 위해 가장양도받은 사람, 명의신탁으로 목적물의 소유권이전등기를 받아 둔 사람도 자기 고유이익을 위한 소지자가 아니라 당사자를 위한 명의소지자로서 집행력·기판력을 확장시켜도 상관없을 것이다. 나아가 회사의 법인격이 남용의 정도를 넘어서 형해화되어 법인격이 부인되는 경우에도 위 규정을 유추적용하자는 견해가 있다.[216] 그러나 **임차인·전세권자·지상권자·질권자 등 자신의 고유한 이익을 위한 목적물 소지자는 이에 해당되지 않으며**, 또한 당사자본인의 소지기관의 소지(법인 임직원의 소지), 점유보조자의 소지는 본인 자신이 직접 소지하는 것과 같기 때문에 이에 해당되지 않는다.[217]

3) 제3자 소송담당의 경우에 있어서 권리의무의 주체(제218조 제3항)

① 의 의 : **다른 사람을 위하여 원고나 피고가 된 사람에 대한 확정판결의 효력, 즉 기판력은 그 권리의무의 귀속주체인 다른 사람에게 미친다**(제218조 제3항). 예를 들면 선정당사자가 받은 판결은 선정자에게, 유언집행자가 받은 판결은 상속인에게 그 효력이 미친다.

② 채권자대위소송과 기판력

㉠ 채권자대위소송의 판결의 효력이 채무자에게 미치는지 여부 : **어떠한 사유로 인하였든 적어도 채권자대위소송이 제기된 사실을 채무자가 알았을 경우에는 그 판결의 효력은 채무자에게 미친다**.[218] 이때 채무자에게도 기판력이 미친다는 의미는 채권자대위소송의 소송물인 피대위채권의 존부에 관하여 채무자에게도 기판력이 인정된다는 것이고, 채권자대위소송의 소송요건인 피보전채권의 존부에 관하여 당해 소송의 당사자가 아닌 채무자에게 기판력이 인정된다는 것은 아니다. 따라서 **채권자가 채권자대위권을 행사하는 방법으로 제3채무자를 상대로 소송을 제기하였다가 채무자를 대위할 피보전채권이 인정되지 않는다는 이유로 소각하 판결을 받아 확정된 경우 그 판결의 기판력이 채권자가 채무자를 상대로 피보전채권의 이행을 구하는 소송에 미치는 것은 아니다**.[219]

㉡ 채무자의 제3채무자에 대한 판결의 효력이 채권자에게 미치는지 여부 : 判例는 **채무자와 제3채무자 사이의 확정판결이 당연무효이거나 재심의 소에 의하여 취소되지 않는 한 채권자는 채무자를 대위하여 제3채무자를 상대로 위 확정판결의 기판력에 저촉되는 청구를 할 수 없다**고 판시한 바 있다.[220] 다만 최근의 판례는 기판력의 문제라기보다, 이 경우는 채권자는 채무자를 대위할 당사자적격이 없다는 이유로 소각하 판결로 나아가는 경향이다.[221]

㉢ 채권자대위소송의 판결의 효력이 다른 채권자에게 미치는지 여부 : 判例는 **채무자가 어떠한 사유**

---

216) 강현중 125면.
217) 소유물반환청구의 상대방은 현재 그 물건을 점유하는 자이고 그 점유보조자에 불과한 자는 이에 해당하지 아니하므로, 주식회사의 직원으로서 회사의 사무실로 사용하고 있는 건물 부분에 대한 점유보조자에 불과할 뿐 독립한 점유주체가 아닌 피고들은, 회사를 상대로 한 명도소송의 확정판결에 따른 집행력이 미치는 것은 별론으로 하고, 소유물반환청구의 성질을 가지는 퇴거청구의 독립한 상대방이 될 수는 없다는 것에, 대법 2001.04.27, 2001다13983
218) 대법 1975.05.13, 74다1664
219) 대법 2014.01.23, 2011다108095
220) 대법 1979.03.13, 76다688; 대법 1981.07.07, 80다2751
221) 대법 2009.03.12, 2008다65839 등

로든 대위소송이 제기된 사실을 알았을 때에는 그 판결의 효력이 채무자에게 미치므로, 이러한 경우에는 다른 채권자가 동일한 소송물에 대하여 채권자대위권에 기한 소를 제기하면 전소의 기판력을 받게 된다고 보고 있다.[222]

> **판례연구 : 채권자대위소송에서 반사효**
>
> **1. 채권자가 채무자에게 패소한 후 채권자대위소송을 제기한 경우**
> 채권자가 채무자에 대한 소유권이전등기청구소송에서 패소의 확정판결을 받은 때에는 채권자로서는 더 이상 채무자에 대한 소유권이전등기청구권을 행사할 수 없게 되어 채무자의 제3채무자에 대한 권리를 대위행사함으로써 위 소유권이전등기청구권을 보전할 필요가 없게 되었으므로 채무자를 대위하는 청구는 부적법하다.[223]
>
> **2. 채권자가 채무자에게 승소 후에 채권자대위소송을 제기한 경우**
> ① 甲이 乙에 대해서는 소유권이전등기절차의 이행을, 丙에 대해서는 乙을 대위하여 말소등기절차의 이행을 청구하는 소송에서 乙에 대한 청구가 승소확정된 경우, 甲의 乙에 대한 승소확정판결에 의하여 甲이 乙에 대하여 소유권이전등기청구권을 가진다는 점은 입증되었다 할 것이고 丙으로서는 그 등기청구권의 존재를 다툴 수 없다.[224] 다만 ② 甲이 乙에 대하여 청구권을 취득한 것이 소송행위를 하게 하는 것을 주목적으로 이루어진 것으로서 신탁법 제6조가 유추적용되어 무효인 경우와 같이, 강행법규에 위반되어 무효라고 볼 수 있는 경우 등에는 위 확정판결에도 불구하고 채권자대위소송의 제3채무자에 대한 관계에서는 피보전권리가 존재하지 아니한다고 보아야 한다.[225] 이는 위 확정판결 또는 그와 같은 효력이 있는 재판상 화해조서 등이 재심이나 준재심으로 취소되지 아니하여 채권자와 채무자 사이에서는 그 판결이나 화해가 무효라는 주장을 할 수 없는 경우라 하더라도 마찬가지이다.[226]

> **판례연구 : 채권자취소소송의 상대효에 따른 효과**
>
> **1. 승소한 수익자를 상대로 한 사해행위 취소**
> 채권자취소판결의 기판력은 그 소송에 참가하지 아니한 채무자 또는 채무자의 수익자 사이의 법률관계에 미치지 아니한다.[227] 따라서 채권자가 사해행위의 취소와 함께 수익자 또는 전득자로부터 책임재산의 회복을 명하는 사해행위취소의 판결을 받은 경우 수익자 또는 전득자가 채권자에 대하여 사해행위의 취소로 인한 원상회복 의무를 부담하게 될 뿐, 채권자와 채무자 사이에서 취소로 인한 법률관계가 형성되는 것은 아니므로, 채무자와 수익자 사이의 소송절차에서 확정판결 등을 통해 마쳐진 소유권이전등기가 사해행위취소로 인한 원상회복으로써 말소된다고 하더라도, 그것이 확정판결 등의 효력에 반하거나 모순되는 것이라고는 할 수 없다.[228]
>
> **2. 원상회복된 재산을 채무자가 처분한 경우**
> 채무자가 사해행위 취소로 등기명의를 회복한 부동산을 제3자에게 처분하더라도 이는 무권리자의 처분에 불과하여 효력이 없으므로, 채무자로부터 제3자에게 마쳐진 소유권이전등기나 이에 기초하여 순차로 마쳐진 소유권이전등기 등은 모두 원인무효의 등기로서 말소되어야 한다. 이 경우 취소채권자나 민법 제407조에 따라 사해행위 취소와 원상회복의 효력을 받는 채권자는 채무자의 책임재산으로 취급되는 부동산에 대한 강제집행을 위하여 원인무효 등기의 명의인을 상대로 등기의 말소를 청구할 수 있다.[229]

---

222) 대법 2008.07.24, 2008다25510; 대법 1994.08.12, 93다52808
223) 대법 1993.02.12, 92다25151; 대법 2002.05.10, 2000다55171
224) 대법 1998.03.27, 96다10522; 대법 2000.06.09, 98다18155; 대법 2010.11.11, 2010다43597
225) 대법 2015.09.24, 2014다74919
226) 대법 2019.01.31, 2017다228618
227) 대법 1988.02.23, 87다카1989
228) 대법 2017.04.07, 2016다204783
229) 대법 2017.03.09, 2015다217980

3. 채무자의 채권양도가 사해행위로 취소된 경우 집행방법

채무자의 수익자에 대한 채권양도가 사해행위로 취소되는 경우, 수익자가 제3채무자에게서 아직 채권을 추심하지 아니한 때에는, 채권자는 사해행위취소에 따른 원상회복으로서 수익자가 제3채무자에게 채권양도가 취소되었다는 취지의 통지를 하도록 청구할 수 있고, 그에 따른 원상회복으로서 제3채무자에게 채권양도가 취소되었다는 취지의 통지가 이루어지더라도, 채권자와 수익자의 관계에서 채권이 채무자의 책임재산으로 취급될 뿐, 채무자가 직접 채권을 취득하여 권리자로 되는 것은 아니므로, 채권자는 채무자를 대위하여 제3채무자에게 채권에 관한 지급을 청구할 수 없다.[230]

4. 사해행위가 취소된 경우 다른 채권자의 대위권 행사

어느 채권자가 수익자를 상대로 사해행위 취소 및 원상회복으로 소유권이전등기의 말소를 명하는 판결을 받았으나 말소등기를 마치지 아니한 상태라면 소송의 당사자가 아닌 다른 채권자는 위 판결에 기하여 채무자를 대위하여 말소등기를 신청할 수 없다. 그럼에도 불구하고 다른 채권자의 등기신청으로 말소등기가 마쳐졌다면 등기에는 절차상의 흠이 존재한다. 그러나 채권자가 사해행위 취소의 소를 제기하여 승소한 경우 취소의 효력은 민법 제407조에 따라 모든 채권자의 이익을 위하여 미치므로 수익자는 채무자의 다른 채권자에 대하여도 사해행위의 취소로 인한 소유권이전등기의 말소등기의무를 부담하는 점, 등기절차상의 흠을 이유로 말소된 소유권이전등기가 회복되더라도 다른 채권자가 사해행위취소판결에 따라 사해행위가 취소되었다는 사정을 들어 수익자를 상대로 다시 소유권이전등기의 말소를 청구하면 수익자는 말소등기를 해 줄 수밖에 없어서 결국 말소된 소유권이전등기가 회복되기 전의 상태로 돌아가는데 이와 같은 불필요한 절차를 거치게 할 필요가 없는 점 등에 비추어 보면, 사해행위 취소 및 원상회복으로 소유권이전등기의 말소를 명한 판결의 소송당사자가 아닌 다른 채권자가 위 판결에 기하여 채무자를 대위하여 마친 말소등기는 등기절차상의 흠에도 불구하고 실체관계에 부합하는 등기로서 유효하다.[231]

5. 다른 채권자에게 기판력이 미치는지 여부

동일한 사해행위에 관하여 채권자취소청구를 하여 판결이 확정되었다는 것만으로 다른 채권자의 동일한 청구가 기판력을 받는 것도 아니요, 권리보호의 이익이 없어지는 것도 아니지만,[232] 승소확정판결에 의하여 원상회복이 완료된 뒤에는 권리보호이익이 없다.[233]

쟁점정리 : 채권자대위소송과 채권자취소소송

	채권자대위소송	채권자취소소송
권리행사방법	재판상·재판외 가능	재판상 행사
피보전채권	금전채권·특정채권 모두 포함 흠결시 소각하판결	금전채권만 흠결시 청구기각
권리행사기간	시효기간 내 제기 항변사항	사해행위 안날 1년, 있은 날 5년 직권조사사항
다른 채권자 소송	별소는 중복 공동소송참가 가능	별소가 중복아님 공동소송참가 불가
증명책임	피대위권리의 요건사실에 대해 채권자	수익자·전득자가 선의임을 입증
기판력의 주관적 범위	채무자가 알았을 때 미침	채권자와 수익자·전득자 사이에만
재심소송	대위권에 의거 재심의 소 불가	사해재심제도 존재(상법, 행소법)

---

230) 대법 2015.11.17. 2012다2743
231) 대법 2015.11.17. 2013다84995
232) 대법 2008.04.24. 2007다84352
233) 대법 2012.04.12. 2011다110579

4) 소송탈퇴자(제80조, 제82조)

독립당사자참가·참가승계·인수승계의 경우에 종전당사자는 그 소송에서 탈퇴할 수 있는데 이 경우 **참가인과 상대방 당사자간의 판결의 기판력은 탈퇴자에게도 미친다.**

(3) 소송에 관여하지 아니한 일반 제3자에의 확장

1) 취 지 : 원칙적으로 제3자에게는 판결의 효력이 미치지 않으나, 신분관계·단체관계 등의 경우에는 법률관계의 획일적 해결을 위하여 일정범위의 또는 일반 제3자에게 판결의 효력을 미치게 할 필요가 있다.

2) 일정한 이해관계인에게만 확정되는 경우 : 파산채권이나 회사정리채권 확정소송판결의 효력은 파산채권자 전원 또는 정리채권자 전원 등에게 미친다.

3) 대세효가 있는 경우의 일반적 확장 : **가사소송·회사관계소송·행정소송 등의 경우가 그것인데 청구인용판결의 경우에 한하여 대세효**가 있다. 단, **청구기각판결의 효력은 당사자간에만 미친다.**

Ⅵ. 기판력에 저촉하는 경우 법원의 조치

1. 기판력의 조사

기판력의 존재여부는 직권조사사항으로서 뒤에서 볼 반복금지설에 의하면 소극적 소송요건이 된다. 당사자는 합의에 의해 기판력을 창설·소멸·확장시킬 수 없으며 포기도 허용되지 않는다.

2. 기판력의 본질(법원의 조치)

기판력의 본질을 국가재판의 통일이라는 관점에서 전소판단과 모순된 판단의 금지에 있다고 보는 견해로서 判例의 입장이다. 모순금지설을 따를 때 전술한 기판력이 작용하는 경우에 있어서 후소에 대한 법원의 조치는 다음과 같다. ⅰ) 전후 양소의 소송물이 동일한 경우에는 다시 두 가지 경우로 나누어 전소에서 승소판결을 받은 경우에는 권리보호이익의 흠결로 소각하하여야 하고, **전소에서 패소판결을 받은 경우에는 모순된 판단의 금지로 인하여 청구기각의 판결**을 하여야 하며(단, 기판력의 본질을 모순금지로 보면서 전소의 승·패소와 관계없이 모두 권리보호의 이익흠결로 각하하여야 한다는 견해도 있음). ⅱ) 선결관계일 경우에는 전소판단에 구속되어 본안판결을 하여야 한다고 한다.

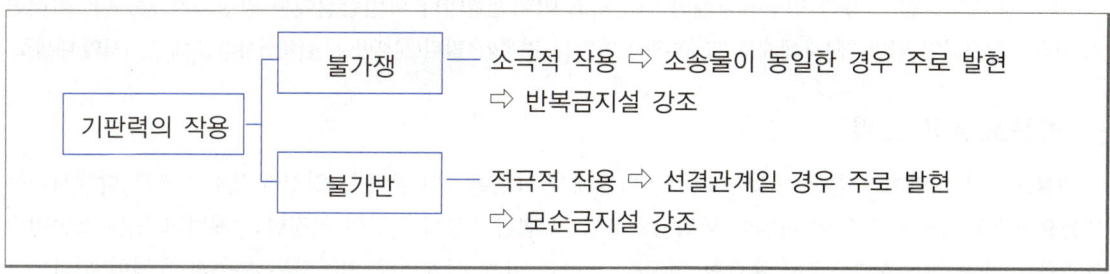

3. 전소의 기판력을 간과한 본안판결

기판력 있는 전소 판결이 실효되는 것도 아니고, 전소와 저촉되는 후소 판결은 확정 전에는 상소로써 다툴 수 있고, 확정 후에는 재심에 의하여 취소할 수 있다(제451조 제1항 제10호). **다만 그 간과한 본안판결이라**

도 재심에 의해 취소될 때까지는 새로운 표준시의 판결로써 기판력을 갖는다.

VII. 기타 판결의 효력

1. 집행력

(1) 의 의

집행력이라 함은 판결주문에서 채무자에게 명해진 이행의무를 국가의 집행기관을 통해 강제적으로 실현할 수 있는 효력을 말한다. 집행의 범위도 원칙적으로 기판력의 범위에 준한다. 따라서 **지부·분회·지회 등 어떤 법인의 하부조직을 상대로 일정한 의무의 이행을 구하는 소를 제기하여 승소 확정판결을 받은 경우 판결의 집행력이 해당 지부·분회·지회 등을 넘어서 소송의 당사자도 아닌 법인에까지 미친다고 볼 수는 없으므로 그 판결을 집행권원으로 하여 법인의 재산에 대해 강제집행을 할 수는 없고**, 법인의 재산에 대한 강제집행을 위해서는 법인 자체에 대한 별도의 집행권원이 필요하다. **이러한 법리는 설령 지부가 별개의 독립된 비법인사단이 아닌 것으로 판명되었다고 하더라도 마찬가지**이다.[234]

(2) 집행력 있는 재판

① 확정된 이행판결(확정 전이라도 가집행선고가 붙은 때) ② 청구인낙, 화해, 조정조서 등 확정판결과 동일한 효력을 가지는 조서 ③ 확정된 지급명령(단, 기판력은 견해대립)·집행명령 ④ 항고로써만 불복할 수 있는 결정·명령(소송비용상환결정, 소송비용액확정결정 등) ⑤ 형사판결에 부대하는 배상명령 ⑥ 가압류·가처분명령 ⑦ 확인판결·형성판결에서의 소송비용의 재판부분(원칙적으로 확인·형성판결에는 집행력이 없음) ⑧ 공증인에 의한 집행증서, 승인된 외국법원의 확정판결 등에 집행력이 있다.

(3) 집행력의 범위

원칙적으로 기판력의 범위와 같다. 한편 **청구에 관한 이의의 소를 제기한다고 해서 당연히 강제집행이 정지되는 것은 아니며 별도의 잠정처분이 필요**하다.[235]

2. 형성력

형성력이라 함은 확정판결의 내용에 따라 법률관계의 발생·변경·소멸이라는 효과를 발생시키는 효력으로서 이는 형성의 소를 인용한 형성판결에만 인정되고 이행판결이나 확인판결에는 인정되지 않는다. 이러한 형성력이 인정되면 일반 제3자에게도 그 효력이 미치는 경우가 많다(신분법상·단체법상의 소에 있어서의 대세효).

3. 법률요건적 효력

법률요건적 효력이라 함은 민법 그 밖의 법률에서 확정판결의 존재를 일정한 법률효과를 발생시키는 법률요건으로 규정하고 있어 판결이 확정됨으로써 그 법률규정에 의하여 일정한 실체법적 또는 소송법적 효과를 발생시키는 효력으로서 후술할 반사적 효력과 함께 실체법에 의존되는 부수적 효력이 된다.

---

[234] 대법 2018.09.13, 2018다231031
[235] 대법 2012.08.14, 2012그173

구체적인 예

1. 확정판결에 의한 단기시효의 10년으로의 전환(민법 제165조)
2. 공탁물회수청구권의 소멸(민법 제489조 제1항)
3. 설립무효취소와 회사계속(상법 제194조)
4. 가집행선고실효의 경우에 원상회복과 손해배상청구권의 발생(제251조) 등

4. 반사적 효력

(1) 의 의

판결을 받은 당사자와 실체법상 특수한 의존관계에 있는 제3자에게 판결의 효력이 이익 또는 불이익하게 영향을 미치는 것을 말한다. 법원이 판결에서 이를 명한 바도 없고 당사자의 의사와 관계 없이 생기는 효력이라는 것이 특징이다.

(2) 반사효가 미치는 경우

1) 반사효가 유리하게만 미치는 경우

① 주채무자와 보증인 사이 : 보증채무는 주채무에 부종하므로 주채무가 소멸하면 보증채무도 소멸하기 때문에, 보증인은 채권자를 상대로 한 주채무자 승소판결을 채권자에 대해 원용하여 보증채무의 이행을 거절할 수 있다. 그러나 주채무자가 패소한 경우 판결의 반사효는 보증인에게 확장될 수 없다. 즉, 채권자의 입장에서 볼 때 주채무자를 상대로 한 채권자승소판결이 보증인에게 그 효력을 미치면 채권자가 보증인을 상대로 하는 보증채무청구소송에서 유리하게 되겠지만, 이 때는 민법 제430조를 근거로 하여 반사효가 미치지 않게 된다. 그 결과 보증인에게는 주채무자의 판결이 유리한 경우에만 확장하게 되는데, 보증인의 주채무자에 대한 실체법상의 의존관계가 편면적이기 때문이다. 이에 반하여 채권자와 보증인간의 보증채무이행소송에서 주채무의 부존재를 이유로 채권자가 패소한 후 채권자가 이후 주채무자를 상대로 주채무이행소송을 제기하였을 때는, 주채무자가 보증인에 대해 실체법상 의존하지 않기 때문에 반사효는 미치지 않는다.

② 共有者들 사이 : 공유자는 보존행위에 관하여 각자가 단독으로 할 수 있기 때문에(민법 제265조 단서), 그 범위에서는 공유자 상호간에 실체법상 의존관계가 있다. 그러므로 공유물이 제3자로부터 침해받은 경우에 공유자의 한 사람이 보존행위로서 공유물의 반환 또는 방해배제를 청구하여 승소한 때에는 다른 공유자는 그 판결을 원용할 수 있다. 그러나 共有者가 패소한 경우에는 보존행위가 되지 않기 때문에 실체법상 의존관계가 생기지 않으므로 반사효가 미치지 않는다.

③ 연대채무자들 사이 : 연대채무자 중 1인이 받은 판결은 절대적 효력사유에 해당되지 않고 또 그 기판력은 원칙적으로 당사자 사이에서만 인정되므로, 어느 연대채무자가 받은 판결의 기판력이 다른 연대채무자에게 미치지 않는다. 다만, 채권자와의 소송에서 어느 연대채무자가 상계의 항변을 하면 그에 대한 판단은 상계로 대항한 액수에 한하여 기판력이 있고, 이와 같이 상계의 효과가 확정된 이상 그 채무자는 채권자와의 사이에서 채무를 소멸시킨 결과가 되고, 이것은 다시 상계의 절대적 효력에 의해 다른 채무자에게도 반사효를 미치게 된다고 한다. 그러므로 연대채무자 1인이 상계항변을 제출하여 승소판결을 얻은 경우 다른 연대채무자는 위 판결의 결과를 자기에게 유리하게 원용하여 채무이행을 거절할 수 있다.

④ 임차인과 전차인 사이 : 다수설은 임대인과 임차인 사이의 임차인 승소판결을 전차인은 임대인에 대해서 원용할 수는 있지만, 임차인 패소판결의 효력은 전차인에게 미치지 않는다고 본다. 예컨대, 甲이 乙에게 토지를 임대하고 乙이 그 토지 위에 건물을 소유하여 이것을 丙에게 임대한 경우, 甲·乙 사이에 임대차의 해제를 이유로 하여 건물철거토지명도의 판결이 확정되었을 때, 그 판결의 효력에 의해 丙이 甲의 토지명도청구를 거부할 수 없는 것인지 의문이다. 실체법상 丙을 제외하고 甲과 乙의 합의에 의해 토지임차권을 소멸시키는 행위는 丙에게는 대항할 수 없는 것으로써, 乙의 지위와는 별개로 丙의 지위는 보호되어야 하기 때문이다(민법 제631조) 그러므로 소송상의 취급에서도 丙을 제외한 甲·乙 사이의 소송의 결과는 丙을 제외하여 이루어진 양자의 합의와 동일시할 수 있으므로, 丙은 甲·乙 사이의 소송의 결과에 구속되지 않으며, 甲·乙 사이의 임대차의 효력에 대해서 독자적으로 소송수행을 할 지위와 기회가 부여되어야 한다. 따라서 임차인의 패소판결은 전차인에게 불리하게 미치지 않는다.

2) 반사효가 유리·불리하게 미치는 경우

① 합명회사의 사원 : 합명회사 사원은 회사의 재산으로 회사의 채무를 완제할 수 없는 때에는 연대하여 변제할 책임이 있고(상법 제212조 제1항), 사원이 회사채무에 관해 변제의 청구를 받은 때에는 회사가 주장할 수 있는 항변으로 그 채권자에게 대항할 수 있기 때문에(상법 제214조 제1항), 회사의 채무에 관한 사원의 지위는 회사에 실체법상 의존하고 있다. 그 결과 합명회사와 채권자간에 회사채무의 존부에 관해 회사가 받은 판결의 기판력 자체는 사원에게 미치지는 않지만, 사원은 회사가 패소판결을 받은 경우에 회사채무의 부존재를 주장하여 그 이행을 거절할 수 없으며, 반면에 회사가 승소판결을 받은 경우에 이를 有利하게 원용하여 그 채무의 이행을 거절할 수 있으므로, 그 판결의 반사효가 사원에게 미친다고 한다. 이때 회사의 패소판결의 반사효가 사원에게 불리하게 확장되는 근거를 상법 제214조 제1항에서 찾는다. 즉, 社員은 회사가 주장할 수 있는 항변으로 채권자에게 대항할 수 있는데, 이미 회사가 채권자에 대해 패소했을 때 회사는 기판력에 의해 채권자에 대한 항변이 차단되므로, 사원도 채권자에 대해 그 항변이 차단되기 때문이다. 따라서 사원은 보증인과 달리 회사에 전면적으로 의존한다고 해석된다.

② 일반채권자의 경우 : 일반채권자는 채무자가 제3자와의 관계에서 채무자의 책임재산의 귀속에 관하여 받은 판결의 반사효를 유리·불리하게 받는다고 한다. 채무자가 변제나 새로운 채무부담에 의해 책임재산을 감소시켜도 일반채권자는 이것을 감수하여야만 하고, 채무자가 재산을 취득한 경우에는 이것을 향유할 수 있는 지위에 있으므로, 일반채권자는 채무자에 대해 실체법상 종속하는 지위에 있다는 것을 이유로 한다. 그러므로 예컨대, X가 Y에 대하여 착오에 의한 부동산매매계약의 무효를 주장하여 제기한 소송에서 무효확인판결에 의하여 X의 Y에 대한 이전등기가 말소되면, Y의 일반채권자 Z는 위 판결의 반사적 효과로써 위 매매계약이 유효하며 Y에게 소유권이 있다는 주장을 할 수 없다고 한다. 다만 判例는 기판력이 확장하는 것으로 본다(전술).

(3) 기판력과의 차이

① 기판력은 직권조사사항이나 반사적 효력은 이에 의하여 이익을 받을 제3자의 원용이 있어야 하며, ② 기판력은 절대적 불가쟁을 가지지만, 반사적 효력은 당해 소송이 사해소송일 경우에는 그 효력을 부정할 수 있다. ③ 반사효를 받는 자는 단순 보조참가만 할 수 있다. ④ 기판력이 확장되면 집행력도 확장되나, 반사효는 집행력이 확장되지 아니한다.

(4) 검 토

반사적 효력에 대해 사실상 기판력의 제3자에 대한 확장을 뜻하는 것인데 명문의 규정이 없으므로 부정하자는 입장이 있는 듯 아직 정설이라고 보기에는 어렵다. 채무자가 받은 판결의 효력이 채권자에게 미치는 것을 우리 판례는 기판력으로 보나, 법률적 근거가 없어 기판력의 상대성 원칙에 반하는 것으로 기판력보다 약한 효력인 반사적 효력으로 해석하려는 경향상 나온 이론이다.

제4관 판결의 하자

Ⅰ. 판결의 부존재(비판결)

판결로써 성립하기 위한 기본적 요건을 흠결하여 법률상 판결로서의 존재를 인정할 수 없는 경우(법관이 아닌 자에 의한 판결, 선고하지 아니한 판결의 초고 등)를 판결의 부존재라고 한다. 판결의 부존재는 법률상 판결이 존재하지 않는 것이므로 판결로서의 아무런 효력이 없으며 상소의 대상이 되지 않는다. 다만, 당사자는 당해 심급에서 절차가 완결된 것이 아니므로 기일지정신청으로 절차의 속행을 구할 수 있다.

Ⅱ. 당연무효의 판결

1. 의 의

판결의 당연무효란 판결로서의 외관을 갖추었지만 그 내용상 중대한 하자가 있어서 판결의 내용상 효력인 기판력·집행력·형성력 등이 생기지 않는 경우를 말한다.

2. 당연무효인 판결

① 재판권이 흠결되어 있는 경우(국내재판권에 복종하지 않는 치외법권자에 대한 판결) ② **실재하지 않는 자에 대한 판결**(사자상대소송) ③ 현행법상 인정되지 않는 법률효과를 인정하는 판결 ④ 소제기 없이 판결을 행한 경우(소취하 후의 판결) ⑤ 판결내용의 불명확으로 그 의미를 확정 할 수 없는 판결 등이 이에 속한다.

3. 당연무효인 판결의 취급

내용상의 효력인 기판력·집행력·형성력은 발생하지 않으나 판결의 부존재와는 달리 기속력·형식적 확정력은 있게 되고 또한 당해 심급을 완결시키게 되며, 부당집행의 우려를 방지하기 위한 외관제거를 위하여 상소가 허용된다. 판결의 무효는 직권조사사항으로서 상소심은 그 무효인 판결을 취소하고 소를 각하하여야 한다. 또한 이러한 무효인 판결은 재심의 대상이 되지 아니하며 이에 기한 강제집행도 무효이다. 그러나 判例는 **무효인 판결은 상소의 대상도 아니라고 한다.**[236]

---

236) 대법 2000.10.27, 2000다33775

III. 판결의 편취(사위판결)

1. 서 설

(1) 의 의
　당사자가 악의 또는 불법한 수단으로 상대방이나 법원을 기망하여 부당한 내용의 판결을 받는 경우 또는 당사자 쌍방이 통모하여 허위의 진술로 판결을 받는 경우를 널리 판결의 편취라고 한다.

(2) 유 형
　① 타인의 성명모용판결, ② 재판외의 화해와 동시에 소취하의 합의를 하고서도 소를 취하함이 없이 피고의 불출석을 기화로 승소판결을 받는 경우, ③ 원고가 피고의 주소를 알고 있음에도 주소 불명으로 속여 공시송달명령을 받아 피고 모르게 승소판결을 받는 경우, ④ 원고가 피고의 주소를 허위로 기재하여 그 주소에 소장부본을 송달케 하고 원고 자신이 송달받아 자백간주로 승소판결을 받은 경우등이 있다.

2. 편취판결의 효력

(1) 견해의 대립
　편취판결의 효력에 대해서 학설의 대립이 있는바, 이에는 ① 판결이 편취되었을 때에 피고의 재판을 받을 권리가 실질적으로 보장된 것이 아니기 때문에 당연무효로 보아야 한다는 무효설과,[237] ② 판결을 편취한 경우에도 판결 자체는 유효하다는 유효설이 대립되고 있다.

(2) 검 토
　생각건대 ① 판결이 무효라면 기판력 제도를 동요시켜서 법적 안정성을 해할 우려가 있으며, 더구나 ② 판결편취의 경우에 우리 제451조 제1항에서는 당연무효의 판결이 아님을 전제로 하여 재심사유로 규정하고 있으므로 우리 실정법에는 맞지 않는 해석이다. 따라서 **유효한 판결로 보는 것이 타당**하다고 본다.

3. 소송법상 구제책

(1) 성명모용소송의 경우
　피고가 모르는 사이에 그의 동생이 법정에 출석하여 피고 행세를 하면서 법정화해를 한 사건에서 피모용자에게 판결의 효력이 미치므로 피모용자는 제451조 1항 3호의 재심을 청구할 수 있다.[238]

(2) 공시송달에 의한 판결편취
　이 경우 판결정본 송달이 유효하여 판결이 확정된 것으로 보고 재심이나 추후보완 상소에 의해야 한다.[239] 한편 大法院은 제451조 제1항 제11호의 재심사유가 있는 경우 추완항소기간 내에 항소를 제기하지 아니하면 재심의 소를 제기할 수 없는지 문제된 사안에서, 재심사유와 추완항소사유가 동시에 존재하고 추완항소기간을 도과한 경우 재심기간이 경과하지 않았다 하더라도 민사소송법 제451조 제1항 단서에 의

---
237) 강현중 784면은 허위주소송달로 인한 자백간주로 편취한 판결만 특히 무효라고 한다.
238) 대법 1964.03.31, 63다656
239) 대법 1994.10.21, 94다27922

하여 재심청구를 할 수 없다고 보아 재심사유의 존재 여부에 관하여는 나아가 심리·판단하지 아니한 원심판결에는 재심청구의 제기기간에 관한 법리오해의 위법이 있다고 하였다.240)

(3) 허위주소송달에 의한 판결편취

大法院은 피고에 대한 판결정본송달이 무효이어서 판결이 확정되지 않은 상태이므로 항소에 의할 것이라고한다.241) 다만 참칭대표자에게 송달한 경우에는 이와 달리 보아 "참칭대표자를 대표자로 표시하여 소송을 제기한 결과 그 앞으로 소장부본 및 변론기일소환장이 송달되어 변론기일에 참칭대표자의 불출석으로 의제자백 판결이 선고된 경우, 이는 적법한 대표자가 변론기일소환장을 송달받지 못하였기 때문에 실질적인 소송행위를 하지 못한 관계로 위 의제자백판결이 선고된 것이므로, 제451조 1항 3호 소정의 재심사유에 해당한다."고 하고 그러한 송달은 유효하다고 한다.242)

4. 실체법상 구제책

(1) 부당이득반환청구

判例는 "대여금 중 일부를 변제받고도 이를 속이고 대여금 전액에 대하여 소송을 제기하여 승소 확정판결을 받은 후 강제집행에 의하여 위 금원을 수령한 채권자에 대하여, 채무자가 그 일부 변제금 상당액은 법률상 원인 없는 이득으로서 반환되어야 한다고 주장하면서 부당이득반환 청구를 하는 경우, 그 변제주장은 대여금반환청구 소송의 확정판결 전의 사유로서 그 판결이 재심의 소 등으로 취소되지 아니하는 한 그 판결의 기판력에 저촉되어 이를 주장할 수 없으므로, 그 확정판결의 강제집행으로 교부받은 금원을 법률상 원인 없는 이득이라고 할 수 없다."고 하며,243) 소송당사자가 허위의 주장으로 법원을 기망하고 상대방의 권리를 해할 의사로 상대방의 소송관여를 방해하는 등 부정한 방법으로 실체의 권리관계와 다른 내용의 확정판결을 취득하여 그 판결에 기하여 강제집행을 하는 것은 정의에 반하고 사회생활상 도저히 용인될 수 없는 것이어서 권리남용에 해당한다고 할 것이지만, 위 확정판결에 대한 재심의 소가 각하되어 확정되는 등으로 위 확정판결이 취소되지 아니한 이상 위 확정판결에 기한 강제집행으로 취득한 채권을 법률상 원인 없는 이득이라고 하여 반환을 구하는 것은 위 확정판결의 기판력에 저촉되어 허용될 수 없다고 하여244) 재심필요설을 취하고 있다. 다만 허위주소 송달형 판결편취의 경우 판결이 확정되지 않아 기판력이 발생하지 않았으므로 그 판결에 기하여 소유권이전등기까지 된 경우는 항소에 의한 판결취소 없이 바로 별소로써 그 말소를 구하는 등 원상회복할 수 있다고 한다.245)

(2) 불법행위로 인한 손해배상청구

확정판결에 기한 집행행위는 특별한 사정이 없는 한 그 자체가 불법행위를 구성한다고 할 수 없다.246) 따라서 判例는 원칙적으로 재심의 제기가 필요하다는 입장이다.247) 그러나 최근 판결에서는 "확정판결에 기

---

240) 대법 2011.12.22, 2011다73540
241) 대법(전) 1978.05.09, 75다634
242) 대법 1999.02.26, 98다47290
243) 대법 1995.06.29, 94다41430
244) 대법 2001.11.13, 99다32905
245) 대법 1995.05.09, 94다41010
246) 대법 2001.11.13, 99다32899
247) 대법 1995.12.05, 95다21808

한 강제집행이 불법행위로 되는 것은 당사자의 절차적 기본권이 근본적으로 침해된 상태에서 판결이 선고되었거나 확정판결에 재심이유가 존재하는 등 확정판결의 효력을 인정하는 것이 정의에 반함이 명백하여 이를 묵과할 수 없는 경우로 한정하여야 한다고 하며 이러한 경우는 재심의 제기가 필요치 않다."고 하여 제한적 불요설의 입장을 보이고 있다.[248]

5. 부당집행에 대한 구제책

(1) 문제점

청구이의의 소는 원칙적으로 변론종결 이후에 발생한 사유에 의해서만 가능하므로 당사자 일방이 판결을 불법한 행위 등으로 편취한 다음 이를 집행권원으로 하여 강제집행을 하는 경우 허용되는지 문제된다.

(2) 判例의 입장

判例는 이를 변론종결 이후에 새로이 발생한 권리남용의 경우로 보아 청구이의의 소는 부당한 강제집행을 배제하려는 데에 그 목적이 있으므로 판결을 집행하는 것 자체가 불법한 경우에도 이를 인정한다.[249] 즉 **확정판결에 의한 권리라 하더라도 신의에 좇아 성실히 행사되어야 하고 그 판결에 기한 집행이 권리남용이 되는 경우에는 허용되지 않으므로 집행피고는 청구이의의 소에 의하여 그 집행의 배제를 구할 수 있다**고 할 것인바, 확정판결의 내용이 실체적 권리관계에 배치되는 경우 그 판결에 의하여 집행할 수 있는 것으로 확정된 권리의 성질과 그 내용, 판결의 성립 경위 및 판결성립 후 집행에 이르기까지의 사정, 그 집행이 당사자에게 미치는 영향 등 제반 사정을 종합하여 볼 때, 그 확정판결에 기한 집행이 현저히 부당하고 상대방으로 하여금 그 집행을 수인하도록 하는 것이 정의에 반함이 명백하여 사회생활상 용인할 수 없다고 인정되는 경우에는 그 집행은 권리남용으로서 허용되지 않는다고 할 것이다.[250] 이때 확정판결의 내용이 실체적 권리관계에 배치될 여지가 있다는 사유만으로는 그 판결금 채권에 기초한 강제집행이나 권리행사가 당연히 권리남용에 해당한다고 보기 어려우며,[251] 확정판결의 내용이 실체적 권리관계에 배치된다는 점은 확정판결에 기한 집행이 권리남용이라고 주장하며 그 집행의 불허를 구하는 원고가 주장·증명하여야 할 것이다.[252]

---

248) 대법 1995.12.05, 95다21808; 대법 2001.11.13, 99다32899; 대법 2019.02.28, 2018다272735
249) 대법 2005.12.23, 2004다55698
250) 대법 2018.03.27, 2015다70822; 대법 2001.11.13, 99다32899
251) 대법 2006.07.06, 2004다17436; 대법 2014.02.21, 2013다75717
252) 대법 2014.05.29, 2013다82043

2025 대비 이종훈 민사소송법

제5편
병합소송

소의 제기부터 소송이 종료할 때까지 한 사람의 원고가 한 사람의 피고를 상대로 1개의 청구를 놓고 판결을 하는 단일의 소와 달리, 단일의 소가 물적으로(청구의 객관적 병합) 또는 인적으로(청구의 주관적 병합) 여러 개 합쳐진 형태를 병합소송이라 한다.

제1장 병합청구소송
제2장 다수당사자소송(당사자의 복수)

2025 대비 이종훈 민사소송법

제1장 병합청구소송

하나의 소송에서 여러 개의 청구를 하는 병합청구에는 소제기 당시부터 여러 개의 청구를 하나의 소송절차에 묶어서 제기하는 원시적 병합과, 이미 계속 중인 소송에다 새로운 청구를 덧붙여서 제기하는 후발적 병합이 있다.

구 분		요건	요건조사결과	본안심리	종국판결
원시적 병합	단순병합 선택적 병합 예비적 병합	① 동종절차 ② 공통관할 ③ 청구끼리 관련성 불요, 다만 선택적 병합은 택일관계, 예비적병합은 양립 불가관계요구	① 병합요건 흠결시 변론을 분리하여 별소로 심판 ② 소송요건흠결시 소각하판결	① 변론, 증거조사는 동일기일에 공통으로 진행 ② 변론의 분리, 일부판결은 단순병합에서만 가능 ③ 소가는 단순병합은 합산, 나머지는 중복청구 흡수법리	① 단순병합에서는 일부판결이 가능하며 재판누락시 추가판결로 처리, 전부판결의 일부에 대한 상소시 모든 청구에 대해 확정차단, 이심의 효과 발생 ② 선택적·예비적 병합에서는 일부판결이 불가능하며 청구의 일부에 대해서만 판단한 경우 전부판결로 취급하고 판단누락에 준하여 상소나 재심으로 구제
후발적 병합	청구의 변경	① 동종절차 ② 공통관할 ③ 사실심계속중 ④ 청구기초의 동일성 ⑤ 소송지연 없을 것	소의 변경요건을 심사하여 부적법시 불허결정	교환적변경의 경우 신청구에 대해 심판하며 구청구의 소송자료는 신청구의 자료가 된다.	
				추가적 변경의 경우 구청구와 신청구가 단순병합인지 선택적 병합인지 예비적 병합인지에 따라 원시적 병합과 같이 처리	
	반소	① 동종절차 ② 공통관할 ③ 사실심계속중 ④ 본소청구 또는 방어방법과 관련성 ⑤ 소송지연 없을 것	① 반소요건 흠결 시 각하설(判), 분리심판설(多) ② 소송요건 흠결 시 소각하판결	① 자료의 공통 ② 절차번잡, 지연의 사정 시 변론의 분리가능	일부판결 가능, 단 동일법률관계 형성을 위한 반소와 청구원인을 같이 하는 반소는 일부판결 불가
	중간확인의소	① 동종절차 ② 공통관할 ③ 사실심계속중 ④ 선결적법률관계	병합요건 흠결시 독립한 소로 취급할 수 없으면 소각하 판결	원고의 중간확인의 소는 청구의 추가적변경, 피고의 중간확인의 소는 반소로 심리	일부판결이 이론상 불가능하지는 않으나 부적당

제1절 소의 객관적 병합

I. 서설

1. 의의

 청구의 병합이란 원고가 하나의 소송절차에서 여러 개의 청구를 하는 경우를 말한다(제253조). 처음부터 여러 개의 청구를 하는 경우를 소의 고유의 객관적 병합 또는 원시적인 소송물의 복수라고 한다. 청구의 병합을 인정하는 것은 소송경제를 도모하고 서로 관련 있는 사건끼리 판결의 모순저촉을 피하자는 데 있다.

2. 구별개념 : 공격방법의 복수

(1) 의의

 청구의 병합은 여러 개의 청구(소송물)가 묶인 경우를 말하나, 공격방법의 복수는 1개의 청구를 뒷받침하는 공격방법이 복수로 묶인 경우이다.

(2) 구체적 검토

 1) **소유권확인의 소** : 소유권확인의 소에서 권리의 발생원인을 수개 주장하는 경우라도 通說과 判例는 공격방법의 복수로 본다.

 2) **법조경합** : 손해배상청구를 하면서 민법 제756조와 자동차손해배상 보장법 제3조의 주장처럼, 같은 실체법상의 권리에 기하여 청구하면서 법조경합관계의 수개 법규의 주장하는 것은 청구병합이 아니다.

 3) **부당이득반환청구** : 법률상 원인 없는 사유로 계약의 불성립·무효·취소 등의 주장은 공격방법의 복수에 해당한다.

 4) **대리인에 의하여 체결된 계약상의 청구** : 대리권수여·표현대리·무권대리의 추인의 주장 등은 공격방법에 해당한다.

 5) **임대차 종료를 원인으로 한 건물명도청구** : 차임연체에 의한 계약해지, 계약기간의 만료 등의 주장도 여기에 해당한다.

(3) 공격방법의 복수의 처리

 원고가 공격방법을 여러 개 주장할 때에 순위를 붙여 주장하더라도 그 상호간의 논리적 순서와 역사적 선후에 불구하고 법원은 어느 하나를 선택하여 원고청구를 인용하면 되고, 다른 주장에 대해서는 판단할 필요가 없다.[1] 그러나 원고청구를 기각할 때에는 모든 주장을 배척하지 않으면 안되며, 변론의 분리·일부판결은 허용되지 않는다.

---

1) 대법 1989.02.28, 87다카823·824

II. 병합요건

1. 같은 종류의 소송절차에 의하여 심판될 수 있을 것

> 제253조(소의 객관적 병합) 여러 개의 청구는 같은 종류의 소송절차에 따르는 경우에만 하나의 소로 제기할 수 있다.

(1) 민사본안사건과 가압류·가처분에 대한 이의사건

통상의 **민사사건과 가처분에 대한 이의사건은 다른 종류의 소송절차에 따르는 것이므로 변론을 병합할 수 없다**.[2] 그러나 위와 같은 절차상의 위법은 절대적 상고이유에 해당되지 아니하므로 이 사건 판결에 영향을 미친 경우에 한하여 파기사유가 된다.

(2) 민사사건과 비송사건

민사사건과 비송사건은 절차의 종류를 달리하는 것이므로 서로 병합이 허용되지 않는다. 단 가사소송인 이혼소송과 가사비송인 재산분할청구는 가소법 제14조 1항에 의해 병합이 허용되나, 부부간의 명의신탁 해지를 원인으로 한 소유권이전등기청구나 부부공유재산분할청구는 통상의 민사사건이므로 여기에다가 가사소송·가사비송사건인 이혼 및 재산분할청구와 병합할 수 없다는 것이 判例의 입장이다.[3]

(3) 행정소송과 민사소송

행정소송사건은 변론주의에 의하지 아니하므로 통상의 민사사건의 병합은 원칙적으로 부적법하지만, **행정소송에서 손해배상이나, 부당이득의 민사상의 관련청구를 병합하는 것은 예외적으로 허용**된다(행소 제10조).

(4) 제권판결에 대한 불복의 소

제권판결에 대한 불복의 소(제490조 2항), **중재판정취소의 소**(중재 제13조)는 특수한 소가 아니라 통상의 소송절차와 같은 종류의 것이기 때문에 여기에 다른 민사상 청구의 병합을 허용할 것이다.[4] 다만 大法院은 제권판결 불복의 소와 같은 형성의 소는 그 판결이 확정됨으로써 비로소 권리변동의 효력이 발생하게 되므로 이에 의하여 형성되는 법률관계를 전제로 수표금청구의 이행의 소의 병합을 불허하였다.[5]

(5) 재심의 소와 민사상 청구

재심의 소에 통상의 민사상 청구를 병합할 수 없다는 것이 判例의 입장이다.[6] 다만 判例는 ⅰ) 재심의 소에서 재심대상소송의 본안청구에 대한 선결관계에 있는 법률관계의 존부의 확인을 구하는 소를 인정하며,[7] ⅱ) 재심의 소를 제기함에 있어서 재심청구가 인용될 것을 전제로 당초의 청구를 교환적으로 변경하는 것은 인정하고 있다.[8]

---

[2] 대법 2003.08.22, 2001다23225
[3] 대법 2006.01.13, 2004므1378
[4] 불법행위 손해배상청구의 병합을 허용한 것에, 대법 1989.06.13, 88다카7962
[5] 대법 2013.09.13, 2012다36661
[6] 대법 1971.03.31, 71다8
[7] 대법 2008.11.27, 2007다69834·69841

(6) 간접강제신청

정정보도 등 청구의 소에다가 강제집행절차인 간접강제신청의 병합제기가 인정된다(언론중재 및 피해구제 등에 관한 법률 제26조 3항). 判例도 부작위채무이행의 소송절차에다가 간접강제신청의 병합을 인정하여 본안의 소에 집행의 소의 병합을 허용한다.[9] 다만 부작위채무에 관한 소송절차의 변론종결 당시에서 보아 부작위채무를 명하는 집행권원이 성립하더라도 채무자가 이를 단기간 내에 위반할 개연성이 있고, 또한 판결절차에서 민사집행법 제261조에 의하여 명할 적정한 배상액을 산정할 수 있는 경우라야 한다.[10]

2. 수소법원에 공통의 관할권이 있을 것

전속관할에 속하는 청구가 없는 한 관련재판적에 의하여 큰 문제가 되지 않는다.

3. 원칙적으로 청구사이에 관련성이 필요 없다.

단순병합의 경우 병합하는 청구 사이에 관련성을 요구하지 않는다. 단 선택적 · 예비적 병합의 경우는 청구사이에 관련성이 있을 것을 요한다.

III. 병합의 모습

청구의 예비적 병합이냐 여부는 병합청구의 성질에 의하여 판단할 것이지, 당사자의 의사를 기준으로 할 것이 아니다.[11]

1. 단순병합

(1) 의 의

아무런 관련성이 없는 여러 개의 청구를 단순히 병렬적으로 심판을 구하는 형태로서, 법원으로서는 원고가 병합시킨 모든 청구에 대하여 심판을 하여야 하며, 원고는 모든 청구에 대하여 승소판결을 받을 수 있는 병합을 말한다.

(2) 특수한 단순병합

1) **관련적 병합** : 병합되는 여러 개의 청구가 그 쟁점을 공통으로 하는 경우로서 인명사고로 인한 손해배상청구에 있어서 적극적 재산상 손해, 소극적 재산상 손해, 정신적 손해의 청구(손해3분설의 입장)가 병합된 것을 말한다.

2) **부진정 예비적 병합**[12] : 1차적으로 매매계약 무효확인을 구하면서 2차적으로 그 매매가 무효임을 전제로 이미 인도한 목적물의 반환청구를 하는 경우처럼, 제1차적 청구가 인용될 때를 대비하여 제2차적 청

---

8) 대법 1993.04.27, 92다24608
9) 대법 1996.04.12, 93다40614 · 40621
10) 대법 2014.05.29, 2011다31225
11) 대법 1966.07.26, 66다933 참조
12) 여기서 말하는 부진정 예비적 병합이라는 용어는 학설이 칭하는 것으로, 판례는 양립이 가능한 청구를 심판순서를 붙일 합리적 필요성이 있어 예비적 병합형태로 제기한 것을 부진정 예비적 병합이라고 한다(대법 2002.09.04, 98다17145).

구에 대해 심판을 구하는 것을 부진정 예비적 병합이라 하고 병합된 모든 청구의 승소를 바라는 단순병합에 해당한다. ① 甲이 乙에 대하여 소유권이전등기를 구하는 부동산에 관하여 丙 명의의 소유권보존등기가 마쳐지고 乙 명의의 매매예약을 원인으로 한 소유권이전청구권 가등기가 마쳐졌는데 위 소유권이전청구권이 압류된 사안에서, 乙의 甲에 대한 소유권이전등기의무가 위 압류로 인하여 이행불능 또는 집행불능이 될 가능성이 있으므로, 甲은 이를 대비하여 전보배상을 미리 청구할 수 있고, **채권자가 본래적 급부청구에 이를 대신할 전보배상을 부가하여 대상청구를 병합하여 소구한 경우 대상청구는 본래적 급부청구권이 현존함을 전제로 하여 이것이 판결확정 전에 이행불능되거나 또는 판결확정 후에 집행불능이 되는 경우에 대비하여 전보배상을 미리 청구하는 경우로서 양자의 병합은 현재 급부청구와 장래 급부청구의 단순병합에 속하는 것이다**.13) ② 甲이 乙을 상대로 주위적으로 근저당권설정등기의 회복등기절차 이행을 구하면서, 예비적으로 乙이 丙과 공모하여 등기를 불법말소한 데 대한 손해배상금과 지연손해금 지급을 구한 경우는 단순병합이다.14)

2. 선택적 병합

(1) 의 의

원고가 **여러 개의 택일관계에 있는 청구 중 그 어느 하나가 택일적으로 인용될 것을 해제조건으로 하여 다른 청구에 대해 심판을 구하는 형태**로서 목적이 하나이므로 청구취지는 하나이고 청구원인만이 여러 개인 경우이다.

(2) 심판방법

선택적 병합의 경우에 법원으로서는 이유 있는 청구 중 어느 하나를 선택하여 원고청구를 인용하면 나머지 청구는 심판할 필요가 없으며, 원고청구를 배척할 때에는 모든 청구에 대해 배척하는 심판을 요한다.

(3) 요 건

1) 청구권이나 형성권이 경합된 경우 : ① 사유를 달리하는 이혼심판의 청구, ② 명예훼손으로 손해배상청구를 하였던 원고가 1심에서 패소한 후 항소심에서 청구취지는 그대로 유지한 채 청구원인에다가 1심판결선고 후 새로운 명예훼손행위를 추가하는 것은 선택적 병합으로 볼 수 있다.15) ③ **채무불이행 책임과 불법행위 책임과의 관계에 대하여 판례는 각각 요건과 효과를 달리하는 별개의 법률관계에서 발생하는 것으로서 두 개의 손해배상청구권이 경합하여 발생하므로 선택적 병합의 관계**에 있다고 한다.16) 또한 원고가 원심에서 손해배상에 관한 청구를 교환적으로 변경하면서 **채무불이행을 원인으로 한 청구를 주위적으로, 불법행위를 원인으로 한 청구를 예비적으로 각각 구하였고, 원심도 원고가 붙인 심판의 순위에 따라 판단하였지만, 위 두 청구는 그 청구 모두가 동일한 목적을 달성하기 위한 것으로서 어느 하나의 채권이 변제로 소멸한다면 나머지 채권도 그 목적 달성을 이유로 동시에 소멸하는 관계에 있으므로 선택적 병합 관계**에

---

13) 대법 2011.01.27, 2010다77781
14) 대법 2011.08.18, 2011다30666
15) 대법 2010.05.13, 2010다8365
16) 화주(貨主)는 화물이 훼손된 경우 운송인에 대하여 운송계약불이행으로 인한 손해배상과 불법행위로 인한 손해배상을 경합적으로 청구할 수 있고 이는 선택적 병합에 해당한다는 것에, 대법 1989.04.11, 88다카11428.

있다.17) ④ 매매의 목적물에 하자가 있는 경우 매도인의 하자담보책임과 채무불이행책임을 병합하여 제기하는 경우 선택적 병합에 해당한다.18) ⑤ 원고가 기본수수료 지급기준 변경으로 지급받지 못한 금액에 대하여 약관이 무효임을 원인으로 하는 부당이득반환청구를 주위적으로, 「독점규제 및 공정거래에 관한 법률」에서 정한 불이익제공행위임을 원인으로 하는 손해배상청구를 예비적으로 구한 경우 위 부당이득반환청구 및 손해배상청구 부분은 동일한 목적을 달성하기 위한 것으로서 원고가 이를 주위적, 예비적으로 청구하였다고 하더라도 성질상 선택적 병합 관계에 있다.19)

2) **선택적 병합과 관련하여 유의할 경우** : ① 법조경합관계에 있는 여러 개의 법규에 기한 청구와, 선택채권에 기한 청구는 선택적 병합이 되지 않는다. ② 신이론에서는 선택적 병합을 인정하지 않고 공격방법 내지 법률적 관점이 여러 개 경합된 것으로 보나, 신이론 중 이분지설은 사실관계를 달리하는 청구권·형성권의 경합의 경우는 제한적으로 선택적 병합을 인정한다.

(4) 양립할 수 없는 여러 개의 청구를 선택적 병합으로 제기할 수 있는지

大法院은 ⅰ) **이 사건에서 피고 명의의 위 각 등기가 원인무효임을 이유로 그 말소를 구하는 청구와 그 등기가 유효한 명의신탁등기이나 신탁이 해지되었음을 이유로 소유권이전등기를 구하는 청구는 서로 양립할 수 없는 관계에 있으므로 이들 청구에 대하여는 선택적 병합에 의한 병합심리를 할 수 없다**고 할 것이고, 따라서 이와 같은 선택적 병합으로 하는 청구의 변경은 직권으로 불허하여야 할 것임에도 불구하고 이를 그대로 받아들인 원심의 조처는 필경 청구의 병합과 청구의 변경에 관한 법리를 오해한 것이어서 위법하다고 하지 않을 수 없으며,20) ⅱ) **행정처분에 대한 무효확인과 취소청구는 서로 양립할 수 없는 청구로서 주위적·예비적 청구로서만 병합이 가능하고 선택적 청구로서의 병합이나 단순 병합은 허용되지 아니한다**고 했으며,21) ⅲ) 잔여지의 수용청구와 잔여지의 가격감소로 인한 손실보상청구는 서로 양립할 수 없는 관계에 있어 선택적 병합이 불가능한데 원심이 위 두 청구의 선택적 병합 청구를 허가한 것 또한 잘못이라 하였다.22)

3. 예비적 병합

(1) 의 의

양립되지 않는 수개의 청구를 하면서 제1차적 청구(주위적 청구)가 배척(기각·각하)될 때를 대비하여, 즉 제1차적 청구가 인용될 것을 해제조건으로 하여 제2차적 청구(예비적 청구)에 대하여 심판을 구하는 형태이다.

(2) 심판방법

법원으로서는 원고가 정한 순위에 구속되어 심판을 하여야 한다.23) ① **주위적 청구를 기각하고 예비적**

---

17) 대법 2018.02.28, 2013다26425
18) 매매 목적물인 토지에 폐기물이 매립되어 있고 매수인이 폐기물을 처리하기 위해 비용이 발생한다면 매수인은 그 비용을 민법 제390조에 따라 채무불이행으로 인한 손해배상으로 청구할 수도 있고, 민법 제580조 제1항에 따라 하자담보책임으로 인한 손해배상으로 청구할 수도 있다는 것에, 대법 2021.04.08, 2017다202050
19) 대법 2022.05.12, 2020다278873
20) 대법 1982.07.13, 81다카1120.
21) 대법 1999.08.20, 97누6889
22) 대법 2014.04.24, 2012두6773

청구를 인용하는 때에는 판결주문에서 먼저 주위적 청구의 기각을 표시하고 다음 예비적 청구를 인용하는 뜻의 표시를 하여야 한다.[24] 따라서 피고는 예비적 청구에 관하여만 인낙할 수 없다.[25] ② **주위적 청구가 인용되면 예비적 청구를 심판할 필요가 없다.** 이것은 **전부판결로 원고는 항소이익이 없다.** ③ 한편 원고의 주위적 청구원인이 이유 있다고 인정한 다음에 피고의 일부 항변을 받아들여 그 부분에 대한 원고의 청구를 기각하는 경우, 원고가 주위적 청구의 일부를 특정하여 그 부분이 인용될 것을 해제조건으로 하여 그 부분에 대하여만 예비적 청구를 하였다는 등의 특별한 사정이 없는 한, **주위적 청구원인에 기한 청구의 일부가 기각될 운명에 처하였다고 하여 다시 그 부분에 대한 예비적 청구원인이 이유 있는지의 여부에 관하여 나아가 판단할 필요는 없다.**[26]

🟦 구체적인 예

> 1. 1차적으로 매매가 유효함을 전제로 매매대금지급청구를 하면서, 2차적으로 그 매매가 무효인 때를 대비하여 이미 인도한 목적물의 반환청구를 하는 경우
> 2. 주위적으로 피고에게 직접 등기말소청구를 하고, 예비적으로 채권자대위권에 기하여 등기말소청구
> 3. 본래의 목적물인도청구를 하면서 그 이행불능에 대비하여 대상청구를 하는 경우

(3) 요 건

1) 제1차 청구와 제2차 청구의 양립불가능성이 필요요건인지 여부

① 원칙적인 입장 : 예비적 청구는 주위적 청구와 양립될 수 없는 관계에 있어야 한다. 서로 양립할 수 없는 청구에 대해서는 주위적·예비적 청구로서만 병합이 가능하고 선택적 청구로서의 병합이나 단순 병합은 허용되지 아니한다. 따라서 **주위적 청구와 동일한 목적물에 관하여 동일한 청구원인을 내용으로 하면서 주위적 청구를 양적이나 질적으로 일부 감축하여 하는 청구는 주위적 청구에 흡수되는 것일 뿐 소송상의 예비적 청구라고 할 수 없으며,**[27] 무조건의 주위적 청구에 대한 상환이행의 예비적 청구 등은 예비적 병합이라 할 수 없어,[28] 따로 나누어 판단할 필요가 없다. 한편 判例는 주위적 청구의 일부를 특정하여 그 부분이 인용될 것을 해제조건으로 하여 그 부분에 대해서만 하는 예비적 청구도 허용하고 있다.[29]

② 예외적인 입장 : 그러나 **주위적 청구원인과 예비적 청구원인이 논리적으로 양립가능한 경우에도 당사자가 심판의 순위를 붙여 청구를 할 합리적인 필요성이 있는 경우에는 예비적 병합이 허용**된다. ⅰ) **본래 선택적 병합으로 제기해야 하는 사건에서 청구의 크기에 차이가 있고 성질에 차이가 있는 경우로써, 주위적 청구가 전부 인용되지 않을 경우에는 주위적 청구에서 인용되지 아니한 수액 범위 내에서의 양립이 가능한 예비적 청구에 대한 판단도 가능**하다.[30] 나아가 ⅱ) 주위적으로 재산상 손해배상을 청구하면서 그 손해가 인정되지 않을 경우에 예비적으로 같은 액수의 정신적 손해배상을 청구하는 것과 같이 **수 개의 청구 사이**

---

23) 대법 2023.12.07, 2023다273206
24) 대법 1974.05.28, 73다1942
25) 대법 1995.07.25, 94다62017
26) 대법 2000.04.07, 99다53742
27) 대법 2017.02.21, 2016다225353
28) 대법 1999.04.23, 98다61463
29) 대법 1996.02.09, 94다50274
30) 대법 2002.09.04, 98다17145

에 논리적 관계가 밀접하고, 심판의 순위를 붙여 청구를 할 합리적 필요성이 있다고 인정되는 경우에는, 당사자가 붙인 순위에 따라서 당사자가 먼저 구하는 청구를 심리하여 이유가 없으면 다음 청구를 심리하는 이른바 부진정 예비적 병합 청구의 소도 허용된다.[31]

> **판례연구 : 양립이 가능한 청구의 예비적 병합 허용 例**
>
> **1. 주위적으로 준공유자의 보존행위를 이유로 한 청구와 예비적으로 지분권에 근거한 청구**
> 원고가 주위적으로 부동산에 관한 이주자택지 공급계약청약권의 준공유자의 한 사람으로서 보존행위 내지 관리행위로 청약권 전부에 관하여 청약의 의사표시를 하였음을 전제로 이 사건 부동산에 관하여 매매대금의 지급과 상환으로 매매를 원인으로 한 소유권이전등기절차의 이행을 구한다는 것이고, 예비적으로 자신의 지분권만에 관하여 지분의 처분행위로서 청약의 의사표시를 하였음을 전제로 이 사건 부동산 중 182분의 156지분에 관하여 매매대금의 지급과 상환으로 매매를 원인으로 한 소유권이전등기절차의 이행을 구하는 경우, 원심이, 원고가 예비적 청구라고 한 제2순위 청구에 대하여 이는 주위적 청구에 대한 수량적 일부에 불과하여 원래의 의미의 예비적 청구에 해당되지 아니한다는 이유로 따로 판단을 하지 아니한 것은 소송물 또는 청구의 예비적 병합에 관한 법리를 오해하여 판결에 영향을 미쳤다고 하면서, 양 청구는 그 청구의 크기에 있어 차이가 있어 원고로서는 위와 같이 순서를 붙여서 청구를 할 합리적 필요성이 있다고 인정되므로 원심으로서는 제1순위 청구가 이유 없을 경우 제2순위 청구에 관하여 결론이 어떠하던 간에 그 당부를 판단하였어야 할 것이라 하였다.[32]
>
> **2. 주위적으로 손해배상청구와 예비적으로 약정금 청구**
> 주위적으로 채무불이행 내지 불법행위에 해당함을 이유로 42,269$ 및 그 지연손해금의 배상을 구하고, 예비적으로 원고가 지출한 소송합의금 10,000$와 소송비용의 1/2에 해당하는 16,135$ 등 합계 26,135$를 지급하기로 피고가 약정한 바 있음을 이유로 위 금액 상당의 약정금 및 그 지연손해금의 지급을 구한 경우, 법원이 주위적 청구원인에 기한 청구의 일부를 기각하고 예비적 청구취지보다 적은 금액만을 인용할 경우에는, 원고에게 주위적 청구가 전부 인용되지 않을 경우에는 주위적 청구에서 인용되지 아니한 수액 범위 내에서의 예비적 청구에 대해서도 판단하여 주기를 바라는 취지인지 여부를 석명하여 그 결과에 따라 예비적 청구에 대한 판단 여부를 정하여야 한다고 하였다.[33]
>
> **3. 주위적으로 전부금청구와 예비적으로 채무인수금 청구**
> 원고가 전소송에서 선택적 관계로서 동시에 양립할 수 있는 전부금 청구와 채무인수금 청구를 불가분적으로 결합시켜 예비적 형태로 병합 청구하면서, 주위적으로 120,000,000원 및 그의 지연손해금인 전부금 청구의 지급을 구하고, 예비적으로 145,000,000원 및 그의 지연손해금인 채무인수금의 지급을 청구하는 예비적 병합 청구도 허용된다고 한다.[34]
>
> **4. 주위적으로 재산상 손해배상을 청구하면서 예비적으로 같은 액수의 정신적 손해배상을 청구**
> 주위적으로 재산상 손해배상을 청구하면서 그 손해가 인정되지 않을 경우에 예비적으로 같은 액수의 정신적 손해배상을 청구하는 것과 같이 수 개의 청구 사이에 논리적 관계가 밀접하고, 심판의 순위를 붙여 청구를 할 합리적 필요성이 있다고 인정되는 경우에는, 당사자가 붙인 순위에 따라서 당사자가 먼저 구하는 청구를 심리하여 이유가 없으면 다음 청구를 심리하는 이른바 부진정 예비적 병합 청구의 소도 허용된다.[35]

2) 기초되는 사실관계가 서로 논리적 관련성이 있을 것

① **병합되는 수개의 청구사이에 전혀 관련성이 없는 경우에는 예비적 병합이 허용되지 않는다.** 따라서,

---

31) 대법 2021.05.07, 2020다292411
32) 대법 2002.02.08, 2001다17633
33) 대법 2002.10.25, 2002다23598
34) 대법 2002.09.04, 98다17145
35) 대법 2021.05.07, 2020다292411

<u>원고가 주위적으로 이 사건 계약의 권리금 상당 손해배상을 구하고, 예비적으로 이 사건 계약의 임대차보증금 상당 손해배상을 구하는 내용으로 청구를 병합한 것</u>을 제1심 법원이 단순병합 청구로 보정하게 하는 등의 조치를 취하지 아니하고 권리금 상당 손해배상청구 중 일부만을 인용하고 나머지 청구에 대한 심리·판단을 모두 생략하는 내용의 판결을 하였다 하더라도 그로 인하여 청구의 병합 형태가 예비적 병합 관계로 바뀔 수는 없다.36)

② 같은 목적의 청구를 양립할 수 없는 여러 개의 청구권·형성권에 기하여 구하여도 예비적 병합으로 보는 것이 구이론 입장이다(예컨대 같은 금전을 주위적으로 대여금채권에 의하여 구하고, 소비대차가 무효일 때를 대비하여 예비적으로 부당이득반환청구권에 기하여 청구하는 경우, 단 일분지설은 공격방법이 예비적인 것으로 처리).

③ 동일금원을 어음채권과 그 원인인 대여금채권에 기하여 구하는 경우에 청구의 예비적 병합으로 처리하는 것이 실무경향이지만, 선택적 병합으로 보는 것이 타당할 것이다.

IV. 병합청구의 심리

1. 소가의 산정과 병합요건의 조사

(1) 소가의 산정

<u>단순병합의 경우(부진정 예비적병합 제외)에는 합산의 원칙</u>(제27조 1항)에 따르며, <u>선택적·예비적 병합의 경우에는 중복청구의 흡수의 법리</u>를 따른다.

(2) 병합요건의 조사

<u>병합요건은 청구의 병합에 특유한 소송요건이므로 법원의 직권조사사항</u>이다. 병합요건의 흠결시에는 변론을 분리하여 별도의 소로 분리심판하는 것이 원칙이다. 다만 병합된 청구 중 어느 하나가 다른 법원의 전속관할에 속하는 때에는 결정으로 이송하여야 한다(제34조 제1항).

(3) 소송요건의 조사

병합요건이 갖추어졌으면 각 청구에 대한 소송요건을 조사하고, 그 흠이 있으면 당해청구에 대하여 소를 판결로써 각하하여야 한다.

2. 심리의 공통

병합요건과 소송요건이 구비되었으면 변론·증거조사·판결은 같은 절차에서 공통으로 행하여야 하며, 여기에서 나타난 증거자료나 사실자료는 모든 청구에 대한 판단의 자료가 된다. 어떠한 유형의 병합이든 하나의 청구에 대한 변론의 제한은 허용된다. 그러나 <u>변론의 분리는 원칙적으로 단순병합의 형태에서만 허용</u>된다. 다만 단순병합이라도 쟁점을 공통으로 하는 병합청구의 경우에는 중복심판과 재판의 모순·저촉을 피하기 위하여 변론의 분리를 삼가 할 필요가 있다.37)

---

36) 대법 2009.12.24, 2009다10898
37) 이시윤 13판 707면

V. 종국판결

1. 단순병합의 경우

(1) 전부판결

병합된 청구 전부에 대하여 판결하기에 성숙하면 전부판결을 한다(제198조). 따라서 대상청구를 본래의 급부청구에 예비적으로 병합한 경우에도 **본래의 급부청구가 인용된다는 이유만으로 대상청구에 대한 판단을 생략할 수 없으며**, 본래의 급부청구가 인용되었으나 대상청구가 기각된 경우 진정예비적 병합의 경우처럼 원고에게 항소의 이익이 없다고 할 수 없다.[38] 전부판결에 대해 전부불복하면 모든 병합청구가 이심하며 심판의 대상이 된다. 그러나 **전부판결의 일부에 대하여 상소하면 모든 청구에 대해 확정차단과 이심의 효력이 생기나 불복한 범위만 심판의 대상이 된다**.

사 례

원고가 피고에 대하여 주위적으로 이 사건 근저당권설정등기의 회복등기절차의 이행을 구하고, 예비적으로 이 사건 근저당권설정등기를 불법말소하였다는 이유로 손해배상금 1억 원 및 이에 대한 지연손해금의 지급을 구한 데 대하여 제1심법원은 주위적 청구를 인용하되, 예비적 청구를 기각하는 판결을 선고하였고, 원고가 위 기각된 부분에 대하여 항소를 제기하였으나, 원심법원은 주위적 청구를 인용하는 판결은 전부판결이라 할 것이므로 주위적 청구를 인용한 이상 예비적 청구에 나아가 판단할 필요가 없다고 보아 제1심판결에서 원고의 피고 1에 대한 주위적 청구가 인용되어 전부 승소한 원고로서는 피고 1에 대하여 항소를 제기할 이익이 없다는 이유로 이 부분 항소를 각하하였다. 이에 원고가 상고하였다면 상고심은 어떠한 판단을 하여야 하는가?

해 설

원고의 위 예비적 청구는 주위적 청구인 이 사건 근저당권설정등기의 회복의무가 이행불능 또는 집행불능이 될 경우를 대비한 전보배상으로서 대상청구라고 봄이 상당하다고 할 것이므로, 이러한 주위적·예비적 병합은 현재의 급부청구와 장래의 급부청구와의 단순병합에 속한다. 따라서 원심법원으로서는 원고가 항소한 부분인 위 예비적 청구의 당부를 판단하여야 할 것임에도 원고의 이 부분 항소를 각하한 것에는 대상청구 또는 예비적 병합에 관한 법리를 오해한 나머지 필요한 심리를 다하지 아니한 위법이 있다.[39] 상고심은 원심의 항소각하판결을 파기하고 필수적으로 환송하여 예비적 청구에 대하여 본안심판을 하도록 하여야 한다.

(2) 병합된 청구 중 일부만 재판한 경우

1) 일부판결 : 변론의 분리가 허용되며, **병합청구 중 어느 하나의 청구가 판결하기에 성숙하면 일부판결을 할 수 있다**(제200조). **일부판결에 대하여 상소한 때에는 나머지 부분과 별도로 이심의 효력**이 생긴다.

2) 재판누락 : 모든 청구에 대하여 판단하여야 하기 때문에 **어느 하나의 청구에 대해 재판누락을 하면 추가판결의 대상**이 된다(제212조). 한편 **논리적으로 전혀 관계가 없어 순수하게 단순병합으로 구하여야 할**

---

38) 대법 2011.08.18, 2011다30666·30673
39) 대법 2011.08.18, 2011다30666·30673

수개의 청구를 선택적 또는 예비적 청구로 병합하여 청구하는 것은 부적법하여 허용되지 않는다 할 것이고, 따라서 원고가 그와 같은 형태로 소를 제기한 경우 제1심법원이 본안에 관하여 심리·판단하기 위해서는 소송지휘권을 적절히 행사하여 이를 단순병합 청구로 보정하게 하는 등의 조치를 취하여야 할 것인바, 법원이 이러한 조치를 취함이 없이 본안판결을 하면서 그 중 하나의 청구에 대하여만 심리·판단하여 이를 인용하고 나머지 청구에 대한 심리·판단을 모두 생략하는 내용의 판결을 하였다 하더라도 그로 인하여 청구의 병합 형태가 적법한 선택적 또는 예비적 병합 관계로 바뀔 수는 없다. 따라서 어느 한 청구만 인용한 판결에 대해 피고만이 항소한 경우 판단한 청구만이 항소심으로 이심될 뿐, 판단하지 아니한 나머지 청구는 여전히 제1심에 남아 있게 된다.[40]

사 례

甲은 乙에 대하여 이 사건 소를 제기함에 있어 그 청구원인으로, ① 본사 사옥 취득업무와 관련된 손해배상청구 59억 8,900만 원, ② 주식회사 영남일보에 대한 신용대출과 관련된 손해배상청구 4억 원, ③ 개발신탁 등 매매와 관련된 손해배상청구 24억 700만 원, ④ 부동산 임차업무와 관련된 손해배상청구 7억 9,500만 원을 선택적 청구로 병합하여 총 손해액 중 5억 원 및 이에 대한 지연손해금을 청구하였는데, 이에 대하여 제1심법원은 위 청구원인 중 본사 사옥 취득업무와 관련된 위 ①의 손해배상청구만을 심리·판단하여 원고가 구하는 일부 청구금액을 인용하고, 나머지 청구에 대하여는 원고가 어느 하나의 청구원인에서라도 청구금액이 전부 인용된다면 추가적인 판단을 원하지 않고 있다는 이유로 그 판단을 생략하는 내용의 본안판결을 하였다. 이에 피고가 패소판결에 항소하였다면 항소심의 심판범위는 어떠한가?

해 설

위 각 청구원인은 상호 논리적 관련성이 없어 선택적으로 병합할 수 없는 성질의 청구임에도 제1심법원이 잘못된 청구병합관계를 보정하는 조치를 취함이 없이 하나의 청구원인에 대하여만 심리·판단을 하고 나머지 청구에 대하여는 판단을 한 바 없으므로, 위에서 설시한 법리에 따르면 이러한 경우 제1심법원이 심리·판단한 손해배상청구만이 항소심으로 이심되어 항소심의 심판범위가 된다고 할 것이다. 따라서 원심이 같은 취지에서 위 ② 내지 ④ 청구를 심판대상으로 삼지 않은 것은 정당하고, 원심의 판단에 처분권주의와 변론주의 등에 관한 법리오해의 위법이 없다.[41]

사 례

원고는 금원지급청구 부분과 관련하여, 당초 저작재산권의 침해를 원인으로 하여 전재료 상당의 손해배상금 7억 원 및 그 지연손해금의 지급을 구하였는데, 제1심이 그 중 550,884원 및 이에 대한 일부 지연손해금의 지급청구만을 인용하고 나머지 청구는 기각하는 판결을 선고하자, 쌍방이 이에 불복하여 항소한 후 열린 원심 제1차 변론준비기일에 원고는 '이미 주장된 저작재산권의 침해를 주위적 청구원인으로 하면서, 주위적 손해배상청구에서 인용되지 아니한 수액 범위 내에서 예비적으로 성명표시권 또는 동일성유지권 등 저작인격권의 침해를 원인으로 한 손해배상청구를 추가한다'는 내용이 기재된 2006. 4. 3.자 준비서면을 진술함으로써 종전의 청구원인을 위와 같이 변경하는 취지의 청구원인변경신청을 하였는바, 원심은 위 청구원인변경신청을 받아들여, 그 판결이유

---

40) 대법 2008.12.11. 2005다51495
41) 대법 2008.12.11. 2005다51495

에서 위 저작재산권 침해로 인한 손해배상청구에 관하여는 제1심이 인용한 금액보다 추가로 일부를 더 인용하고 항소심에서 추가된 저작인격권 침해로 인한 손해배상청구는 이유 없다고 설시하면서도, 주문에서는 단순히 제1심판결 중 항소심이 추가로 인용하는 부분에 해당하는 원고 패소 부분을 취소하고 원고의 나머지 항소와 피고의 항소를 각 기각한다는 주문표시만 하고, 항소심에서 추가된 저작인격권 침해로 인한 손해배상청구에 관하여는 아무런 판단을 하지 아니하였다. 이에 대해 원고가 저작인격권 침해로 인한 손해배상청구에 대해 상고를 제기하였다면 상고심은 어떠한 판단을 하여야 하는가?

해설

항소심에 이르러 새로운 청구가 추가된 경우, 항소심은 추가된 청구에 대하여는 실질상 제1심으로서 재판하여야 하므로, 제1심이 기존의 청구를 일부 인용한 데 대하여 쌍방이 항소하였고, 항소심이 기존의 청구에 관하여는 제1심에서 인용된 부분을 넘어 추가로 일부를 더 인용하고 항소심에서 추가된 청구는 배척할 경우 단순히 제1심판결 중 항소심이 추가로 인용하는 부분에 해당하는 원고 패소 부분을 취소하고 원고의 나머지 항소와 피고의 항소를 각 기각한다는 주문표시만 하여서는 안 되고, 이와 함께 항소심에서 추가된 청구에 대하여 "원고의 청구를 기각한다."는 주문 표시를 하여야 한다. 또한 판결에는 법원의 판단을 분명하게 하기 위하여 결론을 주문에 기재하도록 되어 있어 재판의 누락이 있는지 여부는 주문의 기재에 의하여 판정하여야 하므로, 판결이유에 청구가 이유 없다고 설시되어 있더라도 주문에 그 설시가 없으면 특별한 사정이 없는 한 재판의 누락이 있다고 보아야 하며, 재판의 누락이 있으면 그 부분 소송은 아직 원심에 계속중이라고 할 것이어서 상고의 대상이 되지 아니하므로 그 부분에 대한 상고는 부적법하다 할 것이다.[42]

2. 선택적 병합의 경우

(1) 변론의 분리나 일부판결의 허부

大法院은 선택적 병합의 경우에는 수개의 청구가 하나의 절차에서 불가분적으로 결합되어 있기 때문에 선택적 청구 중 하나만을 기각하는 일부판결은 선택적 병합의 성질에 반하는 것으로서 법률상 허용되지 않는다고 판시하여 불허설 입장이다.[43] 선택적으로 병합된 여러 개의 청구를 모두 기각하거나 소를 각하한 항소심판결에 대하여 원고가 상고한 경우, 상고법원이 선택적 청구 중 어느 하나의 청구에 관한 상고가 이유 있다고 인정할 때에는 원심판결을 전부 파기하여야 한다.[44] 다만 원고의 청구가 전부 기각되었는데 기각된 청구 중 일부에 대하여 원고만이 항소하였다면 항소하지 아니한 부분은 항소심으로 이심하지만 심판의 대상은 되지 아니한다. 이것은 전부판결에 대한 일부불복에 해당하기 때문이다.

(2) 선택적 청구 중 하나만을 기각하고 다른 선택적 청구에 대하여 아무런 판단이 없는 경우

大法院은 선택적 병합에서 원고패소판결을 하면서 병합된 청구 중 어느 하나를 판단하지 않은 경우 원고가 이와 같은 판결에 항소한 이상 누락된 부분까지 선택적 청구 전부가 항소심으로 이심하는 것이고, 재판 누락으로 제1심에 그대로 남아 계속되어 있는 것이 아니라고 판시하였다.[45]

---

42) 대법 2009.05.28, 2007다354
43) 대법 2017.10.26, 2015다42599; 대법 1998.07.24, 96다99
44) 대법 2022.03.31, 2017다247145; 대법 2020.01.30, 2017다227516; 대법 2018.06.15, 2016다229478; 대법 2008.02.15, 2007다1791
45) 대법 2010.05.13, 2010다8365

판례연구 : 일부만 기각한 판결에 대해 기각부분만 불복한 경우[46]

1. 사실관계

기록에 의하면, 원고는 위 1의 (가) 기재와 같이 이 사건 건물의 지분에 관하여 1993. 8. 25.자 증여해제를 원인으로 한 소유권이전등기를 구하는 외에 선택적으로, 같은 지분에 관하여 위 1의 (나)항 기재와 같은 1986. 2. 26.자 양도합의가 있었다고 주장하면서 이를 원인으로 한 소유권이전등기를 구하고 있음이 분명한데도, 제1심은 위 1993. 8. 25.자 증여해제를 원인으로 한 소유권이전등기청구에 대하여만 판단하여 이를 기각하고 위 1986. 2. 26.자 양도합의를 원인으로 한 소유권이전등기청구에 대하여는 아무런 판단을 하지 아니하였고, 이에 대하여 원심은 이는 재판의 탈루(현 재판누락)로서 위 1986. 2. 26.자 양도합의를 원인으로 한 소유권이전등기청구는 제1심법원에 그대로 계속되어 있다는 이유로 위 1993. 8. 25.자 증여해제를 원인으로 한 소유권이전등기청구에 관하여만 판단하면서 이 부분에 관한 제1심판결을 취소하여 원고의 소를 각하하고 위 1986. 2. 26.자 양도합의를 원인으로 한 소유권이전등기청구에 대하여는 아무런 판단을 하지 아니하였다.

2. 재판의 누락인지 여부

청구의 선택적 병합이란 양립할 수 있는 수개의 경합적 청구권에 기하여 동일 취지의 급부를 구하거나 양립할 수 있는 수개의 형성권에 기하여 동일한 형성적 효과를 구하는 경우에 그 어느 한 청구가 인용될 것을 해제조건으로 하여 수개의 청구에 관한 심판을 구하는 병합 형태로서(당원 1982. 7. 13. 선고 81다카1120 판결 참조), 이와 같은 선택적 병합의 경우에는 수개의 청구가 하나의 소송절차에 불가분적으로 결합되어 있기 때문에 선택적 청구 중 하나만을 기각하는 일부판결은 선택적 병합의 성질에 반하는 것으로서 법률상 허용되지 않는다고 할 것이다. 따라서 제1심법원이 원고의 이 사건 선택적 청구 중 위 1993. 8. 25.자 증여해제를 원인으로 한 소유권이전등기청구에 대하여만 판단하여 이를 배척하고 위 1986. 2. 26.자 양도합의를 원인으로 한 소유권이전등기청구에 대하여는 아무런 판단을 하지 아니한 조치는 위법한 것이고, 원고가 이와 같이 위법한 제1심판결에 대하여 항소한 이상 원고의 이 사건 선택적 청구 전부가 항소심인 원심으로 이심되었다고 할 것이므로, 원심이 원고의 이 사건 선택적 청구 중 위 1986. 2. 26.자 양도합의를 원인으로 한 소유권이전등기청구는 재판의 탈루로서 제1심법원에 그대로 계속되어 있다고 판단한 것은 청구의 선택적 병합에 관한 법리를 오해한 것이라고 하겠다.

3. 항소심의 심판범위

그러나 기록을 살펴보면, 원고는 제1심판결에 불복하여 항소장을 제출하면서 그 항소취지로 위 1993. 8. 25.자 증여해제를 원인으로 한 소유권이전등기청구만을 구하였고 원심의 변론종결에 이르기까지 위 1986. 2. 26.자 양도합의를 원인으로 한 소유권이전등기청구에 관하여 제1심판결의 변경을 구하는 아무런 준비서면의 제출이나 구두진술도 하지 않았음을 알 수 있는바, 사정이 이와 같다면 제1심판결에 대한 원고의 불복 범위는 위 1993. 8. 25.자 증여해제를 원인으로 한 소유권이전등기청구에 관한 부분에 한정되어 있다고 봄이 상당하고, 따라서 위 1986. 2. 26.자 양도합의를 원인으로 한 소유권이전등기청구에 관한 부분은 원심에서의 심판의 범위에 포함되지 않는다고 할 것이다. 따라서 상고를 기각한다(제425조, 제414조 2항).

(3) 선택적 청구 중 하나에 대하여 일부만 인용하고 다른 선택적 청구를 판단하지 않은 경우

원고는 '피고들이 이 사건 부지에 있는 이 사건 오염토양 등을 처리하여야 할 책임이 있음에도 원고가 이 사건 오염토양 등을 처리함으로써 법률상 원인 없이 그 정화비용 및 처리비용 상당의 이득을 얻고 원고로 하여금 그 금액 상당의 손해를 입게 하였으므로, 피고들은 원고에게 그 금액 상당을 부당이득으로 반환할 의무가 있다.'는 취지의 부당이득반환청구를 피고들에 대한 청구들과 선택적으로 청구하였다. 그럼에도 원심은 피고 세아베스틸에 대하여는 불법행위에 의한 손해배상청구 중 일부만을 인용하고, 피고 기아자동차에 대하여는 채무불이행에 의한 손해배상청구 중 일부만을 인용하면서도, 피고들에 대한 위 부당이득반환청구에 대하여는 아무런 판단을 하지 아니한 채, 원고의 피고들에 대한 나머지 청구를 모두

---
[46] 대법 1998.07.24, 96다99; 정영환 726면

기각하였다. 따라서 원심판결에는 **선택적 병합에 관한 법리를 오해하여 원고의 피고들에 대한 위 부당이득 반환청구에 관하여 판단을 누락한 위법**이 있다.[47]

(4) 어느 한 청구를 인용한 판결에 대해 항소가 제기된 경우

> 甲의 乙에 대한 A, B 두 개 청구의 선택적 병합에서 제1심은 A청구를 인용하여 甲승소판결을 하였다. 乙이 항소하자 항소심은 A청구는 이유 없으나 B청구가 이유 있다는 판단이 든다면 어떠한 판결을 하여야 하는가?

1) **이심의 범위** : 乙이 A청구에 대해 패소한 것에 불만으로 항소를 제기하여도 **선택적 병합의 특성상 또는 상소불가분 원칙상 B청구 또한 이심하고 항소심의 심판대상**이 된다.

2) **항소심의 심판순서** : 大法院은 제1심부터 선택적 병합이 발생하여 그 중 어느 하나의 청구에 대해 인용판결을 한 경우든, 제2심에서 비로소 소의 추가적 변경에 의한 선택적 병합이 발생하는 경우든 항소법원은 **임의의 청구를 선택하여 심판할 수 있다**는 입장이다.[48]

3) **항소심의 주문** : 大法院은 "선택적으로 병합된 수 개의 청구 중 제1심에서 심판되지 아니한 청구를 임의로 선택하여 심판할 수 있다고 할 것이나, 심리한 결과 그 청구가 이유 있다고 인정되고 **그 결론이 제1심 판결의 주문과 동일한 경우에도 피고의 항소를 기각하여서는 안되며 제1심판결을 취소한 다음 새로이 청구를 인용하는 주문을 선고하여야 할 것이다**."라고 판시하여 항소인용설 입장이다.[49]

(5) 선택적 병합을 예비적 병합으로 취급한 경우의 조치

> 원고는 피고에 대하여 이 사건 청구원인으로 대여를 주장하며 그 지급을 청구하였다가 제1심 변론 과정에서 이를 주위적 청구로 변경하고, 예비적으로 불법행위(사기)를 원인으로 한 손해배상 청구를 추가하였다. 제1심은 이 사건 주위적 청구를 기각하는 한편, 이 사건 예비적 청구를 인용하였고, 이에 대하여 피고만이 항소하였는데, 원심은 피고만이 항소한 이상 심판대상은 이 사건 예비적 청구 부분에 한정된다고 전제한 다음, 피고의 불법행위가 인정되지 않는다는 이유로 피고의 항소를 받아들여 이 사건 예비적 청구마저 기각하였다. 이에 원고가 상고하였다면 어떠한 판단을 하여야 하는가?

1) **병합의 형태** : 병합의 형태가 선택적 병합인지 예비적 병합인지 여부는 당사자의 의사가 아닌 병합청구의 성질을 기준으로 판단하여야 한다.[50] 大法院은 이 사건 주위적 청구인 대여금 청구는 '원고가 피고에게 1억 원을 대여하였다'는 취지이고, 이 사건 예비적 청구인 손해배상 청구는 '원고가 피고한테 기망당하여 1억 원을 지급하였다'는 취지이므로 **택일관계에 해당하고, 따라서 선택적 병합으로 보아야** 한다고 하였다.[51]

---

47) 대법(전) 2016.05.19, 2009다66549
48) 대법 1992.09.14, 92다7023
49) 대법 2021.07.15, 2018다298744; 대법 2019.12.27, 2016다208600; 대법 1992.09.14, 92다7023
50) 대법 2022.05.12, 2020다278873

2) 항소심의 심판범위 : 大法院은 **원심으로서는 피고가 항소의 대상으로 삼은 이 사건 예비적 청구만을 심판대상으로 삼을 것이 아니라 두 청구 모두를 심판의 대상으로 삼아 판단하였어야** 하는바, 그럼에도 불구하고 원심이 위와 같이 이 사건 예비적 청구 부분만을 심판대상으로 삼아 청구를 기각한 것은 항소심의 심판대상에 관한 법리를 오해하여 심리를 다하지 아니한 것이라 하여 파기환송하였다.52)

3. 예비적 병합의 경우

(1) 변론의 분리나 일부판결의 허부

예비적 병합의 경우에는 수개의 청구가 하나의 절차에서 불가분적으로 결합되어 있기 때문에 주위적 청구를 먼저 판단하지 않고 예비적 청구만 인용하거나, 주위적 청구만을 배척하고 예비적 청구에 대해서 판단하지 않는 등의 일부판결은 예비적 병합의 성질에 반하는 것으로 허용되지 않는다.53)

(2) 주위적 청구를 배척하면서 예비적 청구를 판단하지 않은 경우

大法院은 "예비적 병합에서 일부판결은 예비적 병합의 성질에 반하는 것으로서 법률상 허용되지 아니하며, 그럼에도 불구하고 주위적 청구를 배척하면서 예비적 청구에 대하여 판단하지 아니하는 판결을 한 경우에는 **그 판결에 대한 상소가 제기되면 판단이 누락된 예비적 청구 부분도 상소심으로 이심이 되고 그 부분이 재판의 누락에 해당하여 원심에 계속 중이라고 볼 것은 아니**"라고 하여 판단누락설로 정리하였다.54) 한편 大法院은 예비적 청구에 대한 판단을 누락한 판결이 확정된 후 그 누락된 예비적 청구를 별소로 제기할 수 있는지에 관하여, 판결상 예비적 청구에 관하여 이루어져야 할 판단이 누락되었음을 알게 된 당사자로서는 상소를 통하여 그 오류의 시정을 구하였어야 함에도 **상소로 다툴 수 없는 특별한 사정이 없었음에도 상소로 다투지 아니하여 그 판결을 확정시켰다면 그 후에는 그 예비적 청구의 전부나 일부를 소송물로 하는 별도의 소송을 새로 제기함은 부적법한 소 제기이어서 허용되지 않는다**고 한다.55)

(3) 주위적 청구인용판결에 대하여 피고가 항소한 경우

1) 이심의 범위 : 예비적 병합은 주위적 청구 인용을 해제조건으로서 예비적 청구의 심판을 신청하는 것이므로 주위적 청구 인용판결은 그 자체가 전부판결이다. 그런데 **피고가 제1심에서 인용된 주위적 청구에 불복신청한 경우 예비적병합의 특성상 또는 상소불가분원칙상 예비적 청구도 함께 확정이 차단되고 이심된다.**56)

2) 심판의 범위 : 예비적 병합은 주위적 청구가 인정되지 않은 경우에 예비적 청구에 대하여 심판받기를 바라는 것으로 **항소심에서 주위적 청구의 인용판결이 이유 없다고 인정될 경우 예비적 청구가 항소심의 현실적인 심판의 대상이 될 수 있다.**

---

51) 대법 2014.05.29, 2013다96868
52) 대법 2014.05.29, 2013다96868
53) 대법 1995.07.25, 94다62017; 대법 2023.12.07, 2023다273206
54) 대법 2000.11.16, 98다22253; 대법 2017.03.30, 2016다253297; 대법 2023.12.07, 2023다273206; 이러한 법리는 부진정 예비적 병합의 경우에도 달리 볼 이유가 없다는 것으로, 대법 2021.05.07, 2020다292411
55) 대법 2002.09.04, 98다17145
56) 대법 2023.12.07, 2023다273206

3) 항소심의 판단 : 항소심은 주위적 청구가 인정되지 않고 예비적 청구만 인정된다고 판단하는 경우에 항소심은 원판결을 취소하고 주위적 청구를 배척하고 예비적 청구에 대해서 심판하여야 한다.

(4) 주위적 청구기각판결, 예비적 청구 인용판결에 피고만 항소한 경우

1) 이심의 범위 : 상소불가분원칙상 주위적 청구도 확정이 차단되고 이심한다. 따라서 피고는 주위적 청구를 인낙할 수 있으며, 인낙하면 예비적 청구를 심판할 필요 없이 종결된다.[57]

2) 주위적 청구의 인용가부 : 大法院은 항소심의 심판범위는 피고의 불복신청의 범위에 한하는 것으로서 예비적 청구를 인용한 제1심 판결의 당부에 그치고 원고들의 부대항소가 없는 한 주위적 청구는 심판대상이 될 수 없다고 한다.[58]

제2절 청구의 변경

I. 총 설

1. 넓은 의미의 소의 변경

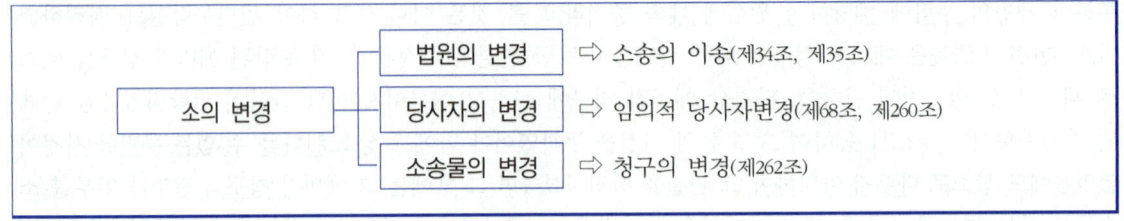

2. 청구의 변경의 의의

청구의 변경이란 법원과 당사자의 동일성을 유지하면서 종전의 청구 대신에 새로운 청구로 바꾸거나 종전의 청구에 새로운 청구를 추가시키는 방법으로 소송물을 변경하는 경우를 말한다(제262조).

II. 청구변경의 형식

1. 청구취지의 변경

(1) 청구취지의 변경은 원칙적으로 소의 변경이다.

① 청구원인은 놓아두더라도 소의 종류를 달리하는 경우이거나(동일건물에 대한 명도청구→소유권확인청구로 바꾸는 경우), ② 심판의 대상이나 내용을 바꾸는 경우(甲가옥명도청구→乙가옥명도청구)는 청구변경에 해당한다. ③ 원본청구에 이자청구를 추가하거나, 토지인도청구에 그 토지상의 가건물철거청구를 추가, 물건인도청구에 집행불능의 경우를 대비한 금전지급청구를 추가하는 것은 청구변경에 해당한다.

---

57) 대법 1992.06.09, 92다12032
58) 대법 2002.12.26, 2002므852

(2) 심판범위의 변경

1) 청구의 확장

① 종 류 : **양적 확장**과 질적 확장(확인청구를 이행청구로, 장래이행의 소를 현재이행의 소로, **상환이행청구를 무조건의 이행청구로 바꾸는 경우**)이 있다.

② 일부청구에서 잔부청구로 확장하는 경우 일부청구부정설은 이행명령 상한 변동에 지나지 않음을 이유로 청구변경이 아니라고 하나,[59] 명시적 일부청구에서 잔부청구로 확장될 때에는 소송물의 변동이 생기므로 소의 추가적 변경으로 해석할 것이다.

2) 청구의 감축

① 양적 감축 : **소송상 청구금액을 감축한다는 것은 소의 일부취하**를 뜻한다.[60] 大法院도 제1심에서 가동연한을 55세로 보고 광부로서 일실임금을 청구하였는데, 제2심에 이르러 53세까지는 종전대로 유지하고 그 뒤 55세까지는 낮추어 일용노동자로서의 임금을 청구한 사안에서 이 후자부분을 항소심에 이르러 신청구를 한 것이라 볼 수 없다고 했다.[61]

② 질적 감축 : **단순이행청구를 상환이행청구로 바꾸는 경우와 같은 질적감축은 원고가 구하는 이행의 내용이 완화된 것뿐이어서 청구 중 어느 한 부분을 취하하였다고 보는 것은 매우 어색하므로 간명하게 청구의 변경**으로 보는 것이 타당하다.

(3) 청구취지의 보충·정정

종전의 청구취지의 동일성 내에서 이를 보충·정정하는 것은 청구취지를 명확히 하기 위한 것이므로 청구변경이 아니다. 判例도 소장에서 심판을 구하는 대상이 불분명한 경우 이를 명확하게 하기 위하여 청구취지를 보충·정정하는 것은 민사소송법 제262조가 정하는 청구의 변경에 해당하지 아니한다고 하였다.[62]

2. 청구원인의 변경

(1) 청구원인을 이루는 실체법상 권리의 변경

① 불법행위청구를 채무이행청구로 바꾸는 경우, ② 이혼청구를 하면서 부정행위에서 혼인을 계속하기 어려운 중대사유로 바꾸는 따위, ③ 손해배상소송에서 재산상 손해액의 일부를 위자료로 바꾸는 경우, 손해3개설은 청구의 변경으로 보나, 손해1개설은 단순한 손해항목의 변경에 그친다. ④ **이전등기청구소송에 있어서 등기원인을 바꾸는 것에 대해 判例는 청구의 변경**으로 본다.[63]

(2) 청구원인을 이루는 사실관계의 변경

청구취지는 그대로 두고 청구원인을 이루는 사실관계를 바꾸는 경우에는 소송물에 관한 구이론의 입장에서는 소의 변경이 되지만, 신이론의 입장에서는 공격방법의 변경에 불과하고 소변경이 아니다. 그러나

---

[59] 이영섭 243면
[60] 대법 1993.09.14, 93누9460
[61] 대법 1971.08.31, 71다1371
[62] 대법 2008.02.01, 2005다74863
[63] 대법 1997.04.11, 96다50520

금전지급이나 대체물인도청구에 있어서는 신·구이론을 막론하고 소의 변경이 된다. 예컨대 금 1억원을 매매대금으로 구하다가 대여금으로 바꾸는 경우가 그러하다.

3. 공격방법의 변경

(1) 종 류

① 법조경합의 다른 실체법상 권리의 법규로 변경하는 경우, ② **소유권확인의 소에서 취득원인을 달리하는 경우**(반대설 있음), ③ 같은 실체법상의 권리에 기한 청구인데 요건사실의 일부를 바꾸어 주장하는 경우처럼 공격방법의 변경은 어떠한 소송물이론에 의하더라도 **청구의 변경에 해당하지 아니한다**.

(2) 구체적 判例

① 가등기에 기한 본등기청구에 있어서 그 등기원인을 매매예약완결이라고 주장하면서 위 가등기의 피담보채권을 처음에는 대여금채권이라고 하다가 나중에는 손해배상채권으로 주장하는 경우처럼 **가등기에 의한 피담보채권의 변경은 공격방법의 변경**에 해당하고,[64] ② **사해행위의 취소를 구하면서 피보전채권을 추가하거나 교환하는 경우**도 마찬가지이다.[65] 따라서 **채권자가 보전하고자 하는 채권을 달리하여 동일한 법률행위의 취소 및 원상회복을 구하는 채권자취소의 소를 이중으로 제기하는 경우 전소와 후소는 소송물이 동일**하다고 보아야 하고, 이것은 전소나 후소 중 어느 하나가 승계참가신청에 의하여 이루어진 경우에도 마찬가지이다.[66]

III. 청구변경의 모습

1. 교환적 변경

(1) 의 의

교환적 변경은 구청구에 갈음하여 신청구의 심판을 구하는 경우를 말한다.

(2) 성 질

大法院은 통설과 마찬가지로 교환적 변경을 **신청구의 추가와 구청구의 취하의 결합형태로 보는 태도**를 취하고 있다.[67] 그러나 **判例는 결합설에 의하면서도 피고가 본안에 관하여 응소한 후 교환적 변경을 하는 경우 피고의 동의를 얻지 못하더라도 청구기초의 동일성에 영향이 없다 하여 취하의 효력이 생기는 것**으로 본다.[68] 이 경우 제1심판결과 가집행선고는 실효된다.[69]

2. 추가적 변경

구청구를 유지하면서 새로운 청구를 추가하는 경우이다. 이 경우에는 청구의 후발적 병합에 해당하기

---

64) 대법 1992.06.12, 92다11848
65) 대법 2003.05.27, 2001다13532
66) 대법 2012.07.05, 2010다80503
67) 대법 2017.02.21, 2016다45595; 대법 2003.01.24, 2002다56987
68) 대법 1962.01.31, 4294민상310
69) 대법 1995.04.21, 94다58490·58506

때문에 청구의 병합요건(제253조)을 갖추어야 한다. 단순병합, 선택적 병합 및 예비적 병합의 형태로 소의 추가적 변경이 행해진다. 추가적 변경으로 소가가 단독판사의 사물관할을 넘는 경우에는 변론관할이 성립하지 않는 이상 합의부로 이송하여야 한다.

3. 변경형태가 불분명한 경우

청구의 변경이 교환적인가, 추가적인가의 여부는 기본적으로 당사자의 의사해석에 의할 것이므로, **당사자가 구청구를 취하한다는 명백한 의사 없이 새로운 청구로 변경하는 등 그 변경형태가 불분명한 경우에는 석명하여야** 한다.[70] 判例는 청구의 변경에 있어서 구청구를 취하한다는 명백한 표시가 없이 신청구를 한 경우에 있어서 청구의 교환적 변경으로 볼 수 있기 위해서는 신청구가 적법한 소임을 전제로 하여 구청구가 취하된다 할 것이므로, 신청구가 부적법한 경우까지 구청구가 취하되는 교환적 변경이라고 할 수는 없다고 한다.[71]

Ⅳ. 청구변경의 요건

> 제262조(청구의 변경) ① 원고는 청구의 기초가 바뀌지 아니하는 한도안에서 변론을 종결할 때(변론 없이 한 판결의 경우에는 판결을 선고할 때)까지 청구의 취지 또는 원인을 바꿀 수 있다. 다만, 소송절차를 현저히 지연시키는 경우에는 그러하지 아니하다.
> ② 청구취지의 변경은 서면으로 신청하여야 한다.
> ③ 제2항의 서면은 상대방에게 송달하여야 한다.

1. 사실심에 계속되고 변론종결 전일 것

(1) 소송계속중일 것

소장부본송달 전이면 소송계속전이기 때문에 원고는 자유로이 소장을 변경하여 청구를 추가 또는 교환할 수 있으며 이는 청구의 변경에 해당하지 않는다. **변론종결한 뒤의 소의 변경은 원칙적으로 허용되지 아니하며**, 이 경우에 법원이 변론을 재개할 필요가 없다.

(2) 항소심에서의 청구의 변경

1) 허용여부 : **법률심인 상고심에서는 청구를 변경할 수 없으나**,[72] **항소심에서는 상대방의 동의 없이(심급의 이익을 침해하는 것이 아니므로) 청구변경이 가능**하다.[73] 나아가 제1심에서 전부승소하였으나 상대방의 항소가 있는 경우 피항소인인 원고는 항소심에서 부대항소의 방식에 의하지 아니한 청구취지 확장을 할 수 있으며 이 경우 원고는 그 확장부분만큼 부대항소를 한 것으로 의제한다.[74] 제1심에서 적법하게 반소를 제

---

70) 대법 2009.01.15, 2007다51703
71) 대법 1975.05.13, 73다1449
72) 상고심에서는 사실에 관한 주장을 전제로 하는 청구취지 및 청구원인의 정정이나 변경은 허용되지 아니한다는 것에, 대법 1997.12.12, 97누12235.
73) 항소심의 소송절차에는 특별한 규정이 없으면 제1심의 소송절차에 관한 규정이 준용되므로(제408조), 항소심에서도 청구의 교환적 변경을 할 수 있다는 것에, 대법 2018.05.30, 2017다21411.
74) 대법 2008.07.24, 2008다18376 등

기하였던 당사자가 항소심에서 반소를 교환적으로 변경하는 경우에 변경된 청구와 종전 청구가 실질적인 쟁점이 동일하여 청구의 기초에 변경이 없으면 그와 같은 청구의 변경도 허용된다.[75]

2) 효 과 : ⅰ) **지방법원 항소부가 단독판사의 판결에 대한 항소심의 심판도중에 지방법원 합의부의 관할 사건으로 청구를 확장한 경우에, 심급관할은 제1심법원에 의해 결정되는 전속관할이므로, 관할이 고등법원으로 바뀌는 것은 아니다.**[76] ⅱ) **항소심에서 교환적 변경을 하고 나서 다시 소변경에 의해 구청구를 부활시킨다면 재소금지의 원칙(제267조 2항)에 저촉될 수 있다.** ⅲ) **항소심에서 교환적 변경을 한 경우 변경된 신청구에 대해 사실상 1심으로 재판**한다.[77] 따라서 사건이 항소법원에 계속 중 원고가 청구를 교환적으로 변경하고 항소법원이 신청구를 배척하여야 할 경우에 항소법원은 그 신청구에 대하여는 실질상 제1심으로 판단한 것이므로 원고의 청구를 기각한다는 주문표시를 하여야 하며 항소기각의 주문표시를 하면 안 된다. 또한 항소심은 제1심 판결이 있음을 전제로 한 항소각하판결을 할 수 없다.[78] 마찬가지로 **원고 패소의 제1심판결에 대하여 원고가 항소한 후 항소심에서 예비적 청구를 추가하면 항소심이 종래의 주위적 청구에 대한 항소가 이유 없다고 판단한 경우에는 예비적 청구에 대하여 제1심으로 판단하여야** 한다.[79]

(3) 원고가 전부승소한 경우에 소의 변경을 목적으로 한 항소

1) 묵시적일부청구의 경우 : **원고가 전부승소한 경우에 소의 변경만을 목적으로 하는 항소는 상소의 이익이 없다고 할 것이나, 명시하지 않은 일부청구에 있어서는 가능**하다.[80]

2) 손해3분설의 완화 : 判例는 손해배상청구에 있어서 손해 3분설을 엄격하게 적용하면 부당한 경우 이를 완화하고 있다. 즉 재산적 손해에 대해서는 전부승소하고 위자료청구에 대하여는 일부패소를 하여 패소한 위자료에 불복하여 원고가 항소하였으나, 일실수익에 대한 청구가 원고의 잘못된 산정에 기초한 경우, 비록 재산적 손해에 대한 전부승소판결에 대하여 피고가 항소를 하지 아니하여 원고로서 이에 대하여 부대항소도 허용되지 아니하여 더 이상 일실수익에 대한 청구취지의 확장이 허용되지 않게 되는 경우의 부당성을 해소하기 위하여 비록 일실수익에 대한 전부승소를 하였다고 하더라도 항소심에서 이에 대한 청구취지의 확장을 허용하였다.[81]

(4) 항소심에서 교환적 변경 후 항소취하 가부

判例는 제1심판결은 항소심에서의 소의 교환적 변경에 의한 소취하로 실효되고, 항소심의 심판대상은 변경된 청구에 대한 새로운 소송으로 바뀌어져 항소심은 사실상 제1심으로 재판하는 것이 되므로, **항소심에서 원고가 항소를 취하한다 하더라도 항소 취하는 그 대상이 없어 아무런 효력을 발생할 수 없다고** 한다.[82]

---

75) 대법 2012.03.29, 2010다28338 · 28345
76) 대법 1992.05.12, 92다2066; 대법 2011.07.14, 2011그65
77) 대법 2009.02.26, 2007다83908
78) 대법 2018.05.30, 2017다21411
79) 대법 2017.03.30, 2016다253297
80) 대법 2007.06.15, 2004다37904 · 37911 등
81) 대법 1994.06.28, 94다3063
82) 대법 2008.05.29, 2008두2606

2. 청구의 기초에 변경이 없을 것(청구기초의 동일성)

(1) 청구기초의 동일성의 의의와 성질

청구의 기초라는 것은 신·구청구간의 관련성을 뜻하는데, 구체적으로 이익설과 사실설, 병용설 등이 대립한다. 判例의 주류는 이익설의 입장이나,[83] 사실자료동일설에 입각한 예도 발견된다.[84] 이는 피고의 방어목표가 예상 밖으로 달라지는 경우의 불이익을 방지하기 위한 사익적 요건이므로, **피고가 소의 변경에 동의하거나 이의 없이 응소하는 때에는 이 요건을 갖추지 않더라도 소의 변경을 허용할 수 있다**는 것이 通說 및 判例의 태도이다.[85]

(2) 청구기초의 동일성이 인정되는 경우

1) 청구원인은 동일한데 청구취지만을 변경한 경우 : 예컨대 소유권이전등기말소청구에 가옥명도청구를 추가하는 경우,[86] 같은 지상의 방해물철거를 구하면서 대상만을 달리하는 경우,[87] 동일한 원인에 의한 청구취지의 확장[88] 따위이다.

2) 신·구청구 중 한편이 다른 쪽의 변형물이거나 부수물인 경우 : 예컨대 **소유권이전등기청구를 이행불능으로 인한 전보배상청구로 바꾸는 경우**,[89] 가옥명도청구에서 임대료상당의 손해금을 추가하는 경우,[90] 소송수계 후 부인의 소로 변경하는[91] 경우이다.

3) 동일내용의 급부나 법률관계의 형성을 목적으로 하지만 법률적 구성만을 달리하는 경우 : 예컨대 동일한 금원을 소비대차에 기하여 청구하다가 준소비대차로 바꾼 경우, 어음금청구를 그 원인채권인 보험료청구로 바꾼 경우, **매매를 원인으로 한 소유권이전등기청구소송에서 청구원인에 취득시효 완성을 추가하는 경우** 등이다.

4) 동일한 생활사실이나 경제적 이익에 관한 분쟁인데 그 해결방법만을 달리하는 경우 : 예컨대 매매계약에 의한 이전등기청구에서 계약해제로 인한 계약금반환청구로 바꾸는 경우,[92] '영업손실액 상당의 손해배상청구'를 '와인 손상에 따른 손해배상청구'로 교환적으로 변경한 경우,[93] **원인무효를 이유로 한 말소등기청구를 명의신탁해지로 인한 이전등기청구로 변경하는 경우**,[94] 어음금 청구를 어음의 위조작성을 들어 손해배상청구로 바꾸는 경우,[95] 직접청구를 채권자대위청구로 바꾸는 경우[96] 등을 말한다.

---

83) 대법 1997.04.25, 96다32133
84) 대법 1964.09.22, 64다480
85) 대법 2011.02.24, 2009다33655; 대법 1992.12.22, 92다33831
86) 대법 1992.10.23, 92다29962
87) 대법 1962.04.18, 4294민상1145
88) 대법 1984.02.14, 83다카514
89) 대법 1965.01.26, 64다1391
90) 대법 1964.05.26, 63다973
91) 대법 2018.06.15, 2017다265129
92) 대법 1972.06.27, 72다546
93) 대법 2012.03.29, 2010다28338·28345
94) 대법 2001.03.13, 99다11328
95) 대법 1966.10.21, 64다1102
96) 대법 1971.10.11, 71다1805

(3) 청구기초의 동일성이 인정되지 않는 경우

判例는 ① 약속어음금청구와 전화가입명의변경청구,[97] ② 행정소송에 있어서 취소·변경을 구하는 행정처분을 달리한 경우,[98] ③ 점유권에 기한 철조망철거·경작방해금지청구에서 농지개혁법에 기한 같은 토지에 대한 경작권확인청구로 확장한 경우는[99] 청구기초동일성을 인정하지 않았다.

3. 소송절차를 현저히 지연시키지 아니할 것

공익적 요건이므로 피고가 이의하지 않는다고 하여 청구변경이 허용되는 것은 아니며, 직권조사를 요한다. 判例는 새로운 청구의 심리를 위해 종전의 소송자료를 대부분 이용할 수 있는 경우는 절차지연에 해당하지 않지만,[100] 법원이 새로운 청구의 심리를 위하여 종전의 소송자료를 대부분 이용할 수 없고 별도의 증거제출과 심리로 인하여 소송절차를 현저히 지연시키는 경우는 변경불허결정을 할 수 있다고 한다.[101] 判例는 2회에 걸쳐 상고심으로부터 환송된 후 항소심변론종결시에 이르러 신청한 청구변경은 절차를 현저히 지연시키는 경우에 해당한다고 하였다.[102] 특히 항소심에서 변론준비기일이 끝난 뒤의 소의 교환적 변경은 종래의 쟁점정리를 무의미하게 할 수 있고 변론준비절차를 마친 뒤 1회 변론기일의 원칙을 관철하기 어렵게 만들 수 있으므로 특별한 사정이 없으면 현저히 절차지연을 시키는 경우로 볼 것이다.[103]

4. 청구병합의 일반요건을 갖출 것

신·구청구가 동종의 소송절차에 의하여 심판될 수 있어야 하고, 관할을 공통으로 하여야 한다(제253조). **가압류·가처분 사건에서 본안소송으로의 변경은 허용될 수 없다.** 나아가 判例는 재심의 소를 통상의 소로 변경하거나 그 반대의 경우에는 다른 종류의 절차라는 전제하에 허용되지 않는다고 하였다.[104] 그러나 공법상 당사자소송을 민사소송으로 변경할 수 있다.[105]

V. 청구변경의 절차

1. 원고의 신청

(1) 원고의 자유

소의 변경은 원고의 신청에 의해 이루어지며, 소변경을 할 것인지 아니면 별소제기와 변론의 병합절차를 이용할 것인지는 원고의 자유이다. 한편 **승계참가인은 소송절차를 현저히 지연시키는 경우가 아닌 한 승계한 권리와 청구의 기초가 바뀌지 아니하는 한도 안에서 청구의 취지 또는 원인을 바꿀 수 있다.** 그리고 승계참가를 한 경우라고 하여 그 변경하고자 하는 청구의 내용이 반드시 종전 원고로부터 권리승계를 한 것이어야만

---

97) 대법 1964.09.22, 64다480
98) 대법 1963.02.21, 62누231
99) 대법 1960.02.04, 4291민상596
100) 대법 1998.04.28, 97다44416
101) 대법 2015.04.23, 2014다89287·89294; 대법 2017.05.30, 2017다211146
102) 대법 1964.12.29, 64다1025
103) 이시윤 13판 716면; 정영환 739면.
104) 대법 1959.09.24, 4291민상318
105) 공법상 당사자소송에 대하여도 청구의 기초가 바뀌지 아니하는 한도 안에서 민사소송으로 소 변경이 가능하다고 해석하는 것이 타당하다는 것에, 대법 2023.06.29, 2022두44262

한다거나 이에 관해서도 승계참가의 요건을 갖추어야만 한다고 볼 것은 아니다. 일단 승계참가가 이루어진 이상 기존의 청구와 사이에 청구의 기초에 변경이 없는 한 상대방에 대한 자기 고유의 권리를 주장하는 것도 무방하다고 할 것이다. 다만 이 경우 민사소송법 제81조에서 시효의 중단 또는 법률상 기간준수의 효력이 처음 소가 제기된 때에 소급하여 생긴다고 한 부분은 권리승계를 주장하는 청구에 한정하여 적용된다.[106]

(2) 방 식

1) **청구취지의 변경** : 소의 변경은 새로운 소의 제기와 같기 때문에 **청구취지의 변경은 서면에 의하여야** 하고(제262조 2항),[107] 이 서면은 상대방에게 송달되어야 한다(제262조 3항). 이 경우 청구취지변경서만이 아니라 준비서면으로도 바꿀 수 있다는 것이 判例의 태도이다.[108] 다만 **소액사건은 구술제소가 가능하므로 구술변경이 허용**된다. 그러나 判例는 **청구취지의 변경을 서면으로 하지 않고 송달도 하지 않는 경우라도 피고의 이의가 없으면 소송절차에 관한 이의권의 상실로 하자가 치유된다**고 한다.[109]

2) **청구원인의 변경** : 判例는 **청구원인의 변경은 반드시 서면으로 할 필요가 없고** 변론에서 구술로 하여도 무방하다는 입장을 취하고 있다.[110] 다만 **피고가 불출석 상태에서 원고가 말로 청구원인을 변경한 다음 법원이 피고에게 이에 대한 방어의 기회를 주지 않고 변론을 종결하는 것은 위법하다**.[111]

3) **법원의 조치** : 청구변경신청서가 접수된 경우 문건으로 전산입력한 후 가철하며, 청구변경서가 적법하다고 인정되면 즉시 이를 상대방에게 송달하여야 한다.

(3) 효 과

소의 변경에 있어서 **소변경의 서면을 상대방에 송달한 때에 신청구에 대해 소송계속의 효력이 발생**하며,[112] 단 **시효중단·기간준수의 효과는 소변경의 서면을 법원에 제출하였을 때 발생**한다(제265조).[113] 한편 청구변경신청서에는 심급에 따라 변경후의 청구에 관한 제2조 규정액 또는 제2조 규정액의 1.5배액으로부터 변경전의 청구에 관한 인지액을 공제한 액의 인지를 붙여야 한다(민사소송등인지법 제5조).

2. 청구변경의 심판

(1) 청구변경이 부적법한 경우

> 제263조(청구의 변경의 불허가) 법원이 청구의 취지 또는 원인의 변경이 옳지 아니하다고 인정한 때에는 직권으로 또는 상대방의 신청에 따라 변경을 허가하지 아니하는 결정을 하여야 한다.

---

106) 대법 2012.07.05, 2012다25449
107) 대법 2018.05.30, 2017다21411
108) 대법 2011.01.13, 2009다105062
109) 대법 1990.12.26, 90다4686
110) 대법 1965.04.06, 65다170
111) 대법 1989.06.13, 88다카19231
112) 소의 추가적 변경이 있는 경우 추가된 소의 소송계속의 효력은 그 서면을 상대방에게 송달하거나 변론기일에 이를 교부한 때에 생긴다는 것에, 대법 1992.05.22, 91다41187
113) 청구취지를 변경하여 구소가 취하되고 새로운 소가 제기된 것으로 변경되었을 때에 새로운 소에 대한 제소기간의 준수 등은 원칙적으로 소의 변경이 있은 때를 기준으로 한다는 것에, 대법 2019.07.04, 2018두58431.

소의 변경을 신청한 경우 그 적법여부는 소송요건이므로 법원은 직권으로 이를 조사하여야 한다. 그 요건에 흠이 있는 경우 법원은 직권 또는 상대방의 신청에 따라 변경을 허가하지 아니하는 결정을 하여야 한다(제263조).

(2) 청구변경이 적법한 경우

소변경이 적법하다고 인정할 때에는 법원은 따로 이를 허가한다는 뜻의 재판을 할 필요가 없으며, 교환적 변경의 경우에는 바로 신청구에 대하여 그리고 추가적 변경에 있어서는 일반의 청구병합과 같이 심리하면 된다. 다만, 상대방이 다툴 때에는 소변경의 적법성을 중간적 재판이나 종국판결의 이유 속에서 판단할 수 있다. 적법한 소의 변경으로 인정되면 구청구에 대한 소송자료는 당연히 신청구의 자료로 된다.

3. 불 복

(1) 불허결정이 내려진 경우

불허결정은 중간적 재판이므로 독립하여 항고할 수 없고 종국판결에 대한 상소로써만 다툴 수 있다. 항소심이 제1심의 소변경불허결정을 부당하다고 보면 임의적 환송제도를 없앤 우리 법제하에서는 원결정을 명시적·묵시적으로 취소하고 변경을 허용하여 신청구에 대해 심리를 개시할 수 있다.[114]

(2) 소변경허가조치의 경우

소변경허가조치에 대해서는 소송경제상 불복할 수 없다.

Ⅵ. 청구변경을 간과한 경우

1. 교환적 변경의 경우

신청구를 간과하고 구청구에 대하여만 판결한 때에는 소송계속이 없는 구청구에 대하여 판단한 것이므로 상급심은 원판결을 처분권주의 위배를 이유로 취소하면서 구청구에 대하여는 소송종료선언을 하고 누락된 신청구는 원심에 계속 중이므로 원심법원에서 추가판결을 해야 할 것이다.[115] 이에 대하여 처분권주의 위반 판결로서 상소의 대상으로 보아 항소심법원이 원판결을 취소하고 변경된 신청구에 대해 재판하면 된다는 입장도 있다.[116]

2. 추가적 변경의 경우

신청구를 간과하여 판단한 때에는 항소심에서는 구청구에 대한 판단의 당부만 심판하고 원심에서 누락된 신청구에 대해 추가판결을 해야 할 것이다. 다만, **추가적 변경에 의해 신청구를 선택적·예비적 병합시킨 경우에는 신청구에 대한 추가판결이 허용되지 않고 원판결의 파기사유**가 된다.[117] 判例도 원고 패소의 제1심판결에 대하여 원고가 항소한 후 항소심에서 예비적 청구를 추가한 경우 예비적 병합의 경우에는 수개의 청구가 하나의 소송절차에 불가분적으로 결합되어 있기 때문에 주위적 청구를 배척하면서 예비적 청

---

114) 이에 대해 임의적 환송할 수 있다는 견해로, 이영섭 246면; 방순원 338면
115) 대법 2017.02.21, 2016다45595; 대법 2003.01.24, 2002다56987
116) 호문혁 809면
117) 대법 1989.09.12, 88다카16270

구에 대하여 판단하지 아니한 경우 그 판결에 대한 상소가 제기되면 판단이 누락된 예비적 청구 부분도 상소심으로 이심이 되고 그 부분이 재판의 탈루에 해당하여 원심에 계속 중이라고 볼 것은 아니라고 하였다.[118]

제3절 중간확인의 소

I. 서 설

> **제264조(중간확인의 소)** ① 재판이 소송의 진행중에 쟁점이 된 법률관계의 성립여부에 매인 때에 당사자는 따로 그 법률관계의 확인을 구하는 소를 제기할 수 있다. 다만, 이는 그 확인청구가 다른 법원의 관할에 전속되지 아니하는 때에 한한다.
> ② 제1항의 청구는 서면으로 하여야 한다.
> ③ 제2항의 서면은 상대방에게 송달하여야 한다.

1. 의 의

중간확인의 소라 함은 소송계속 중 본소 청구의 판단에 대해 선결적 관계에 있는 법률관계의 존부확정을 위하여 추가적으로 제기하는 소이다(제264조). 이것은 선결적 법률관계에 대하여 기판력 있는 판결을 받기 위한 제도로서 예컨대 소유권에 기한 건물명도청구에 있어서 그 선결적 관계에 있는 소유권의 존부에 대해 종국판결의 이유에서 판단은 되지만 기판력이 발생하지 않으므로, 기판력 있는 판결을 받을 목적으로 소유권확인청구를 중간확인의 소로써 제기하는 것이다. 이러한 점에서 이른바 쟁점효 이론에 제동을 거는 제도이기도 하다.

2. 성 질

중간확인의 소는 단순한 공격방어방법이 아니므로 종국판결의 주문에서 판단한다. **원고가 제기하는 중간확인의 소는 소의 추가적 변경에 해당되고, 피고가 제기하는 중간확인의 소는 일종의 반소**이다. 중간확인의 소는 당사자가 반드시 이를 택하여야 할 의무는 없으며 별도의 소송으로써 선결적 법률관계에 대해 소제기하여도 무방하다.

II. 요 건

1. 다툼 있는 선결적 법률관계의 확인을 구할 것

(1) 권리관계의 확인을 구하여야 한다.

본소에 대해 선결적인 사실관계나 증서의 진정여부는 확인청구의 목적이 될 수 없고, 현재의 권리·법률관계이어야 한다. 또한 확인청구이어야 하므로 경계확정의 소와 같은 형성청구를 중간확인의 소로 청구할 수 없다.

---

118) 대법 2017.03.30, 2016다253297

(2) 본소 청구의 전부 또는 일부와 선결적 관계에 있어야 한다.

선결적 법률관계인 한 원고가 주장한 것이든 피고가 항변으로 주장한 것이든 무방하다. 다만, 본래의 청구에 대한 선결적 관계는 중간확인판결이 있을 때까지 현실적으로 존재하여야 하며 단지 당사자의 주장만으로는 인정할 수 없다.[119] 따라서 본래의 소가 취하 또는 각하되거나 확인의 대상으로 된 법률관계에 대하여 판단함이 없이 청구기각이 된 경우에는 선결적 관계가 없어지므로 중간확인의 소도 부적법 각하하여야 한다. 즉, 본소의 계속은 중간확인의 소의 제기요건이자 존속요건이다. 이 점에서 반소와 다르다. 判例도 재심의 소송절차에서 중간확인의 소를 제기하는 것은 재심청구가 인용될 것을 전제로 하여 재심대상소송의 본안청구에 대하여 선결관계에 있는 법률관계의 존부의 확인을 구하는 것이므로, 재심사유가 인정되지 않아서 재심청구를 기각하는 경우에는 중간확인의 소의 심판대상인 선결적 법률관계의 존부에 관하여 나아가 심리할 필요가 없으나, 한편 중간확인의 소는 단순한 공격방어방법이 아니라 독립된 소이므로 이에 대한 판단은 판결의 이유에 기재할 것이 아니라 종국판결의 주문에 기재하여야 할 것이므로 재심사유가 인정되지 않아서 재심청구를 기각하는 경우에는 중간확인의 소를 각하하고 이를 판결 주문에 기재하여야 한다. 따라서 중간확인의 소를 판단하지 않은 것은 재판누락으로 이에 대한 항소는 부적법하다.[120]

(3) 당사자간에 다툼이 있는 법률관계라야 한다.

중간확인의 소도 확인의 소이므로 확인의 이익이 필요하다. 따라서 **선결적 법률관계의 존부에 관하여 당사자 간에 다툼이 있는 경우에만 허용**되며, 다만 확인의 이익은 선결성과 계쟁성이 있으면 당연히 충족되며 별도로 확인의 이익은 필요치 않다.

2. 사실심에 계속하고 변론종결 전일 것

법률심인 상고심에서는 중간확인의 소를 제기할 수 없다. 그러나 **항소심에서는 상대방의 동의 없이 중간확인의 소를 제기하더라도 실질적으로 상대방의 심급이익을 해치지 않기 때문에 무방**하다.

3. 중간확인청구가 다른 법원의 전속관할에 속하지 아니할 것(공통관할)

중간확인청구에 대해 본래의 청구의 수소법원이 법정관할을 갖지 못하여도 전속관할이 정하여져 있는 경우가 아니라면 제264조에 의해 당연히 관할권을 갖게 된다(제25조의 관련재판적이 아니라 제264조의 관련재판적 적용). 다만 중간 확인청구가 다른 법원의 전속관할에 속하는 경우에는 독립한 소로서 취급받을 수 있는 한도에서 분리하여 이송하여야 한다. 한편 지법단독판사가 본소심리중에 합의사건에 속하는 청구를 중간확인의 소로 제기한 경우는 제269조 2항을 유추하여 본소와 중간확인청구 모두 합의부로 이송할 것이다.[121]

---

119) 이시윤 13판 722면
120) 대법 2008.11.27, 2007다69834
121) 이시윤 13판 723면; 이에 대해 원고제기의 경우는 양자의 소가를 합산하여 합의부이송의 여부를 정할 것이라는 것에, 정동윤/유병현 890면, 정영환 758면

4. 중간확인청구가 본소청구와 같은 종류의 소송절차에 의할 것(동종절차)

예컨대 상속재산에 관한 인도소송이 계속 중 당사자 간의 선결적 법률관계로서 친자관계 등 신분관계에 대한 다툼이 있더라도 이는 가사소송법상의 절차에 의할 것이므로 중간확인의 소를 제기할 수 없다.

Ⅲ. 절차와 심판

1. 신 청

중간확인의 소를 제기하는 것은 소송계속 중의 신소제기이므로 서면에 의하여야 하고, 이를 상대방에게 송달하여야 한다(제264조 2항, 3항). 서면의 송달에 의하여 소송계속이 생긴다. 다만, 시효중단·기간준수의 효력은 서면제출시기에 발생한다(제265조).

2. 심 판

(1) 요건검토

중간확인의 소가 제기되면 병합요건을 먼저 심리하되 흠결이 있는 경우 독립의 소로서 취급될 수 없는 한 부적법 각하하여야 한다. 따라서 중간확인의 소가 제기된 후 본래의 소가 취하된 경우에는 중간확인의 소가 선결적 관계에 서지 않게 되어 부적법하게 되므로 각하판결을 하여야 하고, 다만 독립한 확인의 이익이 있으면 별소로 다루어야 한다.

(2) 특별수권 요부

피고가 중간확인이 소를 제기하는 경우에는 반소의 제기에 준하므로 그 소송대리인에게 특별수권이 있어야 하며(제90조 참조), 원고가 제기하는 경우에는 소의 추가적 변경에 해당하는 것이므로 본래의 청구의 대리권에 당연히 포함되고 특별수권이 필요 없다.

(3) 재판방법

요건이 갖추어진 경우 병합심리를 하고 1개의 전부판결에 의하여 동시에 재판하는 것이 원칙이다. 판결주문은 2개가 나오게 되며 일부판결은 불가능하다는 견해가 있으나 부적당하다고 보는 것이 옳을 것이다.[122]

제4절 반 소

Ⅰ. 서 설

1. 의 의

반소라 함은 소송계속 중 피고가 원고에 대하여 본소의 소송절차에 병합하여 제기하는 새로운 독립의 소를 말한다(제269조). 반소는 본소피고가 계속 중인 소송절차를 이용하여 적극적으로 제기하는 피고에 의한 청구의 추가적 병합이다. 반소에서는 본소원고는 반소피고로, 본소피고는 반소원고로 된다.

---

[122] 이시윤 13판 724면

2. 취 지

반소제도는 상호관련사건을 동일절차에서 함께 심판함으로써, ① 원·피고 사이에 서로 관련된 분쟁을 같은 절차 내에서 심판하는 것이 별도의 소송에 의한 심판보다도 소송경제에 부합하고 재판의 불통일을 피할 수 있고, ② 원고에게 소의 변경을 인정한 것에 대응하여 피고에게도 원고에 대한 청구의 심판을 위하여 본소절차를 이용케 하는 것이 공평한 취급이므로 인정된다.

3. 반소의 법적 성질

(1) 반소는 독립의 소이고 방어방법이 아니다.

1) 방어방법과 구별

① **반소는 본소를 기각시키기 위한 방어방법과 다르다.** 예컨대 매매로 인한 물건인도청구의 본소에서 피고가 물건인도의무는 대금지급의무와 동시이행관계에 있다는 취지의 항변을 제출하였다면 이는 본소에 대한 방어방법을 제출한 것이 되지만, 피고가 적극적으로 반대채권인 매매대금지급을 소로써 구하면 반소가 된다.

② **반소는 독립한 소이므로 본소에 대한 방어방법 이상의 적극적 내용이 포함되어야 한다. 따라서 i) 어떤 채권에 기한 이행의 소에 대하여 동일 채권에 관한 채무부존재확인의 반소를 제기하는 것은 그 청구의 내용이 실질적으로 본소청구의 기각을 구하는 데 그치는 것이므로 부적법**하며,[123] **소유권존재확인청구의 본소에 대하여 그에 대한 부존재확인을 구하는 것은 반소청구로서의 이익이 없어 허용되지 않는다. 그러나 소유권존재확인의 본소에 대해 적극적 소유권존재확인의 반소는 적법하다. ii) 손해배상채무부존재확인의 본소를 제기한 후에 바로 피고가 그 손해배상의무이행의 적극적인 반소를 제기한 사안에서** 大法院은 **적법하게 제기된 본소가 그 뒤 피고의 반소로 인하여 소송요건의 흠결이 생겨 부적법하게 되는 것은 아니라고 하여 적법한 본소로 보았다.**[124]

2) 독립의 소 : 반소는 소의 변경과 같이 본안신청을 이루는 것이므로 반소장을 제출하여야 하고 판결주문에서 판단하여야 하며, **반소에 대하여 별도의 사건번호와 사건명을 부여한다.** 반소를 시기에 늦어서 제기하였거나 또는 변론준비절차 중에서 제기하지 아니하였더라도 실권규정에 의하여 각하되지 않는다(제149조, 제285조 참조).

(2) 반소는 피고가 원고를 상대로 한 소이다.

① **반소는 본소의 피고가 원고를 상대로 하여 제기하는 소이다.** 따라서 본소의 당사자가 아닌 자 사이의 반소, 공동소송인 상호간의 반소, 피고와 제3자가 함께 원고가 되거나 또는 제3자를 원고와 함께 피고로 하는 제3자 반소는 허용되지 않는다. 다만 **피고가 제기하려는 반소가 필수적 공동소송이 될 때에는 민사소송법 제68조의 필수적 공동소송인 추가의 요건을 갖추면 허용될 수 있다.**[125] ② 그러나 당사자와 동일한 지위를 갖는 참가인과 관계에서 피고의 지위로 되는 **종전의 원·피고는 독립당사자참가인**(제79조), 승계참

---

123) 대법 2007.04.13, 2005다40709·40716; 대법 1964.12.22, 64다903·904
124) 대법 1999.06.08, 99다17401·17418; 대법 2010.07.15, 2010다2428·2435
125) 대법 2015.05.29, 2014다235042

가인(제81조)을 상대로 반소를 제기할 수 있다. ③ 피고가 제기한 중간확인의 소와 같이 반소라는 명칭이 붙지 아니하여도 피고가 원고를 상대로 한 새로운 청구이면 실질상 반소로 본다.

(3) 반소의 자유

반소는 강제되는 것이 아니어서 반소나 별소에 의할 것인지는 원칙적으로 피고의 자유이다.

II. 반소의 모습

1. 단순반소

본소청구의 인용여부와 관계없이 본소의 소송계속을 이용하여 피고가 원고에게 제기하는 반소를 가리킨다. 예컨대 원고가 소유권을 바탕으로 한 가옥명도의 본소청구를 하였는데 피고가 그 가옥에 대한 원고의 소유권이 없다고 주장하면서 소유권이전등기말소의 반소청구를 하는 경우이다. 이러한 형태가 반소의 전형적인 모습이다.

2. 예비적 반소

(1) 의 의

예컨대 원고가 매매대금지급을 청구하고 있는 경우에 피고가 본소가 인용될 때를 대비하여 매매목적물의 인도를 청구하는 경우와 같이 **본소의 인용 또는 기각에 대비하는 일종의 조건부반소**를 말한다. 주로는 본소인용을 조건으로 하나,[126] 본소의 기각을 조건으로 하는 예비적 반소로는 항소심에서 본소기각에 대비한 가지급물 반환신청이 있다(제215조 2항).

(2) 특 징

본소청구의 판단을 전제로 하므로, ① **본소청구가 취하·각하되는 경우에는 반소청구도 소멸**하며, ② 본소인용의 예비적 반소에서 **본소청구가 기각되면 반소청구의 판단을 요하지 않는다**. 判例도 피고는 원고의 본소청구가 인용될 경우를 대비하여 조건부로 이 사건 반소를 제기하였음이 분명하므로 **원심이 원고의 본소청구를 기각한 이상 이 사건 반소청구에 관하여 판단하지 아니한 것은 정당하고 이에 대한 상고는 그 대상이 없어 부적법하다**고 하였고(판단하더라도 무효),[127] **가지급물반환신청은 소송중의 소의 일종으로서 그 성질은 예비적 반소라 할 것이므로 가집행선고가 붙은 제1심판결에 대하여 피고가 항소를 하였지만 피고의 항소가 기각된 경우 법원이 따로 가지급물반환신청에 대한 판단을 하지 아니한 것은 적법**하다고 하였다.[128]

(3) 본소·예비적 반소 모두 1심 각하된 것에 원고만이 항소한 경우

1) 예비적 반소를 각하한 제1심 재판의 효력 : 피고의 예비적 반소는 본소청구가 인용될 것을 조건으로 심판을 구하는 것으로서 제1심이 원고의 본소청구를 배척한 이상 피고의 예비적 반소는 제1심의 심판대상이 될 수 없는 것이고, **이와 같이 심판대상이 될 수 없는 소에 대하여 제1심이 판단하였다고 하더라도 그 효력이 없다고 할 것이다**.

2) 예비적 반소의 이심여부 : 예비적 반소는 본소가 인용될 것을 조건으로 한 조건부 청구이나 본소가

---

[126] 점유권에 기한 본소에 대하여 본권자가 본소청구 인용에 대비하여 본권에 기한 예비적 반소를 제기하고 양 청구가 모두 이유 있는 경우, 법원은 위 본소와 반소를 모두 인용한다는 것에, 대법 2021.02.04, 2019다202795·202801
[127] 대법 1991.06.25, 91다1615·1622
[128] 대법 2005.01.13, 2004다1964

각하된 것에 대해 원고의 항소가 있다면, 아직 본소각하판결이 확정된 것이 아니어서 조건이 불성취로 밝혀진 것이 아니다. 따라서 예비적 반소의 특성상 본소에 대한 항소가 있다면, 예비적 반소 역시 항소심으로 이심된다.

3) **각하된 예비적 반소에 대해 피고가 항소하지 않은 경우 심판범위** : 大法院은 "피고가 제1심에서 각하된 반소에 대하여 항소를 하지 아니하였다는 사유만으로 이 사건 예비적 반소가 항소심의 심판대상으로 될 수 없는 것은 아니라고 할 것이다. 왜냐하면 예비적 반소는 본소가 인용될 때를 대비한 조건부 청구이고, 따라서 **항소심으로서는 원고의 항소를 받아들여 원고의 본소청구를 인용한 이상 피고의 예비적 반소청구를 심판대상으로 삼아 이를 판단하였어야 한다**."고 하여 피고의 반소를 심판범위에 포함시키고 있다.[129]

판례연구 : 점유권에 기한 본소에 본권에 기한 예비적 반소[130]

1. 사실관계
본권자가 허용되지 않는 자력구제로 점유를 회복하자 점유자가 점유 회수의 본소를 제기하였으며 이에 대하여 본권자가 소유권에 기한 인도를 구하는 예비적 반소를 제기하였다.

2. 본소와 예비적 반소에 대한 판단
점유권에 기인한 소와 본권에 기인한 소는 서로 영향을 미치지 아니하고, 점유권에 기인한 소는 본권에 관한 이유로 재판하지 못하므로 점유회수의 청구에 대하여 점유침탈자가 점유물에 대한 본권이 있다는 주장으로 점유회수를 배척할 수 없다(민법 제208조). 그러므로 점유권에 기한 본소에 대하여 본권자가 본소청구 인용에 대비하여 본권에 기한 예비적 반소를 제기하고 양 청구가 모두 이유 있는 경우, 법원은 점유권에 기한 본소와 본권에 기한 예비적 반소를 모두 인용해야 하고 점유권에 기한 본소를 본권에 관한 이유로 배척할 수 없다. 한편 이러한 법리는 점유를 침탈당한 자가 점유권에 기한 점유회수의 소를 제기하고, 본권자가 그 점유회수의 소가 인용될 것에 대비하여 본권에 기초한 장래이행의 소로서 별소를 제기한 경우에도 마찬가지로 적용된다.[131]

3. 본소 확정판결에 대한 청구이의의 소를 통해 점유권에 기한 강제집행 저지가부
점유회수의 본소에 대하여 본권자가 소유권에 기한 인도를 구하는 반소를 제기하여 본소청구와 예비적 반소청구가 모두 인용되어 확정되면, 점유자가 본소 확정판결에 의하여 집행문을 부여받아 강제집행으로 물건의 점유를 회복할 수 있다. 본권자의 소유권에 기한 반소청구는 본소의 의무 실현을 정지조건으로 하므로, 본권자는 위 본소 집행 후 집행문을 부여받아 비로소 반소 확정판결에 따른 강제집행으로 물건의 점유를 회복할 수 있다. 이러한 과정은 애당초 본권자가 허용되지 않는 자력구제로 점유를 회복한 데 따른 것으로 그 과정에서 본권자가 점유 침탈 중 설치한 장애물 등이 제거될 수 있다. 다만 점유자의 점유회수의 집행이 무의미한 점유상태의 변경을 반복하는 것에 불과할 뿐 아무런 실익이 없거나 본권자로 하여금 점유회수의 집행을 수인하도록 하는 것이 명백히 정의에 반하여 사회생활상 용인할 수 없다고 인정되는 경우, 또는 점유자가 점유권에 기한 본소 승소 확정판결을 장기간 강제집행하지 않음으로써 본권자의 예비적 반소 승소 확정판결까지 조건불성취로 강제집행에 나아갈 수 없게 되는 등 특별한 사정이 있다면 본권자는 점유자가 제기하여 승소한 본소 확정판결에 대한 청구이의의 소를 통해서 점유권에 기한 강제집행을 저지할 수 있다.

3. 재반소

반소에 대한 재반소를 허용할 것인가에 관하여는 소송절차를 복잡하게 한다하여 반대견해가 있으나, 현행법에서 이를 금지하는 규정을 둔 바도 없고 상호 관련성이 있는 소송을 한꺼번에 해결하려는 것이 반

---
[129] 대법 2006.06.29, 2006다19061·19078
[130] 대법 2021.02.04, 2019다202795·202801
[131] 대법 2021.03.25, 2019다208441

소제도의 취지라면, **재반소가 기존의 소송절차를 현저히 지연시키지 않는 등 반소로서 요건을 충족하였으면 이를 허용할 것이다. 본소이혼청구를 기각하고 반소이혼청구를 인용하는 경우, 본소이혼청구에 병합된 재산분할청구는 원고의 반대의사표시 등 특별한 사정이 없는 한, 피고의 반소청구에 대한 재반소의 실질을 가지게 되므로 원고의 재산분할청구에 대한 심리에 들어가 액수와 방법을 정해주어야 한다.**[132]

III. 반소의 요건

> 제269조(반소) ① 피고는 소송절차를 현저히 지연시키지 아니하는 경우에만 변론을 종결할 때까지 본소가 계속된 법원에 반소를 제기할 수 있다. 다만, 소송의 목적이 된 청구가 다른 법원의 관할에 전속되지 아니하고 본소의 청구 또는 방어의 방법과 서로 관련이 있어야 한다.
> ② 본소가 단독사건인 경우에 피고가 반소로 합의사건에 속하는 청구를 한 때에는 법원은 직권 또는 당사자의 신청에 따른 결정으로 본소와 반소를 합의부에 이송하여야 한다. 다만, 반소에 관하여 제30조의 규정에 따른 관할권이 있는 경우에는 그러하지 아니하다.

1. 본소가 사실심에 계속되고 변론종결 전일 것

(1) 본소의 소송계속

본소의 소송계속은 반소의 제기요건일 뿐 그 존속요건은 아니므로 반소가 적법하게 제기된 뒤에는 **본소가 각하·취하 등의 사유로 그 소송 계속을 이탈하여도 예비적 반소가 아닌 한 반소에는 영향이 없다**. 이 점이 중간확인의 소와 다르다. 그러나 **피고가 본소에 대한 추완항소를 하면서 항소심에서 비로소 반소를 제기한 경우에 항소가 부적법 각하되면 반소도 소멸**한다.[133] 나아가 **본소의 취하에 대하여 피고는 원고의 응소가 있더라도 원고의 동의 없이 반소를 취하할 수 있다**(제271조). 그러나 **본소가 각하된 경우에는 원고의 동의가 있어야 반소취하가 가능하다.**[134]

(2) 항소심에서 반소

> 제412조(반소의 제기) ① 반소는 상대방의 심급의 이익을 해할 우려가 없는 경우 또는 상대방의 동의를 받은 경우에 제기할 수 있다.
> ② 상대방이 이의를 제기하지 아니하고 반소의 본안에 관하여 변론을 한 때에는 반소제기에 동의한 것으로 본다.

법률심인 **상고심에서는 신소의 제기가 인정되지 아니하므로 반소도 제기할 수 없으나, 항소심에서는 i) 상대방의 심급의 이익을 해할 우려가 없는 경우, ii) 상대방의 동의, iii) 이의 없는 응소가 있는 경우에는 제기할 수 있다**(제412조). 다만 **반소청구에 대한 기각 답변만으로는 여기의 응소에 해당하지 않는다.**[135] 이때 원고의 심급의 이익을 해할 우려가 없는 경우란 i) 중간확인의 반소, ii) 본소와 청구원인을 같이 하는 반소, iii) **제1심에서 충분히 심리한 쟁점과 관련된 반소**,[136] iv) 항소심에서 추가된 예비적 반소의 경우를

---

132) 대법 2001.06.15, 2001므626·633
133) 대법 2003.06.13, 2003다16962
134) 대법 1984.07.10, 84다카298
135) 대법 1991.03.27, 91다1783·1790
136) 대법 2013.01.10, 2010다75044; 대법 2005.11.24, 2005다20064·20071; 대법 1996.03.26, 95다45545

말한다. 判例는 부동의한 반소청구에 대해 판결주문이나 이유에서 언급이 없으면 재판누락이 된다고 한다.[137] 나아가 **항소심에서 반소를 교환적으로 변경하는 경우 신·구청구가 실질적 쟁점이 동일하여 청구의 기초에 변경이 없으면 된다**.[138]

2. 본소 청구 또는 방어방법과 서로 관련이 있을 것

(1) 상호관련성의 요구의 취지

반소청구는 본소청구나 본소의 방어방법과 상호관련성이 있어야 한다. 상호관련성을 요하게 함은 변론과 증거조사를 함께 실시하는 데 편리하고 나아가 심리의 중복과 재판의 저촉을 피할 수 있기 때문이다. 이러한 **상호관련성은 다른 반소요건과 달리 직권조사사항이라 할 수 없고 원고가 동의하거나 이의 없이 응소한 경우에는 상호관련성이 없어도 이의권의 상실에 해당하여 반소는 적법한 것으로 보아야** 한다.[139]

(2) 본소청구와 상호관련성

본소청구와 관련성이란 본소와 반소 사이에 소송물 또는 그 대상이나 발생원인에 있어서 법률상 또는 사실상 공통성이 있어야 한다는 의미이다.

1) 반소청구가 본소청구와 같은 법률관계의 형성을 목적으로 하는 경우 : 원고의 이혼의 소제기에 피고도 반소로써 이혼청구

2) 본소와 반소가 그 청구원인이 동일할 때 : 매매계약의 소극적 확인청구의 본소에 대하여 피고가 그 매매계약의 적극적 확인을 구하면서 매수한 목적물의 인도를 청구하는 반소를 제기하는 경우, 원고가 매매를 원인으로 소유권이전등기를 구하는 본소에 대하여 피고가 잔대금지급을 구하는 반소.

3) 본소청구와 반소청구 사이에 청구원인이 동일하지 아니하더라도 그 발생원인이나 대상 등 주된 부분이 법률상 또는 사실상 공통된 경우 : 예컨대 소유권확인청구의 본소에 대하여 임차권확인을 반소로 구하는 경우, 원고의 교통사고를 원인으로 한 손해배상청구에 대하여 피고가 같은 사유를 원인으로 한 손해배상청구를 하는 등이 그 예이다. 또한 원고가 매매계약 등 법률행위에 기하여 소유권을 취득하였음을 전제로 피고를 상대로 일정한 청구를 할 때, 피고는 원고의 소유권 취득의 원인이 된 법률행위가 사해행위로서 취소되어야 한다고 다투면서, 동시에 반소로써 그 소유권 취득의 원인이 된 법률행위가 사해행위임을 이유로 법률행위의 취소와 원상회복으로 원고의 소유권이전등기의 말소절차 등의 이행을 구하는 것도 가능하다. 위와 같이 원고의 본소 청구에 대하여 피고가 본소 청구를 다투면서 사해행위의 취소 및 원상회복을 구하는 반소를 적법하게 제기한 경우, 사해행위의 취소 여부는 반소의 청구원인임과 동시에 본소 청구에 대한 방어방법이자, 본소 청구인용 여부의 선결문제가 될 수 있다.[140]

(3) 본소의 방어방법과의 상호관련성

반소청구가 본소의 항변사유와 대상이나 발생원인에 있어서 사실상 또는 법률상 공통성이 있다는 것을

---

137) 대법 1989.02.26, 89므646
138) 대법 2012.03.29, 2010다28338·28345
139) 대법 1968.11.26, 68다1886·1887
140) 대법 2019.03.14, 2018다277785·277792

뜻한다. 예컨대 원고의 가옥명도청구에 대하여 피고가 항변으로 유치권을 주장하면서 피담보채권의 지급을 구하는 경우나 피고가 상계의 항변을 제출하면서 반소로 그 상계초과채권의 지급을 청구하는 경우이다. 이 경우 그 방어방법은 반소제기 당시 현실적으로 적법하게 제출되어야 한다. 따라서 실체법상 항변이 허용되지 않는 경우 이에 바탕을 둔 반소나, 소송법상 실기한 공격방어방법으로 각하된 항변에 바탕을 둔 반소는 부적법하다. 한편 민법 제208조는 **점유권에 기인한 소는 본권에 관한 이유로 재판하지 못한다고 규정하고 있으나, 이는 피고가 본권을 방어방법으로 내세울 수 없다는 것이지 본권에 기한 반소제기까지 막는 것은 아니다.**[141]

3. 본소절차를 현저히 지연시키지 아니할 것

반소가 본래의 제도적 취지와 달리 본소의 지연수단으로 악용되는 것을 방지하기 위하여 1990년 개정으로 추가된 요건이다. 따라서 **반소청구의 관련성이 인정되는 경우에도 반소청구의 심리로 본소절차가 현저히 지연된다면 반소는 허용되지 않는다.** 이는 공익적 요건이므로 소송절차에 관한 이의권의 포기·상실의 대상이 되지 않는다.

4. 반소가 다른 법원의 전속관할에 속하지 아니할 것(공통관할)

반소는 다른 법원의 전속관할에 속하지 않는 한 원래의 관할과 관계없이 본소가 계속된 법원에 제기할 수 있다. 단독사건의 심리 중 피고가 합의부에 속하는 반소를 제기한 경우에는 문제가 있다. 이 경우 **법원은 직권 또는 당사자의 신청으로 본소와 반소를 합의부에 이송하여야 한다. 다만, 변론관할이 생긴 경우에는 이송을 할 수 없다**(제269조 2항).

5. 본소와 동종의 소송절차에 의할 것(동종절차)

반소는 계속 중인 본소와 병합심리되어야 하므로 본소와 동종의 소송절차일 것이 요구된다. 소송절차의 동종여부는 직권조사사항이므로 소송절차에 관한 이의권의 대상이 아니다.

IV. 반소의 제기

1. 반소는 본소에 관한 규정을 따른다.

> 제270조(반소의 절차) 반소는 본소에 관한 규정을 따른다.

따라서 반소장의 기재사항, 반소장의 제출, 반소제기의 효력발생시기, 송달, 기간준수의 효력, 반소요건의 심사 등에 관하여는 **본소에 관한 규정이 준용**된다.

2. 인지의 첩부

반소장에는 민사소송등인지법 제2조에 의해 산출된 통상의 소장에 붙여야 할 금액 상당의 인지를 붙여야 한다. 다만, 본소와 그 목적이 동일한 반소장에는 민사소송등인지법 제2조에 의해 산출된 금액 상당의 인지액으로부터 본소의 소가에 대하여 민사소송등인지법 제2조에 의해 산출된 금액을 공제한 액의 인지를 붙여

---

141) 대법 2021.02.04, 2019다202795·202801

야 한다(민사소송등인지법 제4조 2항).

V. 반소에 대한 심판

1. 반소요건과 일반소송요건의 조사

　반소가 제기되면 먼저 반소요건과 일반소송요건의 존부를 조사하고 위 각 요건이 구비되었다고 인정되면 본안의 심리를 진행한다. 일반적인 소송요건은 갖추었으나 반소의 요건만을 갖추지 못한 경우 부적법한 반소로서 반소를 각하하여야 한다는 것이 判例의 입장이나,[142] 독립의 소로서의 요건을 갖춘 경우에는 본소와 분리하여 심판하여야 한다는 분리심판설이 통설이다.[143] 반소요건을 갖추었어도 일반소송요건의 흠이 있는 경우에는 판결로써 반소를 각하하여야 한다.

2. 본안의 심판

(1) 변론의 분리 · 일부판결가부

　반소는 심리의 중복과 재판의 불통일을 피하기 위하여 본소와 병합하여 심판이 원칙이다. 따라서 1개의 전부판결이 원칙이나, **절차의 번잡 · 지연의 염려 등 특별한 사정이 있는 경우에는 변론의 분리 · 일부판결을 할 수 있다**. 그러나 본소와 반소가 동일목적의 형성청구인 때나 그 소송물이 동일한 법률관계일 때는 변론의 분리 · 일부판결이 불허된다.

(2) 재판방법

　1개의 전부판결을 하는 경우에도 **본소와 반소에 대해 판결주문을 따로 내야 한다**. 소송비용의 부담에 관하여는 소송비용불가분의 원칙상 본소비용과 반소비용을 나누어 판단할 것이 아니다.

---

142) 대법 1965.12.07, 65다2034 · 2035
143) 이시윤 13판 733면

2025 대비 이종훈 민사소송법

제2장 다수당사자소송 (당사자의 복수)

공동소송	형태	통상 공동소송	합일확정이 불필요한 공동소송
		고유 필수적 공동소송	합일확정과 소송공동이 강제되는 공동소송
		유사 필수적 공동소송	합일확정이 요청되나 소송공동이 강제되지는 않는 공동소송
	특수한 경우	예비적·선택적 공동소송	공동소송인의 청구나 공동소송인에 대한 청구가 서로 예비적이거나 선택적 관계인 경우
		선정당사자	공동의 이해관계 있는 여러 사람 중 모두를 위해 소송수행 당사자로 선출된 자
		주관적추가적 병합	소송계속 중 원고측이나 피고측에 당사자가 추가되어 공동소송화 되는 경우
소송참가	보조참가	단순보조참가	소송결과에 이해관계가 있는 제3자가 한쪽 당사자의 승소를 돕기 위하여 그 소송에 참가하는 경우
		공동소송적 보조참가	재판의 효력이 미치는 제3자가 보조참가하는 경우
	당사자참가	공동소송참가	소송계속중에 당사자간의 판결의 효력을 받는 제3자가 원고 또는 피고의 공동소송인으로서 참가하는 경우
		독립당사자참가	다른 사람의 소송계속 중에 원·피고 양쪽 또는 한쪽을 상대방으로 하여 원·피고간의 청구와 관련된 자기의 청구에 대하여 함께 심판을 구하기 위하여 소송에 참가하는 경우
당사자변경	임의적당사자 변경	교환적변경	원고가 피고를 잘못 지정한 것이 분명한 경우 제1심 변종시까지 피고를 바꾸는 것
		추가적변경	고유필수적 공동소송에서 누락된 당사자적격자를 추가하는 경우와, 후발적으로 예비적·선택적 공동소송인을 추가하는 것
	소송승계	당연승계	실체법상의 포괄승계원인이 있는 때에 법률상 당연히 소송당사자가 바뀌며 소송을 인계받게 되는 경우
		특정승계	소송계속중에 소송물인 권리관계에 관한 당사자적격의 특정적으로 제3자에게 이전됨으로써 소송을 인계받게 되는 경우로, 참가승계와 인수승계가 있다.

제1절 공동소송(소의 주관적 병합)

제1항 총 설

I. 서 설

1. 의 의

공동소송이란 1개의 소송절차에 수인의 원고 또는 피고가 관여하는 소송형태를 말하며, 소의 주관적 병합이라고도 한다.

2. 취 지

여러 사람이 관련된 분쟁을 같은 절차에서 동시에 심리함으로써, 심판의 중복을 피하고 분쟁의 통일적 해결 및 소송경제 등에 이바지하게 된다.

II. 발생원인과 소멸원인

1. 발생원인

(1) 원시적 발생원인

처음부터 여러 사람의 원고가 또는 여러 사람의 피고에 대하여 공동으로 소를 제기한 경우로서 공동소송의 원칙적인 발생원인이다.

(2) 후발적 발생원인

① 필수적공동소송(제68조), 예비적·선택적 공동소송인의 추가(제70조), ② 참가승계(제81조), 인수승계(제82조), ③ 공동소송참가(제83조), ④ 변론의 병합(제141조), ⑤ 당사자의 지위를 수인이 당연승계하는 경우

2. 소멸원인

변론의 분리, 일부판결, 일부화해, 일부포기·인낙, 일부취하에 의해 공동소송은 소멸되며 단일소송으로 바뀐다.

제2항 공동소송의 요건

I. 주관적 요건 : 항변사항

> 제65조(공동소송의 요건) 소송목적이 되는 권리나 의무가 여러 사람에게 공통되거나 사실상 또는 법률상 같은 원인으로 말미암아 생긴 경우에는 그 여러 사람이 공동소송인으로서 당사자가 될 수 있다. 소송목적이 되는 권리나 의무가 같은 종류의 것이고, 사실상 또는 법률상 같은 종류의 원인으로 말미암은 것인 경우에도 또한 같다.

1. 제65조 전문의 공동소송

(1) 소송의 목적인 권리나 의무의 공통
① 수인의 공유자·합유자들의 소송, ② 불가분채권자·불가분채무자들의 소송, ③ 진정 또는 부진정 연대채권자·연대채무자들의 소송

(2) 소송의 목적인 권리나 의무가 사실상·법률상 동일원인으로 발생한 경우
① **동일한 사고에 의한 수인의 피해자의 손해배상청구** 또는 수인의 가해자에 대한 손해배상청구(사실상 동일원인), ② 주채무자와 보증인에 대한 지급청구(법률상 동일원인) 등이 이에 속한다.

(3) 제65조 전문의 공동소송의 특징
① 관련재판적 적용(제25조 2항), ② 선정당사자를 선정할 수 있는 공동의 이해관계(제53조 참조), ③ 공동소송인 독립의 원칙의 수정이 논의된다.

2. 제65조 후문의 공동소송

소송의 목적인 권리·의무와 그 발생원인의 동종인 경우로 ① 여러 통의 어음발행인에 대한 각 별개의 어음청구, ② 동종의 매매계약에 기해 여러 사람의 외상 매수인에 대한 대금지급청구, ③ 수인의 임차인들에 의한 임대인 상대의 각 보증금반환청구, ④ 수인의 임차인에 대한 각 임료청구 등의 경우이다.

II. 객관적 요건 : 직권조사사항

공동소송에 있어서는 청구의 병합이 병행되므로 각 공동소송인들의 청구 사이에는 청구의 병합요건을 갖추어야 한다(제253조). 따라서 ① 공동소송인의 각 청구가 같은 종류의 소송절차에 의해 심판될 것(제253조), ② 각 청구에 대하여 수소법원에 공통의 관할권이 있을 것을 요한다. 따라서 **제65조 후문의 공동소송에서는 관련재판적규정이 준용되지 않으므로 공통의 관할을 찾기 어려워 공동소송으로 제기하지 못하는 문제점**이 생길 수 있다.

제3항 공동소송의 유형

I. 통상공동소송(단순공동소송)

1. 의 의

통상공동소송이란 공동소송인 사이에서 소송의 승패가 일률적으로 결정될 필요가 없는 공동소송으로 각 공동소송 사이에 합일확정의 필요가 없는 공동소송을 말한다. 이는 공동소송에 있어서 원칙적인 형태로서 후술할 예외적으로 인정되는 필수적 공동소송을 제외하고는 모두 통상공동소송이 된다.

2. 통상공동소송의 심판방법

> **제66조(통상공동소송인의 지위)** 공동소송인 가운데 한 사람의 소송행위 또는 이에 대한 상대방의 소송행위와 공동소송인 가운데 한 사람에 관한 사항은 다른 공동소송인에게 영향을 미치지 아니한다.

(1) 공동소송인 독립의 원칙

공동소송인 독립의 원칙이란 **통상공동소송에 있어서 각 공동소송인은 다른 공동소송인에 의한 제한이나 간섭을 받지 않고 각자가 독립하여 소송수행을 할 수 있는 것**을 말한다.

(2) 공동소송인 독립의 원칙의 내용

1) 당사자 지위의 독립성

① 각 공동소송인은 자신의 소송에 있어서만 당사자이고 다른 공동소송인에 대해서는 제3자이다.

② 다른 공동소송인의 대리인·보조참가인·소송고지의 상대방이 될 수 있고, 또 자기의 주장사실에는 관계가 없고 다른 공동소송인의 이해에만 관계있는 사항에 대해서는 증인능력이 있다.

2) 심리방법

① 소송요건의 개별처리 : **소송요건의 존부는 각 공동소송인별로 심사**하여야 하고 **소송요건에 흠결이 있는 공동소송인에 한하여 일부 각하 또는 일부 이송**해야 한다.

② 소송자료의 불통일 : 공동소송인 중 1인의 소송행위는 유리·불리를 막론하고 원칙적으로 다른 공동소송인의 원용이 없으면 영향을 미치지 않으며, 통상공동소송인 가운데 한 사람에 대한 상대방의 소송행위는 다른 공동소송인에게 영향을 미치지 않는다. 따라서 **각자 청구의 포기, 인낙, 화해, 소취하, 자백 등의 소송행위를 할 수 있고, 그 행위를 한 자에 대해서만 효력이 있다.** 나아가 **공동소송인 상호간에 그 주장이 일치하지 않는다고 하여 법원이 반드시 이에 관하여 석명하여야 하는 것은 아니다.**[1] 그러나 1인의 자백의 경우 다른 공동소송인에 대해서는 변론 전체의 취지로 영향을 미칠 수 있다.[2]

③ 소송진행의 불통일 : ⅰ) **1인에 대한 중단·중지의 사유는 1인에게만 효과**가 있고, ⅱ) 상소기간의 진행도 독립적이며, **상소불가분원칙의 적용이 없다.** 따라서 **통상의 공동소송에 있어 공동당사자 일부만이 상고를 제기한 때에는 피상고인은 상고인인 공동소송인 이외의 다른 공동소송인을 상대방으로 하거나 상대방으로 보태어 부대상고를 제기할 수는 없다.**[3] 나아가 ⅲ) 공동소송인 한사람에 대해 판결하기 성숙한 때에는 변론의 분리·일부판결을 할 수 있다.

3) 재판의 불통일 : **공동소송인간에 재판통일이 필요 없으며** 판결내용이 구구하게 되어도 상관없다.

(3) 공동소송인 독립의 원칙의 수정

1) 문제점 : 공동소송인독립의 원칙을 기계적으로 관철하면 각 공동소송인간에 재판의 통일이 보장되기 어렵다. 특히 공동소송인간에 실질적인 관련성이 있는 제65조 전문의 공동소송의 경우에 재판의 모순, 저촉은 매우 부자연스럽다. 따라서 공동소송인독립의 원칙을 수정하려는 법리로서 증거공통의 원칙, 주장공통의 원칙, 이론상 합일확정소송이론, 당연의 보조참가이론, 석명권행사론 등이 논의되고 있다.

2) 증거공통의 원칙 : 공동소송인 중 1인이 제출한 증거는 다른 공동소송인의 원용이 없어도 각 공동소송인 사이에 유리한 사실인정의 자료로 사용할 수 있는지 문제되는데, 判例는 "**공동소송에 있어서 입증**

---

[1] 대법 1982.11.23, 81다39
[2] 대법 1976.08.24, 75다2152
[3] 대법 1994.12.23, 94다40734.

기타의 행위가 행위자를 구속할 뿐 다른 당사자에게는 영향을 주지 않는 것이 원칙이다"라고 하여 부정하는 듯한 판시를 내린 바 있다.4)

3) 주장공통의 원칙 : 공동소송인 중 1인이 상대방의 주장사실을 다투며 항변하는 등 다른 공동소송인에게 유리한 주장행위를 하는 경우 다른 공동소송인의 원용이 없어도 그에 대한 효력이 미치는지 문제되는데, 判例는 제66조의 명문규정과 변론주의를 근거로 부정한다. 즉 통상공동소송에서는 당사자가 자주적으로 분쟁을 해결할 수 있게 마련된 변론주의가 적용되므로, 우연히 여러 개의 청구가 병합심리되었다 하여 본래부터 당사자가 가지고 있었던 자주적인 해결권이 다른 공동소송인 때문에 제한이나 간섭을 받을 수 없으며, 통상공동소송에서는 공동소송인 사이의 공격방어방법의 차이에 따라 모순되는 결론이 발생할 수 있는 것이고, 이는 변론주의를 원칙으로 하는 소송제도에서는 부득이한 일이므로 **공동소송인 가운데 한 사람에 대한 상대방의 주장사실은 다른 공동소송인에게 영향을 미치지 아니한다**고 본다.5)

4) 기타의 논의

① 이론상 합일확정소송이론 : 특히 제65조 전문에 해당하는 공동소송의 경우에 판결의 모순·저촉의 방지를 위해 이론상·실천상 합일확정의 필요가 있다고 하여 필수적 공동소송의 경우에 준하여 취급하자는 견해가 있는데, 이는 필수적 공동소송의 범위를 지나치게 넓힌다는 단점과 법률규정이 없는데도 소송공동을 강제하게 된다는 비판이 있다.

② 당연의 보조참가이론 : 판결의 모순·저촉의 방지를 위해 공동소송인간에 참가신청이 없어도 참가적 효력을 인정하자는 이론으로서 이는 보조참가의 신청이 없는데도 참가관계를 인정하는 것은 무리라는 비판이 있다.

③ 재판장의 석명권 행사 : 이러한 방안도 판결의 모순·저촉의 방지를 위한 수정방안으로 생각할 수 있으나, 스스로 일정한 한계가 있다.

Ⅱ. 필수적 공동소송(합일확정공동소송)

필수적 공동소송이란 공동소송인 사이에 합일확정을 필수적으로 요하는 공동소송을 말한다(제67조). 이는 다시 각 공동소송인 사이에 소송공동이 법률상 강제되는지 여부에 따라 고유 필수적 공동소송과 유사필수적 공동소송으로 나눈다.

1. 고유필수적 공동소송

(1) 의 의

각 공동소송인 사이에 합일확정의 필요가 있고 소송공동이 **법률상 강제되는 공동소송**으로서 실체법상의 관리처분권이 수인에게 공동으로 귀속하는 경우이므로 **실체법상의 이유에 의한 필수적 공동소송**이라고 한다.

---

4) 대법 1959.02.19, 4291민항231
5) 대법 2009.04.23, 2009다1313

(2) 고유필수적공동소송의 성립

1) 형성권이 수인에게 공동으로 귀속하는 경우

① 공유물분할청구 : **공유물분할청구의 소는 분할을 청구하는 공유자가 원고가 되어 다른 공유자 전부를 공동피고로 하여야 하는 필수적 공동소송**으로서[6] 공유자 전원에 대하여 판결이 합일적으로 확정되어야 하므로, 공동소송인 중 1인에 소송요건의 흠이 있으면 전 소송이 부적법하게 된다.[7]

② 공유토지의 경계확정의 소 : 大法院은 "토지의 경계는 토지소유권의 범위와 한계를 정하는 중요한 사항으로서, 그 경계와 관련되는 인접 토지의 소유자 전원 사이에서 합일적으로 확정될 필요가 있으므로, 인접하는 토지의 한편 또는 양편이 여러 사람의 공유에 속하는 경우에, 그 경계의 확정을 구하는 소송은, 관련된 공유자 전원이 공동하여서만 제소하고 상대방도 관련된 공유자 전원이 공동으로서만 제소될 것을 요건으로 하는 **고유필요적 공동소송이라고 해석함이 상당**하다"고 하였다.[8]

③ 제3자 제기의 혼인무효·취소의 소 : **부부를 공동피고로 하여야 한다**(가소 제24조 2항).[9]

④ 제3자 제기의 친자관계부존재확인의 소 : 부모 및 자를 공동피고로 하여야 한다.[10]

⑤ 법원에 의한 부(父)의 결정(민법 제845조) : 가사소송법 제27조의 아버지를 정하는 소는 ⅰ) 자녀가 제기하는 경우에는 어머니, 어머니의 배우자 및 어머니의 전 배우자를 상대방으로 하고, ⅱ) 어머니가 제기하는 경우에는 그 배우자 및 전 배우자를 상대방으로 한다. ⅲ) 어머니의 배우자가 제기하는 경우에는 어머니 및 어머니의 전 배우자를 상대방으로 하고, ⅳ) 어머니의 전 배우자가 제기하는 경우에는 어머니 및 어머니의 배우자를 상대방으로 한다.

⑥ 청산인 해임의 소 : **법률관계의 당사자인 회사와 청산인을 공동피고로 한다**.

2) 합유관계소송

① 능동소송

　㉠ 고유필수적 공동소송인 경우 : 예컨대 **합유인 조합재산에 관한 소송**(민법 제271조),[11] 다만 공동명의 예금자들의 은행 상대의 예금반환청구의 소는 **동업자들의 동업자금예금의 경우는 필수적 공동소송**이나 **동업 이외의 목적의 공동예금일 때는 아니다**.[12] 수탁자가 여러 사람 있는 경우의 신탁재산에 관한 소송(신탁법 제45조), **여러 사람의 파산관재인**이나[13] 정리회사관리인이 하는 소송, 공

---

6) 대법 2022.06.30, 2022다217506; 대법 2001.07.10, 99다31124
7) 대법 2012.06.14, 2010다105310
8) 대법 2001.06.26, 2000다24207
9) 대법 1965.10.26, 65므46
10) 대법 1970.03.10, 70므1
11) 동업약정에 따라 동업자 공동으로 토지를 매수하였다면 그 토지는 동업자들을 조합원으로 하는 동업체에서 토지를 매수한 것이므로 그 동업자들은 토지에 대한 소유권이전등기청구권을 준합유하는 관계에 있고, 합유재산에 관한 소는 이른바 고유필요적공동소송이라 할 것이므로 그 매매계약에 기하여 소유권이전등기의 이행을 구하는 소를 제기하려면 동업자들이 공동으로 하지 않으면 안된다는 것에, 대법 1994.10.25, 93다54064
12) 이 경우 만일 다른 공동명의 예금채권자가 그 공동반환청구절차에 협력하지 않을 때에는, 예금주는 먼저 그 사람을 상대로 제소하여 예금주 단독으로 하는 반환청구에 관하여 승낙의 의사표시를 하라는 등 공동반환절차에 협력하라는 취지의 판결을 얻은 다음 이 판결을 은행에 제시함으로써 예금을 반환받을 수 있다는 것에, 대법 1994.04.26, 93다31825
13) 대법 2008.04.24, 2006다14363

동광업권,14) 동일선정자단에서 선출된 여러 사람의 선정당사자가 하는 소송 등이 이에 속한다. 또한 최근 제정된 증권관련집단소송법에 의한 증권관련집단소송의 대표당사자가 수인일 경우에 그 대표당사자들은 피해집단구성원을 위한 소송수행권을 합유하는 관계가 되므로, 그들의 소송수행관계도 고유필수적 공동소송이 된다(증권관련집단소송법 제20조).

ⓒ 능동소송중 보존행위에 관한 소송은 통상공동소송이다. **합유물에 관하여 경료된 원인무효의 소유권이전등기의 말소를 구하는 소는 통상공동소송**이며,15) **조합원 중 1인의 입찰무효확인의 소도 보존행위에 해당**한다.16)

② 수동소송

㉠ **조합재산에 대한 공동책임을 물을 때에는 고유필수적 공동소송이다**. ⅰ) **합유로 소유권이전등기가 된 부동산에 관하여 명의신탁 해지를 원인으로 한 소유권이전등기절차의 이행을 구하는 소송은 조합재산인 합유물의 처분에 관한 소송으로서 합유자 전원을 피고로 하여야** 할 뿐 아니라 합유자 전원에 대하여 합일적으로 확정되어야 하는 고유필수적 공동소송에 해당하며, 그 명의신탁 해지를 구하는 당사자가 합유자 중의 1인이라는 사유만으로 달리 볼 것은 아니며,17) ⅱ) 민법상 조합에서 조합의 채권자가 조합재산에 대하여 강제집행을 하려면 조합원 전원에 대한 집행권원을 필요로 하고, 조합재산에 대한 강제집행의 보전을 위한 가압류의 경우에도 마찬가지로 조합원 전원에 대한 가압류명령이 있어야 할 것이므로, 조합원 중 1인만을 가압류채무자로 한 가압류명령으로써 조합재산에 가압류집행을 할 수는 없다.18) 나아가 ⅲ) 주류공동제조면허의 경우 공동면허 명의자의 상호관계는 민법상의 조합으로서 합유적 관계에 있고, 합유재산에 관한 소송은 고유필요적공동소송에 해당하는 것이므로 **주류제조면허의 공동면허명의자 중의 1인으로부터 면허를 양수한 자는 공동면허명의자 전원을 상대로 하여야만 면허취소신청과 보충면허신청절차의 이행을 소구**할 수 있지, 양도인만을 상대로 하여서는 그 이행을 소구할 수 없다.19) ⅳ) **파산관재인이 여럿인 경우에는 법원의 허가를 얻어 직무를 분장하였다는 등의 특별한 사정이 없는 한 그 여럿의 파산관재인 전원이 파산재단의 관리처분권을 갖고 있기 때문에 파산관재인 전원이 소송당사자가 되어야** 하고,20) ⅴ) **유언집행자가 수인인 경우 유언집행자에게 유증의무의 이행을 구하는 소송은 유언집행자 전원을 피고로 하는 고유필수적 공동소송이다**.21)

ⓒ 다만, **각 조합원의 개인적 책임에 기하여 조합채무의 이행을 구하는 소송은 조합채무가 민법 제712조에 의한 분할채무이므로 통상공동소송**이며,22) **합유재산이라도 현실적으로 점유하고 있는 합유자만을 상대로 명도청구를 할 수 있고**, 이 경우 합유자 전원을 상대로 할 필요적 공동소송이 아니다.23)

---

14) 대법 1995.05.23, 94다23500
15) 대법 1997.09.09, 96다16896
16) 대법 2013.11.28, 2011다80449
17) 대법 2015.09.10, 2014다73794
18) 대법 2015.10.29, 2012다21560
19) 대법 1993.07.13, 93다12060
20) 대법 2008.04.24, 2006다14363
21) 대법 2011.06.24, 2009다8345
22) 대법 1991.11.22, 91다30705
23) 대법 1969.12.23, 69다1053

3) 총유관계소송

① 비법인사단의 재산관계에 관한 소송은 **총유물의 보존행위에 해당하는 소송이라도 공유·합유와 달리 비법인사단의 구성원이 개별적으로 제소할 수는 없고 사원총회의 결의를 거쳐 사단 명의로 제소하거나 또는 그 구성원 전원이 당사자가 되어 필수적 공동소송의 형태로 제소**하여야 한다.[24]

② 집합건물법 제48조 제4항에서 정한 매도청구권은 매도청구권자 모두가 재건축에 참가하지 않는 구분소유자의 구분소유권 등에 관하여 공동으로 매도청구권을 행사하여야 하는 것이 아니고, 그에 따른 소유권이전등기절차의 이행 등을 구하는 소도 매도청구권자 전원이 소를 제기하여야 하는 고유필수적 공동소송이 아니다.[25]

③ **비법인 사단이 총유재산에 관한 소송을 제기할 때에는 정관에 다른 정함이 있다는 등의 특별한 사정이 없는 한 사원총회 결의를 거쳐야 하므로 비법인 사단이 이러한 사원총회 결의 없이 그 명의로 제기한 소송은 소송요건이 흠결된 것으로서 부적법**하다.[26] 이 경우 **소송행위를 함에 있어 필요한 특별수권을 받지 않은 경우로서 재심사유**에 해당한다.[27] 다만 비법인사단이 총유재산에 관한 권리를 행사하지 아니하고 있어 **비법인사단의 채권자가 비법인사단의 총유재산에 관한 권리를 대위행사하는 경우에는 사원총회의 결의 등 비법인사단의 내부적인 의사결정절차를 거칠 필요가 없다**.[28]

4) 공유관계소송

① 능동소송

㉠ 判例는 공유관계소송을 소유권의 지분형식에 의한 공존 내지 **보존행위를 근거로 또는 다른 공유자의 소권보장을 위하여 원칙적으로 통상공동소송**으로 보고 있다. 따라서 ⅰ) **아파트에 발생한 하자와 관련된 손해배상청구는 구분소유자들 전원이 원고가 되어 소를 제기해야만 하는 필수적 공동소송이 아니며**,[29] ⅱ) **부동산 공유자의 1인은 당해 부동산에 관하여 제3자 명의로 원인무효의 소유권이전등기가 경료되어 있는 경우 공유물에 관한 보존행위로서 제3자에 대하여 그 등기 전부의 말소를 구할 수 있고**,[30] **각 공유자에게 해당 지분별로 진정명의회복을 원인으로 한 소유권이전등기를 이행할 것을 단독으로 청구할 수 있다**.[31] ⅲ) **공동상속재산의 지분에 관한 지분권존재확인을 구하는 소송은 통상공동소송이다**.[32] ⅳ) **공유물에 끼친 불법행위를 이유로 하는 손해배상청구권은 특별한 사유가 없는 한 각 공유자가 자신의 지분에 대응하는 비율의 한도 내에서만 이를 행사할 수 있다**.[33]

㉡ 다만 ⅰ) 공유자는 그 지분을 부인하는 제3자에 대하여 각자 그 지분권을 주장하여 지분의 확인을 소구하여야 하는 것으로, 공유자 일부가 제3자를 상대로 다른 공유자의 지분의 확인을 구하는

---

24) 대법(전) 2005.09.15, 2004다44971
25) 대법 2023.07.27, 2020다263857
26) 대법 2013.04.25, 2012다118594
27) 대법 2007.07.26, 2006다64573
28) 대법 2014.09.25, 2014다211336
29) 대법 2012.09.13, 2009다23160
30) 통상공동소송으로 방해배제에 관해 대법 2015.04.09, 2012다2408. 공유물인도청구로 대법 1969.03.04, 69다21.
31) 대법 2005.09.29, 2003다40651
32) 대법 2010.02.25, 2008다96963·96970
33) 대법 1970.04.14, 70다171

것은 타인의 권리관계의 확인을 구하는 소에 해당하므로 **공유물 전체에 대한 소유권확인청구는 공유자 전원이 하여야** 하며,34) ii) **공동상속인의 다른 공동상속인 상대의 상속재산확인의 소**,35) iii) 공유자의 경계확정의 소,36) 여러 공유자가 제기하는 공유물 분할청구는 필수적 공동소송이다.

② 수동소송 : 判例는 제3자가 공유자에 대해서 하는 **소유권확인 및 등기말소청구**,37) **이전등기청구**,38) **공동점유물의 인도청구**,39) **공유건물의 철거청구**40)등은 통상공동소송으로 보고 있고, 수동적 공유관계소송 가운데 **공유물분할청구**,41) 공유토지경계확정청구 이외에는 필수적 공동소송으로 본 예가 없다.

> **판례연구 : 매매예약완결권의 준공동소유의 경우**
>
> **1. 종래의 判例**
> 과거 大法院은 "복수의 채권자의 채권을 담보하기 위하여 그 복수채권자 전원을 공동매수인으로 하는 채무자 소유의 부동산에 관한 매매계약을 체결하고 이에 따른 가등기를 경료한 경우에 그 **복수채권자는 매매예약 완결권을 준공유하는 관계**에 있기 때문에 말소된 그 가등기의 회복등기나 그 회복등기에 승낙을 받는 소의 제기 또는 가등기에 기한 본등기절차의 이행을 구하는 소의 제기 등은 반드시 그 복수채권자 전원이 하여야 하는 필수적 공동소송이어야 한다."고 보았다.42)
>
> **2. 변경된 判例**
> 大法院은 "수인의 채권자가 각기 채권을 담보하기 위하여 채무자와 채무자 소유의 부동산에 관하여 수인의 채권자를 공동매수인으로 하는 1개의 매매예약을 체결하고 그에 따라 수인의 채권자 공동명의로 그 부동산에 가등기를 마친 경우, 수인의 채권자가 공동으로 매매예약완결권을 가지는 관계인지 아니면 채권자 각자의 지분별로 별개의 독립적인 매매예약완결권을 가지는 관계인지는 매매예약의 내용에 따라야 하고, 매매예약에서 그러한 내용을 명시적으로 정하지 않은 경우에는 수인의 채권자가 공동으로 매매예약을 체결하게 된 동기 및 경위, 매매예약에 의하여 달성하려는 담보의 목적, 담보 관련 권리를 공동 행사하려는 의사의 유무, 채권자별 구체적인 지분권의 표시 여부 및 지분권 비율과 피담보채권 비율의 일치 여부, 가등기담보권 설정의 관행 등을 종합적으로 고려하여 판단하여야 한다."고 판시하여 종래 判例를 변경하였다.43)

5) **건축주 명의변경 동의표시에 갈음하는 판결을 구하는 소의 형태** : 허가 등에 관한 건축주 명의가 수인으로 되어 있을 경우에, 허가 등은 해당 건축물의 건축이라는 단일한 목적을 달성하기 위하여 이루어지고 허가 등을 받은 지위의 분할청구는 불가능하다는 법률적 성격 등에 비추어 보면, 공동건축주 명의변경에 대하여는 변경 전 건축주 전원에게서 동의를 얻어야 한다. 다만 명의변경에 관한 동의의 표시는

---

34) 대법 1994.11.11, 94다35008
35) 대법 2007.08.24, 2006다40980
36) 대법 2001.06.26, 2000다24207
37) 대법 1972.06.27, 72다555
38) 대법 1994.12.27, 93다32880 · 32897; 대법 1964.12.29, 64다1054
39) 대법 1966.03.15, 65다2455
40) 대법 1993.02.23, 92다49218
41) 대법 2017.09.21, 2017다233931
42) 대법 1987.05.26, 85다카2203
43) 대법(전) 2012.02.16, 2010다82530; 비교판례로 원고가 매매 또는 매매예약완결을 원인으로 한 가등기에 기한 본등기절차의 이행을 구하고 있지만, 그 청구원인으로서는 명의신탁해지를 원인으로 하여 이미 발생한 소유권이전청구권을 보전하기 위하여 매매예약의 형식으로 가등기를 마쳐 두었다고 주장한 경우에는 원고의 청구는 실질적으로는 명의신탁해지를 원인으로 한 소유권이전등기절차의 이행을 구하는 것으로 보아야 한다는 입장에서 통상공동소송으로 보고 있다(대법 2002.07.09, 2001다43922).

변경 전 건축주 전원이 참여한 단일한 절차나 서면에 의하여 표시될 필요는 없고 변경 전 건축주별로 동의의 의사를 표시하는 방식도 허용되므로, 동의의 의사표시에 갈음하는 판결도 반드시 변경 전 건축주 전원을 공동피고로 하여 받을 필요는 없으며 부동의하는 건축주별로 피고로 삼아 판결을 받을 수 있다.[44]

2. 유사 필수적 공동소송

(1) 의 의

각 공동소송인 사이에 합일확정의 필요는 있지만 소송공동이 법률상 강제되지 않는 공동소송으로서 소송법상 판결의 효력(기판력 또는 반사적 효력)이 제3자에게 확장되는 경우에 인정되는 점에서 소송법상의 이유에 의한 필수적 공동소송이라고 한다. 즉, 단독소송도 가능하나 일단 공동소송인으로 되면 합일확정이 필수적으로 요구되는 공동소송이다.

(2) 유사필수적공동소송이 성립하는 경우

① 여러 사람이 제기하는 회사설립 무효·취소의 소(상법 제184조), ② **여러 사람이 제기하는 회사합병무효의 소**(상법 제236조), ③ **주주총회결의 취소·무효·부존재확인의 소**(상법 제376조, 제380조), ④ 여러 사람이 제기하는 혼인무효·취소의 소(가소 제24조), ⑤ 복수의 채권자에 의한 채권자대위소송, ⑥ **여러 사람의 주주에 의한 회사대표소송**(상법 제403조),[45] ⑦ 여러 사람의 압류채권자에 의한 추심소송(민집 제249조)

> **판례연구 : 주주총회결의 부존재 또는 무효확인을 구하는 공동소송의 형태**
>
> **1. 다수의견**
> 주주총회결의의 부존재 또는 무효 확인을 구하는 소의 경우, 상법 제380조에 의해 준용되는 상법 제190조 본문에 따라 청구를 인용하는 판결은 제3자에 대하여도 효력이 있다. 이러한 소를 여러 사람이 공동으로 제기한 경우 당사자 1인이 받은 승소판결의 효력이 다른 공동소송인에게 미치므로 공동소송인 사이에 소송법상 합일확정의 필요성이 인정되고, 상법상 회사관계소송에 관한 전속관할이나 병합심리 규정(상법 제186조, 제188조)도 당사자 간 합일확정을 전제로 하는 점 및 당사자의 의사와 소송경제 등을 함께 고려하면, 이는 민사소송법 제67조가 적용되는 필수적 공동소송에 해당한다.[46]
>
> **2. 소수의견**
> 청구를 기각하는 판결은 제3자에 대해 효력이 없지만 청구를 인용하는 판결은 제3자에 대해 효력이 있는 상법상 회사관계소송에 관하여 여러 사람이 공동으로 소를 제기한 경우, 이러한 소송은 공동소송의 원칙적 형태인 통상공동소송이라고 보아야 한다. 필수적 공동소송의 요건인 합일확정의 필요성을 인정할 수 없어, 민사소송법 제67조를 적용하여 소송자료와 소송 진행을 엄격히 통일시키고 당사자의 처분권이나 소송절차에 관한 권리를 제약할 이유나 필요성이 있다고 할 수 없다.[47]

3. 필수적공동소송으로 볼 수 없는 例 : 이론상 합일확정소송

(1) 의 의

공동소송인 간에 법률적으로 합일확정의 필요가 없으나, 이론적 또는 실천적으로 합일확정이 요청되는

---

44) 대법 2015.09.10, 2012다23863
45) 서울중앙지방법원 2008.06.20, 2007가합43745
46) 대법(전) 2021.07.22, 2020다284977
47) 대법관 이기택, 박정화, 김선수, 이홍구의 별개의견

경우 판결이 구구해지는 것을 막기 위하여 통상의 공동소송과 구별하여 필수적 공동소송에 관한 특칙인 제67조를 준용하여야 한다는 이론을 말한다.

(2) 해당사례

예를 들어 수인의 피고에 대한 청구가 목적·수단의 관계에 있기 때문에 전원에 대하여 승소하지 아니하면 종국적인 목적을 달성할 수 없는 경우라든가 또는 공동소송인의 또는 이들에 대한 청구가 중요한 쟁점에 있어서 공통된 경우처럼 제65조 전문에 해당하는 소송을 말한다. 구체적으로는 ① **순차경료 된 각 이전등기의 말소청구소송**,48) ② 수인의 연대채무자에 대한 소송, ③ 동일 어음의 수인의 배서인에 대한 상환청구소송, ④ **채권자가 주채무자와 보증인을 상대로 하는 대여금청구**, ⑤ **피해자가 사용자와 피용자를 상대로 한 손해배상청구나, 수인의 피해자가 동일한 가해자를 상대로 한 손해배상청구** 등을 들 수 있다.

(3) 검 토

실체법이든 절차법이든 법률상으로 합일확정이 보장되는 경우가 아니므로 이러한 이론을 인정할 수 없으며, 다만 판결의 모순방지를 위하여서는 증거공통 등 공동소송인 독립의 원칙의 수정논의로 해결함이 타당하다. 判例도 당사자가 자주적으로 분쟁을 해결할 수 있기 마련인 변론주의가 적용되는 소송에 있어서 우연히 수개의 청구가 공동으로 제소되거나 또는 병합심리되었다 하여 본래부터 당사자가 가지고 있었던 자주적 해결권이 다른 공동소송인들 때문에 제한이나 간섭을 받는다는 논리는 생각할 수 없다고 하여 통상의 공동소송으로 보고 있다.

4. 필수적 공동소송의 심판방법

(1) 연합관계

필수적 공동소송의 경우 공동소송인간에 상호연합관계이며 따라서 통상 공동소송과는 달리 공동소송인 독립의 원칙이 적용되지 않고 합일확정판결만 허용된다. 다만 연합관계가 인정되는 것은 판결의 합일확정을 요하는 범위 내에서이며 소송행위를 언제나 공동으로 해야 하는 것은 아니므로 각 공동소송인은 개별적으로 소송행위를 할 수 있으며 개별적으로 소송대리인을 선임할 수 있다.

(2) 소송요건의 조사와 누락된 고유 필수적 공동소송인의 보정

1) 소송요건의 조사 : 통상공동소송에서와 마찬가지로 소송관계는 복수이므로 **소송요건은 각 공동소송인별로 개별적으로 조사**하여야 한다. 공동소송인 중 1인에 소송요건의 흠결이 있으면 **고유 필수적 공동소송의 경우에는 전부각하**하며,49) **유사 필수적 공동소송의 경우에는 그 공동소송인만을 일부각하**하면 된다. 判例도 **공유물분할에 관한 소송계속 중 변론종결일 전에 공유자 중 1인인 甲의 공유지분의 일부가 乙 및 丙 주식회사 등에게 이전된 사안에서, 변론종결 시까지 민사소송법 제81조에서 정한 승계참가나 민사소송법 제82조에서 정한 소송인수 등의 방식으로 일부 지분권을 이전받은 자가 소송의 당사자가 되었어야 함에도 그렇지 못하였으므로 소송 전부를 각하**하였다.50)

---

48) 대법 1978.11.28, 78다1204; 대법 1987.10.13, 87다카1093
49) 대법 2012.06.14, 2010다105310
50) 대법 2022.06.30, 2020다210686·210693; 대법 2014.01.29, 2013다78556

2) 누락된 고유 필수적 공동소송인의 보정방법 : 고유 필수적 공동소송에 있어서는 소송공동이 강제되므로 공동소송인으로 될 자 가운데 한명이라도 누락되었을 경우에는 당사자적격의 흠결로 부적법하게 된다. 이 경우 누락된 자를 보정하는 방법으로 ① **별소제기·변론의 병합**, ② **주관적 추가적 병합의 한 형태로서의 제68조의 이용**, ③ **공동소송참가**(제83조) 등이 있다.

(3) 소송자료의 통일

> 제67조(필수적 공동소송에 대한 특별규정) ① 소송목적이 공동소송인 모두에게 합일적으로 확정되어야 할 공동소송의 경우에 공동소송인 가운데 한 사람의 소송행위는 모두의 이익을 위하여서만 효력을 가진다.
> ② 제1항의 공동소송에서 공동소송인 가운데 한 사람에 대한 상대방의 소송행위는 공동소송인 모두에게 효력이 미친다.

1) 능동행위 : 공동소송인 중 한 사람의 소송행위는 전원의 이익을 위해서만 효력을 가진다(제67조 제1항).
  ① 공동소송인 중 한 사람의 소송행위 가운데 유리한 것(부인·항변·응소, 기일출석, 기간준수, 답변서제출)은 **전원에 대하여 효력**이 생기고,
  ② **불리한 것**(자백, 화해, 청구의 포기·인낙, 소취하[51])**은 공동소송인 전원이 함께하여야 전원에 대하여 효력**이 생기며 그 한 사람이 하여도 효력이 없다. 그러나 변론의 전체적 취지로 불리하게 참작될 수는 있다(제202조). 다만 **유사필수적 공동소송에서는 다른 공동소송인의 동의 없이 일부취하가 허용**된다.[52]

2) 수동행위 : **공동소송인 중 한 사람에 대한 상대방의 소송행위는 이익·불이익을 불문하고 전원에 대하여 효력**이 생긴다(제67조 제2항).

(4) 소송진행의 통일

1) 변론의 분리, 일부판결
변론 및 증거조사·판결 등은 동일기일에 함께하여야 하며, **변론의 분리나 일부판결은 할 수 없다**. 착오로 일부판결을 한 경우 **추가판결을 할 수 없다**.[53]

2) 1인에게 중단사유가 생긴 경우

> 제67조(필수적 공동소송에 대한 특별규정)
> ③ 제1항의 공동소송에서 공동소송인 가운데 한 사람에게 소송절차를 중단 또는 중지하여야 할 이유가 있는 경우 그 중단 또는 중지는 모두에게 효력이 미친다.

공동소송인 중 한 사람에 대해 **중단·중지의 원인이 있는 경우에는 공동소송인 전원에게 중단·중지의 효과가 발생**한다(제67조 제3항).

3) 판결에 대한 상소

---

51) 대법 2007.08.24, 2006다40980
52) 대법 2013.03.28, 2011두13729
53) 대법 2010.04.29, 2008다50691

> 제69조(필수적 공동소송에 대한 특별규정) 제67조제1항의 공동소송인 가운데 한 사람이 상소를 제기한 경우에 다른 공동소송인이 그 상소심에서 하는 소송행위에는 제56조제1항의 규정을 준용한다.

① 상소기간의 개별진행 : **상소기간은 각 공동소송인별로 개별 진행**된다. 다만, **전원에 대한 상소기간이 만료되기까지는 당해판결은 확정되지 않는다**.[54]

② 이심의 범위 : **공동소송인 중 한 사람이 상소를 제기하면 전원에 대하여 확정차단되고 상급심에 전부 이심**된다.[55] 항소심으로서는 공동소송인 전원에 대하여 전부판결을 하여야 하며 상소를 제기하지 않은 공동소송인을 빼놓으면 직권취소사유가 된다. 이때 불복하지 아니한 공동소송인에게도 유리하게 변경될 수 있다.

③ 상소하지 않은 당사자의 지위 : 공동소송인 중 한 사람이 상소를 제기한 경우 전원이 모두 상소심에 이심된다면 상소하지 않은 다른 공동소송인의 상소심에서의 지위가 문제되는데 通說 및 判例는 **단순한 상소심 당사자**로 보아[56] ⅰ) 상소인지를 붙이지 않아도 되며, ⅱ) 상소비용도 부담하지 않고, ⅲ) 상소취하권이 없으며, ⅳ) 상소심의 심판범위는 실제 상소한 자에 의하여 특정·변경되게 된다.

(5) 본안재판의 통일

공동소송인 일부에 대해서만 판결하거나 남은 공동소송인에 대해 추가판결을 하는 것은 모두 허용되지 않는다.[57] 또한 공동소송인 사이에서 본안에 관한 판결결과가 구구하게 되는 것이 허용되지 않는다. 항소심에서도 합일확정의 필요 때문에 불이익변경금지원칙의 적용이 없다.[58] 필수적 공동소송인측이 패소할 경우 소송비용은 공동소송인의 연대부담으로 하는 것이 적당하다(제102조 제1항 단서).

제4항 특수한 형태의 공동소송

Ⅰ. 예비적·선택적 공동소송(소의 주관적 예비적·선택적 병합)

> 제70조(예비적·선택적 공동소송에 대한 특별규정) ① 공동소송인 가운데 일부의 청구가 다른 공동소송인의 청구와 법률상 양립할 수 없거나 공동소송인 가운데 일부에 대한 청구가 다른 공동소송인에 대한 청구와 법률상 양립할 수 없는 경우에는 제67조 내지 제69조를 준용한다. 다만, 청구의 포기·인낙, 화해 및 소의 취하의 경우에는 그러하지 아니하다.
> ② 제1항의 소송에서는 모든 공동소송인에 관한 청구에 대하여 판결을 하여야 한다.

1. 의 의

예비적·선택적 공동소송이란 공동소송인의 청구나 공동소송인에 대한 청구가 법률상 양립할 수 없는 관계에 있고, 어느 것이 인용될 것인가를 쉽게 판단하기 어려운 경우에 필수적 공동소송의 규정을 준용하

---

54) 대법 2017.09.21. 2017다233931
55) 대법 2022.06.30. 2022다217506; 대법 2017.09.21. 2017다233931; 대법 2011.06.24. 2011다1323
56) 대법 1993.04.23. 92누17297
57) 대법 2022.06.30. 2022다217506
58) 대법 2010.04.29. 2008다50691

여 서로 모순 없는 통일적인 재판을 구하는 공동소송형태이다(제70조).

2. 도입 전 인정여부에 관한 논의

(1) 견해의 대립

1) **긍정설** : ① 권리자·의무자가 택일적인 관계일 때에 이에 대처하여 해결하는 공동소송형태의 현실적 수요가 있고, ② 재판의 불통일의 방지, ③ 하나의 절차에서 분쟁의 1회적 해결에 의한 소송경제를 도모하기 위하여 긍정하자는 입장이다.

2) **부정설** : ① 예비적 피고에 대한 청구의 당부판단이 1차적 피고에 대한 청구의 판단결과에 의해 좌우되므로 예비적 피고의 지위가 불안정해지고, ② 상소가 제기된 경우나 소송절차의 중단 중지가 있는 경우 공동소송인 독립의 원칙이 적용되는 결과 통일적인 재판이 보장되지 않는 문제가 발생할 수 있으며, ③ 택일적 관계에 있는 당사자의 일방에 대해서는 소송고지를 해두면 재판의 불통일을 막을 수 있다는 점을 근거로 주관적 예비적 병합을 부정하는 입장이다.

(2) 종전 判例의 입장

소의 주관적·예비적 청구의 병합에 있어서 예비적 당사자, 특히 예비적 피고에 대한 청구의 당부에 관한 판단은 제1차적 피고에 대한 청구의 판단결과에 따라 결정되므로, 예비적 피고의 소송상의 지위가 현저하게 불안정하고 또 불이익하게 되어 이를 허용할 수 없다고 할 것이므로, **예비적 피고에 대한 청구는 이를 바로 각하하여야 한다고 하여 부정**하였다.[59]

(3) 부정설의 우려해소와 개정법에서의 도입

개정민사소송법은 제70조에서 예비적 공동소송의 소송형태를 인정하여 입법적으로 해결하였는데, 종래 부정설에서 논의되던 재판의 불통일 위험에 대하여는 필수적 공동소송의 특칙인 제67조에서 제69조를 준용하여 해결하였고, 예비적 피고의 지위불안은 제70조 제2항에서 해결하였다.

3. 요 건

(1) 공동소송의 일반요건을 갖출 것

예비적·선택적 공동소송도 공동소송의 일종이므로 **공동소송의 일반요건인 주관적요건과 객관적요건을 갖추어야 한다**(제65조, 제253조).

(2) 청구끼리 양립할 수 없을 것

공동소송인 중 일부의 청구가 다른 공동소송인의 청구와 법률상 양립할 수 없거나 공동소송인 중 일부에 대한 청구가 다른 공동소송인에 대한 청구와 법률상 양립할 수 없는 경우이어야 한다(제70조 제1항). 즉, 어느 하나가 인용되면 법률상 다른 청구는 기각될 관계에 있어야 한다.

1) **법률상 양립할 수 없는 경우** : 判例는 "여기에서 '법률상 양립할 수 없다'는 것은, ① 동일한 사실관계에 대한 법률적인 평가를 달리하여 두 청구 중 어느 한 쪽에 대한 법률효과가 인정되면 다른 쪽에 대한

---

[59] 대법 1997.08.26, 96다31079

법률효과가 부정됨으로써 두 청구가 모두 인용될 수는 없는 관계에 있는 경우나, 당사자들 사이의 사실관계 여하에 의하여 또는 청구원인을 구성하는 택일적 사실인정에 의하여 어느 일방의 법률효과를 긍정하거나 부정하고 이로써 다른 일방의 법률효과를 부정하거나 긍정하는 반대의 결과가 되는 경우로서, 두 청구들 사이에서 한 쪽 청구에 대한 판단 이유가 다른 쪽 청구에 대한 판단 이유에 영향을 주어 각 청구에 대한 판단 과정이 필연적으로 상호 결합되어 있는 관계를 의미하며, ② **실체법적으로 서로 양립할 수 없는 경우뿐 아니라 소송법상으로 서로 양립할 수 없는 경우를 포함하는 것으로 봄이 상당하다.**"고 판시하고 있다.

2) 사실상 양립할 수 없는 경우 : 예컨대 계약체결의 당사자가 A,B 둘 중의 하나라는 사실을 내세우는 경우는 투망식 소송의 폐단의 우려로 부정하는 것이 다수의 입장이다.

판례연구 : 예비적 공동소송의 허용

1. 실체법상 양립불가의 경우로 허용한 例

- 주위적 피고에 대하여는 통정허위표시 또는 반사회질서의 법률행위임을 이유로 소유권이전등기말소청구를, 예비적 피고에 대해서는 그것이 인정되지 않으면 이행불능을 이유로 전보배상청구를 하는 경우[60]
- 甲이 주위적 청구로 乙을 상대로 소유권이전등기를, 丙을 상대로는 乙을 대위하여 소유권이전등기말소를 구하고, 예비적 청구로 乙의 소유권이전등기의무 이행불능을 이유로 乙, 丁, 戊를 상대로 손해배상을 구하였다면, 乙에 대한 소유권이전등기청구와 관련하여 乙이 주위적 피고가 되고 丁, 戊가 예비적 피고가 되는 예비적 공동소송 관계에 있다.[61]
- 주위적 청구는 피고 삼성카드 주식회사가 피고 대우자동차판매 주식회사에게 차량대금을 지급하였음을 전제로 피고 대우자동차판매에 대하여 차량미인도로 인한 채무불이행책임 또는 사용자책임을 묻는 것이고, 이 사건 예비적 청구는 피고 삼성카드가 피고 대우자동차판매에게 차량대금을 지급하지 않았음을 전제로, 피고 삼성카드에 대하여 할부금 지급채무가 없음의 확인과 아울러 이미 납입한 할부금의 반환을 구하는 것임을 알 수 있는바, 이러한 각 청구의 원인을 앞서 본 법리에 비추어 살펴보면, 주위적 청구에 대한 판단이유가 예비적 청구에 대한 판단이유에 영향을 줌으로써 위 각 청구에 대한 판단과정이 필연적으로 상호 결합되어 있는 관계에 있어 위 두 청구는 법률상 양립할 수 없고, 또한 주위적 청구는 예비적 청구와 그 상대방을 달리하고 있어, 피고들에 대한 위자료청구를 제외한 나머지 이 사건 소송은 민사소송법 제70조 제1항 소정의 예비적 공동소송에 해당한다.[62]
- 공탁이 무효임을 전제로 한 피고 甲에 대한 주위적 청구와 공탁이 유효임을 전제로 한 피고 乙 및 제1심 공동피고들에 대한 예비적 청구가 공탁의 효력 유무에 따라 두 청구가 모두 인용될 수 없는 관계에 있거나 한쪽 청구에 대한 판단 이유가 다른 쪽 청구에 대한 판단 이유에 영향을 주어 각 청구에 대한 판단 과정이 필연적으로 상호 결합되어 있는 주관적·예비적 공동소송의 관계에 있다.[63]
- 甲 아파트의 입주자대표회의와 구분소유자들이, 집합건물의 소유 및 관리에 관한 법률에 근거하여 사업주체인 乙 주식회사에 대한 손해배상청구를 주관적·예비적 병합의 형태로 병합하여 청구하고, 이와 별도로 입주자대표회의가 건설공제조합을 상대로 하자보수보증계약에 기한 보증책임으로서 보증금 지급을 청구하였는데, 원심이 입주자대표회의의 乙 회사에 대한 청구는 기각하고 예비적 청구인 구분소유자들의 청구는 일부 인용하면서 입주자대표회의의 건설공제조합에 대한 보증금 지급청구도 일부 인용한 사안에서, 원심이 입주자대표회의의 건설공제조합에 대한 청구와 구분소유자들의 乙 회사에 대한 청구를 병렬적으로 인용한 것을 잘못이라 할 수 없고, 다만 원심이 인정한 위 각 책임은 그 대상인 하자가 일부 겹치는 것이고 그렇게 겹치는 범위 내에서는 결과적으로 동일한 하자의 보수를 위하여 존재하는 것이므로, 향후 원고들이 그 중 어느 한 권리를 행사하

---

[60] 대법 2008.03.27, 2005다49430
[61] 대법 2011.09.29, 2009다7076
[62] 대법 2008.07.10, 2006다57872
[63] 대법 2011.02.24, 2009다43355

여 하자보수에 갈음한 보수비용 상당이 지급되면 그 금원이 지급된 하자와 관련된 한도 내에서 다른 권리도 소멸하는 관계에 있지만, 이는 의무 이행 단계에서의 조정에 관한 문제일 뿐 의무의 존부를 선언하는 판결 단계에서 상호 배척 관계로 볼 것은 아니므로, 원심이 위 각 청구를 함께 인용한 것이 중복지급을 명한 것이라고 할 수 없다.[64]

- 제1심 공동피고 A에 대하여 2억 원의 대여금 반환을 구함과 아울러, 주위적으로 피고 乙에 대하여, 피고 丙이 피고 乙의 대리인으로서 제1심 공동피고 A의 원고에 대한 대여금 반환채무를 연대보증하는 취지의 이 사건 차용증을 작성·교부하였음을 주장하며 제1심 공동피고 A와 연대하여 위 대여금을 지급하여 줄 것을 구하고, 피고 丙에게 피고 乙을 대리할 권한이 있음이 인정되지 아니할 경우에 대비하여 예비적으로 피고 丙에 대하여, 위 피고가 이 사건 차용증을 작성·교부하면서 제1심 공동피고 A의 대여금 반환채무를 연대보증하였거나, 무권대리인으로서 민법 제135조에 따른 연대보증책임이 있다고 주장하며 제1심 공동피고 A와 연대하여 위 대여금을 지급하여 줄 것을 구하는 것은 피고들에 대한 청구는 두 청구가 모두 인용될 수 없는 관계에 있거나 한쪽 청구에 대한 판단 이유가 다른 쪽 청구에 대한 판단 이유에 영향을 주어 각 청구에 대한 판단 과정이 필연적으로 상호 결합되어 있는 관계에 있어서 모든 당사자들 사이에 결론의 합일확정을 기할 필요가 인정되므로, 피고들에 대한 청구는 민사소송법 제70조 제1항에서 정한 주관적·예비적 공동소송이다.[65]
- 임차인 원고가 임대인 지위 승계가 차단되었음을 이유로 임대차계약을 체결한 양도인을 주위적 피고로 내세우고 임대인 지위 승계가 되었다면 임대차목적물을 낙찰받은 양수인을 예비적 피고를 상대로 임대차보증금반환을 청구하는 것은 적법하다.[66]
- 원고는 주위적 피고 서울특별시 강동구가 사업시행자임을 전제로 부당이득금의 반환을 구하였고, 사업시행자가 피고 서울특별시인 경우를 대비하여 예비적 피고를 상대로 부당이득금의 반환을 청구한 사안에서, 원고의 주위적·예비적 피고에 대한 청구는 동시에 인용될 수 없는 관계에 있고, 한쪽 청구에 대한 판단 이유가 다른 쪽 청구에 대한 판단 이유에 영향을 주어 각 청구에 대한 판단 과정이 필연적으로 상호 결합되어 있는 관계에 있어서 모든 당사자들 사이에 결론의 합일 확정을 기할 필요가 있다고 하였다.[67]

2. 소송법상 양립불가의 경우로 허용한 예

- 피고적격자가 A인지 B인지 누가 피고적격을 갖느냐에 따라 어느 일방에 대한 청구는 부적법해지고 다른 일방에 대한 청구는 적법해질 수 있는 경우, A를 먼저 피고로 제기한 소송 중에 B를 예비적 피고로 추가하는 것은 적법하다.[68]

판례연구 : 부진정 연대채무의 경우 부정

- 부진정 연대채무관계는 일방의 채무가 변제 등에 의하여 소멸되면 타방의 채무도 소멸되는 관계이므로 이러한 관계의 채무자 A, B를 공동피고로 한 각 청구는 법률상 양립할 수 없는 경우가 아니므로 예비적 공동소송이 될 수 없다.[69]
- 甲 재단법인 등이 소유한 토지 지상에 국가가 설치한 송전선로가 지나가고 있고 한국수자원공사가 송전선로 등 수도권 광역상수도시설에 대한 수도시설관리권을 국가로부터 출자받아 시설을 유지·관리하고 있는데, 甲 법인 등이 주위적으로 한국수자원공사에 대하여, 예비적으로는 국가에 대하여 토지 상공의 점유로 인한 부당이득반환을 구한 사안에서, 어떤 물건에 대하여 직접점유자와 간접점유자가 있는 경우, 그에 대한 점유·사용

---

(64) 대법 2012.09.13, 2009다23160
(65) 대법 2015.03.20, 2014다75202
(66) 임차인의 보호를 위한 주택임대차법의 입법취지에 비추어 임차인이 임대인의 지위승계를 원하지 않는 경우에는 임차인이 임차주택의 양도사실을 안 때로부터 상당한 기간 내에 이의를 제기함으로써 승계되는 임대차관계의 구속으로부터 벗어날 수 있고, 그와 같은 경우에는 양도인의 임차인에 대한 임대차보증금 반환채무는 소멸하지 않는다(대법원 2002. 9. 4. 선고 2001다64615 판결 참조). 이러한 법리에 따라 예비적 공동소송으로 제기한 것은 적법하다는 것에, 대법 2021.11.11, 2021다251929
(67) 대법 2022.04.14, 2020다224975
(68) 대법 2007.06.26, 2007마515
(69) 대법 2009.03.26, 2006다47677

으로 인한 부당이득의 반환의무는 동일한 경제적 목적을 가진 채무로서 서로 중첩되는 부분에 관하여는 일방의 채무가 변제 등으로 소멸하면 타방의 채무도 소멸하는 이른바 부진정연대채무의 관계라 하면서, 주위적 피고에 대한 청구와 예비적 피고에 대한 청구가 법률상 양립할 수 없는 것이 아닌 경우는 진정한 의미의 예비적 공동소송의 관계가 아니므로 필수적 공동소송에 관한 제67조는 준용되지 않아 <u>상소로 인한 확정차단의 효력도 상소인과 상대방에 대하여만 생기고 다른 공동소송인에게는 미치지 아니하므로 상소한 청구부분은 상소심의 심판의 대상이 되지만 상소하지 아니한 부분은 분리확정되었으므로 그 부분은 소송종료선언의 대상</u>이라고 하였다.[70]

4. 제70조 공동소송의 형태

(1) 수동형과 능동형

당사자 중 어느 쪽이 공동소송인이 되느냐에 따라 피고측이 공동소송인이 되는 경우를 수동형이라고 하고, 원고측이 공동소송인이 되는 경우를 능동형이라고 한다.[71]

(2) 원시형과 후발형

예비적·선택적 공동소송이 소 제기 당시부터 시작되는 유형을 원시형이라고 하고 **소송계속 중에 예비적 공동소송인 또는 선택적 공동소송인이 추가되는 형태를 후발형**이라고 한다. 후발형의 경우 법 제70조 1항이 법 제68조를 준용하고 있으므로 **제1심 변론종결시까지 추가할 수 있고, 예비적 원고의 추가는 추가될 사람의 동의가 필요**하다. 허가결정을 한 때에는 그 허가결정의 정본을 당사자 모두에게 송달하여야 하고, 추가될 당사자에게는 소장 부본도 송달하여야 하며(제68조 제2항), 추가된 당사자에 대한 관계에서는 처음의 소가 제기된 때에 소가 제기된 것으로 간주된다(제68조 제3항).[72] 법원에 의한 변론의 병합으로도 예비적·선택적 공동소송이 가능한지에 관하여는 학설다툼이 있으나 처분권주의에 반하지 아니하는 범위 내에서 당사자가 후발적으로 예비적·선택적 공동소송인을 추가하는 방법의 일환으로 별도로 제소된 사건의 변론을 병합하여 당사자의 편의를 도모하기 위한 것이므로 달리 문제가 될 것은 없다고 보는 것이 타당하다.[73] 추가되는 당사자가 반드시 예비적 당사자일 필요는 없고 주위적 피고가 될 수도 있다.

(3) 예비형과 선택형

각 청구사이에 심판의 순서를 붙이는 예비형과, 어느 한 사람에 대한 청구가 택일적으로 인용될 것을 해제조건으로 다른 사람에 대한 심판을 구하는 선택형이 있다.

5. 허용요건에 대한 재판

예비적·선택적 공동소송의 허용 요건은 직권으로 판단하며, ⅰ) 원시적으로 예비적·선택적 공동소송을 제기하였는데 그 요건을 갖추지 못한 경우, 소송지휘권을 행사하여 통상공동소송이 되도록 보정하는 조치를 취하되,[74] 보정이 안되면 예비적 피고에 대한 청구를 조건부 청구로 보아 이것만 부적법 각하할 것이다. ⅱ) 후발적으로 추가된 신청이 요건을 갖추지 못했으면 기각하여야 한다(제70조 1항, 제68조 6항).

---

70) 대법 2012.09.27, 2011다76747
71) 대법 2012.09.13, 2009다23160
72) 대법 2008.04.10, 2007다86860
73) 강현중 210면; 법원실무제요 295면; 김홍엽 785면
74) 대법 2008.12.11, 2005다51495

6. 본안심판 방법

(1) 소송자료의 통일

1) **유리한 소송행위** : 제1차적 피고, 예비적 피고 중 한 사람의 소송행위 중 유리한 것은 전원에 대하여 효력이 생긴다.

2) **불리한 소송행위**

① 불리한 소송행위는 원칙적으로 공동소송인 전원이 함께 하지 않으면 안되나, **청구의 포기·인낙, 화해 및 소취하의 경우에는 필수적 공동소송에 관한 특별규정이 적용되지 않아 이를 단독으로 할 수 있다**(제70조 제1항 단서). **이 경우 소를 취하하지 않은 나머지 공동소송인에 관한 청구 부분은 여전히 심판의 대상이 된다**.[75]

② 재판상 자백의 경우 : 예비적 공동소송은 제67조가 준용되는 결과 자백은 모두가 함께 하여야 한다고 보아 주위적 피고의 자백이든 예비적 피고의 자백이든 한 사람만의 자백은 효력이 없다(학설대립 있음).[76]

(2) 소송진행의 통일

1) **1인에게 중단사유가 생긴 경우** : 전 소송이 중단된다.

2) **변론의 분리·일부판결** : 제67조 3항의 준용으로 변론준비·변론·증거조사·판결선고는 같은 기일에 함께 하여야 하며, 변론의 분리·일부판결은 할 수 없다. 다만 大法院은 '**조정에 갈음하는 결정**'에 일부 **공동소송인이 이의 신청을 하지 아니한 경우에 그에 대한 관계에서는 분리 확정되는 것이 원칙**이나, 결정 자체에서 분리확정을 불허하거나 결정내용이 공동소송인들에 공통되는 법률관계의 형성을 전제로 이해관계를 조절하는 등 소송진행의 통일을 목적으로 하는 제70조 1항 본문의 입법취지에 반하는 결과가 될 때에는 분리확정이 안된다고 하였다.[77] 이러한 법리는 이의신청 기간 내에 이의신청이 없으면 재판상 화해와 동일한 효력을 가지는 **화해권고결정의 경우에도 마찬가지로 적용**된다.[78] 이는 주관적·예비적 공동소송에서 화해권고결정에 대하여 일부 공동소송인만이 이의신청을 한 후 그 공동소송인 전원이 분리 확정에 대하여는 이의가 없다는 취지로 진술하였더라도 마찬가지이다.[79]

3) **공동소송인 중 한 사람이 상소한 경우** : **공동소송인 중 1인만이 상소한 경우 필수적 공동소송의 규정이 준용되므로 모두에 대하여 판결의 확정이 차단되고 소송전부가 이심**된다.[80] 이러한 경우 **상소심의 심판대상은 주위적·예비적 공동소송인 및 그 상대방 당사자 사이의 결론의 합일확정의 필요성을 고려하여 그 심판의 범위를 판단**하여야 한다(불이익변경금지원칙의 배제).[81]

---

75) 대법 2018.02.13, 2015다242429
76) 이시윤 13판 759면
77) 대법 2008.07.10, 2006다57872
78) 대법 2015.03.20, 2014다75202
79) 대법 2022.04.14, 2020다224975
80) 대법 2018.02.13, 2015다242429
81) 대법 2022.04.14, 2020다224975

(3) 본안재판의 통일

1) 모든 청구에 대한 판결

① 개정법은 **모든 공동소송인에 대한 청구에 관하여 빠짐없이 판결을 하도록 규정**하고 있다(제70조 제2항). 따라서 원고가 어느 한 사람을 피고로 지정하여 소를 제기하였다가 다른 사람이 주위적 또는 예비적 피고의 지위에 있다고 주장하면서 그에 대한 청구를 아울러 하는 경우에, 그것이 주위적 또는 예비적 피고를 추가하는 취지라면 법원은 위에서 적시한 바와 같은 조치를 취하여야 한다.[82] 다만 어느 한 당사자에 대한 청구를 배척한다고 하여 반드시 다른 당사자에 대한 청구를 인용하여야 하는 것은 아니다.

② 일부 공동소송인에 대하여만 판결을 한 경우의 위법은 소송요건에 준하여 직권으로 조사하여야 할 사항에 해당한다.[83] **착오로 일부 공동소송인에 대하여서만 일부판결을 하더라도 전부 판결을 한 것으로 취급하여 상소로써 다투어야** 하고, 추가판결을 하는 것을 허용되지 않는다.[84] **누락된 예비적·선택적 공동소송인은 착오로 인한 일부판결을 시정하기 위하여 상소를 제기할 이익이 있다**.[85]

2) 예비적 피고에 대한 청구인용판결에 예비적 피고만이 항소한 경우

① 법률상 양립할 수 없는 공동소송인 사이의 분쟁관계를 모순 없이 통일적으로 해결함으로써 재판의 통일을 기하려는 제도의 취지상 불이익변경금지의 원칙이 적용되지 아니하므로, 원고의 주위적 청구도 항소심의 심리대상이 되고, 심리결과 원고의 주위적 피고에 대한 청구가 이유 있으면 원심판결을 취소하여 원고의 주위적 피고에 대한 청구를 인용하고, 원고의 예비적 피고에 대한 청구를 기각하여야 한다.[86]

② 이 경우 주위적 피고는 상소심의 당사자이므로 원고를 위한 보조참가를 할 수 없다.[87]

7. 복합적 소송관계

判例는 법 제70조 1항 본문에서 '공동소송인 가운데 일부에 대한 청구'를 반드시 '공동소송인 가운데 일부에 대한 모든 청구'라고 해석할 근거는 없으므로, **주위적 피고에 대한 주위적·예비적 청구 중 주위적 청구부분이 인용되지 아니할 경우 그와 법률상 양립할 수 없는 관계에 있는 예비적 피고에 대한 청구를 인용하여 달라는 취지로 결합하여 소를 제기하는 것도 가능**하고, 이 경우 **주위적 피고에 대한 예비적 청구와 예비적 피고에 대한 청구가 서로 법률상 양립할 수 있는 관계에 있으면 양 청구를 병합하여 통상의 공동소송으로 보아 심리·판단할 수 있다**고 보고 있다.[88] 나아가 이러한 법리는 원고가 주위적 피고에 대하여 실질적으로 선택적 병합 관계에 있는 두 청구를 주위적·예비적으로 순위를 붙여 청구한 경우에도 그대로 적용된다.[89]

---

82) 대법 2008.04.10, 2007다86860
83) 대법 2022.04.14, 2020다224975
84) 대법 2018.02.13, 2015다242429
85) 대법 2008.03.27, 2005다49430; 대법 2008.04.10, 2007다36308
86) 대법 2011.02.24, 2009다43355
87) 이시윤 13판 760면
88) 대법 2009.03.26, 2006다47677; 대법 2014.03.27, 2009다104960
89) 원고는 소장에서 피고 경기도의료원을 상대로 수원병원이 응급구조사 등의 탑승 없이 망인을 이송한 이 사건 구

II. 추가적 공동소송(주관적·추가적 병합)

1. 서 설

(1) 의 의

소송계속 중 제3자가 스스로 당사자로서 소송에 가입을 구하거나, 종래의 당사자가 제3자에 대하여 소를 추가적으로 병합제기함으로써 제3자가 새로 당사자로 추가되어 후발적으로 공동소송이 되는 형태를 말한다.

(2) 현행법상의 제도

현행법상 ① 누락된 필수적 공동소송의 추가(제68조), ② 예비적·선택적 공동소송의 추가(제70조, 제68조), ③ 참가승계(제81조), ④ 인수승계(제82조), ⑤ 공동소송참가(제83조) 등이 있다.

2. 명문의 규정이 없는 경우

(1) 견해의 대립

1) **부정설** : 필수적 공동소송에서는 공동소송인 중 일부를 빠뜨림으로써 당사자적격에 흠결이 생겨 소가 부적법 각하되는 것을 방지하기 위하여 인정되지만, 통상공동소송에서는 공동소송인 중 일부가 누락된 경우에도 당사자적격의 흠결의 문제가 생기지 않으므로 입법취지상 이 경우까지는 추가의 대상이 아니라고 보는 견해이다.[90]

2) **긍정설** : 통상의 공동소송의 경우에도 분쟁의 일회적 해결과 소송경제의 필요성이 있으므로 추가를 인정하자는 입장이다.[91]

급차의 운용자라고 주장하며 응급의료법 제48조 위반의 불법행위에 기한 손해배상청구(이하 '주위적 청구'라고 한다)만을 하였다가, 2013. 2. 12.자 준비서면을 통하여 수원병원이 이 사건 구급차의 운용자가 아니라고 하더라도 수원병원 의료진에게는 응급구조사의 탑승 여부 등을 확인하지 아니한 채 이 사건 구급차로 망인을 이송시킨 잘못이 있다고 주장하며 예비적으로 응급의료법 제11조 제2항 위반의 불법행위에 기한 손해배상청구(이하 '예비적 청구'라고 한다)를 추가하였다. 이어 원고는 수원병원이 이 사건 구급차의 운용자가 아니라면 피고 하나구급센터가 이 사건 구급차의 운용자에 해당한다고 주장하며 피고 경기도의료원에 대한 주위적 청구가 받아들여지지 아니할 경우 피고 하나구급센터에 대한 응급의료법 제48조 위반의 불법행위에 기한 손해배상청구를 받아들여 달라는 취지로 피고 구급센터에 대한 청구를 결합하기 위하여 예비적 피고 추가 신청을 하였고, 제1심은 2013. 6. 26. 피고 구급센터를 이 사건의 예비적 피고로 추가하는 것을 허가하는 결정을 하였다. 이러한 원고의 청구 내용을 앞서 본 법리에 따라 살펴보면, 피고 경기도의료원에 대한 각 청구는 실질적으로 선택적 병합 관계에 있는 것을 주위적·예비적으로 순위를 붙여 청구한 경우에 해당하고, 피고 경기도의료원에 대한 주위적 청구와 피고 하나구급센터에 대한 청구는 서로 법률상 양립할 수 없는 관계에 있으며, 한편 피고 경기도의료원에 대한 예비적 청구와 피고 구급센터에 대한 청구는 서로 법률상 양립할 수 있는 관계에 있으므로, 제1심이 피고 구급센터를 예비적 피고로 추가한 것은 적법하고, 피고 경기도의료원에 대한 주위적 청구가 받아들여지지 아니할 경우 피고 경기도의료원에 대한 예비적 청구와 피고 구급센터에 대한 청구를 병합하여 통상의 공동소송으로 보아 심리·판단할 수 있다는 것에, 대법 2015.06.11, 2014다232913

[90] 호문혁 764면
[91] 이시윤 13판 763면; 정동윤 900면; 김용진 860면; 전병서 790면

(2) 判例의 태도

判例는 "필수적 공동소송인 아닌 사건에 있어 소송 도중에 피고를 추가하는 것은 그 경위가 어떻든 간에 허용될 수 없다."고 하여 통상공동소송의 추가를 허용하지 않는다.[92]

(3) 검 토

공동소송인 중 일부누락의 경우에도 당사자적격에 흠결이 발생하지 않는 통상의 공동소송에서는 명문의 규정이 없는 이상 이를 인정하지 않는 것이 타당하다.

제2절 선정당사자

I. 서 설

1. 의 의

> 제53조(선정당사자) ① 공동의 이해관계를 가진 여러 사람이 제52조의 규정에 해당되지 아니하는 경우에는, 이들은 그 가운데에서 모두를 위하여 당사자가 될 한 사람 또는 여러 사람을 선정하거나 이를 바꿀 수 있다.
> ② 소송이 법원에 계속된 뒤 제1항의 규정에 따라 당사자를 바꾼 때에는 그 전의 당사자는 당연히 소송에서 탈퇴한 것으로 본다.

공동의 이해관계를 가진 다수자가 공동소송인이 되어 소송을 하여야 할 경우에 그 가운데서 모두를 위하여 소송을 수행할 당사자로 선출된 자를 선정당사자라고 하고, 이 경우 선정행위를 하는 다수의 총원을 선정자라고 한다. 선정당사자제도는 다수당사자소송을 단순화·간소화하는 방편이 된다. **비송사건에는 선정당사자를 선정할 수 없다**.[93]

2. 법적 성질

선정당사자는 엄연히 당사자적격을 가진 당사자로서 대리와는 구별되며, 소송수행권을 신탁시킨 신탁관계로 볼 수 있다. 즉, 임의적 소송담당의 일종이다.

II. 요 건

1. 공동소송인으로 될 다수의 자가 있을 것

여기의 여러 사람은 두 사람 이상이면 되고, **원고 측에 한하지 아니하며 피고 측이라도 무방**하다. 여러 사람이 비법인사단을 구성하고 있을 때에는 제53조 1항 명문의 규정상 선정의 여지가 없다.[94]

2. 공동의 이해관계가 있을 것

(1) 공동의 이해관계의 의미

---

92) 대법 1993.09.28, 93다32095
93) 대법 1990.12.07, 90마674·90마카11
94) 이시윤 13판 765면; 김홍엽 800면

大法院은 합자회사인 영남주택이 아파트 88세대를 분양하고 중도금을 수령한 후, 준공검사를 받은 후 타회사 명의로 소유권보존등기를 경료하고, 명의회사가 이 사건 아파트를 담보로 하여 금원을 차용하고 근저당권을 설정하자, 수분양자들이 채권자를 상대로 원인무효 말소등기를 구하면서 선정당사자를 선정한 사안에서 "**공동의 이해관계가 있는 다수자는 선정당사자를 선정할 수 있는데**, 이 경우 공동의 이해관계란 다수자 상호간에 공동소송인이 될 관계에 있고, 또 **주요한 공격방어 방법을 공통으로 하는 것을 의미**하므로, **다수자의 권리·의무가 동종이며 그 발생 원인이 동종인 관계에 있는 것만으로는 공동의 이해관계가 있는 경우라고 할 수 없어, 선정을 허용할 것이 아니**"라고 판시하였다.[95]

(2) 제65조 후문이라도 쟁점공통의 경우 선정의 적법성

大法院은 "임차인들이 乙을 임대차계약상의 임대인이라고 주장하면서 乙에게 그 각 보증금반환을 청구하는 경우, 그 사건 쟁점은 乙이 임대차계약상의 임대인으로서 계약당사자인지 여부에 있으므로, **임차인들은 상호간에 공동소송인이 될 관계가 있을 뿐 아니라 주요한 공격방어방법을 공통으로 하는 경우에 해당함이 분명하여, 공동의 이해관계가 있어 선정당사자를 선정할 수 있다.**"고 판시하여,[96] 비록 제65조 후문의 이해관계만 있는 경우라도 여러 사람 사이에 쟁점공통의 경우도 공동의 이해관계가 있는 경우로 보았다.

(3) 검 토

생각건대 여러 사람이 제65조 후문의 관계인 때에는 특별히 쟁점에 공통성이 있으면 별론으로 하고 그렇지 않는 한 공격방어방법이 공통적일 것을 기대하기 어려울 것이므로 그 선정을 허용해서는 안된다.

3. 공동의 이해관계 있는 다수자 중에서 선정할 것

<u>이해관계 없는 제3자를 선정함은 소송신탁의 금지(신탁법 제6조) 및 변호사대리원칙(제87조)을 잠탈할 우려가 있기 때문</u>이다. 선정당사자도 선정행위를 하였다는 의미에서 선정자단에 포함시킬 것이다.[97]

III. 선정의 성질 및 방법

1. 선정의 성질

(1) 소송행위

선정행위는 선정자가 소송수행권을 선정당사자에게 부여하는 행위로서 **대리권수여에 유사한 단독적 소송행위**이다. 따라서 **소송능력을 요하며 조건을 붙여서는 안 된다**.

(2) 심급한정의 선정가부

大法院은 공동의 이해관계가 있는 당사자가 당사자를 선정한 경우에는 당사자 선정은 총원의 합의로써 장래를 향하여 이를 취소, 변경할 수 있는 만큼 당초부터 **특히 어떠한 심급을 한정하여 당사자인 자격을 보유하게끔 할 목적으로 선정하는 것도 역시 허용**된다. 그러나 제1심에서 제출된 선정서에 사건명을 기재한 다음에 "제1심 소송절차에 관하여" 또는 "제1심 소송절차를 수행하게 한다"라는 문언이 기재되어 있는 경우라 하더라도 특단의 사정이 없는 한 그 기재는 사건명 등과 더불어 선정당사자를 선정하는 사건을 특정하

---

95) 대법 1997.07.25, 97다362
96) 대법 1999.08.24, 99다15474
97) 대법 2011.09.08, 2011다17090

기 위한 것으로 보아야 하고, 따라서 그 선정의 효력은 제1심의 소송에 한정하는 것이 아니라 소송의 종료에 이르기까지 계속되는 것으로 해석함이 상당하다고 판시하였다.[98]

2. 선정의 시기

소송계속의 전·후를 불문한다. 다만, 소송계속 후에 선정한 때에는 선정자는 당연히 소송에서 탈퇴한 것으로 본다(제53조 제2항).

3. 선정의 방법

각 선정자가 개별적으로 하여야 하며 다수결로 선정할 수 없다. 다만, 전원이 동일인을 선정하여야만 되는 것은 아니고 **여러 명의 선정당사자를 선정할 수도 있다**.

4. 서면증명

> 제58조(법정대리권 등의 증명) ① 법정대리권이 있는 사실 또는 소송행위를 위한 권한을 받은 사실은 서면으로 증명하여야 한다. 제53조의 규정에 따라서 당사자를 선정하고 바꾸는 경우에도 또한 같다.
> ②제1항의 서면은 소송기록에 붙여야 한다.

IV. 선정의 효과

1. 선정당사자의 지위

(1) 선정당사자의 권한

선정당사자는 대리인이 아니고 모두의 소송에 관하여 당사자 적격자로서 소송수행을 하므로, **소송당사자로서 일체의 소송행위를 할 수 있고, 소의 취하, 화해, 청구의 포기·인낙, 상소 등에 관해서도 선정자로부터 제90조 2항의 특별한 수권을 받을 필요가 없으며 상대방이 주장하는 사실에 대해 자백을 하더라도 그 소송행위는 유효**하다. 또한 **공격방어에 필요한 모든 사법상의 행위 또는 선정자의 사법상 권리행사를 할 수 있고, 개개의 소송행위를 함에 있어서 선정자의 개별적 동의가 필요한 것은 아니다**.[99] 따라서 **선정당사자가 상대방과 소취하합의를 한 경우 이는 선정당사자가 소송수행에 필요한 사법상의 행위에 해당하고 선정자들의 동의와 관계없이 소를 취하할 수 있다**.[100] 한편 선정자와 선정당사자간에 내부적인 권한제한계약을 맺었다고 하더라도 이로써 법원이나 상대방에게 대항할 수 없고, 이러한 내부특약을 무시하고 행한 선정당사자의 소송행위는 손해배상책임은 별론으로 하고 그대로 유효하다.

(2) 한 계

그러나 **변호사인 소송대리인과 사이에 체결하는 보수약정은 소송위임에 필수적으로 수반되어야 하는 것은 아니므로 선정당사자가 그 자격에 기한 독자적인 권한으로 행할 수 있는 소송수행에 필요한 사법상의 행

---

[98] 대법 1995.10.05, 94마2452; 대법 2003.11.14, 2003다34038
[99] 대법 2003.05.30, 2001다10748
[100] 대법 2012.03.15, 2011다105966

위라고 할 수 없고 선정당사자가 선정자로부터 별도의 수권 없이 변호사 보수에 관한 약정을 하였다면 선정자들이 이를 추인하는 등의 특별한 사정이 없는 한 선정자에 대하여 효력이 없다고 할 것이며, 뿐더러 그와 같은 보수약정을 하면서 향후 변호사 보수와 관련하여 다투지 않기로 부제소합의를 하거나 약정된 보수액이 과도함을 이유로 선정자들이 제기한 별도의 소송에서 소취하합의를 하더라도 이와 관련하여 선정자들로부터 별도로 위임받은 바가 없다면 선정자에 대하여 역시 그 효력을 주장할 수 없다.[101]

(3) 여러 명의 선정당사자의 소송수행형태

같은 선정자단에서 여러 사람의 선정당사자가 선정되었을 때에는 소송수행권을 합유하는 관계에 있기 때문에 그 소송은 필수적 공동소송으로 된다. 그러나 별개의 선정자단에서 각기 선정된 여러 사람의 선정당사자간의 소송관계는 원래의 소송이 필수적 공동소송의 형태가 아니라면 통상공동소송관계라 할 것이다. 나아가 일부의 선정자들에 의해 선출된 선정당사자와 스스로 당사자가 된 자의 소송관계도 원래의 소송의 성질에 따라 정해진다.

2. 선정자의 지위

(1) 소송계속 후 선정시 소송탈퇴와 당사자적격 상실

소송계속 중 선정당사자를 선정하면 선정자는 소송에서 당연히 탈퇴한 것으로 보며(제53조 제2항), 선정당사자가 그 지위를 수계하게 된다. 선정자는 제3자의 지위이므로 소송서류를 송달할 필요가 없고, 소송에 공동소송적 보조참가를 할 수 있으며 증인이 될 수 있다. 선정당사자가 수행한 소송의 판결문에서 당사자로 선정당사자만 적고 선정자를 적지 아니하며 선정자목록을 판결문 뒤에 별지로 붙인다. 선정자에게 판결정본을 송달할 필요가 없지만, 승소한 판결에 대한 승계집행문 부여 신청이 있는 경우에는 판결정본을 교부하여야 한다.

(2) 소제기전 선정시 선정자의 당사자적격 유지여부

소송계속 전에 선정한 경우 선정자들은 여전히 소송수행권을 가지고 소송에 참여할 수 있는가 아니면 소송수행권을 상실하는가에 관하여 견해의 대립이 있다.

1) **견해의 대립** : 이에 대하여는 ① 선정자로 하여금 법 제94조의 경정권 등의 유추로 선정당사자의 독주를 견제할 필요가 있으므로 당사자적격을 유지하는 것으로 보는 적격유지설과,[102] ② 선정자는 선정당사자를 선정함으로써 당사자적격을 상실한다고 보는 적격상실설이 있다.[103]

2) **검 토** : 생각건대 선정당사자의 독주방지는 선정의 취소로 충분하며, 선정당사자는 소송대리인이 아니므로 법 제94조의 경정권을 인정하는 것은 무리이므로 적격상실설이 타당하다고 본다. 다만 선정자는 당해 소송에 관하여 아무런 이해관계가 없는 완전한 소외인이라고 할 수 없고, 언제든지 선정을 취소하고 소송당사자가 될 수 있는 특이한 지위에 있다고 할 수 있다.

---

101) 대법 2010.05.13. 2009다105246
102) 이시윤 13판 768면; 정동윤/유병현 920면; 정영환 869면
103) 호문혁 868면; 송상현/박익환 174면; 강현중 146면; 김용진 646면; 김홍규/강태원 712면; 김홍엽 805면

(3) 판결의 효력

선정당사자가 받은 판결은 선정자에 대해서도 그 효력이 미친다(제218조 제3항). 선정당사자가 이행판결을 받았으면 이에 의하여 선정자를 위해 또는 **선정자에 대해 강제집행을 할 수 있다**. 선정당사자가 채권자로 표시된 경우 선정당사자가 단독으로 일괄하여 강제집행을 신청할 수 있지만, **선정자가 강제집행을 신청하기 위해서는 승계집행문을 부여받아야** 하고(민집 제31조), 집행권원에서 선정당사자가 채무자로 표시된 경우에는 선정자에 대하여 승계집행문을 부여받아야 선정자에 대한 강제집행을 신청할 수 있다. 다만, 집행권원의 주문에 선정자별로 권리의무가 명확하게 표시된 경우에는 승계집행문 없이 선정자가 곧바로 집행당사자가 된다는 반대설이 있다.104)

3. 선정당사자의 자격상실

(1) 선정당사자의 자격상실 사유

> 제63조(법정대리권의 소멸통지) ① 소송절차가 진행되는 중에 법정대리권이 소멸한 경우에는 본인 또는 대리인이 상대방에게 소멸된 사실을 통지하지 아니하면 소멸의 효력을 주장하지 못한다. 다만, 법원에 법정대리권의 소멸사실이 알려진 뒤에는 그 법정대리인은 제56조제2항의 소송행위를 하지 못한다.
> ② 제53조의 규정에 따라 당사자를 바꾸는 경우에는 제1항의 규정을 준용한다.

선정당사자의 자격은 **선정당사자의 사망이나 선정의 취소에 의하여 상실**되며, 또한 **선정당사자 본인에 대한 부분의 소가 취하되거나 판결이 확정되는 등으로 공동의 이해관계가 소멸하는 경우에도 자격을 상실**하게 된다.105) 다만 **대리권소멸의 경우처럼 상대방에 통지를 요한다**(제63조 제2항). 통지자는 통지 후에 그 취지를 법원에 신고하여야 한다(규칙 제13조 2항). 그러나 **선정자의 사망,**106) **선정자가 계쟁권리를 양도하는 등을 통해 공동의 이해관계의 소멸 등은 선정당사자 자격에 영향이 없다**(제95조 유추). 한편 **가처분신청 절차에서 이루어진 선정행위의 효력은 그에 기한 제소명령신청 사건에는 미친다고 할 것이나, 가처분결정취소 신청 사건에서는 그 선정의 효력이 미치지 아니한다.**107)

(2) 선정당사자 중 일부의 자격상실

> 제54조(선정당사자 일부의 자격상실) 제53조의 규정에 따라 선정된 여러 당사자 가운데 죽거나 그 자격을 잃은 사람이 있는 경우에는 다른 당사자가 모두를 위하여 소송행위를 한다.

소송절차는 중단되지 않으며 다른 선정당사자가 소송을 수행한다(제54조).

---

104) 법원실무제요, 민사집행(1), 199면
105) 대법 2006.09.28, 2006다28775
106) 선정자 명단에 이미 사망한 자의 것이 끼어 있다 하더라도 그것은 무의미한 것일 뿐 그것 때문에 위 선정을 위법이라 할 수 없으며, 또 선정 후 선정자의 사망은 선정당사자의 지위에 아무 영향을 주는 것이 아니라는 것에, 대법 1975.06.10, 74다1113.
107) 대법 2001.04.10, 99다49170

(3) 선정당사자 전원의 자격상실

> 제237조(자격상실로 말미암은 중단) ② 제53조의 규정에 따라 당사자가 될 사람을 선정한 소송에서 선정된 당사자 모두가 자격을 잃거나 죽은 때에 소송절차는 중단된다. 이 경우 당사자를 선정한 사람 모두 또는 새로 당사자로 선정된 사람이 소송절차를 수계하여야 한다.

그러나 **소송대리인이 있으면 중단되지 않는다**(제238조).

V. 선정당사자의 자격흠결의 효과

1. 직권조사사항

> 제61조(선정당사자에 대한 준용) 제53조의 규정에 따른 당사자가 소송행위를 하는 경우에는 제59조 및 제60조의 규정을 준용한다.

선정당사자의 자격의 유무는 당사자적격의 문제로서, 직권조사사항이다. 선정행위에 하자가 있으면 법원은 그 보정을 명하여야 한다. **무자격의 선정당사자나 자격증명이 없는 자의 소송행위일지라도 선정자가 그 당사자를 선정하여 그 소송행위를 추인하거나 뒤에 자격증명을 하면 유효**하게 될 수 있다(제61조, 제60조). 만일 보정이나 추인을 얻지 못하면 소각하판결을 하여야 한다.

2. 간과하고 본안판결시

선정당사자의 자격이 없음을 간과하고 본안판결을 하였을 때에는 당사자적격의 흠을 간과한 경우와 같이 상소로써 취소할 수 있지만, 재심사유로는 되지 않는다. 이러한 판결은 판결로서 무효이며 선정자에게 그 효력이 미치지 아니한다.

3. 공동의 이해관계 없는 무자격의 선정당사자의 청구인낙의 경우

(1) 인낙의 효력

선정당사자 자격의 흠은 곧 당사자적격의 흠이므로 이를 간과한 판결 또는 인낙조서는 무효라는 것이 일치된 학설임에도, 判例는 "다수자 사이에 공동소송인이 될 관계에 있기는 하지만 주요한 공격방어방법을 공통으로 하는 것이 아니어서 공동의 이해관계가 없는 자가 선정당사자로 선정되었음에도 법원이 그러한 선정당사자 자격의 흠을 간과하여 그를 당사자로 한 판결이 확정된 경우"에는 무효로 보지 않았다.

(2) 재심사유에 해당하는지

判例는 "제451조 1항 3호 재심사유에 해당하기 위해서는 무권대리인이 대리인으로서 본인을 위하여 실질적인 소송행위를 하였거나 또는 대리권의 흠으로 인하여 본인이나 그의 소송대리인이 실질적인 소송행위를 할 수 없었던 경우가 아니면 안 된다고 할 것인바,[108] **선정자가 스스로 당해 소송의 공동소송인 중 1인인 선정당사자에게 소송수행권을 수여하는 선정행위를 하였다면 그 선정자로서는 실질적인 소송행위를 할 기회 또는 적법하게 당해 소송에 관여할 기회를 박탈당한 것이 아니므로, 비록 그 선정당사자와의 사이

---

[108] 대법 1992.12.22, 92재다259

에 공동의 이해관계가 없었다고 하더라도 그러한 사정은 위 재심사유에 해당하지 않는 것으로 봄이 상당하고, 이러한 법리는 그 선정당사자에 대한 판결이 확정된 경우뿐만 아니라 그 선정당사자가 청구를 인낙하여 인낙조서가 확정된 경우에도 마찬가지라 할 것"이라고 하여 재심사유에 해당하지 않는 것으로 보았다.[109]

제3절 소송참가

제1항 총 설

1. 제3자 소송참가의 의의

제3자의 소송참가라 함은 일정한 관계에 있는 제3자가 타인간에 계속 중인 소송에 자기의 이익을 주장하기 위해 관여하는 것을 말한다.

2. 제3자의 소송참가 유형

보조참가 (당사자적격 無) ⇨ 신소제기의 실질 無	(단순)보조참가 (제71조)	소송결과에 이해관계 있는 제3자가 참가하는 경우로서 참가적 효력을 받음
	공동소송적 보조참가 (제78조)	판결의 효력을 받을 제3자가 보조참가하는 경우
당사자참가 (당사자적격 有) ⇨ 신소제기의 실질 有	독립당사자참가 (제79조)	3면 대립·견제관계로서 소송목적의 전부나 일부가 자기의 권리라고 주장하거나 소송결과에 따라 권리가 침해 된다고 주장하는 제3자의 참가
	공동소송참가 (제83조)	판결의 효력을 받을 제3자가 원고 또는 피고의 공동소송인으로서 참가하는 경우

3. 참가유형별 공통요건

공통요건	• 타인간 소송계속 중 : 상고심에서 참가의 가부(보조참가 : 가능, 당사자참가 : 불가) • 참가이유 : 보조참가에서는 항변사항임이 원칙, 당사자참가에서는 직권조사사항 • 참가신청 • 참가취지 : 당사자 참가에서만 요구됨(신소제기의 실질이 있으므로)
후발적 병합요건	참가가 되면 새로운 소가 병합되므로 동종절차 및 공통관할(제253조)이 있어야 한다.

제2항 (단순)보조참가

Ⅰ. 서 설

1. 의 의

---

[109] 대법 2007.07.12. 2005다10470

> 제71조(보조참가) 소송결과에 이해관계가 있는 제3자는 한 쪽 당사자를 돕기 위하여 법원에 계속중인 소송에 참가할 수 있다. 다만, 소송절차를 현저하게 지연시키는 경우에는 그러하지 아니하다.

보조참가란 **타인간의 소송계속 중 소송결과에 대하여 법률상 이해관계가 있는 제3자가 일방 당사자의 승소를 보조하기 위하여 그 소송에 참가하는 경우**를 말한다(제71조). 이때 보조참가하는 제3자를 보조참가인이라고 하며, 보조받는 당사자를 피참가인이라고 한다.

2. 구별개념

보조참가인은 ① **자기의 이름으로 판결을 구하지 않고 단지 한쪽 당사자의 승소를 위하여 소송을 수행하는 것이므로 당사자와 구별**되며, 또 ② 자기의 이익의 옹호를 위해 자기의 이름과 계산으로 소송을 수행하므로 대리인과도 다르다.

II. 보조참가 요건

1. 타인간의 소송의 계속 중일 것

(1) 타인간의 소송

한쪽 소송당사자는 상대방 당사자의 보조참가인이 될 수 없다. 그러나 자기의 공동소송인이나 그 공동소송인의 상대방을 위하여 보조참가하는 것은 가능하다. 법정대리인은 당사자에 준하기 때문에 보조참가를 할 수 없다.

(2) 소송계속 중

1) 소송의 의미 : 여기에서 소송이란 판결절차를 말하는 것으로, 判例는 **대립당사자구조를 가지지 못하는 결정절차, 예컨대 매각허가결정에 대한 즉시항고절차에 있어서 매수인의 보조참가를 불허하였으며**,[110] 강제집행절차에 대해서도 보조참가를 허용하지 않는다.[111]

2) 시 기 : 보조참가는 소장이 피고에게 송달된 후부터 가능하며, 소송종료시까지 제1심·항소심·**상고심 어디서나 참가할 수 있다**. 다만 법률심인 상고심에서 참가하면 사실상의 주장이나 증거의 제출을 할 수 없게 되는 보조참가인의 소송행위에 제약이 있을 수 있다(제76조). **재심의 소에 의하여 판결절차를 재개할 경우에도 보조참가가 가능**하지만, **보조참가인의 재심청구 당시 피참가인인 재심청구인이 이미 사망하여 당사자능력이 없다면, 이를 허용하는 규정 등이 없는 한 보조참가인의 재심청구는 허용되지 않는다**.[112]

(3) 쌍면참가의 금지

보조참가인은 대립하는 당사자 중 어느 한쪽에 참가하는 것이므로 이미 당사자 한쪽에 참가한 자가 그 상대방에 참가함에는 먼저 한 제1의 참가를 취하하여야 한다.

---

110) 대법 1994.01.20, 93마1701
111) 대법 1973.11.15, 73마849
112) 대법 2018.11.29, 2018므14210

2. 소송결과에 대하여 이해관계가 있을 것(참가이유)

(1) 소송결과에 대한 이해관계

참가인의 법률상 지위가 논리적으로 소송물인 권리관계의 존부를 전제로 하는 경우에 한하여 참가가 인정된다. 판결이유 중 판단에 대한 이해관계는 소송결과에 대한 이해관계로 볼 수 없다. 구체적으로 ⅰ) 피참가인이 패소하면 손해배상이나 구상금청구를 당하는 경우와, ⅱ) 피참가인이 승소하면 기득권의 확보 등 유리한 영향을 받을 관계있는 제3자가 보조참가할 이해관계가 있는 자이다.

소송결과에 이해관계가 있는 경우	피참가인이 패소하면 손해배상이나 구상금 청구를 당하는 경우	• 매수인이 매도인에게 하자담보책임을 물을 때 매도인에게 물건을 공급매각한 자 • 피해자에 의하여 가해자인 피보험자가 제소당한 경우에 그를 승소시키기 위해 참가하는 보험회사 • 보증채무자에 대해 소가 제기된 경우 주채무자 • 甲이 보조참가를 하고자 하는 소송이 乙과 丙 회사 사이에 체결한 임대차계약상의 임료액이 그간의 경제사정 변경 등으로 인하여 상당하지 아니하게 되었음을 이유로 일정기간에 대한 임료증액분의 지급을 구하는 것이고, 乙과 丙 회사 사이에 체결된 위 임대차계약은 甲, 乙과 丙 회사 등 사이에 체결된 합작투자계약에서 甲 등이 투자를 하는 전제조건으로 약정된 사항들을 기초로 한 것이라면 甲으로서는 당초의 합작투자계약의 한쪽 당사자로서 그 다른 당사자인 乙이 제기한 위 소송의 결과에 대하여 丙 회사와 이해관계를 같이하는 법률적인 이해관계에 있어 위 소송에 丙 회사를 위하여 보조참가를 할 수 있다.113)
	피참가인이 승소하면 유리한 영향을 받는 경우	• 국가 부동산을 우선 매수할 수 있는 연고권자는 국가가 그 부동산에 대하여 등기명의를 회복하고자 제기하는 말소등기청구소송에서 국가를 승소시키기 위한 보조참가 이익이 있다.114) • 해임된 학교법인의 이사가 교육부장관 상대로 그 취소를 구하는 소를 제기한 경우 새롭게 이사진을 구성한 학교법인115) • 대한아마추어복싱연맹의 구성원 甲이 대한체육회를 상대로 복싱연맹 회장인준취소통지를 구하는 소에 위 복싱연맹과 회장 乙이 보조참가한 경우116) • 건물의 조건부 매수자는 그 건물의 원시취득자의 소유권에 기한 건축주명의변경청구사건의 소송결과에 법률상 이해관계가 있다.117) • 회생채권자가 제기한 채권자취소소송이 계속되어 있던 중 채무자에 대한 회생절차가 개시되어 관리인이 소송을 수계하고 부인의 소로 변경한 경우 소송결과가 채무자 재산의 증감에 직접적인 영향을 미치는 등 회생채권자의 법률상 지위에 영향을 미친다고 볼 수 있다. 따라서 종전에 채권자취소의 소를 제기한 회생채권자는 특별한 사정이 없는 한 소송결과에 이해관계를 갖고 있어 관리인을 돕기 위하여 보조참가를 할 수 있다.118) • 채무자 乙 소유 부동산에 관한 임의경매절차에서 제3순위로 배당받은 가압류권자 甲이 제4순위로 배당받은 乙을 상대로 실제 배당받을 금액을 확정하기 위한 구상금 청구소송을 제기

이유 중 판단에 이해관계가 있는 경우		하여 승소판결을 받았으나 乙이 구상금채권 부존재를 주장하면서 추완항소를 하자, 乙의 배당금 채권에 관하여 채권압류 및 추심명령을 받은 丙이 보조참가를 신청한 사안에서, 압류 및 추심명령을 받은 피고 보조참가인 丙이 추심할 수 있는 금액도 달라지므로, 소송의 판결결과를 전제로 하여 법률상의 지위가 결정되는 관계에 있다.119)
	원 칙	• 보조참가 이익을 인정할 수 없다.
	예 외	• 불법행위로 인한 손해배상책임을 지는 자는 피해자가 다른 공동불법행위자들을 상대로 제기한 손해배상 청구소송의 결과에 대하여 법률상의 이해관계를 갖는다고 할 것이므로 위 소송에 원고를 위하여 보조참가를 할 수 있고, 피해자인 원고가 패소판결에 대하여 상소를 하지 않더라도 원고의 상소기간 내라면 보조참가와 동시에 상소를 제기할 수 있다고 판시한바 있는데 참가의 이익을 확대시킨 것으로 해석되고 있다.120)

(2) 법률상 이해관계

여기서 이해관계란 <u>사실상·경제상 또는 감정상의 이해관계가 아니라</u>(친척·친구관계, 회사가 패소하면 회사의 자산감소로 이익배당이 줄어드는 경우) <u>법률상의 이해관계를 말하는 것</u>으로, 그 소송의 판결의 기판력이나 집행력을 당연히 받는 경우 또는 적어도 그 판결을 전제로 하여 보조참가를 하려는 자의 법률상 지위가 결정되는 관계에 있는 경우를 의미한다.121) 법률상 이해관계이면 재산법·가족법·공법상의 관계도 포함된다.

① 소속사찰의 도지사 상대의 사찰등록처분무효확인소송에서 사찰이 상위 종단에 종속되어 그 재산처분에 대해 종단의 승인을 받아야 하는 관계는 종단과 사찰간의 계약내용 등에 의하여 결정되므로 이 소송결과에 좌우되지 않는다 하여 상위 종단의 피고보조참가이익을 부정하였다.122)

② 이웃 사립대학이 등록금환불청구에서 패소하면 같은 사립대학으로서 간접적으로 영향을 받아 등록금제도운영에 차질이 생긴다는 사실상의 파급효만으로 보조참가를 인정할 수 없다.123)

③ 회사가 패소하여 회사의 자산이 감소되면 자기들의 주주 이익배당이 줄어들 관계는 경제적 인과관계이다.124)

---

113) 대법 1992.07.03, 92마244
114) 대법 1961.03.08, 4294민재항28
115) 대법 2001.01.19, 99두9674
116) 회장인준을 취소하였다는 사실을 참가인에게 통지할 것을 청구하는 것이므로 이를 형성의 소로 볼 수 없고, 그 승소판결이 확정되더라도 대세적 효력이나 형성력은 없어 그 판결의 효력이 보조참가인들에게 직접 미치지는 않으므로, 위 보조참가인들의 참가는 통상의 보조참가에 불과한바, 대한체육회가 원심법원에 탄원서를 제출하는 방식으로 항소를 포기하였으므로 이로써 보조참가인들이 제기한 항소는 취하되어 그 소가 종료되었다고 한 사례로, 대법 2010.10.14, 2010다38168
117) 대법 2007.04.26, 2005다19156
118) 대법 2021.12.10, 2021마6702
119) 대법 2014.05.29, 2014마4009
120) 대법 1999.07.09, 99다12796
121) 대법 2017.06.22, 2014다225809
122) 대법 1982.02.23, 81누42
123) 대법 1997.12.26, 96다51714

④ 보조참가인들은 소외 1 및 소외 2 공동명의의 이 사건 어업권 중 소외 1 지분은 보조참가인들이 명의를 신탁한 것이므로 위 소외 1 지분의 어업권에 대한 손실보상금청구권은 보조참가인들에게 있으니 그 귀속에 관하여 법률상 이해관계가 있다고 하여 원고인 수산업협동조합에 보조참가신청을 하였으나 어업권의 명의신탁은 타인이 사실상 당해 어업의 경영을 지배할 의도로 어업권자의 명의로 어업의 면허를 받아 어업권자를 배제하고 사실상 당해 어업의 경영을 지배하는 것이므로 수산업법의 규정에 비추어 무효라고 할 것이어서, 피고 보조참가인들이 내세우는 어업권에 관한 명의신탁 관계는 보조참가의 요건으로서 요구되는 법률상의 이해관계에 해당하는 것이라 할 수 없다.[125]

3. 소송절차를 현저히 지연시키지 아니할 것

이는 **개정법에서 추가한 요건**으로서(제71조 단서), 이 제도를 남용하여 소송지연책으로 삼는 것을 방지하기 위함이다. 공익적 요건으로 직권조사사항이다.

4. 보충성의 불요

법률상의 이해관계를 보호하기 위하여 다른 소송상의 수단이 존재하는 경우, 예컨대 독립당사자참가나 공동소송참가를 할 수 있는 때에도 **보조참가를 함에는 지장이 없다**.

5. 소송행위로서 유효요건을 갖출 것

당사자능력·소송능력과, 대리인을 내세운 경우에는 대리권이 존재하여야 하므로 **민사소송법상 당사자능력 및 소송능력이 없는 행정청은 민소법상의 보조참가를 할 수 없다**.

Ⅲ. 참가절차

1. 참가신청

> 제72조(참가신청의 방식) ① 참가신청은 참가의 취지와 이유를 밝혀 참가하고자 하는 소송이 계속된 법원에 제기하여야 한다.
> ② 서면으로 참가를 신청한 경우에는 법원은 그 서면을 양쪽 당사자에게 송달하여야 한다.
> ③ 참가신청은 참가인으로서 할 수 있는 소송행위와 동시에 할 수 있다.

(1) 신청방식

① 참가신청은 **서면 또는 구술 어느 쪽으로도 가능**하다. 신청서에는 **참가취지와 참가이유를 밝혀 참가하고자 하는 소송이 계속된 법원에 제기**하여야 한다(제72조 제1항). 참가취지란 누구를 위하여 보조참가하는지 여부를 말하며, 참가이유란 소송의 결과에 대한 이해관계의 내용을 말한다. ② **서면으로 신청한 경우에는 그 서면을 양쪽 당사자에게 송달**하여야 한다(제72조 제2항). 말로써 신청하는 경우에는 법원사무관의 면전에서 진술하고, 이를 기재한 조서가 작성·송달되어야 한다(제161조). ③ **참가신청은 상소의 제기나 지급명령에 대한 이의신청 등 참가인이 할 수 있는 소송행위와 동시에 할 수 있다**(제72조 제3항).

---

[124] 대법 1961.12.21, 4294민상222
[125] 대법 2000.09.08, 99다26924

(2) 신청법원

원칙적으로 소송이 계속 중인 법원에 신청하는 것이므로 상급심에 계속 중이면 그 상급심에 신청하여야 하나, 판결서송달 후 상소제기 전이면 원심법원에 참가신청을 하여야 한다. 지급명령에 대하여 이의신청과 동시에 하는 참가신청은 지급명령을 발한 법원에, 재심의 소를 제기하려고 하는 때에는 관할법원(제453조)에 참가 신청을 한다.

2. 참가의 허부

> **제73조(참가허가여부에 대한 재판)** ① 당사자가 참가에 대하여 이의를 신청한 때에는 참가인은 참가의 이유를 소명하여야 하며, 법원은 참가를 허가할 것인지 아닌지를 결정하여야 한다.
> ② 법원은 직권으로 참가인에게 참가의 이유를 소명하도록 명할 수 있으며, 참가의 이유가 있다고 인정되지 아니하는 때에는 참가를 허가하지 아니하는 결정을 하여야 한다.
> ③ 제1항 및 제2항의 결정에 대하여는 즉시항고를 할 수 있다.
>
> **제74조(이의신청권의 상실)** 당사자가 참가에 대하여 이의를 신청하지 아니한 채 변론하거나 변론준비기일에서 진술을 한 경우에는 이의를 신청할 권리를 잃는다.
>
> **제75조(참가인의 소송관여)** ① 참가인은 그의 참가에 대한 이의신청이 있는 경우라도 참가를 허가하지 아니하는 결정이 확정될 때까지 소송행위를 할 수 있다.
> ② 당사자가 참가인의 소송행위를 원용한 경우에는 참가를 허가하지 아니하는 결정이 확정되어도 그 소송행위는 효력을 가진다.

(1) 원 칙

신청의 방식·참가이유의 유무에 대해서는 당사자의 이의가 있는 경우에 조사함이 원칙이다(제73조 1항). **이의신청은 피참가인의 상대방은 물론 피참가인도 할 수 있다. 당사자가 참가에 대하여 이의신청 없이 변론한 때에는 이의신청권을 상실**한다(제74조).[126] **이의신청이 있는 경우에는 참가인은 참가의 이유를 소명하여야 하며, 참가의 허가여부는 신청을 받은 법원이 결정으로 재판**한다(제73조 1항). **허가여부에 대한 재판을 결정으로 독자적으로 하지 않고 종국판결의 이유 속에서 판단하였다 하여 위법이 아니라는 것이 判例이다.**[127] **당사자의 이의신청이 있다 하여도 본소송의 절차는 정지하지 않는다.** 한편 보조참가인의 소송수행권능은 독립의 권능이므로 보조참가신청을 허가하는 결정여부와 관계없이 보조참가인에 대하여도 기일통지, 소송서류를 송달하여야 한다. **참가불허가 결정이 있어도 확정될 때까지는 참가인으로 할 수 있는 소송행위를 할 수 있지만, 불허가 결정이 확정되면 효력을 잃는다. 이 경우에 피참가인이 원용하면 그 효력이 있다**(제75조).

(2) 신법의 개정사항

신법은 당사자의 이의신청이 없는 경우라도 필요하다면 직권으로 참가의 이유를 소명하도록 명할 수 있게 하였다(제73조 2항). 종래 정당한 참가이유도 없이 사실상 소송대리의 목적으로 보조참가신청을 하여 변호사대리의 원칙을 잠탈하는 경우에도 보조참가의 허부 재판은 소송당사자의 이의신청이 있는 경우에 한

---

126) 대법 2017.10.12, 2015두36836
127) 대법 2015.10.29, 2014다13044; 대법 1962.01.11, 4294민상558

하여 할 수 있었는데, 실제 당사자가 이의신청의 기회를 놓치는 경우 이를 제한할 방법이 없었다. 따라서 신법은 앞서의 '소송절차를 현저하게 지연시키지 않을 것'이라는 요건을 추가하는 한편, 당사자의 이의신청이 없더라도 법원이 직권으로 보조참가의 이유의 유무를 심사하여 보조참가를 허가하지 않을 수 있도록 하였다.128)

3. 불 복

참가의 허가여부 결정에 대해서는 당사자 또는 참가인이 **즉시항고할 수 있다**(제73조 3항).

4. 참가의 종료

참가인은 어느 때나 동의 없이 참가신청을 취하할 수 있는데, 그 신청이 취하되어도 제77조의 참가적 효력을 받는다.129) 참가인이 한 소송행위는 취하에도 불구하고 그 효력을 상실하지 않는다. 判例는 **보조참가인이 독립당사자참가를 한 경우에도 보조참가를 종료된다**고 한다.130)

Ⅳ. 보조참가인의 소송상 지위

1. 보조참가인의 독립적 지위

보조참가인은 자기명의와 비용으로 자기의 이익을 지키기 위하여 피참가인의 소송에 관여하여 소송행위를 하며, 자기를 위하여 대리인을 선임할 수도 있는 당사자에 준하는 자이다. 따라서 **상소, 환송, 이송 등의 사유로 심급이 바뀌어도 다시 보조참가신청을 할 필요가 없다.** ① 判例도 보조참가인의 소송수행권능은 피참가인으로부터 유래된 것이 아니라 독립의 권능이라고 할 것이므로 **피참가인과 별도로 보조참가인에 대하여도 기일의 통지, 소송서류의 송달 등을 행하여야 하고, 보조참가인에게 기일통지서 또는 출석요구서를 송달하지 아니함으로써 변론의 기회를 부여하지 아니한 채 행하여진 기일의 진행은 적법한 것으로 볼 수 없다**고 하였다.131) ② **피참가인이 기일에 불출석하여도 참가인이 출석하면 피참가인을 위해 기일을 준수한 것**이 된다.

2. 보조참가인의 종속적 지위

참가인은 당사자가 아니라 보조자이므로, ① **보조참가인에게 사망 등 소송절차중단사유가 발생한 경우에도 소송이 중단되는 것은 아니고**, 참가인의 승계인이 수계하는 절차만 남는다.132) ② **제3자로서 증인이나 감정인이 될 능력**이 있다. ③ **소송비용의 재판을 제외하고**(제103조)는 참가인의 이름으로 판결을 받지 아니하며, ④ **참가인에 의한 상소는 피참가인의 상소기간 내에 한한다.**133)

---

128) 김홍엽 816면
129) 대법 1974.06.04, 73다1030
130) 대법 1993.04.27, 93다5727 · 93다5734
131) 대법 2007.02.22, 2006다75641
132) 대법 1995.08.25, 94다27373
133) 대법 2007.09.06, 2007다41966

3. 보조참가인이 할 수 있는 소송행위

> **제76조(참가인의 소송행위)** ① 참가인은 소송에 관하여 공격 · 방어 · 이의 · 상소, 그 밖의 모든 소송행위를 할 수 있다. 다만, 참가할 때의 소송의 진행정도에 따라 할 수 없는 소송행위는 그러하지 아니하다.
> ② 참가인의 소송행위가 피참가인의 소송행위에 어긋나는 경우에는 그 참가인의 소송행위는 효력을 가지지 아니한다.

참가인은 소송에 관하여 공격 · 방어 · 이의 · 상소, 그 밖의 모든 소송행위를 자기 계산과 명의로 할 수 있고(제76조 제1항), 그 행위는 피참가인이 한 것과 동일한 효과가 발생한다. 제76조의 규정은 예시적 규정으로 참가인은 피참가인을 승소시키는 데 필요한 일체의 소송행위를 할 수 있다. 判例도 **피고에게 귀책될 수 없는 사유로 피고가 항소기간을 준수하지 못한 경우에 피고 보조참가인이 동 판결이 있은 사실을 비로소 알아 그로부터 2주일 이내에 보조참가신청과 동시에 제기한 추완항소는 적법하다**고 하였다.[134]

4. 보조참가인이 할 수 없는 소송행위

(1) 참가당시 소송 정도로 보아 피참가인도 할 수 없는 행위

참가당시 소송의 진행 정도에 따라 피참가인이 할 수 없는 행위는 참가인도 **할 수 없다**(제76조 제1항 단서). 예컨대 상고심에서 보조참가한 사람이 새로운 주장을 하거나 증거신청을 한다든지, 피참가인이 본안변론을 하여 변론관할이 생긴 후(제30조) 참가인이 관할위반의 항변을 하는 경우 또는 당사자가 실기한 공격방어방법을 참가인이 새로 제출하는 것은 허용되지 않는다.

(2) 피참가인의 행위와 저촉되는 행위

참가인의 행위가 피참가인의 소송행위에 어긋나는 경우에는 그 선후와 상관없이 참가인의 소송행위는 효력을 가지지 아니한다(제76조 제2항). **피참가인에게 유리한 행위라도 효력이 없다**. 그러므로 **피참가인이 자백**,[135] **상소권의 포기**[136] 등을 하였다면 이와 반대되는 참가인의 소송행위는 무효이며,[137] **보조참가인이 제기한 항소를 피참가인이 포기 · 취하할 수 있다**.[138] 이때 참가인의 소송행위가 피참가인의 소송행위에 어긋나는 경우라 함은 참가인의 소송행위가 피참가인의 행위와 명백히 적극적으로 배치되는 경우를 말하고 소극적으로만 피참가인의 행위와 불일치하는 때에는 이에 해당하지 않는 것인 바, **피참가인인 피고가 원고가 주장하는 사실을 명백히 다투지 아니하여 민사소송법 제150조에 의하여 그 사실을 자백한 것으로 보게 될 경우라도 참가인이 보조참가를 신청하면서 그 사실에 대하여 다투는 것은 피참가인의 행위와 명백히 적극적으로 배치되는 경우라 할 수 없어 그 소송행위의 효력이 있다**.[139]

(3) 피참가인에게 불이익한 행위

참가인은 피참가인에게 불리한 행위 예컨대 **청구의 포기 · 인낙, 재판상의 화해**, 자백, 상소권의 포기 또

---

134) 대법 1981.09.22, 81다334
135) 대법 2001.01.19, 2000다59333
136) 대법 2000.01.18, 99다47365
137) 대법 1981.06.23, 80다1761
138) 대법 1984.12.11, 84다카659; 대법 2010.10.14, 2010다38168
139) 대법 2007.11.29, 2007다53310

는 피참가인이 제기한 상소의 취하 등은 할 수 없다. 그러나 **보조참가인의 증거신청행위가 피참가인의 소송행위와 어긋나지 아니하고 그 증거물이 적법한 증거조사절차를 거쳐 법원에 현출되었다면 법원이 이들 증거에 터 잡아 피참가인에게 불이익한 사실을 인정하였다 하여 그것이 민사소송법 제76조 제2항에 위배된다고 할 수는 없다.**[140]

(4) 소송 자체의 처분행위

참가인은 승소보조행위만을 할 수 있으므로 소송 자체를 처분 또는 변경하거나 **소의 취하, 소의 변경, 청구의 확장·감축, 반소나 중간확인의 소의 제기행위 등은 독자적으로 할 수 없다.**

(5) 사법상의 권리행사

보조참가인은 피참가인의 승소를 위하여 필요한 소송행위를 자기의 이름으로 할 수 있으나(제76조 1항) 피참가인의 사법상 권리도 행사할 수 있는지 문제된다. 보조참가인은 참가의 이유가 있는 한 피참가인의 의사에 반하여서도 소송에 개입할 수 있고, 피참가인의 이익과 반드시 일치하지 않는 자기 자신의 이익을 위하여 소송행위를 수행하는 것이므로, **참가인이 비록 자신의 독자적인 이익이 있다하여도 피참가인의 사법상의 권리행사까지 행사할 수 있다고 보는 것은 종속적인 지위를 감안할 때 지나친 점**이 있다. 이로 인해 발생하는 손해는 참가적 효력을 배제함으로써 충분한바 부정하는 것이 타당하다.

V. 참가인에 대한 재판의 효력(참가적 효력)

> **제77조(참가인에 대한 재판의 효력)** 재판은 다음 각호 가운데 어느 하나에 해당하지 아니하면 참가인에게도 그 효력이 미친다.
> 1. 제76조의 규정에 따라 참가인이 소송행위를 할 수 없거나, 그 소송행위가 효력을 가지지 아니하는 때
> 2. 피참가인이 참가인의 소송행위를 방해한 때
> 3. 피참가인이 참가인이 할 수 없는 소송행위를 고의나 과실로 하지 아니한 때

1. 제77조 효력의 의미

(1) 의 의

판결의 참가인에 대한 효력에 대하여 현재의 통설은 기판력과는 다른 특수효력, 즉 참가적 효력으로 본다. 참가적 효력이라 함은 **피참가인이 패소하고 나서 뒤에 피참가인이 참가인 상대의 2차 소송을 하는 경우 피참가인에 대한 관계에서 참가인은 1차 소송의 내용이 부당하다고 주장할 수 없는 구속력**을 말한다.

(2) 취 지

참가인이 피참가인과 협력하여 공동으로 소송을 수행하였음에도 불구하고 패소하였으면 자기책임의 범위 내에서는 그 결과에 대해 피참가인과 같이 책임을 분담하는 것이 형평의 관념과 금반언의 사상에 맞는다.

---

[140] 대법 1994.04.29, 94다3629

(3) 기판력과의 구별

	기 판 력	참가적 효력
주관적 범위	당 사 자	참가인과 피참가인
객관적 범위	주 문 만	주문 + 이유
발생원인	승소 + 패소	패 소
취 지	법적 안정성	판결기초공동형성에 자기책임
효력배제 허용여부	예외 無	예외 有
주장요부	직권조사 사항	항변사항

2. 참가적 효력의 발생요건

참가적 효력이 발생하기 위해서는 ① 1차 소송, 즉 본소가 소송판결이 아닌 본안판결로서 확정되었어야 하고, **법원의 사실상·법률상 판단이 이루어졌다고 할 수 없는 화해권고결정에는 참가적 효력이 인정될 수 없다.**[141] ② 피참가인이 상대방간의 1차소송에서 패소했어야 하며, ③ 참가요건이 구비되어 있지 아니하여도 참가적 효력의 발생에는 지장이 없지만, **처음부터 참가신청각하의 결정시에는 참가적 효력이 발생하지 않는다.**

3. 참가적 효력의 범위

(1) 인적(주관적) 범위

피참가인과 참가인 사이에만 미치고, **상대방과의 관계에서는 미치지 않는다.**[142] 또한 후술할 소송고지를 받은 자에게도 참가적 효력이 미친다(제86조).

(2) 물적(객관적) 범위

판결주문에 포함된 부분뿐만 아니라 판결이유 중 패소이유가 되었던 사실상·법률상의 판단으로서 참가인과 피참가인이 공동의 이익으로 주장할 수 있었던 사항까지 미친다.[143] 따라서 피참가인이 패소하고 나서 참가인을 상대로 다시 소송을 하였을 때에, 전소송의 판결의 기초가 되었던 사실인정이나 법률판단에 법관은 구속을 받게 되고, 참가인도 전소송의 사실인정이나 법률판단이 부당하다고 다툴 수 없게 된다. 다만 패소이유가 되지 않는 **부가적·보충적 판단, 방론 등에까지 미치는 것은 아니다.**[144]

4. 참가적 효력의 배제

참가인이 참가적 효력을 받는 것은 소송수행의 공동책임(패소책임)을 분담함에 있는 것이므로, 참가인이 충분히 소송수행을 할 수 없었던 경우에는 패소책임을 인정하기가 어려울 것이다. 따라서 다음의 경우

---

141) 대법 2015.05.28, 2012다78184
142) 대법 1971.01.26, 70다2596; 대법 1965.07.20, 65다939
143) 대법 2020.01.30, 2019다268252
144) 대법 1997.09.05, 95다42133

에는 참가적 효력이 배제된다(제77조).

① 참가인이 참가당시의 소송 정도로 보아 소송행위를 유효하게 할 수 없거나, 참가인이 한 소송행위가 피참가인의 행위에 어긋나서 효력이 없는 경우(제1호)

② **피참가인이 참가인의 소송행위를 방해**한 경우(제2호)

③ **피참가인이 참가인이 할 수 없는 소송행위를 고의나 과실로 하지 아니한 경우**(제3호)

다만 위 사태가 발생하지 아니하였으면 전소송의 판결결과가 피참가인의 패소가 아니라 승소로 달라졌을 것을 참가인이 주장·증명해야 한다.

제3항 공동소송적 보조참가

I. 서 설

1. 의 의

> 제78조(공동소송적 보조참가) 재판의 효력이 참가인에게도 미치는 경우에는 그 참가인과 피참가인에 대하여 제67조 및 제69조를 준용한다.

공동소송적 보조참가는 재판의 효력을 받을 제3자가 타인간의 계속중인 소송에 보조참가하는 것을 말한다. 제3자가 재판의 효력을 받는다는 점에서, 당사자의 소송수행을 견제할 수 있도록 **필수적 공동소송인에 준하는 강한 소송상의 지위를 부여하기 위한 것**이다. 종전에 민사소송법에 이에 관한 명문의 규정이 없어 학설과 判例가 인정하였던 것을 2002년 개정민사소송법 제78조가 이를 명문화하게 되었다.

2. 참가인의 선택권 여부

(1) 통상의 보조참가와 선택여부

공동소송적 보조참가인지 여부는 당사자의 신청에 구애받지 않고 법원이 법령의 해석에 의하여 결정하여야 하는 것이고, 이 경우 참가인의 선택권은 인정되지 않는다는 입장도 있으나,145) 判例는 **파산관재인이 파산재단에 관한 소송을 할 때 그 재판의 효력이 미치는 채무자는 통상의 보조참가는 물론 공동소송적 보조참가를 할 수도 있다고 하여 선택권을 인정**한다.146)

(2) 공동소송참가와의 선택 여부

판결의 효력을 받고 당사자적격이 있어 공동소송참가가 가능한 경우에도 공동소송적 보조참가를 할 수 있다는 입장이 있으나,147) 判例는 **공동소송참가인지, 공동소송적 보조참가인지의 여부도 법령의 해석에 의하여 정하여지며 당사자의 신청에 의하여 결정되는 것은 아니**라고 한다.148)

---

145) 대법 1962.05.17, 4294행상172
146) 대법 2012.11.29, 2011다109876; 대법 2015.10.29, 2014다13044
147) 정영환 827면, 829면
148) 대법 2002.03.15, 2000다9086; 김홍엽 827면, 정동윤/유병현 947면

II. 공동소송적 보조참가가 성립되는 경우

1. 재판의 효력이 미칠 것

(1) 제3자 소송담당의 경우

1) **갈음형·직무상·임의적 소송담당의 경우** : 이들 소송에서 소송담당자가 받은 판결의 효력은 권리귀속주체에게 미치므로(제218조 제3항), 권리귀속주체자가 보조참가하면 공동소송적 보조참가가 된다. 갈음형 소송담당자인 유언집행자의 소송에 상속인(민법 제1101조), 관리인의 회생절차상 채무자의 재산에 관한 소송에서 채무자(채무회생 제78조), 파산관재인의 파산재단에 관한 소송에 있어서의 파산자(채무회생 제359조), 추심명령을 받은 집행채권자의 추심의 소에 있어서의 채무자(민집 제227조, 제229조) 등이 참가하는 경우는 공동소송적 보조참가에 해당한다.

2) **병행형 소송담당의 경우**

① 大法院은 <u>주주대표소송에의 회사의 원고측 참가를 공동소송참가로 인정</u>하였다. 첫째, 회사는 자신의 권리를 보호하기 위해 정당한 당사자로서 대표소송에 참가할 필요가 있고, 둘째 회사가 당사자로써 참가하면 소송경제에 도움이 되고 판결의 모순·저촉을 초래할 가능성이 없으며, 셋째 상법 제404조 제1항에 참가에 관한 규정을 두고 있는 것을 이유로 한다. <u>동시에 공동소송참가로 해석하여도 중복소송을 금지하는 민소법 제259조에 반하는 것이 아니</u>라고 판단하였다.[149]

② 채권자대위소송에 채무자가 참가하는 경우에는 중복제소임을 이유로 또는 민법 제405조 제2항을 이유로 공동소송적 보조참가라는 것이 학설의 입장이다.

(2) 대세적 효력을 갖는 판결

1) **가사소송·회사관계소송·행정소송** : 판결의 효력이 일반 제3자에게 확장되는 경우(가사소송법 제21조; 상법 제190조·제376조 제2항·제380조·제381조 제2항; 행정소송법 제29조)로서 당사자적격이 없는 제3자는 공동소송적 보조참가를 할 수 있다. 예컨대, 회사이사선임결의무효확인의 소에서 피고적격자는 회사이고 당해 이사는 피고적격이 없으므로, 이사는 위 소송에 공동소송적 보조참가를 할 수 있다. 행정소송 사건에서 참가인이 한 보조참가가 행정소송법 제16조가 규정한 제3자의 소송참가에 해당하지 않는 경우에도, 판결의 효력이 참가인에게까지 미치는 점 등 행정소송의 성질에 비추어 보면 그 참가는 민사소송법 제78조에 규정된 공동소송적 보조참가라고 볼 수 있다.[150]

2) **형성소송의 경우** : 형성소송에는 일정한 경우 제소기간이 정해져 있는데(상법 제376조 제1항, 행정소송법 제20조 등), <u>당사자적격을 갖고 있는 제3자는 제소기간 내에는 공동소송참가를 할 수 있지만, 그 기간 후에는 제소할 수 없으므로 보조참가 밖에 할 수 없고, 이 때의 보조참가는 공동소송적 보조참가에 해당</u>한다. 그러므로 예컨대 주주총회결의취소소송 계속 중, 그 결의의 날로부터 2월이 도과 때에는 주주 등은 그 취소소송에 공동소송적 보조참가를 하여야 한다.

---

149) 대법 2002.03.15, 2000다9086
150) 대법 2017.10.12, 2015두36836

2. 법률상의 이익이 있을 것

민소법 제218조 제1항의 '청구의 목적물을 소지한 사람'에게 기판력은 확장되지만, 그에게 공동소송적 보조참가를 인정할 수는 없다. 청구목적물의 소지자는 특정물의 소지에 대해서 고유의 이익을 가지고 있지 않으므로 그에게는 절차보장을 받을 만한 실질적 이익이 없고, 따라서 별도의 절차관여가 없어도 그에게 기판력을 확장할 수 있는 것이다.

III. 참가인의 소송상 지위

1. 독립적 지위

참가인은 판결의 효력을 받기에 필수적 공동소송인에 준하는 지위를 갖는다. 따라서 법 제76조 제2항과 같은 것은 배제된다.

① 피참가인과 저촉되는 행위를 할 수 있다(제67조 1항 준용).
  ㉠ **참가인이 상소를 제기한 경우에 피참가인이 상소권포기나 상소취하를 하여도 상소의 효력은 지속된다.**[151]
  ㉡ **피참가인은 소취하는 할 수 있지만, 참가인의 동의가 없는 한 본안에 영향 있는 자백, 청구의 포기·인낙, 화해는 불리한 소송행위이므로 할 수 없다. 다만 재심의 소에 공동소송적 보조참가인이 참가한 후에는 피참가인이 재심의 소를 취하하더라도 공동소송적 보조참가인의 동의가 없는 한 효력이 없다.** 이는 재심의 소를 피참가인이 제기한 경우나 통상의 보조참가인이 제기한 경우에도 마찬가지이다. 특히 통상의 보조참가인이 재심의 소를 제기한 경우에는 피참가인이 통상의 보조참가인에 대한 관계에서 재심의 소를 취하할 권능이 있더라도 이를 통하여 공동소송적 보조참가인에게 불리한 영향을 미칠 수는 없으므로 피참가인의 재심의 소 취하로 인하여 재심의 소 제기가 무효로 된다거나 부적법하게 된다고 볼 것도 아니다.[152]

② 상소제기기간도 참가인에 판결정본 송달된 때부터 진행된다(제396조 참조). **보조참가인이 제출기간 내에 상고이유서를 제출하였으면 피참가인이 제출기간 경과 후라도 그 제출은 적법**하다.[153]

③ 참가인에 절차 중단·중지사유가 있으면 피참가인에게도 절차 중단·중지효과가 미치게 된다(제67조 3항 준용).

2. 종속적 지위

위의 사항을 제외하고는 보조참가인이므로 통상의 보조참가인의 지위와 같다. i) 판결에는 보조참가인으로 표시하여야 한다. ii) 소의 변경, 소의 취하, 청구의 포기·인낙 등 소송의 처분행위를 할 수 없다. iii) 공동소송적 보조참가인 또한 판결의 효력을 받는 점에서 민사소송법 제78조, 제67조에 따라 필수적 공동소송인에 준하는 지위를 부여받기는 하였지만 원래 당사자가 아니라 보조참가인의 성질을 가지므로 통상의 보조참가인과 마찬가지로 **제76조 1항 단서가 적용되어 참가 당시의 소송정도에 따라야 한다.**[154] 따

---
151) 대법 2017.10.12, 2015두36836; 대법 2016.07.27, 2013두17923
152) 대법 2015.10.29, 2014다13044
153) 대법 2012.11.29, 2011두30069

라서 피참가인이 주장하지 않은 새로운 상고이유 주장을 피참가인의 상고이유서 제출기간 도과 후에 주장할 수 없다.155) iv) 다만 증거조사의 경우에 증인능력을 갖는지 당사자신문의 대상이 되는지의 여부는 다투어지고 있다.156)

Ⅳ. 참가인에 미치는 판결의 효력

1. 참가적 효력

이는 피참가인의 패소판결이 부당하다고 주장할 수 없는 구속력으로 전소에서 피참가인과 같이 주장한 법률상, 사실상 판단에 구속된다. 다만 법 제76조 제2항 등과 같은 참가적 효력 배제사유는 적용되지 않는다.

2. 기판력

피참가인과 상대방간의 판결의 효력은 승·패를 불문하고 참가인에게 미친다.

제4항 소송고지

Ⅰ. 서 설

1. 의 의

> 제84조(소송고지의 요건) ① 소송이 법원에 계속된 때에는 당사자는 참가할 수 있는 제3자에게 소송고지를 할 수 있다.
> ② 소송고지를 받은 사람은 다시 소송고지를 할 수 있다.

소송고지란 **소송계속 중에 당사자가 소송참가를 할 이해관계에 있는 제3자에 대하여 일정한 방식에 따라 소송계속사실을 통지하는 것**이다(제84조).

2. 취 지

이러한 <u>소송고지제도는 피고지자에게 소송계속의 사실을 알려 소송에 참가하여 그 이익을 주장할 수 있는 기회를 주고, 고지자에게는 고지를 함으로써 피고지자에게 참가적 효력을 미치게 하여</u> 자신이 패소했을 때에 제3자에게 담보책임을 묻거나 구상청구 등 법적 추급을 하고자 할 경우에 결정적 대비책이 된다.

3. 성 질

소송고지는 소송이 계속되어 있다는 사실의 통지에 지나지 않으며, 제3자에 대한 소송참가의 최고나 청구와 같은 의사통지는 아니다. 또 소송고지는 상대방 당사자에 대한 권리의 주장이나 방어가 아니다.

---

154) 대법 2018.11.29, 2018므14210; 대법 2015.10.29, 2014다13044
155) 대법 2020.10.15, 2019두40611
156) 당사자신문의 대상이라는 견해 정영환 829면; 정동윤/유병현 945면

II. 소송고지의 요건

1. 소송계속 중일 것

소송고지를 하려면 판결절차·독촉절차·재심절차 등이 계속되고 있어야 한다. 국내법원에 소송이 계속되고 있어야 하며 **상소심 특히 상고심에 계속 중인 때에도 가능**하다. 그러나 조정, 중재, 제소전 화해, 가압류·가처분절차, 강제집행절차는 이에 포함되지 않는다. 判例는 결정절차 중 대립당사자 구조를 가지지 아니하는 결정절차에서만 보조참가를 허용하지 않고 있으므로[157] 대립당사자 구조를 가지는 결정절차에서는 소송고지가 가능하다고 본다.[158]

2. 고지자

(1) 고지를 할 수 있는 자

당사자 및 그에 준하는 참가인이 할 수 있다(제84조 제1항). 이외에 **보조참가인**도 당사자를 위하여 고지를 할 수 있고, 이러한 자로부터 **소송고지를 받은 자**도 소송고지를 할 수 있다(제84조 제2항).

(2) 고지의 재량성

소송고지를 하는지 여부는 고지자의 자유이다. 그러나 예외적으로 **추심의 소**(민사집행법 제238조), **주주의 대표소송**(상법 제404조 제2항), 재판상대위(비송사건절차법 제84조 제1항), 채권자대위권행사의 통지의무(민법 제405조) 등의 경우에는 고지의무가 있다. 이러한 경우 고지의무를 위반하면 손해배상의무를 부담하는 불이익이 있을 뿐 소송에 영향이 없다는 견해가 있으나,[159] 이에 그칠 것이 아니고 판결의 효력이 피고지자에게 미치지 않는다고 본다(가소 제21조 제2항 참조).[160]

3. 피고지자

고지를 받을 수 있는 자는 당사자가 아닌 자로서 **그 소송에 참가할 수 있는 제3자**이다. 따라서 **보조참가인이 일반적이지만 독립당사자참가, 공동소송참가 또는 권리승계참가를 할 수 있는 제3자 등도 포함**된다. 참가의 자격이 없는 자에게 소송고지를 하면 고지의 효과가 생기지 않으며, **동일인이 당사자 양쪽으로부터 이중으로 소송고지를 받은 경우에는 양 당사자 중 패소자와의 사이에 참가적 효력이 생긴다**.

III. 소송고지의 방식

> 제85조(소송고지의 방식) ① 소송고지를 위하여서는 그 이유와 소송의 진행정도를 적은 서면을 법원에 제출하여야 한다.
> ② 제1항의 서면은 상대방에게 송달하여야 한다.

---

157) 대법 1973.11.15, 73마849; 대법 1994.01.20, 93마1701
158) 김홍엽 830면; 정영환 831면; 정동윤/유병현 946면
159) 송상현/박익환 713면; 방순원 163면
160) 이시윤 13판 802면; 김홍엽 830면; 정영환 831면

1. 소송고지 신청방식

소송고지 신청은 말로도 가능하나, 소송고지를 위해서는 **그 이유와 소송의 진행정도를 적은 서면(소송고지서)을 법원에 제출**하여야 한다(제85조 제1항). 고지이유에는 청구의 취지와 원인을 기재하여 계속 중인 소송의 내용을 명시하고, 이 소송에 피고지자가 참가의 이익을 갖는 사유를 밝혀야 한다. 소송의 진행정도에는 소송의 현재 진행단계, 예컨대 변론준비절차나 변론절차 중임을 명시하여야 한다. 고지서가 방식에 맞지 않으면 보정시켜 송달한다. 만일 **보정에 불응하면 각하할 수 있고 이에 대해 통상항고로써 불복신청을 할 수 있다**(제439). 고지방식의 흠이 있으면 피고지자가 소송참가한 후 또는 고지자와의 차후 소송에서 지체없이 이의를 진술하지 않으면 소송절차에 관한 이의권의 상실로 치유된다(제151조).

2. 고지서의 송달

소송고지서는 피고지자 뿐만 아니라 상대방 당사자에게도 송달하여야 한다(제85조 제2항). **고지의 효력은 피고지자에게 적법하게 송달된 때에 비로소 생긴다. 소송고지를 함에 있어서는 법원 명의의 고지서를 따로 작성하는 것이 아니라 고지자가 제출한 고지서를 그대로 피고지자에게 송달**하여야 한다.

3. 고지비용

소송고지비용은 소송비용에 산입하지 않는다.

Ⅳ. 소송고지의 효과

> 제86조(소송고지의 효과) 소송고지를 받은 사람이 참가하지 아니한 경우라도 제77조의 규정을 적용할 때에는 참가할 수 있었을 때에 참가한 것으로 본다.

1. 소송법상의 효과

(1) 피고지자의 지위

소송고지의 신청이 있었다고 하여 본소송의 진행에는 영향이 없다. **소송고지를 받은 자가 당해소송에 참가하느냐의 여부는 피고지자의 자유**이다. 피고지자가 고지를 받고도 소송에 참가하지 아니한 이상, 당사자가 아님은 물론 보조참가인도 아니기 때문에 피고지자에게 변론기일을 통지하거나 판결문에 피고지자의 **이름을 표시할 필요가 없다.**[161] 피고지자가 참가를 하는 경우에는 고지자는 그 참가에 대하여 이의를 진술할 수 없으나 상대방은 이의를 진술할 수 있다.

(2) 피고지자가 참가하지 아니한 경우

피고지자가 고지를 받고도 참가하지 아니하거나 늦게 참가한 경우에는 소송고지에 의해 참가할 수 있었을 때에 참가한 것과 같이 **제77조의 참가적 효력**을 받게 된다(제86조). 주장할 수 없는 것은 피고지자가 참가하였다면 고지자와 공동이익으로 주장할 수 있었던 사항에 한한다.[162] 따라서 **고지자와 피고지자 사이**

---

161) 대법 1962.04.18, 4294민상1195

에서만 이해가 대립되는 사항에 대하여는 참가적 효력이 생기지 않는다.163)

2. 실체법상의 효과

소송고지에 일반적으로 시효중단의 효력을 주는 독일법과 달리 우리 법은 **어음·수표법상 상환청구권(소구권)에 대하여 소송고지로 인한 시효중단만을 규정**하고 있다. 다만 소송고지에 민법상 최고의 효과(민법 제174조)를 인정된다.164) 나아가 **당해 소송이 계속중인 동안은 최고에 의하여 권리를 행사하고 있는 상태가 지속되는 것으로 보아 민법 제174조에 규정된 6월의 기간은 당해 소송이 종료된 때로부터 기산되는 것으로 해석**하여야 한다.165) 소송고지에 의한 최고는 보통의 최고와 달리 법원의 행위를 통하여 이루어지는 것이므로 만일 법원이 소송고지서의 송달사무를 우연한 사정으로 지체하는 바람에 소송고지서의 송달 전에 시효가 완성된다면 고지자가 예상치 못한 불이익을 입게 된다는 점 등을 고려하면, 소송고지에 의한 최고의 경우에는 민사소송법 제265조를 유추 적용하여 **당사자가 소송고지서를 법원에 제출한 때에 시효중단의 효력이 발생**한다.166)

3. 소송고지제도의 응용

소송고지제도는 참가적 효력을 미치게 하는데 주안을 두고 출발한 제도이지만, 아래와 같이 특수소송에서 활용한다면 기판력이라는 입법자가 의도하지 아니한 효력까지 피고지자에게 미치게 할 수 있다.167) 예컨대 채권자대위소송에 있어서 채무자에게 소송고지하여 소송계속사실이 알려졌으면 제3채무자가 승소시에 기판력이 채무자에게 미치는 것으로 볼 것으로 채무자가 신소제기하는 것을 막을 수 있으며, 가사소송에 있어서 피고가 다른 제소권자에게 소송참가의 기회를 주는 소송고지를 하였을 때는 고지받아 원·피고 간의 소송계속사실을 알았으면 다른 제소권자는 소송참가를 하지 못한 데 대해 정당한 사유가 있다고 주장할 근거를 잃게 된다(가소 제21조). 따라서 나중에 청구가 배척되어 피고측이 승소한 때에 고지받아 소송참가의 기회가 있었던 다른 제소권자에게도 기판력을 확장시킬 수 있다.168)

제5항 독립당사자참가

I. 서 설

> **제79조(독립당사자참가)** ① 소송목적의 전부나 일부가 자기의 권리라고 주장하거나, 소송결과에 따라 권리가 침해된다고 주장하는 제3자는 당사자의 양 쪽 또는 한 쪽을 상대방으로 하여 당사자로서 소송에 참가할 수 있다.
> ② 제1항의 경우에는 제67조 및 제72조의 규정을 준용한다.

---

162) 대법 2020.01.30, 2019다268252
163) 대법 1986.02.25, 85다카2091
164) 대법 2009.07.09, 2009다14340
165) 대법 2009.07.09, 2009다14340
166) 대법 2015.05.14, 2014다16494
167) 이시윤 13판 804면; 정영환 835면
168) 김홍엽 829면

1. 의 의

독립당사자참가란 타인간 소송의 계속 중 제3자가 원·피고 양쪽(쌍면참가) 또는 한쪽(편면참가)을 상대방으로 하여 **소송목적의 전부나 일부가 자기의 권리라고 주장하거나(권리주장참가), 소송결과에 따라 권리가 침해된다고 주장하면서(사해방지참가) 당사자로서 그 소송절차에 참가**하는 것을 말한다(제79조).

2. 취 지

소송 중의 소의 일종으로서 원고·피고·참가인간의 3면적 분쟁을 일거에 해결함으로써 소송경제와 판결의 모순·저촉방지를 도모할 수 있다.

3. 구별개념

독립당사자참가는 '당사자'참가의 일종이기 때문에 보조참가(제71조)와는 구별되고, '독립'한 지위에서 참가하는 것이기 때문에 종전당사자의 한쪽과 연합관계인 공동소송참가(제83조)와 구별된다.

II. 독립당사자참가의 요건

독립당사자참가 중 제79조 제1항 전단의 권리주장참가를 하기 위해서는, 독립당사자참가인은 우선 참가하려는 소송의 당사자 양쪽 또는 한쪽을 상대방으로 하여 원고의 본소 청구와 양립할 수 없는 청구를 하여야 하고 그 청구는 소의 이익을 갖추는 외에 그 주장 자체에 의하여 성립할 수 있음을 요하며, 제79조 제1항 후단의 사해방지참가는 본소의 원고와 피고가 당해 소송을 통하여 독립당사자참가인을 해할 의사를 가지고 있다고 객관적으로 인정되고 그 소송의 결과 독립당사자참가인의 권리 또는 법률상 지위가 침해될 우려가 있다고 인정되는 경우에 허용된다.[169]

1. 타인간에 소송이 계속 중일 것

(1) 타인간의 소송일 것

본 소송은 타인간의 소송이여야 하므로 본 소송의 당사자가 아닌 자만이 참가할 수 있다. 보조참가인은 당사자가 아니므로 독립당사자가 참가를 할 수 있고, **통상공동소송에는 공동소송인 독립의 원칙이 적용되므로 공동소송인은 다른 공동소송인과 상대방의 소송에 참가할 수 있다.**

(2) 소송이 계속 중일 것

여기서 소송이란 판결절차를 말한다. 따라서 강제집행절차, 증거보전절차, 제소전화해절차, 공시최고절차 등에는 참가할 수 없다. 소송의 형태는 이행소송, 확인소송, 형성소송 또는 재심의 소임을 불문한다. 다만 다른 사람 사이의 재심의 소에 대한 독립당사자참가는 참가인이 재심사유가 있음이 인정되어 본안사건이 부활되기 전에는 참가이유를 주장할 여지가 없으므로, 본안소송이 부활되는 단계를 위한 조건부 참가라 할 것이다.[170]

---

169) 대법 2022.10.14. 2022다241608·241615
170) 대법 1994.12.27. 92다22473·22480

① 독촉절차인 경우에도 이의신청에 의해 판결절차로 이행하므로 참가할 수 있다(다수설).

② 判例는 행정소송에서는 행정청만을 피고로 삼아야 함을 근거로 소극적으로 보고 있으나,171) 편면참가를 허용하고 있는 신법에서는 참가의 여지가 있다고 본다.172)

③ 소송이 계속 중이면 되므로 <u>1심·2심을 불문</u>한다. 따라서 제1심 판결선고 후 상소의 제기와 동시에 참가할 수도 있고, 사실심변론종결 후 변론재개신청과 동시에 참가할 수도 있다. 독립당사자참가는 신소 제기의 실질을 가지므로 <u>사실심리를 하지 않는 상고심에서는 참가할 수 없다</u>는 것이 判例이다.173)

2. 참가이유가 있을 것(참가형태)

독립당사자참가에 있어서 i) 권리주장참가는 원·피고 사이의 소송을 견제하면서 자신의 독립한 청구에 대해 병합심판을 구하는 견제적 독립심판 요구형임에 비해, ii) 사해방지참가는 다른 사람 사이의 소송의 진행경과에 의하여 자기의 지위에 불이익이 발생하는 것을 방지하는 형태이다. **참가인이 원고와 피고가 사해소송을 수행하고 있다는 등의 특별한 주장을 한 바 없다면 권리주장참가를 한 것으로 본다.**174) 다만 원고와 피고가 참가인을 사해할 의사로 본소를 제기하기로 한 것이라는 주장이 포함되어 있다고 볼 수 있는 등 **권리주장참가인지 또는 사해방지참가인지 명백하지 않은 경우라면, 원심으로서는 석명권의 행사를 통하여 그것을 명백히 한 연후에 참가의 적법 여부를 심리하여야** 한다.175)

(1) 권리주장참가(제79조 제1항 전단)

1) 의 의 : 제3자가 소송목적의 전부 또는 일부가 자기의 권리임을 주장하면서 참가하는 경우로서 **참가인이 원고의 본소청구와 양립되지 않는 권리 내지는 그에 우선할 수 있는 권리를 주장하여야** 한다.176)

2) 원고청구의 일부와 양립불가시 : **참가하려는 소송에 수개의 청구가 병합된 경우 그 중 어느 하나의 청구라도 독립당사자참가인의 주장과 양립하지 않는 관계에 있으면 그 본소청구에 대한 참가가 허용된다.** 원고의 주위적, 예비적 동산인도청구 중 주위적 청구만이 소유권에 기초한 독립당사자참가인의 주장과 양립하지 않는 관계에 있는데, 본안판단 결과 주위적 청구를 기각하게 된 이상 이 사건 참가가 부적법하게 되었다는 이유로 이를 각하한 것은 권리주장참가의 요건에 대한 법리를 오해하여 판결 결과에 영향을 미친 위법이 있다.177)

3) 권리주장참가를 허용한 예

① 하나의 매매계약에서 매수인이 누구인지 여부 : **당사자참가가 인정되지 아니하는 2중매매와는 달리 하나의 계약에 기초하여 매수인이 누구인지 가려달라는 것은 어느 한쪽의 이전등기청구권이 인정되면 다른 한쪽의 이전등기청구권은 인정될 수 없는 것이므로 그 각 청구가 서로 양립할 수 없는 관계에 있음은 물론이고, 이는 하나의 판결로써 모순없이 일시에 해결할 수 있는 경우에 해당**한다.178)

---

171) 대법 1970.08.31, 70누70,71
172) 김홍엽 835면; 호문혁 859면; 정영환 795면
173) 대법 1994.02.22, 93다43682
174) 대법 1992.05.26, 91다4669
175) 대법 1994.11.25, 94다12517
176) 대법 2017.04.26, 2014다221777·221784
177) 대법 2007.06.15, 2006다80322·80323

② 한 개의 취득시효에서 자주점유자가 누구인지 여부 : 본소가 원고의 점유가 자주점유를 전제로 하여 취득시효 완성을 원인으로 한 이전등기청구인 경우, 참가인의 피고에 대한 청구는 이 사건 토지에 대한 참가인의 점유가 자주점유를 전제로 하여 취득시효 완성을 원인으로 한 소유권이전등기청구이고, 참가인의 원고에 대한 청구는 이 사건 토지에 대한 원고의 점유가 관리위탁계약에 의한 것으로서 타주점유임을 전제로 하여 그 관리위탁계약의 해제를 이유로 이 사건 토지의 인도를 구하는 것으로, **본소 청구와 참가인의 피고에 대한 청구는 주장하는 권리가 채권적인 권리인 등기청구권이기는 하나 어느 한 쪽의 청구권이 인정되면 다른 한 쪽의 청구권은 인정될 수 없는 것으로서 각 청구가 서로 양립할 수 없는 관계**에 있다.[179]

③ 한 개의 명의신탁에서 명의신탁자가 누구인지여부 : 원고의 피고들에 대한 명의신탁해지로 인한 이전등기청구권과 참가인의 피고들에 대한 명의신탁해지로 인한 이전등기청구권은 어느 한 쪽의 청구권이 인정되면 다른 한 쪽의 청구권은 인정될 수 없는 것으로서 각 청구가 서로 양립할 수 없는 관계에 있고 이는 하나의 판결로써 모순 없이 일시에 해결할 수 있는 경우에 해당한다고 할 것이다.[180]

④ 원고의 시효완성주장과 참가인의 소유권에 기한 인도청구 : 원고들의 본소 청구는 이 사건 토지에 대하여 취득시효가 완성되었음을 이유로 피고가 그 소유자라 하여 피고를 상대로 소유권이전등기를 구하는 것이고, 참가인들의 청구는 이 사건 토지가 참가인들의 소유임을 내세워 그 소유권의 귀속을 다투는 원고들과 피고를 상대로 이 사건 토지가 참가인들의 소유라는 확인을 구함과 아울러 원고들에게 이 사건 토지 중 원고들이 점유하고 있는 부분의 인도를 구하는 것으로서, 원고들의 본소 청구와 참가인들의 청구는 그 주장 자체에서 서로 양립할 수 없는 관계에 있어 그들 사이의 분쟁을 1개의 판결로 모순 없이 일시에 해결할 경우에 해당한다.[181]

⑤ 소유권확인청구 : 토지에 대하여 소유권확인을 구하는 원고들의 본소청구에 대하여 참가인은 피고에 대하여 이 사건 토지에 대한 피고 명의의 소유권보존등기말소 및 이 사건 토지가 참가인 및 선정자들의 소유임의 확인을 구하고 원고들에 대하여도 위와 같은 소유권 확인을 구하고 있으므로, **참가인은 피고에 대하여 일정한 청구를 하고 있음은 물론이고 원고들에 대하여도 일정한 청구를 하고 있으며, 원고들의 청구와 참가인의 청구는 서로 양립할 수 없는 관계에 있다**고 할 것이다.[182]

⑥ 채권의 귀속에 관한 다툼 : 원고는 부동산을 피고로부터 매수한 당사자가 소외 甲 회사라고 주장하면서 그 매매계약해제에 따라 위 회사가 피고에 대하여 취득한 중도금반환채권을 전부받은 자로서 피고에게 그 이행을 구하고 있고 이에 대하여 참가인은 위 부동산의 매수인이 위 甲 회사 아닌 소외 乙 회사라고 주장하며 그 회사의 중도금반환채권을 참가인이 양도받았다 하여 원고에 대하여는 참가인의 권리확인을 구하고 피고에 대하여는 위 금원의 지급을 구하고 있는 사건에 있어서 원고의 피고에 대한 전부금채권과 참가인의 피고에 대한 양수금채권은 어느 한 쪽의 채권이 인정되면 다른 한 쪽의 채권은 인정될 수 없는 것으로서 각 청구가 서로 양립할 수 없는 관계에 있고 이는 하나의 판결로써 모순 없이 일시에 해결할 수 있는 경우에 해당한다고 할 것이고, 참가인은 원고에 의하여 자기의 권리 또는 법률상의 지위를 부인당하고 있는 자로서 그 불안을 제거하기 위하여 피고에 대한 위 중도금반환채권이 참가인에게 있다는 확인의

---

178) 대법 1988.03.08, 86다148·149·150
179) 대법 1996.06.28, 94다50595·50601
180) 대법 1995.06.16, 95다5905
181) 대법 1997.09.12, 95다25886·25893·25909
182) 대법 1998.07.10, 98다5708·5715

소를 제기하는 것이 유효적절한 수단이라고 할 것이므로 결국 참가인이 피고에 대하여 위 채권금액의 지급을 구함과 동시에 원고에 대하여 채권확인의 소를 구한 것은 확인의 이익이 있는 적법한 청구라고 할 것이다.183)

⑦ 소유권에 기한 명도청구 : **원고가 건물의 증축부분의 소유권에 터잡아 명도를 구하는 소송에서 참가인이 증축부분이 자기 소유임을 이유로 독립당사자참가신청을 한 경우 주장 자체에 의해서는 원고가 주장하는 권리와 참가인이 주장하는 권리가 양립할 수 없는 관계에 있다** 할 것이므로, 비록 본안에 들어가 심리한 결과 증축부분이 기존건물에 부합하여 원고의 소유로 되었고 참가인의 소유로 된 것이 아니라고 판단되더라도 이는 참가인의 청구가 이유 없는 사유가 될 뿐 참가신청이 부적법한 것은 아니다.184)

4) 부동산 이중매매에서 권리주장참가 불허 : 쌍면참가만 허용하던 구법하에 判例들은 부동산이중매매가 문제된 사안에서 실질적으로 편면참가라 하여 부적법 각하하였을 뿐 양립가능성에 대해서는 정면으로 판시한 예가 없다.185) 다만 "원고의 피고에 대한 소유권이전등기청구권과 참가인의 피고에 대한 소유권이전등기청구권은, 당사자참가가 인정되지 아니하는 2중매매 등 통상의 경우와는 달리 하나의 계약에 기초한 것으로서 어느 한쪽의 이전등기청구권이 인정되면 다른 한쪽의 이전등기청구권은 인정될 수 없는 것이므로 그 각 청구가 서로 양립할 수 없는 관계에 있음은 물론이고, 이는 하나의 판결로써 모순없이 일시에 해결할 수 있는 경우에 해당한다고 할 것이므로 이 사건 당사자참가는 적법하다고 아니할 수 없다." 라고 판시하여 부동산이중매매의 경우 독립당사자참가가 허용되지 않음을 간접적으로 설시한 바 있다.186)

(2) 사해방지참가(제79조 제1항 후단)

1) 의 의 : 사해방지참가는 본소의 원고와 피고가 소송을 통하여 참가인의 권리를 침해할 의사가 있다고 객관적으로 인정되고 소송의 결과 참가인의 권리 또는 법률상 지위가 침해될 우려가 있다고 인정되는 경우에 허용될 수 있다.187) **원고의 본소청구와 참가인의 청구가 양립가능한 관계라도 상관없다.**188)

2) 권리침해의 의미 : 判例는 **사해방지참가는 원·피고가 소송을 통하여 제3자를 해칠 의사가 있다고 객관적으로 인정되고 그 소송의 결과 제3자의 권리 또는 법률상의 지위가 침해될 우려가 있다고 인정되어야만 할 것**이라고 하여 분명하지는 않지만 사해의사설을 취하고 있는 것으로 보인다.189)

3) 사해방지참가의 예

① 허용한 경우 : ⅰ) **근저당권설정등기의 불법말소를 이유로 그 회복등기를 구하는 본안소송에서 후순위**

---

183) 대법 1991.12.24, 91다21145
184) 대법 1992.12.08, 92다26772·26789
185) 원고에게 소유권확인청구를 한 사안에서 참가인은 아직 자기 앞으로 등기를 마치지 못하였으므로 원고에게는 소유권을 주장할 수 없다는 이유로(대법 1966.07.19, 66다896), 부동산을 점유하고 있는 원고에게 소유권에 기한 인도청구를 한 사안에서 참가인이 피고에 대하여는 승소할 수 있으나 원고에 대하여는 승소할 수 없다는 이유로(대법 1980.07.22, 80다362) 참가를 부적법하다고 한다.
186) 대법 1988.03.08, 86다148
187) 대법 2017.04.26, 2014다221777·221784
188) 대법 2001.09.28, 99다35331
189) 대법 2007.08.23, 2005다43081·43098

근저당권자에게는 원·피고들에 대한 근저당권부존재확인청구라는 참가소송을 통하여 후일 발생하게 될 불안 내지 염려를 사전에 차단할 필요가 있는 것이고, 이러한 참가소송은 사해판결로 인하여 초래될 이러한 장애를 방지하기 위한 유효적절한 수단이 된다.[190] ii) 자기의 권리 또는 법률상의 지위가 타인들 사이의 사해적 법률행위를 청구원인으로 한 사해소송의 결과로 인하여 침해를 받을 염려가 있는 경우에는 그 타인들을 상대로 하여 사해소송의 청구원인이 된 법률행위가 무효라는 확인을 소구하는 것이 사해판결이 선고 확정되고 집행됨으로써 자기의 권리 또는 법률상의 지위가 침해되는 것을 방지하기 위한 유효 적절한 수단이 되는 것이므로 **사해방지를 위한 독립당사자참가인이 원고와 피고들을 상대로 하여 사해소송의 청구원인이 된 법률행위의 무효확인을 소구하는 것은 확인의 이익이 있는 적법한 것이라고 보아야 할 것이**다.[191]

② 불허한 경우 : 원고가 피고에 대하여 대물변제약정을 청구원인으로 하여 피고 소유의 건물에 관한 소유권이전등기를 청구하고 있고, 독립당사자참가인은 위 대물변제약정이 사해행위에 해당한다는 이유로 원고에 대하여 사해행위취소를 청구하면서 사해방지참가를 하는 것은 부적법하다.[192]

> **판례연구 : 독립당사자 참가의 적법여부**
>
> **1. 사실관계**
> 甲 소유의 부동산과 채무자인 乙 소유의 부동산을 공동저당의 목적으로 하여 丙 은행 앞으로 선순위근저당권이 설정된 후 甲 소유의 부동산에 관하여 丁 앞으로 후순위근저당권이 설정되었는데, 甲 소유의 부동산에 관하여 먼저 경매절차가 진행되어 丙 은행이 채권 전액을 회수하였고, 이에 丁이 甲 소유의 부동산에 대한 후순위저당권자로서 물상보증인에게 이전된 근저당권으로부터 우선하여 변제를 받을 수 있다고 주장하며 丙 은행 등을 상대로 근저당권설정등기의 이전을 구하자, 甲이 乙에 대해 취득한 구상금 채권이 상계로 소멸하였다고 주장하며 乙이 丙 은행을 상대로 근저당권설정등기의 말소를 구하는 독립당사자 참가신청을 하였다.
>
> **2. 판시내용**
> 乙의 말소등기청구는 등기의 이전을 구하는 丁의 청구와 동일한 권리관계에 관하여 주장 자체로 양립되지 않는 관계에 있지 않으므로 민사소송법 제79조 제1항 전단에 따른 권리주장참가의 요건을 갖추지 못하였고, 丁과 丙 은행이 소송을 통하여 乙의 권리를 침해할 의사가 있다고 객관적으로 인정하기도 어려우므로 민사소송법 제79조 제1항 후단에 따른 사해방지참가의 요건을 갖추었다고 볼 수도 없다는 이유로 乙의 독립당사자 참가신청을 각하하였다.[193]

3. 당사자의 양쪽 또는 한쪽을 상대방으로 한 자기청구일 것(참가취지)

(1) 쌍면참가(양쪽을 상대방으로 하는 청구)

참가인은 원·피고 양쪽에 대하여 각기 자기청구를 하는 것이 독립당사자참가의 원칙적인 모습이다(쌍면참가). 원·피고 양쪽에 대한 청구가 동일 취지일 수도 있고, 서로 취지를 달리 할 수도 있다.

(2) 편면참가(한쪽만을 상대방으로 하는 청구)

개정 전에 判例는 원·피고 중 한쪽에 대해서만 청구하고 다른 쪽에 대해서는 청구하지 아니한 경우,

---
[190] 대법 2001.08.24, 2000다12785
[191] 대법 1990.07.13, 89다카20719·20726
[192] 대법 2014.06.12, 2012다47548
[193] 대법 2017.04.26, 2014다221777·221784

양쪽에 청구하였지만 한쪽에 대한 청구가 소의 이익이 없는 경우, 한쪽에 대해서만 청구하고 다른 쪽(원고)에 대해서는 청구기각만을 구하는 경우 등 편면참가의 형태를 허용하지 않고 있었다. 그러나 **개정법에서는 통설의 입장을 받아들여 편면참가의 형태도 인정**하기에 이르렀다. 다만 편면참가가 허용된다고 하여, 참가인이 독립당사자참가의 요건을 갖추지 못한 청구를 추가하는 것을 허용하는 것은 아니다.[194] 또한 자기의 권리 또는 법률상의 지위를 부인하는 원고가 자기의 주장과는 양립할 수 없는 제3자에 대한 권리 또는 법률관계를 주장한다고 하여 원고 주장의 그 제3자에 대한 권리 또는 법률관계가 부존재한다는 것만의 확인을 구하는 것은, 설령 그 확인의 소에서 독립당사자참가인이 승소판결을 받는다고 하더라도 그 판결로 인하여 원고에 대한 관계에서 자기의 권리가 확정되는 것도 아니고 그 판결의 효력이 제3자에게 미치는 것도 아니어서, 그와 같은 부존재확인의 소는 자기의 권리 또는 법률적 지위에 현존하는 불안, 위험을 해소시키기 위한 유효적절한 수단이 될 수 없어서 확인의 이익이 없다.[195]

4. 청구의 병합요건을 갖출 것

독립당사자참가는 본소청구에 참가인의 청구가 병합되는 것이므로 청구의 병합요건, 즉 **동종절차·공통관할이라는 요건**을 갖추어야 한다.

5. 소송요건을 갖출 것

독립당사자참가는 이른바 당사자참가로서 신소제기의 실질이 있는 것이므로 일반적인 소송요건도 갖추어야 한다. 참가인이 참가에 의하여 주장하는 청구에 대하여 이미 본소의 당사자 양쪽 또는 한쪽을 상대로 별소를 제기하였을 때에는 중복제소로 보아야 한다.[196]

III. 참가신청

1. 신청방식

(1) 보조참가신청방식 준용

독립당사자 참가신청의 방식에는 **보조참가의 신청방식이 준용**된다(제79조 제2항). 그리하여 참가인으로서 할 수 있는 소송행위와 동시에 또는 단독으로 할 수 있으며, **당사자가 상소를 제기하지 않는 경우에는 참가인이 상소제기와 동시에 참가신청을 할 수도 있다.** 判例는 **독립당사자참가를 하면서 예비적으로 보조참가를 하는 것은 부적법**하다고 하였다.[197]

(2) 참가신청서

참가신청은 신소제기의 실질을 가지므로 소액사건을 제외하고는 반드시 서면에 의하여야 하며(제248조), 그 서면에는 참가의 취지와 이유를 명시하고 자기 청구에 대해 청구취지와 원인을 기재하여야 한다. 또한 참가신청서에는 심급에 따라 소장·항소장에 준하는 인지를 붙여야 하며, 참가신청서가 접수되면 민사사

---

194) 대법 2014.08.26, 2013다49404·49411; 대법 2018.05.15, 2018다350·367; 대법 2022.10.14, 2022다241608·241615
195) 대법 2014. 11. 13, 2009다71312·71329·71336·71343
196) 호문혁 866면; 정영환 802면; 김홍엽 846면
197) 대법 1994.12.27, 92다22473·22480

건부에 등재하고 독립의 사건번호를 부여함과 동시에 사건명을 붙이고 그 신청서와 관계서류를 본소송기록에 합철한다. **참가신청서에 흠이 없으면 편면참가인지 여부와 상관 없이 양쪽 당사자에게 지체없이 신청서부본을 송달해야 한다**(제79조 제2항, 제72조).

(3) 참가신청의 효과

참가신청서의 제출은 신소제기의 실질을 가지므로 참가인의 청구에 대한 시효중단과 기간준수의 효력이 생기며(제265조), 참가에 의하여 종전 당사자는 참가인에 대한 관계에서 피고의 지위에 서게 되므로 참가인을 상대로 반소를 제기할 수 있다.[198] 또한 보조참가와는 달리 종전의 당사자는 참가에 이의할 수 없다(신소제기의 실질 때문에).

2. 이른바 중첩적 참가와 4면소송의 허부

判例는 이미 독립당사자참가가 있는 소송에 다시 또 다른 제3자가 본소의 당사자를 상대방으로 참가하는 중첩적 독립당사자참가를 허용하고 있다. 다만, 제1참가인과 제2참가인간에는 아무런 소송관계가 없으므로 이들 사이에는 어떠한 판결도 할 수 없다고 한다. 즉, 3면소송의 중첩적인 형태는 허용하되 4면소송까지는 허용될 수 없다는 취지이다.[199]

IV. 독립당사자참가소송의 심판

1. 참가요건과 소송요건의 조사

(1) 참가요건의 조사

독립당사자참가신청이 있으면 먼저 참가요건을 직권으로 조사한다. 참가요건에 흠이 있는 경우 判例는 부적법 각하하여야 한다고 하나,[200] 본소에 병합시켜 통상의 공동소송의 형식으로 심리하여야 하고, 만일 병합심리가 허용되지 아니하면 별개의 독립한 소로써 분리심리하여야 한다는 반대견해가 있다.[201]

(2) 소송요건의 조사

참가요건을 갖추었을 경우 참가인의 청구에 대한 소송요건을 직권으로 조사한다. 소송요건에 흠이 있는 경우 참가신청을 각하하여야 한다.

2. 본안심판

(1) 합일확정의 필요

독립당사자참가는 원고·피고·참가인 3자간에 상호 대립·견제의 관계가 있으므로 그 분쟁을 한꺼번에 모순 없이 해결할 필요성이 대두되며, 이를 위해 필수적 공동소송의 특칙인 제67조를 준용하도록 하고 있다(제79조 제2항).

---

198) 대법 1969.05.13, 68다656
199) 대법 1963.10.22, 62다29
200) 대법 1960.05.26, 4292민상524
201) 이시윤 13판 815면; 정동윤/유병현 966면; 강현중 245면; 정영환 804면; 송상현/박익환 689면

(2) 본안심리

1) 소송자료의 통일 : 당사자의 3인 중 어느 한 사람의 유리한 소송행위는 다른 1인에게도 효력이 생기며, 당사자인 3인 중 2인간의 소송행위가 다른 1인에게 불이익이 될 때에는 효력이 생기지 않는다(제67조 제1항). 예컨대 어느 2인간의 청구의 포기·인낙,202) 화해203) 또는 상소취하 등은 타인에게 불이익이 되는 한 무효가 된다. 원고의 청구에 대하여 피고가 자백을 하더라도 참가인에게는 효력이 없다.204) 참가인이 화해권고결정에 대하여 이의를 한 경우에는 참가인에 대하여 뿐 아니라 원고와 사이에서도 효력이 발생하지 않으므로, 화해권고결정에 대하여 원·피고 및 참가인 모두가 이의를 하지 않은 경우에만 재판상 화해로서 효력이 있다.205) 다만, 본소취하나 참가신청의 취하는 할 수 있다.

2) 소송진행의 통일 : 3당사자 간에 심리의 보조를 맞추고 소송자료를 공통하게 해야만 통일적 판결을 할 수 있으므로 기일은 반드시 공통으로 정해야 하며, **변론의 분리는 허용되지 않는다**. 또한 어느 1인에 관하여 중단·중지사유가 생기면 전소송절차가 정지된다(제67조 제3항). 한편 **본소가 기각되고 참가인의 청구가 인용된 판결에 원고가 항소하고, 항소장 부본이 참가인에게는 송달되었으나 피고에게는 폐문부재로 송달되지 않아 항소심 재판장이 원고에게 피고의 주소를 보정하도록 명하였으나 주소보정에 응하지 않았음을 이유로 항소장 전부에 대해 항소장 각하명령을 내린 것은 위법**하다. 항소장 부본이 참가인에게 적법하게 송달되어 항소심법원과 당사자들 사이에 소송관계가 성립한 이상 항소심재판장은 더 이상 단독으로 항소장 각하명령을 내릴 수 없기 때문이다.206)

(3) 본안판결

당사자 3인간 모순 없는 해결을 위하여 반드시 1개의 전부판결을 하여야 하며 일부판결은 허용되지 않는다. 일부판결을 한 경우에는 **추가판결을 정리할 수는 없고 판단누락에 준하여 상소나 재심으로 처리**한다(제451조 제1항 제9호). 소송비용은 한 당사자가 승소하면 나머지 두 당사자가 분담하고(제102조), 패소한 두 당사자간에는 적극적 당사자가 부담한다.

3. 판결에 대한 상소

(1) 상소기간

각기 개별적으로 진행한다.

(2) 이심의 범위

1) 참가신청이 부적법 각하된 경우 : 제1심 판결에서 참가인의 독립당사자참가신청을 각하하고 원고의 청구를 기각한 데 대하여 ① 참가인은 항소기간 내에 항소를 제기하지 아니하였고, 원고만이 항소한 경우 위 독립당사자참가신청을 각하한 부분은 원고의 항소에도 불구하고 피고에 대한 본소청구와는 별도로 확정

---

202) 대법 1968.12.24, 64다1574
203) 대법 2005.05.26, 2004다25901·25918
204) 대법 2009.01.30, 2007다9030·9047
205) 대법 2005.05.26, 2004다25901·25918
206) 대법 2020.01.30, 2019마5599·5600

된다.207) ② **참가인이 항소한 경우에는 모두 이심한다.**

 2) **본안판결을 받은 경우** : 3당사자 중 2당사자가 패소하였으나 패소당사자 중 한 사람만 상소를 제기한 경우, 通說 및 判例는 **상소불가분의 원칙에 의해 상소하지 않은 당사자의 소송관계까지 상급심으로 이심된다**고 한다.208)

(3) 패소당사자 중 상소하지 아니한 자의 상소심에서의 지위

 상소인설, 피상소인설, 상대적 이중지위설이 있으나 통설은 단순한 상소심 당사자로 보고 있다. 判例도 독립당사자참가인의 청구와 원고의 청구가 모두 기각되고 원고만이 항소한 경우 독립당사자참가인도 항소심에서의 당사자라 하여, 상소인도 피상소인도 아닌 단순한 상소심당사자라고 보고 있다. 따라서 ① 인지첩부의무가 없고 ② 상소취하권이 없으며 ③ 승패에 관계 없이 상소비용도 부담하지 않는다. ④ 상소심의 심판범위도 실제로 상소를 제기한 당사자의 불복범위로 국한된다. ⑤ 상소제기도 당하지도 않은 당사자인 만큼 판결서에 상소인이나 피상소인의 표시가 아니라 단순히 독립당사자참가인으로 표시할 것이다.209)

(4) 상소심의 심판범위

 제1심에서 원고 및 참가인 패소, 피고 승소의 본안판결이 선고된 데 대하여 원고만이 항소한 경우 원고와 참가인 그리고 피고간의 세개의 청구는 당연히 항소심의 심판대상이 되어야 하는 것이므로 항소심으로서는 **참가인의 원·피고에 대한 청구에 대하여도 같은 판결로 판단을 하여야 한다.**210) 이때 항소심의 심판대상은 실제 항소를 제기한 자의 항소취지에 나타난 불복범위에 한정하되, 상호 대립·견제관계로 인한 모순 없는 해결, 즉 **합일확정의 요청 때문에 불이익변경금지의 원칙(제415조)이 배제되어, 상소를 제기하지 않은 당사자에게 1심 판결보다 유리한 내용으로 판결이 변경되는 것도 배제할 수 없다.**211) 그러나 참가인의 참가신청이 적법하고 합일확정의 요청상 필요한 경우에 한하여 불이익변경금지원칙이 배제된다. 따라서 **원고 승소와 참가인의 신청각하, 이에 대하여 참가인만이 항소한 경우 원고승소부분까지 이심되지만 참가인의 항소를 기각하는 이상 원고승소부분을 청구기각으로 바꿀 수 없다.**212) 한편 판결 결론의 합일확정을 위하여 항소 또는 부대항소를 제기한 적이 없는 당사자의 청구에 대한 제1심판결을 취소하거나 변경할 필요가 없다면, 항소 또는 부대항소를 제기한 적이 없는 당사자의 청구가 항소심의 심판대상이 되어 항소심이 그 청구에 관하여 심리·판단해야 하더라도 그 청구에 대한 당부를 반드시 판결 주문에서 선고할 필요가 있는 것은 아니다. 그리고 이와 같이 항소 또는 부대항소를 제기하지 않은 당사자의 청구에 관하여 항소심에서 판결 주문이 선고되지 않고 독립당사자참가소송이 그대로 확정된다면, 취소되거나 변경되지 않은 제1심판결의 주문에 대하여 기판력이 발생한다.213)

---

207) 대법 1972.06.27, 72다320; 대법 1992.05.26, 91다4669; 대법 2007.12.14, 2007다37776·37783.
208) 대법 1981.12.08, 80다577; 대법 2007.10.26, 2006다86573·86580
209) 대법 2007.12.14, 2007다37776·37783
210) 대법 1991.03.22, 90다19329·19336
211) 대법 2007.10.26, 2006다86573·86580; 대법 2022.07.28, 2020다231928
212) 대법 2007.12.14, 2007다37776·37783
213) 대법 2022.07.28, 2020다231928

V. 3면소송의 붕괴(2면소송으로의 환원)

1. 본소의 취하 또는 각하

참가인의 참가 후에도 원고는 본소를 취하할 수 있으며 이 경우 **피고는 물론 참가인의 동의가 필요하다**.[214] **본소가 취하된 경우에는 참가인의 원·피고 쌍방을 상대로 한 공동소송의 형태로 잔존한다**.[215] 이 경우 **당사자참가인의 원·피고에 대한 소가 독립의 소로서의 소송요건을 갖춘 이상, 그 소송계속은 적법하며, 종래의 삼면소송 당시에 필요하였던 당사자 참가요건의 구비 여부는 가려 볼 필요가 없다**.[216]

2. 참가의 취하 또는 각하

독립당사자참가신청의 실질은 소이므로 참가신청도 소의 취하에 준하여 취하할 수 있다. 다만, **본소의 당사자가 본안에 관하여 변론한 때에는 원·피고 쌍방의 동의가 필요**하다. 참가인의 청구가 취하 또는 각하되면 참가 이전의 상태로 환원되어 본소송만이 잔존한다. 判例는 독립당사자참가가 부적법하여 각하됨이 마땅한 이상, 참가인 제출의 증거에 대하여는 판단할 필요가 없다고 하나,[217] 증거를 제출한 참가인의 참가신청이 부적법 각하되었다 하여도 이미 법원이 실시한 증거방법에 의하여 법원이 얻은 증거자료의 효력에 아무런 영향이 없다고 한다.[218] 참가신청을 각하한 경우 그 각하판결이 상소심에서 확정될 때까지는 본소에 관한 판결을 미루는 것이 원·피고, 참가인 사이의 합일확정을 위하여 바람직하다고 할 것이나 判例는 반대이다.[219]

3. 소송탈퇴

> **제80조(독립당사자참가소송에서의 탈퇴)** 제79조의 규정에 따라 자기의 권리를 주장하기 위하여 소송에 참가한 사람이 있는 경우 그가 참가하기 전의 원고나 피고는 상대방의 승낙을 받아 소송에서 탈퇴할 수 있다. 다만, 판결은 탈퇴한 당사자에 대하여도 그 효력이 미친다.

(1) 소송탈퇴의 의의

제3자가 독립참가를 한 경우에 종전의 원고 또는 피고가 당사자로서 소송을 계속할 필요가 없는 때에는 소송에서 탈퇴할 수 있다(제80조).

(2) 사해방지참가에의 적용여부

① 사해소송의 당사자가 탈퇴하는 경우란 실제로 거의 없을 것이라는 점과 제80조의 문언은 권리주장참가에 있어 소송탈퇴를 규정하고 있음을 들어 소극적으로 해석하는 견해와,[220] ② 사해방지참가의 경우에도 피고가 소송수행의 의욕이 없고 전혀 소극적 태도로 일관해 온 때에는 제3자가 소송참가함을 계기

---

214) 대법 1972.11.30, 72마787
215) 대법 2007.02.08, 2006다62188
216) 대법 1991.01.25, 90다4723
217) 대법 1966.03.29, 66다222·223
218) 대법 1971.03.31, 71다309·310
219) 대법 1976.12.28, 76다797
220) 송상현/박익환 696면; 호문혁 894면

로 소송에서 탈퇴해 나갈 경우도 있을 것이므로 사해방지참가의 경우에도 탈퇴할 수 있다는[221] 입장의 대립이 있다.

(3) 요 건

1) 본 소송의 당사자일 것 : 법정대리인이나 소송대리인이 탈퇴하려면 특별수권이 있어야 한다(제56조 제2항, 제90조 제2항).

2) 제3자의 참가가 적법·유효할 것

3) 상대방의 승낙이 있을 것 : 상대방의 승낙 이외에 참가인의 승낙도 필요한지와 관련하여 ① 참가인이 승소하더라도 잔류당사자가 소송비용을 부담할 능력이 없는 경우 잔류시킬 이익이 있으므로 승낙을 요한다는 견해와, ② 어차피 **판결의 효력이 탈퇴자에게 미치므로 이익침해여부는 문제가 되지 않으므로 승낙을 요하지 않고**, 탈퇴의 효과를 집행력 포함설로 구성한다면 잔류당사자가 승소한 경우에도 탈퇴자에 대한 청구의 소송계속이 유지되는 셈으로서 잔류당사자의 승낙도 불필요하다는 견해가 유력하다.[222]

4) 방 법 : **탈퇴나 승낙은 서면에 의하여야 하지만, 기일에는 구술로써 할 수 있다. 다만 소의 취하에 있어서와 같은 동의간주는 인정되지 않는다.**

(4) 탈퇴후의 소송관계

조건부 포기·인낙설과[223] 소송담당설의 대립이 있는데,[224] 判例는 참가승계와 관련하여 소송탈퇴하면 종전 당사자의 소송관계가 종료된다는 입장을 취하여 조건부 포기·인낙설 입장이다.[225]

(5) 탈퇴자에 대한 판결의 효과(제80조 단서)

탈퇴자에 대하여도 기판력 및 집행력이 미치므로 판결주문 중에 탈퇴자에 대하여 이행의무를 선언할 수 있고, 이 선언이 인낙조서에 갈음하는 집행권원이 된다. 한편 탈퇴자에 대한 소송관계는 판결에 의하지 않고 종료된 것이므로 제114조에 따라 법원은 당사자의 신청에 의하여 결정으로 부담자와 비용을 정하여야 한다.

제6항 공동소송참가

> **제83조(공동소송참가)** ① 소송목적이 한 쪽 당사자와 제3자에게 합일적으로 확정되어야 할 경우 그 제3자는 공동소송인으로 소송에 참가할 수 있다.
> ② 제1항의 경우에는 제72조의 규정을 준용한다.

---

221) 이시윤 13판 820면; 정동윤/유병현 971면; 강현중 250면; 정영환 810면
222) 이시윤 13판 821면
223) 방순원 230면; 이영섭 115면
224) 이시윤 13판 820면; 정동윤/유병현 973면
225) 대법 2011.04.28, 2010다103048

I. 의 의

공동소송참가란 소송의 목적이 당사자 일방과 제3자에 대하여 합일적으로 확정될 경우(유사 필수적 또는 고유 필수적 공동소송으로 될 경우)에 당사자간의 판결의 효력(기판력 또는 반사효)을 받는 제3자가 원고 또는 피고의 공동소송인으로서 참가하는 것을 말한다(제83조). 이러한 공동소송참가는 당사자로 참가하는 경우로서 판결의 효력을 받는 제3자가 단지 보조참가인으로 가입하는 공동소송적 보조참가와는 다르다.

II. 요 건

1. 타인간 소송계속 중일 것

소송계속 중이라면 **항소심에서도 참가할 수 있다.** 다만, 신소제기의 실질을 가지므로 상고심에서는 할 수 없다.[226]

2. 당사자적격이 있을 것

공동소송참가는 공동소송인으로서 참가하는 것이므로 참가인도 당사자적격이 있어야 한다. 이 점에서 당사자적격이 없는 자가 참가하는 공동소송적 보조참가와 다르다.

3. 소송의 목적이 한쪽 당사자와 제3자간에 합일적으로 확정될 경우일 것

공동소송참가는 소송의 목적이 한쪽 당사자와 제3자간에 합일적으로 확정될 필요가 있는 경우로서 유사 필수적 공동소송으로 될 경우뿐만 아니라 고유 필수적 공동소송으로 될 경우도 포함된다. 고유 필수적 공동소송에서 공동소송인 중 일부가 누락된 경우 필수적 공동소송인의 추가로 치유할 수 있는데(제68조), 공동소송참가를 인정할 실익은 항소심까지 허용된다는 데 있다.

(1) 허용한 경우

① 제3채무자가 추심절차에 대하여 의무를 이행하지 아니한 때에는 압류채권자는 소로 이행하게 할 수 있고, 집행력 있는 정본에 의한 각 채권자는 공동소송인으로 원고에 참가할 권리가 있다(민집법 제249조).
② 주주의 대표소송에 있어서 원고 주주가 원고로서 제대로 소송수행을 하지 못하거나 혹은 상대방이 된 이사와 결탁함으로써 회사의 권리보호에 미흡하여 회사의 이익이 침해될 염려가 있는 경우 그 판결의 효력을 받는 권리귀속주체인 회사가 이를 막거나 자신의 권리를 보호하기 위하여 소송수행권한을 가진 정당한 당사자로서 그 소송에 참가할 필요가 있으며, **회사가 대표소송에 당사자로서 참가하는 경우 소송경제가 도모될** 뿐만 아니라 **판결의 모순·저촉을 유발할 가능성도 없다**는 사정과, 상법 제404조 제1항에서 특별히 참가에 관한 규정을 두어 주주의 대표소송의 특성을 살려 회사의 권익을 보호하려는 입법 취지를 함께 고려할 때, **상법 제404조 제1항에서 규정하고 있는 회사의 참가는 공동소송참가를 의미하는 것으로** 해석함이 타당하고, **중복제소 금지에 반하는 것이 아니다.**[227] 한편 **대표소송을 제기한 주주가 그 소송의 사실심 변론종결 시까지 원고적격요건을 유지하지 못하여 종국적으로 소가 각하되는 운명에 있어도 참가시점**

---

226) 대법 1961.05.02, 4292민상853
227) 대법 2002.03.15, 2000다9086

에서는 주주들이 적법한 원고적격이 있었으므로 회사의 공동소송참가는 적법하다.

③ **주주총회결의 무효확인의 소는 대세적 효력이 미치므로, 회사의 다른 주주는 원고측에 공동소송참가를 할 수 있다.**

> **판례연구 : 채권자대위소송과 공동소송참가**
>
> 〈원심의 입장〉
> 乙에 대한 채권자 A가 채권자대위소송을 하면서 제3채무자 丙에게 직접 자신에게 이행할 것을 청구 중에, 乙의 다른 채권자 B가 丙에게 자기에게 직접 이행하라는 취지의 공동소송참가는 소송물이 달라 합일확정의 관계가 아니므로 부적법하다고 하였다.[228]
>
> 〈대법원의 입장〉
> 채권자대위소송이 계속 중인 상황에서 다른 채권자가 동일한 채무자를 대위하여 채권자대위권을 행사하면서 공동소송참가신청을 할 경우, 양 청구의 소송물이 동일하다면 민사소송법 제83조 제1항이 요구하는 '소송목적이 한쪽 당사자와 제3자에게 합일적으로 확정되어야 할 경우'에 해당하므로 참가신청은 적법하다. 이때 양 청구의 소송물이 동일한지는 채권자들이 각기 대위행사하는 피대위채권이 동일한지에 따라 결정되고, 채권자들이 각기 자신을 이행 상대방으로 하여 금전의 지급을 청구하였더라도 채권자들이 채무자를 대위하여 변제를 수령하게 될 뿐 자신의 채권에 대한 변제로서 수령하게 되는 것이 아니므로 이러한 채권자들의 청구가 서로 소송물이 다르다고 할 수 없다. 여기서 원고가 일부 청구임을 명시하여 피대위채권의 일부만을 청구한 것으로 볼 수 있는 경우에는 참가인의 청구금액이 원고의 청구금액을 초과하지 아니하는 한 참가인의 청구가 원고의 청구와 소송물이 동일하여 중복된다고 할 수 있으므로 소송목적이 원고와 참가인에게 합일적으로 확정되어야 할 필요성을 인정할 수 있어 참가인의 공동소송참가신청을 적법한 것으로 보아야 한다.[229]

(2) 불허한 경우

그러나 **이사회결의무효확인의 소는 대세적 효력이 없는 것으로, 그 소송의 목적이 당사자 일방과 제3자에 대하여 합일적으로 확정될 경우가 아니어서 제3자는 공동소송참가를 할 수 없다.**[230]

Ⅲ. 참가절차와 효과

1. 절 차

(1) 신 청

참가신청의 방식에는 제72조가 준용되나(제83조 제2항), **신소제기 실질이 있어 서면으로 하여야** 한다. 신청서에는 참가의 취지와 이유를 명시하여야 하고, 원고 측 공동소송참가신청서에는 **심급에 따라 소장 또는 항소장에 준하는 액수의 인지를 첨부하여야** 하며 참가신청서부본을 지체 없이 양쪽 당사자에게 송달해야 한다. 참가신청은 공동소송인으로서 할 수 있는 소송행위와 함께 하거나 상소제기와 함께 할 수도 있다. 참가신청은 일종의 소제기이므로 이에 대하여 당사자가 이의를 신청할 수 없다.

(2) 재 판

참가의 요건에 흠결이 있으면 법원은 종국판결로써 참가신청을 각하해야 한다. 다만, 그 요건에 흠결이

---

[228] 서울고법 2013. 3. 21, 2012나68738 · 70588
[229] 대법 2015.07.23, 2013다30301
[230] 대법 2001.07.13, 2001다13013

있더라도 보조참가 또는 공동소송적 보조참가의 요건을 갖추고 있으면 그러한 참가신청으로 취급함이 타당하다.

2. 효 과

공동소송참가가 적법하다고 인정되면 피참가인과 참가인은 필수적 공동소송인이 되며 따라서 제67조가 준용된다. 공동소송참가는 항소심에서도 할 수 있는 것이고, **항소심절차에서 공동소송참가가 이루어진 이후에 피참가소가 소송요건의 흠결로 각하된다고 할지라도 소송의 목적이 당사자 일방과 제3자에 대하여 합일적으로 확정될 경우에 한하여 인정되는 공동소송참가의 특성에 비추어 볼 때, 심급이익 박탈의 문제는 발생하지 않는다**.[231]

3. 공동소송참가인의 소송상 지위

공동소송참가는 당사자적격을 가진 자가 제기하는 일종의 소의 제기이기 때문에 공동소송참가인은 피참가인의 행위에 구애받지 아니하고 독자적으로 당사자로서 소송행위를 할 수 있게 된다. 예컨대 참가인이 상고를 제기한 경우 피참가인이 상고권포기 및 상고취하를 하여도 상고의 효력은 지속되고, 참가인이 재심청구를 한 경우 피참가인이 재심의 소를 취하하여도 재심의 소는 취하의 효력이 발생하지 않으며, 피참가인의 청구인낙이나 자백에 대하여 참가인이 이의하여 무효화시킬 수 있게 된다.[232]

제4절 당사자의 변경

제1항 총 설

I. 의 의

당사자의 변경은 넓게는 소송계속 중에 종래의 당사자가 새로운 당사자로 교체되거나, 기존의 당사자에 추가하여 새로운 당사자가 소송에 참가하는 경우를 말한다.

II. 유 형

당사자의 변경에는 분쟁주체의 지위의 이전과 관계없이 기존의 당사자의 의사에 의하여 당사자변경이 되는 임의적 당사자변경과, **소송중에 분쟁주체의 지위가 기존의 당사자로부터 제3자로 이전됨에 따라 제3자가 기존의 당사자의 지위를 이어받아 종전의 소송을 속행하는 경우인 소송승계**로 나뉜다. 전자인 임의적 당사자변경은 기존의 당사자의 지위를 승계하지 아니함에 반하여, 후자인 소송승계는 기존의 당사자의 지위를 승계한다는 특징이 있다.

---

231) 대법 2002.03.15, 2000다9086
232) 김홍엽 862면

구분	특징	구체적인 예
임의적 당사자변경	당사자적격 승계 ×, 소송상태 승인의무 ×	• 누락된 고유 필수적 공동소송인의 추가(제68조) • 피고의 경정(제260조) • 예비적·선택적 공동소송인의 추가(제70조, 제68조)
소송승계	당사자적격 승계 ○, 소송상태 승인의무 ○	• 당연승계(제233조 이하) • 참가승계(제81조)·인수승계(제82조)

제2항 임의적 당사자변경

Ⅰ. 의 의

임의적 당사자 변경이란 소송계속 중 당사자의 의사에 의하여 종전의 원고나 피고에 갈음하여 제3자를 가입시키거나 종전의 당사자에 추가하여 제3자를 가입시키는 것을 말하며, 좁은 의미로는 당사자의 교체만을 뜻한다. 이는 당사자의 동일성을 해치는 것으로서 당사자의 동일성이 유지되는 당사자표시정정과 다르며, 당사자적격이 승계되지 않는다는 점에서 당사자적격이 승계되는 소송승계와 다르다.

Ⅱ. 임의적 당사자변경의 허용여부 및 개정입법의 태도

1. 종래의 입장

임의적 당사자변경은 당사자지위의 승계가 없는 경우로서, 통설은 명문의 규정이 없더라도 소송경제와 분쟁의 일회적 해결을 위하여 허용하는 입장이었고, 判例는 **표시정정 형태 외의 어떠한 형태의 당사자변경도 명문의 규정이 없는 이상 불허하는 입장이었다.**

2. 입법에 의한 해결

(1) 내 용

1990년 개정입법에서 당사자 추가의 한 형태로 **누락된 고유 필수적 공동소송인의 추가**(제68조)와 **당사자 교체의 한 형태로 피고의 경정**(제260조)을 신설하였으며, 2002년 개정법에서는 이에 더 나아가 **예비적·선택적 공동소송인의 추가**도 가능하도록 하였다(제70조, 제68조).

(2) 특 징

임의적 당사자변경은 모두 원고의 신청에 의해서만 인정되고(피고나 제3자의 신청권을 인정하지 않음), 제1심 변론종결 전에 한해서 제한적으로 허용하고 있다.

3. 임의적 당사자변경의 법적 성질

임의적 당사자변경의 법적 성질에 관하여 ① 청구의 변경의 일종으로 보아 그 요건·효과에 관하여 제262조를 준용하자는 소의 변경설, ② 신당사자에게는 신소의 제기이고, 구당사자에게는 구소의 취하라는 두 가지 소송행위가 복합되어 있다고 보는 복합설,[233] ③ 우리는 독일과 다르게 명문의 규정을 두고 있으며, 그 행위의 요건·효과를 다른 제도인 소의 제기와 소의 취하로 나누어 해석·적용할 필요가 없으므로, 임의적 당사자변경은 당사자의 변경을 생기게 할 목적으로 이루어진 특수한 단일행위로 그 요건과 효과를 별도로 정하여야 한다고 보는 특수행위설[234]등의 대립이 있다.

Ⅲ. 민사소송법상의 임의적 당사자변경

1. 피고의 경정

> 제260조(피고의 경정) ① 원고가 피고를 잘못 지정한 것이 분명한 경우에는 제1심 법원은 변론을 종결할 때까지 원고의 신청에 따라 결정으로 피고를 경정하도록 허가할 수 있다. 다만, 피고가 본안에 관하여 준비서면을 제출하거나, 변론준비기일에서 진술하거나 변론을 한 뒤에는 그의 동의를 받아야 한다.
> ② 피고의 경정은 서면으로 신청하여야 한다.
> ③ 제2항의 서면은 상대방에게 송달하여야 한다. 다만, 피고에게 소장의 부본을 송달하지 아니한 경우에는 그러하지 아니하다.
> ④ 피고가 제3항의 서면을 송달받은 날부터 2주 이내에 이의를 제기하지 아니하면 제1항 단서와 같은 동의를 한 것으로 본다.

(1) 의 의

원고가 피고를 잘못 지정한 것이 분명한 경우에 제1심 변론종결 전에 적법한 피고적격자로 교체하는 것을 말한다(제260조).

(2) 요 건

1) 원고가 피고를 잘못 지정한 것이 명백할 것

① 判例는 피고를 잘못 지정한 것이 명백한 경우란 청구취지나 청구원인의 기재내용 자체로 보아 원고가 법률적 평가를 그르치거나 법인격의 유무에 착오를 일으킨 것이 명백하여 피고를 잘못 지정한 경우를 말한다고 전제한 후 **증거조사 결과 판명된 사실관계로 미루어 피고의 지정이 잘못된 경우는 포함되지 않는 취지로 경정의 요건을 좁히고 있다.**

피고경정허용	◆ 아내 명의의 계약을 남편이 하여 남편이 물어주어야 하는 것으로 착각하여 남편을 피고로 한 경우(서울중앙지법 2013나27151) ◆ 법인격이 있어 회사를 피고로 하여야 할 것을 그 대표자 개인을 피고로 한 경우
피고경정불허	◆ 원고가 공사도급계약상의 수급인은 그 계약 명의인인 피고라고 하여 피고를 상대로 소송을 제기하였다가 심리 도중 변론에서 피고측 답변이나 증거에 따라 이를 번복하여 수급인이 피고보조참가인이라고 하면서 피고경정을 구하는 경우에는 계약 명의인이 아닌 실제상의 수급인이 누구인지는 증거조사를 거쳐 사실을 인정하고, 그 인정 사실에 터잡아 법률 판단을 하여야 인정할 수 있는 사항이므로, 위 법규정 소정의 '피고를 잘못 지정한 것이 명백한 때'에 해당한다고 볼 수 없고, 피고가 공시송달중인 상태에서 피고보조참가인이 자신이 수급인이라고 주장하였다 하여 달리 볼 수도 없다.[235]

---

233) 강현중 256면; 김홍규/강태원 762면; 방순원 264면; 송상현/박익환 699면; 이영섭 117면
234) 정동윤/유병현 981면; 정영환 840면; 호문혁 829면
235) 대법 1997.10.17, 97마1632

② 피고를 잘못 지정한 것이 분명한 경우에는 석명을 요한다.236) 判例는 재판장이 피고적격에 대하여 구체적으로 석명을 하고, 그 사항만으로 두 차례나 변론기일을 속행하면서 석명에 응할 기회를 충분히 제공하였음에도 불구하고 원고가 최종적으로 피고경정을 하지 아니한 채 피고를 피고적격이 없는 종전 당사자로 그대로 유지한다는 명시적 답변을 하고 있는 경우 피고적격이 없는 자를 상대로 한 부적법한 소로 보아 각하한 것은 정당하다고 한다.237)

③ 원고가 잘못 지정된 것이 분명한 경우 제260조를 확장해석하거나, 제68조 1항 단서를 유추적용하여 신원고의 동의가 있으면 원고경정도 허용할 것이라는 입장이 있으나,238) 判例는 **부락의 구성원 중 일부가 제기한 소송에서 원고의 표시를 부락으로 정정함은 당사자의 동일성을 해한다고 하여 표시정정을 불허한 바 있고**,239) 원고의 주장이 이미 고유의 의미의 종중인 것으로 확정된 원고 종중의 성격을 종중 유사의 단체로 변경하는 결과가 된다면 이는 당사자의 변경을 가져오는 것으로서 허용될 수 없다고 하여 부정한 바 있다.240)

2) 변경 전후 소송물의 동일 : 당사자가 변경되면서 소송상의 청구도 바뀐다면 기존의 소송절차를 이용할 필요가 없을 것이다. 또한 원고의 자의적인 투망식 소송을 인정할 위험이 높으므로 **변경 전후에 소송상의 청구는 동일하여야** 한다. 따라서 경정신청시에는 인지를 따로 붙일 필요가 없다.

3) 피고의 동의 : 피고의 경정은 신소제기 및 구소취하의 실질을 가지므로, **피고가 이미 본안에 관한 준비서면을 제출하거나 변론준비기일에 진술 또는 변론을 한 뒤에는 그의 동의를 받아야** 한다(제260조 제1항 단서). **피고가 경정결정서를 송달받은 날로부터 2주일 내에 이의하지 아니하면 동의한 것**으로 본다(제260조 제4항).

4) 제1심 변론종결 전 : 이는 **새로운 당사자의 심급의 이익을 보장하기 위함**이다. 단 가사소송과 행정소송에 있어서는 항소심에서도 피고경정이 가능하다(가소 제15조 1항, 행소 제14조 1항).

5) 원고의 신청이 있을 것 : **피고나 제3자의 신청권은 인정되지 않는다**.

(3) 절 차

> 제261조(경정신청에 관한 결정의 송달 등) ① 제260조 제1항의 신청에 대한 결정은 피고에게 송달하여야 한다. 다만, 피고에게 소장의 부본을 송달하지 아니한 때에는 그러하지 아니하다.
> ② 신청을 허가하는 결정을 한 때에는 그 결정의 정본과 소장의 부본을 새로운 피고에게 송달하여야 한다.
> ③ 신청을 허가하는 결정에 대하여는 동의가 없었다는 사유로만 즉시항고를 할 수 있다.
> ④ 신청을 허가하는 결정을 한 때에는 종전의 피고에 대한 소는 취하된 것으로 본다.

1) 피고경정신청 : 피고의 경정은 신소제기 및 구소취하의 실질을 가지므로 **원고가 서면으로 신청하여**

---

236) 대법 1990.01.12, 89누1032
237) 대법 2009.07.09, 2007두16608
238) 이시윤 13판 829면; 정동윤/유병현 996면; 호문혁 900면; 정영환 842면. 반대 김홍엽 866
239) 대법 1994.05.24, 92다50232
240) 대법 1994.05.10, 93다53955

야 한다. 신청서에는 경정 전후의 피고, 법정대리인, 경정신청사유 등을 기재한다. **경정신청서는 종전의 피고에게 송달하여야 하지만 그에게 소장부본이 송달되기 전이라면 송달할 필요가 없다**(제260조 3항). **새로운 피고로 경정신청된 자에게 피고경정신청서를 송달할 필요는 없다.**

2) 신청에 대한 재판 : 원고의 경정신청에 대하여 제1심 법원은 변론종결시까지 **결정으로 허가여부의 재판**을 하여야 하며, **그 신청에 대한 결정은 피고에게 송달하여야** 한다. 다만, 피고에게 소장부본이 송달되지 아니한 경우에는 그러하지 아니한다(제261조 1항). **신청을 허가하는 결정을 한 때에는 그 결정의 정본과 소장의 부본을 새로운 피고에게 송달하여야 한다**(제261조 2항).

3) 불 복

① **경정신청을 허가하는 결정에 대하여는 제261조 3항에 의하여 종전의 피고가 이에 대한 동의가 없었음을 사유로 하는 경우에 한하여 즉시항고를 할 수 있는 외에는 달리 불복할 수 없다.** 더욱이 피고경정신청을 한 원고가 그 허가결정의 부당함을 내세워 불복하는 것은 허용될 수 없으며, 이러한 허가결정의 당부는 제261조 3항에 의한 즉시항고 외에는 불복할 수 없는 종국판결 전의 재판에 관한 것이어서 제392조 단서에 의하여 항소심 법원의 판단대상이 되지 아니한다.[241]

② 경정신청에 대한 **기각결정에 대하여는 통상항고**(제439조)를 제기할 수 있다. **判例도 피고경정신청을 기각하는 결정에 대하여 제439조의 통상항고를 제기할 수 있으므로 그 결정에 대하여 특별항고를 제기할 수 없다**고 하였다.[242]

(4) 효 과

1) 소취하의 간주 : 경정허가결정이 있는 때에는 **종전의 피고에 대한 소는 취하된 것**으로 본다(제261조 제4항).

2) 시효중단 및 기간준수의 효력 : 경정된 피고에 대한 소제기의 효과, 즉 **시효중단이나 기간준수의 효과는 경정신청서의 제출시 발생**한다(제265조). 이 점이 고유 필수적 공동소송인의 추가와 다르다. 그러나 신·구 피고의 변경 전후에 소송물이 동일하므로 처음 소가 제기된 때를 기준으로 하는 것이 입법론으로 타당하다.[243]

3) 종전 소송수행 결과의 이용 : **종전의 피고가 해온 소송수행의 결과는 신당사자에 의한 원용이 없는 한 그에게 효력이 없으며**, 법원은 신당사자에 대하여 새로 변론절차를 열어야 함이 원칙이다. 그러나 신당사자가 경정에 동의한 때, 신당사자가 실질상 구소송절차에 관여하여 왔고 구당사자의 소송수행이 신당사자의 그것과 동일시될 때에는 원용이 없어도 소송수행의 결과는 그에게 미친다고 볼 것이다.[244]

---

241) 대법 1992.10.09, 92다25533
242) 대법 1997.03.03, 97으1
243) 정영환 843면; 김홍엽 867면; 이시윤 13판 830면
244) 정영환 844면; 김홍엽 867면; 이시윤 13판 830면

2. 누락된 고유 필수적 공동소송인의 추가

> **제68조(필수적 공동소송인의 추가)** ① 법원은 제67조 제1항의 규정에 따른 공동소송인 가운데 일부가 누락된 경우에는 제1심의 변론을 종결할 때까지 원고의 신청에 따라 결정으로 원고 또는 피고를 추가하도록 허가할 수 있다. 다만, 원고의 추가는 추가될 사람의 동의를 받은 경우에만 허가할 수 있다.
> ② 제1항의 허가결정을 한 때에는 허가결정의 정본을 당사자 모두에게 송달하여야 하며, 추가될 당사자에게는 소장부본도 송달하여야 한다.
> ③ 제1항의 규정에 따라 공동소송인이 추가된 경우에는 처음의 소가 제기된 때에 추가된 당사자와의 사이에 소가 제기된 것으로 본다.
> ④ 제1항의 허가결정에 대하여 이해관계인은 추가될 원고의 동의가 없었다는 것을 사유로 하는 경우에만 즉시항고를 할 수 있다.
> ⑤ 제4항의 즉시항고는 집행정지의 효력을 가지지 아니한다.
> ⑥ 제1항의 신청을 기각한 결정에 대하여는 즉시항고를 할 수 있다.

(1) 의 의

고유 필수적 공동소송에서 공동소송인으로 될 자를 일부 누락한 채 소를 제기하여 당사자적격이 갖추어지지 아니한 경우 제1심 변론종결시까지 원고의 신청에 따라 누락된 원고 또는 피고를 추가할 수 있는데(제68조), 이는 추가적 형태의 임의적 당사자변경이다.

(2) 요 건

1) 고유필수적 공동소송인 가운데 일부가 누락되었을 것 : <u>법취지상 유사 필수적 공동소송이나 통상공동소송은 그 대상이 되지 않는다.</u> 따라서 동일한 특허권에 관하여 2인 이상의 자가 공동으로 특허의 무효심판을 청구하여 승소한 경우에 그 특허권자가 제기할 심결취소소송은 심판청구인 전원을 상대로 제기하여야만 하는 고유필수적 공동소송이라고 할 수 없으므로, 위 소송에서 당사자의 변경을 가져오는 당사자추가신청은 명목이 어떻든 간에 부적법하여 허용될 수 없다.[245] 한편 필수적 공동소송인이 처음부터 빠진 경우가 아닌, 예를 들어 적법한 공유물분할청구소송에서 피고인 공유자 중 일부가 소송도중에 자기지분을 제3자에게 이전함으로써 피고 일부가 후발적으로 빠져 부적법하게 된 경우, 제3자가 제81조 참가승계나 제82조 인수승계에 의하여 보완되지 않으면 부적법 각하되며,[246] <u>제68조에 따른 추가는 허용되지 않는다.</u>

2) 공동소송의 일반요건을 갖출 것 : 추가된 당사자는 종전의 당사자와 공동소송인이 되므로 이 경우 공동소송의 요건을 갖추어야 한다.

3) 추가되는 원고의 동의 : <u>추가된 당사자는 원고측이든 피고측이든 상관 없으나 원고의 추가에는 추가될 신당사자의 동의를 얻어야</u> 한다(제68조 제1항 단서). 이것은 소송개시와 관련한 당사자의 처분권을 존중하기 위함이다.

4) 제1심의 변론종결 전일 것 : 참가자의 심급의 이익을 위한 것이다. <u>가사소송에서는 항소심의 변론종결시까지 가능</u>하다(가소 제15조 1항). 다만 고유필수적 공동소송은 합일확정이 필요한 것이고, 이해관계가 긴밀하여

---

245) 대법 2009.05.28, 2007후1510
246) 대법 2014.01.29, 2013다78556

다른 필수적 공동소송인이 대응하였다면 항소심의 추가를 제한할 필요는 없다는 입장도 있다.247)

5) 원고의 신청이 있을 것 : **피고에게는 신청권이 없다**. 다만 피고가 잘못된 것이 명백한 경우에는 법원의 석명을 요한다.248)

(3) 절 차

1) 신 청 : 고유필수적 공동소송인의 추가도 새로운 소의 제기라고 할 수 있으므로 신청서에 추가될 당사자, 법정대리인 및 추가신청이유를 기재하여 법원에 제출한다.

2) 재 판 : 법원은 이에 대하여 결정으로 허가여부를 재판한다(제68조 제1항). **허가결정을 한 때에는 허가결정의 정본을 당사자 모두에게 송달하여야 하며, 추가될 당사자에게 소장부본도 송달하여야 한다**(제68조 제2항).

3) 불 복

① 허가결정에 대하여 이해관계인은 추가될 원고의 동의가 없었다는 것을 사유로 하는 경우에만 즉시항고를 할 수 있다(제68조 제4항). 이러한 즉시항고의 경우에는 집행정지의 효력을 가지지 아니한다(제68조 제5항).

② 신청을 기각한 결정에 대하여는 즉시항고를 할 수 있다(제68조 제6항).249)

(4) 효 과

고유 필수적 공동소송인의 추가가 허용된 경우에는 처음의 소가 제기된 때에 추가된 당사자와의 사이에 소가 제기된 것으로 본다(제68조 제3항). **시효중단과 기간준수의 효과 등 소장제출의 효과가 소급하여 발생**하며, 이 점에서 피고의 경정과 다르다. 종전의 필수적 공동소송인의 소송수행결과는 유리한 소송행위인 경우에 추가된 당사자에게도 효력이 미친다.

(5) 예비적 · 선택적 공동소송인의 추가에 준용

위와 같은 **고유 필수적 공동소송인의 추가에 관한 제68조는 예비적 · 선택적 공동소송에 있어서도 준용**하고 있다(제70조).

---

247) 정영환 845면
248) 대법 1990.01.12, 89누1032
249) 이점이 통상항고만 가능한 피고경정과 다르다.

	피고경정	고필공추가
요건	· 피고를 잘못 지정한 것이 분명 · 제1심 변종시까지 · 원고신청 · 구피고 동의 · 소송물 동일	· 고필공에서 당사자적격자 누락 · 제1심 변종시까지 · 원고신청 · 추가되는 원고동의 · 공동소송요건 구비
불복	· 허가결정에 대하여는 종전의 피고가 이에 대한 동의가 없었음을 사유로 하는 경우에 한하여 즉시항고 · 기각결정에 대하여는 통상항고	· 허가결정에 대하여 이해관계인은 추가될 원고의 동의가 없었다는 것을 사유로 하는 경우에만 즉시항고 · 기각결정에 대하여는 즉시항고
시효중단	· 피고경정신청시 중단	· 처음 소가 제기된 때
소송상태 승인	· 없음. 단 원용가능	· 유리한 행위는 미침

3. 위법한 임의적 당사자변경을 간과하여 판결이 선고된 경우

　大法院은 **회사대표이사 개인명의로 원고로서 소를 제기한 후, 회사를 당사자로 추가하고 그 개인명의의 소를 취하함으로써 원고를 변경한 것은 부적법**하지만, ① 법원이 당사자추가신청의 부적법함을 간과한 채 받아들이고, ② 피고회사도 그에 동의 하였으며, ③ 종전 원고가 이를 전제로 소를 취하하게 되어, ④ 제1심 제1차 변론기일부터 새로운 원인인 원고회사와 피고회사 사이에 본안에 관한 변론이 진행된 다음, ⑤ 제1심에서 본안판결이 선고되었다면, 이는 마치 처음부터 원고 회사가 종전의 소와 동일한 청구취지와 청구원인으로 피고 회사에 대하여 별도의 소를 제기하여 본안판결을 받은 것과 마찬가지라고 할 수 있어 소송경제의 측면에서나 신의칙등에 비추어 그 후에 새삼스럽게 당사자추가신청의 적법여부를 문제삼는 것은 허용될 수 없다고 보아야 할 것이라고 판시하였다.[250]

제3항 소송승계

I. 서 설

1. 의의 및 취지

　<u>소송승계라 함은 소송계속 중에 소송의 목적인 권리관계가 변동함으로써 새로운 승계인이 종전의 당사자에 갈음하여 당사자가 되고 그에 따라 당사자적격이 승계되며 당해 소송을 인계받게 되는 것</u>을 말한다. 이는 소송경제와 승소가 예상되는 당사자의 보호에 그 취지가 있다.

2. 기판력 제도와의 관계

　변론종결 전의 승계인은 소송을 인계받아 소송상태 승인의무를 지게 되고, 변론종결 후의 승계인은 기판력을 직접 받는 관계에 있어 양자 모두 승소 또는 승소가 예상되는 원고를 보호하자는 데 그 실익이 있으므로, <u>소송승계제도는 기판력의 확장과 기본적으로 그 맥락을 같이한다.</u> 따라서 변론종결 후의 승계인은

---

[250] 대법 1998.01.23, 96다41496; 대법 2008.06.12, 2008다11276

생성 후의 기판력의 확장, 변론종결 전의 승계인은 생성 중의 기판력의 확장이라고도 한다.

3. 소송상태 승인의무

소송승계가 된 경우에는 새로운 당사자는 전주(구당사자)의 소송상 지위를 이익·불이익을 가리지 않고 그대로 승계하게 되며 법원은 이를 전제로 상대방과 승계인간에 심판을 하여야 하는데, 이를 소송상태 승인의무라고 한다.

4. 소송승계의 종류

① 사망 등 포괄적 승계원인에 의해 법률상 당연히 일어나는 당연승계와, ② 소송물의 양도 등 특정승계 원인에 의해 당사자의 신청으로 일어나는 특정승계(소송물의 양도)가 있으며, 특정승계에는 다시 참가승계(제81조)와 인수승계(제82조)가 있다.

II. 당연승계

1. 2당사자 대립구조의 유지

소송의 목적인 권리관계에 대하여 사망 등 포괄승계의 원인이 있는 경우에 법률상 당연히 소송당사자가 변경되고 그 소송을 인계받게 되는데, **민사소송법은 이 경우를 소송절차의 중단 및 수계의 문제로 처리**하고 있다. 그러나 소송절차의 중단 및 수계는 소송수행상의 장해에 대한 대책이므로 당사자지위의 변동을 뜻하는 소송승계와 같은 개념이라 할 수 없다.

2. 당연승계의 원인

(1) 당사자의 사망(제233조)

> 제233조(당사자의 사망으로 말미암은 중단) ①당사자가 죽은 때에 소송절차는 중단된다. 이 경우 상속인·상속재산관리인, 그 밖에 법률에 의하여 소송을 계속하여 수행할 사람이 소송절차를 수계(수계)하여야 한다.
> ②상속인은 상속포기를 할 수 있는 동안 소송절차를 수계하지 못한다.

(2) 법인 등의 합병에 의한 소멸

> 제234조(법인의 합병으로 말미암은 중단) 당사자인 법인이 합병에 의하여 소멸된 때에 소송절차는 중단된다. 이 경우 합병에 의하여 설립된 법인 또는 합병한 뒤의 존속법인이 소송절차를 수계하여야 한다.

(3) 당사자인 수탁자의 임무종료

> 제236조(수탁자의 임무가 끝남으로 말미암은 중단) 신탁으로 말미암은 수탁자의 위탁임무가 끝난 때에 소송절차는 중단된다. 이 경우 새로운 수탁자가 소송절차를 수계하여야 한다.

(4) 일정한 자격에 기하여 당사자가 된 자의 자격상실

> 제237조(자격상실로 말미암은 중단) ① 일정한 자격에 의하여 자기 이름으로 남을 위하여 소송당사자가 된 사람이 그 자격을 잃거나 죽은 때에 소송절차는 중단된다. 이 경우 같은 자격을 가진 사람이 소송절차를 수계하여야 한다.

(5) 선정당사자의 소송 중에 선정당사자 전원의 사망 또는 그 자격의 상실

> 제237조(자격상실로 말미암은 중단) ② 제53조의 규정에 따라 당사자가 될 사람을 선정한 소송에서 선정된 당사자 모두가 자격을 잃거나 죽은 때에 소송절차는 중단된다. 이 경우 당사자를 선정한 사람 모두 또는 새로 당사자로 선정된 사람이 소송절차를 수계하여야 한다.

(6) 파산의 선고 또는 해지

> 제239조(당사자의 파산으로 말미암은 중단) 당사자가 파산선고를 받은 때에 파산재단에 관한 소송절차는 중단된다. 이 경우 파산법에 따른 수계가 이루어지기 전에 파산절차가 해지되면 파산자가 당연히 소송절차를 수계한다.
> 제240조(파산절차의 해지로 말미암은 중단) 파산법에 따라 파산재단에 관한 소송의 수계가 이루어진 뒤 파산절차가 해지된 때에 소송절차는 중단된다. 이 경우 파산자가 소송절차를 수계하여야 한다.

3. 소송상의 취급

(1) 소송절차의 중단 및 수계

1) 수계신청

① 취 지 : **당연승계의 원인이 생긴 때에는 소송은 승계인에게 넘어가지만 곧바로 소송수행을 할 수 있는 것은 아니므로 법은 소송절차를 중단토록 하는 한편, 수계절차를 밟아 중단된 절차를 속행하도록** 하였다.

② 수계신청권자 : 수계신청은 승계인 자신이나 상대방이, 중단 당시 소송이 계속된 법원에 하여야 한다. 당사자인 피상속인이 사망한 경우에 공동상속재산은 상속인들의 공유이므로 소송목적이 공동상속인들 전원에게 합일확정되어야 할 경우가 아닌 이상 상속인 모두가 반드시 공동으로 수계하여야 하는 것은 아니다.[251] 수계하지 아니한 나머지 상속인들에 대한 소송은 중단상태로 사망 당시의 심급법원에 그대로 남는다.

2) 수계신청에 대한 법원의 조치

① 승계인 적격이 인정되면 명시적인 결정 없이 승계인의 소송관여를 허용할 것이다.

② 법원은 승계인의 적격을 직권으로 조사하여 적격자가 아님이 밝혀지면 결정으로 당해 수계신청을 기각한다(제243조).

③ 한참 속행된 뒤 승계인 적격이 없음이 판명된 경우에는 ⅰ) 판결로써 그 자에 대한 소를 각하하여야

---

251) 대법 1994.11.04, 93다31993

한다는 소각하설,252) ii) 수계신청을 기각하여야 한다는 신청기각설253) 등이 있는데, iii) 判例는 수계재판을 취소하고 신청을 각하하여야 한다는 신청각하설의 입장이다.254) 이 경우 진정승계인은 새로 수계신청을 할 수 있다.

(2) 소송대리인이 있는 경우

1) **절차에 미치는 영향** : 소송대리인이 있어 소송절차가 중단되지 않는 경우에는 구당사자의 이름으로 소송을 수행하므로 소송절차의 진행에 아무런 영향이 없다(제238조). 소송대리인은 실질상 승계인의 대리인이다. 심급대리의 원칙상 그 심급의 판결이 당사자에게 송달되면 소송절차는 중단된다.255)

2) **판결전에 승계사실과 승계인이 판명된 경우** : 따로 수계절차를 밟을 필요 없이 판결에 승계인을 당사자로 표시(망○○○의 상속인○○○)하여야 한다.

3) **신당사자를 잘못 표시한 판결** : 판결문의 표시가 사망한 사람의 상속인임을 나타내는 문구로 되어 있으면 그 잘못 표시된 당사자가 아니라 정당한 상속인에 대하여 판결의 효력이 미친다고 본다.256)

Ⅲ. 소송물의 양도(특정승계)

1. 의 의

소송물의 양도(특정승계)라 함은 소송계속 중에 소송물인 권리관계가 특정적으로 제3자에게 이전되고 그에 따라 당사자적격이 승계되고 소송을 인계받게 되는 경우를 말한다.

2. 소송물 양도에 관한 현행법의 태도

법 제81조와 제82조는 소송물의 양도자유의 기조 하에 소송승계주의를 채택하면서 결함을 시정하기 위하여 법 제218조 2항의 추정승계인 제도 및 가처분제도 등을 마련해 놓고 있다.

3. 승계인의 범위

(1) 양도의 형태

양도의 형태로 임의처분, 행정처분, 집행처분, 그리고 법률상의 대위를 포함하며 소송물인 권리관계의 일부양도도 포함한다. 또한 소송물인 권리관계 자체가 제3자에게 특정적으로 승계된 경우뿐 아니라, 소송물인 권리관계의 목적물건, 즉 계쟁물이 양도된 경우도 포함된다. 또한 당사자적격 이전의 원인이 되는 실체법상의 권리 이전을 널리 포함하는 것이므로, 신주발행무효의 소 계속중 그 원고적격의 근거가 되는 주식이 양도된 경우에 그 양수인은 제소기간 등의 요건이 충족된다면 새로운 주주의 지위에서 신소를 제기할 수 있을 뿐만 아니라, 양도인이 이미 제기한 기존의 위 소송을 적법하게 승계할 수도 있다.257)

---

252) 이시윤 13판 834면; 강현중 262면
253) 호문혁 913면
254) 대법 1981.03.10, 80다1895; 정동윤/유병현 974면
255) 대법 1996.02.09, 94다61649
256) 대법 1992.11.05, 91마342
257) 대법 2003.02.26, 2000다42786

(2) 변론종결 후 승계인과의 관계

判例는 당사자적격의 이전이라는 점에서 제81조와 제82조의 소송승계인은 제218조의 변론종결 후의 승계인에 준하여 취급하여야 한다는 입장으로서 **채권적 청구권에 기한 소송중에 계쟁물을 취득한 자는 여기의 승계인에 포함되지 않지만, 물권적 청구권인 경우에는 승계인에 포함된다**는 입장이다.[258]

4. 특정승계의 종류

소송물의 양도에 의한 승계는 다시 **승계인이 스스로 참가하는 참가승계와 종전 당사자의 인수신청에 의한 인수승계로 나누어진다.**

Ⅳ. 참가승계

> 제81조(승계인의 소송참가) 소송이 법원에 계속되어 있는 동안에 제3자가 소송목적인 권리 또는 의무의 전부나 일부를 승계하였다고 주장하며 제79조의 규정에 따라 소송에 참가한 경우 그 참가는 소송이 법원에 처음 계속된 때에 소급하여 시효의 중단 또는 법률상 기간준수의 효력이 생긴다.

1. 의 의

참가승계라 함은 소송계속 중 소송의 목적인 권리·의무의 전부나 일부의 승계인이 스스로 종전의 소송에 참가하여 새로운 당사자가 되는 것을 말한다(제81조).

2. 요 건

(1) 타인간 소송계속 중

참가승계는 사실심 변론종결 전까지 할 수 있으며, **상고심에서는 어차피 제218조 1항에 따라 기판력을 받게 되므로 허용되지 않는다.**[259] 따라서 승계참가인이 소송당사자로부터 계쟁 부동산에 대한 지분 중 일부를 양도받은 권리승계인이라 하여 상고심에 이르러 승계참가신청을 한 것은 부적법하다.[260] **채권양수인이 소송계속 중의 승계인이라고 주장하며 참가신청을 한 경우, 채권자로서의 지위 승계가 소송계속 중에 이루어진 것인지는 채권양도의 대항요건이 갖추어진 때를 기준으로 판단**한다.[261]

(2) 소송의 목적인 권리·의무의 승계

권리승계인이 주로 승계적격자가 되지만, **의무승계인이라도 승소의 전망이 있다면 스스로 참가를 원할 수도 있으므로, 1990년 민사소송법의 개정을 통하여 의무승계인까지도 참가신청을 할 수 있도록 하였다.** 다만 그 채무승계는 소송의 계속 중에 이루어진 것임을 요함은 위 법조의 규정상 명백하다. 그러므로 청구이의의 소의 계속 중 그 소송에서 집행력 배제를 구하고 있는 채무명의에 표시된 청구권을 양수한 자는 소송의 목적이 된 채무를 승계한 것이므로 승계집행문을 부여받았는지 여부에 관계 없이 위 청구이의의

---

258) 대법 1983.03.22, 80마283; 대법 1963.09.27, 63마14 등
259) 대법 1995.12.12, 94후487; 대법 2015.06.11, 2012다10386; 대법 2019.01.31, 2018다39815
260) 대법 2001.03.09, 98다51169
261) 대법 2020.09.03, 2020다210747

소에 민사소송법 제81조에 의한 승계참가를 할 수 있으나, 다만 **위 소송이 제기되기 전에 그 채무명의에 표시된 청구권을 양수한 경우에는 특단의 사정이 없는 한 승계참가의 요건이 결여된 것으로서 그 참가인정은 부적법한 것**이라고 볼 수밖에 없다.262)

3. 절 차

(1) 참가신청

참가신청은 소의 제기에 해당하므로 피참가인과 상대방은 이의할 수 없다.

1) 전주가 승계사실을 다투지 않는 경우 : **이 경우에는 종전당사자가 탈퇴할 수 있으며, 3면소송관계는 성립하지 않는다**(편면참가). 참가신청서에 참가의 청구취지를 밝히지 않아도 무방하다.263) 전주의 대리인이 참가인의 대리인을 겸하여도 쌍방대리의 문제가 되지 않는다.264)

2) 전주가 승계사실을 다투는 경우 : 승계인으로서는 전주에 대해서도 일정한 청구를 하게 되며(쌍면참가), 이 경우에는 전주·승계인·피고의 대립관계인 3면소송의 형태가 성립된다. 따라서 독립당사자참가와 같은 인지를 붙여야 한다. **승계참가신청 당시에 피신청인이 승계를 다툴지 알 수 없으므로 다투지 않음을 전제로 절차를 진행하다가 승계를 다툼이 명확해지면 인지 등을 첨부하게 하고 별도의 사건번호를 붙이는 등의 절차를 진행**한다.

(2) 참가에 대한 재판

1) 참가에 대한 재판 : **참가요건은 일반소송요건과 같이 직권조사사항으로서 흠결이 있으면 판결로 각하하여야 한다.** 승계참가신청을 불허함에 있어서는 판결의 형식으로 하여야 함에도 원심이 재판장의 명령으로 한 것은 법령을 위반함으로써 재판에 영향을 미친 잘못이 있다.265) 그러나 이행의 소에서 당사자적격은 주장자체로 판단하는 것이므로 주장자체로 이유 없는 경우가 아니라면 본안에 관한 심리 결과 승계가 인정되지 않으면 청구기각판결을 한다.

2) 승계가 주장자체로 이유 없는 경우 : 원고가 피고의 승낙을 받아 소송에서 탈퇴한 후 참가인의 승계참가가 적법함을 전제로 참가인의 피고에 대한 청구를 기각한 1심 판결에 대한 항소심에서 참가인이 원고의 채권을 양수한 것이 소제기 목적의 양도여서 무효라면 참가요건을 갖추지 못하였다고 하여 제1심 판결을 취소하고 참가인의 승계참가신청을 각하한다. 이때 승계참가인의 부적법한 참가신청을 각하하는 판결을 반드시 원래의 당사자 사이의 소송에 대한 판결과 함께 하여야 하는 것은 아니며, 피참가인과 상대방 사이의 소송은 여전히 탈퇴 당시의 심급에 계속되어 있으므로 상소심법원은 탈퇴한 피참가인의 청구에 관하여 심리·판단할 수 없다.266)

---

262) 대법 1983.09.27, 83다카1027
263) 대법 1976.12.14, 76다1999
264) 대법 1969.12.09, 69다1578
265) 대법 2007.08.23, 2006마1171.
266) 대법 2012.04.26, 2011다85789

4. 참가승계의 효과

(1) 소송상태의 승인의무

참가승계에 있어서는 전주의 소송상의 지위를 승계하는 경우이므로, 참가할 때까지 전주가 한 소송수행의 결과를 승계인은 승인할 의무가 있다.

(2) 시효중단 및 기간준수의 효력

시효중단 및 기간준수의 효력은 당초의 소제기시에 소급한다. 따라서 신주발행무효의 소에 승계참가하는 경우에 그 제소기간의 준수 여부는 승계참가시가 아닌 원래의 소 제기시를 기준으로 판단하여야 한다.[267]

V. 인수승계

> 제82조(승계인의 소송인수) ① 소송이 법원에 계속되어 있는 동안에 제3자가 소송목적인 권리 또는 의무의 전부나 일부를 승계한 때에는 법원은 당사자의 신청에 따라 그 제3자로 하여금 소송을 인수하게 할 수 있다.
> ② 법원은 제1항의 규정에 따른 결정을 할 때에는 당사자와 제3자를 심문하여야 한다.
> ③ 제1항의 소송인수의 경우에는 제80조의 규정 가운데 탈퇴 및 판결의 효력에 관한 것과, 제81조의 규정 가운데 참가의 효력에 관한 것을 준용한다.

1. 의 의

인수승계라 함은 **소송계속 중 소송의 목적인 권리·의무의 전부나 일부의 승계가 있는 경우에 종전당사자의 인수신청으로 소송의 목적인 권리·의무의 승계인인 제3자를 새로운 당사자로 소송에 강제로 끌어들이는 것**을 말한다(제82조). 주로 의무승계인이 인수승계에 있어서 승계적격자가 되는 것이지만, 권리승계인 측도 자신이 승소자신이 없다면 참가를 안 할 수도 있으므로 1990년 민사소송법의 개정을 통하여 권리승계인의 경우에도 전주의 상대방이 인수신청을 할 수 있도록 하였다.

2. 요 건

(1) 타인간 소송계속 중일 것

상고심에서는 허용되지 않는다. 또한 사실심의 변론종결 후의 승계인은 제218조에 의하여 기판력이 확장되므로 소송승계를 굳이 인정할 실익이 없다.

(2) 소송의 목적인 권리·의무의 승계

1) **소송승계인의 범위** : 인수승계는 소송의 목적인 권리·의무, 즉 소송물 그리고 소송물인 권리관계의 목적물건인 계쟁물을 승계한 때에 허용된다. 따라서 사업시행자가 조합 설립에 동의하지 않은 토지 또

---

267) 대법 2003.02.26, 2000다42786. 한편 대법 2012.07.05, 2012다25449에서는 승계참가인의 권리승계를 주장하는 청구부분에 한정하여 소급효가 있다고 한다.

는 건축물 소유자를 상대로 매도청구의 소를 제기하여 매도청구권을 행사한 이후에 제3자가 매도청구 대상인 토지 또는 건축물을 특정승계한 사정만으로는 소송목적인 의무를 승계한 때에 해당한다고 할 수 없으므로 원고의 승계인수신청은 허용될 수 없다.[268]

2) 구청구와 신청구의 동일성여부(추가적 인수의 인정여부)

① 교환적 인수 : 예컨대 피고의 채무를 제3자가 면책적으로 인수한 경우와 같이 소송의 목적인 권리·의무와 동일한 권리·의무를 제3자가 승계한 경우를 교환적 인수라 하며, 원칙적으로 이러한 교환적 인수가 이루어지는 경우에 인수승계가 허용된다.

② 추가적 인수의 인정여부 : 判例는 "**원고의 건물철거청구소송 계속 중에 피고가 제3자 앞으로 그 건물의 소유권 이전등기를 경료해 준 경우에 제3자 명의의 등기말소의무의 이행을 구하기 위한 소송인수신청은 허용될 수 없다.**"고 판시하여 추가적 인수에 대해 부정적인 입장을 취하고 있다.[269]

3. 절 차

(1) 신 청

1) 신청권자 : 종전당사자가 소송인수를 신청하여야 한다. 제82조가 단순히 '당사자'라고만 규정하고 있으므로 여기서 소송인수를 신청할 수 있는 당사자는 전주의 상대방뿐만 아니라 전주 자신도 포함된다고 보아야 한다.

2) 신청의 방식 : <u>인수인에 대해 청구취지를 밝혀 서면 또는 구술로 한다</u>(제161조). 다만, 교환적 인수의 경우에는 청구취지를 따로 밝힐 필요가 없으나, 추가적 인수의 경우에는 인수인에 대한 청구취지와 청구원인을 밝혀야 한다.

(2) 법원의 인수허부의 재판

1) 허부결정 : <u>인수신청만으로는 인수참가의 효과가 발생하지 않고 법원의 허부 결정이 있어야</u> 하며, **법원은 양쪽 당사자와 제3자를 심문하고 결정으로 그 허부를 재판**한다(제82조 제2항).

2) 참칭승계인의 경우 : 소송계속 중에 소송목적인 의무의 승계가 있다는 이유로 하는 소송인수신청이 있는 경우 신청의 이유로서 주장하는 사실관계 자체에서 그 승계적격의 흠이 명백하지 않은 한 결정으로 그 신청을 인용하여야 하는 것이고, **그 승계인에 해당하는가의 여부는 피인수신청인에 대한 청구의 당부와 관련하여 판단할 사항으로 심리한 결과 승계사실이 인정되지 않으면 청구기각의 본안판결을 하면 되는 것이지 인수참가신청 자체가 부적법하게 되는 것은 아니다.**[270] 나아가 **인수참가인이 인수참가요건인 채무승계 사실에 관한 상대방당사자의 주장을 모두 인정하여 이를 자백하고 소송을 인수하여 이를 수행하였다면, 위 자백이 진실에 반한 것으로서 착오에 의한 것이 아닌 한 인수참가인은 위 자백에 반하여 인수참가의 전제가 된 채무승계사실을 다툴 수는 없다.**[271]

---

268) 대법 2019.02.28, 2016다255613
269) 대법 1971.07.06, 71다726
270) 대법 2005.10.27, 2003다66691
271) 대법 1987.11.10, 87다카473

(3) 불 복

신청각하결정이나 기각하는 결정에 대해서는 통상항고할 수 있다(법 제439조). 인수를 명하는 결정은 중간적 재판이므로 독립하여 불복신청할 수 없고, 종국판결에 대한 상소로 다툴 수 있다.[272]

4. 인수승계의 효과

(1) 소송상태의 승인의무

인수한 당사자는 당사자적격의 승계, 즉 전주의 소송상의 지위를 그대로 인계받아 유·불리를 불문하고 전주의 소송상태에 구속된다. 다만, 추가적 인수의 경우에는 구청구와 신청구가 다르므로 인수한 당사자에게 전주의 행위와 모순되는 승계인의 독자적인 소송행위를 인정할 필요가 있다고 하겠다.

(2) 시효중단 및 기간준수의 효력

인수인에 대한 시효중단 및 기간준수의 효과는 당초 전주에 대한 소의 제기시에 소급하여 미친다(제82조 제3항).

VI. 前主의 지위와 소송탈퇴

1. 탈퇴의 경우의 소송관계

(1) 탈퇴의 적법요건

소송물의 양도에 의한 참가·인수승계의 경우의 공통적 문제로서, 전주인 종전의 당사자는 당사자적격이 없어진다.[273] 따라서 **전주는 상대방의 승낙을 얻어 탈퇴할 수 있다.** 소송의 탈퇴는 승계참가가 적법한 경우에만 허용되는 것이므로, 승계참가가 부적법한 경우에는 피참가인의 소송탈퇴는 허용되지 않고 피참가인과 상대방 사이의 소송관계가 유효하게 존속한다. 따라서 승계참가인의 참가신청이 부적법함에도 불구하고 법원이 이를 간과하여 승계참가인의 참가신청과 피참가인의 소송탈퇴가 적법함을 전제로 승계참가인과 상대방 사이의 소송에 대해서만 판결을 하였는데 상소심에서 승계참가인의 참가신청이 부적법하다고 밝혀진 경우, **피참가인과 상대방 사이의 소송은 여전히 탈퇴 당시의 심급에 계속되어 있으므로 상소심법원은 탈퇴한 피참가인의 청구에 관하여 심리·판단할 수 없다.**[274]

(2) 탈퇴의 법적 성질

判例는 丙이 甲에 참가승계신청을 하자 원고 甲이 탈퇴신청을 하여 상대방인 피고 乙이 동의한 경우라면 甲측과 피고 乙사이의 소송관계는 종료된다고 하여 탈퇴의 성질을 조건부 포기·인낙설에 의하는 듯한 판시를 냈다. 이 사건에서 甲의 재산을 단독상속하였다 하여 丙이 또한 본소에 소송수계신청을 한 경우라면 이미 종료된 소송관계에 관한 것으로 이유없어 수계신청을 기각할 것이라고 하였다.[275]

---

272) 대법 1990.09.26, 90그30
273) 대법(전) 1969.05.27, 68다725
274) 대법 2012.04.26, 2011다85789
275) 대법 2011.04.28, 2010다103048

(3) 탈퇴의 효과

피참가인이 소송에서 탈퇴한 경우 심판대상은 참가인의 청구 또는 참가인에 대한 청구이다. 따라서 **제1심에서 원고가 승소하였으나 항소심에서 원고에 대한 승계참가가 이루어졌음에도 승계참가인의 청구에 대한 판단 없이 단순히 피고의 항소를 기각한 원심판결에는 직권파기사유**가 있다.[276] **판결의 효력은 탈퇴한 당사자에게도 미친다**(제82조 제3항, 제80조). 그 판결의 효력내용에 관해 참가적 효력설, 기판력설, 기판력 및 집행력설 등의 견해가 있는바, 통설인 기판력 및 집행력설이 타당하다.

2. 종전당사자가 탈퇴하지 않는 경우

(1) 사 유

승계의 효력을 다투거나, 권리·의무의 일부승계, 判例는 불허하나 추가적 인수의 경우, **소송탈퇴에 상대방이 승낙하지 아니할 때에는 전주가 탈퇴하지 않는다.**

(2) 불탈퇴의 경우 소송관계

1) 승계의 효력을 다투는 경우 : 권리자측 승계가 있는 경우 권리자합일확정의 독립당사자참가소송의 형태가 되므로 법 제79조를, 채무자측 승계가 있는 경우 채무자합일확정의 예비적 공동소송형태가 되므로 법 제70조를 유추적용하여 재판의 통일을 기하여야 한다.

2) 승계의 효력을 다투지 않는 경우 : 2002년 민사소송법 개정 후 피참가인인 원고가 승계참가인의 승계 여부에 대하여 다투지 않고 그 소송절차에서 탈퇴하지도 않은 채 남아있는 경우 원고의 청구와 승계참가인의 청구가 통상공동소송 관계에 있다는 취지로 판단하였으나,[277] **이들의 관계가 양립불가능한 관계에 있어 필수적 공동소송에 관한 민사소송법 제67조가 적용된다고 변경**되었다.[278]

---

276) 대법 2004.01.27, 2000다63639
277) 대법 2004.07.09, 2002다16729, 대법 2009.12.24, 2009다65850, 대법 2014.10.30, 2011다113455·113462
278) 대법 2019.10.23, 2012다46170; 대법 2022.06.16, 2018다301350

2025 대비 이종훈 민사소송법

제6편
상소심절차

제1장 총 설
제2장 항 소
제3장 상 고
제4장 항 고

제1장 총 설

Ⅰ. 서 설

1. 상소의 의의

오판으로부터 당사자를 구제하고, 하급심에서의 법운영의 혼선방지 및 법령해석 적용의 통일을 위해 재판의 확정 전에 상급법원에 그 재판의 취소·변경을 구하는 불복신청방법을 말한다.

2. 상소의 특성과 구별개념

(1) 상소는 재판의 확정 전 즉 소송절차의 종료 전에 하는 불복신청이다.

확정된 재판에 대한 불복방법인 재심(제451조), 준재심(제461조) 또는 불복할 수 없는 결정·명령에 대한 특별항고(제449조)와 구별된다.

(2) 상소는 상급법원에 대한 불복신청이다.

1) 같은 심급 안에서 하는 재판에 대한 불복신청인 각종의 이의신청과 구별된다.

① 종 류 : 재판장·수명법관의 재판에 대한 이의(제138조, 제441조), 화해권고결정·지급명령·이행권고결정·조정에 갈음하는 결정에 대한 이의(제226조, 제470조, 소심법 제5조의 4, 민조 제34조), 집행에 관한 이의(민집 제16조), 사법보좌관의 처분에 대한 이의(사보규 제4조 1항), 가압류·가처분에 대한 이의(민집 제283조, 제301조)

② 화해권고결정 등의 4가지를 제외하고는 이의신청의 기간에 제한이 없다.

③ 이의신청에는 상급심으로 이전되는 이심의 효력이 없다.

2) 심급을 전제로 하지 않는 제권판결에 대한 불복의 소(제490조) 또는 중재판정취소의 소(중재법 제36조)도 상소라고 할 수 없다.

Ⅱ. 상소의 종류

1. 세가지 종류

(1) 항 소

제1심 종국판결에 대한 불복신청으로 사실심에서의 상소를 말한다.

(2) 상 고

제2심 항소법원의 종국판결에 대한 불복신청이나, 예외적으로 제1심의 판결에 대하여 직접 상고심 법원에 불복신청을 할 수 있는 경우가 있다(비약상고 제390조 1항 단서, 제422조 2항). 상고는 법률심에의 상소이다.

(3) 항 고

결정명령에 대한 불복을 항고라 한다. 항고법원의 결정에 대하여 다시 항고하는 것을 재항고라 한다. 항고는 소송법에서 명확하게 정한 경우에 한하여 허용된다.

2. 불복신청방법의 선택

신청인은 원재판의 종류에 맞는 불복신청방법을 선택하여야 한다. 그 선택을 잘못하면 부적법하게 되지만, 법원은 그 신청서의 표제에 관계 없이 신청취지를 선해하여 되도록 적법한 것으로 취급하여야 한다. ① 항고법원(지법합의부)이 한 결정에 대하여 고등법원에 항고를 제기한 경우에는 이를 재항고로 보고 기록을 대법원에 송부하여야 하고,[1] ② 추후보완항소로 기재되지 않았지만 증거상 불귀책사유에 의한 항소기간의 도과로 인정되면 추후보완항소로 보아야 한다.[2]

3. 형식에 어긋나는 재판

(1) 문제점

예컨대 판결로 하여야 할 재판을 결정으로 한 경우나 반대로 결정으로 하여야 할 재판을 판결로 한 경우 등 민사소송법이 본래 기대되는 방식의 재판과는 다른 방식에 의한 재판을 형식에 어긋나는 재판이라 한다. 이 경우 재판은 무효가 아니나, 어떠한 기준에 따라 상소의 종류를 정할 것인지 문제된다.

(2) 판례의 입장

보조참가허부의 재판은 결정으로 하여야 하지만(제73조) 본안판결에서 함께 그 허부를 심판하였다고 하여 위법이라고 할 수 없으며, 참가가 거부된 당사자는 그 판결에 대한 상소를 할 수 있다고 하여 명확하지는 않지만 주관설을 따르고 있다고 보인다.[3]

(3) 민사소송법의 태도

민사소송법은 이를 일반적으로 규정하고 있지는 않지만, 제440조에서 **결정이나 명령으로 재판 할 수 없는 사항에 대하여 결정 또는 명령한 때에는 이에 대해 항고할 수 있다**고 규정함으로써 주관설을 부분적으로나마 따르고 있다.

III. 상소요건

1. 총 설

---

1) 대법 1975.11.14, 75마313
2) 대법 1980.10.14, 80다1795
3) 대법 1961.12.21, 4294민상222

(1) 의 의

상소가 적법한 것으로 취급되어 본안심판을 받기 위한 요건을 상소요건이라 하며, 이의 흠이 있을 때에는 상소는 각하된다.

(2) 종 류

1) 적극적 요건 : 상소의 대상적격, 방식에 맞는 상소제기와 상소기간의 준수, 상소의 이익

2) 소극적 요건 : 상소의 포기, 불상소의 합의

(3) 성질 및 구비시기

상소요건은 소송요건과 마찬가지로 직권조사사항이며, 상소요건을 구비할 시기는 상소의 대상적격, 방식에 맞는 상소제기와 상소기간의 준수는 상소의 제기당시를 기준으로, 그 밖의 것은 심리종결시를 기준으로 하여야 한다.

2. 상소의 대상적격

> 제391조(독립한 항소가 금지되는 재판) 소송비용 및 가집행에 관한 재판에 대하여는 독립하여 항소를 하지 못한다.
> 제392조(항소심의 판단을 받는 재판) 종국판결 이전의 재판은 항소법원의 판단을 받는다. 다만, 불복할 수 없는 재판과 항고(抗告)로 불복할 수 있는 재판은 그러하지 아니하다.

(1) 상소의 대상이 되는 재판은 선고된 종국적 재판이다.

1) **선고전의 재판** : 상소의 대상이 될 수 없다. 判例는 결정의 고지 전에 한 항고는 부적법하며 뒤에 결정이 고지되더라도 그 항고가 적법한 것으로 되지 않는다고 하였다가,[4] 결정·명령이 법원사무관 등에 교부되어 성립된 경우는 결정·명령이 고지되기 전이라 하더라도 항고할 수 있는 것으로 변경하였다.[5]

2) **중간적 재판** : 상소의 대상이 되는 것은 종국적 재판이며, **중간판결 기타 중간적 재판은 독립하여 상소를 할 수 없다**(제392조).

3) **소송비용재판·가집행선고** : **본안의 재판에 대한 상소와 같이 하지 않는 한 독립하여 상소할 수 없다**(제391조). 다만 이러한 독립상소불허는 무권대리인이 소송비용부담의 재판을 받은 경우는 포함하지 않는다. 따라서 소송대리인에게 대리권이 없다는 이유로 소가 각하되고 민사소송법 제108조에 따라 소송대리인이 소송비용 부담의 재판을 받은 경우에는, 소송대리인은 자신에게 비용부담을 명한 재판에 대하여 재판의 형식에 관계없이 즉시항고나 재항고에 의하여 불복할 수 있다.[6]

4) **일부판결·추가판결·환송판결·이송판결** : **일부판결·추가판결은 종국판결로서 상소의 대상**이 된다. 항소심에서의 환송판결·이송판결도 종국판결이므로 독립하여 상고할 수 있다.[7]

---

4) 대법 1998.03.09, 98마12
5) 대법(전) 2014.10.08, 2014마667
6) 대법 2016.06.17, 2016마371

(2) 비판결은 상소의 대상이 되지 않으나, 무효인 판결은 견해대립

判例는 사망한 자를 상대로 한 판결은 무효이므로, 이 판결에 대하여 사망자의 수계인이 한 항소는 부적법하다고 하였으나,[8] 유효한 판결처럼 보이는 외관의 제거를 위해서는 상속인의 상소로써 그 취소를 구할 수 있다고 볼 것이다.[9]

(3) 상소 이외에 다른 불복방법이 있을 때에는 상소의 대상이 되지 않는다.

재판의 누락이 있는 경우에는 추가판결로 처리하고(제212조), 판결에 오산이나 잘못된 기재 등이 있으면 판결의 경정에 의하고(제211조), 조서기재에 관한 다툼이 있는 경우에는 이의방법에 의하여(제164조) 구제받을 수 있으므로 상소가 허용되지 않는다. 나아가 **제268조 제4항에서 정한 항소취하 간주는 그 규정상 요건의 성취로 법률에 의하여 당연히 발생하는 효과이고 법원의 재판이 아니므로 민사소송규칙 제67조, 제68조에서 정한 절차에 따라 항소심 법원에 기일지정신청을 할 수는 있으나 상고를 제기할 수는 없다.**[10]

(4) 이미 확정된 부분

判例는 원고의 청구일부인용의 판결에 대해 원고만이 그 패소부분에 항소를 제기하고 피고는 항소나 부대항소를 제기하지 아니한 경우 원고승소부분은 항소심의 판결선고와 동시에 확정되는 것이므로 원고승소부분에 대한 상고는 상고이익이 없어 부적법하다고 하였다.[11] 제1심에서 원고의 피고에 대한 본소청구와 피고의 원고에 대한 반소청구가 모두 기각되었는바, 이에 대하여 피고만 반소에 대하여 항소를 제기하였고 원고는 항소나 부대항소도 제기하지 않고 있다가 피고의 항소가 기각되자 상고를 제기하였다면 이는 상고할 이익이 없는 때에 해당하여 부적법하다고 하였다.[12] 그러나 그 부분의 소송종료선언함이 옳을 것이다.[13]

3. 방식에 맞는 상소제기와 상소기간의 준수

(1) 상소장의 제출을 요하며, 말로 상소할 수 없다.

1) 상소장의 기재사항 : 상소장에는 당사자와 법정대리인, 원재판의 표시, 원재판에 대한 상소의 취지 등을 기재하여야 한다(제397조 제2항, 제425조, 제443조).

2) 상소이유 : 항소이유는 항소장에 기재하지 아니하여도 무방하다. 그러나 상고의 경우 상고이유서 제출강제주의 때문에 상고장에 상고이유를 기재하지 않은 때에는 상고인은 소송기록접수통지를 받은 날로부터 20일 내에 상고 이유서를 반드시 제출하도록 하고 있다(제427조).

(2) 상소장 원심제출주의

1) 원법원제출주의 : <u>상소장은 원심법원에 제출하지 않으면 안된다</u>(제397조 제1항, 제425조, 제445조). 어

---

7) 대법(전) 1981.09.08, 80다3271
8) 대법 1965.11.30, 65다1989 등
9) 이시윤 13판 848면
10) 대법 2019.08.30, 2018다259541
11) 대법 2008.03.14, 2006다2940
12) 대법 1988.11.22, 87다카414 · 415
13) 이시윤 13판 855면

기면 소송기록송부로 처리하고, **원법원에 상소장이 접수된 때가 상소기간준수 여부의 기준시**가 된다. 따라서 상고장이 대법원에 바로 제출되었다가 다시 원심법원에 송부된 경우에는 상고장이 원심법원에 접수된 때를 기준하여 상고 제기기간 준수 여부를 따져야 한다.14)

  2) 예 외 : 동일 청사 내에 지법과 고법이 있을 때에 잘못 제출한 때는 이송으로 처리한다.15)

(3) 법정의 상소기간 내에 상소를 제기할 것

  1) 상소기간 : 항소와 상고의 경우에는 판결정본의 송달을 받은 날로부터 2주일이고(제396조, 제425조), 즉시항고의 경우에는 재판의 고지가 있는 날로부터 1주일이며(제444조), 통상항고는 재판의 취소를 구할 이익이 있는 한 언제나 제기할 수 있다. **2주의 기간은 판결정본이 송달된 다음 날부터 기산**한다. 다만 **판결선고 후에는 송달 전이라도 적법하게 상소를 제기할 수 있다**(제396조 1항 단서, 제425조). 대리인이 수인인 때에는 최초 1인에 송달된 때가 기준이 된다.16) 필수적 공동소송의 경우 최후에 판결을 송달받은 공동소송인을 기준으로 하여 항소기간 도과 여부를 결정한다.

  2) 판결의 경정이 있는 경우 : 항소기간은 판결이 송달된 때로부터 기산하고 경정결정의 송달시로부터 기산하는 것은 아니다. 다만 경정사유에 따라 추완항소가 허용될 수 있을 뿐이다.

  3) 추가판결 : 최초의 판결과 독립하여 추가판결의 항소기간이 진행한다.

  4) 허위주소 송달의 경우 : **허위의 피고 주소로 제1심 판결이 송달된 때에는 설령 피고가 그 판결 선고 사실을 알았다 하여도 항소기간은 진행될 수 없다**.17)

4. 상소의 이익이 있을 것

(1) 의 의

  상소의 이익이란 하급심의 종국판결에 대하여 불복신청함으로써 그 취소, 변경을 구하는 것이 가능한 당사자의 법적 지위 또는 자격을 말한다. 상소의 이익에 의한 상소제한의 인정취지는 무익한 상소권의 행사를 견제하고 남소의 방지를 통해 소송경제를 도모하는 것이다.

(2) 상소이익의 판단기준

  1) 견해의 대립

  ① 형식적 불복설 : 원심에 있어서의 당사자의 신청과 판결주문을 비교하여 후자가 전자보다 양적으로나 질적으로 불리한 경우 불복의 이익을 긍정하는 견해로서 이에 의하면 제1심에서 전부승소한 자는 항소의 이익이 없다.

  ② 실질적 불복설 : 당사자가 상급심에서 원재판보다도 실체법상 유리한 판결을 받을 가능성이 있으면 불복의 이익을 긍정하는 견해이다. 따라서 하급심에서 전부승소판결을 받은 자라도 보다 유리한 판결을

---

14) 대법 1981.10.13, 81누230
15) 대법 1996.10.25, 96마1590
16) 대법 2011.09.29, 2011마1335
17) 대법 1997.05.30, 97다10345

구하는 상소는 허용된다.

③ 절충설 : 원고에 대해서는 형식적 불복설에 의하되 피고에 대해서는 실질적 불복설에 따라 상소이익을 판단하자는 견해이다.

④ 신실질적 불복설 : 실체법상 유리한 판결가능성을 기준으로 할 것이 아니라, 기판력을 포함한 판결의 효력이 미치는지 여부를 기준으로 하여, 원판결이 확정되면 기판력 기타 판결의 효력에 있어서 불이익을 입게 되면 상소이익을 인정하자는 견해이다.

2) **判例의 입장** : 大法院은 통설인 형식적 불복설과 마찬가지로 전부승소한 판결에 대해 소의 변경을 하게 되면 제1심보다 유리한 판결을 받을 수 있다는 것만으로는 항소의 이익이 없다고 하나, 예외적으로 소의 변경을 하지 않는다면 별소에서의 청구가 불가능한 경우에는 전부승소한 판결에 대해서도 항소의 이익을 인정하여,[18] 예외를 인정하는 형식적 불복설과 같은 입장을 취하고 있다.

(3) 구체적 고찰

1) 전부승소한 당사자 : **원칙적으로 불복의 이익이 없어 전부승소한 원고가 소의 변경 또는 청구취지의 확장을 위해 상소하거나, 전부승소한 피고가 반소를 위해 상소하는 것은 허용되지 않는다**. 다만 **하나의 소송물에 관하여 형식상 전부 승소한 당사자의 상소이익의 부정은 절대적인 것은 아니다**. 즉,

① **잔부를 유보하지 않은 묵시적 일부청구의 경우**와,[19] 별소가 금지되는 청구이의의 소의 경우는 기판력에 의해 차단되어 별소를 제기할 수 없게 될 위험이 있기에 상소가 허용된다.

② 또한 判例는 불법행위로 인한 손해배상소송에서 원고가 재산상 손해에 대해서는 전부승소했으나, 위자료에 대해서는 일부패소하여 패소부분에 불복하는 형식으로 항소를 제기한 경우, 재산상 손해나 위자료는 단일한 원인에 근거한 것인데 편의상 이를 별개의 소송물로 분류하고 있는 것에 지나지 않은 것이기에 이를 실질적으로 파악하여 **항소심에서 위자료는 물론, 재산상 손해에 대해서도 청구의 확장을 허용하는 것이 타당하다**고 판시하였다.[20]

2) 판결이유에 대한 불만 : 재판이 상고인에게 불이익한 것인지 여부는 원칙적으로 재판의 주문을 표준으로 하여 판단하므로 원심판결의 주문에서 상고인에 대한 전부 승소의 판결이 선고되었다면 판결이유중의 판단에 불만이 있어도 상소의 이익이 없다.[21] 기판력은 주문의 판단에 대해서만 생기기 때문에 승소의 법률효과에는 차이가 없기 때문이다.

① 예 외 : **예비적 상계의 항변으로 승소한 피고는 소구채권의 부존재를 이유로 승소한 경우보다 결과적으로 불이익하므로 상소의 이익이 있다**. 즉 '원고의 소구채권 그 자체를 부정하여 원고의 청구를 기각한 판결'과 '소구채권의 존재를 인정하면서도 상계항변을 받아들인 결과 원고의 청구를 기각한 판결'은 민사소송법 제216조에 따라 기판력의 범위를 서로 달리하고, 후자의 판결에 대하여 피고는 상소의 이익이 있다.[22] 따라서 상고심에서 원고의 소구채권 자체가 인정되지 아니하는 경우 더 나아가 피고의 상계항변의

---

18) 대법 1997.10.24, 96다12276.
19) 대법 1997.10.24, 96다12276
20) 대법 1994.06.28, 94다3063
21) 대법 2021.10.28, 2020후11752; 대법 2009.06.25, 2008후3384
22) 대법 2018.08.30, 2016다46338 · 46345

당부를 따져볼 필요도 없이 원고 청구가 배척될 것이므로, 결국 원심판결은 그 전부에 대하여 파기를 면치 못한다.23)

② 청구권의 경합과 상소의 이익 : 불법행위에 기한 손해배상청구를 하였음에도 불구하고 계약불이행에 기해 인용한 경우에 구소송물이론에서는 원고 측에 상소이익을 긍정한다. 判例도 매매를 원인으로 한 소유권이전등기청구에 대해 1심 법원이 양도담보약정을 원인으로 인용한 것은 주문상으로는 원고가 전부 승소한 것으로 보이기는 하나, 원고가 주장한 매매를 원인으로 한 소유권이전등기청구에 관하여는 심판을 한 것으로 볼 수 없어 결국 이 부분 원고의 청구는 실질적으로 인용한 것이 아니어서 판결의 결과가 불이익하게 되었으므로 원고가 처분권주의를 위반한 위법을 들어 상고한 것은 상소의 이익이 인정된다고 하였다.24)

3) 청구를 일부인용하고 일부기각한 판결 : 이 경우에는 원·피고 모두 상소할 수 있다.

① 예비적 병합에서 주위적 청구기각, 예비적 청구인용의 경우에는 **원고는 주위적 청구가 기각된 데 대해, 피고는 예비적 청구가 인용된 데 대해 상소의 이익**이 있다.

② "원고주장과 같이 적법하게 매매계약을 해제하려면 매매목적물을 피고에게 반환하고 해제하여야 할 것이라고 진술" 한 것은 동시이행의 항변으로 볼 수 없음에도 원심이 피고가 항변한 것으로 인정한 것은 잘못된 일이라 하겠으나 그 항변을 아니한 피고에게 차량과 상환으로 청구를 인용한 원심처사는 피고에게 이익되는 것이므로 이에 불복할 수 없다.25)

4) 소각하 판결 : <u>소각하 판결은 원고에게 불이익일뿐더러 만일 피고가 청구기각의 신청을 구한 때에는 본안판결을 받지 못한 점에 피고에게 불이익이 있기 때문에 원·피고 모두 상소할 수 있다.</u>

5) 항소심판결에 대한 상고이익 : <u>제1심 판결에 대하여 불복하지 않은 당사자는 그에 대한 항소심 판결이 제1심 판결보다 불리한 바 없으면 상고이익이 없다.</u> 判例도 <u>원고일부승소의 제1심 판결에 대하여 불복하지 않은 피고들은 원고가 승소한 그 부분에 관하여 상고할 수 없다</u>고 하였으며,26) 마찬가지로 <u>원고패소부분에 원고가 항소하지 아니하여 항소심이 판단하지 아니한 부분은 상고대상이 될 수 없다.</u>27)

5. 상소권의 포기가 없을 것

(1) 당사자는 상대방의 동의 없이 상소권을 포기할 수 있다(제394조).

> 제394조(항소권의 포기) 항소권은 포기할 수 있다.

상소권을 포기한 당사자는 상소권을 상실하게 되므로 적법하게 상소를 제기할 수 없으며, 그럼에도 상소를 제기하면 법원은 직권으로 상소를 각하하여야 한다. 판결의 효력이 제3자에게 미치는 대세효가 있을 때는 제3자의 당사자참가(제83조)의 기회를 박탈하기 때문에 허용될 수 없다. 통상공동소송에 있어서는

---

23) 대법 2002.09.06, 2002다34666
24) 대법 1992.03.27, 91다40696
25) 대법 1975.11.11, 74다1661
26) 대법 2009.10.29, 2007다22514
27) 대법 2017.12.28, 2014다229023

공동소송인 중 어느 한 사람의 또는 어느 한 사람에 대한 포기가 가능하나, 필수적 공동소송에 있어서는 그와 같은 포기는 효력이 없다. 독립당사자참가, 예비적·선택적 공동소송에서도 같다 할 것이다. 증권관련 집단소송에서 상소의 포기에는 법원의 허가를 요한다(증집소 제38조).

(2) 상소권 포기의 시기

상소권은 판결선고 후에나 구체적으로 발생하는 것이고, 상소의 이익의 존부나 그 범위도 판결의 선고가 있고 나서 알 수 있으므로 **판결선고 후에야 포기할 수 있다**. 判例는 채무자가 항고권 포기서를 매각허가결정의 선고가 있는 바로 그날에 채권자를 통하여 법원에 제출한 사안에서 항고권은 유효하게 포기된 것이라고 하였다.[28]

(3) 포기는 법원에 대한 단독의 소송행위이다.

> 제395조(항소권의 포기방식) ① 항소권의 포기는 항소를 하기 이전에는 제1심 법원에, 항소를 한 뒤에는 소송기록이 있는 법원에 서면으로 하여야 한다.
> ② 항소권의 포기에 관한 서면은 상대방에게 송달하여야 한다.
> ③ 항소를 한 뒤의 항소권의 포기는 항소취하의 효력도 가진다.

상소제기 전에는 원심법원에, 상소제기 후에는 소송기록이 있는 법원에 서면으로 하여야 한다(제395조 제1항). **소송기록이 원심법원에 있는 동안에 포기서를 제출한 경우에는 원심법원에 항소포기서를 제출한 즉시 포기의 효력이 발생**한다. 상대방이 전부 승소하여 항소의 이익이 없는 경우에는 항소권을 가진 패소자만 항소포기를 하면 비록 상대방의 항소기간이 만료하지 않았더라도 제1심판결은 확정된다.[29] **상소제기후의 포기는 상소취하의 효력도 있다**(제395조 제3항).

(4) 상소권 포기계약

판결선고 전에 소송 외에서 당사자 사이에서 상소권 포기계약을 맺을 수 있다. 이것은 당사자에게 상소를 제기하지 않도록 하거나, 상소기간 지나기 전에 상소권 포기의 의사표시를 할 의무를 지우는 소송계약의 일종이다. 포기계약이 있음에도 상소가 제기되면 부적법한 상소로 각하하여야 할 것이나, 이것은 항변사항이다.

6. 불상소의 합의가 없을 것

(1) 의 의

1) 의 의 : 당사자간 분쟁의 해결을 제1심에 한정하여 그것으로 끝내기로 하는 소송법상의 계약으로서, 이는 **상고할 권리는 유보하되 항소만 하지 않기로 하는 불항소의 합의(비약상고의 합의)와는 다른 것**이다(제390조 제1항 단서).

2) **상소권의 포기와 구별** : 상소권의 포기는 상소권 자체를 포기하는 것임에 반하여, 불상소의 합의는 상소권 자체를 발생시키지 않는 점에서 차이가 있다.

---

28) 대법 1966.01.19, 65마1007
29) 대법 2006.05.02, 2005마933.

(2) 허용성

공권인 상소권을 제약한다 하여 무효설도 있으나, 당사자가 임의처분할 수 있는 권리관계에 관한 사건에서는 중재계약도 허용되고 재판상화해에 의하여 소송을 종료시킬 수도 있음에 비추어 원칙적으로 유효한 것으로 볼 것으로, 제390조 1항은 비약상고의 합의만을 규정하였지만, 이러한 불상소의 합의도 묵시적으로 전제하고 있는 것이라 하겠다.

(3) 요 건

① 불상소의 합의의 요건은 관할의 합의(제29조)에 준하므로(제390조 제2항 참조), **서면에 의하여야 하고** 그 서면의 문언에 의하여 당사자 양쪽이 상소를 하지 아니한다는 취지가 명백하게 표현되어 있을 것을 요한다.[30] **이것은 소송행위이므로 그 해석은 실체법상의 법률행위와 달리 내심의 의사가 아닌 그 표시를 기준으로 하여야 하며, 표현내용이 불분명하다면 불상소의 합의를 부정할 것**이다.[31] ② 구체적인 일정한 법률관계에 기인한 소송에 관한 합의라야 한다. ③ 당사자가 임의로 처분할 수 있는 권리관계에 한하므로 직권탐지주의에 의하는 소송에서는 허용될 수 없다. ④ **당사자 양쪽이 다 각각 항소하지 않기로 하는 것이므로, 한쪽만이 항소하지 않기로 하는 합의는 공평에 반하여 안 된다.**[32] ⑤ 소송능력이 필요하고 또 소송대리인에 의하여 하려면 특별한 권한의 수여가 필요하다(제90조 2항 3호). ⑥ **합의의 시기는 소제기의 전후를 불문하며, 상소권 포기와 달리 판결 선고 전에도 할 수 있다.**

(4) 효 과

1) 판결선고 전 합의 : 구체적인 어느 특정 법률관계에 관하여 **당사자 쌍방이 제1심판결선고전에 미리 항소하지 아니하기로 합의하였다면, 제1심판결은 선고와 동시에 확정되는 것이므로 그 판결선고 후에는 당사자의 합의에 의하더라도 그 불항소합의를 해제하고 소송계속을 부활시킬 수 없다.**[33] 불상소의 합의에 반하여 상소를 제기한 경우에는 당해 상소를 부적법각하하여야 한다.

2) 판결선고 후 합의 : 판결선고 후의 합의는 그 성립과 동시에 판결을 확정시킨다.

(5) 직권조사사항

이와 같은 합의는 항변사항이라 보는 견해도 있으나,[34] 判例는 **불항소합의의 유무는 항소의 적법요건에 관한 법원의 직권조사사항**이므로 원심이 직권으로 위와 같이 판단하였음에 아무런 위법도 없다고 하였다.[35]

---

30) 대법 2002.10.11, 2000다17803
31) 대법 2015.05.28, 2014다24327; 다만 당해 소송제도의 목적과 당사자의 권리구제의 필요성 등을 고려할 때 그 소송행위에 관한 당사자의 주장 전체를 고찰하고 그 소송행위를 하는 당사자의 의사를 참작하여 객관적이고 합리적으로 소송행위를 해석할 필요는 있다. 따라서 불상소의 합의처럼 그 합의의 존부 판단에 따라 당사자들 사이에 이해관계가 극명하게 갈리게 되는 소송행위에 관한 당사자의 의사해석에 있어서는, 표시된 문언의 내용이 불분명하여 당사자의 의사해석에 관한 주장이 대립할 소지가 있고 나아가 당사자의 의사를 참작한 객관적·합리적 의사해석과 외부로 표시된 행위에 의하여 추단되는 당사자의 의사조차도 불분명하다면, 가급적 소극적 입장에서 그러한 합의의 존재를 부정할 수밖에 없다는 것에, 대법 2007.11.29, 2007다52317·52324. 강사 註) 불상소합의는 소송행위로서 표시주의 외관주의에 의하여 해석하는 것이 원칙이나 당사자의 의사를 참작할 여지는 있다는 취지이다.
32) 대법 1987.06.23, 86다카2728.
33) 대법 1987.06.23, 86다카2728
34) 정동윤/유병현 764면; 정영환 1087면; 호문혁 531면

IV. 상소의 효력

1. 확정차단의 효력

판결은 상소를 제기할 수 있는 기간 내에 적법한 상소의 제기가 있는 때에는 확정되지 않으므로(제498조) 기판력·집행력·형성력의 발생을 차단하는 효력이 있다. 다만, 가집행선고가 있는 경우에는 재판의 확정과 관계 없이 집행력이 발생하므로 상소에 의하여 영향을 받지 않는다. 즉시항고가 있는 경우에도 원결정의 확정을 차단하는 효력이 있어 집행을 정지시키는 효력이 있지만(제447조), 통상항고의 경우에는 확정차단의 효력이 없으므로 그 집행력의 발생을 막기 위해서는 별도의 집행정지의 조치를 요한다(제448조).

2. 이심(移審)의 효력

(1) 의 의

상소가 제기되면 그 소송사건 전체가 원법원을 떠나 상소심으로 이전하여 계속되게 되는데 이를 이심의 효력이라고 한다. 이 경우에는 사건의 소송기록도 송부해야 하므로 **원심법원의 법원사무관 등은 상소장이 제출된 날로부터 2주일 이내에 상소심법원으로 소송기록을 송부하여야** 한다(제400조).

(2) 이심의 효력은 하급심에서 재판한 부분에 대하여만 생긴다.

하급심에서 청구의 일부에 대하여 재판을 누락한 경우에는 그 청구부분에 대하여는 하급심에 계속되며 (제212조), 상소하더라도 이심의 효력이 발생하지 않는다. 判例는 사망자를 당사자로 제소하였다가 제1심에서 그 상속인들로 당사자표시정정을 하면서 공동상속인 중 일부를 누락한 경우에는 그 누락된 상속인의 소송관계는 이심되지 않고 여전히 제1심에 계속되어 있다고 보았다.[36] 상속인 중 일부만이 소송을 수계하여 항소한 경우에도 같은 취지로 항소한 상속인만 이심된다.[37]

3. 상소불가분의 원칙

(1) 의 의

상소의 제기에 의해 확정차단 및 이심의 효력은 원칙적으로 상소인의 불복신청의 범위와 관계없이 원재판의 전부에 대하여 불가분적으로 발생한다는 원칙이다.

(2) 내 용

1) 1개청구에 1개판결의 일부패소부분에 불복항소한 경우 : <u>승소부분도 이심의 효력이 생긴다</u>.

2) 청구병합의 경우

① **청구병합에 대해 하나의 전부판결을 한 경우에 그 중 한 청구에 대하여 불복항소를 하여도 다른 청구에 대해 항소의 효력이 미친다.**

② 나아가 선택적 병합에서 하나의 청구가 인용되어 나머지 청구를 판단하지 않은 경우, 예비적 병합

---

35) 대법 1980.01.29, 79다2066
36) 따라서 대법 1974.07.16, 73다1190은 일부누락된 상속인을 항소심에서 표시정정의 형태로 추가할 수 없다고 하였다.
37) 대법 1994.11.04, 93다31993

에서 주위적 청구가 인용됨으로써 예비적 청구를 판단하지 않은 경우, 예비적 반소에서 본소가 배척됨으로써 반소청구를 판단하지 아니한 경우는 판단의 필요가 없어 남겨둔 경우이므로 형식적으로 일부판결이나 실질적으로는 하나의 사건을 완결하는 전부판결이므로, 상소불가분의 원칙이 적용되어 판단하지 않은 나머지 청구에도 이심의 효력이 미친다.[38]

③ 다만 청구의 일부에 대하여 불상소의 합의나 항소권·부대항소권의 포기가 있는 경우에는 그 부분만이 가분적으로 확정된다.

3) 공동소송의 경우

① 통상공동소송에서는 공동소송인 독립의 원칙이 적용되기에 공동소송인 중 1인의 또는 1인에 대한 상소는 다른 공동소송인에 대한 청구에 대한 판결에 상소의 효력이 미치지 않아서 상소되지 않은 부분만 확정된다.[39]

② 필수적 공동소송이나 독립당사자참가에 있어서는 패소한 어느 한 당사자가 상소하면 패소한 다른 당사자에 대한 관계에서도 상소의 효력이 미쳐 판결의 확정차단 및 이심의 효력이 생긴다.

(3) 기 능

상소불가분의 원칙에 의하여 항소심의 변론종결시까지 항소인으로 하여금 불복신청의 범위를 확장할 수 있게 하고, 또 피상소인으로 하여금 부대상소를 할 수 있게 하여 상소의 범위가 되지 않았던 부분도 새로이 상소심의 심판대상으로 삼을 수 있다. 예를 들어 원고의 청구가 모두 인용된 제1심판결에 대하여 피고가 지연손해금 부분에 대하여만 항소를 제기하고, 원금 부분에 대하여는 항소를 제기하지 아니하였다고 하더라도 제1심에서 전부 승소한 원고가 항소심 계속중 부대항소로서 청구취지를 확장할 수 있는 것이므로, 항소심이 원고의 부대항소를 받아들여 제1심판결의 인용금액을 초과하여 원고 청구를 인용하였더라도 거기에 불이익변경금지의 원칙이나 항소심의 심판범위에 관한 법리오해의 위법이 없다.[40] 따라서 상소인은 상소의 불가분을 제한하여 일부의 항소를 제기할 수 없고, 또 상소의 일부취하도 허용되지 않는다.

(4) 불복하지 않은 부분의 처리

1) 항소심의 심판대상 : 상소심의 심판은 불복신청의 범위 내에 한하므로 확정차단, 이심의 범위와 심판의 범위는 일치하지 않을 수 있다. 상소인이 불복신청을 하지 아니한 부분에 대해서는 당사자가 변론할 필요도 없고(제407조 제1항), 법원도 이에 관하여 원심의 판단을 변경할 수 없으나(제415조) 그 부분만 독립하여 확정되지는 아니한다. 따라서 당사자 쌍방이 불복하지 않는 부분은 집행력이 생기지 아니하므로 그 부분에 대하여 가집행선고를 할 필요가 생긴다(제406조, 제435조).

2) 불복하지 않은 부분의 확정시기 : 判例는 항소심 또는 상고심 판결 선고로 불복하지 않은 부분이 확정된다는 입장이다.[41]

(5) 상고심의 경우

상고심에서도 상소불가분의 원칙은 기본적으로 동일하나, 상고이유서 제출기간(제425조) 때문에 자유롭

---

38) 이시윤 13판 857면. 이에 대해 선택적·예비적 병합의 특성 때문에 이심하는 것이라는 견해도 유력하다.
39) 대법 2012.09.27, 2011다76747
40) 대법 2003.09.26, 2001다68914
41) 대법 1994.12.23, 94다44644

게 불복신청의 범위를 확장하거나 부대상고로 심판의 범위를 확대할 수 없다.

V. 상소의 제한

1. 상소제도의 문제점

상소제도는 당사자의 이익보호와 재판의 적정을 보장한다는 제도적 가치가 있는 반면에 자칫 상소권의 남용에 따른 소송지연과 소송불경제를 가져올 수도 있다. 따라서 이를 방지하기 위해 일정한 경우에는 상소가 제한된다.

2. 현행법상 상소가 제한되는 경우

① 통상상고사건에서도 대법원은 상고이유에 관한 주장이 중대한 법령위반사항 등을 포함하고 있지 않을 때에는 상고심리를 불속행한다는 이유로 판결로써 상고를 기각할 수 있다(상고심절차에관한특례법 제4조). ② 소액사건에 있어서는 헌법위반·법률위반이 있거나 대법원판례에 상반되는 판단이 있는 때에 한하여 대법원에 상고 또는 재항고를 할 수 있다(소액사건심판법 제3조). 최근 大法院은 소액사건에서 구체적 사건에 적용할 법령의 해석에 관한 대법원판례가 아직 없는 상황에서 같은 법령의 해석이 쟁점으로 되어 있는 다수의 소액사건들이 하급심에 계속되어 있을 뿐 아니라 재판부에 따라 엇갈리는 판단을 하는 사례가 나타나고 있는 경우에도 상고를 허용하였다.[42] ③ 가압류나 가처분사건에서도 소액사건의 상고이유에 준하여 심리속행사유를 제한하고 있다(상고심절차에관한특례법 제4조 제2항). ④ 소구채권의 지연손해금의 이율에 대해 소장 또는 이에 준하는 서면의 송달된 날의 다음날부터 연 5푼 내지 6푼에서 연 12%로 인상 조정함으로써 간접적으로 상소를 제한하고 있다(소송촉진등에관한특례법 제3조). ⑤ 부동산경매절차에 있어서 매각허가결정에 대한 항고를 하고자 하는 사람은 누구나 담보로 매각대금의 1/10에 해당하는 현금 등을 공탁하게 하여 남항고의 폐해를 막고 있다(민집 제130조). ⑥ 민사집행법상의 집행에 관한 이의신청의 재판은 1심으로 끝나는 것을 원칙으로 한다(민집 제17조의 반대해석).

---

42) 대법 2017.03.16, 2015다3570; 대법 2018.09.13, 2017다16778; 대법 2018.12.27, 2015다50286; 대법 2019.08.14, 2017다217151; 대법 2019.12.13, 2018다287010; 대법 2019.12.27, 2018다37857; 대법 2021.01.14, 2020다207444; 대법 2021.04.29, 2016다224879; 대법 2022.07.28, 2021다293831; 대법 2023.10.18, 2019다266386; 대법 2024.01.04, 2022다285097

2025 대비 이종훈 민사소송법

제2장 항 소

제1절 총 설

Ⅰ. 항소의 의의

1. 의 의

항소라 함은 지방법원 단독판사 또는 지방법원합의부가 한 제1심의 종국판결에 대하여 다시 유리한 판결을 구하기 위하여 항소법원에 제기하는 불복신청을 말한다(제390조).

2. 불복신청의 이유

사실인정의 부당은 물론 법령위반도 항소이유가 된다는 점에서 법령위반만을 이유로 삼을 수 있는 상고와는 다르다.

3. 속심제의 채택

항소심이 제1심의 소송자료와 관계없이 독자적으로 소송자료를 수집한 끝에 이를 기초로 하여 다시 한 번 심판을 되풀이 하는 구조를 복심제라 하고, 항소심에서 원칙적으로 새로운 소송자료의 제출을 제한하고, 제1심에서 제출된 소송자료만을 기초로 제1심판결의 내용의 당부를 재심사하게 되어 있는 구조를 사후심제라고 한다. 우리나라 민사소송법은 제1심의 소송자료를 토대로 하되, 항소심 변론종결시까지는 제1심에서 제출하지 않은 새로운 자료를 제출할 수 있는 변론의 갱신권이 인정되어 그 당사자가 항소심에서 제출한 신소송자료까지도 종합하여 제1심 판결의 당부를 재심사하는 속심주의를 취하고 있다. <u>항소심은 속심으로서 제1심에서의 당사자의 주장이 그대로 유지되므로, 항소심에서 항소이유로 특별히 지적하거나 그 후의 심리에서 다시 지적하지 않는다 하더라도 법원은 제1심에서의 주장을 받아들일 수 있음은 당연하고, 이를 들어 직접주의나 변론주의의 원칙에 어긋난다거나 불의타를 가한 것이라 할 수는 없다.</u>[1]

Ⅱ. 항소요건

1. 항소요건

> 제390조(항소의 대상) ① 항소(抗訴)는 제1심 법원이 선고한 종국판결에 대하여 할 수 있다. 다만, 종국판결 뒤에 양 쪽 당사자가 상고(上告)할 권리를 유보하고 항소를 하지 아니하기로 합의한 때에는 그러하지 아니하다.
> ② 제1항 단서의 합의에는 제29조제2항의 규정을 준용한다.

---

[1] 대법 1996.04.09, 95다14572; 대법 2021.04.08, 2018다224491

① 불복하는 판결이 항소할 수 있는 판결일 것, ② 항소제기의 방식이 맞고 항소기간이 준수되었을 것, ③ 항소의 당사자적격이 있을 것, ④ 항소의 이익이 있을 것, ⑤ 항소인이 항소권을 포기하지 않았고 당사자간에 불항소의 합의가 없을 것의 다섯 가지를 들 수 있다.

2. 항소의 당사자적격

(1) 원 칙

제1심의 원·피고 중 항소의 이익을 가진 자가 항소인이 되고, 그 상대방이 피항소인으로 된다. 한편 채권자가 채권자대위권에 기하여 당사자인 채무자 대신에 항소할 수 없다.[2]

(2) 공동소송의 경우

필수적 공동소송, 독립당사자참가, 예비적·선택적 공동소송의 경우에는 별론으로 하고, 통상공동소송의 경우에는 그 1인이 항소하거나 당하여도 다른 공동소송인은 항소인·피항소인으로 되지 않는다(제66조).

(3) 참가인의 경우

제1심의 당사자는 아니나 당사자 참가할 수 있는 제3자(제79조, 제83조)는 참가와 동시에 항소를 제기할 수 있다. 보조참가인은 피참가인이 항소권을 포기하지 않는 한 피참가인의 항소기간 내에 스스로 항소할 수 있지만, 당사자가 아니기 때문에 항소인은 되지 않는다.

(4) 소송승계의 경우

제1심판결의 선고 후에 승계인으로 수계를 받은 자는 항소인 또는 피항소인으로 된다(제243조). 그리고 수계할 자가 항소를 함과 동시에 항소법원에 수계신청을 한 때에도 적법한 항소로 취급된다. 그러나 수계신청이 부적법할 경우에는 항소도 부적법한 것으로 된다.[3]

(5) 가사소송사건의 당사자로 된 검사

항소인·피항소인이 될 수 있다(가소 제27조).

제2절 항소의 제기

Ⅰ. 항소제기의 방식

1. 항소장의 제출

(1) 제출법원 및 절차

> 제397조(항소의 방식, 항소장의 기재사항) ① 항소는 항소장을 제1심 법원에 제출함으로써 한다.

---

2) 대법 1961.10.26, 4294민재항559
3) 대법 1971.02.09, 69다1741

항소의 제기는 원심인 제1심법원에 항소장을 제출하여야 한다(제397조 1항). **항소장에 기명날인·서명 등의 기재누락이 있어도 그 기재에 의하여 항소인이 누구인지 알 수 있고 항소인의 의사에 의하여 제출한 것으로 인정되는 경우, 항소장은 유효**하다.[4] 직접제출이 아닌 우편제출이라도 무방하나, 구술·전화에 의한 항소의 제기는 허용될 수 없고, 2011년 5월부터 전자접수에 의해 항소할 수 있다.

(2) 항소기간

> 제396조(항소기간) ① 항소는 판결서가 송달된 날부터 2주 이내에 하여야 한다. 다만, 판결서 송달 전에도 할 수 있다.
> ② 제1항의 기간은 불변기간으로 한다.

1) **항소심에 항소장이 접수된 경우** : 항소장이 제1심 법원이 아닌 항소심법원에 접수되었다가 제1심 법원으로 송부된 경우에는 항소심법원 접수시가 아니라 제1심 법원 도착시를 기준으로 하여 기간의 준수 여부를 가리게 된다는 것이 判例이다.[5]

2) **공동소송에 있어서 항소기간의 각 공동소송인별로 개별적으로 진행된다.**

① 필수적 공동소송에 있어서는 공동소송인 중 1인이 한 항소의 제기는 전원에 대하여 효력이 생겨 항소하지 않은 다른 공동소송인의 청구부분도 확정차단되고 이심되므로 결국 제일 나중에 판결송달을 받은 자를 기준으로 하여 항소기간 도과여부가 결정된다.

② 통상공동소송의 경우에는 공동소송인 독립의 원칙에 따라 항소기간을 도과한 공동소송인의 청구부분은 분리되어 확정된다.

2. 항소장의 기재사항

> 제397조(항소의 방식, 항소장의 기재사항) ② 항소장에는 다음 각호의 사항을 적어야 한다.
>   1. 당사자와 법정대리인
>   2. 제1심 판결의 표시와 그 판결에 대한 항소의 취지
> 제398조(준비서면규정의 준용) 항소장에는 준비서면에 관한 규정을 준용한다.
> 제401조(항소장부본의 송달) 항소장의 부본은 피항소인에게 송달하여야 한다.

(1) 필요적 기재사항(제397조 2항)

1) **당사자·법정대리인, 제1심 판결의 표시와 그 판결에 대한 항소취지**

① 제1심 판결의 표시란 어떤 판결에 대하여 항소를 하는가를 명백히 하기 위한 것이므로 다른 판결과 구별할 수 있는 정도이면 족하고, 보통 제1심 법원명, 사건번호, 사건명, 선고일자, 주문 등을 기재한다.

② 항소취지는 항소심의 변론종결에 이르기까지 불복신청의 범위를 명확히 하면 되므로 항소장 자체에 불복의 내용과 범위까지 기재할 필요는 없고, 대체로 어떠한 항소취지인가를 인식할 수 있는 정도이면 충분하다.[6] 항소인이 항소취지 등을 명확히 하라는 제1심 또는 항소심 재판장의 보정명령에 불응하였으나,

---
[4] 대법 2011.05.13, 2010다84956
[5] 대법 1985.05.24, 85마178
[6] 대법 1965.06.15, 65다662

항소장 전체의 취지로 보아 제1심판결의 변경을 구한다는 내용임을 알 수 있는 경우 제399조 2항, 제402조 2항을 적용하여 항소장각하를 할 것은 아니다.[7]

항소취지의 기재 예

「원판결을 취소한다. 원고의 청구를 기각한다. 소송비용은 제1·2심 모두 원고의 부담으로 한다」라는 판결을 구함.

2) 불복의 범위와 이유

① 제397조 제2항은 항소장에 당사자와 법정대리인, 제1심판결의 표시와 그 판결에 대한 항소의 취지를 적도록 하고 있을 뿐이므로, 항소장에는 제1심판결의 변경을 구한다는 항소인의 의사가 나타나면 충분하고 **항소의 범위나 이유까지 기재되어야 하는 것은 아니다**. 즉 불복의 범위와 이유는 임의적 기재사항이며, 그 기재가 있으면 준비서면을 겸하게 된다(제398조). 한편 **항소의 객관적, 주관적 범위는 항소장에 기재된 항소취지만을 기준으로 판단할 것은 아니고, 항소취지와 함께 항소장에 기재된 사건명이나 사건번호, 당사자의 표시, 항소인이 취소를 구하는 제1심판결의 주문 내용 등을 종합적으로 고려해서 판단해야 한다.**[8] 따라서 원판결의 전부불복이냐 일부불복이냐의 불복의 범위와 정도는 항소심의 변론종결시까지 서면·말로 명확히 하면 된다.[9]

② 다만 개정민사소송규칙은 제126조의 2의 처음 준비서면에서 이를 명확히 할 것을 요하고 있고, 법원도 항소심의 쟁점정리의 차원에서 석명권을 통해 불복의 범위를 명확히 하여야 한다.

3) 항소장의 인지액

① **항소장이나 부대항소장에는 원칙적으로 1심 소장에 첨부할 인지액의 1.5배를 첨부**하여야 한다. 다만 **구체적인 인지액은 항소에 의하여 불복신청한 부분을 기준으로 산정**하여야 한다(민사소송등인지법 제3조).

② **청구변경을 신청할 때에는 신청서에 심급에 따른 변경후 청구에 관한 민인법 제2조 규정액 또는 민인법 제2조 규정액의 1.5배로부터 변경전의 청구에 관한 인지액을 공제한 액의 인지를 붙여야** 한다.

③ 제79조 또는 제83조에 따라 소송에 참가하는 경우 제1심 참가신청서에는 민인법 제2조에 따른 금액의 인지를 붙이고, **항소심 참가신청서에는 제2조에 따른 금액의 1.5배에 해당하는 인지를 붙여야** 한다(민인법 제6조 1항).

④ **부대청구인 이자 또는 지연손해금만을 독립하여 불복항소한 경우에는 그 부분을 독립된 소송물로 보아 인지를 산정**한다.[10]

---

7) 대법 2012.03.30, 2011마2508
8) 대법 2020.01.30, 2019마5599·5600
9) 대법 1994.11.25, 93다47400
10) 대법 1962.10.18, 62라11

(2) 항소인의 처음준비서면

> **민사소송규칙**
> 제126조의2 (항소인의 준비서면 등) 항소인은 항소의 취지를 분명하게 하기 위하여 항소장 또는 항소심에서 처음 제출하는 준비서면에 다음 각호의 사항을 적어야 한다.
> 1. 제1심 판결 중 사실을 잘못 인정한 부분 또는 법리를 잘못 적용한 부분
> 2. 항소심에서 새롭게 주장할 사항
> 3. 항소심에서 새롭게 신청할 증거와 그 입증취지
> 4. 제2호와 제3호에 따른 주장과 증거를 제1심에서 제출하지 못한 이유
> [본조신설 2007.11.28]

현행법은 형사소송법 처럼 제출기간을 정한 항소이유서제출강제주의를 채택하고 있지 않지만, 개정민사소송규칙은 제126조의 2에서 변론에 앞서 변론준비절차를 열어 항소장이나 항소심의 처음 준비서면에서 밝힌 항소이유를 중심으로 쟁점정리를 위한 준비서면의 제출·교환과 증거신청을 하게 할 수 있어 사실상 항소이유서에 갈음코자 하였다. 다만 이러한 방식의 준비서면을 제출하지 아니하였다 하여 항소가 부적법 각하되는 것은 아니다.

II. 재판장의 항소장심사권

> 제399조(원심재판장등의 항소장심사권) ① 항소장이 제397조제2항의 규정에 어긋난 경우와 항소장에 법률의 규정에 따른 인지를 붙이지 아니한 경우에는 원심재판장은 항소인에게 상당한 기간을 정하여 그 기간 이내에 흠을 보정하도록 명하여야 한다. 원심재판장은 법원사무관등으로 하여금 위 보정명령을 하게 할 수 있다. 〈개정 2014.12.30.〉
> ② 항소인이 제1항의 기간 이내에 흠을 보정하지 아니한 때와, 항소기간을 넘긴 것이 분명한 때에는 원심재판장은 명령으로 항소장을 각하하여야 한다.
> ③ 제2항의 명령에 대하여는 즉시항고를 할 수 있다.
> [제목개정 2014.12.30.]
>
> 제402조(항소심재판장등의 항소장심사권) ① 항소장이 제397조제2항의 규정에 어긋나거나 항소장에 법률의 규정에 따른 인지를 붙이지 아니하였음에도 원심재판장등이 제399조제1항의 규정에 의한 명령을 하지 아니한 경우, 또는 항소장의 부본을 송달할 수 없는 경우에는 항소심재판장은 항소인에게 상당한 기간을 정하여 그 기간 이내에 흠을 보정하도록 명하여야 한다. 항소심재판장은 법원사무관등으로 하여금 위 보정명령을 하게 할 수 있다. 〈개정 2014.12.30.〉
> ② 항소인이 제1항의 기간 이내에 흠을 보정하지 아니한 때, 또는 제399조제2항의 규정에 따라 원심재판장이 항소장을 각하하지 아니한 때에는 항소심재판장은 명령으로 항소장을 각하하여야 한다.
> ③ 제2항의 명령에 대하여는 즉시항고를 할 수 있다.
> [제목개정 2014.12.30.]

1. 원심 재판장에 의한 심사

(1) 취 지

원심재판장에게도 항소장심사권을 부여한 것은 항소장에 관한 원심법원 제출주의와 일관시키려는 것으로서 방식에 적합하지 않은 상소장을 사전정리함으로써 상소심의 부담을 경감함과 동시에 상소권의 남

용을 방지하려는 데에 그 취지가 있다.

(2) 내 용

항소장의 필요적 기재사항에 흠이 있거나 항소장에 법률의 규정에 따른 인지를 붙이지 아니한 경우에는 원심재판장은 항소인에게 상당한 기간을 정하여 그 기간 이내에 흠을 보정하도록 명하여야 한다(제399조 제1항). 항소인이 그 기간 이내에 흠을 보정하지 않은 경우와 항소기간을 넘긴 것이 분명한 때에는 원심재판장은 명령으로 항소장을 각하하여야 한다(제399조 2항). 항소권의 포기 등으로 제1심판결이 확정된 후에 항소장이 제출되었음이 분명한 경우도 이와 달리 볼 이유가 없으므로, 이 경우에도 원심재판장이 항소장 각하명령을 할 수 있다.[11] 이 명령에 대해서는 **즉시항고를 할 수 있다**(제399조 제3항). 이 항고는 성질상 최초의 항고라고 할 것이므로, 항고법원은 제2심법원이고 제3심인 대법원이라고 볼 것이 아니다.[12] 한편 **인지 보정명령 이후 미보정을 이유로 항소장을 각하하기 전에 반드시 수납은행에 수납여부를 확인할 필요가 있다**.[13] 항소장에 불복신청의 범위를 기재하지 아니한 때에는 항소법원의 심리범위 및 항소장에 붙일 인지액을 확정하기 위하여 불복신청의 범위를 명확히 할 필요가 있으므로 항소인에게 그 보정을 명하여야 할 것이다. 그러나 **불복신청의 범위는 항소장의 필요적 기재사항이 아니므로, 항소인이 위 보정명령에 불응한다고 하더라도 이는 항소장 각하에 관한 제399조 1항 소정의 사유에 해당하지 아니하여, 재판장은 불복신청의 범위를 보정하지 아니하였다는 이유로 항소장을 각하할 수 없다.** 이러한 경우 재판장은 항소인이 패소한 부분 전부에 관하여 불복하는 것으로 처리하여 인지 등을 붙이도록 한다.[14]

2. 항소심 재판장에 의한 심사

항소장이 항소기록과 함께 항소심으로 송부된 경우에는 항소심재판장이 다시 항소장을 심사한다. 즉, **항소장의 기재사항에 흠이 있거나, 인지를 붙이지 않았음에도 원심재판장이 보정명령을 하지 않은 경우 또는 항소장의 부본을 송달할 수 없는 경우에는 항소심재판장은 항소인에게 상당한 기간을 정하여 그 흠을 보정하도록 명하여야** 한다(제402조 제1항).[15] **그 기간 내에 흠을 보정하지 아니한 때 또는 제399조 2항에 따라 원심 재판장이 항소장을 각하하지 아니한 때에는 항소심재판장은 명령으로 항소장을 각하하여야** 한다(제402조 제2항). 이 명령에 대해서는 즉시항고를 할 수 있다(제402조 제3항).

---

11) 대법 2006.05.02, 2005마933
12) 대법 1995.05.15, 94마1059·1060
13) 인지보정의 효과가 발생하는 시점은 수납은행에 대한 납부시점이므로, 항소인이 송달료 수납은행에 현금을 납부하기만 하고 그 수납은행으로부터 받은 영수필확인서 및 영수필통지서를 보정기간 내에 법원에 제출하지 아니하였다하더라도, 제1심 재판장이 항소장 각하명령을 내린 것은 잘못이라는 것에, 대법 2000.05.22, 2000마2434
14) 대법 2011.10.27, 2011마1595
15) 대법원의 소수견해는 소송절차의 연속성을 고려할 때 항소장 부본의 송달불능은 소송계속 중 소송서류가 송달불능된 것에 불과한 점, 항소인이 항소장 부본의 송달불능을 초래한 것이 아닌데도 그 송달불능으로 인한 불이익을 오로지 항소인에게만 돌리는 것은 부당한 점, 소장각하명령과 항소장각하명령은 본질적으로 다른 재판인 점 등을 종합하여 고려할 때, 항소장 부본이 송달불능된 경우 민사소송법 제402조 제1항, 제2항에 근거하여 항소인에게 주소보정명령을 하거나 그 불이행 시 항소장각하명령을 하는 것은 허용될 수 없다고 보아야 한다. 또한 관련 법 조항의 문언해석상으로도 그러하다고 하였으나, 대법원의 다수의견은 대법원은 항소심에서 항소장 부본을 송달할 수 없는 경우 항소심재판장은 민사소송법 제402조 제1항, 제2항에 따라 항소인에게 상당한 기간을 정하여 그 기간 이내에 피항소인의 주소를 보정하도록 명하여야 하고, 항소인이 그 기간 이내에 피항소인의 주소를 보정하지 아니한 때에는 명령으로 항소장을 각하하여야 한다는 법리를 선언하여 왔고, 항소장의 송달불능과 관련한 법원의 실무도 이러한 법리를 기초로 운용되어 왔다. 위와 같은 대법원 판례는 타당하므로 그대로 유지되어야 한다고 하였다(대법 2021.04.22, 2017마6438).

III. 항소제기의 효력

1. 효력

항소가 제기되면 제1심 판결의 확정을 차단하는 효력과 사건의 계속을 제1심에서 항소심으로 옮기는 이심의 효력이 생긴다.

2. 항소기록의 송부

> **제400조(항소기록의 송부)** ① 항소장이 각하되지 아니한 때에 원심법원의 법원사무관등은 항소장이 제출된 날부터 2주 이내에 항소기록에 항소장을 붙여 항소법원으로 보내야 한다.
> ② 제399조 제1항의 규정에 의하여 원심재판장등이 흠을 보정하도록 명한 때에는 그 흠이 보정된 날부터 1주 이내에 항소기록을 보내야 한다.

> **민사소송규칙**
> **제127조(항소기록 송부기간)** ① 항소장이 판결정본의 송달 전에 제출된 경우 항소기록 송부기간은 판결정본이 송달된 날부터 2주로 한다.
> ② 원심재판장이 판결정본의 송달 전에 제출된 항소장에 대하여 보정명령을 내린 경우의 항소기록 송부기간은 판결정본의 송달 전에 그 흠이 보정된 때에는 판결정본이 송달된 날부터 2주, 판결정본의 송달 이후에 그 흠이 보정된 때에는 보정된 날부터 1주로 한다.

📦 참고 : 항소기록의 송부기간

1. 판결정본 송달 후 항소제기
① 항소장이 제출된 날부터 2주 이내(제400조 1항)
② 원심재판장등이 흠을 보정하도록 명한 때에는 그 흠이 보정된 날부터 1주 이내(제400조 2항)

2. 판결정본 송달 전 항소제기
① 판결정본이 송달된 날부터 2주(규칙 제127조 1항)
② 보정명령을 내린 경우의 항소기록 송부기간은 판결정본의 송달 전에 그 흠이 보정된 때에는 판결정본이 송달된 날부터 2주, 판결정본의 송달 이후에 그 흠이 보정된 때에는 보정된 날부터 1주(규칙 제127조 2항)

3. 일부 당사자만 항소한 경우
최후의 항소장이 제출된 날과 항소를 제기하지 아니한 자에 대한 최후의 항소제기기간이 만료되는 날 중 뒤에 도래하는 날부터 2주 내에 기록을 항소법원으로 송부

IV. 항소의 취하

> **제393조(항소의 취하)** ① 항소는 항소심의 종국판결이 있기 전에 취하할 수 있다.
> ② 항소의 취하에는 제266조 제3항 내지 제5항 및 제267조 제1항의 규정을 준용한다.

1. 의 의

항소의 취하라 함은 항소인 자신의 항소법원에 제기한 원판결에 대한 불복신청을 철회하는 것을 말하며, 항소심의 종국판결이 선고되기 전까지는 언제든지 취하할 수 있다(제393조 제1항).

2. 요 건

(1) 일반적인 경우

1) **시 기** : **항소제기 후 항소심의 종국판결선고 전까지** 할 수 있다. 소의 취하가 종국판결의 확정시까지 가능한 것과 다르다. 다만 判例는 항소심의 종국판결이 선고된 뒤라도 그 판결이 상고심에서 파기환송된 경우에는 부대항소의 제기 여부와 관계없이 새로운 종국판결이 있기까지 항소인은 항소를 취하할 수 있다고 보고 있다.[16]

2) **항소의 일부취하** : 항소의 취하는 항소의 전부에 대하여 하여야 하고 **항소의 일부 취하는 효력이 없으므로** 병합된 수개의 청구 전부에 대하여 불복한 항소에서 그중 일부 청구에 대한 불복신청을 철회하였더라도 그것은 단지 불복의 범위를 감축하여 심판의 대상을 변경하는 효과를 가져오는 것에 지나지 아니하고, **항소인이 항소심의 변론종결시까지 언제든지 서면 또는 구두진술에 의하여 불복의 범위를 다시 확장할 수 있는 이상 항소 자체의 효력에 아무런 영향이 없다.**[17]

3) **피항소인의 동의** : 항소의 취하는 항소인의 의사표시만으로 되는 단독적 소송행위이므로 소의 취하와 달리, **어느 때나 상대방의 동의가 필요없다**(제393조 2항에서 제266조 2항을 불준용). 다만 증권관련집단소송에서는 항소의 취하에 법원의 허가가 필요하다.

4) 소송행위의 유효요건을 갖출 것

(2) 특수한 소송의 경우

1) **공동소송의 경우** : 통상공동소송인 1인의 또는 1인에 대한 항소는 취하할 수 있으나, 필수적 공동소송의 경우에는 그 전원이 또는 그 전원에 대하여 항소취하를 해야만 그 효력이 있다.

2) **보조참가의 경우** : ① 보조참가인은 피참가인이 제기한 항소를 취하할 수 없다. ② 보조참가인이 항소를 제기한 경우 피참가인의 동의가 있으면 보조참가인도 항소를 취하할 수 있다는 견해와,[18] 항소취하는 불리한 행위로서 보조참가인이 할 수 없다는 견해가[19] 다투어지고 있다. ③ 보조참가인이 제기한 항소는 피참가인이 취하할 수 있다.

3) **독립당사자참가의 경우** : ① 패소한 원고 및 참가인 두 사람 모두가 항소를 제기하였다가 그 중 원고만이 항소취하를 하여도 원고는 항소심의 당사자로 남아 원·피고·참가인간의 세 개의 청구가 항소심의 심판대상이 된다. ② 패소한 A, B 중 A 한 사람만이 항소를 제기하였다가 A가 바로 취하한 경우, 항소를 제기하지 않은 패소당사자 B의 항소심에서의 지위에 관하여 상소인설을 취하지 않는 한 다른 패소자

---

16) 대법 1995.03.10, 94다51543
17) 대법 2017.01.12, 2016다241249
18) 이시윤 13판 869면
19) 주석신민소 96면

B의 동의가 없어도 유효한 항소취하이며, 그 취하에 의하여 항소가 소급적으로 소멸되어 항소심 절차는 끝나게 된다.

3. 방 식

> **민사소송규칙**
> **제126조(항소취하를 할 법원)** 소송기록이 원심법원에 있는 때에는 항소의 취하는 원심법원에 하여야 한다.

항소취하는 서면으로 하고, 다만 변론이나 변론준비기일에서는 말로도 할 수 있으며 이는 조서에 기재하여야 한다(제393조 제2항, 제266조 제3항).[20] **상대방이 출석한 변론이나 변론준비기일에 항소취하가 된 경우를 제외하고는 항소취하서부본이나 조서등본을 상대방에게 송달하여야** 하는데(제393조 제2항, 제266조 제4항) 이는 상대방에게 소송종료의 사실을 알려 불필요한 소송준비를 하지 않도록 하기 위함이다. 따라서 **항소취하는 상대방에게 송달했을 때가 아니라 항소취하서를 제출했을 때 효과가 생긴다**. 한편 항소장부본을 상대방에게 송달하기 전에 항소취하가 되었다면 굳이 항소취하서부본을 송달할 필요가 없다. **항소의 취하는 항소법원에 하나, 소송기록이 원심법원에 있는 때에는 항소의 취하는 원심법원에 하여야** 한다(규칙 126조). 당사자 쌍방이 항소심의 변론기일에 2회에 걸쳐 출석하지 않거나 출석하더라도 변론하지 아니한 경우 1월 내에 기일지정신청을 하지 않거나 기일지정신청에 의해 정해진 기일에 다시 불출석한 때에 항소취하가 있는 것으로 본다(제268조 제4항). **항소심에서 소의 교환적 변경이 이루어진 뒤에 한 항소취하는 무효**이다.[21]

3. 효 과

항소취하가 된 경우에는 항소가 처음부터 계속되지 않은 것으로 본다(제393조 제2항, 제267조 제1항). 즉, **항소기간 만료시에 소급하여 원심판결이 그대로 확정**된다. 다만, **항소취하 후이더라도 항소기간이 만료되지 않았다면 상대방은 물론 항소인도 다시 항소를 제기할 수 있다**.[22] 부대항소가 있는 후에 항소를 취하하면 그 부대항소도 역시 효력을 잃지만 독립 부대항소의 경우에는 그러하지 아니하다(제404조 단서).

4. 항소취하의 합의

당사자 사이에 항소취하의 합의가 있는데도 항소취하서가 제출되지 않는 경우 상대방은 이를 항변으로 주장할 수 있고, 이 경우 항소심법원은 항소각하 판결을 한다. 다만 항소심에서 항소취하의 합의가 있어도 항소취하서가 제출되지 않은 상태에서 원고의 교환적 변경신청이 있다면 피고의 항소취하합의가 있다는 항변이 있어도 항소를 각하하는 것이 아니라 청구변경의 요건을 갖추었는지에 따라 허가 여부를 결정한다.[23]

---

20) 대법 2018.05.30, 2017다21411
21) 대법 1995.01.24, 93다25875
22) 대법 2016.01.14, 2015므3455
23) 대법 2018.05.30, 2017다21411

V. 부대항소

> **제403조(부대항소)** 피항소인은 항소권이 소멸된 뒤에도 변론이 종결될 때까지 부대항소를 할 수 있다.

1. 서 설

(1) 의 의
부대항소란 피항소인이 상대방인 항소인이 항소에 의하여 개시된 항소심절차를 이용하여 원판결에 대한 불복을 신청함으로써 항소심의 심판범위를 자기에게 유리하게 확장하는 피항소인의 신청이다(제403조).

(2) 취 지
1) 무기평등 : <u>항소인은 항소심에서 심판범위를 확장할 수 있기 때문에 이에 대응하여 피항소인에게도 부대항소로 심판범위를 확장할 수 있도록 하여 공평한 취급</u>을 하려는 것이고,

2) 소송경제 : <u>부대항소에 의해 항소인이 불복하지 않은 부분뿐만 아니라 제1심판결사항이 아니었던 것까지도 그 심판범위에 포함하게 하여 소송경제를 도모</u>하도록 한 것이다. 즉 <u>원고의 청구가 모두 인용된 제1심판결에 대하여 피고가 지연손해금 부분에 대하여만 항소를 제기하고, 원금 부분에 대하여는 항소를 제기하지 아니하였다고 하더라도 제1심에서 전부 승소한 원고가 항소심 계속중 부대항소로서 청구취지를 확장할 수 있다.</u>[24]

(3) 성 질
<u>부대항소는 공격적 신청 내지 특수한 구제방법이고 항소가 아니기</u> 때문에 이에 의하면 전부승소하여 항소권이 없는 피항소인도 상대방의 항소를 이용하여 심판범위를 자기에게 유리하게 확장하는 것이 가능하다.

2. 요 건

(1) 주된 항소가 적법하게 계속하고 있어야 한다.

(2) 피항소인이 항소인을 상대로 제기한 것일 것
<u>당사자 쌍방이 모두 주된 항소를 제기한 경우에는 그 일방은 상대방의 항소에 대하여 부대항소를 제기할 수 없다.</u> 다만 항소기간내에 제기한 부대항소가 주된 항소의 취하 또는 각하의 판결에 의하여 독립의 항소로 될 때에는 항소인이었던 자도 부대항소를 할 수 있다. 전부승소한 피항소인도 부대항소를 할 수 있다. 한편, <u>통상공동소송에서 항소인이 공동소송인의 1인에 대하여 항소한 경우에는 다른 공동소송인에 대하여는 공동소송인 독립의 원칙에 의해 이미 분리확정되었으므로 피항소인이 아닌 다른 공동소송인은 부대항소를 할 수 없다.</u>[25]

---

24) 대법 2003.09.26, 2001다68914
25) 대법 2015.04.23, 2014다89287 · 89294

(3) 항소심의 변론종결 전일 것

부대항소는 항소심의 변론종결 전에 하여야 하며(제403조), 항소장이 피항소인에게 송달되기 전에도 부대항소를 할 수 있다.

(4) 항소권의 소멸과 부대항소

부대항소는 항소기간 도과 또는 항소권의 포기에 의하여 자기의 항소권이 소멸된 후에도 할 수 있다(제403조). 그러나 부대항소권까지도 포기하였다면 그러하지 아니하다.

3. 방 식

> 제405조(부대항소의 방식) 부대항소에는 항소에 관한 규정을 적용한다.

(1) 부대항소는 항소에 관한 규정을 준용한다(제405조).

부대항소장은 항소기록이 항소법원에 송부되기 전에는 제1심 법원에, 그 후에는 항소법원에 제출한다. **부대항소장에도 항소장과 마찬가지로 원판결의 취소를 구하는 한도에서 소장 첨부 인지액의 1.5배의 인지를 첨부**하여야 한다. 부대항소신청을 변론에서 말로 한 경우라도 상대방의 이의권의 포기로 적법해질 수 있다. **청구취지확장서나 반소장이 제출된 경우에 이를 실질적으로 판단하여 부대항소를 한 것**으로 볼 수 있으며, **피항소인이 항소기간이 지난 뒤에 단순히 항소기각을 구하는 방어적 신청에 그치지 아니하고 제1심 판결보다 자신에게 유리한 판결을 구하는 적극적·공격적 신청의 의미가 객관적으로 명백히 기재된 서면을 제출하고, 이에 대하여 상대방인 항소인에게 공격방어의 기회 등 절차적 권리가 보장된 경우에는 비록 그 서면에 '부대항소장'이나 '부대항소취지'라는 표현이 사용되지 않았더라도 이를 부대항소로 볼 수 있다.** 이는 피항소인이 항소기간이 지난 뒤에 실질적으로 제1심판결 중 자신이 패소한 부분에 대하여 불복하는 취지의 내용이 담긴 항소장을 제출한 경우라고 하여 달리 볼 것은 아니라고 하였다.[26] 부대항소에 관하여는 독립된 사건번호를 부여하지 않는다.

(2) 부대항소도 취하할 수 있다.

부대항소를 취하함에는 상대방의 동의를 요하지 않는다. 부대항소의 취하를 서면으로 한 경우에는 그 서면을 법원에 제출할 때 비로소 효력이 생긴다.

4. 효 력

(1) 불이익변경금지원칙의 배제

적법한 부대항소를 하면 항소심심판범위가 항소인의 불복신청범위보다 확장되므로, **불이익변경금지의 원칙의 적용이 배제되어 결국 항소인에게 원심판결 이상의 불이익한 판결이 날 수도 있다.** 따라서 **원고의 부대항소가 있는 경우에 항소심에서 제1심 사실인정에 따르면서도 원고의 과실상계 정도를 제1심과 달리 새로이 정할 수 있다 할 것이므로, 원심이 제1심의 과실상계 정도와 다소 다르게 인정한 원판결에 위법이 있다 할 수 없고,**[27] 원고가 제1심에서 금원의 수령과 동시에 소유권이전등기의 말소를 구하여 승소판결을

---

[26] 대법 2022.10.14, 2022다252387

받았는데 이에 대하여 피고만이 항소를 제기한 경우 항소심에서 **원고가 금원 수령과의 동시이행부분을 철회한 것을 부대항소로 보아 등기말소청구만을 인용하는 변경 판결을 한 것은 불이익변경금지의 원칙에 위배되지 아니한다**.[28]

(2) 부대항소의 종속성

> 제404조(부대항소의 종속성) 부대항소는 항소가 취하되거나 부적법하여 각하된 때에는 그 효력을 잃는다. 다만, 항소기간 이내에 한 부대항소는 독립된 항소로 본다.

부대항소는 상대방의 항소에 편승하여 자기에게 유리한 청구를 확장하는 것이므로 **주된 항소의 취하 또는 각하에 의하여 그 효력을 잃는다**(제404조). 환송 후 항소심에서 항소인이 임의로 항소를 취하하여 결과적으로 부대항소인인 청구인이 항소심 판단을 다시 받지 못하게 되었다고 하더라도 이는 부대항소의 종속성에서 도출되는 당연한 결과이므로 이것 때문에 항소심의 재판을 받을 청구인의 권리가 침해된 것으로 볼 수는 없다.[29] 다만, **항소기간 내에 제기한 부대항소는 독립된 항소로 보므로**(제404조 단서), **항소의 취하나 각하에 의하여 영향을 받지 않고 항소인이었던 자도 부대항소를 할 수 있다**. 이를 독립부대항소라고 한다.

제3절 항소심의 심리

항소심은 ① 항소장의 적식여부와 항소기간을 준수했는지, ② 항소가 적법한지, ③ 항소 또는 부대항소에 의한 불복이 이유 있는지의 순서로 심리한다.

Ⅰ. 항소의 적법성의 심리

1. 항소적법요건의 직권조사

항소법원은 항소장방식이 맞고 항소기간이 준수된 것으로 인정되는 때에는 항소의 적법요건에 관하여 직권조사하여야 한다.

2. 조사결과

(1) 부적법한 항소로서 그 흠을 보정할 수 없는 경우

① 불항소의 합의가 있는데 제기한 항소,[30] ② 항소의 이익이 없는 항소,[31] ③ 판결선고 전에 제기한 항소,[32] ④ 사망자 상대의 판결에 대한 항소[33] 등이 흠을 보정할 수 없는 경우에 해당하는데, **변론 없이 판결로써 항소를 각하할 수 있다**(제413조). 원고가 항소권을 남용하여 청구가 이유 없음이 명백한 항소를 반복적으로 제기한 것에 대하여 법원이 변론 없이 판결로 항소를 각하하는 경우 재판장은 직권으로 피고

---

27) 대법 1980.07.22, 80다982
28) 대법 1979.08.31, 79다892
29) 헌법재판소 2005.06.30, 2003헌바117
30) 대법 1980.01.29, 79다2066
31) 대법 1979.08.28, 79다1299
32) 대법 1957.05.02, 4289민상647
33) 대법 1971.02.09, 69다1741

에 대하여 공시송달을 명할 수 있다(제194조 4항).

(2) 부적법한 항소이나 보정이 가능한 경우

대리권소멸 후에 제기한 항소 등은 추인의 여지가 있으므로 일응 변론을 열어야 할 것이다.[34]

Ⅱ. 본안심리

1. 총 설

(1) 변론기일 중심

항소심에서의 심리도 2008.12.26. 개정법률에 의하여 제1심의 소송절차에 준하여(제408조) 변론준비절차 중심주의에서 변론기일 중심주의로 바뀌어 바로 변론기일을 열어 행하는 것을 원칙으로 한다(제258조 1항 본문). 변론에서는 항소인은 먼저 제1심판결의 변경을 구하는 한도 즉 불복의 범위를 명확히 진술할 것을 요한다.[35] 이에 대하여 피항소인은 항소의 각하·기각의 신청을 할 수 있으며, 경우에 따라 부대항소를 신청할 수도 있다. 제1심과 마찬가지로 증인신문과 당사자신문은 변론기일에서 집중적으로 하여야 한다(제408조, 제293조).

(2) 변론준비절차

변론에 앞서 필요한 경우, 즉 제1심의 무변론판결사건, 공시송달사건, 제1심의 쟁점정리판단이 부적절한 사건, 새로 제출한 공격방어방법에 대한 심리판단이 필요한 사건 등은 **변론준비절차에 부쳐 항소장이나 항소심에서 처음 제출하는 준비서면에서 밝힌 항소이유를 토대로 쟁점정리를 한 뒤에 변론에 들어갈 수 있다**(규칙 제126조의 2).

2. 변론의 범위(항소심판의 대상)

> 제407조(변론의 범위) ① 변론은 당사자가 제1심 판결의 변경을 청구하는 한도 안에서 한다.

(1) 불복의 한도로 제한

① 항소심에서의 변론은 항소인이 제1심판결의 변경을 청구하는 한도 즉 불복신청의 한도에서 하며(제407조 1항), 그 불복신청의 한도안에서 항소심의 판결도 한다(제415조). 불복의 범위는 항소장의 필요적 기재사항은 아니지만(제397조), 실무상 전부불복인지 일부불복인지 밝히는 것이 보통이고, 불복의 범위가 불명확하면 석명권의 행사로 명확하게 하여야 한다. ② 불복의 범위는 항소심의 변론종결시까지 변경할 수 있으며, 이 경우 구술로 밝혀도 무방하다.[36] ③ 피항소인도 부대항소에 의하여 불복의 범위를 확장시킬 수 있다.

(2) 불복하지 않은 부분

1심판결 가운데 불복하지 않은 것은 항소심의 심판대상이 되지 않는다. 따라서 이심의 범위와 심판의

---

34) 대법 1965.11.30, 65다1989
35) 대법 1962.12.20, 62다680. 불복의 범위를 확장한 서면을 진술하지 않기로 한 경우는 심판의 대상이 되지 않는다는 것에, 대법 1990.12.31, 90다6149·6156
36) 대법 1978.03.28, 77다1809·1810

범위는 일치하지 않을 수 있다. 判例는 항소심의 심판대상이 되지 아니한 부분은 항소심판결선고와 동시에 확정된다고 한다.37) 불복의 범위에 속하지 않는 청구에 대하여 판결하였다면 이것은 무의미한 판결이며, 이에 대하여 상고하였다 하여 상고심의 심사대상이 되지 않는다. 제1심에서 주위적 청구를 기각하고 예비적 청구를 인용한 판결에 대하여 피고만이 항소한 때에는, 이심의 효력은 사건 전체에 미치더라도 원고로부터 부대항소가 없는 한 항소심의 심판대상으로 되는 것은 예비적 청구에 국한되는 것임에도 불구하고, 원심은 심판의 대상으로 되지 않은 주위적 청구에 대하여도 제1심과 마찬가지로 원고의 청구를 기각하는 판결을 하였으나, 원심이 위와 같은 무의미한 판결을 하였다고 하여 원고가 그에 대하여 상고함으로써 주위적 청구부분이 상고심의 심판대상으로 되는 것은 아니므로, 원고의 주위적 청구부분에 관한 상고는 심판의 대상이 되지 않은 부분에 대한 상고로서 불복의 이익이 없어 부적법하다고 하여 각하하였다.38)

(3) 누락한 청구부분

원칙적으로 제1심판결로 심판하지 아니하고 누락한 청구부분은 이심이 되지 아니하므로 또한 항소심의 심판대상이 되지 않는다(추가판결의 대상).

(4) 항소심에서의 변경

항소심에서의 피고의 경정, 필수적 공동소송인의 추가는 불허되고 반소의 제기에는 원고의 동의가 필요하다(제412조). 그러나 중간확인의 소, 소의 변경, 소의 일부취하가 허용되기 때문에 이에 의하여 심판의 대상이 확장되거나 축소되는 경우가 있다. 항소심에서 교환적 변경을 한 경우 제1심판결은 실효되고, 신청구에 대해 사실상 제1심으로 심판한다.39) 따라서 항소심은 제1심 판결이 있음을 전제로 한 항소각하 판결을 할 수 없다.40) 추가적 변경된 부분도 당연히 항소심에서 제1심으로 심판하게 된다.41) 전부승소한 원고라도 피고가 항소한 경우 청구취지확장으로 새로운 청구를 할 수 있으며 이는 부대항소로 간주되므로 항소의 취하·각하에 의하여 그 효력을 잃게 된다.

3. 가집행의 선고

> 제406조(가집행의 선고) ① 항소법원은 제1심 판결중에 불복신청이 없는 부분에 대하여는 당사자의 신청에 따라 결정으로 가집행의 선고를 할 수 있다.
> ② 제1항의 신청을 기각한 결정에 대하여는 즉시항고를 할 수 있다.

원판결 중에서 어느 당사자도 불복신청을 하지 않은 부분에 대해 가집행선고가 붙지 않은 경우에는 항소법원은 신청에 의하여 결정으로 가집행선고를 할 수 있다(제406조 1항). 신청을 기각한 결정에 대하여 즉시항고할 수 있다(동조 2항).

---

37) 대법 2012.09.27, 2011다76747
38) 대법 1995.01.24, 94다29065
39) 대법 2009.02.26, 2007다83908
40) 대법 2018.05.30, 2017다21411
41) 대법 2021.05.07, 2020다292411

4. 제1심의 속행으로서의 변론

(1) 변론의 갱신절차

> 제407조(변론의 범위) ② 당사자는 제1심 변론의 결과를 진술하여야 한다.
> 제408조(제1심 소송절차의 준용) 항소심의 소송절차에는 특별한 규정이 없으면 제2편 제1장 내지 제3장의 규정을 준용한다.
> 제409조(제1심 소송행위의 효력) 제1심의 소송행위는 항소심에서도 그 효력을 가진다.
> 제410조(제1심의 변론준비절차의 효력) 제1심의 변론준비절차는 항소심에서도 그 효력을 가진다.
> 제411조(관할위반 주장의 금지) 당사자는 항소심에서 제1심 법원의 관할위반을 주장하지 못한다. 다만, 전속관할에 대하여는 그러하지 아니하다.

1) **의 의** : 당사자는 제1심의 자료를 항소심에 상정할 필요가 있으며, 이를 위해 불복신청을 하는데 필요한 한도에서 **제1심의 변론결과를 진술하지 않으면 안 된다**(제407조 2항; 변론의 갱신).

2) **방 법** : 변론의 갱신은 출석한 당사자 한쪽만이 하여도 된다. 다만 변론결과의 일부만을 분리하여 진술할 수 없다.

3) **효 과** : 제1심의 변론·증거조사 그 밖의 소송행위는 항소심에서도 그 효력이 있다(제409조). 제1심에서 자백간주가 되었어도 항소심 변론종결시까지 이를 다툰 이상 자백으로서의 구속력은 없다. 채권자가 외환채권을 우리나라 통화로 환산하여 청구하는 경우에 항소인의 항소이유에 지적이 없어도 항소심의 변론종결 당시의 외국환시세를 기준으로 환산하여 심리해야 한다.[42] 제1심의 절차상의 사항이 적법한지 여부도 항소심의 판단을 받으므로 위법한 절차나 행위는 이를 심리의 기초에서 제외하고 절차를 진행한다.[43]

(2) 변론의 갱신권과 제약

당사자는 항소심의 변론종결시까지 종전의 주장을 보충·정정하거나 제1심에서 제출하지 않은 새로운 공격방어방법도 제출할 수 있는데(제408조), 이를 변론의 갱신권이라 한다. 다만, 새로운 공격방어방법이더라도 시기에 늦은 것이면 각하된다(제408조, 제149조). 이 경우 시기에 늦었는지 여부는 속심이기 때문에 1심과 2심을 통관하여 판단하게 된다.

제4절 항소심의 종국판결

Ⅰ. 총 설

1. 판결의 종류

① 소송판결로 항소각하판결이 있고, ② 본안판결로 항소기각판결과 항소인용판결이 있다. 항소를 인용하는 경우에는 원판결을 취소하면서 자판함이 원칙이지만(제415조, 제416조), 환송하거나 또는 관할법원에 이송하는 경우도 있다(제419조).

---

42) 대법 2007.04.12, 2006다72765
43) 대법 2004.10.15, 2004다11988

2. 판결서의 기재

> **제420조(판결서를 적는 방법)** 판결이유를 적을 때에는 제1심 판결을 인용할 수 있다. 다만, 제1심 판결이 제208조 제3항에 따라 작성된 경우에는 그러하지 아니하다.
>
> **제421조(소송기록의 반송)** 소송이 완결된 뒤 상고가 제기되지 아니하고 상고기간이 끝난 때에는 법원사무관등은 판결서 또는 제402조의 규정에 따른 명령의 정본을 소송기록에 붙여 제1심 법원에 보내야 한다.

항소법원의 판결서에는 제208조에서 정하는 판결서의 기재사항을 반드시 기재하여야 하며, 판결이유가 제1심 판결과 같은 경우에는 제1심 판결을 인용할 수 있다. 다만, 무변론판결 등의 경우에는 판결이유기재를 생략하여 작성되므로 그러하지 아니하다(제420조). 항소심의 판결선고는 기록수리일로부터 5개월 안에 하여야 한다(제199조). **소송이 완결된 뒤 상고가 제기되지 아니하고 상고기간이 끝난 때에는 법원사무관등은 판결서 또는 제402조의 규정에 따른 명령의 정본을 소송기록에 붙여 제1심 법원에 반송해야 한다**(제421조).

II. 항소장 각하명령

① 항소장의 방식위배(제397조), ② 항소기간의 도과, ③ 항소장의 송달불능의 경우에는 재판장의 명령으로 항소장은 각하된다. 다만 ①②의 사항은 원심재판장도 항소심 재판장처럼 항소장각하명령을 할 수 있다.

III. 항소각하판결

> **제413조(변론 없이 하는 항소각하)** 부적법한 항소로서 흠을 보정할 수 없으면 변론 없이 판결로 항소를 각하할 수 있다.

항소요건에 흠이 있어 항소가 부적법할 때에는 항소법원은 판결로써 항소를 각하하며, 그 흠을 보정할 수 없을 때에는 무변론으로 항소를 각하할 수 있다.

IV. 항소기각판결

> **제414조(항소기각)** ① 항소법원은 제1심 판결을 정당하다고 인정한 때에는 항소를 기각하여야 한다.
> ② 제1심 판결의 이유가 정당하지 아니한 경우에도 다른 이유에 따라 그 판결이 정당하다고 인정되는 때에는 항소를 기각하여야 한다.

1. 사 유

제1심판결이 정당하거나 또는 그 이유는 부당하여도 다른 이유로 정당하다고 인정할 때에는 항소를 기각한다. 다른 이유로 정당한 경우란 예를 들어 제1심에서 피고의 변제항변이 받아들여져 원고가 패소하고 항소하였으나, 변제가 아닌 소멸시효가 완성된 경우 항소를 기각한다. 주문에 포함된 것에 한하여 기판력이 있으며 판결이유 중의 판단에 있어서는 기판력에 영향이 없기 때문이다. 다만 항소심이 제1심 판결과 동일한 결론에 이르게 되더라도 피고의 예비적 상계항변과 다른 주장을 받아들여 원고청구를 기각하는 경우에는 같은 청구기각이라도 기판력의 객관적 범위가 달라지기 때문에 제1심 판결을 취소하고 다시 청구기각판결을 하여야 한다. 또한 **제1심에서 청구기각판결이 있은 후 항소심에 이르러 새로운 청구가 추가된 경우, 항소심법원이 기존의 청구와 항소심에서 추가된 청구를 모두 배척할 경우, 항소기각과 함께 항소심에서 추가된 청구에 대해 원고청구를 기각한다는 주문표시**를 해야 한다.[44]

2. 항소기각의 효력

항소기각의 판결이 확정되면 제1심 판결도 확정되게 되는데, 이행판결의 경우에 집행권원이 되는 것은 제1심 판결이다. 다만, 그 기판력의 표준시는 항소심 변론종결시가 된다.

V. 항소인용판결

1. 원판결의 취소

> 제416조(제1심 판결의 취소) 항소법원은 제1심 판결을 정당하지 아니하다고 인정한 때에는 취소하여야 한다.
>
> 제417조(판결절차의 위법으로 말미암은 취소) 제1심 판결의 절차가 법률에 어긋날 때에 항소법원은 제1심 판결을 취소하여야 한다.

제417조의 판결의 절차가 법률에 어긋날 때란 답변서가 제출되었음에도 무변론판결을 선고하거나, 직접심리주의 위반이나, 판결원본에 의하지 않은 판결선고와 같이 판결의 성립과정에 하자가 있어 그 존립 자체에 의문이 있는 경우를 말한다. 제1심 판결을 취소하고 난 후에 항소법원의 소 자체에 대한 응답의 형태는 다음의 세 가지가 있다.

(1) 자 판

자판이란 항소법원이 스스로 제1심 판결에 갈음하여 종국적 해결의 재판을 하는 것으로 항소심은 사실심이므로 항소가 이유 있을 때에는 취소자판함이 원칙이고, 예외적으로 환송·이송을 하게 된다. 이 점에서 법률심인 상고심과 다르다. **제1심법원이 피고의 답변서 제출을 간과한 채 민사소송법 제257조 제1항에 따라 무변론판결을 선고하였다면, 이러한 제1심판결의 절차는 법률에 어긋난 경우로서 항소심은 제1심판결을 취소**하고 사건을 환송하지 않고 직접 다시 판결할 수 있다.[45] 마찬가지로 **변론기일 통지서를 피고에게 송달하지 않은 채 피고 불출석 상태에서 변론을 종결하고 판결선고기일 지정 후 판결선고기일 통지서도 송달하지 않은 채 제1심판결이 선고된 경우 제1심 소송절차가 법률에 위반되므로 항소심은 제1심판결 전부를 취소하나, 제1심으로 환송하여야 하는 것은 아니다.**[46]

---

44) 대법 2004.08.30, 2004다24083
45) 대법 2020.12.10, 2020다255085
46) 대법 2013.08.23, 2013다28971

(2) 환 송

> 제418조(필수적 환송) 소가 부적법하다고 각하한 제1심 판결을 취소하는 경우에는 항소법원은 사건을 제1심 법원에 환송(還送)하여야 한다. 다만, 제1심에서 본안판결을 할 수 있을 정도로 심리가 된 경우, 또는 당사자의 동의가 있는 경우에는 항소법원은 스스로 본안판결을 할 수 있다.

환송이란 항소법원이 원법원으로 하여금 변론과 재판을 다시 하도록 사건을 제1심 법원에 되돌려 보내는 조치이다. 소가 부적법하다고 각하한 제1심 판결을 취소하는 경우에는 제1심에서 소에 대한 본안심리가 이루어진 바 없으므로 당사자의 심급의 이익을 보호하기 위하여 제1심 법원으로 환송하여야 한다(제418조). 이를 필수적 환송이라고 한다. 다만, **제1심에서 본안판결을 할 수 있을 정도로 본안심리가 된 경우나 당사자의 동의가 있는 경우에는 환송하지 않고 자판할 수 있다**(제418조 단서). 환송판결도 종국판결임을 전제로 상고할 수 있다.[47]

(3) 이 송

> 제419조(관할위반으로 말미암은 이송) 관할위반을 이유로 제1심 판결을 취소한 때에는 항소법원은 판결로 사건을 관할법원에 이송하여야 한다.

관할위반을 이유로 제1심 판결을 취소한 때에는 항소법원은 판결로 사건을 관할법원에 이송하여야 한다(제419조).

2. 불이익변경금지의 원칙

(1) 서 설

> 제415조(항소를 받아들이는 범위) 제1심 판결은 그 불복의 한도안에서 바꿀 수 있다. 다만, 상계에 관한 주장을 인정한 때에는 그러하지 아니하다.

1) 의 의 : 항소의 제기에 의하여 사건은 전부 이심되지만, 항소법원으로서 제1심 판결의 당부에 대한 심판은 항소 또는 부대항소한 당사자의 불복신청의 범위 내에 한하며(제415조) 이를 불이익변경금지의 원칙이라고 한다.

2) 근 거 : 이는 처분권주의가 항소심에 적용된 것이다.

(2) 내 용

1) 이익변경의 금지 : **항소인이 불복에 구한 범위를 넘어서 제1심 판결보다도 유리한 재판을 할 수 없다.**
① **재산상의 손해배상청구와 위자료청구는 소송물이 동일하지 아니한 별개의 청구이므로, 항소하지 아니한 원고에게 제1심판결보다 많은 위자료의 지급을 명할 수 없다.**[48]

---

47) 대법 1981.09.08, 80다3271

② 원고가 이전등기말소청구와 금전지급청구 두 가지 모두 패소한 제1심판결에 대하여 말소청구부분만 항소하였을 뿐 그 변론종결시까지 항소취지를 확장한 바 없다면, 불복항소하지 아니한 금전지급부분까지 심판대상으로 하여 원고에게 유리하게 인용판단할 수 없다.[49]

③ 원고의 본소 중 주위적 청구의 전부인용, 피고의 반소 중 주위적 청구의 소각하·예비적 청구의 일부인용의 판결에서 피고의 반소의 예비적 청구의 일부기각의 판결에 대하여 피고만이 항소하고 본소에 대하여는 항소를 제기하지 아니한 경우에, 원고의 본소의 주위적 청구·예비적 청구는 모두 심판범위에서 제외된다.[50]

2) 불이익변경의 금지 : **상대방의 부대항소가 없는 한, 항소인에게 제1심 판결보다 더 불리하게 변경할 수 없다.** 항소인으로서는 최악의 경우 항소를 기각당하는 불이익만 있을 뿐이다. 다만 가집행선고는 재산권의 청구에 관한 판결의 경우 상당한 이유가 없는 한 당사자의 신청 유무와 관계없이 선고하게 되어 있는 것으로 법원의 직권판단사항이어서 처분권주의를 근거로 하는 민사소송법 제415조의 적용을 받지 않는 것이므로, **가집행선고가 붙지 않은 제1심판결에 대하여 피고만이 항소한 항소심에서 법원이 항소를 기각하면서 가집행선고를 붙였다 하여 제1심 판결을 피고가 신청한 불복의 한도를 넘어 불이익하게 변경한 것이라 할 수 없다.**[51]

① **금전채권과 지연손해금채권은 별개의 소송물이고 불이익변경에 해당여부는 원금과 지연손해금을 각각 따로 비교판단하여야** 하므로 피고만이 항소한 항소심 심리결과 지연손해금은 제1심보다 줄고 원본은 늘어난 경우 원금부분은 기각하고 지연손해금은 줄어든 만큼 항소인용하여야 하며,[52] **이 경우에 양자를 합산한 전체금액을 기준으로 판단하여서는 안 되므로** 원금부분을 제1심보다 늘려 인용할 수 없다.[53]

② 이자율이 하루 2/10,000인데 1.6/10,000으로 잘못 계산되어도 원고가 불복하지 아니하였으면 피고에게 불이익하게 판결할 수 없다.[54]

(3) 유리·불리의 판단기준

1) 원 칙 : 기판력의 범위를 그 기준으로 하여 판단한다. 즉 주문에 영향을 미치는 경우에만 동 원칙이 작용하므로, 이유를 불리하게 변경하는 경우는 상관없다. 따라서 **변제를 이유로 제1심에서 청구기각판결을 받은 원고의 대여금청구에 대하여 원고만이 항소하였는데, 시효 소멸을 이유로 항소를 기각한 항소심판결은 불이익변경금지 원칙에 위배되지 않는다.**

2) 예 외

① 피고의 상계항변을 받아들여 원고의 청구를 기각한 판결에 대하여 원고만이 반대채권의 부존재를 주장하며 항소한 경우, 원고 주장의 소구채권이 부존재한다 할 때에 그것으로 이유를 바꾸어 항소기각하는 것은 허용되지 않는다.

---

48) 대법 1989.06.27, 89다카5406
49) 대법 1994.12.23, 94다44644
50) 대법 2008.03.13, 2006다53733·53740
51) 대법 1991.11.08, 90다17804
52) 대법 2005.04.29, 2004다40160
53) 대법 2013.10.31, 2013다59050; 대법 2009.06.11, 2009다12399
54) 대법 2009.01.30, 2007다84697

② 동시이행판결에 있어서 반대급부 부분에는 기판력이 생기지 아니하나, 원고가 상소한 경우 반대급부의 내용을 증액하는 것과 피고가 상소한 경우 반대급부를 감축하는 것은 불이익변경금지 원칙에 반하게 된다.[55]

> **쟁점정리 : 상계항변을 인용한 1심 판결의 항소심에서 불이익변경금지**
>
> **1. 항소심리 결과 소구채권이 부존재하는 경우**
> (1) 피고만이 항소한 경우
> 이 경우에 피고는 전부승소한 자라도 항소의 이익은 있다.[56] 항소를 인용하여 원판결을 취소하고 청구기각의 자판을 한다.
> (2) 원고만 항소한 경우
> 이 경우에 항소심법원은 ① 항소인용하여 제1심판결을 취소하여 자판 후 청구기각 판결을 할 수 없고, ② 소구채권의 부존재를 이유로 항소기각을 할 수도 없으며, ③ 제1심판결과 똑같은 이유로 항소기각 판결을 하여야 한다. 왜냐하면 상계의 항변을 인정하여 청구기각판결을 한 제1심판결은 반대채권의 부존재에 기판력이 있지만, 소구채권의 부존재에 의한 청구기각의 항소심판결은 반대채권에 대하여 심리하지 않았으므로 반대채권부존재에는 기판력이 미치지 않는다. 따라서 원고로서는 상계에 제공된 반대채권 소멸의 이익을 잃게 되어 제1심판결보다 불리해지기 때문이다.[57]
>
> **2. 항소심리 결과 반대채권이 부존재하는 경우**
> (1) 원고만이 항소한 경우
> 항소를 인용하여 원판결을 취소하고 청구인용의 자판을 한다.
> (2) 피고만 항소한 경우
> 이 경우에 피고는 전부승소한 자라도 항소의 이익은 있다.[58] 이 경우에 항소심법원은 ① 제1심판결을 취소하여 청구인용 판결을 할 수 없고, ② 반대채권의 부존재를 이유로 항소기각 할 수도 없으며, ③ 제1심판결과 같은 이유로 항소기각판결을 해야 한다. 즉 상계에 의한 청구기각의 원판결을 유지해야 한다.[59]

(4) 소각하판결에 대한 상소에 있어서의 청구기각 가부

이에 대해 학설은 환송설, 청구기각설 등이 있으나, 判例는 원고의 이 사건 소를 모두 각하한 원심판결은 결론에 있어서 영향이 없거나 원심판결을 파기한다 하더라도 어차피 청구가 기각될 운명에 있어 **원고만이 상고한 이 사건에 있어서 원고에게 더욱 불리한 재판을 할 수 없으므로 원심판결을 유지하기로 한다고 하여 상소기각설의 입장**이다.[60]

(5) 재심의 소의 경우

재심은 상소와 유사한 성질을 갖는 것으로서 부대재심이 제기되지 않는 한 재심원고에 대하여 원래의 확정판결보다 불이익한 판결을 할 수 없다.[61]

---

55) 대법 2005.08.19, 2004다8197·8203; 대법 2022.08.25, 2022다211928
56) 대법 1993.12.28, 93다47189
57) 대법 2010.12.23, 2010다6725
58) 대법 1993.12.28, 93다47189
59) 대법 1995.09.29, 94다18911
60) 대법 2019.01.17, 2018다24349; 대법 1983.12.27, 82누491
61) 대법 2003.07.22, 2001다76298

(6) 불이익변경금지원칙의 예외

1) **상대방의 상소·부대상소가 있는 경우** : 심판의 범위가 확대되기 때문에 확대되는 범위 내에서는 불이익한 판결이 있을 수 있다. **원고의 청구가 모두 인용된 제1심판결에 대하여 피고가 지연손해금 부분에 대하여만 항소를 제기하고, 원금 부분에 대하여는 항소를 제기하지 아니하였다고 하더라도 제1심에서 전부 승소한 원고가 항소심 계속중 부대항소로서 청구취지를 확장할 수 있는 것이므로, 항소심이 원고의 부대항소를 받아들여 제1심판결의 인용금액을 초과하여 원고 청구를 인용하였더라도 거기에 불이익변경금지의 원칙이나 항소심의 심판범위에 관한 법리오해의 위법이 없다**.[62]

2) **처분권주의를 전제로 하지 않는 절차** : 불이익변경금지의 원칙은 처분권주의에 근거를 두고 있기에 가사소송 등 직권탐지주의에 의하는 절차와 **직권조사사항인 소송요건의 흠결**,[63] 판결절차의 위배 등에는 적용되지 않는다. 또한 소송비용의 재판과 가집행선고도 예외에 해당한다.

3) **형식적 형성의 소** : 성질상 비송사건에 속하는 형식적 형성소송은 불이익변경금지의 원칙이 적용되지 않는다.

4) **독립당사자참가소송** : 독립당사자참가소송에서 패소하였으나 상소하지 않은 당사자의 판결부분에 대해서도 이 원칙이 배제되며, 합일확정을 위해 필요한 한도에서는 더 유리하게 변경될 수 있다.

5) **항소심에서의 상계의 주장** : 상계의 항변은 원고가 주장하는 청구와 관계없는 다른 청구를 내세워 원고의 청구에 대항하려는 것이므로 실질적으로 독립된 청구와 동일시된다. 그런데 원고가 제1심에서 패소하여 원고만이 항소하였는데 항소심에서 비로소 피고가 상계항변을 제출하고 그것이 시인된 때에는 제415조 단서가 적용되는 것이다.

6) **피고만의 상고로 대법원에서 파기환송되어 되돌아 온 경우** : 환송 후 항소심의 소송절차는 환송 전 항소심의 속행이므로 당사자는 원칙적으로 새로운 사실과 증거를 제출할 수 있음은 물론, 소의 변경, 부대항소의 제기 이외에 청구의 확장 등 그 심급에서 허용되는 모든 소송행위를 할 수 있고, 이러한 이유로 또한 민사소송법에는 형사소송법 제368조와 같은 불이익변경의 금지 규정도 없는 이상, 환송전의 판결보다 상고인에게 불리한 결과가 생기는 것은 불가피하다.[64]

7) **부적법한 일부판결** : 일부판결을 할 수 없는데 잘못하여 일부판결을 하였을 때 이를 실질상 전부판결로 취급하여 이에 대한 항소를 인정할 수밖에 없고, 항소에 의해 청구는 일체로서 항소심에 이심되어 항소심은 전부에 관하여 전부판결을 할 수 있다. 이 경우에 항소심판결은 원판결보다 유리하거나 불리한 결과가 될 수 있다.

---

[62] 대법 2003.09.26, 2001다68914
[63] 원고의 수 개의 청구 중 하나의 청구를 인용하고 나머지 청구를 기각한 제1심판결에 대하여 원고만이 항소를 제기하고 피고가 부대항소를 하지 아니하였다고 하더라도 원고 승소 부분은 원고의 항소로 인하여 항소심에 이심되는 것이고, 제1심판결의 변경은 불복신청의 한도에서 할 수 있다는 민사소송법 제415조의 규정은 법원이 당사자의 신청과는 관계없이 직권으로 조사하여야 할 사항에는 그 적용이 없는 것이므로, <u>항소심이 원고들이 불복하지 않은 청구에 대하여도 확인의 이익의 유무를 조사하여 원고들의 청구를 각하한 조치는 정당하고, 불이익변경금지의 원칙에 반하지 않는다</u>는 것에, 대법 1995.07.25, 95다14817
[64] 대법 1991.11.22, 91다18132

(7) 동원칙 위반의 효과

불이익변경금지원칙에 위반한 항소심판결은 처분권주의(제203조)에 위반되어 법령위반에 따른 상고이유가 된다.

VI. 항소심판결의 주문

1. 항소기각

제1심판결의 결론이 정당하여 항소기각의 판결을 할 때에는 「원고(또는 피고)의 항소를 기각한다. 항소비용은 원고(또는 피고)가 부담한다」라고 표시한다.

2. 항소의 전부인용

1심 주문	항소심의 주문
원고 청구가 전부인용된 때	원판결을 취소한다. 원고의 청구를 기각한다.
원고 청구가 전부기각된 때	원판결을 취소한다. 피고는 원고에게 금 ○○원을 지급하라.
청구일부가 인용된 경우	원판결 중 피고패소부분을 취소한다. 위 취소부분에 해당하는 원고의 청구를 기각한다.
청구일부가 기각된 경우	원판결 중 원고패소부분을 취소한다. 피고는 원고에게 금 ○○원을 지급하라.

3. 항소의 일부인용

제1심이「피고는 원고에게 금 50만 원을 지급하라」라고 판결한 데 대하여 피고가 전부 불복하는 항소를 하였을 때에 피고의 항소가 30만 원의 한도에서 그 이유 있다면, 제1심판결을 변경하는 주문례와 제1심판결 중 부당한 부분만을 취소하는 취소하는 주문례가 있다. 우리 判例는 주문이 복잡해지는 것을 피하고 주문의 내용을 알기 쉽게 하기 위한 편의상의 요청에 좇은 것에 불과하여 항소심이 변경판결을 하였다 하여도 민소법 제407조, 제415조에 위반되지 않는다고 한다.[65]

변경주문례	원판결을 다음과 같이 변경한다. 피고는 원고에게 금 20만 원을 지급하라. 원고의 나머지 청구를 기각한다.[66]
취소주문례	원판결 중 금 20만 원을 넘는 피고 패소부분을 취소하고 위 취소부분에 해당하는 원고의 청구를 기각한다. 피고의 나머지 항소를 기각한다.

4. 항소심에서 청구의 변경이 있는 경우

(1) 청구의 감축

항소심에서 원고가 소의 일부취하나 청구의 일부감축을 한 경우에는, 그 부분은 처음부터 소송계속이 없었던 것과 같아지므로, 그 한도 내에서 제1심판결은 실효된다. 따라서 제1심판결의 그 부분에 대한 불

---

[65] 대법 1983.02.22, 80다2566; 동 1992. 8.18, 91다35953
[66] 주문 등에서 항소의 당부에 관하여 별도의 판단을 요하지 않는다는 것에, 대법 1992.11.24, 92다15987 · 15994

복은 항소심의 심판대상에서 제외되기 때문에, 항소심은 나머지 부분에 대하여 제1심판결의 당부를 가릴 수 밖에 없다. 이때에 제1심판결이 정당하다고 보는 때에는 주문에서 항소기각을 하면 된다.[67] 그러나 명확화를 위해 항소기각의 주문 다음에, 「원판결의 주문 제1항은 당심에서 청구의 감축에 의하여 다음과 같이 변경되었다. 피고는 원고에게 금 ○○원을 지급하라」라고 표시하는 것이 바람직할 것이다.[68]

(2) 청구의 확장과 추가

1) 원고의 전부승소판결에 피고가 항소하고 원고의 부대항소가 있는 경우

① 항소심에서 확장부분을 포함한 청구전부를 인용하여 승소시킬 경우이면 「피고의 항소를 기각한다. 피고는 원고에게 금○○원을(확장된 금액) 지급하라」 또는 「원판결을 다음과 같이 변경한다. 피고는 원고에게 금○○원을 지급하라」로 표시한다.

② 항소심에서 선택적 병합되고, 새로 병합된 청구가 이유 있는 경우에는 항소기각을 할 수 없고, 제1심판결 취소와 새 청구를 받아들이는 주문을 선고해야 한다.[69]

③ 1심 인용의 기존청구에 항소심에서 예비적 청구를 추가한 사건에서, 주위적 청구기각·예비적청구를 인용할 경우에는 제1심판결취소와 주위적 청구기각, 예비적 청구를 인용하는 주문을 내야 한다.[70]

④ 피고의 항소가 이유 있고 확장부분도 패소시켜야 할 때에는 「원판결을 취소한다. 원고의 원심 및 당심에서의 청구를 모두 기각한다」로 표시한다.

2) 1심에서 청구기각판결을 받고 항소하면서 항소심에서 새로운 청구를 추가한 경우 : 청구기각의 제1심판결이 정당하고 추가된 청구를 인용하는 때에는 제1심판결에 대한 항소기각, 추가된 신청구에 대한 제1심으로서 인용하는 판결을 한다.[71]

3) 항소심에서 기존의 청구와 항소심에서 추가된 청구를 모두 배척할 경우 : 항소기각과 함께 항소심에서 추가된 청구에 대해 원고청구를 기각한다는 주문표시를 해야 한다.[72]

(3) 소의 교환적 변경

항소심에서 소의 교환적 변경이 있을 때에는 구소의 취하가 따르므로 구청구에 대한 소송계속소멸과 제1심판결실효의 효과가 생긴다. 변경된 신청구의 당부만이 심판대상이 된다. 따라서 이 경우에는 신청구에 대해서 항소심은 사실상 제1심으로 심판하지 않으면 안 되며, 구청구에 대한 제1심판결의 존재를 전제로 하는 원판결취소 또는 항소기각의 여지가 없다. 따라서 교환적으로 변경된 신청구에 대하여 배척하여야 할 경우에는 항소법원은 원고청구기각의 주문을 표시하여야 하고 그 주문표시가 제1심의 그것과 일치되어도 항소기각의 주문표시를 해서는 안된다.[73]

---

67) 대법 1979.12.11, 79다828
68) 대법 1992.04.14, 91다45653
69) 대법 1993.10.26, 93다6669; 동 2006.04.27, 2006다7587
70) 대법 2011.02.10, 2010다87702
71) 대법 2003.11.27, 2001다46549
72) 대법 2004.08.30, 2004다24083
73) 대법 2009.02.26, 2007다83908

2025 대비 이종훈 민사소송법

제3장 상 고

제1절 서 설

1. 상고의 개념

(1) 상고의 의의

상고는 종국판결에 대한 법률심에의 상소로서 원칙적으로 항소심의 종국판결에 법령의 위반이 있음을 주장하여 그 판결의 당부에 관하여 대법원에 심판을 구하는 불복신청이다.

(2) 상고제도의 목적

상고제도의 목적은 해석·적용의 통일적 보장과 오판의 위험성으로부터 당사자의 권리구제라는 점에 있다.

2. 상고의 대상

> **제422조(상고의 대상)** ① 상고는 고등법원이 선고한 종국판결과 지방법원 합의부가 제2심으로서 선고한 종국판결에 대하여 할 수 있다.
> ② 제390조 제1항 단서의 경우에는 제1심의 종국판결에 대하여 상고할 수 있다.

(1) 항소심의 종국판결

<u>고등법원이 선고한 종국판결</u>과 <u>지방법원본원합의부가 제2심으로 한 판결</u>이 상고의 대상이 된다. 항소심의 판결 중 환송·이송판결도 종국판결에 해당하므로 상고의 대상이 된다. 종국판결이어야 하므로 소송인수신청의 각하결정 같은 결정은 상고의 대상이 아니다(통상항고의 대상).[1]

(2) 예 외

① 비약상고의 합의가 있는 제1심판결에 대해서는 직접 상고할 수 있다. 비약상고의 합의는 ⅰ) 불항소합의의 요건 이외에도 제1심판결선고 후일 것을 요하고, ⅱ) 합의는 반드시 서면으로 하여야 하므로 합의서면을 제출한 바 없다면 비약상고는 부적법하다.[2] ② 법원의 판결이 아닌 행정부 산하 준사법기관의 심판임에도 불구하고 대법원에 제소할 수 있는 경우로 해양안전사건에 관한 중앙해양안전심판원의 재결에 대한 소가 있다(해양사고의 조사 및 심판에 관한 법률 제74조).

---

1) 대법 1995.06.30, 95다12917
2) 대법 1995.04.28, 95다7680

3. 법률심으로서의 상고심

(1) 사후심적 특성

상고심은 원심의 사실인정을 전제로 하여 원판결의 당부를 법률적 측면에서만 심사한다. 원판결이 적법하게 확정한 사실은 자유심증주의의 한계를 벗어나지 않는 한 상고심에서 문제 삼을 수 없다.[3] 따라서 **상고심은 항소심과는 달리 사후심적**이다.

(2) 새로운 소송자료 제출제한

1) **원 칙** : 당사자는 상고심에서 새로운 사실상의 주장을 하거나, 새로운 증거를 제출하여 원심의 사실인정을 다툴 수 없고, 원심에서 한 자백을 취소할 수도 없다. 비록 사실심의 변론종결 이후에 발생한 사실이라고 하여도 이를 상고심에서 주장할 수 없다.

2) **예 외** : 그러나 상고심에서도 직권조사사항인 소송요건이나 상소요건의 존부, 재심사유, 원심의 소송절차위배의 유무, 판결의 이유불명시,[4] 판단누락[5] 등을 판단함에 있어서는 예외적으로 새로운 사실을 참작할 수 있으며 필요한 증거조사도 할 수 있고, 당사자도 이에 관하여 새로 주장·입증할 수 있다. 또 다툼이 없거나 공지의 사실이면 증거조사를 필요로 하지 않으므로 새로운 사실이라도 상고심이 이를 참작할 수 있다.

(3) 청구의 변경금지

상고심에서는 새로 사실조사를 하여야 하는 새로운 청구도 허용되지 않는다. 예외적으로 **가집행선고의 실효로 인한 가지급물반환신청(제215조 2항)은 상고심에서도 허용되나, 다툼이 없어 사실심리의 필요가 없는 경우에 한한다.**[6]

제2절 상고이유

상고심은 원판결의 당부를 법률적인 면에서만 심사하는 법률심이므로 당사자는 법령위반을 상고이유로서 주장하여야 한다.

Ⅰ. 민사소송법상의 상고이유

1. 일반적 상고이유 : 판결에 영향을 미친 법령 위반

> 제423조(상고이유) 상고는 판결에 영향을 미친 헌법·법률·명령 또는 규칙의 위반이 있다는 것을 이유로 드는 때에만 할 수 있다.

---

3) 대법 2006.06.29, 2005다11602
4) 대법 2005.01.28, 2004다38624
5) 대법 1991.03.22, 90다19329
6) 대법 2007.05.10, 2005다57691; 대법 1980.11.11, 80다2055

(1) 법령(法令)의 의미

상고이유는 일반적으로 원판결의 '법령'위반이고 **사실인정의 잘못은 상고이유로 되지 않는다**.[7] 여기의 법령에는 헌법·법률·명령·규칙만을 규정하고 있으나, 이를 예시적 규정으로 보아 조약·조례·관습법·경험법칙·보통계약약관의 조항·법인의 정관 등이 포함된다고 보는 것이 通說 및 判例이다. 대법원 판례위반의 원판결은 직접적으로 법령위반은 아니나 법령해석의 잘못이 있는 것으로 되어 결국 법령위반이 된다.

(2) 위반의 의미

1) 위반의 원인을 기준으로 한 분류

① 법령해석의 과오 : 법령의 효력의 시간적·장소적 제한의 오해나, 법규의 취지·내용의 부정확한 이해가 있는 경우를 말한다.

② 법령적용의 과오 : 구체적인 사건이 법규의 구성요건에 해당하지 아니하는데도 해당되는 것으로 그르친 경우이다.

📦 사실인정의 과오와 법령적용의 과오의 구별

사실문제	법률문제
구체적 사실의 존부	사실에 대한 평가적 판단인 과실, 선량한 풍속, 정당한 사유, 신의칙위반, 의견표명
증언의 신빙성, 서증의 증거력과 같은 증거가치의 평가	일응의 추정을 포함한 사실추정의 법리, 논리칙·경험법칙의 위반
의사표시의 존부·내용의 인정	의사표시에 따른 법률효과의 인정여부[8]
과실상계에 관한 사실인정이나 비율과 같이 법원이나 행정관청의 자유재량에 속하는 사항[9]	자유재량이라도 현저히 불합리한 산정[10]

2) 법령위반의 형태를 기준으로 한 분류

① 판단상의 과오 : 원판결 중의 법률판단이 부당하여 청구의 당부판단의 잘못을 초래하게 되는 경우를 말한다. 법령의 올바른 적용은 법원의 당연한 직책으로 상고이유에 구속됨이 없이 법률판단의 과오의 유무를 직권조사하지 않으면 안된다(제434조). 이를 상고이유 불구속의 원칙이라 한다.

---

[7] 원심이 진정성립을 인정하기 어렵다는 이유로 채택하지 아니한 증거에 대하여 그 당부를 다투는 취지의 상고이유는 결국 사실심인 원심의 전권에 속하는 증거의 취사선택과 사실인정을 탓하는 것으로서 적법한 상고이유가 될 수 없다는 것에, 대법 2022.10.14, 2022다241608·241615

[8] 의사표시와 관련하여, 당사자에 의하여 무엇이 표시되었는가 하는 점과 그것으로써 의도하려는 목적을 확정하는 것은 사실인정의 문제이고, 인정된 사실을 토대로 그것이 가지는 법률적 의미를 탐구 확정하는 것은 이른바 의사표시의 해석으로서, 이는 사실인정과는 구별되는 법률적 판단의 영역에 속한다는 것에, 대법 2011.01.13, 2010다69940

[9] 손해배상액의 경감 여부 및 그 비율을 정하는 것이 사실심의 전권사항이라는 것에, 대법 2019.11.14, 2019다215432

[10] 2012.04.13, 2010다9320은 과실상계에 관한 사실인정이나 그 비율 산정은 현저히 불합리한 것이 아니면 사실심의 전권사항이라고 하였다.

② 절차상의 과오 : 처분권주의·변론주의 위반, 석명의무·지적의무의 위반, 당사자에 기일통지 없이 한 변론 등 절차법규를 위배한 절차가 있는 경우를 말한다. 나아가 <u>判例는 심리미진도 상고이유가 된다</u>고 보고 있는데, 이것은 법령해석·적용 이전의 문제로서 필요한 심리를 다하고 결심하여야 할 것인데도 그렇지 않은 절차법규의 위배를 말한다.[11]

(3) 판결에 영향

<u>모든 법령위반이 상고이유가 되는 것은 아니고 '판결에 영향을 미친' 법령위반에 한한다.</u> 판결에 영향을 미친다는 것은 법령위반과 판결주문 사이에 인과관계가 있어야 한다는 의미이다. 判例는 가정판단으로 부가한 법률해석은 판결결과에 영향을 미친 위법이 아니라고 했다.[12]

2. 절대적 상고이유

(1) 의 의

중대한 절차법상의 하자가 있는 일정한 경우에는 원판결의 주문에 영향을 미쳤는지 여부를 묻지 않고 당연히 상고이유가 되도록 하였는데 이를 절대적 상고이유라 한다(제424조).

(2) 사 유(제424조)

> 제424조(절대적 상고이유) ① 판결에 다음 각호 가운데 어느 하나의 사유가 있는 때에는 상고에 정당한 이유가 있는 것으로 한다.
> 1. 법률에 따라 판결법원을 구성하지 아니한 때
> 2. 법률에 따라 판결에 관여할 수 없는 판사가 판결에 관여한 때
> 3. 전속관할에 관한 규정에 어긋난 때
> 4. 법정대리권·소송대리권 또는 대리인의 소송행위에 대한 특별한 권한의 수여에 흠이 있는 때
> 5. 변론을 공개하는 규정에 어긋난 때
> 6. 판결의 이유를 밝히지 아니하거나 이유에 모순이 있는 때
> ② 제60조 또는 제97조의 규정에 따라 추인한 때에는 제1항제4호의 규정을 적용하지 아니한다.

 1) **법률에 따라 판결법원을 구성하지 아니한 때(1호)** : 판사 2인에 의한 합의부 구성, 기본인 변론에 관여(제204조 1항)하지 않은 법관이 판결에 관여한 경우,[13] 법관이 바뀌었는데 변론의 갱신절차를 밟지 않은 경우

 2) **법률에 따라 판결에 관여할 수 없는 판사가 판결에 관여한 때(2호)** : 제척이유 또는 기피의 재판이 있는 법관이 관여한 판결, 파기환송된 원판결에 관여한 법관(제436조 3항)이 관여한 판결, 다만 판결선고에만 관여하는 것은 이에 포함되지 않는다.

 3) **전속관할에 관한 규정에 위반한 때(3호)** : 그러나 임의관할의 위배는 상고이유가 아니다(제411조).

 4) **법정대리권·소송대리권 또는 대리인의 소송행위에 관한 특별한 권한의 수여에 흠이 있는 때(4호)** : 이 사유는 당사자가 변론에서 공격방어방법을 제출할 기회를 부당하게 박탈당한 경우에 유추적용된다. ⅰ) 성명모용자에 의한 소송수행,[14] ⅱ) 당사자사망에 의한 소송절차의 중단을 간과하고 판결선고한 때,[15]

---

11) 대법 2002.04.26, 2000다8878
12) 대법 1984.03.13, 81누317
13) 대법 1970.02.24, 69다2102

iii) **변론기일에 책임에 돌릴 수 없는 사유로 불출석하였음에도 불구하고 그대로 판결한 경우**,[16] 다만, 적법한 추인이 있는 경우는 제외한다(제424조 제2항). 이는 당사자권의 보장을 위한 규정이기 때문이다.[17]

5) **변론을 공개하는 규정에 어긋난 때**(5호) : 헌법 제109조와 법원조직법 제57조의 규정에 위배하여 판결의 기본이 되는 변론을 공개하지 않은 경우이다. 그러나 수명법관에 의하여 수소법원 밖에서 증인신문·현장검증·서증조사를 하는 경우에는 비공개라도 이에 위배되지 않는다.[18]

6) **판결의 이유를 밝히지 아니하거나 이유에 모순이 있는 때**(6호) : ① 이유의 불명시라 함은 전혀 이유를 밝히지 않은 경우만 아니라 판결에 영향을 미치는 중요사항에 대한 판단누락의 경우도 포함한다.[19] ② 이유모순이라 함은 판결이유의 문맥에 있어서 모순이 있어 일관성이 없고, 이유로서 체제를 갖추지 못한 것을 말한다. 다만 사족에 지나지 않는 것과 단순한 증거의 채택과정에 있어서 이유의 불충분·불명료는 여기에 해당되지 않는다. 또한 판결에 이유를 전혀 기재하지 아니한 것과 같은 정도가 되어 당사자가 상고이유로 내세우는 법령위반 등의 주장의 당부를 판단할 수도 없게 되었다면 그와 같은 사유는 당사자의 주장이 없더라도 법원이 직권으로 조사하여 판단할 수 있다.[20]

3. 그 밖의 상고이유(재심사유)

재심사유도 상소에 의하여 주장할 수 있으므로(제451조 제1항 단서) **절대적 상고이유에 포함되지 않는 재심사유(예를 들어 법관이 직무에 관한 죄를 범한 때)도 법령위반으로 상고이유**에 포함된다.

II. 소액사건심판법상의 상고이유

소액사건의 경우에는 소액사건에서는 ① 법률, 명령, 규칙 또는 처분의 헌법위반 여부와 명령, 규칙 또는 처분의 법률위반 여부에 관한 판단이 부당할 때, ② 대법원 판례에 상반되는 판단을 한 때만 상고이유로 삼을 수 있다.

제3절 상고심의 절차

I. 상고의 제기

1. 상고장의 제출

소장에 붙인 인지액의 2배를 붙인 후(민사소송등인지법 제3조) **항소심판결이 송달된 날로부터 2주일 내에 원심법원에 제출**하여야 한다(제425조, 제397조).

2. 재판장의 상고장 심사

상고장이 원심법원에 제출되면 먼저 원심재판장은 필요적 기재사항의 기재(제425조, 제397조 2항), 소정

---

14) 대법 1964.11.17, 64다328
15) 대법 1995.05.23, 94다28444
16) 대법 2012.04.13, 2011다102172는 공시송달로 인하여 소송계속이나 항소제기 자체를 몰라 변론의 기회가 없었던 경우에 같은 취지.
17) 대법 2012.03.29, 2011두28776
18) 대법 1971.06.30, 71다1027
19) 대법 2016.01.14, 2015다231894
20) 대법 2005.01.28, 2004다38624

의 인지를 제대로 냈는지 등 방식준수를 조사하여 그 흠이 있으면 보정명령을 발하고 소정기간 내에 보정하지 않은 경우에는 명령으로 상고장을 각하한다(제425조, 제399조 1항·2항). 법원사무관 등으로 하여금 보정명령을 하게 할 수 있음은 하급심과 동일하다. 상고가 상고기간을 도과한 경우에도 명령으로 상고장을 각하한다(제425조, 제399조 2항). 여기에 즉시항고할 수 있다(제425조, 제399조 3항). 원심재판장이 위의 흠결을 간과한 경우에는 상고장을 송부받은 상고심재판장이 명령으로 상고장을 각하한다(제425조, 제402조).

3. 소송기록의 송부와 접수통지

> 제426조(소송기록 접수의 통지) 상고법원의 법원사무관등은 원심법원의 법원사무관등으로부터 소송기록을 받은 때에는 바로 그 사유를 당사자에게 통지하여야 한다.

원심법원의 법원사무관등은 상고장이 제출된 날로부터, 판결정본 송달전에 상고가 제기된 경우에는 판결정본이 송달된 날부터 2주 이내에 소송기록을 상고법원에 송부하여야 한다(제425조, 제400조). 상고법원의 법원사무관 등은 원심법원의 법원사무관 등으로부터 소송기록을 받은 때에는 바로 그 사유를 당사자에게 통지하여야 한다(제426조).

4. 상고이유서의 제출

(1) 제 출

> 제427조(상고이유서 제출) 상고장에 상고이유를 적지 아니한 때에 상고인은 제426조의 통지를 받은 날부터 20일 이내에 상고이유서를 제출하여야 한다.

상고장에 상고이유를 적지 아니한 때에 상고인은 소송기록 접수통지를 받은 날로부터 20일 이내에 상고이유서를 제출하여야 한다(제427조). **상고이유서를 제출하는 때에는 상대방의 수에 6을 더한 수의 부본을 붙여야 한다**(규칙 제133조). 상고이유서제출기간은 법정기간이지만 불변기간은 아니다.

(2) 상고이유의 기재

> 민사소송규칙
> 제129조(상고이유의 기재방식) ①판결에 영향을 미친 헌법·법률·명령 또는 규칙(다음부터 이 장 안에서 "법령"이라 한다)의 위반이 있다는 것을 이유로 하는 상고의 경우에 상고이유는 법령과 이에 위반하는 사유를 밝혀야 한다.
> ②제1항의 규정에 따라 법령을 밝히는 때에는 그 법령의 조항 또는 내용(성문법 외의 법령에 관하여는 그 취지)을 적어야 한다.
> ③제1항의 규정에 따라 법령에 위반하는 사유를 밝히는 경우에 그 법령이 소송절차에 관한 것인 때에는 그에 위반하는 사실을 적어야 한다.
> 제130조(절대적 상고이유의 기재방식) 법 제424조제1항의 어느 사유를 상고이유로 삼는 때에는 상고이유에 그 조항과 이에 해당하는 사실을 밝혀야 한다.
> 제131조(판례의 적시) 원심판결이 대법원판례와 상반되는 것을 상고이유로 하는 경우에는 그 판례를 구체적으로 밝혀야 한다.

상고이유를 기재함에는 원판결의 어느 점이 어떻게 법령에 위배되었는지를 알 수 있도록 명시적이고 구체적인 위배의 사유, 법령의 조항 또는 내용, 절차위반의 사실을 표시해야 하며, 절대적 상고이유의 경우에는 해당 조항 및 이에 해당하는 사실, 판례 위반을 주장하는 때에는 그 판례를 구체적으로 명시해야 한다(규칙 제129조 내지 제131조). **그렇지 않은 경우에는 상고이유서의 부제출로 취급**된다.[21] 원판결에 사실오인 내지 채증법칙의 위배가 있다고만 적시된 경우,[22] 억울한 사정을 호소한 것에 불과한 진정서,[23] 독립적인 서면이 아닌 1심 이후 항소심까지 주장준비서면의 내용을 모두 그대로의 원용,[24] 원고가 소각하가 아니라 청구기각을 하여야 한다는 주장같이 자기에게 불리한 주장은[25] 적법한 상고이유의 기재라고 할 수 없다.

(3) 부제출의 효과

> **제429조(상고이유서를 제출하지 아니함으로 말미암은 상고기각)** 상고인이 제427조의 규정을 어기어 상고이유서를 제출하지 아니한 때에는 상고법원은 변론 없이 판결로 상고를 기각하여야 한다. 다만, 직권으로 조사하여야 할 사유가 있는 때에는 그러하지 아니하다.

　상고인이 기간 내에 상고이유서를 제출하지 아니한 때에는 상고법원은 변론 없이 판결로 상고를 기각하여야 한다(제429조). 이 경우에는 판결에 이유를 기재하지 않아도 되고 선고 없이 **상고인에게 송달됨으로써 효력이 발생**한다(상고심절차에관한특례법 제5조). 다만, 직권으로 조사할 사유에 관하여 원심판결에 위법이 있으면 상고이유에서 주장하지 않았더라도 원심판결을 파기하여야 한다(제429조 단서). 따라서 **매매예약완결권의 제척기간이 도과하였는지 여부는 직권조사사항으로서 적법한 상고이유서 제출기간 경과 후에 주장되었다 할지라도 이를 판단하여야** 한다.[26]

5. 부대상고

　부대항소에 관한 제403조가 준용되므로(제425조) 피상고인은 상고에 부대하여 원판결을 자기에게 유리하게 변경하기 위하여 부대상고를 할 수 있다. 다만, 법률심인 상고심에서는 소변경이나 반소가 허용되지 않으므로 부대항소와 달리 전부승소자는 부대상고를 할 수 없고 일부승소한 피상고인만이 할 수 있고,[27] **부대상고의 제기와 그 상고이유서의 제출기간은 본 상고이유서 제출기간 내이며, 피상고인이 부대상고장에 상고이유를 기재하지 않고 상고이유서 제출기간 내에 부대상고이유서를 제출하지 않았다면 그 부대상고는 각하한다.**[28]

II. 심리불속행제도 : 심리속행사유의 심사

1. 개 설

---

21) 대법 2017.05.31, 2017다216981; 대법 2023.12.28, 2023다268686; 대법 2024.01.25, 2023다28391
22) 대법 1974.05.28, 74사4
23) 대법 1981.05.26, 81다494
24) 대법 2012.11.15, 2010두8676
25) 대법 1990.12.07, 90다카24021
26) 대법 2000.10.13, 99다18725
27) 대법 2015.10.29, 2014다75349
28) 대법 2013.02.14, 2011두25005; 대법 2015.04.09, 2011다101148

1994년 상고심절차에 관한 특례법은 상고심리불속행제도를 채택하였다. **상고사건에 있어서 상고이유에 중대한 법령위반에 관한 사항이 포함되어 있지 아니하거나, 이러한 사항이 포함되어 있는 경우에도 그 자체로 보아 이유가 없거나 원심판결에 영향을 주지 않을 때에는 심리를 속행하지 아니한다.** 이는 상고인 주장의 상고이유에 중대한 법령위반에 관한 사항 등 상고심을 법률심으로 순화시키기에 걸맞는 사유가 포함되어 있지 않으면 상고이유의 당부에 대해 더 이상 본안심리를 속행하지 아니하고 판결로 상고기각하여 추려내는 제도이다.

2. 심리속행사유

> **상고심절차에 관한 특례법**
> **제4조(심리의 불속행)** ① 대법원은 상고이유에 관한 주장이 다음 각 호의 어느 하나의 사유를 포함하지 아니한다고 인정하면 더 나아가 심리(審理)를 하지 아니하고 판결로 상고를 기각(棄却)한다.
>   1. 원심판결(原審判決)이 헌법에 위반되거나, 헌법을 부당하게 해석한 경우
>   2. 원심판결이 명령·규칙 또는 처분의 법률위반 여부에 대하여 부당하게 판단한 경우
>   3. 원심판결이 법률·명령·규칙 또는 처분에 대하여 대법원 판례와 상반되게 해석한 경우
>   4. 법률·명령·규칙 또는 처분에 대한 해석에 관하여 대법원 판례가 없거나 대법원 판례를 변경할 필요가 있는 경우
>   5. 제1호부터 제4호까지의 규정 외에 중대한 법령위반에 관한 사항이 있는 경우
>   6. 「민사소송법」 제424조제1항제1호부터 제5호까지에 규정된 사유가 있는 경우
> ② 가압류 및 가처분에 관한 판결에 대하여는 상고이유에 관한 주장이 제1항제1호부터 제3호까지에 규정된 사유를 포함하지 아니한다고 인정되는 경우 제1항의 예에 따른다.
> ③ 상고이유에 관한 주장이 제1항 각 호의 사유(가압류 및 가처분에 관한 판결의 경우에는 제1항제1호부터 제3호까지에 규정된 사유)를 포함하는 경우에도 다음 각 호의 어느 하나에 해당할 때에는 제1항의 예에 따른다.
>   1. 그 주장 자체로 보아 이유가 없는 때
>   2. 원심판결과 관계가 없거나 원심판결에 영향을 미치지 아니하는 때 [전문개정 2009. 11. 2.]

(1) 통상의 소송절차

① 헌법위반이나 헌법의 부당해석
② 명령·규칙 또는 처분의 법률위반 여부에 대한 부당판단
③ 대법원판례위반
④ 대법원판례의 부존재 또는 변경의 필요성
⑤ 중대한 법령위반에 관한 사항
⑥ 이유불명시·이유모순을 제외한 제424조 소정의 절대적 상고이유

(2) 가압류·가처분절차

위 6가지 중 ① 내지 ③ 사유만을 심리속행사유로 하여 상고심리를 제한하였다.

3. 심리속행사유의 조사

(1) 직권조사사항

심리속행사유는 상고이유에 관한 본안심리속행을 위해 갖추어야 할 요건이므로 상고요건과 마찬가지로 직권조사사항이다.

(2) 속행사유 존부의 조사기간

상고이유 주장이 상고심절차에 관한 특례법 소정의 심리속행사유를 포함하지 아니하는 경우에는 상고법원은 상고기록을 송부받은 날로부터 4월을 시한으로 상고기각판결을 한다.

4. 심리불속행판결의 특례

(1) 심리불속행판결

불속행기각판결은 상고본안심리 거부라는 점에서 내용상으로는 상고각하와 같은 소송판결이라 할 것이나, 형식상으로는 각하가 아니라 기각이므로 본안판결이다.

(2) 판결의 특례

① 판결의 이유기재를 생략할 수 있다. ② **판결의 선고가 불필요하며, 상고인에의 송달로써 고지를 갈음**한다. ③ 판결의 성립시기는 법원사무관에게 판결원본을 교부한 때라고 할 것이며, 그 **효력발생시기는 상고인에게 송달시**라고 할 것이다. ④ **소부에서 재판하는 경우만 할 수 있다.** ⑤ **판결의 시한은 4월 이내이다.** ⑥ 법원사무관은 교부받은 판결원본에 영수일자만을 부기하고 날인 후 바로 당사자에게 송달하여야 한다. ⑦ **상고이유에 관한 주장이 상고심절차에관한특례법이 정하는 심리불속행 사유에 해당한다고 보아 상고를 기각한 재심대상판결에는 상고이유에 대한 판단을 유탈하였다거나 종전의 대법원 판결에 위반될 수 없으므로 이를 민사소송법 제451조 제1항 제9호, 제10호의 재심사유로 삼을 수 없다.**[29]

III. 상고심의 본안심리

1. 상고이유서의 송달 및 답변서의 제출·송달

> 제428조(상고이유서, 답변서의 송달 등) ① 상고이유서를 제출받은 상고법원은 바로 그 부본이나 등본을 상대방에게 송달하여야 한다.
> ② 상대방은 제1항의 서면을 송달받은 날부터 10일 이내에 답변서를 제출할 수 있다.
> ③ 상고법원은 제2항의 답변서의 부본이나 등본을 상고인에게 송달하여야 한다.

2. 상고심의 심리방법과 심리범위

(1) 심리방법과 참고인제

---

29) 대법 1997.05.07, 96재다479

> **제430조(상고심의 심리절차)** ① 상고법원은 상고장·상고이유서·답변서, 그 밖의 소송기록에 의하여 변론 없이 판결할 수 있다.
> ② 상고법원은 소송관계를 분명하게 하기 위하여 필요한 경우에는 특정한 사항에 관하여 변론을 열어 참고인의 진술을 들을 수 있다.
>
> **민사소송규칙**
> **제134조(참고인의 진술)** ① 법 제430조제2항의 규정에 따라 참고인의 진술을 듣는 때에는 당사자를 참여하게 하여야 한다.

상고법원은 상고장, 상고이유서, 답변서 그 밖의 소송기록에 의하여 서면심리만으로 판결할 수 있다(제430조 1항). 상고기각의 경우든 상고인용의 경우든 변론을 열지 않아도 무방한 임의적 변론절차이다. 따라서 상고심에서는 변론을 여는 예가 거의 없어 서면심리로 일관하다시피 되었다. 그러나 개정 신법에서는 **상고심법원이 소송관계를 분명하게 하기 위하여 필요한 경우에는 변론을 열어 참고인의 진술을 들을 수 있도록 하였다**(제430조 2항). 중요사건에서 심증형성에 도움을 받으려는 석명처분(제140조)의 일종이라 할 것이다. 참고인의 진술을 듣는 경우에는 당사자를 참여하게 하여야 한다(규칙 제134조 1항).

(2) 심리범위

> **제431조(심리의 범위)** 상고법원은 상고이유에 따라 불복신청의 한도 안에서 심리한다.
> **제432조(사실심의 전권)** 원심판결이 적법하게 확정한 사실은 상고법원을 기속한다.
> **제433조(비약적 상고의 특별규정)** 상고법원은 제422조 제2항의 규정에 따른 상고에 대하여는 원심판결의 사실확정이 법률에 어긋난다는 것을 이유로 그 판결을 파기하지 못한다.
> **제434조(직권조사사항에 대한 예외)** 법원이 직권으로 조사하여야 할 사항에 대하여는 제431조 내지 제433조의 규정을 적용하지 아니한다.
> **제435조(가집행의 선고)** 상고법원은 원심판결중 불복신청이 없는 부분에 대하여는 당사자의 신청에 따라 결정으로 가집행의 선고를 할 수 있다.

1) **원 칙** : 상고법원은 상고이유가 심리속행사유를 포함하고 있다고 판단되면 상고이유에 관하여 심리를 속행한다. 이 경우에 상고법원은 상고이유로서 주장한 사항에 한하여 또 **불복신청한 한도에서 원판결의 정당 여부를 조사**하며(제431조), **원심판결이 적법하게 확정한 사실은 상고법원을 기속**한다(제432조). 그 결과 원판결을 변경하는 경우에도 불복신청의 한도에 한하게 되어 있다(제425조, 제407조). 따라서 주위적 청구기각, 예비적 청구인용의 항소심판결에 대해 피고만이 상고하고 원고는 상고나 부대상고를 하지 않은 경우, 주위적 청구에 대한 판결부분은 이심은 되어도 상고심의 심판대상이 되지 아니한다.[30] 그 때문에 피고의 상고가 이유 있어 상고심이 예비적 청구에 관한 부분을 파기·환송하였다면 예비적 청구부분만이 원심법원에 계속되게 된다.

2) **예 외** : 다만 **직권조사사항에 대해서는 이 원칙이 적용되지 않아**(제434조), 불복신청이 없는 부분도 상고법원은 파기할 수 있다.[31] 또 실체법의 판단의 과오에 대해서는 상고이유 불구속의 원칙 때문에 여기

---
30) 대법 1969.12.30, 69다295
31) 대법 1980.11.11, 80다284; 대법 2018.12.27, 2018다268385

에서 지적되지 아니하여도 직권조사를 할 수 있다.

Ⅳ. 상고심의 종료

1. 상고장 각하명령

상고장에 필요적 기재사항 흠결, 상고기간 도과 후의 상고, 상고장 부본 송달이 안될 때에는 명령으로 상고장을 각하한다(제425조, 제399조, 제402조). 상고심재판장의 상고장각하명령에 대해서는 즉시항고할 수 없다. 상고 인지액의 1/2의 환급청구를 할 수 있다(민인 제14조).

2. 상고각하판결

상고요건에 흠이 있어 상고가 부적법한 경우에는 변론 없이 판결로써 상고를 각하한다(제425조, 제413조).

3. 상고기각판결

(1) 심리불속행·상고이유서 부제출에 따른 상고기각판결

상고이유에 관한 주장이 심리속행사유를 포함하고 있지 아니하다고 인정하는 때에는 더 이상 심리를 하지 않고 판결로 상고를 기각한다(상고심절차에관한특례법 제4조). 소정기간 내에 상고이유서의 제출이 없을 때에도 상고기각한다(제429조). 이 경우 기각이지만 각하의 소송판결이며, 상고장 각하와 다를 바 없기 때문에 1/2의 인지환급의 청구를 할 수 있다.

(2) 상고가 이유 없음을 이유로 하는 상고기각판결

본안을 심리한 결과 상고가 이유 없다고 인정될 때에는 판결로 상고를 기각하여야 한다(제425조·제414조). 원심판결이 청구의 당부에 관하여 법률판단을 잘못하여 판결의 결론에 영향을 미친 경우에는 비록 다른 이유로 그 판결의 결론을 유지할 수 있는 경우 상고기각을 할 수 있다(제425조에서 제414조 2항 준용).

4. 상고인용판결

상고법원은 상고가 이유 있다고 인정할 때에는 원판결을 파기하지 않으면 안된다. 파기사유는 ① 상고이유에 해당할 때, ② 직권조사사항에 관하여 조사한 결과 원판결이 부당할 때이다. **비약적 상고에 대하여는 원심판결의 사실확정이 법률에 어긋난다는 것을 이유로 그 판결을 파기할 수 없다**.

(1) 파기환송 또는 이송

> 제436조(파기환송, 이송) ① 상고법원은 상고에 정당한 이유가 있다고 인정할 때에는 원심판결을 파기하고 사건을 원심법원에 환송하거나, 동등한 다른 법원에 이송하여야 한다.
> ② 사건을 환송받거나 이송받은 법원은 다시 변론을 거쳐 재판하여야 한다. 이 경우에는 상고법원이 파기의 이유로 삼은 사실상 및 법률상 판단에 기속된다.
> ③ 원심판결에 관여한 판사는 제2항의 재판에 관여하지 못한다.
>
> 제438조(소송기록의 송부) 사건을 환송하거나 이송하는 판결이 내려졌을 때에는 법원사무관등은 2주 이내에 그 판결의 정본을 소송기록에 붙여 사건을 환송받거나 이송 받을 법원에 보내야 한다.

1) 의 의 : 항소인용시 자판이 원칙이나 **상고심은 원판결을 파기한 경우 새로 사실심리가 필요한 경우가 많으므로 사건을 환송**한다. 환송은 원판결을 한 법원에 하지만, 원심법원이 제척 등의 관계로 환송심을 구성할 수 없는 경우에는 이와 동등한 다른 법원으로 이송하여야 한다(제436조 1항). 전속관할 위반으로 환송하는 경우에는 관할권 있는 법원으로 이송한다. **사건을 환송하거나 이송하는 판결이 내려졌을 때에는 법원사무관등은 2주 이내에 그 판결의 정본을 소송기록에 붙여 사건을 환송받거나 이송 받을 법원에 보내야 한다**(제438조).

2) **환송 후의 심리절차** : 사건을 환송받거나 이송받은 법원은 다시 변론을 거쳐 재판하여야 한다(제436조 제2항 1문). 환송 후의 항소심의 변론은 환송 전의 항소심의 속행이다. 그러나 **원심판결에 관여한 판사는 환송심의 재판에 관여하지 못하므로**(제436조 3항) 변론의 갱신절차를 밟아야 한다(제204조 제2항). 변론의 갱신 뒤에는 환송 전의 소송자료는 새 판결의 기초자료가 되며, 당해 심급에서 허용되는 일체의 소송행위, 즉 **소나 항소의 취하**, **청구의 변경**, 반소제기, **부대항소**, **새로운 공격방어방법의 제출** 등 변론의 갱신권이 인정되며, 따라서 **환송 후의 판결결과가 환송 전의 원판결보다도 오히려 상고인에게 더 불리하게 바뀔 수 있다**. **환송 후 환송심의 심판의 대상인 청구는 원판결 중 파기되어 환송된 부분만**이다. 따라서 원판결 중 ⅰ) 상고이유가 없어 기각된 부분, ⅱ) 파기자판한 부분, ⅲ) **상고로 불복신청이 없었던 부분은 확정되어 환송 후 심판대상에서 제외**된다.

3) **환송판결의 기속력**

① 의의 및 성질 : **환송을 받은 법원이 다시 심판을 하는 경우에는 상고법원이 파기의 이유로 삼은 사실상 및 법률상 판단에 기속**된다(제436조 2항 후문). **재심사유가 있는 환송판결도 기속력이 인정**된다.[32] 기속력의 근거로 상고심의 법령해석·적용의 통일을 위해 인정된다는 견해도 있으나, 항소심판결에도 인정되는 효력임을 감안하면, 통설처럼 종국적인 분쟁해결과 법적 안정성 및 소송경제의 관점에서 심급제도의 본질에서 유래하는 특수한 효력으로 볼 것이다.

② 기속력의 범위

㉠ 객관적 범위 : 파기이유로 한 사실상·법률상의 판단만이 기속력을 갖는다(제436조 2항 후문). 또한 기속력은 판결이유 속의 판단에도 발생하지만 당해 사건에 한하여 작용하고 다른 사건에는 미치지 않는다.

ⅰ) 사실상의 판단 : 大法院은 사실심이 아니므로 여기의 사실은 환송한 상고법원이 직권조사사항에 관한 사실, 절차위배를 판단함에 있어서 인정한 사실, 재심사유가 되는 사실에 관하여 한 판단을 말하며, 본안에 관한 사실은 포함되지 않는다. 항소심에서도 본안에 관한 사실판단의 기속력은 인정될 수 없다. 왜냐하면 1심판결을 취소할 경우 사실인정에 관한 것이면 환송이 아닌 자판을 해야 하기 때문이다. 따라서 환송받은 법원은 본안에 관하여는 새로운 자료에 기해 새로 사실을 인정할 수 있고,[33] 이 경우 환송 전과 동일한 결론을 낼 수 있다.[34]

---

[32] 대법 1995.02.14, 93재다27·34
[33] 대법 1992.09.14, 92다4192
[34] 대법 1995.10.13, 95다33047

ⅱ) **법률상의 판단** : 법령의 해석과 적용상의 견해를 말한다. 사실에 대한 법적평가도 포함된다. 이때 **환송받은 법원이 기속되는 '상고법원이 파기이유로 한 법률상 판단'에는 상고법원이 명시적으로 설시한 법률상 판단뿐 아니라 명시적으로 설시하지 아니하였더라도 파기이유로 한 부분과 논리적·필연적 관계가 있어서 상고법원이 파기이유의 전제로서 당연히 판단하였다고 볼 수 있는 법률상 판단도 포함되는 것**으로 보아야 한다.35)

ⅲ) 기속력 때문에 반드시 원심판결의 결론을 바꾸어야 하는 제약은 없다. **하급심은 파기의 이유로든 잘못된 견해만 피하면, 당사자가 새로이 주장·증명한 바에 의한 다른 가능한 견해에 따라 환송 전의 판결과 같은 결론의 판결을 하여도 기속력을 어긴 것이 아니다.**36)

ⓒ 주관적 범위 : 기속력은 당해 사건에 관한 한 환송받은 법원과 그 하급심은 물론 다시 상고를 받은 상고법원도 파기이유로 한 판단에 기속된다. 그러나 **재상고사건을 심판하여 종전의 환송판결의 법률상 판단을 변경하려는 전원합의체에 대하여는 환송판결의 기속력이 미치지 아니한다.**37)

③ 기속력의 소멸 : 환송판결에 나타난 법률상의 견해가 뒤에 판례변경으로 바뀌었을 때, 새로운 주장·증명이나 이의 보강으로 전제된 사실관계의 변동이 생긴 때,38) 법령의 변경이 생겼을 때는39) 기속력을 잃는다.

(2) 파기자판판결

> **제437조(파기자판)** 다음 각호 가운데 어느 하나에 해당하면 상고법원은 사건에 대하여 종국판결을 하여야 한다.
> 1. 확정된 사실에 대하여 법령적용이 어긋난다 하여 판결을 파기하는 경우에 사건이 그 사실을 바탕으로 재판하기 충분한 때
> 2. 사건이 법원의 권한에 속하지 아니한다 하여 판결을 파기하는 때

상고법원은 예외적으로 ① 확정된 사실에 대하여 법령적용이 어긋난다 하여 판결을 파기하는 경우에 사건이 그 사실을 바탕으로 재판하기 충분한 때 ② 사건이 법원의 권한에 속하지 아니한다 하여 판결을 파기하는 때에는 사건에 관하여 종국판결을 하여야 한다(제437조). 이는 무용한 절차에 반복방지와 소송경제를 위함이다.

---

35) 대법 2012.03.29, 2011다106136
36) 대법 1995.10.13, 95다33047
37) 대법 2001.03.15, 98두15597
38) 대법 1992.09.14, 92다4192
39) 환송판결 선고후 헌법재판소가 기속적 판단의 기초가 된 법률조항을 위헌선언하여 그 법률조항의 효력이 상실된 경우 기속력이 미치지 않는다는 것에, 대법 2020.11.26, 2019다2049

제4장 항고

2025 대비 이종훈 민사소송법

I. 서 설

1. 항고의 의의

항고란 판결 이외의 재판인 결정·명령에 대한 독립의 간이한 상소이다. 항고는 상급법원에 원재판의 당부의 판단을 구하는 점에서 항소·상고와 같지만, ⅰ) 간이·신속한 결정절차에 의한다는 점, ⅱ) 항고 시 원심법원이 자신의 재판을 변경할 기회를 갖게 된다는 점에서 차이가 있다.

2. 항고의 목적

(1) 부수적·파생적 사항에 관한 간이·신속한 불복허용

종국판결 아닌 소송절차에 부수·파생하는 사항에 관한 재판까지도 모두 종국판결과 함께 항소·상고의 기회에 심사를 받게 한다면 상소심의 소송절차가 번잡해질 뿐만 아니라, 본래의 소송사건의 해결을 지연시킬 우려가 있으므로 그와 같은 사항에 대해서는 항고라는 별도의 간이·신속한 불복방법을 마련한 것이다.

(2) 항소·상고의 여지가 없는 경우

① 소장각하명령과 같이 판결에 이르지 않고 결정·명령으로 완결된 사건, ② 소송비용액확정결정 같은 종국판결 후에 한 재판, ③ 증인에 대한 과태료 결정처럼 당사자 아닌 제3자에 대한 재판 등 항소·상고에 의한 불복의 여지가 없는 것에 대해 불복의 길을 열어 주는 것도 항고제도의 존재이유이다.

II. 항고의 종류

1. 통상항고·즉시항고

통상항고는 불복신청의 기간을 따로 정함이 없이 원재판의 취소를 구할 이익이 있는 한 언제든지 제기할 수 있는 항고를 말한다. 이를 보통항고라고도 한다. 이에 비해 **즉시항고는 '즉시항고 할 수 있다'는 명문규정이 있는 경우에만 예외적으로 허용되며, 신속하게 확정할 필요가 있어 불변기간으로서 1주일 이내에 제기해야 하고**(제444조), **그 제기에 의하여 집행정지의 효력이 인정**되는 항고를 말한다(제447조).

2. 최초의 항고·재항고

이는 심급에 따른 분류로서 ① 원심법원이 제1심으로서 한 결정·명령에 대한 항고를 최초의 항고라고 하고, ② 그 항고법원의 결정에 대한 항고 및 고등법원 또는 항소법원의 결정·명령에 대한 항고를 재항고라고 한다(제442조). **최초의 항고에는 항소의 규정을 준용하며, 재항고는 상고의 규정을 준용**한다(제443조).

3. 특별항고·일반항고

불복을 신청할 수 없는 결정이나 명령에 대하여 재판에 영향을 미친 헌법 또는 법률의 위반이 있음을 이유로 하는 때에 한하여 대법원에 할 수 있는 항고가 **특별항고**(제449조)이고, 특별항고가 아닌 항고를 일반항고라고 한다. 특별항고는 비상구제수단으로서 본래의 의미는 상소가 아니다.

Ⅲ. 항고의 적용범위

> **제439조(항고의 대상)** 소송절차에 관한 신청을 기각한 결정이나 명령에 대하여 불복하면 항고할 수 있다.
> **제440조(형식에 어긋나는 결정·명령에 대한 항고)** 결정이나 명령으로 재판할 수 없는 사항에 대하여 결정 또는 명령을 한 때에는 항고할 수 있다.

1. 항고로써 불복할 수 있는 결정·명령

(1) 소송절차에 관한 신청을 기각한 결정·명령(제439조)

소송절차에 관한 신청이란 본안내용에 직접 관계없는 사항으로서 소송절차의 개시·진행 등에 관한 신청을 말한다. 기일지정신청(제165조), 소송인수신청(제82조), 수계신청(제243조), 담보취소신청(제125조), 공시송달신청(제194조), 증거보전신청(제377조) 등을 기각한 결정이나 명령이 이에 속한다. **소송절차에 관한 신청을 기각한 재판만이 항고의 대상**이고, 인용한 명령·결정에 대하여는 항고할 수 없음이 원칙이다.

(2) 방식위배의 결정·명령

결정이나 명령으로 재판할 수 없는 사항에 대하여 결정 또는 명령을 한 때에는 항고로써 그 취소를 구할 수 있다(제440조).

(3) 집행절차에 관한 집행법원의 재판

집행절차에 관한 집행법원의 재판에 대하여는 특별한 규정이 있어야만 즉시항고를 할 수 있다(민사집행법 제15조). 예컨대 재산명시신청에 대한 기각·각하결정(민사집행법 제62조 제8항), 채무불이행자명부등재결정(민사집행법 제71조), 매각허가여부의 결정(민사집행법 제129조), 전부명령이나 추심명령 신청에 대한 재판(민사집행법 제229조 제6항) 등이 이에 속한다.

2. 항고할 수 없는 결정·명령

(1) 법률이 불복신청을 금지하는 경우

관할지정결정(제28조 2항), **기피결정**(제47조 1항), 의사무능력자의 특별대리인의 소취하 등을 허가하지 아니하는 결정(제62조의2 제2항), 감정인에 대한 기피결정(제337조 제3항), 지급명령 신청의 각하결정(제465조 제2항), 재심·상소의 추후보완신청의 경우에 한 집행정지명령(제500조 제3항)은 **법률이 특히 불복신청을 금지하고 있다.**

(2) 해석상 금지

해석상 불복할 수 없는 재판으로 ⅰ) **기일변경신청,[1] 변론재개신청과[2] 같이 당사자에게 신청권이 없고 직권발동을 촉구하는 의미밖에 없는 신청**은 불복할 수 없으며, ⅱ) 소송절차의 개시나 진행과 관계없는 판결경정신청의 기각결정, 소송상 특별대리인 선임결정,[3] 소장보정명령에[4] 대하여는 항고할 수 없다. 또한 ⅲ) 증거신청의 각하결정이나 실기한 공격방어방법의 각하결정 등과 같이 필요적 변론을 거친 재판은 종국판결과 함께 불복할 수 있으므로 독립하여 항고할 수 없다.

(3) 항고 이외의 불복신청방법이 인정되는 경우

지급명령에 대한 이의, 가압류·가처분결정에 대한 이의 등

(4) 대법원의 결정·명령

대법원은 최종심이므로 대법원의 결정·명령에 대하여는 항고할 수 없다.

(5) 준항고

> 제441조(준항고) ① 수명법관이나 수탁판사의 재판에 대하여 불복하는 당사자는 수소법원에 이의를 신청할 수 있다. 다만, 그 재판이 수소법원의 재판인 경우로서 항고할 수 있는 것인 때에 한한다.
> ② 제1항의 이의신청에 대한 재판에 대하여는 항고할 수 있다.
> ③ 상고심이나 제2심에 계속된 사건에 대한 수명법관이나 수탁판사의 재판에는 제1항의 규정을 준용한다.

수명법관이나 수탁판사의 수소법원의 수권에 의하여 수소법원에 갈음하여 특정의 직무를 집행하는 것이므로 **수명법관이나 수탁판사의 재판에 대하여는 직접 상급법원에 항고를 할 수 없고, 다만 그 재판이 수소법원 스스로 하였을 경우에 항고할 수 있는 것인 때에는 우선 수소법원에 이의신청을 할 수 있게 하고**(제441조 1항), **이의신청에 대한 재판에 대하여 항고**할 수 있다. 이를 준항고라고 한다. **상고심이나 제2심에 계속된 사건에 대한 수명법관이나 수탁판사의 재판에 대해서도 동일**하다(제441조 3항).

(6) 항고권이 실효되거나 즉시항고기간이 도과된 때

Ⅳ. 항고절차

1. 당사자

원재판에 의하여 불이익을 받는 당사자 또는 제3자는 항고를 제기할 수 있다. 항고는 편면적 불복절차이고, 판결절차와 같이 두 당사자의 대립구조가 아니므로 설사 항고인과 이해가 상반되는 자가 있는 경우라도 **항고장에 피항고인을 표시하거나 항고장을 상대방에 송달하여야 하는 것이 아니다.**[5]

---

1) 대법 2008.11.13, 2008으5
2) 대법 1983.01.18, 82누473
3) 항고는 이를 법률이 허용하고 있는 경우에 한하여 할 수 있는 것인바 법원의 특별대리인 선임 결정에 대하여는 항고를 할 수 있다는 법률상의 근거가 없고 민사소송법 제62조 제2항에 의하면 법원은 언제든지 특별대리인을 개임할 수 있는 것이므로 특별대리인의 선임에 대하여 불만이 있는 이해관계자는 법원에 위 직권행사를 촉구하면 족하다 할 것이어서 본건 항고는 항고할 수 없는 경우에 해당하여 부적법하다는 것에, 대법 1963.05.02, 63마4
4) 보정명령은 법 제439조 소정의 '소송절차에 관한 신청을 기각하는 결정이나 명령'에 해당하지 아니하며, 불복할 수 없는 명령에 해당되지 아니하여 특별항고의 대상도 아니라는 것에, 대법 2012.03.27, 2012그46.

2. 항고의 제기

> 제444조(즉시항고) ① 즉시항고는 재판이 고지된 날부터 1주 이내에 하여야 한다.
> ② 제1항의 기간은 불변기간으로 한다.
> 제445조(항고제기의 방식) 항고는 항고장을 원심법원에 제출함으로써 한다.

 항고는 항고장을 원심법원에 제출함으로써 하는데, 통상항고는 기한의 제한이 없고, 즉시항고는 원재판을 고지한 날로부터 1주간의 불변기간이다. 다만 판결과 달리 선고가 필요하지 않은 결정이나 명령과 같은 재판은 원본이 법원사무관등에게 교부되었을 때 성립하는 것으로, 이미 성립한 결정에 대하여는 결정이 고지되어 효력을 발생하기 전에도 결정에 불복하여 항고할 수 있다.[6] **소송절차에 관한 항고에서는 항고이유서의 제출이 강제되지 않으므로 즉시항고이유서를 제출하지 않았다고 하여 각하할 수 없다.**[7]

3. 항고제기의 효력

(1) 원재판의 경정(재도의 고안)

> 제446조(항고의 처리) 원심법원이 항고에 정당한 이유가 있다고 인정하는 때에는 그 재판을 경정하여야 한다.

 1) **의 의** : 항고가 제기되면 판결의 경우와 달리 원재판에 대한 기속력이 배제되어 원심법원은 반성의 의미에서 스스로 항고의 당부를 심사할 수 있으며, 만일 **항고에 정당한 이유가 있다고 인정하는 때에는 그 재판을 경정하여야 한다**(제446조). 다시 한번 고려한다는 뜻에서 再度의 考案이라 한다.

 2) **취 지** : 상급심의 절차를 생략하고 간이·신속하게 사건을 처리하여 당사자의 이익을 보호하려는데 그 취지가 있다.

 3) **범 위** : **재도의 고안은 통상항고이건 즉시항고이건 재항고이건 항고가 제기된 때에는 모두 가능**하다. 그러나 **항고가 부적법한 경우에는 경정할 수 없고**,[8] **특별항고의 경우에는 재도의 고안이 허용될 수 없다**는 것이 判例의 입장이다.[9]

 4) **절 차** : 원법원은 재도의 고안을 위해 필요하다면 변론을 열거나 혹은 당사자를 심문하고 새로운 사실이나 증거를 조사할 수 있다. **여기의 경정에는 단순한 위산·오기의 경정에 한하지 않고 원재판의 취소·변경도 포함**한다. 재판누락의 경우에도 경정할 수 있다.[10] 그러나 주문을 변경하지 않고 이유만을 경정하

---

5) 대법 1966.08.12, 65마473; 대법 1997.11.27, 97스4
6) 대법(전) 2014.10.08, 2014마667
7) 민사소송법상 항고법원의 소송절차에는 항소에 관한 규정이 준용되는데, 민사소송법은 항소이유서의 제출기한에 관한 규정을 두고 있지 아니하므로 가압류이의신청에 대한 재판의 항고인이 즉시항고이유서를 제출하지 아니하였다거나 그 이유를 적어내지 아니하였다는 이유로 그 즉시항고를 각하할 수는 없다는 것에, 대법 2008.02.29, 2008마145
8) 대법 1967.03.22, 67마141
9) 대법 2001.02.28, 2001그4
10) 대법 1959.03.12, 4291민재항53

는 것은 허용될 수 없다.

　5) **효과** : 경정결정을 하면 당초의 항고의 목적이 달성되어 항고절차는 당연히 종료된다. 다만 경정결정에 대해서는 별도의 즉시항고가 허용되며(제211조 3항 참조),[11] 만일 항고법원이 경정결정을 취소하면 경정결정이 없는 상태로 환원되어 당초의 항고가 존속된다.[12]

(2) 이심의 효력

　항고제기에 의하여 사건은 항고법원에 이심된다. **구법은 원심법원이 항고를 부적법 또는 이유없다고 인정하는 때에는 의견서를 첨부하여 사건을 항고법원에 송부하도록 하였으나**(구법 제416조 2항), **무의미한 제도라 하여 폐지**하였다.

(3) 집행정지

> **제447조(즉시항고의 효력)** 즉시항고는 집행을 정지시키는 효력을 가진다.
> **제448조(원심재판의 집행정지)** 항고법원 또는 원심법원이나 판사는 항고에 대한 결정이 있을 때까지 원심재판의 집행을 정지하거나 그 밖에 필요한 처분을 명할 수 있다.

　결정·명령은 바로 집행할 수 있는 것이 원칙이지만 즉시항고가 제기되면 집행력이 정지된다(제447조). 그러나 **통상항고가 제기된 경우에는 당연히 집행정지의 효력이 발생하지 않으므로 항고법원 또는 원심법원이 항고에 대한 결정이 있을 때까지 원심재판의 집행을 정지하거나 필요한 처분을 명할 수 있다**(제448조).

참고 : 즉시항고시 집행정지의 효과가 없는 경우

1. 제45조제1항의 각하결정에 대한 즉시항고는 집행정지의 효력을 가지지 아니한다(제47조 3항).
2. 증인불출석시 과태료나 감치의 결정에 대하여 즉시항고를 할 수 있는데 그 집행을 정지시키는 효력은 없다(제311조 8항). 증언거부에 정당한 이유가 없다고 한 재판이 확정된 뒤에 증인이 증언거부시 과태료에 대한 즉시항고(제318조). 선서거부에 대한 제재(제326조).
3. 제3자가 문서제출명령을 불이행시 과태료 부과에 대한 즉시항고는 집행정지의 효력이 없다(제351조, 제318조, 제311조 8항).
4. 고필공 추가에서 허가결정에 대하여 이해관계인은 추가될 원고의 동의가 없었다는 것을 사유로 하는 경우에만 즉시항고를 할 수 있다(제68조 제4항). 이러한 즉시항고의 경우에는 집행정지의 효력을 가지지 아니한다(제68조 제5항).

4. 항고심의 심판

> **제443조(항소 및 상고의 절차규정준용)** ① 항고법원의 소송절차에는 제1장의 규정을 준용한다.

---

[11] 민사소송법 제446조에 따라 제1심법원이 항소장 각하명령에 관한 항고에 정당한 이유가 있다고 인정하여 재판을 경정한 경우, 그로 인해 불이익을 받는 상대방 당사자는 그 경정재판에 대하여 다시 즉시항고로 불복할 수 있다는 것에, 대법 2023.07.14, 2023그585·586
[12] 대법 1967.03.22, 67마141

(1) 항소심규정 준용

항고법원의 소송절차에는 그 성질에 반하지 않는 한 항소심에 관한 규정을 준용한다(제443조 제1항). 따라서 항고법원의 심판범위는 항고인의 불복신청의 범위에 한하고, **항고인은 항고심 재판이 있기까지는 언제든지 새로운 사실과 증거 등 소송자료를 제출할 수 있으며**, 불복신청범위를 확장 또는 변경할 수 있다. 항고절차에서도 부대항고가 허용된다.

(2) 임의적 변론

항고절차는 결정으로 완결할 사건이므로, 변론을 열 것이냐 아니냐는 항고법원의 자유재량에 속한다(제134조 1항 단서). 변론을 열지 않고 서면심리를 하는 경우라도 당사자, 이해관계인 그 밖의 참고인을 심문할 수 있다(제134조 2항). 특별한 사정이 없는 한 항고법원이 변론을 열거나 이해관계인을 심문하지 않은 채 서면심리만으로 결정에 이르렀다고 하여 이를 위법하다고 할 수 없다.[13]

(3) 항고법원의 재판

항고법원의 재판에 관하여도 항소심에서의 재판규정이 준용되므로(제443조 제1항), 항고각하·항고기각·원재판의 취소 및 자판 또는 **환송 중 어느 하나의 재판이 행해진다**. 다만, 항소와는 달리 항고법원이 제1심결정을 취소하고 사건을 제1심법원으로 환송한 경우 환송후 제1심결정에는 상고심 절차에 관한 민사소송법 436조 3항의 규정이 준용될 수 없으므로 환송전 제1심결정에 관여하였던 판사가 환송후 제1심결정에 관여하여도 위법이 아니다.[14]

V. 재항고

1. 의 의

> 제442조(재항고) 항고법원·고등법원 또는 항소법원의 결정 및 명령에 대하여는 재판에 영향을 미친 헌법·법률·명령 또는 규칙의 위반을 이유로 드는 때에만 재항고(再抗告)할 수 있다.
> 제443조(항소 및 상고의 절차규정준용) ② 재항고와 이에 관한 소송절차에는 제2장의 규정을 준용한다.

2. 적용범위

(1) 재항고의 대상

1) **항고법원의 결정** : 고등법원·지방법원항소부가 항고심으로서 한 결정, 즉 제2심 결정을 뜻한다.

2) **고등법원의 결정·명령** : **고등법원이 제1심으로 한 결정·명령**을 뜻한다(고법판사에 대한 기피신청각하결정, 항소장각하명령 등).

3) **항소법원의 결정·명령** : 지방법원 항소부가 제1심으로 한 결정·명령, 즉 **지방법원 항소부 소속 법관에 대한 제척 또는 기피신청이 제기되어 민사소송법 제45조 제1항의 각하결정 또는 소속법원 합의부의 기각결정이 있은 경우에 이는 항소법원의 결정과 같은 것으로 보아야 하므로 이 결정에 대하여는 대법원에

---

13) 대법 2020.06.11, 2020마5263
14) 대법 1975.03.12, 74마413

재항고하는 방법으로 다투어야 한다.15)

(2) 재항고의 허용성

재항고할 수 있는지 여부는 항고법원의 결정의 내용에 의한다. ① 항고를 부적법 각하한 재판에 대하여는 재항고할 수 있으며, 항고기각의 경우에도 동일하다. ② 그러나 항고를 인용한 결정에 대하여는 그 내용이 항고에 적합한 경우에 한하여 재항고를 할 수 있다. 따라서 법원이 당사자의 신청에 따른 직권발동으로 이송결정을 한 경우에는 즉시항고가 허용되지만(제39조), 위와 같이 당사자에게 이송신청권이 인정되지 않는 이상 항고심에서 당초의 이송결정이 취소되었다 하더라도 이에 대한 신청인의 재항고는 허용되지 않는다.16)

(3) 재항고의 성질

재항고가 즉시항고인가 통상항고인가도 항고심의 결정의 성질과 내용에 의한다. ① **최초의 항고가 즉시항고인 때에 항고심이 항고를 각하·기각하였으면 재항고는 즉시항고**로 된다. ② 항고심이 원재판을 변경한 경우에는 그 내용이 즉시항고에 의할 것이면 즉시항고, 통상항고에 의할 것이면 통상항고로 된다.

3. 절 차

(1) 재항고인

항고법원이 항고를 기각한 결정에 대하여는 그 재판을 받은 항고인만이 재항고를 할 수 있고, 다른 사람은 그 결정에 이해관계가 있다 할지라도 재항고를 할 수 없다.17)

(2) 상고심절차의 준용

재항고와 이에 관한 소송절차에 상고의 규정이 준용된다(제443조 제2항). 따라서 재항고장은 원심법원에 제출하여야 하며, **재항고인이 재항고장에 재항고의 이유를 기재하지 아니한 때에는 재항고기록의 접수통지를 받은 날로부터 20일 내에 재항고이유서를 제출하여야 한다**(민사집행법상 재항고는 10일). 다만, **재항고에는 상고심절차에관한특례법이 준용**되므로(동법 제7조) 재항고이유가 중요한 법령위반에 해당하지 아니하는 경우에는 심리불속행의 재항고기각결정을 한다(동법 제4조).

Ⅵ. 특별항고

1. 의 의

특별항고는 재판이 확정된 후 헌법적 통제를 위해 이용되는 비상불복수단으로서, 본래 의미의 상소는 아니다. 따라서 특별항고가 제기되었다고 하더라도 원심재판의 확정을 차단시키는 효과가 없다.

---

15) 대법 2008.05.02, 2008마427
16) 대법 2018.01.19, 2017마1332
17) 대법 1985.04.02, 85마123

2. 특별항고의 이유 및 대상

> 제449조(특별항고) ① 불복할 수 없는 결정이나 명령에 대하여는 재판에 영향을 미친 헌법위반이 있거나, 재판의 전제가 된 명령·규칙·처분의 헌법 또는 법률의 위반여부에 대한 판단이 부당하다는 것을 이유로 하는 때에만 대법원에 특별항고(特別抗告)를 할 수 있다.
> ② 제1항의 항고는 재판이 고지된 날부터 1주 이내에 하여야 한다.
> ③ 제2항의 기간은 불변기간으로 한다.

(1) 이 유

특별항고는 불복할 수 없는 결정이나 명령에 대하여는 재판에 영향을 미친 헌법위반이 있거나, 재판의 전제가 된 명령·규칙·처분의 헌법 또는 법률의 위반여부에 대한 판단이 부당하다는 것을 이유로 하는 때에만 가능하다(제449조 제1항). 그러한 위반이 있는지 여부는 그 결정이나 명령 당시의 헌법이나 법률의 규정을 기준으로 판단한다.[18] 따라서 **관할 등과 같은 소송요건의 적법 여부를 다투는 특별항고 사건에서도 대법원은 원심법원의 결정이나 명령에 재판에 영향을 미친 헌법위반을 비롯한 특별항고사유가 있는지 여부에 한정하여 심사해야 하고, 단순한 법률위반이 있다는 이유만으로 원심결정 등을 파기할 수는 없다**.[19]

(2) 대 상

1) **명문의 규정이 있는 경우** : 관할지정의 결정(제28조 제2항), 제척 또는 기피신청이 이유 있다는 결정(제47조 제1항), 의사무능력자의 특별대리인의 소취하 등을 허가하지 아니하는 결정(제62조2 제2항), 감정인에 대한 기피결정(제337조 제3항), 지급명령 신청의 각하결정(제465조 제2항), 재심·상소의 추후보완신청의 경우에 한 집행정지명령(제500조 제3항)이 여기에 해당한다. 한편 **강제집행정지결정에 특별항고가 가능하므로, 이전의 담보제공명령은 강제집행을 정지하는 재판에 대한 중간적 재판으로서 이러한 담보제공명령은 특별항고의 대상이 되는 재판에 해당하지 않는다**.[20]

2) **해석상 불복이 인정되지 않는 경우** : 판결·화해조서의 경정신청을 기각하는 결정에 대해서는 특별항고가 허용된다.[21]

3) **특별항고 불가** : 判例는 관할위반에 기한 이송신청을 기각하는 결정에 대해서는 특별항고를 허용하지 않으며,[22] 대법원의 결정·명령은 불복할 수 없는 것이지만 다시 대법원에 특별항고를 할 수 없다.[23] **위헌제청신청 기각결정은 본안에 대한 종국재판과 함께 상소심의 심판을 받는 중간적 재판의 성질을 갖는 것**이고,[24] **인지보정명령도 소장 또는 상소장의 각하명령과 함께 상소심의 심판을 받는 중간적 재판의 성질을 가지는 것**으로서[25] 특별항고의 대상이 되는 불복을 신청할 수 없는 결정에는 해당되지 않는다. 변론재

---

18) 대법 1989.11.06, 89그19
19) 대법 2008.01.24, 2007그18
20) 대법 2001.09.03, 2001그85
21) 대법 1986.11.07, 86마895
22) 대법 1996.01.12, 95그59
23) 대법 1977.06.29, 77그18
24) 대법 1993.08.25, 93그34

개결정 역시 상소가 있는 경우 종국판결과 함께 상소심의 심판을 받는 중간적 재판의 성질을 갖는 것이어서 특별항고의 대상이 되는 불복할 수 없는 결정이나 명령에 해당되지 않는다.[26]

3. 절 차

> 제450조(준용규정) 특별항고와 그 소송절차에는 제448조와 상고에 관한 규정을 준용한다.

특별항고는 재판의 고지된 날로부터 1주일 이내에 하여야 하며 이 기간은 불변기간이다(제449조 제2항·제3항). 특별항고와 그 소송절차에는 상고에 관한 규정을 준용한다(제450조). 따라서 **특별항고장은 원심법원에 제출하여야 하고, 당사자는 소송기록접수통지서를 받은 날로부터 20일 내에 특별항고이유서를 제출하여야 한다. 그 이유서를 제출하지 않으면 특별항고가 기각**된다. 특별항고이유가 중대한 법령위반 등의 사유에 해당하지 아니하는 경우에는 대법원은 심리불속행의 특별항고기각결정을 한다(상고심절차에관한특례법 제7조). **특별항고의 제기는 원재판의 집행을 정지시키는 효력이 없으므로** 원심법원 또는 소송기록이 송부된 후에는 대법원이 특별항고에 대한 결정이 있을 때까지 원심재판의 집행을 정지하거나 그 밖에 필요한 처분을 명할 수 있다(제450조, 제448조). 특별항고의 경우에는 재도의 고안이 허용될 수 없다(判例).

4. 절차혼동의 특별항고

특별항고만이 허용되는 재판에 대한 불복으로서 당사자가 특히 특별항고라는 표시와 항고법원을 대법원으로 표시하지 아니하였다고 하더라도 항고장을 접수한 법원으로서는 이를 특별항고로 보아 소송기록을 대법원에 송부하여야 한다.[27] 특별항고로 잘못보고 대법원에 기록송부가 되었으면 이송으로 처리할 것이다.[28]

---

25) 대법 2015.03.03, 2014그352
26) 대법 2008.05.26, 2008마368
27) 대법 2011.02.21, 2010마1689; 대법 1997.07.26, 99마2081; 대법 2016.06.21, 2016마5082
28) 대법 2011.05.02, 2010부8

항고의 비교

	통상항고	즉시항고	특별항고
사 유	• 취소이익이 있으면 가능	• 명문의 규정이 있는 경우	• 불복할 수 없는 결정·명령에 재판에 영향을 미친 헌법위반(법률위반은 불포함) • 재판의 전제가 된 명령·규칙·처분의 헌법 또는 법률의 위반여부에 대한 판단이 부당한 경우
시 기	• 통상항고는 기한의 제한이 없다.	• 재판이 고지된 날로부터 1주 이내에 하여야 하며, 이 기간은 불변기간이다(제444조 2항, 3항).	• 재판이 고지된 날부터 1주 이내에 하여야 하며, 이 기간은 불변기간이다(제449조 2항, 3항)
집행정지	• 당연히 집행정지의 효력이 발생하지 않으므로 항고법원 또는 원심법원이 항고에 대한 결정이 있을 때까지 원심재판의 집행을 정지하거나 필요한 처분을 명할 수 있다(제448조).	• 즉시항고는 집행을 정지시키는 효력을 가진다(제447조).	• 당연히 집행정지의 효력이 발생하지 않으므로 항고법원 또는 원심법원이 항고에 대한 결정이 있을 때까지 원심재판의 집행을 정지하거나 필요한 처분을 명할 수 있다(제448조).
제도의 고안 (제446조)	• 허용	• 허용	• 특별항고가 있는 경우 원심법원은 경정결정을 할 수 없고 기록을 그대로 대법원에 송부하여야 한다(2001그4).

2025 대비 이종훈 민사소송법

제7편

재심 및 간이소송절차

제1장 재심절차

제2장 간이소송절차

2025 대비 이종훈 민사소송법

제1장 재심절차

I. 재심의 개념

1. 재심의 의의

재심은 확정된 종국판결에 대하여 재심사유에 해당하는 중대한 하자가 있는 경우에 그 판결을 취소하고 소송을 판결 전의 상태로 회복시켜 다시 재판할 것을 구하는 비상의 불복신청방법으로, 법적 안정성과 구체적 정의와의 상반되는 요청을 조화시키기 위해 마련된 것이다.

2. 구별개념

(1) 상소와의 구별

재심도 판결에 대한 불복신청방법이라는 점에서 상소와 유사하나, 상소는 미확정판결에 대한 불복방법이므로 확정된 종국판결의 효과(기판력)를 제거함을 목적으로 하는 재심과 구별된다. 따라서 재심은 확정차단의 효력이 없고, 상급심으로 이전되는 이심의 효력도 생기지 않는다.

(2) 상소의 추후보완과 정기금판결의 변경의 소와 구별

재심은 판결 전의 절차나 자료에 하자·흠이 있음을 이유로 한다는 점에서, ⅰ) 판결 후의 상소제기의 장애에 대한 구제인 상소의 추후보완과 구별되고, ⅱ) 판결 후 액수산정의 기초사정에 현저한 변경이 생긴 경우에 제기하는 변경의 소와도 구별된다.

(3) 청구이의의 소(민집 제44조)와 구별

재심은 판결 전의 사유에 의하여 확정판결 자체의 취소를 구하는 소임에 비해, 판결 후의 사유에 의하여 확정판결 자체의 취소가 아닌 집행력의 소멸을 구하는 청구이의의 소와 다르다.

3. 재심소송의 소송물

大法院은 재심의 소는 확정된 판결의 취소를 구함과 함께, 본안사건에 대한 확정판결을 갈음하는 판결을 구한다는 복합적 목적을 가진 두 개의 소송물로 구성된다고 보고 있다.[1] 또한 각 재심사유마다 별개의 소송물이므로 재심의 소를 제기한 후 재심이유를 변경하는 것은 소의 변경에 해당하므로 출소기간은 새로운 재심사유를 주장한 때를 기준으로 판단하여야 한다.

---

1) 대법 1994.12.27, 92다22473·22480

II. 재심의 소의 적법요건

1. 재심의 당사자적격

(1) 원 칙

재심의 소는 확정판결을 취소하고 그 기판력을 배제할 것을 구하는 것이므로, 확정판결에 표시된 당사자로서 기판력에 의하여 불이익을 받은 사람이 재심원고가 되고, 이익을 받은 사람이 재심피고로 된다.

(2) 판결의 효력이 제3자에게 확장되는 경우

① 변론종결 후의 일반·특정승계인, **제3자의 소송담당의 경우의 권리귀속주체(예 : 선정당사자가 판결을 받은 경우의 선정자)가** 당사자적격을 갖는다.2) 따라서 **취득시효 완성을 원인으로 한 소유권이전등기청구를 한 원고로부터 변론종결 후의 소유권이전등기를 경료 받은 제3자를 상대로 재심의 소를 제기하는 것은 부적법**하다.3) 나아가 ② 그 판결의 취소에 대하여 고유의 이익을 갖는 제3자도 재심 당사자적격을 갖는다. 이 경우 독립당사자참가의 방식에 의하여 본소의 당사자를 공동피고로 하여야 한다. ③ 가사소송에 있어서 상대방이 될 자가 사망한 경우에 검사가 승계인으로 당사자적격을 갖는다.4)

(3) 고유필수적 공동소송

필수적 공동소송의 확정판결에 대하여 공동소송인 중 한 사람이 재심의 소를 제기하면 다른 공동소송인도 당연히 재심원고가 되며, 상대방으로부터 재심의 소가 제기된 경우에는 공동소송인 전원이 재심피고로 된다(제67조).

(4) 보조참가인

보조참가인도 피참가인을 위하여 참가신청을 함과 동시에 재심의 소를 제기할 수 있다(제72조 제3항). 이 경우에 보조참가인이 청구의 변경을 할 수 없음은 물론이다. 그러나 **보조참가인의 재심청구 당시 피참가인인 재심청구인이 이미 사망하여 당사자능력이 없다면, 이를 허용하는 규정 등이 없는 한 보조참가인의 재심청구는 허용되지 않는다**.5)

(5) 채권자대위권에 의한 재심청구

채무자와 제3채무자 사이의 소송이 계속된 이후의 소송수행과 관련된 개개의 소송행위는 소송당사자인 채무자의 의사에 맡기는 것이 옳으므로, **채권자는 채권자대위권에 기한 재심청구를 할 수 없다**.6)

---

2) 대법 1987.12.08, 87재다24
3) 대법 1997.05.28, 96다41649
4) 대법 1992.05.26, 90므1135
5) A가 B를 상대로 제기한 소송에서 'A는 B와 사망한 남편 C 사이의 친자관계가 존재하지 않음을 확인한다.'는 판결(재심대상판결)이 선고되어 확정된 다음 A와 B 모두 사망했는데, B의 자녀인 보조참가인이 공동소송적 보조참가를 하면서 재심의 소를 제기한 사안에서(사망한 재심청구인 B와 사망한 재심피청구인 A를 대신해서 재심청구인, 재심피청구인을 모두 '검사'로 특정함), 보조참가인의 재심청구 당시 재심청구인 B가 이미 사망하였고, 이 사건 재심청구인의 지위가 상속되는 것도 아니므로, 보조참가인의 이 사건 재심의 소는 허용될 수 없다는 것에, 대법 2018.11.29, 2018므14210
6) 대법 2012.12.27, 2012다75239

2. 재심의 대상적격

(1) 확정된 종국판결

확정된 종국판결이면 전부판결이든 일부판결이든, 본안판결이든 소송판결이든 불문한다. **확정된 재심판결에 대하여도 재심의 소를 제기할 수 있다**.[7] 대법원의 파기환송판결은 형식적으로는 종국판결에 해당하나, 실질적으로는 종국적 판단을 유보하여 기판력이 생기지 않는 중간판결의 성질을 가지므로 재심의 대상이 되지 않는다.[8] 종국판결이라도 무효인 판결은 재심을 제기할 필요가 없다.[9]

(2) 중간판결

중간판결은 독립하여 재심의 대상이 되지 아니함이 원칙이나, 중간판결에 재심사유가 있고 그 재판이 종국판결의 기본이 된 때에는 종국판결에 대해 재심신청을 할 수 있다.

(3) 미확정판결

미확정판결은 재심의 대상이 될 수 없다. 적법한 송달이 없는 판결도 상소기간이 진행되지 않아 확정된 것이 아니므로 통상의 상소의 대상이 될 뿐 재심의 대상이 되지 않는다. **미확정판결에 대해 재심의 소를 제기한 후 뒤에 확정되어도 그에 대한 재심의 소가 적법하게 되지 않는다**.[10]

(4) 기 타

확정판결이 아니라도 청구의 포기·인낙, 화해조서, 조정조서에 대해서도 준재심의 소가 인정된다(제461조). 다만, **중재판정은 별도의 중재판정취소의 소가 인정되므로 재심의 대상이 되지 않는다**(중재법 제36조). 소송비용의 재판이나 가집행선고와 같은 부수적 재판은 상소와 마찬가지로 독립한 재심의 대상이 되지 않는다. **기판력이 없는 확정된 지급명령(제474조)도 재심의 대상이 아니다**. 외국판결도 재심의 대상이 되지 않는다.

3. 재심기간

(1) 원 칙

> **제456조(재심제기의 기간)** ① 재심의 소는 당사자가 판결이 확정된 뒤 재심의 사유를 안 날부터 30일 이내에 제기하여야 한다.
> ② 제1항의 기간은 불변기간으로 한다.
> ③ 판결이 확정된 뒤 5년이 지난 때에는 재심의 소를 제기하지 못한다.
> ④ 재심의 사유가 판결이 확정된 뒤에 생긴 때에는 제3항의 기간은 그 사유가 발생한 날부터 계산한다.

1) **안 날로부터 30일(출소기간)** : 재심의 소는 **당사자가 판결이 확정된 뒤 재심의 사유를 안 날부터 30일 이내에 제기**하여야 하는데, 이 기간은 불변기간이다. **수개의 재심사유를 주장하여 재심의 소를 제기한**

---

[7] 대법 2015.12.23, 2013다17124; 대법 2016.01.14, 2013다40070
[8] 대법 1995.02.14, 93재다27
[9] 대법 1994.12.09, 94다16564
[10] 대법 2016.12.27, 2016다35123; 대법 1983.06.08, 83모28

경우에 재심기간은 각각의 재심사유에 따라 이를 안 날부터 기산된다.[11] **재심대상판결의 확정 후에 증인의 거짓 진술에 대하여 유죄판결이 확정된 경우 "증인의 거짓 진술이 판결에 증거가 된 때"에 해당함을 사유로 한 재심의 소는 당사자가 그 유죄판결이 확정된 사실을 안 날로부터 30일 내에 제기되어야 하는 것이고, 재심의 소가 위 재심제기의 불변기간 내에 제기된 것인지의 여부는 재심의 소의 적법요건에 관한 것으로서 직권조사사항에 해당**한다.[12]

2) 판결확정시로부터 5년(제척기간) : **재심사유의 존재를 알지 못하여도 판결이 확정되어 5년이 경과하면 재심의 소를 제기하지 못한다.** 이 기간은 불변기간이 아니므로 추후보완이 인정되지 않는다.[13] 5년의 제척기간은 재심사유가 판결 확정 전에 발생한 때에는 그 판결 확정일로부터, **확정 후에 발생한 경우에는 그 사유가 발생한 때부터 기산**한다(제456조 4항). **재심사유를 안 날부터 진행하는 제소기간이 경과한 이상 재심대상판결 확정일부터 진행하는 제척기간이 경과하였는지 여부와는 관계없이 재심의 소를 제기할 수 없다.**[14]

(2) 예 외

> **제457조(재심제기의 기간)** 대리권의 흠 또는 제451조 제1항 제10호에 규정한 사항을 이유로 들어 제기하는 재심의 소에는 제456조의 규정을 적용하지 아니한다.

대리권의 흠 또는 기판력의 저촉사유로 제기하는 재심의 소에는 제456조를 적용하지 않으므로(제457조), 이러한 사유를 이유로 하는 재심의 소는 언제든지 제기할 수 있다. **재심기간에 제한이 없는 것은 좁은 의미의 무권대리의 경우이고 특별수권의 흠 등 월권대리의 경우는 불포함**한다.[15] 따라서 **화해가 성립된 소송사건에서 원고들의 소송대리인이었던 변호사가 원고들로부터 그 소송사건만을 위임받아 그 소송의 목적이 된 부동산에 관하여만 화해할 권한을 부여받았음에도 불구하고 그 권한의 범위를 넘어 당해 소송물 이외의 권리관계를 포함시켜 화해를 하였음을 이유로 하는 준재심청구는 결국 대리인이 소송행위를 함에 필요한 특별수권의 흠결을 그 사유로 하는 것이므로 민사소송법 제457조가 적용될 수 없다.**[16]

III. 재심사유

1. 의 의

재심의 소는 제451조에 한정적으로 열거된 재심사유가 있는 경우에 한하여 허용된다. 법정 재심사유를 주장하는 것은 재심의 소의 적법요건이 되며, 그 주장이 없거나 주장사유 자체가 재심사유가 되지 아니하면 **재심의 소는 각하**된다. 따라서 **사실오인 내지 법리오해의 위법이라든지**,[17] 소송기록수리통지를 받지 못했다는 사실을 이유로 한 재심의 소는 부적법하다.[18]

---

11) 대법 1990.12.26, 90재다19
12) 대법 1989.10.24, 87다카1322
13) 대법 1992.05.26, 92다4079
14) 대법 1996.05.31, 95다33993
15) 대법 1994.06.24, 94다4967
16) 대법 1993.10.12, 93다32354
17) 대법 1987.12.08, 87재다24
18) 대법 1974.02.12, 73사26

2. 재심의 보충성

(1) 보충성의 의의

재심의 소는 재심사유를 전 소송에서 상소로써 주장할 수 없었던 경우에 한하여 보충적으로 그 제기가 허용되므로, ⅰ) 당사자가 상소에 의하여 그 사유를 주장하였거나, 이를 알고도 주장하지 아니한 때에는 재심의 소를 제기할 수 없다(제451조 제1항 단서). 나아가 判例는 ⅱ) 상소를 제기하지 아니하여 판결이 그대로 확정된 경우까지도 포함하는 것이라고 해석한다.

(2) 추후보완 상소를 제기하지 않고 재심을 제기한 경우

제451조 1항 단서 조항은 재심의 보충성에 관한 규정으로서 ⅰ) 당사자가 상소를 제기할 수 있는 시기에 재심사유의 존재를 안 경우에는 상소에 의하여 이를 주장하게 하고, 상소로 주장할 수 없었던 경우에 한하여 재심의 소에 의한 비상구제를 인정하려는 취지인 점, ⅱ) 추완상소와 재심의 소는 독립된 별개의 제도이므로 추완상소의 방법을 택하는 경우에는 추완상소의 기간 내에, 재심의 방법을 택하는 경우에는 재심기간 내에 이를 제기하여야 하는 것으로 보이는 점을 고려하면, 공시송달에 의하여 판결이 선고되고 판결정본이 송달되어 확정된 이후에 추완항소의 방법이 아닌 재심의 방법을 택한 경우에는 추완상소기간이 도과하였다 하더라도 재심기간 내에 재심의 소를 제기할 수 있다고 보아야 한다고 하였다.[19]

3. 각개의 사유

> 제451조(재심사유) ① 다음 각호 가운데 어느 하나에 해당하면 확정된 종국판결에 대하여 재심의 소를 제기할 수 있다. 다만, 당사자가 상소에 의하여 그 사유를 주장하였거나, 이를 알고도 주장하지 아니한 때에는 그러하지 아니하다.
> 1. 법률에 따라 판결법원을 구성하지 아니한 때
> 2. 법률상 그 재판에 관여할 수 없는 법관이 관여한 때
> 3. 법정대리권·소송대리권 또는 대리인이 소송행위를 하는 데에 필요한 권한의 수여에 흠이 있는 때. 다만, 제60조 또는 제97조의 규정에 따라 추인한 때에는 그러하지 아니하다.
> 4. 재판에 관여한 법관이 그 사건에 관하여 직무에 관한 죄를 범한 때
> 5. 형사상 처벌을 받을 다른 사람의 행위로 말미암아 자백을 하였거나 판결에 영향을 미칠 공격 또는 방어방법의 제출에 방해를 받은 때
> 6. 판결의 증거가 된 문서, 그 밖의 물건이 위조되거나 변조된 것인 때
> 7. 증인·감정인·통역인의 거짓 진술 또는 당사자신문에 따른 당사자나 법정대리인의 거짓 진술이 판결의 증거가 된 때
> 8. 판결의 기초가 된 민사나 형사의 판결, 그 밖의 재판 또는 행정처분이 다른 재판이나 행정처분에 따라 바뀐 때
> 9. 판결에 영향을 미칠 중요한 사항에 관하여 판단을 누락한 때
> 10. 재심을 제기할 판결이 전에 선고한 확정판결에 어긋나는 때
> 11. 당사자가 상대방의 주소 또는 거소를 알고 있었음에도 있는 곳을 잘 모른다고 하거나 주소나 거소를 거짓으로 하여 소를 제기한 때
> ② 제1항 제4호 내지 제7호의 경우에는 처벌받을 행위에 대하여 유죄의 판결이나 과태료부과의 재판이

---

[19] 대법 2011.12.22, 2011다73540

> 확정된 때 또는 증거부족 외의 이유로 유죄의 확정판결이나 과태료부과의 확정재판을 할 수 없을 때에만 재심의 소를 제기할 수 있다.
> ③ 항소심에서 사건에 대하여 본안판결을 하였을 때에는 제1심 판결에 대하여 재심의 소를 제기하지 못한다.
>
> **제452조(기본이 되는 재판의 재심사유)** 판결의 기본이 되는 재판에 제451조에 정한 사유가 있을 때에는 그 재판에 대하여 독립된 불복방법이 있는 경우라도 그 사유를 재심의 이유로 삼을 수 있다.

(1) 개별적 재심사유

1) **판결법원구성의 위법(제1호)** : 대법원이 종전에 판시한 법률의 해석적용에 관한 의견의 변경 즉 **판례변경을 하면서 대법관 2/3 이상으로 구성하는 전원합의체에서 하지 않고 소부에서 재판**하면 본호에 해당한다.[20] **법관이 바뀌었는데 변론의 갱신절차를 밟지 않은 경우는 법률에 따라 판결법원을 구성하지 아니한 때에 해당하나, 변론의 갱신절차를 밟지 않았다 하여도 변론종결시에 당사자 양쪽이 소송관계를 표명하고 증거조사의 결과에 대하여 변론을 하였으면 그 위법은 치유**된다.[21] 대법원의 판례가 법률해석의 일반적인 기준을 제시한 경우에 유사한 사건을 재판하는 하급심법원의 법관은 판례의 견해를 존중하여 재판하여야 하는 것이나, 판례가 사안이 서로 다른 사건을 재판하는 하급심법원을 직접 기속하는 효력이 있는 것은 아니므로, 하급심법원이 판례와 다른 견해를 취하여 재판한 경우에 상고를 제기하여 구제받을 수 있음을 별론으로 하고 민사소송법 제451조 제1항 제1호 소정의 재심사유인 법률에 의하여 판결법원을 구성하지 아니한 때에 해당한다고 할 수 없다.[22]

2) **재판에 관여할 수 없는 법관의 관여(제2호)** : 제424조 1항 2호와 같다. 제척이유 또는 기피의 재판이 있는 법관이 관여한 판결, 원판결에 관여한 법관이 환송심에서 관여한 판결(제436조 3항), 다만 판결선고에만 관여하는 것은 여기에 포함되지 않는다.

3) **대리권의 흠(제3호)** : **적극적으로 무권대리인에 의한 실질적인 대리행위는 물론 소극적으로 당사자 본인이나 그 대리인의 실질적인 소송행위가 배제된 경우도 포함**된다.[23] 3호는 대표권의 흠결이 있는 당사자측을 보호하려는 데에 있으므로, 그 상대방이 이를 재심사유로 삼기 위해서는 그러한 사유를 주장함으로써 이익을 받을 수 있는 경우에 한하고, 여기서 이익을 받을 수 있는 경우란 위와 같은 대표권 흠결 이외의 사유로도 종전의 판결이 종국적으로 상대방의 이익으로 변경될 수 있는 경우를 가리킨다.[24]

① 해당하는 경우 : ⅰ) 본인의 의사와 관계없이 선임된 대리인에 의한 소송대리, ⅱ) 특별대리인의 선임 없이 소송을 수행한 때,[25] ⅲ) 성명모용소송에서 판결이 확정된 때,[26] ⅳ) 당사자 일방에 회생개시결정이 있었는데 이를 간과하고 소송수계신청이 이루어지지 않은 상태에서 판결한 경우,[27] ⅴ) 대표이사가 주

---

20) 대법 2011.07.21, 2001재다199
21) 대법 1967.10.25, 67다1468
22) 대법 1996.10.25, 96다31307
23) 대법 1999.02.26, 98다47290
24) 대법 2000.12.22, 2000재다513
25) 대법 1965.09.07, 65사19
26) 대법 1964.03.31, 63다656
27) 대법 2012.03.29, 2011두28776

주총회의 특별결의 없이 특별결의사항에 관한 제소전화해를 한 경우[28]

② 불해당 : ⅰ) 공동의 이해관계 없는 선정당사자에 의한 청구인낙은 재심사유가 아니며,[29] ⅱ) 비록 송달이 무권대리인에게 되어도 본인이나 적법한 대리인이 실질적인 소송행위를 할 기회가 박탈되지 아니하였으면 재심사유가 안 된다.[30] ⅲ) 대리권의 흠은 판결확정 후라도 본인이 추인하면 재심사유가 되지 않는다(동조 단서).

4) 법관의 직무상 범죄(제4호) : 법관이 그 담당사건에 대하여 수뢰죄나 공문서위조죄 등을 범한 경우이다.

5) 다른 사람의 형사상 처벌받을 행위로 인한 자백 또는 공격방어방법의 제출방해(제5호)

① 다른 사람 : 다른 사람이란 상대방이나 제3자, 그들의 법정대리인·소송대리인뿐만 아니라 재심청구한 당사자의 대리인도 포함된다.

② 형사상 처벌받은 행위 : 여기서 처벌받을 행위는 경범죄처벌법 위반행위나 질서벌은 제외된다.

③ 자백 또는 공격방어방법 : 다른 사람이 처벌받을 행위로 인한 상소취하도 자백에 준하며,[31] 여기의 공격방어방법에는 주장·부인·항변뿐만 아니라 증거방법도 포함된다.

④ 제출방해 : 범죄행위와 자백 또는 공격방어방법 제출이 방해받은 사실 및 불리한 판결 간에 인과관계가 필요하며, 직접 방해받은 경우만을 말하고 간접적인 원인이 된 때에는 포함되지 않는다.[32] 나아가 타인의 범죄행위가 소송행위를 하는 데 착오를 일으키게 한 정도이고 소송행위에 부합하는 의사가 존재할 때에는 해당되지 않는다.[33] 또한 당해 소송절차와 관계없이 범죄행위로 실체법상의 어떤 효과발생이 제지되거나 사실이 조작된 경우는 포함되지 않는다.[34] 원고가 공시송달로 판결편취한 경우는 본 호와 제

---

28) 대법 1980.12.09, 80다584
29) 대법 2007.07.12, 2005다10470
30) 상고이유서의 부본이나 등본을 송달받은 피상고인이 답변서를 제출할 것인지의 여부는 피상고인의 재량에 맡겨져 있는 것으로서, 피상고인이 답변서를 제출하여 그 부본이나 등본이 상고인에게 송달되더라도, 이미 상고이유서 제출기간이 지난 이상(기록에 의하면 원고가 상고이유서를 제출할 기간이 지난 뒤에 피고들의 소송대리인들이 각기 답변서를 제출하였음이 명백하다), 상고인이 새로운 사유를 상고이유로 주장하는 등 실질적인 소송행위를 할 것이 없을 뿐만 아니라, 상고법원이 상고를 기각하는 판결을 선고함과 동시에 판결이 확정되는 것이므로, 상고법원이 피상고인이 제출한 답변서의 부본이나 등본과 판결선고기일소환장을 상고인에게 송달하지 아니한 채(피상고인의 소송대리인에게 송달하고) 상고를 기각하는 판결을 선고하였다고 하더라도, 상고인이 그와 같은 사유만을 들어 민사소송법 제451조 제1항 제3호 소정의 "법정대리권, 소송대리권 또는 대리인이 소송행위를 함에 필요한 수권의 흠결이 있는 때"에 해당하는 재심사유가 있다고 주장할 수는 없다는 것에, 대법 1992.12.22, 92재다259
31) 대법 2012.06.14, 2010다86112
32) 민사소송법 제451조 제1항 제5호 소정의 "공격 또는 방어방법의 제출이 방해된 때"라 함은 타인의 형사상 처벌받을 행위로 인하여 그 재심대상판결의 소송절차에서 당사자의 공격방어방법의 제출이 직접 방해받은 경우만을 말하는 것이지, 원고가 주장하는 바와 같이 재심대상판결의 소송절차가 아닌 다른 사건의 소송절차에서 사실을 잘못 인정하는 등의 위법이 있는 판결의 판결서가 증거로 제출됨으로써 원고패소의 판결이 확정되고, 그에 따라 그 사건소송의 제기에 의하여 점유로 인한 부동산 소유권취득기간의 진행이 중단되었다는 원고의 주장이 재심대상판결에서 배척되었다는 등의 사유는 위와 같은 재심사유에 해당하는 것이 아니라는 것에, 대법 1993.11.09, 93다39553
33) 대법 1984.05.29, 82다카963
34) 이 사건에서 문제된 채권양도인인 소외 A가 채무자인 피고 乙에게 배달된 내용증명우편(채권양도통지)을 피고가 읽기도 전에 찢어버린 행위는 그로 인하여 채권양도통지의 효력발생이 저지되었고 그럼에도 불구하고 채권양도가 된 양 보였기 때문에 법원이 사실인정을 잘못하게 되었으며 또 위 소위가 없었다면 피고는 그 양도통지를 받아보게 되어 원고 甲에게 적법하게 양도된 사실을 알고, 그 후에 양수한 소외 B에게 채권을 변제하지 않았을 것이

11호의 재심사유가 병존한다.[35]

6) 판결의 증거가 된 문서. 그 밖의 물건의 위조·변조(제6호) : **제6호의 재심사유는 제7호와 같이 사실심판결에 대한 재심사유이지 상고심 판결에 대한 것이 아니다**.[36]

① 판결의 증거가 된 문서 : 그 판결에서 문서를 채택하여 판결주문을 유지하는 근거가 된 사실인정 자료로 삼은 경우를 말하는 것이며,[37] 사실인정의 자료가 된 이상, 간접사실이나 부가적 사실의 인정자료가 되어도 해당한다.[38] 다만 법관의 심증에 영향을 주었을 것이라고 추측되는 문서라도 그것이 ⅰ) **사실인정의 자료로 채택된 바 없거나**,[39] ⅱ) **위조된 문서가 가정적 혹은 부가적으로 설시된 사실을 인정하는 자료로 제공된 경우에는 재심사유에 해당하지 않는다**.[40]

② 그 밖의 물건 : 그 밖의 물건이라 함은 공인·사인뿐 아니라, 권리의 증명을 위해 만든 경계표도 해당한다.

③ 위조·변조 : 위조·변조에는 공정증서원본 부실기재만이 아니라 허위공문서작성도 포함되나,[41] 당사자의 허위주장이 기재된 변론조서는 제외되며,[42] 사문서의 무형위조도 포함되지 않는다.[43]

7) 증인·감정인·통역인·당사자신문에서의 허위진술이 판결의 증거가 된 때(제7호) : ① 증언이 판결주문을 유지하는 근거된 사실을 인정하는 증거로 채택된 때를 말하는 것으로, 허위진술이 직접증거일 때만이 아니라 대비증거로 사용한 때에도 포함한다.[44] 그러나 ⅰ) 판결이유에서 가정적 혹은 부가적으로 인용된 때,[45] ⅱ) 주요사실의 인정에 관계 없을 때[46] 등 주요사실의 인정에 영향을 미치지 아니하는 사정에 관한 것일 때에는 여기에 해당하지 않는다. ② 한편 **증인이 직접 재심대상이 된 소송사건을 심리하는 법정에서 허위로 진술한 경우를 말하는 것으로**,[47] 다른 사건에서의 증인신문조서가 판결에서 서증으로서 증거로 채택된 때에는 재심사유로 되지 않는다.[48] ③ **허위진술이 있어도 나머지 증거에 의하여도 판결주문에 영향이 없을 때에는 재심사유가 아니다**.[49]

8) 판결의 기초된 재판 또는 행정처분이 뒤에 변경된 경우(제8호) : ① 판결의 기초가 되었다 함은 재심대상판결을 한 법원이 그 재판이나 행정처분에 법률적으로 구속된 경우뿐만 아니라, 널리 **재판이나 행**

라고 볼 사유는 될지언정 그 행위로 인하여 이 사건 재심대상 판결사건의 소송절차에서 피고의 방어방법 제출이 직접 방해받게 되었다고는 할 수 없는 것이므로 이를 들어 민사소송법 제451조 제1항 제5호 소정의 재심사유에 해당된다고 할 수 없다는 것에, 대법 1982.10.12, 82다카664

35) 대법 1997.05.28, 96다41649
36) 대법 2000.04.11, 99재다746
37) 대법 1997.07.25, 97다15470
38) 대법 1982.02.23, 81누216
39) 대법 1968.05.21, 68다245·246
40) 대법 1988.10.11, 87다카1973.
41) 대법 1982.09.28, 81다557
42) 대법 1965.01.28, 64다1337
43) 대법 1974.06.25, 73다2008
44) 대법 1995.04.14, 94므604
45) 대법 1983.12.27, 82다146
46) 대법 1993.06.11, 93므195
47) 대법 2001.05.08, 2001다11581
48) 대법 1997.03.28, 97다3729
49) 대법 1993.09.28, 92다33930; 대법 2016.01.14, 2013다53212

정처분의 판단사실을 원용하여 사실인정의 자료가 되었고 그 재판의 변경이 확정판결의 사실인정에 영향을 미칠 가능성이 있는 경우를 말한다.[50] 이 경우 **재판내용이 담겨진 문서가 확정판결이 선고된 소송절차에서 반드시 증거방법으로 제출되어 그 문서의 기재 내용이 증거자료로 채택된 경우에 한정되는 것은 아니다.**[51] 재심사유는 그 하나하나의 사유가 별개의 청구원인을 이루는 것이므로, 여러 개의 유죄판결이 재심대상판결의 기초가 되었는데 이후 각 유죄판결이 재심을 통하여 효력을 잃고 무죄판결이 확정된 경우, **어느 한 유죄판결이 효력을 잃고 무죄판결이 확정되었다는 사정은 특별한 사정이 없는 한 별개의 독립된 재심사유라고 보아야** 한다. 재심대상판결의 기초가 된 각 유죄판결에 대하여 형사재심에서 인정된 재심사유가 공통된다거나 무죄판결의 이유가 동일하다고 하더라도 달리 볼 수 없다.[52] ② 그러한 행정처분이 당연무효일 때는 포함되지 않으며, 특허가 무효라는 특허법원의 판결이 상고심에 계속중 해당 특허에 대한 정정심결이 확정되면 해당 판결에 대해 제8호의 재심사유가 있다고 보아, 파기환송해 온 종전 판결등을 변경하여 제8호의 재심사유가 없다고 본 것이 최근 전원합의체 판결이다.[53]

9) 판단누락(제9호) : 당사자가 소송상 제출한 공격방어방법으로서 판결주문에 영향이 있는 것에 대하여 판결이유 중에서 판단을 표시하지 아니한 것을 말한다. **착각으로 기간 내의 상고이유서 부제출이라 하여 상고기각한 경우도 여기에 해당**한다.[54] 상고기록접수통지서의 보충송달이 송달장소에서 만 8세 9개월의 동거인에게 교부되어 위법함에도 적법하다고 보아 기간 내의 부제출을 이유로 상고기각한 경우도 같다.[55] 다만 상고이유에 관한 주장이 상고심절차에 관한 특례법이 정하는 심리불속행 사유에 해당한다고 보아 상고를 기각한 재심대상판결에는 상고이유에 대한 판단을 누락하였다거나 종전의 대법원 판결에 위반될 수 없으므로 이들 민사소송법 제451조 제1항 제9호, 제10호의 재심사유로 삼을 수 없다.[56] **직권조사사항의 판단을 빠뜨린 경우도 여기에 포함되지만, 당사자가 그 조사를 촉구한 바 없다면 재심사유에 해당하지 않는다.**[57]

10) 판결 효력의 저촉(제10호) : 전에 확정된 기판력 있는 본안의 종국판결의 효력이 당사자에게 미치는 경우를 뜻한다.[58] 재심원고의 청구가 기각된 이유와 설명이 다를 수 있다고 하더라도 전·후 두 판결이 모두 원고의 청구를 기각한 것이라면 서로 어긋나는 것이 아니다.[59] 재심대상판결이 그 이후의 선고 확정된 판결과 어긋나는 때에는 여기에 해당되지 않는다.[60] **같은 당사자간에 같은 내용의 사건에 관하여 두 개의 어긋나는 확정판결일 것을 요하기 때문에 당사자를 달리하면 서로 어긋나도 재심사유로 되지 않는다.**[61] 전소의 기판력 있는 판결이 후소의 선결문제인 때에도 해당한다.

---

50) 대법 2016.01.14, 2013다40070
51) 대법 2005.06.24, 2003다55936
52) 대법 2019.10.17, 2018다300470
53) 대법(전) 2020.01.22, 2016후2522
54) 대법 1998.03.13, 98재다53
55) 대법 2013.01.16, 2012재다370
56) 대법 1997.05.07, 96재다479
57) 대법 2004.09.13, 2004마660; 대법 2019.04.11, 2018재다50131
58) 대법(전) 2011.07.21, 2011재다199
59) 대법 2001.03.09, 2000재다353
60) 대법 1981.07.28, 80다2668
61) 대법 1994.08.26, 94재다383

11) 허위주소, 공시송달의 남용(제11호) : <u>대법원은 전·후단을 막론하고 공시송달에 의한 판결편취의 경우에 적용되는 규정으로 보고 있다.</u>[62]

(2) 유죄의 확정판결을 요구하는 경우

재심사유 중 4호 내지 7호는 모두 판결에 영향을 미친 범죄 그 밖의 위법행위를 규정하고 있는데, 이 경우는 가벌적 행위만으로 충분하지 않고 확정된 유죄판결 또는 과태료 판결이 있거나, 아니면 증거부족 이외의 이유로[63] 유죄의 확정판결을 할 수 없는 때에 한하여 재심의 소를 제기할 수 있다. 이것은 판결의 부당성이 분명할 때에 재심을 인정하려는 취지이다. 유죄의 확정판결이 없으면 재심의 소를 각하하여야 한다.[64]

4. 특별법상의 재심사유

위헌여부재청신청기각결정에 대한 헌법소원을 냈지만 본안절차가 정지되지 않고 그대로 진행하여 확정되어도, 뒤에 헌법재판소에 의해 헌법소원이 인용되어 문제된 법률에 대한 위헌판단이 났으면 당사자는 이를 토대로 재심을 청구할 수 있다.[65]

Ⅳ. 재심절차

1. 관할법원

> 제453조(재심관할법원) ① 재심은 재심을 제기할 판결을 한 법원의 전속관할로 한다.
> ② 심급을 달리하는 법원이 같은 사건에 대하여 내린 판결에 대한 재심의 소는 상급법원이 관할한다. 다만, 항소심판결과 상고심판결에 각각 독립된 재심사유가 있는 때에는 그러하지 아니하다.

(1) 전속관할

재심의 소는 원칙적으로 소가나 심급에 관계없이 재심을 제기할 판결을 한 법원의 전속관할로 한다(제453조 제1항). 취소대상인 판결이 상고심판결이면 상고법원의 관할로 된다. 다만 **서증의 위조·변조(제451조 1항 6호)나 허위진술(동 7호)** 등 사실인정에 관한 것을 재심사유로 할 때에는 상고심판결이 아니라, 사실심법원의 판결에 대해 재심의 소를 제기하여야 한다.

(2) 구체적 고찰

1) 제1심의 종국판결에 대하여 항소심이 항소기각의 본안판결을 한 경우 : **항소법원만이 관할권을 갖게 된다**(제451조 3항). 만일 **이때 1심법원에 재심의 소가 제기되면 항소법원에 이송한다**.[66]

---

62) 대법 1978.05.09, 75다634
63) 증거부족 이외의 이유란 범인의 사망, 심신장애, 사면, 공소시효완성, 기소유예처분 등의 사유로 유죄판결을 받지 못하게 된 경우를 말하며, 소재불명으로 기소중지결정을 한 경우나 무혐의불기소처분의 경우는 포함되지 않는다. 증거부족 이외의 사유만 없었다면 유죄의 판결을 받을 수 있었던 점은 재심법원이 독자적으로 증명에 의해 인정하여야 하나, 재심원고에게 그 증명책임이 있다.
64) 대법 1989.10.24, 88다카29658
65) 한정위헌결정이면 재심사유가 안된다는 것에, 대법 2013.03.28, 2012재두299

2) **제1심의 종국판결에 대해 항소각하판결을 한 때** : 각기 재심사유가 있으면 각기 해당 사유를 주장하여 해당 법원에 각 재심의 소를 제기할 수 있다. 그러나 이 때 재심사유를 모아서 재심청구를 병합하여 제기하는 경우에는 편의상 항소심법원이 통일적인 관할권을 갖는다(제453조 2항 본문). 다만 항소심판결과 상고심판결에 각기 재심사유가 있는 때에는 상고심법원은 병합심판할 수 없다(제453조 2항 단서).

3) **사실인정 사유에 대한 재심** : 제451조 제1항 제7호의 증인·감정인·통역인·당사자본인신문에 따른 당사자나 법정대리인의 거짓 진술에 관한 것과 같이 사실인정 자체에 관한 사유는 직권조사사항에 관한 것이 아닌 한 사실심 판결에 대한 재심사유는 될지언정 상고심 판결에 대한 재심사유로 삼을 수 없다.[67]

2. 재심의 소의 제기

(1) 재심의 소의 제기방식

> **제458조(재심소장의 필수적 기재사항)** 재심소장에는 다음 각호의 사항을 적어야 한다.
> 1. 당사자와 법정대리인
> 2. 재심할 판결의 표시와 그 판결에 대하여 재심을 청구하는 취지
> 3. 재심의 이유

재심소장에는 당사자와 법정대리인, 재심할 판결의 표시와 그 판결에 대하여 재심을 구하는 취지, 재심의 이유를 기재하여야 한다(제458조). **재심의 소장에는 재심의 대상이 되는 판결의 사본을 붙여야** 한다(규칙 제139조). 재심의 소제기 후에 재심의 이유는 바꿀 수 있다(제459조 제2항). **재심소장에는 이를 제출하는 법원의 심급에 따라 소장, 항소장 또는 상고장에 첨부할 인지의 금액과 같은 액의 인지를 첨부**하여야 한다(민사소송등인지법 제8조). 재심소장이 방식에 맞는가에 대해서는 통상의 소장처럼 재판장에게 심사권이 있다(제254조).

(2) 재심의 소제기의 효과

> **제500조(재심 또는 상소의 추후보완신청으로 말미암은 집행정지)** ① 재심 또는 제173조에 따른 상소의 추후보완신청이 있는 경우에 불복하는 이유로 내세운 사유가 법률상 정당한 이유가 있다고 인정되고, 사실에 대한 소명이 있는 때에는 법원은 당사자의 신청에 따라 담보를 제공하게 하거나 담보를 제공하지 아니하게 하고 강제집행을 일시정지하도록 명할 수 있으며, 담보를 제공하게 하고 강제집행을 실시하도록 명하거나 실시한 강제처분을 취소하도록 명할 수 있다.
> ② 담보 없이 하는 강제집행의 정지는 그 집행으로 말미암아 보상할 수 없는 손해가 생기는 것을 소명한 때에만 한다.
> ③ 제1항 및 제2항의 재판은 변론 없이 할 수 있으며, 이 재판에 대하여는 불복할 수 없다.
> ④ 상소의 추후보완신청의 경우에 소송기록이 원심법원에 있으면 그 법원이 제1항 및 제2항의 재판을 한다.

---

66) 대법 1984.02.28, 83다카1981
67) 대법 2021.05.07, 2020재두5145

3. 준용절차

> 제455조(재심의 소송절차) 재심의 소송절차에는 각 심급의 소송절차에 관한 규정을 준용한다.

4. 재심의 소의 심리와 중간판결제도

(1) 재심의 소장심사

앞에서 본 바와 같이 재심소장도 재판장에 의하여 심사되며, 흠결이 있으면 보정을 명하고 기간 내에 보정이 없으면 소장이 각하된다(제254조).

(2) 재심의 소의 적법여부 조사

법원은 먼저 일반소송요건과 함께 재심의 소의 적법요건을 직권으로 조사하여, 그 흠결이 있으면 보정을 명하고 보정을 하지 아니하거나 보정을 할 수 없는 경우에는 판결로 재심의 소를 각하하여야 한다(제219조, 제413조).

(3) 재심사유의 존부조사

> 제454조(재심사유에 관한 중간판결) ① 법원은 재심의 소가 적법한지 여부와 재심사유가 있는지 여부에 관한 심리 및 재판을 본안에 관한 심리 및 재판과 분리하여 먼저 시행할 수 있다.
> ② 제1항의 경우에 법원은 재심사유가 있다고 인정한 때에는 그 취지의 중간판결을 한 뒤 본안에 관하여 심리·재판한다.

1) **심리방법** : 재심의 소가 적법하면 제2단계로 재심사유의 존재여부를 조사하여야 한다. 그 증명책임은 재심원고에게 돌아간다. **주장된 재심사유의 존재 여부는 직권으로 사실탐지를 할 수 있다.** 청구의 포기·인낙이나 자백에 구속되지 않으며, **자백간주의 규정이 배제된다.**[68] 또 화해·조정도 마찬가지로 당연무효이다.[69] 이 한도에서 직권탐지주의에 의하며, 이 점이 재심에 대한 본안심판의 경우와 다르다.

2) **심리결과** : ① 재심사유의 존재가 인정되지 않으면 종국판결로써 재심청구를 기각하여야 한다. 다만, 주장된 재심사유의 존재는 인정되지만 당사자가 상소에 의하여 주장하였거나 알고도 주장하지 아니한 때에 해당하여 결국 재심사유에 해당하지 않게 된 경우에는 재심의 소를 기각할 것이 아니라 각하하여야 한다. ② 재심사유의 심리는 본안에 관한 심리 및 재판과 분리하여 먼저 시행할 수 있고(제454조), 이 경우에 법원은 재심사유가 있다고 인정한 때에는 그 취지의 중간판결을 한 뒤 본안에 관하여 심리·재판한다.

(4) 본안의 심리

> 제459조(변론과 재판의 범위) ① 본안의 변론과 재판은 재심청구이유의 범위 안에서 하여야 한다.
> ② 재심의 이유는 바꿀 수 있다.

---

[68] 대법 1992.07.24. 91다45691
[69] 대법 2012.09.13. 2010다97846

재심사유가 이유 있으면 그 다음 단계로 본안심리에 들어간다. 재심의 소에서 본안의 심리는 원판결에 의하여 완결된 전 소송에 대해 다시 심판한다는 의미로서 본안에 관한 변론은 전 소송의 변론의 속행으로 그것과 일체를 이루게 된다. 따라서 변론의 갱신절차를 밟아야 하며 **그 차수는 재심 전의 마지막 변론기일의 차수에 이어 시작**한다. **서증번호도 연속하여** 매기므로(규칙 제140조 1항), **피고가 재심원고가 되었다 해도 그가 제출하는 서증은 을 제○호증이 된다. 본안의 변론과 재판은 재심청구이유의 범위 안에서 하여야 한다**(제459조 제1항). 즉, 법원은 재심원고가 주장하는 재심사유에 한해서만 심리·판단하여야 하며, 그 밖의 재심사유가 우연히 밝혀져도 이를 기초로 재판할 수는 없다. **재심의 이유는 바꿀 수 있다**(제459조 2항).

(5) 종국판결

> **제460조(결과가 정당한 경우의 재심기각)** 재심의 사유가 있는 경우라도 판결이 정당하다고 인정한 때에는 법원은 재심의 청구를 기각하여야 한다.

1) **재심사유가 있는 경우** : 심리한 결과 재심사유가 있고 원판결의 부당한 것으로 인정되는 때에는 불복의 한도 내에서 원판결을 취소하고 취소한 부분에 대하여 다시 종국판결을 한다. 이 판결은 재심대상판결을 소급적으로 취소하는 형성판결이다. **재심피고에 의하여 부대재심이 제기되지 않는 한 재심원고에 대하여 원래의 확정판결보다 불이익한 판결을 할 수 없다.**

2) **재심사유가 있지만 판결이 정당한 경우** : **재심의 사유가 있는 경우라도 판결이 정당하다고 인정한 때에는 법원은 재심의 청구를 기각하여야** 한다(제460조). 여기서 원심판결이 표준시 이전의 사유로 보아 정당한 경우는 달리 문제가 되지 않으나, 원심판결이 표준시 이전의 사유로 보면 부당하지만, 그 표준시 이후에 발생한 새로운 사유 때문에 원심판결의 결론이 정당한 경우, 예컨대, 이혼판결에 재심사유가 있는 경우 재심과정에서 새로운 이혼사유가 발견된 때의 처리에 대해서 i) 재심청구의 기각이 아니라 원심판결취소에 같은 내용의 판결을 하여야 한다는 견해도 있으나, ii) 명문에 충실하게 재심청구를 기각하여야 한다. 이 경우에는 기판력의 표준시점이 재심대상판결의 변론종결시에서 재심의 소의 변론종결시로 이동된다.

3) **재심판결이 부당한 경우** : 재심 이후의 판결에 대해서는 그 심급에 따른 상소가 허용된다. 한편 원래의 확정판결을 취소한 재심판결에 대한 재심의 소에서 원래의 확정판결에 대하여 재심사유를 인정한 종전 재심법원의 판단에 재심사유가 있어 종전 재심청구에 관하여 다시 심리한 결과 원래의 확정판결에 재심사유가 인정되지 않을 경우에는 재심판결을 취소하고 종전 재심청구를 기각하여야 하며, 그 경우 재심사유가 없는 원래의 확정판결 사건의 본안에 관하여 다시 심리와 재판을 할 수는 없다.[70]

---

70) 대법 2015.12.23, 2013다17124; 대법 2016.01.14, 2013다40070

V. 준재심
1. 의 의

> 제461조(준재심) 제220조의 조서 또는 즉시항고로 불복할 수 있는 결정이나 명령이 확정된 경우에 제451조 제1항에 규정된 사유가 있는 때에는 확정판결에 대한 제451조 내지 제460조의 규정에 준하여 재심을 제기할 수 있다.

준재심이란 확정판결과 동일한 효력을 갖는 제220조의 조서 또는 즉시항고로 불복할 수 있는 확정된 결정이나 명령이 재심사유가 있는 때에 확정판결에 대한 재심의 소에 준하여 재심을 제기하는 것을 말한다(제461조).

2. 조서에 대한 준재심(준재심의 소)

<u>준재심의 대상이 되는 제220조의 조서에는 소송상 화해조서, 청구의 포기·인낙조서 이외에 재판상의 화해와 동일한 효력을 가지는 조정조서나 제소 전 화해조서도 포함</u>된다. 조서에 대한 재심제기의 절차는 확정판결에 대한 재심의 소의 소송절차가 준용된다. 따라서 재심법원, 재심기간, 재심소장, 심판의 범위에 관한 각 규정이 준용되며, 신청이 아닌 소의 방식으로 제기하여 판결절차에 의해 심판하여야 한다. 법인 등의 대표자가 권한을 남용하여 법인 등의 이익에 배치되는 청구의 인낙, 화해 등을 한 경우의 준재심기간은 법인 등의 이익을 정당하게 보전할 권한을 가진 다른 임원 등이 준재심 사유를 안 때가 그 기산일이 된다.[71]

3. 결정·명령에 대한 준재심(준재심 신청)

준재심신청이라 함은 일정한 사항을 확정할 목적으로 행한 종국적인 결정·명령에 대해 재심사유가 있는 경우에 인정되는 독립적인 구제방법을 말한다. 즉시항고로 불복을 신청할 수 있는 결정·명령에는 소장각하명령(제254조), 상소장각하명령(제402조), 소송비용에 관한 결정(제111조), 과태료의 결정(제363조) 등이 이에 속한다. <u>대법원의 결정·명령에 대하여도 준재심신청을 할 수 있다.</u> 이러한 준재심신청에도 확정판결에 대한 재심의 소의 소송절차가 준용된다. 준재심신청은 소가 아닌 신청의 방식에 의하여야 하며, 판결이 아니라 결정의 형식으로 심판한다.

---

71) 대법 2016.10.13. 2014다12348

2025 대비 이종훈 민사소송법

제2장 간이소송절차

현행법은 통상의 소송절차에 비하여 쉽게 끝나는 간이한 소송절차로서 소액사건심판절차와 독촉절차 두 가지를 마련해 놓고 있다. 양자 모두 금전 그 밖의 대체물의 지급을 목적으로 하는 채권을 대상으로 하는 점에서 공통적이지만, 전자는 ① 쌍방심문주의에 의하고, ② 판결절차의 일종임에 대해, 후자는 ① 채권자 일방심문주의에 의하고, ② 판결절차에 선행하는 대용절차라는 점에서 차이가 있다.

제1절 소액사건심판절차

Ⅰ. 총 설

> 제1조(목적) 이 법은 지방법원 및 지방법원지원에서 소액의 민사사건을 간이한 절차에 따라 신속히 처리하기 위하여 민사소송법에 대한 특례를 규정함을 목적으로 한다.

민사소송법의 특례법의 일종인 소액사건심판법은 상고제한에 관한 규정(소심 제3조)을 제외하고 소액사건의 **제1심 절차에만 적용**되는 법규이다. **재심대상사건이 소액사건이면 소액사건심판법은 소액사건의 재심절차에도 적용**된다.[1]

1. 소액사건의 범위

> 제2조(적용범위등) ① 이 법은 지방법원 및 지방법원지원의 관할사건중 대법원규칙으로 정하는 민사사건(이하 "少額事件"이라 한다)에 적용한다. 〈개정 1975. 12. 31., 1980. 1. 4.〉
> ② 제1항의 사건에 대하여는 이 법에 특별한 규정이 있는 경우를 제외하고는 민사소송법의 규정을 적용한다.

소액사건심판절차에서 소액사건이라 함은 **소송목적의 값이 3,000만 원 이하의 금전 그 밖의 대체물이나 유가증권의 일정한 수량의 지급을 목적**으로 하는 사건을 말한다. 소가가 3,000만원 이하이더라도 **채무부존재확인청구**·소유권이전등기청구·사해행위취소청구·토지인도청구 등 **특정물에 대한 청구는 소액사건이 아니다. 주택·상가건물임대차보호법상 임차인이 임대인에 대하여 제기하는 보증금반환청구사건은 소가의 많고 적고를 불문하고 소액사건심판법의 제6조, 제7조, 제10조, 제11조 2의 규정을 준용하여 재판의 신속을 도모**한다(주택 제13조, 상가 제18조).

---
[1] 대법 2003.06.27, 2003다17088

2. 소액사건의 관할

(1) 지방법원 단독판사가 관할

소액사건심판법에 따라 처리되는 사건은 고유의 사물관할이 있는 것이 아니고 민사단독사건 중에서 소가에 따라 특례로 처리하는 것뿐이므로, ① 사안의 성질로 보아 간이한 절차로 빠르게 처리될 수 없는 사건은 통상절차에 따라 처리하여도 무방하며, 따라서 단독판사가 그 사건을 지방법원 및 지원의 합의부에 제34조 2항에 의해 이송할 수 있다.[2] 또한 ② **청구취지의 확장으로 소가가 소액사건의 범위를 넘게 되더라도 상대방의 응소에 따른 변론관할의 문제는 발생하지 않는다.**

(2) 시·군법원의 관할구역 안의 사건

시·군법원의 관할구역 안의 사건은 시·군법원판사의 전속적 사물관할에 속한다(법원조직법 제34조 제2항). 시·군법원판사의 사물관할은 소가가 3,000만원 한도이기 때문에 청구의 확장으로 이를 초과한 사건, 반소·중간확인의 소 및 변론의 병합으로 인하여 소액사건이 아니게 된 사건과 병합심리하게 된 사건이면 시·군법원은 관할지방법원으로 이송할 것이다.

II. 이행권고제도

소액사건에 대하여 변론에 의한 소송절차의 회부에 앞서 행하는 전치절차로서, 간이한 처리와 당사자의 법정출석의 불편을 덜어 주고자 한 것이 입법목적이다. **이행권고결정은 청구취지대로 법원이 피고에게 이행할 것을 권고하는 것이므로 원고 전부승소판결을 할 수 있는 사건에 한하여 할 수 있다.**

1. 이행권고결정

> 제5조의3(결정에 의한 이행권고) ① 법원은 소가 제기된 경우에 결정으로 소장부본이나 제소조서등본을 첨부하여 피고에게 청구취지대로 이행할 것을 권고할 수 있다. 다만, 다음 각호 가운데 어느 하나에 해당하는 때에는 그러하지 아니하다.
> 1. 독촉절차 또는 조정절차에서 소송절차로 이행된 때
> 2. 청구취지나 청구원인이 불명한 때
> 3. 그 밖에 이행권고를 하기에 적절하지 아니하다고 인정하는 때
> ② 이행권고결정에는 당사자, 법정대리인, 청구의 취지와 원인, 이행조항을 기재하고, 피고가 이의신청을 할 수 있음과 이행권고결정의 효력의 취지를 부기하여야 한다.
> ③ 법원사무관등은 이행권고결정서의 등본을 피고에게 송달하여야 한다. 다만, 그 송달은 민사소송법 제187조, 제194조 내지 제196조에 규정한 방법으로는 이를 할 수 없다. 〈개정 2002. 1. 26.〉
> ④ 법원은 민사소송법 제187조, 제194조 내지 제196조에 규정된 방법에 의하지 아니하고는 피고에게 이행권고결정서의 등본을 송달할 수 없는 때에는 지체없이 변론기일을 지정하여야 한다. 〈개정 2002. 1. 26.〉

법원은 소액사건이 제기된 경우에 결정으로 소장부본이나 제소조서등본을 첨부하여 피고에게 원고의 청구취지대로 이행할 것을 권고할 수 있다. 다만, ① **독촉절차 또는 조정절차에 소송절차로 이행된 때**, ② 청

---

[2] 대법 1974.07.23, 74마71

구취지나 청구원인이 불명한 때, ③ 그 밖에 이행권고를 하기에 적절하지 아니하다고 인정하는 때에는 그러하지 아니하다(소심법 제5조의 3 제1항). 이행권고결정에는 당사자, 법정대리인, 청구취지와 원인, 이행조항을 기재하고 피고가 이의신청을 할 수 있음과 이행권고결정의 효력취지를 부기하여야 한다(소심법 제5조의 3 제2항).

2. 피고에게 결정서 송달

법원사무관 등은 **이행권고결정서 "등본"을 피고에게 송달**하여야 한다. 이 경우 **공시송달이나 우편송달로는 이를 할 수 없다**(소심법 제5조의 3 제3항). **이행권고결정서 등본이 피고에게 송달불능 되면 소심법 제2조 2항이 "이 법에 특별한 규정이 있는 경우를 제외하고는 민사소송법의 규정을 적용한다."고 하므로, 민소법 제255조 2항, 제254조 1항에 의하여 원고에게 피고의 주소를 보정할 것을 명하고 응하지 아니하는 경우 소장을 각하하는 명령을 내린다.** 다만 **주소보정명령을 받은 원고는 발송송달이나 공시송달에 의하지 않고는 송달할 방법이 없음을 소명하여 변론기일지정신청을 할 수 있고, 이 경우 법원은 지체 없이 변론기일을 지정하여 변론절차에 의해 당해 사건을 처리하여야** 한다(소심법 제5조의3 제4항). 또한 이행권고결정은 당사자의 청구취지대로 이행할 것을 권고하여야 하는데 당사자가 청구취지에서 제1심판결 선고일 다음 날부터 소송촉진 등에 관한 특례법 제3조 제1항에서 정한 법정이율에 의한 지연손해금을 구하는 취지는 특례법 제3조 제1항에서 정한 바와 같이 소장이 채무자에게 송달된 날의 다음날부터 특례법 소정의 법정이율의 적용을 구하는 것이 아니라 제1심판결이 선고되어 효력이 발생하는 날의 다음 날부터 지연손해금 산정에서 특례법 소정의 법정이율을 적용하여 줄 것을 구하는 취지로 보이고, **이행권고결정의 효력은 당사자에게 고지한 날에 발생하므로 그 다음 날부터 특례법 소정의 법정이율에 의한 지연손해금을 지급할 것을 명하는 것이 당사자가 구하는 취지에 부합하는 것으로 보이는 점 등에 비추어 보면, 위 이행권고결정 이행조항의 '판결 선고일'의 의미는 '이행권고결정의 고지일', 즉 '이행권고결정서 등본의 송달일'이라고 봄이 타당**하다.[3]

3. 피고의 이의신청

> 제5조의4(이행권고결정에 대한 이의신청) ①피고는 이행권고결정서의 등본을 송달받은 날부터 2주일내에 서면으로 이의신청을 할 수 있다. 다만, 그 등본이 송달되기 전에도 이의신청을 할 수 있다.
> ② 제1항의 기간은 불변기간으로 한다.
> ③ 법원은 제1항의 이의신청이 있는 때에는 지체없이 변론기일을 지정하여야 한다.
> ④ 이의신청을 한 피고는 제1심 판결이 선고되기 전까지 이의신청을 취하할 수 있다.
> ⑤ 피고가 이의신청을 한 때에는 원고가 주장한 사실을 다툰 것으로 본다.
> 제5조의6(이의신청의 추후보완) ①피고는 부득이한 사유로 제5조의4제1항의 기간내에 이의신청을 할 수 없었던 경우에는 그 사유가 없어진 후 2주일내에 이의신청을 추후보완할 수 있다. 다만, 그 사유가 없어질 당시 외국에 있는 피고에 대하여는 그 기간을 30일로 한다.
> ② 피고는 이의신청과 동시에 서면으로 그 추후보완사유를 소명하여야 한다.
> ③ 법원은 추후보완사유가 이유 없다고 인정되는 때에는 결정으로 이의신청을 각하하여야 한다.
> ④ 제3항의 결정에 대하여는 즉시항고를 할 수 있다.
> ⑤ 이의신청의 추후보완이 있는 때에는 민사소송법 제500조를 준용한다. 〈개정 2002. 1. 26.〉

---
[3] 대법 2013.06.10, 2013그52

피고는 이행권고결정서 등본의 송달 전이나 송달 받은 날로부터 2주일의 불변기간 안에 서면에 의한 이의신청을 할 수 있으며, 피고가 이의신청을 한 경우에는 이행권고결정은 실효되며, 지체없이 변론기일을 지정하여야 한다. 이행권고결정의 일부에 대한 이의신청이 있어도 전부에 대한 이의가 있는 것으로 본다. 피고의 보조참가인도 참가신청과 동시에 이의신청을 할 수 있고, 피고의 상속인 등 소송목적물의 포괄승계인도 소송수계신청을 하면서 이의신청을 할 수 있다. 이의신청을 한 피고는 제1심 판결이 선고되기 전까지 원고의 동의 없이 이의신청을 취하할 수 있다. 피고가 이의신청을 한 때에는 원고가 주장한 사실을 다툰 것으로 본다(소심법 제5조의 4). 또한 추후보완사유가 있으면 이의신청과 동시에 서면으로 그 추후보완사유를 소명하여 그 사유가 없어진 날로부터 2주일 이내에 이의신청을 추후보완할 수 있다(소심법 제5조의 6).

4. 이의신청의 각하

> 제5조의5(이의신청의 각하) ① 법원은 이의신청이 적법하지 아니하다고 인정되는 경우에는 그 흠을 보정할 수 없으면 결정으로 이를 각하하여야 한다.
> ② 제1항의 결정에 대하여는 즉시항고를 할 수 있다.

법원은 이의신청이 적법하지 않다고 인정되는 경우 그 흠을 보정할 수 없으면 결정으로 이를 각하하며, 이 각하결정에 대하여는 즉시항고를 할 수 있다(소심법 제5조의 5). 법원은 추후보완사유가 이유 없다고 인정하면 결정으로 이의신청을 각하하며, 이 결정에 대하여는 즉시항고를 할 수 있다(소심법 제5조의 6 제3항·제4항).

5. 이행권고결정의 효력

> 제5조의7(이행권고결정의 효력) ① 이행권고결정은 다음 각호 가운데 어느 하나에 해당하면 확정판결과 같은 효력을 가진다.
> 1. 피고가 제5조의4제1항의 기간내에 이의신청을 하지 아니한 때
> 2. 이의신청에 대한 각하결정이 확정된 때
> 3. 이의신청이 취하된 때
> ② 법원사무관등은 이행권고결정이 확정판결과 같은 효력을 가지게 된 때에는 이행권고결정서의 정본을 원고에게 송달하여야 한다.
> ③ 제1항에 해당하지 아니하는 이행권고결정은 제1심 법원에서 판결이 선고된 때에는 그 효력을 잃는다.

(1) 확정판결과 동일한 효력

피고가 이행권고결정의 송달을 받고도 기간 안에 이의신청을 하지 않거나 이의신청각하결정이 확정된 때 그리고 이의신청이 취하된 때에는 이행권고결정은 확정판결과 동일한 효력을 가진다. 이 경우 **법원사무관등은 이행권고결정서 "정본"을 원고에게 송달하여야** 한다(소심법 제5조의 7). 이렇게 되면 소송절차를 거치지 아니하고 소액사건심판절차는 종료된다. 이행권고결정에 확정판결과 동일한 효력이란 **기판력을 제외한 나머지 효력인 집행력 및 법률요건적 효력 등의 부수적 효력만 인정**된다.[4] 따라서 **기판력이 있음을 전제로 준재심의 소를 제기하는 것은 허용되지 않으며, 청구에 관한 이의의 주장에 관하여 변론종결 후에 생긴 사

---

[4] 대법 2009.05.14, 2006다34190

유에 한한다는 제한도 받지 않는다(소심법 제5조의 8 3항). 나아가 **강제집행이 완료된 경우에는 부당이득반환청구의 소 등을 제기할 수 있다.**[5]

(2) 이행권고결정의 실효

확정되지 않은 이행권고결정은 제1심법원의 판결이 선고된 때에는 그 효력을 잃는다(소심법 제5조의 7 3항). 따라서 1심판결 선고 후에는 이의신청기간의 경과로 인한 이행권고결정의 확정문제는 발생하지 않으며 이행권고결정에 대한 이의신청의 취하도 불가능하다.

6. 강제집행의 특례

> 제5조의8(이행권고결정에 기한 강제집행의 특례) ① 이행권고결정에 기한 강제집행은 집행문을 부여받을 필요 없이 제5조의7제2항의 결정서의 정본에 의하여 행한다. 다만, 다음 각호 가운데 어느 하나에 해당하는 경우에는 그러하지 아니하다.
> 1. 이행권고결정의 집행에 조건을 붙인 경우
> 2. 당사자의 승계인을 위하여 강제집행을 하는 경우
> 3. 당사자의 승계인에 대하여 강제집행을 하는 경우
> ② 원고가 여러 통의 이행권고결정서의 정본을 신청하거나, 전에 내어준 이행권고결정서 정본을 돌려주지 아니하고 다시 이행권고결정서 정본을 신청한 때에는 법원사무관등이 이를 부여한다. 이 경우 그 사유를 원본과 정본에 적어야 한다.
> ③ 청구에 관한 이의의 주장에 관하여는 민사집행법 제44조제2항의 규정에 의한 제한을 받지 아니한다. 〈개정 2002. 1. 26.〉

이행권고결정에 기한 강제집행은 집행문을 부여받을 필요 없이 이행권고결정서의 정본에 의하여 행한다. 다만, 강제집행에 조건을 붙이거나, 승계인에 대하여 또는 승계인을 위하여 집행을 하는 경우에는 집행문을 부여받아야 한다(소심법 제5조의 8 제1항). **집행권원상의 청구권을 양도한 채권자가 집행력이 소멸한 이행권고결정서의 정본에 기하여 강제집행절차에 나아간 경우에 채무자는 민사집행법 제16조의 집행이의의 방법으로 이를 다툴 수 있다.**[6]

III. 소액사건심판에 있어서 절차상의 특례

1. 소제기방식에 관한 특례

소액사건에서 소장에 의한 소제기 이외에 **구술에 의한 소제기**(소심법 제4조)와 당사자 쌍방의 임의출석에 의한 소제기(소심법 제5조) 등 두 가지 방식을 인정한다. 다만, **구술로써 소를 제기하는 때에는 법원사무관 등의 면전에서 진술하고 법원사무관 등은 제소조서를 작성하여 기명날인**하여야 한다(소심법 제4조 제2항·제3항). **당사자 쌍방은 임의로 법원에 출석하여 소송에 관하여 변론할 수 있고, 이 경우 소의 제기는 구술에 의한 진술로써 행한다**(소심법 제5조). **소액사건심판법의 적용을 받을 목적으로 청구를 분할하여 그 일부만을 청구하면 판결로 각하**한다(소심법 제5조2).

---

5) 대법 2009.05.14, 2006다34190
6) 대법 2008.02.01, 2005다23889

2. 소송대리에 관한 특례

소액사건에서는 **변호사가 아니라도 당사자의 배우자·직계혈족·형제자매는 법원의 허가 없이 소송대리인이 될 수 있다**(소심법 제8조 제1항). 이 경우 소송대리인은 당사자와 신분관계 및 수권관계를 서면으로 증명하여야 한다. 다만, 수권관계에 대해서는 당사자가 판사의 면전에서 구술로 제1항의 소송대리인을 선임하고, 법원사무관 등이 이를 조서에 기재한 때에는 따라 이를 증명할 필요가 없다(소심법 제8조 제2).

3. 1회심리의 원칙

절차의 신속처리를 위하여 소액사건에는 소의 제기가 있으면 판사는 민사소송법 제256조 내지 제258조의 규정에 불구하고 바로 변론기일을 정할 수 있고, 판사는 되도록 1회의 변론기일로 심리를 종결하도록 해야 한다. 이를 위하여 소장부본이나 제소조서등본은 지체 없이 피고에게 송달하여야 한다. 다만, 피고에게 이행권고결정서의 등본이 송달된 때에는 소장부본이나 제소조서등본이 송달된 것으로 본다(소심법 제6조). 판사는 변론기일 전이라도 당사자로 하여금 증거신청을 하게 되는 등 필요한 조치를 취할 수 있다(소심법 제7조).

4. 심리절차에 관한 특례

(1) 공휴일, 야간의 개정

판사는 필요한 경우에는 근무시간 외 또는 공휴일에도 개정할 수 있다(소심법 제7조 2).

(2) 구술심리주의의 예외

재판관계인이 법정에 직접 출석하기 어려운 경우에 동영상 및 음성을 송수하는 장치를 통해 원격영상재판을 할 수 있다(원격영상재판에관한특례법 제2조). **법원은 소장, 준비서면 기타 소송기록에 의하여 청구가 이유 없음이 명백한 때에는 구술심리의 예외로서 변론 없이 청구를 기각할 수 있다**(소심법 제9조 제1항).

(3) 직접심리주의의 예외

판사의 경질이 있는 경우에도 직접심리주의의 예외로서 변론의 갱신 없이 판결할 수 있다(동조 제2항).

(4) 조서기재의 생략

조서는 **당사자의 이의가 있는 경우를 제외하고 판사의 허가가 있는 때에는 이에 기재할 사항을 생략**할 수 있다. 다만, **변론의 방식에 관한 규정의 준수와 화해·인낙·포기·취하 및 자백에 대하여는 기재를 생략할 수 없다**(소심법 제11조).

5. 증거조사에 관한 특례

(1) 직권증거조사

소액사건에서는 직권증거조사의 보충성을 지양하여 판사는 필요하다고 인정한 때에는 직권으로 증거조사를 할 수 있도록 하였다. 그러나 **증거조사의 결과에 관하여는 당사자의 의견을 들어야 한다**(소심법 제10조

제1항).

(2) 교호신문제의 폐지

증인은 판사가 신문하나, 당사자는 판사에게 고하고 신문할 수 있다(소심법 제10조 제2항).

(3) 증인·감정인 등에 대한 서면신문제

판사는 상당하다고 인정한 때에는 증인 또는 감정인의 신문에 갈음하여 서면을 제출하게 할 수 있다(소심법 제10조 제3항). **이때 제출하는 서면은 신문과 같은 효력이 있는 것이나 서증이 아니므로, 서증에 관한 증거조사절차에 의할 것이 아니다.**

(4) 당사자신문의 보충성 배제규정의 삭제

개정 전 소액사건심판법 제10조 제4항에서는 신속한 처리를 위하여 당사자본인신문의 보충성 배제규정을 두고 있었으나, 민사소송법 자체가 보충성을 폐지하였으므로 그 존재이유가 없어져 삭제되었다.

6. 판결에 관한 특례

(1) 변론종결 후 즉시 판결의 선고

판결의 선고는 변론종결 후 즉시할 수 있다(소심법 제11조의 2 제1항).

(2) 구술에 의한 판결이유 요지의 설명과 판결이유 기재의 생략

판결을 선고함에는 주문을 낭독하고 주문이 정당함을 인정할 수 있는 범위 안에서 그 이유의 요지를 구술로 설명하여야 한다(소심법 제11조의 2 제2항). 또한 판결서에는 이유를 기재하지 아니할 수 있다(소심법 제11조의 2 제3항).

7. 상고 및 재항고의 제한

소액사건에 있어서는 통상의 소송사건과 달리 상고 및 재항고가 제한된다. 즉, 소액사건에 대한 지방법원본원합의부의 제2심 판결이나 결정·명령에 대해서는 ① **법률·명령·규칙 또는 처분의 헌법위반여부와 명령·규칙 또는 처분의 법률위반여부에 대한 판단이 부당한 때** ② **대법원 판례에 상반되는 판단을 한 때에 한하여만 상고 또는 재항고를 할 수 있다**(소심법 제3조). 따라서 소액사건에 있어서는 사실상 2심제를 채택하고 있다.

제2절 독촉절차

Ⅰ. 서 설

1. 의 의

독촉절차는 금전 그 밖의 대체물이나 유가증권의 일정수량의 지급을 목적으로 하는 청구권에 관하여 채무자가 다투지 않을 것으로 예상될 경우 채권자에게 통상의 판결절차보다 간이·신속하게 집행권원을 얻을 수 있도록 하는 특별한 간이소송절차를 말한다. 이러한 독촉절차는 지급명령이라는 형식재판을 함으로써 진행되며, 이 재판은 채무자의 참여 없이 채권자의 일방적인 주장에 의하여 하게 된다. 그러나 지급명령이 송달된 후 채무자는 이의신청을 할 수 있으며, 이 경우에는 통상의 민사소송절차로 넘어간다.

2. 특 징

소송절차의 일종인 점에서 특별한 규정이 없는 한 민사소송법 총칙편의 규정이 적용된다. 독촉절차에서는 신청인을 채권자, 상대방을 채무자라고 한다. 채권자는 통상의 소송절차와 독촉절차 가운에 어느 것이나 자유롭게 선택할 수 있다. 당사자의 불소환, 소명방법의 불필요, 1/10의 인지액 등 간이·신속·경제 때문에 이용가치가 크다.

II. 지급명령의 신청 및 재판

1. 지급명령의 대상

> **제462조(적용의 요건)** 금전, 그 밖에 대체물(代替物)이나 유가증권의 일정한 수량의 지급을 목적으로 하는 청구에 대하여 법원은 채권자의 신청에 따라 지급명령을 할 수 있다. 다만, 대한민국에서 공시송달 외의 방법으로 송달할 수 있는 경우에 한한다.

(1) 금전, 기타 대체물이나 유가증권의 일정 수량의 지급

지급명령을 신청할 수 있는 청구는 금전 그 밖에 대체물이나 유가증권의 일정한 수량의 지급을 목적으로 하는 것이어야 한다(제462조 본문). 따라서 물건인도를 구하는 경우에는 지급명령을 할 수 없다. 청구금액이나 수량이 많고 적음을 불문하며 청구발생원인도 묻지 않는다. 判例는 국가에 대한 징발보상청구권이나,[7] 공법인에 대한 급여청구권에[8] 대해서도 지급명령신청을 할 수 있다고 하였다.

(2) 채권자의 반대급부 이행을 조건으로 한 지급명령

반대급부의 이행과 동시에 금전 등 대체물이나 일정한 수량의 유가증권의 지급을 명하는 지급명령도 허용된다. 이때 반대급부는 지급명령신청의 대상이 아니어서 민사소송법 제462조에서 정한 '금전 등 대체물이나 유가증권의 일정한 수량의 지급을 목적으로 하는 청구'라는 제한을 받지 아니하고, 반대급부를 이행하여야 하는 자도 '지급명령의 신청인'에 한정되는 것은 아니다.[9]

(3) 이행기가 도래한 청구권

청구는 이행기에 있어야 하므로 정지조건부청구나 기한미도래의 청구는 지급명령의 대상이 되지 않는다. 그러나 해제조건부채권에 대하여서는 지급명령을 할 수 있다는 것이 통설이다.

(4) 송달방법

신속한 처리를 목적으로 하는 제도이므로 지급명령은 대한민국에서 공시송달에 의하지 아니하고 상대방

---

[7] 대법 1973.03.10, 69다1886
[8] 대법 1967.11.14, 67다2271
[9] 대법 2022.06.21, 2021그753

에게 송달할 수 있는 경우에 한한다(제462조 단서). 따라서 **채무자가 소재불명인 경우, 외국에 거주하는 경우에는 지급명령을 할 수 없다.** 공시송달이면 안 되지만 **보충송달 등의 방법에 의할 수 있다.** 다만 **은행법에 따른 은행 등의 채권자가 그 업무 또는 사업으로 취득하여 행사하는 대여금, 구상금, 보증금 채권에 대하여 지급명령을 신청하는 경우로서 청구원인을 소명하는 경우 공시송달을 명령할 수 있다**(소촉법 제20조의2 1항 2항).

2. 관할법원

> 제463조(관할법원) 독촉절차는 채무자의 보통재판적이 있는 곳의 지방법원이나 제7조 내지 제9조, 제12조 또는 제18조의 규정에 의한 관할법원의 전속관할로 한다.

독촉절차는 청구가액에 불구하고 **지방법원단독판사 또는 시·군법원판사의 직분관할**에 속하며(법조 제34조 1항 2호), 또는 **사법보좌관의 업무**에 속한다(법조 제54조 2항 1호). 토지관할은 **채무자의 보통재판적이 있는 곳이나 근무지의 특별재판적**(제7조), 사무소·영업소(제12조)가 있는 곳의 관할지방법원이 전속으로 관할하는데, **신법은 거소지·의무이행지, 어음수표지급지, 불법행위지를 추가하여 그 곳 법원의 전속관할로 하였다**(제463조). **전속관할이므로 관련재판적, 합의관할, 변론관할의 적용이 없다.**

3. 지급명령의 신청 및 재판

(1) 신청절차

> 제464조(지급명령의 신청) 지급명령의 신청에는 그 성질에 어긋나지 아니하면 소에 관한 규정을 준용한다.

독촉절차는 채권자의 지급명령신청에 의하여 개시된다. 그 신청에는 그 성질에 어긋나지 아니하면 소에 관한 규정이 준용된다(제464조). **지급명령신청서에는 소장에 붙이는 인지액의 10분의 1의 인지를 붙여야 한다**(민사소송등인지법 제7조 제2항). 지급명령신청이 접수되면 재판상의 청구로써 시효중단의 효력이 생긴다(민법 제172조).

(2) 지급명령신청에 대한 재판

1) 신청을 각하하는 경우

> 제465조(신청의 각하) ① 지급명령의 신청이 제462조 본문 또는 제463조의 규정에 어긋나거나, 신청의 취지로 보아 청구에 정당한 이유가 없는 것이 명백한 때에는 그 신청을 각하하여야 한다. 청구의 일부에 대하여 지급명령을 할 수 없는 때에 그 일부에 대하여도 또한 같다.
> ② 신청을 각하하는 결정에 대하여는 불복할 수 없다.

지급명령의 신청이 금전 등의 지급을 구하는 것이 아니거나, 전속관할에 위배된 경우, 신청의 취지로 청구의 이유 없음이 명백하면 각하한다. **이 결정에 대해서는 불복할 수 없다.** 지급명령신청이 각하된 경우라도 6개월 이내 다시 소를 제기한 경우라면 시효는 당초 지급명령신청이 있었던 때에 중단되었다고 보아야 한다(민법 제170조 참조).

2) 지급명령을 하지 아니하는 경우

> **제466조(지급명령을 하지 아니하는 경우)** ① 채권자는 법원으로부터 채무자의 주소를 보정하라는 명령을 받은 경우에 소제기신청을 할 수 있다.
> ② 지급명령을 공시송달에 의하지 아니하고는 송달할 수 없거나 외국으로 송달하여야 할 때에는 법원은 직권에 의한 결정으로 사건을 소송절차에 부칠 수 있다.
> ③ 제2항의 결정에 대하여는 불복할 수 없다.

ⅰ) **채권자가 법원으로부터 채무자의 주소를 보정하라는 명령을 받은 경우 소제기 신청**을 할 수 있고(제466조 1항), ⅱ) **지급명령을 공시송달에 의하지 아니하고는 송달할 수 없거나, 외국으로 송달하여야 할 때에는 법원은 직권에 의한 결정으로 사건을 소송절차에 부칠 수 있다**(제466조 2항). 이러한 결정에는 불복할 수 없다(제466조 3항).

3) 지급명령을 발하는 경우

> **제467조(일방적 심문)** 지급명령은 채무자를 심문하지 아니하고 한다.
> **제468조(지급명령의 기재사항)** 지급명령에는 당사자, 법정대리인, 청구의 취지와 원인을 적고, 채무자가 지급명령이 송달된 날부터 2주 이내에 이의신청을 할 수 있다는 것을 덧붙여 적어야 한다.
> **제469조(지급명령의 송달)** ① 지급명령은 당사자에게 송달하여야 한다.
> ② 채무자는 지급명령에 대하여 이의신청을 할 수 있다.

지급명령은 채무자를 심문하지 아니하고 한다. 지급명령은 채권자의 신청에 의하여 채무자에게 채무의 이행을 명하는 재판으로서 그 성질은 결정이다. 지급명령은 그 송달에 의하여 효력이 발생하며 동시에 소송계속도 발생한다. 그러나 시효중단 등의 효과는 지급명령신청시에 발생한다. 채무자가 지급명령을 송달받은 날부터 2주 이내에 이의신청을 한 때에는 그 범위 안에서 효력을 잃으며 이 기간은 불변기간으로 한다(제470조). **지급명령이 송달된 후 이의신청 기간 내에 회생절차개시결정 등과 같은 소송중단 사유가 생긴 경우에는 민사소송법 제247조 제2항이 준용되어 이의신청 기간의 진행이 정지**된다.[10]

(3) 지급명령의 확정

> **제474조(지급명령의 효력)** 지급명령에 대하여 이의신청이 없거나, 이의신청을 취하하거나, 각하결정이 확정된 때에는 지급명령은 확정판결과 같은 효력이 있다.

지급명령에 대하여 이의신청이 없거나, 이의신청을 취하하거나, 각하결정이 확정된 때에는 지급명령은 확정판결과 같은 효력이 있다(제474조). 이와 같이 지급명령이 확정되면 독촉절차는 종료되며 그 확정된 지급명령은 집행권원이 된다. 따라서 **확정된 지급명령정본에 의한 강제집행시 원칙적으로 집행문이나 송달증명, 확정증명을 요하지 않는다**(민집 제58조 1항). **지급명령으로 확정된 채권은 단기의 소멸시효에 해당하는 것이라도 소멸시효가 10년으로 연장**된다. **기판력은 부정되고 단지 집행력만이 생길 뿐이므로 그에 대한**

---

10) 대법 2012.11.15, 2012다70012

청구이의의 소에는 기판력의 시간적 한계에 관한 제한이 적용되지 않는다.[11]

III. 지급명령에 대한 채무자의 이의신청

> 제470조(이의신청의 효력) ① 채무자가 지급명령을 송달받은 날부터 2주 이내에 이의신청을 한 때에는 지급명령은 그 범위 안에서 효력을 잃는다.
> ② 제1항의 기간은 불변기간으로 한다.

1. 이의신청의 방식 및 기간

채무자는 지급명령을 발한 법원에 대하여 **지급명령이 송달된 날로부터 2주일 이내에 서면 또는 말로 불복취지를 표시하여 신청**한다(제161조). 지급명령의 일부에 대한 이의신청도 가능하다. **2주일의 이의신청기간을 불변기간**이다(제470조 제2항).

2. 이의신청의 적법여부조사 및 효력

> 제471조(이의신청의 각하) ① 법원은 이의신청이 부적법하다고 인정한 때에는 결정으로 이를 각하하여야 한다.
> ② 제1항의 결정에 대하여는 즉시항고를 할 수 있다.
>
> 제472조(소송으로의 이행) ① 채권자가 제466조 제1항의 규정에 따라 소제기신청을 한 경우, 또는 법원이 제466조 제2항의 규정에 따라 지급명령신청사건을 소송절차에 부치는 결정을 한 경우에는 지급명령을 신청한 때에 소가 제기된 것으로 본다.
> ② 채무자가 지급명령에 대하여 적법한 이의신청을 한 경우에는 지급명령을 신청한 때에 이의신청된 청구목적의 값에 관하여 소가 제기된 것으로 본다.

채무자가 지급명령에 대하여 적법한 이의신청을 하여 지급명령신청이 소송으로 이행하게 되는 경우 지급명령신청 시의 청구금액을 소송목적의 값으로 하여 **인지액을 계산함이 원칙**이나(제472조 2항), **소송기록이 관할법원으로 송부되기 전에 지급명령신청 시의 청구금액을 기준으로 한 인지 부족액이 보정되지 않은 상태에서 채권자가 지급명령을 발령한 법원에 청구금액을 감액하는 청구취지 변경서를 제출하는 등 특별한 사정이 있는 경우에는 변경 후 청구에 관한 소송목적의 값에 따라 인지액을 계산**하여야 한다.[12]

---

11) 현행 민사소송법 제474조는 확정된 지급명령은 확정판결과 같은 효력을 가진다고 규정하고 있으나, 확정판결에 대한 청구이의 이유를 변론이 종결된 뒤(변론 없이 한 판결의 경우에는 판결이 선고된 뒤)에 생긴 것으로 한정하고 있는 민사집행법 제44조 제2항과는 달리 민사집행법 제58조 제3항은 지급명령에 대한 청구에 관한 이의의 주장에 관하여는 위 제44조 제2항의 규정을 적용하지 아니한다고 규정하고 있으므로, 현행 민사소송법에 의한 지급명령에 있어서도 지급명령 발령 전에 생긴 청구권의 불성립이나 무효 등의 사유를 그 지급명령에 관한 이의의 소에서 주장할 수 있다는 것에, 대법 2009.07.09, 2006다73966
12) 대법 2012.05.03, 2012마73

3. 소송으로의 이행에 따른 처리

> 제473조(소송으로의 이행에 따른 처리) ① 제472조의 규정에 따라 소가 제기된 것으로 보는 경우, 지급명령을 발령한 법원은 채권자에게 상당한 기간을 정하여, 소를 제기하는 경우 소장에 붙여야 할 인지액에서 소제기신청 또는 지급명령신청시에 붙인 인지액을 뺀 액수의 인지를 보정하도록 명하여야 한다.
> ② 채권자가 제1항의 기간 이내에 인지를 보정하지 아니한 때에는 위 법원은 결정으로 지급명령신청서를 각하하여야 한다. 이 결정에 대하여는 즉시항고를 할 수 있다.
> ③ 제1항에 규정된 인지가 보정되면 법원사무관 등은 바로 소송기록을 관할법원에 보내야 한다. 이 경우 사건이 합의부의 관할에 해당되면 법원사무관등은 바로 소송기록을 관할법원 합의부에 보내야 한다.
> ④ 제472조의 경우 독촉절차의 비용은 소송비용의 일부로 한다.

이의신청 후에 그 지급명령이 관할을 위반하여 내려진 것임이 발견된 경우에는 독촉법원의 법원사무관 등은 그 기록을 본안의 관할법원으로 송부하여야 한다.

4. 이의신청의 취하

채무자는 이의신청각하결정 전 또는 소송으로 이행하기까지는 어느 경우나 임의로 이의신청을 취하할 수 있다. 그러나 그 이후에는 지급명령이 실효되고 독촉절차가 소멸된 것이므로 취하의 여지가 없다. 법원의 인지보정명령에 따라 채권자가 인지를 보정하면 지급명령의 실효가 확정적인 것이 되고 독촉절차가 소멸되었다 할 것이므로 이의신청의 취하가 허용될 수 없다.

제3절 공시최고절차

I. 서 설

1. 의 의

> 제475조(공시최고의 적용범위) 공시최고(公示催告)는 권리 또는 청구의 신고를 하지 아니하면 그 권리를 잃게 될 것을 법률로 정한 경우에만 할 수 있다.

공시최고라 함은 법원이 당사자의 신청에 따라 불특정 또는 불분명한 이해관계인에게 **권리 또는 청구의 신고를 하지 아니하면 권리 또는 청구를 잃게 되는 효력이 발생한다**는 경고와 해당 권리 또는 청구를 신고할 것을 결정에 의하여 최고하는 것을 말한다(제475조, 제495조). 재판상의 최고라고 할 수 있다. 공시최고절차는 이러한 공시최고를 함으로써 경고하였던 해당 권리 또는 청구를 제권판결을 통하여 상실시키는 것을 주된 목적으로 하는 절차이다.

2. 대 상

공시최고는 법률이 특별히 인정하는 경우에만 허용되는데, ① 실종선고를 위한 공시최고(민법 제27조), ② **등기·등록의 말소를 위한 공시최고**(부등법 제167조), ③ 증권 또는 증서의 무효선고를 위한 공시최고(민법 제521조 등) 등이 그것이다.

II. 공시최고의 절차

1. 관할법원

> **제476조(공시최고절차를 관할하는 법원)** ① 공시최고는 법률에 다른 규정이 있는 경우를 제외하고는 권리자의 보통재판적이 있는 곳의 지방법원이 관할한다. 다만, 등기 또는 등록을 말소하기 위한 공시최고는 그 등기 또는 등록을 한 공공기관이 있는 곳의 지방법원에 신청할 수 있다.
> ② 제492조의 경우에는 증권이나 증서에 표시된 이행지의 지방법원이 관할한다. 다만, 증권이나 증서에 이행지의 표시가 없는 때에는 발행인의 보통재판적이 있는 곳의 지방법원이, 그 법원이 없는 때에는 발행 당시에 발행인의 보통재판적이 있었던 곳의 지방법원이 각각 관할한다.
> ③ 제1항 및 제2항의 관할은 전속관할로 한다.

(1) 토지관할

공시최고는 법률에 다른 규정이 있는 경우를 제외하고는 **권리자의 보통재판적이 있는 곳의 지방법원이 관할**하나, **등기 또는 등록을 말소하기 위한 공시최고는 그 등기 또는 등록을 한 공공기관이 있는 곳의 지방법원에 신청**할 수 있다(제476조 1항). 실종선고를 위한 공시최고는 부재자의 주소지 가정법원의 관할에 속한다(가소 제44조 1항). **증권이나 증서의 무효선언을 위한 공시최고는 증권 등에 표시된 이행지**(예 : 어음·수표 지급지, 화물상환증은 도착지, 창고증권은 보관장소)의 지방법원이 관할하고, 다만 **증권이나 증서에 이행지의 표시가 없는 때에는 발행인의 보통재판적이 있는 곳**의 지방법원이 그 법원이 없는 때에는 발행 당시에 발행인의 보통재판적이 있었던 곳의 지방법원이 각각 관할한다(제476조 2항).

(2) 사물관할

사물관할은 사법보좌관의 업무에 속한다(법조 제54조 2항 1호).

(3) 전속관할

위 **토지관할과 사물관할은 전속관할**에 속한다(제476조 3항).

2. 공시최고의 신청방식

> **제477조(공시최고의 신청)** ① 공시최고의 신청에는 그 신청의 이유와 제권판결(除權判決)을 청구하는 취지를 밝혀야 한다.
> ② 제1항의 신청은 서면으로 하여야 한다.
> ③ 법원은 여러 개의 공시최고를 병합하도록 명할 수 있다.
>
> **제478조(공시최고의 허가여부)** ① 공시최고의 허가여부에 대한 재판은 결정으로 한다. 허가하지 아니하는 결정에 대하여는 즉시항고를 할 수 있다.
> ② 제1항의 경우에는 신청인을 심문할 수 있다.

공시최고의 신청에는 그 신청의 이유와 제권판결(除權判決)을 청구하는 취지를 밝혀 **서면으로 하여야 하며**(제477조), **말로 할 수 없다**. 한편 **공시최고의 허가여부에 대한 재판은 결정으로 하며, 허가하지 아니하는 결정에 대하여는 즉시항고를 할 수 있다**(제478조).

3. 공시최고신청의 취하

> 제483조(신청인의 불출석과 새 기일의 지정) ① 신청인이 공시최고기일에 출석하지 아니하거나, 기일변경신청을 하는 때에는 법원은 1회에 한하여 새 기일을 정하여 주어야 한다.
> ② 제1항의 새 기일은 공시최고기일부터 2월을 넘기지 아니하여야 하며, 공고는 필요로 하지 아니한다.
>
> 제484조(취하간주) 신청인이 제483조의 새 기일에 출석하지 아니한 때에는 공시최고신청을 취하한 것으로 본다.

신청인이 공시최고기일에 출석하지 아니하거나, 기일변경신청을 하는 때에는 법원은 1회에 한하여 새 기일을 정하여 주어야 하며(제483조), 신청인이 그 지정한 새 기일에 출석하지 아니한 때에는 공시최고신청을 취하한 것으로 본다(제484조).

4. 공시최고의 실시

> 제479조(공시최고의 기재사항) ① 공시최고의 신청을 허가한 때에는 법원은 공시최고를 하여야 한다.
> ② 공시최고에는 다음 각호의 사항을 적어야 한다.
>   1. 신청인의 표시
>   2. 공시최고기일까지 권리 또는 청구의 신고를 하여야 한다는 최고
>   3. 신고를 하지 아니하면 권리를 잃게 될 사항
>   4. 공시최고기일
>
> 제480조(공고방법) 공시최고는 대법원규칙이 정하는 바에 따라 공고하여야 한다.
>
> 제481조(공시최고기간) 공시최고의 기간은 공고가 끝난 날부터 3월 뒤로 정하여야 한다.

공시최고의 신청을 허가한 때에는 법원은 ① **신청인의 표시**, ② **공시최고기일까지 권리 또는 청구의 신고를 하여야 한다는 최고**, ③ **신고를 하지 아니하면 권리를 잃게 될 사항**, ④ **공시최고기일을 적어** 공시최고를 하여야 한다(제479조). 공시최고는 대법원규칙이 정하는 바에 따라 공고하여야 한다(제480조). **공시최고의 기간은 공고가 끝난 날부터 3월 뒤로 정하여야** 한다(제481조).

> **민사소송규칙**
> 제142조(공시최고의 공고) ① 공시최고의 공고는 다음 각호 가운데 어느 하나의 방법으로 한다. 이 경우 필요하다고 인정하는 때에는 적당한 방법으로 공고사항의 요지를 공시할 수 있다.
>   1. 법원게시판 게시
>   2. 관보·공보 또는 신문 게재
>   3. 전자통신매체를 이용한 공고
> ② 법원사무관등은 공고한 날짜와 방법을 기록에 표시하여야 한다.

5. 권리 또는 청구의 신고

> **제482조(제권판결전의 신고)** 공시최고기일이 끝난 뒤에도 제권판결에 앞서 권리 또는 청구의 신고가 있는 때에는 그 권리를 잃지 아니한다.
>
> **제485조(신고가 있는 경우)** 신청이유로 내세운 권리 또는 청구를 다투는 신고가 있는 때에는 법원은 그 권리에 대한 재판이 확정될 때까지 공시최고절차를 중지하거나, 신고한 권리를 유보하고 제권판결을 하여야 한다.

공시최고에 따라 신청인이 주장한 권리 또는 청구를 다투는 사람은 그러한 취지와 자신의 권리 또는 청구를 신고하여야 한다. **이러한 권리 등의 신고는 공시최고기일까지 하여야 하나, 공시최고기일이 끝난 뒤에도 제권판결에 앞서 신고를 하면 그 권리를 잃지 아니한다**(제482조). **신청이유로 내세운 권리 또는 청구를 다투는 신고가 있는 때에는 법원은 그 권리에 대한 재판이 확정될 때까지 공시최고절차를 중지하거나, 신고한 권리를 유보하고 제권판결을 하여야 한다**(제485조). 그러나 어음·수표금 청구소송을 제기한 경우나 은행에 수표 등의 지급제시를 한 것만으로는 공시최고에 따른 권리 등의 신고에 해당하지 않는다.[13]

III. 제권판결

1. 제권판결의 의의

제권판결이라 함은 공시최고절차에서 공시최고신청인의 신청에 의하여 공시최고대상인 권리 또는 청구에 관하여 실권선언을 하는 법원의 판결을 말한다. 권리 등을 실권시킨다는 점에서 형성판결의 성질을 가지고 있고, 제권판결은 공시최고절차의 주된 목적이라 할 수 있다.

2. 제권판결의 선고 및 공고

> **제486조(신청인의 진술의무)** 공시최고의 신청인은 공시최고기일에 출석하여 그 신청을 하게 된 이유와 제권판결을 청구하는 취지를 진술하여야 한다.
>
> **제487조(제권판결)** ① 법원은 신청인이 진술을 한 뒤에 제권판결신청에 정당한 이유가 없다고 인정할 때에는 결정으로 신청을 각하하여야 하며, 이유가 있다고 인정할 때에는 제권판결을 선고하여야 한다.
> ② 법원은 제1항의 재판에 앞서 직권으로 사실을 탐지할 수 있다.
>
> **제488조(불복신청)** 제권판결의 신청을 각하한 결정이나, 제권판결에 덧붙인 제한 또는 유보에 대하여는 즉시항고를 할 수 있다.
>
> **제489조(제권판결의 공고)** 법원은 제권판결의 요지를 대법원규칙이 정하는 바에 따라 공고할 수 있다.
>
> **민사소송규칙**
> **제143조(제권판결의 공고)** 제권판결의 요지를 공고하는 때에는 제142조의 규정을 준용한다.

제권판결의 절차는 공시최고기일까지 권리 또는 청구의 신고가 없는 경우에 당연히 개시되는 것이 아니다. 공시최고의 신청인은 공시최고기일에 출석하여 그 신청을 하게 된 이유와 제권판결을 청구하는

---

[13] 대법 1983.11.08, 83다508

취지를 진술하여야 한다(제486조). **법원은 신청인이 진술을 한 뒤에 제권판결신청에 정당한 이유가 없다고 인정할 때에는 결정으로 신청을 "각하"하여야** 하며, 이유가 있다고 인정할 때에는 제권판결을 선고하여야 한다(제487조 제1항). 이 경우 법원은 그 재판에 앞서 직권으로 사실을 탐지할 수 있다(제487조 제1항). 제권판결의 신청을 각하한 결정이나, 제권판결에 덧붙인 제한 또는 유보에 대하여는 즉시항고를 할 수 있다(제488조).

3. 제권판결의 효력

　제권판결은 선고와 동시에 확정되어 효력이 발생하며, 판결로 권리를 유보하는 사람 이외에 권리자가 없음이 확정되고, 이해관계인이 가질 수 있는 권리가 소멸·변경된다. 즉 행방불명된 등기·등록의무자에 대한 제권판결은 이행판결과 같이 말소의무자의 협력 없이 제권판결을 첨부하여 권리자 단독으로 등기·등록이 가능하고, 증권 등의 무효선언의 제권판결은 증권을 무효화하고 제권판결을 받은 자는 증권없이 권리주장을 할 수 있다.

4. 제권판결에 대한 불복의 소

> **제490조(제권판결에 대한 불복소송)** ① 제권판결에 대하여는 상소를 하지 못한다.
> ② 제권판결에 대하여는 다음 각호 가운데 어느 하나에 해당하면 신청인에 대한 소로써 최고법원에 불복할 수 있다.
> 　1. 법률상 공시최고절차를 허가하지 아니할 경우일 때
> 　2. 공시최고의 공고를 하지 아니하였거나, 법령이 정한 방법으로 공고를 하지 아니한 때
> 　3. 공시최고기간을 지키지 아니한 때
> 　4. 판결을 한 판사가 법률에 따라 직무집행에서 제척된 때
> 　5. 전속관할에 관한 규정에 어긋난 때
> 　6. 권리 또는 청구의 신고가 있음에도 법률에 어긋나는 판결을 한 때
> 　7. <u>거짓 또는 부정한 방법으로 제권판결을 받은 때</u>
> 　8. 제451조 제1항 제4호 내지 제8호의 재심사유가 있는 때

　제권판결에 대하여는 상소를 하지 못하며, 제490조 제2항 각호에서 정하고 있는 경우에 해당될 때 신청인에 대한 소로써 최고법원에 불복할 수 있다(제490조). 이 소는 제권판결의 효력을 배제한다는 점에서 형성소송의 성질을 가지고 있으며, 여기에 다른 민사상의 청구를 병합할 수 있다.

> **제491조(소제기기간)** ① 제490조 제2항의 소는 1월 이내에 제기하여야 한다.
> ② 제1항의 기간은 불변기간으로 한다.
> ③ 제1항의 기간은 원고가 제권판결이 있다는 것을 안 날부터 계산한다. 다만, 제490조 제2항 제4호·제7호 및 제8호의 사유를 들어 소를 제기하는 경우에는 원고가 이러한 사유가 있음을 안 날부터 계산한다.
> ④ 이 소는 제권판결이 선고된 날부터 3년이 지나면 제기하지 못한다.

IV. 증권의 무효선고를 위한 공시최고

1. 공시최고의 대상이 되는 증권

> **제492조(증권의 무효선고를 위한 공시최고)** ① 도난·분실되거나 없어진 증권, 그 밖에 상법에서 무효로 할 수 있다고 규정한 증서의 무효선고를 청구하는 공시최고절차에는 제493조 내지 제497조의 규정을 적용한다.
> ② 법률상 공시최고를 할 수 있는 그 밖의 증서에 관하여 그 법률에 특별한 규정이 없으면 제1항의 규정을 적용한다.

공시최고의 대상이 되는 유가증권은 그 증권에 표시된 권리의 발생·이전·행사에 있어서 필히 그 증권을 필요로 하는 증권을 말한다. 특히 ① 도난·분실되거나 없어진 증권이나 그 밖에 상법에서 무효로 할 수 있다고 규정한 증서(제492조 1항), ② 법률상 공시최고를 할 수 있는 그 밖의 증서로서 그 법률에 특별한 규정이 없는 경우(제492조 2항)이다. **종전에는 국채증권 및 그 이전과 국민주택채권, 국민주택기금채권은 공시최고절차의 대상이 되지 아니하였으나 법의 개정으로 제권판결의 대상이 되지 않았던 국채증권 및 이권, 국민주택채권, 징발보상증권, 농어촌지역개발채권, 국민투자채권, 재정융자채권, 보훈기금채권, 대외경제협력기금채권, 재산형성저축장려기금채권, 토지관리 및 지역균형개발특별위원회법 제8조의 규정에 의한 채권, 농지채권, 도로국채, 남북협력기금채권 등을 제권판결의 대상이 될 수 있게** 하였다. 구체적으로 보면 지시증권·무기명증권 등이 여기에 해당하고, 농지개혁법상의 지가증권 등 기명증권은 이에 해당하지 아니한다.[14] **발행인의 기명날인이 없는 어음·수표는 어음·수표용지에 불과하므로 제권판결의 대상이 될 수 없다.**

2. 공시최고 신청권자

> **제493조(증서에 관한 공시최고신청권자)** 무기명증권 또는 배서(背書)로 이전할 수 있거나 약식배서(略式背書)가 있는 증권 또는 증서에 관하여는 최종소지인이 공시최고절차를 신청할 수 있으며, 그 밖의 증서에 관하여는 그 증서에 따라서 권리를 주장할 수 있는 사람이 공시최고절차를 신청할 수 있다.

무기명증권 또는 배서로 이전할 수 있거나 약식배서가 있는 증권 또는 증서의 최종소지인, 그 밖에 증서에 관하여는 그 증서에 따라서 권리를 주장할 수 있는 사람이 여기에 해당한다(제493조).

3. 공시최고 사유

위 대상이 되는 증권 등을 도난·분실·멸실되었거나 이와 동일시 할 수 있어야 한다. 따라서 수표·어음을 횡령·사취당하였다는 이유는 공시최고의 사유가 될 수 없다.[15]

---

14) 대법 1961.11.23, 4293민상478
15) 대법 1991.02.26, 90다1720

4. 특 칙

> **제494조(신청사유의 소명)** ① 신청인은 증서의 등본을 제출하거나 또는 증서의 존재 및 그 중요한 취지를 충분히 알리기에 필요한 사항을 제시하여야 한다.
> ② 신청인은 증서가 도난·분실되거나 없어진 사실과, 그 밖에 공시최고절차를 신청할 수 있는 이유가 되는 사실 등을 소명하여야 한다.
> **제495조(신고최고, 실권경고)** 공시최고에는 공시최고기일까지 권리 또는 청구의 신고를 하고 그 증서를 제출하도록 최고하고, 이를 게을리 하면 권리를 잃게 되어 증서의 무효가 선고된다는 것을 경고하여야 한다.
> **제496조(제권판결의 선고)** 제권판결에서는 증권 또는 증서의 무효를 선고하여야 한다.
> **제497조(제권판결의 효력)** 제권판결이 내려진 때에는 신청인은 증권 또는 증서에 따라 의무를 지는 사람에게 증권 또는 증서에 따른 권리를 주장할 수 있다.

5. 제권판결취득자와 선의취득자의 관계

증권 등의 무효선언을 위한 공시최고기간 중에도 그 대상 증권 등은 유통되고 있으므로 제3자가 그것을 선의취득할 수 있다. 이 경우 선의취득자는 공시최고절차가 진행 중인 사실을 모르고 있기 때문에 권리의 신고를 못한 채 공시최고기간이 지나 그대로 제권판결이 선고되는 경우가 있는데, 判例는 선의취득자를 우선시키고 있다.16) 그러나 선의취득자는 제권판결의 소극적 효력(제496조)에 의해 증권이 무효가 되었으므로 제권판결에 대한 불복의 소를 제기하여 취소판결을 받지 아니하는 한 그 어음 등에 기초하여 어음 등의 증권상의 권리행사를 할 수 없다.17) 나아가 기존 주권을 무효로 하는 제권판결에 기하여 주권이 재발행되었으나 제권판결에 대한 불복의 소가 제기되어 제권판결을 취소하는 판결이 선고·확정된 경우, 재발행된 주권의 소지인이 그 후 이를 선의취득할 수 없다.18)

---

16) 대법 1965.11.30, 65다1926
17) 대법 1994.10.11, 94다18614
18) 대법 2013.12.12, 2011다112247

2025 대비 이종훈 민사소송법

제8편

종국판결에 부수되는 재판

제1절 가집행선고

> **제213조(가집행의 선고)**
> ① 재산권의 청구에 관한 판결은 가집행의 선고를 붙이지 아니할 상당한 이유가 없는 한 직권으로 담보를 제공하거나, 제공하지 아니하고 가집행을 할 수 있다는 것을 선고하여야 한다. 다만, 어음금·수표금 청구에 관한 판결에는 담보를 제공하게 하지 아니하고 가집행의 선고를 하여야 한다.
> ② 법원은 직권으로 또는 당사자의 신청에 따라 채권전액을 담보로 제공하고 가집행을 면제받을 수 있다는 것을 선고할 수 있다.
> ③ 제1항 및 제2항의 선고는 판결주문에 적어야 한다.

Ⅰ. 서 설

1. 의 의

가집행선고라 함은 **미확정의 종국판결에 대하여 확정된 경우와 마찬가지로 미리 집행력을 부여하는 형성적 재판**으로서, **재산권의 청구에 관한 판결에는 상당한 이유가 없는 한 당사자의 신청유무를 불문하고 직권으로 담보를 제공하거나 제공하지 아니하고 가집행할 수 있음을 선고하여야** 한다.

2. 취 지

판결이 확정되기 전에 미리 집행할 수 있도록 해 줌으로써 승소자에게 신속한 권리의 실현을 확보해 줌과 동시에, 집행의 지연을 목적으로 한 패소자의 고의적 상소를 방지하여 심리의 제1심 집중의 효과를 거둘 수 있다는 데 그 제도적 가치가 있다.

Ⅱ. 가집행선고의 요건

1. 가집행선고의 대상

(1) 가집행선고는 원칙적으로 종국판결에 한함

중간판결에는 가집행선고를 할 수 없으며, 가압류·가처분을 비롯한 결정·명령은 즉시 집행력이 생기는 것이 원칙이므로(제448조 참조), **가집행선고를 붙일 수 없다.** 나아가 종국판결이라도 ① 청구기각이나 소각하판결, ② 가집행선고변경이나 가집행선고 있는 본안판결을 변경하는 판결(제215조 1항)은 성질상 가집행선고를 할 수 없는 것이다.

(2) 재산권의 청구에 관한 판결일 것

항소심에서 그 판결이 취소변경된다 하여도 원상회복이 용이하고 금전배상으로 수습이 가능한 재산권에 관한 청구의 경우에 가집행이 가능하다. 따라서 ① 이혼청구 등 비재산권상의 청구를 대해서는 가집행선고가 허용되지 않는다. 判例도 이혼과 동시에 재산분할을 명하는 판결에는 가집행선고가 허용되지 않는다고 하였다.[1] 나아가 ② 재산권의 청구에 관한 판결이라도 **의사의 진술을 명한 판결**(등기절차이행을 명하는 판결)은 확정되어야만 의사표시가 있는 것으로 보기 때문에(민집 제263조) 가집행선고를 붙일 수 없고, ③ 행

---
1) 대법 1998.11.13, 98므1193

정처분의 취소·변경판결이나 실체법상의 법률관계를 변경하는 판결(공유물분할판결)도 확정을 기다려야 하므로 가집행 선고가 불가하다. 그러나 국가를 피고로 하는 소송에서 가집행선고를 붙일 수 없도록 한 구 소송촉진 등에 관한 특례법 제6조 1항 단서에 대해 헌법재판소가 위헌결정을 함으로써 이제는 가집행 선고를 붙일 수 있다.[2]

(3) 집행할 수 있는 판결일 것

이행판결에 가집행선고를 할 수 있음은 다툼이 없는데, **확인판결·형성판결에 대해 判例는 명문이 있는 경우를 제외하고는 부정**한다.[3] 명문의 예로 ① 확인판결의 일종인 상소기각판결에 가집행의 선고를 붙일 수 있고, ② 형성판결에 가집행선고를 명문으로 허용한 경우로 강제집행정지·취소결정의 취소·인가·변경판결(민집 47조 2항, 48조 3항) 등을 들 수 있다. 그러나 **가처분취소판결에 가집행선고를 붙일 수 있다는 민사집행법 제302조는 2005년 개정으로 삭제**되었다.

2. 가집행선고를 붙이지 아니할 상당한 이유가 없을 것

(1) 원 칙

재산권의 청구에 관한 판결에는 상당한 이유가 없는 한 반드시 가집행선고를 붙여야 하는 것이 원칙이다. 따라서 가집행선고 여부는 법원의 자유재량이 아니다.

(2) 예외적으로 상당한 이유가 있어 가집행선고를 붙일 수 없는 경우

건물의 철거청구나, 휴업으로 인해 영업적 이익이 손실될 염려 있는 상가인도청구와 같이 피고에게 회복할 수 없는 손해를 줄 염려가 있는 경우는 가집행이 불가하다.

III. 절차 및 방식

1. 직권선고

(1) 원 칙

가집행선고는 법원이 직권으로 하여야 한다(제213조 제1항). **당사자의 신청은 법원의 직권발동을 촉구하는 의미를 가질 뿐**이다. 따라서 i) 당사자의 신청에 대하여 허부의 판단을 하지 아니하여도 재판사항의 누락으로 보아 추가판결을 구할 수 없고, ii) 가집행선고가 붙지 않은 제1심판결에 대하여 피고만이 항소한 항소심에서 법원이 항소를 기각하면서 가집행선고를 붙였다 하여 제1심 판결을 피고가 신청한 불복의 한도를 넘어 불이익하게 변경한 것이라 할 수 없다.[4]

(2) 예 외

상소법원이 불복신청이 없는 부분에 대하여 가집행선고를 하는 경우에는 직권으로 할 수 없고, 당사자의 신청이 있는 경우에 한하여 할 수 있다(제406조, 제435조).

---

2) 헌재(全) 1989.01.25, 88헌가7
3) 대법 1966.01.25, 65다2374
4) 대법 1991.11.08, 90다17804

2. 판결주문에 표시

가집행선고나 가집행면제선고는 종국판결의 주문에 적어야 한다(제213조 제3항). 가집행선고는 청구인용판결의 전부에 대해서만 아니라, 그 일부에 한해서도 붙일 수 있다.

3. 방 식

(1) 가집행선고와 담보제공

> 제214조(소송비용담보규정의 준용) 제213조의 담보에는 제122조·제123조·제125조 및 제126조의 규정을 준용한다.

가집행선고는 피고를 위하여 담보를 제공하거나(담보부가집행선고), 제공하지 않을 것을 조건으로(무담보부가집행선고) 하는 바, 가집행선고에 담보를 붙일 것인지 여부는 법원의 재량이다. 담보부가집행은 상소심에서 판결이 변경될 가능성이 엿보일 때에 한다. 담보를 붙일 경우에는 소송비용담보규정을 준용한다(제214조). 피고 측은 그 담보물에 관하여 질권과 같은 권리를 갖는다(제123조). 다만, ⅰ) **어음금·수표금의 청구에 관한 판결**, ⅱ) 불복신청이 없는 하급심판결 부분에 대한 상소법원의 가집행선고의 경우(제406조, 제435조)에는 담보를 제공하게 하지 아니하고 가집행의 선고를 한다.

(2) 가집행면제선고(가집행해방선고)

법원은 직권으로 또는 당사자의 신청에 따라 채권 전액을 담보로 제공하고 가집행을 면제받을 수 있다는 것을 선고할 수 있다(제213조 제2항). 이 때의 담보는 그 판결의 확정시까지 가집행의 지연으로 인해 원고가 입을 손해의 담보만이 아니라, 원고의 기본채권까지 담보하는 것으로 볼 것이나, **判例는 원고의 기본채권까지는 포함되지 않는다**는 것으로 해석된다.[5]

4. 독립상소불가

가집행선고만 따로 떼어 독립한 상소를 하지 못하고 본안판결과 함께 불복해야 한다(제391조, 제425조).

IV. 가집행선고의 효력

1. 집행력의 발생

> 제501조(상소제기 또는 변경의 소제기로 말미암은 집행정지) 가집행의 선고가 붙은 판결에 대하여 상소를 한 경우 또는 정기금의 지급을 명한 확정판결에 대하여 제252조제1항의 규정에 따른 소를 제기한 경우에는 제500조의 규정을 준용한다.

---

5) 대법 1979.11.23, 79마74은 가집행선고있는 판결에 대한 강제집행 정지를 위한 보증공탁은 그 강제집행 정지 때문에 손해가 발생할 경우에 그 손해배상의 확보를 위하여 하는 것이고 강제집행의 기본채권에 충당할 수는 없는 것이므로 위 손해배상청구권에 한하여서만 질권자와 동일한 권리가 있을 뿐이고, 강제집행의 기본채권에 까지 담보적 효력이 미치는 것이 아니라고 하여 강제집행 정지를 위한 담보에 대한 판례이나, 기본채권까지 포함되지 않는 것으로 해석한다(이시윤).

> **제502조(담보를 공탁할 법원)** ① 이 편의 규정에 의한 담보의 제공이나 공탁은 원고나 피고의 보통재판적이 있는 곳의 지방법원 또는 집행법원에 할 수 있다.
> ② 담보를 제공하거나 공탁을 한 때에는 법원은 당사자의 신청에 따라서 증명서를 주어야 한다.
> ③ 이 편에 규정된 담보에는 달리 규정이 있는 경우를 제외하고는 제122조 · 제123조 · 제125조 및 제126조의 규정을 준용한다.

가집행선고에 의하여 종국판결은 바로 집행권원이 되어 강제집행을 할 수 있고, 상소가 있더라도 집행력이 정지되지 않는다. 가집행선고 있는 판결에 기한 강제집행은 가압류 · 가처분과 같은 집행보전에 그치는 것이 아니라, 종국적 권리의 만족에까지 이를 수 있는 점에서 확정판결에 기한 본집행과 다를 바 없다. **집행을 정지시키기 위해서는 별도로 강제집행정지의 결정을 받아야** 한다(제500조, 제501조). **일시정지를 명한 재판에 대하여는 불복할 수 없다**(제500조 3항). 가집행선고 있는 판결에 대한 강제집행정지를 위한 담보는 채권자가 그 강제집행정지 자체에 의하여 손해를 입을 경우에 그 손해배상채권을 확보하기 위한 것이다.[6] 따라서 강제집행 정지에 따른 지연손해금 상당액으로 족한 것이 아니다.[7]

2. 본집행과의 구별

그 집행의 효과가 확정적인 것이 아니고 상급심에서 가집행선고 있는 본안판결 또는 가집행선고가 취소 · 변경되는 것을 해제조건으로 하여 집행된다는 점에서 확정된 본안판결에 기해 집행하는 본집행과 구별된다.[8] 따라서 ① **확정판결과 달리 재산명시신청(민집법 제61조 1항 단서), 채무불이행자명부등재신청(동법 제70조 1항 1호 단서), 재산조회신청(동법 제74조)은 가집행선고 있는 판결을 집행권원으로 하여 신청할 수 없고**, ② 가집행선고에 기하여 채권자가 집행을 완료함으로써 만족을 얻었다 하여도 상소심에서 본안에 관하여 판단할 때에는 그 집행의 결과를 고려하지 아니하고 청구의 당부에 관하여 판단하여야 한다.[9]

---

6) 대법 1988.03.29, 87카71
7) 이 사건에 있어 신청인이 제공한 담보는 재항고인이 신청인을 상대로 제기한 점포명도청구사건에 관한 제1심 가집행선고부 승소판결에 기한 강제집행을 그 항소심 판결 선고시까지 정지하기 위한 보증공탁이므로, 이는 특별한 사정이 없는 한 재항고인이 위 강제집행정지 기간 동안 그 점포에 대하여 명도집행을 하지 못함으로써 발생하게 될 임료 상당의 손해배상청구권을 담보하는 것으로 볼 것이라는 것에, 대법 1992.01.31, 91마718.
8) 가집행으로 인한 집행의 효과는 종국적으로 변제의 효과를 발생하는 것은 아니므로 가집행으로 금원을 추심하였다 하여도 채권자의 기본채권에 대한 변제의 효과는 발생한다고 할 수 없다는 것에, 대법 1982.12.14, 80다1101 · 1102; 항소심 계속 중에 가집행선고부판결에 기하여 변제한 것은 그 판결이 확정된 때에 비로소 변제효과가 발생하므로 변론종결 후의 변제가 되고, 따라서 청구이의 사유가 된다는 것에, 대법 1995.06.30, 95다15827
9) 대법 1995.04.21, 94다58490 · 58506; 원고가 이 사건 아파트에 관하여 가등기에 기한 본등기, 이 사건 아파트의 인도 및 그 인도시까지 차임 상당 부당이득의 반환을 청구하여 제1심에서 승소판결을 선고받았고, 원고는 원심 변론종결 이전인 2010. 11. 3. 가집행선고 있는 제1심판결에 기하여 이 사건 아파트에 대한 인도집행을 마친 사실을 알 수 있다. 위와 같은 경우 항소심법원으로서는 위 법리에 따라 위 인도집행의 결과를 고려하지 아니하고 청구의 당부에 관하여 판단하였어야 할 것임에도, 원심은 위 인도집행으로 피고가 아파트를 점유하고 있지 않다는 이유로 아파트 인도청구를 기각하는 한편 위 인도집행일까지의 임료 상당액을 부당이득의 수액으로 인정하고 원고의 나머지 청구를 기각하였다. 이러한 원심판결에는 가집행선고와 이에 기한 집행의 효력에 관한 법리를 오해하여 판결에 영향을 미친 위법이 있다는 것에, 대법 2011.09.08, 2011다35722

V. 가집행선고의 실효와 원상복원 및 손해배상의무

> 제215조(가집행선고의 실효, 가집행의 원상회복과 손해배상) ① 가집행의 선고는 그 선고 또는 본안판결을 바꾸는 판결의 선고로 바뀌는 한도에서 그 효력을 잃는다.
> ② 본안판결을 바꾸는 경우에는 법원은 피고의 신청에 따라 그 판결에서 가집행의 선고에 따라 지급한 물건을 돌려 줄 것과, 가집행으로 말미암은 손해 또는 그 면제를 받기 위하여 입은 손해를 배상할 것을 원고에게 명하여야 한다.
> ③ 가집행의 선고를 바꾼 뒤 본안판결을 바꾸는 경우에는 제2항의 규정을 준용한다.

1. 가집행선고의 실효

(1) 실효되는 경우

상소의 제기결과 상소심에서 가집행선고만이 바뀌거나 가집행선고 있는 본안판결을 바꾸는 경우에는 그 한도에서 가집행의 선고는 그 효력을 잃는다(제215조 제1항). 또한 **가집행선고 있는 승소판결이 선고된 후 항소심에서 소를 교환적으로 변경하면 그 가집행선고는 실효**된다.[10] 이 경우 확정을 기다리지 않고 선고와 동시에 실효되며, 이미 개시된 집행이라도 바뀐 판결의 정본을 집행기관에 제출하여 집행의 정지·취소를 시킬 수 있다. 제1심 판결보다 인용범위가 줄어들지 않고 제1심 인용금액보다도 증액된 금액으로 확정된 경우는 실효될 부분이 없다고 보아야 한다.[11] 그러나 가집행선고 있는 제1심의 본안판결이 항소심에서 취소되면 가집행선고는 실효되지만, 상고심에서 위 항소심 판결이 파기되면 제1심의 가집행선고의 효력이 복구된다.[12]

(2) 실효의 불소급효

가집행선고의 실효는 소급하지 아니하므로 이미 완결된 집행의 효력에는 영향이 없다. 따라서 **만약 가집행에 의하여 제3자가 경매 끝에 피고의 재산을 이미 낙찰받았다면 그 낙찰자의 소유권취득의 효과는 영향을 받지 아니한다**.[13]

2. 원상회복 및 손해배상의무

(1) 의 의

가집행선고 있는 본안판결을 바꾸는 경우에는 법원은 피고의 신청에 따라 그 판결에서 가집행의 선고에 따라 지급한 물건을 돌려줄 것과 가집행으로 말미암은 손해 또는 그 면제를 받기 위하여 입은 손해를 배상할 것을 원고에게 명하여야 한다(제215조 제2항). 본안판결의 변경은 실체상의 이유에 기하든 소송상의 이유에 의하든 묻지 않는다. 가집행의 선고만이 취소된 때에는 그 후 본안판결이 변경된 때에 비로소 원상회복·손해배상의무가 발생한다(제215조 3항).

---

10) 대법 1995.04.21, 94다58490·58506
11) 대법 2011.11.10, 2011마1482
12) 대법(전) 1999.12.03, 99마2078
13) 대법 1966.05.31, 66다377

(2) 원상회복 의무

원상회복의무는 일종의 부당이득반환의무의 성격을 가진다. 따라서 상사채권에 기하여 가지급금이 지급되었더라도 가집행선고의 실효로 인한 원상회복의무의 지연손해금에 대하여는 민법 소정의 법정이율이 적용된다.[14] 그 내용은 가집행의 선고에 기하여 집행채무자가 지급한 물건의 반환이다. 가집행으로 강제집행 진행 중에 피고가 집행당할 염려가 있어 부득이 지급한 것이라면 임의변제라 할 수 없어 여기의 지급한 물건에 해당하지만,[15] 제3자에게 경매로 매각된 물건은 지급한 물건이 아니며, 원고 자신이 낙찰자라 하여도 같다. 그러나 가집행선고 후 피고가 판결금액을 변제공탁하였다 하여도 원고가 수령하지 아니한 이상 공탁된 돈 자체는 여기에 해당하지 않아 가지급물반환신청의 대상이 아니다.[16] 지급자가 가집행선고부 승소판결에 따라 지연손해금을 지급하면서 공제한 원천징수세액도 가지급물에 포함된다.[17] 원물의 반환이 불가능한 경우에는 가액의 반환이 되며, 금전을 반환하는 경우 수령 후의 이자가 포함된다. 가지급물의 반환을 명하는 판결은 특별한 사정이 없는 한 구 소송촉진등에관한특례법 소정의 '금전채무의 전부 또는 일부의 이행을 명하는 판결'에 해당하므로 위 법률의 적용을 받는다.[18]

(3) 손해배상의무

손해배상의무는 광의의 불법행위책임에 속하지만 무과실책임이다. 判例도 본안 판결의 변경으로 가집행선고가 실효되는 경우에는 가집행채권자는 그의 고의 또는 과실의 유무에 불구하고 가집행으로 인한 손해를 배상할 책임이 있다 할 것이고,[19] 또한 그 손해배상의 범위는 통상의 손해배상의 경우와 비교하여 특별히 제한해야 할 이유는 없는 것이므로 가집행과 상당인과관계에 있는 모든 손해를 포함하는 것이라 하였다.[20] 그러나 가집행선고의 집행정지를 위한 담보공탁금은 여기의 손해에 포함되지 않는다.[21] **가집행 채무자에게 가집행에 관하여 과실이 있는 때**(예컨대 피고가 과실로 인하여 임의변제를 하지 않거나, 집행정지신청을 아니하여 손해가 증가한 경우)**에는 가집행 채권자의 손해배상 책임 및 그 금액을 정함에 있어서 이를 참작하여야** 한다.[22]

(4) 피고의 원상회복 및 손해배상청구의 방법

피고에 의한 이러한 원상회복 및 손해배상청구는 별소에 의할 수도 있고, 상소심절차에서 본안 판결의 변경을 구하면서 함께 병합하여 가지급물반환신청을 할 수도 있다. 가지급물반환신청은 소송중의 소의 일종으로 예비적 반소의 성질을 가지므로, 소송에 준하여 변론을 요한다.[23] 다만 상소심에서의 반소이기는 하지만, 상대방의 동의가 필요하지 않다는 점에서 특수한 반소라고 할 수 있으며, **가집행선고로 인한 지급물의 반환신청은 사실관계에 대하여 당사자 사이에 다툼이 없어 사실심리를 요하지 아니하는 경우를 제외하

---

14) 대법 2012.04.13, 2011다104130
15) 대법 1995.06.30, 95다15827
16) 대법 2011.09.29, 2011다17847
17) 대법 2019.05.16, 2015다35270
18) 대법 2005.01.14, 2001다81320
19) 대법 1965.05.31, 65다54
20) 대법 1979.09.25, 79다1476
21) 대법 2010.11.11, 2009다18557
22) 대법 1995.09.29, 94다23357
23) 가지급물 반환신청은 가집행에 의하여 집행을 당한 채무자로 하여금 별도의 소를 제기하는 비용, 시간 등을 절약하고 본안의 심리 절차를 이용하여 신청의 심리를 받을 수 있는 간이한 길을 터놓은 제도로서 그 성질은 본안판결의 취소·변경을 조건으로 하는 예비적 반소에 해당한다는 것에, 대법 2023.04.13, 2022다293272

고는 상고심에서는 원칙적으로 허용되지 않는다.[24] 다만 判例는 항소심에서 신청할 수 있음에도 신청하지 아니한 피고가 상고심에서 신청할 수는 없다고 한다.[25]

제2절 소송비용의 재판

 종국판결의 주문 중에는 부수적으로 가집행선고 이외에 소송비용에 대한 재판을 하는데, 소송비용의 재판이란 소송비용(재판비용과 당사자비용)에 대해 그 부담자 및 부담비율(액수) 등을 정하는 것을 말한다. 적는 순위는 가집행선고 앞이다. 이하 무엇이 소송비용이고, 부담자와 부담비율은 어떻게 되는지를 판단하는 소송비용의 재판과, 이것을 어떻게 받아내느냐의 소송비용액확정재판을 살펴본다.

I. 소송비용

1. 의 의

 법정소송비용이란 소송당사자가 현실적으로 소송에서 지출한 비용 중 법령에 정한 범위에 속하는 비용을 말한다.[26] 특정소송사건을 수행하기 위하여 생긴 비용으로 소·항소·상고의 비용 외에 부수절차의 비용은 포함되지만, 강제집행비용, 가압류·가처분의 절차비용은 별도의 비용이므로 이에 포함되지 아니한다.

2. 소송비용의 종류

(1) 재판비용

 당사자가 국고에 납부하는 비용으로서, 재판수수료인 인지대와 그 밖의 재판 등을 위하여 지출하는 비용을 말한다. 인지대는 수입인지상당액을 현금이나 신용카드·직불카드 등으로 납부함이 원칙이나, 인지액이 1만 원 이하일 때에는 인지를 붙이거나 인지 상당을 현금납부할 수 있다.

1) 인지액

구 분	인지액
1,000만원 미만	소송목적의 값 × 10,000분의 50
1,000만원 이상 ~ 1억원 미만	소송목적의 값 × 10,000분의 45 + 5,000원
1억원 이상 ~ 10억원 미만	소송목적의 값 × 10,000분의 40 + 55,000원
10억원 이상	소송목적의 값 × 10,000분의 35 + 555,000원
항소장	위 인지액의 1.5배
상고장	위 인지액의 2배
반소장	반소의 청구에 관한 위 인지액, 단 본소와 그 목적이 동일한 반소의 경우에는 본소의 소가에 대한 인지액을 공제한 인지액

---

24) 대법 2000.02.25, 98다36474
25) 대법 2003.06.10, 2003다14010·14027
26) 소송비용의 범위 및 액수와 예납에 관하여는 민사소송비용법, 민사소송등인지법, 변호사보수의 소송비용산입에 관한 규칙과 민사소송규칙 등에 규정되어 있다.

구 분	인지액
청구변경신청서	변경후의 청구에 관한 위 인지액으로부터 변경전의 청구에 관한 인지액을 공제한 인지액
제소전 화해신청서	위 인지액의 5분의 1
지급명령신청서	위 인지액의 10분의 1
증권관련집단소송의 소장	위 인지액의 2분의 1, 다만 5천만원을 그 상한으로 함(증권관련집단소송법 제7조 제2항)

1개의 소로서 비재산권을 목적으로 하는 소송과 그 소송의 원인된 사실로부터 발생하는 재산권상의 소송을 병합한 때에는 그 중 다액인 소가에 의한 인지액

① 소장 등에 대한 각하명령이 확정된 때, ② 제1심 또는 항소심에서 당해 심급의 변론종결전에 소취하를 한 때 또는 ③ 상고이유서 제출기간이 경과되기 전에 상고를 취하한 때, ④ 제1심 또는 항소심에서 청구의 포기 또는 인낙이 있은 때, 제1심 또는 항소심에서 재판상 화해 또는 조정이 성립된 때에는 3년 이내에 당해 심급의 소장·항소장·상고장 등에 붙인 인지액의 2분의 1에 해당하는 금액의 환급청구가 가능하다.

2) **그 밖의 재판비용** : 인지액이 아닌 재판비용에는 송달료, 공고비, 증인·감정인·통역인·번역인에 대한 일당·여비·숙박료, **법관의 검증비용 등이 포함**된다. 이와 같은 비용은 당사자에게 예납시킬 수 있다(제116조 1항).

(2) 당사자 비용

> 제109조(변호사의 보수와 소송비용) ① 소송을 대리한 변호사에게 당사자가 지급하였거나 지급할 보수는 대법원규칙이 정하는 금액의 범위안에서 소송비용으로 인정한다.
> ② 제1항의 소송비용을 계산할 때에는 여러 변호사가 소송을 대리하였더라도 한 변호사가 대리한 것으로 본다.

1) **의 의** : 당사자가 소송수행을 위해 자신이 지출하는 비용으로, 소장 등 소송서류의 작성비용(서기료), 당사자나 대리인이 재판출석을 위해 지출한 여비·일당·숙박비(민사소송비용법 제4조)와 대법원규칙이 정하는 범위 안에서 소송대리인인 변호사에게 지급하거나 지급할 보수(제109조)를 말한다.

2) **변호사보수(제109조)**

① **소송을 대리한 변호사에게 당사자가 지급하였거나 지급할 보수는 전액이 아닌 대법원규칙이 정하는 금액의 범위 내에서 소송비용으로 인정**된다(제109조 1항). 무보수로 한다는 특별한 사정이 없는 한 변호사 보수지급의 묵시적 약정이 있는 것으로 보아야 한다.[27] 이 경우 **부가가치세를 포함하여 지출한 변호사보수가 규칙에서 정한 범위 안에 있는 이상 그 전부를 소송비용에 포함되는 변호사 보수로 본다.**[28] 변호사의

---

27) 대법 2023.11.09, 2023마6427
28) 대법 2022.01.27, 2021마6871; 본안소송을 위임받은 변호사가 당사자를 대리하여 소송비용액 확정신청을 하면서 당사자로부터 그 대가를 별도로 지급받거나 지급받기로 하였다면, 소송행위에 필요한 비용의 한도에서 그 대가 역시 '소송을 대리한 변호사에게 당사자가 지급하거나 지급할 보수'(민사소송법 제109조 제1항)에 포함될 수 있다는 것에, 대법 2023.11.02, 2023마5298

소송위임사무에 관한 약정 보수액이 부당하게 과다한 경우 적당하다고 인정되는 범위 내로 제한되며, 이 경우 법원은 그에 관한 합리적 근거를 명확히 밝혀야 한다.[29] 제3자가 지급한 경우에도 당사자가 지급한 것과 동일하다고 볼 수 있는 사정이 인정되면 소송비용에 산입되는 변호사 보수로 인정할 수 있다.[30] 나아가 특정금액의 지급의무가 발생하였는지가 문제될 뿐, 그 지급방법이나 실제 지급 여부는 영향을 미치지 않는다.[31] ② **여러 변호사가 소송을 대리하였더라도 한 변호사가 대리한 것으로 본다**(제109조 2항). ③ **변호사가 변론이나 증거조사절차에 전혀 관여한 바 없으면 그에게 지급한 보수는 소송비용에 포함되지 않는다**.[32] **수인의 공동소송인이 공동으로 변호사를 선임한 경우 소송비용에 산입할 변호사보수는 공동소송인들의 각 소송물가액을 합산한 총액을 기준으로 산정함이 옳다**.[33] ④ 소취하, 청구의 포기·인낙, 화해의 경우 소송비용에 산입되는 변호사의 보수는 통상의 경우의 2분의 1에서 전액으로 변경되었다(변호사보수의소송비용산입에관한규칙 제5조). ⑤ **특허사건의 상고심에서 지출한 변리사비용은 상환청구의 대상이 되는 소송비용이라 볼 수 없다**.[34]

3. 소송비용의 예납

> **제116조(비용의 예납)** ① 비용을 필요로 하는 소송행위에 대하여 법원은 당사자에게 그 비용을 미리 내게 할 수 있다.
> ② 비용을 미리 내지 아니하는 때에는 법원은 그 소송행위를 하지 아니할 수 있다.

> **민사소송규칙**
> **제19조(소송비용의 예납의무자)** ① 법 제116조제1항의 규정에 따라 법원이 소송비용을 미리 내게 할 수 있는 당사자는 그 소송행위로 이익을 받을 당사자로 하되, 다음 각호의 기준을 따라야 한다.
> 1. 송달료는 원고(상소심에서는 상소인을 말한다. 다음부터 이 조문 안에서 같다)
> 2. 변론의 속기 또는 녹음에 드는 비용은 신청인. 다만, 직권에 의한 속기 또는 녹음의 경우에 그 속기 또는 녹음으로 이익을 받을 당사자가 분명하지 아니한 때에는 원고
> 3. 증거조사를 위한 증인·감정인·통역인 등에 대한 여비·일당·숙박료 및 감정인·통역인 등에 대한 보수와 법원 외에서의 증거조사를 위한 법관, 그 밖의 법원공무원의 여비·숙박료는 그 증거조사를 신청한 당사자. 다만, 직권에 의한 증거조사의 경우에 그 증거조사로 이익을 받을 당사자가 분명하지 아니한 때에는 원고
> 4. 상소법원에 소송기록을 보내는 비용은 상소인
> ② 제1항제2호의 속기 또는 녹음, 제1항제3호의 증거조사를 양 쪽 당사자가 신청한 경우와 제1항제4호의 상소인이 양 쪽 당사자인 경우에는 필요한 비용을 균등하게 나누어 미리 내게 하여야 한다. 다만,

---

[29] 대법 2018.05.17, 2016다35833; 대법 2018.10.25, 2017다287648·287655. 채권자가 자신의 권리보호를 위하여 외국에서 소송을 제기하고 관련 변호사비용을 지출할 수밖에 없었다고 하더라도 채권자가 지출한 변호사보수 전액이 곧바로 상당인과 관계있는 손해라고 할 수 없고, 보수지출의 구체적 경위와 지급내역, 소송의 진행경과와 난이도, 보수가 통상적인 수준의 것이었는지 등에 대하여 심리한 다음 상당한 범위 내의 변호사보수액만을 손해로 판단해야 한다는 것에, 대법 2012.01.27, 2010다81315
[30] 대법 2020.04.24, 2019마6990
[31] 대법 2023.11.09, 2023마6427
[32] 대법 1992.11.30, 90마1003
[33] 대법(전) 2000.11.30, 2000마5563
[34] 대법 1995.06.23, 95쿠3

> 사정에 따라 미리 낼 금액의 비율을 다르게 할 수 있다.
> 제20조(소송비용 예납 불이행시의 국고대납) 법원은 소송비용을 미리 내야 할 사람이 내지 아니하여(부족액을 추가로 내지 아니하는 경우를 포함한다) 소송절차의 진행 또는 종료 후의 사무처리가 현저히 곤란한 때에는 그 소송비용을 국고에서 대납받아 지출할 수 있다.
> 제21조(소송비용의 대납지급 요청) ① 소송비용의 대납지급 요청은 재판장이 법원의 경비출납공무원에게 서면이나 재판사무시스템을 이용한 전자적인 방법으로 하여야 한다. 다만, 서류 송달료의 대납지급 요청은 법원사무관등이 한다. 〈개정 2009.12.3〉
> ② 제1항의 요청은 소송비용을 지출할 사유가 발생할 때마다 하여야 한다. 다만, 서류의 송달료에 관하여는 필요한 범위 안에서 여러 번 실시할 비용의 일괄 지급을 요청할 수 있다.

비용을 필요로 하는 소송행위에 대하여 법원은 당사자에게 그 비용을 미리 내게 할 수 있다(제116조 1항). 예납하지 않으면 법원은 그 행위(예 증인채택)를 하지 않을 수 있다(제116조 2항). 예납명령의 불이행을 이유로 행한 불이익한 재판에 대하여는 독립하여 불복할 수 없다.[35] 예납의무자는 규칙 제19조에서 정해 놓고 있으며, 예납하지 아니하여 소송절차의 진행 또는 종료 후의 사무처리가 현저히 곤란한 때에는 국고에서 대납받아 지출할 수 있다(규칙 제20조).

II. 소송비용의 부담자

1. 패소자부담의 원칙

(1) 의 의

> 제98조(소송비용부담의 원칙) 소송비용은 패소한 당사자가 부담한다.

소송비용은 패소한 당사자가 전부 부담하는 것이 원칙이며(제98조), 패소의 이유나 패소자의 고의·과실을 불문하므로 일종의 결과책임이다.

(2) 참가소송비용

> 제103조(참가소송의 경우) 참가소송비용에 대한 참가인과 상대방 사이의 부담과, 참가이의신청의 소송비용에 대한 참가인과 이의신청 당사자 사이의 부담에 대하여는 제98조 내지 제102조의 규정을 준용한다.

참가소송비용에 대한 참가인과 상대방 사이의 부담에 관하여도 제98조 내지 제102조의 규정이 준용된다(제103조). 소송비용의 부담에 관한 주문에 '보조참가로 인한 부분'을 특정하지 않은 채 패소한 당사자가 부담한다는 취지만 기재되어 있더라도, ① 피참가인이 전부승소한 경우에는 당연히 패소한 당사자가 보조참가로 인한 소송비용까지도 부담하는 것으로 볼 수 있다. 그러나 ② 피참가인이 일부 승소하였음에도, 주문에 '보조참가로 인한 부분'이 특정되지 않은 채 피참가인과 상대방 당사자 사이의 소송비용 부담 비율만 기재되어 있다면, 여기에는 보조참가로 인하여 생긴 부분까지 당연히 포함되었다고 볼 수 없어 이에

---
[35] 대법 2001.08.22, 2000으2

관한 소송비용의 재판이 누락된 경우에 해당하므로, 당해 소송비용의 재판을 누락한 법원이 직권 또는 당사자의 신청에 따라 이에 대한 재판을 추가로 하여야 한다(제212조 제2항).36)

(3) 무권대리인이 제기한 소가 각하된 경우

> 제108조(무권대리인의 비용부담) 제107조제2항의 경우에 소가 각하된 경우에는 소송비용은 그 소송행위를 한 대리인이 부담한다.

법정대리인 또는 소송대리인으로서 소송행위를 한 사람이 그 대리권 또는 소송행위에 필요한 권한을 받았음을 증명하지 못하거나, 추인을 받지 못한 경우에(제107조 2항) 그 소가 각하된 경우에는 그 소송행위를 한 대리인이 소송비용을 부담한다(제108조). 소송대리권소멸 후 소송대리인이 상고를 제기한 사안에서 소송대리인에게 소송비용을 부담시킨 사례가 있다.37) 다만 원고가 무능력자이기 때문에 대리권의 수여가 무효로 되어, 대리권의 흠이 생긴 경우에는 본인이 소송비용을 부담하여야 한다.38)

2. 패소자부담의 원칙에 대한 예외

> 제99조(원칙에 대한 예외) 법원은 사정에 따라 승소한 당사자로 하여금 그 권리를 늘리거나 지키는 데 필요하지 아니한 행위로 말미암은 소송비용 또는 상대방의 권리를 늘리거나 지키는 데 필요한 행위로 말미암은 소송비용의 전부나 일부를 부담하게 할 수 있다.
>
> 제100조(원칙에 대한 예외) 당사자가 적당한 시기에 공격이나 방어의 방법을 제출하지 아니하였거나, 기일이나 기간의 준수를 게을리 하였거나, 그 밖에 당사자가 책임져야 할 사유로 소송이 지연된 때에는 법원은 지연됨으로 말미암은 소송비용의 전부나 일부를 승소한 당사자에게 부담하게 할 수 있다.
>
> 제106조(화해한 경우의 비용부담) 당사자가 법원에서 화해한 경우(제231조의 경우를 포함한다) 화해비용과 소송비용의 부담에 대하여 특별히 정한 바가 없으면 그 비용은 당사자들이 각자 부담한다.

피고가 이행거절을 하는 등 제소를 유발한 바 없음에도 원고가 불필요한 제소를 하여 승소한 경우(제99조 전단), 피고가 변제하지 아니하여 제소하였으나 소송계속 중에 피고가 임의변제하여 원고가 패소한 경우(제99조 후단), **승소당사자의 소송지연으로 인한 비용**(제100조), **화해비용(제106조) 등은 패소자 부담의 원칙에 예외**이다.

3. 소송비용 부담비율

(1) 일부패소의 경우

> 제101조(일부패소의 경우) 일부패소의 경우에 당사자들이 부담할 소송비용은 법원이 정한다. 다만, 사정에 따라 한 쪽 당사자에게 소송비용의 전부를 부담하게 할 수 있다.

---

36) 대법 2022.04.05, 2020마7530
37) 대법 2013.09.12, 2011두33044
38) 소송대리인이 대리권 또는 소송행위에 필요한 권한을 받았음을 증명하지 못하였으나 소송위임에 관하여 중대한 과실이 없는 경우, 소송비용을 소의 제기를 소송대리인에게 위임한 자가 부담한다는 것에, 대법 2016.06.17, 2016마371.

일부패소의 경우 각 당사자들이 부담할 소송비용은 승패의 비율을 고려함이 없이 법원이 그 재량에 의하여 정한다(제101조 본문).39) 즉, **반드시 청구액과 인용액의 비율에 따라 정하여야 하는 것은 아니며, 사정에 따라 한쪽 당사자에게 소송비용의 전부를 부담하게 할 수 있다**(제101조 단서).

(2) 패소자가 공동소송인인 경우

> **제102조(공동소송의 경우)** ① 공동소송인은 소송비용을 균등하게 부담한다. 다만, 법원은 사정에 따라 공동소송인에게 소송비용을 연대하여 부담하게 하거나 다른 방법으로 부담하게 할 수 있다.
> ② 제1항의 규정에 불구하고 법원은 권리를 늘리거나 지키는 데 필요하지 아니한 행위로 생긴 소송비용은 그 행위를 한 당사자에게 부담하게 할 수 있다.

제102조 제1항은 "**공동소송인은 소송비용을 균등하게 부담**한다. 다만 **법원은 사정에 따라 공동소송인에게 소송비용을 연대하여 부담하게 하거나 다른 방법으로 부담하게 할 수 있다.**"라고 규정하고 있으므로, 재판주문에서 공동소송인별로 소송비용의 부담비율을 정하거나, 연대부담을 명하지 아니하고 단순히 '소송비용은 공동소송인들의 부담으로 한다.'라고 정하였다면 공동소송인들은 상대방에 대하여 **균등하게 소송비용을 부담**하고, 공동소송인들 상호 간에 내부적으로 비용분담 문제가 생기더라도 그것은 그들 사이의 합의와 실체법에 의하여 해결되어야 한다.40) 연대로 명할 수 있는 경우로는 고유필수적 공동소송, 본안에서 연대채무나 불가분채무로 지급을 명하는 경우 등이다. 이 경우에도 불필요한 행위로 증가된 비용은 그 행위자에게 부담시킬 수 있다(제102조 제2항). 통상공동소송에서 공동소송인이 같은 비율로 함께 패소하였을 경우, 공동소송인 사이에 소송목적의 값에 현저한 차이가 있다거나 소송물의 내용이나 성격, 항쟁의 정도 등이 다르다는 등의 사정으로 공동소송인이 공동으로 소송비용을 부담하는 것이 형평에 반하거나 불합리하다고 생각된다면 민사소송법 제102조 제1항 단서를 적극적으로 적용하여 공동소송인별로 소송관계를 구분하여 소송비용의 부담을 정하거나 공동소송인별로 수액이나 부담비율을 정하는 등의 방식으로 소송비용부담재판을 하는 것이 더 바람직하다.41)

4. 제3자에게 소송비용의 상환을 명할 수 있는 경우

> **제107조(제3자의 비용상환)** ① 법정대리인·소송대리인·법원사무관 등이나 집행관이 고의 또는 중대한 과실로 쓸데없는 비용을 지급하게 한 경우에는 수소법원은 직권으로 또는 당사자의 신청에 따라 그에게 비용을 갚도록 명할 수 있다.
> ② 법정대리인 또는 소송대리인으로서 소송행위를 한 사람이 그 대리권 또는 소송행위에 필요한 권한을 받았음을 증명하지 못하거나, 추인을 받지 못한 경우에 그 소송행위로 말미암아 발생한 소송비용에 대하여는 제1항의 규정을 준용한다.
> ③ 제1항 및 제2항의 결정에 대하여는 즉시항고를 할 수 있다.

---

39) 대법 2012.07.26, 2010다60479; 대법 2007.07.12, 2005다38324
40) 대법 2017.11.21, 2016마1854
41) 대법 2017.11.21, 2016마1854

III. 소송비용의 재판

1. 직권에 의한 재판

법원은 종국판결의 주문에서 직권으로 한다. 실무상 당사자가 소송비용부담에 관하여 신청을 하는 것은 법원의 직권발동을 촉구하는 의미밖에 없다. **소송비용부담의 재판은 소송비용상환의무의 존재를 확정하고 그 지급을 명하는 데 그치고 그 액수는 당사자의 신청에 의하여 민사소송법 제110조에 의한 소송비용액확정결정을 받아야 하므로, 소송비용부담의 재판만으로 소송비용상환청구채권의 집행권원이 될 수 없다.**[42]

2. 재판방법

(1) 각 심급마다 소송비용 전부에 대해 재판

> 제104조(각 심급의 소송비용의 재판) 법원은 사건을 완결하는 재판에서 직권으로 그 심급의 소송비용 전부에 대하여 재판하여야 한다. 다만, 사정에 따라 사건의 일부나 중간의 다툼에 관한 재판에서 그 비용에 대한 재판을 할 수 있다.

1) 소송비용불가분의 원칙 : 소송비용의 재판은 각 심급마다 직권으로 그 심급의 소송비용 전부에 대하여 재판하여야 하며 절차 중 일부의 비용을 분리하여 재판할 수 없다(제104조 본문). 소송비용의 재판에서 부담할 액수까지 정할 수 있으나 보통 그 부담자와 부담비율만을 정하는 것이 실무이므로(예 : 소송비용은 3분하여 그 1은 원고의, 나머지는 피고의 부담으로 한다),

2) 예 외 : 일부판결이나 중간적 재판을 할 때는 소송비용의 부담에 관한 재판을 하지 않는 것이 원칙이나, 사정에 따라 사건의 일부나 중간의 다툼에 관한 재판에서 그 비용에 대한 재판을 할 수 있다(제104조 단서).

(2) 상급법원에서 소송비용 재판

> 제105조(소송의 총비용에 대한 재판) 상급법원이 본안의 재판을 바꾸는 경우 또는 사건을 환송받거나 이송받은 법원이 그 사건을 완결하는 재판을 하는 경우에는 소송의 총비용에 대하여 재판하여야 한다.

1) 총비용에 대해 재판하는 경우 : **상급법원이 하급법원의 본안판결을 바꾸는 경우에는 상급법원이 하급법원에서 생긴 비용까지 합하여 소송의 총비용에 대해서 재판하며, 상소심에서 원판결을 취소 또는 파기환송하는 경우에는 환송 또는 이송받은 법원이 사건을 완결하는 재판을 할 때에 총소송비용의 부담에 관한 재판**을 하여야 한다(제105조).

2) 상소비용만 재판하는 경우 : 상급법원에서 상소를 각하 또는 기각하는 경우에는 그 심급에서 생긴 상소비용만을 재판하면 된다. 현행 실무상 원고의 청구를 일부 인용한 판결에 대해 쌍방상소한 사건에

---

[42] 대법 2006.11.15, 2004재다818

서, 상소심이 쌍방의 상소를 모두 기각하는 경우 당해 심급의 소송비용부담재판을 함에 있어서는 거의 예외 없이 상소인 각자가 부담하도록 하므로 원고와 피고는 각 지출한 비용을 자기가 부담하고 상대방에게 상환청구를 할 수 없다. 다만 쌍방 상소사건에서 상소가 모두 기각되었더라도 각 당사자가 불복의 대상으로 삼은 범위에 현저한 차이가 있어 실질적으로는 더 적은 범위에 대해 불복한 당사자가 승소한 범위가 훨씬 큰 경우에도 상소비용을 각자가 부담하도록 하게 되면, 불복범위가 더 적은 상소인의 입장에서는 단지 쌍방이 상소하여 모두의 상소가 기각되었다는 우연한 사정에 의해 그가 상소하지 않았을 때와 비교하여 소송비용의 부담과 상환에 있어 부당하게 불리한 결과가 발생하게 된다. 따라서 이 경우 법원으로서는 각 당사자의 불복으로 인한 부분의 상소비용을 불복한 당사자가 각각 부담하도록 하거나, 쌍방의 상소비용을 합하여 이를 불복범위의 비율로 적절히 안분시키는 형태로 주문을 냄으로써, 위와 같은 불합리한 결과가 발생하지 않도록 하는 것이 바람직하다.[43]

(3) 소송비용의 재판을 누락한 경우

> 제212조(재판의 누락)
> ② 소송비용의 재판을 누락한 경우에는 법원은 직권으로 또는 당사자의 신청에 따라 그 소송비용에 대한 재판을 한다. 이 경우 제114조의 규정을 준용한다.
> ③ 제2항의 규정에 따른 소송비용의 재판은 본안판결에 대하여 적법한 항소가 있는 때에는 그 효력을 잃는다. 이 경우 항소법원은 소송의 총비용에 대하여 재판을 한다.

소송비용의 재판을 누락한 때에는 법원은 직권 또는 당사자의 신청에 의하여 그 소송비용에 대한 재판을 한다(제212조 제2항). 다만 **소송비용의 재판은 본안판결에 대하여 적법한 항소가 있는 때에는 그 효력을 잃게 되는데, 이 경우 항소법원은 소송의 총비용에 대하여 재판을** 한다(제212조 제3항).

3. 불 복

소송비용의 재판에 대해서는 독립하여 상소할 수 없다(제391조). 따라서 **본안판결과 함께 불복하여야 하나, 본안의 상소가 이유 없을 때에는 소송비용의 재판이 위법하다는 주장은 받아들일 수 없다.**[44] 다만 소송대리인에게 대리권이 없다는 이유로 소가 각하되고 민사소송법 제108조의 규정에 의하여 소송대리인이 소송비용 부담의 재판을 받은 경우에는, 소송비용을 부담하는 자가 본안의 당사자가 아니어서 소송비용의 재판에 대하여 독립한 상소를 금지하는 민사소송법 제391조, 제425조, 제443조가 적용된다고 볼 것은 아니어서, **소송대리인으로서는 법원 자체에 대하여 제기할 수 있는 즉시항고나 재항고에 의하여 불복하는 것은 별론으로 하고, 당사자 등을 상대방으로 한 항소나 상고를 제기할 수는 없다.**[45]

IV. 소송비용확정절차

1. 의 의

**소송비용의 재판에서 부담할 액수가 정하여지지 아니하고 유보하여 두었으면 그 재판이 확정되거나 그

---

43) 대법 2019.04.03, 2018다271657
44) 대법 2019.04.03, 2018다271657; 대법 2005.03.24, 2004다71522·71539
45) 대법 1997.10.10, 96다48756; 대법 2016.06.17, 2016마371

재판이 집행력을 갖게 된 후에 그 액수를 정하기 위한 절차를 소송비용액 확정절차라 한다. 확정된 본안재판에서 소송비용부담에 관한 판단 자체를 빠뜨린 경우는 적용될 수 없는 절차이다. 이 절차는 상대방이 부담할 수액을 확정하는 것이지, 자기가 지출한 수액을 확인해 주는 절차가 아니다. 따라서 소송상 화해가 이루어졌는데 그 화해조항에 소송비용은 각자의 부담으로 하기로 되어 있다면(제106조) 상대방이 상환해 주어야 할 소송비용이 없는 것이어서 소송비용액확정의 문제가 생길 여지가 없다.[46] 나아가 소송비용확정결정을 받으면 이를 집행권원으로 하여 상대방으로부터 강제집행하여 받아낼 수 있으므로 **소송비용을 별도로 소구할 이익은 없다**.[47] **소송비용액확정신청의 피신청인이 부담하여야 할 소송비용액이 없는 경우에는 송달료 등 소송비용액확정절차에서의 비용은 신청인이 부담할 성질의 것이지 피신청인으로 하여금 이를 부담케 할 수 없다**.[48]

2. 소송이 재판에 의하여 끝난 경우

(1) 신 청

> 제110조(소송비용액의 확정결정) ① 소송비용의 부담을 정하는 재판에서 그 액수가 정하여 지지 아니한 경우에 제1심 법원은 그 재판이 확정되거나, 소송비용부담의 재판이 집행력을 갖게 된 후에 당사자의 신청을 받아 결정으로 그 소송비용액을 확정한다.
> ② 제1항의 확정결정을 신청할 때에는 비용계산서, 그 등본과 비용액을 소명하는 데 필요한 서면을 제출하여야 한다.
> ③ 제1항의 결정에 대하여는 즉시항고를 할 수 있다.

> 민사소송규칙
> 제18조(소송비용액의 확정을 구하는 신청의 방식) 법 제110조제1항, 법 제113조제1항 또는 법 제114조제1항의 규정에 따른 신청은 서면으로 하여야 한다.

1) **신청권자** : 쌍방 분담은 모두 신청인 적격이 있고, 각자 부담 판결은 전원이 신청인 적격이 없다. 이 경우 신청인은 ① 비용상환청구권이 인정된 자(당사자, 보조참가인, 제3자 포함)와 **그 승계인(다만 승계집행문을 부여받은 후 신청하여야 함[49])**, ② **비용상환청구권을 압류하여 추심·전부명령을 받은 채권자**, ③ 소송구조에 의하여 유예된 보수를 추심할 수 있는 변호사 등이다. **본안소송의 사건이 병합된 경우 외에는 수 개의 확정판결에 기한 소송비용액 확정신청을 병합하여 신청할 수 없다**.

2) **신청법원** : 소송비용확정신청은 **전속관할인 제1심 수소법원에 서면으로 신청**하여야 한다(제110조 1항, 2항). 수인의 공동소송인 중 일부만 소송비용액 확정을 신청한 경우에는 공동소송인 전원이 신청한 경우를 전제로 소송비용액을 계산한 다음 그중 당해 신청인이 상환 받을 수 있는 금액에 대하여만 확정결정을 하여야 하고, 수인의 공동소송인 중 일부만을 상대로 소송비용액 확정을 신청한 경우에도 공동소송인 전원을 상대로 신청한 경우를 전제로 소송비용액을 계산한 다음 그중 당해 피신청인이 부담하여야 할 금액

---

46) 양도소득세의 필요경비로 공제받기 위한 목적으로 스스로 부담하여야 할 소송비용액의 확정을 구할 수는 없다는 것에, 대법 1991.04.22. 91마152
47) 대법 2000.05.12. 99다68577
48) 대법 2005.05.20. 2004마1038
49) 대법 2009.08.06. 2009마897

에 대하여만 확정결정을 하여야 한다.50)

(2) 재 판

> **제111조**(상대방에 대한 최고) ① 법원은 소송비용액을 결정하기 전에 상대방에게 비용계산서의 등본을 교부하고, 이에 대한 진술을 할 것과 일정한 기간 이내에 비용계산서와 비용액을 소명하는 데 필요한 서면을 제출할 것을 최고하여야 한다.
> ② 상대방이 제1항의 서면을 기간 이내에 제출하지 아니한 때에는 법원은 신청인의 비용에 대하여서만 결정할 수 있다. 다만, 상대방도 제110조 제1항의 확정결정을 신청할 수 있다.
> **제112조**(부담비용의 상계) 법원이 소송비용을 결정하는 경우에 당사자들이 부담할 비용은 대등한 금액에서 상계된 것으로 본다. 다만, 제111조 제2항의 경우에는 그러하지 아니하다.
> **제115조**(법원사무관등에 의한 계산) 제110조제1항의 신청이 있는 때에는 법원은 법원사무관등에게 소송비용액을 계산하게 하여야 한다.

소송비용의 부담을 정하는 재판에서 그 액수가 정하여지지 아니한 경우에 **제1심 법원은 그 재판이 확정되거나, 확정이 되지 않았어도 주문 중 소송비용부담부분에 가집행선고가 붙어 소송비용부담의 재판이 집행력을 갖게 된 후에 당사자의 신청을 받아 결정으로 그 소송비용액을 확정**한다(제110조 제1항, 규칙 제18조). 2005년 법원조직법 개정으로 사법보좌관이 소송비용액확정절차에서의 법원의 업무를 맡게 되었다. **법원은 당사자의 제110조 제1항에 따른 신청이 있는 때에는 법원사무관 등에게 소송비용액을 계산**하게 하여야 한다(제115조). **가분채권의 일부에 대한 이행청구의 소를 제기하면서 나머지를 유보하고 일부만을 청구한다는 취지를 명시하지 아니한 이상 그 재판의 기판력은 청구하고 남은 잔부청구에까지 미치는 것이므로 그 나머지 부분을 별도로 다시 청구할 수 없게 된다.**51) **법원은 확정결정 전에 상대방에게 이에 대한 진술 및 비용액의 소명하는데 필요한 서면을 제출할 것을 최고하여야** 하며(제111조 제1항), **비용의 결정시 당사자들이 부담할 비용은 대등액에서 상계된 것으로 본다**(제112조 본문). 자신이 지출한 비용총액에 대하여 자신의 분담비율을 적용한 부분은 상대방에게 그 상환의무를 부담하지 않아 상계의 대상에서 제외된다.52) 그러나 **상대방이 서면을 제출하지 않은 경우는 신청인의 비용만 결정**하며(제111조 제2항), 상계하지 않는다(제112조 단서). 따라서 당사자 사이에 소송비용을 일정 비율로 분담하도록 재판이 된 경우로서 민사소송법 제111조 제2항에 따라 소송비용액확정을 신청한 당사자에 대해서만 소송비용액을 확정할 경우 법원은 신청인으로부터 제출된 비용계산서에 기초하여 지출한 비용총액을 산정한 다음, 그 비용총액에 대하여 소송비용 부담재판의 분담비율에 따라 상대방이 부담할 소송비용액을 정하여 그 금액의 지급을 명하는 방법으로 소송비용액을 확정해야 한다.53) 다만, **상대방도 제110조 제1항의 확정결정을 신청할 수 있다**(제111조 제2항 단서). 피신청인이 신청인의 비용에 대해서만 분담액을 정한 제1심결정에 대하여 즉시항고를 하면서 자신의 비용계산서와 그 비용액을 소명하는 데 필요한 서면을 제출한 경우에 원칙적으로는 이를 함께 고려하여 소송비용 분담액을 다시 산정하여 확정하는 것이 타당하다.54) 한편 당사자 사이에 소송비용을 일정

---

50) 대법 2017.01.20, 2016마1648
51) 대법 2002.09.23, 2000마5257
52) 대법 2024.04.19, 2024마5007
53) 대법 2022.05.31, 2022마5141
54) 대법 2023.09.27, 2022마6885

비율로 분담하도록 재판이 된 경우로서 소송비용액확정신청을 한 신청인에게 피신청인이 상환해야 할 변호사 보수를 확정할 때에는 신청인이 변호사에게 보수계약에 따라 지급하거나 지급할 금액과 구 보수규칙에 따라 산정한 금액을 비교하여 그중 작은 금액을 소송비용으로 결정한 다음, 그에 대하여 소송비용부담재판의 분담비율을 적용하여 계산해야 한다.[55]

(3) 불복

이 결정에 대해서는 즉시항고를 할 수 있는 것으로(제110조 제3항), **소송비용의 확정에 관하여 제1심법원이 산정한 비용액이 법규에 따라 정당하게 산출된 것인지에 관하여 항고심은 직권으로 살펴볼 의무가 있다.**[56] 다만 항고에 앞서 먼저 '판사'에게 사법보좌관의 처분에 대한 이의신청을 내야 하는데(사보규 제4조 1항), 여기의 판사는 제1심 수소법원을 말한다. 따라서 **합의사건의 소송비용확정신청에 대한 사법보좌관의 처분을 합의부가 아닌 단독판사가 인가하였다면, 이는 전속관할의 위반**이 된다.[57]

3. 소송이 재판에 의하지 아니하고 끝난 경우

> 제113조(화해한 경우의 비용액확정) ① 제106조의 경우에 당사자가 소송비용부담의 원칙만을 정하고 그 액수를 정하지 아니한 때에는 법원은 당사자의 신청에 따라 결정으로 그 액수를 정하여야 한다.
> ② 제1항의 경우에는 제110조제2항·제3항, 제111조 및 제112조의 규정을 준용한다.
> 제114조(소송이 재판에 의하지 아니하고 끝난 경우) ① 제113조의 경우 외에 소송이 재판에 의하지 아니하고 끝나거나 참가 또는 이에 대한 이의신청이 취하된 경우에는 법원은 당사자의 신청에 따라 결정으로 소송비용의 액수를 정하고, 이를 부담하도록 명하여야 한다.
> ② 제1항의 경우에는 제98조 내지 제103조, 제110조제2항·제3항, 제111조 및 제112조의 규정을 준용한다.

(1) 사유

소가 재판에 의하여 완결되지 않은 경우에는 전원이 신청인 적격이 있다. 화해 시 소송비용부담에 대해 특별히 정한 바가 없으면 그 비용은 당사자들이 각자 부담하여(제106조) 확정이 필요 없으나, 화해시에도 소송비용부담의 원칙만을 정하고 그 액수를 정하지 아니한 때에는 법원은 당사자의 신청에 따라 결정으로 그 액수를 정하여야 한다(제113조 제1항). **제113조 이외에 포기·인낙, 소취하, 탈퇴에 의하여 소송이 끝나거나, 참가 또는 이에 대한 이의신청이 취하된 때에는 당사자의 신청에 의하여 결정으로 소송비용액수를 정하고 그 부담을 명하여야** 한다(제114조 제1항). **소의 일부취하·감축의 경우에도 마찬가지**이다.[58]

---

55) 변호사 보수의 소송비용 산입에 관한 규칙(보수규칙)에 따라 산정된 금액에 피신청인의 부담비율(70%)을 적용하여 산출한 변호사 보수액이 신청인이 보수계약에 따라 실제 지출한 변호사 보수액 보다 작다면 신청인이 지출한 변호사 보수 전액을 피신청인이 상환해야하는 소송비용으로 인정한 원심에 대해 대법원은 보수규칙에 따라 산정된 변호사 보수액과 보수계약에 따라 지출한 변호사 보수액을 산정한 후, 그 중 작은 금액에 대하여 소송비용분담재판의 비율을 적용하여 피신청인이 상환할 소송비용액을 산정해야 한다는 이유로 이와 달리 판단한 원심 결정을 파기하였다(대법 2022.05.31, 2022마5141).
56) 대법 2006.08.09, 2006마455
57) 대법 2008.06.23, 2007마634
58) 대법 2017.02.07, 2016마937

(2) 결정 법원

소송이 재판에 의하지 아니하고 완결된 경우에는 당해 소송이 완결된 당시에 소송계속 법원에 소송비용부담재판을 신청을 하여야 하고, 이를 제1심 수소법원에 소송비용액확정결정신청의 방법으로 할 수 없다. 따라서 항소심에서 항소취하가 된 경우에는 제1심 소송비용은 제1심 법원에, 항소심 소송비용은 항소심 법원에 각각 신청하고,[59] 항소심에서 소취하가 된 경우에는 제1심을 포함한 총 소송비용에 관하여 항소심 법원에 신청해야 한다.

4. 소송비용액확정절차의 한계

소송비용 상환의무가 재판에 의하여 확정된 경우에, **소송비용액 확정절차에서는 상환할 소송비용의 수액을 정할 수 있을 뿐이고, 소송비용부담재판에서 확정한 상환의무 자체의 범위를 심리·판단하거나 변경할 수 없다.**[60] 따라서 변제·상계·화해 등 권리소멸의 항변이 허용되지 않는다.[61] 소송비용부담에 관한 실체상의 권리가 소멸하였다거나 이전되었다는 등의 사정은, 소송비용부담 및 확정결정의 집행단계에서 청구에 관한 이의의 소 등으로 다툴 수 있음은 별론으로 하고, 소송비용부담 및 확정절차에서 이를 주장·증명하여 심판의 대상으로 삼을 수는 없다.[62]

V. 소송비용의 담보

1. 의 의

> **제117조(담보제공의무)** ① 원고가 대한민국에 주소·사무소와 영업소를 두지 아니한 때 또는 소장·준비서면, 그 밖의 소송기록에 의하여 청구가 이유 없음이 명백한 때 등 소송비용에 대한 담보제공이 필요하다고 판단되는 경우에 피고의 신청이 있으면 법원은 원고에게 소송비용에 대한 담보를 제공하도록 명하여야 한다. 담보가 부족한 경우에도 또한 같다. 〈개정 2010.7.23〉
> ② 제1항의 경우에 법원은 직권으로 원고에게 소송비용에 대한 담보를 제공하도록 명할 수 있다. 〈신설 2010.7.23〉
> ③ 청구의 일부에 대하여 다툼이 없는 경우에는 그 액수가 담보로 충분하면 제1항의 규정을 적용하지 아니한다. 〈개정 2010.7.23〉

원고가 우리나라에 주소·사무소와 영업소를 두지 아니한 때, **2010년 개정으로 소송기록상 원고의 청구가 이유 없음이 명백한 때에 피고의 신청이 있으면 담보제공을 명해야 한다**(제117조 1항). 원고가 패소하여 소송비용을 부담하게 되는 경우에 피고의 이익을 위하여 소송비용상환청구권의 용이한 실현을 미리 확보해 두기 위한 것이다. 나아가 **2항에서 직권으로 원고에게 소송비용에 대한 담보를 제공하도록 명할 수 있도록** 하였다. 다만 원고가 준비명령기간 내에 피고의 답변서에 대한 반박 준비서면을 제출하지 아니한 점만으로 원고의 청구가 이유 없음이 명백한 때에 준하는 사유가 생겼다고 보기 어려워, 담보제공명령한 것을 옳다고 할 수 없다.[63]

---

59) 대법 1992.11.30, 90마1003
60) 대법 2017.11.21, 2016마1854; 대법 2019.04.03, 2018다271657; 대법 2022.05.12, 2017마6274
61) 대법 2002.09.23, 2000마5257
62) 대법 2020.07.17, 2020카확522
63) 대법 2013.05.31, 2013마488

2. 담보제공의 절차

> 제118조(소송에 응함으로 말미암은 신청권의 상실) 담보를 제공할 사유가 있다는 것을 알고도 피고가 본안에 관하여 변론하거나 변론준비기일에서 진술한 경우에는 담보제공을 신청하지 못한다.
>
> 제119조(피고의 거부권) 담보제공을 신청한 피고는 원고가 담보를 제공할 때까지 소송에 응하지 아니할 수 있다.
>
> 제120조(담보제공결정) ① 법원은 담보를 제공하도록 명하는 결정에서 담보액과 담보제공의 기간을 정하여야 한다.
> ② 담보액은 피고가 각 심급에서 지출할 비용의 총액을 표준으로 하여 정하여야 한다.
>
> 제121조(불복신청) 담보제공신청에 관한 결정에 대하여는 즉시항고를 할 수 있다.
>
> 제124조(담보를 제공하지 아니한 효과) 담보를 제공하여야 할 기간 이내에 원고가 이를 제공하지 아니하는 때에는 법원은 변론없이 판결로 소를 각하할 수 있다. 다만, 판결하기 전에 담보를 제공한 때에는 그러하지 아니하다.

(1) 개 시

1) **피고의 신청 또는 직권** : **소송비용담보는 피고의 이익을 위한 제도이므로 피고의 신청이 있으면 법원은 원고에게 소송비용에 대한 담보를 제공하도록 명하여야 하며, 법원은 직권으로 원고에게 소송비용에 대한 담보를 제공하도록 명할 수 있다.** 다만, 청구의 일부에 대하여 다툼이 없을 경우에 그 액수가 담보로 충분한 때(제117조 제1항 2문) 또는 **담보제공사유가 있음을 알고도 피고가 본안에 대하여 변론을 하였거나 변론준비절차에서 진술한 경우에는 담보제공을 신청하지 못한다**(제118조). **제118조 때문에 상소심에서 소송비용에 대한 담보제공 신청을 하려면 신청인이 과실 없이 담보제공을 신청할 수 없었거나 상소심에서 새로이 담보제공의 원인이 발생한 경우에 한한다.**[64] 담보제공신청을 한 피고는 원고가 담보를 제공할 때까지 응소를 거부할 수 있다(제119조). 한편 **피고가 적법한 담보제공신청을 한 이후에는 응소를 거부하지 않고 본안에 관하여 변론 등을 하였더라도 이미 이루어진 담보제공신청의 효력이 상실되거나 그 신청이 부적법하게 되는 것은 아니다.**[65]

2) **원고의 신청가부** : 소송비용의 담보제공 신청권은 피고에게 있을 뿐 원고가 위와 같은 담보제공 신청을 할 수는 없고, 이는 상소심 절차에서도 동일하게 적용되므로, **원고가 본안소송의 항소심에서 승소하여 피고가 그에 대한 상고를 제기함에 따라 원고가 피상고인으로 되었다고 하여 원고에게 소송비용 담보제공 신청권이 인정되는 것은 아니다.**[66]

(2) 담보제공 결정

이 결정에는 담보액과 담보제공기간을 정하여야 하는데, 담보액은 피고가 각 심급에서 지출할 비용의 총액을 표준으로 한다(제120조). **담보를 제공해야 할 기간 내에 원고가 이를 제공하지 아니하는 때에는 법원은 변론 없이 판결로써 소를 각하할 수 있으며, 다만 판결 전에 담보를 제공한 때에는 소를 각하하지 못한다**(제124조).

---

64) 대법 2017.04.21, 2017마63
65) 대법 2018.06.01, 2018마5162
66) 대법 2017.09.14, 2017카담507

(3) 불 복

담보제공신청에 관한 결정에 대하여는 즉시항고가 가능하다(제121조). 한편 2010년 민사소송법 개정 당시 직권에 의한 소송비용 담보제공 재판을 도입하면서 이에 대한 불복규정을 별도로 마련하지 않았으나, 민사소송법은 특별한 규정이 있을 때만 즉시항고할 수 있다는 규정을 두고 있지 않고, 직권에 의한 소송비용 담보제공 재판에 대한 불복 자체를 금지하고 있지도 않은 점, 직권에 의한 소송비용 담보제공 재판의 경우에도 피고의 신청에 의한 경우와 마찬가지로 담보를 제공하지 않으면 변론 없이 소각하 판결이 내려질 수 있으므로 원고에게 불복 기회를 부여해야 할 필요성은 신청에 의한 경우와 다를 게 없는 점 등에 비추어 보면, **법원의 직권에 의한 소송비용 담보제공 재판에 불복할 경우에도 원고는 민사소송법 제121조를 준용하여 즉시항고를 제기할 수 있다**.[67]

3. 담보제공의 방식

> **제122조(담보제공방식)** 담보의 제공은 금전 또는 법원이 인정하는 유가증권을 공탁(供託)하거나, 대법원규칙이 정하는 바에 따라 지급을 보증하겠다는 위탁계약을 맺은 문서를 제출하는 방법으로 한다. 다만, 당사자들 사이에 특별한 약정이 있으면 그에 따른다.
>
> **제123조(담보물에 대한 피고의 권리)** 피고는 소송비용에 관하여 제122조의 규정에 따른 담보물에 대하여 질권자와 동일한 권리를 가진다.
>
> **제126조(담보물변경)** 법원은 담보제공자의 신청에 따라 결정으로 공탁한 담보물을 바꾸도록 명할 수 있다. 다만, 당사자가 계약에 의하여 공탁한 담보물을 다른 담보로 바꾸겠다고 신청한 때에는 그에 따른다.
>
> **제127조(준용규정)** 다른 법률에 따른 소제기에 관하여 제공되는 담보에는 제119조, 제120조제1항, 제121조 내지 제126조의 규정을 준용한다.

담보의 제공은 금전이나 법원이 인정하는 유가증권을 공탁하거나 또는 대법원규칙이 정하는 바에 따라 지급을 보증하겠다는 위탁계약을 맺은 문서를 제출하는 방법으로 한다. 다만, 당사자간에 특약이 있으면 그에 따른다(제122조). 따라서 당사자들 사이에 특별한 약정이 없는 한 담보제공을 명하는 법원은 담보제공의 방법을 위 규정의 범위 내에서 재량에 따라 선택할 수 있다.[68] 법원은 담보제공자의 신청에 의하여 결정으로 또는 당사자 간의 특약으로 이미 공탁된 담보물을 바꾸도록 명할 수 있다(제126조). 피고는 소송비용에 관하여 이와 같이 제공된 담보물에 대하여 질권자와 동일한 권리가 있다(제123조).

---

67) 대법 2011.05.02, 2010부8
68) 대법 2018.06.01, 2018마5162

4. 담보취소

> **제125조(담보의 취소)** ① 담보제공자가 담보하여야 할 사유가 소멸되었음을 증명하면서 취소신청을 하면, 법원은 담보취소결정을 하여야 한다.
> ② 담보제공자가 담보취소에 대한 담보권리자의 동의를 받았음을 증명한 때에도 제1항과 같다.
> ③ 소송이 완결된 뒤 담보제공자가 신청하면, 법원은 담보권리자에게 일정한 기간 이내에 그 권리를 행사하도록 최고하고, 담보권리자가 그 행사를 하지 아니하는 때에는 담보취소에 대하여 동의한 것으로 본다.
> ④ 제1항과 제2항의 규정에 따른 결정에 대하여는 즉시항고를 할 수 있다.

> **민사소송규칙**
> **제22조(지급보증위탁계약)** ① 법 제122조의 규정에 따라 지급보증위탁계약을 맺은 문서를 제출하는 방법으로 담보를 제공하려면 미리 법원의 허가를 받아야 한다.
> ② 제1항의 규정에 따른 지급보증위탁계약은 담보제공명령을 받은 사람이 은행법의 규정에 따른 금융기관이나 보험회사(다음부터 이 모두를 "은행등"이라 한다)와 맺은 것으로서 다음 각호의 요건을 갖춘 것이어야 한다.
>   1. 은행등이 담보제공명령을 받은 사람을 위하여, 법원이 정한 금액 범위 안에서, 담보에 관계된 소송비용상환청구권에 관한 집행권원 또는 그 소송비용상환청구권의 존재를 확인하는 것으로서 확정판결과 같은 효력이 있는 것에 표시된 금액을 담보권리자에게 지급한다는 것
>   2. 담보취소의 결정이 확정될 때까지 계약의 효력이 존속된다는 것
>   3. 계약을 변경 또는 해제할 수 없다는 것
>   4. 담보권리자가 신청한 때에는 은행등은 지급보증위탁계약을 맺은 사실을 증명하는 서면을 담보권리자에게 교부한다는 것
> ③ 법 제122조의 규정이 준용되는 다른 절차에는 제1항과 제2항의 규정을 준용한다.
> **제23조(담보취소와 담보물변경 신청사건의 관할법원)** ① 법 제125조의 규정에 따른 담보취소신청사건과 법 제126조의 규정에 따른 담보물변경신청사건은 담보제공결정을 한 법원 또는 그 기록을 보관하고 있는 법원이 관할한다.
> ② 법 제125조 또는 법 제126조의 규정이 준용되는 다른 절차에는 제1항의 규정을 준용한다.

(1) 담보취소 사유

1) 담보사유의 소멸 : 원고가 우리나라에 주소·사무소를 갖게 되었거나, 원고가 승소하여 소송비용을 전부 피고의 부담으로 하는 판결이 확정된 경우처럼, **담보제공자가 담보하여야 할 사유가 소멸되었음을 증명하면서 취소신청을 하면, 법원은 담보취소결정을 하여야** 한다(제125조 제1항). 이행권고결정의 확정도 담보취소사유에 해당한다.[69]

2) 담보권자인 피고의 동의 : **담보제공자가 담보취소에 대한 담보권리자의 동의를 받았음을 증명한 때에도 담보취소결정**을 해야 한다(제125조 제2항).

---

69) 대법 2006.06.30, 2006마257

3) 권리행사최고기간의 도과 : 원고가 패소하여 소송비용을 원고의 부담으로 하는 판결확정 후에, **원고의 신청에 의하여 법원이 피고에게 일정한 기간내에 그 담보물에 권리를 행사할 것을 최고**하였는데, 피고가 소제기, 지급명령신청, 화해신청 등의 권리행사를 하지 않은 경우 **담보취소에 대하여 동의한 것으로 본다**(제125조 제3항). 다만 채권압류 및 전부명령신청은 적법한 권리행사가 아니다.[70] 한편 취소결정이 나도 담보권자가 권리행사한 증명서를 제출한 경우에는 그 결정은 유지될 수 없다.[71]

(2) 취소결정

담보취소신청사건은 담보제공결정을 한 법원 또는 그 기록을 보관하고 있는 법원이 관할한다(규칙 제23조 제1항). 수소법원이 한 담보제공결정을 수소법원이 아닌 단독판사의 취소결정은 전속관할의 위반이 된다.[72] 제125조 1항, 2항에 따른 **담보취소결정에 대해서는 즉시항고**를 할 수 있다(제125조 제4항). 그러나 **담보취소의 신청을 기각하는 결정에 대하여는 즉시항고를 하여야 한다는 규정이 없으므로 민사소송법 제439조에 의하여 통상항고로 불복**할 수 있다.[73]

(3) 다른 절차에 준용

담보제공의 방법 및 취소절차는 가집행의 경우의 담보(제214조), **강제집행의 정지·취소 등을 위한 담보, 가압류·가처분을 위한 담보 등 집행법상의 담보에도 준용된다**(민집 제19조 3항).

---

70) 대법 2015.04.28, 2015카담9
71) 대법 2000.07.18, 2000마2407
72) 대법 2011.06.30, 2010마1001
73) 대법 2011.02.21, 2010그220

2025 대비 이종훈 민사소송법

부록

조문색인 / 판례색인

2025 대비 이종훈 민사소송법
조문색인

제1조 ········· 10, 19	제29조 ········· 66, 266
제2조 ········· 19, 56, 194	제29조의2 ········· 266
제3조 ········· 56, 194	제30조 ········· 70, 265
제4조 ········· 56, 194, 195, 699	제30조의2 ········· 119
제5조 ········· 57, 194, 195, 200	제31조 ········· 46
제6조 ········· 57	제32조 ········· 71, 313
제7조 ········· 57, 65	제33조 ········· 72, 315
제8조 ········· 58, 65, 66	제34조 ········· 74, 76, 315
제9조 ········· 51, 58, 65	제35조 ········· 75, 315
제10조 ········· 51, 58, 78	제36조 ········· 77
제11조 ········· 51, 59, 78	제37조 ········· 80, 315
제12조 ········· 51, 59	제38조 ········· 79
제13조 ········· 52, 59, 137	제38조의2 ········· 36
제14조 ········· 52, 59	제38조의3 ········· 37
제15조 ········· 52, 59, 128	제38조의4 ········· 37
제15조의2 ········· 52	제38조의5 ········· 37
제16조 ········· 52, 59, 127	제38조의6 ········· 37
제17조 ········· 53, 60	제38조의7 ········· 37
제17조의2 ········· 53	제39조 ········· 78
제18조 ········· 53, 60, 765	제40조 ········· 79, 80
제19조 ········· 54, 60, 759	제41조 ········· 39
제20조 ········· 54, 60, 760	제42조 ········· 41
제21조 ········· 54, 61, 760	제43조 ········· 43, 311
제22조 ········· 54, 61, 771	제44조 ········· 43
제23조 ········· 54, 61, 771	제45조 ········· 44, 329
제24조 ········· 54, 61, 210	제46조 ········· 44
제25조 ········· 62, 212	제47조 ········· 44
제26조 ········· 50, 212	제48조 ········· 43
제27조 ········· 54, 211	제49조 ········· 45, 132, 342
제28조 ········· 64, 65, 231	제50조 ········· 45, 343
제28조의2 ········· 276	제51조 ········· 93, 113, 122, 130, 347

제52조	94	제90조	133, 403
제53조	341, 601	제91조	133, 403
제54조	356, 605	제92조	133, 404
제55조	114, 233	제93조	133, 404
제56조	130	제94조	136
제57조	113	제95조	138, 405
제58조	132, 603	제95조의2	403
제59조	115	제96조	138, 405
제60조	115	제97조	122, 405
제61조	606	제98조	405, 760
제62조	123, 197	제99조	406, 761
제62조의2	123	제100조	283, 406, 761
제63조	137, 195, 605	제101조	407, 761
제64조	126	제102조	762
제65조	205, 582	제103조	760
제66조	583	제104조	763
제67조	592	제105조	763
제68조	324, 642	제106조	761
제69조	593	제107조	762
제69조의 3	282	제108조	761
제70조	285, 593	제109조	758
제71조	290, 608	제110조	765
제72조	611	제111조	766
제73조	612	제112조	422, 766
제74조	612	제113조	420, 767
제75조	394, 612	제114조	767
제76조	614	제115조	766
제77조	615	제116조	759
제78조	617	제117조	228, 768
제79조	399, 623	제118조	769
제80조	400, 633	제119조	769
제81조	395, 648	제120조	433, 769
제82조	395, 650	제121조	433, 769
제83조	634	제122조	432, 770
제84조	620	제123조	770
제85조	621	제124조	228, 769
제86조	622	제125조	436, 771
제87조	126	제126조	677, 770
제88조	128, 402	제126조의2	673
제89조	135, 139, 403	제127조	675, 770

제128조	208, 210	제164조의3	36
제129조	208	제164조의4	36
제130조	212	제164조의5	38
제131조	211	제164조의6	36
제132조	213	제164조의7	38
제133조	211	제164조의8	38
제134조	227	제165조	306, 326, 328
제135조	118, 276	제166조	326
제136조	255	제167조	329
제137조	265	제168조	329
제138조	265, 276	제169조	306
제139조	32	제170조	331
제140조	266	제171조	331
제141조	308	제172조	332
제142조	310, 744	제173조	332
제143조	119, 745	제174조	339
제143조의2	119	제175조	339
제144조	118, 120	제176조	340
제145조	482	제177조	340
제146조	267	제178조	347
제147조	268	제179조	342
제148조	282, 324, 325	제180조	132, 342
제149조	269, 271	제181조	343
제150조	283, 325, 382	제182조	343
제151조	277	제183조	345
제152조	314	제184조	344, 346
제153조	312	제185조	347, 352
제154조	312	제186조	348, 350
제155조	313	제187조	351
제156조	312	제188조	354
제157조	316	제189조	353
제158조	319	제190조	345
제159조	314	제191조	340
제15조의2	52	제192조	340
제160조	320	제193조	341
제161조	293	제194조	354
제162조	316	제195조	356
제163조	317	제196조	356
제164조	319	제197조	355
제164조의2	35, 36, 37	제198조	490

제199조	498	제236조	361, 645
제200조	490	제237조	361, 606, 646
제201조	271, 488	제238조	363
제202조	437	제239조	362, 646
제202조의2	440	제240조	362, 646
제203조	234	제241조	365
제204조	232	제242조	366
제205조	497	제243조	366, 367
제206조	498	제244조	367
제207조	498	제245조	368
제208조	494	제246조	368
제209조	498	제247조	331, 370
제210조	498	제248조	194
제211조	500	제249조	196
제212조	492, 764	제24조	54, 61, 210
제213조	751	제250조	182
제214조	753	제251조	167
제215조	755	제252조	519
제216조	521	제253조	549
제217조	506	제254조	200
제217조의2	506	제255조	204
제218조	527	제256조	205, 272
제219조	229	제257조	206, 229, 284
제21조	54, 61, 760	제258조	207, 286
제220조	509	제259조	214
제221조	487	제25조	62, 212
제222조	500	제260조	639
제223조	34	제261조	640
제224조	487	제262조	565
제225조	482	제263조	569
제226조	484	제264조	571
제227조	484	제265조	219
제228조	484	제266조	282, 462
제229조	484	제267조	465
제230조	484	제268조	322
제231조	485	제269조	77, 577
제232조	484	제270조	579
제233조	359, 645	제271조	462
제234조	360, 645	제272조	273, 280
제235조	361	제273조	282

제274조	281	제315조	398
제275조	281	제316조	398
제276조	283	제317조	398
제277조	281	제318조	398
제278조	280	제319조	396
제279조	285, 286	제320조	396
제280조	287	제321조	396
제281조	287	제322조	397
제282조	289	제323조	397
제283조	290	제324조	397
제284조	284, 290	제325조	397
제285조	271, 283, 291	제326조	397
제286조	289	제327조	402
제287조	291	제327조의2	403
제288조	377	제328조	402
제289조	386	제329조	402
제290조	388	제32조	71, 313
제291조	388	제330조	398
제292조	249, 390	제331조	402
제293조	274	제332조	406
제294조	434	제333조	408
제295조	393	제334조	406
제296조	19, 393	제335조	407
제297조	392	제335조의2	407
제298조	392	제336조	408
제299조	374	제337조	408
제300조	374	제338조	408
제301조	374	제339조	408
제302조	374	제339조의2	409
제303조	397	제339조의3	409
제304조	397	제341조	411
제305조	397	제342조	412
제306조	397	제343조	413
제308조	394	제344조	415
제309조	394	제345조	417
제310조	401	제346조	417
제311조	395	제347조	418
제312조	396	제348조	418
제313조	406	제349조	419
제314조	398	제350조	419

제351조	419	제391조	659
제352조	420	제392조	659
제352조의2	420	제393조	675
제354조	422	제394조	663
제355조	414	제395조	664
제356조	423	제396조	671
제357조	424	제397조	670, 671
제358조	424	제398조	671
제359조	425	제399조	673
제360조	425	제400조	675
제361조	425	제401조	671
제362조	425	제402조	673
제363조	422	제403조	678
제364조	428	제404조	680
제365조	428	제405조	679
제366조	428	제406조	682
제367조	429	제407조	681, 683
제368조	432	제408조	683
제369조	431	제409조	683
제370조	431	제410조	683
제371조	432	제411조	72, 683
제372조	429	제412조	577
제373조	430	제413조	229, 684
제374조	432	제414조	684
제375조	435	제415조	686
제376조	435	제416조	685
제377조	436	제417조	685
제378조	436	제418조	686
제379조	436	제419조	77, 686
제380조	436	제420조	684
제381조	436	제421조	684
제382조	436	제422조	692
제383조	437	제423조	693
제384조	437	제424조	72, 695
제385조	480	제425조	229
제386조	480	제426조	697
제387조	480	제427조	272, 697
제388조	480	제428조	700
제389조	481	제429조	229, 272, 698
제390조	669	제430조	229, 701

제431조	701	제467조	740
제432조	701	제468조	740
제433조	701	제469조	740
제434조	701	제470조	741
제435조	701	제471조	741
제436조	77, 702	제472조	741
제437조	704	제473조	742
제438조	702	제474조	740
제439조	706	제475조	742
제440조	706	제476조	743
제441조	707	제477조	743
제442조	710	제478조	743
제443조	709, 710	제479조	744
제444조	708	제480조	744
제445조	708	제481조	744
제446조	500, 708	제482조	745
제447조	709	제483조	744
제448조	709	제484조	744
제449조	712	제485조	745
제450조	713	제486조	745
제451조	721	제487조	745
제452조	722	제488조	745
제453조	726	제489조	745
제454조	728	제490조	746
제455조	728	제491조	746
제456조	719	제492조	747
제457조	720	제493조	747
제458조	727	제494조	748
제459조	728	제495조	748
제460조	729	제496조	748
제461조	730	제497조	748
제462조	738	제498조	503
제463조	739	제499조	505
제464조	739	제500조	727
제465조	739	제501조	753
제466조	740	제502조	754

2025 대비 이종훈 민사소송법

판례색인

대법 1947.10.21, 4280민상114 ………… 383	대법 1961.03.08, 4294민재항28 ………… 610
대법 1947.12.30, 4280민상169 ………… 384	대법 1961.04.13, 4292민상9440 ………… 174
대법 1952.09.06, 4285민상43 ………… 256	대법 1961.05.02, 4292민상853 ………… 635
대법 1952.10.30, 4285민상106 ………… 341	대법 1961.08.03, 4294민재항335 ………… 341
대법 1953.02.19, 4285민상27 ………… 84	대법 1961.10.26, 4294민재항559 ………… 670
대법 1955.07.07, 4288민상53 ………… 278, 369	대법 1961.11.23, 4293민상478 ………… 747
대법 1955.07.21, 4288민상59 ………… 321	대법 1961.12.14., 4293민상837 ………… 515
대법 1956.01.12, 4288민상126 ………… 75	대법 1961.12.21, 4294민상222 ………… 611, 658
대법 1956.11.24, 4289민상236 ………… 496	대법 1961.12.21, 4294민재항679 ………… 343
대법 1957.03.14, 4289민상439 ………… 474	대법 1962.01.11, 4294민상558 ………… 612
대법 1957.05.02, 4289민상647 ………… 680	대법 1962.01.13, 4294민상110·111 ………… 224
대법 1957.06.29, 4290민상13 ………… 312	대법 1962.01.25, 4294민상525 ………… 103
대법 1957.12.09, 57민상358·359 ………… 384	대법 1962.01.31, 4294민상310 ………… 564
대법 1959.02.19, 4291민항231 ………… 439, 585	대법 1962.02.08, 4293민상397 ………… 334
대법 1959.03.12, 4291민재항53 ………… 708	대법(全) 1962.02.15, 4294민상914 ………… 479
대법 1959.05.22, 4290행상180 ………… 308	대법 1962.04.04, 4294민상1122 ………… 269
대법 1959.07.30, 4291민상551 ………… 379	대법 1962.04.18, 4294민상1145 ………… 567
대법 1959.09.24, 4291민상318 ………… 568	대법 1962.04.18, 4294민상1195 ………… 622
대법 1959.09.24, 4291민상423 ………… 256	대법 1962.04.26, 4294민상1071 ………… 381
대법 1959.10.15, 4291민상793 ………… 235	대법 1962.05.10, 4294민상1510 ………… 389
대법 1959.10.15, 4292민상104 ………… 270	대법 1962.05.17, 4294행상172 ………… 617
대법 1960.02.04, 4291민상596 ………… 568	대법 1962.05.31, 4293민재6 ………… 475
대법 1960.03.10, 4291민상868 ………… 174	대법 1962.06.14, 62마6 ………… 473
대법 1960.03.24, 4290민상326 ………… 327	대법 1962.06.21, 62다102 ………… 188
대법 1960.04.21, 59다310 ………… 217	대법 1962.07.12, 62다133 ………… 95
대법 1960.05.26, 4292민상524 ………… 630	대법 1962.07.26, 62다315 ………… 270
대법 1960.07.14, 4292민상914 ………… 174	대법 1962. 08. 30, 62다275 ………… 91
대법 1960.08.18, 4292민상905 ………… 304	대법 1962.09.27, 62다441 ………… 361
대법 1960.09.29, 4293민상18 ………… 237	대법 1962.10.11, 62다422 ………… 495
대법 1960.12.20, 4293민상163 ………… 278, 394	대법 1962.10.18, 62라11 ………… 55, 672
대법 1960.12.20, 4293민상435 ………… 438	대법 1962.11.01, 62다567 ………… 496

대법 1962.11.08, 62다599 ·········· 243	대법 1966.01.19, 65마1007 ·········· 664
대법 1962.12.20, 62다680 ·········· 681	대법 1966.01.25, 65다2374 ·········· 752
대법 1962.12.27, 62다245 ·········· 521	대법 1966.01.31, 65다2296 ·········· 392
대법 1963.01.31, 662다812 ·········· 192	대법 1966.01.31, 65다2296 ·········· 321
대법 1963.02.21, 62누231 ·········· 568	대법 1966.02.15, 65다2371 ·········· 217
대법 1963.05.02, 63마4 ·········· 125	대법 1966.02.22, 65다2604 ·········· 193
대법 1963.05.15, 63다111 ·········· 67	대법 1966.03.15, 65다2455 ·········· 589
대법 1963.06.20, 63다166 ·········· 323	대법 1966.03.15, 66다17 ·········· 175
대법 1963.07.25, 63다289 ·········· 257	대법 1966.03.22, 66마71 ·········· 499
대법 1963.09.27, 63마14 ·········· 648	대법 1966.03.29, 66다222·223 ·········· 633
대법 1963.10.22, 62다29 ·········· 630	대법 1966.04.26, 66마167 ·········· 42
대법 1964.03.31, 63다656 ·········· 88, 542, 722	대법 1966.05.24, 66다517 ·········· 43
대법 1964.04.03, 64마9 ·········· 335	대법 1966.05.31, 66다377 ·········· 755
대법 1964.04.10, 63마189 ·········· 83	대법 1966.05.31, 66다561 ·········· 303
대법 1964.04.13, 63마40 ·········· 501	대법 1966.06.28, 66다689 ·········· 361
대법 1964.04.14, 63아56 ·········· 438	대법 1966.06.28, 66다697 ·········· 390
대법 1964.04.28, 63다635 ·········· 278	대법 1966.07.05, 66다844 ·········· 495, 496, 497
대법 1964.05.26, 63다973 ·········· 567	대법 1966.07.05, 66다882 ·········· 330
대법 1964.05.26, 63다974 ·········· 366	대법 1966.07.19, 66다896 ·········· 627
대법 1964.06.23, 63다1014 ·········· 495	대법 1966.07.26, 66다854 ·········· 35
대법 1964.09.22, 64다480 ·········· 567, 568	대법 1966.07.26, 66다933 ·········· 550
대법 1964.11.17, 64다328 ·········· 87, 88, 696	대법 1966.08.12, 65마473 ·········· 708
대법 1964.12.22, 64다903·904 ·········· 574	대법 1966.09.20, 66다1304 ·········· 258
대법 1964.12.29, 64다1025 ·········· 568	대법 1966.09.20, 66다636 ·········· 413
대법 1964.12.29, 64다1054 ·········· 589	대법 1966.09.28, 66마322 ·········· 54
대법 1965.01.26, 64다1391 ·········· 567	대법 1966.10.18, 66다1520 ·········· 278
대법 1965.01.28, 64다1337 ·········· 724	대법 1966.10.21, 64다1102 ·········· 567
대법 1965.03.23, 64다1828 ·········· 321	대법 1966.10.25, 66마162 ·········· 348
대법 1965.04.06, 65다170 ·········· 569	대법 1967.03.21, 66다2154 ·········· 183
대법 1965.05.31, 65다54 ·········· 756	대법 1967.03.21, 67다67 ·········· 438
대법 1965.06.15, 65다662 ·········· 671	대법 1967.03.22, 67마141 ·········· 708, 709
대법 1965.07.20, 65다939 ·········· 616	대법 1967.04.04, 67다225 ·········· 423
대법 1965.07.27, 65누32 ·········· 331	대법 1967.05.16, 67다391 ·········· 243
대법 1965.08.31, 65다1102 ·········· 39	대법 1967.07.07, 67마335 ·········· 361
대법 1965.09.07, 65사19 ·········· 722	대법 1967.08.29, 67다1179 ·········· 512
대법 1965.10.26, 65므46 ·········· 586	대법 1967. 10. 25, 67다1468 ·········· 722
대법 1965.11.30, 65다1926 ·········· 748	대법 1967.10.06, 67다1187 ·········· 468
대법 1965.11.30, 65다1989 ·········· 660, 681	대법 1967.10.25, 66다2489 ·········· 183
대법 1965.11.30, 65다2028 ·········· 191	대법 1967.10.25, 67다1468 ·········· 233
대법 1965.12.07, 65다2034·2035 ·········· 580	대법 1967.10.31, 66다1814 ·········· 257

대법 1967.11.14, 67다2271 ·········· 738
대법 1968.01.23, 67다2494 ·········· 468
대법 1968.04.23, 68다217 ··········· 464
대법 1968.04.30, 67다2117 ·········· 131
대법 1968.05.07, 68마336 ··········· 348
대법 1968.05.21, 68다245·246 ······ 724
대법 1968.06.11, 668다591 ·········· 522
대법 1968.06.11, 68다591 ··········· 183
대법 1968.07.02, 68다379 ··········· 278
대법(全) 1968.07.29, 68사49 ········ 203
대법 1968.07.30, 68마756 ··········· 203
대법 1968.09.03, 68마951 ············ 42
대법 1968.09.24, 68마1029 ·········· 204
대법 1968.09.30, 68다14411 ········ 527
대법 1968.11.19, 68다1882·1883 ··· 147
대법 1968.11.26, 68다1886·1887 ······· 278, 578
대법 1968.12.24, 64다1574 ·········· 631
대법 1969.03.04, 69다21 ············ 588
대법 1969.03.10, 68마1100 ·········· 364
대법 1969.03.25, 66다1298 ·········· 181
대법 1969.03.25, 68그21 ············ 124
대법 1969.03.25, 68다2024 ·········· 472
대법 1969.04.22, 68다1722 ·········· 469
대법 1969.05.13, 68다656 ··········· 630
대법(全) 1969.05.27, 68다725 ······· 652
대법 1969.05.27, 69다130 ··········· 465
대법 1969.06.10, 69다360 ··········· 245
대법 1969.06.10, 69다402 ··········· 320
대법 1969.10.28, 68다158 ··········· 238
대법 1969.11.25, 69다1592 ·········· 238
대법 1969.12.09, 69다1232 ············ 40
대법 1969.12.09, 69다1578 ·········· 649
대법 1969.12.19, 69마500 ··········· 201
대법 1969.12.23, 69다1053 ·········· 587
대법 1969.12.29, 68다2425 ·········· 171
대법 1969.12.30, 67주4 ············· 500
대법 1969.12.30, 69다295 ··········· 701
대법 1970.01.27, 67다774 ··········· 501
대법 1970.01.27, 69다1888 ·········· 191
대법 1970.02.24, 69다2102 ·········· 695

대법 1970.02.24, 69다2172 ·········· 384
대법 1970.03.10, 69다2161 ············ 85
대법 1970.03.10, 70므1 ············· 586
대법 1970.03.24, 69다929 ········ 83, 90
대법 1970.03.31, 70다104 ··········· 501
대법 1970.03.31, 70다55 ············ 110
대법 1970.04.14, 70다171 ··········· 588
대법 1970.04.14, 69다1613 ·········· 132
대법 1970.06.05, 70마325 ··········· 343
대법 1970.07.24, 70다621 ··········· 236
대법 1970.08.31, 70누70,71 ········· 625
대법 1970.09.29, 70다1759 ·········· 522
대법 1970.09.29, 70다737 ··········· 223
대법 1970.11.24, 70다1501 ·········· 236
대법 1971.01.26, 70다2596 ·········· 616
대법 1971.02.09, 69다1741 ····· 90, 670, 680
대법(全) 1971.02.25, 70누125 ······· 311
대법 1971.03.09, 71다226 ··········· 384
대법 1971.03.23, 70다3013 ·········· 419
대법 1971.03.31, 71다309·310 ······ 633
대법 1971.03.31, 71다8 ············· 549
대법 1971.04.20, 71다278 ··········· 243
대법 1971.04.30, 71다430 ············ 12
대법 1971.04.30, 71다452 ··········· 397
대법 1971.05.24, 71다361 ······· 165, 464
대법 1971.06.30, 71다1027 ·········· 696
대법 1971.07.06, 71다726 ··········· 651
대법 1971.08.31, 71다1371 ·········· 563
대법 1971.10.11, 71다1805 ·········· 567
대법 1971.11.15, 71다2070 ·········· 376
대법 1972.02.29, 71다2770 ·········· 320
대법 1972.05.09, 72다379 ··········· 278
대법 1972.06.27, 72다320 ··········· 632
대법 1972.06.27, 72다546 ··········· 567
대법 1972.06.27, 72다555 ··········· 589
대법 1972.10.31, 72다1271 ·········· 364
대법 1972.11.30, 72마787 ······· 464, 633
대법 1973.03.10, 69다1886 ·········· 738
대법 1973.06.25, 92다33008 ········· 190
대법 1973.07.24, 69다60 ············ 140

대법 1973.10.26, 73마641 ················· 203
대법 1973.11.15, 73마849 ············ 608, 621
대법 1973.11.27, 73다566 ················· 280
대법 1973.12.11, 73다1553 ················ 104
대법 1974.02.12, 73사26 ·················· 720
대법 1974.03.26, 73다160 ················· 439
대법 1974.03.30, 73마894 ················· 488
대법 1974.05.28, 73다1942 ················ 553
대법 1974.05.28, 74사4 ··················· 698
대법 1974.06.04, 73다1030 ················ 613
대법 1974.06.11, 73다374·375 ············ 459
대법 1974.06.25, 73다2008 ················ 724
대법 1974.07.16, 73다1190 ············ 92, 666
대법 1974.07.23, 74마71 ··············· 76, 732
대법 1974.09.24, 74다767 ·············· 14, 162
대법 1974.10.22, 74다1216 ················ 130
대법 1974.10.25, 74다1332 ················ 152
대법 1974.11.23, 74다24 ··················· 183
대법 1974.12.10, 74다428 ················· 125
대법 1974.12.24, 72다1532 ················ 148
대법 1975.03.12, 74마413 ················· 710
대법(全) 1975.04.22, 72다2161 ············ 163
대법 1975.05.13, 73다1449 ················ 565
대법 1975.05.13, 74다1644 ················ 111
대법 1975.05.13, 74다1664 ················ 534
대법 1975.05.23, 74마281 ·················· 30
대법 1975.05.27, 74다2074 ················ 524
대법 1975.05.27, 75다120 ················· 132
대법 1975.06.10, 74다1113 ················ 605
대법 1975.09.23, 75다1109 ················ 202
대법 1975.10.21, 75다48 ··················· 525
대법 1975.11.11, 74다1661 ················ 663
대법 1975.11.14, 75마313 ················· 658
대법 1976.04.23, 73마1051 ················ 125
대법 1976.04.27, 76다192 ················· 349
대법 1976.06.22, 75다2227 ················ 410
대법 1976.06.22, 75다819 ················· 237
대법 1976. 07. 13, 75다1086 ··············· 155
대법 1976.07.13, 76다983 ················· 375
대법 1976.08.24, 75다2152 ················ 584

대법 1976.09.14, 75다399 ················· 166
대법 1976.10.12, 76다1313 ················ 188
대법 1976.10.26, 76다1771 ············· 10, 159
대법 1976.10.26, 76다64 ··················· 420
대법 1976.11.23, 76다1338 ················ 515
대법 1976.12.14, 76다1488 ············ 512, 514
대법 1976.12.14, 76다1999 ················ 649
대법 1976.12.28, 76다797 ················· 633
대법 1977.01.25, 76다2194 ················· 95
대법 1977.01.25, 76다2223 ················ 148
대법 1977.03.22, 77다81·82 ················ 93
대법 1977.04.12, 76다2920 ················ 302
대법 1977.05.24, 76다2304 ················ 155
대법 1977.06.07, 76다558 ················· 162
대법 1977.06.29, 77그18 ··················· 712
대법 1977.08.23, 75다1676 ················ 101
대법 1977.09.03, 77나762 ················· 425
대법 1977.10.11, 77다1316 ··········· 394, 432
대법 1977.11.09, 77마284 ··················· 67
대법 1978.03.28, 77다1809·1810 ·········· 681
대법 1978.04.11, 77다2509 ················ 222
대법(全) 1978.05.09, 75다634 ······ 13, 88, 543
대법 1978.05.09, 75다634 ················· 726
대법(全) 1978.05.23, 77다1051 ············ 357
대법 1978.05.23, 78다358 ················· 439
대법 1978.06.13, 78다557 ················· 321
대법 1978.07.11, 78므7 ··················· 176
대법 1978.08.22, 78다1205 ·········· 84, 97, 99
대법 1978.09.12, 78다879 ················· 379
대법 1978.09.26, 78다1219 ················ 192
대법 1978.10.31, 78다1242 ·················· 43
대법 1978.11.28, 78다1204 ················ 591
대법 1979.01.30, 78다2269 ················ 350
대법(全) 1979.02.13, 78다58 ··············· 510
대법 1979.02.27, 78다913 ················· 157
대법 1979.03.13, 76다688 ················· 534
대법 1979.03.13, 78다2330 ················ 528
대법 1979.05.15, 78다1094 ················ 479
대법 1979.07.24, 79다879 ················· 243
대법 1979.07.24, 79마173 ··················· 99

대법 1979. 08. 31, 79다892 ················· 680
대법 1979.08.14, 79다1105 ················· 516
대법 1979.08.28, 79다1299 ················· 680
대법 1979.09.25, 78다2448 ················· 348
대법 1979.09.25, 79다1476 ················· 756
대법 1979.10.10, 79다1508 ················· 238
대법 1979.11.13, 79다1336 ················· 237
대법 1979.11.13, 79다1404 ··················· 53
대법 1979.11.23, 79마74 ···················· 753
대법 1979.12.11, 79다828 ···················· 691
대법 1980.01.29, 79다2066 ········ 252, 666, 680
대법 1980.02.26, 80다56 ···················· 238
대법 1980.04.23, 80마93 ···················· 347
대법 1980.05.13, 79다1390 ················· 451
대법 1980.05.13, 79다1702 ················· 529
대법 1980.05.13, 80다473 ···················· 514
대법 1980.05.27, 79사11 ···················· 516
대법 1980.05.27, 80다735 ····················· 92
대법 1980.06.12, 80다918 ···················· 332
대법 1980.06.12, 80마158 ····················· 59
대법 1980.06.12, 80마160 ···················· 201
대법 1980. 07. 22, 80다982 ················· 680
대법 1980.07.22, 80다362 ···················· 627
대법 1980.07.22, 80마208 ····················· 58
대법(全) 1980.09.09, 79다1281 ················· 413
대법 1980.09.09, 80다102 ···················· 511
대법 1980.09.26, 80마403 ············ 63, 71, 325
대법 1980. 10. 27, 79다2267 ················· 103
대법 1980.10.14, 80다1795 ················· 658
대법 1980.10.14, 80다623 ················ 364, 366
대법 1980.10.14, 80다623·624 ········· 361, 364
대법 1980.11.11, 80다2055 ················· 693
대법 1980.11.11, 80다2065 ················· 343
대법 1980.11.11, 80다284 ···················· 701
대법(全) 1980.11.11, 80다642 ················· 309
대법 1980.11.25, 80다1671 ················· 511
대법 1980.11.25, 80다2217 ················· 533
대법 1980.11.25, 80마445 ····················· 75
대법 1980.12.09, 80다1479 ················· 358
대법 1980.12.09, 80다532 ···················· 193

대법 1980.12.09, 80다584 ················ 132, 723
대법 1981.01.27, 80다51 ···················· 435
대법 1981.02.26, 81마14 ······················ 14
대법 1981.03.10, 80다1895 ············ 367, 647
대법 1981.03.24, 80다1888·1889 ······ 148, 492
대법 1981.05.26, 81다494 ···················· 698
대법 1981.06.09, 79다62 ···················· 381
대법 1981.06.23, 80다1761 ················· 614
대법 1981.07.07, 80다1424 ················· 383
대법 1981.07.07, 80다2751 ················· 534
대법 1981.07.07, 80다2751 ················· 215
대법 1981.07.14, 80다2360 ················· 258
대법 1981.07.14, 81다64·65 ·········· 466, 467
대법 1981.07.28, 80다2668 ················· 725
대법 1981.07.28, 81다145 ···················· 360
대법 1981.09.08, 80다3271 ················· 686
대법(全) 1981.09.08, 80다3271 ················· 660
대법 1981.09.08, 81다86 ···················· 319
대법 1981.09.22, 81다334 ···················· 614
대법 1981.10.13, 81누230 ···················· 661
대법(全) 1981.11.10, 80다870 ············ 513, 518
대법 1981.11.26, 81마275 ···················· 203
대법 1981.12.08, 80다577 ············ 493, 632
대법 1982.01.26, 81다849 ···················· 253
대법 1982.02.09, 81다534 ···················· 247
대법 1982.02.23, 81누216 ···················· 724
대법 1982.02.23, 81누42 ···················· 610
대법 1982.03.09, 80다3290 ··················· 98
대법 1982.03.09, 81다1312 ················· 303
대법 1982.04.27, 81다358 ············ 125, 132
대법 1982.05.11, 80다916 ············ 300, 466
대법 1982.05.12, 82다카317 ················· 373
대법 1982.06.08, 81다636 ···················· 182
대법 1982.06.08, 81다817 ···················· 321
대법 1982.06.08, 81다817 ···················· 320
대법 1982.07.13, 81다카1120 ················· 552
대법 1982.07.27, 82다68 ···················· 129
대법 1982.08.24, 81누270 ···················· 435
대법 1982.08.24, 82다카317 ················· 442
대법 1982.09.14, 80다2425 ············ 104, 105

대법 1982.09.14, 81다카864 ········· 349	대법 1983.12.27, 82누491 ········· 688
대법 1982.09.14, 82다144 ········· 93	대법 1983.12.27, 82다146 ········· 83, 724
대법 1982.09.28, 81다557 ········· 724	대법 1983.12.30, 83모53 ········· 349
대법 1982.10.12, 80누495 ········· 95	대법 1984.02.14, 80다2280 ········· 413
대법 1982.10.12, 81다94 ········· 323	대법 1984.02.14, 83다카1815 ········· 110
대법 1982.10.12, 82다카664 ········· 724	대법 1984.02.14, 83다카514 ········· 567
대법 1982.10.26, 81다108 ········· 181	대법 1984.02.28, 83다카1981 ········· 727
대법 1982.11.05, 82마637 ········· 42	대법(全) 1984.02.28, 83다카1981 ········· 74
대법 1982.11.23, 81다39 ········· 584	대법 1984.03.13, 81누317 ········· 695
대법 1982.12.14, 80다1101·1102 ········· 754	대법 1984.03.13, 82므40 ········· 134, 465
대법 1982.12.14, 80다1872·1873 ········· 166	대법 1984.03.27, 83다323 ········· 237
대법 1982.12.28, 82누461 ········· 439	대법 1984.04.24, 82므14 ········· 329
대법 1982.12.28, 82다카349 ········· 344	대법 1984. 05. 22, 83다카1585 ········· 426
대법 1983.01.18, 82누473 ········· 40, 310, 707	대법 1984.05.29, 82다카963 ········· 305, 723
대법 1983.02.08, 80사50 ········· 116	대법 1984.05.29, 84다122 ········· 381
대법 1983.02.08, 81누420 ········· 156	대법 1984.06.12, 81다558 ········· 451
대법 1983.02.08, 81다카621 ········· 142	대법 1984.06.12, 83다카1409 ········· 360, 367
대법 1983.02.08, 82므34 ········· 131	대법 1984.06.14, 84다카744 ········· 134, 334, 335
대법 1983.02.22, 80다2566 ········· 690	대법 1984.06.26, 84누405 ········· 335
대법 1983.02.22, 82다15 ········· 521	대법 1984.07.10, 84다카298 ········· 577
대법 1983.02.22, 82사18 ········· 360	대법 1984. 07. 10. 84다카298 ········· 464
대법 1983.03.08, 82다카1203 ········· 187, 515	대법 1984.09.25, 84다카148 ········· 530
대법 1983.03.22, 80마283 ········· 648	대법 1984.10.05, 84마카42 ········· 9
대법(全) 1983.03.22, 82다카1533 ········· 188	대법 1984.12.11, 84다카659 ········· 614
대법 1983.03.22, 82다카1810 ········· 192	대법 1985.04.02, 85마123 ········· 711
대법(全) 1983.03.22, 82다카1810 ········· 103	대법 1985.04.09, 84다552 ········· 218
대법 1983.04.12, 81다카692 ········· 297	대법 1985.05.06, 85두1 ········· 40
대법 1983.05.10, 81다548 ········· 172	대법 1985.05.24, 85마178 ········· 671
대법 1983.05.24, 82다카1919 ········· 12, 111	대법 1985.05.28, 84후102 ········· 134
대법 1983.06.08, 83모28 ········· 719	대법 1985.07.15, 85그66 ········· 501
대법 1983.06.14, 80다3231 ········· 375	대법 1985.09.24, 82다카312·313·314 ········· 305
대법 1983.06.14, 83다카95 ········· 430	대법 1985.11.26, 84다카1880 ········· 475
대법 1983.06.28, 83다191 ········· 243	대법 1986.02.25, 85누894 ········· 341
대법 1983.07.12, 83다카437 ········· 242	대법 1986.02.25, 85다카2091 ········· 623
대법 1983.09.13, 83다카971 ········· 438	대법 1986.06.10, 85다카180 ········· 442
대법 1983.09.27, 83다카1027 ········· 649	대법 1986.09.23, 85다353 ········· 187
대법 1983.10.25, 83다카850 ········· 138	대법 1986.11.07, 86마895 ········· 502, 712
대법 1983.11.08, 83다508 ········· 745	대법 1987.02.24, 86누509 ········· 321
대법 1983.12.13, 83다카1489 ········· 247	대법 1987.03.10, 84다카2132 ········· 191, 515
대법 1983.12.27, 80다1302 ········· 281	대법 1987.03.24, 85다카1151 ········· 93

대법 1987.04.04, 86다카2479 ·· 95
대법 1987.04.14, 86다카981 ·· 172
대법 1987.05.26, 85다카2203 ·· 589
대법(全) 1987.05.26, 86다카1876 ··································· 226
대법 1987.06.09, 86다카1756 ·· 512
대법 1987.06.09, 86다카2756 ·· 512
대법 1987.06.23, 86다카2728 ·· 665
대법 1987.07.07, 86다카2521 ·· 258
대법 1987.07.21, 87므16 ··· 438
대법 1987.07.24, 84다카572 ·· 515
대법 1987.09.08, 87다카1013 ·· 336
대법 1987.09.08, 87다카982 ·· 245
대법 1987.09.22, 86다카2151 ·· 169
대법 1987.10.13, 87다카1093 ·· 591
대법 1987.10.13, 87다카1613 ·· 410
대법 1987.10.21, 87두10 ·· 42
대법 1987.11.10, 87다카1405 ·· 468
대법 1987.11.10, 87다카473 ·· 651
대법 1987.11.10, 87다카943 ·· 346
대법 1987.12.08, 86다카1230 ·· 311
대법 1987.12.08, 87다368 ··· 384
대법 1987.12.08, 87재다24 ······································ 718, 720
대법 1987.12.22, 85다카2453 ·· 391
대법 1987.12.22, 87다카707 ·· 426
대법 1987.12.30, 87다1028 ··· 73
대법 1988.01.19, 85다카1792 ································· 475, 481
대법 1988.02.09, 87다카1427 ·· 376
대법 1988.02.23, 87다카1586 ·· 104
대법 1988.02.23, 87다카1989 ·· 535
대법 1988.02.23, 87다카961 ···································· 326, 383
대법 1988. 03. 29, 87카71 ·· 754
대법 1988.03.08, 86다148 ··· 627
대법 1988.03.08, 86다148·149·150 ······························ 626
대법 1988.04.12, 85므71 ·· 507
대법 1988.04.25, 87다카2285 ·· 377
대법 1988.05.10, 88므92 ·· 172
대법 1988.06.14, 87다카2753 ·· 105
대법 1988.09.13, 86다카1332 ·· 187
대법 1988.09.27, 87다카2269 ·· 180
대법 1988.10.11, 87다카1973 ·· 724

대법 1988.11.22, 87다카1671 ·· 12
대법 1988.11.22, 87다카414·415 ···································· 660
대법 1989.02.26, 89므646 ··· 578
대법 1989.02.28, 87다카823·824 ··························· 294, 548
대법 1989. 04. 11, 88다카11428 ····································· 551
대법 1989.05.09, 87다카749 ·· 382
대법 1989.06.13, 88다카19231 ································ 237, 569
대법 1989.06.13, 88다카7962 ·· 549
대법 1989.06.27, 89다카5406 ·· 687
대법 1989.07.11, 88다카26246 ·· 451
대법 1989.07.25, 89다카4045 ·· 383
대법 1989.08.08, 89다카5628 ·· 427
대법 1989.09.07, 89마694 ····································· 319, 327, 390
대법 1989.09.12, 87다카2691 ·· 132
대법 1989.09.12, 88다카16270 ·· 570
대법 1989.09.12, 89다카678 ··· 12
대법 1989.09.26, 87므13 ··· 370
대법 1989.10.10, 88다카18023 ·· 467
대법 1989.10.13, 88다카19415 ·· 501
대법 1989.10.13, 88다카28051 ·· 438
대법 1989.10.24, 87다카1322 ·· 720
대법 1989.10.24, 88다카29658 ·· 726
대법 1989.11.06, 89그19 ··· 712
대법 1989.11.28, 88다카9982 ·· 235
대법 1989.12.26, 89므464 ··· 492
대법 1990.01.12, 89누1032 ···································· 640, 643
대법 1990.01.25, 89마939 ··· 354
대법 1990.03.17, 90그3 ·· 458
대법 1990.04.10, 89다카20252 ·· 254
대법 1990.04.27, 88다카25274,25281 ·················· 218, 219
대법 1990.05.22, 89다카33944 ·· 524
대법 1990.05.25, 89다카24797 ·· 297
대법 1990.06.26, 89다카14240 ·· 380
대법 1990.07.13, 89다카20719·20726 ······················· 628
대법 1990.08.09, 89마525 ··· 522
대법 1990.08.14, 90누2024 ··· 222
대법 1990.08.20, 90마570 ··· 351
대법 1990.08.28, 90므422 ··· 244
대법 1990.09.25, 90누3904 ··· 423
대법 1990.09.26, 90그30 ··· 652

대법 1990.10.26, 90다카21695 ·············· 98
대법 1990.11.23, 90다카21589 ·············· 154
대법 1990.11.23, 90다카25512 ·············· 13
대법 1990.11.27, 90다카20548 ·············· 380
대법 1990.11.27, 90다카25222 ·············· 242
대법 1990.11.27, 90다카27662 ·············· 446
대법 1990.11.28, 90마914 ·············· 351
대법 1990.12.07, 90다카24021 ·············· 698
대법 1990.12.07, 90마674 · 90마카11 ·············· 601
대법 1990.12.11, 90다7104 ·············· 381
대법 1990.12.26, 90다4686 ·············· 569
대법 1990.12.26, 90재다19 ·············· 720
대법 1990.12.31, 90다6149 · 6156 ·············· 681
대법 1991.01.15, 88다카19002 ·············· 186
대법 1991.01.15, 90다9964 ·············· 529
대법 1991.01.15, 90다카25970 ·············· 467
대법 1991.01.25, 90다4723 ·············· 633
대법 1991.01.25, 90다6491 ·············· 237
대법 1991.02.12, 90다16696 ·············· 335
대법 1991.02.26, 90다1720 ·············· 747
대법 1991.03.22, 90다19329 ·············· 693
대법 1991.03.22, 90다19329 · 19336 ·············· 632
대법 1991.03.27, 90마970 ·············· 134
대법 1991.03.27, 91다1783 · 1790 ·············· 577
대법 1991.03.27, 91다650 · 667 ·············· 529
대법 1991. 04. 15, 91마162 ·············· 351
대법 1991.04.09, 91다2892 ·············· 298
대법 1991.04.12, 90다17491 ·············· 124
대법 1991.04.22, 91마152 ·············· 765
대법 1991.04.23, 91다6009 ·············· 238
대법 1991.05.28, 90다20480 ·············· 335
대법 1991.05.28, 91다5730 ·············· 467
대법 1991.05.28, 91다7750 ·············· 95
대법 1991.06.14, 91다8333 ·············· 85
대법 1991.06.14., 91다2946 · 2953 ·············· 96
대법 1991.06.25, 88다카6358 ·············· 97
대법 1991.06.25, 91다1615 · 1622 ·············· 575
대법 1991.07.23, 89다카1275 ·············· 441
대법 1991.08.13, 91다10992 ·············· 270
대법 1991.10.08, 91다17139 ·············· 169

대법 1991.10.22, 91다9985 ·············· 355
대법 1991. 11. 12, 91다30712 ·············· 423
대법 1991.11.08, 90다17804 ·············· 687, 752
대법 1991.11.08, 91다15775 ·············· 325, 414
대법 1991.11.08, 91다25383 ·············· 139
대법 1991.11.12, 91다27228 ·············· 149
대법 1991.11.22, 91다18132 ·············· 689
대법 1991.11.22, 91다30705 ·············· 587
대법 1991. 12. 10, 91다15317 ·············· 183
대법 1991.12.10, 91다15317 ·············· 183
대법 1991.12.13, 90다카1158 ·············· 12
대법 1991.12.13, 91다29446 ·············· 158
대법 1991.12.13, 91다34509 ·············· 335
대법(全) 1991.12.24, 90다12243 ·············· 168
대법(全) 1991.12.24, 90다5740 ·············· 193
대법 1991.12.24, 91누1974 ·············· 174
대법 1991.12.24, 91다21145 ·············· 627
대법 1991.12.27, 90다카5198 ·············· 440
대법 1991.12.27, 91마631 ·············· 40
대법 1992. 01. 31, 91마718 ·············· 754
대법 1992.01.21, 91다35175 ·············· 172
대법 1992.01.23, 91마581 ·············· 95
대법 1992.01.29, 91마748 ·············· 502
대법 1992.02.11, 91누5877 ·············· 348
대법 1992.02.14, 91다31494 ·············· 381
대법 1992.02.25, 91누6108 ·············· 95, 193
대법 1992.03.04, 92그1 ·············· 501
대법 1992.03.10, 91다25208 ·············· 125
대법 1992.03.10, 91도3272 ·············· 344
대법 1992.03.27, 91다40696 ·············· 125, 240, 663
대법 1992.03.31, 91다32053 ·············· 220
대법 1992.03.31, 91다39184 ·············· 167
대법 1992.04.10, 91다43695 ·············· 222
대법 1992.04.14, 91다24755 ·············· 372, 413, 438
대법 1992.04.14, 91다45653 ·············· 691
대법 1992.04.14, 92다3441 ·············· 323, 335
대법 1992.04.15, 90마146 ·············· 73, 74
대법 1992.04.24, 91다25444 ·············· 419
대법 1992.04.28, 91다29972 ·············· 259
대법 1992.04.28, 92다3847 ·············· 158

대법 1992. 05. 12, 92다2066 ·············· 76
대법 1992.05.12, 91다37683 ············ 104
대법 1992.05.12, 92다2066 ············· 566
대법 1992.05.22, 91다41187 ······· 215, 569
대법 1992.05.26, 90므1135 ····· 360, 459, 718
대법 1992.05.26, 91다4669 ········ 625, 632
대법 1992.05.26, 92다4079 ············· 720
대법 1992.06.09, 92다11473 ············ 335
대법 1992.06.09, 92다12032 ············ 562
대법 1992.06.12, 92다11848 ············ 564
대법 1992.07.03, 92마244 ·············· 610
대법 1992.07.14, 92누2424 ············· 233
대법 1992.07.14, 92다2455 ··············· 93
대법 1992.07.24, 91다43176 ·············· 54
대법 1992.07.24, 91다45691 ············ 728
대법 1992.07.28, 91다41897 ············ 376
대법 1992.07.28, 92다7726 ··············· 13
대법 1992.08.14, 91누13229 ············ 379
대법 1992.08.14, 91다45141 ············ 177
대법 1992.08.18, 90다9452 ············· 173
대법 1992.08.18, 91다39924 ············ 151
대법 1992.09.14, 92누2363 ············· 349
대법 1992.09.14, 92다4192 ············· 703
대법 1992.09.14, 92다7023 ············· 560
대법 1992.09.22, 91다5365 ············· 151
대법 1992.09.25, 92누5096 ············· 390
대법 1992.10.09, 92다12131 ············ 357
대법 1992.10.09, 92다23087 ·············· 95
대법 1992.10.09, 92다25533 ············ 641
대법 1992.10.23, 92다29962 ············ 567
대법 1992.10.27, 92다10883 ······· 528, 529
대법 1992.10.27, 92다18597 ············ 246
대법 1992.10.27, 92다28921 ············ 270
대법 1992.10.27, 92다30047 ············ 449
대법 1992.10.27, 92다32463 ············ 278
대법 1992. 11. 10, 92다4680 ············ 164
대법 1992.11.05, 91마342 ······ 364, 365, 647
대법 1992.11.10, 92다22107 ············ 372
대법 1992.11.10, 92다22121 ············ 530
대법 1992.11.10, 92다30016 ············ 106

대법 1992.11.10, 92다4680 ············· 164
대법(全) 1992.11.10, 92다4680 ········· 163
대법 1992.11.24, 91다28283 ············ 510
대법 1992.11.24, 91다29026 ······· 174, 184
대법 1992.11.24, 92누282 ·············· 326
대법 1992.11.24, 92다15987·15994 ····· 690
대법 1992.11.30, 90마1003 ········ 759, 768
대법 1992. 12. 11, 92다23285 ············ 14
대법 1992.12.08, 91다6962 ············· 380
대법 1992.12.08, 92다23872 ············ 104
대법 1992.12.08, 92다26772·26789 ····· 627
대법 1992.12.11, 92다23285 ·············· 13
대법 1992.12.22, 92다30528 ············ 529
대법 1992.12.22, 92다33831 ······ 278, 279, 567
대법 1992.12.22, 92재다259 ····· 139, 606, 723
대법 1992.12.30, 92마783 ············ 42, 44
대법 1993.01.12, 92다43098 ············ 346
대법 1993.02.12, 92다25151 ······· 528, 535
대법 1993.02.23, 92다49218 ············ 589
대법 1993.03.09, 91다46717 ············ 169
대법 1993.03.09, 92다56575 ············ 176
대법 1993.03.12, 92다48789·48796 ····· 140
대법 1993.04.13, 92다12070 ············ 423
대법 1993.04.23, 92누17297 ············ 593
대법 1993.04.27, 92누8163 ··············· 95
대법 1993.04.27, 92다24608 ············ 550
대법 1993.04.27, 92다29269 ············ 241
대법 1993.04.27, 92다5249 ············· 238
대법 1993.04.27, 93다5727·93다5734 ··· 613
대법 1993.05.11, 92다3823 ············· 442
대법 1993.05.14, 92다21760 ······· 11, 12, 303
대법 1993.05.27, 92누14908 ············ 239
대법 1993.05.27, 92므143 ·········· 360, 457
대법 1993.06.11, 93므195 ·············· 724
대법 1993.06.17, 92마1030 ············· 335
대법 1993.06.29, 92다43821 ············ 173
대법 1993.06.29, 92다56056 ······· 475, 477
대법 1993.06.29, 93다11050 ············ 186
대법 1993.07.13, 93다12060 ············ 587
대법 1993.07.13, 93다19962 ············ 247

대법 1993.07.27, 93다8986 ······ 125	대법 1994.04.29, 94다3629 ······ 615
대법 1993.08.19, 93주21 ······ 42	대법 1994.05.10, 93다47615 ······ 270
대법 1993.08.24, 93다22074 ······ 467	대법 1994.05.10, 93다53955 ······ 252, 640
대법 1993.08.25, 93그34 ······ 712	대법(全) 1994.05.13, 92스21 ······ 9
대법 1993. 09. 14, 93누9460 ······ 464	대법 1994.05.24, 92다35783 ······ 176
대법 1993.09.14, 92다1353 ······ 187	대법 1994.05.24, 92다50232 ······ 640
대법 1993.09.14, 92다2489 ······ 378	대법 1994.05.26, 94마536 ······ 69
대법 1993.09.14, 93누9460 ······ 563	대법 1994.06.10, 94다8761 ······ 262
대법 1993.09.14, 93다28379 ······ 243	대법 1994.06.14, 93다45015 ······ 506
대법 1993.09.28, 92다33930 ······ 724	대법 1994.06.24, 94다4967 ······ 720
대법 1993.09.28, 93다20832 ······ 297	대법 1994.06.28, 94다3063 ······ 189, 566, 662
대법 1993.09.28, 93다32095 ······ 601	대법 1994.07.29, 92다25137 ······ 518
대법 1993.09.28, 93다6850 ······ 383	대법 1994.08.09, 94재누94 ······ 40
대법 1993.10.08, 92다44503 ······ 149	대법 1994.08.12, 92다23537 ······ 40
대법 1993.10.12, 93다32354 ······ 720	대법 1994.08.12, 93다52808 ······ 535
대법 1993.10.26, 93다19542 ······ 321	대법 1994.08.16, 94그17 ······ 501
대법 1993.10.26, 93다6669 ······ 691	대법 1994.08.26, 94재다383 ······ 725
대법 1993.11.09, 92다43128 ······ 170	대법 1994.08.31, 94마1390 ······ 55
대법 1993.11.09, 93다39553 ······ 723	대법 1994.09.23, 93다37267 ······ 523
대법 1993.11.12, 93다18129 ······ 442	대법 1994.09.27, 94다22897 ······ 380
대법 1993.11.23, 93다41792 · 41808 ······ 236	대법 1994.09.30, 94다16700 ······ 257
대법(全) 1993.12.06, 93마524 ······ 79	대법 1994.09.30, 94다32085 ······ 171
대법 1993.12.07, 93다27819 ······ 236	대법 1994. 10. 14, 94다11590 ······ 422
대법 1993.12.21, 92다46226 ······ 519	대법 1994.10.11, 94다18614 ······ 748
대법(全) 1993.12.21, 92다47861 ······ 221	대법 1994.10.21, 94다17109 ······ 261
대법 1993.12.28, 93다47189 ······ 688	대법 1994.10.21, 94다27922 ······ 542
대법 1993.12.28, 93다777 ······ 247	대법 1994.10.21, 94재후57 ······ 75
대법 1994. 01. 25, 93다16338 ······ 167	대법 1994.10.25, 93다54064 ······ 586
대법 1994.01.11, 92다47632 ······ 139	대법 1994.10.25, 93다55012 ······ 164, 256
대법 1994.01.11, 93누9606 ······ 82	대법 1994.10.28, 94다33835 · 33842 ······ 167
대법 1994.01.14, 93다43170 ······ 191	대법 1994.10.28, 94므246 · 253 ······ 360, 457
대법 1994.01.20, 93마1701 ······ 608, 621	대법 1994. 11. 11, 94다35008 ······ 176
대법 1994.01.25, 93다9422 ······ 199	대법 1994.11.02, 93누12206 ······ 83, 98
대법 1994.01.28, 93다29051 ······ 439	대법 1994.11.04, 93다31993 ······ 366, 646, 666
대법 1994.02.08, 93다53092 ······ 216	대법 1994.11.04, 94다37868 ······ 377
대법 1994.02.22, 93다42047 ······ 142	대법 1994.11.08, 94다23388 ······ 176
대법 1994.02.22, 93다43682 ······ 625	대법 1994.11.11, 94다35008 ······ 589
대법 1994.02.25, 93마1851 ······ 336	대법 1994.11.25, 93다47400 ······ 672
대법 1994.04.15, 93다60120 ······ 244	대법 1994.11.25, 94다12517 ······ 625
대법 1994.04.26, 93다31825 ······ 586	대법 1994.11.25, 94다12517 · 12524 ······ 213

대법 1994. 12. 02, 93누12206 ········· 92	대법 1995.05.12, 94다25216 ········· 160
대법 1994.12.02, 94다41454 ········· 49	대법 1995.05.15, 94마1059 ········· 79
대법 1994.12.09, 94다16564 ········· 719	대법 1995.05.15, 94마1059·1060 ········· 674
대법 1994.12.09, 94다42402 ········· 168	대법 1995.05.23, 94다28444 ········· 696
대법 1994.12.13, 94다24229 ········· 337	대법(全) 1995.05.23, 94다28444 ········· 370
대법 1994.12.22, 94다14803 ········· 103	대법 1995.06.09, 94다42389 ········· 466
대법 1994.12.23, 94다40734 ········· 584	대법 1995.06.13, 93다43491 ········· 513
대법 1994.12.23, 94다44644 ········· 504, 667, 687	대법 1995.06.16, 95다5905 ········· 626
대법 1994.12.27, 92다22473·22480 ········· 624, 629, 717	대법 1995.06.16, 95다5905·5912 ········· 366
대법 1994.12.27, 93다34183 ········· 529	대법 1995.06.19, 95그26 ········· 495, 501
대법 1994.12.27, 94다4684 ········· 511	대법 1995.06.23, 95쿠3 ········· 759
대법 1994.12.27, 93다32880·32897 ········· 589	대법 1995.06.29, 94다41430 ········· 543
대법 1995.01.12, 94다39215 ········· 6	대법 1995.06.30, 94다41324 ········· 426
대법 1995.01.24, 93다25875 ········· 12, 350, 677	대법 1995.06.30, 95다12917 ········· 692
대법 1995.01.24, 94다29065 ········· 682	대법 1995.06.30, 95다15827 ········· 754, 756
대법 1995.02.10, 93다52402 ········· 451	대법 1995. 07. 25, 94다62017 ········· 553
대법 1995.02.10, 94다16601 ········· 263	대법(全) 1995.07.11, 94다34265 ········· 266
대법 1995.02.14, 93재다27 ········· 719	대법 1995.07.11, 94다34265 ········· 238
대법 1995. 02.14, 93재다27·34 ········· 703	대법 1995.07.12, 95마531 ········· 502
대법(全) 1995.02.14, 93재다27·34 ········· 489	대법 1995.07.14, 95누5097 ········· 319
대법 1995.02.28, 93다53887 ········· 246	대법 1995.07.25, 94다62017 ········· 473, 561
대법 1995.02.28, 94다18577 ········· 242	대법 1995.07.25, 95다14817 ········· 689
대법 1995.02.28, 94다19341 ········· 246	대법 1995.07.28, 94다44903 ········· 141
대법 1995. 03. 03, 94다7348 ········· 162	대법 1995.08.25, 94다27373 ········· 613
대법 1995.03.10, 94다51543 ········· 676	대법 1995.09.26, 94다54160 ········· 364
대법 1995.03.24, 93다52488 ········· 513	대법 1995.09.29, 94다18911 ········· 688
대법 1995.03.28, 94므1447 ········· 176	대법 1995.09.29, 94다23357 ········· 756
대법 1995. 04. 26, 94그26 ········· 502	대법 1995.09.29, 95다22849·22856 ········· 237
대법 1995.04.11, 94다4011 ········· 176	대법 1995.10.05, 94마2452 ········· 603
대법 1995.04.14, 94므604 ········· 724	대법 1995.10.12, 94다47483 ········· 162
대법 1995.04.18, 95다3077 ········· 133	대법 1995.10.12, 95다26131 ········· 180
대법 1995.04.21, 94다58490 ········· 754, 755	대법 1995.10.13, 95다33047 ········· 703, 704
대법 1995.04.21, 94다58490·58506 ········· 564	대법 1995. 11. 28, 95다22078·22085 ········· 235
대법(全) 1995.04.25, 94다17965 ········· 510	대법 1995.11.10, 95다4674 ········· 425
대법 1995.04.25, 94므536 ········· 360	대법 1995.11.14, 95다25923 ········· 260
대법 1995.04.28, 94다16083 ········· 245	대법 1995.11.14, 95므694 ········· 150
대법 1995.04.28, 95다7680 ········· 692	대법 1995.11.21, 94다15288 ········· 95
대법 1995. 05. 23, 94다23500 ········· 587	대법 1995. 12. 05, 95다21808 ········· 543
대법 1995.05.09, 94다41010 ········· 543	대법 1995. 12. 08, 94다35039·35046 ········· 513
대법 1995.05.12, 93다44531 ········· 89	대법 1995.12.05, 94다59028 ········· 478

대법 1995.12.05, 95다21808 ·· 544
대법 1995.12.12, 94후487 ·· 648
대법 1995.12.26, 95다29888 ·· 167
대법 1995.12.26, 95다42195 ·· 517
대법 1996.01.12, 95그59 ·· 79, 712
대법 1996.02.09, 94다24121 ·· 371
대법 1996.02.09, 94다50274 ···································· 492, 553
대법 1996.02.09, 94다61649 ···················· 366, 369, 513, 647
대법 1996.02.09, 94다61649 ·· 366
대법 1996.02.09, 95다27998 ···································· 243, 246
대법 1996.02.23, 95다17083 ·· 154
대법 1996.02.27, 95다43044 ·· 242
대법 1996. 03. 12, 95마528 ·· 501
대법 1996.03.08, 95다22795 · 22801 ···························· 160
대법 1996.03.08, 95다48667 ·· 415
대법 1996.03.12, 94다56999 ·· 252
대법 1996.03.22, 94다51536 ·· 180
대법 1996.03.22, 94다61243 ·· 85
대법 1996.03.22, 95다20669 ·· 384
대법 1996.03.26, 95다20041 ·· 111
대법 1996.03.26, 95다45545 ·· 577
대법 1996.04.04, 96마148 ·· 134
대법 1996.04.09, 95다14572 ·· 669
대법 1996.04.12, 93다40614 · 40621 ···························· 550
대법 1996.04.23, 95다23835 ·· 443
대법 1996.04.23, 95다54761 ·· 149
대법 1996. 05. 28, 96누2699 ·· 497
대법 1996.05.10, 94다35565 · 35572 ···························· 174
대법 1996.05.31, 94다55774 ·· 335
대법 1996.05.31, 95다33993 ·· 720
대법 1996. 06. 14, 94다53006 ······································ 258
대법 1996.06.14, 94다53006 ·· 186
대법 1996.06.25, 96누570 ·· 244
대법 1996.06.28, 94다50595 · 50601 ···························· 626
대법 1996.07.12, 96다19017 ·· 524
대법(全) 1996.07.18, 94다20051 ·································· 385
대법 1996.07.30, 94다51840 ·· 13
대법 1996.08.23, 94다49922 ·· 184
대법 1996.08.23, 96다20567 ·· 96
대법 1996.09.20, 93다20177 ·· 466

대법 1996.10.11, 96다3852 ·· 84
대법 1996.10.15, 96다785 ·· 165
대법 1996.10.16, 96그49 ·· 501
대법 1996.10.11., 96다24309 ·· 174
대법 1996.10.25, 96다29700 ·· 442
대법 1996.10.25, 96다31307 ·· 722
대법 1996.10.25, 96마1590 ·· 661
대법 1996.11.12, 96다33938 ·· 238
대법 1996.11.22, 96다37176 ·· 184
대법 1996.11.22, 96다34009 ·· 181
대법 1996.12.19, 94다22927 ·· 245
대법 1996.12.20, 95다26773 ···································· 86, 492
대법 1996.12.23, 95다22436 ·· 134
대법 1996.12.23, 95다40038 ·· 247
대법 1997.01.24, 95므1413 · 1420 ···························· 335, 503
대법 1997.01.24, 96다32706 ···································· 252, 517
대법 1997.02.28, 96다53789 ·· 244
대법 1997.03.03, 97으1 ··· 74, 641
대법 1997.03.11, 96다49902 ·· 258
대법 1997.03.28, 97다3729 ·· 724
대법 1997.04.11, 96다50520 ·· 563
대법 1997.04.22, 95다10204 ·· 380
대법 1997.04.25, 96다32133 ···································· 186, 567
대법 1997.04.25, 96다46484 ···································· 220, 242
대법 1997.05.07, 96재다479 ···································· 700, 725
대법 1997.05.19, 97마600 ·· 346
대법 1997.05.28, 96다41649 ························· 529, 718, 724
대법 1997.05.30, 95다21365 ·· 386
대법 1997.05.30, 97다10345 ·· 661
대법 1997. 06. 24, 95다43327 ······································ 427
대법 1997.06.13, 96재다462 ·· 426
대법 1997.06.27, 97다6124 ···································· 304, 464
대법 1997.07.11, 96므1380 ·· 321
대법 1997.07.25, 96다15916 ·· 104
대법 1997.07.25, 96다39301 ···································· 255, 446
대법 1997.07.25, 96다39301 ···································· 140, 155
대법 1997.07.25, 97다15470 ·· 724
대법 1997.07.25, 97다362 ·· 602
대법 1997.07.26, 99마2081 ·· 713
대법 1997.08.26, 96다31079 ·· 594

대법 1997.09.05, 95다42133 …… 616	대법 1998.04.24, 97다44416 …… 186, 568
대법 1997.09.09, 96다16896 …… 587	대법 1998.05.12, 96다47913 …… 259
대법 1997.09.09, 96다20093 …… 68	대법 1998.05.15, 96다24668 …… 243
대법 1997.09.12, 95다25886·25893·25909 …… 626	대법 1998.05.15, 97다57658 …… 160
대법 1997.09.22, 97마1731 …… 202, 204	대법 1998.05.15, 98두3679 …… 349
대법 1997.10.10, 96다35484 …… 304	대법 1998.05.26, 98다9908 …… 514
대법 1997.10.10, 96다48756 …… 764	대법 1998.05.29, 96다51110 …… 247
대법 1997.10.10, 96다49049 …… 184	대법 1998.05.30, 98그7 …… 371
대법 1997.10.10, 97다22843 …… 492	대법 1998.06.12, 97다38510 …… 389
대법 1997.10.17, 97마1632 …… 639	대법 1998.06.12, 98다1645 …… 160
대법 1997.10.24, 95다11740 …… 304	대법 1998.06.26, 97다48937 …… 158
대법 1997.10.24, 96다12276 …… 662	대법 1998.06.29, 98마863 …… 69
대법 1997.10.27, 97마2269 …… 148	대법 1998.07.10, 98다5708·5715 …… 626
대법 1997.10.28, 97다33089 …… 445	대법 1998.07.10, 98다6763 …… 382
대법 1997.11.14, 97다30356 …… 415	대법 1998.07.24, 96다27988 …… 173
대법 1997.11.14, 97다32239 …… 513	대법 1998.07.24, 96다99 …… 493, 558, 559
대법 1997.11.27, 97스4 …… 708	대법 1998.07.27, 98마938 …… 55
대법 1997.11.28, 95다29390 …… 248	대법 1998.08.14, 98마1301 …… 76
대법 1997.11.28, 97다36231 …… 427	대법 1998.08.21, 97다37821 …… 254
대법 1997.12.09, 97다25521 …… 156	대법 1998.08.21, 98다8974 …… 450
대법 1997.12.12, 95다20775 …… 133	대법 1998.09.08, 98다19509 …… 263
대법 1997.12.12, 97누12235 …… 565	대법 1998.09.22, 98다23393 …… 162
대법 1997.12.23, 96재다226 …… 14	대법 1998.09.22, 98다29568 …… 449
대법 1997.12.23, 97다45341 …… 467	대법 1998.11.10, 89다카1596 …… 413
대법 1997.12.26, 96다51714 …… 610	대법 1998.11.13, 98프1193 …… 751
대법 1997.12.26, 97다42892·42908 …… 259	대법 1998.11.24, 98다25344 …… 516
대법 1997.12.26, 97마1706 …… 54, 211	대법 1998.11.27, 97다22904 …… 532
대법 1998.01.23, 96다41496 …… 644	대법 1998.12.11, 97재다445 …… 333
대법 1998.01.23, 97다38305 …… 380	대법 1998.12.17, 97다39216 …… 26
대법 1998. 02. 13, 95다15667 …… 501	대법 1999.02.23, 98다56782 …… 258
대법 1998.02.13, 95다15667 …… 278, 358	대법 1999.02.24, 97다38930 …… 140, 254
대법 1998.02.19, 95다52710 …… 137	대법 1999.02.26, 98다47290 …… 543, 722
대법 1998.02.27, 97다45532 …… 218	대법(全) 1999.03.18, 98다32175 …… 297
대법 1998.03.09, 98마12 …… 659	대법 1999.03.23, 98다64301 …… 302
대법 1998.03.10, 97누4289 …… 177	대법 1999.04.13, 98다50722 …… 84
대법 1998.03.13, 95다48599·48605 …… 466	대법 1999.04.23, 98다61463 …… 553
대법 1998.03.13, 98재다53 …… 725	대법 1999.04.23, 99다4504 …… 97
대법 1998.03.27, 96다10522 …… 535	대법 1999.04.27, 99다3150 …… 296
대법 1998.03.27, 97다49725 …… 302	대법 1999.05.28, 99다2188 …… 177
대법 1998.04.13, 98마413 …… 432	대법 1999. 06. 11, 98다22963 …… 164

대법 1999. 06. 11, 99다16378 ············· 223	대법 2000.06.09, 98다18155 ············· 535
대법 1999.06.08, 99다17401·17418 ········ 574	대법 2000.06.09, 98다35037 ············· 376
대법 1999.06.11, 98다22963 ·············· 164	대법 2000.06.09, 99다37009 ············· 426
대법 1999.06.11, 99다16378 ·············· 222	대법 2000.07.04, 2000다21048 ··········· 246
대법 1999.07.09, 99다12796 ·············· 610	대법 2000.07.18, 2000마2407 ············ 772
대법 1999.07.17, 97다54024 ·············· 186	대법 2000.08.22, 2000다25576 ··········· 168
대법 1999.07.27, 98다46167 ·············· 245	대법 2000.09.08, 2000다23013 ··········· 438
대법 1999.07.27, 99다9806 ··············· 522	대법 2000.09.08, 99다26924 ············· 611
대법 1999.08.20, 97누6889 ··············· 552	대법 2000.10.10, 2000다19526 ··········· 378
대법 1999.08.24, 99다15474 ·············· 602	대법 2000.10.13, 99다18725 ············· 698
대법 1999. 10. 12, 98다32441 ············ 524	대법 2000.10.18, 2000마2999 ············ 121
대법 1999.10.08, 98다38760 ·············· 476	대법 2000.10.25, 2000마5110 ············ 173
대법 1999.10.22, 98다6855 ··············· 530	대법 2000.10.27, 2000다33775 ······ 92, 100, 541
대법 1999.11.26, 99므1596 ··············· 9	대법 2000.10.28, 2000마5732 ············ 348
대법(全) 1999.12.03, 99마2078 ············ 755	대법 2000.10.28, 자 2000마5732 ·········· 349
대법 1999.12.07, 99다41886 ·············· 385	대법 2000.11.16, 98다22253 ········· 493, 561
대법 1999.12.10, 99다42346 ·············· 503	대법(全) 2000.11.30, 2000마5563 ·········· 759
대법 1999.12.24, 99다35393 ·············· 246	대법 2000.12.22, 2000다46339 ··········· 467
대법 2000.01.18, 99다47365 ·············· 614	대법 2000.12.22, 2000재다513 ······· 117, 722
대법 2000.01.21, 99다3501 ··············· 512	대법 2001.01.16, 2000다45020 ··········· 148
대법 2000.01.31, 99마6205 ··············· 134	대법 2001.01.19, 2000다59333 ··········· 614
대법 2000.02.11, 99다49644 ········ 235, 243, 454	대법 2001.01.19, 99두9674 ············· 610
대법 2000.02.25, 98다36474 ·············· 757	대법 2001.01.30, 2000다42939 ··········· 470
대법 2000.02.25, 99다53704 ·············· 187	대법 2001.01.30, 2000다42939·42946 ······ 380
대법 2000.04.07, 99다53742 ·········· 270, 553	대법 2001.02.09, 2000다60708 ··········· 146
대법 2000.04.11, 2000다5640 ········· 102, 182	대법 2001.02.09, 2000다61398 ··········· 523
대법 2000.04.11, 99다23888 ·············· 108	대법 2001.02.23, 2000다63752 ··········· 236
대법 2000.04.11, 99다51685 ·············· 442	대법 2001.02.23, 2000다68924 ··········· 110
대법 2000.04.11, 99재다746 ·············· 724	대법 2001.02.28, 2000마7839 ············ 177
대법 2000.04.15, 2000그20 ··············· 43	대법 2001.02.28, 2001그4 ··············· 708
대법 2000.04.25, 2000다11102 ············ 297	대법 2001.03.08, 2001카기38 ············ 209
대법 2000. 05. 22, 2000마2434 ············ 202	대법 2001.03.09, 2000다58668 ··········· 458
대법 2000.05.12, 2000다2429 ············· 176	대법 2001.03.09, 2000재다353 ············ 725
대법 2000.05.12, 2000다5978 ············· 190	대법 2001.03.09, 98다51169 ············· 648
대법 2000.05.12, 99다68577 ·········· 159, 765	대법 2001.03.13, 99다11328 ············· 567
대법 2000.05.12, 99다69983 ·············· 159	대법 2001.03.15, 98두15597 ············· 704
대법 2000.05.18, 95재다199 ·············· 174	대법 2001.03.23, 2001다1126 ············ 258
대법 2000.05.22, 2000마2434 ············· 674	대법 2001.03.23, 2001다6145 ············ 191
대법 2000.05.24, 98마1839 ··············· 501	대법 2001.04.10, 99다49170 ············· 605
대법 2000.05.30, 2000그37 ··············· 501	대법 2001.04.13, 2001다6367 ············ 320

대법 2001.04.24, 2001다5654 ·················· 377, 423
대법 2001.04.27, 2000다4050 ······················ 217
대법 2001.04.27, 2001다13983 ····················· 534
대법 2001.05.08, 2000다35955 ····················· 419
대법 2001.05.08, 2001다11581 ····················· 724
대법 2001.05.08, 99다69341 ························ 82
대법 2001.05.15, 2001다14023 ····················· 497
대법 2001.06.09, 2001마1044 ······················ 209
대법 2001.06.15, 2001프626·633 ··················· 577
대법 2001.06.26, 2000다24207 ··············· 586, 589
대법 2001.07.10, 99다31124 ······················· 586
대법 2001.07.13, 2001다13013 ····················· 636
대법 2001.07.24, 2001다22246 ····················· 218
대법 2001.08.22, 2000으2 ························· 760
대법 2001.08.24, 2000다12785 ····················· 628
대법 2001.08.24, 2001다31592 ····················· 352
대법 2001.08.31, 2001마3790 ······················ 348
대법 2001.09.03, 2001그85 ························ 712
대법 2001.09.04, 2000다66416 ····················· 238
대법 2001.09.04, 2001다14108 ····················· 151
대법 2001.09.07, 2001다30025 ············ 351, 352, 353
대법 2001.09.14, 2000다66340 ····················· 381
대법(全) 2001.09.20, 99다37894 ················ 186, 193
대법 2001.09.28, 99다35331 ······················· 627
대법 2001.09.28, 99다72521 ······················· 222
대법 2001.10.09, 2001다15576 ····················· 258
대법 2001.10.12, 2001다35372 ····················· 400
대법 2001.10.26, 2001다37514 ················ 463, 464
대법 2001.11.13, 99다32899 ······················· 544
대법 2001.11.13, 99다32905 ······················· 543
대법 2001.11.13, 99두2017 ···················· 85, 99
대법 2001.11.24, 99두3980 ························ 390
대법 2001.11.27, 2001프1353 ······················· 14
대법 2001.12.04, 2001그112 ·················· 500, 502
대법 2001.12.14, 2001다53714 ····················· 183
대법 2001.12.14, 2001프1728 ······················ 232
대법 2001.12.24, 2001다62213 ····················· 504
대법 2002.01.22, 2000다2511 ······················ 226
대법 2002.01.25, 2001다11055 ····················· 263
대법 2002.02.08, 2001다17633 ····················· 554

대법 2002.02.22, 2000다65086 ····················· 302
대법 2002.02.22, 2001다78768 ····················· 424
대법 2002.03.15, 2000다9086 ····················· 635
대법 2002.03.15, 2000다9086 ············ 617, 618, 637
대법 2002.03.29, 2001다83258 ······················ 95
대법 2002.04.12, 2001다84367 ····················· 166
대법 2002.04.26, 2000다30578 ····················· 100
대법 2002.04.26, 2000다8878 ····················· 695
대법 2002.04.26, 2001다59033 ····················· 163
대법 2002.05.10, 2000다37296·37302 ············· 253
대법 2002.05.10, 2000다50909 ····················· 517
대법 2002.05.10, 2000다55171 ················ 186, 535
대법 2002.05.10, 2002마1156 ················· 58, 61
대법 2002.05.31, 2001다42080 ····················· 245
대법 2002.06.14, 2000다37517 ····················· 168
대법 2002.06.28, 2001다27777 ····················· 410
대법 2002.07.09, 2001다43922 ····················· 589
대법 2002.07.12, 2001다2617 ······················ 107
대법 2002.07.26, 2001다60491 ····················· 323
대법 2002.08.23, 2000다66133 ················ 241, 278
대법 2002.08.23, 2001다58870 ······················ 84
대법 2002.09.04, 98다17145 ····· 159, 550, 553, 554, 561
대법 2002.09.06, 2002다34666 ····················· 663
대법 2002.09.23, 2000마5257 ············ 509, 766, 768
대법 2002.09.24, 2000다49374 ················ 364, 371
대법 2002.09.24, 2002다11847 ····················· 522
대법 2002.09.27, 2002마3411 ······················ 202
대법 2002.10.11, 2000다17803 ····················· 665
대법 2002.10.25, 2000다21802 ················ 365, 367
대법 2002.10.25, 2002다23598 ····················· 554
대법 2002.11.08, 2002다38361 ····················· 245
대법 2002.11.08, 2002다41589 ····················· 238
대법 2002.11.26, 2001다72678 ····················· 411
대법 2002.12.06, 2000다4210 ····················· 111
대법 2002.12.06, 2002다44014 ····················· 476
대법 2002.12.09, 2001재마14 ······················· 74
대법 2002.12.15, 2000다65666·65673 ·············· 440
대법 2002.12.26, 2002프852 ······················· 562
대법 2003.01.10, 2000다70064 ····················· 376
대법 2003.01.10, 2001다1171 ······················ 176

대법 2003.01.10, 2002다41435 ······· 257, 264	대법 2004.02.27, 2003다35567 ······· 102
대법 2003.01.10, 2002다57904 ······· 155, 165	대법 2004.03.12, 2001다79013 ······· 258
대법 2003.01.24, 2002다56987 ······· 564, 570	대법 2004.03.26, 2003다21841 ······· 256
대법 2003.02.11, 2002다62586 ······· 191	대법 2004.03.26, 2003다60549 ······· 442
대법 2003.02.26, 2000다42786 ······· 647, 650	대법 2004.05.14, 2003다57697 ······· 241
대법 2003.03.11, 2002두8459 ······· 85	대법 2004.06.11, 2004다13533 ······· 380
대법 2003.03.31, 2003마324 ······· 133	대법 2004.07.09, 2002다16729 ······· 653
대법 2003.04.08, 2001다29254 ······· 257	대법 2004.07.21, 2004마535 ······· 345, 346
대법 2003.04.08, 2002다70181 ······· 506	대법 2004.07.22, 2002다57362 ······· 174
대법 2003.04.11, 2001다11406 ······· 424	대법 2004.08.20, 2002다20353 ······· 174
대법 2003.04.11, 2002다59337 ······· 94	대법 2004.08.30, 2004다21923 ······· 105
대법 2003.04.25, 2002다72514 ······· 330, 497	대법 2004.08.30, 2004다24083 ······· 685, 691
대법 2003.05.13, 2002다64148 ······· 529	대법 2004.09.13, 2004마660 ······· 725
대법 2003.05.13, 2003다16238 ······· 222	대법 2004.09.23, 2003다49221 ······· 107
대법 2003.05.23, 2003마89 ······· 210	대법 2004.09.24, 2004다21305 ······· 383
대법 2003.05.27, 2001다13532 ······· 564	대법 2004.09.24, 2004다28047 ······· 239, 476
대법 2003.05.30, 2001다10748 ······· 603	대법 2004.10.14, 2004다30583 ······· 150, 236
대법 2003.06.10, 2002다67628 ······· 335, 347	대법 2004.10.15, 2004다11988 ······· 352, 353, 683
대법 2003.06.10, 2003다14010·14027 ······· 757	대법 2004.10.28, 2002다74213 ······· 508
대법 2003.06.13, 2003다16962 ······· 577	대법 2004.11.25, 2004두7023 ······· 223
대법 2003.06.27, 2003다17088 ······· 731	대법 2005.01.13, 2004다1964 ······· 575
대법 2003.07.11, 2001다45584 ······· 192	대법 2005.01.14, 2001다81320 ······· 756
대법 2003.07.11, 2003다19558 ······· 216	대법 2005.01.27, 2002다59788 ······· 27
대법 2003.07.22, 2001다76298 ······· 688	대법 2005.01.28, 2004다38624 ······· 693
대법 2003.08.22, 2001다23225 ······· 549	대법 2005.01.28, 2004다38624 ······· 696
대법 2003.09.26, 2001다68914 ······· 667, 678, 689	대법 2005.03.24, 2004다71522·71539 ······· 764
대법 2003.09.26, 2003다29555 ······· 63	대법 2005.03.25, 2004다10985·10992 ······· 188
대법 2003.09.26, 2003다37006 ······· 90	대법 2005.04.29, 2004다40160 ······· 687
대법 2003.10.14, 2003마1144 ······· 488	대법 2005.05.20, 2004마1038 ······· 765
대법 2003.11.14, 2003다30968 ······· 515	대법 2005.05.26, 2004다25901·25918 ······· 631
대법 2003.11.14, 2003다34038 ······· 603	대법 2005.05.27, 2004다43824 ······· 492
대법 2003.11.27, 2001다46549 ······· 691	대법 2005.05.27, 2004다67806 ······· 216
대법 2003.11.28, 2003다41791 ······· 141	대법 2005.06.10, 2002다15412 ······· 159
대법 2003.12.12, 2003마1694 ······· 205	대법 2005.06.10, 2005다14861 ······· 303
대법 2003.12.26, 2002다61934 ······· 147	대법 2005.06.24, 2003다55936 ······· 725
대법 2004.01.15, 2002다3891 ······· 170	대법 2005.06.24, 2005다10388 ······· 158
대법 2004.01.16, 2003다30890 ······· 222	대법 2005.07.11, 2005마259 ······· 418
대법 2004.01.27, 2000다63639 ······· 653	대법 2005.07.22, 2004다17207 ······· 526
대법 2004.01.29, 2001다1775 ······· 95	대법 2005.08.19, 2004다8197·8203 ······· 688
대법 2004.02.13, 2002다7213 ······· 222	대법(全) 2005.09.15, 2004다44971 ······· 588

대법 2005.09.29, 2003다40651 ·················· 588
대법 2005.10.07, 2003다44387 ·················· 270
대법 2005.10.27, 2003다66691 ·················· 651
대법 2005.11.10, 2005다41818 ·················· 220
대법 2005.11.24, 2003후2515 ···················· 94
대법 2005.11.24, 2005다20064 · 20071 ········ 577
대법 2005.12.08, 2005다36298 ·················· 135
대법 2005.12.19, 2005그128 ····················· 516
대법 2005.12.23, 2004다55698 ··········· 523, 544
대법 2006.01.13, 2004므1378 ···················· 549
대법 2006.01.26, 2003다36225 ·················· 132
대법 2006.01.26, 2005다37185 ·················· 261
대법 2006.03.02, 2005마902 ······················ 69
대법 2006.03.09, 2004재다672 ··················· 333
대법 2006.03.10., 2005다46363 · 46370 · 46387 · 46394
  ··· 269
대법 2006.03.24, 2005다66411 ·················· 350
대법 2006.04.13, 2005다34643 ·················· 427
대법 2006.05.02, 2005마933 ··············· 664, 674
대법 2006.05.25, 2005다77848 ·················· 408
대법 2006.05.26, 2005므884 ······················ 28
대법 2006.06.02, 2004마1148 ···················· 93
대법 2006.06.09, 2006두4035 ···················· 118
대법 2006.06.29, 2005다11602 ·················· 693
대법 2006.06.29, 2006다19061 · 19078 ········ 576
대법 2006.06.30, 2006마257 ····················· 771
대법 2006.07.04, 2005마425 ················· 83, 91
대법 2006.07.06, 2004다17436 ·················· 544
대법 2006.08.09, 2006마455 ····················· 767
대법 2006.08.25, 2005다67476 ·················· 179
대법 2006.09.22, 2006다32569 ·················· 256
대법 2006.09.28, 2006다28775 ·················· 605
대법 2006.10.13, 2006다23138 ··········· 515, 516
대법 2006.10.27, 2004다69581 ··········· 290, 323
대법 2006.11.10, 2005다41856 ·················· 324
대법 2006.11.15, 2004재다818 ··················· 763
대법 2006.11.23, 2004다60447 ·················· 410
대법 2006.12.07, 2004다54978 ······ 160, 188, 236
대법 2006.12.21, 2006다52723 ···················· 95
대법 2007.01.11, 2005다47175 ···················· 12

대법 2007.01.11, 2006다33364 ·················· 221
대법 2007.02.08, 2006다62188 ·················· 633
대법 2007.02.08, 2006다67893 ·················· 140
대법 2007.02.22, 2006다75641 ··········· 278, 613
대법 2007.04.12, 2006다72765 ·················· 683
대법 2007.04.13, 2005다40709 · 40716 ········ 574
대법 2007.04.13, 2006다78640 ············ 189, 518
대법 2007.04.26, 2005다19156 ·················· 610
대법 2007.04.26, 2005다53866 ·················· 310
대법 2007.05.10, 2005다57691 ·················· 693
대법 2007.05.11, 2005후1202 ···················· 302
대법 2007.05.17, 2006다19054 ·················· 177
대법 2007.05.31, 2005다5867 ·········· 448, 451, 452
대법 2007.06.14, 2005다29290 ·················· 183
대법 2007.06.15, 2004다37904 · 37911 ········ 566
대법 2007.06.15, 2006다80322 · 80323 ········ 625
대법 2007.06.18, 2007아9 ························· 44
대법 2007.06.26, 2007마515 ····················· 596
대법 2007.06.28, 2005다55879 ·················· 107
대법 2007.06.28, 2007다26424 ·················· 378
대법 2007. 07. 26, 2006다64573 ················ 588
대법 2007.07.12, 2005다10470 ······ 112, 607, 723
대법 2007.07.12, 2005다38324 ·················· 762
대법 2007.07.13, 2006다81141 ·················· 190
대법 2007.07.26, 2005두15748 ·················· 360
대법 2007.07.26, 2006다64573 ···················· 97
대법 2007.07.26, 2007다19006 · 19013 ········ 260
대법 2007.08.23, 2005다43081 · 43098 ········ 627
대법 2007.08.23, 2006마1171 ···················· 649
대법 2007.08.24, 2006다40980 ·················· 592
대법 2007.08.24, 2006다40980 ·················· 589
대법 2007.09.06, 2006도3591 ···················· 250
대법 2007.09.06, 2007다34982 ·················· 126
대법 2007.09.06, 2007다40000 ·················· 192
대법 2007.09.06, 2007다41966 ·················· 613
대법 2007.09.20, 2007다25865 ············ 190, 256
대법 2007.10.25, 2007다34876 ·················· 324
대법 2007.10.26, 2006다86573 · 86580 ········ 632
대법 2007.10.26, 2007다37219 ·················· 335
대법 2007.11.16, 2006다41297 ·················· 159

대법 2007.11.29, 2007다52317·52324 ········ 665	대법 2008.08.21, 2007다79480 ············ 115, 140
대법 2007.11.29, 2007다53310 ············ 614	대법 2008.09.11, 2006다50338 ············ 264
대법 2007.12.14, 2007다37776·37783 ······ 632	대법 2008.09.11, 2007다90982 ············ 14
대법 2008.01.24, 2007그18 ··············· 712	대법 2008.09.11, 2007후4649 ············· 332
대법 2008.02.01, 2005다23889 ············ 735	대법 2008.09.26, 2007마672 ·············· 419
대법 2008.02.01, 2005다42880 ············ 474	대법 2008.10.23, 2008다48742 ············ 523
대법 2008.02.01, 2005다74863 ············ 563	대법 2008.11.13, 2008으5 ·········· 322, 329, 707
대법 2008.02.01, 2007다9009 ············· 17	대법 2008.11.27, 2007다69834 ············ 572
대법 2008.02.15, 2005다47205 ············ 529	대법 2008.11.27, 2007다69834·69841 ······ 549
대법 2008.02.15, 2007다1791 ············· 558	대법 2008.11.27, 2008다59230 ············ 516
대법 2008.02.28, 2007다41560 ············ 338	대법 2008.12.11, 2005다51495 ········ 557, 597
대법 2008.02.29, 2007다49960 ············ 190	대법 2009.01.15, 2007다51703 ········ 256, 565
대법 2008.02.29, 2008마145 ·············· 708	대법 2009.01.15, 2008다74130 ········ 103, 178
대법 2008.03.13, 2006다53733·53740 ······ 687	대법 2009.01.16, 2008스119 ·············· 423
대법 2008.03.13, 2006다68209 ·········· 67, 68	대법 2009.01.30, 2006다60908 ······ 94, 95, 255
대법 2008.03.14, 2006다2940 ············· 660	대법 2009.01.30, 2007다84697 ············ 687
대법 2008.03.27, 2005다49430 ······ 493, 595, 599	대법 2009.01.30, 2007다9030·9047 ········ 631
대법 2008.03.27, 2007다85157 ············ 165	대법 2009.02.12, 2008다72844 ············ 158
대법 2008.03.27, 2007다87061 ············ 381	대법 2009.02.12, 2008두20109 ············ 225
대법 2008.04.24, 2006다14363 ············ 587	대법 2009.02.26, 2007다83908 ······ 566, 682, 691
대법 2008.04.10, 2007다28598 ············ 364	대법 2009.03.12, 2008다65839 ······ 105, 216, 534
대법 2008.04.10, 2007다36308 ············ 599	대법(全) 2009.03.19, 2008다45828 ········ 427
대법 2008.04.10, 2007다86860 ········ 597, 599	대법 2009.03.26, 2006다47677 ········ 596, 599
대법 2008.04.24, 2006다14363 ········ 362, 586	대법 2009.04.09, 2008다93384 ············ 294
대법 2008.04.24, 2007다84352 ········ 238, 536	대법 2009.04.23, 2009다1313 ············· 585
대법 2008.05.02, 2008마427 ············ 44, 711	대법 2009.04.23, 2009다3234 ············· 254
대법 2008.05.08, 2008다2890 ············· 325	대법 2009.04.28, 2009무12 ··············· 418
대법 2008.05.15, 2007다71318 ············ 255	대법 2009.05.14, 2006다34190 ······ 509, 734, 735
대법 2008.05.29, 2006다71908 ············ 29	대법 2009.05.28, 2007다354 ··········· 492, 558
대법 2008.05.29, 2008두2606 ············· 566	대법 2009.05.28, 2007후1510 ············· 642
대법 2008.06.02, 2007무77 ··············· 210	대법 2009.05.28, 2008다79876 ············ 515
대법 2008.06.12, 2008다11276 ········ 13, 85, 644	대법 2009.06.11, 2009다1122 ············· 159
대법 2008.06.23, 2007마634 ·············· 767	대법 2009.06.11, 2009다12399 ········ 236, 687
대법 2008.07.10, 2005다41153 ············ 182	대법 2009.06.25, 2008후3384 ············· 662
대법 2008.07.10, 2006다57872 ········ 595, 598	대법 2009.06.25, 2009다22037 ············ 467
대법 2008.07.11, 2008마615 ·············· 102	대법 2009.07.09, 2006다73966 ············ 741
대법 2008.07.24, 2007다50663 ············ 258	대법 2009.07.09, 2006다73966 ············ 509
대법 2008.07.24, 2008다18376 ············ 565	대법 2009.07.09, 2007두16608 ············ 640
대법 2008.07.24, 2008다25510 ············ 535	대법 2009.07.09, 2009다14340 ············ 623
대법 2008.08.21, 2006다24438 ············ 89	대법 2009.08.06, 2009마897 ·············· 765

대법 2009. 09. 10, 2009다40219 · 40226 ·············· 149
대법 2009.09.10, 2009다37138 ····················· 373
대법 2009.09.10, 2009스89 ························ 209
대법 2009.09.17, 2007다2428 ····················· 182
대법 2009.09.24, 2009다37831 ·············· 297, 451
대법 2009.09.24, 2009마168 · 169 ················ 182
대법 2009.10.15, 2006다43903 ·············· 101, 102
대법 2009.10.15, 2009다48633 ·············· 177, 178
대법 2009.10.15, 2009다49964 ················ 91, 99
대법 2009.10.29, 2007다22514 ····················· 663
대법 2009.10.29, 2008다51359 ····················· 247
대법 2009.10.29, 2009마1029 ······················ 353
대법 2009.11.12, 2009다42765 ·············· 256, 264
대법 2009.11.12, 2009다48879 ····················· 109
대법 2009.11.12, 2009다56665 ····················· 519
대법 2009.11.13, 2009마1482 ················ 70, 306
대법 2009.11.23, 2009마1260 ······················ 370
대법 2009.12.10, 2009다22846 ····················· 251
대법 2009.12.10, 2009다56603 ····················· 439
대법 2009.12.24, 2009다10898 ····················· 555
대법 2009.12.24, 2009다64215 ·············· 160, 520
대법 2009.12.24, 2009다65850 ····················· 653
대법 2010.01.14, 2009그196 ······················· 528
대법 2010.01.14, 2009다77327 ······················· 89
대법 2010.01.29, 2009마2050 ······················ 415
대법 2010.02.11, 2009다78467 · 78474 ············· 43
대법 2010.02.11, 2009다83599 ····················· 256
대법 2010.02.11, 2009다84288 · 84295 ············ 380
대법 2010.02.25, 2008다96963 · 96970 ············ 588
대법 2010.02.25, 2009다75574 ····················· 410
대법 2010.03.11, 2007다51505 ····················· 192
대법 2010.03.22, 2010마215 ························· 76
대법 2010.03.25, 2009다88617 ····················· 259
대법 2010.04.08, 2009므3652 ······················ 124
대법 2010.04.15, 2009다98058 ····················· 106
대법 2010.04.29, 2008다50691 ·············· 592, 593
대법 2010. 05. 13, 2010다6222 ····················· 408
대법(全) 2010. 05. 20, 2009다48312 ··············· 223
대법 2010.05.13, 2009다102254 ····················· 39
대법 2010.05.13, 2009다105246 ··················· 604
대법 2010.05.13, 2010다8365 ················ 551, 558
대법 2010.05.27, 2006다79520 ····················· 451
대법 2010.05.27, 2007다25971 ····················· 443
대법 2010.06.10, 2010다15363 · 15370 ······· 226, 302
대법 2010.06.10, 2010다5373 ······················ 140
대법 2010.06.24, 2010다17284 ····················· 224
대법 2010.07.08, 2007다55866 ····················· 443
대법 2010.07.14, 2009마2105 ············ 429, 432, 433
대법 2010.07.15, 2009다67276 ·············· 158, 425
대법 2010.07.15, 2010다18355 ········· 26, 27, 30, 60
대법 2010.07.15, 2010다2428 · 2435 ··············· 574
대법 2010.07.22, 2008다31089 ····················· 507
대법 2010.07.29, 2009다56283 ····················· 399
대법 2010.08.26, 2008다42416 · 42423 ············ 221
대법 2010.08.26, 2010다28185 ····················· 376
대법 2010.08.26, 2010다30966 ····················· 526
대법 2010.08.26, 2010마818 ······················· 168
대법 2010.09.30, 2010다12241 ·············· 440, 451
대법 2010.09.30, 2010다12241,12258 ············· 452
대법 2010.10.14, 2010다36407 ····················· 175
대법 2010.10.14, 2010다38168 ·············· 610, 614
대법 2010.10.14, 2010다48455 ····················· 350
대법 2010.10.28, 2009다20840 ····················· 107
대법 2010.10.28, 2010다20532 ·········· 258, 270, 310
대법 2010.10.28, 2010다53754 ·············· 459, 486
대법 2010.10.28, 2010다61557 ····················· 161
대법 2010.11.11, 2009다18557 ····················· 756
대법 2010.11.11, 2010다43597 ····················· 535
대법 2010.11.11, 2010다45944 ····················· 178
대법 2010.11.11, 2010다56616 ·············· 427, 431
대법 2010.11.25, 2007다74560 ····················· 411
대법 2010.11.25, 2010다64877 ····················· 108
대법(全) 2010.12.16, 2010도5986 ·················· 158
대법 2010.12.23, 2007다22859 ············ 364, 365, 366
대법 2010.12.23, 2010다566067 ··················· 108
대법 2010.12.23, 2010다58889 ····················· 527
대법 2010.12.23, 2010다6725 ······················ 688
대법 2011.01.13, 2009다105062 ·············· 280, 569
대법 2011.01.13, 2010다69940 ····················· 694
대법 2011.01.27, 2008다27615 ······················· 86

| 대법 2011.01.27, 2008다85758 ········· 125
| 대법 2011.01.27, 2010다77781 ········· 551
| 대법 2011.01.27, 2010다81957 ········· 427
| 대법 2011.02.10, 2006다65774 ········· 104
| 대법 2011.02.10, 2010다87702 ········· 691
| 대법 2011.02.21, 2010그220 ··········· 772
| 대법 2011.02.21, 2010마1689 ········ 73, 713
| 대법 2011.02.24, 2009다33655 ········· 278
| 대법 2011.02.24, 2009다33655 ········· 567
| 대법 2011.02.24, 2009다43355 ······ 595, 599
| 대법 2011.03.10, 2010다92506 ········· 150
| 대법 2011.03.10, 2010다87641 ········· 153
| 대법 2011.03.10, 2010다99040 ···· 83, 92, 99, 253
| 대법 2011.04.14, 2010다5694 ·········· 484
| 대법 2011.04.28, 2009다19093 ······· 28, 68
| 대법 2011.04.28, 2010다103048 ···· 364, 459, 634, 652
| 대법 2011.04.28, 2010다98948 ········· 336
| 대법 2011.05.02, 2010부8 ·········· 713, 770
| 대법 2011.05.13, 2009다94384 ······ 254, 512
| 대법 2011.05.13, 2010다108876 ········ 349
| 대법 2011.05.13, 2010다84956 ······ 353, 671
| 대법 2011.05.13, 2010다94472 ·········· 89
| 대법 2011.05.31, 2010다84956 ·········· 99
| 대법 2011.06.24, 2009다8345 ·········· 587
| 대법 2011.06.24, 2011다1323 ·········· 593
| 대법 2011.06.30, 2010마1001 ········ 47, 772
| 대법 2011.06.30, 2011다24340 ········· 517
| 대법 2011.07.14, 2009다54638 ········· 452
| 대법 2011.07.14, 2010다103451 ····· 259, 391
| 대법 2011.07.14, 2010다107064 ········ 187
| 대법 2011.07.14, 2011그65 ······· 54, 76, 566
| 대법 2011.07.14, 2011다19737 ········· 222
| 대법 2011.07.14, 2011다23323 ········· 235
| 대법 2011.07.21, 2001재다199 ········· 722
| 대법(全) 2011.07.21, 2011재다199 ········· 725
| 대법 2011.07.28, 2009도14928 ········· 399
| 대법 2011.07.28, 2010다97044 ······· 83, 97
| 대법 2011.08.18, 2009다60077 ········· 163
| 대법 2011.08.18, 2011다30666 ······ 551, 556
| 대법 2011.08.18, 2011다30666 · 30673 ····· 556

대법 2011.08.25, 2011다24814 ········· 526
대법 2011.09.08, 2009다67115 ······ 103, 104
대법 2011.09.08, 2009다90903 ········· 475
대법 2011.09.08, 2011다17090 ········· 602
대법 2011.09.08, 2011다17090 ········· 196
대법 2011.09.08, 2011다35722 ········· 754
대법 2011.09.29, 2008다16776 ········· 452
대법 2011.09.29, 2009다7076 ·········· 595
대법 2011.09.29, 2010다65818 ········· 489
대법 2011.09.29, 2011다17847 ········· 756
대법 2011.09.29, 2011다41796 ········· 503
대법 2011.09.29, 2011마1335 ······ 135, 338, 343, 661
대법 2011.09.29, 2011마62 ········ 12, 63, 64
대법 2011.10.13, 2009다102452 ····· 514, 519
대법 2011.10.13, 2009다102776 ········ 427
대법 2011.10.13, 2010다63720 ········· 413
대법 2011.10.13, 2010다80930 ···· 111, 222, 224
대법 2011.10.27, 2009다32386 ········· 158
대법 2011.10.27, 2010다88682 ········· 428
대법 2011.10.27, 2011마1154 ·········· 357
대법 2011.11.10, 2011다54686 ········· 224
대법 2011.11.10, 2011다55405 ········· 264
대법 2011.11.10, 2011마1482 ·········· 755
대법 2011.11.24, 2009다70906 ········· 448
대법 2011.11.24, 2011다9426 ·········· 444
대법 2011.12.13, 2009다16766 ·········· 26
대법 2011.12.22, 2011다73540 ······ 543, 721
대법 2011.12.22, 2011다84298 ······· 12, 179
대법 2011.12.27, 2011후2688 ·········· 335
대법 2012.01.12, 2009다84608 ······ 450, 451
대법 2012.01.12., 2009다84608 · 84615 · 84622 · 84639
·· 411
대법(全) 2012.01.19, 2010다95390 ··········· 7
대법 2012.01.27, 2009다82275 · 82282 ····· 451
대법 2012.01.27, 2010다81315 ········· 759
대법 2012.02.09, 2010두6731 ·········· 360
대법 2012.02.09, 2011다20034 ········· 220
대법 2012.02.10, 2011마2177 ······ 500, 501
대법(全) 2012.02.16, 2010다82530 ········· 589
대법 2012.02.23, 2011다76426 ········· 253

대법 2012.02.23, 2011다89545 ·················· 449
대법 2012. 03. 27, 2012그46 ·················· 707
대법 2012.03.15, 2008두4619 ·················· 125
대법 2012.03.15, 2011다105966 ·················· 603
대법 2012.03.15, 2011다77054 ·················· 140
대법 2012.03.15, 2011다9136 ·················· 159
대법 2012.03.27, 2012그46 ·················· 202
대법 2012.03.28, 2011두28776 ·················· 225
대법 2012.03.29, 2009다92883 ·················· 146
대법 2012.03.29, 2010다28338 · 28345 ···· 566, 567, 578
대법 2012.03.29, 2011다106136 ·················· 704
대법 2012.03.29, 2011다81541 ·················· 303
대법 2012.03.29, 2011두28776 ·················· 696, 722
대법 2012.03.30, 2011마2508 ·················· 672
대법 2012.04.12, 2009다22419 ·················· 360
대법 2012.04.12, 2010다65339 ·················· 188
대법 2012.04.12, 2011다109357 ·················· 479
대법 2012.04.12, 2011다110579 ·················· 536
대법 2012.04.13, 2011다102172 ·················· 335, 696
대법 2012.04.13, 2011다104130 ·················· 756
대법 2012.04.13, 2011다70169 ·················· 140
대법 2012.04.13, 2012마249 ·················· 34, 466
대법 2012.04.26, 2011다85789 ·················· 649, 652
대법 2012. 05. 10, 2010다2558 ·················· 484
대법 2012. 05. 17, 2010다28604 ·················· 163
대법 2012.05.03, 2012마73 ·················· 741
대법 2012.05.09, 2010다88880 ·················· 170
대법 2012.05.09, 2012다3197 ·················· 516
대법 2012.05.10, 2010다2558 ·················· 485, 514, 531
대법 2012.05.10, 2010다87474 ·················· 101, 109
대법 2012.05.17, 2010다28604 ·················· 235, 533
대법(全) 2012.05.17, 2010다28604 ·················· 171
대법 2012.05.24, 2009다22549 ·················· 28, 508
대법 2012.06.14, 2010다105310 ·················· 92, 586, 591
대법 2012.06.14, 2010다86112 ·················· 305
대법 2012.06.14, 2010다86112 ·················· 723
대법 2012.06.28, 2010다54535 · 54542 ·················· 180
대법 2012.06.28, 2010다81049 ·················· 173
대법 2012.07.05, 2010다80503 ·················· 187, 216, 564
대법 2012.07.05, 2012다25449 ·················· 569, 650

대법 2012.07.26, 2010다37813 ·················· 85
대법 2012.07.26, 2010다60479 ·················· 762
대법 2012.08.14, 2012그173 ·················· 538
대법 2012.08.30, 2010다39918 ·················· 106
대법 2012.09.13, 2009다23160 ·················· 588, 596, 597
대법 2012.09.13, 2010다88699 ·················· 158, 174
대법 2012.09.13, 2010다97846 ·················· 239, 476, 728
대법 2012.09.27, 2011다76747 ······· 459, 597, 667, 682
대법 2012.10.11, 2011다12842 ·················· 383
대법 2012.10.11, 2012다44730 ·················· 336, 338, 348
대법(全) 2012.10.18, 2010다103000 ·················· 8
대법 2012.10.25, 2009다77754 ·················· 226
대법 2012.10.25, 2010다108104 ·················· 127, 130
대법 2012.11.15, 2010두8676 ·················· 698
대법 2012.11.15, 2012다70012 ·················· 370, 740
대법 2012.11.21, 2011마1980 ·················· 305
대법 2012.11.29, 2010다93790 ·················· 411
대법 2012.11.29, 2011다109876 ·················· 617
대법 2012.11.29, 2011두30069 ·················· 619
대법 2012.11.29, 2012다44471 ·················· 6, 524
대법 2012.12.13, 2010도14360 ·················· 431
대법 2012.12.13, 2011다89910 · 89927 ·················· 495
대법 2012.12.27, 2012다75239 ·················· 718
대법 2013.01.10, 2010다75044 ·················· 338, 577
대법 2013.01.10, 2010다75044 · 75051 ·················· 337, 449
대법 2013.01.10, 2011다64607도 ·················· 155
대법 2013.01.16, 2011다102776 ·················· 428
대법 2013.01.16, 2012재다370 ·················· 348, 349, 725
대법 2013.02.14, 2011다109708 ·················· 181
대법 2013.02.14, 2011두25005 ·················· 698
대법 2013.02.15, 2012다68217   191, 248, 249, 294, 299
대법 2013.02.15, 2013므66 · 73 ·················· 508
대법 2013.02.25, 2012다67399 ·················· 103
대법 2013.02.28, 2011다21556 ·················· 299
대법 2013.02.28, 2011다31706 ·················· 193
대법 2013.02.28, 2012다98225 ·················· 459, 481
대법 2013.03.14, 2010다42624 ·················· 236
대법 2013.03.14, 2011다28946 ·················· 153
대법 2013.03.14, 2011다91876 ·················· 15, 226
대법(全) 2013.03.21, 2011다95564 ·················· 7

대법 2013.03.28, 2009다78214 ················· 254
대법 2013.03.28, 2011다3329 ············ 300, 475
대법 2013.03.28, 2011두13729 ················ 592
대법 2013.03.28, 2012다100746 ··············· 362
대법 2013.03.28, 2012다42604 ··················· 9
대법 2013.03.28, 2012재두299 ················· 726
대법 2013.04.11, 2012다106713 ··············· 225
대법 2013.04.11, 2012다111340 ·········· 161, 357
대법 2013.04.11, 2012다64116 ················· 252
대법 2013.04.11, 2012후436 ··················· 311
대법 2013.04.18, 2010두11733 ················· 172
대법 2013.04.25, 2012다118594 ·········· 252, 588
대법 2013.04.26, 2011다37001 ················· 151
대법 2013.05.09, 2011다61646 ················· 242
대법 2013.05.09, 2012다108863 ··············· 160
대법 2013.05.09, 2013다7394 ·················· 256
대법 2013.05.31, 2013마488 ··················· 768
대법 2013.06.10, 2013그152 ··················· 733
대법 2013.06.13, 2010다34159 ················· 430
대법 2013.06.13, 2012다14036 ················· 174
대법 2013.06.13, 2012다96403 ················· 427
대법 2013.07.11, 2012다6349 ·················· 367
대법 2013.07.12, 2006다17539 ············· 27, 60
대법 2013.07.12, 2013다19571 ················· 303
대법 2013.07.12, 2013다22775 ················· 188
대법 2013.07.25, 2011다7628 ·················· 159
대법 2013.07.25, 2012다204815 ··············· 159
대법 2013.07.25, 2013다19052 ················· 303
대법 2013.07.31, 2013마670 ········ 134, 201, 204, 488
대법 2013. 08. 22, 2013다200568 ················ 13
대법 2013.08.22, 2011다100923 ··············· 426
대법 2013.08.22, 2012다68279 ········ 83, 85, 112
대법 2013.08.23, 2012다17585 ················· 174
대법 2013.08.23, 2013다28971 ················· 685
대법 2013.09.09, 2013마1273 ············· 126, 202
대법 2013.09.12, 2011두33044 ········ 141, 360, 761
대법 2013.09.13, 2012다36661 ············ 172, 549
대법 2013.09.13, 2013다45457 ············ 188, 511
대법 2013.09.26, 2011다88870 ················· 452
대법 2013.09.26, 2013다36392 ················· 247

대법 2013.10.11, 2013다38442 ·············· 94, 95
대법 2013.10.24, 2011다110685 ················ 95
대법 2013.10.31, 2013다59050 ··········· 236, 687
대법 2013.11.14, 2013다46023 ················· 525
대법 2013.11.15, 2012다65058 ················· 165
대법(全) 2013.11.21, 2011두1917 ··············· 482
대법 2013.11.28, 2011다80449 ···· 11, 15, 261, 303, 587
대법 2013.12.12, 2011다112247 ················ 748
대법 2013.12.12, 2013다201844 ··············· 159
대법(全) 2013.12.18, 2013다202120 ········ 108, 219
대법 2014.01.16, 2011다108057 ··············· 441
대법 2014.01.16, 2013다69385 ················· 188
대법 2014.01.23, 2011다108095 ··············· 534
대법 2014.01.23, 2013다64793 ················· 517
대법 2014.01.29, 2013다65222 ················· 363
대법 2014.01.29, 2013다78556 ················· 591
대법 2014.01.29, 2013다78556 ················· 642
대법 2014.02.13, 2011다74277 ················· 158
대법 2014.02.19, 2013마2316 ··················· 111
대법 2014.02.21, 2013다75717 ················· 544
대법 2014.03.13, 2011다111459 ·········· 196, 261
대법 2014.03.27, 2009다104960 ········ 475, 482, 599
대법 2014.03.27, 2009다104977 ··············· 476
대법 2014.03.27, 2011다49981 ············ 514, 515
대법 2014.04.10, 2010다84932 ················· 181
대법 2014.04.10, 2011다72011·72028 ·········· 441
대법 2014.04.10, 2012다29557 ················· 485
대법 2014.04.10, 2012다7571 ···················· 30
대법 2014.04.10, 2013다54390 ················· 524
대법 2014.04.24, 2012다105314 ··············· 220
대법 2014.04.24, 2012다40592 ················· 179
대법 2014.04.24, 2012다47494 ·················· 55
대법 2014.04.24, 2012두6773 ·················· 552
대법 2014.04.30, 2014마76 ····················· 202
대법 2014.05.16, 2011다52291 ················· 165
대법 2014.05.16, 2013다101104 ··············· 190
대법 2014.05.29, 2011다31225 ················· 550
대법 2014.05.29, 2011두25876 ············ 269, 270
대법 2014.05.29, 2013다78780 ················· 362
대법 2014.05.29, 2013다82043 ················· 544

대법 2014.05.29, 2013다96868 ················· 561
대법 2014.05.29, 2014마329 ··················· 262
대법 2014.05.29, 2014마4009 ················· 610
대법 2014.06.12, 2012다47548 ················ 628
대법 2014.06.12, 2013다95964 ··········· 299, 300
대법 2014.07.10, 2012다89832 ················ 237
대법 2014.07.10, 2013다65710 ················ 440
대법(全) 2014.07.16, 2011다76402 ············ 160
대법 2014.07.24, 2013다28728 ················ 142
대법 2014.08.20, 2014다28114 ················ 216
대법 2014.08.26, 2013다49404 · 49411 ······· 629
대법 2014.09.25, 2014다211336 ··············· 588
대법 2014.09.26, 2014다29667 ················ 414
대법 2014.09.26, 2014다29667 ················ 425
대법(全) 2014.10.08, 2014마667 ········ 659, 708
대법 2014.10.08, 2014마667 ··················· 488
대법 2014.10.27, 2013다25217 ··········· 106, 261
대법 2014.10.30, 2011다113455 · 113462 ····· 653
대법 2014.10.30, 2013다53939 ················ 530
대법 2014.10.30, 2014다43076 ················ 345
대법 2014. 11. 13, 2009다71312 · 71329 · 71336 · 71343
 ··· 629
대법 2014.11.13, 2009다3494,3500 ············ 183
대법 2014.11.13, 2010다63591 ················ 528
대법 2014.12.11, 2013다28025 ················ 165
대법 2014.12.22, 2014다229016 ··············· 499
대법 2014.12.24, 2012다74304 ········· 361, 364, 365
대법 2015.01.22, 2012다204365 ·········· 189, 482
대법 2015.01.29, 2013다100750 ··············· 441
대법 2015.01.29, 2014다34041 ·················· 90
대법 2015.01.29, 2014다62657 ·················· 95
대법 2015.02.12, 2012다6851 ·················· 410
대법 2015.02.12, 2014다228440 ··············· 224
대법 2015.02.12, 2014다229870 ·········· 281, 379
대법 2015.02.12, 2014다229870 ··············· 325
대법 2015.02.16, 2011다101155 ··············· 104
대법 2015.02.26, 2013다87055 ·················· 98
대법 2015.03.20, 2012다107662 ··············· 299
대법 2015.03.20, 2013다88829 ··················· 14
대법 2015.03.20, 2014다75202 ··········· 596, 598

대법 2015.03.26, 2014다233428 ··············· 149
대법 2015. 04. 09, 2012다2408 ················ 588
대법 2015.04.09, 2011다101148 ··············· 698
대법 2015.04.09, 2013다89372 ················ 125
대법 2015.04.23, 2011다19102 · 19119 ······· 197
대법 2015.04.23, 2013다100774 ··············· 258
대법 2015.04.23, 2013다20311 ················ 158
대법 2015.04.23, 2014다89287 · 89294 ··· 568, 678
대법 2015.04.28, 2015카담9 ···················· 772
대법 2015.04.29, 2014다85216 ················ 242
대법 2015.05.14, 2014다16494 ················ 623
대법(全) 2015.05.21, 2012다952 ··············· 165
대법 2015.05.26, 2012다89320 ················ 362
대법 2015.05.28, 2012다78184 ··········· 486, 616
대법 2015.05.28, 2013다1587 ·················· 108
대법 2015.05.28, 2014다24327 ··········· 306, 665
대법 2015.05.29, 2012다87751 ················ 362
대법 2015.05.29, 2014다235042 ··············· 574
대법 2015.06.11, 2012다10386 ················ 648
대법 2015.06.11, 2014다232913 ··············· 600
대법 2015.06.11, 2014다237192 ··············· 446
대법 2015.06.11, 2015다206492 ··············· 174
대법 2015.06.11, 2015다8964 ·················· 337
대법 2015.06.11, 2015두35215 ················ 311
대법 2015.06.23, 2013므2397 ·················· 493
대법 2015.07.09, 2013다69866 ················ 256
대법 2015.07.09, 2013다69866 ················ 367
대법 2015.07.09, 2013두3658 · 3665 ·········· 423
대법 2015.07.23, 2012두19496 · 19502 ······· 104
대법 2015.07.23, 2013다30301 ················ 636
대법 2015.07.23, 2013다30325 ················ 216
대법 2015.07.23, 2014다88888 ················ 149
대법 2015.08.13, 2015다18367 ················ 150
대법 2015.08.13, 2015다209002 ················ 99
대법 2015.08.13, 2015다213322 ··············· 336
대법 2015.08.27, 2013다212639 ·················· 7
대법 2015.09.10, 2012다23863 ················ 590
대법 2015.09.10, 2013다55300 ··········· 105, 252
대법 2015.09.10, 2014다73794 ················ 587
대법 2015.09.14, 2015마813 ···················· 251

대법 2015.09.24, 2014다74919 ·················· 535
대법 2015.10.15, 2012다64253 ·················· 427
대법 2015.10.15, 2015다1284 ············ 507, 508
대법 2015.10.29, 2012다21560 ·················· 587
대법 2015.10.29., 2014다13044
　················· 252, 612, 617, 619, 620
대법 2015.10.29, 2014다75349 ·················· 698
대법 2015.10.29, 2015다32585 ·················· 134
대법 2015.11.12, 2014다228587 ········ 363, 370
대법 2015.11.17, 2012다2743 ···················· 536
대법 2015.11.17, 2013다84995 ·················· 536
대법 2015.11.17, 2014다81542 ·················· 420
대법 2015.11.26, 2014다45317 ·················· 422
대법 2015.11.27, 2014다44451 ·················· 103
대법 2015.12.10, 2012다16063 ·················· 346
대법 2015.12.10, 2014다87878 ············ 103, 112
대법 2015.12.21, 2015마4174 ············· 416, 417
대법 2015.12.23, 2013다17124 ············ 719, 729
대법 2016. 01. 14, 2015프3455 ················ 504
대법 2016.01.14, 2013다40070 ······ 719, 725, 729
대법 2016.01.14, 2013다53212 ·················· 724
대법 2016.01.14, 2015다231894 ··············· 696
대법 2016.01.14, 2015프3455 ·················· 677
대법 2016.01.28, 2011다41239 ·················· 167
대법 2016.01.28, 2013다51933 ············ 333, 335
대법 2016.01.28, 2015다207747 ········· 507, 508
대법 2016.03.10, 2013다99409 ······ 180, 237, 241
대법 2016.03.10, 2013두14269 ·················· 424
대법 2016.03.10, 2015다243996 ················· 520
대법 2016.03.24, 2013다81514 ·················· 382
대법 2016.03.24, 2014다3122 · 3139 ············ 179
대법 2016.03.24, 2014두779 ······················ 442
대법 2016.03.24, 2015두48235 ·················· 510
대법 2016.04.02, 2015다77595 ·················· 225
대법 2016.04.12, 2013다31137 ··················· 253
대법 2016.04.12, 2014다68761 ··················· 362
대법 2016.04.15, 2015다201510 ·················· 357
대법 2016.04.15, 2015마251645 ················· 225
대법 2016.04.28, 2015다13690 ·················· 89
대법 2016.04.29, 2014다210449 ······ 90, 364, 365, 369

대법 2016.04.29, 2015다77595 · 77601 ········ 204
대법 2016.05.12, 2013다1570 ····················· 176
대법 2016.05.12, 2015다49811 ··················· 376
대법(全) 2016.05.19, 2009다66549 ············ 560
대법 2016.05.24, 2012다87898 ··················· 180
대법 2016.05.27, 2015다21967 ··················· 528
대법 2016.06.09, 2014다64752 ··················· 378
대법 2016.06.10, 2016다203025 ················· 511
대법 2016.06.17, 2016마371 ········ 334, 659, 761, 764
대법 2016.06.21, 2016마5082 ················ 73, 713
대법 2016.06.28, 2014다31721 ············ 520, 530
대법 2016.06.28, 2016다1793 ···················· 166
대법 2016. 07. 22, 2015다66397 ··········· 103, 104
대법 2016.07.01, 2014마2239 ············· 417, 419
대법 2016.07.07, 2013다76871 ··················· 140
대법 2016.07.07, 2013다76871 ··················· 84
대법 2016.07.27, 2013다96165 ············ 190, 511
대법 2016.07.27, 2013두17923 ··················· 619
대법 2016.08.30, 2015다255265 ············ 28, 163
대법 2016.08.30, 2016다222149 ················· 518
대법 2016.09.08, 2015다39357 ··················· 365
대법 2016.09.28, 2016다13482 ··················· 160
대법 2016.09.30, 2015다19117 · 19124 ········· 440
대법 2016.09.30, 2016다200552 ················· 166
대법 2016.10.13, 2014다12348 ··················· 730
대법 2016.10.13, 2016다221658 ··················· 75
대법 2016.10.27, 2015다230815 ··················· 177
대법 2016.11.10, 2014다54366 ··················· 350
대법 2016.11.10., 2013다71098 ··················· 259
대법 2016.11.24, 2014다81511 ··················· 259
대법 2016.12.15, 2014다87885 ··················· 110
대법 2016.12.15, 2015다247325 ··················· 166
대법 2016.12.15, 2016다205373 ··················· 424
대법 2016.12.27., 2016두50440 ··················· 83
대법 2016.12.27, 2016다35123 ··················· 719
대법 2016.12.29, 2016다22837 ··········· 139, 140
대법 2017. 4. 7, 2016다204783 ··················· 535
대법 2017.01.12, 2016다241249 ··················· 676
대법 2017.01.12, 2016다39422 ··················· 237
대법 2017.01.20, 2016마1648 ····················· 766

대법 2017.02.07, 2016마937 ·············· 767
대법 2017.02.15, 2014다19776 ·············· 427
대법 2017.02.15, 2014다19776 · 19783 ·············· 14
대법 2017.02.21, 2016다225353 ·············· 553
대법 2017.02.21, 2016다45595 ·········· 564, 570
대법 2017.03.09, 2013두16852 ·············· 252
대법 2017.03.09, 2015다217980 ·············· 535
대법 2017.03.09, 2016다256968 · 256975 ·············· 180
대법 2017.03.09, 2016두55933 ·············· 442
대법 2017.03.15, 2014다208255 ·········· 84, 176, 181
대법 2017.03.16, 2015다3570 ·········· 110, 668
대법 2017.03.22, 2016다258124 ·········· 242, 248
대법(全) 2017.03.23, 2015다248342 ·············· 107
대법 2017.03.30, 2016다253297 ······ 204, 561, 566, 571
대법 2017.04.07, 2016다251994 ·········· 208, 209
대법 2017.04.07, 2016다35451 ·············· 224
대법 2017.04.11, 2016무876 ·············· 334
대법 2017.04.13, 2013다207941 ·············· 159
대법 2017.04.13, 2016다274966 ·············· 475
대법 2017.04.21, 2017마63 ·············· 769
대법 2017.04.26, 2014다221777 · 221784 · 625, 627, 628
대법 2017.04.26, 2017다200771 ·············· 475
대법 2017.04.26, 2017다201033 ·········· 152, 206, 257
대법 2017.04.28, 2016다213916 ·············· 159
대법 2017.05.17, 2016다274188 ·············· 90
대법 2017.05.17, 2017다1097 ·············· 269
대법 2017.05.30, 2012다23832 ·············· 507
대법 2017.05.30, 2012다23832 ·············· 508
대법 2017.05.30, 2017다205073 ·············· 108
대법 2017.05.30, 2017다211146 ·············· 568
대법 2017.05.31, 2017다216981 ·········· 532, 698
대법 2017.06.08, 2016다249557 ·············· 411
대법 2017.06.22, 2014다225809 ·············· 610
대법 2017.06.29, 2014다30803 ·············· 179
대법 2017.07.11, 2017다216271 ·········· 179, 182
대법 2017.07.18, 2016다35789 ·············· 224
대법 2017.08.18, 2017다228762 ·············· 427
대법 2017.08.29, 2016다212524 ·············· 165
대법 2017.09.12, 2015다242849 ·············· 162
대법 2017.09.14, 2017카담507 ·············· 769

대법 2017.09.21, 2017다233931 ·········· 504, 589, 593
대법 2017.09.22, 2017모1680 ·············· 344
대법 2017.09.26, 2015다11984 ·············· 259
대법 2017.09.26, 2015다18466 ·············· 165
대법 2017.09.26, 2017다22407 ·············· 238
대법 2017.10.12, 2015두36836 ·········· 612, 618, 619
대법 2017.10.12, 2017다17771 ·············· 182
대법 2017.10.26, 2015다42599 ·············· 558
대법 2017.11.07, 2017모2162 ·············· 344
대법 2017.11.09., 2013다26708 · 26715 · 26722 · 26739
·············· 410
대법 2017.11.09, 2015다44274 ·············· 248
대법 2017.11.14, 2017다23066 ·········· 160, 218
대법 2017.11.14, 2017다24281 ·············· 90
대법 2017.11.14, 2015다214011 ·············· 336
대법 2017.11.21, 2016마1854 ·········· 762, 768
대법 2017.11.23, 2017다251694 ·········· 190, 196
대법 2017.11.29, 2017다247503 ·············· 470
대법 2017.12.05, 2015다240645 ·············· 101
대법 2017.12.05, 2017다237339 ·········· 166, 492
대법 2017.12.05, 2017다9657 ·············· 495
대법 2017.12.13, 2015다61507 ·········· 83, 151, 258, 495
대법 2017.12.22., 2015다73753 ·········· 159, 160
대법 2017.12.28., 2015무423 ·············· 389
대법 2017.12.22, 2015다236820 ·············· 259
대법 2017.12.22, 2015다236820 · 236837 ·············· 259
대법 2017.12.22, 2017다238837 ·············· 278
대법 2017.12.22, 2017다259988 ·········· 47, 48, 62
대법 2017.12.28, 2014다229023 ·············· 663
대법 2017.12.28, 2015무423 ·············· 416
대법 2018.01.19, 2017마1332 ·········· 79, 711
대법 2018.01.24, 2015다69990 ·············· 427
대법 2018.01.24, 2017다37324 ·············· 446
대법 2018.02.09, 2017마5829 ·············· 510
대법 2018.02.13, 2014두11328 ·············· 7
대법 2018.02.13, 2015다242429 ·········· 598, 599
대법 2018.02.13, 2015다242429 ·············· 463
대법 2018.02.28, 2013다26425 ·············· 552
대법 2018.02.28, 2017다270916 ·············· 495
대법 2018.03.15, 2016다275679 ·············· 126

대법 2018.03.27, 2015다70822 ·············· 544	대법 2018.10.25, 2017다272103 ·············· 110
대법 2018.04.12, 2016다223357 ·············· 442	대법 2018.10.25, 2017다287648 · 287655 ········· 759
대법 2018.04.12, 2017다292244 ········· 412, 424	대법 2018.11.15, 2016다244491 ·············· 451
대법 2018.04.12, 2017다53623 ·········· 333, 352	대법 2018.11.15, 2016두48737 ··············· 224
대법 2018.04.24, 2017다287587 ·············· 370	대법 2018.11.21, 2018그636 ················· 502
대법 2018.04.24, 2017다287587 ·············· 363	대법 2018.11.29, 2016다266606 · 266613 ······ 253, 451
대법 2018.04.24, 2017다293858 ·············· 161	대법 2018.11.29, 2017다35717 ··············· 107
대법 2018.05.04, 2018무513 ··········· 210, 348	대법 2018.11.29, 2018두41532 ··············· 413
대법 2018.05.15, 2014므4963 ················ 109	대법 2018.11.29, 2018므14210 ········ 608, 620, 718
대법 2018.05.15, 2014므4963 ················ 457	대법 2018.12.13, 2016다210849 · 210856 ········· 131
대법 2018.05.15, 2018다350 · 367 ············· 629	대법 2018.12.13, 2016다49931 ··············· 508
대법 2018.05.17, 2016다35833 ············ 12, 14	대법 2018.12.17, 2016마272 ················· 411
대법 2018.05.17, 2016다35833 ·············· 759	대법 2018.12.03., 2017다35717 ·············· 107
대법 2018.05.30, 2014다9632 ················ 175	대법 2018.12.27, 2015다50286 ··············· 668
대법 2018.05.30., 2017다21411	대법 2018.12.27, 2015다58440 · 58457 ·········· 442
················· 565, 566, 569, 677, 682	대법 2018.12.27, 2018다268385 ········ 108, 155, 701
대법 2018.06.01, 2018마5162 ············ 769, 770	대법 2018.12.28, 2016다260400 ·············· 132
대법 2018.06.15, 2016다229478 ·············· 558	대법 2018.12.28, 2017다265815 ·············· 160
대법 2018.06.15, 2017다265129 ·········· 108, 567	대법 2019.01.04, 2018스563 ················· 42
대법 2018.06.15, 2017다289828 ··············· 90	대법 2019.01.17, 2018다24349 ········· 160, 161, 688
대법 2018.07.12, 2015다36167 ·············· 383	대법 2019.01.17, 2018다244013 ··········· 190, 260
대법 2018.07.12, 2017다235647 ·············· 427	대법 2019.01.21 2018그690 ················· 502
대법(全) 2018.07.19, 2018다22008 ········· 160, 161	대법 2019.01.31, 2015다26009 ··············· 108
대법 2018.07.20, 2016다34281 ·············· 495	대법 2019.01.31, 2016다215127 ·············· 495
대법 2018.07.26, 2015다221569 ··············· 75	대법 2019.01.31, 2017다228618 ·············· 535
대법 2018.07.26, 2016다205908 ·········· 253, 258	대법 2019.01.31, 2017다289903 ·············· 495
대법 2018.07.26, 2016두45783 ··············· 310	대법 2019.01.31, 2018다39815 ··············· 648
대법 2018.07.26, 2018다227551 ·········· 168, 169	대법 2019.02.14, 2015다244432 ·············· 170
대법 2018.08.01, 2018다227865 ············ 94, 95	대법 2019.02.14, 2015다255258 ·············· 457
대법 2018.08.01, 2018다229564 ·············· 378	대법 2019.02.14, 2017다203763 ·············· 451
대법 2018.08.30, 2016다46338 · 46345 439, 524, 525, 662	대법 2019.02.14, 2018다264628 ··············· 96
대법 2018.09.13, 2017다16778 ··············· 668	대법 2019.02.14, 2018다275727 ·············· 427
대법 2018.09.13, 2018다231031 ·············· 538	대법 2019.02.15, 2018다6258 ················ 69
대법 2018.09.13, 2018다231031 ·············· 100	대법 2019.02.21, 2017후2819 ················ 310
대법 2018.10.04, 2016다41869 ··········· 243, 385	대법 2019.02.21, 2018다248909 ·············· 385
대법 2018.10.04, 2017마6308 ················ 214	대법 2019.02.28, 2016다215134 ·············· 225
대법 2018.10.12, 2016다243115 ·············· 410	대법 2019.02.28, 2016다255613 ·············· 651
대법 2018.10.18, 2015다232316 ·········· 162, 173	대법 2019.02.28, 2018다272735 ·············· 544
대법 2018.10.25., 2018다210539 ·············· 106	대법 2019.03.06, 2017마5292 ················ 362
대법 2018.10.25, 2016다42800 · 42824 · 42831 ······ 495	대법 2019.03.14, 2018다255648 ·············· 411

대법 2019.03.14, 2018다277785 · 277792 ········ 148, 578
대법 2019.03.14, 2018다281159 ···················· 182
대법 2019.03.14, 2018두56435 ··············· 221, 224
대법 2019.03.25, 2016마5908 ························ 97
대법 2019.03.28, 2018다287904 ····················· 95
대법 2019.04.03, 2014다22932 ···················· 158
대법 2019.04.03, 2018다271657 ············· 764, 768
대법 2019.04.03, 2018다296878 ···················· 221
대법 2019.04.10, 2017마6337 ························ 62
대법 2019.04.11, 2018재다50131 ·················· 725
대법 2019.04.19, 2019그510 ························ 524
대법 2019.04.23, 2018다237428 ··················· 451
대법 2019.04.25, 2017다21176 ····················· 482
대법 2019.04.25, 2018다295127 ··················· 251
대법 2019.05.10, 2017다239311 ··················· 440
대법 2019.05.10, 2017다279326 ··················· 107
대법 2019.05.16, 2015다253573 ··················· 166
대법 2019.05.16, 2015다35270 ····················· 756
대법 2019.05.16, 2016다240338 ··················· 181
대법 2019.05.16, 2017다226629 ··················· 221
대법 2019.05.16, 2018다242246 ··················· 178
대법 2019.05.30, 2015다47105 ····················· 102
대법 2019.05.30, 2015다8902 ······················ 410
대법 2019.06.13, 2016다33752 ············ 27, 29, 30
대법 2019.06.13, 2019다205947 ··················· 155
대법 2019.07.04, 2018두58431 ····················· 569
대법 2019.07.25, 2019다212945 ··················· 225
대법 2019.08.09, 2019다222140 ··················· 385
대법 2019.08.14, 2017다217151 ·············· 302, 668
대법 2019.08.29, 2019다215272 ······ 161, 225, 514, 517
대법 2019.08.30, 2018다259541 ·············· 469, 660
대법 2019.09.26, 2017다280951 ··················· 441
대법 2019.09.26, 2017두48406 ·············· 495, 496
대법 2019.09.26, 2018다222303 · 222310 · 222327 ··· 253
대법 2019.10.17, 2014다46778 ····················· 523
대법 2019.10.17, 2018다300470 ·············· 191, 725
대법 2019.10.23, 2012다46170 ····················· 653
대법 2019.11.14, 2019다215432 ·············· 442, 694
대법 2019.11.15, 2019다247712 ····················· 83
대법 2019.11.28, 2016다233538 · 233545 ········· 451

대법 2019.11.28, 2017다244115 ·············· 310, 311
대법 2019.12.12, 2019다17836 ····················· 337
대법 2019.12.13, 2017다271643 ················ 89, 90
대법 2019.12.13, 2018다287010 ··················· 668
대법 2019.12.24, 2016다222712 ··················· 254
대법 2019.12.27, 2016다208600 ··················· 560
대법 2019.12.27, 2018다37857 ····················· 668
대법 2019.12.27, 2019다260395 ··················· 189
대법 2020.01.09, 2019다266324 ··················· 147
대법 2020.01.09, 2019마6016 ············ 317, 318, 421
대법 2020.01.16, 2019다246700 ······················ 6
대법 2020.01.16, 2019다247385 ··················· 155
대법 2020.01.16, 2019다264700 ····················· 75
대법(全) 2020.01.22, 2016후2522 ················· 725
대법 2020.01.30, 2015다49422 ····················· 235
대법 2020.01.30, 2017다227516 ··················· 558
대법 2020.01.30, 2019다268252 ·············· 616, 623
대법 2020.01.30, 2019마5599 · 5600 ········ 631, 672
대법 2020.02.06, 2017다6726 ······················ 451
대법 2020.02.06, 2018다26048 · 26055 ·········· 337
대법 2020.02.06, 2019다223723 ··················· 222
대법 2020.02.20, 2019두52386 ····················· 184
대법 2020.02.27, 2019다284186 ················ 47, 48
대법 2020.03.02, 2017두41771 ····················· 147
대법 2020.03.13, 2018다222228 ··················· 337
대법 2020.03.16, 2020그507 ················· 501, 502
대법 2020.03.26, 2018다221867 ·············· 191, 505
대법 2020.03.26, 2018다301336 ·············· 259, 440
대법 2020.04.09, 2015다34444 ······················ 75
대법 2020.04.09, 2016다32582 ···················· 410
대법 2020.04.09, 2018다246767 ··················· 451
대법 2020.04.09, 2019다216411 ····················· 96
대법 2020.04.24, 2019마6990 ······················ 759
대법 2020. 05. 14, 2019다261381 ·················· 505
대법 2020.05.14, 2019다261381 ·············· 523, 530
대법 2020.05.21, 2018다879 ······················· 106
대법 2020.06.11, 2020마5263 ················ 230, 710
대법 2020.06.25, 2019다246399 ··········· 140, 362, 370
대법 2020.06.25., 2019다292026 · 292033 · 292040
  ···································· 201, 411, 451

대법 2020.06.25, 2020다216240 ······ 411	대법 2021.04.29, 2016다224879 ······ 668
대법 2020.07.09, 2020다208195 ······ 524	대법 2021.04.29, 2021다202309 ······ 427
대법 2020.07.17, 2020카확522 ······ 768	대법 2021.05.07, 2018다259213 ······ 214, 467
대법 2020.07.23, 2017다224906 ······ 513	대법 2021.05.07, 2020다292411 ···· 495, 554, 561, 682
대법 2020.08.20, 2018다241410·241427 ······ 101	대법 2021.05.07, 2021다201320 ······ 176
대법 2020.08.20, 2018다249148 ······ 175	대법 2021.06.03, 2018다276768 ······ 226
대법 2020.08.27, 2017다211481 ······ 442	대법 2021.06.10, 2018다44114 ······ 222
대법 2020.09.03, 2020다210747 ······ 528, 648	대법 2021.06.17, 2018다257958·257965 ······ 180
대법 2020.10.15, 2017다216523 ······ 223	대법 2021.06.24, 2016다210474 ······ 188
대법 2020.10.15, 2019두40611 ······ 620	대법 2021.06.24, 2019다278433 ···· 83, 84, 94, 155, 252
대법 2020.10.15, 2020다227523 ······ 302	대법 2021.06.30, 2017다249219 ······ 258, 440
대법 2020.10.15, 2020다232846 ······ 96, 98	대법 2021.07.15, 2018다298744 ······ 106, 107, 560
대법 2020.10.29, 2016다35390 ······ 527	대법 2021.07.21, 2017다35106 ······ 183
대법 2020.11.26, 2019다2049 ······ 704	대법 2021.07.21, 2020다300893 ······ 105, 178, 252
대법 2020.12.10, 2020다255085 ······ 685	대법 2021.07.29, 2018다230229 ······ 468, 486
대법 2021.01.14, 2018다273981 ······ 252	대법 2021.07.29, 2018다267900 ······ 379
대법 2021.01.14, 2020다207444 ······ 668	대법 2021.08.19, 2018다207830 ······ 149
대법 2021.01.14, 2020다261776 ······ 241	대법 2021.08.19, 2021다228745 ······ 335, 336
대법 2021.02.04, 2017므12552 ······ 28	대법 2021.08.19, 2021다53 ······ 344
대법 2021.02.04, 2018다304380·304397 ······ 367	대법 2021.09.16, 2021다200914·200921 ······ 259, 261
대법 2021.02.04, 2019다202795·202801 · 575, 576, 579	대법 2021.10.14, 2021다243430 ······ 6
대법 2021.02.04, 2019다277133 ······ 75	대법 2021.10.28, 2019므15425 ······ 29
대법 2021.02.16, 2019마6102 ······ 47	대법 2021.10.28, 2020후11752 ······ 662
대법 2021.02.25, 2017다289651 ······ 509	대법 2021.11.11, 2021다238902 ······ 96, 252
대법 2021.02.25, 2017다51610 ······ 175	대법 2021.11.11, 2021다251929 ······ 596
대법 2021.03.11, 2018다285106 ······ 385, 451	대법 2021.12.10, 2021마6702 ······ 610
대법 2021.03.11, 2020다253430 ······ 427	대법 2021.12.10, 2021후10855 ······ 361
대법 2021.03.11, 2020다253836 ······ 529	대법 2021.12.23, 2017다257746 ······ 507
대법 2021.03.11, 2020다273045 ······ 258	대법 2021.12.30, 2017므14817 ······ 260
대법 2021.03.11, 2020마7755 ······ 202	대법 2022.01.13, 2019다220618 ······ 335, 337, 357
대법 2021.03.25, 2018다230588 ······ 28, 30	대법 2022.01.13, 2021다269388 ······ 254
대법 2021.03.25, 2019다208441 ······ 576	대법 2022.01.13, 2021다269562 ······ 442
대법 2021.03.25, 2020다277641 ······ 310	대법 2022.01.27, 2019다299058 ······ 481
대법 2021.03.25, 2020다289989 ······ 241	대법 2022.01.27, 2020다39719 ······ 361
대법 2021.03.25, 2020다46601 ······ 338	대법 2022.01.27, 2021다219161 ······ 47, 78
대법 2021.04.08, 2017다202050 ······ 552	대법 2022.01.27, 2021다265010 ······ 448
대법 2021.04.15, 2019다244980·244997 ······ 338, 349	대법 2022.01.27, 2021마6871 ······ 758
대법 2021.04.15, 2019다293449 ······ 89	대법 2022.02.10, 2019다227732 ······ 174
대법 2021.04.08, 2020다219690 ······ 523	대법 2022.02.17, 2021다275741 ······ 217, 468, 524
대법 2021.04.22, 2017마6438 ······ 674	대법 2022.02.24, 2021다291934 ······ 241

대법 2022.03.11, 2018다231550 ······················ 507, 508
대법 2022.03.17, 2020다216462 ············· 321, 352, 353
대법 2022.03.17, 2021다210720 ························· 161
대법 2022.03.29, 2021그713 ······························· 502
대법 2022.03.31, 2017다247145 ·························· 558
대법 2022.03.31, 2020다271919 ·························· 470
대법 2022.04.05, 2020마7530 ···························· 761
대법 2022.04.14, 2020다224975 ············· 596, 598, 599
대법 2022.04.14, 2020다268760 ·························· 190
대법 2022.04.14, 2021다276973 ············· 252, 259, 265
대법 2022.04.14, 2021다280781 ············· 379, 382, 383
대법 2022.04.14, 2021다305796 ···················· 310, 337
대법 2022.04.28, 2019다200843 ·························· 259
대법 2022.04.28, 2019다224726 ·························· 253
대법 2022.04.28, 2021다306904 ·························· 252
대법 2022.04.28, 2022다200768 ···················· 189, 226
대법 2022.05.12, 2017마6274 ····························· 768
대법 2022.05.12, 2020다278873 ···················· 552, 560
대법 2022.05.13, 2019다229516 ···················· 110, 362
대법 2022.05.26, 2017다238141 ·························· 126
대법 2022.05.26, 2020다206625 ·························· 222
대법 2022.05.26, 2022다209987 ···················· 362, 363
대법 2022.05.31, 2022마5141 ······················ 766, 767
대법 2022.06.07, 2022그534 ························ 302, 478
대법 2022.06.09, 2018다228462 ·························· 177
대법 2022.06.09, 2022다209529 ·························· 140
대법 2022.06.16, 2022다207967 ·········· 174, 175, 262
대법 2022.06.21, 2021그753 ······························· 738
대법 2022.06.30, 2020다210686 ·························· 591
대법 2022.06.30, 2021다239301 ···················· 110, 467
대법 2022.06.30, 2022다217506 ···················· 586, 593
대법 2022.07.28, 2017다16747 · 16754 ··············· 253
대법 2022.07.28, 2019다202146 ····························· 6
대법 2022.07.28, 2020다231928 ············· 190, 514, 632
대법 2022.07.28, 2021다293831 ·························· 668
대법 2022.08.11, 2022다227688 ······················ 94, 98
대법 2022.08.25, 2018다261605 ·························· 262
대법(全) 2022.08.25, 2019다229202 ·················· 106
대법 2022.08.25, 2022다211928 ·························· 688
대법 2022.09.07, 2022다231038 ·························· 337

대법 2022.09.07, 2022다244805 ·························· 149
대법 2022.09.29, 2018다224408 ·························· 253
대법 2022.09.29, 2021다292425 ·························· 110
대법 2022.09.29, 2022마5873 ····························· 483
대법 2022.10.14, 2022다241608 · 241615 ··· 624, 629, 694
대법 2022.10.14, 2022다252387 ·························· 679
대법 2022.10.27, 2022다241998 ···················· 362, 468
대법 2022.11.17, 2021두44425 ····························· 79
대법 2022.11.30, 2016다26662 · 26679 · 26686 ······ 442
대법 2022.11.30, 2021다287171 ·························· 495
대법 2022.12.01, 2022그18 ································ 500
대법 2022.12.15, 2022그768 ································ 48
대법 2022.12.29, 2022다263462 ·························· 257
대법 2022.12.29, 2022다264434 ·························· 451
대법 2023.01.12, 2022다266874 ·························· 469
대법 2023.02.02, 2020다270633 ·························· 506
대법 2023.02.02, 2022다276703 ···························· 89
대법 2023.02.23, 2022다207547 ·························· 175
대법 2023.03.09, 2020다218925 ·························· 448
대법 2023.03.13, 2022다286786 ·························· 170
대법 2023.03.16, 2022두58599 ··························· 467
대법 2023.04.13, 2021다271725 ·························· 259
대법 2023.04.13, 2022다279733 · 279740 ············· 427
대법 2023.04.13, 2022다293272 ·························· 756
대법 2023.04.27, 2018두62928 ··························· 184
대법 2023.04.27, 2019다247903 ···························· 26
대법 2023.04.27, 2021다276225 · 2021다276232 ······ 338
대법 2023.04.27, 2022다303216 ·························· 410
대법(全) 2023.05.11, 2018다248626 ·················· 158
대법 2023.06.01, 2020다242935 ·························· 253
대법 2023.06.01, 2023다217534 ···················· 414, 415
대법 2023.06.29, 2021다2500225 ························· 75
대법 2023.06.29, 2022두44262 ··························· 568
대법 2023.06.29, 2023다217916 ·························· 149
대법 2023.07.13, 2018마6041 ····························· 213
대법 2023.07.13, 2023다223591 · 223607 ············· 449
대법 2023.07.13, 2023다225146 ·························· 139
대법(全) 2023.07.17, 2018스34 ·························· 417
대법 2023.07.27, 2020다263857 ·························· 588
대법 2023.07.27, 2023다223171 · 223188 ······· 256, 411

대법 2023.08.18, 2022그779 ·················· 501
대법 2023.08.31, 2022다219427 ·············· 452
대법 2023.09.14, 2020다238622 ················ 75
대법 2023.09.21, 2023므10861·10878 ········ 367
대법 2023.09.21, 2023다230476 ·············· 189
대법 2023.10.12, 2020다210860,210877 ········ 220, 222
대법 2023.10.12, 2021다213316 ·············· 452
대법 2023.10.18, 2019다266386 ·············· 668
대법 2023.11.02, 2023마5298 ·········· 133, 758
대법 2023.11.02, 2023므12218 ················ 465
대법 2023.11.09, 2023다256577 ·············· 478
대법 2023.11.09, 2023마6427 ·········· 758, 759
대법 2023.11.09, 2023마6582 ················ 220
대법 2023.11.16, 2023다266390 ·············· 238
대법 2023.11.30, 2019다224238 ·············· 253
대법 2023.12.07, 2023다273206 ········ 553, 561
대법 2023.12.14, 2023다248903 ·············· 294
대법 2023.12.14, 2023마6934 ·········· 118, 120
대법 2023.12.21, 2023다275424 ·············· 181
대법 2023.12.28, 2023다268686 ·············· 698
대법 2024.01.04, 2022다285097 ·············· 668
대법 2024.01.04, 2023다225580 ·············· 141
대법 2024.01.25, 2023다28391 ················ 698

대법 2024.01.25, 2023마7238 ················ 134
대법 2024.02.08, 2022두50571 ··············· 176
대법 2024.02.15, 2023마7226 ················ 124
대법 2024.03.12., 2019다29013·29020·29037·29044
 ··· 176
대법 2024.03.28, 2019다253700 ·············· 509
대법 2024.03.28, 2023다265700 ················ 89
대법 2024.04.12, 2023다313241 ·············· 140
대법 2024.04.19, 2024마5007 ·················· 766
대법 2024.04.25, 2023마8009 ·················· 417

[기 타]

헌재(全) 1989.01.25, 88헌가7 ················ 752
광주지법 1990.4.10, 90자129 ················· 479
서울지법 1996.06.13, 94가합30633 ············ 445
헌법재판소 2005.06.30, 2003헌바117 ········· 680
서울고등법원 2006.01.26, 2002나32662 ······· 441
부산고등법원 2007.07.05, 2006나8634 ········ 190
서울중앙지방법원 2008.06.20, 2007가합43745 ······· 590
서울고법 2013.03.21, 2012나68738·70588 ··········· 636
헌재 2018.08.30, 2014헌바180 ················ 189
인천지법 2018.09.05, 2018가단205062 ········· 296

지은이 **이종훈**

[약 력]
- 특허청 지식재산연수원 민사소송법 겸임교수
- 베리타스법학원 민사소송법 전임
- 메가공무원 민사소송법 전임
- 법무법인 우리 자문위원
- 경북대, 고려대, 동아대, 충북대, 한양대 로스쿨 특강강사

[주요저서]
- 도표로 정리한 민사소송법(학연, 2021)
- 수험 민사소송법 입문(학연, 2022)
- 민사소송법 Blackbox(학연, 2023)
- 민사소송법 최신판례 OX+사례문제(학연, 2023)
- 이종훈 민사소송법 기출지문 OX 문제집(학연, 2023)
- Rainbow 핵심OX 민사소송법(학연, 2024)
- 진도별 변시·사시기출 민사소송법 사례연습(학연, 2024)
- Rainbow 변시 기출해설 민사법 선택형(학연, 2024)
- Rainbow 변시 기출·모의해설 민사소송법 선택형(학연, 2024)
- Rainbow 변시 모의해설 민사법 선택형(학연, 2024)
- Rainbow 변시 기출해설 민사법 사례형(학연, 2024)
- Rainbow 변시 모의해설 민사법 사례형(학연, 2024)

이종훈 민사소송법

발행일 : 2024년 07월 17일(제6판)
저　자 : 이 종 훈
발행인 : 이 인 규
발행처 : 도서출판 (주)학연
주　소 : 충청북도 진천군 백곡면 명암길 341
출판등록 : 2012.02.06. 제445-2510020120000013호
www.baracademy.co.kr / e-mail:baracademy@naver.com / Fax : 02-6008-1800

저자와 협의하여
인지를 생략함

정가 : 55,000원　　　ISBN : 979-11-5824-056-1(93360)

* 파본은 구입하신 서점에서 바꿔드립니다
* 본 서는 저작권법에 의하여 보호를 받는 저작물이므로 무단 전재와 복제를 금합니다.